Dictionnaire
de psychologie

PUBLIÉ SOUS LA DIRECTION DE

Roland Doron et Françoise Parot

Dictionnaire de Psychologie

COMITÉ DE RÉDACTION

DIDIER ANZIEU, JEAN-PAUL BRONCKART
MICHEL LE MOAL, CLAUDE LÉVY-LEBOYER, GABRIEL MOSER
MARC RICHELLE, DANIEL WIDLÖCHER

QUADRIGE / PUF

ISBN 978-2-13-058753-8
ISSN 1762-7370

Dépôt légal – 1re édition : 1991
3e édition « Quadrige » : 2011, janvier
3e tirage : 2015, septembre

Grands dictionnaires
6, avenue Reille, 75014 Paris

AVANT-PROPOS

L'utilisateur d'un dictionnaire est à la recherche de définitions et d'éclaircissements sur le sens des mots, et il a hâte de retourner à la lecture qu'une incertitude lexicale l'avait incité à quitter un instant. Il n'ouvre pas ce genre d'ouvrage pour s'attarder à un Avant-propos. Celui-ci ne peut donc être qu'un mode d'emploi, auquel il a droit. Mais il faut bien y ajouter quelques explications s'il advenait que le lecteur, dans sa recherche, s'étonne de ce qu'il trouve, et surtout de ce qu'il ne trouve pas : des choix ont été faits, qu'il lui sera loisible de contester, mais qui n'ont pas été déterminés par le caprice.

Cet ouvrage est un dictionnaire notionnel, visant à fournir des définitions généralement concises, et non un dictionnaire encyclopédique, qui aurait pour ambition de faire la synthèse, à l'occasion de chaque concept, de l'état des connaissances en psychologie. Si la distinction entre ces deux types de dictionnaire est sans grande conséquence lorsqu'il s'agit de définir des termes désignant telle procédure expérimentale (Écoute dichotique, Conditionnement de trace) *ou tel phénomène clairement objectivé* (Transfert intermodal, Fréquence critique de fusion)*, il n'en va plus de même lorsqu'il s'agit de cerner des termes dont les définitions ne se laissent saisir qu'à travers l'évolution des courants de recherche qui en font usage, et auxquels il faut bien faire référence* (Cognitif, Rcprésentation). *Le glissement d'un genre à l'autre devient, jusqu'à un certain point, inévitable. L'espace dans lequel l'éditeur et les rédacteurs voulaient se tenir n'autorisait cependant pas de passer, pour les mots qui l'auraient peut-être demandé, à des développements réellement encyclopédiques. Le lecteur se tournera pour cela vers des ouvrages conçus selon ce caractère, ou, mieux car ceux-là vieillissent vite, vers des travaux spécialisés, chapitres de traités, revues de question, offrant sans cesse des données à jour.*

Les auteurs de dictionnaire ont toujours oscillé entre deux positions extrêmes : soit ils veulent s'en tenir à enregistrer l'usage, sachant que celui-ci évolue et qu'ils se bornent à en fixer une strate à laquelle une autre se superposera, les mises à jour successives tentant de fournir l'image de cette évolution ; soit ils tiennent à faire œuvre normative, en indiquant le ou les sens qu'il convient de donner aux mots, plutôt que ceux qu'on leur donne. Ce rôle de législateur du vocabulaire n'est plus guère populaire, et l'illustre Académie elle-même ne s'en accommode plus qu'avec quelque gêne pour la langue usuelle.

Les auteurs d'un dictionnaire scientifique pourraient légitimement se penser à l'abri de ce choix : les spécialistes d'une discipline devraient, semble-t-il, par métier, n'user des mots que sans équivoque, tant les concepts auxquels ils correspondent seraient eux-mêmes parfaitement clairs et communicables. L'usage, dans le discours scientifique, semblerait devoir, tout naturellement, prendre valeur de norme. Ceci est bien sûr une illusion. Il n'est pas rare que les psychologues, mais sans doute aussi les botanistes ou les géologues, usent de termes sans s'assurer de leur définition précise, ou dans des acceptions si diverses qu'il leur arrive de croire s'entretenir des mêmes choses alors qu'ils discourent d'affaires fort différentes. L'auteur d'un dictionnaire est donc tenté de rapporter l'ensemble de ces usages, tels qu'ils se présentent, sans chercher à y introduire de la cohérence, tenté aussi de citer quelques autorités. C'est d'ailleurs ce à quoi se sont quelquefois résolus les auteurs de certaines définitions du présent dictionnaire. Mais dans la mesure du possible, on a tenté de faire œuvre non pas normatrice mais clarificatrice, en mettant de l'ordre dans les sens enregistrés. Ce travail ne va pas, il faut l'admettre, sans d'inévitables biais, liés aux convictions de ceux qui le font.

Un dictionnaire de psychologie pose des problèmes très particuliers quant au choix des termes à définir. D'une part les disciplines psychologiques usent d'un grand nombre de mots repris à la langue courante ; lorsqu'ils sont dotés d'un sens précis, nous n'avons pas hésité à les inclure. Certains n'exigent pas absolument une définition différente de celle que proposent les dictionnaires de la langue usuelle, mais ils sont chargés d'un tel poids en psychologie qu'il était impensable de les ignorer : on n'évite pas Mémoire, *ni* Intelligence, *ni* Affectivité. *Restent des mots que tantôt la pudeur scientifique écarte, tantôt les caprices du savoir réhabilitent : le lecteur trouvera* Volonté, Intention, Esprit. *S'il cherche* Courage *ou* Vertu, *il lui faudra attendre.*

S'il fallait éviter de laisser entrer, derrière quelques termes du vocabulaire courant, un cortège de mots dénués de sens technique particulier, jusqu'où convenait-il d'aller dans l'admission des mots techniques ? Les chercheurs s'ingénient aujourd'hui à forger des néologismes, qu'ils dotent d'un surcroît de respectabilité scientifique en les convertissant aussitôt en abréviations, décryptables par les seuls initiés : l'Intelligence artificielle *est assez populaire pour que la plupart décodent* IA, *mais qui retrouvera sous le sigle* DRL/LH *l'expression anglaise désignant le* programme de renforcement différentiel des débits lents de réponse avec disponibilité limitée de renforcement *? Sur quels critères, donc, les retenir ou faire patienter le lecteur jusqu'à une édition ultérieure, le temps que ces termes s'imposent vraiment ? Nous nous sommes laissé guider par notre jugement, mais nous reconnaissons à l'avance que certaines omissions pourront passer pour des erreurs.*

De nombreux termes se laissent emboîter sous un concept plus général, ou un concept voisin ou un synonyme. Ils ne font pas alors l'objet d'une définition propre, mais d'un renvoi, à partir d'une fausse fenêtre. Ainsi, le lecteur à la recherche de Cognisciences, Préformisme *ou* Galvanotropisme *rencontrera ces termes à leur place alphabétique, mais y sera renvoyé à* Sciences cognitives, Innéisme *et* Tropisme. *Il retrouvera, dans la définition de ces derniers, le mot ou l'expression d'abord recherché imprimé en caractères gras, saillants au regard.*

Nous avons choisi, dans un grand nombre de cas, d'alléger le dictionnaire de la multiplication des entrées consacrées aux mots d'une même famille (forme substantive, adjectif, verbe), en ne retenant que le mot le plus utilisé pour définir l'ensemble de la série : on a défini Hiérarchie *et non* Hiérarchique, Handicap *et non* Handicapé, Exploratoire *et non* Exploration.

Les termes étrangers devaient également faire l'objet d'une convention cohérente. La langue n'a rien, comme on sait, d'un module impénétrable, et la nôtre se trouve dans le domaine scientifique particulièrement exposée aux infiltrations de l'anglais. Sans nous faire l'illusion que nous pourrions enrayer ce mouvement chez des scientifiques qui en sont venus à « initier » leur expérience ou à recueillir des données empiriques qui « supportent » leurs hypothèses, nous avons choisi de limiter les emprunts. Nous avons donc préféré Parade *à* Display, Compréhension soudaine *à* Insight, Ascendant/Descendant *à* Bottom-up/Top-down. *Mais il est vain de se montrer plus catholique que le Pape, et si le Robert, à défaut de l'Académie, admet* Feed-back, *comment contraindre les psychologues à préférer* Rétroaction *? De toute manière, les deux termes se trouveront à leur place alphabétique, l'un renvoyant à l'autre par une fausse fenêtre.*

On s'est attaché à éviter les entrées sous forme de noms propres. Ils abondent pourtant pour désigner des effets, des procédures, des tests, etc. Dans les rares cas où le terme est venu à prendre valeur de nom commun (comme Rorschach*), nous l'avons directement fait suivre d'une définition. Mais généralement on les trouvera à l'état de fausse fenêtre :* Stroop (Effet —) *renverra à* Interférence, Guttman (Effet —) *à* Analyse des données.

La définition d'un terme n'en épuise pas toujours les sens divers ou pourrait s'enrichir de notions voisines, qui font l'objet d'une autre définition. Le lecteur se verra ainsi guidé d'une définition à l'autre par des mots suivis d'un astérisque dont la définition, dans le dictionnaire, complétera son information ; dans certains cas le lecteur sera renvoyé à un autre mot par l'indication V. pour « aller voir également... »

Nous espérons que, pris à ce jeu, il lui arrivera de quitter le texte problématique qui lui avait fait ouvrir le dictionnaire pour s'aventurer dans le labyrinthe lexical au bout du fil que nous lui tendons. Il ne sera jamais amené, pourtant, à parcourir ainsi l'ensemble du dictionnaire : il existe des étanchéités entre domaines de la psychologie, donc entre leurs vocabulaires.

Malgré les efforts faits pour dépouiller les définitions des particularismes d'écoles, il n'a pas été possible d'atteindre une parfaite unité de ton. Elle eût été artificielle et trompeuse, car il n'y a pas de véritable unité de la psychologie. Il faut s'en faire une raison. La terminologie de certains domaines ne se prête pas à la même précision que celle d'autres domaines. Certains termes ont des référents aisément objectivables sans équivoque, d'autres recouvrent des abstractions où la part des interprétations, propres à des écoles ou à des individus demeure très large. Si le lecteur ne recherche que les termes de sa spécialité, ces contrastes lui resteront inaperçus et ne le gêneront pas. S'il se hasarde dans des domaines qui lui sont étrangers, il ne pourra manquer de relever les discordances d'approche. Il sera là confronté à l'une des réalités de la psychologie contemporaine ; il lui faut s'en accommoder.

Cette diversité liée aux domaines se double des particularités propres aux auteurs. Une telle entreprise requérait la contribution de nombreux spécialistes. Ils se sont insérés dans l'œuvre commune selon un organigramme qui apparaît clairement page IX. Depuis la rédaction de la première édition, certains de nos collaborateurs sont décédés, et c'est avec un grand regret que nous avons revu leurs définitions. Certains nouveaux auteurs nous ont rejoints. Malgré le souci d'harmoniser leur manière à tous de définir, chacun a laissé sur sa production sa propre marque et reflété, peu ou prou, celle du rédacteur qui en avait la responsabilité. Chaque définition est signée, ce qui non seulement sauvegarde la propriété intellectuelle de chacun mais permet au lecteur de lire le texte qui lui est proposé en toute connaissance de ses origines. Certaines définitions regroupent des contributions distinctes, portant chacune sur une acception spécifique : chaque contribution est alors signée de son auteur. Quelques définitions ont été rédigées et signées par plusieurs auteurs : leurs noms apparaissent en ordre alphabétique.

Ce dictionnaire est destiné à prendre le relais du Vocabulaire de la psychologie, *d'Henri Piéron, publié en 1951 et plusieurs fois réédité et enrichi depuis. Ce remarquable ouvrage a rendu de très grands services, et en rendra encore. Il vient pourtant un moment où la mise à jour d'un dictionnaire scientifique est plus difficile à réaliser qu'un ouvrage entièrement neuf. On retrouvera des points communs avec le Piéron : choix d'un dictionnaire notionnel plutôt qu'encyclopédique, ambition de couvrir l'ensemble de la psychologie, ouverture aux disciplines voisines. Et on relèvera des différences : sélection de termes appelant des définitions plus longues (* Représentation *ou* Cognition *appellent aujourd'hui plus que la ligne ou le vide qui leur étaient réservés), limitation des termes étrangers (Piéron se montrait sur ce point particulièrement généreux et tolérant), filtrage des termes venant de disciplines voisines (on a renoncé à toutes les entrées définissant les psychotropes répandus sur le marché, et dont le nombre n'a cessé d'exploser !). Beaucoup de termes ont été accueillis qui ne figuraient pas dans le* Vocabulaire, *parce qu'ils n'étaient pas en usage ou parce que la pondération entre les différents domaines de la psychologie n'était pas la même. D'autres n'ont pas été repris, par* *exemple les noms d'appareils de laboratoire aujourd'hui inutilisés. Le lecteur de textes plus anciens pourra trouver le* Vocabulaire *de Piéron édité dans la collection « Quadrige » aux PUF, ou bien dans les bibliothèques.*

Tel qu'il se présente, ce dictionnaire constituera, nous l'espérons, un outil de travail utile, et suscitera chez les psychologues d'aujourd'hui une réflexion critique sur les mots qu'ils emploient et sur les concepts qu'ils recouvrent. Nous souhaitons que cette réflexion ne nous demeure pas inconnue et remercions à l'avance les utilisateurs qui voudront bien nous communiquer leurs commentaires et leurs critiques, nous signaler nos oublis, nos erreurs, nos incongruités.

LES DIRECTEURS ET LES RÉDACTEURS

Les auteurs

Les directeurs de ce Dictionnaire et les *rédacteurs* (comité de rédaction) ont chacun travaillé avec un groupe d'*auteurs*, selon l'organigramme suivant

Directeur : R. DORON		*Auteurs :* E. Jalley, C. Prévost, J. Selosse (†), P. Coslin
Rédacteurs :	D. ANZIEU	C. Chabert, R. Kaës, J.-M. Petot, A. Ruffiot
	C. LÉVY-LEBOYER G. MOSER	F. Askevis-Leherpeux, Y. Bernard, C. Camilleri (†), P. Livdan, ERSOC (Équipe de recherche en sociocognition), J.-L. Beauvois
	D. WIDLÖCHER	J.-F. Allilaire, A. Braconnier, F. Eustache, M.-C. Hardy-Bayle, B. Brusset, R. Jouvent, B. Lechevalier, J.-C. Signoret (†)
Directeur : F. PAROT		*Auteurs :* M. Baron, P. Bonnet, C. Debru, P. Duchet, O. Houdé, M. Kail, J. Mathieu, A.-M. Melot, P. Mengal, L. Mucchielli, J. Nadel, M. Renneville, J. Requin (†), H. Rouanet
Rédacteurs :	J.-P. BRONCKART	H. Abdi, J.-M. Adam, A. Berrendonner, J.-L. Chiss, G. de Landsheere, G. De Weck, J. Dolz, J.-J. Ducret, P. Dumont, M. Durand, M. Fayol, J.-E. Gombert, J.-B. Grize, D. Hameline, M. Hupet, M. Huteau, D. Manesse, W. Pasini, D. Peraya, M. Pujol, J. Vonèche, D. Zagar.
	M. LE MOAL	B. Calvino, R. Campan, M. Carlier, R. Dantzer, R. Decombe, L. Demany, C. Desforges, J. Féger, J.-P. Herman, P. Mormède, M. Moulins, P. Roubertoux, C. Semal, H. Simon, B. Soumireu-Mourat, U. Spampinato.
	M. RICHELLE	M. Bonnet, P. Bovet, S. Bredart, D. Defays, I. Deliège, A. El Ahmadi, O. Fontaine, R. Génicot, H. Lejeune, F. Macar, J. Maurissen, J.-C. Ruwet, E. Tirelli.

ABDI Hervé, *professeur, Université du Texas à Dallas (USA).*

ADAM Jean-Michel, *professeur, Faculté des Lettres, Université de Lausanne.*

ALLILAIRE Jean-François, *professeur, Université Paris VI, Chef du service de Psychiatrie (Adultes) du Groupe Hospitalier Pitié-Salpêtrière.*

ANZIEU Didier, *professeur émérite, Université Paris X.*

ASKEVIS-LEHERPEUX Françoise, *maître de conférences, Université Paris V.*

BARON Monique, *Laboratoire d'informatique, Université Paris VI.*

BEAUVOIS Jean-Louis, *professeur, Université de Nice.*

BERNARD Yvonne, *directeur de recherche honoraire CNRS, Laboratoire de Psychologie de l'Environnement.*

BERRENDONNER Alain, *professeur, séminaire de Linguistique française, Université de Fribourg.*

BONNET Michel, *chercheur, Laboratoire de Neurosciences fonctionnelles CNRS, Marseille.*

BONNET Philippe, *ingénieur d'études, Université Paris V.*

BOVET Pierre, *professeur, Faculté de Psychologie et des Sciences de l'Éducation, Université de Genève.*

BRACONNIER Alain, *Psychiatre des Hôpitaux, Chef de service au Centre psychiatrique et psychothérapique Philippe Paumelle, Paris.*

BREDART Serge, *professeur ordinaire, Faculté de Psychologie et des Sciences de l'Éducation, Université de Liège.*

BRONCKART Jean-Paul, *professeur, Faculté de Psychologie et des Sciences de l'Éducation, Université de Genève.*

BRUCHON-SCHWEITZER Marilou, *professeur, Université Bordeaux II.*

BRUSSET Bernard, *professeur, Université Paris V.*

CALVINO Bernard, *professeur, Faculté de Médecine, Université Paris XII.*

CAMILLERI Carmel (†), *professeur, Université Paris V.*

CAMPAN Raymond, *professeur, Université Toulouse III.*

CARLIER Michèle, *professeur, Université de Reims.*

CHABERT Catherine, *professeur, Université Paris V.*

CHISS Jean-Louis, *professeur agrégé, École normale d'Instituteurs (ENI) du Val-d'Oise.*

CIAVALDINI André, *pyschanalyste, chargé de cours, Université Grenoble II.*

COSLIN Pierre G., *professeur, Université Paris V.*

DANTZER Robert, *directeur de recherches, INSERM U.394, Bordeaux.*

DEBRU Claude, *directeur de recherche CNRS, Institut d'Histoire des Sciences et des Techniques, Paris.*

DECOMBE René, *médecin interne des Hôpitaux, assistant hospitalo-universitaire, Faculté de médecine, Rennes.*

DEFAYS Daniel, *administrateur principal, Office des Statistiques des Communautés européennes, Luxembourg.*

DE LANDSHEERE Gilbert, *professeur émérite, Laboratoire de Pédagogie expérimentale, Université de Liège.*

DELIÈGE Irène, *directrice, Unité de Recherche en Psychologie de la Musique, Faculté de Psychologie et des Sciences de l'Éducation, Université de Liège.*

DEMANY Laurent, *directeur de recherches, Laboratoire de psychoacoustique, Université Bordeaux II.*

DESFORGES Carole, *docteur, Université Paris V.*

DE WECK Geneviève, *chargée de cours, Universités de Genève et de Neuchâtel.*

DOLZ Joaquim, *maître d'enseignement et de recherche, Faculté de Psychologie et des Sciences de l'Éducation, Université de Genève.*

DORON Roland, *professeur émérite, Université Paris V.*

DUCHET Pierre, *chercheur CNRS, Grenoble.*

DUCRET Jean-Jacques, *chargé de recherche, Service de Recherche en Éducation, État de Genève.*

DUMONT Patricia, *assistante, Faculté de Psychologie et des Sciences de l'Éducation, Université de Genève.*

DURAND Marc, *professeur, Laboratoire de recherche en Sciences et Techniques des Activités physiques et sportives, Université de Montpellier I.*

EL AHMADI Abdelssadek, *maître de conférences, Université de Provence.*

ERSOC : *les articles signés ERSOC sont issus d'un travail collectif d'une équipe de recherche sociocognitive, Laboratoire de Psychologie sociale, Université Grenoble II.*

EUSTACHE F., *professeur, Université de Caen.*

FAYOL Michel, *professeur, Laboratoire d'Études d'Acquisition et du Développement, Université de Bourgogne.*

FÉGER Jean, *professeur, Université Paris V.*

FONTAINE Ovide, *professeur ordinaire, Service de Psychologie de la Santé, Faculté de Psychologie et des Sciences de l'éducation, Université de Liège.*

GÉNICOT Roger, *directeur du Centre Pouplin, Centre de Réadaptation fonctionnelle pour Handicapés de la Vue, Liège.*

GOMBERT Jean-Émile, *professeur, Université de Rennes.*

GRIZE Jean-Blaise, *professeur honoraire, Centre de Recherches sémiologiques, Université de Neuchâtel.*

HAMELINE Daniel, *professeur honoraire, Faculté de Psychologie et des Sciences de l'Éducation, Université de Genève.*

HARDY-BAYLE Marie-Christine, *Professeur, Université Paris V.*

HERMAN Jean-Paul, *directeur de recherches, Laboratoire des interactions cellulaires endocriniennes CNRS, Marseille.*

HOUDÉ Olivier, *Laboratoire Cognition et Communication CNRS, Université Paris V et Institut Universitaire de France.*

HUPET Michel, *professeur, Département de Psychologie expérimentale, Faculté de Psychologie et des Sciences de l'Éducation, Université catholique de Louvain.*

HUTEAU Michel, *professeur, Conservatoire national des Arts et Métiers (CNAM), et Institut national d'Étude du Travail et d'Orientation professionnelle (INETOP).*

JALLEY Émile, *professeur, Université Paris XIII.*

JOUVENT Roland, *professeur, Université Paris VII.*

KAËS René, *professeur émérite, Université Lyon II.*

KAIL Michel, *professeur, Lycée François Villon, Paris.*

KNÉRA Laurence, *thérapeute familiale.*

LECHEVALIER B., *professeur, Faculté de médecine, Université de Caen.*

LEJEUNE Helga, *directrice, Unité de Psychobiologie des Processus temporels, Faculté de Psychologie et des Sciences de l'Éducation, Université de Liège.*

LE MOAL Michel, *professeur, Université Bordeaux II.*

LÉVY-LEBOYER Claude, *professeur émérite, Université Paris V.*

LIDVAN Philippe, *chercheur, Institut national d'Études démographiques (INED).*

MACAR Françoise, *directeur de recherche, Laboratoire de Neurosciences fonctionnelles CNRS, Marseille.*

MANESSE Danièle, *chargée de recherche, Institut national de Recherche pédagogique (INRP).*

MATHIEU Jacques, *maître de conférences, Université de Rouen.*

MAURISSEN Jacques, *chercheur, Toxicology Research Laboratory, Midland, États-Unis.*

MELOT Anne-Marie, *chargée de recherche CNRS, Laboratoire Cognition et Communication CNRS, Université Paris V.*

MENGAL Paul, *professeur, Faculté des Lettres et Sciences humaines, Université Paris XII.*

MORMÈDE Pierre, *directeur de recherches, Institut François Magendie (Institut national de la Recherche Agronomique) Bordeaux.*

MOSER Gabriel, *professeur, Université Paris V.*

MOULINS Maurice (†), *professeur, Laboratoire de Neurobiologie comparée, Université Bordeaux I.*

MUCCHIELLI Laurent, *chargé de recherche CNRS/Centre de recherches sociologiques sur le droit et les institutions pénales.*

NADEL Jacqueline, *directeur de recherche au CNRS, Laboratoire Cognition et Communication CNRS, Université Paris V.*

PAROT Françoise, *maître de conférences, Université Paris V.*

PASSINI Willy, *professeur, Département de psychiatrie, Université de Genève.*

PERAYA Daniel, *maître d'enseignement et de recherche, Faculté de Psychologie et des Sciences de l'Éducation, Université de Genève.*

PETOT Jean-Michel, *professeur, Université Paris X.*

PRÉVOST Claude, *professeur émérite, Université Paris VII.*

PUJOL Mercè, *professeur, Université Ramon Llul, Barcelone.*

RENNEVILLE Marc, *maître de conférences, Université Paris VIII.*

REQUIN Jean (†), *directeur de recherche, Laboratoire de Neurosciences fonctionnelles CNRS, Marseille.*

RIC F., *maître de conférences, Université Paris V.*

RICHELLE Marc, *professeur émérite, Laboratoire de Psychologie expérimentale, Faculté de Psychologie et des Sciences de l'Éducation, Université de Liège.*

ROUANET Henri, *directeur de recherche, Université Paris V.*

ROUBERTOUX Pierre, *professeur, Université d'Orléans.*

Ruffiot André, *professeur, Université Grenoble II.*

Ruwet Jean-Claude, *professeur ordinaire, Laboratoire d'Éthologie et de Psychologie animales, Faculté de Psychologie, Université de Liège.*

Selosse Jacques (†), *professeur émérite, Université Paris XIII.*

Semal Catherine, *professeur, Université Bordeaux II.*

Signoret Jean-Louis (†), *professeur, Université Paris VI.*

Simon Hervé, *professeur, Université Bordeaux II.*

Soumireu-Mourat Bernard, *professeur, Université Aix-Marseille I.*

Spampinato Umberto, *professeur, Université Bordeaux II.*

Tirelli Ezio, *professeur, Laboratoire de Psychologie biologique, Faculté de Psychologie et des Sciences de l'Éducation, Université de Liège.*

Vonèche Jacques, *professeur, Faculté de Psychologie et des Sciences de l'Éducation, Université de Genève.*

Widlöcher Daniel, *professeur émérite, Université Paris VI.*

Zagar Daniel, *professeur, Laboratoire d'Études de l'Acquisition et du Développement, Université de Bourgogne.*

A

Abandon (Névrose d'—)

Terme introduit par le psychanalyste suisse G. Guex en 1950 pour isoler un type de névrose différent des névroses classiques décrites par S. Freud. Cette démarche s'inscrit dans des descriptions partielles d'états névrotiques proposées par les successeurs de S. Freud (névrose d'échec, névrose de destinée, etc.). Il s'agit d'une névrose dont le trouble porte essentiellement sur les relations affectives précoces. Elle affecte les sujets particulièrement sensibles à toute situation pouvant susciter de près ou de loin le spectre d'une absence d'amour ou d'une menace affective (séparation, frustration, etc.). Cette névrose se caractérise cliniquement par un syndrome associant : angoisse*, agressivité* et dévalorisation de soi. L'avidité affective du sujet l'amène à susciter tôt ou tard, chez ceux auxquels elle s'adresse, une attitude de rejet*. Ce syndrome peut se manifester dès la première enfance mais s'affirme avec une violence particulière toutes les fois qu'une circonstance de la vie réactive le sentiment de frustration et d'abandon. L'origine de cette névrose reste discutée ; trois facteurs sont habituellement évoqués, s'associant de façons variables : des facteurs constitutionnels, l'attitude affective des parents, les situations traumatiques d'abandon vécues par le sujet. Actuellement, la référence à cette névrose est volontiers remplacée par la référence à la psychopathie, à la notion de carence* affective ou à celle de personnalité* antisociale.

A. Braconnier

Abandon scolaire

Fait de sortir du système éducatif*, quel que soit le niveau auquel on est parvenu, avant d'avoir obtenu une qualification ou une formation professionnelle accomplie. En tant que tel, l'abandon scolaire peut être aussi bien mesuré à l'école élémentaire qu'à l'université, et c'est un indicateur du rendement du système scolaire à toutes ses étapes. L'abandon a une définition légale, liée à l'obligation* scolaire. Lorsque l'Etat contrôle la fréquentation* scolaire, les abandons sont rares avant le terme légal de la scolarité, et fréquemment déguisés en absentéisme intense.

On attribue à l'abandon des causes très diverses, qui relèvent de deux ordres :

1. l'inadaptation du système éducatif à certaines catégories d'enfants, dans ses méthodes, dans ses programmes, dans l'insuffisance d'encadrement, dans l'éloignement des établissements, etc. ;
2. les caractéristiques affectives et intellectuelles de certains élèves. Un des facteurs dominants de cet ordre est l'absence d'espérance associée aux études, transmise par des parents qui n'ont tiré aucun bénéfice de leur scolarité.

D. Manesse

Abandonnisme familial

Notion conceptualisée par L. Knéra dans le cadre de la thérapie familiale psychanalytique* (définie par A. Ruffiot) pour désigner un mode de fonctionnement et de souffrance d'une famille qui adhère inconsciemment à un projet et à un destin d'abandon : le vécu d'abandon est toujours partagé, groupalement éprouvé. D'essence transgénérationnelle, celui-ci s'accompagne d'une profonde blessure du narcissisme familial*. Deux modalités de fonctionnement permettent à la famille de se défendre contre l'angoisse d'abandon : la quête du trauma* (fonctionnement traumatophile : J. Guillaumin) et le masochisme*, susceptibles d'activer des formations psychiques hautement transmissibles et pourvoyeuses de liens telles que l'excitation* et l'affect*.

A. Ruffiot et L. Knéra

Aboulie → Aprosexie

Abréaction

La notion d'abréaction définit, d'une façon générale, toute décharge émotionnelle par laquelle le sujet se libère du contenu affectif d'un événement passé. Cette notion apparaît dans les *Etudes sur l'hystérie* de S. Freud et J. Breuer en 1895 dans lesquelles ces auteurs expliquent l'origine des symptômes hystériques par le refoulement* d'événements traumatiques qui n'ont pas suscité, au moment voulu, une décharge affective suffisante (larmes, colère, etc.). Le traitement de ces symptômes consiste alors tout naturellement à favoriser, à distance du traumatisme*, l'expression de la charge affective non liquidée. La méthode thérapeutique, appelée cathartique*, doit permettre au patient de se remémorer, par la parole, l'événement traumatique et d'abréagir, c'est-à-dire de libérer ainsi le *quantum* d'affect qui le rendait pathogène. L'abréaction peut être également provoquée par des techniques spécifiques, en particulier l'hypnose* et la subnarcose, et surtout maintenant de nouvelles techniques fondées essentiellement sur l'expérience émotionnelle.

Le « debriefing » utilisé en particulier dans les situations de stress post-traumatique, dans lesquelles il s'agit en fait à la fois d'une remémoration des représentations et d'une abréaction des affects, est une des modalités de ces nouvelles techniques.

A. Braconnier

Absentéisme

Manque d'assiduité à un travail exigeant la présence en un lieu donné. Comportement de celui qui est souvent absent à son travail. Plus généralement, l'absentéisme désigne la répétition de l'absence et est donc caractérisé par la fréquence des absences et par leur durée sur une période de référence. L'absentéisme est partiellement déterminé par l'insatisfaction concernant la nature du travail et ses conditions, mais également par bien d'autres facteurs, parmi lesquels figurent la santé, les charges familiales, l'importance pour le sujet des activités hors travail et aussi l'éthique individuelle, l'implication, les normes du groupe de travail et les pressions de l'organisation.

C. Lévy-Leboyer

Absolu

Seuil absolu : valeur minimale, sur une dimension quelconque d'un phénomène physique, telles la pression* ou la fréquence* sonore, l'énergie* lumineuse, la concentration* d'une substance chimique, pouvant être captée par les organes récepteurs* d'un organisme et, par conséquent, donner lieu chez ce dernier à une détection* ou une sensation*. L'existence de cette borne traduit le fait que les organismes vivants ne sont sensibles qu'à une partie des valeurs que peut prendre la dimension physique en cause (spectre* visible, audible, etc.). Les limites de ce spectre, et spécialement sa limite inférieure, varient selon les espèces, et, au sein d'une même espèce, présentent des variations interindividuelles. La valeur du seuil absolu dépend de la méthode employée pour le mesurer (méthodes des limites*, des stimulus constants* ou d'ajustement*) et des conditions particulières de l'expérience. Si elle se rapporte toujours à une dimension particulière du stimulus* (par ex., la pression sonore, correspondant à l'intensité* de la sensation), elle n'en est pas moins liée aux autres dimensions indissociables du stimulus : ainsi, un son* pur ayant toujours une fréquence donnée, le seuil absolu d'intensité sera fonction de la fréquence. La détermination du seuil absolu a été l'un des premiers objets d'étude de la psychophysique*. Elle est devenue habituelle dans le diagnostic des déficits sensoriels.

Perception absolue : capacité de définir la valeur physique d'un stimulus présenté isolément ; le phénomène est surtout connu dans le domaine auditif, où les sujets dotés d'oreille absolue sont capables de dire à quelle note de quelle octave correspond un son présenté.

M. Richelle

Abstinence (Règle d'—) → Règle fondamentale

Abstinence (Syndrome d'—)

Ensemble de symptômes d'ordre physiopathologique apparaissant lors de l'arrêt ou de la réduction de la consommation d'une drogue*. Ces symptômes sont d'intensité très variable, soit selon la drogue, parfois à peine perceptibles ou pour d'autres pouvant provoquer la mort, soit selon la dose utilisée ou selon le régime continu ou discontinu d'absorption. Des drogues différentes produisent des syndromes différents mais les drogues d'une même famille produisent généralement des syndromes similaires. Le syndrome peut être arrêté quasi instantanément par la consommation de la drogue. Très souvent quand la drogue considérée n'est pas disponible, une autre drogue de la même famille sera recherchée pour arrêter le développement du syndrome : c'est le phénomène de **dépendance croisée**. Le syndrome commence en général quelques heures après l'arrêt de la prise de la drogue ou très vite après l'administration d'un antagoniste* agissant au niveau des récepteurs*.

Ce syndrome est l'expression de l'état d'ajustement* de l'organisme aux changements physiques résultant des prises répétées du toxique : lors de l'arrêt, il faut un certain temps pour que l'organisme se réajuste et les symptômes sont souvent à l'opposé des effets propres de la drogue (par ex., diarrhée à l'arrêt des opiacés qui provoquent naturellement de la constipation). Les processus associatifs (de type pavlovien ou opérant) qui entrent en jeu dans la tolérance* aux drogues peuvent être également responsables du déclenchement de syndromes d'abstinence. Si un sujet est replacé dans un environnement (ou est confronté à une situation qui était associée à la prise de la drogue), il peut en l'absence de celle-ci manifester un ensemble de symptômes d'abstinence qui sont similaires aux réponses compensatoires conditionnées de la tolérance. *M. Le Moal*

Abstraction

Cette notion appartient à l'histoire de la psychologie plus qu'à ses développements modernes, exception faite de la place attribuée à l'abstraction empirique* et à l'abstraction réfléchissante* dans la théorie piagétienne de l'intelligence*. On en retrouve pourtant sinon le terme du moins la notion en psychologie cognitive, dans les travaux sur la formation des concepts* ou sur l'apprentissage*.

Classiquement le processus d'abstraction est lié au problème de la formation des idées générales. Il désigne le processus par lequel la pensée* parvient à isoler une composante générale d'une perception, d'une image ou d'une notion complexe. Cette notion trouve son origine chez Aristote : l'activité par laquelle sont pensés les termes abstraits est en particulier conçue comme permettant à l'intellect d'étudier les propriétés mathématiques inhérentes aux êtres sensibles. L'abstraction occupe aussi une place importante dans les explications empiristes* de l'origine des idées générales.

On trouve dans la psychologie scientifique du XIXe siècle des emprunts directs à la théorie philosophique du processus de formation des idées abstraites. T. Ribot par exemple consacre plus de la moitié de son étude sur l'évolution des idées générales de 1897 à l'examen des formes inférieures (perception ou image), intermédiaires (perception ou image accompagnée du langage) et supérieures (langage accompagné ou non de perception ou d'image) de l'abstraction. De manière générale, celle-ci est conçue comme « un procédé naturel et nécessaire de l'esprit, dépendant de l'attention, c'est-à-dire de la limitation, spontanée ou volontaire, du champ de conscience ». Ce procédé qui consiste en « une dissociation opérée dans les données brutes de l'expérience » permet d'isoler ainsi telle ou telle composante d'une perception, d'une image ou d'une notion. La notion d'abstraction permet selon Ribot d'expliquer les étapes d'acquisition de concepts tels que le nombre* (le passage du nombre perçu, concret, au nombre abstrait). *J.-J. Ducret*

Abstraction empirique

Processus de construction des connaissances* qui consiste à extraire les propriétés ou les régularités empiriques des objets du monde extérieur. Avec l'abstraction réfléchissante*, qui porte sur la coordination des actions du sujet, c'est l'un des mécanismes cognitifs fondamentaux invoqués par J. Piaget. Les recherches sur la lecture de l'expérience ont cependant démontré que l'abstraction des régularités empiriques ne peut se faire qu'au moyen de cadres assimilateurs construits par le sujet. Abstraire la qualité commune d'un ensemble d'objets exige un travail de mise en relation dont l'aboutissement est la reconnaissance de la qualité ou de la régularité. Si donc, par son effet, l'abstraction empirique peut être conçue comme la reprise en épistémologie et en psychologie génétiques du concept classique d'abstraction*, elle s'en différencie cependant par son caractère constructif, c'est-à-dire par sa dépendance à l'égard des cadres opératoires disponibles chez le sujet. *J.-J. Ducret*

Abstraction réfléchissante

Notion introduite par J. Piaget pour désigner le processus par lequel le sujet construit des cadres logico-mathématiques d'assimilation* en prenant appui non pas sur les régularités du monde extérieur, mais sur les coordinations de ses actions ou de ses opérations*. Ces coordinations pouvant se refléter dans l'ordre établi par le sujet sur la réalité extérieure, une abstraction pseudo-empirique peut en outre faciliter le travail par lequel le sujet établit réflexivement des liens entre ses actions et extrait les propriétés alors constatées de celles-ci. Comme l'abstraction empirique*, l'abstraction réfléchissante est ainsi un processus actif de coordination de schèmes* de niveau supérieur, qui prend appui sur des régularités préexistantes mais qui ne peut les lire qu'au moyen de ce travail supérieur de coordination. *J.-J. Ducret*

Abstrait → Concret

Acalculie

Désigne les troubles du calcul. Ces troubles ne sont pas univoques. Ils peuvent être la conséquence d'une perturbation affectant l'identification, l'expression et la manipulation des chiffres, s'inscrivant habituellement dans un désordre aphasique* sans qu'il y ait nécessairement parallélisme entre l'aphasie verbale et l'aphasie numérique.

L'acalculie spatiale touche la réalisation par écrit des opérations numériques ; elle s'observe dans le contexte de difficultés visuoconstructives, secondaires à une lésion hémisphérique droite, et qui interdisent les dispositions adéquates des chiffres imposées par la réalisation des opérations.

L'acalculie peut n'affecter que les opérations arithmétiques simples, réalisées mentalement ; il s'agit d'une **anarithmétie** qui peut s'observer isolément, ou associée aux éléments d'un syndrome de Gerstmann : agraphie*, indistinction droite-gauche, agnosie digitale ; la lésion responsable affecte la région du carrefour temporo-pariéto-occipital gauche. *J.-L. Signoret*

Acceptabilité

Propriété attribuée à un énoncé sur la base d'un jugement* (ou d'une évaluation*) reposant sur des critères de nature sémantique* ou pragmatique*. Un énoncé est considéré comme acceptable, d'une part, s'il est grammatical (c'est-à-dire conforme aux règles* du système de la langue ; V. Grammaticalité), et d'autre part s'il renvoie à un événement ou à un acte d'énonciation* considéré comme acceptable par le sujet parlant. A titre d'exemple, l'énoncé *« ma fille vient d'épouser ma trisaïeule »* est grammatical, mais sera considéré comme inacceptable par nombre de sujets. Alors que la notion de grammaticalité renvoie à la compétence* du locuteur*, la notion d'acceptabilité, plus intuitive, se définit en référence à un modèle de performance*. *J.-P. Bronckart et D. Zagar*

Accès lexical

Etape de traitement psycholinguistique qui consiste à associer au code graphémique (en lecture*) ou phonologique (à l'audition) du mot* perçu, l'entrée lexicale qui correspond aux informations* syntaxique et sémantique contenues dans le lexique* mental. Elle aboutit à la reconnaissance* du mot. Le plus connu des modèles d'accès au lexique est celui des **logogènes** de J. Morton ; à chaque mot (ou à chaque morphème*) correspond un logogène ; le logogène est un capteur d'informations qui, lorsqu'un certain seuil d'information est atteint, se déclenche et provoque la reconnaissance du mot. Le modèle de Morton décrit un système interactif dans lequel les informations perceptives et contextuelles sont utilisées au même moment. *D. Zagar*

Accessibilité

Possibilité d'accès*, par exemple, aux informations* stockées en mémoire*, aux unités lexicales.

En méthodologie scientifique, possibilité d'avoir accès aux phénomènes, par l'observation* ou l'expérimentation*. Les progrès d'une science sont liés aux solutions apportées à des problèmes d'accessibilité. Ainsi, en psychologie, il n'a été possible de faire de la psychophysique* chez l'animal que par application des techniques de conditionnement* ; l'idée des Gardner en 1969 de recourir au langage gestuel des sourds-muets a permis d'avoir accès aux capacités symboliques* « lexicales » des chimpanzés. *M. Richelle*

Accident

Un événement inattendu peu fréquent, aux effets perturbateurs, est qualifié d'accident. Un comportement est dit accidentel lorsqu'il occasionne involontairement une blessure, une atteinte physique ou psychique susceptible d'entraîner un retentissement traumatique. Son étude se situe dans le champ des comportements à risques*. Elle implique plusieurs paramètres : de situation, d'exercice, d'expérience et d'effets handicapants, associés aux caractéristiques personnelles des acteurs. Des recherches sur la genèse des accidents montrent notamment une évolution selon l'âge, le sexe et le milieu social des accidentés et dégagent une période d'exposition aux risques qui correspond sensiblement à l'adolescence* (entraînant une surmortalité masculine accidentelle élevée). *J. Selosse*

Accommodation

L'accommodation est l'activité par laquelle les schèmes* d'action et de pensée se modifient au contact de l'objet ou lors du processus d'assimilation* réciproque. Cette activité peut être plus ou moins spontanée (accommodation de schèmes réflexes ou automatisés) ou volontaire, dirigée et réfléchie (accommodation d'une théorie scientifique à des faits nouveaux). L'accommodation est donc en particulier le moment de l'activité psychologique pendant lequel l'environnement d'un schème ou d'un ensemble de schèmes peut contribuer à l'organisation du schématisme de l'action ou de la pensée. Cette contribution peut se faire soit au travers de processus de bas niveau (renforcement de liens interneuronaux), soit au travers de processus mentaux (sélection d'hypothèses, etc.). *J.-J. Ducret*

Accommodation visuelle

Ajustement de la force (puissance) dioptrique de l'œil afin de faire converger les rayons lumineux d'un objet rapproché juste sur la rétine et d'assurer la netteté des images perçues. Chez l'homme, cet ajustement est obtenu grâce aux changements de courbure du cristallin sous l'action des muscles ciliaires sur les fibres élastiques et transparentes du cristallin. Ce mécanisme accommodatif est inconscient (ajustement parasympathique) et perd de son pouvoir avec l'âge : c'est la **presbytie**. Une faiblesse accommodative, relative à la longueur de l'axe optique, situe le foyer de convergence des rayons lumineux au-delà de la rétine, entraînant une **hypermétropie** ; une exagération accommodative situe le foyer de convergence des rayons lumineux en avant de la rétine entraînant une myopie*. L'**astigmatisme**, lié à une courbure irrégulière de la cornée, est un autre défaut optique entravant l'accommodation. *R. Génicot*

Accomplissement → Fantasme

Accueil

Premier temps d'une démarche intersubjective destinée à établir une dynamique relationnelle entre une personne et un intervenant. Les centres d'accueil sont organisés pour admettre en urgence ou momentanément des sujets en crise*, en danger* ou en difficulté et leur proposer un soutien, une orientation ou un conseil. De la qualité d'écoute établie lors d'une situation d'accueil dépend l'émergence d'une demande préalable à l'accompagnement du sujet*. La structure d'accueil fournit un cadre de réunion transdisciplinaire favorable à une démarche thérapeutique. *J. Selosse*

Acculturation

Le mémorandum du *Social Science Research Council* de 1936 la définit comme « l'ensemble des phénomènes résultant du contact direct et continu entre des groupes d'individus de cultures différentes, avec des changements subséquents dans les modèles *(patterns)* originaux de l'un ou des deux groupes ».

Cette définition de l'acculturation a été contestée à partir de l'étymologie. L'idée d'accès à la culture vient du préfixe *ad*, ce qui conforterait l'interprétation du phénomène comme mouvement des cultures du tiers monde vers celles d'Occident : connotation évitée dans l'expression britannique première de *culture contact*. D'où, en Amérique latine, la préférence pour **transculturation**. Mais le texte explicite la possibilité du mouvement des deux cultures l'une vers l'autre. D'autre part, pour désarmer une autre critique, il n'exclut en rien que les causes du changement subséquent puissent se situer hors des cultures, dans le contexte historique et social.

Le mémorandum fait de l'acculturation une modalité du changement culturel et la distingue de la diffusion (traits passant d'une culture à une autre), qui peut aussi se faire en dehors des contacts entre groupes. Enfin, entre ces derniers peut s'instituer une relation asymétrique, tendant vers la prépondérance de l'un des deux. Tels membres d'un groupe peuvent aller jusqu'à l'**assimilation culturelle**, par adoption totale du système de l'autre. Le plus souvent, auront lieu des manipulations diversifiées des deux codes, aboutissant à des positionnements variés, dont certains seront vécus comme une intégration à l'un des groupes. *C. Camilleri*

Acétylcholine

Amine* quaternaire. Premier neurotransmetteur* découvert dans le système nerveux*. Les neurones **cholinergiques** sont présents dans le système nerveux autonome (système sympathique et parasympathique), somatique (jonction neuromusculaire) et central. Dans le cerveau, on distingue des neurones à axones courts (comme les interneurones du striatum) et des neurones à axones longs regroupés en huit grands noyaux. Parmi ces derniers, on trouve les neurones du système septo-hippocampique et du système innominato-cortical situés dans le cerveau antérieur et les neurones du noyau pédonculo-pontin et du noyau latérodorsal du tegmentum situés dans le cerveau postérieur.

La démence* de type Alzheimer, qui débute le plus souvent par des troubles de la mémoire*, s'accompagne d'une hypoactivité des neurones cholinergiques du cerveau antérieur. *H. Simon*

Achromatique

Caractérise une lumière non colorée dont le rayonnement a un spectre d'égale énergie (x = y = z = 1/3 du spectre visible) ; caractérise aussi une couleur de surface blanche idéale qui a l'aspect de l'illuminant précédent et qui donne une sensation sans tonalité chromatique (blanc, gris ou noir selon le niveau énergétique). La Commission internationale de l'éclairage a défini un point achromatique qui est de pureté nulle sur le diagramme colorimétrique. Dans la représentation tridimensionnelle du solide des couleurs, les points achromatiques correspondent à l'axe des luminances.

R. Génicot

Acide aminé

C'est le constituant fondamental des protéines. Le système nerveux central contient, en plus des protéines, des quantités élevées d'acides aminés libres, dont certains sont très impliqués dans la transmission de l'influx* nerveux. Ainsi, l'acide gamma-aminobutyrique (GABA), la glycine, la taurine et la bêta-alanine sont inhibiteurs*, tandis que les acides glutamique et aspartique sont excitateurs*. Certains peptides, dits **neuropeptides** (endomorphines, substance P, cholécystokinine, somatostatine, etc.), constitués de 2 à 40 acides aminés, jouent également un rôle important dans la transmission nerveuse. *U. Spampinato*

Acide désoxyribonucléique → Acide nucléique

Acide nucléique

Polymère d'origine naturelle, de poids moléculaire élevé (macromolécule), constitué par une longue chaîne de monomères, les **nucléotides**. Chaque nucléotide est formé par l'union d'une base azotée purique, adénine (A), guanine (G), ou pyrimidique, cytosine (C), thymine (T), uracile (U), avec un sucre à cinq atomes de carbone ou pentose, ribose ou désoxyribose, et un acide phosphorique. La structure du pentose est à l'origine de leur classification en deux catégories fondamentales : les **Acides RiboNucléiques** (ARN), contenant le ribose, et les **Acides DésoxyriboNucléiques** (ADN) contenant le désoxyribose. Les diverses bases azotées sont communes aux deux types d'acides nucléiques hormis l'U, remplacé par la T dans l'ARN. L'ordre de succession des bases et leurs combinaisons spécifiques (C-G, A-T ou A-U pour l'ARN) donnent une identité particulière à chaque polynucléotide. Unis à des protéines basiques, ils forment les nucléoprotéines, constituants essentiels des noyaux et du cytoplasme de toute cellule animale ou végétale. L'ADN se trouve presque exclusivement (90 %) dans les noyaux cellulaires, il est un constituant essentiel des chromosomes* et a pour fonction le stockage du patrimoine génétique et sa transmission pendant la division cellulaire ; il renferme l'information pour diriger la synthèse des protéines cellulaires. L'ARN, que l'on trouve surtout dans le cytoplasme, joue un rôle important dans la biosynthèse des protéines et dans l'expression phénotypique* du génotype*.

U. Spampinato

Acide ribonucléique → Acide nucléique

Acmesthésie

Perception tactile d'une pointe aiguë (aiguille) n'entraînant pourtant pas de sensation* douloureuse. *M. Richelle*

Acoustique

Science des sons*, l'acoustique fait nécessairement appel à la psychologie dans la mesure où son objet se rapporte à une partie de l'univers physique, les vibrations* audibles, captées par l'organisme vivant. La discipline frontière qu'est la psychoacoustique* rassemble les domaines impliquant plus directement la participation du psychologue. L'acoustique constitue une discipline de base de la psychologie de la musique*.

Dans sa forme adjectivale, le terme se rapporte à tout ce qui concerne les sons audibles : stimulus, isolation, etc.

M. Richelle

Acquiescement

C'est la tendance à répondre oui ou vrai à une question quel que soit son contenu (elle est plus fréquente que la tendance inverse). Cette tendance de réponse* (ou style) est une caractéristique individuelle cohérente qui peut biaiser les scores à un questionnaire*. Pour y remédier, il faut construire des items symétriques (c'est tantôt la réponse positive, tantôt la réponse négative qui contribue au score d'échelle*) ou des items à choix forcé. Considérée au départ (vers 1950) comme simple source d'erreur, la tendance à l'acquiescement s'est révélée liée à certains traits de personnalité* (lien positif et stable avec l'anxiété, par ex.). Mais son impact réel sur les scores est négligeable.

M. Bruchon-Schweitzer

Acquisition

Mécanisme d'accroissement des conduites : l'acquisition du langage se déroule, pour l'essentiel, entre la naissance et la quatrième année. Produit de ce mécanisme, la lecture est une acquisition commune aux humains scolarisés. Le terme s'applique de façon très générale à des savoirs* et connaissances*, des savoir-faire*, des habiletés* motrices, à tout ce qui peut enrichir le répertoire* comportemental et les compétences* d'un individu au fil de son expérience. Bien qu'il soit proche du terme apprentissage*, il n'est pas chargé des connotations qui, chez ce dernier, renvoient aux théories* de l'apprentissage, et particulièrement à celles qui accentuent les facteurs environnementaux. Plus neutre, le mot acquisition n'implique aucune restriction sur les mécanismes et facteurs en jeu, et il s'applique dès lors aussi bien à des conduites mises en place à la faveur de la maturation*, d'un développement* conçu dans une perspective constructiviste* comme celle de J. Piaget, d'une actualisation* de potentialités* largement innées* sur simple exposition à des informations spécifiques (comme dans la conception de l'acquisition du langage défendue par N. Chomsky) qu'à des réactions conditionnées*, des apprentissages instrumentaux*, ou des comportements moteurs affinés par l'exercice*.

La psychologie cognitive contemporaine fait une large place à l'étude de l'acquisition des connaissances* : informations relatives au monde extérieur, mais aussi règles* et stratégies* exploitables dans la résolution de problèmes*. Cette préoccupation s'articule étroitement à celle des spécialistes de l'intelligence artificielle* à la recherche de modèles* de l'acquisition des connaissances en vue de développer des ordinateurs dotés de capacités d'acquisition et d'exploitation de leur acquis.

M. Richelle

Actant

Dans certains courants de sémantique*, désigne les différents protagonistes d'une action ou d'un événement ; on affirmera ainsi que l'énoncé *« Jean nettoie son cendrier avec un cure-pipe »* est constitué d'un prédicat* (*« nettoie »*) et de trois actants ou arguments* (*« Jean »*, *« cendrier »* et *« cure-pipe »*) auxquels peuvent être attribués des cas* (respectivement : agent, objet et instrument).

En sémiotique* narrative, cette notion a été introduite pour désigner la sphère d'action des personnages d'un récit* ou d'une narration*. Dans l'analyse de ce genre de discours*, on distingue les acteurs (personnages pourvus d'un nom propre, d'une identité, d'un caractère) et les actants (place ou statut de l'acteur dans la structure du récit). Le même personnage peut être successivement Sujet-héros puis Opposant (cas du traître). De la même manière, la place actantielle de Sujet peut, dans un conte, être occupée par plusieurs personnages : les deux aînés (faux héros), puis le cadet (Sujet-héros). Il est fréquent que celui qui révèle aux héros l'objet de leur quête (Destinateur) soit aussi le Destinataire*, c'est-à-dire celui à qui l'Objet de valeur doit être remis. Ce que résume le **schéma actantiel :**

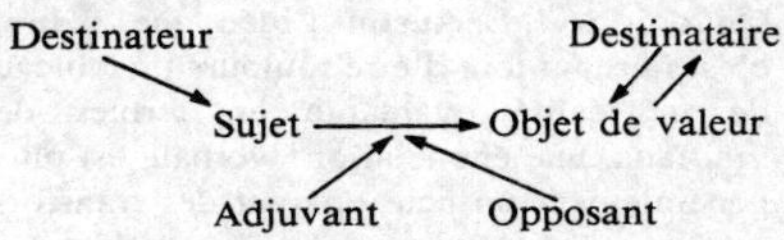

Cette approche, qui ne s'applique pas seulement au conte merveilleux, permet de distinguer dans les structures narratives un axe du désir ou du vouloir (relation Sujet-Objet), un axe du savoir (le Destinateur communique au Sujet un savoir sur l'existence d'un Objet ; le Sujet fait don au Destinataire de l'Objet et, en retour, le Destinataire reconnaît la valeur du héros) et un axe de la lutte ou du pouvoir (l'Adjuvant aide le héros, l'Opposant contrecarre ses projets). Le fait que certains objets soient rendus plus ou moins désirables (Objets de valeur) permet de comprendre ce qui fait courir les héros. Pour distinguer Sujet-héros et Anti-Sujets (faux héros) et comprendre que l'un réussisse là où les autres échouent, il est nécessaire d'introduire la notion de compétence modale*.

J.-M. Adam

Acte

Unité de comportement* constituant un tout légitimement isolable dans le flux continu des conduites*, non en raison de sa commodité pour l'observateur, mais de sa signification fonctionnelle dans l'organisation du sujet. Dans une analyse de type behavioriste*, cette signification pourra être rapportée à l'effet sur le milieu, effet à son tour source de renforcement* , ou de satisfaction d'un besoin* pour le sujet. Pour l'éthologiste, l'acte tirera sa signification de sa fonction dans l'adaptation* de l'animal à sa niche écologique*. Pour certaines psychologies de la personnalité*, l'acte est un tout cohérent, liant les comportements au sens étroit du terme (mouvements, paroles) au besoin qui les sous-tend, aux représentations* qui les programment et au but qui en marque l'aboutissement. On distingue traditionnellement les actes préparatoires, étapes intermédiaires dans la poursuite d'un but, et les actes consommatoires* apportant la satisfaction du besoin (recherche de nourriture, parade* nuptiale, préparatoires, respectivement, à la prise d'aliment, à l'accouplement) (V. Action, Opérant).

M. Richelle

Acte de langage

On doit à J. L. Austin l'idée que « dire, c'est faire » : loin d'être toujours un tableau de la réalité évaluable en termes de vrai/faux, une énonciation* verbale est plus généralement un acte opérant des transformations sur les droits et devoirs publics des interlocuteurs, et évaluable en termes de succès/ échec. Les actes à caractère assertif ne sont qu'un cas particulier, à côté des requêtes (ordre, question), des promesses, des verdicts (blâme, condamnation), des adresses rituelles (salut, remerciement), des formules magiques, etc. La langue offre aux usagers les moyens de signifier leur intention d'accomplir ces actes, l'efficacité d'une telle énonciation restant affaire de normes* sociales (V. Illocutoire).

A. Berrendonner

Acte manqué

Terme spécifiquement psychanalytique qui désigne les ratés des actions habituellement réussies. Le sujet* impute l'échec au hasard ou à l'inattention alors qu'il accomplit un désir inconscient. L'acte manqué est de ce point de vue un acte réussi. S. Freud a regroupé les ratés et les à-côtés de l'action, de la parole, de la mémoire pour les rapprocher du symptôme* en tant que formation de compromis* entre l'intention consciente du sujet et le refoulé. *B. Brusset*

ACTH → Adrénocorticotropine

Acting out

La traduction de l'œuvre de S. Freud en langue anglaise utilise les termes *to act out* et *acting out* pour les formes de l'allemand *agieren.* L'usage s'est donc répandu de recourir au gérondif anglais pour définir en français un sens particulier de l'agir, le processus par lequel un comportement se réalise aux lieu et place de l'actualisation d'un fantasme inconscient. Le terme est à distinguer de celui de « passage à l'acte ». *To act out* signifie agir, en mettant l'accent sur le caractère de complétude de la réalisation de l'acte. Par méconnaissance de ce sens précis, et en accordant au suffixe *out* un sens d'extériorité, on a voulu à tort opposer un *acting in* qui signifierait l'agir dans la cure en opposition à l'*acting out* qui s'appliquerait à un agir hors de la cure, servant à décharger une exigence pulsionnelle à la place de son investissement dans le transfert.

J. Lacan, pour sa part, oppose le terme *acting out* à celui de passage à l'acte pour désigner la mise en scène du fantasme inconscient comme marque signifiante tenant lieu d'une interprétation manquante.

J. B. Moreno a utilisé le terme pour marquer l'objectif immédiat de l'expression scénique dans le psychodrame, à la fois finalité immédiate et moyen thérapeutique d'expression. *D. Widlöcher*

Action

Terme qui, dans son acception centrale, désigne toute forme d'« intervention dans le milieu » d'un organisme vivant, que cette intervention porte sur d'autres organismes, sur des objets quelconques ou sur lui-même, et que cette intervention se traduise ou non par des transformations observables de l'organisme agissant ou du milieu environnant. Par extension, ce terme peut aussi désigner certains des enchaînements causaux (V. Causalité) attestables dans le milieu physique (l'action des acides sur les métaux ; l'action de l'érosion sur un paysage).

Dans les sciences humaines, le terme d'action prend un premier sens, général, qui est synonyme de comportement* (ou de séquence organisée de comportements) ; il désigne les dimensions observables ou matérielles des conduites* (les mouvements* de l'organisme), par opposition à leurs dimensions mentales ou représentationnelles (V. Représentation). Dans cette première acception, on peut aussi parler d'« actions pratiques », ou plus simplement de « pratiques ». En un second sens, à la fois plus restreint et en opposition avec le précédent, ce terme s'applique aux interventions sur le milieu qui mobilisent (ou « en tant qu'elles mobilisent ») les capacités représentationnelles de l'organisme agissant. On parlera dans ce cas d'« action intentionnelle » ou encore d'« action sensée ».

L'**action pratique** constitue l'unité d'analyse du béhaviorisme* et l'une des unités d'analyse du constructivisme* de J. Piaget. Pour ce dernier auteur, tout comportement d'échange entre l'organisme et le milieu constitue une action, en ce sens que l'organisme y transforme le milieu et se modifie à son contact (V. Assimilation et Accommodation), et toute connaissance* procède de l'action. Dès la naissance, les actions du bébé se répètent et s'appliquent de façon semblable à des situations comparables ; la première forme d'intelligence* (stade* sensori-moteur*) se concrétise alors en schèmes* d'action, c'est-à-dire en structures coordonnant les éléments communs aux diverses applications de la même action. Et l'émergence de la capacité de représentation (V. Fonction sémiotique) résulte ensuite de l'intériorisation* de ces schèmes, qui se reconstruisent au plan mental pour donner naissance aux opérations* de la pensée* proprement dite. En psychopathologie, par ailleurs, la désorganisation de ces actions pratiques consécutivement à certaines lésions de l'hémisphère gauche (par ex., l'incapacité de coordonner la suite des comportements impliqués dans l'allumage d'une bougie) est qualifiée d'apraxie*.

Telle qu'elle a été définie par la philosophie analytique, l'**action sensée** se distingue de l'événement*, c'est-à-dire du pur enchaînement causal de phénomènes se produisant dans la nature. Elle implique l'intervention d'un agent* humain, qui mobilise des représentations rétroactives (motifs* ou raisons d'agir) et proactives (intentions* et buts*) pour déclencher une séquence de phénomènes, et qui assume dès lors une responsabilité dans le cours de ces phénomènes. Pour le psychologue A.N. Léontiev, tout échange organisme-milieu s'inscrit dans le cadre d'activités* collectives, c'est-à-dire de structures de comportements orientées par des finalités d'espèce (par ex., l'activité de chasse dont la finalité est la survie du groupe). Chez l'homme, cette activité collective peut se décomposer en actions, c'est-à-dire en séquences de conduites orientées par un but conscient (ou accessible aux représentations de l'agent : faire fuir le gibier dans une direction donnée) ; et c'est dans le cadre de la coopération et des interactions sociales* que ces actions sensées sont coordonnées et articulées aux finalités d'espèce. Dans cette conception, les opérations* sont définies comme des actions automatisées et inconscientes, et la pensée résulte de l'intériorisation des propriétés des actions conscientes et/ou automatisées. Dans une perspective plus récente, inspirée notamment des travaux d'Habermas et de Ricœur, l'action sensée est définie d'abord comme une « découpe » de l'activité collective, qui résulte des jugements sociaux formulés dans le cadre de l'agir communicationnel* : l'activité est évaluée à l'aune des systèmes de représentations collectives (ou mondes formels*), et ce mécanisme d'évaluation impute à chaque organisme agissant des motifs, des intentions et une responsabilité dans le cours de l'activité. Et c'est ensuite l'appropriation*, puis l'intériorisation* de ces jugements sociaux qui donnent naissance aux autoreprésentations de l'agent et qui l'érigent en une personne*, consciente des différentes facettes de sa responsabilité dans l'action.

En psychanalyse*, l'action se définit comme l'ensemble des opérations par lesquelles un agent vise à réduire les tensions* qui le motivent ; S. Freud a distingué les opérations alloplastiques* (transformations matérielles ou symboliques du monde extérieur), et les opérations autoplastiques* (modifications physiologiques ou mentales de l'agent). *J.-P. Bronckart*

Action conjointe → Coaction

Action de masse (Loi d'—)
→ Engramme

Activation

Augmentation de l'excitabilité* du système nerveux* central, dont c'est une des propriétés, entraînant une élévation du niveau de vigilance*, des états d'alerte*, de l'attention*. Plus qu'un état ou un niveau, c'est un processus dynamique constitué par le passage d'un niveau à un autre selon un *continuum* allant des différents états de sommeil* aux nombreux états de veille. Ce processus accompagne les états émotionnels ou affectifs. L'activation résulte d'un ensemble d'influences excitatrices et inhibitrices de nature nerveuse et humorale. Une **activation phasique** ayant son origine dans la formation réticulée* engendre l'éveil, alors qu'une **activation tonique** entretiendra un niveau de vigilance plus ou moins élevé. Le système activateur ascendant réticulaire est lui-même excité par les messages afférents, par des facteurs humoraux du milieu intérieur et par des messages corticofuges. La formation réticulée projette sur le thalamus* et le cortex* et sur les neurones spinaux impliqués dans la motricité*. L'intensité de l'activation a une traduction directe et spécifique au niveau de l'électrogenèse cérébrale (électroencéphalographie*), du contrôle des afférences sensorielles, des activités motrices (spontanées ou réflexes), des grandes fonctions physiologiques (respiration, circulation), mais aussi de l'attention et des réactions émotionnelles* et hormonales. A ce propos, il ne semble pas qu'il y ait covariation entre les différents indices physiologiques ou psychobiologiques. L'activation des systèmes physiologiques, laquelle est une condition de l'expérience émotionnelle, est souvent antérieure à l'activation cérébrale, et peut exister sans une connaissance du stimulus qui lui a donné naissance. Cette activation neuro-végétative et rapide a valeur de survie. Le sommeil a d'abord été considéré comme un processus de désactivation cérébrale d'origine réticulaire, mais on a par la suite mis en évidence des centres actifs dans le déclenchement du sommeil. Une relation a été établie entre l'accroissement de l'activation et les capacités ou performances* de l'organisme ; cette relation a la forme d'un U inversé, suggérant qu'à un niveau d'activation optimal correspond une vigilance optimale permettant la meilleure performance* possible. Toutefois, cette loi générale est actuellement contestée dans la mesure où un niveau d'activation serait contingent ou spécifique d'un état donné de l'organisme.

R. Dantzer, M. Le Moal, B. Soumireu-Mourat

Active

En pédagogie, on appelle **méthodes actives** un ensemble de démarches qui, au-delà des nuances théoriques et pratiques, relèvent d'un seul et même principe : l'apprentissage* s'opère grâce au comportement* actif de l'élève ; celui-ci apprend ce qu'il fait lui-même et non ce que l'enseignant fait. Toutes les méthodes actives tendent donc à assurer la participation de l'apprenant à la construction de son savoir, de ses habiletés, de ses attitudes et de ses valeurs, de sa santé physique et mentale. Dans ce contexte, les travaux de J. B. Carroll, de B. S. Bloom et de A. Harnischfer ont démontré que le facteur « temps activement investi dans les tâches d'apprentissage » *(active learning time* ou *time-on-task)* est, avec l'occasion d'apprendre *(opportunity to learn)*, hautement prédictif de son succès.

En psychanalyse, l'expression de **technique active** a été introduite par S. Ferenczi pour désigner une démarche qui s'écarte de la neutralité* propre à la psychanalyse classique : l'analyste recourt à des injonctions, des prohibitions, des gestes tendres, des confidences sur ses propres problèmes psychologiques, afin d'inciter le patient à se dégager des effets de ses traumatismes anciens.

Dans les sciences humaines, et notamment en psychologie sociale, l'expression **recherche active** (due à K. Lewin) s'applique aux méthodes qui assignent au chercheur un statut d'observateur participant ; l'étude d'un sujet ou d'un groupe est jugée inséparable de celle des effets (modifications) produits sur le sujet par la recherche elle-même.

D. Anzieu et G. de Landsheere

Activité

Ensemble de mouvements* ou d'actions* (éventuellement intérieures, mentales*) produits par un organisme. Le terme est resté aussi imprécis dans le vocabulaire de la psychologie que dans le langage courant, puisqu'il désigne aussi bien des mouvements quelconques, voire désordonnés et non finalisés, ou simplement répétitifs, que des enchaînements d'actions coordonnées entre partenaires sociaux. Ainsi, on parlera d'**activité locomotrice spontanée** à propos des comportements de déplacements* non spécifiés d'un animal, enregistrés à l'aide d'un actomètre*, de **cycles d'activité** à propos des phases de veille active s'opposant aux phases de repos et de sommeil au cours du cycle circadien*, et, dans un sens tout différent, en didactique*, d'**activité de groupe** ou de classe pour désigner une forme d'apprentissage* scolaire impliquant une participation active des élèves.

M. Richelle

Activité de substitution → Déplacement (Activité de —)

Activité redirigée

Activité qui apparaît lorsque l'objet vers lequel est dirigé un comportement se modifie ou disparaît brusquement. L'animal est alors conduit à orienter la même structure comportementale vers une cible différente. Par exemple, au cours d'une interaction agonistique* entre deux oiseaux, lors de la fuite de l'un de deux antagonistes, le vainqueur va rediriger ses coups de bec sur le sol ou tout autre objet présent à proximité.

R. Campan

Actographe

Appareil conçu pour la détection, la localisation, la mesure* et l'enregistrement automatique de l'activité* comportementale, éventuellement dans des conditions semi-naturelles. En général, la locomotion* y est prise comme le reflet de cette activité, surtout pour l'étude du comportement des vertébrés supérieurs. Cependant, il en existe diverses versions destinées à l'examen détaillé d'autres aspects de l'activité, tels que le dressement vertical du corps, les comportements alimentaires* ou l'exploration* dissociée de la locomotion. Le plus souvent, les actographes sont fondés sur des procédés d'enregistrement électromécanique (ex. : roue à activité*) ou photoélectrique. Certains, à visée plus générale, enregistrent l'activité comportementale aussi complètement que possible, en y incluant le maximum de mouvements, rassemblés dans une seule collecte grâce à des capteurs électroniques. Quand l'enregistrement privilégie la mesure, on parle plus volontiers d'**actomètre** et d'**actométrie.** Il s'agit d'un instrument de base dans la recherche sur le comportement animal, notamment en chronobiologie*, en psychologie comparée*, en éthologie* et en psychopharmacologie expérimentale.

E. Tirelli

Actomètre → Actographe

Actualisation

Au sens premier, qui est aussi le sens spécifique qui lui est attribué en psychologie, l'actualisation désigne le processus par lequel un individu mobilise ses potentialités propres et les exprime dans un comportement observable : c'est le passage « de la puissance à l'acte » par la confrontation à des situations révélatrices (notamment conflictuelles). En psychologie de la personnalité, on utilise aussi le concept quasi synonymique d'**actuation** (d'une tendance ou d'une potentialité).

Dans un sens second et plus général, l'actualisation désigne soit le processus qui fait passer un événement ou un comportement d'un état virtuel à un état actuel, soit le processus par lequel un élément du passé est réintroduit dans le présent (actualisation d'une œuvre).

J.-P. Bronckart

Actualisation (Besoin d'—)

C'est, selon H. Murray, le désir de surmonter les obstacles, d'exercer un pouvoir, de réaliser quelque chose de difficile, aussi bien et aussi vite que possible. Selon D. McClelland, ce serait le ressort principal de la motivation* dans le travail, fonctionnant par renforcement* : chacun s'efforce de réussir dans les activités et les situations où il a déjà rencontré du succès. C'est également le niveau le plus élevé de la hiérarchie des besoins* proposés par A. H. Maslow et un des trois besoins fondamentaux de la théorie de la motivation de C. P. Alderfer.

C. Lévy-Leboyer

Actuation → Actualisation

Actuelle (Névrose —)

Sous ce terme, S. Freud, très tôt dans son œuvre, a regroupé la névrose d'angoisse*, la neurasthénie* puis l'hypocondrie*, en tant qu'elles ne relèvent pas de la psychanalyse. Il les oppose, sur le critère de leur déterminisme, aux psychonévroses dont les symptômes sont l'expression symbolique des conflits infantiles tels que les actualise le transfert*. Dans les névroses actuelles, les symptômes résulteraient directement des effets somatiques et non psychiques de l'insatisfaction sexuelle dans la vie présente du sujet : l'absence de décharge dans la névrose d'angoisse, son inadéquation dans la neurasthénie.

Ce modèle théorique est celui de la première théorie freudienne de l'angoisse comme transformation physiologique, automatique, quantitative à partir d'un seuil, et irréversible de la *libido** en angoisse dès lors qu'elle ne peut plus être liée à des représentations. Pour S. Freud, le symptôme de la névrose actuelle est très souvent le noyau et le stade précurseur du symptôme psychonévrotique.

Les développements ultérieurs de cette notion assez désuète se sont faits dans deux directions : d'une part la coexistence, cliniquement fréquente, de symptômes en rapport avec les conflits et l'insatisfaction actuels (pas seulement des pulsions sexuelles, mais aussi du narcissisme et des pulsions agressives) et de symptômes dus à des conflits infantiles, pose la question de leur articulation ; d'autre part les théories psychosomatiques dans lesquelles ce même modèle a eu de grands prolongements (notion de défaillance de la mentalisation* et de l'élaboration fantasmatique préconsciente*) dans l'école de P. Marty.

B. Brusset

Acuité visuelle

Capacité de voir distinctement les détails d'un objet, et donc de discriminer spatialement l'environnement. Quantitativement, l'acuité visuelle est représentée de deux façons : comme l'inverse de l'angle minimal de résolution (en minutes d'arc) ; c'est l'acuité visuelle de résolution, ou acuité visuelle minimale séparable ; ou comme la fraction de Snellen qui se mesure grâce à des lettres ou à des anneaux de Landolt ou à des objets équivalents (optotypes). La moyenne clinique des acuités visuelles varie entre 14/10 et 10/10. L'acuité visuelle varie en fonction de la région rétinienne étudiée : elle est maximale au niveau de la fovéa* ; elle varie également en fonction de l'éclairement* général, du contraste*, de la couleur* et du type de test, du temps de présentation, des erreurs de réfraction de l'œil, etc.

R. Génicot

Adaptation

Pour le biologiste, l'adaptation recouvre diverses acceptions : les adaptations évolutive, physiologique, sensorielle, l'apprentissage. Pour le neurobiologiste et le psychobiologiste, il s'agit d'un processus dynamique de changement développé volontairement ou involontairement afin de replacer l'organisme dans une position plus avantageuse face à son milieu interne ou à l'environnement et supposant la capacité d'apprendre. Les moyens mis en jeu sont d'ordre psychologique ou biologique, intégré ou élémentaire. Le comportement* est la médiation le plus souvent utilisée pour placer l'organisme dans une situation moins menaçante, pour satisfaire ses besoins et, en dernier ressort, garantir sa survie et celle de son espèce. Un obstacle, le besoin, la contrainte, le changement, etc., obligent à une mobilisation de l'organisme qui tente par le comportement de maintenir l'équilibre* antérieur ou de s'ajuster et de créer un nouvel équilibre compatible avec sa survie. La recherche de cet équilibre est une nécessité psychobiologique. Toute modification du milieu intérieur ou de l'environnement pouvant mettre en cause la survie de l'individu ou de l'espèce, toute atteinte au bien-être ou à l'équilibre physique et psychologique, mettent en jeu des processus dynamiques qui vont concourir par des voies souvent complexes à réduire ou à supprimer les conséquences défavorables des contraintes, des agressions, des conflits, des changements. L'étude des capacités d'ajustement* consiste à connaître ce qui dépend de la situation à affronter, de l'expérience du sujet, de son patrimoine génétique. L'adaptation résulte de la mise en jeu du fonctionnement du système nerveux, de mécanismes endocriniens et immunologiques. Il n'est pas déraisonnable de penser que les recherches sur les voies de l'adaptation et sur les mécanismes psychobiologiques de l'ajustement permettront de mieux comprendre la désadaptation résultant de la faillite des fonctions biologiques, des perturbations des fonctions nerveuses, de l'inefficience ou de l'inadéquation des réponses émises. Le cerveau n'apparaît ici que comme l'un des éléments concourant à l'homéostasie*. Sur le plan neurophysiologique, l'adaptation met en jeu des séries ordonnées et émergentes de séquences comportementales, des réflexes* simples aux conditionnements* associatifs, de nature inhibitrice ou excitatrice. L'orientation*, l'alerte*, l'empreinte*, la sensibilisation*, la facilitation* et l'inhibition* latentes, les conditionnements de différents ordres, etc., sont des exemples de mécanismes neurobiologiques adaptatifs. Aux niveaux plus élémentaires, récepteurs sensoriels, synapses et réseaux, divers mécanismes très sensibles de régulation permettent l'adaptation au stimulus.

M. Le Moal

Adaptation (Classe d'—) → Classe d'accueil

Adaptation linguistique

De nombreuses observations ont révélé que l'adulte, plus particulièrement la mère, adapte ses productions verbales aux capacités linguistiques des enfants auxquels il s'adresse. Ces adaptations faciliteraient l'acquisition de la langue maternelle par l'enfant. Les modifications mises en évidence dans le langage maternel adressé à l'enfant concernent principalement des aspects prosodiques (élévation de la hauteur tonale, ralentissement du débit), lexicaux (limitation du vocabulaire utilisé à des mots fréquents) et morphosyntaxiques (réduction de la complexité syntaxique). De telles modifications en fonction du niveau linguistique de l'interlocuteur existent également dès 4 ans chez l'enfant s'adressant à un plus jeune que lui ; toutefois ce n'est pas avant 7-8 ans qu'elles sont opérées délibérément. Chez les enfants plus jeunes, comme chez l'adulte dans les interactions quotidiennes avec de jeunes enfants, ces adaptations linguistiques semblent être effectuées inconsciemment. *J.-E. Gombert*

Adaptation sociale

L'adaptation sociale relève d'un processus complexe d'interactions permanentes, dynamiques et dialectiques, entre un individu et les membres de la société qui lui reconnaissent son identité*, ses capacités*, sa place et son statut. Elle résulte essentiellement de l'harmonisation entre deux grands systèmes de régulation, l'un concernant les relations interpersonnelles dans des groupes naturels et institutionnels, l'autre concernant les relations formelles avec l'organisation sociale et son système de valeurs* dominantes.

J. Selosse

Adaptomètre

Appareil servant à mesurer les variations du seuil* de luminance* sous des stimulations plus ou moins prolongées. Le terme désigne, la plupart du temps, un dispositif destiné à mesurer l'adaptation* visuelle, c'est-à-dire à évaluer les changements graduels de la sensibilité de l'organe visuel quand l'obscurité succède à un éclairage élevé. *R. Génicot*

Addiction

Le terme anglais *addiction* se répand comme synonyme de toxicomanie*, assuétude* ou accoutumance*. Il désigne, avec une connotation plus active que ses équivalents français, toute conduite de consommation d'une drogue* provoquant la dépendance* physique et/ou psychologique. *M. Richelle*

Adéno-hypophyse → Hypophyse

Adhésive (Identification) → Identification adhésive

Adolescence

L'adolescence est une phase de restructuration affective et intellectuelle de la personnalité*, un processus d'individuation et de métabolisation des transformations physiologiques liées à l'intégration* du corps sexué. La fin en est difficile à préciser de nos jours, où de nombreux adolescents prolongés travaillent à leur personnalisation*. Elle constitue un champ psychologique privilégié pour l'étude du changement*. Les changements sont sous-tendus par la reviviscence du mouvement de séparation/individuation de la petite enfance ; par la réactivation du conflit* œdipien ; par la déliaison d'avec les images parentales infantiles et la reliaison avec de nouveaux objets libidinaux ; par des rapports défensifs à un idéal du moi et aux pulsions pour établir un nouvel équilibre narcissique (refoulement, déplacement, déni, clivage, intellectualisation, ascétisme, projection). L'adolescence est ainsi un moratoire infiltré d'une problématique identificatoire : l'essentiel consiste à négocier des deuils, des pertes et des désillusions jusqu'au moment où le sujet* peut assumer sa séparation et sa différenciation dans l'autonomie*.

Du point de vue intellectuel, elle est caractérisée par la pensée formelle, le raisonnement hypothético-déductif, la découverte de la notion de loi : la maîtrise des possibles par la pensée* peut alors aboutir à un égocentrisme métaphysique ; mais elle permet aussi au sujet de concevoir des projets d'avenir et de grands idéaux. Les formes cliniques de l'adolescence comportent aussi bien une originalité juvénile considérée comme normale, des sentiments* d'isolement et des préoccupations obsédantes concernant l'image du corps* où s'amorcent de graves troubles mentaux et des attitudes de défi et de dépendance provoquant l'agression et la déviance*.

E. Jalley et J. Selosse

Adoption

Historiquement, l'adoption est une pratique sociale légalisée destinée à préserver l'intégrité d'un patrimoine et à transmettre un pouvoir ou un titre en l'absence d'héritier naturel. D'un point de vue psychologique, l'adoption répond au désir d'être parent et satisfait à des motivations* variées (générosité, solidarité, intérêt privé). Les couples d'adoptants stériles cherchent à combler leur désir* narcissique et à surmonter la blessure de la stérilité ressentie comme mutilation. Il s'agit, par un acte social et non médical, d'assumer une filiation*, de garantir aux enfants adoptés une « famille » et de se prémunir de l'angoisse* de l'anéantissement. Les fantasmes parentaux pouvant être satisfaits sur un mode archaïque de domination* et de toute-puissance, la loi prévoit des critères de sélection des parents adoptifs. *C. Prévost et J. Selosse*

Méthode des adoptions : les cas d'adoption permettent de dissocier les facteurs génétiques et/ou d'environnement prénatal et les facteurs d'environnement postnatal dans la ressemblance entre individus pour un trait considéré. La comparaison entre les descendants abandonnés et leurs parents biologiques fournit une information sur le degré de ressemblance imputable à des facteurs génétiques et d'environnement prénatal. La comparaison entre les descendants adoptés et leurs parents adoptifs donne une estimation de l'effet de l'environnement postnatal. La méthode suppose que l'environnement postnatal reste constant, quelles que soient les caractéristiques des adoptés, condition qui n'est jamais réalisée dans les populations naturelles. Cette méthode a été largement utilisée sur des populations animales et humaines (V. Génétique comportementale). Lorsqu'elle est appliquée à des populations humaines, elle rencontre des limitations importantes, puisqu'il est impossible de contrôler les variations du génotype*. Un exemple de plan d'adoptions complet peut être fourni par l'étude de l'effet, sur le niveau d'intelligence d'enfants adoptés, de certaines caractéristiques d'un milieu estimé favorable ou défavorable en fonction des catégories socioprofessionnelles d'appartenance des parents biologiques et adoptifs. On montre qu'il existe aussi bien un effet des parents biologiques que des parents adoptifs sur les performances observées chez ces enfants. L'erreur consiste à interpréter l'effet des parents biologiques comme un effet du génotype, ce qui reviendrait à considérer *a priori* que tous les événements qui se déroulent entre la conception et le placement dans les familles adoptives ont un effet nul. Chez l'animal, la méthode, combinée à d'autres, a permis de mettre en évidence des effets de la variabilité des génotypes, de la variabilité des environnements ainsi que des interactions* génotype-environnement.

M. Carlier et C. Desforges

Adrénaline

Catécholamine qui dérive de la noradrénaline* par méthylation. L'enzyme responsable de cette réaction, la phényléthanolamine N-méthyltransférase, a une distribution très restreinte :

1. dans quelques neurones du tronc cérébral* qui projettent avec les neurones noradrénergiques voisins vers le cerveau antérieur (hypothalamus* en particulier) et vers la moelle* ;
2. dans une sous-population de cellules médullosurrénaliennes, qui libèrent l'adrénaline dans le courant sanguin (action hormonale), en réponse aux stimulations émotionnelles et métaboliques (hypoglycémie).

Les actions périphériques s'exercent principalement par l'intermédiaire des récepteurs* de type bêta. Ce sont :

1. une augmentation de la concentration plasmatique des métabolites énergétiques, glucose (par glycogénolyse) et acides gras libres (par lipolyse) ;
2. un relâchement des fibres musculaires lisses (vasodilatation) ;
3. une augmentation de la force et de la fréquence des contractions cardiaques. Au niveau du système nerveux central, ses actions propres sont encore mal comprises.

P. Mormède

Adrénocorticotropine (ACTH)

Polypeptide linéaire de 39 acides aminés synthétisé et libéré dans la circulation générale par les cellules corticotropes du lobe antérieur de l'hypophyse* et responsable de l'activation* de la synthèse des hormones* glucocorticoïdes* par le cortex surrénalien. Les 24 acides aminés* de la partie aminoterminale de la molécule, dont la séquence est identique chez toutes les espèces étudiées, sont nécessaires et suffisants à son activité biologique. La sécrétion de l'ACTH est principalement contrôlée par la corticolibérine, élaborée par les neurones parvocellulaires du noyau paraventriculaire de l'hypothalamus* et sécrétée au niveau de l'éminence médiane dans les vaisseaux portes hypothalamo-hypophysaires. L'ACTH dérive d'un précurseur multifonctionnel, la proopiomélanocortine, qui est aussi à l'origine de la β-endorphine et des hormones mélanotropes. Ces peptides* sont libérés conjointement à l'ACTH mais leur rôle fonctionnel est encore mal défini. L'ACTH est liberée lorsque l'organisme est en situation de stress* ou d'activation, plus généralement d'adaptation*. *P. Mormède*

Adresse

Terme générique caractérisant la précision des ajustements* moteurs au cours de tâches de pointage, d'anticipation-coïncidence ou de poursuite, pour lesquelles il existe de grandes différences individuelles. Ces caractéristiques ne correspondent pas à des stades de traitement de l'information* ou à des aptitudes* particulières. Les progrès dans la compréhension des processus de contrôle moteur* amènent à adopter une attitude critique à l'égard de ce terme, notamment du fait de sa polysémie et de l'absence de faits expérimentaux susceptibles de l'étayer. *M. Durand*

Adualisme

Notion avancée par J. M. Baldwin pour décrire la relative absence de distinction dans la pensée enfantine entre le sujet et l'objet, entre moi et autrui et entre les notions d'esprit* et de matière. J. Piaget étend cette notion aux conduites sensorimotrices en montrant qu'au premier stade de la construction du réel il n'y a pas pour l'enfant d'objet au sens de réalité « conçue » comme subsistant par elle-même, et qu'inversement l'enfant n'a pas conscience de son corps en tant que corps séparé du milieu. Cette indissociation relative entre sujet et objet, d'abord sur le plan de l'action, puis sur le plan de la pensée, est peu à peu dépassée grâce à des mises en relation progressives de différentes natures (spatio-temporelles, intersubjectives, etc.).

J.-J. Ducret

Affect

En psychologie, l'affect est défini comme la subjectivité d'un état psychique élémentaire, inanalysable, vague ou qualifié, pénible ou agréable qui peut s'exprimer massivement ou sous la forme d'une nuance, d'une tonalité. A la différence du sentiment* qui est dirigé vers un objet, l'affect est centré sur ce qui est primairement ressenti.

La psychanalyse lui donne un sens plus précis, en même temps que plus proche de la clinique. Selon S. Freud, toute pulsion* s'exprime dans les deux registres de l'affect et de la représentation*. Au sens strict, l'affect correspond à la quantité d'énergie pulsionnelle investie dans la représentation. D'un point de vue descriptif néanmoins, on prendra en considération l'expression subjective en rapport avec cette quantité d'investissement. *R. Jouvent*

Affect familial

Notion élaborée par A. Ciavaldini, mettant en lumière la dimension de l'affect* qui, dès le début de la vie, se trouve, par le biais de la sensorialité, engagée dans la transmission généalogique et dans l'établissement d'un « sens commun » propre à chaque famille. L'affect familial représente une interface, commune aux membres d'une famille, entre l'affect, éprouvé individuel, et les traces d'affects antérieurs ; entre le psychosoma individuel et le généalogique familial. D'essence transgénérationnelle, il désigne l'ensemble des états affectifs, et parfois sensoriels, par lesquels une famille, ou l'un de ses membres, s'éprouve « être affecté » par le « familial ». Par le processus d'affectation*, il affecte l'enfant à une place spécifique tridimensionnelle : membre d'une espèce, lié à un double lignage et positionné dans une filiation.

L'affect familial présente deux dimensions interconnectées : 1) La première horizontale, où il participe à la constitution du « fond psychique » commun qui donnera corps au fantasme décrit par D. Anzieu d'« enveloppe familiale ». Il assure le lestage de l'interfantasmatisation et de la mythopoïèse* (A. Ruffiot), ainsi que la portance du « holding onirique familial » ; 2) La seconde, verticale, met en lien la famille actuelle avec les générations passées et fait de l'affect familial la source et le vecteur de l'information généalogique et de ses impensés. L'affect familial est donc une forme généalogique en attente de sens individuel.

A. Ruffiot et A. Ciavaldini

Affectation (Processus d'—)

Processus de transmission et de transformation d'un « savoir affectif » premier. Dans le champ de la clinique familiale, il est défini par A. Ciavaldini comme un processus de circulation et de liaison* des affects* familiaux selon le double axe individuel somatique et groupal généalogique. C'est par ce processus, où l'identification projective* (type W. R. Bion) joue un rôle majeur, que l'affect familial*, affectant le soma de l'enfant, le lui donne à éprouver dans sa dimension transhistorique.

Cette affectation, en tant que transmission précocissime, génère le lien psychique et s'effectue selon un double registre : 1) La transaffectation correspond à la transmission des traces des affects des générations précédentes, c'est un ombilic généalogique. Lorsque la transmission s'opère avec une transformation suffisante, ces affects s'intégreront au processus même de l'élaboration et l'on verra s'installer : 2) Une interaffectation, permettant à chacun d'identifier l'autre au travers des places où il s'éprouvera être affecté par l'autre familier. Cette interaffectation soutient l'interfantasmatisation. Si la transformation est insuffisante, la transaffectation ne permettra pas l'interaffectation, elle deviendra pathologique, livrant la voie aux inélaborés de la filiation et pouvant engendrer des confusions affectives entre les membres d'une famille ou chez les thérapeutes, sous forme de « vivances émotionnelles » (W. R. Bion) brutes. *A. Ruffiot et A. Ciavaldini*

Affectivité

Notion d'une extension et d'une compréhension assez vagues, englobant des états aussi divers que les émotions*, les passions*, les sentiments*, l'anxiété*, l'angoisse*, la tristesse, la joie, voire les sensations de plaisir* et de douleur*. On oppose classiquement la motricité*, la cognition* et l'affectivité, mais cette existence vécue par les sujets est à proprement parler indéfinissable : selon T. Ribot la conscience a sa source dans la vie organique et dans les impressions liées aux contractions musculaires et aux mouvements. Cette réduction épiphénoméniste résulte chez lui du fait qu'il est très difficile de séparer la **conscience affective** de la conscience intellectuelle : nous lions l'être au connaître. On a tenté de classer les niveaux et les formes de l'affectivité en la situant par rapport aux phénomènes moteurs et représentatifs (T. Ribot), selon sa fonction de régulation* ou de dérégulation de l'action* (P. Janet et M. Pradines). Mais une autre attitude est possible, qui consiste à reconnaître avec F. Alquié que la conscience affective exprime le sentiment du moi face à la raison. Quel que soit le paradigme choisi, les manifestations affectives pures dépourvues de contenu cognitif sont rares chez l'homme. Pour J.-F. Le Ny, le rôle des structures sémantiques (percepts*, images*, prototypes, souvenirs*) doit être souligné ici dans une perspective qui échappe à la fois à l'alternative de la conscience et de l'inconscient, et au positivisme S-R (stimulus-réponse). La psychologie moderne s'efforce de prendre en compte la spécificité de l'expérience du plaisir, de l'angoisse, du désir*, de l'amour*, irremplaçable et commune à tous.

E. Jalley et C. Prévost

Afférence

L'afférence et l'**efférence** rassemblent toutes les entrées sensorielles, hormonales, humorales, conduisant les informations* afférentes au système nerveux* et toutes les sorties permettant les réponses efférentes, motrices, glandulaires, comportementales.

M. Le Moal

Affiliation

Notion psychosociale qui concerne l'adhésion et la participation d'un sujet* à un groupe*. L'affiliation est un processus sélectif et interactif d'identification* à et par autrui et de représentation* de soi qui contribue à la reconnaissance sociale d'un individu. Le sentiment* d'affiliation participe à l'évaluation de soi à partir des images* sociales élaborées en fonction des représentations valorisées par l'association choisie. L'affiliation en tant que procédure d'intégration* peut s'effectuer après un rituel d'épreuves initiatiques. *J. Selosse*

Affinité

Ressort des relations interpersonnelles fondées sur des interactions perceptives et affectives associées à des visées et des attentes partagées. Les affinités correspondent à la qualité d'un certain vécu, lié à l'attrait et à l'attachement* actuels et mutuels entre des personnes qui communiquent et interagissent, depuis le signe d'accord le plus fugitif jusqu'à l'élan d'une rencontre essentielle. *J. Selosse*

Affirmation de soi

Prise de position ou conduite* délibérée manifestée par un sujet* qui désire présenter une image* de référence* particulière par rapport aux représentations* qu'il suppose que les autres lui attribuent. L'affirmation d'une image propre contribue à structurer la prise de conscience* de soi. Marquant une différenciation* d'avec autrui, elle exprime une relation dialectique entre les besoins d'expression, d'autonomie et de reconnaissance sociale. L'affirmation de soi satisfait une problématique complexe d'identification* qui peut s'inscrire dans un processus aventureux de revendication identitaire au travers d'engagement et de prise de risque réalisés par fidélité à une certaine conception de soi et pour soutenir la crédibilité des choix effectués. *J. Selosse*

Affordance

Notion introduite par Gibson, dans le cadre de sa théorie de la perception appelée par lui « optique écologique »*, qui aborde la perception à partir des situations, dominantes dans la vie réelle, où le sujet se déplace dans l'environnement qu'il perçoit dans des conditions sans cesse changeantes. Cette approche écologique postule que l'environnement* fournit au sujet des informations d'ordre supérieur sur les traits invariants des objets, immédiatement captables par le sujet et exploitables dans l'action. Le terme affordance désigne cette mise à disposition (*afford*, procurer) du sujet, dans l'univers qui l'entoure, des informations essentielles à son adaptation, qu'il lui suffit de saisir, plutôt que de les « traiter » par des processus cognitifs laborieux d'« inférence* inconsciente à partir des données sensorielles » tels que les invoquent les théories de la perception dérivées de Helmholtz.

M. Richelle

After effect → Consécutif

Age légal

Notion juridique liée à la reconnaissance d'une capacité ou d'un droit en fonction de la maturation supposée acquise par un sujet mineur* ou de l'incapacité liée à l'involution de sujets âgés. Ce n'est qu'à partir de la puberté qu'un enfant commence à jouir de certains droits quant à sa personne. L'âge légal varie selon les législations et l'exercice de certaines compétences, telles celles d'avoir des relations sexuelles (hétéro- ou homosexuelles), d'accéder à certains spectacles (censure), d'exercer des activités salariées, de choisir sa nationalité, de s'engager dans l'armée, de gérer et de disposer de ses biens. La fixation d'un âge légal peut être différente selon les sexes des ayants droit (en matière d'autorisation de mariage ou de droit du travail, par ex.). Sa répartition participe à la représentation sociale des âges de la vie et à la socialisation* juridique des individus.

J. Selosse

Age mental

Notion introduite par A. Binet en 1905, qui permet de caractériser le degré de développement* intellectuel d'un enfant en le comparant au degré moyen de développement des enfants de divers groupes d'âge. On dira, par exemple, qu'un enfant, quel que soit son âge réel*, a un âge mental de 6 ans si son niveau de performance*, dans un ensemble d'épreuves dont la réussite est fonction de l'âge, est identique à celui de la moyenne des enfants de 6 ans. L'âge mental est donc une mesure du degré de développement cognitif* de l'enfant. Il est utilisé pour le calcul du quotient intellectuel*. Ce mode de mesure du degré de développement est également utilisé pour des caractéristiques individuelles non cognitives.

M. Huteau

Age réel

Age chronologique mesuré à partir de la naissance. L'âge réel est utilisé dans le calcul du quotient intellectuel*.

M. Huteau

Age scolaire

Limites conventionnelles, fixées par la loi, entre lesquelles se déroule la scolarité* obligatoire (V. Fréquentation scolaire). Cet âge a longtemps coïncidé, *grosso modo*, avec la « seconde enfance » (8-12 ans) et son terme marquait le début de l'adolescence*. Le caractère social, voire conjoncturel, de la détermination de l'âge scolaire n'a pas empêché la recherche de correspondances constantes, voire naturelles, entre le développement* psychologique et la manifestation des habiletés et conduites des enfants à l'école. Or l'histoire de la scolarisation dans les sociétés modernes montre la fragilité de ce cadrage : la scolarité tend, de manière générale, à se prolonger ; et l'on assiste, non sans débats ni arrière-pensées, à une scolarisation de plus en plus précoce de la petite enfance.

D. Hameline

Agent

Dans le cadre des théories de l'action*, désigne tout organisme qui intervient volontairement dans le milieu pour déclencher une séquence de phénomènes ou d'événements*. Un organisme ne peut être considéré comme agent que lorsque sont attestées des autoreprésentations définitoires de sa responsabilité dans le cours d'action : représentations des capacités propres de l'organisme (de son « pouvoir faire ») ; représentations rétroactives de ses mobiles, raisons d'agir ou encore motifs* ; représentations proactives des effets vraisemblables de l'agir (intentions* et buts*).

En linguistique, dans le cadre des théories casuelles (C.J. Fillmore) ou actancielles (L. Tesnières), ce terme désigne une des fonctions sémantiques* attribuables aux constituants nominaux d'une phrase : celle de « responsable animé de l'action exprimée par le verbe ». Fonction qui est généralement assurée par le sujet syntaxique de la phrase (*Pierre* ouvre la porte), mais qui peut être aussi assurée par des formes nominales ayant une autre fonction syntaxique (Heurtée par *Pierre*, la porte s'ouvrit). De nombreux travaux de psycholinguistique développementale ont montré que les enfants identifiaient très précocement ce rôle d'agent, alors que la compréhension des rôles de patient ou d'instrument, par exemple, était plus tardive. *J.-P. Bronckart*

En intelligence artificielle distribuée*, désigne une entité physique ou logicielle active et autonome. Une telle entité est dotée, en général, de capacités de perception de son environnement, de capacités de communication avec d'autres agents, de ressources propres, de compétences et d'objectifs. Un agent réactif a essentiellement des capacités perceptives et un comportement guidé par des processus d'adaptation locale, de type réflexe*. Un agent cognitif dispose de représentations symboliques de son environnement et des autres agents *(croyances),* d'intentions et de capacités de raisonnement. Un agent est ainsi une unité de modélisation conceptuelle et informatique*, à la base de la nouvelle approche de programmation* dite par agent, ainsi que des systèmes multiagents*. *M. Baron*

Agir → Passage à l'acte

Agir communicationnel

Expression introduite par J. Habermas pour caractériser le rôle médiateur* qu'exerce le langage* humain sur la construction collective des connaissances et sur leur appropriation* par chaque individu singulier. Selon cet auteur, la fonction première du langage est d'assurer « l'entente » entre membres d'un groupe, en leur fournissant des instruments de partage (ou de socialisation*) des représentations* individuelles et de négociation de leur signification*. Et c'est aussi au travers de cet agir communicationnel que se réalisent, en permanence, les évaluations et le développement des connaissances formelles ou pratiques, à l'aune des critères fournis par les représentations historiques et collectives, elles-mêmes organisées en mondes formels*.

J.-P. Bronckart

Agitation

Expression motrice* de l'excitation psychique résultant d'une augmentation de l'activité d'une partie des fonctions qui participent à l'activité psychique, qu'elles soient comportementales, émotionnelles ou cognitives. Elle peut survenir dans des circonstances diverses ou des situations psychopathologiques variées.

Elle désigne habituellement un niveau d'activité motrice marqué par l'absence de coordination des différentes séquences d'activité, leur relative inefficacité, leur caractère désordonné, pouvant aller jusqu'à une perte de contrôle débouchant sur des conduites agressives voire violentes. On parlera chez l'enfant d'instabilité* psychomotrice. La fureur désigne une agitation extrême avec exaltation émotionnelle, colères, conduites destructives voire meurtrières. On distingue les états d'agitation et les crises* d'agitation. Les états d'agitation s'observent le plus souvent dans les troubles psychotiques fonctionnels tels la manie, les états délirants aigus, les états schizophréniques. Mais on peut les voir dans les états cérébraux organiques, la confusion mentale et les intoxications diverses, alcooliques, psychodysleptiques ou autres.

Les crises d'agitation sont plus compréhensibles en termes d'interaction avec l'environnement, et sont plus brèves. Elles témoignent d'une incapacité de contrôle temporaire ou peu durable avec décharge émotionnelle en rapport avec des frustrations*. On les observe surtout chez les personnalités* immatures et dépendantes, histrioniques ou psychopathiques.

L'agitation anxieuse survient lors des crises d'angoisse aiguë ou dans certaines formes de dépression* anxieuse au cours desquelles l'agitation correspond à une forme de lutte contre le ralentissement psychomoteur. *J.-F. Allilaire*

Agnosie

Terme créé originellement par S. Freud pour qualifier un trouble de la reconnaissance des objets (précédemment dénommé **asymbolie**), et qu'il rattache à un défaut de représentation* interne, représentation résultant des multiples et diverses expériences sensorielles antérieures des objets.

Le concept d'agnosie a évolué pour désigner les troubles d'identification perceptive propre à un canal sensoriel donné et fonctionnellement préservé ; on parle ainsi d'agnosie visuelle (ou cécité* psychique), d'agnosie auditive, d'agnosie tactile.

L'agnosie visuelle reste le modèle dominant montrant l'existence de traitements parallèles et indépendants puisqu'il est possible d'observer des agnosies spécifiques pour les couleurs, pour les visages (ou prosopagnosie*) et pour les objets. Il est classique de distinguer pour ces dernières une agnosie visuelle aperceptive due à une perturbation de l'intégration des traits perceptifs constituant l'objet et une agnosie visuelle associative où une parfaite intégration perceptive ne peut être associée au lexique de l'objet (ou aphasie optique). La perte du sens de l'objet, ou trouble de la mémoire* sémantique (V. Amnésie), réalise aussi une agnosie associative, ou mieux asémantique, car n'étant plus propre à un canal sensoriel donné. Sous l'influence de la neuropsychologie* cognitive, où le concept de représentation est fonctionnellement central, le terme d'agnosie tend à être remplacé par celui de trouble de la reconnaissance. *J.-L. Signoret*

Agoniste

Désigne un muscle responsable d'un mouvement, par opposition au muscle antagoniste*. Désigne aussi un agent pharmacologique (ligand), capable de reconnaître et de se lier à un récepteur* donné, de le stimuler et d'induire une réponse physiologique en mimant tout ou partie de l'action du neuromédiateur* spécifique de ce récepteur. L'affinité d'un ligand pour un récepteur donné est définie par son aptitude à se fixer sur celui-ci, et l'activité intrinsèque du ligand par sa capacité à engendrer une réponse quantifiable après fixation. Un agoniste présente à la fois une bonne affinité et une activité intrinsèque élevée. Il est dit partiel lorsque son activité intrinsèque étant faible, il ne déclenche qu'une partie de la réponse physiologique. *U. Spampinato*

Par extension, le mot agoniste désigne celui qui prend l'initiative dans une relation dyadique. Le comportement **agonistique** englobe toutes les conduites intervenant dans des situations de rivalité entre individus ou groupes d'une même espèce : il recouvre les comportements de menace* et d'attaque, mais aussi ceux d'évitement* et de fuite. Certains auteurs l'utilisent comme synonyme de comportement agressif*. En fait, comme, dans toute rencontre, les éléments d'attaque-fuite ou de menace-évitement sont entremêlés, un terme général distinct de l'agressivité pure est indispensable pour recouvrir l'ensemble de la situation de rivalité. *J.-C. Ruwet*

Agoraphobie

Crainte angoissante déclenchée par la confrontation du sujet* à un espace découvert n'ayant pas en lui-même de caractère dangereux. L'angoisse disparaît en dehors de la situation ; c'est pourquoi le sujet adopte des conduites d'évitement* (évitement absolu ou stratagèmes d'évitement). Parfois, au contraire, le phobique adopte une attitude contraphobique* (fuite dans la situation redoutée).

Ce symptôme phobique ne constitue pas un processus pathologique indépendant ; il peut en effet s'observer aussi bien dans des états névrotiques (névrose* obsessionnelle ou hystérique) que dans la schizophrénie*. Lorsqu'il constitue le symptôme principal, on parle de névrose phobique. L'analyse du mécanisme à l'œuvre dans la constitution de cette névrose le montre proche de celui de l'hystérie. Cependant, dans la névrose phobique, il n'y a pas conversion de l'angoisse libérée par l'action du refoulement* mais déplacement* de celle-ci sur la situation phobique. *M.-C. Hardy-Bayle*

Agrammaticalité → Grammaticalité

Agrammatisme

Forme rare de discours aphasique observée dans le contexte d'une aphasie* de Broca. L'énoncé est réduit, bien articulé et prononcé avec une prosodie conservée. Les formes syntaxiques sont quasi absentes ou minimales, les mots grammaticaux sont rares et les marques morphologiques des mots, en particulier des verbes, ne sont plus utilisées. L'énoncé est constitué par une juxtaposition de mots, cependant riche en informations, et donc économique ; il est aussi qualifié de style télégraphique. L'agrammatisme pose le problème de savoir s'il s'agit d'un trouble affectant l'expression et la compréhension de la syntaxe, ou bien s'il ne concerne qu'une perturbation de la production des phrases.
J.-L. Signoret

Agraphie

Trouble du langage écrit consécutif à un désordre cérébral. Le trouble peut concerner trois registres : celui de la réalisation et de l'agencement des lettres ou graphèmes, celui de la conversion phonèmes-graphèmes, celui de la connaissance de l'orthographe (règles d'accord, mots dits irréguliers parce que dépendants de conversions conventionnelles).

L'agraphie se manifeste de façon quasi constante avec les perturbations aphasiques du langage oral sans qu'il y ait parallélisme entre l'intensité des deux ordres de troubles. Le langage écrit peut être affecté de façon isolée : l'agraphie peut alors être soit associée à l'alexie*, soit pure. La préservation possible de l'épellation orale permet de situer fonctionnellement le trouble à la réalisation de l'écriture (agraphie apraxique). Les perturbations touchant électivement l'orthographe avec maintien du code phonème-graphème définissent l'agraphie lexicale.

De façon plus singulière, le trouble peut affecter la nature des lettres (majuscules, minuscules) ; on parle d'agraphie allographique.

Au cours des déconnexions interhémisphériques par lésion du corps calleux, on peut observer une agraphie qui ne se révèle que par l'écriture réalisée par la main gauche.

Il faut enfin noter la fréquence de troubles agraphiques au cours de la confusion mentale.

J.-L. Signoret

Agressif (Comportement —)

Le comportement agressif recouvre toutes les conduites*, souples et progressives, ou stéréotypées* et ritualisées* de menace* et attaque intervenant dans les situations de rivalité entre congénères. Il détermine un espace personnel en deçà duquel l'intrusion d'un rival n'est pas tolérée. Cette distance* interindividuelle varie selon les espèces et, chez chacun, selon les circonstances et son histoire personnelle. Sa fonction biologique première est d'assurer la sécurité et la tranquillité du sujet, en même temps qu'elle lui garantit les ressources essentielles : une place au dortoir, un accès à la nourriture. Les fluctuations saisonnières de la production d'hormones gonadotropes et sexuelles, réglées chez les animaux par un rythme endogène stimulé et synchronisé par les variations de l'environnement* (photopériode, stimulation sociale), induisent, spécialement chez les mâles, des modifications importantes de l'intensité du comportement agressif et de l'intolérance. Par le biais de la structuration de groupes sociaux selon les principes des hiérarchies* ou de la territorialité*, le comportement agressif réglemente en fait l'accès aux situations les plus favorables à la reproduction. Il est alors le support d'une compétition et, partant, d'une sélection intraspécifique. Pour l'individu et au sein du groupe social, le jeu des comportements de menace et d'évitement* (comportement agonistique*) suffit à régler sans dommage corporel l'espacement des sujets selon leur statut et leur fonction. En cas d'augmentation excessive de la densité de population, la pression accrue de compétition, la fréquence des interactions entraînent une situation de stress* pouvant provoquer la diminution de la fertilité et une émigration partielle, ce qui ramène à l'équilibre la population, les groupes sociaux, les sujets.

La nature et l'origine de l'agressivité ont fait l'objet de débats confinant à la querelle idéologique. K. Lorenz et S. Freud se rejoignaient pour postuler l'existence d'une pulsion* agressive irrépressible. Pour d'autres, elle s'installe au cours de l'ontogenèse, en fonction des frustrations* et des expériences. Il faut noter que si, dans la nature, l'agressivité est modulée par des mécanismes compensateurs, elle se prête dans les élevages à la sélection artificielle orientée (coqs et chiens de combat). Les biologistes distinguent l'agressivité intraspécifique qui, soigneusement modulée, concourt au succès global du groupe et de la population en évitant les dommages corporels à l'individu, et l'agressivité interspécifique qui s'inscrit dans le registre du comportement de prédation* et d'antiprédation.

J.-C. Ruwet

Agression

Il n'y a pas d'acception homogène du terme d'agression. Les principales positions sont inconciliables : la position béhavioriste* qui considère comme agression tout comportement qui blesse ou porte préjudice à autrui, la position néobéhavioriste qui définit l'agression comme une intention de blesser ou de porter préjudice à autrui, et la position cognitiviste*, selon laquelle un comportement est considéré comme agressif* uniquement s'il est à la fois intentionnel et représente une violation de la norme qui régit la situation dans laquelle il se produit.

Les formes d'agression peuvent être fort diverses et englobent toute réaction directe ou indirecte, active ou passive, motrice ou verbale, destinée à porter tort à autrui. La prise en compte de l'intention* du sujet permet de distinguer l'agression hostile de l'agression instrumentale, qui consiste à utiliser un pouvoir coercitif pour atteindre un but autre que celui de porter préjudice à la victime (notamment par anticipation d'une récompense). Dans la perspective freudienne, l'agression renvoie à l'agressivité*. Elle est considérée comme un comportement spontané issu d'une pulsion* unitaire et fondamentale prenant racine dans la sphère biologique et dont l'énergie doit impérativement être déchargée. En psychologie sociale, l'existence d'une énergie pulsionnelle autonome est contestée ; la pulsion n'engendrerait qu'une disposition à agresser, actualisée par des facteurs situationnels. L'agression apparaît comme un contrôle manipulatif de l'environnement d'origine sociogénique. L'hypothèse frustration-agression, qui a marqué le début des recherches expérimentales sur l'agression, postule une connexion innée entre la frustration*, stimulus antécédent, et l'agression : le comportement d'agression est une conséquence logique de la frustration. Dans cette optique, l'agression représente une tentative pour écarter ce qui empêche le sujet d'atteindre le but qu'il s'est fixé. De nombreux résultats de recherches ont cependant conduit à contester le caractère nécessaire et suffisant de la frustration. Pour L. Berkowitz, la frustration engendre l'agression seulement si la stimulation aversive produit un état d'excitation (la colère) qui à son tour accroît la disponibilité à répondre par une agression dans des conditions situationnelles appropriées, notamment en présence de stimulus évocateurs de l'agression *(aggressive cues)*. Enfin, pour A. Bandura, les comportements d'agression sont le résultat d'apprentissages, notamment d'apprentissages par observation*. Cette dernière thèse explique les conditions d'occurrence d'une agression en mettant l'accent sur son actualisation, sans pour autant exclure une origine endogène du comportement.

G. Moser

Bases neurobiologiques de l'agression : ensemble des structures et systèmes neuronaux impliqués dans l'expression des conduites agressives. L'expérimentation et la clinique ont montré, à partir de lésions ou de stimulations localisées, que des patrons de défense* et d'attaque* caractéristiques de l'agression naturelle sont sous le contrôle de mécanismes neurobiologiques spécifiques. Etant admis que l'agression naturelle apparaît à la fois dirigée contre des objets de l'environnement et dans des situations spécifiques, que la réponse est flexible et plastique notamment selon l'attitude de la cible, qu'elle implique une intégration complexe de réactivités somatiques et autonomes, les questions fondamentales étaient de savoir si les interventions intracérébrales pouvaient provoquer l'essentiel de ces caractéristiques. Différents modèles ont été proposés par les neurobiologistes comme l'attaque du chat vers la souris (modèle de prédation* contesté par les éthologistes comme n'étant pas une manifestation d'agression) ou l'agression interspécifique rat-souris, etc. A titre d'exemple, la stimulation électrique de sites particuliers de l'hypothalamus* provoque une attaque du chat qui s'accompagne des cortèges sympathiques et somatiques, de changements motivationnels et qui résulte de modifications sélectives permettant l'ajustement des systèmes sensoriels et moteurs. Il existerait des mécanismes centraux innés ayant pour but bien plus de contrôler l'agression que de produire des patrons de réponses préfixés, de préparer d'une manière flexible les capacités sensori-motrices à une réponse aux changements spécifiques de l'environnement permettant donc des interactions dynamiques et modulées de l'organisme dans un milieu changeant. Cette question renvoie aux rapports structure-fonction* et au problème de la localisation* des réponses comportementales. Il apparaît que les réponses obtenues par intervention localisée varient du plus élémentaire au plus complexe tout au long du cerveau et de l'encéphale* selon le niveau neurophysiologique stimulé. Une stimulation au niveau du bulbe* et du pont ne déclenche que des composants élémentaires de menace et de défense et il n'apparaît jamais de réponses intégrées. Ces réponses intégrées de défense et d'attaque sont obtenues après stimulation de la substance grise périaqueduquale du mésencéphale* ; la lésion atténue les réponses; les neurones s'activent dans cette région lors de l'agression ; une section du névraxe à cet endroit permet des réponses intégrées, ce qui suggère qu'à ce niveau de l'encéphale se trouvent les mécanismes neurobiologiques essentiels permettant la réaction d'agression. L'hypothalamus est généralement considéré comme le centre intégrateur des comportements défensifs et d'attaque mais il est plus juste d'attribuer à cette région un rôle d'ajustement et de modulation des réactions affectives et agressives par une action directe sur le mésencéphale. Enfin, la stimulation de différentes régions du système limbique* et des régions associées (amygdale*, septum, hippocampe*, cortex* préfrontal et cortex cingulaire) facilite ou supprime l'agression. Dans l'ensemble, de larges parties du cerveau interviennent. Les neurotransmetteurs* impliqués dans ces circuits doivent être identifiés, notamment dans le but d'orienter une recherche pharmacologique. Une psychochirurgie localisée, pratiquée dans certains pays dans des cas de syndromes graves de pertes de contrôle épisodiques, ne repose pas sur une connaissance claire de la neurobiologie de l'agression. *M. Le Moal*

Agressivité

Disposition permanente à s'engager dans des conduites d'agression* réelles ou fantasmatiques. Deux aspects peuvent être distingués : une agressivité maligne, destructive, et une agressivité bénigne où la combativité s'exprime par la compétition* et la créativité*. L'agressivité est considérée par la psychanalyse, selon les écoles, comme une pulsion* unitaire et indépendante, la projection* de l'instinct de mort ou de destruction (S. Freud) ou comme une manifestation du désir de pouvoir sur autrui et d'affirmation de soi (A. Adler). Les recherches interculturelles ont montré la grande variété des normes régissant l'agressivité et la combativité dans différentes cultures. *G. Moser*

Agrippement → Cramponnement

Agueusie

Privation*, totale ou partielle, de sensibilité gustative, résultant d'une atteinte des récepteurs sensoriels, des voies de conduction ou de leurs sites d'aboutissement, ou aires gustatives corticales, principalement situées dans le cortex* temporal.

On décrit des agueusies sélectives à certaines saveurs ou à certaines substances particulières, attestant les variations interindividuelles importantes dans la sensibilité gustative. Une forme d'agueusie sélective de caractère héréditaire a été identifiée à une substance, le phénylthiocarbamide, à laquelle certains ne reconnaissent aucun goût alors que d'autres lui trouvent une forte saveur amère. *M. Richelle*

Aire

Zone ou territoire* où se déroulent des activités d'un animal ou d'un groupe d'animaux : aire de reproduction, aire de repos. En milieu naturel, où le terme s'applique de la façon la plus appropriée, l'aire est une section délimitée, de manière plus ou moins précise, de la niche écologique*. *M. Richelle*

Ajustement

Moyens psychiques et comportementaux qu'un individu est capable d'interposer entre une agression* et son organisme pour faire face au problème rencontré et diminuer l'importance du stress* subi.

Les psychologues distinguent les stratégies d'action des stratégies de défense. Les premières visent à résoudre le problème alors que les secondes sont intrapsychiques et tentent de contrôler l'émotion* engendrée par la situation provocatrice (négation, intellectualisation, réinterprétation, etc.). Les stratégies d'ajustement sont très variables d'un individu à l'autre et pour un même individu d'un moment à l'autre, même pour un événement identique. Il n'est pas possible toutefois de caractériser avec fiabilité les stratégies d'ajustement déployées par un individu, à partir d'autoquestionnaires ou d'entretiens. Une approche comportementale est donc habituellement préférée. En termes physiologiques, on peut apprécier l'efficacité de la stratégie d'ajustement retenue sur divers indicateurs de l'activation* engendrée par la situation agressive. Cette approche se heurte cependant à la difficulté de cerner avec précision la notion d'activation. Bien que le concept d'ajustement joue un rôle clé dans la réaction de stress, sa prise en compte objective reste donc très difficile. *R. Dantzer*

En statistique, recherche d'une représentation théorique exprimant le mieux un ensemble de données empiriques. Les méthodes d'ajustement les plus répandues sont : les **moindres carrés,** recherche des coefficients d'une fonction d'une ou plusieurs variables qui rendent minimale la somme des carrés des écarts entre les valeurs observées et celles fournies par la fonction envisagée ; et le **maximum de vraisemblance,** dont l'idée de base consiste à attribuer aux paramètres* du modèle des valeurs maximisant la probabilité* d'observer le résultat qui a été effectivement obtenu. Exemple : ajustement d'une droite de régression* à un nuage de points.

P. Bonnet et H. Rouanet

Ajustement (Méthode d'—)

En psychophysique*, méthode, utilisée d'abord par G. T. Fechner en 1860, pour la mesure des seuils absolus* et différentiels*. Elle consiste à demander au sujet de régler lui-même le stimulus* à la valeur minimale où il le détecte (seuil absolu) ou, s'il s'agit du seuil différentiel, de régler le stimulus de comparaison* à la valeur minimale autorisant une discrimination* par rapport au stimulus étalon*. La méthode, appelée aussi d'**autoréglage,** présente l'avantage d'assurer la mobilisation attentionnelle du sujet, mais, sauf à lui interdire les retours en arrière, elle autorise des hésitations et l'interférence d'attitudes étrangères à la tâche, auxquelles les méthodes des limites* ou des stimulus constants* laissent moins l'occasion de s'exprimer.

Dans la mesure des seuils différentiels, une variante répandue de la méthode d'ajustement consiste à demander au sujet de régler le stimulus de comparaison de telle sorte qu'il lui paraisse égal au stimulus étalon. Dans cette méthode dite de l'erreur moyenne*, du point central*, ou encore de reproduction ou d'égalisation subjective*, c'est l'écart objectif par rapport à l'étalon qui est utilisé comme estimation* du seuil différentiel, ou plus strictement de la différence juste imperceptible*. *M. Richelle*

Ajustement préparatoire

Opérations préalables à l'arrivée d'un événement déclencheur qui consistent en l'attente d'un stimulus* parmi d'autres possibles. Elles ont pour effet de diminuer le temps de réaction* ou le temps moteur en cas d'attente adéquate, d'augmenter la latence* et les erreurs en cas d'attente inadéquate.

En sport, cet ajustement peut consister en une activation générale, une préparation spécifique et contrôlée ou en postures et replacements dissymétriques. Le calcul des coûts et bénéfices* aboutit au choix d'un niveau de préparation (totale, partielle ou nulle) en fonction de la probabilité d'occurrence du stimulus, de la pression temporelle et de différentes variables de contexte (connaissance de l'adversaire, état du score, etc.). *M. Durand*

Akinésie → Défensif

Alarme

Signal d'un danger. Dans les espèces vivant en groupe, le comportement de certains individus, situés en bordure de la troupe, ou postés en sentinelle, fournit l'alarme aux congénères. Les comportements à valeur d'alarme peuvent être exclusivement moteurs (fuite), ou se doubler de productions sonores (cris ou chants particuliers), qu'il est permis d'analyser comme des formes élémentaires de communication*. On a souvent été tenté de prêter un caractère intentionnel au comportement d'alarme, mais dans la plupart des cas une explication plus simple permet de faire l'économie* de cette interprétation anthropomorphique.

Fausse alarme : dans la théorie de la détection du signal*, réponse de détection* fournie alors que le stimulus* n'a pas été présenté. *M. Richelle*

Albedo → Facteur de réflexion diffuse

Alcool

Molécule naturelle ou synthétique, éthylalcool ou éthanol, contenue dans toutes les boissons fermentées ou distillées. L'alcool est une molécule à la fois sédative et hypnotique. Il est obtenu soit par voie synthétique, soit par voie de fermentation de produits végétaux. C'est le toxique le plus anciennement connu, sans doute dès l'aube de l'humanité, et la drogue* la plus répandue dans le monde. A faible dose, il peut avoir des propriétés stimulantes quoique souvent suivies de dépression ; à fortes doses, il peut provoquer un état stuporeux et le coma.

Son usage chronique (**alcoolisme**) entraîne des effets délétères touchant de nombreux organes (cirrhose du foie, artérites, pancréatites, etc.) dont le système nerveux (neuropathies, syndrome amnésique de Korsakoff, encéphalopathies, états démentiels). La sensibilité à l'alcool varie selon les sujets et en partie pour des raisons génétiques. Cette drogue crée des états de dépendance* physique et psychologique et le sevrage peut entraîner des délires* aigus graves *(delirium tremens)*. Son usage fort répandu a un coût social énorme. C'est une drogue encouragée par un puissant support publicitaire et ne faisant l'objet d'aucune législation sérieuse. *M. Le Moal*

Alcoolisme → Alcool

Aléatoire

Une situation est dite aléatoire lorsque, dans des conditions de définition parfaitement déterminées, il n'est pas possible d'en prévoir l'issue avec certitude. Les loteries fournissent d'excellents exemples de situations aléatoires : les conditions initiales sont parfaitement déterminées mais plusieurs résultats peuvent être observés.

Lorsqu'on attache une grandeur numérique à toute réalisation possible d'une situation aléatoire, on définit une **variable aléatoire :** celle-ci se caractérise par une loi de probabilité* qui permet de mesurer les probabilités attachées aux différentes valeurs (ou aux différents sous-ensembles de valeurs) de la variable.

En psychologie entre autres, il s'est souvent révélé fructueux de concevoir des situations comme aléatoires (apprentissages, négociations, etc.) et d'utiliser, pour les formaliser, la théorie des probabilités.

D. Defays

Alerte

Mobilisation aspécifique* de l'organisme en réponse à des stimulations* survenant dans son milieu. L'état d'alerte implique l'éveil* et la vigilance*, et donc l'intervention des structures et circuits nerveux qui en assurent le contrôle, notamment la formation réticulée*. La **réaction d'alerte** désigne plus particulièrement la réponse globale de l'organisme à une stimulation nouvelle dont il ne décoderait pas immédiatement la signification. Elle se traduit par une posture* d'éveil attentif, avec mobilisation des organes sensoriels, éventuellement orientation des récepteurs* visuels et auditifs vers la source du stimulus — d'où le terme réaction d'orientation* parfois employé indifféremment, bien qu'il soit plus restrictif —, et réponses viscérales associées (modification du rythme cardiaque, du rythme respiratoire, etc.). La réaction d'alerte a été décrite par I. Pavlov, qui l'observait en présence du stimulus neutre introduit dans la situation expérimentale pour servir ensuite de stimulus conditionnel*. Elle s'atténue et disparaît par habituation* si le stimulus se répète sans conséquence, et fait place, éventuellement, à une réaction conditionnée différenciée, ne mettant en jeu que les organes et fonctions sollicités par l'association conditionnée (par ex., la flexion de la patte, ou la sécrétion salivaire). On voit que, sauf peut-être dans le cas de stimulus associés aux menaces particulières pesant sur l'espèce (prédateurs), la réaction d'alerte n'est pas liée à un stimulus, mais à sa signification, sa portée dans un contexte donné, le même stimulus la déclenchant quand il survient de façon inattendue, mais entraînant une réponse différenciée s'il a fait l'objet d'un conditionnement ou a acquis une valeur informative précise. *M. Richelle*

Alexie

Trouble acquis de la lecture, secondaire en règle générale à une lésion focale affectant l'hémisphère cérébral dominant. Qualifiée originellement de **cécité verbale**, l'alexie est souvent dénommée dyslexie* dans la littérature anglo-saxonne.

Le trouble est défini par une perturbation de la lecture à haute voix avec production de paralexies (V. Paraphasie), voire de néologismes ; un trouble de la compréhension écrite est habituellement présent. L'alexie peut s'observer soit dans le contexte d'un désordre aphasique du langage oral, soit isolée. Elle peut alors être associée à une agraphie* constituant une alexie-agraphie, conséquence d'une lésion affectant la région pariéto-occipitale gauche, qui a pu être considérée comme l'aire du langage écrit. La lecture peut être perturbée alors que l'écriture est préservée : on parle alors d'alexie sans agraphie ou d'alexie pure, qui peut être interprétée comme une déconnexion entre la zone visuelle et les aires du langage.

D'un point de vue descriptif, l'alexie littérale correspond à la non-lecture des lettres, l'alexie verbale à la non-lecture des mots.

La neuropsychologie cognitive s'est attachée à analyser et surtout à différencier les altérations pouvant affecter les processus mis en jeu par la lecture : l'alexie phonologique, voisine de la dyslexie dite profonde, ne permet plus la conversion graphème-phonème, alors que la lecture d'un mot peut être possible ou aboutir à une paralexie sémantique ; à l'inverse, au cours de la dyslexie superficielle, la conversion graphème-phonème est préservée mais n'est plus contrôlée par le sens, conduisant à la production de néologismes pour la lecture de mots dits irréguliers, c'est-à-dire dont l'orthographe peut être considérée comme arbitraire ; enfin, l'alexie dite pure ne permet plus qu'une lecture lettre par lettre.

J.-L. Signoret

Alexithymie

Définie par P. Sifneos en 1973 comme un déficit de verbalisation des émotions, le concept d'alexithymie s'inscrit dans le champ psychosomatique* d'origine psychanalytique, à la suite des travaux américains et surtout français. Une dizaine d'années auparavant, un groupe de psychanalystes français, dont P. Marty et M. de M'Uzan, avaient pu repérer, chez des sujets souffrant de maladies réputées psychosomatiques, un mode particulier de fonctionnement mental fait d'un surinvestissement du factuel et d'une pensée logique hyperrationnelle baptisée pensée opératoire.

Chez le même type de patients, P. Sifneos et ses collègues de l'Ecole de Boston étudièrent la transcription *verbatim* d'entretiens psychiatriques. Ils retrouvèrent une grande pauvreté dans la description des sentiments* et des expériences vécues, un manque de fantaisies. A partir de ces descriptions, des hypothèses physiopathogéniques ont été élaborées sur les maladies psychosomatiques qui proviendraient d'une absence d'adaptation aux agressions* (stress*) par manque du facteur de régulation* que représenterait la mentalisation*. Ces hypothèses ont été contestées, en même temps que le caractère primaire de l'alexithymie (qui aurait pu être secondaire à la maladie).

Il est admis maintenant que celle-ci précède les épisodes somatiques et des travaux chez des jumeaux font même penser qu'elle pourrait parfois comporter un facteur génétique. Elle semble surtout en relation inverse avec le niveau culturel.

Au-delà de sa portée théorique en psychosomatique, l'alexithymie correspond à une réalité clinique sémiologique observable chez de nouveaux patients. Au plan cognitif*, l'alexithymie peut être considérée comme un déficit attentionnel au niveau du traitement visuel parallèle de l'information*, allant de pair avec une dysconnexion fonctionnelle interhémisphérique.

R. Jouvent

Algésimètre

Instrument permettant d'appliquer sur la peau un stimulus douloureux calibré, utilisé dans la mesure des seuils de douleur*.

M. Richelle

Algorithme

Ce mot vient du nom d'un savant ouzbek du IXe siècle, Al Khwarizmi, célèbre pour ses traités sur l'arithmétique et l'algèbre. Une notion intuitive d'algorithme, utilisée en informatique*, désigne la description précise d'une méthode de traitement d'une classe de problèmes ; elle consiste en une suite finie d'opérations à effectuer à partir de données en vue d'obtenir un résultat déterminé (procédure* de calcul*, dite effective si le résultat est obtenu dans tous les cas en un nombre fini d'étapes). La nature des opérations utilisées dans un algorithme dépend des informations traitées et des capacités de l'agent exécutant (humain ou machine) auquel il est destiné. Une définition rigoureuse de la notion d'algorithme a été établie par A. Markov en 1951, à partir de la notion de règle de production*. D'un point de vue mathématique, un algorithme définit une fonction calculable*. Un exemple historique est « l'algorithme d'Euclide » pour le calcul du plus grand commun diviseur de deux entiers donnés. En informatique*, des algorithmes classiques concernent le problème du tri d'éléments. L'étude de la complexité d'un algorithme, en fonction de la taille du problème traité, permet d'en estimer l'efficacité.

M. Baron

Aliénation

Etat ou processus par lequel quelque chose est perdu ou rendu étranger à celui qui le possédait originellement. Le concept d'aliénation tel qu'il est utilisé en psychologie du travail* renvoie à la critique marxiste de l'économie politique, selon laquelle l'ouvrier est aliéné dans le produit de son travail, étranger à lui-même, parce qu'il est aliéné dans l'activité du travail, activité qui appartient à un autre. Le producteur aliéné s'assimile au produit, perdant ainsi une partie de sa propre identité* qui s'est en quelque sorte fondue dans ce dernier.

Indépendamment des conditions économiques, le contenu même du travail peut aliéner le travailleur en ce qu'il appauvrit ses ressources intellectuelles jusqu'à lui rendre inconcevable d'améliorer sa situation actuelle. L'aliénation semble d'autant plus grande que le travail n'a pas de signification pour le travailleur, que le système de récompense est lié à des facteurs extérieurs et à la productivité de l'individu, et que l'organisation n'offre pas ou peu de moyens au travailleur de réaliser ses propres objectifs.

Concrètement, l'aliénation se traduit par un sentiment d'impuissance, d'absence de pouvoir et d'étrangeté à l'égard du travail et des autres, une perte de confiance en soi*, une insatisfaction à l'égard du travail, et enfin une incapacité à intégrer les valeurs diffusées par l'organisation.

P. Lidvan

Aliénation mentale

Désigne depuis P. Pinel toutes les formes d'altération mentale aboutissant à l'impossibilité pour le sujet*, en tant qu'individu social*, de mener une vie normale et de participer à la vie en collectivité.

Le point de vue social est indiqué par l'étymologie même du terme « aliénation », du latin *alienus* : étranger. Le sujet y fait figure d'étranger ou encore d'aliéné. P. Pinel a ainsi introduit une tradition dans laquelle les fous devenus aliénés se trouvaient élevés à la dignité de malades. Ce point de vue posera des problèmes de plus en plus complexes du fait de la distinction nécessaire entre aliénation sociale et aliénation mentale. On parle au départ d'aliénation mentale comme on parlera plus tard de maladie mentale et il faut souligner que le qualificatif mental paraissait particulièrement opportun pour l'aliénation aussi bien que pour la maladie. Plus tard, certains considèrent que l'aliénation en tant que telle constitue une structure générale caractéristique de l'être humain ; deux des principaux élèves de P. Pinel, J. Esquirol et G. Ferrus, sont à l'origine de la loi de 1838 qui organise en France l'hospitalisation des aliénés dans des asiles ainsi que la protection de leurs biens. Cette loi soulève encore la crainte de séquestration. Elle est à l'origine du développement du système asilaire en France. L'asile d'aliénés deviendra progressivement une microsociété hiérarchisée qu'on accusera de faciliter la chronicisation des malades. Il ne faut toutefois pas oublier qu'il a permis au départ un progrès considérable en remplaçant dépôts de mendicité et hospices et en développant les bases d'une médecine efficace pour les aliénés.

J.-F. Allilaire

Alimentaire (Comportement —)

La **faim** est l'un des facteurs, mais non le seul, qui provoquent la prise de nourriture (ou **nutrition**). Comme tout comportement, il est organisé par le cerveau depuis la sensation de faim ou d'appétit jusqu'aux conduites de sélection des nutriments. Normalement, et théoriquement, l'animal régule les entrées caloriques afin de maintenir le poids corporel dans des limites étroites et sélectionne les aliments en fonction des besoins physiologiques pour le maintien de la santé. Il existe une capacité innée orientant vers les solutions adéquates, qualitativement et quantitativement.

La régulation quantitative suppose un stimulus interne déclenchant la prise de nourriture, se manifestant par la faim, et un stimulus arrêtant la conduite et se manifestant par la **satiété**. L'action de ces signaux physiologiques (l'insuline est l'un d'entre eux) n'explique pas l'ensemble des processus de déclenchement et d'arrêt ; ces signaux agiraient au niveau de l'hypothalamus* et de bien d'autres régions cérébrales. Les signaux responsables de l'arrêt de la prise d'aliments, lesquels surviennent bien avant que ces aliments n'aient été digérés ou n'aient accompli une quelconque régulation physiologique, proviennent vraisemblablement de l'estomac et de la partie supérieure du duodénum sans que l'on sache la part de la distension, de la sécrétion d'une hormone dite de satiété (la cholécystokine) et de l'évaluation « sensorielle » de l'apport nutritionnel dans le volume ingéré, ce dernier type de signal supposant une digestion partielle à partir d'enzymes sécrétées par la langue. Ces messages sont adressés au système nerveux en partie par le nerf vague et le nerf splanchnique bien que la section de ces nerfs n'empêche pas la régulation nutritionnelle.

Il existe des faims sélectives permettant l'apport d'éléments nécessaires à la survie. La faim pour le sel, par exemple, répond à un programme inné déclenché dès que le besoin biologique est vital et l'animal n'a pas à apprendre que le sel est nécessaire. De même, certaines aversions* et préférences* sont innées (substances amères et sucrées).

Parmi les troubles du comportement alimentaire, le plus commun est l'obésité* qui ne peut pas être considérée comme une entité pathologique ; elle est souvent liée à une « boulimie* nerveuse » et est diagnostiquée lorsque le poids excède 20 % du poids idéal. L'**aphagie**, ou incapacité de manger et refus de nourriture, peut être provoquée par des lésions de la région hypothalamique où sont intégrés les signaux conduisant à la faim ou à la satiété. L'anorexie* enfin est une perte de la motivation* à consommer des aliments. *M. Le Moal*

Du point de vue éthologique, le comportement alimentaire représente une grande partie du répertoire de base d'une espèce ; motivé par la faim ou stimulé par les jeunes à nourrir, il peut mobiliser l'essentiel de l'activité de l'animal, bien que certains se montrent opportunistes quant au moment, au lieu, à l'objet. Chaque espèce a développé sa propre stratégie alimentaire s'inscrivant dans la phytophagie, la prédation, le parasitisme ou la saprophagie en fonction de sa morphologie, de sa physiologie et de ses capacités d'assimilation, du milieu qu'elle fréquente. Cette stratégie est le reflet de la nécessité de s'alimenter, mais aussi de la nécessité tout aussi vitale de ne pas être mangé. Locomotion, comportement alimentaire et d'antiprédation expriment la place qu'a et le rôle que joue chacun, à sa manière, dans l'écosystème* : sa niche* écologique. Le comportement alimentaire, quant à ses moyens et son succès, est modulé par la compétition et la coopération, interspécifiques et intraspécifiques. Tous les exemples existent d'action isolée, de groupe ou de masse, mono- ou plurispécifique.

Les comportements vitaux de locomotion, d'alimentation et d'antiprédation sont les matériaux de base à partir desquels se sont élaborés par ritualisation* les comportements à fonction expressive intervenant dans les rapports sociaux. *J.-C. Ruwet*

Allèle

Information* génétique à un *locus** (endroit) donné sur un chromosome*. Une cellule haploïde ne porte qu'un allèle à un *locus.* Chez les eucaryotes, les cellules somatiques sont diploïdes : à un *locus* sont présentes soit les deux mêmes formes allèles, soit deux formes allèles différentes. Dans le premier cas, l'individu est dit homozygote et dans le second cas, hétérozygote à ce *locus.* Si un individu eucaryote possède au maximum deux formes allèles à un *locus,* dans l'espèce, le nombre de formes allèles pour un *locus* peut être supérieur à deux. *P.-L. Roubertoux*

Alliesthésie

Néologisme (grec : *allios*, changé et *esthesia*, sensation) proposé par Cabanac qui se réfère aux aspects émotionnels* et affectifs* des sensations*, c'est-à-dire au plaisir* et au déplaisir qui les accompagnent. Ces aspects affectifs dépendent de l'état du sujet, de son état interne en particulier. Une alliesthésie positive déplace la qualité des sensations vers plus de plaisir et inversement pour une alliesthésie négative. Le milieu* interne peut être modifié par des facteurs tels que la température corporelle, la fièvre, la déshydratation et aussi des facteurs associatifs, l'aversion* conditionnée par exemple. *M. Le Moal*

Allocation

Dans le cadre de l'éco-éthologie*, ce terme désigne la distribution ou répartition temporelle des comportements dans l'exploitation des ressources qui assurent la survie d'une espèce. La répartition du comportement alimentaire* est un exemple d'allocation du comportement, qui illustre l'adaptation* de l'espèce à sa niche* écologique et est la conséquence de l'évolution*. Le comportement alimentaire est modulé par de nombreux facteurs et obéit à la loi de la disponibilité des ressources. Il est organisé de façon à préserver la quantité totale d'aliments consommés par unité de temps. Des simulacres de niche écologique ont permis l'étude du comportement alimentaire en laboratoire. Ces simulacres peuvent aussi être créés grâce aux procédures de conditionnement opérant*, lorsqu'un animal est confronté à deux programmes de renforcement* concurrents qui diffèrent par la fréquence et/ou la quantité de renforcement alimentaire disponible par unité de temps. Dans ces conditions, le nombre de réponses et/ou le temps consacré à répondre à chaque composant du programme concurrent est directement proportionnel au taux ou à la quantité de renforcement disponible (loi de correspondance, *matching* law*). La distribution ou répartition temporelle du comportement opérant est aussi utilisée comme indice du contrôle exercé par les stimulus lors de tests de généralisation* concurrents. *H. Lejeune*

Allocentrisme

Attitude de centration de l'attention* ou des activités sur autrui plutôt que sur soi-même ; s'oppose à l'égocentrisme*, dans l'acception commune de ce terme.

On qualifie également d'allocentriques les comportements qui impliquent objectivement un traitement* de la réalité externe (perception* auditive et visuelle notamment). *J.-P. Bronckart*

Allocortex → Cortex

Allodynie

Réponse comportementale exacerbée à des stimulus de faible intensité, le seuil* de la douleur* étant abaissé. Les modalités du stimulus et de la réponse douloureuse évoquée sont différentes (la caresse des poils évoque une douleur de type brûlure) alors que pour l'hyperalgésie*, générée par un stimulus d'intensité élevée, elles sont identiques. *B. Calvino*

Allomimétique (Induction —) → Contagion

Allomone → Phéromone

Alloplastique

Terme désignant l'ensemble des réactions adaptatives centrifuges consistant dans des modifications du milieu environnant. Parmi celles-ci, D. Lagache en distingue de concrètes, consistant en actions matérielles, et de symboliques, telles que les conduites langagières et les communications. Ce terme a été introduit par S. Ferenczi en 1919, par opposition à la notion d'adaptation autoplastique*, consistant en modifications de l'organisme seul. S. Ferenczi y rattache en particulier la conversion hystérique et, en général, les « phénomènes de matérialisation », c'est-à-dire les conduites de représentation plastique du désir à partir du matériel corporel. Il s'agirait selon lui d'une régression plus profonde que celle du rêve, puisque le désir inconscient s'y réalise dans des états ou des actes du corps, et non dans une image visuelle. D'après S. Freud, le comportement normal ou sain qui effectue un travail sur le monde extérieur est alloplastique. Au contraire, la psychose est autoplastique. *E. Jalley*

Allostasie

Etat intermédiaire entre santé et maladie. L'avènement d'une physiologie scientifique, l'établissement du principe de la constance du milieu intérieur avec Claude Bernard, des principes gouvernant la régulation des fonctions et l'homéostasie* avec Cannon ont été à la base d'une approche scientifique de la maladie. Pour ces auteurs, la maladie n'était qu'un déplacement quantitatif des normes du vivant. Maladie et état de santé diffèrent en réalité par des aspects qualitatifs. Lorsque l'agent pathogène s'exerce d'une manière importante et/ou durable, les systèmes physiologiques concernés sortent des normes de fonctionnement et hors de l'équilibre, l'organisme compense jusqu'aux limites des points de rupture. Cet état hors norme est appelé allostasie. Si le point de rupture est franchi, la maladie apparaît avec ses caractéristiques anatomopathologiques. *M. Le Moal*

Allostérique (Effet —) → Antagoniste

Alpha (Fonction —)

Abstraction utilisée par W. Bion pour décrire une fonction psychique dont les facteurs opèrent la transformation des impressions sensorielles et des vivances émotionnelles en éléments alpha, c'est-à-dire en images visuelles et en schèmes auditifs et olfactifs employés dans la formation des pensées oniriques, des souvenirs et du penser inconscient et conscient. Ce concept s'applique à la capacité de penser*, à ses processus et à ses troubles. Il se réalise dans la métabolisation qu'effectue la mère des sentiments projetés en elle par l'enfant ; grâce à sa capacité de rêverie, la mère accueille, contient, soulage et transforme les projections*-besoins du bébé. En introjectant* la fonction alpha de la mère, le bébé peut produire des modèles formés et mis à l'épreuve au contact de la réalité interne et externe. Lorsque la fonction alpha est perturbée, les impressions sensorielles et les émotions ne sont pas transformées. Bion nomme éléments bêta ces faits non digérés : ils ne permettent ni refoulement, ni suppression, ni apprentissage. *R. Kaës*

Alpha de Cronbach

Indice permettant de mesurer la cohérence interne d'un test en calculant la moyenne de toutes les fidélités « split-half »* possibles. La formule de Kuder est utilisée lorsque les réponses aux items du test sont de la forme vrai ou faux. La formule de Cronbach est utilisée lorsque les réponses se présentent sous la forme d'une série continue. *C. Lévy-Leboyer*

Alphabétisation

Action systématique d'apprentissage* de la lecture* et, éventuellement, de l'écriture aux populations analphabètes (V. Analphabétisme). Elle ne s'adresse, normalement, qu'aux sujets qui ont dépassé l'âge de la scolarité* élémentaire et qui ne savent pas lire et, à plus forte raison, écrire. Le succès d'une campagne d'alphabétisation et la stabilité, à long terme, des résultats acquis dépendent essentiellement de deux facteurs : une profonde motivation des populations à l'égard de l'apprentissage de la lecture et un entretien de l'acquis. Une politique de publication et de diffusion de textes susceptibles d'intéresser ces populations constitue donc un soutien indispensable à toute campagne d'alphabétisation. Les facteurs de motivation peuvent être de l'ordre de la mobilité sociale ou de l'accession à des fonctions mieux rémunérées, d'un accroissement de la productivité et des rendements agricoles dans les campagnes, d'une amélioration de conditions d'existence (habitat, hygiène et santé publique), etc. Dans les pays en voie de développement, l'alphabétisation s'est réalisée dans deux directions principales. La première, l'alphabétisation de conscientisation, développée au Brésil puis au Chili par P. Freire : elle consiste à développer chez les populations, par une action éducative, une claire conscience de leur situation objective afin qu'elles puissent transformer le monde dans lequel elles vivent. La seconde est l'alphabétisation sélective et fonctionnelle développée sous l'impulsion de l'UNESCO (Conférence de Téhéran) qui favorise le développement rural et ses ressources humaines, essentiellement à travers les mouvements coopératifs. L'alphabétisation constitue, en effet, un moyen indispensable pour que la population paysanne puisse accéder au rang de partenaire égal dans les projets qui sont, le plus souvent, conçus et réalisés en son nom. Elle se développe actuellement, dans les pays européens, à destination des populations immigrées.

D. Peraya

Alternance

Production alternée de deux réponses*. Le **comportement d'alternance** s'observe, notamment, dans des situations, comme les labyrinthes* à deux branches, où deux possibilités de réponses sont offertes, sans être pour autant équivalentes quant au renforcement. La tendance au comportement d'alternance semble dépendre, dans de tels cas, de facteurs génétiques, comme le montrent les comparaisons* de souches de rats. L'alternance peut être induite par la structure du dispositif et les règles qui y prévalent : ainsi certains labyrinthes ont été construits de telle sorte qu'un parcours sans faute suppose une succession alternée de tournants à droite et à gauche. Dans les apprentissages discriminatifs à inversions* successives, l'alternance découle de l'inversion de la règle associant les deux stimulus aux deux réponses possibles (les stimulus A et B, l'un positif, l'autre négatif, changent de valeur selon une règle d'inversion alternée régulière ou irrégulière, le sujet devant inverser ses réponses pour continuer d'être renforcé).

M. Richelle

Alternance fonctionnelle

Notion très générale introduite par H. Wallon pour spécifier le caractère discontinu (V. Continuité) du développement* de l'enfant. Pour cet auteur, l'évolution des conduites humaines ne consiste pas en une addition linéaire de capacités nouvelles, mais est caractérisée par de nombreuses **oscillations** (anticipation* de fonctions, régression*, etc.). Le terme d'alternance fonctionnelle désigne cette oscillation entre mécanismes centripètes et mécanismes centrifuges qui constitue la base même de tout processus de développement. Elle reposerait sur un substrat biologique (jeu alterné du métabolisme et du catabolisme) et se manifesterait à tous les niveaux de l'organisation psychologique : alternance de l'assimilation* et de l'accommodation* dans les processus de développement de l'intelligence* ; alternance de phases d'autocentration et de phases d'interaction* dans le développement social ; alternance entre activités relevant du ça* et du moi* d'une part, du moi et du surmoi* d'autre part dans le développement de la personnalité*, etc.

Dans leur analyse des relations du sujet à l'« objet partiel », A. Freud et M. Klein ont décrit des phénomènes analogues d'alternance entre mécanismes de projection* et d'introjection*, ainsi qu'entre processus de séparation et d'individuation*.

J.-P. Bronckart et E. Jalley

Altruisme

Un comportement est dit altruiste lorsqu'il ne profite pas directement à celui qui l'émet, lui apporte certains désagréments ou lui fait courir des risques, alors qu'il bénéficie à des partenaires, pairs, compagnons et membres du groupe ou de la communauté : une mère se sacrifie pour son petit ; un geai sexuellement mûr diffère sa propre nidification pour aider à l'élevage d'une autre nichée ; la marmotte qui aperçoit l'aigle et lance un cri d'alarme avertit ses congénères qui se mettent à l'abri mais attire sur elle l'attention du prédateur. L'altruisme est à l'opposé de l'égoïsme. L'un et l'autre ne sont cependant pas absolus : la défense du petit est d'autant plus virulente qu'il est proche de l'émancipation. Pareillement, l'aidant qui retarde sa nidification acquiert l'expérience qui lui sera ultérieurement profitable. Les éthologistes s'efforcent de définir ces notions en évitant toute référence à l'intention*, l'émotion* ou la conscience*, et en ne les jugeant qu'à leurs effets, pour l'émetteur comme pour le bénéficiaire. Au sens strict, l'altruisme diminue les chances de survie du premier et augmente celles du second. Mais il n'est pas facile d'évaluer les coûts et bénéfices, ni de déterminer si, à moyen et à long termes, les avantages ne sont pas réciproques, auquel cas il y a plutôt mutualisme ou symbiose*. Les sociobiologistes* ont tenté de concilier l'altruisme et la théorie darwinienne en soulignant que l'animal altruiste est souvent étroitement apparenté au bénéficiaire : la mère et son petit ; l'ouvrière dans la ruche, qui est sœur ou demi-sœur de la reine, et cousine des larves qu'elle soigne et protège et qu'a produites cette dernière ; le geai et la marmotte, qui aident ou avertissent. Le comportement altruiste aurait ainsi pour effet de contribuer au succès de la diffusion des caractéristiques génétiques que partagent les membres de cette parentèle. *J.-C. Ruwet*

Alzheimer (Maladie d'—)

Constitue la démence* la plus fréquente. Sa définition repose sur des critères histopathologiques : la présence de plaques séniles et de dégénérescences* neurofibrillaires au niveau du cortex* cérébral ; en fait, les lésions intéressent aussi les structures sous-corticales, et plus spécifiquement le noyau basal de Meynert. Démence dégénérative, sa fréquence augmente avec l'âge ; la distinction entre démence présénile et démence sénile tend à ne plus être utilisée. La variété clinique de l'affection, au moins au début, est grande, même si l'amnésie* représente le trait dominant (ce qui peut poser des problèmes de distinction avec les troubles de mémoire liés à l'âge).

L'évolution est inéluctable en plusieurs années vers une déchéance comportementale majeure. L'identification d'une perturbation de certains neurotransmetteurs* (en particulier l'acétylcholine) devrait permettre des applications thérapeutiques. L'existence de formes familiales fait discuter la possibilité d'un facteur génétique.

J.-L. Signoret

Amassement

Aux époques de l'année (l'automne généralement) correspondant à la production massive d'aliments capables de se conserver durablement (fruits secs, glands, graines), certains oiseaux et maints rongeurs développent une intense activité locomotrice et exploratoire* et récoltent, transportent et amassent, dans des caches dispersées ou concentrées, dans des gîtes, nids ou tanières, d'importantes réserves de nourriture. Celles-ci sont exploitées progressivement pendant les périodes de disette. Les oiseaux font preuve d'une remarquable mémoire pour retrouver et exploiter la plupart de leurs caches ; pour le reste, ils contribuent à la régénération des forêts. Les hibernants se réveillent de temps à autre pour grignoter leurs réserves. L'amassement est un comportement saisonnier sous-tendu par un rythme endogène. Les massacres que certains carnivores font de proies exceptionnellement abondantes et accessibles (rongeurs, volaille), qu'ils entassent et exploitent ensuite graduellement, relèvent du même caractère opportuniste.

J.-C. Ruwet

Ambiance physique

Ensemble des facteurs physiques définissant de façon permanente l'environnement* caractéristique d'une situation expérimentale ou du contexte de vie réelle, l'ambiance constitue une sorte de toile de fond sur laquelle se détacheront les événements et stimulus*, eux aussi appartenant au milieu, mais dotés d'une signification ou d'une portée particulière pour l'individu ou le groupe. Ainsi, le climat, la pollution atmosphérique, le niveau de bruit, sont des éléments de l'ambiance physique. On peut spécifier un aspect de celle-ci : ambiance sonore, ambiance lumineuse. Le terme trouve sa place dans la psychologie de l'environnement. *M. Richelle*

Ambidextrie

Capacité de certains sujets à se servir de façon équivalente des deux mains pour effectuer des actions de la vie quotidienne. Elle résulte d'un défaut de dominance* hémisphérique. Toutefois, dans le développement* de l'enfant, une telle aptitude* peut s'observer durant une certaine période, généralement transitoire, avant qu'une préférence s'établisse. L'ambidextrie s'observe parfois comme signe accompagnateur (de même que la gaucherie*) de certains troubles du langage*, sans en constituer un facteur causal. *G. De Weck*

Ambiéqual → Résonance intime

Ambiguïté → Illusion perceptive

Ambition

Désir de réussir, notamment dans la vie professionnelle, et de voir cette réussite valorisée socialement par la mobilité sociale*, le succès dans la carrière, l'estime des autres et le prestige. Le mot ambition prend parfois un sens péjoratif (vouloir réussir à tout prix, quels que soient les moyens utilisés), et parfois un sens positif (vouloir réussir grâce à ses efforts personnels et par la pleine utilisation de ses capacités). *C. Lévy-Leboyer*

Ambivalence

Typiquement coexistence de l'amour et de la haine dans la relation à une même personne. Terme créé par E. Bleuler pour désigner un des signes de la schizophrénie* ; le oui et le non, l'affirmation et la négation sont simultanées et indissociables dans trois domaines : volontaire, intellectuel et surtout affectif.

De ce dernier point de vue, S. Freud a repris cette notion, d'abord à propos du transfert négatif, pour en faire un concept psychanalytique majeur. L'ambivalence est retrouvée dans la jalousie, le deuil mais surtout dans la névrose obsessionnelle*.

Le développement libidinal a été conçu par K. Abraham comme allant du stade oral préambivalent au stade génital postambivalent. L'enfant prend souci de l'objet et le protège de sa propre hostilité pour empêcher sa destruction et assurer sa permanence. Pour M. Klein, l'ambivalence est d'emblée présente : la destruction de l'objet aimé est évitée par le clivage* et la projection* (position paranoïde-schizoïde*). La position dépressive a pour finalité l'intégration de l'ambivalence dans la relation d'objet total à la faveur des progrès maturatifs et de la réparation*. On a proposé d'adopter le terme de « divalence » pour rendre compte de l'absence d'intégration des deux composantes de l'ambivalence pulsionnelle consécutive au clivage des bons et des mauvais objets.

L'ambiguïté de la notion d'ambivalence apparaît bien : si elle signifie les actions et les sentiments résultant d'un conflit défensif, elle prend un sens très large qui s'applique à toute situation conflictuelle ou formation de compromis*. Au sens restreint, elle rend compte de conflits spécifiques où l'attitude affective à la fois négative et positive est indépassable.

La notion d'ambivalence renvoie au dualisme pulsionnel dont rend compte la théorie freudienne des pulsions de vie et de mort, tel qu'il est à l'œuvre dans le symptôme névrotique (la phobie*, par ex.) et dans le complexe d'Œdipe*. Ainsi par-delà les conflits intrapsychiques entre les instances de la personnalité psychique (moi, ça, surmoi) convient-il de faire place aux contradictions inhérentes à la vie pulsionnelle.

B. Brusset

Amendabilité

Terme criminologique employé pour définir la conduite d'un coupable qui reconnaît ses torts (amende honorable). L'amendabilité est considérée comme la capacité de changement moral d'un délinquant et montre son désir de réparation du préjudice commis.

J. Selosse

Amétropie

Etat anormal de réfraction de l'œil dans lequel, avec une accommodation* relâchée, l'image d'un point à l'infini se forme soit en avant de la rétine **(myopie),** par excès de pouvoir convergent ou allongement axial excessif du globe oculaire ; soit en arrière de la rétine (hypermétropie) par insuffisance du pouvoir convergent ou raccourcissement axial du globe oculaire. L'absence d'amétropie est appelée emmétropie*.

R. Génicot

Amine

Composé organique azoté, dans lequel l'azote unit trois radicaux dont l'un au moins est un alcoyle (amine aliphatique) ou un aryle (amine aromatique). Parmi ces dernières, les catécholamines (CA), dopamine (DA), noradrénaline* (NA) adrénaline* (A) et la sérotonine* (5-HT), monoamines naturelles, jouent un rôle important au niveau du système nerveux où elles remplissent la fonction de neuromédiateurs*. La tyrosine, acide aminé précurseur, est successivement transformée en dihydroxyphénylalanine (DOPA), DA, NA, puis A. L'hydroxylation de la tyrosine en DOPA, étape limitante de ces voies de synthèse, est catalysée par la tyrosine hydroxylase, enzyme spécifique des neurones catécholaminergiques. La DOPA est convertie sous l'action d'une décarboxylase aspécifique en DA, qui est transformée, dans les neurones noradrénergiques, sous l'action de la DA-bêta-hydroxylase, en NA, elle-même convertie en A, par l'action de la phényléthanolamine-N-méthyl transférase, dans les neurones adrénergiques. Les CA stockées dans les vésicules des terminaisons axonales sont libérées sous l'effet d'une stimulation nerveuse, dans la fente synaptique où elles exercent leurs actions en agissant sur des récepteurs* spécifiques. Leur concentration synaptique est maintenue à un taux faible grâce à des processus d'inactivation puissants : d'une part, la recapture par les terminaisons présynaptiques et, d'autre part, la dégradation enzymatique assurée par la COMT (CatécholOxyMéthylTransférase), et la MAO (MonoAmine-Oxydase). La sérotonine (5-HT) est présente dans le tissu cérébral et dans certaines cellules du tractus digestif (cellules chromaffines et argentaffines). Son précurseur est le L-tryptophane, qui est transformé en 5-hydroxy-tryptophane (5-HTP), par la tryptophane hydroxylase, puis en 5-HT sous l'action d'une décarboxylase aspécifique. Dans la synapse, elle est soumise au même processus d'inactivation. La plupart des molécules à visées thérapeutiques (psychotropes*) et les drogues* conduisant aux toxicomanies* agissent en interférant soit avec le métabolisme ou soit avec le mode d'action pré- ou postsynaptique des amines biogènes. Un exemple de thérapeutique par un précurseur est représenté par l'administration de L-DOPA dans la maladie de Parkinson*. *U. Spampinato*

Amitié

Préférence durable, en principe non érotisée, qu'éprouvent deux personnes l'une pour l'autre. La littérature en donne de célèbres exemples : Montaigne et La Boétie (« parce que c'était lui, parce que c'était moi »), S. Freud et W. Fliess. L'amitié, c'est la rencontre intime des singularités : elle implique à la fois l'identification* (comme transformation selon un modèle extérieur) et l'empathie*, la capacité de faire écho aux affects* et aux fantasmes* de l'autre. La question est de savoir si la sublimation* et l'homosexualité* latente sont nécessaires pour comprendre une relation qui s'affirme, au moins consciemment, comme exclusive de toute loi et de tout rapport à l'instinct.

C. Prévost

Amnésie

Désigne au sens large tout trouble de mémoire* qui ne peut être rapporté à un autre désordre tel que par exemple un trouble de vigilance, une perturbation thymique. Le terme d'amnésie renvoie à la fois à des situations, ou à des conceptions multiples rendant nécessaire l'utilisation complémentaire de qualificatifs à moins qu'il ne se transforme lui-même en qualificatif (tel que par ex. aphasie amnésique). La multiplicité des critères utilisés oblige à des définitions successives.

Amnésie antérograde : affecte la mémoire des événements vécus au fur et à mesure par le sujet, c'est-à-dire la mémoire conçue comme « allant de l'avant » ; qualifiée aussi d'amnésie des faits récents, d'oubli à mesure, et du terme plus discutable d'amnésie de fixation.

Amnésie rétrograde : affecte la mémoire d'événements et d'informations appris avant la survenue d'un état pathologique, c'est-à-dire la mémoire conçue comme « projetée en arrière » ; qualifiée aussi d'amnésie du passé, cette amnésie intéresse les souvenirs biographiques, les connaissances didactiques et socioculturelles et obéit à un gradient temporel qui fait que les souvenirs les plus anciens sont les plus résistants (loi de Ribot).

Amnésie globale : désigne une amnésie antérograde qui affecte les informations quelles que soient leurs modalités sensorielles (visuelle, auditive) alors qu'une **Amnésie élective** ou spécifique n'affecte qu'un seul type d'information (amnésie verbale, par ex.).

Amnésie sémantique : affecte la connaissance des objets et du lexique* ; peut être rapprochée de l'asymbolie*, et dans une certaine mesure de l'aphasie amnésique.

Amnésie d'identité : situation psychopathologique qui fait qu'un patient a perdu son identité et tout souvenir biographique s'y rapportant, alors que les capacités mnésiques permettant d'acquérir de nouveaux souvenirs sont épargnées ; qualifiée aussi d'amnésie rétrograde fonctionnelle, d'amnésie psychogène.

Amnésie traumatique : renvoie à une circonstance étiologique responsable d'une amnésie lacunaire c'est-à-dire intéressant une période de temps qui est vide de souvenirs. Cette période de temps correspond à l'absence de conscience, mais peut aussi affecter un moment plus ou moins étendu du passé ayant précédé le traumatisme (amnésie rétrograde), et une période où, malgré le retour à la conscience, le présent ne peut aboutir à des souvenirs (amnésie antérograde).

Syndrome amnésique : constitue le modèle neuropsychologique des amnésies. Rattachés à une lésion bilatérale affectant le système limbique*, qui ne doit pas être réduit au circuit de Papez, ses mécanismes responsables sont loin d'être univoques (trouble de l'acquisition, de consolidation, du rappel). Le noyau en est constitué par une amnésie antérograde globale sans amnésie sémantique, c'est-à-dire touchant électivement la mémoire épisodique*. Le syndrome de Korsakoff* peut et doit être considéré comme une forme de syndrome amnésique.

Ictus amnésique : syndrome clinique défini par une désorganisation isolée et temporaire (quelques heures) de la mémoire, qui sera responsable d'une amnésie lacunaire.

J.-L. Signoret

Amnésie infantile

Le fait que les premières années de la vie de l'enfant ne laissent pratiquement aucune trace dans la mémoire* biographique (ou épisodique) est une donnée connue de longue date. On connaît mal les raisons pour lesquelles le très jeune enfant n'inscrit pas les événements vécus dans la mémoire à long terme. Freud a accordé à ce phénomène une place particulière en le liant à la sexualité* infantile. L'enfant refoulerait les excitations sensuelles, tout particulièrement au moment du conflit œdipien. Durant longtemps, il a été admis que la cure psychanalytique devait aider à une levée partielle de l'amnésie infantile. Les avis sont maintenant plus réservés ; on reconnaît seulement que quelques souvenirs précoces sont souvent rappelés au cours d'une cure psychanalytique, certains d'entre eux prenant d'ailleurs figure de souvenirs-écrans*.

D. Widlöcher

Amodal (Complément —)

Elément par lequel la perception complète une figure partiellement masquée derrière un écran, ou encore la trajectoire d'un objet disparaissant momentanément dans un tunnel. Le phénomène a été dénommé en 1951 par A. Michotte qui en a minutieusement étudié les conditions d'apparition, en liaison avec les lois des bonnes formes* et avec la perception de la causalité*. *M. Richelle*

Amoralisme

Système de pensée qui se veut étranger et indifférent à toute référence aux valeurs morales ; l'amoralisme est revendiqué par certains déviants* qui définissent leurs conduites en fonction de normes naturelles ou esthétiques. Dans certains états pathologiques, l'amoralisme résulte d'une perte du sens moral par incapacité de tout jugement altruiste*. *J. Selosse*

Amorçage

Technique fréquemment utilisée en psychologie cognitive expérimentale qui comprend généralement trois phases : la présentation d'un stimulus (mot, visage, image) appelé **amorce,** un intervalle de temps pendant lequel on présente soit des stimulus remplisseurs soit rien du tout (intervalle interstimulus) et enfin la présentation d'un second stimulus (objectif). Le plus souvent la tâche du sujet consiste à catégoriser ou à dénommer l'objectif, ou encore à décider s'il s'agit ou non d'un mot (décision lexicale).

On dit qu'il y a **effet d'amorçage** si la présentation du premier stimulus amène une diminution du temps de latence* de la réponse ou un abaissement du seuil* d'identification dans la tâche réalisée sur l'objectif. On parle d'amorçage spécifique à la modalité quand l'objectif et l'amorce sont analysés *via* la même modalité sensorielle (par ex., l'image d'un chien et le mot écrit « chien ») et intermodalités dans les autres cas. Un amorçage est dit spécifique au domaine si l'objectif et l'amorce appartiennent à la même famille de stimulus (par ex., les mots écrits) et interdomaines dans les autres cas. L'amorçage par répétition implique l'usage du même item (même mot, même visage, image du même objet) comme amorce et comme objectif. Des modifications de surface (caractères d'imprimerie différents, pose différente) rendant les deux stimulus plutôt similaires qu'identiques peuvent être présentes. *S. Bredart*

Amorce → Amorçage

Amour

L'amour est un sentiment malheureux s'il n'est pas réciproque, et qui, s'il est partagé et satisfait dans la plupart de ses attentes, produit du bonheur ; ce sentiment d'une personne s'adresse à une autre personne précise et fait désirer à la première de recevoir de la seconde et de lui donner des plaisirs (sexuels s'il s'agit d'adultes), de la tendresse, de l'admiration, de la coopération, de la compréhension, de la protection, ou du moins plusieurs de ces satisfactions.

Plus que par la psychologie l'amour a été décrit par la littérature dans ses variétés (hétérosexuelle, homosexuelle, parentale, filiale, narcissique), dans ses intensités (brève rencontre, don juanisme, passion violente), dans ses processus, dans ses effets. L'amour est souvent opposé assez inexactement à la haine* : le contraire de l'amour est non pas la haine mais l'indifférence affective. *D. Anzieu et R. Doron*

Amplitude

Ce terme général pour désigner la grandeur, la taille d'un phénomène s'applique techniquement en psychologie tantôt à des caractéristiques du stimulus (amplitude de l'onde sonore se traduisant par la sensation d'intensité* du stimulus auditif), tantôt à la réponse (amplitude d'une réponse salivaire conditionnée, mesurée en gouttes de salive ; amplitude d'un mouvement*, etc.).

M. Richelle

Amusie

Perturbation des capacités musicales consécutive à une lésion cérébrale. Il est classique de distinguer deux types d'amusie : l'amusie expressive consiste dans l'incapacité de chanter, de siffler ou de fredonner une mélodie ; l'amusie réceptive, souvent dénommée simplement amusie, peut affecter, soit isolément, soit conjointement, l'identification des mélodies, des timbres et des rythmes.

L'amusie est exceptionnellement associée aux troubles aphasiques. La région temporale droite apparaît comme fonctionnellement prédominante pour les capacités musicales. *J.-L. Signoret*

Amygdale

Amas de groupes neuronaux, également appelé complexe nucléaire amygdalien, logé dans la partie dorsomédiane du pôle temporal, juste en avant de l'extrémité antérieure de l'hippocampe*. Le complexe amygdalien est divisé en deux parties phylogénétiquement distinctes :
1. l'**archistriatum** (formations basales primitives) serait à l'origine du complexe corticomédial, comprenant les noyaux cortical, médial et central ; relativement petit chez l'homme, ce complexe reçoit des fibres des structures olfactives ;
2. le **paléopallium** serait à l'origine du complexe nucléaire basolatéral, constitué des noyaux latéral, basal et basal accessoire. Ses afférences proviennent du cortex* piriforme et du gyrus parahippocampique, et ainsi, de divers territoires néocorticaux. En outre, les deux complexes nucléaires sont interconnectés, et présentent de nombreuses connexions avec le thalamus et l'hypothalamus. Par ses très nombreuses connexions anatomiques avec des structures cérébrales et notamment limbiques*, l'amygdale est considérée comme un centre essentiel, même si ce n'est pas le seul, pour le contrôle des réactions émotionnelles* et des conduites agressives*, tant au niveau des réponses végétatives* que des manifestations comportementales. L'amygdale semble en bonne part responsable du tableau clinique du syndrome de Klüver et Bucy* dû à une lésion bitemporale : hyporéactivité émotionnelle, cécité psychique, comportement oral exagéré, hypersexualité. Ce syndrome est interprété en termes de non-reconnaissance de la signification des stimulus de l'environnement. Les lésions de l'amygdale atténuent les réactions de peur*, de fuite* ou de défense*, réduisant les comportements d'agression. De fait, l'amygdale constituerait une sorte de verrou de sécurité contrôlant le niveau de fonctionnement d'autres structures cérébrales, tout en étant elle-même soumise à une balance interne complexe par interaction entre ses différents noyaux. En outre, l'amygdale serait impliquée dans la mémorisation* en participant à attribuer leur signification aux stimulus présentés au sujet.

B. Soumireu-Mourat

Anaclitique

Mode infantile de réaction dépressive à la séparation.

R. Spitz a décrit la **dépression anaclitique** chez des nourrissons de six mois soumis à une séparation maternelle. Après une première phase d'un mois où les enfants deviennent pleurnichards et exigeants, s'installe progressivement un état d'apathie avec ralentissement psychomoteur, refus de contact, insomnie*, perte de poids et retard du développement*. Cet état, complètement réversible pendant trois à quatre mois en cas de retrouvailles avec la mère, a, sinon, des conséquences irréversibles.

Chez l'adulte, le terme anaclitique est utilisé pour souligner une faille structurale prédépressive et, par extension, une vulnérabilité à la séparation.

L'acception freudienne du terme *anlehnung* comme adjectif souligne l'importance du rôle des fonctions corporelles comme étayage de la sexualité infantile. Ainsi, le besoin de nourriture étaye l'émergence du plaisir pris à la succion du sein. *R. Jouvent*

Anagenèse → Évolution

Anaglyphe

Stéréogramme* consistant en deux dessins ou photographies, superposés et légèrement déplacés, d'une même scène mais réalisés de deux points de vue et de couleurs complémentaires. Si ce stéréogramme est vu à travers des filtres de même couleur, un pour chaque œil, le dessin paraîtra en relief.

R. Génicot

Anal

Cet adjectif s'applique, en psychanalyse, à une forme d'érotisme liée à l'excitation de la muqueuse anale, aux pulsions* sexuelles correspondantes, à une phase de développement* libidinal dans laquelle ces pulsions prédominent et à certains traits de caractère* qui sont soit la traduction directe, soit la surcompensation* des buts pulsionnels anaux. S. Freud pressent l'existence de l'érotisme anal dès 1897, mais il n'en fait la théorie qu'en 1905, dans les *Trois essais sur la théorie de la sexualité*. Il distingue alors deux composantes dans l'érotisme anal. L'une est passive, son but pulsionnel est l'excitation de la muqueuse anale (notamment lors du passage du boudin fécal ou lors des soins de propreté) et elle a sa source dans la zone érogène* anale. L'autre est active, son but pulsionnel est de maîtriser et d'exercer un contrôle (notamment sur le boudin fécal, mais aussi sur les objets d'amour) et elle a sa source dans la musculature striée et notamment dans le sphincter anal. C'est l'existence de cette composante, la pulsion d'emprise*, qui fait de l'organisation anale de la *libido** un stade sadique-anal*. En 1908, dans *Caractère et érotisme anal,* S. Freud relève le lien entre une fixation* anale importante et l'existence de traits de caractère souvent associés entre eux : l'avarice, l'amour de l'ordre et l'obstination. Les deux premiers sont des formations réactionnelles* contre la prodigalité et le goût de la saleté et du désordre, le troisième exprime directement un des aspects de la pulsion d'emprise. L'analyse de l'Homme aux rats* a permis à Freud de faire un exposé d'ensemble de la sexualité anale et de son lien à l'homosexualité*, et de montrer l'importance des fixations anales ou de la régression à l'érotisme anal dans la névrose de contrainte* (ou névrose obsessionnelle), dans la paranoïa* et dans la mélancolie*. K. Abraham en 1924 a souligné que l'organisation prégénitale anale de la *libido* est aussi un stade d'évolution de la relation d'objet*. Il a distingué, dans cette phase du développement, deux sous-phases. La première est caractérisée par son but pulsionnel, l'éjection du boudin fécal, qui est ressentie comme un acte destructeur : c'est la phase sadique-anale de destruction, dans laquelle la relation d'objet est encore destructrice, et c'est le point de fixation* de la paranoïa. La seconde a pour but pulsionnel la maîtrise du boudin fécal et de l'objet, ce qui en suppose la conservation ; elle correspond de ce fait à un sadisme moindre et elle est le point de fixation de la névrose de contrainte. A la suite de K. Abraham, beaucoup de psychanalystes admettent que la ligne frontière entre le premier et le second stades correspond à la ligne de démarcation entre les psychoses* et les névroses*. En 1932, M. Klein a décrit les fantasmes sadiques-anaux dans lesquels les objets (et sous l'effet de la peur du talion, le sujet) sont attaqués par des matières fécales empoisonnées, explosives ou corrosives. *J.-M. Petot*

Analgésie

Suppression totale ou partielle de la douleur* par l'intermédiaire de substances pharmacologiques ou d'atteintes diverses, agissant à un niveau ou à un autre des voies et des circuits centraux ou périphériques de la douleur. Ces molécules (analgésiques) sont aussi variées que les opiacés* ou narcotiques, divers anesthésiques ou l'acide acétylsalicylique (aspirine). Les états de stress* provoquent de l'analgésie (V. Hypoalgésie). *M. Le Moal*

Analgésie induite par le stress

→ Hypoalgésie

Analogie

L'analogie est une mise en correspondance de connaissances* essentiellement différentes afin de surmonter leur diversité. Formellement une analogie est définie comme un isomorphisme* entre un domaine de référence, bien connu, et un domaine cible, peu connu. L'analogie permet alors de transférer des propriétés du domaine de référence au domaine cible. Le raisonnement par analogie est un raisonnement heuristique* dont la conclusion est incertaine, mais il permet des conjectures dans un domaine partiellement inconnu. Dans un raisonnement par analogie, on distingue deux étapes principales : la mise en correspondance partielle de deux domaines et le transfert des propriétés et procédures d'un domaine à l'autre.

Par exemple, supposons un problème de circuit électrique : certaines propriétés de l'intensité du courant électrique peuvent être suggérées par l'analogie avec un flux hydraulique, mais rien n'en garantit l'exactitude.

Pour Aristote, l'analogie s'établit par le moyen de rapports dans des problèmes à 4 termes, et désigne en particulier la ressemblance proportionnelle, c'est-à-dire la comparaison entre 2 rapports de type a/b et c/d. C'est dans ce sens que l'analogie est utilisée dans des tests psychométriques*. Le sujet doit découvrir un objet X sachant que « l'objet X est à Y ce que A est à B », les objets Y, A, B étant indiqués au sujet. Par exemple, « trouver le nombre X qui est à 8 ce que 6 est à 3 ».

L'analogie apparaît comme un processus psychologique fondamental d'acquisition de connaissances, et intervient dans la construction de procédures*, la génération d'hypothèses*, l'intégration de nouvelles connaissances.

En intelligence artificielle*, certains programmes d'apprentissage symbolique automatique utilisent l'analogie entre domaines pour construire de nouvelles connaissances ou de nouvelles procédures. *J. Mathieu*

Analogique

Un raisonnement* analogique est un raisonnement qui fait appel à une analogie* avec un autre domaine.

Dans le traitement de l'information*, la représentation d'une information extérieure est dite analogique si elle conserve la structure ou certaines propriétés de cette information : pour passer de l'information extérieure à sa représentation, il n'y pas de codage symbolique (propositionnel ou numérique). En psychologie, la représentation analogique la plus étudiée est la représentation iconique*, qui comprend en particulier l'image mentale*. Sa mise en évidence expérimentale repose sur l'invariance des relations topologiques et métriques dans cette représentation : par exemple, les temps de rotation ou de translation nécessaires pour amener deux images mentales à se superposer.

Contrairement à un **calculateur digital** qui est fondé sur un codage des informations à base de symboles binaires, un **calculateur analogique** utilise un modèle* physique dont les lois correspondent au phénomène étudié. *J. Mathieu*

Analphabétisme

Etat de celui qui ne sait ni lire, ni écrire. On appelle analphabètes fonctionnels (ou **illettrés**) les individus dont le niveau d'habileté en lecture* et en écriture est insuffisant pour résoudre les problèmes pratiques de la vie quotidienne : lire un mode d'emploi courant, remplir un formulaire simple, etc.

Engagées par de nombreux Etats et fortement soutenues par l'UNESCO, maintes campagnes d'alphabétisation* se sont soldées par un échec, soit parce que les personnes à qui elles s'adressaient ne ressentaient pas le besoin de lire et d'écrire, soit par manque d'occasions de lecture et d'écriture dans le milieu. Même dans les pays les plus industrialisés, où le taux d'analphabétisme est très bas, le taux d'illettrisme est estimé à au moins cinq pour cent de la population adulte. Alphabétiser celle-ci pose des problèmes psychologiques complexes. *G. de Landsheere*

Analyse de contenu

Technique de recherche pour la description objective, systématique et quantitative du contenu manifeste d'une communication*. A l'origine, l'analyse de contenu a été mise au point pendant la Seconde Guerre mondiale pour déceler les thèmes de propagande dans diverses publications. Actuellement, elle sert d'outil pour analyser le contenu manifeste d'une communication soit provoquée, soit existant indépendamment. Les analyses peuvent porter sur les caractéristiques du document en tant que tel (analyse dite horizontale), les causes et antécédents du message* ou ses effets (analyse dite verticale). En tant qu'étude de traces (documents verbaux, iconiques ou autres), elle est considérée comme une forme d'observation* différée qui ne saisit le phénomène que par l'intermédiaire de certaines de ses conséquences. Il s'agit d'une méthode indirecte, le chercheur ne contrôlant pas les conditions de production souvent complexes des documents qu'il soumet à analyse. On distingue communément deux procédures : les procédures closes destinées à caractériser le contenu en fonction des variables de production, ou inversement à tirer des conclusions sur ces dernières (le chercheur contrôle alors les conditions de production des documents, ces conditions faisant figure de variables externes), et les procédures ouvertes, destinées à mettre en évidence les propriétés intra- et interdocuments (définition de différences et/ou similitudes) permettant de les classer et de les comparer entre eux. La fidélité* et la validité* de l'analyse dépendent de la finesse des catégories, ainsi que de la définition de l'unité d'analyse qui peut être soit sémantique (signifiés), soit lexicale (signifiants), soit d'ordre psychologique (thèmes). *G. Moser*

Analyse de contrôle

Cure psychanalytique menée par un analyste en formation, sous la supervision en principe hebdomadaire d'un analyste expérimenté. Le contrôle peut être individuel ou collectif. Les sociétés de psychanalyse requièrent en général des candidats deux contrôles d'adultes névrosés. Elles peuvent proposer des contrôles complémentaires de cures d'enfants, de psychotiques, de groupe. *D. Anzieu*

Analyse de covariance → Analyse de variance

Analyse de l'interaction sociale

Catégorisation des interactions dans les petits groupes par observation directe du comportement verbal et/ou non verbal de ses membres. La procédure de R. F. Bales consiste en un codage catégoriel fait au moyen d'une grille divisée en deux zones égales : la zone socio-émotionnelle (positive ou négative) et la zone centrée sur la tâche, en distinguant les interventions empêchant la performance de celles qui la font progresser au sein du groupe. D'autres procédures se limitent soit à indiquer le début, la durée et la fin d'un comportement interactionnel indépendamment du contenu, soit à évaluer la nature et l'intensité du comportement interactionnel au moyen d'échelles*.

G. Moser

Analyse de variance

L'analyse de variance classique est l'ensemble des méthodes conçues par R. A. Fisher pour l'analyse des données expérimentales. Ses caractéristiques essentielles peuvent être résumées en quelques lignes :
1. à un plan d'expérience* donné, l'analyse associe une décomposition de facteurs* particulière, la décomposition standard, selon les sources de variation canoniquement associées à ce plan : effets globaux des différents facteurs, effets résiduels, effets d'interaction, etc. ; pour chaque source de variation, on calcule une somme de carrés (qu'on appelle également **inertie**), un nombre de degrés de liberté*, et un carré-moyen (rapport de l'inertie au nombre de degrés de liberté) ;
2. à chaque source de variation dont on examine l'effet, on associe une source de variation qu'on appelle source adjointe, susceptible de lui servir de référence, et traditionnellement utilisée pour procéder à un test de signification. Dans ce but, on constitue le rapport **F de Fisher-Snedecor :** rapport du carré-moyen de la source examinée au carré-moyen adjoint ; si la valeur de ce rapport est significative (aux seuils conventionnels usuels), on conclut (inférentiellement) à un effet de la source de variation examinée.

L'ensemble des analyses de la décomposition standard est rassemblé dans le tableau d'analyse de la variance. Les modèles classiques de l'analyse de la variance correspondent aux divers types de plans* : en groupes indépendants (structure S<G>), en groupes appareillés (structure S∗T), plans complexes de type S<G>∗T. La théorie classique met en avant l'hypothèse de normalité* qui s'est avérée très robuste en ce sens que la distribution* de la statistique* de test reste proche de la distribution classique même pour des écarts importants à la normalité.

Depuis les années 1960, s'est développée en France une approche algébrique, plus compréhensive et autonome, de l'analyse des données expérimentales. La formalisation linéaire constitue la partie centrale de la construction théorique ; elle consiste à proposer, pour des notions de base (effet, analyse locale, etc.), des définitions formalisées, valables dans un cadre très général. L'univers des questions que l'on peut se poser dans le cadre d'un plan donné peut être structuré en espace vectoriel euclidien. Ainsi un **contraste** est défini comme un vecteur dont la somme des composantes est nulle. Une **comparaison** est un espace vectoriel de contrastes dont la dimension est appelée nombre de degrés de liberté de la comparaison. Cette approche, qui représente une extension de l'analyse de variance classique, est désignée sous le terme d'**analyse des comparaisons.** L'idée de comparaison est centrale à la problématique expérimentale, et même plus généralement à toute la statistique.

D'autres prolongements de l'analyse des comparaisons consistent en des développements inférentiels, allant cette fois au-delà des tests de signification*. Ces derniers permettent de se prononcer seulement sur l'existence (au niveau d'une population parente) de l'effet examiné ; mais ils n'impliquent aucune conclusion correspondante qui porterait sur l'importance de cet effet. La démarche **fiduciaire,** dont le principe a été défendu par Fisher, a été réintroduite dans le cadre de l'analyse des comparaisons. Le principe de cette méthode consiste à renverser la démarche de la méthode des tests de signification. Au lieu de partir d'une hypothèse* particulière, dont on cherche la compatibilité avec les données, on part directement des données vers un ensemble d'hypothèses raisonnables, auquel on associera une certaine probabilité* fiduciaire (*fiducia* = confiance). Si l'on juge que ces hypothèses traduisent toutes des effets notables, on aboutira à une conclusion d'effet notable. Si l'on juge au contraire tous ces effets comme négligeables, on sera conduit à une conclusion d'effet négligeable.

Ces prolongements sont applicables à tout ensemble de données expérimentales,

et plus généralement à tout ensemble de données structurées, à travers un langage d'interrogation des données issu directement de la formalisation évoquée plus haut.
Analyse de variance multivariée (MANOVA) **:** extension de l'analyse de variance au cas de plusieurs variables numériques.
Analyse de covariance* : variante de l'analyse de la variance à deux variables dans laquelle on s'intéresse à l'effet d'une des deux variables corrigé des effets de régression dus à l'autre variable.

Exemple : on veut comparer l'efficacité de deux méthodes d'enseignement de l'électricité : l'une théorique, l'autre pratique. Pour cela on choisit deux classes et on applique à une classe la première méthode et à l'autre classe la deuxième méthode. Les élèves des deux classes ont subi une épreuve de niveau général au début de l'année scolaire et une épreuve d'électricité à la fin de l'année. On a ainsi les deux variables : note initiale, note terminale, mais qui ne concernent pas les mêmes contenus. Pour juger de l'efficacité des méthodes pédagogiques, il ne suffit pas d'examiner les résultats obtenus à la fin de l'année. Les classes ne sont pas forcément homogènes quant au niveau des élèves. D'une façon générale, cet exemple appartient à un type de problèmes dans lesquels on désire étudier une variable (ici la note terminale) après avoir éliminé l'influence d'une autre variable (note initiale). C'est l'objectif de l'analyse de covariance.

P. Bonnet et H. Rouanet

Analyse des comparaisons

→ Analyse de variance

Analyse des correspondances

→ Analyse des données

Analyse des données

Le terme d'analyse des données s'est imposé pour désigner l'approche visant à dégager « ce que les données ont à dire », en mettant de côté les hypothèses, intentions, etc., qui ont pu présider à leur recueil.
Data analysis : courant statistique apparu dans les années 1950 chez les Anglo-Saxons (Tukey, etc.), qui traduit non une nouvelle méthode, mais une certaine orientation de la statistique*, tournée vers l'examen plus détaillé et approfondi des données, et liée à la diffusion des moyens de calcul de l'ère informatique.
Analyse géométrique des données : courant statistique, apparenté à la *Data Analysis,* né dans les années 1960 sous l'impulsion de J.-P. Benzécri, qui a suscité une « école française d'analyse de données », dont l'originalité réside dans la double importance accordée aux structures mathématiques abstraites et aux représentations géométriques.
Analyse des correspondances : méthode centrale de l'Ecole française d'analyse de données, dont le paradigme est l'analyse de la liaison entre les lignes et colonnes d'un tableau de contingence*. L'analyse des correspondances, en tant que double analyse en composantes* principales, conduit à déterminer une suite de variables factorielles, ou facteurs*, d'une part sur les lignes, d'autre part sur les colonnes, dont les variances* (valeurs propres de l'analyse) sont décroissantes. Les formules de transition permettent de passer d'un type de variable à l'autre, et la formule de reconstitution permet de reconstituer le tableau analysé. Géométriquement, l'analyse des correspondances conduit à représenter le tableau sous forme de deux nuages de points, régis par le principe barycentrique, et susceptibles de diverses représentations simultanées. La généralisation de l'analyse des correspondances à toutes sortes de tableaux numériques, à l'aide de divers types de codage, en particulier le codage disjonctif, a fait de cette méthode une méthode privilégiée pour l'analyse des questionnaires, et pour la construction d'échelles* (lorsqu'on constate un **effet Guttman,** ou effet d'ordre, on évite souvent le recours à l'analyse hiérarchique).

P. Bonnet et H. Rouanet

Analyse des tâches

Toute formation-adaptation à des tâches* nouvelles ou à des modalités renouvelées de ces tâches trouve le gage de son efficacité dans l'analyse préalable de ces tâches. Mais cette investigation préliminaire peut connaître bien des degrés dans la rigueur. Les diverses méthodes d'analyse du travail* préconisées en ergonomie* peuvent permettre aux formateurs de mieux préciser leurs objectifs*.
Par ailleurs, compte tenu du fait que les séquences d'une formation, et, en particulier, les exercices, constituent à leur tour des tâches, objet de performances, la transposition des pratiques de l'analyse des tâches s'est imposée d'elle-même comme une composante de la conception des *curriculums** de formation.

D. Hameline

Analyse didactique

S. Freud a, en 1910, d'abord vu dans l'auto-analyse* (qu'il avait lui-même pratiquée) la condition pour que le psychanalyste puisse maîtriser son contre-transfert*. En 1922, l'Association internationale de psychanalyse a énoncé la règle d'une psychanalyse personnelle préalable pour le futur psychanalyste : l'analyse didactique. Nul analyste n'a contesté cette règle mais l'appellation d'analyse didactique a posé et pose des questions qui restent non résolues : y a-t-il une différence de contenu entre l'analyse thérapeutique et l'analyse de formation ? A quelles échappatoires peut être voué le candidat qui sait d'avance que sa cure l'habilitera à devenir psychanalyste ? Quelle hiérarchie de pouvoir et de savoir est ainsi induite, qui grève le fonctionnement des institutions psychanalytiques ? *D. Anzieu*

Analyse en composantes principales → Analyse multivariée

Analyse en constituants immédiats

Méthode d'analyse linguistique introduite par L. Bloomfield en 1933 et développée par le courant structuraliste américain. Comme la méthode voisine d'analyse distributionnelle (V. Distributionnalisme), elle vise d'abord à identifier et à définir les unités morphosyntaxiques pertinentes d'une langue naturelle* ; elle vise en outre à décrire les niveaux hiérarchiques d'organisation d'une phrase*. Sur le plan technique, la démarche consiste à décomposer la phrase en constituants de rang supérieur (syntagmes*), puis à décomposer ceux-ci en constituants plus élémentaires, et ainsi de suite jusqu'à ce que soient isolés tous les morphèmes* (plus petites unités porteuses de sens*). A titre d'exemple, la phrase *« le linguiste a réparé sa bicyclette »* sera décomposée en deux constituants immédiats : un syntagme nominal (SN), *« le linguiste »,* et un syntagme prédicatif (SP), *« répare la bicyclette ».* Le SN sera décomposé en un déterminant (Det), *« le »,* et un nom (N), *« linguiste ».* Les constituants immédiats du (SP) seront un syntagme verbal (SV), *« a réparé »,* et un SN, *« la bicyclette »,* etc.

Les figurations les plus courantes de cette analyse sont les arborescences* (« arbres » de la grammaire générative*), les schémas en « boîtes » (C. F. Hockett) et la parenthétisation (R. Wells). *D. Zagar*

Analyse factorielle → Analyse multivariée

Analyse laïque

Cure psychanalytique menée par un psychanalyste non médecin. La possibilité pour des non-médecins d'exercer la psychanalyse a été soutenue par S. Freud mais refusée entre 1930 et 1988 par les sociétés américaines de psychanalyse. *D. Anzieu*

Analyse multivariée

Ce terme recouvre l'ensemble des méthodes statistiques multidimensionnelles, descriptives et inductives, qui portent sur l'analyse conjointe de plusieurs variables : tout d'abord, variables numériques, puis par extension, variables quelconques. Les deux principales méthodes d'analyse multivariée sont l'**analyse en composantes principales** et l'**analyse factorielle,** dont l'objectif commun est de réduire la dimensionnalité de l'ensemble des variables initiales.

Dans l'analyse en composantes principales, l'objectif prédominant est celui de « résumé économique » des données ; les **variables principales** sont définies comme les combinaisons linéaires successives des variables de base qui, après ajustement* par la méthode des moindres carrés*, fournissent les meilleures approximations de ces variables. Dans l'**analyse factorielle,** la préoccupation prédominante est celle de l'intelligibilité des facteurs*, conçus comme des variables latentes, à partir desquelles on exprime les variables de base. L'analyse factorielle s'est surtout développée dans le contexte de la psychométrie* : modèle **unifactoriel** de C. Spearman, modèle **multifactoriel** de L. L. Thurstone.

L'analyse en composantes principales, restée longtemps hors de portée pratique, s'est beaucoup répandue à l'ère informatique, et se substitue souvent à l'analyse factorielle. Les statisticiens de l'Ecole française d'analyse de données* entendent souvent, par « analyse factorielle », l'analyse en composantes principales et ses variantes, notamment l'analyse des correspondances*.

P. Bonnet et H. Rouanet

Analyse psychologique

L'analyse psychologique désignait la méthode de concentration mentale utilisée par S. Freud en 1895 avant qu'il ne crée le terme de psychanalyse* en 1896 et qu'il ne connaisse la règle fondamentale* qui structure la situation psychanalytique. De nos jours, on parle souvent d'« analyse » ou lieu de « psychanalyse ».

La psychologie, comme les autres sciences, procède à des analyses (analyse factorielle, analyse de contenu), c'est-à-dire qu'elle cerne des éléments hypothétiquement isolables et tente ensuite de préciser leur organisation synthétique pour rendre compte du phénomène étudié (l'intelligence, le sens d'un texte).

L'analyse psychologique résulte aussi du souci courant d'attribuer des causes aux événements de sa vie quotidienne ou d'une démarche intellectuelle qui utilise une théorie pour comprendre une œuvre. Les écrivains, enfin, procèdent parfois à des analyses qui enrichissent la psychologie.

C. Prévost

Analyse transactionnelle

Méthode de psychothérapie et de formation inventée en 1964 par E. Berne, pour analyser les « **transactions** » entre les personnes. Le patient est d'abord instruit des trois niveaux constituant une personnalité : le niveau Parent P. (ce qu'il a intériorisé de ses parents), le niveau Enfant E. (les traces qui lui restent de l'enfance), le niveau Adulte A. (où il tient compte du principe de réalité*). La transaction est l'unité d'interaction entre un niveau d'une personne et un niveau d'une autre : la première envoie un stimulus à partir de son niveau P. ou E. ou A. ; la seconde répond à partir soit du même niveau qu'elle (transaction complémentaire) soit d'un autre niveau (transaction croisée). Le patient fait ensuite l'expérience concrète des diverses transactions possibles au cours de jeux se déroulant sur des scénarios types (par ex., le jeu du « Oui, mais » ou du « Il n'y a qu'à » ou du « Je le veux bien mais je ne peux pas à cause de ma jambe de bois »). Les patients sont enfin réunis en groupes où ils ont à repérer les diverses transactions qui se déroulent simultanément, où ils reçoivent des autres un *feed-back** sur leurs propres transactions et où ils prennent conscience de l'inadaptation à la réalité présente de scénarios personnels fixés depuis l'enfance.

D. Anzieu

Analyseur syntaxique

Un analyseur syntaxique construit automatiquement, à partir d'une phrase en langage naturel*, une représentation* reflétant la structure syntaxique* de cette phrase. Pour certains auteurs, un analyseur syntaxique est une modélisation* de l'activité syntaxique humaine lors de la compréhension* d'une phrase en langue naturelle. Un analyseur syntaxique est associé à une grammaire*. Il extrait les propriétés structurales des phrases et produit une représentation syntaxique qui assigne un nom de structure (groupe verbal, groupe nominal, etc.) à chaque groupe de mots ; il incorpore également des traits syntaxiques non explicites tels que le genre (masculin, féminin), la voix (active, passive), etc. Toutes les propriétés grammaticales doivent ainsi être prises en compte.

La représentation syntaxique construite peut être décrite par un réseau* ou par une structure arborescente. La méthode d'analyse et la représentation sont définies par la grammaire associée. Les analyseurs syntaxiques sont utilisés dans les systèmes informatiques qui traitent des informations* écrites dans des langages naturels (interfaces homme/machine, traduction automatique) ou artificiels (langages de programmation, de représentation de connaissances*).

J. Mathieu

Anamnèse

Terme d'origine philosophique, puis médicale, qui désigne d'ensemble des informations sur le passé du patient ou du client* nécessaires au praticien pour établir son évaluation*. Par extension, anamnèse désigne aussi la méthode d'investigation permettant de recueillir ce genre d'information : on parlera ainsi d'interrogatoire anamnestique ou d'anamnèse associative.

La conception de l'anamnèse chez les aliénistes, puis les psychiatres et enfin chez les médecins psychosomaticiens et les psychologues cliniciens a évolué selon quatre étapes qui correspondent à quatre moments de l'évolution générale des idées sur le psychisme. Chacune de ces étapes a laissé en héritage la conscience de la nécessité de recueillir un certain type d'information. Chez les premiers aliénistes, l'anamnèse ne concerne, selon la tradition hippocratique, que l'histoire de la maladie. Avec P. Pinel et J. Esquirol, l'enquête s'étend aux modes de vie du malade et à des événements possiblement déclencheurs des troubles. Les conceptions de B. Morel puis de J. Magnan, relatives à la dégénérescence progressive héréditaire* ont au moins l'intérêt de susciter l'intérêt des praticiens pour le passé familial. La psychanalyse*, enfin, oriente l'intérêt vers l'exploration de la vie imaginaire et du passé le plus ancien de l'individu. Dans toutes les méthodes modernes d'anamnèse, on retrouve ces quatre temps de l'investigation, et le plus souvent dans cet ordre qui respecte les résistances du patient et leur permet de s'atténuer progressivement.

Cette évolution s'est poursuivie au cours des dernières années : le développement des thérapies de la famille* a entraîné la mise au point d'une technique particulière d'investigation du passé familial, le génogramme*.

Il convient cependant de signaler que ce sont surtout les aliénistes de jadis et, aujourd'hui, les médecins psychosomaticiens et ceux des psychologues qui ne travaillent pas dans une perspective psychanalytique qui procèdent à un interrogatoire systématique et détaillé. En effet, la manifestation par le psychologue clinicien d'une curiosité intrusive peut hypothéquer ses chances de mener à bien une psychothérapie* psychanalytique avec le patient qu'il aurait soumis à une interrogatoire d'anamnèse. Cet interrogatoire peut en effet renforcer les résistances* du patient, et notamment susciter une réaction transférentielle* que le patient ne pourra reconnaître comme telle parce qu'elle a son point de départ dans sa réaction à une conduite effective du psychothérapeute ; l'administration d'un questionnaire prive le psychologue de la possibilité de savoir dans quel ordre et de quelle manière le patient aurait dit les choses, s'il avait eu l'entière liberté de s'exprimer à sa façon.

De ce fait, de nombreux psychologues, et tout spécialement les psychanalystes, utilisent ordinairement une méthode d'investigation beaucoup plus souple, comportant un minimum de questions directes voire une totale absence de question : c'est ce que F. Deutsch a appelé l'anamnèse associative. *J.-M. Petot*

Anaphore

En rhétorique*, répétition emphatique des mêmes mots. En linguistique*, désigne plus communément le mécanisme de reprise d'une information existentielle au fil du discours*, par une unité linguistique* capable de référence* actuelle (pronom, description définie, nom propre, signe zéro) ; la dénotation* de cette unité E2 (anaphorique) est fonction de celle d'une expression* antérieure E1 (antécédent). L'anaphore est « fidèle » si E1 et E2 sont coréférentielles et contiennent le même nom *(« un chat... ce chat... »).* Elle est « associative » si leurs désignations* sont en rapport de contiguïté *(« une maison... le toit... »).* La notion recouvre en fait au moins trois phénomènes distincts :

1. la co-instanciation de plusieurs places d'argument* dans une même phrase* complexe ;
2. le pointage sur des connaissances implicites* partagées par les interlocuteurs (V. Déictique) ;
3. l'ellipse de signifiants* récurrents.

A. Berrendonner

Anarithmétie → Acalculie

Anarthrie pure → Aphasie

Ancrage

De façon générale, on utilise ce terme pour dénoter les processus par lesquels les informations*, croyances* ou savoirs nouveaux s'insèrent dans les schémas anciens. En élaborant sa théorie des représentations sociales*, S. Moscovici a ainsi montré comment des savoirs nouveaux concernant la psychanalyse pouvaient s'insérer dans des systèmes de catégories disponibles qui structurent l'appréhension de l'univers social et qui opposent, par exemple, les riches aux pauvres, les hommes aux femmes, les personnes « folles » aux personnes « normales ». C'est ainsi que les informations ou savoirs nouveaux trouvent leur signification et, en même temps, peuvent affecter les systèmes de pensée déja établis.

Ersoc

L'**effet d'ancrage** désigne une attraction des jugements* fournis par un sujet vers des valeurs de référence ou **ancres**, correspondant à des stimulus* privilégiés, en raison d'associations* antérieures, de la constitution préalable de catégories*, de la possibilité ou de la facilité de les dénommer, etc. L'effet d'ancrage introduit dans les échelles d'estimation* un biais*, implicite plus souvent qu'explicite. Il a été décrit, en psychophysique*, dans l'élaboration des échelles de sensation*, mais aussi dans les cas plus complexes des échelles d'attitude* ou d'opinion* en psychologie sociale. *M. Richelle*

Ancre → Ancrage

Androgène

Substance de structure stéroïdienne capable d'assurer le maintien des caractères sexuels secondaires mâles. Dans l'organisme, les androgènes sont synthétisés à partir du cholestérol par les gonades et les glandes surrénales. La testostérone est produite par les cellules de Leydig du testicule, sous le contrôle de l'hormone* lutéotrope hypophysaire. Elle est responsable de la masculinisation de l'organisme (rôle d'organisation) et du maintien des caractères sexuels secondaires mâles (rôle d'activation). Comme toutes les hormones stéroïdes, la testostérone agit sur l'expression génique des cellules cibles par l'intermédiaire de récepteurs spécifiques intracellulaires. Elle peut aussi agir, en particulier dans le cerveau*, par l'intermédiaire des récepteurs aux œstrogènes, après aromatisation intracellulaire de la molécule pour former de l'œstradiol. Les régions du cerveau les plus riches en récepteurs sont la région du septum et l'aire préoptique médiane (où sont aussi localisés les neurones producteurs de lulibérine), l'hypothalamus* ventromédian (en particulier le noyau arqué responsable du contrôle de la sécrétion de prolactine) et l'amygdale*.

P. Mormède

Anéchoïque (Chambre —) → Chambre

Angoisse

C'est seulement au cours de la seconde moitié du XIXe siècle que le concept d'angoisse apparaît dans le domaine de la pathologie. Jusqu'alors, les peurs irraisonnées étaient considérées comme une expression, parmi d'autres, des passions tristes ou d'une erreur de jugement proche du délire.

B. Morel décrit en 1866 le « délire émotif », qu'il attribue à un désordre du système nerveux végétatif et qui s'applique à l'ensemble des troubles anxieux et dépressifs. Peu après se développe le concept de neurasthénie* qui, à partir d'une explication par un état d'épuisement du système nerveux, inclut un ensemble de manifestations d'inquiétude psychique et de sensations corporelles diverses. C'est à S. Freud que l'on doit la description princeps de la névrose d'angoisse et des différentes manifestations de l'angoisse : l'inquiétude chronique, l'attaque d'angoisse, les équivalents physiques, les peurs illégitimes et sélectives que l'on appelle phobies, et les obsessions. La plus récente des classifications psychiatriques, celle de l'Association américaine de psychiatrie (*Manuel diagnostique et statistique des troubles mentaux,* DSM III-R), range dans le cadre des troubles anxieux l'angoisse généralisée, le trouble panique (l'attaque d'angoisse), les troubles phobiques et obsessionnels.

A côté de cette entité spécifique dans laquelle le symptôme angoisse est au cœur des troubles, on notera la présence d'une angoisse, au titre de symptôme accessoire, dans un très grand nombre d'autres altérations de l'état mental (états dépressifs, psychoses aiguës, états schizophréniques, etc.). L'angoisse, qu'elle soit primaire ou secondaire, isolée ou associée à des dispositifs de fuite (phobie) ou de lutte (obsessions), présente des caractères identiques. Elle est classiquement définie comme une peur sans objet. Il est vrai que rien ne ressemble plus à l'attente anxieuse ou à l'accès d'angoisse aiguë que l'appréhension d'un danger à venir. On distingue habituellement angoisse psychique et angoisse physique (« boule » dans la gorge, palpitations, accélération de la respiration, mictions urinaires fréquentes, diarrhée, pâleur, dérobement des jambes).

J.-F. Allilaire

Anhédonie

De même que la psychologie des émotions* s'est récemment intéressée à l'hédonisme*, la psychopathologie semble porter un nouvel intérêt à l'anhédonie, définie dès 1913 par T. Ribot comme la perte de la capacité à ressentir du plaisir. Dans la dépression*, où elle fait partie des descriptions classiques, elle a été reprise récemment par M. Klein comme le syndrome axial des dépressions qu'il a appelées « endogénomorphes ». Plusieurs auteurs ont pu retrouver la même proportion (environ 12 à 15 %) de dépressions anhédoniques au sein de l'ensemble des états dépressifs, mais le symptôme lui-même, même à l'état discret, est plus fréquent. Dans la schizophrénie*, où elle était connue comme un des éléments du syndrome d'athymhormie*, l'anhédonie fait partie des critères proposés par N. Andreasen pour identifier les formes déficitaires de schizophrénie.

Son caractère exclusivement subjectif doit éviter de la confondre avec l'émoussement affectif* qui inclut des signes d'observation en plus du vécu d'indifférence affective.

L'anhédonie peut être mesurée par des échelles d'évaluation*.

Dans l'avenir, il est vraisemblable que le concept d'anhédonie soit démembré en plusieurs mécanismes et/ou symptômes représentant diverses modalités de la baisse de la modulation subjective de l'affectivité.

R. Jouvent

Anidéique

Lorsque G. de Clérambault décrit les phénomènes élémentaires du petit automatisme* mental, il en souligne le caractère neutre et anidéique. Il rend ainsi compte, en négatif, d'une caractéristique fondamentale de toute activité de pensée, de toute idée, son intentionnalité.

Les phénomènes de pensée anidéiques sont caractérisés par leur non-intégration dans une continuité de la pensée. Ils apparaissent en rupture par rapport à l'intention de pensée en cours, ils empruntent la forme de la pensée mais n'en possèdent pas le sens : l'orientation vers un but ou l'adéquation par rapport à un contexte intentionnel leur donnant un sens.

G. de Clérambault donne plusieurs exemples de tels phénomènes : les mots explosifs (évocation de mots en dehors de la volonté du sujet ; ainsi, tel sujet parasité par le mot « bonheur »), des absurdités et des non-sens (phrases absurdes se répétant continuellement en pensée), des arrêts de la pensée, un dévidage de souvenirs et d'idées.

M.-C. Hardy-Bayle

Animisme

Conception suivant laquelle toutes les parties du monde ont une âme, proposée dans la philosophie biologique* de G. E. Stahl en 1707 et qui se retrouve par exemple dans la pensée primitive.

Les psychologues l'observent dans le fonctionnement de l'inconscient* et dans la pensée enfantine. S. Freud l'associe à la magie*, qui en serait la technique : c'est un système intellectuel caractérisé par la toute-puissance des idées. Ce narcissisme* de l'intelligence* intéresse la pensée primitive, mais aussi la névrose obsessionnelle : il aboutit à une projection* à l'extérieur de certaines tendances* en vue d'un soulagement ou de la satisfaction d'un désir*. Chez l'enfant*, J. Piaget fait de l'animisme une expression* de la pensée égocentrique préopératoire consistant à établir entre les phénomènes une liaison à motivation psychologique : les mondes physique et psychique sont confondus. Le mécanisme en est la projection d'intentions dans la nature : il résulte de l'absence de conscience du moi. H. Wallon situe l'animisme entre le finalisme et l'artificialisme, comme trois niveaux de complexité de la précausalité enfantine : dans l'animisme, la cause est liée à l'être.

R. Doron et E. Jalley

Aniséiconie → Distorsion

Anisométropie

Condition dans laquelle l'état de réfraction d'un œil n'est pas le même que l'état de réfraction de l'autre œil. L'amétropie* oculaire est inégale, soit qu'un œil est myope et l'autre hypermétrope, soit que les deux yeux sont hypermétropes mais à des puissances de réfraction différentes. L'anisométropie donne lieu à de l'asthénopie (fatigabilité oculaire), éventuellement à la suppression et à l'amblyopie d'un œil. Dans le cas de l'anisométropie, les corrections optiques sont différentes pour chaque œil.

R. Génicot

Anisopie

Terme peu fréquent désignant, de manière générale, l'inégalité des images perçues par les deux yeux, quelle que soit l'origine de cette inégalité. Il peut s'agir d'images doubles (**diplopie**) ou d'un obscurcissement d'une image d'un œil par rapport à l'autre œil, ou encore d'une anisométropie*.

R. Génicot

Annulation rétroactive

Mécanisme de défense* par lequel le sujet fait comme si une pensée ou une action antérieure n'était pas advenue, visant par là même à effacer les effets d'un fantasme* ou d'une pensée jugée après coup dangereuse. Il s'agit en fait d'un comportement banal, utilisé couramment par chacun, qui peut prendre des formes diverses : atténuation de la force d'une parole, rétraction d'une prise de position péremptoire, etc. S. Freud voit dans ce mécanisme une forme de défense caractéristique de la névrose obsessionnelle*. Il s'exprime manifestement dans le surgissement et l'exécution des rituels* obsessionnels. Dans ce dernier cas, la pathologie vient de la répétition et donc de la croyance qu'il est impossible d'annuler l'événement antérieur. L'annulation peut donc se présenter sous deux modalités différentes : soit sous la forme d'un même comportement mais avec une signification consciente ou inconsciente opposée. L'explication psychologique de ce mécanisme n'est pas univoque, il peut en effet s'agir de l'expression d'un conflit interpulsionnel mais aussi d'un conflit entre la pulsion* et le moi.

A. Braconnier

Anomalie

Le terme d'anomalie est employé pour caractériser ce qui est perçu comme la manifestation aberrante, incontrôlée du fonctionnement d'un organisme. L'anomalie peut être ressentie par un sujet sensible au caractère insolite d'une manifestation ou à la déviation imprévue d'une capacité* habituelle. Du point de vue épidémiologique, on considère comme anomalies des perturbations qui ne relèvent ni du libre choix, ni de la volonté* de l'individu (anomalies génétiques, accidentelles ou acquises). *J. Selosse*

Anomaloscope

Appareil destiné à déterminer les difficultés dans la reconnaissance des couleurs, appelé aussi **appareil spectral de Nagel**. La technique consiste à faire comparer au sujet des mélanges de couleurs présentées sur des plages juxtaposées. Une version de ce colorimètre* offre un champ d'observation dont une moitié présente une lumière colorée A, de niveau lumineux variable, et dont l'autre moitié présente le mélange en proportions variables de deux autres lumières colorées B et C. On parvient à donner aux deux moitiés des aspects identiques en agissant simultanément sur le niveau A et sur la proportion B et C. *R. Génicot*

Anomie

Pour E. Durkheim en 1893, c'est l'absence de normes* sociales susceptibles d'engendrer des réactions pathologiques (suicide) ou sociopathiques (criminalité). L'anomie caractérise un état de crise* et de rupture* entre les règles et les valeurs qui normalisent l'ajustement des comportements sociaux. Lorsque la société connaît des changements brusques de structures, l'ajustement des individus et des institutions est déséquilibré. R. K. Merton, en 1949, a souligné le retentissement subjectif de l'anomie en définissant des états anomiques révélateurs des tensions* soulevées par les conflits liés aux difficultés d'accéder aux buts valorisés par la société tout en respectant les moyens légitimes à la disposition des acteurs sociaux. L'innovation, la rébellion ou l'évasion sont alors des conduites déviantes* utilisées pour réduire cette tension. Au niveau de la personnalité*, L. Srole, en 1958, a utilisé une échelle de neuf items pour mesurer le retentissement individuel de l'anomie. *J. Selosse*

Anorexie

Selon l'étymologie, c'est la perte de l'appétit, symptôme banal d'altération de l'état général dans la sémiologie médicale. Du point de vue psychopathologique, la restriction alimentaire* n'implique pas toujours la perte de l'appétit, sans que l'on puisse affirmer qu'il s'agisse d'un refus alimentaire délibéré comme dans les délires* d'empoisonnement ou dans la grève de la faim. L'anorexie mélancolique a été interprétée comme effet du fantasme* d'incorporation sadique-orale, cannibalique, de l'objet perdu. Dans les névroses, il peut s'agir d'une formation de compromis* entre défense et réalisation du fantasme inconscient.

Dans les syndromes d'anorexie mentale dont les deux formes typiques sont celle du deuxième semestre de la vie et celle de l'adolescence, le symptôme*, souvent complexe et très surdéterminé, correspond à un refus actif de l'acte* alimentaire, mais pose, dans certains cas, le problème d'une altération des régulations psychophysiologiques de la faim et de la satiété (les formes psychosomatiques*). L'anorexie mentale de l'adolescence, habituellement féminine, comporte, outre l'amaigrissement par restriction d'apports, la hantise de grossir avec absence d'inquiétude de l'amaigrissement, l'hyperactivité, un syndrome hypothalamo-hypophysaire avec aménorrhée, et des conflits intrafamiliaux justifiant parfois les thérapies familiales*. Du fait de sa gravité, cette organisation justifie une prise en charge thérapeutique spécialisée. *B. Brusset*

Anorgasmie → Impuissance sexuelle

Anorthoscopique (Perception —)

Perception* correcte, « véridique », d'un dessin dont le tracé n'apparaît que très fragmentairement à travers une mince fente derrière laquelle le dessin est déplacé latéralement. Le phénomène, déjà remarqué par les psychologues du XIXe siècle, a fait l'objet d'un intérêt renouvelé depuis 1965, avec les travaux de I. E. Parks. Il se produit même lors d'une immobilisation rigoureuse du globe oculaire, attestant l'intervention d'un processus central capable d'intégrer l'ordre temporel des stimulations rétiniennes pour, à partir d'elles, reconstruire la figure présentée (qui peut n'être qu'une simple droite oblique, ou une ligne ondulée). Il s'agit d'un exemple d'inférence cognitive* dans la perception visuelle.

M. Richelle

Anosmie

Privation* totale ou partielle de la sensibilité olfactive, résultant d'une atteinte aux récepteurs de l'odorat*, aux voies de conduction ou aux centres cérébraux où s'intègrent les informations chimiques de l'olfaction*, bulbe olfactif et paléocortex olfactif.

On décrit des anosmies sélectives à certaines odeurs, qui représentent l'une des sources des variations interindividuelles dans la sensibilité olfactive. Certaines de ces anosmies semblent cependant céder à l'entraînement par expositions répétées au stimulus, de telle sorte qu'elles pourraient n'être que l'expression d'une insuffisance d'usage ou d'un émoussement dans l'environnement moderne de capacités sensorielles qui ont perdu une partie de leur valeur adaptative. *M. Richelle*

Anosognosie

Méconnaissance par le patient d'un déficit d'origine neurologique pouvant aller jusqu'au refus ou à la négation de ce déficit.

Concerne principalement un déficit hémiplégique gauche, s'inscrivant dans un contexte de négligence*. Peut aussi concerner la cécité corticale, la jargonaphasie et l'amnésie antérograde d'un syndrome de Korsakoff. *J.-L. Signoret*

Anosographique → Transnosographique

Antagoniste

Désigne en général une substance médicamenteuse qui produit un effet contraire au trouble observé. Agent pharmacologique (**ligand**) capable de reconnaître et de se lier à un récepteur* donné, mais sans induire de réponse physiologique. Il réduit la réponse des agonistes* et du neuromédiateur* spécifique de ce récepteur. L'affinité d'un ligand pour un récepteur donné est définie par son aptitude à se fixer sur celui-ci, et l'activité intrinsèque du ligand par sa capacité à engendrer une réponse quantifiable après fixation. Un antagoniste présente une bonne affinité mais pas d'activité intrinsèque. Il est dit compétitif s'il se fixe sur le récepteur même et non compétitif s'il occupe un site différent du récepteur, mais en déformant ce dernier (**effet allostérique**). *U. Spampinato*

Par ailleurs, en anatomophysiologie, ce terme s'applique à des structures ou à des processus en opposition fonctionnelle : par exemple, les muscles fléchisseurs et extenseurs d'une même articulation ; des hormones aux effets contraires comme le glucagon et l'insuline, responsables respectivement de la glycogénolyse et de la glycogénosynthèse ; des voies nerveuses dont les effets s'annulent.

Le comportement comprend de nombreux éléments antagonistes, spécialement dans les situations d'opposition interspécifique, entre prédateur* et sa proie par exemple, ou de rivalité intraspécifique, entre deux animaux territoriaux à leur frontière commune notamment : l'agressivité* et la peur, l'attaque et la fuite sont rarement pures. L'animal peut passer insensiblement de l'une à l'autre. La proie poursuivie fait face au dernier moment et se défend avec acharnement. En stimulant électriquement un centre intracérébral d'une poule, E. von Holst a suscité chez celle-ci, en face d'un putois empaillé, une réaction d'attaque d'abord, qui s'est muée en une réaction de fuite lorsque la simulation persistait. A leur frontière commune, deux animaux territoriaux face à face exhibent un jeu subtil d'attitudes ambivalentes où un œil exercé reconnaît l'alternance ou la combinaison d'éléments d'approche et d'évitement*, d'attaque et de fuite, par lesquels chaque acteur renseigne à chaque instant l'opposant sur ses dispositions mitigées ou déterminées (V. Déplacement). Le processus de ritualisation* peut se saisir de certaines valeurs de ces situations composites ou de compromis pour leur valeur expressive particulière. *J.-C. Ruwet*

Anthropologie

Désignant, pour les naturalistes, l'histoire naturelle de l'homme, E. Kant donne au mot, en 1798, le sens de science de l'homme en général. Dans les années 1800, on l'emploie pour qualifier l'histoire des progrès des peuples vers la civilisation.

Il coiffe alors des disciplines intéressées à ce qu'on tient pour les indicateurs variés de cette évolution : linguistique, science de la préhistoire, anthropologie physique étudiant les caractéristiques physiques des races, des crânes, etc.

L'intérêt s'affirmant, dans la même perspective, pour les activités de l'homme en société, l'ethnographie* et l'ethnologie* se développent en même temps, et sont habituellement tournées vers les sociétés sans écriture, respectivement sous les points de vue de la description et de la théorisation. Ethnologie et anthropologie deviennent alors volontiers interchangeables. Celles-ci se distinguent de la sociologie, plutôt centrée sur les sociétés industrielles. D'autre part, les Britanniques lancent l'anthropologie sociale, qui se préoccupe centralement des structures sociales, tandis que l'anthropologie culturelle, plus tard aux Etats-Unis, met l'accent sur la dimension culturelle. Mais il ne serait plus possible maintenant de les distinguer.

Un courant existe aux Etats-Unis et en France pour refaire de l'anthropologie la discipline englobante. Aussi emploie-t-on volontiers le mot pour traiter de questions se rapportant à l'homme d'un point de vue qui oblige à sortir d'une discipline déterminée.

Le terme est également privilégié pour les études de cultures, ou tenant compte de la variable culturelle dans une discipline, au nom de laquelle on l'associe. *C. Camilleri*

Anthropomorphisme

Tendance à attribuer à un être non humain, Dieu et surtout, en psychologie, l'animal, des caractéristiques de la nature et du comportement humains. Le mot a le plus souvent le sens d'un reproche qui a pu être formulé à l'égard de certaines études de l'animal à la fin du XIXe siècle, comme celle de G. J. Romanes par exemple. *F. Parot*

Anticipation

Dans le contexte précis d'une expérience de temps de réaction* ou de psychophysique*, on parle d'anticipation ou, mieux, de **réponse anticipée** pour désigner une réponse survenant avant le stimulus* qui devrait normalement la susciter : ainsi, au cours d'une série en ordre ascendant de présentations du stimulus selon la méthode des limites*, le sujet fournit une réponse de détection* lors d'un essai blanc* par anticipation du stimulus supraliminaire*.

La notion d'anticipation dépasse cependant très largement ces cas particuliers, pour englober les multiples phénomènes attestant l'organisation des conduites par rapport à leur aboutissement, leur but*, leur finalité*, ou, plus simplement, par rapport à leur orientation temporelle. Les réponses anticipées apparaissent en effet de façon particulièrement frappante lorsqu'un événement significatif survient périodiquement, comme dans le conditionnement à la durée*. Toute réaction conditionnée* traduit l'anticipation du stimulus inconditionnel* ou du renforcement*. On retrouve l'anticipation, en psychomotricité*, dans l'analyse des mouvements de poursuite d'une cible mouvante, le mouvement étant déterminé plus par la position prochaine de la cible que par sa position actuelle, et, d'une manière générale, dans la notion de préparation* à l'action. Dans l'étude des mécanismes perceptifs et cognitifs*, l'attention sélective*, qui prédispose le sujet à enregistrer et traiter certaines informations pertinentes et à ignorer les autres, les attitudes préperceptives *(perceptual set)*, les phénomènes d'attente* et d'expectation*, s'inscrivent dans le cadre général de l'anticipation.

La notion d'anticipation s'impose aussi chaque fois que le comportement paraît se dérouler selon un programme* préalable, définissant l'ordre séquentiel* et le décours temporel des actions, ordre et décours dont un enchaînement pas à pas ne pourrait rendre compte. L'anticipation rejoint ici la notion de programmation* mise en honneur par les psychophysiologistes de la motricité. Enfin, à un niveau plus complexe des conduites humaines, on s'accordera à parler d'anticipation à propos de toute prévision* explicite, chez le sujet, d'une information ou d'une action, prévision pouvant prendre l'allure d'une véritable planification* de l'action, et reproduire ainsi, à l'étage représentatif, la programmation implicite évoquée ci-dessus.

Si elle représente un concept central de la psychologie cognitive et s'impose dans l'analyse des mécanismes perceptifs et attentionnels, aussi bien que dans celle des actes moteurs ou des apprentissages*, l'anticipation n'en est pas moins importante dans les aspects affectifs et émotionnels des conduites et leurs dérèglements pathologiques : on sait la place des anticipations envahissantes dans les phobies*, ou des anticipations déficitaires dans les conduites du psychopathe* délinquant.

Aisément objectivable dans les cas simples évoqués au début de cette définition, l'anticipation prend, dans la plupart des autres contextes, valeur de *construct**, de variable intermédiaire*, à l'exception, cependant, des recherches psychophysiologiques qui en ont mis en évidence divers indices électromyographiques* ou électroencéphalographiques*, tels les potentiels* lents associés. *M. Richelle*

Antidépresseur

Les antidépresseurs sont des **thymoanaleptiques,** c'est-à-dire qu'ils relèvent l'humeur* dépressive (décrochage de l'humeur). L'efficacité du premier d'entre eux, l'imipramine (Tofranil), fut découverte en 1957 par R. Kuhn.

Ce ne sont pas des traitements de la psychologie dépressive mais des traitements chimiques d'un ensemble de perturbations neurophysiologiques et somatiques qui définissent l'état dépressif. Ces substances agissent sur les signes physiques (ralentissement psychomoteur*, insomnie*, modifications du poids et de l'appétit, signes cardio-vasculaires neuro-végétatifs) autant que sur l'humeur dépressive. L'Ecole de La Salpêtrière fait du ralentissement psychomoteur la cible* principale des antidépresseurs, prédictive de leur efficacité. Celle-ci est généralement estimée à 70 % de succès de l'ensemble des dépressions*. La synthèse de nouvelles molécules antidépressives amène de fréquents changements dans leur classification. Il est néanmoins possible de distinguer :

— Les antidépresseurs dits de première génération, constitués par les **tricycliques** et les **IMAO** (Inhibiteurs de la Mono-Amine-Oxydase). Leurs mécanismes d'action sont multiples, mais leur efficacité est tout à fait établie.

— Les produits dits de seconde génération, ayant des effets biochimiques moins nombreux, une meilleure tolérance, mais des effets cliniques plus ciblés. Parmi ceux-ci, les inhibiteurs de capture de la sérotonine (IRS) tels que la fluoxétine, la paroxétine, la sertraline rencontrent un succès croissant.

Les progrès des connaissances concernant les effets des neuromédiateurs* conduisent à un éclatement de la nosographie devant l'efficacité de certains antidépresseurs sur des systèmes comportementaux existant dans diverses entités. Il en est ainsi de l'impulsivité* avec perte de contrôle dont il est bien établi qu'elle est sensible aux agonistes sérotoninergiques et des pathologies comme la boulimie*, les tentatives de suicide*, les passages à l'acte agressifs, les troubles compulsifs présentant une chute des métabolites sérotoninergiques. Les confins de la dépression se trouvent ainsi remis en question. *R. Jouvent*

Antinarcissisme

Cette notion repose sur le postulat que l'investissement narcissique (centripète) a pour corrélat un investissement antinarcissique (centrifuge), et que l'un et l'autre régissent ensemble l'unité somatopsychique du sujet depuis sa vie fœtale. L'antinarcissisme caractérise la tendance originelle du sujet à se dessaisir de sa propre substance et à céder une partie de sa *libido* au profit éventuel de ce qui est au-dehors, indépendamment des facteurs économiques. L'investissement antinarcissique sert à la fois les buts des pulsions* de mort (séparation et dispersion, mais sans attaque destructrice agressive) et ceux des pulsions de vie (autrui peut bénéficier de cet apport). L'antinarcissisme a été décrit par F. Pasche en 1964. *R. Kaës*

Antinomie

Dans *Les origines de la pensée chez l'enfant,* H. Wallon a analysé les formes typiques de « contradictions et d'antinomies » qui marquent la pensée enfantine dans la période précatégorielle (6-9 ou 10 ans). Ainsi, l'enfant croit avoir existé avant toutes choses, tout en affirmant que ces choses ont toujours existé. Ou encore il croit à la durée de l'objet, tout en pensant que celui-ci n'est plus lui-même dès qu'il change. De même, il croit à l'existence de mouvements autonomes, tout en percevant la nécessité de reculer sans cesse l'origine du mouvement. Tout de même, il ne peut imaginer l'espace sans limite, ni non plus cette limite sans un au-delà. Selon H. Wallon, ces difficultés de la coordination mentale rappellent en particulier certaines étapes de l'histoire de la philosophie.

E. Jalley

Antipsychiatrie

Désigne un ensemble hétérogène de courants contestataires à l'intérieur ou au-dehors du mouvement psychiatrique. Plus rarement, doctrine plus ou moins dérivée du culturalisme en ethnologie considérant que les maladies mentales n'existent pas et ne sont que des troubles résultant directement de la répression sociale qui s'exerce sur les individus. Dans le cas extrême, l'antipsychiatrie considère le domaine entier de la psychiatrie comme une totale imposture qui consiste à réifier en soi-disant maladies mentales les effets oppressifs propres aux sociétés industrielles par l'emploi permanent de la violence symbolique.

D'après H. Ey, ce mouvement résulterait de certains abus de la psychiatrie qui s'était crue capable d'inspirer l'éducation, de résoudre les problèmes sociaux, et de se prononcer sur les problèmes de la paix et de la guerre. A cette panpsychiatrie devait immanquablement faire suite une dissolution. Pour d'autres, l'antipsychiatrie s'inscrit dans un vaste mouvement de nihilisme

système auditif récepteur pour l'aire de Wernicke ; une lésion peut intéresser chacune de ces liaisons, responsables respectivement d'une **anarthrie pure**, ou d'une **surdité verbale**, épargnant classiquement l'une et l'autre le langage.

A ce schéma, il faut adjoindre des aires considérées comme le siège des images visuelles et graphiques des mots permettant de rendre compte des alexies* et des agraphies*. Un tel modèle ne permet pas de prendre en compte les aphasies consécutives à des lésions intéressant des structures anatomiques sous-corticales (thalamus, capsule interne, striatum) et dénommées **aphasies sous-corticales**. Il ne permet pas non plus ni d'expliquer ni de localiser une forme fréquente d'aphasie caractérisée par une difficulté à dénommer (ou manque du mot ou anomie) et qualifiée d'**aphasie amnésique**. Un tel type d'aphasie, et aussi les conditions de production des troubles aphasiques, ont largement justifié d'autres interprétations : modèle fonctionnel et hiérarchique distinguant en particulier langage automatique et langage propositionnel ou volontaire ; modèle global cherchant à isoler un trouble central, commun à toutes les formes d'aphasie. Il serait cependant dangereux de considérer l'aphasie comme une ; le singulier recouvre en fait les diverses altérations pouvant affecter les multiples processus à l'origine de la production et de la compréhension du langage oral et écrit (V. Neurolinguistique). *J.-L. Signoret*

Aphémie → Aphasie

Appareil psychique

Pour rendre compte des processus qui caractérisent la vie mentale et qui ne produisent les phénomènes de la conscience* que dans certaines conditions, S. Freud propose le modèle* d'un appareil psychique où des fonctions différentes s'exerceraient dans les différentes parties qui le constituent. Bien que ce modèle tire son origine d'un modèle neuronal, c'est celui d'un appareil d'optique qui sera rapidement retenu. Le caractère spatial attaché à cette notion d'appareil doit être souligné, non dans l'espoir de le voir coïncider avec la topographie cérébrale, mais pour marquer le fait que contenus mentaux et processus de pensée doivent être traités dans les différentes parties de cet appareil. Ce dernier correspond donc à une figuration topologique de la théorie métapsychologique dont il a suivi les développements et les remaniements.

On notera que ce recours à une figuration spatiale et à la notion d'un travail accompli par l'appareil sur les contenus psychiques n'est pas sans ressemblance avec les modèles topologiques proposés pour le traitement de l'information* dans la psychologie cognitive contemporaine. Une différence radicale toutefois est que l'appareil psychique de la théorie freudienne ne traite pas de l'information mais de l'excitation, demeurant ainsi fidèle à la théorie de l'arc réflexe*. *D. Widlöcher*

Appareil psychique familial → Famille

Appareil psychique groupal

Ce concept psychanalytique a pour objet les formations et les processus de la réalité psychique dans les groupes humains. Un tel concept rend compte : a. du travail de liaison, de transformation et de différenciation des parties de l'appareil psychique individuel mobilisées dans la construction de la réalité psychique du groupe. De ce point de vue, les formations de la groupalité intrapsychique (notamment les groupes internes*) constituent les organisateurs* inconscients de la réalité psychique groupale. Les principaux processus qui soutiennent l'appareillage des psychés dans un groupe sont : les identifications*, les mécanismes de projection* et de diffraction*, les phénomènes de résonance fantasmatique*, la recherche d'objets complémentaires* ; b. du travail psychique de création, de maintenance et de transformation des processus, des fonctions et des formations psychiques communes aux membres du groupe : fonctions refoulantes et de renoncement, idéaux, repères identificatoires, représentations partagées et autoreprésentation du groupe, mécanismes de défense communs, pactes, contrats et alliances inconscients, fonctions de représentance et de délégation ; c. des relations de coétayage et de structuration réciproque de l'appareil psychique individuel et de l'appareil psychique groupal. Deux tendances antagonistes caractérisent l'appareil psychique groupal : la fusion imaginaire des appareils psychiques individuels dans l'appareil psychique groupal (isomorphie) ; la différenciation (homomorphie) des deux types d'appareil. Formé par R. Kaës, ce concept est à l'origine de recherches et de pratiques psychanalytiques appliquées aux psychothérapies de groupes* d'adultes et d'enfants, aux groupes* de formation, à l'analyse institutionnelle* et à la thérapie familiale psychanalytique*. L'extension du concept a ouvert de nouvelles perspectives sur les formations intrapsychiques, notamment à partir des recherches engagées depuis 1985 sur les alliances inconscientes qui se nouent dans les groupes et dont diverses modalités ont été décrites : contrat de renoncement à la réalisation directe des buts pulsionnels, contrats et pactes narcissiques, communauté de déni, pacte dénégatif, pacte pervers.

Ces recherches ont conduit à considérer les alliances inconscientes comme une condition nécessaire de l'assemblage psychique groupal et, d'une manière plus générale, comme une constante psychique de tout lien intersubjectif. En effet les alliances inconscientes sont nouées sous l'effet de l'exigence de travail psychique imposé à ses sujets* par le lien intersubjectif. Elles ne résultent pas seulement des mécanismes de défense* (refoulement*, déni*, désaveu*, rejet*) mis en œuvre par les sujets d'un lien pour établir leur lien ; elles sont aussi contractées en vue de la réalisation corrélative de leurs désirs* inconscients : elles sont maintenues inconscientes en raison de cette double nécessité.

Considérées du point de vue de la métapsychologie* intrapsychique, il apparaît que les alliances inconscientes s'inscrivent fondamentalement dans les processus du refoulement, sans doute dans la formation de l'inconscient lui-même. Elles sont au service de la fonction refoulante, et elles constituent en outre une sorte de redoublement du refoulement, puisqu'elles portent non seulement sur des contenus inconscients, mais sur les processus mis en œuvre par les alliances elles-mêmes pour maintenir le refoulement. Autrement dit, les alliances sont inconscientes, elles produisent et maintiennent de l'inconscient.

Les alliances inconscientes sont également le résultat des compromis intersubjectifs entre plusieurs sujets : elles sont donc ordonnées à la production et au maintien des symptômes*, sous l'effet des intérêts de chacun dans le lien. L'idée d'alliance inconsciente implique une obligation réciproque, un assujettissement à un ordre intersubjectif partagé, éventuellement une aliénation* à cet ordre. *R. Kaës*

Appareil spectral de Nagel → Anomaloscope

Apparent

Qualifie la manière dont les stimulations et les objets sont perçus, par opposition à ce qu'ils sont. Dans cette acception, commune à l'usage courant et à une conception philosophique de la relation entre réalité physique et perception, on pourrait soutenir que toute perception ne fournit qu'une apparence de la réalité. Cela est devenu un faux problème depuis que l'on sait que les mécanismes perceptifs ne fournissent pas des copies* du réel, mais procèdent à des codages*, à une transduction des données du monde physique.

Le terme apparent est plutôt réservé, en psychologie, à ces phénomènes perceptifs particuliers où le sujet prête aux objets perçus une propriété qu'ils n'ont pas physiquement, ou qui n'est pas habituellement perçue de la sorte. Il est voisin du terme **illusoire,** et c'est d'ailleurs à des phénomènes d'illusions perceptives qu'il est généralement appliqué.

L'un des exemples les plus frappants est celui du **mouvement apparent,** encore appelé **phénomène phi** ou mouvement stroboscopique*, où le sujet perçoit un mouvement alors que les éléments constitutifs de la stimulation sont objectivement immobiles. L'impression de mouvement découle des caractéristiques temporelles de la situation. Deux lampes situées à distance convenable et s'éclairant en succession (l'intervalle étant de l'ordre de 150 ms) ne donnent pas lieu à la perception de deux points lumineux distincts apparaissant l'un après l'autre, mais à la perception d'une trajectoire lumineuse allant d'un point à l'autre. Ce phénomène ou mouvement **bêta,** étudié par A. Korte dès 1915 (qui a laissé son nom à diverses lois relatives au mouvement apparent), n'est qu'un cas, fort simple, parmi les nombreuses formes de mouvement apparent qui ont été étudiées et souvent désignées d'une lettre grecque : **phénomènes alpha** (impression d'expansion ou de rétraction donnée par des présentations successives d'une même figure à des tailles croissantes ou décroissantes), **gamma** (phénomène analogue, mais dépendant seulement, la taille restant inchangée, des changements de conditions d'éclairement), etc. Ces phénomènes ont fourni des arguments de choix aux thèses gestaltistes*. **Mouvement apparent consécutif :** effet consécutif* de mouvement se produisant de façon saisissante lorsque, par exemple, le regard se porte brusquement sur un objet immobile après avoir fixé un certain temps un objet animé d'un mouvement particulier (illusion de rétrécissement d'un visage après fixation d'une spirale en mouvement). Ces illusions consécutives de mouvement se présentent en sens inverse du mouvement réel fixé préalablement. *M. Richelle*

Appariement

Dans la constitution des échantillons* de sujets, mise en correspondance rigoureuse par paires des sujets de deux groupes qui seront soumis chacun à un état ou une valeur différente de la variable* indépendante. L'appariement a pour but de neutraliser au maximum les sources de variations qu'il n'est pas possible, ou pas commode d'éliminer de l'échantillonnage : par exemple, on appariera sur les critères de sexe, d'âge, de niveau d'études, de niveau socio-économique, de lieu d'habitat, etc.

Dans la mise au point d'un matériel expérimental, constitution d'associations entre deux stimulus* ou items, tels que des couples de mots utilisés dans les études de la mémoire par la méthode dite des couples associés* *(paired associates learning)*. Les critères d'appariement peuvent varier, selon le but de l'expérience, de la dissemblance la plus complète à une similitude ou association la plus poussée (par ex. : pain-constitutionnalité ; pain-main ; pain-beurre). *M. Richelle*

Appartenance (Besoin d'—)

Désir de se sentir proche d'autres individus qui vous ressemblent et qui vous apprécient ; souhait de pouvoir collaborer avec eux et leur rendre des services réciproques. *C. Lévy-Leboyer*

Appétence → Consommatoire

Appétitif

Se dit d'un comportement, ou d'un ensemble de comportements successifs qui aboutissent à un comportement consommatoire*. Synonyme, dans cette acception, de préparatoire*. Le comportement appétitif implique un état motivationnel*, déclenchant des comportements propres à assurer l'acte consommatoire*. Selon l'espèce considérée et le type de conduite en cause, le comportement appétitif correspondra à une séquence relativement rigide (patron* de comportement fixe* ou modal*) ou à des enchaînements très souples de stratégies plus ou moins inédites.

Se dit d'autre part d'un stimulus* qui provoque naturellement, ou par association* conditionnée*, une réaction d'approche*, d'attraction, d'appétence de la part de l'organisme. Tout stimulus appétitif peut prendre valeur de renforcement* positif* dans un conditionnement opérant*. Il s'oppose au stimulus aversif*. *M. Richelle*

Appréhension (Mode d'— au Rorschach)

Ce terme définit la localisation, la découpe perceptive à laquelle s'applique le contenu de la réponse au test de Rorschach*. On distingue plusieurs modes d'appréhension selon la localisation de la réponse : globale (G), partielle (D), intermaculaire (Dbl) ou rare (Dd). L'analyse des modes d'appréhension permet d'apprécier qualitativement l'activité cognitive du sujet, la mobilisation dynamique des conduites perceptives, le recours à une passivité descriptive ou encore l'envahissement par l'impact d'un matériel difficile à organiser. Au-delà des processus cognitifs, l'interprétation des modes d'appréhension permet de saisir la relation que le sujet établit avec les objets de la réalité externe mais aussi avec ses objets internes. *C. Chabert*

Apprenti

Alors qu'à partir de 1960 le mot apprentissage* a été amené par les sciences humaines à retrouver, dans l'usage courant, sa fonction de désignation générale de l'activité apprendre, il a été nécessaire de forger le terme « apprenant » pour désigner le sujet de cette activité. Apprenti ne pouvait, d'évidence, faire l'affaire. Dire en 1980 « Untel est apprenti », c'est d'abord faire entendre « Untel ne poursuit pas ses études ». Dans une époque où l'accès aux études longues tend à se généraliser, l'apprentissage traditionnel du métier sous la conduite de professionnels sur le lieu de la production devient l'anomalie. D'où la difficulté de revaloriser socialement ce statut qui, non sans paradoxe, exerce encore sur les esprits l'attraction d'un modèle alternatif. *D. Hameline*

Apprentissage

Changement dans le comportement* d'un organisme résultant d'une interaction avec le milieu* et se traduisant par un accroissement de son répertoire. L'apprentissage se distingue des changements comportementaux survenant à la suite de la maturation* de l'organisme qui constituent eux aussi des enrichissements du répertoire mais sans que l'expérience, ou l'interaction avec le milieu, ait joué un rôle significatif. Il se distingue également des modifications de comportement survenant à la suite d'une modification de l'état interne de l'organisme, soit par un mécanisme naturel de fatigue*, de faim*, de vieillissement* par exemple, soit par apport d'une substance extérieure agissant sur les comportements par action directe ou indirecte sur le système nerveux.

Tout apprentissage implique évidemment la mémoire*, et l'on pourrait soutenir qu'apprentissage et mémoire se confondent. On trouverait en effet nombre de contextes où les deux termes sont parfaitement interchangeables. Cependant, l'histoire des recherches dans ce domaine de la psychologie a entraîné le développement d'un secteur spécialisé d'étude de la mémoire centré sur les acquisitions de données perceptives ou verbales chez les sujets humains, dans des situations expérimentales sensiblement différentes de celles qui sont utilisées dans l'étude des apprentissages moteurs et des apprentissages chez l'animal.

Historiquement, si l'on excepte les travaux de pionnier menés par I. Pavlov sur le conditionnement*, les recherches sur l'apprentissage ont connu un essor particulier dans les laboratoires américains entre 1910 et 1960 dans le contexte théorique du béhaviorisme*. Elles ont été marquées :

1. par la multiplication des techniques propres à mettre en évidence les apprentissages chez les animaux de laboratoire : « boîte à problèmes » de E. Thorndike, innombrables versions de labyrinthes*, cage de conditionnement opérant* mise au point par B. F. Skinner ;
2. par la découverte et la définition de formes d'apprentissage caractéristiques : apprentissage discriminatif*, échappement*, évitement*, apprentissage latent*, etc. ;
3. par la formulation de lois, tels la loi de l'effet* de Thorndike ou le contrôle du comportement par ses conséquences* de Skinner ;
4. par l'élaboration de théories de l'apprentissage auxquelles sont restés attachés les noms de C. Hull, de E. C. Tolman, de Skinner, pour s'en tenir aux plus influents.

L'ambition commune à ces théories a été de fournir des lois générales de l'apprentissage, applicables à l'homme, puisque l'animal était adopté comme sujet d'expérience pour des raisons de commodité plutôt que par intérêt pour la recherche comparative. Une des questions majeures dans cette perspective est de savoir combien de mécanismes d'apprentissage doivent être distingués. La question reste encore actuellement ouverte. On peut s'en tenir à quelques mécanismes fondamentaux (habituation*, conditionnement pavlovien*, apprentissage instrumental* ou conditionnement opérant*, par ex.) qui s'appliqueraient à des niveaux de comportement de complexité croissante, jusques et y compris les solutions de problèmes verbaux et symboliques. On peut à l'opposé invoquer des mécanismes d'apprentissage nouveaux chaque fois que l'on atteint un niveau supérieur d'organisation et de complexité des conduites, les apprentissages symboliques et verbaux prenant le relais des apprentissages perceptifs, eux-mêmes se substituant aux apprentissages moteurs par essais et erreurs*, plus évolués que les mécanismes associatifs élémentaires du conditionnement pavlovien, plus complexes déjà que les apprentissages préassociatifs que constituent les phénomènes élémentaires de l'habituation et de la sensibilisation*.

Cette question des mécanismes et des niveaux s'est compliquée, sous l'influence de l'éthologie* et de la psychologie comparée*, de celle des contraintes* spécifiques qui viennent limiter et canaliser le jeu des mécanismes généraux en fonction des formes d'adaptation requise de l'espèce dans sa niche écologique* particulière. Les notions de prédisposition* ou de préparation* à l'apprentissage se sont imposées aux chercheurs qui ont tenté d'articuler l'étude des apprentissages à celle des conduites spécifiques largement programmées génétiquement (instinctives* dans la terminologie traditionnelle).

Les diverses théories de l'apprentissage ont mis l'accent tantôt sur les rapports temporels entre stimulus ou stimulus et réponses (contiguïté* de E. R. Guthrie), tantôt sur les rapports de conséquence entre comportement et renforcement* (Skinner), tantôt sur l'élaboration d'une représentation* interne, mentale* du milieu dans lequel le comportement acquis se déroule (carte cognitive* de Tolman), tantôt sur l'abstraction par l'organisme des régularités du milieu (représentation dans les théories cognitivistes défendues par R. A. Rescorla et A. R. Wagner, N. J. McIntosh et A. Dickinson). On peut s'interroger cependant sur la légitimité de réduire à un principe explicatif unique des phénomènes d'une grande diversité qu'aucune théorie vraiment synthétique n'a jusqu'ici réussi à intégrer.

Apprentissage latent : apprentissage qui se réalise en l'absence de toute incitation

dans la dynamique motivationnelle des êtres humains, au point que certains psychologues ont parlé de besoin* d'approbation. Les méthodes d'intervention comportementales* en ont fait une manipulation systématique à titre de renforcement positif*.

M. Richelle

Approche

Déplacement d'un organisme vers un stimulus* ou objet, attestant généralement la valeur attractive, appétitive* ou renforçante de celui-ci. Par extension, tout comportement, n'impliquant pas nécessairement la locomotion*, entraînant le rapprochement ou le contact avec le stimulus attractif* et permettant l'acte consommatoire*. L'approche s'oppose à la conduite de retrait, évitement* ou échappement. Dans une situation de **conflit approche-évitement,** le sujet est exposé simultanément à un stimulus attractif et un stimulus aversif*, comme dans la cage à obstruction où le rat doit franchir une grille électrifiée pour atteindre une ration de nourriture, ou encore, à un niveau mental, dans le cas d'un individu tiraillé entre l'attrait d'un objet et la crainte de la sanction qui en punirait le vol. *M. Richelle*

Appropriation

Concept, proposé par K. Marx et reformulé par la psychologie soviétique, qui désigne le processus de développement* par lequel l'être humain reconstruit et fait sienne l'expérience accumulée au cours de l'histoire sociale. Alors que l'adaptation* est un processus général de transformation des comportements* d'un organisme en réponse aux exigences du milieu*, l'appropriation est un processus spécifiquement humain au travers duquel l'individu accède aux connaissances collectives organisées dans les mondes formels*, les reconstruit et les transforme. Le processus d'appropriation s'effectue sous le guidage des interventions humaines ; les objets auxquels est confronté le petit enfant sont dotés de significations* historiquement construites ; dans le cadre d'interactions verbales et non verbales avec les adultes, l'enfant entreprend les activités* que ces objets requièrent, et c'est sous l'effet de cette médiation* actionnelle et communicative que sont progressivement reconstruites les significations sociales. L'appropriation concerne aussi bien les objets matériels (les outils) que les événements et le langage*. Elle se prolonge et se stabilise par l'intériorisation* des significations et des opérations* de traitement des paramètres du monde physique et social.

J.-P. Bronckart

Apragmatisme

Réduction de l'activité volontaire ne pouvant être expliquée par un trouble intellectuel (comme dans les états démentiels) ou par un déficit instrumental. L'apragmatisme ne doit pas être confondu avec les états d'inhibition* dépressive, qui expriment le ralentissement psychomoteur, ou d'inhibition névrotique qui résultent d'un conflit entre les motions pulsionnelles et les instances répressives.

Le terme apragmatisme est le plus souvent réservé à l'état d'inertie comportementale observable chez certains schizophrènes*. Ce comportement constitue l'un des signes majeurs des schizophrénies dites déficitaires à côté de l'émoussement de l'affectivité et de la pauvreté des contenus de pensée. Il semble alors lié à une perte globale des motivations*. Cependant, au-delà de cette inertie et depuis E. Bleuler, on a supposé, chez ces malades, une désorganisation des plans d'action entravant la réalisation d'actions cohérentes, orientées vers un but et possédant une portée pragmatique. Plus discutable apparaît, en regard de cette définition, l'utilisation de ce terme dans les états psychasthéniques* qui semblent s'apparenter davantage à l'inhibition* névrotique liée aux conflits* intrapsychiques et à l'ambivalence* affective ou à une crainte d'allure hypocondriaque* portant sur une atteinte du potentiel énergétique.

M.-C. Hardy-Bayle

Apraxie

Trouble affectant la réalisation de comportements moteurs appris, soit gestes* d'utilisation d'objets, soit gestes symboliques. Le trouble ne peut être rapporté ni à une perturbation du système moteur, ni à un désordre intellectuel ou d'attention, ni à un défaut de reconnaissance des objets.

Le trouble apraxique a donné lieu à une interprétation associationniste basée sur les liens entre la conception ou idée du geste et sa production motrice, d'où les noms d'**apraxie idéatoire**, **idéomotrice** et **motrice** ou **mélokinétique**. Actuellement, seuls les deux premiers qualificatifs sont utilisés pour renvoyer à deux types de comportements moteurs : l'apraxie idéomotrice concerne la perturbation de gestes uniques, l'apraxie idéatoire la perturbation de gestes successifs nécessaires à l'utilisation de plusieurs objets. Lorsque l'on parle d'apraxie sans qualificatif, c'est l'une et/ou l'autre de ces deux formes d'apraxie qui sont sous-entendues. Il existe par ailleurs d'autres apraxies qui désignent des désordres spécifiques : **apraxie constructive** pour la difficulté à réaliser une figure géométrique ; **apraxie buccofaciale** pour les perturbations affectant l'agilité buccolinguale, et ce en dehors de toute paralysie ; **apraxie de l'habillage** pour la difficulté à se vêtir ; **apraxie du regard** pour les perturbations des mouvements des yeux ; **apraxie de la marche** pour l'incapacité isolée à effectuer des pas. Le terme **dyspraxie** renvoie généralement à des troubles observés chez l'enfant au cours du développement, et lors de l'imitation des gestes. *J.-L. Signoret*

Après-coup

Se dit en psychanalyse des phénomènes de réorganisation rétrospective de matériels psychiques variés : souvenirs, pulsions*, affects*. La réélaboration donne une nouvelle signification, différente de la signification primitive, ou donne une signification à ce qui auparavant n'en avait pas. S. Freud a critiqué l'utilisation excessive de cette notion par C. G. Jung, qui prétendait que les significations sexuelles étaient projetées rétrospectivement sur les souvenirs infantiles. L'usage psychanalytique de la notion d'après-coup en fait un garde-fou utile contre la tendance à prendre pour remémoration exacte ce qui, comme les souvenirs-écrans*, n'est qu'une reconstruction. Le terme est également utilisé par S. Freud pour distinguer le refoulement* effectivement observable dans la clinique psychanalytique du refoulement originaire.

J.-M. Petot

Aprosexie

Perte ou une baisse notable des capacités d'attention* dirigée et réfléchie. Le sujet* est incapable de fixer durablement son attention et est soumis aux sollicitations de l'environnement. D'abord décrite comme séquelle des confusions* mentales de guerre (1914-1918), puis considérée comme révélant parfois des états confusionnels ou des troubles démentiels. En pratique, le terme n'est plus utilisé que lorsque l'idéation est conservée, logique et consciente. P. Janet distinguait l'aprosexie ou **aboulie** intellectuelle de l'aboulie motrice qui correspond à un ralentissement et à l'insuffisance de la volonté*, tout particulièrement dans le passage de l'idée à l'acte*. En pratique souvent associés, ces deux types d'aboulie se rencontrent dans tous les états de dépression* et d'inhibition légers ou profonds, constitutionnels ou acquis. Typique dans la dépression mélancolique, l'aprosexie correspond à un type d'altération des capacités cognitives des patients qui sont conscients de leurs difficultés d'attention volontaire soutenue, de leur stagnation intellectuelle, restant durablement incapables de tout effort soutenu, ressentant souvent de façon très vive et très douloureuse cette incapacité cognitive. *J.-F. Allilaire*

Aptitude

La réussite de toute activité, qu'il s'agisse d'une tâche isolée, d'une conduite complexe, d'un apprentissage* ou encore de l'exercice d'une profession, exige du sujet qu'il possède les capacités et les motivations* adéquates. La capacité est elle-même conditionnée par la présence d'une aptitude qui peut être développée par l'expérience et par la formation. Ainsi quelqu'un peut avoir une bonne aptitude verbale ; avec l'expérience et une formation appropriée, sa capacité à parler en public peut devenir excellente. En fait le terme d'aptitude prend des acceptions diverses, voire opposées. C. Spearman l'a utilisé pour désigner l'intelligence*, alors que le même mot, accompagné d'un qualificatif, est employé au sujet d'aptitudes spécifiques, non intellectuelles (sociales, ou motrices, par ex.), et qu'il peut même désigner les acquisitions nécessaires à l'exercice d'une activité très spécialisée comme taper à la machine ou conduire une voiture. Enfin, comme le rappelle M. Reuchlin, il faut distinguer aptitude, capacité et facteurs, dans la mesure où les facteurs sont issus d'une analyse factorielle* qui ne préjuge en rien de leur origine innée ou acquise.

L'étude des aptitudes est relativement récente. Le point de départ se situerait en 1796 lorsque N. Maskelyne, astronome de l'observatoire de Greenwich, a renvoyé son assistant pour inattention, parce que celui-ci notait le passage des objets stellaires une seconde plus tard que lui. En 1816, un autre astronome, F. Bessel, a remarqué le même phénomène et l'a attribué à des variations innées du temps de réaction qu'il appelle équation personnelle. C'est F. Galton qui montre que les aptitudes humaines sont différentes et sont distribuées selon une courbe normale et A. Binet qui développe l'étude et la mesure des processus mentaux ainsi que les premiers tests d'aptitude à apprendre.

Le développement des méthodes de mesure des aptitudes, l'étude des relations entre les résultats de ces mesures et les facteurs qui les expliquent, ont permis de définir un grand nombre d'aptitudes spécifiques comme la fluidité verbale, la mémoire*, la représentation spatiale, la dextérité manuelle. Les relations entre ces aptitudes spécialisées et l'aptitude générale (également appelée fonctionnement cognitif ou intelligence* générale) sont souvent représentées selon un schéma hiérarchique, chaque activité requérant la présence d'une aptitude générale et d'aptitudes spécialisées.

C. Lévy-Leboyer

Aptitude physique et psychomotrice

Constitue avec l'habileté* l'un des déterminants principaux de la performance*, dans une tâche motrice*. Les aptitudes sont des caractéristiques individuelles relativement stables, résultat d'un surapprentissage* ou déterminées génétiquement et identifiées par les techniques d'analyse factorielle*. La part de la performance expliquée par les aptitudes est très importante en début d'apprentissage puis diminue progressivement au profit d'un facteur spécifique à la tâche. Les aptitudes physiques sont la force* (statique, dynamique, explosive), l'endurance, la souplesse (statique, dynamique), la coordination motrice (globale, bimanuelle) et la vitesse* du mouvement. Les aptitudes psychomotrices sont la vitesse (de réaction, de décision), la précision des mouvements contrôlés ou balistiques* et la précision dans la poursuite d'un mobile (par des ajustements moteurs continus ou discrets). *M. Durand*

APUD (Système —) → Système neuro-endocrinien diffus

Arbitraire du signe

Caractéristique majeure de la relation qui, dans un signe* linguistique, unit le signifiant* au signifié* ; l'essentiel de son analyse a été formulé par F. de Saussure en 1916.

Dans une première acception, le terme d'arbitraire indique qu'un signifiant (matérialisé, par ex., par la suite sonore *« pied »*) ne présente aucun rapport de dépendance à l'égard des caractéristiques du signifié (le concept* de [pied]). Le caractère arbitraire de la relation est attesté par le fait que, pour des domaines de référence* équivalents, les différentes langues naturelles* se sont dotées de mots différents (pour notre ex., *foot, Fuss*, etc.).

Cette analyse a été critiquée notamment par E. Benveniste, qui considère qu'entre signifiant et signifié existe un rapport de nécessité ; dans la conscience du sujet parlant, le concept serait forcément identique à la suite sonore qui l'exprime. Pour le même auteur, l'arbitraire caractériserait plutôt la relation qui existe entre le signe, unité formelle de la langue, et le référent* matériel. Pour le béhaviorisme* linguistique, la signification* d'un signe *(meaning)* se définit par le comportement qui lui est associé, et c'est une position analogue que défend L. Wittgenstein en 1953 lorsqu'il définit la signification d'un signe par son usage* dans le contexte général des comportements humains. Ces critiques procèdent d'une confusion entre analyse fonctionnelle et analyse structurale ; sur le premier plan certes, d'une part le signifiant et le signifié s'appellent de manière nécessaire, et d'autre part l'effet de signification produit par un signe dépend effectivement des conditions d'usage dans un contexte donné. Il n'en demeure pas moins que sur le second plan, dans le cadre du système de la langue, le rapport entre domaine du signifiant et domaine du signifié est de nature immotivée ou arbitraire.

Le texte saussurien propose une deuxième acception du terme arbitraire, que nous qualifierons, à la suite de T. de Mauro, de « radicale ». Celle-ci requiert la distinction de deux niveaux : le niveau (cognitif) des représentations* élaborées par un sujet dans son interaction avec le référent et avec les sons et celui (linguistique) de la « réorganisation » de ces représentations par chaque langue naturelle ; pour le même domaine de référence, la langue anglaise, par exemple, dispose de deux termes, *ox* et *beef*, alors que le français ne dispose que d'un seul, *« bœuf »* : cette différence lexicale corrèle nécessairement avec une différence de représentation du référent : la signification du mot *« bœuf »* français regroupe des représentations que l'anglais distribue sur les deux mots *ox* et *beef* ; chaque signe constitue dès lors une valeur*, relative à l'ensemble du système* qu'est la langue naturelle. Et c'est cette réorganisation des représentations cognitives impliquée par le système de chaque langue qui présente un caractère radicalement arbitraire.

J.-P. Bronckart.

Arbitrarité

Dans la terminologie du conditionnement opérant*, propriété qui caractérise la liaison entre réponse* et renforcement*, par contraste avec la liaison permanente, inscrite dans les circuits physiologiques, entre stimulus inconditionnel* et réponse inconditionnelle* du conditionnement pavlovien*. Ainsi, la nourriture n'entretient aucune relation préétablie avec l'appui sur un levier, chez le rat. B. F. Skinner insistait sur cette propriété, qui autorisait une souplesse infinie des associations entre réponses opérantes et leurs conséquences et une interchangeabilité complète entre réponses chez des sujets d'une même espèce, voire d'espèces différentes. La prise en compte des contraintes* spécifiques, sur l'apprentissage*, a conduit à nuancer, voire, pour certains, à rejeter la notion d'arbitrarité. *M. Richelle*

Arborescence

Une arborescence est une structure particulière de graphe* orienté, très utilisée pour représenter un ensemble d'éléments organisés hiérarchiquement. Arbre muni d'une seule racine, c'est-à-dire un sommet sans prédécesseur relié à chacun des autres sommets par un seul chemin, une arborescence est généralement représentée avec sa racine en haut et ses feuilles (sommets sans successeurs) en bas. Les propriétés de telles structures sont étudiées en combinatoire*.

On utilise des arborescences en informatique* et en intelligence artificielle*, par exemple pour la représentation de structures linguistiques, d'expressions, de classifications, d'espaces de recherche. Des arborescences dites « ET/OU » sont utilisées dans la méthode de réduction de problème* en sous-problèmes (ou de but en sous-buts), dans le cadre de problèmes de décision ou de planification* par exemple : un sommet OU correspond à un choix entre plusieurs possibilités, un sommet ET à une conjonction de sous-problèmes. *M. Baron*

Arbre (Test de l'—)

Test projectif* inventé par K. Koch en 1958. R. Stora en a adapté la passation en France. La première consigne : « Dessinez un arbre, n'importe lequel, pas un sapin », vise l'obtention d'un dessin représentant la réaction du sujet devant un milieu inconnu. Le second dessin (même consigne) correspond à une situation plus familière, montrant l'adaptation du sujet à son environnement habituel. Le troisième dessin, celui d'un « arbre de rêve, d'imagination, un arbre qui n'existe pas dans la réalité », révèle les désirs insatisfaits du sujet et ses difficultés actuelles. Enfin, le quatrième dessin (« dessinez un arbre, n'importe lequel, en fermant les yeux ») révèle un traumatisme ou un conflit aigu de l'enfance dont l'impact demeure. L'interprétation du dessin de l'arbre permet de dégager un noyau stable (le moi* du sujet serait représenté par le tronc) et les capacités d'épanouissement du sujet, ses modes de défense ou d'attaque par rapport au monde extérieur (direction des branchages). *C. Chabert*

Arc réflexe → Réflexe

Archétype

Dans la psychologie analytique* de C. G. Jung, ce terme désigne un nombre limité d'*imagos** qui sont caractéristiques non pas de l'inconscient personnel*, mais de l'inconscient collectif* : la *persona,* l'*animus,* l'*anima,* l'ombre, la Grande Mère, le Vieux Sage, etc. De ce fait, la signification de ces contenus ne peut être trouvée à partir des associations libres* du sujet, mais à partir de la connaissance de l'inconscient collectif. Les figures archétypiques seraient absolument universelles : elles se retrouvent dans les produits individuels normaux et pathologiques (rêves, hallucinations, délires) comme dans les produits collectifs (mythes, religions) de la psyché. Cette universalité ne pourrait s'expliquer que par le caractère inné des archétypes. *J.-M. Petot*

Archicortex → Cortex

Archigroupe

Cette notion décrit une représentation originaire inconsciente du groupe, que les membres d'un groupe forment à l'occasion de leur rencontre avec le groupe, sur le modèle de la rencontre première dans la relation bouche-sein. Les figurations pictographiques du groupe sont marquées par les affects* de plaisir et de déplaisir associés à l'expérience de cette rencontre : le groupe comme masse (corps plein et lourd), comme vide (bouche avide), comme cercle (illusion de l'union continue) ou comme éclats (corps morcelé). Organisé par l'*imago** de la mère archaïque, l'archigroupe est une représentation de l'origine et du processus du groupe : le groupe et ses membres s'auto-engendrent, se contiennent mutuellement et sont à eux-mêmes leur propre fin.

R. Kaës

Archistriatum → Amygdale

Architecture cognitive → Modularité

Argot

Ce terme était employé au Moyen Age pour désigner la corporation des gueux, des vagabonds, des voleurs. Il fut utilisé ensuite pour désigner le langage* particulier des individus agressifs qui se querellent (argoter) avant de s'appliquer au vocabulaire d'un petit groupe* social fermé. Le jargon, qui était au XVIIe siècle le langage déformé des voleurs (le narquois), intégra l'argot. Par extension ce terme s'applique à tout langage ésotérique particulier : technique ou conventionnel, affecté ou recherché, déformé ou corrompu, propre à certaines confréries ou milieux* restreints dont la signification* n'est intelligible qu'aux seuls initiés.

J. Selosse

Argument

Pour certains courants de linguistique*, toute phrase* de surface repose en dernière analyse sur une structure sémantique* profonde, composée d'un pivot prédicatif et d'un ou plusieurs arguments, et les relations entre prédicat* et arguments peuvent être définies en termes de cas*. Dans *« Jean pose le cendrier sur la table », « pose »* est l'unité lexicalisée correspondant au prédicat, *« Jean » ; « le cendrier »* et *« sur la table »* sont des unités lexicalisées traduisant les arguments.

Dans une seconde acception, cette notion désigne un élément de discours* qui vise à étayer ou à réfuter une proposition*. En tant que tel, un argument doit avoir l'accord de ceux auxquels il est destiné, qu'il soit tenu pour un fait avéré, pour une vérité reçue ou pour une valeur ou une norme admises. La force d'un argument dépend ainsi de l'auditoire, même si, dans une culture donnée, certains d'entre eux sont quasi universels. Si un argument est conçu pour un groupe ou un individu particuliers, il est dit *ad hominem*. S'il offre pour garant le prestige de l'orateur ou celui de quelque autre personne, on a affaire à un argument d'autorité. Les Anciens appelaient lieux communs *(topoï)* des catégories au sein desquelles l'orateur puisait ses arguments. Tels sont les lieux de la quantité, de la qualité, de l'ordre, de l'existant, de l'essence, de la personne.

J.-P. Bronckart et J.-B. Grize

Argumentation

Une argumentation est un type de discours* qui vise à intervenir sur les opinions, les attitudes, voire les comportements d'un auditeur ou d'un auditoire. Elle se distingue du conditionnement* par le fait qu'elle exige la participation active et l'accord conscient des intéressés. La preuve* l'implique aussi mais, en tant que raisonnement* déductif, elle possède un caractère de nécessité que ne présente pas l'argumentation.

Un discours argumentatif comporte des arguments*, mais si ceux-ci sont des raisons éventuellement propres à convaincre l'auditeur (il ne voit rien à objecter) ils ne le persuadent pas toujours. En plus donc d'arguments au sens propre du terme, la schématisation* engendrée par le discours se sert de divers procédés d'éclairage qui relèvent de la rhétorique*.

J.-B. Grize

Arriération

Terme général traduisant actuellement le retard le plus grave dans le développement* intellectuel de l'enfant. Il peut s'agir d'une insuffisance massive ou d'un arrêt très précoce du développement des capacités intellectuelles. Historiquement, ce terme recouvrait l'ensemble des désordres déficitaires. Progressivement, à partir de la publication des premières échelles du développement intellectuel, en particulier celle de A. Binet et T. Simon, se détachent de nouvelles notions telles que celle d'encéphalopathie infantile, forme étiologique de l'arriération, et celle de débilité* mentale. Selon les données psychométriques ainsi disponibles, on classa les déficients mentaux en : « idiots » au quotient intellectuel se situant entre 0 et 25, « imbéciles » au quotient intellectuel se situant entre 25 et 50, et « débiles mentaux » au quotient intellectuel se situant entre 50 et 75. En fait, on constate, surtout pour les formes d'arriération légère (équivalentes à la débilité mentale telle qu'elle est définie ci-dessus), une assez grande instabilité du quotient intellectuel qui semble dépendre des modifications biologiques de l'enfant, de son évolution affective et du cadre socio-culturel dans lequel il se développe.

Actuellement, le terme d'arriération mentale est donc réservé aux déficits les plus graves (quotient intellectuel inférieur à 25-

30). Il concerne des sujets incapables d'autonomie* et d'adaptation* sociale hors du milieu familial ou hors d'un milieu protégé (institutions spécialisées). Leur parole est inexistante ou très rudimentaire et leurs acquisitions ne dépassent pas celles de la toute première enfance. De nombreux facteurs peuvent être considérés à l'origine d'une arriération mais la fréquence d'une atteinte organique cérébrale doit être soulignée. Celle-ci peut être la conséquence d'altérations chromosomiques, de troubles métaboliques ou d'atteintes traumatiques ou infectieuses pré-, péri- ou postnatales. Cette atteinte organique cérébrale entraîne des troubles associés de façon variable de type sensori-moteurs, comitiaux ou comportementaux. Pour ces derniers, il est souvent difficile de faire la part entre les troubles directement liés à l'arriération et ceux occasionnés précocement par les difficultés de ces sujets dans leurs contacts avec l'environnement et tout particulièrement par les altérations précoces de la relation mère-enfant. L'existence de symptômes communs à ces arriérations mentales et aux psychoses infantiles précoces (stéréotypie, automutilation, retrait, agressivité, etc.) montre la complexité des intrications entre les facteurs étiologiques.

Ainsi, la définition de la notion d'arriération dépend en grande partie des critères choisis : critères psychométriques, étiologiques ou structuraux et évolutifs qui amènent R. Misès à distinguer, à un pôle, les déficiences intellectuelles prises dans une organisation fixée ou peu évolutive et, à un autre pôle, les psychoses à expressions déficitaires.

Par assimilation à l'arriération intellectuelle, on a été amené à parler d'arriération affective qui traduit un retard dans le développement affectif soit par insuffisance, soit par arrêt, soit enfin par régression*. Cette notion d'arriération affective fait généralement référence à des persistances, chez certains individus, d'attitudes infantiles de type égocentrisme, intolérance à la frustration, recherche massive d'amour, agressivité, etc. Cette notion est, de nos jours, peu employée.

A. Braconnier

Artéfact

Aspect des données enregistrées au cours d'une expérience*, ou d'une observation*, ou obtenues après leur traitement, qui ne découle pas des moyens mis en œuvre délibérément par le chercheur mais de quelque facteur* non maîtrisé, qui le plus souvent a échappé à son attention. Ainsi, des interférences électriques sont de nature à entraîner des artéfacts dans les enregistrements électrophysiologiques ; un biais* d'échantillon* peut provoquer un artéfact dans les résultats du traitement statistique.

M. Richelle

Articulation → Double articulation

Art-thérapie

Formule condensée qui signifie thérapie par l'art. Le mot art a réduit son champ sémantique au cours des siècles : il concerne essentiellement la production esthétique. La thérapie, à l'inverse, a étendu le sien au point de désigner tout ce qui contribue au développement personnel. L'art-thérapie se présente alors selon deux aspects principaux : il rassemble des interventions qui aident des personnes souffrant de troubles psychiques ou bien il vise, plus généralement, la transformation de l'homme par l'art. En 1920 et 1921, W. Morgenthaler et H. Prinzhorn montrent que l'acte créateur suscitant l'expression plastique des malades mentaux peut parfois atteindre un niveau artistique, enrichir les investigations en psychopathologie et stimuler des tendances à la guérison. Les réflexions des phénoménologues et des psychanalystes sur les relations de l'art au psychisme ont ainsi conduit les psychiatres et les psychologues à réserver dans leurs institutions des lieux et des ateliers où leurs patients de tous âges peuvent se livrer au dessin, à la peinture, au modelage, à la musique, à la danse, au théâtre, au cinéma et à la photographie.

R. Doron

Ascendance

Caractérise les individus qui recherchent, valorisent et atteignent le pouvoir, l'autorité*, le prestige dans des situations sociales et à l'intérieur des groupes* auxquels ils appartiennent et qui font preuve d'initiative, d'assurance et de confiance en eux dans ces mêmes situations. Ils assument volontiers des rôles de *leader** et des fonctions de responsabilité. Toutefois, s'il semble vrai que les personnes jugées* dominantes d'après leurs réponses aux inventaires de personnalité* recherchent et obtiennent plus souvent que les autres des fonctions de *leader,* cette liaison est loin d'être constante et elle dépend de variables situationnelles encore mal connues.

C. Lévy-Leboyer

Ascendant / Descendant

1. Se dit d'une méthode de présentation* des stimulus* en ordre régulièrement croissant (ou décroissant) sur la dimension considérée (intensité, durée, etc.), classiquement utilisée en psychophysique* dans l'application de la méthode des limites*.
2. Termes pouvant rendre, bien que d'une manière peu satisfaisante, les expressions anglaises ***bottom-up / top-down*** appliquées aux processus ou organisations psychologiques ou neurobiologiques. Ces expressions sous-entendent une organisation dynamique hiérarchisée, au sein de laquelle les processus* de contrôle et les liaisons causales peuvent aller dans les deux directions, du bas vers le haut aussi bien que du haut vers le bas. Cette idée n'est évidemment pas neuve, mais l'attention privilégiée portée récemment, dans les neurosciences* et en psychologie cognitive*, au rôle des structures* et processus centraux supérieurs dans la structuration des conduites en fait un thème majeur de la psychologie contemporaine.

Le domaine de la perception* fournit maints exemples simples à saisir de cette double dynamique causale. Ainsi, notre perception visuelle dépend clairement des caractéristiques physiques du stimulus et du pouvoir de résolution de nos récepteurs périphériques : il suffit d'un changement de disposition de points dans l'espace pour que s'impose la perception d'une forme*, d'un groupement*, voire d'un mouvement*. Il s'agit typiquement d'un processus *bottom-up*. En revanche, en raison sans doute de notre expérience des visages* et de l'importance de ce genre de stimulus dans notre vie quotidienne, nous percevons obstinément en relief le moule en creux d'un visage humain : un processus *top-down* est ici en jeu. *M. Richelle*

Ascolarité

Terme employé couramment dans les milieux enseignants pour désigner l'incapacité d'un élève à accepter les normes* de l'école. L'élève ascolaire est celui qui ne se plie pas aux horaires, ne fait pas ses devoirs, est indiscipliné. Il recouvre une réalité proche de celle que désigne le mot inadaptation*, mais ce dernier a une définition à la fois plus large (il peut, par ex., s'appliquer à des enfants physiologiquement déficients), et plus objective, puisqu'il s'applique à des catégories d'enfants définies par des normes administratives.

D. Manesse

Asocial

Un comportement asocial n'est pas adapté aux règles de la vie sociale. Il est à distinguer d'un comportement antisocial* au sens où il exprime plus un refus, une incapacité qu'une agression ou une hostilité. C'est dans la marge plus que dans la déviance* que se situe la conduite* asociale. Se démarquer par un comportement asocial peut exprimer un désir, un choix personnel pour « vivre à côté », en « parallèle », dans les interstices du système social afin de préserver une liberté existentielle et de se protéger de toute dépendance psychosociale. Il s'agit alors d'une asocialité choisie. Plus fréquemment subie à la suite de processus d'échecs, d'éviction et de marginalisation (handicaps sociaux), l'asocialité résulte assez souvent d'une mise à l'écart des voies et moyens permettant d'inscrire un projet de vie dans une identité sociale positive. *J. Selosse*

Asomatognosie

Terme générique qui désigne les perturbations de la somatognosie*. Les perturbations concernées sont diverses et affectent des processus dont certains ne paraissent pas spécifiques à la somatognosie. L'**hémiasomatognosie** affecte en règle l'hémicorps gauche et s'inscrit dans le contexte d'une négligence*. Le **syndrome de Gerstmann** associe à une non-reconnaissance des doigts (ou agnosie digitale), une indistinction des côtés droit et gauche, une agraphie* et une acalculie*. L'**autopoagnosie** est une difficulté à la désignation des différentes parties du corps ; en règle le trouble affecte aussi la désignation des parties d'un ensemble. Les membres fantômes* des amputés, et certaines expériences de transformation et de déplacements corporels observées chez les épileptiques appartiennent aussi au champ des asomatognosies. *J.-L. Signoret*

Aspécifique

Se dit de tout stimulus, processus ou réaction non différencié, non exclusivement lié à une modalité* sensorielle, à une structure anatomique, à un système effecteur particulier. Ainsi, est aspécifique le stimulus provoquant la réaction de sursaut* qui se manifeste aussi bien à la suite d'un stimulus auditif que d'un stimulus visuel ou cutané. La formation réticulée* constitue un système aspécifique : elle est activée par des informations en provenance de diverses voies sensorielles. *M. Richelle*

Assassinat

Ce terme vient de l'arabe *hachchâchî* (consommateurs de poudre de feuilles de chanvre) appliqué au XIIe siècle aux membres d'une secte dirigée par le scheik Hassan Ibn Sabbah qui, fanatisés, se droguaient avant d'effectuer des raids terroristes. Dans le langage juridique, assassinat est employé pour qualifier le crime* d'homicide* avec préméditation. L'assassinat est jugé en cour d'assises. Par extension, acte* de violence* qui porte un préjudice* grave à la réputation d'un individu. *J. Selosse*

Assimilation

Notion empruntée par J. Piaget au biologiste F. Le Dantec et au philosophe A. Lalande, et qui désigne le processus découlant du postulat fondamental de la théorie piagétienne de l'activité psychologique : tout schème* tend à se réactiver, à retrouver les conditions externes de sa reproduction, et à s'incorporer les éléments extérieurs qui rendent possible sa fermeture (V. Equilibration). L'assimilation est à la fois reproductrice (du schème et de la situation), recognitive (de la situation, des « aliments » ou des arguments du schème) et généralisatrice (en fonction des variations de l'expérience). Comme pour l'accommodation*, le travail d'assimilation peut être plus ou moins spontané ou dirigé, dépendant des instruments mis à sa disposition au cours du développement* de l'intelligence*.

J.-J. Ducret

Assimilation culturelle → Acculturation

Assistance éducative

L'assistance éducative recouvre l'ensemble des mesures de protection administrative et judiciaire de la jeunesse en danger physique et moral. Au terme de l'art. 375 du Code civil français, celles-ci sont ordonnées lorsque la santé, la sécurité physique ou psychique et les conditions d'éducation des enfants sont compromises. Se fondant sur la notion extensive de danger*, l'assistance éducative couvre un champ très diversifié de pratiques sociales ; depuis des interventions d'aide, de conseil et de soutien jusqu'à des placements dans des familles d'accueil ou dans des internats spécialisés. Son application soulève de délicats problèmes d'appréciation des situations de risque.

J. Selosse

Association → Associationnisme

Association de mots

La recherche du psychologue anglais F. Galton à la fin du XIXe siècle sur les associations de mots (l'expérimentateur prononce un mot et le sujet répond immédiatement par les mots qui se présentent à son esprit) a montré que le rapport entre chaque mot induit et le mot inducteur n'était pas arbitraire*, que le mot induit s'imposait au sujet et que le nombre des mots induits par un mot inducteur était limité.

Influencé à la fois par cette recherche et par la méthode psychanalytique des libres associations d'idées que S. Freud venait de découvrir, C. G. Jung, à Zurich, en 1904, invente un test d'associations de mots, qui sera considéré par la suite comme étant le premier test projectif*. L'expérimentateur lit quatre listes de 100 mots inducteurs. Le sujet doit répondre à chacun le plus vite possible par un seul mot induit. Le dépouillement met en évidence d'une part le type psychologique du sujet (extraverti* ou tourné vers le monde extérieur et vers les autres ; introverti* ou tourné vers soi-même), d'autre part les complexes* inconscients (paternel, maternel, fraternel), sources de ratés associatifs (allongement du temps de réaction, absence de réponse, réponse en langue étrangère, répétition du mot inducteur, stéréotypie des réponses).

D. Anzieu

Association libre

Entre 1892 et 1896, S. Freud dégage de la suggestion hypnotique*, de la catharsis*, de la concentration mentale avec imposition des mains, la règle des libres associations d'idées (règle fondamentale*). Il découvre l'interprétation psychanalytique des rêves* en faisant associer librement le patient sur chaque élément du rêve. Ces associations ne sont libres qu'en apparence. Il apparaît en effet que les images constituant le contenu* manifeste du rêve sont déterminées par des pensées inconscientes, des désirs refoulés (contenu latent).

La transformation des pensées latentes en images oniriques s'effectue par déplacement*, condensation*, dramatisation*, renversement en son contraire*. Les associations libres peuvent être collectives (psychothérapies de groupe*). *D. Anzieu*

Associationnisme

Conception psychologique affirmant, comme l'empirisme*, que l'esprit* humain se développe à partir d'un état initial (la *tabula rasa*) par le seul effet de l'expérience* grâce au processus d'**association** entre les idées.

Le terme d'association est à l'origine un concept politique désignant un mode conventionnel de liaison sociale ou commerciale entre des individus. T. Hobbes, au XVIIe siècle, calque, sur ce modèle politique, le modèle psychologique de l'association des idées. Cette conception se développe dans l'école empiriste anglaise, bientôt renforcée par la diffusion du paradigme* newtonien : les idées s'associent comme les corps célestes s'attirent, comme les corps chimiques se composent par affinité. Les lois* de l'association, déjà esquissées par J. Locke, sont formulées précisément par D. Hume : les idées s'associent préférentiellement lorsqu'il existe entre elles une proximité spatiale, une contiguïté temporelle, lorsqu'elles sont semblables ou encore lorsqu'on peut établir une relation de cause à effet entre les objets ou événements qu'elles représentent. D. Hartley tentera de construire un parallèle entre les associations d'idées et les vibrations des nerfs, suivant en cela des indications fournies par I. Newton sur la conduction nerveuse.

Le modèle associationniste s'est par la suite élargi dans le cadre de la psychologie : association de mots* chez S. Freud, association entre stimulus inconditionnel* et conditionnel* chez I. Pavlov, entre stimulus et réponse* chez J. B. Watson, entre réponse et renforcement* chez B. F. Skinner. Les lois d'association seront semblablement généralisées par H. Höffding sous le nom de loi de l'intérêt. Cette loi repose sur les notions d'inducteur (ce qui induit l'association) et de rédintégration qui signifie que lorsqu'un élément de notre vie mentale se produit à nouveau, l'ensemble des états de conscience qui lui étaient associés se reproduit avec lui. La loi de l'intérêt (ou loi de l'association) indique alors que parmi tous les états de conscience qui peuvent, par rédintégration, être suggérés par un inducteur, seul celui qui répond à l'intérêt actuel et principal du sujet est effectivement évoqué.

Actuellement, les idées associationnistes se retrouvent dans les conceptions connexionnistes*, dans les modèles de réseaux* (réseaux d'automates*) dont les valeurs de sortie *(outputs*)* sont fonction non seulement des valeurs d'entrée *(inputs*)* mais également de la structure du réseau et des transformations subies par les valeurs d'états en chaque nœud du réseau. *P. Mengal*

Assuétude

Etat de dépendance* à une drogue* conduisant à son autoadministration répétée par voie générale, veineuse ou parentérale. Ce comportement semble essentiellement humain bien que de nombreuses drogues existent à l'état naturel. Cette consommation est bien souvent compulsive et peut atteindre des niveaux tels que toute vie sociale est impossible.

De grandes différences individuelles existent quant à la dépendance aux drogues, qui reflètent des différences neurobiologiques inhérentes ou acquises. *M. Le Moal*

Astigmatisme → Accommodation visuelle

Asymbolie

Terme proposé pour désigner un trouble affectant l'expression et la compréhension des signes* (ou symboles) appris, porteurs de sens. L'asymbolie est donc un trouble de la fonction symbolique*. L'existence de troubles aphasiques posait bien le problème de savoir si ces troubles affectaient l'ensemble des symboles appris par le sujet, ou bien étaient limités à une seule catégorie de signes, les mots. Pendant longtemps aphasie, agnosie et apraxie ont été qualifiées de troubles des fonctions symboliques, sous-entendant sinon une genèse, au moins une conséquence univoque pour chacun de ces troubles. Le concept actuel de mémoire sémantique rejoint en partie celui de fonction symbolique. *J.-L. Signoret*

Asynchronie d'installation du stimulus

Dans les procédures* comportant la présentation* de deux stimulus*, présentation ménageant un décalage temporel entre le début des deux stimulus successifs, un certain recouvrement pouvant exister. Elle se définit par le délai séparant le début du premier stimulus du commencement du second. Elle se distingue de l'intervalle* interstimulus, qui correspond au délai séparant la fin du premier stimulus du début du second, ou l'intervalle séparant les présentations répétées du même stimulus. *M. Richelle*

Ataxie

Perturbation de l'activité motrice des membres, aboutissant à une incoordination des mouvements en l'absence de toute paralysie. Utilisée parfois pour qualifier l'incoordination cérébelleuse, l'ataxie au sens pur est la conséquence d'un déficit du contrôle exercé par les informations sensitives sur le mouvement. Les troubles de la marche observés au cours du tabès avaient été originellement décrits sous le nom d'ataxie locomotrice. *J.-L. Signoret*

Ataxie cérébelleuse → Cervelet

Atelier

Cette notion (comme celle de **classe-atelier**) traduit généralement l'application, en situation pédagogique, des principes de l'apprentissage* par l'action *(learning by doing)* et plus spécialement la théorie constructiviste* de J. Piaget. Dans les classes maternelles par exemple, une partie de l'espace est réservée aux manipulations d'objets, offrant ainsi aux enfants l'occasion de résoudre des problèmes et d'élaborer des connaissances significatives.

G. de Landsheere

Athymhormie

Groupement sémiologique décrit par M. Dide et P. Guiraud qui, dès 1922, défendent une théorie biologique de l'hébéphrénie* (forme déficitaire de schizophrénie*) dont l'athymhormie serait l'élément syndromique fondamental. S'appuyant sur l'adynamie de W. Hess, P. Guiraud en fait le trouble primaire, défaut du dynamisme vital instinctif et thymique dont dérivent tous les symptômes essentiels : désintérêt, inertie, inaffectivité. Cette dualité du déficit se retrouve dans le mot lui-même qui, étymologiquement, réunit la perte du dynamisme psychique instinctif (a-hormé) et de l'éprouvé (a-thymie). Le terme d'athymhormie tend à être négligé au profit de ceux, plus partiels, d'émoussement affectif* et d'anhédonie*. *R. Jouvent*

Attachement

Relation entre individus fondée sur des qualités essentiellement appétitives. Cette caractéristique retrouvée, avec des termes ou des descriptions diverses, bien au-delà des primates, chez les mammifères, les oiseaux, de nombreux vertébrés, doit être étendue aux relations interespèces et peut se déplacer sur des objets ou symboles. Cette relation est l'un des fondements des liens familiaux et sociaux. La force et la nature de cette relation sont souvent révélées par sa perte ou sa déstabilisation et l'apparition de réactions affectives fortes ou violentes témoignant de la puissance du lien : anxiété et angoisse, tristesse, dépression ; réciproquement, la relation stable est source de joie, d'équilibre, d'adaptation*. Les éthologistes, en observant notamment les oiseaux, ont découvert des empreintes* filiales et sexuelles intra- ou extraspécifiques ou se développant sur des objets ; il s'agit d'un processus graduel qui a servi de modèle d'apprentissage* et dont les bases neurobiologiques sont étudiées : la région de l'hyperstriatum ventral est critique pour son développement et son engramme*, notamment à gauche. L'empreinte dépend d'une période sensible* précoce ; la relation à un objet est faite, il s'ensuit une tendance à éviter ou fuir les autres objets (mais aussi à fournir une base de sécurité pour les explorations futures) et les caractéristiques représentent un besoin biologique de reconnaître un relatif proche (famille, groupe, espèce) tant chez le jeune que chez l'adulte, ce qui protège des dangers. Il faut remarquer que cet attachement chez l'oiseau ne dépend pas de la satisfaction d'un besoin primaire.

Sur ces bases, les observations de H. Harlow chez le singe rhésus et de J. Bowlby sur le nourrisson humain ont conduit à affirmer que pour l'espèce humaine l'attachement serait la forme primaire du lien social, s'exprimant comme un besoin* inné* de maintenir la proximité avec le partenaire maternel, et relativement indépendant de la recherche de la satisfaction alimentaire. Il a paru à certains auteurs que la ressemblance entre attachement et empreinte ruinait la conception freudienne du mécanisme de l'étayage* et même en général du développement* libidinal. En fait, rien n'empêche de concevoir l'attachement comme une forme particulière des pulsions* d'autoconservation. Certains auteurs parlent aujourd'hui d'une pulsion d'attachement, ou d'agrippement.

E. Jalley et M. Le Moal

Attaque

L'une des composantes de base, avec la défense, du comportement agonistique*. Chez l'animal, l'attaque est organisée de façon à atteindre, par des morsures ou d'autres moyens offensifs, les zones cibles de l'adversaire (chez les rongeurs, la nuque et le dos). Toute la stratégie du défenseur consiste à protéger ces zones et, en cas de soumission*, à présenter les autres parties du corps à l'attaquant. L'attaque est accompagnée d'une activation* sympathique et, chez le mâle, d'une augmentation des taux de testostérone plasmatique. Quand le comportement d'attaque permet à l'animal d'obtenir un avantage, il est renforcé et sa probabilité d'apparition ultérieure augmente. Chez de nombreuses espèces, le comportement d'attaque est étroitement dépendant du contexte et apparaît rarement en dehors de la situation de défense du territoire*. *R. Dantzer*

Attente → Expectation

Attention

On a longtemps défini l'attention sous son seul aspect sélectif, comme focalisation sur une activité particulière au détriment d'activités concurrentes. On admet cependant, à l'heure actuelle, qu'il s'agit d'un concept multidimensionnel. Abordée de longue date par les philosophes, puis par les psychologues, l'étude de l'attention n'a dépassé les limites de la méthode introspective qu'en bénéficiant des nouvelles approches expérimentales mises au point depuis les années 1950 pour l'analyse des processus de traitement de l'information* ; elle n'a, dès lors, cessé de progresser.

L'attention assure donc une fonction de sélection* : parmi les stimulus qui se présentent à l'organisme, certains bénéficient d'un traitement prioritaire, qui se traduit par une facilitation* de leur perception, du choix et de l'exécution des réponses adéquates, par un traitement plus achevé, ou encore par l'accès à la conscience*. D'autres sont partiellement ou totalement ignorés. La question primordiale est de savoir à quel stade des processus de traitement de l'information se situe le filtre*. Sélection précoce, dès l'étape de détection des caractéristiques physiques du stimulus, ou sélection plus tardive, au moment du traitement de ses aspects sémantiques ou même lors du choix de la réponse ? Le fait que l'amplitude de certains réflexes varie sous l'effet de la focalisation attentive indique que le filtre serait effectif dès les premiers relais sensoriels ; d'autre part, plusieurs composantes des potentiels évoqués*, de polarité, de topographie et de latence* différentes, sont sensibles à la focalisation attentive **(concentration),** ce qui suggère l'intervention de mécanismes de sélection successifs impliquant des sites cérébraux distincts. En définitive, le moment de la sélection dépendrait des caractéristiques mêmes sur lesquelles elle porte, celles-ci étant traitées de façon hiérarchique*.

La distribution de ressources attentionnelles par essence limitées constitue un autre aspect du problème. Sachant que nous ne pouvons être attentifs à plusieurs tâches à la fois, il reste à déterminer si nous disposons d'un « réservoir » de ressources dévolues indifféremment à n'importe quel type d'activités, ou de divers réservoirs spécifiques, certains étant attribués aux processus perceptifs, d'autres au traitement des réponses, par exemple.

La dimension quantitative doit également être analysée : l'intensité de l'attention que nous consacrons à une tâche varie. Synonyme de niveau d'activation*, l'attention correspond ici à une facilitation non spécifique des mécanismes perceptifs et moteurs, assurée en priorité par les systèmes réticulaires activateur et inhibiteur du tronc cérébral.

Enfin, les processus attentionnels automatiques* se distinguent des processus placés sous le contrôle du sujet. Les premiers sont mis en jeu de manière irrépressible, en quelques dizaines de millisecondes, fonctionnent « en parallèle » pour différentes activités, et ont des effets facilitateurs sur la performance. Ainsi en est-il de l'attention suscitée par un stimulus inattendu. Les seconds sont déclenchés volontairement, après un délai de quelques centaines de millisecondes, et touchent « en série » une activité après l'autre ; leurs effets facilitateurs pour la tâche qu'ils privilégient s'assortissent d'effets inhibiteurs sur les activités concurrentes ; enfin, ils ont plus souvent accès à la conscience. Citons comme exemple l'attention nécessitée par la pratique du piano chez le novice. Mécanismes contrôlés et automatiques dépendraient de structures cérébrales hiérarchisées, le contrôle pouvant être transféré des sites corticaux aux structures sous-corticales, sous l'effet de l'apprentissage* notamment. Notons que, pour certains auteurs, seuls les processus contrôlés relèveraient véritablement de l'attention.

Il est clair que l'attention s'exerce aux différentes étapes de la chaîne sensorimotrice, et non pas seulement au niveau de la prise d'information sensorielle comme on l'a tout d'abord pensé. Le concept d'attention recoupe d'ailleurs celui de préparation motrice* dans la mesure où la finalité de l'attention aux stimulus de l'environnement réside généralement dans l'élaboration de réponses adéquates (V. Charge attentionnelle). *F. Macar*

Attitude

Introduite à la fin du XIXe siècle en psychologie expérimentale et rapidement devenue un des concepts centraux de la psychologie sociale, la notion d'attitude qualifie une disposition interne de l'individu vis-à-vis d'un élément du monde social (groupe social, problème de société, etc.) orientant la conduite qu'il adopte en présence, réelle ou symbolique, de cet élément. Une attitude ne peut être directement appréhendée, de sorte que sa mesure nécessite le recours à un instrument, dit **échelle d'attitude**, composé d'un ensemble de questions permettant d'en explorer les différentes facettes. On s'assure de la cohérence des opinions* exprimées en réponse à ces questions avant de les combiner en un indice* quantitatif unique. Une des premières échelles fut proposée par E. S. Bogardus pour mesurer la distance sociale* interethnique.

La majorité des auteurs conçoit une attitude comme une structure intégrative tridimensionnelle ayant un caractère à la fois cognitif (jugements, croyances et savoirs), affectif (sentiments favorables ou défavorables) et conatif (tendance d'action). C'est la composante conative qui prédirait au mieux le comportement de l'individu, à condition toutefois qu'attitude et conduite* concernent un élément du monde social bien spécifique.

Les théories divergent quant à l'origine des attitudes : intrinsèque pour ceux qui, comme T. W. Adorno, font appel à des variables de personnalité* ; extrinsèque pour ceux qui postulent des modes d'acquisition tels que le conditionnement* ou l'apprentissage social.

Bien que relativement stable, une attitude est modifiable et les très nombreux travaux consacrés à ce problème montrent pour l'essentiel que (a) une communication est d'autant plus persuasive que la source qui l'émet est compétente, crédible et sympathique, (b) il peut être plus efficace de présenter à la fois le pour et le contre et (c) il vaut mieux, en situation de danger, exposer les moyens de faire face plutôt que de se limiter à faire appel à la peur. Les principales théories du changement d'attitude envisagent celui-ci soit dans une perspective néobéhavioriste* (Ecole de Yale, dont C. I. Hovland et W. McGuire), soit d'un point de vue strictement cognitiviste (théories de la cohérence* et, plus particulièrement, celle de la dissonance cognitive* proposée par L. Festinger).

F. Askevis-Leherpeux

Attraction interpersonnelle

Orientation positive envers autrui qui conditionne les rapports de l'individu avec son environnement social. Le développement de l'attachement* à autrui s'effectue par l'intermédiaire d'interactions sociales dans lesquelles l'attraction joue un rôle déterminant.

L'attraction peut être soit considérée comme une constellation de sentiments* qui conditionne l'orientation évaluative d'un sujet envers un autre, soit comme une attitude qui comprend, outre cette composante évaluative (qualité et force des sentiments et émotions*), une composante cognitive (savoirs et croyances*) et une composante conative (intentions comportementales et projets). En tant que composante affective, elle est à l'origine des affiliations et relations interpersonnelles de l'individu (relations de travail, relations amicales et amoureuses).

Toute relation interpersonnelle est caractérisée par la nature et la force du lien affectif entre les deux personnes, ce lien pouvant revêtir deux formes conceptuellement indépendantes : l'amitié ou l'amour d'une part, l'admiration, le respect et la gratitude, d'autre part. Il s'agit d'un état interne inféré à partir de ses manifestations, et mis initialement en évidence par la méthode sociométrique* de J. L. Moreno. Aussi les premières recherches ont-elles porté sur les caractéristiques associées à la popularité dans les groupes. Ces préoccupations ont donné lieu, dès les années 1950, à des analyses en termes de comparaison sociale* (L. Festinger) ou d'équilibre* (F. Heider), puis à des théories en termes d'apprentissage social* (renforcement*, échanges*) qui ont été ultérieurement complétées par des modèles plus spécifiques concernant les relations amicales et amoureuses.

G. Moser

Attribution causale

Face à un événement, par exemple un comportement*, l'individu cherche souvent à en inférer la cause. F. Heider, le premier, a insisté sur la nécessité d'une étude de ces inférences qui permettent de connaître les invariants causaux d'un environnement qu'on peut alors maîtriser. Ainsi, un comportement peut être expliqué en termes de causes ou de raisons, par des facteurs situationnels ou dispositionnels (causalité* externe ou interne), stables ou instables. Les attributions causales dépendent du type de comportement expliqué (une émotion*, une occurrence comportementale ou une action intentionnelle) et du statut de la personne qui l'explique (l'acteur lui-même : auto-attribution, ou un observateur : hétéro-attribution). Elles impliquent à la fois l'intervention de schèmes causaux (modèles d'inférence*) et de savoirs préalables ou théories implicites. Elles équivalent souvent à une imputation de responsabilité. Partie de l'étude de l'activité scientifique de l'homme de la rue, la recherche sur l'attribution a évolué vers une analyse des biais et distorsions de la pensée quotidienne. Enfin, bien que les grandes théories de l'attribution (F. Heider, E. E. Jones et K. E. Davis, H. H. Kelley) aient surtout porté sur l'explication des comportements, le concept d'attribution concerne aussi l'explication des renforcements* et des performances.

L'étude de l'explication des comportements a révélé une tendance assez systématique à privilégier les causes internes au détriment des causes externes (erreur fondamentale d'attribution, ou biais de correspondance). Ceci peut relever de facteurs motivationnels (besoin d'autodétermination), perceptifs (saillance de l'acteur), normatifs (utilité sociale des explications internes), ou cognitifs. Plusieurs modèles cognitifs récents définissent les étapes du processus d'attribution et posent qu'une attribution interne est l'une des premières étapes, qu'elle implique peu de ressources cognitives, se réalise de façon plus ou moins automatique, les attributions externes exigeant un travail additionnel plus coûteux. Il s'agit peut-être là d'une spécificité des cultures individualistes. *Ersoc*

Atypique

Terme utilisé dans le vocabulaire psychiatrique classique pour désigner des tableaux cliniques que l'on rattache à une entité nosologique définie et considérée comme typique, mais qui s'en distinguent par la présence d'une sémiologie associée inhabituelle dont les caractères évolutifs sont susceptibles de remettre en cause le choix nosologique initial. L'usage le plus classique est celui de la dénomination de « dépression atypique » devant un épisode dépressif grave chez un sujet jeune qui fait poser le problème d'un début de schizophrénie. Pour les auteurs américains, le terme correspond à l'utilisation d'une catégorie nosologique donnée pour des tableaux cliniques auxquels manquent un ou plusieurs signes typiques. *J.-F. Allilaire*

Audibilité

Propriété d'une stimulation* sonore qui la rend perceptible. La première condition d'audibilité est naturellement que la stimulation se situe dans les limites du spectre* et des fréquences* audibles (chez l'homme, en gros de 18 Hz à 20 000 Hz), et à un niveau de pression sonore* suffisant, c'est-à-dire égal ou supérieur au seuil absolu*. Mais l'audibilité dépend en outre des conditions sonores dans lesquelles la stimulation est présentée : le bruit* entraîne un effet de masquage* et l'audibilité sera dès lors fonction du rapport signal/bruit, où sont prises en compte les deux dimensions, fréquence et pression sonore. *M. Richelle*

Audiogramme

Transcription graphique des tests audiométriques. Dans le cas de tests liminaires tonaux (seuils* d'audibilité et de douleur à partir de sons purs), chaque résultat correspond aux coordonnées d'intensité* sonore exprimées en décibels* sur l'ordonnée (de – 10 à 120 dB), et de fréquence* exprimée en hertz par octave sur l'abscisse (de 125 à 10 000 Hz). Les différents résultats obtenus sont reliés par des traits, donnant ainsi les courbes audiométriques. Le rapport entre la courbe audiométrique liminaire et la courbe correspondant au seuil d'intolérance est considérable, de l'ordre de 10^7 pour les pressions, et de 10^{14} pour les intensités par rapport à la référence de 1 000 Hz.

R. Génicot

Audiogravique (Illusion —)

Lors d'un mouvement giratoire, la localisation d'un stimulus auditif par rapport au plan de la tête placée à l'horizontal est déviée. L'illusion consiste à situer les sources sonores provenant de la partie inférieure par rapport au plan horizontal dans la partie supérieure, et inversement.

R. Génicot

Audiogyrale (Illusion —)

Illusion consistant en une déviation de la localisation d'une source sonore sous l'influence d'une accélération ou décélération horizontale. *R. Génicot*

Audiomètre

Appareil électroacoustique émettant différents sons purs ou bandes de sons purs (audiométrie* tonale) grâce à une source d'oscillation réglable en intensité* et en fréquence*. Un audiomètre peut aussi émettre des sons phonétiques transmis grâce à un micro (audiométrie vocale). La fréquence et l'intensité acoustiques des sons successifs émis par un écouteur* ou un haut-parleur sont ainsi connues et réglables à volonté. Cet appareil est utilisé pour étudier les champs d'audibilité*, les sensibilités auditives, les seuils* différentiels* auditifs. *R. Génicot*

Audiométrie

Ensemble de méthodes de mesure* de l'audition* par l'emploi d'un audiomètre*. L'audiométrie tonale en voie aérienne ou en voie osseuse utilise des sons purs (ou bandes de sons purs) émis à différents niveaux sonores (généralement de – 10 dB à 120 dB) afin de déterminer les seuils* absolus* et d'inconfort ou de douleur pour chaque fréquence*, délimitant ainsi un champ d'audibilité (audiométrie liminaire et supraliminaire). Le son peut être continu ou vobulé (variation d'intensité de part et d'autre d'un niveau choisi pour une même fréquence) ou encore modulé (variation de fréquence autour d'une fréquence choisie pour un son de même intensité). L'audiométrie verbotonale comprend des tests d'audiométrie vocale filtrés fréquentiellement. L'audiométrie vocale est la mesure de l'audition d'un sujet à l'aide d'un matériel phonétique significatif (mots, phrases) ou non significatif (syllabes sans signification). Cette audiométrie chiffre le niveau sonore de compréhension par l'oreille du langage humain (souvent en pourcentage d'audibilité). L'audiométrie objective ne requiert aucune participation active du sujet, par opposition à l'audiométrie subjective au cours de laquelle le sujet collabore activement aux résultats. L'audiométrie objective comprend notamment l'impédancemétrie, la cochléométrie, ou encore l'étude des potentiels évoqués* auditifs. L'audiométrie peut être continue, c'est-à-dire réalisée par un balayage continu des fréquences, le sujet devant ajuster le seuil d'audition tout au long de l'épreuve (technique d'ajustement* de von Békèsy).

R. Génicot

Audiovisuel

Né aux Etats-Unis dans les années 1930 pour désigner les techniques associant des images et des sons dans les méthodes d'enseignement, ce terme a rapidement désigné, indistinctement, l'ensemble des médias comme l'atteste, par exemple, l'expression « paysage audiovisuel ». En extension*, la définition de l'audiovisuel impliquerait toujours des caractéristiques technologiques (électromécaniques, optiques, magnétiques, électroniques) de reproduction et de diffusion d'images et de sons ayant un caractère massif. Dans une perspective sémiotique*, le terme audio-scripto-visuel implique l'analyse et la classification des différents langages* mis en œuvre (V. Méthodes audiovisuelles). *D. Peraya*

Audition

Modalité sensorielle spécialisée dans la réception et le traitement des informations* sonores. L'appareil auditif est constitué des **oreilles** externe, moyenne et interne, des voies auditives et de nombreuses structures centrales jusqu'au cortex*. L'oreille externe est constituée du pavillon, du canal auditif externe clos par une membrane, le tympan, sur lequel reposent intérieurement les osselets. La cavité de l'oreille moyenne, remplie d'air, est connectée par la trompe d'Eustache au mésopharynx ; la pression dans l'oreille moyenne correspond à la pression atmosphérique. Les vibrations du tympan sont communiquées aux trois osselets et, de là, à l'oreille interne dans laquelle baigne l'**organe de Corti**, récepteur auditif proprement dit. Il comprend, reposant sur la membrane basilaire, des cellules ciliées entourées de cellules de soutien ; à la base de la cellule ciliée se trouvent les terminaisons du nerf auditif qui y forment des synapses. La membrane basilaire entre en mouvement en fonction des ondes auditives transmises par la périlymphe ; les cils entrent en contact avec la membrane tectoriale, ce qui provoque des potentiels* électriques (potentiels générateurs ou transducteurs), la libération de transmetteurs* puis la mise en jeu d'un potentiel d'action. La membrane basilaire est organisée topologiquement : d'une épaisseur variable de la base à l'apex de la cochlée ; la réaction au mouvement sera d'importance également variable en fonction de la fréquence du stimulus sonore. Les sons* propagés dans l'air, transmis mécaniquement par l'intermédiaire du tympan et de la chaîne des osselets à l'oreille interne (cochlée), sont soumis à une analyse spectrale traduisant la fréquence en position spatiale, puis convertis par les cellules ciliées en impulsions électriques (potentiels d'action), qu'acheminent ensuite les 30 000 fibres du nerf auditif vers le cortex temporal, en suivant un parcours complexe avec de nombreux relais. Les axones du nerf auditif transportent les informations codées en fréquence et intensité et les informations résultant du travail conjoint des deux oreilles. Les voies entrent dans le tronc cérébral et se terminent dans les noyaux cochléaires ; la voie continue après relais et croisement vers le colliculus inférieur, puis le corps genouillé médian thalamique et enfin le cortex auditif primaire. D'autres voies, à partir des noyaux cochléaires, croisent et vont vers les noyaux de l'olive supérieure et, de là, rejoignent le colliculus. Les champs corticaux sont interconnectés entre eux et entre chaque hémisphère*. Des rétroactions existent sur le thalamus et le tectum. Les caractéristiques de fréquence de chaque fibre du nerf auditif sont transmises et conservées tonotopiquement ; les neurones corticaux ayant les mêmes caractéristiques de fréquence sont organisés en colonnes perpendiculaires. Il existe donc une correspondance corticale et cochléaire. Inversement, un contrôle cortical et mésencéphalique existe sur les opérations sensorielles dès le niveau de transduction du signal.

L'audition apparaît durant l'embryogenèse* juste avant la vision et après les fonctions vestibulaires. Le champ auditif de l'homme jeune et audiologiquement normal couvre les fréquences comprises entre environ 20 et 20 000 Hertz, et des intensités (niveaux de pression efficace) allant, pour la fréquence 1 000 Hertz, d'environ 0,00005 pascal (seuil de détection) à 200 pascals (seuil de douleur). Le seuil de détection est une fonction en « U » de la fréquence, alors que le seuil de douleur est presque indépendant de la fréquence. En première approximation, la hauteur tonale d'un son pur (c'est-à-dire sinusoïdal) est une fonction logarithmique de sa fréquence, et la sonie (intensité perçue) d'un tel son est une fonction d'exposant 0,6 de son niveau de pression. Pour les fréquences et niveaux d'intensité moyens, le seuil différentiel de fréquence avoisine 0,2 % et le seuil différentiel d'intensité 0,5 décibel* (ce qui correspond à une variation de 6 % dans le niveau de pression). L'ensemble des fibres du nerf auditif peut être assimilé à une batterie de filtres* passe-bande, en très grand nombre et de largeur correspondant à environ 0,2 fois leur fréquence centrale. L'analyse spectrale périphérique conditionne directement les phénomènes auditifs les plus divers : perception de la sonie, de la hauteur tonale, du timbre, phénomènes de masque, intelligibilité de la parole, etc. Son caractère limité permet à l'oreille d'appréhender des variations temporelles rapides dans l'enveloppe d'amplitude d'une onde de pression ; ainsi, un bref silence introduit dans un bruit blanc continu est détectable dès qu'il dépasse 2 ou 3 ms. Outre des informations liées à leur taux d'activité momentané (cadence moyenne des potentiels d'action), les filtres périphériques (au moins ceux de basse fréquence centrale) fournissent aux centres des informations temporelles plus fines, qui sont utilisées pour la localisation spatiale des sons (par mise en relation des deux voies monaurales) et sans doute aussi dans l'extraction de la hauteur tonale et du timbre. L'organisation par les centres des messages issus des filtres périphériques n'est étudiée de façon approfondie, par les méthodes de la psychoacoustique*, que depuis les années 1970. Cette organisation se manifeste en particulier par la fusion de composantes spectrales qui sont en relation harmonique, et/ou ont des enveloppes d'amplitude identiques, ainsi que par la reconnaissance du « profil » spectral d'un son complexe en dépit de variations dans son niveau d'intensité global. Cependant, l'analyse auditive de formes spectrales complexes (comme celles que possèdent les sons de parole) et le fonctionnement de la mémoire* auditive restent très mal connus.

L. Demany, M. Le Moal, C. Semal

Aura → Épilepsie

Autisme

Ce terme a été introduit par E. Bleuler en 1911 pour décrire un mode d'être au monde caractéristique des malades schizophrènes* et comportant deux aspects : une perte de contact avec la réalité, qui se manifeste dans un retrait, une indifférence affective et un désintérêt à l'égard du monde, et la prédominance relative ou absolue de la vie intérieure, expliquant que le monde des fantasmes du schizophrène devient celui de la réalité.

Pour E. Bleuler, l'autisme est une conséquence directe de la dissociation, ce dernier phénomène étant considéré comme le trouble premier expliquant l'ensemble des autres symptômes.

Au contraire, pour E. Minkowski, l'autisme, défini comme le tarissement du contact vital avec la réalité, serait le phénomène premier qui permet d'expliquer la dissociation.

En 1943, le terme d'autisme est repris par L. Kanner pour désigner une maladie autonome de l'enfance dont les signes rappellent ceux rapportés par E. Bleuler à l'autisme schizophrénique. Apparaissant parfois dès la première année de vie, elle s'exprime par une incapacité à établir des rapports normaux avec l'entourage (indifférence), des stéréotypies de comportement ainsi qu'une parole bizarre et hermétique.

La clinique psychanalytique, s'attachant à l'analyse du vécu intérieur du schizophrène dont la prééminence est un des éléments de définition de l'autisme, y voit l'expression d'un fonctionnement intrapsychique particulier (**autistique**) analysable en termes métapsychologiques*. Ainsi, par analogie, le terme d'autisme a été utilisé pour définir un stade précoce du développement du nouveau-né caractérisé par une coupure du monde extérieur et par l'occupation exclusive du bébé pour ses sensations internes. Le caractère autistique de la première partie de la vie de l'enfant a, depuis, été largement remis en cause, notamment par l'étude des relations précoces de l'enfant avec son environnement extérieur. *M.-C. Hardy-Bayle*

Autistique → Autisme

Autoanalyse

S. Freud a découvert la psychanalyse à Vienne entre 1895 et 1900, en analysant systématiquement par écrit ses propres rêves* puis ses souvenirs, ses oublis de noms propres, ses actes manqués. Cette autoanalyse a été féconde pour l'intéressé (guérison de certains symptômes, libération de la créativité) car elle se déroulait en interaction avec le travail d'interprétation des rêves de ses patients et dans le cadre d'une relation affective et intellectuelle intense avec son ami berlinois W. Fliess.

L'autoanalyse épisodique reste nécessaire au psychanalyste pour prendre conscience de son contre-transfert*. Mais elle ne peut pas remplacer une psychanalyse personnelle pour devenir psychanalyste, comme S. Freud l'a pensé pendant un certain temps. Sans un dialogue avec un interlocuteur apte à interpréter le transfert*, l'autoanalyse tend à rester défensive et aveugle. Certaines formes de création littéraire (par ex., chez les surréalistes) s'apparentent à une démarche autoanalytique. *D. Anzieu*

Autoattribution → Autoperception

Autocinétisme

L'autocinétisme ou **effet autocinétique** est une illusion* de mouvement* : le sujet, fixant un point lumineux immobile dans l'obscurité, perçoit un lent mouvement apparent* d'une amplitude pouvant atteindre 20°. Le phénomène a été décrit en 1886 par A. Charpentier puis en 1887 par H. Aubert qui en a proposé le nom. *M. Richelle*

Autoconservation

Dans la première théorie freudienne, les pulsions* d'autoconservation s'opposent aux pulsions libidinales* ou sexuelles*, comme la faim s'oppose à l'amour : ces pulsions, dont les principales sont les pulsions alimentaires, ont pour but la conservation de l'individu, cependant que les pulsions sexuelles ont pour but la conservation de l'espèce. Cette opposition constitue le conflit* fondamental qui rend compte de la possibilité de tous les autres conflits et donc de toute la dynamique* psychique. Mais l'opposition n'est pas systématique : les deux types de pulsion collaborent souvent et, notamment, les pulsions sexuelles se constituent en s'étayant* sur les pulsions d'autoconservation. A partir de 1910, la découverte du narcissisme*, complément libidinal de l'égoïsme, rend difficile de faire de l'opposition entre *libido** et pulsions d'autoconservation le conflit primordial. C'est pourquoi, dans la deuxième théorie des pulsions, S. Freud les regroupe sous la rubrique des pulsions de vie* et les oppose ensemble à la pulsion de mort*. *J.-M. Petot*

Autocontrôle

Dans un sens très général, contrôle* exercé par les capacités cognitives rationnelles d'un sujet sur les différentes manifestations de ses émotions* et de sa vie affective.

Dans un sens plus restreint, contrôle exercé par le second système de signalisation* (langage* et pensée*) sur les activités sensori-motrices* (premier système de signalisation). V. Autorégulation.

J.-P. Bronckart

Autocorrection

Pratique d'évaluation* des connaissances*, consistant à faire repérer et corriger par l'élève ses propres erreurs dans un exercice, avec l'aide d'un matériau pédagogique adapté (fichiers autocorrectifs, programmes informatiques, magnétophone). Cette disposition a l'avantage de rendre l'élève responsable et actif dans le contrôle de ses acquisitions, et surtout, dans le cadre d'un enseignement individualisé* ou programmé*, elle permet à chacun de travailler à son niveau de besoin, et à son rythme propre. *D. Manesse*

Autocritique

Aptitude* d'un sujet à évaluer ses actions autant que son état normal ou pathologique. Toute évaluation de soi fait appel au filtre complexe de la subjectivité. Le terme autocritique devrait être restreint à son acception psychiatrique, qui concerne essentiellement deux types de troubles.

L'évolution d'un délire* sous traitement passe par une phase de critique qui est considérée comme un reflet de l'amélioration.

Les déprimés font, en l'absence de délire, une lecture dépressive des événements et de leur histoire. Les idées de culpabilité*, de ruine, d'incurabilité, d'absence de solution des problèmes invoqués se confondent avec une perte d'autocritique qui régresse avec l'amélioration thymique*.

Les démences* sont souvent accompagnées de troubles du jugement incluant une non-conscience de la maladie qui est à ranger au sein de l'anosognosie*.

En français, le terme doit être distingué de celui de capacité* d'*insight** qui concerne la perméabilité du sujet* à ses mouvements préconscients ou inconscients.

R. Jouvent

Autodestruction

Comportement* susceptible d'entraîner la suppression d'un individu à la suite soit d'un processus d'évolution marqué par des manifestations de tendances* suicidaires, de tentative de suicide aboutissant parfois à la mort, soit d'un passage à l'acte autolytique, soit de la perte de la respectabilité de soi-même entraînant l'équivalent d'une mort sociale. Certains suicidologues considèrent qu'il existe un *continuum* de létalité chez des sujets présentant une potentialité autodestructrice marquée par la morosité, la dépression, l'aliénation, l'angoisse* et une exposition au risque suicidaire, variable selon l'âge, le sexe et la position sociale des individus. Le désir de mort associé au refus d'investir le monde des objets et les êtres peut aboutir au décès, aux accidents* handicapants ou encore aux homicides* qui peuvent être des équivalents suicidaires. Les conduites* autodestructrices révèlent le débordement des mécanismes de défense et la recherche ambivalente de compromis entre pulsion* agressive*, culpabilité*, autopunition* et appel au secours. L'étude des manifestations autodestructrices prend en considération les antécédents, le type de comportement, l'intention et le degré de conscience suicidaire du sujet. *J. Selosse*

Autoécologie → Écologie

Autoéducation

Corollaire de la notion d'éducation permanente*. La société contemporaine productiviste a hérité d'un système éducatif* dont la fréquentation* est soumise à l'obligation scolaire* et dont elle tente de rationaliser l'organisation collective. Au sein de cette ingénierie, ou dans ses marges, se développe un éloge de l'ingéniosité. L'apprenant modèle est quelqu'un qui, déployant son activité propre et s'affranchissant de la dépendance, se montre capable de mobiliser ses propres ressources, de discerner son propre profil d'apprentissage*, de définir son propre projet, de passer contrat avec qui l'enseigne et de tirer parti, *motu proprio,* des multiples réseaux, formels et informels, où se diffusent les connaissances.

D. Hameline

Autoérotisme

Du point de vue descriptif, satisfaction sexuelle obtenue par le sujet avec son propre corps à l'exclusion de tout partenaire. Du point de vue de la théorie psychanalytique, modalité de la sexualité infantile précoce dans laquelle une pulsion* partielle, fonction d'un organe ou d'une zone érogène*, trouve satisfaction sur place (plaisir d'organe), non seulement sans objet extérieur, mais également sans référence à l'image du corps unifiée qui caractérise le narcissisme*. On a insisté sur la fonction de l'autoérotisme dans la constitution du fantasme* et de la sexualité psychique dans le processus de l'étayage*.

La théorie psychanalytique des psychoses* a conduit S. Freud à invoquer un stade autoérotique qui serait antérieur à la constitution de l'objet et de l'image unifiée de soi. Cette perspective a donné lieu à un grand nombre de travaux qui ont profondément renouvelé cette question et conduit à celle de la théorie des autismes* infantiles.

B. Brusset

Autoévaluation

Désigne les différentes techniques d'évaluation* d'un individu par lui-même, techniques qui peuvent être subjectives ou armées, et concerner tout état, activité* ou comportement de l'individu. Même lorsqu'elle est irréaliste ou gravement biaisée, l'autoévaluation subjective peut être éclairante pour l'observateur extérieur.

Les principaux instruments de l'autoévaluation sont : les questionnaires* à réponses ouvertes ou fermées, les échelles d'évaluation, la comparaison dirigée avec des condisciples ou des collègues, l'autoscopie* libre ou dirigée. Les ordinateurs, et plus particulièrement les systèmes-experts*, ouvrent des perspectives considérables en matière d'autotestage adaptatif : l'ordinateur module les tâches* en fonction des performances* de façon à conduire l'individu à son plafond ; grâce aux systèmes experts, un diagnostic fin des erreurs peut être établi. *G. de Landsheere*

Échelle d'autoévaluation : échelle remplie par le sujet* lui-même, conçue dans deux buts différents. Par analogie avec l'hétéroévaluation, ces échelles sont censées apporter, avec un gain de temps, une information équivalente. Comme outil spécifique, elles représentent un type particulier de données cliniques, permettant d'explorer la subjectivité et/ou d'identifier une dimension particulière de la personnalité. Leur utilisation en pratique psychiatrique est souvent considérée comme moins fiable que les échelles d'hétéro-observation. Néanmoins, leur facilité d'utilisation peut offrir un intérêt en épidémiologie, dans le cas d'échelles de dépistage.

En psychologie, leur utilisation est fréquente dans les travaux chez le sujet normal. La plupart de ces autoquestionnaires visent à individualiser une dimension par le biais de choix binaires entre deux propositions opposées (pas du tout/tout à fait, très désagréable/très agréable).

Un type particulier est représenté par les échelles visuelles analogues où le sujet doit se situer au moyen d'un signe sur une ligne verticale de dix centimètres reliant deux propositions inverses. La position du signe sur la ligne est ensuite mesurée et convertie en note. *R. Jouvent*

Autoformation

En un sens méthodologique : initiative de l'apprenant qui, de son propre mouvement, ou sur la suggestion du formateur, effectue lui-même l'inventaire de ses ressources pour apprendre, définit son projet et en pratique l'autoévaluation*. Le terme est alors l'équivalent de travail indépendant, voire d'apprentissage* individualisé.

En un sens anthropologique : désir illusoire de ne rien devoir qu'à soi-même que fascine la figure du *self-made-man*. R. Kaës, utilisant les hypothèses psychanalytiques, voit ce désir perpétuer le fantasme* infantile de toute-puissance à travers les idéologies autodidactiques et le mythe de la formation comme parcours héroïque.

D. Hameline

Autogène *(Training —)* → Relaxation

Autohandicap

Stratégie qui consiste pour un individu à mettre en place un obstacle à la réalisation de sa pleine performance (handicap) de façon à pouvoir expliquer un éventuel échec par cet handicap et ainsi sauvegarder une image positive de soi. *F. Ric*

Autohypnose

Lorsqu'en 1784 il découvrit le **sommeil* magnétique,** que nous appelons maintenant l'hypnose*, A. de Puységur, disciple de F. Mesmer, le considéra comme une forme de somnambulisme* artificiellement provoquée par le « magnétiseur ». Cela implique que l'état hypnotique peut être atteint spontanément par certains sujets, les somnambules, que ce soit délibérément ou non. En 1965, M. Erickson a fait de l'hypnose l'amplification, grâce à la relation avec l'hypnotiseur, d'un état banal de transe commune qui survient spontanément plusieurs fois par jour chez tout sujet. Mais on admet généralement que cette amplification nécessite le plus souvent une relation interpersonnelle. Il faut en outre signaler que la dimension autohypnotique se retrouve dans le fait que l'opérateur entre lui-même assez souvent en transe pendant qu'il hypnotise un patient. *J.-M. Petot*

Automaintenance négative → *Autoshaping*

Automate

Un automate formel est une machine abstraite, qui est supposée dotée en général d'une tête de lecture-écriture, d'un ruban et éventuellement d'une mémoire, et qui est susceptible de se trouver dans un certain nombre d'états en fonction des informations qu'elle reçoit ; un tel automate est défini par :

1. un alphabet, ensemble de symboles d'entrée et de sortie ;

2. un ensemble d'états (ou configurations), parmi lesquels on distingue un état initial et des états finals ;
3. des transitions ou règles de passage d'un état à un autre, en fonction des symboles lus.

Par exemple, A. Turing a conçu en 1936 un automate formel pour définir une notion de fonction calculable* (machine de Turing*). Dans le cadre des grammaires* formelles, différentes classes d'automates de reconnaissance ont été définies, selon la complexité syntaxique des langages formels (automates à nombre fini d'états ou à pile de mémoire, par ex.). *M. Baron*

Automatique

Se dit d'un mouvement* ou d'un acte* réglé par des enchaînements réflexes* qui en assurent le déroulement sans intervention volontaire* consciente, ou d'un comportement* acquis devenu, à la faveur de l'exercice*, si parfaitement installé dans le répertoire qu'il se déroule sans intervention volontaire ou consciente, ni sollicitation de l'attention*. Dans un cas comme dans l'autre, le comportement automatique est hautement adapté et il peut se dérouler simultanément avec un autre comportement exigeant attention et volonté*.

On parle aussi, à l'opposé, de mouvement ou d'acte automatique à propos de comportements qui se produisent ou se répètent sans être suscités par les stimulations du milieu et sans que le sujet puisse exercer sur eux le moindre contrôle : un tic moteur est, en ce sens, un mouvement automatique.

L'**automatographe** est un dispositif d'enregistrement des mouvements automatiques, non volontaires ou inconscients.

M. Richelle

Automatisation

Processus par lequel le contrôle d'un mouvement demande moins d'attention* à mesure que le sujet devient plus habile (V. Contrôle moteur). En cours d'apprentissage*, un programme moteur* est construit progressivement qui va commander le mouvement avec un recours ponctuel et intermittent au traitement central des informations* en retour. Le contrôle est alors largement délégué à des organisations d'un niveau d'intégration inférieur qui gèrent les composantes élémentaires de l'habileté*. Ce processus diffère de la « pseudo-automatisation » consistant à court-circuiter le stade de sélection de la réponse dans des situations sans incertitude ou lorsque le sujet décide de sa réponse par anticipation.

M. Durand

Automatisme mental

Ce terme a été introduit par G. de Clérambault pour désigner certains phénomènes élémentaires, moteurs, sensitifs et de pensée* qu'il supposait les premiers à apparaître lors de la survenue d'états psychopathologiques, pour lui d'étiologie organique. L'intérêt de leur description tenait à la valeur d'expression directe de la lésion que G. de Clérambault leur accordait.

Ce sont les phénomènes de pensée qui ont été l'objet des descriptions les plus minutieuses.

Le phénomène interne qui préside à l'apparition des premiers symptômes de l'automatisme mental est l'échappement hors du contrôle du sujet d'une partie de son activité de pensée. L'automatisation et la mécanisation d'une partie de l'activité psychique du malade s'expriment par la survenue inopinée, en rupture avec l'activité psychique volontaire du sujet, de phénomènes anidéiques de pensée tels que des mots explosifs (évocation de mots en dehors de la volonté du sujet ; ainsi tel malade parasité par le mot « bonheur »), des absurdités et des non-sens (phrases absurdes se répétant continuellement en pensée), des arrêts de la pensée, un dévidage de souvenirs et d'idées. Ces phénomènes sont passifs, automatiques, neutres : on parle de syndrome de passivité. Très vite, le tableau s'enrichit de phénomènes verbaux plus élaborés tels que l'écho de la pensée propre. Enfin, l'intervention d'un tiers conduit aux phénomènes d'écho et de commentaires des actes et de la pensée par un autre, auxquels est souvent résumé aujourd'hui l'automatisme mental.

Le syndrome de passivité ainsi que les phénomènes verbaux plus élaborés tels que les phénomènes d'écho de la pensée propre ou de la pensée par un tiers constituent le **petit automatisme mental**.

L'extériorisation des phénomènes hallucinatoires inaugure le passage au **grand automatisme mental**, délire où les hallucinations sont psychosensorielles.

L'ensemble de ces phénomènes constitue le triple automatisme mental, moteur et sensitif.

La valeur sémiologique de l'automatisme mental est importante, bien que l'on puisse le retrouver tant dans un épisode psychotique aigu que dans une schizophrénie (souvent à son début) ou un délire chronique (psychose hallucinatoire chronique).

M.-C. Hardy-Bayle

Automatisme psychologique

Pour P. Janet, c'est l'activité reproductrice, opposée à l'activité créatrice, qui mérite vraiment le nom d'automatisme psychologique : il se situe à l'opposé de la volonté*. C'est pourquoi les phénomènes qu'il rassemble intéressent à la fois la psychologie et la médecine, même s'il est difficile d'en préciser les limites, car la désagrégation de l'esprit peut avoir le même aspect clinique* alors que les causes sont différentes. Mais ce concept, suivant les auteurs qui l'utilisent, sert aussi à caractériser les niveaux progressifs des synthèses mentales et de la hiérarchie des comportements (associations*, actions*, conduites*). Les recherches récentes montrent les limites conceptuelles de la distinction entre l'automatique et le volontaire, et l'on s'interroge encore sur la validité d'un mécanisme de dissociation* pathologique comme modèle* du fonctionnement normal. *R. Doron et E. Jalley*

Automatographe → Automatique

Automutilation

Ensemble de configurations motrices, destructrices, infligées par le sujet à son propre corps*, les automutilations peuvent être divisées en deux sous-groupes de comportements : les comportements automutilateurs primitifs, mutilations d'intensité variable, fréquentes jusqu'à l'âge de deux ans et disparaissant normalement après (morsures, griffures, morsure des ongles, etc.) et les comportements automutilateurs structurés et orientés, mutilations toujours intenses soit par leur répétition soit par leur force qui est le signe d'une pathologie, comme les spectaculaires coups de tête contre les murs des enfants privés de soins maternels ou des sujets psychotiques*. Quelle qu'elle soit, l'automutilation est généralement considérée comme une conduite autoagressive s'associant ou non à des conduites hétéroagressives, mais aussi comme une conduite de communication sociale (en particulier par les éthologistes). Une généralisation de cette notion a fait entrer toute une série de conduites complexes, comme par exemple les tentatives de suicide, dans le champ fonctionnel de l'intention automutilatrice. *A. Braconnier*

Autonome (Système nerveux —) → Système nerveux

Autonomie

Par opposition à **hétéronomie**, désigne le processus par lequel un homme, ou un groupe d'hommes, acquiert ou détermine de lui-même ses propres règles de conduite. La capacité d'autonomie résulte de l'intériorisation* de règles et de valeurs, consécutive à un processus de négociation personnelle avec les divers systèmes normatifs d'interdépendance et de contraintes sociales.

La psychologie génétique a plus spécialement employé cette notion dans l'étude de la volonté* et du jugement moral*. J. Piaget a ainsi montré comment, dans ses comportements face à autrui, l'enfant passe d'une morale hétéronome (les règles de conduite et d'évaluation morales sont imposées par autrui ou lui sont empruntées sans évaluation morale raisonnée ; elles peuvent être d'ailleurs teintées d'intérêts égocentriques) à une morale autonome dont la constitution exige l'intégration de la réciprocité des relations entre individus reconnus dans leur particularité propre mais formellement égaux.

Dans une perspective d'analyse psychodynamique, la conquête de l'autonomie est corrélative à la construction de l'identité* durant l'adolescence* ; elle relève du second processus de séparation-individuation, et résulte des remaniements de l'idéal du moi* et des identifications*, ainsi que d'un changement dans l'économie des pulsions*. *J.-J. Ducret et J. Selosse*

Autoorganisation

Propriété caractérisant les organismes* capables de construire ou de maintenir leur organisation sans apport énergétique (matériel ou informationnel) extérieur. Le terme est passé de la biologie vers la psychologie. On le trouve, en effet, chez des embryologistes comme A. Dalcq ou J. Brachet qui l'ont repris de H. Driesch. Selon Driesch, le vivant est autorégulé, c'est-à-dire qu'il se fixe à lui-même sa propre norme de fonctionnement ou encore qu'il détermine lui-même son propre but. Driesch s'opposa au béhaviorisme* de J. B. Watson et soutint fermement la *Gestaltpsychologie** qui importa le concept en psychologie.

P. Mengal

leur utilisation pour traiter les problèmes du domaine considéré, dans le but de faciliter leur expression et leur vérification par des spécialistes du domaine. Une telle base peut contenir des connaissances de natures diverses, telles que représentation de concepts, connaissances théoriques ou pragmatiques, heuristiques*, métaconnaissances* par exemple. La conception d'une base de connaissances pose des problèmes de formulation par un expert (ou plusieurs), de choix de techniques de représentation adaptées ainsi que de validation. *M. Baron*

Base de données

En informatique*, désigne une structure conçue pour l'archivage et l'interrogation de grandes quantités d'informations* ; elle est organisée en vue de son utilisation par des programmes* qui peuvent correspondre à diverses applications. La gestion automatisée d'une base de données est assurée par un système de gestion (SGBD). L'accès aux informations de la base se fait grâce à un langage d'interrogation.

Base de données relationnelle, base de données objet : on distingue plusieurs modèles de données, c'est-à-dire plusieurs méthodes pour représenter, organiser, stocker et manipuler les données : modèle relationnel ou modèle orienté objet par exemple. Dans le modèle relationnel, la structure de données (ou schéma) est constituée de relations entre des attributs (ou champs), un enregistrement étant un ensemble de valeurs pour les attributs d'une relation. Dans le modèle à objets, lié aux langages orientés objets*, la structure de données est décrite par un schéma de classes, les enregistrements sont des objets (instances de classes) dont plusieurs versions peuvent être conservées.

La consultation de bases de données installées sur des centres serveurs ou diffusées sur disques compacts (CD-ROM), qu'elles soient bibliographiques, textuelles, techniques ou d'intérêt général, concerne pratiquement tous les domaines d'activités, spécialisés ou non (*via* minitel, par ex.).

En psychologie, l'expression « base de données » est utilisée dans le cadre des recherches centrées sur les processus et les systèmes de représentation*. Elle désigne le composant « mémoire de travail »* de différents modèles procéduraux* proposés par le cognitivisme* contemporain.

M. Baron

Batterie factorielle

L'utilisation de l'analyse factorielle* dans les processus de construction de tests* a permis de mettre au point des batteries factorielles qui fournissent un profil* individuel constitué par les notes obtenues à différents tests. Chacun des tests composant la batterie concerne des aptitudes* indépendantes identifiées grâce à l'analyse factorielle. Le PMA de L. L. Thurstone, dont la première version date de 1941, a été traduit en français sous le nom de batterie d'aptitudes mentales primaires, et représente la première tentative systématique pour construire une batterie factorielle.

C. Lévy-Leboyer

Bayésien → Probabilité

Bégaiement

Trouble fonctionnel du débit de l'élocution qui s'exprime soit par l'empêchement temporaire d'émettre un phonème* ou une succession de phonèmes (bégaiement tonique), soit par leur répétition involontaire et explosive (bégaiement clonique). Les deux expressions sont souvent associées. D'évolution en général chronique, le bégaiement apparaît le plus souvent entre 3 et 5 ans. Le rôle respectif de facteurs neurofonctionnels de la personnalité et d'émotions liées à des événements traumatiques demeure très incertain. *D. Widlöcher*

Béhaviorisme

Le terme français comportementalisme n'est que peu utilisé en psychologie ; il a, dans d'autres domaines, un sens plus général qu'en psychologie.

Il s'agit d'une conception de la psychologie comme science du comportement* observable, sans référence à la conscience*. Le terme apparaît dans l'article de J. B. Watson en 1913, considéré comme l'acte de naissance du béhaviorisme. Toutefois, les fondements et caractéristiques de celui-ci relèvent d'une tendance de la psychologie qui, dès la fin du XIXe siècle, se manifeste dans différents pays. En réaction à la psychologie introspectionniste et spiritualiste et en accord avec le positivisme* ambiant, des psychologues expriment leur volonté d'objectivité pour adopter, dans l'étude de l'homme, une attitude et une méthode déjà à l'œuvre en psychologie animale. Avec l'animal, l'introspection* ne peut constituer une méthode d'étude des phénomènes psychologiques. Seule l'observation* et l'accord entre plusieurs observateurs garantissent l'objectivité. Cette observation recourt à la méthode expérimentale* qui permet d'établir des lois* scientifiques entre les phénomènes observés. Le béhaviorisme se propose en effet de faire de la psychologie l'étude des lois qui régissent deux types d'observables : les stimulus* (S) et les réponses* (R) de l'organisme*. Ces lois doivent permettre de prévoir les réponses quand on connaît les stimulus et ce, même si les mécanismes neurophysiologiques qui interviennent entre S et R ne constituent pas un objet d'étude pour cette psychologie.

Pour le béhaviorisme, les réponses de l'organisme ont une fonction adaptative, elles constituent des ripostes aux changements du milieu. Ainsi, le comportement de chaque organisme fluctue au gré des modifications de son environnement. C'est une des raisons pour lesquelles les mécanismes d'apprentissage* ont été l'objet privilégié des recherches béhavioristes : l'organisme apprend à produire les réponses qui lui permettent de s'adapter à son milieu.

Si le béhaviorisme de Watson s'est d'abord diffusé sous la forme d'une méthodologie **(béhaviorisme méthodologique),** il s'est trouvé rapidement en butte à des questions émanant des tenants du mentalisme*, en particulier celle de l'intériorité.

Dans les années 1930 tout d'abord, le **néo-béhaviorisme,** promu principalement par C. L. Hull et E. Tolman, entreprend d'étudier certaines variables intermédiaires* (entre S et R) qui constituent l'organisme, variables cognitives (la carte cognitive*) ou affectives (la motivation*).

Dans un deuxième temps, B. F. Skinner propose une version radicale du béhaviorisme dans laquelle les phénomènes éprouvés par introspection (les « événements privés ») sont considérés comme des comportements comme les autres, c'est-à-dire soumis au même type de déterminismes et accessibles à l'analyse expérimentale. Le béhaviorisme skinnérien radicalise ici principalement le monisme* matérialiste qui a inspiré le mouvement béhavioriste. Devant les attaques répétées du cognitivisme* et de la psychanalyse, Skinner a développé une défense de type philosophique du béhaviorisme, en faisant de celui-ci non plus la science du comportement, mais la philosophie de cette science.

Si le béhaviorisme a fait l'objet de nombreuses critiques (en particulier celle de N. Chomsky), il n'a cessé d'inspirer un nombre croissant de pratiques : pratiques éducatives (enseignement assisté par ordinateur*) ou thérapeutiques (thérapie comportementale*). Les béhavioristes ont en effet élaboré une théorie de la maladie mentale conforme à leur conception de l'individu, en vertu de laquelle, par exemple, une névrose* n'est rien d'autre qu'une somme de comportements désadaptés ; le symptôme* n'est pas le signe* d'un trouble latent, il est la maladie, de même que le comportement n'est pas le signe ou l'expression de structures cognitives ou affectives inobservables : une personne* n'est rien de plus qu'un répertoire de comportements.

F. Parot

Bel → Décibel

β-endorphine → Opioïde endogène

Bénéfice → Coût-bénéfice

Bénéfice de la maladie

L'idée que les névrosés et les psychotiques peuvent avoir des raisons de former, d'entretenir, voire de feindre leurs symptômes* a été énoncée par plusieurs aliénistes du XIXe siècle, mais c'est S. Freud qui a forgé le concept de bénéfice secondaire de la maladie : avantages et satisfactions multiples qu'un sujet peut retirer d'un symptôme, et qu'il découvre une fois que le symptôme est apparu. Les bénéfices secondaires peuvent être conscients, préconscients ou inconscients. Ce phénomène est présent dans l'ensemble des maladies, et non seulement dans les troubles névrotiques* ou psychotiques* réputés psychogènes. Mais, en ce qui concerne ces derniers, les bénéfices secondaires revêtent une importance particulière parce qu'ils contribuent à stabiliser les symptômes et sont à l'origine de résistances* à une éventuelle psychothérapie*.

Par analogie avec la notion de bénéfice secondaire, celle de bénéfice primaire a été forgée pour désigner les satisfactions inconscientes qui sont obtenues par le moyen du symptôme. Dans la perspective freudienne, le symptôme névrotique est, comme le rêve*, la réalisation déguisée d'un désir* inconscient. La notion de bénéfice primaire ne s'applique de ce fait qu'aux troubles considérés comme totalement ou partiellement psychogènes. Les bénéfices primaires de la maladie sont évidemment à l'origine de résistances encore plus puissantes que celles qui visent à préserver les bénéfices secondaires.

J.-M. Petot

Benzodiazépine → Anxiolytique

Besoin

Etat de déficit ou d'écart à l'équilibre homéostatique qui déclenche chez l'organisme des comportements* propres, en aboutissant à l'acte consommatoire*, à combler le déficit, à rétablir l'équilibre. Cette définition, qui renvoie à la notion physiologique d'homéostasie*, convient aux **besoins biologiques primaires** (faim*, soif*, fatigue*, besoin sexuel*) et conduit assez naturellement à voir dans les comportements des instruments de la **réduction du besoin**, notion clé d'une des théories majeures de la motivation*. La satisfaction des besoins primaires ne paraissant pas, chez l'homme particulièrement, permettre de rendre compte de l'ensemble des conduites, on a postulé des **besoins secondaires,** conçus tantôt comme des mécanismes motivationnels moins directement vitaux, mais au service des besoins primaires (besoin d'imitation*, d'affiliation* au groupe, etc.), tantôt comme des motivations greffées par l'expérience à des objets de satisfaction intermédiaires par rapport aux satisfactions primaires ou dérivées d'elles (on parle alors de besoin ou *drive** acquis).

D'autre part, s'écartant d'une explication exclusive des conduites par la réduction du besoin, les théories hédonistes* font une large part à des besoins liés à l'exercice d'une activité* pour elle-même, plutôt qu'à son aboutissement consommatoire : besoin de stimulation (dont le phénomène d'autostimulation intracérébrale* fournirait une démonstration au niveau physiologique), besoin d'exploration*, chez l'homme besoin esthétique, attestant le maintien de conduites non destinées à réduire des déficits biologiques.

La notion de besoin est de celles dont l'utilité réelle parmi les concepts de la psychologie a été longuement débattue. Certaines théories de la personnalité ont invoqué autant de besoins qu'elles définissaient de catégories de conduites à expliquer. H. Murray en 1938 en énumérait une vingtaine (besoins d'agression*, d'accomplissement*, de domination, de compréhension*, de déférence, d'autonomie*, d'ordre, etc.), liste amplement enrichie par d'autres auteurs de l'époque. Cette complaisance a conduit des psychologues antimentalistes, comme B. F. Skinner, à se dispenser du concept, comme représentant, typiquement, la variable intermédiaire* sans statut utile à la recherche d'une explication. Selon eux, l'analyse fonctionnelle des événements ayant valeur de récompenses* ou de renforcements* remplacerait avantageusement la référence aux besoins. Là où des mécanismes internes repérables pourraient être raisonnablement invoqués, leur analyse devrait être laissée aux spécialistes outillés pour la mener, les physiologistes, ou plus largement les neurobiologistes. Les recherches de ceux-ci, toujours étroitement articulées aux analyses comportementales, ont, en effet, permis de repérer les structures nerveuses, notamment hypothalamiques, et les substances chimiques (divers neuropeptides*) intervenant dans les régulations auxquelles renvoie la notion de besoin. Elles ont aussi montré l'étroite intégration entre les facteurs centraux et les facteurs périphériques, les informations en *feed-back** en provenance des viscères concernés par l'acte consommatoire réglant l'intervention des commandes neurophysiologiques et neurochimiques centrales, comme le montre, entre beaucoup d'autres exemples, l'hyperphagie observée chez des animaux dont on a déconnecté les voies de la sensibilité intéroceptive* de l'estomac.

Le terme besoin désigne aussi les états de dépendance*, physiologique et psychologique, qui se développent à la suite de la consommation répétée de substances toxicomanogènes, comme l'alcool, le tabac, les opiacés, divers psychotropes* (V. Assuétude).

M. Richelle

Biais

Facteur de distorsion, introduit, délibérément ou non, à un stade quelconque d'une investigation et qui en invalide les résultats. Le **biais d'échantillonnage*** introduit cette distorsion dès le choix de la population étudiée et fausse la représentativité des données obtenues. Le biais est à l'origine des artéfacts* et des erreurs systématiques. Il peut se trouver dans le chef même de l'observateur*, plutôt que dans les instruments d'observation*, de mesure* ou de traitement des données* qu'il met en œuvre ; le terme est alors synonyme d'équation personnelle*.

Toute tendance systématique se traduisant dans les réponses d'un sujet et les orientant dans un certain sens. Ainsi, dans les attitudes sociales, le biais intervient dans les préjugés*.

Un **biais cognitif** est une tendance que manifeste le sujet dans le traitement qu'il fait de l'information*, de telle sorte que sa performance s'écarte de ce que laisserait attendre une analyse objective, rationnelle, logique des données. Ainsi, dans des situations de pari, le sujet introduit implicitement ses propres pondérations subjectives des chances, et réagit d'une façon qui ne se conforme pas aux probabilités* objectives.

Dans la théorie de la détection du signal*, le biais de réponse (traduction littérale de *response bias*) ou critère de décision* correspond au point de compromis adopté par le sujet entre les chances de détection maximales des signaux et les risques de fausse alarme*. Le biais de réponse est fonction des attitudes caractéristiques du sujet et de son estimation du rapport coût/bénéfice de ses détections*, omissions* et fausses alarmes. *M. Richelle*

Biais motivationnel

Distorsion systématique des modalités d'attribution causale se traduisant par une tendance à attribuer un échec à des causes externes (difficulté de la tâche, hasard) et un succès à des causes internes (compétence ou effort produit). Ce refus ou cette revendication de la responsabilité du résultat sont interprétés comme des tentatives du sujet pour contrôler les situations, préserver son propre sentiment de compétence* en cas d'échec ou le développer en cas de succès. *M. Durand*

Bienveillance → Neutralité

Bifactorielle (Théorie —)

Modèle des déterminants de la motivation* au travail développé par F. Herzberg, selon lequel tout individu cherche à satisfaire dans le travail deux séries de besoins nommés hygiène et motivateurs. Les facteurs d'hygiène concernent les besoins fondamentaux, les conditions de travail, le salaire et les relations entre collègues. Les facteurs motivateurs concernent les besoins de haut niveau, ceux qui sont associés avec le désir de se réaliser. F. Herzberg défend l'idée que la satisfaction des besoins d'hygiène ne crée pas de motivation de sorte que la motivation ne peut venir que des modifications du contenu des tâches, destinées à accroître les responsabilités et l'autonomie. La théorie bifactorielle n'a pas été confirmée par les nombreuses recherches empiriques qu'elle a suscitées mais elle a largement contribué au développement des actions d'enrichissement des tâches*. *C. Lévy-Leboyer*

Bilan de personnalité

Synthèse effectuée par le psychologue au terme d'un examen approfondi d'un sujet. L'examen comprend un entretien* clinique, l'observation du comportement, des tests* d'aptitude et de personnalité. Cette synthèse est rédigée. La déontologie requiert qu'un compte rendu oral en soit communiqué au sujet.

Le bilan peut comporter l'établissement d'un profil* psychologique (expression due à G. Rossolimo en 1912). Les résultats des tests, traduits en notations unifiées (par ex., les centiles), sont représentés sur un graphique : les valeurs, disposées verticalement, sont réunies par un trait continu, dessinant une silhouette comparable à un profil. *D. Anzieu*

Bilatéralité

Organisation symétrique gauche-droite d'une structure anatomique (par ex. : les hémisphères cérébraux, les membres supérieurs, les mains, etc.). Organisation des conduites perceptives ou motrices mettant en œuvre des structures anatomophysiologiques bilatérales. On spécifiera généralement : binoculaire*, binaural*, bimanuel.

La bilatéralité est dite symétrique lorsque les deux côtés interviennent de façon équivalente, comme c'est le cas dans les gestes de la brasse, ou dans les syncinésies* observées chez le jeune enfant ; asymétrique lorsque les deux côtés interviennent différemment dans une coordination, comme c'est le cas dans la plupart des activités bimanuelles, du geste du forgeron à celui du violoniste.

Le terme est parfois employé, comme synonyme d'ambidextrie*, à propos de sujets non franchement latéralisés, et capables d'utiliser indifféremment l'une ou l'autre main pour accomplir une action quelconque (V. Latéralisation, Latéralité). *M. Richelle*

Bilinguisme

Le bilinguisme désigne la capacité d'un individu ou d'une communauté à utiliser couramment deux langues différentes. Le bilinguisme est un cas particulier de plurilinguisme*. Il existe de nombreuses situations de bilinguisme selon les types de communication*, selon les contextes psychologique, sociologique, historique et politique. A la suite de J. Fishman, on oppose le bilinguisme à la diglossie*, le premier terme désignant l'usage indistinct de l'une et de l'autre langues ainsi que les aspects individuels et les conséquences d'une situation de contacts linguistiques : le bilinguisme relèverait donc de la psycholinguistique*. *D. Peraya*

Bimodal

Se dit de toute distribution* qui admet deux modes*.

Alors que beaucoup de phénomènes naturels obéissent à une répartition unimodale, il arrive qu'ils se présentent selon une courbe bimodale. Celle-ci peut, en psychologie, suggérer une typologie dichotomique, ou laisser soupçonner un biais d'échantillonnage*, l'échantillon comprenant en fait deux populations distinctes.

A. El Ahmadi

Binaural

Qui caractérise l'audition des deux oreilles simultanément sollicitées, soit de manière identique (écoute **diotique**), soit de manière différente (écoute dichotique*). L'audition binaurale (ou **binauriculaire**) est souvent sensiblement meilleure que l'audition monaurale : les seuils absolu* et différentiel* sont sensiblement meilleurs de quelques décibels*. Par ailleurs, elle intervient dans les phénomènes de localisation* auditive et dans l'impression de relief sonore (stéréophonie). *R. Génicot*

Binauriculaire → Binaural

Binoculaire (Vision —)

Vision des deux yeux avec fusion* des deux images grâce à la convergence oculaire. Cette vision permet la vision stéréoscopique* en relief grâce aux différences de parallaxe (stéréoscopie). La sensibilité* en vision binoculaire est très légèrement meilleure que la sensibilité en vision monoculaire. La vision binoculaire devient impossible quand les images rétiniennes sont très différentes (disparité* visuelle) et donc rivales, soit parce que l'objet vu est situé en dehors des capacités de convergence, soit par un strabisme, soit artificiellement à l'aide d'appareils, comme le stéréoscope, équipés d'images très dissemblables. Dans le cas dit d'antagonisme rétinien ou de rivalité* rétinienne, l'image formée sur un ou deux yeux peut être mentalement supprimée, l'image conservée étant préférentiellement celle formée dans l'œil dominant. Il s'agit alors d'amblyopie fonctionnelle. *R. Génicot*

Bioénergie

La bioénergie est une méthode de thérapie corporelle qui développe les conceptions élaborées à partir de 1933 par le psychanalyste autrichien W. Reich, notamment celle de cuirasse musculaire et caractérielle de l'individu. Elle a été mise au point à Esalen en Californie par A. Lowen en 1972. Elle propose un travail sur les tensions musculaires, les postures*, la respiration. La lecture du corps que fait le bioénergéticien le conduit à proposer à chacun des exercices spécifiques permettant d'explorer les situations ayant provoqué et maintenu les blocages, de dissoudre progressivement la « cuirasse » et de découvrir ou redécouvrir les circuits profonds et naturels de son énergie vitale. *D. Anzieu*

Bioénergie → Ressource physique

Bio-*feed-back*

Correspond à l'ensemble des méthodes thérapeutiques et d'exploration qui permettent de fournir au sujet un retour d'information concernant les modifications spontanées ou provoquées de tel ou tel paramètre physiologique et d'en réaliser un renforcement* par conditionnement* opérant.

Ont pu être utilisés comme renforcements divers paramètres : le rythme cardiaque, la pression artérielle, l'activité électrique cérébrale (rythme alpha), la température, l'activité électromyographique ou l'activité électrodermale (cette dernière a pu être utilisée comme contrôle de la relaxation).

J.-F. Allilaire

Biogénétique (Loi —)

Appelée aussi **loi de récapitulation**. Enoncée explicitement par E. Haeckel en 1866, elle postule que le développement des organes au cours de l'embryogenèse passerait par des étapes correspondant aux phases finales de développement d'organismes inférieurs dans l'échelle phylogénétique : l'ontogenèse récapitulerait la phylogenèse. Cette loi se généralise rapidement dans les sciences humaines : W. Preyer et S. Hall l'appliquent à la psychologie de l'enfant, tandis que J. Piaget en transpose la valeur heuristique générale : les mécanismes de passage d'une période à l'autre dans l'histoire d'une notion seraient l'analogue du passage d'un stade génétique à l'autre ; pour lui, les constructions les plus primitives sont intégrées aux plus élevées : cette continuité entre la vie « créatrice de formes » et la connaissance acquise par les « formes intellectuelles » confirme la solidarité de la morphogenèse phylogénétique, du développement embryonnaire et de l'intelligence. La loi biogénétique a aussi joué un rôle important, mais de nos jours jugé abusif, dans les vues de S. Freud en matière de psychopathologie et d'anthropologie. *E. Jalley et P. Mengal*

Bio-information → Ressource physique

Biologie

Science du vivant, la biologie englobe aujourd'hui un vaste ensemble de disciplines qui concourent à la connaissance des divers aspects de la matière vivante et des manifestations de la vie. Amorcée par les anciens, elle a porté ses efforts (avant même que le terme biologie fût introduit à l'aube du XIXe siècle) sur la classification des êtres vivants et sur l'exploration de ses structures et de ses modes de fonctionnement, exploration souvent menée dans une perspective médicale. Dotée, avec C. Darwin, d'un outil théorique d'une exceptionnelle fécondité, elle a poussé son enquête sur les origines et l'évolution* du vivant, puis pénétré son organisation, en deçà de la structure cellulaire constituant l'unité de base, au niveau moléculaire et, au-delà, au niveau des organismes complexes et de leur intégration dans la biosphère*. De la génétique moléculaire à l'écoéthologie*, de l'immunologie à la neurobiologie*, la biologie fournit à la pensée et à la vie contemporaines des modèles descriptifs et explicatifs aussi neufs que divers et des instruments d'action sans précédents. Elle soulève aussi des interrogations éthiques inédites quant au rôle de l'homme dans la gestion de son environnement* et le contrôle de sa propre espèce (génie génétique, par ex.).

Face à l'essor de la biologie moderne, la psychologie peut moins que jamais ignorer que les comportements*, dont elle s'est fait une spécialité, ressortissent aux mécanismes adaptatifs propres aux êtres vivants. Les vues diffèrent cependant dès qu'il s'agit de situer la psychologie par rapport aux sciences de la vie. Certains l'y inscrivent sans réserve, refusant de voir dans les caractéristiques propres à l'espèce humaine, y compris l'évolution historique et culturelle, une rupture radicale dans l'aventure de la vie. Leur position n'est pas nécessairement, comme on l'en accuse souvent, réductionniste*, non plus qu'elle ne nie la singularité individuelle : en effet, les théories biologiques actuelles prennent en compte les niveaux complexes d'intégration des organismes et des populations, et fournissent, dans la génétique et l'immunologie, les démonstrations les plus convaincantes du caractère unique de l'individu. Néanmoins, d'autres psychologues affirment l'autonomie de leur discipline par rapport à la biologie, soit qu'ils insistent sur une distinction radicale de nature entre évolution biologique et évolution culturelle ou histoire, celle-ci constituant en quelque sorte une libération par rapport à celle-là, soit qu'ils fassent choix de s'intéresser aux seuls processus mentaux sans se soucier de leur articulation aux structures biologiques en dehors desquelles ils n'existent pas. On peut s'interroger sur le bien-fondé épistémologique de cette seconde position, sous ses deux formes, et sur ses conséquences dans la pratique de la psychologie.

Il reste que le développement de multiples disciplines frontières, dont les contours eux-mêmes se redessinent sans cesse au gré de l'évolution des savoirs, telles la psychophysiologie*, la psychobiologie*, la psychopharmacologie*, la neuropsychoimmunologie*, la neuropsycho-endocrinologie*, etc., atteste les liens étroits entre les sciences du comportement et les (autres) sciences de la vie. *M. Le Moal et M. Richelle*

Biologique

Qui relève de la biologie*, qui appartient au domaine du vivant.

Dans le cadre des sciences psychologiques, le terme mérite une analyse sémantique par rapport aux termes auxquels il est associé ou opposé. Opposé à psychique* ou psychologique, biologique renvoie à l'organique, au sens strict, par opposition au mental*, ou à ce qui relève de l'interaction fonctionnelle avec l'environnement*. La distinction peut être de simple commodité, sans impliquer que l'on veuille soustraire le psychique ou le comportemental au biologique ; elle peut au contraire traduire cette intention épistémologique.

Opposé à culturel, biologique renvoie à tout ce qui, dans le monde vivant, peut se décrire et s'expliquer dans le cadre de l'évolution* biologique, par opposition à ce qui relève de la transmission culturelle des acquis. Ici aussi, la distinction engage plus ou moins, selon les cas, une conception continue ou discontinue, homogène ou hétérogène, des deux formes d'évolution.

Facteurs* biologiques, opposés à facteurs de milieu, renvoient, d'une manière souvent ambiguë, soit aux déterminants généti-

puie sur la mise en mémoire* d'une information* relative à l'organisation spatiale de l'environnement.

Par ces deux traits, la notion de carte cognitive préfigurait deux axes importants du cognitivisme*, à savoir l'intérêt pour les mécanismes mentaux et la place accordée au repérage des régularités du milieu dans l'élaboration des connaissances. Par extension, l'expression carte cognitive est souvent appliquée à toute représentation dérivée des prises d'information faites par le sujet sur son milieu et propres à guider ensuite ses conduites, qu'il s'agisse d'orientation* dans l'espace ou de solution de problèmes* quelconques.

Bien que, tant pour Tolman que pour la plupart des cognitivistes contemporains, la carte cognitive soit tenue pour une entité inférée de nature strictement psychologique, les psychophysiologistes, dans le sillage de J. O'Keefe, ont cherché, notamment au niveau de l'hippocampe, le support cérébral de la carte cognitive. *M. Richelle*

Cas

Pour la grammaire des cas, le verbe est l'élément central de la proposition* ; un ensemble de syntagmes* nominaux lui est rattaché par des relations que l'on qualifie de « cas » : agent, instrument, patient, objet, résultat, etc. Les règles* grammaticales ont pour fonction de dériver, à partir de cette relation prédicative profonde, les énoncés de surface possibles (niveau de la prise en charge énonciative et de l'attribution de valeurs référentielles aux unités). Ainsi *« Je débouche la bouteille avec les dents »* se décompose en un pivot *« déboucher »* (prédicat*) entouré des arguments* *« je »* (agent) + *« bouteille »* (objet) + *« dents »* (instrument). A ce niveau, *« je »* n'a encore ni valeur énonciative (V. Enonciation) ni valeur référentielle (V. Référence), c'est simplement un indice de personne marqué comme agent. *J.-M. Adam*

Cas-limite

Depuis V. W. Eisenstein en 1949, on parle en français de cas-limites ou d'états-limites* pour traduire l'expression anglaise *borderline*. La préférence pour « cas-limite » souligne qu'on propose une hypothèse sur l'organisation psychique d'un sujet singulier plutôt qu'une simple description d'états actuels semblables à d'autres : la situation du patient n'est pas seulement intermédiaire entre psychose* et névrose*, il s'agit d'une maladie du narcissisme*, dont le risque majeur est la dépression*. *R. Doron*

Casse → Fantasme de casse

Castration

Le complexe et l'angoisse de castration ont été progressivement reconnus par S. Freud comme universels, liés au stade phallique* du développement libidinal et à l'organisation œdipienne*. Il rend compte de nombreux symptômes (comme les phobies* du petit Hans), de nombreuses formes d'angoisse ainsi que du complexe d'infériorité, du tabou de la virginité, de l'envie du pénis*.

Dans les deux sexes, lors de l'organisation génitale infantile, selon S. Freud en 1923, la question posée est d'avoir ou non le pénis, partie essentielle de l'image du moi* et enjeu symbolique fondamental des échanges interhumains comme échanges sexuels. La théorie sexuelle infantile rend compte de la différence des sexes par l'alternative phallique ou châtrée. Chez le garçon, le fantasme* de castration est en rapport avec l'interdit paternel des désirs sexuels pour la mère et détermine le renoncement œdipien, la constitution du surmoi* et l'entrée dans la période de latence*. Chez la fille, il tend à la détourner de la mère pour déterminer l'engagement dans l'organisation œdipienne*. Il ne s'agit plus de la peur du retranchement traumatique du pénis, mais d'un sentiment de préjudice subi qu'elle cherche à nier, compenser ou réparer.

L'angoisse de castration a des précurseurs dans les expériences antérieures de séparation* (naissance, sevrage, perte de l'objet anal*). Le complexe de castration a des modalités particulières dans les diverses organisations psychopathologiques : notamment dans les névroses* et les perversions* (le fétichisme*, l'homosexualité*). Dans la théorie psychanalytique, son importance structurale a été établie de plus en plus nettement par S. Freud et après S. Freud. La forme spécifique de l'angoisse de castration féminine serait, selon M. Klein, celle de la destruction des organes internes comme retaliation des attaques fantasmatiques primaires contre le corps de la mère. *B. Brusset*

CAT (Children Aperception Test)

Conçu par L. Bellak en 1968, le CAT est une épreuve projective* thématique destinée aux enfants de 3 à 8 ans. Il comporte 10 planches, représentant divers animaux dans des situations spécifiques. La consigne est : « Je vais te montrer des images et tu vas inventer des histoires à partir de ces images. Tu regardes chaque image et tu me racontes l'histoire. » Comme pour toute épreuve projective, le matériel du CAT peut être analysé dans son contenu manifeste (on s'attache par ex. à décrire les éléments perçus le plus fréquemment). Il peut être aussi analysé dans ses sollicitations latentes (on dégage, pour chaque planche, les conflits et les fantasmes susceptibles d'être réactivés). Le matériel du CAT suscite l'émergence de problématiques identitaires et relationnelles fondamentales : relations aux *imagos** parentales, type de relation d'objet, problématiques de perte d'objet ou œdipienne. La technique de dépouillement consiste à étudier les récits fournis par l'enfant, en décryptant les procédés mis en œuvre dans le déroulement de l'histoire et en interprétant la problématique abordée en référence au contenu latent de chaque planche. Il s'agit ensuite d'élaborer une synthèse permettant de saisir, dans une perspective dynamique, les modalités de fonctionnement psychique de l'enfant testé (qualité du rapport au réel, existence d'un espace psychique propre, processus d'individuation et de différenciation, organisation défensive actuelle, registres conflictuels prévalents). *C. Chabert*

Catamnèse

A la différence de l'anamnèse*, qui porte sur le passé d'un être qu'on va observer ou aider, la catamnèse réunit une documentation sur la vie d'un sujet ou d'un patient, lorsqu'on veut apprécier son développement à partir d'un certain moment, ou à la suite d'une intervention motivée par une consultation. C'est ainsi qu'on a pu étudier l'avenir de l'enfant de 6 ans ou la vie affective de l'adolescent inadapté.

R. Doron

Cataplexie

Dissolution brutale du tonus* musculaire avec inhibition complète de la motilité volontaire, responsable de chutes, sans trouble de conscience. Evolue par accès durant de quelques secondes à deux à trois minutes, accès souvent déclenchés par une émotion, le rire en particulier. Associée en alternance avec la narcolepsie* au cours du syndrome de Gélineau. *J.-L. Signoret*

Catastrophe

Ce terme du langage courant désigne un bouleversement soudain de l'ordre des choses jusqu'alors perçu comme continu et contenu. Des émotions* et des sentiments divers (angoisse, soulagement, panique, culpabilité, triomphe, sidération) accompagnent ce changement. La théorie mathématique des catastrophes de R. Thom a pour objet la morphologie des discontinuités qui surviennent dans les processus de changement d'état des systèmes vivants ou non vivants. L'analyse des systèmes familiaux, de leur pathologie et des processus de la thérapie familiale systémique* a mis à l'épreuve ces modèles. Le psychanalyste anglais W. R. Bion a désigné par changement et angoisse catastrophiques une conjonction constante de faits qui apparaissent dans la relation contenant-contenu lors de tout processus de transformation et de croissance qui confronte un individu ou un groupe à ce qui le constitue. Trois éléments caractérisent le changement catastrophique : la violence faite à la structure du champ est l'expression de la force disruptive de l'idée nouvelle ; l'invariance est ce qui permet de reconnaître dans la nouvelle structure des aspects inaltérés de la précédente ; la subversion du système traduit la transformation de la structure. Bion décrit les réactions défensives face au changement catastrophique ; expulsion, divinisation, dogmatisation de l'idée nouvelle. *R. Kaës*

Catatonie

Syndrome psychomoteur* qui touche principalement l'activité motrice volontaire. Se traduit typiquement par une attitude figée et raide, accompagnée d'un refus actif de mobilisation volontaire ou induite par l'examen.

Associe à des degrés divers deux aspects qui pourront alterner :

1. le négativisme : il s'exprime par une opposition à toute sollicitation, avec une contracture musculaire proportionnelle à l'intensité de la mobilisation tandis que le patient figé et amimique paraît indifférent voire étranger aux consignes données. A un degré moindre, c'est un évitement actif du contact tant physique que relationnel ;
2. la passivité : est au contraire un état d'inertie motrice pouvant aller jusqu'à la « flexibilité cireuse » sans initiative motrice, associé à une obéissance automatique aux injonctions en rapport avec une suggestibilité anormale confinant à l'échopraxie*, l'échomimie ou l'écholalie*. La description initiale concerne une forme clinique de

trouble psychotique où prédomine le syndrome dissociatif dans la sphère de la psychomotricité, avec inertie, maniérisme, stéréotypies motrices et négativisme.

Des accès de fureur catatonique peuvent survenir sous la forme de décharges motrices brutales et d'une violence incontrôlable. Son pronostic est souvent très sombre. Signalons enfin qu'un syndrome catatonique peut être secondaire à une affection organique (infectieuse, neurologique ou toxique), ce qui souligne sa dimension syndromique, observable dans des tableaux nosologiques divers. *J.-F. Allilaire*

Catégorie

L'usage du mot catégorie en psychologie scientifique moderne ne fait plus guère référence à ses acceptions philosophiques classiques, prédicats (ou qualités que l'on peut attribuer à un sujet) d'Aristote, ou, chez E. Kant, concepts fondamentaux de l'entendement. Il y est généralement pris dans un sens voisin de classe*, et, même dans des contextes non strictement linguistiques, avec des significations difficiles à distinguer de **catégorie sémantique*.** Dans l'étude de la formation et de l'apprentissage* des concepts* et de l'organisation des données en mémoire, la question cruciale qui se pose à la psychologie cognitive est de repérer les lois de la constitution des catégories (ou catégorisation*) dans les représentations* du sujet.

En psychophysique, une **échelle de catégories** est une échelle de sensation* construite à partir de la répartition, effectuée par le sujet, des différents stimulus présentés dans une série préétablie de catégories.

M. Richelle

Catégorie grammaticale

Ce que désigne cette expression est connu depuis longtemps, au-delà des recouvrements terminologiques, sous les vocables de « parties du discours* » ou « classes de mots ». Le problème essentiel, qui met d'ailleurs en jeu les termes déjà cités, est celui des critères de définition qui doivent permettre la constitution de ces ensembles ou catégories dont les membres partagent des propriétés communes.

La tradition grecque, latine, médiévale et classique a fini par léguer, pour ce qui concerne la langue française et à travers de nombreuses discussions théoriques, la liste suivante de parties du discours : noms, pronoms, verbes, adjectifs, déterminants (articles), adverbes, prépositions, conjonctions, interjections. Mais les linguistiques modernes ont aussi mis en évidence d'une part que les morphèmes* qui indiquent le temps*, la personne, le genre et le nombre étaient à ranger sous l'espèce des catégories grammaticales et d'autre part que pouvaient être définies ainsi les unités de dimension plus large que le mot et de rang plus élevé dans la hiérarchie des constituants de la phrase*, à savoir le syntagme* nominal et le syntagme verbal. Le distributionnalisme* a insisté sur les critères de substituabilité, de co-occurrence, d'intégration dans une unité supérieure après la mise en évidence, dans d'autres écoles, des propriétés morphologiques (le verbe se conjugue), sémantiques* (le verbe désigne l'action), logiques (le verbe signifie la prédication).

La difficulté à définir la notion de mot*, le rapport variable entre une forme linguistique et son appartenance à une classe (*« jeune »* est-il passé de la catégorie adjectif à la catégorie adverbe dans *« habillez-vous jeune »* ?), la labilité des définitions sémantiques rendent aléatoires les classifications en catégories grammaticales alors même qu'il s'agit là du fondement de la démarche des grammaires*. Ajoutons, entre mille problèmes, que l'irruption, dans la linguistique contemporaine, des problématiques énonciatives et textuelles change l'optique d'appréhension des catégories grammaticales si l'on songe que les déictiques*, les anaphoriques*, les connecteurs* regroupent des « parties du discours » variées et hétérogènes. *J.-L. Chiss*

Catégorie sémantique

Ensemble d'unités linguistiques* entre lesquelles a été établi un rapport de sens* ou de signification*. Les catégories sémantiques ont été étudiées dans deux perspectives. Selon l'approche classique, ces catégories* sont clairement définies par un ensemble de traits distinctifs* spécifiques. De plus, tous les membres de la catégorie sont également représentatifs. Selon l'approche naturaliste (ou probabiliste), les catégories naturelles sont structurées, et les différents membres de la catégorie sont plus ou moins typiques (V. Typicalité). En outre, les « frontières » entre catégories sont incertaines. L'appartenance à une catégorie n'est pas décidée en fonction de critères distinctifs mais en fonction de la ressemblance (on parle aussi d'« air de famille » en référence à la critique de la théorie classique formulée par L. Wittgenstein) par rapport aux membres typiques de la catégorie ou du prototype*.

Les descriptions de l'organisation des catégories sémantiques sont généralement assez grossières. On dira, par exemple, que la catégorie des meubles se subdivise en fauteuils, chaises, canapés, etc., et que celle des chaises se subdivise en chaise de cuisine, chaise de bureau, etc. Selon E. Rosch, le niveau de catégorisation* correspondant à « chaise » est optimal dans le sens où il se situe entre une trop grande généralité et une trop grande précision. Ce niveau de catégorisation est appelé « niveau de base », les niveaux plus généraux sont dits « superordonnés », et les niveaux plus particuliers sont dits « subordonnés ». La catégorisation au niveau de base semble intervenir dans un grand nombre de tâches* cognitives (acquisition* du langage*, dénomination*, reconnaissance* de formes, etc.). *H. Abdi*

Catégorie socioprofessionnelle
→ Classe sociale

Catégoriel

Qui se rapporte aux catégories*. Se dit des concepts*, syllogismes, scripts*, etc., qui renvoient à des catégories ou classes* (plutôt qu'à des relations, des épisodes, etc.). Se dit aussi, à la suite de K. Goldstein, d'une pensée ou d'une attitude portée à dégager les aspects essentiels d'une situation, à les en abstraire pour les ranger dans des catégories générales.

L'expression **perception catégorielle** désigne la capacité du sujet humain à assigner les stimulus acoustiques constitutifs de la langue naturelle à des catégories phonologiques en dépit des nombreuses variantes du matériau sonore. Cette capacité a été particulièrement étudiée pour ce qui concerne les catégories sourdes/sonores. L'observation de performances comparables chez certaines espèces animales laisse cependant ouverte la question de savoir si cette capacité est strictement linguistique et humaine, ou si elle n'est que l'exploitation dans notre espèce de propriétés beaucoup plus primitives de l'appareil acoustique. *M. Richelle*

Catégorisation

Action* ou opération* mentale*, explicite ou implicite, consistant à organiser des données perceptives, lexicales, etc. **(collections)** en catégories* ou classes* définies par certains critères. Insertion d'éléments dans des catégories ainsi formées. La catégorisation est déjà présente dans les activités* perceptives chez l'animal, capable de traiter comme appartenant à une même catégorie des stimulus partageant un critère commun en dépit des différences qu'ils présentent par ailleurs (ainsi, des catégories quasi conceptuelles d'« arbre » ou d'« eau » ont été mises en évidence chez le pigeon). La catégorisation perceptive peut apparaître comme le fondement de la formation des concepts*. Elle est sans doute, chez l'homme, influencée en retour par les catégorisations sémantiques*.

D'autre part, l'étude de l'organisation des informations stockées en mémoire et de l'organisation du lexique chez le sujet parlant a démontré la place essentielle qu'y joue la catégorisation, condition à la fois de l'ampleur des données stockables et de l'efficacité des processus de récupération*. Mais l'architecture du système de catégorisation propre au sujet ne correspond pas nécessairement à celle que suggère l'analyse formelle des données ; la catégorisation psychologique des concepts semble relever plus des ensembles flous ou des prototypes* que des classes rigoureusement définies. *M. Richelle*

Catégorisation sociale

On doit à H. Tajfel et à l'Ecole de Bristol d'avoir montré que les processus de catégorisation observés avec des stimulus physiques (par ex., des lignes) pouvaient rendre compte de certains aspects de la perception* et de la cognition sociales* : l'individu ordonne les ensembles sociaux en catégories (le plus souvent des groupes) entre lesquelles il accentuerait les différences et à l'intérieur desquelles il soulignerait les ressemblances. Ce processus de catégorisation, qui peut apparaître en situation expérimentale sur des critères minimaux, est l'un des processus qui sous-tend les relations intergroupes. L'appartenance à une catégorie peut conduire le sujet à définir son identité sociale* à partir des attributs impliqués par cette appartenance catégorielle, appartenance qu'il s'attache alors à rendre la plus positive possible, au besoin en favorisant dans ses jugements et ses comportements* l'intragroupe* et en stigmatisant le ou les hors-groupes* (favoritisme pour l'intragroupe, discrimination à l'égard des hors-groupes). *Ersoc*

Catharsis

La catharsis, ou **méthode cathartique,** est selon J. Breuer et S. Freud en 1895 l'abréaction* d'un affect* non déchargé, c'est-à-dire qui n'a pas été en son temps supprimé par une réaction adéquate, telle que « se soulager par les larmes », « décharger sa colère » et qui de ce fait perdure dans l'inconscient*. C'est en 1882, au cours de la cure de B. Pappenheim (Anna O.), que J. Breuer et sa malade ont découvert ensemble que certains symptômes étaient la conséquence de la non-décharge d'un affect au cours d'un événement antérieur et qu'ils pouvaient être supprimés par la remémoration sous hypnose* de l'événement traumatique* et par l'abréaction consécutive des affects correspondants. On retrouve des effets cathartiques dans le psychodrame* et dans différentes formes de psychothérapie*.

J.-M. Petot

Cauchemar

Rêve* accompagné d'une forte charge affective d'angoisse* ou d'effroi, et qui provoque souvent le réveil. Le cauchemar paraît contredire les deux principes fondamentaux de la théorie psychanalytique du rêve : le rêve est le gardien du sommeil*, le rêve est la réalisation d'un désir. Mais si le cauchemar provoque de l'angoisse, c'est parce qu'il représente, sous forme déguisée, la réalisation de désirs inconscients refoulés* : c'est la censure* qui provoque le développement d'angoisse fonctionnant comme un signal et qui substitue *in extremis* l'angoisse au plaisir. Quant au réveil, il n'est pas contradictoire avec la fonction de protection du sommeil : S. Freud s'en explique en faisant valoir que dans une cité le veilleur de nuit, qui a charge d'assurer la tranquillité des habitants, ne peut leur assurer un sommeil paisible que parce qu'il est en mesure de les réveiller en cas de danger.

J.-M. Petot

Causalité

Relation entre une cause* et l'effet qu'elle produit. Le problème du statut de la causalité est au centre du débat sur le déterminisme*. La démarche scientifique vise à mettre en évidence des relations de causalité. Mais l'idée que l'on s'est faite de ces relations a évolué à travers l'histoire de la science. A la notion de causalité simple, où chaque cause a un effet et chaque effet sa cause, s'est substituée l'idée de causalité multiple, dans laquelle plusieurs causes, diversement pondérées, entrent en interaction. A la limite, il n'est plus possible de repérer l'action de chaque cause prise indépendamment des autres, et la relation de causalité ne se laisse plus exprimer qu'en termes probabilistes. Enfin, les concepts issus de la cybernétique* ont introduit la notion de causalité rétroactive*, ou *feed-back**, où l'effet produit rétroagit sur sa cause. La psychologie scientifique a fait siennes ces élaborations de la notion de causalité. La nature même des phénomènes étudiés en psychologie impose la notion de causalité multiple (avec, comme corollaire, la mise en œuvre d'outils statistiques appropriés) et celle de *feed-back,* essentielle dans la compréhension du vivant.

Par ailleurs, la psychologie connaît ses propres problèmes de causalité :
1. l'idée que les conduites humaines puissent être déterminées par des causes, plutôt que de découler de la liberté* du sujet, perpétue parmi les psychologues un débat hérité de la philosophie, et dont l'enjeu est l'existence même d'une psychologie scientifique ;
2. le fait que beaucoup d'actions*, tant des animaux que des humains, apparaissent finalisées, orientées vers un but*, fournit argument à une conception qui laisse une large place, dans la causalité des conduites, à la volonté*, à l'intentionnalité* ;
3. non sans lien avec les problèmes précédents, un débat parcourt toute l'histoire de la psychologie quant à la part à accorder, dans la causalité des comportements, aux facteurs externes (environnement*) et internes (besoins*, prédispositions*, etc.), aux facteurs d'apprentissage* et aux facteurs innés*, aux facteurs biologiques et aux facteurs culturels ;
4. le statut causal des entités mentales, telles que les représentations*, qui ont acquis une place essentielle dans la psychologie cognitive, n'a reçu jusqu'ici aucune élucidation satisfaisante.

Causalité perceptive (ou **perception de la causalité**) : phénomène perceptif étudié par A. Michotte : si un mobile arrive au contact d'un objet, et que ce dernier se mette à ce moment-là en mouvement, le sujet qui observe perçoit, de façon très contraignante, un rapport de causalité entre le mouvement du premier et celui du second, « entraîné » ou « poussé » par lui (V. Entraînement). Le phénomène peut être mis en évidence, comme l'a fait Michotte, en présentant au sujet, sur un plan, de simples figures géométriques (carrés colorés) se déplaçant dans des rapports spatiaux et temporels convenables. Michotte a suggéré que cette causalité perceptive pourrait être à l'origine de la notion de causalité, mais on peut objecter qu'elle pourrait au contraire dériver de notre appréhension intuitive des relations causales dans notre expérience du monde physique. *M. Richelle*

Cécité

Désigne la privation de vision*. Cette privation peut être la conséquence d'une atteinte de l'œil ou du nerf optique : on parle alors de cécité périphérique. Elle peut être la conséquence d'une atteinte bilatérale des aires occipitales striées, lieu de projection des informations visuelles : on parle alors de cécité corticale, ou occipitale, ou centrale ; il n'est pas rare qu'une telle cécité s'accompagne d'anosognosie*. La non-reconnaissance des objets par la vue alors que les voies sensorielles sont fonctionnellement pertinentes a été initialement qualifiée de cécité psychique (équivalent d'agnosie* visuelle) ; de la même façon la non-reconnaissance des mots et des lettres a été dénommée cécité verbale (équivalent d'alexie*). *J.-L. Signoret*

Cécité verbale → Alexie

Cénesthésie

Depuis Aristote, le rapport au sens fait de la cénesthésie une donnée subjective ancrée dans les impressions corporelles. Sorte de conscience corporelle, elle a, par sa définition, des rapports étroits avec la neurologie qui décrit l'ensemble des afférences venues du corps dont elle serait l'espace de synthèse. Cependant, comme donnée purement subjective, elle est aussi un lieu de projection* d'impressions corporelles pouvant intégrer l'imaginaire du corps.

Elle a pu, par extension, qualifier la conscience* de soi, une et indivisible. C'est pourquoi la dépersonnalisation a pu être considérée comme un trouble cénesthésique. *M.-C. Hardy-Bayle*

Cénesthopathie

S'applique en général à des phénomènes de sensibilité exacerbée des sensations corporelles sans support lésionnel organique. On peut cependant observer des cénesthopathies venant accroître des sensations d'origine organique.

Le terme a été créé par E. Dupré pour désigner une hallucinose* de la cénesthésie* qui associe la perception du trouble organique avec la critique par le sujet même de cette perception ; elle ne fait l'objet d'aucune interprétation délirante mais s'accompagne de signes anxieux.

S'oppose aux paresthésies qui ont par définition une base neurologique objectivable. S'observe au cours de différents tableaux psychopathologiques, en particulier les troubles anxieux*, les dépressions* masquées et l'hypocondrie*. Mais elle peut aussi se voir au cours des troubles délirants schizophréniques ou persistants. Elle atteint son intensité maximale dans le syndrome de J. Cotard*. *J.-F. Allilaire*

Censure

Fonction d'interdiction de la conscience* morale vis-à-vis des désirs inconscients, décrits par S. Freud à l'origine des déformations du rêve* et du refoulement*. Dans un discours articulé, les passages inacceptables pour l'instance d'auto-observation (le surmoi* dans la deuxième topique* freudienne) sont supprimés par des blancs ou altérés pour être cachés. Cette défense s'exerce entre inconscient et préconscient (se confondant avec le refoulement), et entre préconscient et conscient. C'est dans ce dernier sens que ce terme est maintenant utilisé. *B. Brusset*

Centilage → Étalonnage

Centile → Quantile

Central (Système nerveux —) → Système nerveux

Centralité

Attribut d'une position centrale (opposé à périphérique). Il peut s'agir de la position d'une personne dans un dispositif, par exemple dans un organigramme, ou dans un réseau de communication où la centralité renvoie à la possibilité non partagée d'échanges avec l'ensemble des membres du collectif considéré. Il peut s'agir également, dans la tradition de la théorie de la forme*, de la position d'un concept, ou d'une région, dans un espace cognitif* ou dans la représentation* (même scientifique) d'un objet. Certains traits, par exemple, peuvent apparaître comme plus centraux que d'autres dans la perception globale qu'on a d'une personne, et ainsi davantage affecter cette perception. *Ersoc*

Pour la théorie structurale des représentations sociales, les éléments du noyau central sont ceux qui donnent le sens de la représentation, définissent son organisation et garantissent sa pérennité. *Ersoc*

Par ailleurs, pour une distribution* numérique on définit des caractéristiques de centralité ; elles correspondent à une modalité qui est, intuitivement parlant, aussi peu extrême que possible d'un côté ou de l'autre ; on parle aussi de valeur centrale du protocole* (ou de la distribution).

Une valeur centrale, pour une échelle*, doit au moins posséder la propriété d'intermédiarité, c'est-à-dire qu'elle doit être comprise entre les échelons observés extrêmes de la distribution ; en particulier, pour un protocole constant, ou une distribution ponctuelle, la valeur centrale coïncidera avec la modalité observée unique de la distribution. Les caractéristiques de centralité les plus répandues sont la **médiane** et la **moyenne**. La médiane est la valeur, si elle existe, de la distribution telle qu'on ait autant d'observations de part et d'autre.

La moyenne est égale à la somme des observations divisée par leur nombre. La spécificité de la moyenne en tant que valeur centrale apparaît avec les deux caractérisations suivantes exprimées d'un point de vue géométrique :

1. la valeur moyenne est le point moyen (ou barycentre) de la distribution tel que la somme des écarts à ce point est nulle. C'est la caractérisation barycentrique de la moyenne ;
2. la valeur moyenne est le point pour lequel la somme des carrés des distances aux observations est minimale. Le point moyen est le point des moindres carrés*. C'est la caractérisation métrique de la moyenne. *P. Bonnet et H. Rouanet*

Centration

Orientation* focalisée du regard sur un point ou un objet dans le champ visuel*, propre à maximiser la prise d'information*, et éventuellement à entraîner une surestimation* de l'élément regardé par comparaison avec les éléments perçus en périphérie. La centration correspond normalement à une fixation fovéale*, mais le terme a une connotation cognitive que **fixation** n'a pas. Par analogie, attention* portée à un objet dans les autres modalités* sensorielles.

Dans la terminologie de Piaget, centration désigne la prise en compte par le sujet d'un seul aspect d'une situation, configuration perceptive ou problème à résoudre. La fixation de l'attention se fait ici au détriment de la mobilité nécessaire pour que soient appréhendés les divers aspects de la situation, et que soit assurée leur coordination. Ainsi, dans une expérience de transvasement d'un liquide dans un récipient plus étroit mais plus haut (épreuve de conservation*), la centration sur une seule dimension, par exemple le niveau, traduira le stade* préopératoire* de l'enfant. Ou encore la centration sur ce qu'il aperçoit de son propre point de vue empêche le sujet de saisir le point de vue de l'autre : il faut, pour que s'instaure une coordination des points de vue, ou la prise en compte simultanée des deux dimensions des récipients, une décentration*. *M. Richelle*

Centre d'évaluation

Les centres d'évaluation sont utilisés principalement pour la sélection des cadres et pour la détection du potentiel d'encadrement dans l'entreprise. Plusieurs candidats (habituellement 6 à 8) sont évalués simultanément au moyen d'une série de tests*, d'entretiens* et d'observations de comportement*. Plusieurs évaluateurs, psychologues et non-psychologues formés à l'évaluation, se partagent la tâche et élaborent en commun à la fin de chaque session une décision finale. La validité* prédictive des centres d'évaluation est élevée. On leur a toutefois reproché leur faible fidélité* interne et leur absence de validité de contenu. *C. Lévy-Leboyer*

Centre de réinsertion

Parfois appelés : Centres d'adaptation à la vie sociale, Centres de réadaptation, Centres ou Foyers d'hébergement, ces structures intermédiaires offrent une aide et assurent un accompagnement temporaire en vue d'un retour à la vie active de sujets qui sortent d'établissements où ils étaient enfermés pour y être traités ou y effectuer une peine. Les patients admis dans ces Centres sont choisis parmi ceux qui n'ont pas encore les capacités suffisantes pour assurer leur indépendance et qui se heurtent à des handicaps familiaux et socioprofessionnels. L'équipe pluridisciplinaire d'encadrement et d'assistance leur propose un contrat aux objectifs définis et pour une durée limitée. Il s'agit essentiellement d'aider à établir des rapports appropriés au temps, à l'espace et à l'environnement au travers d'un programme de vie qui vise à soutenir l'évolution psychologique des anciens internés. Ce programme, articulé notamment sur des psychothérapies individuelles et de groupes, essaye d'agir sur la dévalorisation, la régression, la passivité, la culpabilité en vue d'obtenir progressivement la participation active des sujets à des prises de décision responsables. *J. Selosse*

Centre du regard

En vision binoculaire, point commun à toutes les directions apparentes (pour le sujet) du regard. On le détermine en faisant pointer par le sujet, tête immobile, la direction d'un objet fixé. Le centre est en général plus près d'un œil dit directeur que de l'autre. *R. Génicot*

Cercle de qualité

Petit groupe d'employés ou d'ouvriers appartenant à un même département ou à un même atelier qui cherche à améliorer la qualité d'un produit ou d'un service. Composés de volontaires, ces groupes se réunissent régulièrement pour analyser les processus de production et de travail, identifier les problèmes et mettre en œuvre des solutions. Pour cela, les participants des cercles de qualité sont formés à l'utilisation de méthodes permettant de choisir un problème à traiter, de faire le diagnostic de ses causes et de trouver des solutions (notamment le diagramme en arêtes de poisson d'Ishikawa, le maniement de graphiques et d'histogrammes*, le *brainstorming**). Les cercles de qualité ont été créés au Japon et se sont ensuite multipliés en Europe et aux Etats-Unis. *C. Lévy-Leboyer*

Certitude

Proposition tenue pour vraie dans le cadre d'un modèle logique ou logico-mathématique donné, ou tenue pour établie et parfaitement vérifiée dans le cadre d'une démarche empirique. Croyance résistant au doute, ne laissant aucune place à des éventualités différentes, et s'offrant souvent comme émanation du cognitif, alors même qu'elle relève essentiellement de l'affectivité*.

Caractérisation de l'état d'une situation, d'un système quelconque, ne laissant aucune marge d'indétermination.

Dans les analyses psychologiques de la prise de décision*, de la prise de risques*, de l'estimation* des probabilités*, de l'attribution*, la certitude n'est que l'une des extrémités d'un *continuum* où s'échelonnent des jugements d'incertitude* plus ou moins marqués.

Dans les théories de la décision, et notamment dans la théorie prévisionnelle *(prospect theory)* proposée par D. Kahneman et A. Tversky, l'**effet de certitude** est la tendance à surévaluer le poids à accorder à un gain tenu pour certain par rapport à des gains tenus pour probables. Cet effet contribue à des comportements qui contredisent la théorie de l'utilité*.

C. Prévost et M. Richelle.

Cerveau → Encéphale

Cervelet

Structure nerveuse de forme complexe située à la face postérieure du tronc* cérébral auquel il est rattaché par les pédoncules cérébelleux supérieurs, moyens et inférieurs. Il est en relation avec la plupart des grandes voies sensori-motrices. Il présente trois parties phylogénétiquement différentes : le vermis médian, la partie intermédiaire, et, plus latéralement, la partie hémisphérique ou néocervelet. Chacune comporte un cortex, très plissé, à plusieurs types cellulaires (dont le plus caractéristique est la cellule de Purkinje) constituant une circuiterie bien connue, et des noyaux profonds (respectivement noyaux fastigial, interposé et dentelé).

En pathologie humaine, l'atteinte du cervelet se traduit par une **ataxie cérébelleuse,** avec troubles de l'équilibre*, de la posture*, de la coordination des mouvements* (somatiques et oculaires). En outre, on décrit un tremblement cérébelleux caractéristique dont le mécanisme reste encore mal compris.

Pris dans son ensemble, le cervelet a un rôle important dans la commande des mouvements (en particulier rapides, dits balistiques). Les noyaux cérébelleux exercent une activité tonique sur les structures motrices, expliquant l'hypotonie observée après lésion cérébelleuse. Enfin, on a attribué au cervelet un rôle dans les apprentissages* moteurs. De façon plus analytique, les trois parties phylogénétiquement différentes du cervelet ont des implications fonctionnelles spécifiques. Le vermis est en relation avec le contrôle de la posture et de l'équilibre (équilibre statique) ; la partie intermédiaire est impliquée dans les mouvements et la locomotion (équilibre dynamique) ; la partie hémisphérique ou néocervelet, surtout développée chez les primates et l'homme, est concernée par la coordination des mouvements complexes, en particulier au niveau de la main, et dans les mouvements alternatifs. *B. Soumireu-Mourat*

Chaîne

Séquence longue et ordonnée de comportements identiques ou dissemblables. Le concept a été introduit par les physiologistes étudiant des enchaînements de réflexes en succession rapide. Les psychologues intéressés aux séquences de comportement acquis les ont expliquées d'abord en termes de chaînes de réflexes* conditionnés pavloviens, le réflexe N étant le stimulus conditionné déclencheur du réflexe N + 1. Chaque membre de la chaîne est contrôlé par le *feed-back** de la réaction conditionnée précédente.

La notion de chaîne a été modifiée dans le contexte de conditionnement* opérant : l'élément N est un stimulus discriminatif par rapport à l'élément N + 1, et un renforcement par rapport à l'élément N – 1. Ces conceptions de l'apprentissage diffèrent donc quant à la composition des chaînes (réflexes conditionnés pavloviens ou réponses instrumentales), mais elles ont deux points communs : l'élément N contrôle l'élément N + 1 et la suppression de l'élément N empêche l'apparition des éléments N + 1 et suivants. *H. Lejeune*

Chaîne de Markov → Stochastique

Chaise tournante

Siège affecté d'un mouvement de rotation à vitesse contrôlée permettant d'étudier certains aspects de la sensibilité labyrinthique et certaines illusions* de mouvement chez le sujet qu'on y a installé. L'interruption soudaine de la rotation permet d'observer le nystagmus* consécutif. Une version plus compliquée, dotée d'un système de rotation autour d'un axe horizontal en plus de la rotation autour d'un axe vertical, appelée **châssis de rotation,** avait été mise au point par E. Mach en 1874. *M. Richelle*

Chambre

Chambre anéchoïque : pièce servant aux études de la fonction auditive et caractérisée par l'absence totale ou relative des échos. Les chambres anéchoïques sont généralement des chambres sourdes.
Chambre sourde : enceinte insonorisée, c'est-à-dire conçue pour empêcher autant que possible l'introduction des sons extérieurs.
Chambre déformante : chambre spéciale, conçue par A. Ames, dans laquelle les indices visuels apparents de taille, de lumière, de grandeur relative des objets, aménagement de plans et de surfaces, induisent en erreur un observateur extérieur quant aux jugements sur les grandeurs et positions réelles des objets. Pour atteindre cette illusion*, Ames a déformé les éléments d'une pièce ou chambre qui paraît néanmoins réelle sous un certain angle. *R. Génicot*

Champ

Domaine délimité d'un savoir particulier (ex. : champ de la psychologie*, champ des neurosciences*) ou d'une fonction psychologique particulière (champ de la perception*, champ de l'intelligence*). Le terme, qualifié, prend une acception technique plus précise dans les expressions :
Champ récepteur : région dont la stimulation* entraîne l'activation* d'une cellule sensorielle. Ainsi, pour une cellule rétinienne donnée, le champ récepteur est la zone de la rétine* dont l'illumination entraîne la réponse (dépolarisation ou hyperpolarisation) de cette cellule. Selon les études de S. W. Kuffler en 1953, le champ récepteur de beaucoup de cellules rétiniennes est organisé en régions centrale et périphérique. Par extension, on peut chercher à définir le champ récepteur d'un neurone* situé à un niveau quelconque des voies visuelles, de la rétine au cortex occipital, comme l'ont fait, par exemple, D. H. Hubel et T. N. Wiesel en identifiant les stimulus caractéristiquement orientés auxquels réagissent électivement certains neurones du cortex visuel (détecteurs* d'orientation*). On parle aussi de champ récepteur à propos de la zone cutanée où une excitation déclenche un réflexe.
Champ visuel : en vision monoculaire*, ensemble des directions de l'espace* que peut embrasser l'œil immobile ; en vision binoculaire*, ensemble couvert, dans les mêmes conditions, par les deux yeux. Le champ visuel est généralement représenté en coordonnées polaires, dont les méridiens délimitent les secteurs temporal et nasal, supérieur et inférieur. Pour un seul œil, il s'étend d'environ 90° en zone temporale et 60° en zone nasale, supérieure et inférieure. En raison de la position des yeux chez l'être humain, il y a recouvrement considérable des champs visuels en vision binoculaire, le champ total couvrant approximativement 90° dans toutes les directions. Le champ visuel, qui correspond à l'extension de la vision de l'œil immobile, est à distinguer du **champ du regard,** aussi appelé, de façon paradoxale et ambiguë, **champ de fixation,** qui définit l'extension maximale

de l'espace visuel balayé par le mouvement de l'œil (ou des yeux), la tête étant immobile.

Champ perceptif : par opposition au **champ physique,** lequel englobe tous les éléments d'un environnement*, dont certains échappent aux capacités perceptives de l'organisme, et dont d'autres, sans être indétectables, sont néanmoins négligés, le champ perceptif désigne l'ensemble des éléments de son milieu qu'un organisme prend effectivement en compte et qui guident ses comportements. L'expression rejoint celle de **champ psychologique,** opposé à **champ géographique,** proposée par les gestaltistes*, ou encore celle d'**univers perceptif-actif** proposée par J. von Uexkühl.

Champ conceptuel : domaine de regroupement organisé des éléments ou qualités d'un ou de plusieurs concepts*, le champ conceptuel est une entité inférée dotée d'une réalité psychologique plus ou moins forte. La notion est généralement liée, en linguistique et en psycholinguistique*, à celles de champ lexical (ensemble des éléments du lexique correspondant au champ conceptuel considéré) et de champ sémantique*, celui-ci étant un domaine de significations englobant concepts et outils lexicaux. Empiriquement, l'existence de champs conceptuels au niveau psychologique a été inférée à partir de techniques d'association* verbale, et plus récemment, dans le cadre de la psychologie cognitive*, à partir des données relatives aux modalités de récupération* en mémoire* (V. Dépendance/Indépendance à l'égard du champ).

M. Richelle

Champ (Théorie du —)

Le concept de champ est utilisé par K. Lewin en 1951 pour désigner l'ensemble des faits susceptibles d'affecter à un moment donné le comportement d'un individu ou d'un groupe : variables psychologiques (besoins, motivations*, buts, idéaux, perceptions*, etc.) d'une part, variables sociales, biologiques et physiques de l'autre. La théorie, d'inspiration gestaltiste*, propose de concevoir un champ psychologique comme un **espace de vie** constitué de deux ensembles de régions liées les unes à la personne et les autres à l'environnement, et entourées d'une zone frontière comprenant les variables non psychologiques. Les différentes régions peuvent être séparées par des barrières (telles les inhibitions ou les interdictions) et ont des valences* positives ou négatives selon qu'elles exercent une force d'attraction (régions-buts) ou de répulsion sur la personne. La théorie du champ postule que le comportement est déterminé par la répartition des forces dans l'ensemble du champ et que ce n'est qu'en déstabilisant celles-ci qu'on peut modifier une conduite. L'application de l'ensemble de ces principes topologiques et dynamiques permet d'analyser des phénomènes aussi variés que le niveau d'aspiration*, les décisions et la dynamique de groupe*, les styles de commandement ou les conflits et changements sociaux. La théorie annonce également le développement de la recherche-action*.

F. Askevis-Leherpeux

Champ sémantique

Notion proposée par N. Trier en 1934. Dans l'acception courante, le champ sémantique d'un mot comporte l'ensemble des mots qui lui sont reliés par le sens*. Cette acception ne constitue cependant pas une définition opérationnelle. D'un point de vue plus théorique, la notion de champ sémantique considère le langage* comme un ensemble organisé qui peut être divisé en sous-ensembles qui peuvent eux-mêmes se subdiviser. Le mot* devient ainsi le plus petit élément d'un ensemble structuré dans lequel la signification* de chaque terme dépend de ses relations avec les autres éléments et de sa position au sein de cette structure. Pratiquement, pour déterminer le champ sémantique d'un mot ou d'un ensemble de mots, on obtient dans un premier temps une mesure de ressemblance sur l'ensemble des termes reliés au mot pôle, puis on soumet ces résultats à diverses méthodes de réduction d'information* (*multidimensional scaling,* représentations arborescentes, etc.).

H. Abdi

Changement

Acte par lequel un objet se modifie ou est modifié dans un ou plusieurs de ses caractères. On peut ainsi étudier les processus de changement dans les organisations sociales ou dans la structure de la personnalité* et s'intéresser aux facteurs qui contribuent à la réalisation de ces processus et à ceux qui s'opposent au changement. Les facteurs de résistance* au changement constituent un objet privilégié d'investigation* dans la cure psychanalytique. Comme le terme ne revêt pas un sens technique précis, l'usage du terme changement nécessite que l'on précise avec soin l'objet auquel il se réfère et les processus de transformation qui s'y appliquent. *D. Widlöcher*

Chant

En éthologie, on désigne par chants des productions sonores spécifiques, instrumentales (vibrations de rémiges ou rectrices, claquements d'ailes ou de becs, tambourinnements chez les oiseaux ; vibrations de membranes, stridulations des ailes ou des pattes chez les insectes) ou vocales (sacs vocaux des amphibiens anoures et des primates, syrinx des oiseaux) d'un niveau de complexité structurale ou fonctionnelle plus élevé que les simples cris*. Ils se composent tantôt d'une succession d'éléments identiques répétés à intervalles réguliers, tantôt de notes et motifs divers organisés en syllabes, strophes et phrases. La gamme des fréquences*, la durée, la composition, la structure* et le rythme* d'émission sont propres à chaque espèce et véhiculent des informations non seulement sur celle-ci, mais aussi sur le statut, les activités*, les motivations* de l'émetteur. Ils jouent un rôle considérable dans les communications* sociales : éloignement des rivaux, attraction des femelles, accélération de la maturation* et de la synchronisation des partenaires. La structure d'un chant est le résultat d'un compromis entre la richesse des informations à transmettre et la sélection exercée par les qualités acoustiques du milieu qui doit les véhiculer.

Le plus souvent, le chant est l'apanage du mâle, mais il existe des chants en duo impliquant la femelle, et des chants en groupe. Le chant est lié à l'âge adulte et à la reproduction*. Des expériences d'isolement acoustique des jeunes et l'analyse des vocalisations au spectrographe sonique ont permis de départager la part de l'inné* et de l'acquis* dans le développement du chant des oiseaux : dans sa période de pré-chant, le jeune se réfère à un modèle mémorisé pendant ses premiers mois de vie, auquel il ajuste par approximations successives ses propres productions. Les contraintes phylogénétiques, les aptitudes discriminatoires, l'ambiance sonore locale, les erreurs de mémoire et de copie peuvent conduire à l'émergence de particularités locales et de dialectes régionaux. Chez certaines espèces, le chanteur est capable de s'approprier une foule d'imitations.

J.-C. Ruwet

Charge attentionnelle

Se dit des contraintes de la tâche imposée au sujet entraînant une mobilisation plus ou moins élevée de ses ressources attentionnelles. La durée de la tâche, sa complexité, la vitesse de présentation des stimulus ou la vitesse d'exécution requise, les sanctions frappant les erreurs, la discriminabilité, la fréquence, la signification des informations fournies sont autant de facteurs propres à faire varier la charge attentionnelle.

Dans les procédures expérimentales dites de recherche-détection, où le sujet est appelé à détecter des stimulus visuels cibles* présentés parmi des distracteurs*, le produit du nombre de stimulus constituant l'ensemble des stimulus cibles par le nombre de stimulus pouvant être présentés (stimulus cibles + distracteurs) fournit une mesure conventionnelle de la charge attentionnelle, laquelle est aussi tributaire des facteurs mentionnés ci-dessus (V. Attention). *M. Richelle*

Charge de travail

Dépense énergétique que doit fournir un organisme pour accomplir une tâche* ou un travail*. La mesure de la charge permet notamment de déterminer si le travail demandé à un individu est compatible avec ses capacités et sa formation ; elle vise à éviter les phénomènes de **surcharge**. On distingue une **charge physique** et une **charge mentale**.

La charge physique est évaluée en utilisant trois critères majeurs : la consommation d'oxygène, le rythme cardiaque et la température du corps ; son accroissement se traduit par une altération linéaire de l'activité physique produite.

Les critères habituels d'évaluation de la charge mentale (temps de réaction*, quantité d'information traitée par unité de temps, erreurs, etc.) restant peu fiables, on utilise fréquemment la technique de mesure de « la tâche ajoutée » : la performance observée dans la réalisation d'une seconde tâche constitue une mesure de la charge de la tâche initiale. Jusqu'à un certain seuil* (zone optimale), l'augmentation de la charge mentale provoque une amélioration des performances (par augmentation du niveau d'activation*) ; au-delà de ce seuil, les performances se détériorent. *J.-P. Bronckart*

Charge mentale → Charge de travail

Charge physique → Charge de travail

Châssis de rotation → Chaise tournante

Chemin → Graphe

Chimiothérapie

Traitement par des substances chimiques, le plus souvent synthétiques. En psychiatrie, même si le chloral, les barbituriques* existaient depuis longtemps, l'ère de la chimiothérapie a débuté en 1952 avec la découverte des effets antipsychotiques de la chlorpromazine (Largactil). La décennie qui suivit allait voir la découverte des principaux types de psychotropes*.

A l'inverse de son utilisation en médecine, le terme a pris en psychiatrie une connotation* théorique particulière parce qu'il s'est opposé à son pendant, la psychothérapie. Aujourd'hui, ces querelles s'atténuent et il existe un consensus pour penser que ces deux grands versants de la thérapeutique psychiatrique sont parfaitement complémentaires. *R. Jouvent*

Choc (au test de Rorschach)

Les chocs sont des réactions de « stupeur affective », de perturbation émotionnelle, provoquées chez le sujet par les particularités de certaines planches du Rorschach* dont l'impact entraîne une désorganisation plus ou moins durable du processus associatif. Pour admettre l'existence d'un choc, cinq signes parmi les suivants doivent être présents : modification brutale de la productivité, modification des modes d'appréhension, absence des réponses attendues ou courantes, appauvrissement des contenus, tendance au refus, recours au comportement, exclamations, digressions, commentaires. Les chocs principaux apparaissent aux planches couleur (rouges notamment), en rapport avec une réactivation pulsionnelle mal tolérée, ou aux planches noires où ils traduisent soit des manifestations d'angoisse* massive, soit des réactions défensives*. *C. Chabert*

Choc émotionnel

Tout événement ou situation qui perturbe l'équilibre neuro-végétatif et le contrôle des processus affectifs et intellectuels d'adaptation constitue un choc. Celui-ci déclenche des mécanismes d'inhibition, des réactions défensives ou des compensations dont le retentissement peut être révélé par certaines épreuves psychologiques (V. Couleur au Rorschach). En fonction de son intensité et de sa nature, un choc affectif peut entraîner des traumatismes psychiques avec des effets d'après-coup qui se structurent sous forme de névrose traumatique et parfois de psychoses réactionnelles (V. Evénement vital). *J. Selosse*

Choix

Le choix suppose la sélection* d'une réponse particulière parmi plusieurs possibilités ; en ce sens, son analyse recouvre partiellement celle des conduites de décision*, et a donné naissance à divers modèles* mathématiques. Les stratégies de décision ont été étudiées en premier lieu dans les situations* de choix binaires. Supposons par exemple que, devant opter pour la solution A ou la solution B, le sujet leur attribue une note dans une liste de dimensions* déterminées : A et B obtiennent respectivement 5 et 2 points pour la dimension 1 (ex. : leur utilité), 3 et 7 pour la dimension 2 (leur coût), etc. Le sujet pourra fonder son choix soit sur une comparaison intradimensionnelle, soit sur une comparaison générale fondée sur le nombre total de points obtenu par chaque solution dans l'ensemble des dimensions. Dans l'étude de la logique du choix se pose le problème de la transitivité des préférences, qui n'est pas toujours avérée : s'il s'ensuit logiquement que A = C lorsque A = B et B = C, cela n'est pas nécessairement vrai pour un sujet en situation de choix.

Le stade du choix de la réponse, dans les modèles relatifs au traitement de l'information*, désigne la mise en relation du stimulus identifié avec la réponse adéquate, qu'il faut ensuite programmer et exécuter ; il s'agit donc d'un stade intermédiaire entre les processus traditionnellement dénommés perceptifs et moteurs.

Choix multiple : procédure* appliquée aux tests*, questionnaires* ou épreuves d'évaluation* des connaissances*, consistant à fournir au sujet un éventail de réponses prédéfinies, parmi lesquelles il doit choisir celle qui lui convient. Le choix multiple est, d'une certaine façon, un **choix forcé**, mais cette dernière expression est généralement réservée aux cas particuliers où les possibilités offertes ne comprennent pas certaines réponses que le sujet pourrait souhaiter utiliser. Ainsi, dans un questionnaire de connaissance, on n'offre pas la réponse « je ne sais pas » ; dans la mesure* d'un seuil* différentiel*, on n'autorise pas le jugement* d'égalité, mais on contraint le

sujet à fournir un jugement de différence, en plus ou en moins, par rapport à l'étalon*.
F. Macar

Choix d'objet narcissique

Le choix d'objet narcissique est, en psychanalyse, celui dans lequel l'objet est choisi en fonction d'une relation de similitude voire d'identité avec le moi*. De ce fait, il tend à être un choix d'objet homosexuel*. Il est la première forme de choix d'objet. En tant que tel, il est caractéristique d'une phase infantile qui s'interpose entre le narcissisme* et le choix d'objet définitif, qui est un choix par étayage*, du moins chez l'homme, car S. Freud estimait que le choix d'objet narcissique est typiquement féminin. La fixation à des choix d'objet narcissiques est considérée, en psychopathologie psychanalytique, comme un facteur de prédisposition jouant un rôle important dans l'étiologie des formes de névroses* plus archaïques que les névroses de transfert* : névroses narcissiques* (à tous les sens que ce terme a eus au cours de son histoire), mélancolie*, manie*, psychoses* dissociatives* et paranoïaques*. *J.-M. Petot*

Choix d'objet par étayage

Par opposition au choix d'objet narcissique*, le choix d'objet par étayage (ou anaclitique) est celui dans lequel l'objet est choisi sur le modèle des objets parentaux primitifs de la petite enfance : dans ce cas, on aime a) la femme qui nourrit ; b) l'homme qui protège. Du point de vue génétique, le choix d'objet par étayage représente le choix d'objet par excellence. Il succède dans l'évolution de l'enfant au choix d'objet narcissique. Freud estimait que le choix d'objet par étayage, qui intègre et dépasse certaines composantes narcissiques, est typiquement masculin, car « il présente la surestimation sexuelle frappante qui a bien son origine dans le narcissisme originaire de l'enfant et répond donc à un transfert de ce narcissisme sur l'objet sexuel ». *J.-M. Petot*

Cholinergique → Acétylcholine

Choréique → Dyskinésie

Chréode

Le biologiste C. H. Waddington a désigné par ce mot les canalisations du développement*. La canalisation est la propriété d'un processus de développement embryologique d'être résistant, jusqu'à un certain point, à la modification. Ces chréodes couvrent à la fois des agents génétiques ou environnementaux. J. Piaget a emprunté à Waddington cette notion pour exprimer l'idée que certains processus séquentiels identiques se retrouvent dans des structures opératoires* différentes (quelquefois orthographié par Piaget **créode**). *P. Mengal*

Chromaticité

Caractéristique colorée d'un stimulus, définie par ses coordonnées chromatiques selon le triangle des couleurs choisi *(xy* ou *ab*, ou *uu')*. La chromaticité se définit aussi sur le triangle des couleurs par la pureté (pourcentage de blanc) et par sa longueur d'onde dominante ou sa complémentaire.
R. Génicot

Chromatolyse → Dégénérescence neuronale

Chromatophanomètre

Appareil ancien servant à déterminer la capacité discriminative des luminosités, des saturations et des tonalités chromatiques. La technique consiste à comparer un étalon avec l'effet de couleur produit par un tambour muni de bandes colorées ou noires et blanches en rotation. Appareil tombé en désuétude devant les techniques modernes d'analyse spectrale automatisée. *R. Génicot*

Chromie

Aspect selon lequel une surface perçue paraît présenter une couleur plus ou moins précise, plus ou moins chromatique. Pour un stimulus* de couleur d'une chromaticité* donnée et dans le cas de couleur non isolée, d'un facteur de luminance* donné, la chromie augmente habituellement lorsque la luminance est accrue, sauf si la luminosité* est très élevée. Autrefois, chromie désignait les perceptions combinées de teintes et de saturations*. C'est l'impression de chromaticité. *R. Génicot*

Chromosome

Unité cytologique portant l'information* génétique, laquelle est matérialisée par un *locus** et pouvant subir une **mutation.** L'œuf et le sperme contiennent chacun n chromosomes. Chez les espèces diploïdes, la cellule somatique contient 2 n chromosomes. Le nombre de chromosomes varie selon les espèces : 23 paires chez l'être l'humain, 39 chez le poulet, 31 chez le cheval, 21 chez le rat, 4 chez la drosophile par exemple. Les chromosomes autosomaux sont communs aux deux sexes, les **hétérochromosomes*** caractérisent un des sexes (chez les mammifères, XX pour la femelle, XY pour le mâle). *P.-L. Roubertoux*

Chron

Unité constitutive des échelles de sensation* relatives au temps et correspondant à l'expérience subjective d'une durée de 10 secondes, proposée par F. Ross et L. Katschmar en 1951. *H. Lejeune*

Chronobiologie

Domaine de la biologie moderne voué à l'étude du temps* chez les êtres vivants, et plus particulièrement aux rythmes* biologiques. En dépit d'observations déjà anciennes sur les alternances* fonctionnelles (liées, chez les végétaux et les animaux, aux périodicités du milieu les plus permanentes), la chronobiologie n'a trouvé la place qui lui revenait que depuis un demi-siècle. Son champ recouvre aujourd'hui un spectre très large, depuis le niveau infracellulaire jusqu'au niveau psychologique. L'activité générale, les performances cognitives, les états de vigilance* et d'humeur varient parallèlement à la plupart des fonctions physiologiques au cours des cycles circadien, ultradien ou infradien. La portée pratique de la chronobiologie et de son volet psychologique s'est rapidement imposée devant des situations de vie moderne : décalage horaire des voyages aériens, travail de nuit, missions prolongées en milieux radicalement modifiés (voyages aérospatiaux, par ex.). *M. Richelle*

Chronographe

Instrument d'enregistrement graphique des unités de temps* permettant le repérage visuel aisé de l'évolution temporelle d'un phénomène psychologique ou physiologique enregistré par ailleurs. Les divers systèmes traditionnels à base de mouvements d'horlogerie ont été remplacés par les procédés électroniques de mesure du temps, aujourd'hui souvent incorporés dans l'ordinateur contrôlant l'expérience. *M. Richelle*

Chronométrie mentale

Mesure du temps nécessaire à des processus* mentaux de traitement de l'information* et de prise de décision*, inféré à partir du temps de réaction* de choix ou d'une de ses variantes (temps d'identification, de jugement de vérité, etc.). L'idée d'utiliser à cette fin le temps de réaction complexe revient à F. C. Donders en 1868. Elle se fonde sur l'hypothèse, non pleinement confirmée, selon laquelle les opérations* mentales en jeu s'enchaînent séquentiellement et que leurs durées respectives s'additionnent. On appelle **méthode soustractive** (ou de soustraction) la procédure qui est à la base de la chronométrie mentale. Elle consiste à organiser l'expérience de telle sorte que l'on puisse comparer deux conditions, dont l'une ne diffère de l'autre que par l'introduction d'une phase supplémentaire dans le traitement des données, portant spécifiquement sur la fonction cognitive que l'on se propose d'étudier. La soustraction du temps de traitement dans la condition la plus simple du temps de traitement obtenu dans la condition la plus complexe fournit une valeur qui, si elle est significative, atteste la spécificité de la fonction en cause et fournit une indication quant à sa complexité. La psychologie cognitive* a eu largement recours à la méthode de chronométrie mentale, tant pour construire des modèles* des étapes successives d'une opération mentale que pour proposer des modèles neuropsychologiques*.

L'électrophysiologie* cérébrale reprend la même stratégie de recherche dans l'analyse des événements électrophysiologiques corrélatifs du traitement de l'information, de la prise de décision* et de la préparation* à l'action, tels que les variations contingentes négatives* ou les potentiels lents associés*.

Plus récemment, la méthode a été reprise, avec quelques adaptations, dans les recherches de psychologie cognitive faisant appel aux nouvelles techniques d'imagerie cérébrale, caméra à positons et résonance magnétique nucléaire. *M. Richelle*

Chronopsychologie

Par analogie avec chronobiologie*, la chronopsychologie rassemble les divers secteurs de la psychologie qui se consacrent à l'étude du temps psychologique. Celle-ci, amorcée dès le XIXe siècle par les premières recherches sur l'estimation* et la perception* de la durée* chez l'homme — ouvrant la voie à la psychophysique* du temps —, s'est largement diversifiée depuis les années 1960, pour trouver enfin la place qui lui revient dans les deux dernières décennies du XXe siècle. Aux travaux des pionniers, tels Pavlov sur les conditionnements* à la durée ou différés, Piaget à propos de la genèse de la notion de temps, et surtout Fraisse, dont l'œuvre expérimentale a porté, pour une grande part, sur la perception du rythme* et de la durée, se sont ajoutés des recherches couvrant un large éventail de thèmes : rapports entre rythmes biologiques* et capacité des organismes à estimer le temps, estimation du temps et régulations temporelles du comportement chez l'animal et chez l'homme, construction du concept de temps au cours du développement, élaboration cognitive de l'ordre et de la durée, maîtrise des marqueurs linguistiques du temps, horizon temporel* de la personne intégrant le passé individuel et culturel et se projetant dans l'avenir, etc. Ces diverses thématiques se complètent d'une recherche des substrats neuronaux du temps psychologique, qui fait aujourd'hui appel aux outils les plus modernes des neurosciences* — telle l'imagerie cérébrale — et tend à se doter de modèles formels adaptés à une variété de domaines spécifiques, depuis les régulations temporelles chez l'animal jusqu'aux estimations du temps chez l'homme. Le modèle* scalaire, développé par Gibbon et Church, est l'un des plus répandus de la chronopsychologie contemporaine. Dans ses versions successives, dont les dernières connexionnistes*, il postule que le temps psychologique — bien qu'il n'y ait pas, à proprement parler, d'organes récepteurs du temps — obéit à la loi de Weber*, et il intègre les hypothèses les plus récentes quant aux mécanismes neuronaux fournissant les bases de temps internes sans lesquelles le temps psychologique serait inconcevable. *M. Richelle*

Chronoscope

Instrument de mesure du temps muni d'un dispositif d'affichage, pour contrôler la durée* d'une variable indépendante*, ou pour mesurer la dimension temporelle* d'une conduite*. Aujourd'hui, les bases de temps incorporées aux micro-ordinateurs ont pris le relais des appareils d'horlogerie, avec un gain de précision considérable, la milliseconde apparaissant comme un niveau de résolution grossier. *M. Richelle*

Chronostéréoscopique (Effet —)

Lorsqu'on observe le mouvement d'un balancier, un battant de métronome par exemple, dans un plan frontal, en obscurcissant un œil avec un verre fumé, on a l'impression que le déplacement décrit un entonnoir avec une trajectoire elliptique dont le petit axe en profondeur s'allonge avec la vitesse de l'oscillation. Ce phénomène, appelé effet chronostéréoscopique, est dû à la disparité* des informations oculaires liée à une latence* plus longue des informations en provenance de l'œil obturé.

R. Génicot

Chryomie → Tonalité

Chunk → Groupement

Cible

Dans le domaine de la psychomotricité*, comme dans le langage courant, désigne l'aboutissement recherché d'un mouvement* intentionnel. L'écart à la cible fournit une mesure de la précision* du mouvement.

Dans les recherches sur les processus attentionnels, stimulus sur lequel le sujet doit fixer son attention* et auquel il doit réagir, par opposition aux distracteurs*.

Dans la terminologie de la thérapie comportementale* et de la modification du comportement*, le **comportement cible** est celui sur lequel le thérapeute se propose d'opérer un changement (réduction ou accroissement de fréquence, d'amplitude, d'intensité, etc.) en aménageant des contingences de renforcement* appropriées. Ainsi, un mouvement compulsif* répétitif sera choisi comme cible, et l'on tentera d'en réduire la fréquence à l'aide d'un programme de renforcement de réponses différentes*. *M. Richelle*

Cinèse

Réactions d'orientation* indirectes, les cinèses ont été définies par D. L. Gunn, J. S. Kennedy et D. P. Pielou dès 1937 par opposition aux taxies*, ou tactismes, elles-mêmes définies comme des réactions d'orientation directes. Ces auteurs distinguent l'**orthocinèse** et la clinocinèse*. L'orthocinèse consiste en une variation de la vitesse de déplacement d'un animal, induite par une variation de l'intensité d'un stimulus. C'est ce type de réaction portant sur la vitesse linéaire qui était désignée, avant 1937, par le nom de cinèse.

Comme les taxies, les cinèses doivent être considérées comme des modèles* de comportements animaux plutôt que comme des comportements immédiatement observables. Destinées à modéliser des réactions très simples qui se produisent en réponse à des stimulus eux-mêmes peu structurés, les taxies et les cinèses sont traditionnellement utilisées pour décrire les comportements des organismes les plus simples : unicellulaires et invertébrés notamment. *P. Bovet*

Cinétique

Etude de la relation entre le mouvement* et les forces qui le produisent (synonyme de dynamique*). La cinétique se distingue de la cinématique dans la mesure où celle-ci concerne les vitesses* sans aborder l'analyse des masses et des forces. Les recherches cinétiques posent la question de savoir si la force est perçue en tant que telle. C'est à une réponse affirmative que tendent les expériences montrant qu'un objet dont la vitesse est constante dès le début de son déplacement est perçu comme atteignant cette vitesse après un bond initial suivi d'une décélération, ce qui semble davantage conforme à la cinétique prévalant dans les conditions naturelles. Ainsi la perception du mouvement traduirait-elle l'influence des lois dynamiques. *F. Macar*

Circadien → Rythme biologique

Circonstanciée (Pensée —)

La pensée circonstanciée est un trouble formel de la pensée* (observé au niveau du discours) qui consiste en l'incapacité de distinguer l'essentiel de l'accessoire. Cette absence de relief de la pensée donne à l'auditeur le sentiment désagréable que le sujet se perd dans les détails. On l'observe en particulier chez les sujets présentant un caractère obsessionnel*.

Elle se distingue de la **pensée digressive** qui concerne une exagération des associations à l'origine de détours incessants par rapport au fil du récit. *R. Jouvent*

Circuit de Papez → Limbique (Système —)

Claquement → Clic

Classe

Collection d'objets qui possèdent une ou plusieurs propriétés communes. Il s'agit donc de l'extension* d'un concept*. Mercure, Vénus, la Terre, Mars, Jupiter, Saturne, Uranus, Neptune et Pluton constituent la classe des planètes. Chacun de ces objets est dit « être élément de la classe » ou « appartenir à la classe ». Deux éléments d'une même classe sont équivalents sous la propriété qui a permis de les réunir. Cela signifie par exemple qu'on a *« Mercure est une planète »* si et seulement si *« Jupiter est une planète »*. Il s'ensuit que chacun des éléments de la classe peut lui servir de représentant.

Les termes de classe et d'ensemble* sont souvent utilisés comme synonymes. Il est toutefois utile de les distinguer. Outre le fait que quelques usages se sont imposés, certaines différences essentielles sont manifestes. Ainsi, pour prendre un exemple, le concept d'ensemble vide est indispensable au bon fonctionnement du calcul mathématique. Mais, si l'on conçoit qu'une classe est constituée par ses éléments, la classe vide, elle, fait problème. Certes il est parfaitement possible, même à un jeune enfant, d'imaginer une boîte vide, mais cela exige de donner à « boîte » une existence indépendante des objets qui peuvent éventuellement la remplir, ce qui relève de la théorie classique des ensembles.

Il est fréquent en psychologie, lorsque l'on fait construire des classes à un jeune sujet, de lui donner comme consigne de « mettre ensemble ce qui va ensemble ». L'expression est assez vague pour lui permettre de distribuer son matériel en fonction des quelques propriétés que l'expérimentateur avait en tête en construisant son matériel. En présence de cartes qui portent des dessins variés, l'enfant parvient à un certain âge à les regrouper, par exemple, en « aliments », « outils », « luminaires ». Il s'agit bien alors de classes au sens défini ci-dessus, classes dites distributives. Mais il peut arriver aussi que l'enfant place le gâteau avec les bougies. Sans doute pense-t-il alors davantage à son anniversaire qu'au chemin qui le conduira à l'algèbre de Boole. Il construit un tout autre type de classes : les classes collectives. Celles-ci consistent à « mettre ensemble » non seulement des éléments qui jouissent d'une même propriété caractéristique, mais encore toutes sortes d'ingrédients qui leur appartiennent pour une raison ou pour une autre. Il serait d'ailleurs faux de penser que de telles classes sont la marque nécessaire d'une prélogique*. *J.-B. Grize*

Classe-atelier → Atelier

Classe d'accueil

Structure institutionnelle en marge du système d'enseignement, dont la fonction est de recevoir provisoirement des enfants en difficulté, mais présumés aptes à réintégrer par la suite des classes « normales » : les classes d'accueil ou **classes d'adaptation** sont donc des classes-passerelles. La terminologie varie selon les pays, mais le plus souvent ces classes ont pour recrutement de jeunes migrants, auxquels on enseigne la langue du pays d'accueil avec un matériel didactique approprié. La création de ces structures a évidemment eu pour but, même s'il n'est pas toujours atteint, de favoriser l'égalité des chances* à l'école entre nationaux et immigrants et d'éviter que, du fait seulement de la carence linguistique, les enfants de migrants ne soient systématiquement orientés dans l'enseignement spécial.

D. Manesse

Classe d'adaptation → Accueil (Classe d'—)

Classe sociale

Groupe partageant le même statut économique ou social (prestige, ressources, privilèges, pouvoir). Les classes sociales constituent, dans une société donnée, des groupements hiérarchiques relativement homogènes tendant à développer leur idéologie et leurs normes propres (éducation, travail, langage, habitat, etc.). La définition des classes sociales a évolué, à partir de la division marxiste de la société en deux classes (détenteurs de l'outil de production/ouvriers salariés contraints de vendre leur force de travail aux premiers) jusqu'à l'établissement par la sociologie d'un concept opératoire débouchant sur la définition de catégories socioprofessionnelles. En psychologie sociale, la classe sociale constitue un des principaux déterminants (avec l'âge et le sexe) des conduites*, des opinions*, des attitudes* et des représentations sociales*. Selon la terminologie courante empruntée à la sociologie, les classes sociales sont dites populaire, moyenne et supérieure. Pour établir l'appartenance sociale d'un individu, on utilise communément sa profession ou à défaut son origine sociale (la profession de ses parents), en se reportant, pour la caractériser, à la nomenclature des **catégories socioprofessionnelles** (**CSP**) de l'Institut national de statistiques et des études économiques.

P. Lidvan

Classification

Au sens large, une classification est le résultat de la mise en ordre systématique d'objets de même nature : classification des plantes, des animaux, classification des langues, classification des éléments chimiques. Toute activité classificatoire repose sur la recherche de ressemblances et de différences entre les objets à classer et apparaît ainsi comme l'une des activités fondamentales de l'intelligence*. Procédure de mise en ordre du divers, elle est à la base de tout raisonnement*.

En un sens plus étroit, J. Piaget a défini en 1972 une classification comme le système formé par les emboîtements de classes élémentaires disjointes. Le système le plus simple est connu sous le nom d'*arbre de Porphyre* et figure dans la plupart des logiques anciennes. On lui associe traditionnellement cinq concepts* fondamentaux ou prédicables : le genre, l'espèce, le propre, la différence et l'accident. Partant d'une classe* considérée comme première, un tel arbre procède par dichotomies successives dont chacune est une espèce par rapport au genre dont elle est issue. Le genre « corps », par exemple, peut être divisé en deux espèces « animé » et « inanimé ».

Le propre est ce qui caractérise une espèce, la différence spécifique ce qui distingue les deux espèces d'un même niveau et l'accident les caractères des éléments d'une même espèce qui n'ont pas été retenus pour effectuer la classification. On voit ainsi que toute classe de l'arbre, sauf celle de départ et celles par lesquelles l'arbre se termine, est à la fois genre et espèce, ce qui détermine un ordre partiel sur la classe initiale.

Psychologiquement, une classification exige que soient satisfaites deux conditions : la capacité de définir les classes en compréhension* par le genre et la différence spécifique et celle de les manipuler en extension* par le jeu de la quantification*.

J.-B. Grize

Classification de Bales

Liste de douze catégories permettant de décrire la nature et l'étendue des interactions sociales à l'intérieur d'un groupe chargé d'effectuer une tâche en commun. Cette liste élaborée par R. F. Bales sous le nom de *interaction process analysis* (méthode d'analyse des interactions) comporte des interactions positives (faire preuve de solidarité, relâcher la tension existante, collaborer), des questions et des réponses concernant la tâche (faire des suggestions, donner son opinion, donner des informations, demander des informations, des opinions, des suggestions), et des interactions négatives (montrer son désaccord, sa tension, son antagonisme). Diverses analyses factorielles* ont montré que ces douze catégories se regroupaient en trois facteurs indépendants : supériorité et réalisation individuelle, sociabilité, et contribution aux buts du groupe. *C. Lévy-Leboyer*

Claustrophobie → Phobie

Clé

Dispositif, se ramenant généralement à la simple fermeture ou ouverture d'un circuit électrique ou électronique, destiné à traduire une réponse* du sujet dans l'expérimentation psychologique. L'usage répandu, à cet effet, de la **clé télégraphique** conjugué à une traduction discutable du terme anglais *key* (dans une acception qui serait rendue plus proprement par « touche » ; certains auteurs français ont eu recours au terme **presselle**) a fini par consacrer le terme pour désigner les modèles les plus divers de dispositifs remplissant la même fonction, du simple bouton-poussoir au disque de Plexiglas sur lequel le pigeon frappe du bec dans une cage de conditionnement opérant*. Les caractéristiques de la clé doivent, particulièrement dans les recherches impliquant la mesure du temps de réaction*, garantir l'enregistrement très rapide et fiable du mouvement choisi comme réponse.

Clé vocale : dispositif permettant la transduction d'une réponse vocale, utilisé, par exemple, dans l'étude du temps de réaction* verbal (le sujet devant produire une réponse verbale au stimulus impératif*) ou le conditionnement opérant d'une réponse vocale chez l'animal. *M. Richelle*

Cleptobiose → Commensalisme

Clic

Son très bref, faisant partie du système phonétique de certaines langues, résultant d'une ouverture brusque du canal vocal, le plus souvent en occlusion palatale **(claquement).**

Bruit très bref, apparaissant dénué de durée* et éventuellement de qualité tonale*. Il peut être produit par une source sonore externe, et utilisé à titre de stimulus* dans divers contextes d'expérience, notamment en psychoacoustique* et en psycholinguistique*. Il peut aussi correspondre à une sensation auditive liée à la perception de certains sons provoquant dans le récepteur des phénomènes transitoires. *M. Richelle*

Clignement → Palpébral

Climat organisationnel

Perception et évaluation des caractéristiques de l'organisation par ses membres. La notion de climat organisationnel est au centre des interventions de développement des organisations* dans la mesure où c'est la manière dont les individus perçoivent l'organisation qui est responsable de ses problèmes de fonctionnement. Selon J. P. Campbell, le climat organisationnel, qui est un concept différent de celui de satisfaction au travail, comporte quatre aspects principaux : l'autonomie individuelle, les contraintes liées aux fonctions, le type de récompenses données par l'organisation, le degré de soutien et de considération qu'elle apporte à ses membres. *C. Lévy-Leboyer*

Clinique (Psychologie —)

La psychologie clinique procède à l'étude approfondie de cas individuels, afin de mettre en évidence les particularités ou les altérations du fonctionnement psychologique d'une personne. L'expression « psychologie clinique » apparaît sous la plume de S. Freud en 1899 qui souligne ses relations avec les conflits et la vie. Dès 1896, le psychologue américain L. Witmer avait ouvert en Pennsylvanie une *Psychological Clinic* destinée aux enfants retardés et anormaux et il avait forgé l'expression de « méthode clinique en psychologie ». A l'origine, l'activité clinique (du grec *klinê,* le lit) est celle du médecin qui, au chevet du malade, examine les manifestations de la maladie en vue de poser un diagnostic, un pronostic et de prescrire un traitement. Les deux méthodes utilisées sont l'observation des réactions du patient d'une part, l'interrogation et l'écoute de celui-ci d'autre part. La méthode clinique s'est étendue à la médecine des maladies mentales, où l'observation* des comportements (provoqués ou spontanés) et la conduite d'entretiens* (souvent longs et répétés) ont pris de l'ampleur et ont été complétées par l'interprétation des documents personnels (lettres, journal intime, autobiographies, productions littéraires ou artistiques spontanées) et par l'application de tests d'aptitude* et de personnalité* (c'est alors la clinique « armée » selon D. Lagache). La méthode clinique a été transposée à l'examen de l'homme dit « normal » avec un but de conseil, de formation ou de sélection. Enfin elle a été généralisée de l'individu au groupe : c'est la psychologie sociale clinique.

Selon D. Lagache, la méthode clinique repose sur trois postulats. Le psychisme humain est à base de conflits* intra- et intersubjectifs (postulat dynamique). La conduite est la réaction de la personne à la situation dans laquelle elle se trouve : état d'esprit interne, milieu psychique et social externe (postulat interactionniste). La personnalité évolue de la naissance à la mort, avec une alternance de moments de crise et de périodes stables ; sa conduite à un moment donné est le produit de son passé et de ses projets (postulat historique). Tous les psychologues cliniciens ne partagent pas ce point de vue, jugé trop psychanalytique. Certains préfèrent raisonner en termes de traits de personnalité et utiliser des grilles d'observation des conduites du sujet soumis à des situations particulières : passation de tests, privation sensorielle et sociale, attente, etc. *D. Anzieu*

Clinocinèse

Modèle* de réaction* locomotrice élémentaire destiné à rendre compte de la concentration de certains animaux primitifs dans les zones qui leur sont le plus favorables ; forme de cinèse*. Par opposition avec l'orthocinèse, définie comme une modification de la vitesse linéaire d'un animal sous l'effet d'une variation de l'intensité d'un stimulus, la clinocinèse est classiquement définie comme une modification de la vitesse angulaire dans les mêmes conditions.

Cette définition classique mêle cependant de manière inextricable la composante proprement spatiale de la clinocinèse et sa composante dynamique, cette dernière se ramenant, en fait, à une orthocinèse. Une définition purement spatiale lui a été récemment substituée, qui repose sur une formalisation probabiliste du trajet des animaux. Dans cette optique, c'est la sinuosité du trajet d'un animal, et non plus sa vitesse, qui est modifiée par une variation de stimulation. On distingue la clinocinèse absolue, dans laquelle la sinuosité est fonction de l'intensité même de la stimulation, de la clinocinèse différentielle, dans laquelle la sinuosité est fonction de la variation de la stimulation perçue au cours du déplacement. Les deux mécanismes sont complémentaires : le second conduit à orienter un trajet selon la direction d'un gradient de stimulation, tandis que le premier tend à restreindre la diffusion d'un trajet aux zones de plus grande stimulation. *P. Bovet*

Clinotaxie

Le modèle de la clinotaxie a été proposé par Fraenkel et Gunn en 1940 pour compléter la classification des taxies*. En accord avec Schöne, depuis 1980, on doit considérer que la **tropotaxie** est une orientation par recherche d'un équilibre entre les stimulations reçues par deux récepteurs, que la **télotaxie** est une orientation basée sur la localisation du stimulus par un récepteur composite, alors que la clinotaxie est une orientation fondée sur la comparaison des stimulations successives reçues par un récepteur unique au cours d'un déplacement sinueux. *P. Bovet*

Clique

L'étude d'un groupe* en sociométrie* permet parfois d'y dégager une clique, c'est-à-dire un sous-groupe défini par le choix réciproque de tous les membres qui le constituent. *R. Doron*

Clivage

Processus par lequel une structure perd son unité et est remplacée par deux structures partielles ou plus. En psychiatrie, le clivage est synonyme de dissociation, de dédoublement* de la personnalité. En psychanalyse, on parle de clivage du moi et du clivage de l'objet. Le clivage du moi décrit l'organisation du moi dans les perversions* ou, associé avec le déni* et la projection*, un mécanisme de défense caractéristique des psychoses* ou des états-limites*. Le clivage de l'objet fait, quant à lui, plutôt référence à la notion kleinienne d'objet partiel et à la dialectique des fantasmes* : bon objet-mauvais objet. *A. Braconnier*

Closure → Lisibilité, Clôture

Clôture

Fermeture ou complètement qu'opère la perception sur une figure* incomplète, par exemple un cercle amputé d'un segment, ou le dessin d'un objet familier ou d'un visage comportant une lacune. La loi* de clôture fait partie des lois dégagées par les psychologues de la forme* (gestaltistes). Elle s'impose particulièrement lorsque la lacune concerne une bonne forme*. On la met aisément en évidence en perception libre, mais de façon plus convaincante en perception tachistoscopique*.

Par extension, complètement par le sujet de toute donnée présentant une lacune, qu'il s'agisse d'un énoncé, d'une action décrite, d'un stimulus musical, etc. Les tests de clôture ou de **closure,** appelés encore *cloze tests,* sont employés pour mesurer les performances* en lecture*. *M. Richelle*

Clôture (Loi de —) → Lois de la perception

Coacting group → Coaction

Coaction

Réalisation simultanée et parallèle des mêmes activités par plusieurs individus, dans un contexte non compétitif (coopération consciente pour atteindre un but déterminé).

La notion voisine d'**action conjointe** a été introduite par J. Bruner pour désigner une forme de coopération qui s'instaure entre la mère et l'enfant dès la fin de la première année : les comportements verbaux et non verbaux des deux partenaires s'organisent en une activité finalisée qui permet à l'enfant de développer ses capacités de désignation* et, plus généralement, ses capacités cognitives et langagières.

Sous le terme de ***coacting groups***, on désigne un phénomène de coopération entre les membres de deux groupes, en l'absence totale (ou quasi totale) de contact avec d'autres groupes. *J.-P. Bronckart*

Coarté → Résonance intime

Cocaïne

Alcaloïde extrait des feuilles du coca. Ses propriétés anesthésiques (sur lesquelles travailla initialement S. Freud) furent les premières décrites ; ses propriétés euphorisantes et stimulantes furent découvertes par la suite, lui procurant une rapide popularité et Freud la recommanda pour le traitement des dépendances* morphiniques et alcooliques, des désordres digestifs, de la dépression* et de la fatigue. A titre d'exemple, la cocaïne ne fut retirée d'une boisson aussi populaire que le Coca-Cola et de préparations apéritives qu'au début du xxe siècle.

Parmi ses effets pharmacologiques, on note l'euphorie, l'hyperactivité, une sensation de bien-être et le sentiment d'être infatigable. De par ses effets, la cocaïne est un psychostimulant* d'action brève mais puissante ayant des propriétés pharmacologiques proches des amphétamines.

Son usage répété conduit à des syndromes psychiatriques aigus de type paranoïde* avec délire* et hallucinations*. Cette drogue* s'administre par voie nasale ou intraveineuse ; l'effet apparaît au bout de 2 minutes et dure environ 20-30 minutes. Elle conduit à des processus de dépendance. Les métabolites peuvent être détectés dans les urines jusqu'à 72 heures après la dernière administration. Le ***crack*** est de la cocaïne vendue sous forme de base libre : ce produit est extrêmement puissant, relativement pur, et peu coûteux. Il est généralement admis que la cocaïne agit au niveau du cerveau en augmentant l'activité des neurones à dopamine* et en conséquence des régions où projette ce neuromodulateur* : les ganglions de la base, certaines régions du système limbique* et du cortex* préfrontal. *M. Le Moal*

Codage

Elaboration d'un code* ; application d'un code à une information*, à un message*. Dans un sens technique strict, le terme renvoie à une transformation impliquant un recours à un système de symboles* ou de signes* conventionnels : toute langue naturelle repose sur un codage, et plus clairement encore, l'écriture constitue un codage de la langue parlée (qu'elle soit saisie au niveau phonétique, comme c'est le cas dans les codages alphabétiques, ou au niveau sémantique, comme c'est le cas dans les écritures idéographiques). La notion de codage est devenue familière sous l'influence de la théorie de l'information, où elle se décompose dans les deux phases distinctes d'encodage* et de décodage* dans la chaîne d'opérations qui constitue la transmission d'un message.

Dans un sens élargi, mais non pour autant métaphorique, codage renvoie au système de transmission d'information à l'intérieur d'un organisme (aux niveaux les plus divers), ou d'un organisme à l'autre, système obéissant à des règles déchiffrables, mais ne répondant pas au critère de conventionnalité. Ainsi parlera-t-on de codage à propos des processus de traduction, dans les récepteurs* sensoriels, des énergies* spécifiques aux stimulus* physiques en influx nerveux caractérisés, aussi bien qu'à propos du rôle des neurotransmetteurs* dans les réseaux* synaptiques ou des systèmes présidant à la conservation et à l'expression de l'information dans le génome*. Dans le domaine cognitif, les processus de codage sont invoqués lorsque le sujet transforme des données perceptives ou des représentations* d'une manière qui en facilite le stockage en mémoire* ou le traitement dans des situations de prise de décision* ou de résolution de problèmes*.

M. Richelle

Code

Au sens premier et le plus simple, on parle de code à propos de deux listes (ou systèmes) équivalentes terme à terme comme, par exemple, le code morse. Un tel système conventionnel explicite a pour but de permettre l'encodage* d'un message* dans une forme nouvelle et son décodage* par le récepteur*. La fortune de la notion a donné naissance aussi bien au code phonologique qu'au code génétique et autres codes sociaux, vestimentaires, gestuels, musicaux, etc. Dans un autre sens classique, ce terme s'applique également aux règles d'une institution (le « code de la chevalerie », par ex.), mais la notion de code implique, dans tous les cas, celle de convention d'une part, et celle de mécanisme régi par des règles (d'un système, d'une structure) d'autre part (V. Valeur).

Au modèle originaire et restreint de la notion de code comme équivalence*, U. Eco a proposé, en 1984, de substituer une conception élargie inférentiellement et qui tient compte de la dialectique entre code de l'émetteur* du message et code du destinataire* (« coopération » interprétative).

J.-M. Adam

Code élaboré

Notion introduite par B. Berstein en 1962 pour qualifier le type de langage* utilisé par les enfants des classes moyennes anglaises ; il remplace la notion de « langage formel » utilisée dans les travaux antérieurs du même auteur, et se distingue du code restreint*, qui est l'apanage des enfants des classes populaires. Le code élaboré se caractérise par la richesse du lexique* et par la présence d'unités morphosyntaxiques qui explicitent les relations logiques entre les constituants des phrases. L'emploi de ce code permet à l'émetteur* d'exercer un contrôle* efficace sur les significations* qu'il transmet au destinataire*.

J.-P. Bronckart

Code restreint

Notion introduite par B. Berstein en 1962 pour qualifier le type de langage utilisé par les enfants des classes populaires anglaises ; il remplace la notion de « langage public » utilisée dans les travaux antérieurs du même auteur, et se distingue du code élaboré*, qui est l'apanage des enfants des classes moyennes. Le code restreint se caractérise par la présence de phrases courtes, souvent inachevées, par l'emploi limité et rigide du lexique*, par l'usage fréquent d'ordres simples et de questions du type *« n'est-ce pas ? »*, enfin par la pauvreté des organisateurs logiques et temporels. Les significations véhiculées par ce code restent implicites et particularistes, et ne permettent pas un contrôle* efficace de l'interaction* communicative.

J.-P. Bronckart

Coefficient r de Bravais-Pearson

→ Corrélation

Cognisciences → Sciences cognitives

Cognitif

Qui se rapporte à la cognition*.

Le terme ne figurait ni dans le *Vocabulaire de la philosophie* de A. Lalande en 1956, ni dans le *Vocabulaire de la psychologie* de H. Piéron en 1951. On le trouve occasionnellement dans le *Traité de psychologie expérimentale* de P. Fraisse et J. Piaget en 1963, mais sa présence discrète ne laisse pas augurer de la place qu'il tiendra, une vingtaine d'années plus tard, dans la plupart des écrits en psychologie. Il était cependant, comme cognition*, d'un usage courant depuis longtemps dans le vocabulaire philosophique et psychologique anglais. C'est au succès du courant cognitiviste* qu'il doit sans doute d'avoir été si généreusement emprunté.

Dans un premier sens, il qualifie tout processus* de prise ou de traitement de l'information*, et s'applique particulièrement à ce qui relève de la perception*, de la mémoire*, de la pensée*, du langage*. Il s'oppose alors à affectif*, et son usage consacre une division en deux sphères des grandes fonctions psychologiques, voire des champs d'activité des psychologues.

Dans une acception liée plus spécifiquement au cognitivisme*, il qualifie les processus ayant leur siège dans la boîte noire*, dans l'esprit*, par opposition aux comportements*. Le terme est alors synonyme de mental*.

Dans le même cadre épistémologique, cognitif est parfois, mais non nécessairement, opposé à neuronal*, ou biologique, et qualifie ce qui est du ressort de la psychologie (sous-entendu cognitive) par opposition à ce qui relève de la neurobiologie*. L'opposition est parallèle à celle qui distingue le logiciel, le *software,* du matériel ou *hardware* dans un ordinateur. Le cognitif recouvre alors les niveaux de la computation* et de la représentation*, le neuronal se limitant à la réalisation (implémentation*).

Dans un sens encore différent — mais on voit sans peine les liens entre ces différentes valeurs sémantiques du mot —, cognitif renvoie aux fonctions psychologiques supérieures, impliquant des élaborations complexes, des représentations*, des outils symboliques, voire des prises de conscience, par opposition aux activités automatisées, ou aux régulations proprement biologiques (telles les régulations hormonales intervenant dans les émotions* ou dans le déroulement des activités instinctives*), ou encore aux mécanismes caractérisant les récepteurs* périphériques*. Le cognitif n'échappe pas aux contraintes de ces niveaux plus élémentaires (causalité* de bas en haut, ascendante*), mais il les module et les intègre à son tour (causalité du haut vers la bas).

Le terme a pris aujourd'hui une telle extension qu'après avoir distingué, par exemple, les apprentissages* cognitifs des apprentissages moteurs, il est devenu banal de formuler des théories cognitives des apprentissages (quels qu'ils soient), voire de prêter des capacités cognitives aux organismes les plus élémentaires. *M. Richelle*

Cognition

Comme l'adjectif cognitif*, le terme cognition est d'importation récente dans le lexique français de la psychologie, comme aussi d'ailleurs dans celui de la philosophie : il ne lui est consacré, dans le *Vocabulaire de la psychologie* de H. Piéron en 1951, qu'une définition laconique : « acte de connaissance », que n'a pas retenue ni remplacée l'édition revue de 1979 ; le *Vocabulaire de la philosophie* de A. Lalande en 1956 le mentionne comme « terme anglais » et propose de « le conserver pour désigner un acte particulier de connaissance, par opposition à la connaissance en général ». Son usage actuel, qui tend à supplanter des mots de sens équivalents ou voisins (connaissance*, intelligence*, etc.), traduit le succès des courants de pensée anglo-saxons auxquels il est emprunté. Mais il s'explique aussi, sans doute, par le fait que l'anglais *cognition* possède des connotations qui faisaient défaut aux termes jusque-là employés en français, et qui répondaient mieux aux besoins de la description et de la théorie psychologique du moment.

Cognition désigne, d'abord, l'ensemble des actes* et processus* de connaissance, l'ensemble des mécanismes par lesquels un organisme acquiert de l'information*, la traite, la conserve, l'exploite ; le mot désigne aussi le produit mental* de ces mécanismes, soit envisagé de façon générale, soit à propos d'un cas particulier. Ce qui est capital dans la compréhension du concept de cognition, et sans doute ce qui en a assuré le succès chez les psychologues, c'est qu'il renvoie nécessairement à des activités* psychologiques, et revêt dès lors un sens plus spécifique que connaissance, qui s'applique aussi bien aux savoirs accumulés considérés indépendamment des sujets qui les ont acquis ou les utilisent.

Le terme recouvre, assez logiquement, les grandes fonctions psychologiques traditionnellement consacrées à assurer à l'organisme les gains d'information nécessaires à ses échanges avec le milieu, à savoir la perception*, l'apprentissage* et la mémoire*, l'intelligence*, la fonction symbolique* et le langage*. Il distingue ce domaine de celui de la pulsion*, de la motivation*, de l'émotion*, de l'affect*. Les rapports entre cognition et conscience* sont moins clairs. Dans certains cas, lorsque cognition renvoie aux niveaux supérieurs des activités cognitives, la liaison entre cognition et conscience est souvent affirmée, ou implicitement reconnue. Il en va de même lorsque le terme cognition réfère à des informations ou élaborations particulières (telles les cognitions que l'on confronte à la réalité dans les thérapies dites cognitives). Cependant, dans son acception dominante, le terme renvoie à des processus qui fonctionnent indépendamment de toute prise de conscience, qui correspondent en fait aux aspects mentaux, proprement psychologiques, du fonctionnement cérébral. La question de savoir si, ainsi entendue, la cognition relève d'un autre champ que la neurobiologie cérébrale reste un thème central du débat sur les relations cerveau-esprit.

En revanche, il est généralement admis que cognition et comportement* sont deux choses bien distinctes, et pour les psychologies cognitivistes* la première a pris le relais du second en tant qu'objet même de la psychologie. A cet égard, la mise en honneur du concept de cognition coïncide avec un retour à, ou une évolution vers, une science de la vie mentale, ou de l'esprit*. Cette réhabilitation s'accompagne souvent, explicitement ou implicitement, d'une réhabilitation parallèle du sujet* comme agent-décideur de ses propres actions, à la faveur sans doute du vocabulaire qui se greffe à la cognition : décision*, choix*, sélection*, etc. La cognition joue alors un véritable rôle causal* par rapport aux comportements, qui n'en sont plus que l'expression ou les manifestations.

On doit par ailleurs se demander ce que la notion de cognition ajoute à celles de perception et de mémoire, si elle est plus qu'une catégorie inclusive de ces dernières (entre autres). Il semble que l'on accorde à la cognition un rôle à la fois modulateur et organisateur : c'est d'elle, sur la base de l'expérience passée du sujet, que dépend, par exemple, le tri attentionnel* des stimulus à l'entrée, régulant, en les subordonnant à une gestion supérieure des informations, les récepteurs sensoriels pourtant aptes à enregistrer et transmettre des informations plus nombreuses ; c'est elle qui assure l'accroissement de l'information stockée en mémoire en y opérant des groupements*, des indiçages, où repères perceptifs et sémantiques collaborent.

S'il est vrai qu'à l'origine (c'est-à-dire jusqu'en 1970 environ), le terme cognition était généralement réservé au psychisme* de l'homme, et s'il est vrai qu'il connut son expansion d'usage dans le cadre de recherches expérimentales et théoriques concernant essentiellement les sujets humains, il s'applique de plus en plus à l'étude des animaux. On retrouve dans ce contexte, mais de façon peut-être plus contrastée, les diverses valeurs du terme. Les uns conçoivent l'étude de la cognition animale comme une recherche, chez les animaux, des preuves d'activités psychologiques supérieures, telle la capacité de recourir à des signes conventionnels explorée chez les chimpanzés. Pour d'autres, elle est une approche radicalement neuve de la psychologie animale, où l'on prête à l'animal, quelle que soit sa position sur l'échelle des espèces, des modalités de fonctionnement centrées sur la cognition en tant que système de représentations du monde avec lequel l'animal interagit, les comportements assurant cette interaction n'ayant plus d'autre intérêt que de manifester la cognition sous-jacente.

M. Richelle

Cognition sociale

La réalité sociale est faite d'objets divers, de propriétés et de valeurs* variées : personnes (dont soi-même), situations, groupes*, organisations et institutions, rôles* et règles. La cognition sociale est le processus par lequel un individu acquiert, construit et entretient une connaissance de cette réalité et, ce faisant, la produit ou la reproduit. Elle implique des structures cognitives* (concepts*, scripts*, stéréotypes*, prototypes*), des conceptions (croyances*, savoirs, théories implicites, représentations sociales*), des schèmes ou raisonnements (inférences attributives, schémas causaux, heuristiques). La cognition sociale est l'objet de la psychologie sociale cognitive. *Ersoc*

Cognitive (Fonction —) → Fonction du langage

Cognitivisme

On désigne sous ce nom un ensemble de conceptions psychologiques dont l'objet principal est l'étude des processus d'acquisition* des connaissances* et de traitement de l'information*. Le terme lui-même est une traduction de l'anglais *cognitivism* ; ce courant théorique s'institutionnalise lors de la fondation du *Center for Cognitive Studies* à l'université de Princeton au début des années 1960. Le cognitivisme intègre à une longue tradition d'études sur la résolution de problèmes* les apports plus récents de la psychologie génétique* de J. Piaget ainsi que des contributions de sciences formelles comme la cybernétique*, la théorie de l'information, ou des concepts construits dans les domaines de la physiologie et de la linguistique de N. Chomsky.

Le cognitivisme assigne aux comportements observables une valeur de signes* dont l'étude permet l'inférence* de structures sous-jacentes qui constituent les véritables objets de cette psychologie. Ces structures sont décrites en termes d'algorithmes*, d'automates* ou d'heuristiques*, c'est-à-dire d'objets formels autorisant la calculabilité*. La validité de cette démarche repose sur une méthode de simulation* ou sur la recherche du substrat physiologique supportant ces structures. Dans cette perspective, le comportement est le produit des règles de fonctionnement propres au sujet : ici, le concept de production est une simple transposition de celui de pensée productive* alors que celui de règles de fonctionnement exprime l'ambition rationaliste d'établir pour ce fonctionnement des normes universelles. Cette conception s'écarte radicalement de celle du béhaviorisme* dans laquelle le comportement résulte de circonstances ou de règles extérieures au sujet.

En renouant avec une tradition philosophique d'inspiration rationaliste qui considère la pensée comme un calcul*, le cognitivisme a conclu alliance avec l'informatique* à laquelle il a emprunté la plupart de ses métaphores et modèles. Cette attitude le conduit à construire une correspondance stricte entre les différentes opérations logiques ou « logicielles » accomplies par le sujet et les opérations assurées par les composantes fondamentales des ordinateurs : unité de contrôle, unité de calcul et mémoire. De même, à la distinction classique entre matériel *(hardware)* et logiciel *(software)* répond celle que le cognitivisme établit entre système nerveux et structures cognitives. A la cybernétique, le cognitivisme emprunte les concepts de régulation*, de contrôle* et de *feed-back** ; de la théorie de l'information, il subvertit le sens en ajoutant au concept d'information une dimension sémantique dont il est totalement dépourvu dans le modèle initial de C. Shannon ; et de la physiologie, il importe les notions d'intégration* et d'équilibre homéostatique*.

Bien que permanente, la référence à l'ordinateur comme machine à traiter l'information ne permet cependant pas de considérer le cognitivisme comme une psychologie d'inspiration mécaniste* : en concevant l'ordinateur comme machine qui transforme de l'énergie en information et non en mouvement*, le cognitivisme s'écarte résolument des conceptions de l'apprentissage* comme développement d'habitudes* et des habitudes comme successions de mouvements. L'histoire lointaine de la psychologie cognitive conduit aux sources de la psychologie de la forme* et de la pensée systémique et permet d'en découvrir une origine commune : ces conceptions s'enracinent dans la philosophie spiritualiste de la fin du XIXe siècle qui s'opposait aux courants matérialistes et positivistes comme s'opposent aujourd'hui cognitivisme et béhaviorisme. C'est de cette philosophie que proviennent les distinctions entre le latent et le patent, le matériel et le logiciel, le comportement et les structures.

Les résultats des recherches neuropsychologiques récentes infirment l'hypothèse d'une ressemblance structurale ou fonctionnelle entre le système nerveux central et un ordinateur. Ce constat a conduit le cognitivisme à délaisser progressivement les modèles informatiques au bénéfice des modèles de réseau* d'automates d'inspiration néoconnexionniste*, notamment dans le domaine des études de la mémoire*.

Aujourd'hui, la **psychologie cognitive** s'inspire de façon plus ou moins cohérente et stricte des conceptions de ce courant dans ses analyses de la cognition*. Par ailleurs, au poids de cette conception sur les recherches fondamentales en psychologie correspond l'utilisation de certains concepts du cognitivisme dans les interventions thérapeutiques ou dans l'étude des relations sociales. *P. Mengal*

Cohérence comportementale → Essai professionnel

Cohérence linguistique

La cohérence n'est pas une propriété linguistique des énoncés, mais le produit d'une activité interprétative. L'interprétant prête *a priori* sens* et signification* aux discours* et ne formule un jugement d'incohérence qu'en tout dernier ressort. Le jugement* de cohérence est rendu possible par la découverte d'(au moins) une orientation argumentative* globale de la séquence* qui permette d'établir des liens entre des énoncés manquant éventuellement de connexité (liens entre les formants linguistiques) et/ou de cohésion* et/ou de progression et/ou — bien que plus difficilement — de pertinence situationnelle. *J.-M. Adam*

Cohésion linguistique

Notion sémantique* qui a pour but de répondre à des questions naïves : comment expliquer le fait que, quand on lit et comprend un énoncé (suite de mots*, phrase* ou texte*), on éprouve (ou non) un sentiment d'unité ? Comment rendre compte sémantiquement du fait qu'une suite de mots ne soit pas un tas de mots et un texte une juxtaposition de phrases ? Distinguée de la connexité interne aux formants linguistiques d'une expression (des lettres/sons aux composants morphosyntaxiques) et opérant aussi de phrase en phrase, distinguée également de la cohérence-pertinence contextuelle, la cohésion sémantique est un fait de cotextualité* que la notion d'isotopie* permet de théoriser. *J.-M. Adam*

Cohésion sociale

Forces qui relient les membres d'un groupe entre eux, qui agissent sur eux pour les empêcher de quitter le groupe et qui les font résister aux influences disruptives. La cohésion se manifeste par la solidarité entre les membres du groupe, la coopération pour la réalisation d'activités conformes aux normes du groupe, la diminution des différences interindividuelles qui peut aller jusqu'à l'adoption de conduites fortement standardisées, et la valeur très forte attachée par ses membres aux récompenses et aux marques d'estime décernées par le groupe. La cohésion est d'autant plus forte qu'il existe des possibilités de communication entre les membres, un consensus sur les intérêts et les opinions, et que le groupe réussit dans ses entreprises. *C. Lévy-Leboyer*

Cohorte → Transversale (Méthode —)

Collatéral

Comportement autre que la réponse opérante et qui apparaît dans les programmes opérants* à renforcement* intermittent. Ces comportements sont induits* s'ils sont facilités par rapport à des niveaux de base mesurés dans des conditions identiques mais en l'absence de la présentation périodique de la même quantité de renforcement. M. P. Wilson et F. S. Keller ont publié en 1953 la première description de conduites collatérales, observées chez des rats soumis au programme opérant de débit de réponses lent* (DRL). La prise en considération d'activités autres que la réponse opérante ou qui échappent au contrôle des programmes de renforcement* a favorisé la reconnaissance de l'importance des contraintes* biologiques caractéristiques des espèces animales étudiées. Elle a contribué au réexamen critique du rôle exclusif accordé au mécanisme d'apprentissage opérant. Au point de vue fonctionnel, les conduites collatérales observées dans des programmes exigeant une régulation temporelle correspondraient soit à des horloges comportementales qui dispenseraient l'animal de l'estimation de la durée, soit à des inhibiteurs de la réponse opérante, soit à des sous-produits de l'inhibition* induite par les programmes opérants qui exigent une régulation temporelle des réponses, soit encore à des distracteurs qui éloignent le sujet des stimulus qui peuvent induire la réponse opérante. *H. Lejeune*

Collection → Catégorisation

Colorimétrie

Mesure des couleurs fondée sur un ensemble de conventions. La colorimétrie visuelle utilise l'œil pour faire des comparaisons quantitatives entre les stimulus* de couleurs. La colorimétrie physique utilise des récepteurs* physiques pour faire ces mesures. Les couleurs sont mesurées en termes de tonalité* ou teintes (longueurs d'onde), de saturation (degré de pureté de la couleur) et de luminance (valeur énergétique de l'éclat lumineux). *R. Génicot*

Coma

Suspension de la conscience* et des fonctions de relation avec conservation relative des fonctions végétatives. Suivant l'intensité, on distingue le **coma vigile** (stade I) où persistent des possibilités d'éveil par incitation forte, le **coma léger** (stade II) où persistent de légères réponses à des stimulus douloureux, le **coma profond** (stade III) qui s'accompagne d'importants troubles végétatifs, le **coma dépassé** (stade IV) caractérisé à l'électroencéphalogramme par un tracé électrique plat signant un état de mort cérébrale. L'évolution régressive ou mortelle du coma dépend de sa cause et des moyens thérapeutiques qui peuvent être mis en œuvre. Les ressources actuelles des méthodes de réanimation qui permettent de maintenir un état physiologique normal à la périphérie en dépit de l'existence d'un coma dépassé posent de nombreux problèmes éthiques (continuation des soins, expérimentation). *D. Widlöcher*

Combativité

Désigne l'attitude de sportifs témoignant simultanément d'un engagement psychologique et corporel intense dans la situation de compétition* et d'un contrôle rigoureux de leurs réactions émotionnelles. Ce terme s'oppose généralement à celui d'agressivité* pour désigner le fait que ces compétiteurs, tout en recherchant le succès, ne dépassent pas les limites fixées par le règlement ou la morale (le code de *fair play*) et adoptent des comportements non dangereux à l'égard de l'adversaire. *M. Durand*

Combinatoire

Domaine des mathématiques discrètes qui s'intéresse aux assemblages, c'est-à-dire aux manières de combiner entre eux des objets différents. On peut y distinguer trois courants. L'analyse combinatoire concerne l'estimation du nombre de manières de combiner les éléments entre eux (arrangements, permutations, combinaisons, par ex.). Un des premiers théorèmes de combinatoire est la formule établie par Euler vers 1740, valable pour tout polyèdre convexe : nombre de faces – nombre d'arêtes + nombre de sommets = 2. La combinatoire des configurations s'intéresse aux problèmes d'existence et de construction de configurations dont les composants ont des rapports déterminés, satisfaisant des contraintes de régularité données, par exemple des problèmes d'emploi du temps ou d'organisation de tournoi. La combinatoire structurelle ou descriptive s'attache à développer des structures et des langages* pour décrire les associations et trouver un cadre général de validité de théorèmes combinatoires (par ex., la théorie des graphes*).

Certains psychologues (en particulier J. Piaget) ont utilisé des modèles algébriques pour formaliser les opérations* caractéristiques des divers stades* de développement* ; ils ont montré que les formes élaborées de raisonnement* (déduction*, et, plus largement, opérations formelles*) présentaient un caractère de nécessité qui résultait de l'existence d'une combinatoire au sein d'un système opératoire fermé. C'est en ce sens que l'on parle parfois de « pensée combinatoire ».

M. Baron et P. Duchet

Comme adjectif, le mot combinatoire qualifie un problème dont la résolution* nécessite le parcours d'un espace de recherche important qui peut être explicité par un algorithme* non déterministe, c'est-à-dire comportant des étapes de choix. Une méthode est dite combinatoire si elle consiste en une recherche énumérative, par essais successifs. *M. Baron*

Commandement → Style de commandement

Comme si (Personnalité —)

Terme introduit par H. Deutsch en 1948, pour rendre compte de tableaux cliniques particuliers. Il s'agit de personnalités ne présentant pas de symptômes psychonévrotiques ni de traits de caractère ouvertement pathologiques, et dont le comportement est bien adapté aux exigences de l'environnement ; cette apparente normalité est en contraste avec un manque d'authenticité et de chaleur, associé à une pseudo-affectivité. Le monde extérieur est posé comme tel, le sujet ne peut que s'y soumettre. La réalité fait fonction de surmoi, si bien qu'en lieu et place d'un conflit* intrapsychique, c'est le conflit entre le sujet et l'extérieur qui se révèle prévalent. *C. Chabert*

Commensalisme

Désigne une forme particulière d'association entre des êtres vivants d'espèces différentes, où le commensal tire profit de l'association sans que celle-ci ne profite ou ne nuise en rien à l'hôte. Le commensal peut bénéficier de l'abri qu'offre l'hôte, de la zone de protection qu'il assure, des débris de nourriture qu'il abandonne. Lorsqu'un animal, à force de harcèlement, en contraint un autre à lui abandonner sa prise, on parle de **cleptobiose,** qui est une forme particulière de parasitisme*. Il est des cas où il est parfois difficile d'affirmer qu'il n'y a aucune forme de profit mutuel (mutualisme) ; si le commensal en effet apporte le moindre avantage à l'hôte, par exemple en détectant le premier un prédateur*, l'association devient une symbiose*. Cette dernière peut être tellement étroite qu'elle en devient obligatoire, et entraîne une co-évolution des partenaires, comme c'est le cas de certaines fleurs et des insectes indispensables à leur pollinisation.

J.-C. Ruwet

Commissure

Les commissures sont des faisceaux de fibres nerveuses qui établissent des liaisons d'une part entre les deux hémisphères* pour les commissures interhémisphériques, d'autre part entre les noyaux gris centraux pour les commissures diencéphaliques.

Il existe trois commissures interhémisphériques :

1. le **corps calleux**, la plus importante, relie transversalement les deux hémisphères au fond de la scissure interhémisphérique, constituant un pont au-dessus du diencéphale* ; il réunit des aires corticales associatives, symétriques ou non ;
2. le **trigone** ou **fornix** est formé de deux arcs de cercles antéropostérieurs convergeant dans leur région supérieure et moyenne pour former une commissure ; les piliers antérieurs se terminent dans les tubercules mamillaires ; le trigone relie d'un même côté l'hippocampe* aux tubercules mamillaires par des voies olfactives* et les deux hippocampes par des fibres interhémisphériques ;
3. la **commissure antérieure** est située dans la paroi du 3e ventricule entre les piliers antérieurs du trigone et l'extrémité

antérieure du corps calleux ; elle relie les noyaux amygdaliens* entre eux.

Les commissures ont pour rôle d'intégrer les diverses fonctions des deux hémisphères ; cette intégration est illustrée par le syndrome de dysconnexion* interhémisphérique ou cerveau dédoublé dû à une section du corps calleux ou à certains cas d'agénésie congénitale du corps calleux.

Les commissures diencéphaliques sont plus nombreuses ; parmi les plus importantes il faut citer la commissure blanche postérieure, la commissure interhabenulaire, la commissure sous-thalamique de Forel, la commissure intertubérienne, la commissure interstriée de Meynert. La commissure grise est un pont de substance grise entre les deux thalamus placé à travers le 3e ventricule. *R. Decombe et M. Le Moal*

Communauté thérapeutique

Concept dû à M. Jones en 1972 pour décrire une forme de sociothérapie destinée à des institutions psychiatriques d'adultes. Elle requiert la participation active des patients et la mise en question de leur pathologie. Réunions et rencontres sont favorisées voire imposées par le personnel soignant et les crises sont utilisées pour un but thérapeutique. Les soins comportent un aspect de traitement individuel et un aspect de réadaptation sociale. Un idéal commun de guérison est entretenu et s'accompagne d'un soutien des évolutions personnelles, par l'intégration des plus malades dans des groupes d'anciens patients se réunissant avec ou sans psychothérapeute. Ces communautés sont souvent organisées autour d'un problème précis : toxicomanie, obésité, alcoolisme (Alcooliques Anonymes). Elles recourent dans ce cas à des groupes de confrontations thérapeutiques très directes, voire brutales, d'une durée brève ; en contrepartie, les patients bénéficient d'une prise en charge matérielle totale. Cette démarche a également été beaucoup utilisée et popularisée par l'antipsychiatrie*.

D. Anzieu

Communication

Dans un sens très large, ce terme désigne tout processus par lequel une information* est transmise d'un élément à un autre, que ces éléments soient de nature biologique (les communications dans le système nerveux*), technologique (les procédés de télécommunication) ou sociale. Dans le sens strict que nous adopterons, il se limite à ce dernier aspect, et peut être défini comme un processus par lequel les congénères interagissent, dans le cadre des finalités de survie du groupe, au moyen de signaux* plus ou moins spécifiques. Le processus de communication se réalise toujours en un épisode comportemental : un acte (déclencheur*) produit par un membre du groupe entraîne une modification de comportement chez un congénère. Pour différencier l'épisode communicatif d'autres formes d'interaction comportementale, deux critères doivent être pris en considération : le statut social de l'interaction* et le degré de spécificité du comportement déclencheur.

On ne parlera de communication que lorsqu'un épisode comportemental s'inscrit dans le cadre de finalités collectives, gérées par des règles d'organisation de l'espèce ou du groupe. Chez la plupart des animaux, les comportements communicatifs contribuent de manière directe et évidente à la survie (nutrition, reproduction, évitement du danger) et les règles d'interaction sont gérées par le potentiel génétique de l'espèce (émission de « phéromone* » chez les fourmis, « danse* » des abeilles, etc.). Chez les mammifères supérieurs, la capacité de communication génétiquement inscrite se réalise en séquences comportementales qui font l'objet d'un apprentissage*. Le système de règles est dès lors géré par le groupe et prend le statut de code* conventionnel. Chez l'homme enfin, la capacité d'espèce se réalise en divers codes conventionnels à caractère socio-historique, qui font en outre l'objet de représentations* individuelles ; la communication est dès lors gérée à la fois par le groupe et par les individus.

Chez certaines espèces, le comportement déclencheur de l'épisode communicatif ne présente aucune spécialisation apparente : le cri du choucas est d'abord une réaction conditionnée* à la perception de certains prédateurs ; c'est le contexte* de l'interaction (la position de l'animal « guetteur » et celle de ses congénères notamment) qui lui confère un statut de signal. Chez d'autres animaux, on assiste à une première forme de spécialisation ; la parade* de l'épinoche, comme les « rituels* » de nombreux oiseaux constituent des transformations comportementales qui, dans un contexte déterminé, prennent le statut de signal. Chez l'homme enfin, ce sont des comportements spécifiques (comme la production sonore) qui sont dotés d'un statut de signal (ou de signe*).

Quel que soit le degré de structuration sociale de l'espèce, et quel que soit le degré de spécialisation du signal déclencheur, l'information* générée dans l'épisode communicatif a un statut double.

D'une part, l'information peut se définir comme l'effet comportemental du signal ; c'est la « valeur* d'échange » de ce signal. Dans l'espèce humaine par exemple, l'individu qui a appris une langue connaît la valeur représentative moyenne de chaque signe ; il en connaît le sens* ou le signifié*. C'est la part stable de la relation signal-sens qui incite l'observateur non averti à interpréter tout épisode communicatif selon le schéma inspiré de R. Jakobson : un émetteur* désireux de transmettre une représentation la transformerait en suites de signaux, conformément aux règles du code (encodage* du message*), et la mettrait à disposition d'un récepteur* qui effectuerait l'opération inverse de décodage*. Un tel schéma n'est valide que pour décrire la communication de certains mammifères supérieurs. Dans la plupart des espèces en effet l'acte de communication n'implique pas son autoreprésentation ; l'émetteur ne dispose pas des moyens cognitifs lui permettant de mettre en relation le déclencheur et son effet, et de doter ainsi le premier du statut de signal, le second du statut de sens. Il ne peut en conséquence avoir l'intention* de transmettre le second au moyen du premier.

D'autre part, la valeur informative d'un signal constitue toujours aussi un effet d'interaction ; un comportement n'est signal que par les rapports fonctionnels qu'il entretient avec son contexte. Dans les espèces inférieures, cet effet du contexte est direct. Dans l'espèce humaine, il est médiatisé, c'est-à-dire organisé par des règles d'interaction sociale* qui ont été décrites notamment en termes de règles d'usage* et en termes de rites* d'interaction. Cet effet du contexte confère au signal sa seconde valeur informative, ou sa signification*.

J.-P. Bronckart

Communication non verbale

S'oppose à la communication* verbale, elle-même conçue longtemps comme le langage* au sens strict. Dans cette conception, toutes les autres formes de communication (même l'écriture) sont considérées comme secondaires, dérivées ou substitutives.

Les théories de la communication contemporaines, influencées par des disciplines aussi diverses que la linguistique* de l'énonciation*, la psychologie, la sociologie, l'anthropologie*, l'éthologie* animale, etc., font aujourd'hui une large place à la communication non verbale, en se fondant sur l'hypothèse de la multicanalité de la communication humaine. La communication humaine est conçue comme une énonciation hétérogène résultant de la combinaison d'éléments voco-acoustiques et visuels, le canal acoustique ayant perdu sa place prépondérante. Les premiers sont constitués non seulement par la partie verbale du langage mais aussi par tous les éléments mélodiques et intonatifs dont les fonctions expressives et esthétiques sont essentielles. Les seconds se classent en signes statiques (type morphologique, parures, habillement, etc.), cinétiques lents (postures*, etc.) et enfin cinétiques rapides (mimiques* faciales, gestes*, etc.). Les deux premières catégories participent à la définition du contexte* de la communication : âge, sexe, milieu socioculturel, humeur, etc. Les signes cinétiques seraient, eux, cotextuels* dans la mesure où ils participeraient à l'élaboration de l'énonciation et, donc, de l'énoncé. La tendance actuelle réserve le terme de communication non verbale aux éléments statiques rapides : la posturo-mimo-gestualité.

D. Peraya

Comparaison

Activité perceptive ou logique impliquant le repérage des différences et des ressemblances. Procédé linguistique ou logico-verbal consistant à établir une relation d'équivalence ou de correspondance entre réalités appartenant à des domaines différents ; l'analogie* et la métaphore* constituent des cas particuliers de ce procédé.

En psychologie expérimentale, les procédures de comparaison interviennent dans de nombreuses expériences impliquant un jugement* de différence ou d'identité entre deux stimulus, telles la détermination des seuils* différentiels*, ou l'estimation de l'équivalence sémantique ou logique entre énoncés.

Chez H. Wallon, ce terme désigne l'une des phases caractéristiques de la « représentation des choses », en tant que celle-ci aboutit au développement des catégories* mentales. Dans le développement de la phase précatégorielle syncrétique, la comparaison représente la quatrième étape, succédant à la dénomination, à la description et au récit. Elle porte sur le traitement des ressemblances et des différences entre les objets et les images. Tandis que la description et le récit relèvent encore de la pensée par couples* proprement dite, la comparaison s'efforce de dépasser celle-ci par l'introduction d'un troisième terme.

E. Jalley et M. Richelle

Comparaison sociale (Théorie de la —)

Par comparaison sociale, on désigne la tendance de l'individu à évaluer la validité de ses opinions* et aptitudes* en les comparant à celles d'autrui. La théorie, élaborée par L. Festinger en 1954, postule que cette tendance :

1. se manifeste en l'absence de critères de référence objectifs ;
2. conduit l'individu à éviter de s'exposer à ce qui va à l'encontre de ce qu'il pense ou à réduire la dissemblance.

Cette théorie, étendue par S. Schachter au domaine des émotions*, permet de rendre compte de phénomènes tels que la pression à l'uniformité, la formation des groupes, l'affiliation*, la communication* à l'intérieur des groupes ou l'attraction interpersonnelle*. *F. Askevis-Leherpeux*

Comparaison statistique → Analyse de variance

Comparateur → Discrimination, *Feedback, TOTE Unit*

Compensation

Des deux sens généraux du terme, dédommagement ou rétablissement d'un équilibre*, c'est ce dernier qui est utilisé en psychopathologie. On l'utilise dans de nombreuses acceptions pour définir la manière dont un comportement*, des sentiments*, des désirs* ou des croyances* se développent ou se renforcent pour faire contrepoids à une déficience ou à une tendance qui est source de déplaisir. On parlera ainsi de la compensation d'un sentiment d'infériorité, d'un déficit des capacités* physiques ou cognitives, des désirs qui ne trouvent pas leur satisfaction ou d'un trouble de la personnalité. Si le sens commun peut tirer profit de ce type d'explication, son caractère vague et trop général nécessite que soient précisés les mécanismes qui opèrent pour réaliser cet effet. *D. Widlöcher*

Compétence

Capacité dans un domaine donné, ou capacité à produire telle ou telle conduite. Ce sens ne diffère pas de celui que le terme a dans la langue courante. Néanmoins, compétence ne faisait pas partie du lexique de la psychologie scientifique avant que N. Chomsky n'élabore, dans le contexte de la linguistique générative*, l'opposition compétence-performance* (V. Compétence linguistique). C'est par analogie avec ce dernier usage que le terme suggère généralement une capacité qui ne se manifeste pas clairement ou complètement, soit que certains facteurs interférents la dégradent lorsqu'elle se traduit en performance, soit que nos méthodes d'observation se soient révélées insuffisantes pour bien la cerner. Les travaux sur les compétences du nourrisson ressortissent à ce dernier cas. Pour ce qui est du premier, plus strictement proche de l'opposition mise en honneur par Chomsky, il s'inscrit dans une conception courante dans les théories cognitivistes*, qui distinguent le niveau des structures* et mécanismes mentaux et celui des comportements observables, en privilégiant nettement le premier. Ainsi, la compétence perceptive, motrice, cognitive, mnésique, etc., renvoie à ce que le sujet est en mesure, idéalement, de percevoir, de faire avec ses muscles, de connaître, de se rappeler, etc., sans que les comportements ne le reflètent nécessairement parfaitement. L'écart ne doit pourtant être dû qu'à des circonstances défavorables à l'expression de la compétence déjà présente : on distinguera donc la compétence de la potentialité*, dont on n'attendra pas qu'elle se traduise en comportements avant que le développement ou quelque apprentissage soient intervenus. *M. Richelle*

Compétence linguistique

En grammaire générative*, terme technique introduit par N. Chomsky pour désigner la capacité qu'a le locuteur-auditeur idéal d'une langue donnée de produire et de comprendre une infinité de phrases* grammaticalement correctes. La compétence désigne en fait le savoir implicite de la langue, c'est-à-dire le système intériorisé de règles* qui constitue la grammaire* de cette langue ; ainsi définie, la compétence correspond en partie au concept de « langue » de la linguistique structurale. Par ailleurs, ce système intériorisé rend également compte de l'intuition* grammaticale des sujets parlants, c'est-à-dire de la possibilité qu'ont les sujets d'interpréter des phrases ambiguës ou de porter des jugements de grammaticalité sur tout énoncé qu'on leur soumet. On distingue généralement une « compétence universelle » constituée par les règles que l'on retrouve dans les grammaires de toutes les langues, et une « compétence particulière » constituée par les règles spécifiques d'une langue particulière (V. Performance). *M. Hupet*

Compétence minimale

Alors que, dans son sens usuel, la compétence* est la capacité d'accomplir une tâche donnée de façon satisfaisante, la compétence minimale correspond au degré inférieur des savoirs ou des habiletés*, degré jugé acceptable en fonction de critères plus ou moins explicites. Le passage de classe, à l'école, ou l'obtention d'un certificat ou d'un brevet de fin d'études supposent que la compétence minimale soit atteinte ou dépassée. La constatation de carences graves dans les apprentissages* scolaires fondamentaux a fait de l'évaluation* des compétences minimales, notamment en lecture*, en expression écrite et en mathématiques, une question de grande actualité. Etudié scientifiquement, surtout à partir des années 1970, le problème de la fixation de la note* ou de la zone de coupure entre compétence et incompétence s'est révélé d'une grande complexité. *G. de Landsheere*

Compétence perçue

Ou **sentiment de compétence.** Construction cognitive correspondant à l'opinion qu'a un individu de sa propre valeur, sur les plans cognitif, social et physique. Cette représentation, relativement stable chez l'adulte, est la conséquence des expériences réalisées pendant l'enfance : résultats obtenus dans diverses situations, réactions sociales, etc. Elle a un rôle régulateur de la motivation*, l'individu s'orientant vers les activités où il se sent compétent et s'y engageant de manière intensive. *M. Durand*

Compétition

Le plus souvent opposée à la coopération*, la compétition désigne une forme d'interaction entre individus (ou groupes) telle que chacun cherche à maximiser ses propres gains. Les premiers travaux expérimentaux montrent que les groupes coopératifs ont une production quantitativement et qualitativement supérieure à celle des groupes compétitifs. Plus tard, les intérêts des chercheurs se diversifient et l'on voit se développer deux nouvelles familles de recherches : les premières, se référant parfois à la théorie des jeux*, sont centrées sur les aspects stratégiques de la coopération et de la compétition dans des situations de conflit tandis que les secondes montrent que, pour améliorer les relations entre groupes, il convient à la fois de favoriser la coopération en leur sein et de réduire la compétition qui les oppose. *F. Askevis-Leherpeux*

Dans le cadre de la compétition sportive, le succès dépend largement de la valeur des performances motrices* individuelles ou collectives. Selon les sports, les adversaires peuvent agir successivement (lancers en athlétisme ou course contre la montre par équipe en cyclisme) ou simultanément et dans ce cas les affrontements sont soit parallèles (course en athlétisme ou aviron), soit réciproques (judo ou football). Les situations de compétition sont généralement perçues comme très attrayantes, malgré des différences individuelles notables dues en partie aux pratiques éducatives. Elles occasionnent un renforcement de la cohésion entre les membres du groupe et une augmentation de l'agressivité* envers les non-membres. Elles sont l'occasion d'une évaluation sociale où le sentiment de compétence* du compétiteur est en jeu, ainsi que l'image qu'il souhaite donner de lui-même à ses proches. Dans tous les cas, il s'agit pour lui de gérer au mieux les contraintes réglementaires et matérielles des activités ainsi que ses ressources* propres. Ces objectifs contradictoires provoquent parfois des distorsions ou des perversions : tricherie et enfreinte du règlement, amélioration artificielle des ressources par dopage, incapacité à gérer le stress* ou à contrôler son agressivité. *M. Durand*

Compétitivité

Certains sportifs sont de meilleurs compétiteurs que d'autres ; ils ont une prédilection pour la compétition* et une grande efficacité dans cette situation. Leur motivation*, essentiellement fondée sur le besoin d'accomplissement*, est telle qu'ils recherchent intensivement le succès et la comparaison à autrui. L'efficacité, indépendamment du niveau d'aptitude* et d'habileté*, est liée à leur capacité à contrôler les réactions émotionnelles associées à la compétition (stress*, agressions*), ainsi que les inhibitions* qu'elle génère (sentiment d'incompétence, peur de vaincre*). *M. Durand*

Complément amodal → Amodal

Complément modal → Modal

Complémentaire

Qualifie deux catégories de phénomènes ou de processus dont les actions produisent des effets qui se conjuguent et se complètent. Dans le cadre de son modèle du développement cognitif, qui tend à minimiser les processus de crise* et de conflit*, J. Piaget utilise la notion de **complémentarité** comme principe de réduction d'un antagonisme* initial. A partir d'un état d'indifférenciation* primitif où elles sont antagonistes, l'assimilation* et l'accommodation* se dissocient et parviennent à un état d'équilibre*, qui les rend complémentaires.

D'après H. Wallon, les rapports entre nourrissons (0,6-1 an) s'organisent selon des rôles* complémentaires. Par ailleurs, selon, les prédispositions, le tempérament d'une part, les circonstances, les conditions d'existence d'autre part, sont des facteurs* d'action complémentaire. *E. Jalley*

Complètement → Modal

Complexe d'infériorité → Infériorité

Complexe d'Œdipe

S. Freud a découvert dès 1897, sur lui-même et dans le cadre de son autoanalyse*, l'existence de souhaits inconscients de mort dirigés contre son père, de désirs incestueux dirigés sur sa mère et d'un lien entre les deux. Il a compris qu'il partageait cela avec non seulement ses patients, mais l'ensemble des hommes et il se réfère à l'*Œdipe-Roi* de Sophocle. Mais ce n'est qu'en 1908 qu'il décrit le complexe nucléaire de la névrose* et en 1910 qu'il le nomme complexe d'Œdipe. S. Freud a décrit d'abord la forme positive ou directe du complexe d'Œdipe masculin : désirs incestueux pour la mère, sentiments ambivalents* à l'égard du père qui est à la fois un rival et un objet* d'amour et d'identification*. Cette forme directe coexiste ou alterne avec la forme dite négative ou inverse : désirs homosexuels passifs pour le père, sentiments ambivalents à l'égard de la mère. Ces deux formes du complexe succombent au refoulement* motivé par la peur de la castration*, que la castration soit redoutée comme une punition (forme directe) ou comme une conséquence ou une condition du rapport sexuel avec le père (forme inverse). La forme directe du complexe d'Œdipe féminin, au contraire, commence selon Freud avec le complexe de castration* : c'est l'envie du pénis* qui détournerait la fillette de sa mère et l'amènerait à choisir le père comme objet sexuel ; quant à la forme inverse, elle se différencie mal de l'attachement préœdipien à la mère. Le complexe d'Œdipe est à la fois une étape de la vie de l'individu, vécue selon S. Freud entre deux et cinq ans, et un organisateur permanent des fantasmes* et des désirs inconscients. M. Klein a précisé les formes féminines du complexe d'Œdipe dont la spécificité avait partiellement échappé à S. Freud ; elle a mis l'accent sur les formes archaïques de ce complexe, qui s'esquisserait dès la fin de la première année, serait d'emblée féminin dans les deux sexes et dominé par des buts sadiques-oraux* et sadiques-anaux* et par des *imagos** terrifiantes comme celle des parents combinés*. *J.-M. Petot*

Complexité cognitive

Richesse du contenu idéationnel et de la composante cognitive d'une attitude* ou d'une représentation*. Les personnes que caractérise un fort degré de complexité cognitive pour un objet donné sont capables d'employer pour le décrire et l'évaluer des concepts nombreux et indépendants. Un indice de complexité cognitive peut être calculé à partir des données obtenues à l'aide de la grille de G. H. Kelly*.

C. Lévy-Leboyer

Comportement

Activité* d'un organisme en interaction avec son environnement*. Le terme désigne tantôt, de façon générique, l'ensemble des activités (le comportement humain), tantôt telle activité particulière (le comportement de toilettage*).

Mis en honneur au début du siècle par H. Piéron en France et par J. B. Watson aux Etats-Unis, le mot comportement est historiquement associé à la redéfinition de l'objet même de la psychologie que proposait le béhaviorisme*. Dans un sens restreint, la notion de comportement se limite aux activités directement observables de l'organisme, ce qui exclut, du moins au premier abord, les états de conscience*, les pensées*, sentiments*, représentations* et autres activités intérieures. Dans un sens plus large, qui a été longtemps celui d'un usage peu contesté du mot, et que défendent explicitement certains béhavioristes, tel B. F. Skinner, la notion s'étend aussi bien à ces activités intérieures, et rejoint celle de conduite* proposée par P. Janet. Dans cette dernière perspective, le caractère directement observable n'est pas tenu pour un critère important, la psychologie se donnant entre autres pour tâche de dépasser les conditions de l'observation directe immédiate en rendant accessibles des phénomènes jusqu'ici inobservables. Pourtant, dans les conceptions cognitivistes*, pour lesquelles l'objet de la psychologie cesse d'être le comportement au profit du traitement de l'information* ou de la représentation, la dissociation entre comportement et activités internes est à nouveau accentuée. Le comportement n'y est plus qu'une manifestation des processus intérieurs, utile, du moins provisoirement, pour faire à leur propos des inférences* fondées.

La notion de comportement, pour ceux qui en firent choix comme objet de la psychologie*, facilitait sans doute l'articulation de celle-ci à la physiologie ; mais elle l'exposait aussi à s'y réduire. Aussi, les psychologues ont-ils déployé beaucoup d'énergie à préciser la spécificité de l'étude du comportement par rapport à celle du fonctionnement du système nerveux, n'éludant ainsi que partiellement le débat sur les rapports cerveau-esprit qui parcourt jusqu'à nos jours toute l'histoire des relations entre psychologie et physiologie. C'est dans le cadre de cette préoccupation pour la délimitation des territoires que fut proposée la distinction entre comportement molaire* et moléculaire*, le premier, global, saisi dans sa signification fonctionnelle, étant l'affaire de la psychologie, le second, analysé dans le détail fragmenté de l'action musculaire, étant réservé à la physiologie. Peu de physiologistes ou de psychophysiologistes ont adhéré à ce découpage artificiel, demeuré par ailleurs totalement étranger à une autre tradition scientifique qui a mis en honneur le concept de comportement, à savoir l'éthologie*, souvent désignée par ceux qui la pratiquent biologie du comportement.

Lorsqu'il renvoie, non à une notion générale (le comportement), mais à une activité particulière, le terme comportement soulève le problème de la définition des unités pertinentes : où commence et où finit un comportement ? Selon le niveau d'observation* et d'analyse auquel il se place, le psychologue aura à faire un choix, pouvant aller de l'unité segmentaire de l'analyse mécanique du mouvement* (chaque rotation repérable de la tête est, par ex., enregistrée) à l'acte* organisé par rapport à une finalité* (la construction du nid est définie comme un comportement). A un extrême, le comportement est une unité descriptive minimale, découpée de façon conventionnelle mais méthodologiquement justifiée, dans le flux continu des activités du sujet ; à l'autre extrême, il est une large unité fonctionnelle dotée de signification dans l'adaptation de l'organisme à son milieu. Se rattachent indubitablement à ce dernier pôle les notions de comportement préparatoire*, consommatoire*, opérant*.

Comportement gouverné par les règles : selon une distinction introduite par Skinner en 1963, comportement s'installant, chez le sujet humain, à la faveur d'instructions ou d'informations verbales, par opposition au **comportement modelé par les contingences*,** lequel implique une exposition directe aux conditions du milieu (V. Collatéral, Induit).

M. Richelle

Comportement d'alternance → Alternance

Comportement de type A et B

Deux cardiologues américains, M. Friedman et R. H. Rosenman, ont défini la notion de type A à partir de la relation statistiquement significative observée entre un ensemble de comportements et une occurrence accrue de maladies cardio-vasculaires non expliquée par les facteurs de risque classique (hypertension, cholestérol, tabac). Ce type de comportement est caractérisé par un sens aigu de la compétition, une lutte incessante pour la réussite, l'hyperactivité, la parole explosive, la tension de la musculature faciale, un sentiment d'urgence et de défi permanents, le comportement de type B n'étant défini que par l'absence de ces caractéristiques.

P. Lidvan

Comportement redirigé → Activité redirigée

Comportementale (Thérapie —)

Forme de psychothérapie caractérisée par une action dirigée vers les symptômes*, tenus pour des comportements* à modifier, à l'aide de prescriptions se référant aux règles de l'apprentissage*. En effet, la psychothérapie comportementale part du principe que les troubles mentaux résultent de renforcements* ayant conduit à la fixation de comportements stables. De nombreuses méthodes peuvent être utilisées : l'**inhibition réciproque** vise à développer une nouvelle réponse qui se substitue à la réponse-symptôme chaque fois que la situation-stimulus se répète. Pour la réaliser, on peut avoir recours aux techniques de relaxation (désensibilisation systématique). Les techniques de généralisation et d'affaiblissement du stimulus utilisent l'**exposition** répétée à des stimulus pathogènes atténués. Les techniques de **pratique négative** visent à supprimer des réponses-symptômes en entraînant le sujet à les reproduire volontairement. Les techniques de **conditionnement positif contrôlé** cherchent à créer une condition nouvelle destinée à lutter contre le symptôme. Les techniques d'**aversion**, enfin, ont pour but de créer un renforcement négatif.

Toutes ces méthodes nécessitent la coopération active du patient et tentent de neutraliser toute interaction affective qui dépasserait le cadre de cette coopération. Elles se distinguent donc radicalement de l'approche psychodynamique qui se fonde sur la compréhension des mobiles qui détermineraient le symptôme, et sur l'utilisation des composantes affectives de la relation thérapeutique. Les comportementalistes attachent une grande importance à la définition précise et concrète des comportements cibles et des conditions dans lesquelles ils se réalisent. Ils mettent l'accent sur l'intérêt pratique de traitements de courte durée et sur la possibilité de mesurer objectivement les résultats observés.

Les thérapies comportementales ne s'appliquent pas seulement à des troubles mentaux caractérisés mais à des conduites jugées nocives (toxicomanie*, tabagisme, gêne sociale, inhibition professionnelle, etc.).

Sous le terme de **thérapie cognitive**, se développent depuis une vingtaine d'années des méthodes qui, tout en conservant les principes généraux de la thérapie comportementale, reposent sur la prescription, non de comportements, mais d'activités mentales destinées à lutter contre des symptômes purement mentaux ou à les compenser (états dépressifs, pensées obsédantes, etc.).

D. Widlöcher

Composite → Stimulus

Composition transitive → Groupement

Compréhension linguistique

En psychologie, le terme de compréhension est utilisé pour désigner à la fois un processus et le résultat de ce processus. Dans la première acception, on réfère à l'ensemble des opérations simultanées ou séquentielles de traitement d'information* appliquées à des stimulus de divers niveaux de complexité (un mot*, une phrase*, un récit*) ; sur ce plan, on distingue la compréhension de la production*. L'étude expérimentale de ces opérations se fait en soumettant des sujets à diverses tâches* portant sur divers types de matériels : tâches de simple lecture*, de vérification, d'appariement, de résumé*, de rappel*, etc. Ces études privilégient généralement les mesures du taux de réponse que l'on considère comme un bon indicateur des propriétés des processus cognitifs sous-jacents. Dans la seconde acception, on réfère au produit de ces traitements, c'est-à-dire à l'interprétation même des stimulus ; on considère généralement qu'elle peut varier en fonction de la profondeur du traitement appliqué ainsi qu'en fonction de l'ampleur de l'activité inférentielle que le sujet peut avoir développée.

M. Hupet

Compréhension logique

En logique classique, la compréhension « marque les attributs contenus dans une idée » (Logique de Port-Royal), c'est-à-dire les propriétés qui déterminent un concept*. Sous l'influence de l'anglais, on parle aussi aujourd'hui d'intension*. La compréhension est duale de l'extension*. En théorie des ensembles*, il existe un axiome dit axiome de compréhension qui pose l'existence de certains ensembles d'éléments jouissant d'une même propriété.

J.-B. Grize

Compréhension soudaine

L'expression traduit de façon satisfaisante le terme anglais ***insight*** et le terme allemand ***Einsicht*** qui fut appliqué par W. Köhler en 1917 à la réorganisation du champ* amenant à la solution, après des essais infructueux, le chimpanzé soumis à des problèmes* pratiques. La soudaineté n'est, en fait, pas une caractéristique essentielle de la compréhension*, mais plutôt de la reprise de l'activité observable d'exécution de la solution. Cette activité suit en effet une phase d'inactivité que l'observateur est tenté d'interpréter comme une réflexion. Rien ne permet d'inférer la rapidité de la compréhension, non plus d'ailleurs que la part que peuvent y jouer les représentations* mentales. Les observations de Köhler suggéraient néanmoins la présence chez le singe supérieur de tâtonnements intériorisés.

M. Richelle

Compromis → Formation de compromis

Compulsion

Tendance à accomplir certaines actions et à les répéter, la compulsion est un acte caractérisé par quatre critères : une incongruité par rapport aux actions en cours, une contrainte à être répété, une fonction d'échapper à la crainte angoissante de ce qui pourrait arriver s'il n'était pas accompli et une égodystonie*, c'est-à-dire une non-conformité ou une dysharmonie à l'ensemble de l'organisation du moi. La compulsion se rencontre au cours d'états névrotiques, en particulier dans la névrose obsessionnelle*. Cette notion est devenue un véritable concept dans la théorie psychanalytique. Dans ce domaine, il soulève actuellement un problème terminologique : pour transcrire le terme de *Zwang* doit-on maintenir en français un terme identique ou au contraire retenir deux termes différents, compulsion d'une part et contrainte d'autre part, le premier s'appliquant à la névrose, le second à l'inconscient ? En d'autres termes, doit-on appliquer le terme de *Zwang* aussi bien à la névrose qu'à l'inconscient ? Dans ce dernier cas, on pourrait distinguer deux types de contraintes qui ne s'appelleraient alors plus compulsion : la contrainte de la pulsion et la contrainte du fantasme inconscient. *A. Braconnier*

Computation, computationnel → Calcul

Conation

Dans la triade émotion-cognition-conation ce dernier terme regroupe les facteurs de personnalité* qui concernent les tendances, par opposition aux émotions comme facteurs du ressenti et aux modules de traitement de l'information du cognitif. Cette opposition donne à la conation la particularité de séparer l'intentionnel ou le motivationnel des aspects affectifs. Au sens classique, la conation est le jeu des tendances en action, l'équivalent de la « conscience motrice ». *R. Jouvent*

Conative (Fonction —) → Fonction du langage

Concentration → Attention

Concept

Forme la plus élémentaire de la pensée*, à distinguer de formes plus élaborées, comme le jugement* par exemple. Le concept est cependant toujours une idée générale, et c'est ce qui le différencie de l'image mentale*, qui reste doublement individuelle : elle est celle d'un sujet déterminé et représente un objet singulier. Ainsi le concept de « mère » est partagé par quiconque sait ce qu'est une mère et ne renvoie à aucune d'elles en particulier ; l'image mentale de « ma mère » en revanche n'appartient qu'à moi et elle est celle de l'unique femme qui m'a donné le jour.

Un concept peut être défini de deux façons. D'une part en compréhension*, c'est-à-dire en donnant la liste de tous ses traits caractéristiques. On parle aussi de la liste des attributs qu'il « enferme en soi, qu'on ne peut lui ôter sans le détruire » (Logique de Port-Royal). D'autre part en extension*, c'est-à-dire en fournissant une collection ou une classe* d'objets dont chacun possède toutes les propriétés mentionnées. Certes, chacun des objets évoqués jouit encore d'autres propriétés que celles énoncées dans la compréhension du concept, mais elles sont alors considérées comme non pertinentes. C'est en ce sens qu'un concept est non seulement général, mais abstrait. La compréhension du concept « carré », par exemple, consiste en : être un quadrilatère, avoir des côtés égaux et avoir des angles droits. Son extension est formée par toutes les figures qui possèdent ces trois propriétés, abstraction faite de leur taille et d'autres aspects éventuels. Il existe une double relation entre compréhension et extension. L'une est circulaire : pour abstraire les propriétés communes à tous les carrés, il faut savoir quelles figures sont carrées et lesquelles ne le sont pas. Mais un tel choix requiert la connaissance de ce que signifie « être carré ». C'est la raison pour laquelle la genèse des concepts a donné lieu non seulement à de nombreux débats philosophiques, mais à des expérimentations psychologiques très variées. L'autre relation est la loi selon laquelle l'extension est en raison inverse de la compréhension. Cela signifie que, plus la compréhension est riche, plus l'extension est pauvre, moins donc il y a d'objets qui y satisfont. Cognitivement, il y a moins de carrés que de losanges et moins de losanges que de quadrilatères, même si les trois ensembles* sont mathématiquement équipotents (leurs éléments peuvent être mis en correspondance biunivoque les uns avec les autres). Cela permet d'établir une hiérarchie entre certains concepts. On parle alors de genre et d'espèce : les carrés et les losanges sont des espèces du genre quadrilatère. Il faut toutefois noter que la relation entre genre et espèce est une relation vicariante, c'est-à-dire transposable d'un niveau à l'autre. Le losange est espèce relativement au quadrilatère, il est genre relativement au carré. On est à la source d'un type fondamental de classification*. Enfin, il peut se faire qu'à des compréhensions différentes corresponde une même extension. Tel serait le cas si l'on définissait le carré comme un quadrilatère avec des diagonales perpendiculaires et des bissectrices aussi perpendiculaires.

Les concepts non seulement servent à organiser les connaissances et permettent le raisonnement* logique, mais ils sont source de créativité*. Supposons en effet que, par abstraction* convenable de données perceptives, on ait établi la compréhension de deux concepts, l'un par les traits a, b, c, l'autre par les traits d, e. Sans plus recourir à l'observation, il est alors possible d'engendrer de nouveaux concepts, tels par exemple ceux de compréhension (a et d), (b, c et e), etc.

La plupart des mots* désignent des concepts qui peuvent appartenir à des domaines très différents les uns des autres : êtres concrets (arbre), êtres abstraits (nombre), processus (polissage), propriétés (rouge), actions (courir). On ne voit d'ailleurs pas qu'il soit possible d'en fournir une liste exhaustive. Toutefois l'usage de la langue, indispensable à partir d'un certain degré d'élaboration de la pensée, conduit à distinguer nettement le concept au sens fort (tel qu'il vient d'être défini) et la **notion**. Il est rare en effet que les termes d'une langue, dans leur emploi commun, soient réellement définis par la donnée d'une liste bien déterminée et fermée de propriétés, comme le sont par exemple les concepts scientifiques. Ainsi la « masse d'un corps » dans l'usage courant est une certaine quantité de matière qui ne se distingue guère de son poids, et à un certain âge même, pas de son volume. Il s'agit d'une notion et ce n'est qu'au sein d'une théorie physique, dans laquelle la masse est définie comme le rapport entre la force à laquelle le corps est soumis et son accélération, que l'on peut parler de concept au sens strict. Cette distinction n'est pas sans conséquences sur les raisonnements, dont les plus rigoureux ne peuvent se faire que sur des concepts. On peut même envisager que l'une des différences essentielles entre les sciences dites dures et les sciences humaines tienne au fait que les premières se servent de concepts et les secondes de notions. *J.-B. Grize*

Concept de soi

Représentation* de soi dans le système de connaissances* de l'individu. Cette représentation est équivalente à une structure cognitive* probablement complexe intervenant dans le traitement des informations* provenant ou de l'environnement social de l'individu ou de son propre comportement. Elle est faite d'un ensemble de métaconnaissances* fonctionnelles et de connaissances factuelles qui se trouvent activées par certains aspects saillants de l'environnement ou du comportement. Le concept de soi sert à organiser l'information nouvelle concernant le soi. Il implique des règles d'inférence, de jugement, d'encodage, de récupération en mémoire de ces informations, ainsi que de prédiction et de planification des comportements à venir. *Ersoc*

Conceptualisation

Terme assez peu fréquemment utilisé et qui semble avoir été introduit vers les années 1950 par D. Lagache. Il sera ici entendu à la fois comme un processus et comme un résultat.

En tant que processus, la conceptualisation désigne la démarche de l'intelligence* qui, selon J. Piaget, passe par une série d'étapes dont aucune ne prolonge simplement la précédente, mais l'intègre dans une construction plus élaborée et surtout plus équilibrée. Il s'agit dans l'ordre : des perceptions* primaires qui sont à la base des activités perceptives ; des activités sensorimotrices ; des représentations* préopératoires qui conduisent aux opérations concrètes* ; des structures formelles*. On est en présence d'une filiation de structures* de plus en plus générales et abstraites.

En tant que résultat, la conceptualisation se présente comme un système organisé de concepts* dont l'équivalent pratique est constitué de schèmes* sensori-moteurs. Ceux-ci sont certes déjà de nature à s'appliquer à des ensembles de situations analogues entre elles, mais ils ne visent encore qu'au succès de l'action. Ce que l'on pourrait appeler les schèmes* conceptuels, eux, sont indépendants de telle ou telle action particulière et tendent donc vers la connaissance* pour elle-même. Il s'ensuit que de tels schèmes sont totalement indépendants de toutes circonstances tant spatiales que temporelles et qu'ils relèvent entièrement de méthodes combinatoires.

On peut dire enfin que la conceptualisation est une attitude de pensée au second degré. Il ne s'agit plus d'organiser des actions, voire des opérations intériorisées mais, par un acte à proprement parler réflexif, de saisir les systèmes globaux que constituent ces actions. *J.-B. Grize*

Conceptuel

Qui se rapporte au concept*, ou qui est de l'ordre du concept.

Dans un sens proche d'abstrait, ou de théorique, se dit d'une démarche, d'une approche, d'une attitude qui se dégage du niveau concret*, qui le transcende, ou qui le néglige ou l'ignore. Se dit d'une construction élaborée par l'intelligence*, par opposition aux situations pratiques ou aux réalités psychologiques : le temps* du physicien, l'espace* de la géométrie sont conceptuels, par opposition au temps vécu et à l'espace corporel.

Dépendance conceptuelle : modèle* propositionnel de représentation des connaissances proposé par R. C. Schank en 1975. Il vise à une représentation des concepts sous-jacents aux énoncés indépendante des caractéristiques linguistiques propres à chaque langue naturelle. A cette fin, le modèle spécifie un réseau d'interrelations possibles entre un ensemble restreint de « primitives conceptuelles » *(conceptual primitives),* comprenant des actes de base, physiques, instrumentaux ou mentaux, des états, des rôles, etc.

Système nerveux conceptuel : dans son ouvrage de 1938, *The Behavior of Organisms,* B. F. Skinner suggérait que les initiales *CNS* pourraient se décoder en *conceptual* plutôt que *central nervous system,* la machinerie nerveuse invoquée pour expliquer le comportement étant souvent une construction inférée, légitimement en attente d'une exploration directe par le neurophysiologiste (Skinner donnait l'exemple de la synapse, dont la structure et le fonctionnement étaient encore mal connus), mais parfois élaborée avec complaisance et maintenue à ce niveau dans les théories psychologiques (V. Champ conceptuel).

M. Richelle

Concret

Qui se rapporte à des objets ou phénomènes réels, sensibles. Se dit, en psychologie, par opposition à **abstrait** ou à **formel,** d'une attitude*, d'une intelligence*, d'une démarche tournée vers le réel et le pratique. L'opposition renvoie à des différences interindividuelles, tantôt ramenées à des formes typologiques, tantôt étalées entre deux extrêmes le long d'un *continuum*. Elle peut aussi renvoyer à des différences entre étapes du développement*, comme dans la théorie de Piaget, où l'enfant passe par des stades* où les capacités cognitives* demeurent dépendantes du concret avant d'accéder au niveau strictement symbolique* ou formel.

Dans les situations* expérimentales ou de test*, on parle d'épreuves concrètes lorsque le matériel présenté au sujet est constitué d'objets, éventuellement à manipuler, par opposition à des données verbales ou logico-formelles.

En linguistique, les unités lexicales concrètes sont celles qui réfèrent à des objets ou phénomènes réels et sensibles, par opposition à celles qui réfèrent à des qualités ou entités abstraites, ou à des relations. Les termes concrets, à l'exception des noms propres, n'en sont pas moins conceptuels* (V. Opération concrète). *M. Richelle*

Condamnation

Peine appliquée à un individu reconnu coupable par une juridiction de jugement après que sa culpabilité* légale eut été prouvée. L'auteur d'un comportement socialement réprouvé est rejeté par ses compagnons qui peuvent signifier son exclusion par des signes manifestes tel celui d'interdire l'accès de leur domicile (porte condamnée).

J. Selosse

Condensation

D'abord décrite par S. Freud comme une des opérations essentielles par laquelle s'accomplit « le travail du rêve », la condensation deviendra un des modes caractéristiques du fonctionnement de la pensée inconsciente. Le mécanisme de condensation se retrouve dans les lapsus*, les oublis* de mots, les mots d'esprit*, les symptômes* en général, en fait, toutes les formations dites de « compromis ».

Mais c'est à propos du rêve, qui, pour S. Freud, témoigne le mieux des lois régissant les processus inconscients, que la condensation a été mise en évidence : sur une représentation unique, viennent s'additionner les diverses énergies qui se déplacent le long des chaînes associatives. D'où la force de certaines images du rêve qui témoigne d'un investissement important. La condensation est repérable par exemple dans la formation d'un personnage composite, d'un thème, ou d'un objet qui constituent un point nodal, un carrefour de plusieurs chaînes associatives. Le linguiste R. J. Jakobson et, à sa suite, J. Lacan ont mis en relation les mécanismes rhétoriques de la métaphore* et de la métonymie*. La condensation fonctionnerait comme une métaphore dans la mesure où elle lierait deux signifiants par un sens latent dans une concentration d'intensité. Dans l'une comme dans l'autre, un élément serait toujours mis à la place d'un autre et un maillon de la chaîne associative serait absent.

A. Braconnier

Conditionné

Se dit du stimulus* qui a été soumis à une association avec un stimulus inconditionnel* ou de la réponse* qui résulte de ce conditionnement*. Dans la procédure* pavlovienne, le stimulus conditionné (ou **conditionnel**) est d'abord un stimulus neutre* qui, par association avec un stimulus inconditionnel, déclenche une réponse similaire à la réponse inconditionnelle dite réponse, réaction* (ou réflexe*) conditionnée.

Dans la terminologie du conditionnement opérant*, se dit de la réponse qui est suivie d'une conséquence* renforçante, propre à en accroître la probabilité d'apparition.

Évitement conditionné : procédure d'évitement* dans laquelle le stimulus aversif* est précédé d'un signal, ayant valeur de stimulus conditionné, et pendant lequel la réponse d'évitement permet au sujet de se soustraire anticipativement au stimulus aversif.

Inhibition conditionnée : chez I. Pavlov, inhibition* de la réaction conditionnée obtenue en associant au stimulus conditionné un autre stimulus, cette combinaison n'étant jamais renforcée. Le stimulus conditionné présenté seul garde sa propriété de déclencher la réponse conditionnée, ce qui distingue l'inhibition conditionnée de l'extinction*.

M. Richelle

Conditionnement

Procédure d'apprentissage*, d'abord décrite par I. Pavlov dès 1902, dans laquelle un stimulus dit conditionné* (par ex., sonnerie) associé avec un stimulus inconditionnel* (nourriture) provoque une réponse conditionnée similaire à la réponse inconditionnelle (salivation). Mécanisme d'apprentissage associatif mis en évidence par cette procédure. Le terme a été ensuite appliqué à une procédure sensiblement différente, dans laquelle un comportement, tel le parcours d'un labyrinthe ou l'ouverture d'une porte (boîte à problèmes) est sanctionné par un renforcement alimentaire : on parle alors de conditionnement, ou, plus couramment, d'apprentissage instrumental*. B. F. Skinner en 1938 a épuré cette dernière procédure en mettant au point un dispositif où l'animal actionne un levier-réponse* et reçoit une ration de nourriture. C'est à cette situation que s'appliquent spécialement les termes **conditionnement opérant,** ou de **type II,** que Skinner distingue du **conditionnement pavlovien, répondant** ou de **type I.**

Les deux types sont clairement distincts au plan des procédures : la réponse est déclenchée par le stimulus conditionné dans le type I, elle est émise par le sujet dans le type II ; la présentation du stimulus inconditionnel (renforcement) dans le type I dépend de l'expérimentateur, elle dépend, dans le type II, de la réponse du sujet ; la réponse d'abord inconditionnelle, puis conditionnelle du type I est liée au stimulus inconditionnel par une liaison permanente, physiologique, alors que réponse et renforcement du conditionnement opérant entretiennent un lien arbitraire. En présence de ces différences, on a pu se demander si l'usage du même terme conditionnement ne suggérait pas une ressemblance fallacieuse. La distinction, derrière les procédures de laboratoire, des mécanismes en jeu a fait l'objet de débats théoriques encore ouverts. Selon les écoles, et sans doute aussi les faits sur lesquels l'accent est mis, on verra dans les deux types de conditionnement deux mécanismes d'apprentissage bien distincts, deux mécanismes étroitement articulés l'un à l'autre, ou au contraire un seul et même mécanisme appréhendé de manière différente.

Les conceptions diffèrent quant à la place du ou des conditionnements dans l'ensemble des mécanismes d'apprentissage, certains leur accordant une place centrale, voire exclusive, d'autres n'y voyant qu'un niveau parmi d'autres, supérieur à l'habituation*, mais moins élaboré que les apprentissages perceptifs*, ou les apprentissages symboliques. Elles diffèrent également quant aux facteurs cruciaux dans les conditionnements : contiguïté*, liaison au stimulus inconditionnel ou au renforcement, ou, comme dans les théories cognitivistes*, abstraction et représentation* des régularités du milieu.

Conditionnement sensori-sensoriel ou **préconditionnement sensoriel :** conditionnement apparaissant à un stimulus (S^1) qui a été préalablement associé au stimulus conditionné (S^2), avant l'association de ce dernier avec le stimulus inconditionnel. S^1 n'a donc pas été associé au stimulus inconditionnel, ni directement, ni indirectement par son association à S^2, puisque celle-ci est antérieure au conditionnement de S^2.

Conditionnement du second ordre (ou **degré**) : conditionnement obtenu à un stimulus associé à un autre stimulus préalablement conditionné. Un conditionnement de **troisième** ordre implique un conditionnement sur un stimulus conditionné de second ordre.

Conditionnement à rebours ou **rétrograde :** conditionnement dans lequel le stimulus conditionné, au lieu de précéder le stimulus inconditionnel ou de survenir simultanément, comme il est de règle, est présenté après. Ce conditionnement est très difficile, sinon impossible, à établir.

Conditionnement différé : conditionnement dans lequel le stimulus conditionné, au lieu d'être présenté très peu de temps (0,5 à 1 s) avant le stimulus inconditionnel, précède ce dernier d'un délai plus long (éventuellement de l'ordre des minutes), tout en se prolongeant jusqu'à la présentation du stimulus inconditionnel. La réponse conditionnelle, qui se produit d'abord dès le début du stimulus conditionnel, apparaît, au fil des essais, seulement à l'approche de la fin du délai.

Conditionnement de trace : conditionnement différé dans lequel le stimulus conditionné, au lieu de se prolonger jusqu'à la présentation du stimulus inconditionnel, est interrompu, un temps vide le séparant du stimulus inconditionnel. La réponse conditionnelle survient à l'approche de la fin de ce délai vide.

Conditionnement intéroceptif : conditionnement dans lequel le stimulus conditionné concerne la sensibilité intéroceptive*.

Conditionnement sémantique* : conditionnement dans lequel on substitue au stimulus conditionné physique un stimulus verbal qui le désigne, ou inversement, ou encore dans lequel on substitue à un stimulus verbal conditionné un autre stimulus verbal sémantiquement ou phonétiquement proche (V. Système de signalisation).

Conditionnement d'échappement, d'évitement : V. Échappement, Évitement.

M. Richelle

Conditionnement alpha → Sensibilisation

Conditionnement positif contrôlé → Comportementale (Thérapie —)

Conductance

En physique, la conductance, mesurée en **siemens** (S) est l'inverse de la résistance d'un conducteur et définit la facilité avec laquelle peuvent se déplacer des électrons en fonction de la différence de potentiel* appliquée. Une conductance de 1 S permet le passage d'un courant de 1 ampère sous une différence de potentiel de 1 volt. La caractérisation des conductances membranaires est une donnée importante en électrophysiologie. On sait que la face interne ou cytoplasmique de la membrane d'une cellule au repos est polarisée négativement par rapport à l'extérieur. Cette polarisation* résulte de la distribution différentielle de part et d'autre de la membrane des ions sodium (Na^+), potassium (K^+), calcium (Ca^{++}) et chlore (Cl^-). Elle peut varier en réponse à des facteurs intra- ou extracellulaires susceptibles de modifier la perméabilité de la membrane par suite de l'ouverture ou fermeture de canaux ioniques de divers types, dont l'activité peut dépendre de la différence de potentiel transmembranaire, de l'activation d'un récepteur par un transmetteur, de la concentration cytoplasmique d'un ion comme le calcium, de distension mécanique de la membrane ainsi que du degré de phosphorylation de molécules protéiques constitutive du canal. Chaque type de canal est caractérisé par divers paramètres parmi lesquels la conductance qui rend compte de la facilité avec laquelle les ions peuvent traverser la membrane en passant par ce canal. La conductance d'un canal ou conductance élémentaire pour une espèce ionique est mesurable en employant la technique du « *patch-clamp* » sous réserve que le canal étudié soit sélectif pour un ion. Les valeurs de ces conductances élémentaires sont comprises entre 10 et 200 picosiemens (pS). Pour une cellule donnée, la conductance totale correspondra au produit du nombre total de canaux du même type et de leur probabilité d'ouverture. *J. Féger*

Conduction → Neurotransmission

Conduite

Terme surtout utilisé en France : certains cliniciens ont pu y regretter que son usage ne soit pas plus fréquent et qu'on lui préfère, comme en anglais, le mot de comportement* *(behavior)*.

La conduite fut d'abord définie par P. Janet comme tout ce que peut faire l'être vivant en dehors de son organisme pour atteindre les objets extérieurs. Mais il existe aussi des conduites internes, comme la « conscienciation » ou prise de conscience, qui est un perfectionnement de la conduite. Alors que, dans le premier cas, nous avions affaire à une psychologie objective comparable à celle du comportement*, nous accédons, dans le second cas, à la vie de l'esprit*, au domaine des sentiments* : c'est ainsi que la croyance*, l'amour*, le langage* sont des opérations psychologiques par lesquelles nous construisons notre personnalité* dans le commerce d'autrui. Nous sommes passés des conduites corporelles aux conduites sociales ; ce changement est le fruit de la pensée*, qui est une manière de préparer l'action à l'abri des indiscrets. Même si l'on ne sait pas très bien en quoi elle consiste, l'évolution de la personnalité en est un témoignage. Pour D. Lagache, la conduite est un ensemble d'opérations matérielles ou symboliques qui assurent l'unité de l'organisme. Ainsi, la conscience* elle-même ne peut être biologiquement comprise que comme une conduite ou une qualité de conduite. Nous ne l'atteignons que dans et par des conduites. La réduction physique du comportement défigurerait la psychologie car la conduite est un émergent original. Son « sens », c'est ce qui constitue l'intégration* d'une motivation* ; en général, il n'est pas univoque et n'est que partiellement conscient. C'est pourquoi la psychologie des conduites inspire davantage les cliniciens que les expérimentalistes : il est difficile de contrôler toutes les variables d'une situation et de plus, notre vie affective, surtout dans ses moments les plus féconds ou les plus dramatiques, peut-être les plus significatifs, n'est guère accessible en laboratoire. Mais pour D. Widlöcher la personnalité s'organise en systèmes fonctionnels de conduites (actions, fantasmes, tendances).

R. Doron et C. Prévost

Conduite d'aide → Prosocial (Comportement —)

Conduite de risque

Ce sont des conduites* d'essai susceptibles d'entraîner des effets dangereux pour leur auteur et leur entourage. Elles se situent à l'interface du connu et de l'inconnu, du permis et de l'interdit et permettent, en s'opposant aux normes et en transgressant les règles, mais surtout grâce au dépassement de soi, d'apprécier la signification des limites sociales et individuelles. Par les réactions internes et externes qu'elles suscitent, elles entraînent des mécanismes de régulation ou de déviation variables selon les caractéristiques des sujets, celles de leur environnement et de leur position sociale. En psychologie cognitive, l'estimation et l'acceptation d'une probabilité de survenue d'un risque s'inscrivent dans l'appréciation et la résolution de problèmes multifactoriels, organisées autour d'un paradigme coût/bénéfice. Le niveau intellectuel et l'expérience interviennent dans l'estimation d'un choix ou d'une décision. En psychologie clinique*, l'observation révèle l'importance des mécanismes incontrôlés de négation, de sublimation, de fascination, d'autopunition, d'échec, de défi qui peuvent conduire à la sous-évaluation du danger d'un comportement exposé et révéler certaines orientations existentielles chez des sujets dits « à risque ». La psychologie sociale* s'intéresse aux situations naturelles et aux circonstances qui suscitent ou entraînent des conduites à risques élevés en modifiant l'influence de certains facteurs psychiques et sociaux (catastrophe, panique, sauvetage mais aussi succès et victoire). Des modèles expérimentaux tiennent compte notamment de la probabilité d'occurrence et de la nature de l'événement attendu, de l'élévation du niveau de l'estimation du risque lors de décisions collectives ainsi que des variations de prise de risque pour soi et pour autrui.

J. Selosse

Confabulante (Paraphrénie —) → Paraphrénie

Confabulation → Fabulation

Confiance (Limites, Intervalle de —)

La notion d'intervalle de confiance est motivée par l'idée de précision dans l'estimation* d'un paramètre*. On cherche à attribuer au paramètre non seulement une valeur mais un ensemble de valeurs groupées compatibles avec les données. Cet ensemble de valeurs constitue en général un intervalle. Plus cet intervalle est étroit, plus on peut dire que l'estimation est précise. Techniquement la construction de l'intervalle se fait à partir d'un test d'hypothèse* : la différence entre la valeur du paramètre et les valeurs estimées compatibles avec les données, au seuil α, n'est pas significative.

Etant donné un paramètre numérique θ, l'ensemble de ses valeurs compatibles avec des données au seuil α détermine un intervalle de confiance au seuil α. Si l'on considère la limite inférieure de l'intervalle, pour ce même paramètre, la probabilité que cette valeur soit inférieure au paramètre est égale à $1-\alpha/2$: on l'appelle limite de confiance au seuil $\alpha/2$. On peut faire de même avec la limite supérieure. *P. Bonnet et H. Rouanet*

Configuration

Ensemble organisé de données perceptives, appréhendé comme tel à la faveur de ses contours ou traits essentiels ; le terme rend assez bien l'allemand *Gestalt**, malgré la préférence pour (bonne) forme* ou figure*. D'une manière générale, ensemble structuré, s'imposant comme tel lors de la saisie des données, fussent-elles autres que perceptives. Le terme serait une traduction acceptable de l'anglais *pattern** si ce dernier n'était entré dans l'usage scientifique français. On parlera aussi bien de configuration de mot à propos de la saisie de l'allure générale d'un mot écrit présenté en vision tachistoscopique*, et non déchiffré, que de configuration de réponse à propos de l'ensemble postural et moteur constituant une conduite définie chez l'animal.

M. Richelle

Conflit approche-évitement → Approche

Conflit cognitif

Etat dans lequel se trouve un sujet partagé entre deux concepts*, deux règles* ou modes de résolution discordants ou incompatibles pour un seul et même problème*.

L'Ecole de Genève considère le conflit cognitif comme un élément moteur du développement* de l'enfant. Selon J. Piaget, toute nouvelle structure intègre en les coordonnant des schèmes* d'assimilation* antérieurs. Ces coordinations peuvent aboutir à des déséquilibres ressentis par les sujets comme des conflits ou des contradictions*. Le conflit est d'abord perturbateur (avec des possibilités de régressions* momentanées ou des essais de compromis partiels). Le dépassement du conflit se produit plus ou moins rapidement si une nouvelle accommodation* compensatrice entre schèmes est accessible au sujet. La notion de conflit cognitif révèle les différences entre une théorie de l'acquisition* fondée sur les processus dynamiques sous-jacents aux constructions cognitives et les théories classiques de l'apprentissage*. *J. Dolz*

Conflit de cultures

Mis en évidence initialement par les ethnologues et les criminologues, les conflits de cultures révèlent des divergences de codes, de croyances, de valeurs liées aux interactions entre groupes différents. Ils peuvent donner lieu à l'émergence de sous-cultures* ; générer des pressions d'isolement ou d'assimilation de la part de groupes culturels majoritaires, mais aussi des stratégies d'affrontement et de négociation de la part de groupes minoritaires pour la reconnaissance de leur spécificité identitaire. La pathologie des troubles associés à l'acculturation* est traitée par l'ethnopsychiatrie*.

J. Selosse

Conflit perceptif

Situation d'ambiguïté dans la prise d'informations* perceptives liée à la présence, dans les données perçues, d'indices contradictoires. Ainsi, des repères truqués de profondeur et de taille des objets perturbent les mécanismes habituels de la constance* des grandeurs. Un autre exemple de conflit perceptif est fourni par la **rivalité binoculaire,** où deux scènes différentes sont présentées simultanément à chacun des yeux, en vision dichoptique*, le conflit se résolvant éventuellement par la perception exclusive de l'une d'entre elles en raison de facteurs de familiarité, de motivation, d'attraction, etc.

M. Richelle

Conflit psychique

Expression de S. Freud, contemporaine de sa découverte de la psychanalyse entre 1895 et 1898 et dont il fait la notion centrale pour la compréhension des rêves* et des névroses*. Il s'agit de conflits intrapsychiques qui peuvent être associés à des conflits intersubjectifs ou intergroupes, mais S. Freud a peu étudié ces derniers. Certains conflits intrapsychiques sont conscients (conflits entre un devoir et un désir, conflits entre deux désirs contraires, conflits entre un désir et l'impossibilité concrète de sa réalisation) et s'accompagnent d'angoisse*. Pour S. Freud, les conflits conscients (mais aussi les symptômes névrotiques, les traits de caractère* non nécessairement vécus comme conflictuels et angoissants) dérivent de conflits inconscients dont ils sont l'expression plus ou moins déguisée et qui sont transformés par le travail psychique en formations de compromis*. Chaque psychonévrose tend à s'organiser autour d'un conflit spécifique : l'hystérique* se défend par le refoulement* du désir insatiable d'être aimé ; l'obsessionnel* se défend par le déplacement* d'une haine mortifère ; le paranoïaque* se défend par la projection* de désirs homosexuels intolérables, etc. Les stades du développement psychosexuel sont également marqués par des conflits spécifiques : au stade oral*, l'avidité se résout en identification* à l'objet aimé et incorporé ; au stade anal*, le sadisme* est retourné sur soi et/ou son contraire ; au stade phallique-narcissique*, le fantasme* d'être le phallus tout-puissant est démenti par l'angoisse de castration*. Le conflit peut rester localisé à une partie du psychisme. Il y a crise* quand il tend à l'envahir tout entier : par exemple la crise d'adolescence, la crise du milieu de la vie, la crise d'entrée dans la vieillesse. Du point de vue dynamique, le conflit oppose à un désir*, qui devient alors inconscient, un mécanisme de défense* lui-même inconscient. Du point de vue psychogénétique, de nouveaux conflits apparaissent avec l'âge et l'évolution de la personne et peuvent être renforcés ou biaisés par des conflits antérieurs. Du point de vue économique, le destin de tout conflit psychique repose sur l'opposition quantitative des pulsions d'autoconservation* et des pulsions sexuelles* et sur celle des pulsions de vie* et des pulsions de mort* et sur leur mise en œuvre respective. Du point de vue topique*, il y a lieu de distinguer les conflits entre instances* (conflits névrotiques du moi* avec le ça* et le surmoi* ; conflit psychotique du moi avec la réalité, reformulé par W. R. Bion comme conflit entre la perception de la réalité et la haine de la réalité) et les conflits internes à chaque instance (conflit d'Eros* et Thanatos dans le ça ; conflit dans le moi entre les identifications masculines et féminines ; conflits entre surmoi, idéal du moi* et moi idéal*).

Un dernier type de conflit, triangulaire cette fois, constitue le noyau des névroses, de l'éducation et de la culture. C'est le conflit œdipien où deux désirs complémentaires, l'un parricide, l'autre incestueux envers les parents, se heurtent à un interdit* normalement structurant.

En dehors de la cure psychanalytique, les tests projectifs* permettent une certaine investigation des conflits inconscients.

D. Anzieu

Conflit social

Toutes situations d'interactions caractérisées par des divergences d'intérêts, des compétitions de pouvoir et des antagonismes de buts génèrent des conflits. Lorsque le conflit concerne des structures et des organisations et oppose des groupes ou des catégories d'acteurs sociaux, mais également lorsqu'il divise des individus dans des groupes ou des institutions, ou que des individus entre eux entravent l'exercice de leurs rôles et statuts mettant en question leur hiérarchie et leur position, le conflit est dit social. Un conflit social exprime donc une pluralité de conflits qui se superposent dans divers secteurs d'interactions catégorielles groupales ou individuelles. L'intensité du conflit croît en fonction du rapport de force entre groupes de pression, des intérêts défendus et des pouvoirs mis en cause. La violence apparaît lorsque la rivalité et les objectifs des adversaires semblent inconciliables ou que la négociation n'aboutit pas à un compromis provisoire qui atténue les frictions liées aux comparaisons adverses. Le conflit social occupe une fonction structurante dans le jeu des interactions (G. Simmel) et dans l'organisation du champ des relations entre individus et groupes. Il implique la recomposition des éléments antagonistes et la recherche d'un règlement, éventuellement en faisant appel à un tiers médiateur. Tout conflit social aboutit à une redistribution des forces et des tensions, modifiées par les coalitions et les alliances stratégiques qui permettent sa solution.

J. Selosse

Conformisme

Considéré par certains comme une modalité d'influence sociale* au même titre que la normalisation et l'innovation, le conformisme désigne l'acceptation par un individu du point de vue de la majorité, acceptation pouvant être publique (soumission) ou privée (intériorisation). L'étude du phénomène a été marquée par l'expérience *princeps* de S. Asch en 1951 qui a montré comment des individus peuvent être amenés sous la pression d'une majorité unanime à donner des jugements contraires à l'évidence perceptive.

Le conformisme, qui est à distinguer de l'obéissance (soumission à l'autorité) décrite par S. Milgram, peut s'expliquer, selon M. Deutsch et H.-B. Gérard, en termes cognitifs (influence informationnelle répondant au désir d'avoir une perception exacte de la réalité) ou motivationnels (influence normative liée au besoin de se conformer aux attentes du groupe).

F. Askevis-Leherpeux

Conformité

Forme de l'influence sociale qui caractérise le comportement d'un individu ou d'un sous-groupe tel qu'il est déterminé par la règle et la pression d'un groupe ou d'une autorité. Elle aboutit à accorder les opinions des individus à celles du groupe ou de l'autorité soit par soumission extérieure, instrumentale ou cognitive, soit par adhésion à la norme collective. La conformité traduit à la fois l'équilibre d'une structure, l'uniformisation des attitudes et l'influence normative du groupe. La conformité d'un sujet au sein d'un groupe dépend de l'attrait exercé et de la place qui lui est accordée ; la peur du rejet l'emporte sur l'attraction.

J. Selosse

Confusion mentale

Désorganisation des activités mentales, d'installation généralement aiguë, secondaire en règle soit à une perturbation cérébrale dite globale (encéphalopathie toxique ou métabolique, par ex.), soit à une lésion cérébrale ayant un retentissement fonctionnel général (lésion du tronc cérébral, par ex.).

L'absence possible, mais rare, d'atteinte cérébrale fait qualifier la confusion mentale de primitive. Sur le plan psychopathologique la confusion mentale est souvent interprétée comme un trouble de conscience* renvoyant ainsi à une perturbation affectant les rapports du sujet avec la réalité, et avec son histoire ; cette dissolution de la conscience serait alors à l'origine de productions délirantes, le plus souvent oniriques **(confuso-oniriques),** au point que la confusion mentale peut être considérée comme un modèle de psychose* aiguë. Une autre lecture de la confusion mentale interprète le trouble comme résultant d'un désordre attentionnel isolé, ou s'inscrivant dans un contexte de trouble de la vigilance (obnubilation). Ce désordre affecte l'ensemble des activités cognitives et plus particulièrement les activités perceptives et mnésiques à l'origine d'une désorientation temporo-spatiale constante. La désadaptation comportementale peut se traduire par une agitation majeure. Le vécu émotionnel est marqué par l'angoisse, accentuée par l'intrusion possible d'illusions et d'hallucinations sensorielles justifiant le terme de *delirium*.

J.-L. Signoret

Confuso-onirique → Confusion mentale

Congruence

Concordance attendue entre événements, simultanés ou successifs, sur la base d'une régularité naturelle ou conventionnelle. Dans une situation expérimentale de temps de réaction* de choix, on parle de congruence entre stimulus* et réponse* si le stimulus enjoignant au sujet de fournir une réponse latéralisée à gauche ou à droite apparaît du côté correspondant. Dans l'effet Stroop*, la non-congruence entre le nom d'une couleur et la couleur de l'encre dans laquelle il est écrit provoque une interférence*. La congruence peut aussi concerner le déroulement d'une structure temporelle, comme une mélodie ou l'achèvement d'une phrase.

M. Richelle

Congruence mnésique → Dépendance d'état

Connaissance

Ce terme désigne à la fois le processus qui met le sujet en relation avec le monde et le résultat de sa mise en œuvre.

La plupart des systèmes philosophiques décrivent la connaissance en distinguant deux étapes principales : la constatation, qui consiste dans la réception d'un donné (ou expérience sensorielle) dont la source est située dans le monde extérieur ; ensuite la compréhension, qui se décrit généralement en termes d'intériorisation* ou de représentation*.

L'empirisme* met l'accent sur la première étape alors que l'idéalisme* privilégie le rôle de la seconde dans le processus de connaissance. Cette opposition se ramène souvent, en psychologie, à se centrer soit sur les sources exogènes, soit sur les sources endogènes de la connaissance. Le béhaviorisme* a proposé une conception exogène en affirmant que la connaissance n'est rien d'autre qu'un ensemble de comportements extérieurs et observables (verbaux ou non) entièrement déterminés par des facteurs environnementaux. Les autres conceptions psychologiques ont plutôt mis l'accent sur l'origine endogène du processus ; ainsi, la psychologie de la forme* considère la connaissance comme une vision intérieure *(Einsicht* ou *insight),* un processus dans lequel la représentation du but* organise en retour l'activité du sujet et dispense celui-ci de la longue et incohérente succession des essais et erreurs* par lesquels les premiers béhavioristes rendaient compte de l'apprentissage* de connaissances.

Dans l'épistémologie génétique* de J. Piaget, la connaissance est considérée comme le passage progressif de l'exogène à l'endogène. Le monde n'est ainsi réellement connu qu'une fois qu'il a été reconstruit par le sujet. Cette conception s'applique, pour Piaget, aussi bien au développement* des connaissances individuelles qu'à l'histoire des sciences.

Enfin, le cognitivisme* constitue une tentative de mise au jour des structures par lesquelles se réalise le processus de connaissance ; dans ce cadre, le mot « cognition* » tend à remplacer celui de « connaissance ». *P. Mengal*

Connaissance de soi : la devise de Socrate « connais-toi toi-même », inscrite au fronton du temple de Delphes, a influencé l'Antiquité gréco-romaine. Le stoïcisme et le scepticisme ont fait de l'examen de conscience moral et de la critique des illusions de la conscience psychologique la condition d'accès à la sagesse. Avec les *Confessions* de saint Augustin, au IVe siècle, l'aveu des concupiscences sous-jacentes à ses propres conduites *(libido sentiendi, libido sciendi, libido dominandi)* et la découverte du divin au plus intime de soi-même constituent une voie vers la sainteté. Au XIXe siècle, la philosophie spiritualiste* et éclectique fait de l'introspection* le moyen principal de la connaissance non seulement de soi* mais aussi des fonctions psychiques.

Cette démarche a été critiquée par la psychanalyse* (l'introspection méconnaît les faits psychiques inconscients, sauf dans le cas discuté de l'autoanalyse*) et le béhaviorisme* (la conscience* n'est qu'un épiphénomène qui marque le déterminisme* des comportements*). Il n'en reste pas moins que la psychologie ne peut pas faire l'économie de notions comme les sentiments de soi (de culpabilité*, d'infériorité*), l'image du corps*, le stade du miroir* (V. Soi). *D. Anzieu*

Connecteur

Emprunté par la sémantique* à la logique propositionnelle, ce terme permet de désigner indépendamment de sa nature grammaticale tout coordonnant, subordonnant ou adverbe qui expriment une relation binaire entre deux contenus propositionnels ou deux énonciations. Les mieux décrits sont les connecteurs argumentatifs (« *mais* », « *donc* », « *car* », « *puisque* ») et paraphrastiques (« *c'est-à-dire* »). Une occurrence de connecteur peut ressortir à deux phénomènes de rang différent : connexion intrapropositionnelle (« *on dit qu'il est beau mais bête* ») ou renvoi extra-énonciatif à un « terme gauche » implicite* (« *mais si !* »). Les connecteurs apparaissent en cela comme des cas particuliers d'anaphoriques (V. Anaphore). *A. Berrendonner*

Connexion

Dérivé de l'adjectif connexe (qui indique des rapports de dépendance ou de similitude entre objets ou idées), le substantif connexion introduit, dans son usage courant, une nuance dynamique en faisant référence aux relations structurelles et/ou fonctionnelles unissant deux objets concrets ou deux entités abstraites. Il a pris, dans le vocabulaire de la psychologie, une connotation plus précise impliquant la notion de transmission d'informations*. En neuroanatomie, il est utilisé pour désigner les relations entre les différents sous-ensembles du système nerveux* : au plan macroscopique, il s'agit des faisceaux de fibres nerveuses (ou nerfs, ou voies nerveuses) reliant des structures définies par leur anatomie ou leur cytologie ; au plan microscopique, il s'agit des relations de contiguïté (ou synapses*) assurant la transmission des potentiels d'action* entre les cellules nerveuses, ou neurones*, au niveau de leur soma, de leur axone ou de leurs dendrites.

Par extension analogique, le mot connexion est utilisé dans le domaine des sciences cognitives* pour désigner les relations entre les éléments d'un système de traitement ; il est notamment à l'origine de l'appellation connexionnisme* donnée aux courants de recherche ayant pour objectif une modélisation* des systèmes cognitifs qui fait jouer un rôle crucial à la connectivité entre les éléments, ou neurones formels*, d'un réseau* dans le fonctionnement de celui-ci. *J. Requin*

Connexionnisme

Sous ce terme sont désignés différents courants de recherche, plutôt que théories, ayant pour objectif une modélisation* de la structure et une simulation* du fonctionnement des systèmes cognitifs, inspirées de l'organisation anatomofonctionnelle des réseaux* neuronaux. Héritier des premiers modèles cybernétiques* (et notamment du perceptron* de D. Rosenblatt) dont les réseaux de neurones formels* possédaient déjà les propriétés logiques minimales d'un système cognitif, le connexionnisme, après une éclipse d'une dizaine d'années (due, pour l'essentiel à un article de M. Minsky et S. Pappert en 1969), connaît depuis le début des années 1980 un développement rapide stimulé par l'utilisation d'outils mathématiques adaptés et l'essor de moyens informatiques puissants.

L'architecture des systèmes cognitifs est, dans les modèles connexionnistes, conçue comme un réseau homogène d'unités isomorphes, les automates* ou neurones formels, identiquement interconnectés. L'unité est un élément simple dont l'état fonctionnel interne peut prendre deux niveaux (par ex., actif ou inactif) selon une fonction à seuil et dépend de la somme des influences positives ou activatrices, et négatives ou inhibitrices, transmises par les autres unités. Cette circulation d'informations* dans le réseau est assurée par les connexions* entre les unités et va dépendre du poids (ou poids synaptique, par analogie avec la transmission interneuronale) attribué à chaque connexion. On distingue dans la structure du réseau une couche d'unités d'entrée, accessibles aux interventions extérieures, et une couche d'unités de sortie, auxquelles on peut aussi accéder, éventuellement séparées par une ou plusieurs couches d'unités intermédiaires, ou cachées.

Dans la version la plus classique d'un modèle connexionniste, le réseau est stimulé en activant différentiellement ses unités d'entrée, *pattern* d'activations* qui constitue une représentation* du stimulus. Ces activations des unités d'entrée se propagent, en interagissant, dans les connexions du réseau jusqu'à l'émergence d'un *pattern* stable d'activations des unités de sortie, qui constitue la réponse du réseau. Le mode de fonctionnement d'un réseau de ce type, dans lequel la circulation d'informations est unidirectionnelle (de l'entrée à la sortie), peut être compliqué par la présence de bouclages internes permettant une recirculation des informations. Les propriétés fonctionnelles essentielles des modèles connexionnistes résultent du parallélisme des opérations de traitement, de l'implication globale (fonction distribuée*) et non locale des éléments du réseau et des capacités d'auto-organisation* de celui-ci, le rendant apte à apprendre.

La démarche connexionniste repose sur l'hypothèse que de tels réseaux permettent, à la suite d'un ajustement ou d'une auto-adaptation des poids synaptiques des connexions, de simuler les fonctions cognitives et d'ouvrir ainsi la voie à une explication de la cognition*. Au cours des années 1980, cette approche a connu d'incontestables succès dans les domaines des processus mnésiques, de la reconnaissance de formes*, du traitement linguistique, de l'apprentissage et du contrôle de la motricité*. Bien que prenant pour modèle de base des systèmes cognitifs l'organisation neuronale, le courant connexionniste se présente avant tout comme ouvrant une perspective différente du cognitivisme* ; il partage avec celui-ci la notion de représentation, mais s'en distingue essentiellement en excluant un niveau symbolique de ces représentations. Le débat théorique soulevé par cette nouvelle vague connexionniste au sein des sciences cognitives* reste largement ouvert.

J. Requin

Connotation

Dans son acception la plus courante, désigne, en sémantique*, des effets de sens* « seconds » (valeurs additionnelles, périphériques, marginales, le plus souvent implicites*) par rapport au noyau stabilisé (sèmes* inhérents) que constituerait la dénotation*. Cette relation hiérarchique importe moins que le jeu des deux systèmes, la dénotation n'étant, en quelque sorte, que la « dernière des connotations ». La connotation renvoie à l'usage discursif (sèmes* afférents) du langage* ; elle est une des traces de son hétérogénéité constitutive (trace dialogique* d'autres emplois, mémoire* intertextuelle). *J.-M. Adam*

Connotation positive

Modalité thérapeutique envisagée par l'école de thérapie familiale systémique*, qui consiste à approuver tous les comportements de la famille comme des transactions tendant à renforcer la cohésion du groupe (homéostasie*). M. Selvini-Palazzoli, en 1975, a mis au point cette technique pour le traitement des familles de schizophrènes. Elle se fonde sur l'hypothèse d'une homéostasie précaire ressentie par la famille en crise, l'homéostasie devant être confirmée et renforcée par les thérapeutes, afin qu'une évolution soit rendue possible.

A. Ruffiot

Conscience

Le concept de conscience porte une triple signification, morale, métaphysique et psychologique. Le sens moral est associé au mot conscience depuis l'Antiquité : la conscience est un principe intellectuel qui nous permet d'apprécier la différence entre le bien et le mal et garantit l'exercice du libre arbitre. Le sens métaphysique, déjà en germe à la période hellénistique, voit son avènement à la fin de la période médiévale dans des courants de pensée au sein desquels émerge ce que certains historiens ont appelé « vie privée » et d'autres « individualisme possessif ». Il renvoie à l'aperception par laquelle l'homme se connaît lui-même dans une vision intérieure. Aux XVIIe et XVIIIe siècles se dégage le sens psychologique, où l'esprit se définit par la conscience, instrument non équivoque de la connaissance du monde comme de soi, accessible par l'introspection*. La psychologie* scientifique à ses débuts a partagé cette conception, et fondé sur elle sa méthode d'investigation. Elle ne s'est trouvée ébranlée que par les apports de S. Freud d'une part, montrant que la conscience que le sujet prétend avoir de la causalité* de ses conduites ne correspond pas à leurs déterminants réels dévoilés par l'analyse*, et d'autre part le courant béhavioriste*, qui dénonça l'impossibilité de cerner par la conscience introspective les questions posées par la psychologie scientifique au début du siècle, et proposa soit de mettre la conscience entre parenthèses, comme fit clairement I. Pavlov, soit de la traiter comme simple épiphénomène, dans une perspective matérialiste moniste*.

L'application d'un même terme, du moins en français, pour désigner des concepts aussi différents demeure une source de confusion, à laquelle on n'échappe qu'en qualifiant le terme : conscience morale dans le premier cas, conscience de soi dans le second, conscience dans le troisième.

Les débats sur le concept de conscience, pris en ce troisième sens, se compliquent de problèmes de catégories lexicales qui ne coïncident pas d'une langue à l'autre. C'est ainsi que le français ne dispose pas d'équivalent de la distinction faite par l'anglais entre *awareness* et *consciousness* (lui-même distinct de *conscience*, conscience morale). Le terme *awareness* s'applique déjà à toute conduite témoignant d'une attention dirigée vers un stimulus, indépendamment de toute évidence quant à un état subjectif de conscience. Il réfère à un niveau primitif de conscience, qui ne suppose pas de possibilité de verbalisation*. On en use sans difficulté à propos de l'animal, et il suggère, par son contenu sémantique, une continuité dans l'émergence progressive de la conscience, qu'elle soit appréhendée phylogénétiquement, ontogénétiquement ou dans la dynamique de l'activation cérébrale. Il reste qu'au-delà de ces ambiguïtés lexicales, le problème de la nature et des origines de la conscience continue d'interroger, en psychologie, la sagacité des scientifiques, comme ce fut longtemps le cas pour le problème des origines et de la nature de la vie en biologie. Mais pas plus que la solution du problème de la vie n'a été un préalable aux progrès de la biologie, l'élucidation du problème de la conscience n'a été une condition des progrès de la psychologie. On trouve cependant, encore représentées au sein de la psychologie contemporaine, la plupart des conceptions de la conscience qui ont rivalisé au cours des siècles en philosophie, depuis le dualisme* spiritualiste qui en fait une entité immatérielle et inexpliquée (car peut-être essentiellement inexplicable) exerçant le contrôle sur l'activité cérébrale, et par là sur les conduites du sujet (position illustrée par le neurophysiologiste J. Eccles), jusqu'aux théories qui y voient un sous-produit de la vie sociale et du langage (L. S. Vygotsky, A. Luria, B. F. Skinner). Deux questions dominent les débats sur la conscience psychologique : d'une part la question de sa nature, de son émergence dans le monde vivant et de ses rapports à la matière cérébrale (débat que résument les termes cerveau-comportement-esprit), d'autre part celle de l'étendue de son domaine, par rapport à l'inconscient ou au non(encore)-conscient.

Chez S. Freud, la mise en évidence d'une dissociation entre conscience et activités psychiques inconscientes n'entraîne pas que soient récusées, comme méthodologiquement illégitimes, les expériences subjectives conscientes. L'inaccessibilité des activités mentales inconscientes, par contraste avec les activités préconscientes, quant à elles accessibles, est fondée sur le conflit entre formations psychiques incompatibles (pulsions*, instances*), sur les propriétés spécifiques de leur mode de fonctionnement (processus primaire*) et sur des mécanismes de répression* actifs (mécanismes de défense*). Sous certaines conditions, que vise précisément à réaliser le traitement psychanalytique, ces formations peuvent devenir accessibles à la conscience.

Contestant au contraire la validité de la démarche introspective, le béhaviorisme, sans nécessairement nier la réalité de l'expérience subjective, a tenu celle-ci comme inaccessible à l'investigation scientifique en même temps qu'inadéquate à la poursuite de cette investigation. Le courant cognitiviste*, qui a renouvelé l'intérêt pour les opérations mentales de traitement de l'information*, a replacé le problème de la prise de conscience et de la conscience au centre des préoccupations des psychologues. Les données empiriques abondent qui démontrent aujourd'hui que de nombreuses activités de traitement de l'information, d'une grande complexité, se déroulent sans que le sujet en ait conscience. Ainsi, le sujet à qui on présente en écoute dichotique* des énoncés différents dont un seul pourtant fait l'objet de son attention consciente interprétera ce dernier en fonction du sens du second, dont il aura consciemment tout au plus repéré qu'il était dans la même langue. Rien n'assure que les éléments du traitement de l'information habituellement non conscients puissent, dans certaines conditions, devenir accessibles à la conscience. Celle-ci pourrait se limiter à ce qui peut faire l'objet de l'activité métacognitive, la conscience étant, en dernier ressort, étroitement liée à la verbalisation, au langage intérieur, lui-même dérivé du langage social.

La recherche contemporaine, plutôt que de s'obstiner à cerner dans son ensemble le problème de la conscience, tend à en approcher tel ou tel aspect dans une perspective particulière. Ainsi, la psychologie comparée s'intéresse à l'émergence phylogénétique de la conscience, en faisant l'hypothèse de sources diverses convergeant et culminant dans la conscience chez l'espèce humaine ; l'évolution des systèmes de communication*, des processus attentionnels*, des cognitions* et des capacités de symbolisation* se traduirait par l'émergence progressive de la conscience *(awareness)* chez l'animal. En psychophysiologie, la conscience est abordée à travers les états ou niveaux de vigilance*, dont témoignent les tracés électroencéphalographiques* distincts correspondant à l'éveil actif (attentif), à l'éveil avec attention flottante (rythme alpha), au sommeil lent et au sommeil paradoxal*; les corrélats électrophysiologiques de la conscience sont depuis peu appréhendés sous des formes plus fines, notamment dans les potentiels* lents ; les conditions du passage à la conscience de messages sensoriels intéroceptifs* ont également été explorées.

En psychologie développementale, l'étude de la genèse de la conscience s'inscrit dans l'étude de l'usage descriptif, autodescriptif ou réflexif du langage, avec l'étude des processus d'individuation et de connaissance de soi, abordée à travers les interactions sociales ou à travers les réactions de l'enfant à sa propre image perçue dans le miroir, étudiées par R. Zazzo.

Dans le contexte de la psychologie cognitive, la conscience se trouve abordée dans diverses situations expérimentales, par exemple à l'occasion de l'analyse des processus attentionnels, des comparaisons entre apprentissages intentionnel* et incident* ou entre connaissance et ignorance du résultat de l'action.

On notera que, dans ces diverses voies de recherche, c'est souvent sur la prise de conscience que porte l'effort d'analyse, le changement d'état ou l'activité qui le produit se prêtant sans doute mieux à l'observation et à l'expérimentation que l'état lui-même. La question reste d'ailleurs ouverte de savoir si la conscience n'est pas plutôt activité qu'état, structure organisatrice plutôt qu'agent de la pensée.

L'état de conscience vigile se distingue de l'état de conscience que l'on rencontre dans le rêve* ou dans les **états modifiés de conscience** par l'intégration cohérente des expériences immédiates et des expériences passées, dans une perspective temporelle où la mémoire joue un rôle organisateur. On parle d'états modifiés de conscience à propos d'états provoqués par diverses substances, telles les drogues hallucinogènes*, l'alcool ou d'autres psychotropes*, ou encore par diverses interventions psychologiques, telles l'hypnose*, la relaxation ou l'isolement* sensoriel.

Conscience collective : en psychologie sociale, désigne, par un usage métonymique du mot conscience étendu à un groupe social plus ou moins large, les représentations partagées par ses membres.

P. Mengal, M. Richelle, D. Widlöcher

Trouble de la conscience : en psychopathologie, le terme conscience est utilisé dans des sens extrêmement divers. Les uns sont vagues (troubles de la conscience morale pour expliquer les comportements psychopathiques et pervers, conscience de l'état morbide pour rendre compte des capacités introspectives et des jugements d'attribution en présence des symptômes). Les autres sont franchement inappropriés. On parlera ainsi de troubles de la conscience pour définir des états de vigilance* altérés (coma*), ou des désorganisations cognitives aiguës (confusion* mentale). Le terme est plus approprié quand on se réfère à l'existence d'opérations mentales accessibles ou non à la conscience (dans une perspective cognitiviste ou psychanalytique) ou que l'on envisage le mode de représentation des expériences vécues (dans une perspective phénoménologique).

D. Widlöcher

Conscience affective → Affectivité

Conscience gestuelle

Forme de protoconscience où s'enracinent les ramifications multiples de la gestualité (V. Geste). L'introduction de cette notion répond au fait que, pour la psychologie dont l'action* est l'objet spécifique, le mouvement* ne peut être représenté dans la conscience* à titre d'objet*, mais seulement comme acte* du sujet* ; dans cette perspective, l'action motrice n'est pas représentable, mais constitue le processus par lequel tout peut être représenté. Cette hypothèse d'un acte du sujet médiateur, ébauchée chez T. Ribot et H. Bergson, s'est montrée productrice en psychologie phénoménologique (M. Merleau-Ponty et F. Buytendijk) et en psychologie clinique (interprétation de la signification des kinesthésies* au test de Rorschach*). Pour R. Doron, cette orientation conceptuelle et méthodologique a débouché, en psychopathologie, sur un assouplissement de la théorie des traits de personnalité*, qui y sont envisagés dans le cadre de la dialectique des échanges entre l'individu et le milieu.

R. Doron et E. Jalley

Conscience morale

Associée aux expériences relationnelles dès le plus jeune âge, la conscience morale exprime l'intériorisation* des protections, des prohibitions, des sanctions, des jugements et des valeurs qui ajustent socialement les conduites humaines. Elle est le lieu psychique de référence aux sentiments d'estime de soi, de valorisation*, de culpabilité*, d'humiliation mais aussi de réparation. Elle s'élabore à partir des identifications* primaire et secondaire aux parents et aux adultes référents qui interdisent et contrôlent les pulsions agressives, autodestructrices et sexuelles. La conscience morale se structure à partir d'un processus ambivalent qui déplace le désir, fait retour sur le sujet et s'appuie sur l'introjection des objets libidinaux et l'identification au rival pour contenir et réguler la conduite. La psychanalyse, en considérant le surmoi comme instance matricielle du sentiment de culpabilité, a mis en évidence la dimension morale du refoulement* dans l'économie psychique.

J. Selosse

Conscient

Le terme, non moins lourd de sens philosophique et commun que conscience*, prend en psychologie scientifique plusieurs sens qui se distinguent le plus aisément en faisant appel à leurs différents contraires :

1. se dit d'une personne qui se trouve en état d'éveil* et en mesure, si on l'en sollicite, de faire part de ses sensations*, sentiments, pensées*, cette capacité de verbalisation* n'étant sans doute pas une condition nécessaire de l'état conscient, mais jusqu'à nouvel ordre le seul moyen de l'inférer validement. S'oppose dans ce sens à inconscient, qui a perdu connaissance ;
2. se dit d'une personne subjectivement informée de certaines de ses conduites, attentive explicitement à des processus* dont elle est le siège, par opposition à non-conscient ;
3. se dit d'une conduite* ou d'un processus psychologique qui émerge dans le champ de la conscience, à la faveur de conditions dont la psychologie est encore loin d'avoir cerné la nature, où interviennent vraisemblablement des facteurs de seuil*, de complexité, de difficulté/automaticité, de verbalisation ; le non-conscient ou l'inconscient renvoient ici simplement à des conduites ou processus qui demeurent en deçà de la prise* de conscience ;
4. dans la terminologie psychanalytique, le terme substantivé désigne l'un des trois systèmes de l'appareil* psychique tel que S. Freud le concevait dans sa première topique*, à côté du préconscient* et de l'inconscient*; adjectivement, se dit d'une activité* ou d'un contenu psychique ressortissant au conscient ainsi défini ; dans cette acception, inconscient ne s'oppose pas à conscient comme en (3), mais comme ce qui en est rejeté par refoulement*. A la différence du conscient de la psychologie cognitive (3), conçu comme niveau d'émergence original, comme différenciation à partir du non-conscient, le conscient psychanalytique est la condition dynamique d'un inconscient d'une tout autre nature, qui se constitue par rapport à lui.

M. Richelle

Consécutif

Image consécutive : image persistant au-delà de la présentation d'une stimulation* lumineuse, pour autant que l'intensité* en ait été suffisante. L'image consécutive est d'abord positive (image de Hering) et due à des postdécharges des récepteurs* rétiniens, puis négative et liée à une réduction de sensibilité des récepteurs, elle-même due à la décoloration des photopigments (image de Purkinje). En cas de stimulation colorée, la couleur complémentaire apparaît. Bien que localisée à des phénomènes rétiniens, l'image consécutive n'en présente pas moins une taille différente selon la distance de la plage sur laquelle se porte le regard (loi d'Emert), attestant un mécanisme de compensation d'origine centrale du même ordre que celui qui intervient dans les constances* perceptives.

Effets consécutifs : altérations perceptives résultant de l'exposition immédiatement antérieure à des stimulations particulières. L'illusion* de mouvement* consécutif en est un exemple classique et d'expérience quotidienne : après avoir fixé un objet en mouvement, le regard, se portant sur un objet stationnaire, le perçoit affecté d'un mouvement en sens inverse (dans l'illusion de la chute d'eau, l'objet stationnaire est affecté d'un mouvement vers le haut). Des effets plus complexes, souvent appelés effets consécutifs contingents *(contingent after-effects, CAE),* ont été décrits après exposition à des alternances de *patterns** particuliers. L'un des cas les plus étudiés, depuis 1965, est l'effet McCollough : après fixation alternée d'un *pattern* de rayures verticales noires-bleues et d'un *pattern* de rayures horizontales noires-orange, le sujet perçoit rosés des *patterns*-tests de rayures blanches et noires s'ils sont verticaux, bleutés s'ils sont horizontaux. Les effets consécutifs sont exploités dans la recherche du niveau de contrôle (récepteurs, structures centrales) des mécanismes perceptifs impliqués. *M. Richelle*

Conseil psychologique

La psychologie du conseil s'applique à la fois au conseil, conduite banale de la vie quotidienne, et au conseil psychologique, acte professionnel effectué par un psychologue, consulté en tant qu'expert dans le domaine de la vie affective (conseil conjugal, conseil relationnel) ou de la vie sociale (conseil d'orientation scolaire et/ou professionnel). Dans l'un comme l'autre cas, le conseil ne se réduit jamais à un échange d'informations (transmission par un spécialiste d'un avis éclairé à un client qui lui a exposé clairement et complètement sa demande). Il y a toujours lieu de s'interroger sur la motivation* profonde de la demande de conseil (est-elle une recherche d'une information, ou demande narcissique* d'approbation, ou demande d'être guidé et pris en main, etc.), sur la motivation du conseiller et sur la nature de la relation de conseil, de l'influence* qui s'exerce, du rôle qu'y joue la suggestion*, etc. La mise en évidence de certains de ces aspects non cognitifs du conseil a été le fait de l'école de psychologie centrée sur le client de C. Rogers qui, en insistant sur le fait que seul le client est en mesure de trouver la solution qui lui convient, définit le rôle du conseiller comme celui d'un facilitateur du processus de décision par le client. On en arrive ainsi à ce paradoxe que le conseil psychologique consiste à ne rien conseiller, sinon de prendre soi-même sa décision. En outre, dans cette perspective, la différence entre le conseil psychologique et la psychothérapie non directive* tend à s'estomper.

Plus récemment, les psychologues influencés par Milton H. Erickson et par l'Ecole de Palo Alto ont préconisé le retour à des formes beaucoup plus directives de conseil tant dans le champ du conseil psychologique que dans celui de la psychothérapie (prescriptions dans les thérapies stratégiques ou systémiques*). *J.-M. Petot*

Conséquences du comportement

La notion de conséquences du comportement a pris une place centrale dans la théorie de B. F. Skinner : c'est en fonction de leurs conséquences, positives ou négatives, qu'émergent et se maintiennent les comportements au cours de l'histoire individuelle. L'idée trouve son origine dans la loi de l'effet*, mais elle a fait l'objet d'une élaboration plus complexe de la part du théoricien du comportement opérant*. Après en avoir exploré au plan empirique les manisfestations dans les contingences* et programmes* de renforcement*, Skinner a développé l'analogie entre les mécanismes à l'œuvre dans l'évolution* biologique et la relation de conséquence entre réponse et renforcement, lequel joue un rôle sélectif comparable à celui de la pression du milieu dans l'évolution. Il a souligné la distinction entre les conséquences dont le sujet fait directement l'expérience (comportement modelé par les contingences) et celles dont l'outil verbal, en les décrivant, permet de tenir compte anticipativement (comportement contrôlé par les règles). Il a d'autre part soulevé la question cruciale pour l'avenir de l'espèce humaine des conséquences à long terme des comportements actuels de l'individu dont ce dernier ne peut faire lui-même l'expérience (problèmes de pollution, d'explosion démographique, etc.).

M. Richelle

Conservation

Notion ayant pris une place centrale dans l'essor des sciences modernes, physiques puis mathématiques, son introduction en psychologie est liée aux nombreuses études consacrées par Piaget et ses collaborateurs au développement des invariants* de la perception et de la pensée.

Deux thèses existent quant à l'origine des constances* ou des invariants perçus ou conçus par le sujet. Comme le soutient par exemple D. Marr, l'appareil visuel a pour tâche de détecter des invariants qui préexisteraient dans le milieu. La psychologie opératoire oppose à cette thèse empiriste celle selon laquelle les invariants sont le produit d'activités de décentration* ou du regroupement réglé d'actions à effets opposés. Plusieurs travaux ont ainsi été consacrés aux constances perceptives, par exemple au fait de percevoir approximativement la grandeur réelle de l'objet malgré les modifications apparentes dues à l'éloignement. L'étude génétique a permis de mettre en évidence le rôle des compensations actives (aboutissant parfois à des « surconstances ») dans la vision des grandeurs réelles en dépit de leur modification apparente.

Sur le plan de l'activité pratique, l'étude du développement sensori-moteur* a montré la série d'étapes psychogénétiques que doit franchir l'enfant pour acquérir la permanence de l'objet*, passant d'une permanence locale et provisoire (dépendante de l'activation du schème qui l'assimile), à une permanence produit du regroupement des activités de déplacement et condition de possibilité de la fermeture opératoire du groupe. Sur le plan d'une pensée devenue plus indépendante de l'action et ayant construit son propre milieu (concepts, théories, etc.), des activités nouvelles vont se construire : conduites numériques, de classification, de planification, de rangement d'événements dans le temps, de formulation d'hypothèses et de leurs conséquences, de coordination des intérêts réciproques, etc. Chacune met en jeu des opérations logicomathématiques dont le statut opératoire est lié à la construction d'invariants (invariance de tel nombre ou de telle classe lorsqu'on l'ajoute ou lorsqu'on la réunit à d'autres, etc.).

On notera enfin le rôle fonctionnel central reconnu aux différentes sortes de conservation par la théorie opératoire* de l'intelligence. Résultats du processus d'équilibration*, les notions de conservation assurent à l'action puis à la pensée une stabilité et une capacité inférentielle qui leur permet d'organiser de manière optimale le flux des perceptions, des représentations et des transformations. *J.-J. Ducret*

Conservation-retrait

Face à une agression* menaçant la survie de l'individu, deux attitudes extrêmes sont possibles, la fuite* ou la lutte d'une part, l'inhibition* active d'autre part. Cette deuxième attitude est adoptée préférentiellement quand le contrôle* de la situation n'est pas possible et quand l'organisme est en contact étroit avec le danger*. Il s'agit d'une stratégie de défense fondamentale dont la probabilité d'apparition peut être modulée par des facteurs d'expérience antérieure (résignation* apprise). Elle survient également lors d'un conflit* social, en cas de confrontation dans un espace clos avec un congénère très agressif. Les termes de conservation-retrait indiquent que l'individu cherche à se protéger en diminuant ses interactions avec le milieu environnant. Au plan physiologique, l'attitude de conservation-retrait est accompagnée d'une activation du système hypophyso-corticosurrénalien, d'une analgésie* psychogène, d'une inhibition des systèmes gonadotropes et d'une activation parasympathique. Au plan psychologique, l'adoption de cette attitude est accompagnée d'une anxiété* profonde. *R. Dantzer*

Considération

Un des groupes de comportements qui constitue l'un des deux facteurs* dégagés par E. A. Fleishman à partir de l'analyse factorielle* faite sur les descriptions des activités des cadres. Ensemble de conduites impliquant la confiance mutuelle, le respect et une certaine chaleur dans les rapports entre l'encadrement et les subordonnés. Elle suppose que les cadres concernés par les besoins de leurs collaborateurs favorisent la participation aux décisions et encouragent la communication. *C. Lévy-Leboyer*

Consigne

Instructions verbales fournies au sujet que l'on soumet à un test* ou à une expérience*, qui lui permettent de savoir ce qu'il a à faire. Il est de règle que les consignes soient parfaitement standardisées, de manière à éviter qu'elles n'influencent diversement les sujets.

Les animaux, les sujets humains avec lesquels la communication verbale se révèle impossible (enfants avant l'acquisition du langage, certains cas pathologiques, membres de communautés linguistiques étrangères à celle de l'expérimentateur) ont amené les psychologues à mettre en œuvre des procédures propres à obtenir le comportement attendu sans dépendre des consignes : façonnement progressif, contrôle par les contingences*, imitation*. La solution n'a pas été trouvée dans tous les cas. Ainsi, il n'y a pas d'équivalent chez l'animal des épreuves classiques de mémoire de rappel* ou d'évocation* chez l'homme, cette mobilisation volontaire* des informations mnésiques n'étant possible, apparemment, qu'à la faveur d'une consigne verbale.

M. Richelle

Consolidation mnésique

Etablissement de traces* mnésiques durables à partir de traces temporaires. La consolidation est souvent assimilée au passage d'informations* de la mémoire à court terme* vers la mémoire à long terme*.

De nombreuses études ont tenté de décrire le décours temporel de cette consolidation. L'expérimentation par administration de chocs électriques de haut voltage juste après l'apparition d'une réponse acquise en un essai chez l'animal, et l'analyse des cas d'amnésie rétrograde* expérimentale ou résultant d'un traumatisme crânien chez l'homme ont été les deux principales voies d'investigation. Ces études n'ont cependant pas pu apporter de réponse claire au problème posé. L'interprétation de leurs résultats est souvent malaisée dans la mesure où l'oubli* observé ne peut souvent être interprété univoquement comme le résultat de la destruction de traces mnésiques liée à une absence de consolidation.

On s'est aussi intéressé aux facteurs psychologiques permettant le passage de l'information de la mémoire à court terme en mémoire à long terme. Il apparaît que la répétition du matériel présenté est un facteur crucial mais insuffisant. La consolidation exige une activité d'organisation du matériel, c'est-à-dire une mise en relation des éléments du matériel à retenir.

Certains auteurs préfèrent ne plus assimiler la consolidation au passage d'informations d'un magasin* à court terme vers un magasin à long terme. La consolidation est alors vue comme un processus de stabilisation ayant un décours temporel variable.

S. Bredart

Consommatoire

Se dit d'un acte* situé en position terminale d'une séquence* et aboutissant à la satisfaction d'un besoin*. Dérive d'une analogie avec le comportement alimentaire* : un animal affamé est mis en appétit et se lance à la recherche de nourriture, dans une séquence exploratoire* très générale d'abord et de plus en plus précise au fur et à mesure que des stimulus précis le guident vers l'aliment : c'est la phase d'**appétence ;** l'identification de la proie ou de la nourriture, l'évaluation de la distance et de l'orientation de celles-ci déterminent le prélèvement et la capture* ; la consommation (mastication et déglutition) apaise l'appétit, supprime le besoin et suspend momentanément le comportement de recherche alimentaire.

Par extension, l'acte consommatoire conclut une quelconque séquence amorcée par un besoin déterminé et apaise momentanément celui-ci. Dans le registre du comportement sexuel, la copulation termine la parfois longue séquence de recherche, de séduction et de synchronisation du partenaire. L'acte consommatoire se caractérise par sa simplicité et sa stéréotypie* et est déclenché par des stimulus très spécifiques.

J.-C. Ruwet

Consonance → Dissonance cognitive

Constance

Stabilité de la mesure d'un trait* ou d'une performance* à travers un intervalle de temps. Propriété d'un test* présentant cette stabilité. La constance est habituellement exprimée par un coefficient de corrélation* entre les résultats obtenus lors de la passation initiale d'un test et une passation ultérieure. La constance du QI est la stabilité, non parfaite d'ailleurs, du quotient intellectuel* à travers le développement.

M. Richelle

Constance perceptive

Invariance de diverses propriétés des objets perçus en dépit des conditions physiques variables dans lesquels ils stimulent les récepteurs* sensoriels. Ainsi, en dépit de la distance, et par conséquent de la différence de taille de son image projetée sur la rétine*, un objet est perçu avec la grandeur que nous lui connaissons **(constance de grandeur)** ; malgré les différences d'éclairement*, un objet blanc continue de paraître blanc, alors même que la quantité de lumière réfléchie est moindre que celle d'un objet gris mieux éclairé. La constance perceptive atteste l'activité d'élaboration que la perception opère sur les informations* sensorielles. Elle assure la stabilité du milieu perceptif à travers les nombreuses variations du milieu physique. La constance est rarement parfaite, se situant en général entre la valeur correspondant au stimulus physique immédiat et la valeur correspondant à l'objet réel. Elle s'exprime généralement par un indice de constance, allant de 0 à 1, obtenu en faisant le rapport dit de Brunswik $\frac{R-S}{A-S}$ où R est la valeur estimée, A la valeur de l'objet réel et S la valeur physiquement enregistrée par le récepteur sensoriel (par ex., image rétinienne). Le phénomène de surconstance* que l'on rencontre pour certaines dimensions des stimulus (le poids, notamment) à certains moments du développement indique bien le caractère actif des mécanismes en jeu. *M. Richelle*

Constant (Facteur —) → Facteur

Constitution

La notion de constitution, définie comme l'ensemble des caractéristiques psychologiques et physiques de l'individu, a été, au début du XXe siècle, la pierre de touche de la doctrine constitutionnaliste selon laquelle un rapport étroit liait troubles psychiques et caractéristiques physiques signant par là l'origine héréditaire des premiers, celle des seconds étant bien établie.

L'un des principaux auteurs ayant, en matière de psychopathologie, défendu ce point de vue fut E. Dupré. Il présente, en 1909, les caractéristiques psychiques et physiques de la constitution émotive et décrit, dix ans après, huit types de constitution. D'autres auteurs vont, après lui, décrire d'autres types de constitution tels H. Claude et E. Minkowski avec la description de la constitution schizoïde*. Les liens entre constitution et maladies mentales sont soulignés au travers de la notion de **prédisposition**. E. Kretschmer, en 1930, étudiant les corrélations existant entre les formes extérieures du corps, les tempéraments et les types psychiatriques (folie maniaco-dépressive et démence précoce), conclut que les psychoses sont les exagérations rares de grands groupes constitutionnels répandus parmi les normaux. Il corrèle au type corporel **pycnique** (petit et large) le cycle **morbide circulaire**, le tempérament **cycloïde** et le **cyclothyme normal**, et aux types corporels **leptosome** (grand et maigre), athlétique ou **dysplastique** le cycle schizophrène, le tempérament schizoïde et le **schizothyme** normal. Dans ce modèle, les tempéraments schizoïde et cycloïde sont définis comme des personnalités anormales entre la maladie et la santé reflétant plus ou moins les symptômes psychologiques fondamentaux des psychoses schizophréniques et circulaires.

De nos jours, si le terme de constitution n'est plus guère employé, sans doute du fait de l'idéologie constitutionnaliste qu'il véhicule, la notion de traits* permanents chez un individu se retrouve dans les termes de personnalité*, de caractère* ou de structure*.

L'importance accordée aux relations entre constitution physique et psychose* a été largement tempérée par la réflexion sur les biais d'interprétation d'une telle corrélation (influence de l'âge ou du mode de vie sur la constitution) et par la difficulté même à interpréter ce type de liens (maillon intermédiaire possible entre la génétique et la constitution). *M.-C. Hardy-Bayle*

Construct

Bien qu'on en ait proposé des équivalents français (concept*, modèle*, entité hypothétique), le terme *(hypothetical) construct* se rencontre souvent sous la plume des auteurs francophones, sans qu'il corresponde toujours chez eux à la distinction qu'entendait souligner E. Tolman en 1951 entre variable intermédiaire* et *hypothetical construct,* dont il n'est pas sûr, d'ailleurs, qu'elle soit respectée par les auteurs anglophones. A la différence d'une variable intermédiaire au sens strict, qui n'est qu'une étiquette placée sur une relation entre variable(s) indépendante(s)* et dépendante(s)*, le *construct* est doté de « propriétés substantielles » que, en principe, les progrès de nos méthodes d'investigation devraient permettre de cerner opérationnellement. Ainsi, la « force de l'habitude* » *(response strength)* et autres concepts utilisés par C. Hull dans sa tentative de formalisation des lois de l'apprentissage* auraient, selon cette distinction, simple statut de variables intermédiaires, contrairement à la notion de carte cognitive* introduite par Tolman, véritable *construct.*

En réhabilitant les entités mentales*, plus souvent décrites en termes de modèles* que de *constructs,* la psychologie cognitive* semble avoir enlevé beaucoup de son intérêt aux débats suscités par les *constructs* et variables intermédiaires. Les propriétés « substantielles » des premiers n'en continuent pas moins de poser problème si l'on maintient qu'elles ne se confondent pas avec une description physiologique.

M. Richelle

Construction

Emergence au cours du développement* de structures et de capacités fonctionnelles, de complexité et de degré d'organisation croissants, à la faveur d'une interaction entre organisme et milieu*, dans laquelle le sujet joue un rôle actif. La notion de construction est centrale dans la théorie constructiviste* de J. Piaget.

M. Richelle

Constructivisme

Ce terme désigne la position épistémologique de J. Piaget de refus des conceptions empiriste et innéiste dans le processus d'acquisition* des connaissances*. Celles-ci ne peuvent ni résulter d'une simple copie* de l'organisation du monde extérieur comme le soutient l'empirisme*, ni se trouver déposées dans notre esprit* par une forme quelconque de la transcendance ou de l'immanence comme le prétendait l'innéisme*. Le choix de ce terme indique un dépassement de l'interactionnisme* utilisé par Piaget dès 1950 qui mettait l'accent sur les échanges réciproques entre un sujet connaissant et son environnement. Le constructivisme insiste davantage sur le caractère essentiellement endogène du processus alors que la biologie définit le développement* comme une interaction entre matériel génétique et épigenèse*. Piaget a exposé complètement ce point de vue, dans le domaine du développement de l'intelligence* chez l'enfant, dans son ouvrage de 1936 *La naissance de l'intelligence chez l'enfant*, mais on peut trouver les premières formulations de cette thèse dans des études biologiques sur l'adaptation* des limnées publiées entre 1914 et 1929. Ce fait montre à quel point Piaget fonde dans le terrain de la biologie les processus qu'il décrit dans le domaine de la psychologie. En matière de développement de l'intelligence, Piaget récuse à la fois empirisme et innéisme au profit d'un *tertium* qu'il avait déjà appelé de ses vœux en biologie pour résoudre le conflit entre le lamarckisme (qu'il tient pour un empirisme) et le préformisme. Le choix de Piaget pour l'interactionnisme se détermine également après l'élimination des conceptions émergentistes qui correspondent, sur le plan psychologique, à la *Gestaltpsychologie**. L'argument du rejet tient au caractère non évolutionniste de ces modèles, sur le plan biologique, et à l'absence de dimension génétique dans la psychologie de la forme. Enfin, la thèse constructiviste propose, pour rendre compte du progrès des connaissances, le mécanisme de l'équilibration* majorante qui, sur le plan psychologique, produit le passage d'un niveau de structure à un niveau supérieur et le mécanisme de la phénocopie* qui, sur le plan biologique, provoque, selon Piaget, la copie par le génotype des modifications phénotypiques.

P. Mengal

Construit

Concept utilisé pour décrire des éléments (des objets, des concepts ou des individus) et ce qui fait leur différence. Les construits font partie de la grille de G. A. Kelly*. Ils résultent d'une enquête au cours de laquelle les sujets sont appelés à indiquer en quoi deux éléments diffèrent d'un troisième.

C. Lévy-Leboyer

Consultation

Le terme de consultation s'applique à toute démarche d'une personne qui s'adresse à un praticien pour lui faire part d'un problème et lui demander un conseil, un diagnostic ou un traitement. Cette dénomination est utilisée dans le vocabulaire institutionnel pour désigner un organisme situé dans une aire géographique déterminée. Il regroupe les activités de divers praticiens en vue de répondre de façon complémentaire au besoin de diagnostic et de traitement de certains troubles de la population ou de certaines catégories d'âges de cette population (enfants, adolescents, personnes âgées). Des consultations spécialisées (dans le domaine de l'orientation scolaire, de l'assistance éducative, de la protection judiciaire) peuvent être mises à la disposition des enfants et des familles ou être utilisées par des autorités administratives, éducatives, médico-sociales ou judiciaires afin de les renseigner sur l'origine, la nature et les significations d'un conflit, d'une perturbation, d'un dysfonctionnement en vue d'y apporter remède ou pour fournir des informations susceptibles d'aider à une prise de décision par une autorité de tutelle. Le statut des psychologues qui exercent dans ces consultations varie selon leur spécificité : conseiller d'orientation scolaire et professionnelle, psychologue scolaire, psychologue clinicien, psychothérapeute, expert.

J. Selosse

Consultation médico-psychologique

A la disposition des familles et des individus, situées auprès de structures éducatives, sanitaires et sociales, des équipes pluridisciplinaires sont organisées en centres, consultations, services ou antennes ; elles accueillent, en vue d'un dépistage, d'un diagnostic, d'une orientation, d'un soutien ou d'un traitement*, les sujets qui présentent des symptômes pathologiques divers. Ces structures sont le plus souvent spécialisées : soit en fonction des troubles* spécifiques à une période du développement* (enfance, adolescence, vieillesse) ; soit en raison du cadre concerné par le symptôme (famille, école, entreprise) ; soit en cas d'urgence et de dangerosité (centre de crise) ; soit selon la nature du passage à l'acte* (délictueux, toxicomane, suicidaire). L'implantation de ces équipes peut s'inscrire dans divers établissements (d'éducation, hospitaliers ou pénitentiaires), avoir une compétence locale ou faire partie d'un réseau qui couvre un secteur géographique. Ce qui caractérise leur fonctionnement c'est l'interaction et l'intégration des informations rassemblées par divers cliniciens et praticiens pour le bilan et la synthèse interprétative, transdisciplinaire, du symptôme d'un sujet en situation. *J. Selosse*

Contact (hypothèse de —)

Hypothèse selon laquelle le contact entre les membres de différents groupes améliore leurs relations. Cette hypothèse, à l'origine de la politique de déségrégation aux États-Unis (à partir de 1954), souffre de nombreuses limitations. *F. Ric*

Contagion

Phénomène fréquent chez les animaux sociaux, appelé aussi **panurgisme** ou **induction allomimétique,** par lequel une action initiée par un sujet s'étend à l'ensemble du groupe. Au sein des grands rassemblements (troupeaux, vols, bancs, nuées, essaims) où il est impossible à chacun de connaître tous les autres, il assure la cohésion de l'ensemble et la synchronisation des activités de la foule : envol ou fuite devant un prédateur* détecté par un seul membre du groupe ; départ vers un point éloigné mais essentiel du domaine vital (abreuvoir isolé dans le désert, par ex.) qui ne sera plus visité avant longtemps. Chaque sujet a intérêt à s'aligner immédiatement sur les autres.

La contagion est nettement distincte de l'imitation*, qui peut impliquer l'apprentissage* d'une nouvelle conduite* ou association*, et de la facilitation* sociale, qui avance ou accélère l'exécution d'une action à laquelle les répondants étaient de toute façon disposés. Elle est différente aussi de la stimulation sociale, où chacun exerce sur les autres une action favorisant leur maturation physiologique et comportementale et, par là, fait évoluer chacun en particulier et le groupe dans son ensemble vers des types plus élaborés du comportement. La contagion implique que l'initiateur place tous les autres dans une disposition nouvelle pour l'heure, mais partie du répertoire comportemental banal du moment. *J.-C. Ruwet*

Contenant psychique

W. Bion a le premier mis l'accent sur l'importance de la relation contenant-contenu dans le développement précoce de l'appareil* psychique. La mère joue le rôle de contenant des images fantasmatiques et des affects terrorisants pour le bébé. Celui-ci peut ainsi intérioriser la relation contenant-contenu et se constituer sur ce modèle un « appareil à penser les pensées », c'est-à-dire contenir les contenus psychiques. R. Kaës a précisé une différence entre la fonction maternelle de contenant passif (c'est-à-dire de dépositaire) et celle de conteneur qui transforme activement les données psychiques brutes en éléments alpha et leur donne sens, ce qui permet au tout-petit d'éprouver ces données et de les lui rendre représentables. B. Gibello a appelé contenants de pensée les processus qui donnent sens aux perceptions et aux raisonnements. Outre des contenants cognitifs (gnosies et praxies), ils comprennent le langage, le fantasme* inconscient, le système narcissique de la représentation de soi et la culture. La déficience des contenants de pensée est spécifique des dysharmonies cognitives* pathologiques* et des retards d'organisation du raisonnement. Le moi-peau* et les enveloppes psychiques* sont des variétés de contenants psychiques. *D. Anzieu*

Contenu → Analyse de contenu

Contenu du travail

Par opposition à contexte*, désigne l'ensemble des facteurs de motivation* liés au travail lui-même et au rôle joué par la personne qui l'exécute. La liste des facteurs varie selon les auteurs mais concerne toujours l'autonomie, les responsabilités, l'estime liée au travail accompli, la satisfaction de faire des choses difficiles. S'y ajoutent parfois la variété, l'existence d'informations sur la qualité du travail fait, et sur l'importance du rôle professionnel. *C. Lévy-Leboyer*

Contenu latent

Notion introduite par S. Freud en 1900 en même temps que celle de contenu manifeste*. Le contenu latent désigne l'ensemble des significations auquel conduit l'analyse du rêve*. Il est le produit du travail d'interprétation : les pensées du rêve (ou contenu latent) sont antérieures à leur traduction manifeste et l'analyse consiste à suivre le parcours inverse du travail du rêve. La mise au jour du contenu latent permet de retrouver une expression plus authentique, plus proche de la vérité, du matériel du rêve (par ex., un désir de se disculper). Par extension, la notion de contenu latent est appliquée à toute production de l'inconscient. En psychologie projective, l'analyse de la production du sujet vise à dégager ses contenus latents. Mais on utilise le terme de **sollicitations latentes** pour rendre compte des contenus sous-jacents susceptibles d'être figurés par le matériel manifeste du test même.

C. Chabert

Contenu manifeste

Notion introduite par S. Freud en 1900 pour désigner le récit du rêve* tel qu'il est rapporté par le rêveur. Le contenu manifeste est le produit du rêve puisqu'il constitue la traduction des pensées du rêve, ou contenu latent*, une fois qu'elles ont subi les opérations de transformation et de déguisement exigées pour leur possible expression. Par extension, on parle de contenu manifeste pour toute production verbale qu'on se propose d'interpréter selon la méthode analytique.

En psychologie projective, on utilise le terme de contenu manifeste pour définir les énoncés des réponses du sujet, mais aussi pour analyser le matériel même du test (Rorschach* et TAT*) : celui-ci est décrit, dans ses aspects perceptifs les plus objectifs, comme point de départ pour le travail associatif du sujet. *C. Chabert*

Contexte

En psychologie expérimentale* de l'apprentissage* et de la mémoire*, la notion de contexte renvoie à l'ensemble de la situation dans laquelle un apprentissage se réalise ou s'actualise, ou dans laquelle s'effectue l'encodage* ou la récupération* en mémoire. Longtemps négligés, les effets de contexte se sont révélés importants aussi bien chez l'animal que chez l'homme : ils apparaissent dans les conditionnements* pavloviens les plus élémentaires comme dans les tâches de mémoire verbale. Ainsi une association conditionnée se manifestera plus aisément si elle est réactivée dans la cage expérimentale où avait eu lieu l'acquisition*; des mots mémorisés seront plus facilement évoqués ou reconnus si l'épreuve de rappel* ou de reconnaissance* se fait dans la même salle et les mêmes circonstances que la mémorisation.

L'état psychophysiologique du sujet peut lui-même avoir valeur de contexte : l'actualisation d'un apprentissage réalisé alors que l'animal se trouvait sous l'effet d'une substance pharmacologique se révélera facilitée si le même état de l'organisme a été induit. On parlera d'apprentissage dépendant de l'état du sujet *(state dependent learning)* plutôt que dépendant du contexte.

Le contexte d'un apprentissage peut aussi faire l'objet, au titre de variable dépendante*, de l'étude expérimentale. Ainsi, dans certains troubles de la mémoire, on observera une bonne récupération des éléments mémorisés au cours des jours précédents, contrastant avec l'oubli du jour où ils ont été appris.

Dans les études expérimentales sur du matériel verbal, on oppose les présentations de mots isolés et en contexte (V. Contexte linguistique). *M. Richelle*

Contexte du travail

Par opposition à contenu* du travail, désigne l'ensemble des facteurs de motivation* liés à l'environnement et aux conditions du travail. Selon les auteurs, la liste des facteurs varie ; on y trouve toujours les caractéristiques de l'environnement physique, le salaire, la politique du personnel de l'entreprise, la sécurité, et parfois également les aspects relationnels (qualité de l'encadrement et des relations avec les collègues).

C. Lévy-Leboyer

Contexte linguistique

Dans les sciences du langage, on distingue parfois le contexte situationnel du contexte linguistique. La première expression désigne le sous-ensemble des éléments du monde (ou de l'« extralangage ») qui sont susceptibles d'exercer une influence sur les caractéristiques d'un texte* ou d'une phrase* (espace-temps de l'énonciation*, but communicatif, statut de l'énonciateur* ou du destinataire*, etc.). Le contexte linguistique d'une unité est défini quant à lui par l'ensemble des unités qui la précèdent ou qui la suivent dans un énoncé ou dans un texte donné.

Depuis une décennie, la plupart des linguistes ont remplacé la notion de contexte linguistique par celle de cotexte*, et réservent le terme général de contexte aux seuls éléments situationnels (non langagiers).

J.-P. Bronckart et D. Zagar

Contextualisme

Notion introduite par M. Dascal, et qui fait suite à celle de « contextique » proposée par M. Black ; elle désigne les courants de recherche centrés sur l'analyse de l'influence du contexte* sur la production*, la structuration et la compréhension* du langage*. Acceptant la distinction entre cotexte* (environnement linguistique d'un énoncé) et contexte proprement dit (environnement non linguistique), cette discipline se propose de remplacer les descriptions intuitives de ce dernier par un modèle théorique opérationnel, qui définirait explicitement la structure des paramètres physiques et sociaux qui exercent une influence déterminante et systématique sur la forme des énoncés. *J.-P. Bronckart*

Contiguïté

La contiguïté temporelle*, ou proximité dans le temps, de deux événements critiques, stimulus conditionné* et inconditionnel*, ou encore réponse opérante* et renforcement*, a été considérée, depuis I. Pavlov, comme une condition pour que s'instaure un conditionnement*. Certaines théories, telle celle de G. H. Guthrie, en font le fondement de l'apprentissage*. Si elle renvoie incontestablement à une condition optimale, la loi de contiguïté se trouve néanmoins prise en défaut par plusieurs exceptions. Déjà le conditionnement de trace*, décrit par Pavlov, impliquait un écart temporel entre stimulus conditionné et inconditionnel, limité il est vrai à quelques secondes ou une à deux minutes. L'aversion gustative conditionnée* découverte par J. Garcia en 1966 démontre la possibilité d'un conditionnement, sans doute lié à des prédispositions* propres à l'espèce, malgré un écart de 4 à 6 heures entre stimulus conditionné et stimulus inconditionnel. D'autre part, la possibilité de contrôle du comportement par ses conséquences lointaines décrites verbalement (comportement contrôlé par les règles) fournit une autre forme d'exception dans le cadre du conditionnement opérant. *M. Richelle*

Contingence

On parle de théorie de contingence pour désigner toute théorie organisationnelle dans laquelle un comportement est fonction à la fois de caractéristiques individuelles et de caractéristiques situationnelles. Le plus connu des modèles de contingence est le modèle de *leadership** de F. Fiedler selon lequel le comportement d'encadrement efficace est fonction simultanément des caractéristiques individuelles du *leader** et des caractéristiques de la situation organisationnelle dans laquelle il doit exercer son autorité. *C. Lévy-Leboyer*

En statistique se dit d'un tableau d'une distribution* d'effectifs ou de fréquences sur l'ensemble-produit de deux variables catégorisées.

Tableau de contingence est une appellation consacrée. Pour plus de deux variables, on dit **protocole multivarié** et **tableau de contingence multiple**.

P. Bonnet et H. Rouanet

Contingences de renforcement

Dans la terminologie du conditionnement opérant*, modalités de la relation entre une réponse* et ses conséquences*. Les contingences se rangent en quatre catégories, d'une part selon la nature des conséquences du comportement : présentation* ou non-présentation (ou suppression) d'un stimulus renforçateur* ; d'autre part selon l'effet de cette opération sur le débit* de réponse : accroissement ou réduction. Si le débit augmente alors que la réponse entraîne la présentation d'un stimulus, on aura affaire à des contingences de renforcement positif* (ex., renforcement alimentaire, autostimulation intracérébrale*) ; s'il augmente alors que la conséquence de la réponse est la suppression ou la non-présentation d'un stimulus aversif*, on parlera de contingences de renforcement négatif*, où se rangent l'échappement* et l'évitement* actif. Si la réponse est suivie de la présentation d'un stimulus, et que le débit diminue, on sera en présence de contingences punitives (évitement passif*) ; et enfin, si le débit décline alors que la réponse n'est pas suivie d'un stimulus renforçateur attendu, on parlera d'omission*, l'omission systématique n'étant autre que l'extinction*. (Les effets de l'omission sont cependant à nuancer par ce que l'on sait par ailleurs des débits engendrés par les renforcements intermittents* dans les divers programmes* de renforcement.)

Le terme est une transposition en français de l'expression technique proposée par B. F. Skinner en 1969, et qui dérive d'un des sens du mot *contingent (upon)* : « dépendant de ». *M. Richelle*

Contingent → Dépendant

Continu

Caractère de tout changement dans les comportements* ou les structures psychologiques, que ce soit au cours du développement* ou d'un apprentissage*, se produisant de façon graduelle, insensiblement, par opposition aux changements se produisant par saut, par restructuration brutale. Aussi bien en psychologie du développement qu'en psychologie de l'apprentissage, les diverses théories mettent l'accent tantôt sur la continuité*, tantôt sur la discontinuité des transformations.

Renforcement continu : renforcement* fourni après chaque réponse opérante*, par opposition au renforcement intermittent*. *M. Richelle*

Continuité

Propriété attribuée à l'évolution* ou au développement* dans le cadre de certaines théories psychologiques ; elle s'oppose à la **discontinuité.**

Le constructivisme* piagétien propose une description du développement cognitif* qui est entièrement centrée sur les aspects logico-mathématiques et qui souligne en conséquence nettement les aspects de continuité ; de la naissance à l'âge adulte, les capacités intellectuelles s'organisent certes en structures* de plus en plus complexes et efficaces (V. Stade), mais cette construction s'effectue linéairement et sans hiatus, sous l'action continue de mécanismes fonctionnels invariants* (assimilation*, accommodation* et équilibration*).

Dans la mesure où elles accordent une importance plus grande aux facteurs sociaux et affectifs, la plupart des autres théories du développement soulignent plutôt les aspects de rupture et de discontinuité. Pour H. Wallon, la psychogenèse* est soumise aux lois de l'alternance* et de l'intégration* fonctionnelle. Pour L. S. Vygotsky, lors de l'émergence* du langage* chez l'enfant, le développement change de statut, et passe du registre biologique au registre socio-historique (second système de signalisation*). La plupart des psychanalystes soulignent enfin que le développement de la personnalité* est ponctué de pauses et de diverses formes de régression*. *J.-P. Bronckart et E. Jalley*

Continuité (Loi de —) → Forme (Psychologie de la —)

Continuum

Variable* continue. Le terme est généralement réservé aux dimensions* physiques sur lesquelles peut varier le stimulus : intensité*, fréquence*, etc., ou aux dimensions psychologiques correspondantes. Il s'applique aussi à des variables subjectives pouvant faire l'objet d'un jugement* évaluatif entre deux extrêmes : *continuum* agréable-désagréable, beau-laid. En psychophysique*, S. S. Stevens a proposé, en 1956, de distinguer entre *continuums* **prothétiques** et **métathétiques.** Les premiers correspondent aux dimensions sensorielles pour lesquelles une différence de sensation* traduit un processus neurophysiologique de type additif ; c'est le cas, par exemple, de l'intensité dans le domaine de l'audition ou de la vision : un changement d'intensité perçue est corrélatif d'un accroissement de fréquence des potentiels d'action des neurones récepteurs. Les seconds correspondent aux dimensions sensorielles pour lesquelles les changements de sensation sont liés à la stimulation d'unités réceptrices différentes ; c'est le cas pour les variations de la hauteur tonale*, corrélatives de la stimulation de zones différentes de la cochlée. A ces deux types de *continuum* correspondraient, selon Stevens, des types de fonctions psychophysiques différents, seuls les premiers fournissant une fonction puissance. *M. Richelle*

Contour

Ligne délimitant la forme d'une figure* ou d'un objet, le contour joue un rôle capital dans la perception* des formes*, ainsi que la psychologie de la *Gestalt** l'avait déjà bien montré dans l'analyse des bonnes formes, des rapports figure-fond* et des figures réversibles*. La caractérisation des contours et les mécanismes de leur perception connaissent un regain d'intérêt en psychologie depuis qu'ils sont devenus un problème central pour la robotique dans ses efforts en vue de construire des machines aptes à reconnaître formes et objets. Les contrastes* de luminosité* fournissent sans doute des informations cruciales, mais non suffisantes ni exclusives, car il y a rarement homogénéité de contraste sur l'ensemble d'un contour. Des indices de texture* et de profondeur*, des facteurs de familiarité* et d'expérience* écologiquement significatifs, interviennent sans doute dans la remarquable capacité du système visuel humain à percevoir les contours, jusque dans les cas paradoxaux de perception de contours illusoires obtenus à l'aide de configurations* habilement construites de telle sorte qu'une figure s'impose au regard bien que les contours n'en soient pas donnés. Le fait que ces contours illusoires se produisent aussi bien, comme l'a montré G. Kanisza, pour des formes « naturelles » non régulières que pour des bonnes formes géométriques suggère l'importance adaptative du repérage des contours dans la recherche de la nourriture, la détection de prédateurs, la mise à l'abri (V. Camouflage, Illusion).

M. Richelle

Contradiction

Au sens logique du terme, une contradiction est une relation entre deux propositions* telles qu'elles ne peuvent être ni vraies, ni fausses ensemble. Si elles ne peuvent être vraies ensemble, mais qu'elles peuvent être fausses, la relation est alors de simple contrariété. Ainsi *« Cette figure est un carré »* est contradictoire avec *« Cette figure n'est pas un carré »*, mais seulement contraire à *« Cette figure est un triangle »* : elle peut en effet fort bien être un losange.

D'une façon plus générale, la contradiction n'a jamais cessé de jouer un rôle essentiel dans la pensée*. L'étude des civilisations, de l'Antiquité grecque à la Chine, en passant par les cultures du Matto Grosso, fait voir l'omniprésence des idées d'opposition* et de bipolarité. H. Wallon de son côté soulignait l'importance du rôle que jouait le « couple » dans la pensée enfantine et J. Piaget en a fait l'un des moteurs du développement* de l'intelligence*.

J.-B. Grize et E. Jalley

Contrainte de destin → Destinée

Contrainte de la tâche

Désigne les exigences requises par une tâche motrice* à l'égard des ressources* d'un individu. La contrainte est essentiellement de nature logique ou physique, c'est-à-dire liée au but de la tâche ou à l'environnement matériel et aux stimulus* organisateurs de l'action. L'importance de ces exigences détermine le niveau de difficulté de la tâche du point de vue bio-informationnel ou bioénergétique. Par ailleurs, la contrainte peut s'exercer de manière plus spécifique en regard de certaines fonctions physiologiques ou psychologiques : cela permet de caractériser les tâches en fonction de la nature des ressources qu'elles sollicitent.

M. Durand

Contraintes spécifiques

Limitations ou orientations particulières qu'imposent au comportement les caractères propres à l'espèce. La notion s'applique principalement aux mécanismes d'apprentissage*, et elle s'est dégagée peu à peu d'une prise en compte, par les spécialistes de l'étude de l'apprentissage sur l'animal en laboratoire, des différences interspécifiques. Elle suppose que l'on ait d'abord formulé des lois générales, réputées valables pour toutes les espèces, ou un vaste ensemble d'espèces, et que l'on soit amené ensuite à nuancer ces lois. Telle fut bien en effet, de I. Pavlov à C. Hull et B. F. Skinner, la démarche de la plupart des grandes théories de l'apprentissage, qui avaient prêté peu d'attention aux caractéristiques spécifiques. La rencontre de l'éthologie* a été déterminante dans le revirement amorcé autour de 1950, mais qui ne s'est vraiment imposé à certaines écoles que dans les années 1970. Pour l'éthologiste, qui part des caractères propres à l'espèce dans sa niche écologique*, le terme contraintes repose sur une erreur de perspective : c'est la diversité des adaptations spécifiques qui est première, et en eût-on tenu compte d'emblée dans l'étude des mécanismes d'apprentissage que l'on n'aurait pas formulé des lois générales. Parmi les données empiriques illustrant la notion de contrainte spécifique, on retiendra la dérive instinctive* et la critique de l'arbitrarité* de la réponse. On use aussi de l'expression **contraintes biologiques.**

M. Richelle

Contraphobique

Adjectif caractérisant un objet, une présence ou une action qui permettent d'éviter l'apparition d'angoisse* suscitée par une phobie*. S. Freud, dans l'analyse du petit Hans, souligne les mécanismes consécutifs de la phobie comme défenses contre l'angoisse suscitée par une motion pulsionnelle refoulée. Les conséquences de la constitution du symptôme phobique amènent le moi à se comporter comme si le danger d'un développement d'angoisse ne venait pas d'une motion pulsionnelle mais d'une perception. Le phobique est donc poussé à réagir à ce danger extérieur par des tentatives de réassurance que sont les comportements contraphobiques, c'est-à-dire par une stratégie de réassurance grâce à la présence d'un objet sécurisant, dans la situation phobogène*. On peut donc distinguer l'objet contraphobique de l'action contraphobique qui peut même aller dans le sens de l'action phobique définie par la fuite devant le danger. *A. Braconnier*

Contraste

Accentuation d'une différence perçue entre deux éléments d'un stimulus* résultant de leur juxtaposition spatiale* (contraste simultané) ou temporelle* (contraste consécutif). Une même surface de gris sera perçue plus foncée sur fond blanc que sur fond noir. Une eau de même température paraît plus chaude si la main qu'on y plonge vient d'être retirée de l'eau glacée. Les effets de contraste ont été particulièrement étudiés dans le domaine visuel : contraste de luminosité*, mis en évidence, entre autres, par les anneaux de Mach, où des variations non continues de luminance* du centre vers la périphérie d'un disque engendrent perceptivement, aux frontières des discontinuités, un anneau clair et un anneau foncé ; contraste de couleur ou chromatique, se traduisant d'une part par une accentuation des différences de saturation*, et d'autre part par la perception de la couleur complémentaire* non présente physiquement. Le contraste lumineux s'explique sans doute par des mécanismes d'inhibition* latérale au niveau des neurones de la rétine.
Contraste comportemental : dans un conditionnement* opérant*, dépassement du débit* normal de réponse se produisant au passage d'une phase d'un programme de renforcement à débit réduit ou nul (sous contrôle d'un stimulus discriminatif négatif) à une phase à débit soutenu (contrôlé par un stimulus positif) ; ou, en séquence inverse, réduction excessive du débit. Le contraste comportemental est l'équivalent du phénomène d'induction* dans le conditionnement pavlovien.
Contraste statistique : V. Analyse de variance. *M. Richelle*

Contrebalancement

Dans les plans* d'expérience, procédé visant à neutraliser les effets de variables* expérimentalement non maîtrisables (fatigue*, apprentissage*, ennui, etc.) en les faisant intervenir de façon contrastée à des stades successifs de l'expérience ou dans des groupes différents. Ainsi, en psychophysique*, si l'on soupçonne que la modalité, ascendante ou descendante, de présentation* des stimulus dans la méthode des limites* influe sur la mesure du seuil*, on alternera les deux modalités. Si, dans une expérience constituée de trois phases 1-2-3, on craint un effet de fatigue, et pour autant que la nature de l'expérience n'impose pas le déroulement dans l'ordre 1-2-3, on constituera des groupes subissant les phases dans un ordre différent (3-1-2 ; 2-3-1 ; etc.). On parle aussi, dans des cas de ce type, de méthode de **rotation.** *M. Richelle*

Contre-culture

Différentes des sous-cultures, les contre-cultures organisent les façons de s'opposer aux codes et aux règles en mettant en question les systèmes sociaux établis, les significations* des normes* prescriptives, la hiérarchie des valeurs* dominantes, les traditions artistiques, tout en revendiquant pour certaines catégories minoritaires de la population de nouveaux modèles d'expression, une autre reconnaissance* sociale par la révolte et le conflit*. Les contre-cultures, surtout développées par une jeunesse contestataire, sont l'expression d'un désir* d'influencer les pouvoirs idéologiques, technologiques et politiques et d'entraîner une évolution historique. Débordant les problèmes du conflit de génération, elles interpellent la structure d'cnsemble de la société par un autre style de vie*.

J. Selosse

Contre-investissement

Investissement de représentations et d'attitudes dans les opérations de défense du moi destinées à empêcher le surgissement à sa place d'une représentation refoulée, d'un comportement ou d'une attitude. Il s'agit d'un processus économique qui utilise l'énergie libérée par le désinvestissement* de la représentation refoulée. Il intervient non seulement dans les mécanismes de défense* mais aussi dans l'attention, la pensée discriminative et comme protection vis-à-vis des excitations d'origine extérieure. *B. Brusset*

Contre-transfert

Si l'on conçoit le champ analytique comme l'interférence des processus mentaux conscients et inconscients du patient et de l'analyste et que l'on prend en compte l'extension de la psychanalyse* au domaine de la thérapie des enfants et des psychotiques, le contre-transfert est lié d'une part à la personnalité de l'analyste, et d'autre part au processus inconscient que le transfert* du patient induit chez ce dernier. Le contre-transfert est donc l'ensemble des réactions inconscientes de l'analyste en particulier au transfert de l'analysé.

Ainsi, la nécessité, pour l'analyste, de se soumettre à une analyse personnelle et de la poursuivre sous forme d'autoanalyse* a pour but de réduire, autant que possible, les manifestations de la résistance* et des phénomènes contre-transférentiels qui perturbent la relation analytique. Cependant, le contre-transfert peut être aussi considéré comme un moyen qu'a l'analyste pour se guider dans la perspective de l'interprétation et pour mieux connaître les avatars et les vicissitudes de la situation analytique.

Enfin, le contre-transfert, dans un sens plus large concernant l'ensemble du champ analytique, peut être conçu comme l'expression d'un transfert qui se développe chez l'analyste, ce qui nous amène à distinguer, en chacune des deux personnes en présence dans la situation analytique actuelle, ce qui est transfert de ce qui est contre-transfert. *A. Braconnier*

Contrôle

Le contrôle ou la maîtrise d'une situation résulte de la perception qu'a le sujet d'une relation de dépendance entre son comportement et l'issue de ce comportement. Le contrôle est souvent défini comme capacité à éviter ou fuir un événement stressant ou déplaisant. J. R. Averill distingue trois types de contrôle :

1. un contrôle comportemental qui implique une action directe sur l'environnement ;
2. un contrôle cognitif concernant l'interprétation de situations environnementales ;
3. un contrôle décisionnel impliquant la possibilité pour le sujet de choisir entre différents comportements.

Le contrôle fonctionne comme médiateur des réponses du sujet à différents stress* environnementaux. L'absence de contrôle sur une stimulation aversive augmente les réponses émotionnelles et négatives à cette situation et entraîne une baisse de la performance. *G. Moser*

Contrôle aversif → Aversif

Contrôle cognitif

En neuropsychologie cognitive, réfère au contrôle attentionnel, capacité cognitive fondamentale intervenant entre l'entrée sensorielle et la réponse. Par exemple, pour la fonction visuospatiale, un contrôle attentionnel général, très souvent inhibiteur, influence un niveau plus spécifique du traitement sensoriel ; par ailleurs, des contrôles neuronaux sont inclus au sein de l'organisation modulaire neurobiologique concernée. Le système de contrôle de niveau supérieur, moins localisable, encore que le cortex préfrontal ait un rôle vraisemblable, aurait un rôle de supervision. On a proposé l'existence d'un système de contrôle et de gestion des contraintes et des schémas, situé entre l'activation des bases de données et les structures de traitement psychologique. Les processus de contrôle interviennent aussi au niveau de la mémoire à court terme (répétition, codage, recherche). *M. Le Moal*

Contrôle judiciaire

Instauré en France par la loi du 17 juillet 1970 afin d'éviter les détentions provisoires avant le jugement des prévenus, le contrôle judiciaire est une mesure restrictive de liberté qui peut être ordonnée lors de l'instruction pénale. Le bénéficiaire doit se soumettre à un certain nombre d'obligations qui lui sont signifiées par des contrôleurs judiciaires, professionnels et bénévoles telles que : répondre à toute convocation, verser un cautionnement, ne pas s'éloigner d'une localité, ne pas fréquenter certains lieux ou certaines personnes, se soumettre à des examens, des soins, suivre un traitement (désintoxication, par ex.). Le contrôle judiciaire a vu ses pratiques s'étendre avec la multiplicité des infractions en rapport avec les toxicomanies. Des psychologues interviennent dans ce cadre. Ils y introduisent une aide et un soutien individualisé, y animent le travail des équipes, y forment les membres des associations, y amorcent certaines orientations thérapeutiques en essayant d'inscrire une signification interne à cet espace/temps intermédiaire, suspendu au jugement. *J. Selosse*

Contrôle moteur

Dans une acception large, désigne l'ensemble des processus par lesquels les mouvements corporels sont déclenchés, conduits et ajustés à un objectif spatial et/ou temporel. Ces processus se regroupent en deux composantes : une composante de programmation* et une composante de guidage. La première suppose un stockage en mémoire d'une séquence de commande plus ou moins exhaustive : le programme moteur*, et l'activation de ce programme préalablement au déclenchement du mouvement ; la deuxième est basée sur l'utilisation des *feed-back** ou des informations en retour et suppose des mécanismes comparateurs susceptibles de détecter et d'évaluer un écart entre la performance attendue et la performance actuelle, d'émettre un message d'erreur et de générer des corrections pendant le mouvement (corrections en ligne) et après (modifications de la commande de l'essai suivant). Selon le niveau d'habileté des sujets et le type de tâche (longueur, durée et complexité des mouvements, vitesse d'exécution, etc.), le contrôle moteur dépend plus ou moins des composantes de programmation et de guidage.

Dans une acception plus restreinte, désigne les processus par lesquels les mouvements sont ajustés par utilisation de *feed-back*. *M. Durand*

Contrôle psychobiologique

Capacité de pouvoir modifier la situation agressive* par l'intermédiaire d'une action appropriée afin de diminuer l'impact de la situation sur l'organisme. Dans une expérience typique, des rats sont soumis par paires à des chocs électriques douloureux délivrés par l'intermédiaire d'électrodes fixées sur la queue. Un des membres de la paire peut mettre fin au choc en tournant une roue située en face de lui, l'autre reçoit les mêmes chocs que son partenaire actif, mais sans que son comportement ne soit efficace. Un troisième groupe de rats est placé dans les mêmes conditions, mais sans choc. Les conséquences des chocs sur l'organisme sont les plus importantes chez les animaux qui ne peuvent rien faire pour les contrôler alors que ceux qui agissent sur les chocs ne réagissent pas davantage que les animaux témoins. Il n'en va pas toujours ainsi cependant, car le contrôle n'est efficace que pour autant qu'il ne soit pas trop difficile à obtenir et qu'il s'accompagne d'une réduction effective de l'incertitude*. Quand la situation est difficilement contrôlable, le contrôle peut tout de même être obtenu en s'engageant dans des activités de substitution* ou des comportements redirigés*. Les mécanismes par lesquels ces activités permettent de diminuer l'activation* ne sont cependant pas connus.

R. Dantzer

Contrôle social

C'est l'ensemble des interventions psychosociales destinées à faire respecter les normes établies. Il s'effectue par les pressions externes des représentants des groupes primaires chargés de transmettre les règles et les valeurs (contrôle conventionnel) tandis que des contrôleurs sociaux mandatés par un pouvoir institutionnel répriment les déviations et veillent à l'intégration* sociale de groupes ou de sujets marginaux (contrôle sociétal). Mais le contrôle social est aussi intériorisé. Les pressions internes résultent de l'attachement et de l'identification* aux modèles qui exercent une supervision virtuelle et directrice au travers d'un lien interpersonnel. Elles participent à la structuration des attitudes sociales interdépendantes (contrôle d'interactions symboliques). *J. Selosse*

Conventionnalisme

Conception du rapport existant entre les mots et les choses, qui s'est développée dans la philosophie grecque antique en réaction aux conceptions primitives, de type essentialiste. Alors que, pour Héraclite, le mot constitue encore une qualité objectivement inhérente à la chose (une émanation directe de son essence), Parménide puis Aristote vont proposer une analyse nouvelle, qui différencie nettement deux plans :
a. il existe d'une part une réalité (un monde) unique, universelle, atemporelle ;
b. il existe par ailleurs des usages* linguistiques différents. Dès lors, les mots* doivent être considérés comme des créations humaines, distinctes du monde *(« le mot "chien" ne mord pas ») ;* ils sont le produit d'une convention passée entre les membres d'un groupe. Dans le *Cratyle*, Platon ajoutera toutefois que la création des mots est du ressort d'une élite qui, tenant compte des particularités phoniques d'une langue, choisit les mots qui sont « les plus adaptés » à la réalité qu'ils désignent. Sur cette base, le conventionnalisme classique définit une langue comme un répertoire d'éléments créés par les hommes pour refléter les éléments d'une réalité unique (une langue est une nomenclature particulière du monde universel). Il découle de cette analyse que la langue est un (voire le seul) instrument d'accès au monde : connaître le monde, c'est pouvoir en parler. En dépit de contestations épisodiques, cette conception « verbaliste » de la connaissance* restera dominante jusqu'à l'aube du XXe siècle, et le conventionnalisme constitue aujourd'hui

encore la position sémiologique la plus répandue dans le « grand public ».

Pour la sémiologie* moderne, la langue, comme tout code* de communication*, repose effectivement sur une convention particulière établie par un groupe, mais elle n'en constitue pas pour autant une simple nomenclature d'un réel préexistant. Pour F. de Saussure, le signifié* d'un signe* est d'abord une valeur* relative au système de langue dans lequel il s'insère ; pour L. Wittgenstein, la signification* d'un mot* est d'abord le produit de son usage dans un contexte* social déterminé. Pour ces deux auteurs, la fonction dénotative d'un mot (sa capacité d'étiqueter les éléments du réel) est dès lors une fonction secondaire, voire accidentelle. *J.-P. Bronckart*

Convergence

Mouvement associé des deux yeux vers l'intérieur, se produisant soit de manière réflexe, lors de l'observation d'un objet rapproché, afin de fusionner les images d'un œil et de l'autre œil sur des points conjugués similaires des deux yeux, soit volontairement. La convergence s'accompagne d'une accommodation et d'un rétrécissement de la pupille. Il s'agit aussi de la caractéristique d'un faisceau de lumière dirigé de manière concentrée sur un point d'une image réelle. *R. Génicot*

Conversation

Type particulier de mise en texte* (au même titre que le récit*, la description* ou l'argumentation*), elle recouvre des formes ou genres de discours* aussi différents que l'interview, le débat, le dialogue romanesque, théâtral ou cinématographique, la conversation ordinaire, l'entretien, l'échange de lettres, etc., et peut être caractérisée par l'alternance des répliques ou interventions des interlocuteurs. Le statut de ces derniers diffère selon les types conversationnels (entre l'interview et la conversation quotidienne, par ex.), et la structure dyadique de base peut être compliquée par la présence implicite d'un tiers (dans l'interview ou le dialogue théâtral). *J.-M. Adam*

Conversion

Introduit par S. Freud pour préciser le mécanisme des symptômes de la névrose hystérique* : il y établit que les symptômes somatiques moteurs et sensitifs résultent d'une transposition, au niveau d'une fonction corporelle impliquée dans une activité relationnelle, d'un conflit psychique en rapport avec la sexualité.

S. Freud propose la distinction entre hystérie de conversion et hystérie d'angoisse (qui deviendra névrose d'angoisse). Le symptôme de conversion est fonctionnel et peut toucher tous les organes, qu'ils soient sous la dépendance d'une innervation volontaire ou du système nerveux végétatif. Il est d'autre part caractéristique par l'absence de toute atteinte organique sous-jacente. Enfin il est réversible même s'il se montre rebelle et durable.

Le trouble de conversion est distinct des symptômes de conversion qui peuvent s'intégrer à d'autres troubles comme la somatisation* (dans le syndrome de Briquet*). *J.-F. Allilaire*

En psychologie sociale, la conversion est une modalité que peut prendre l'influence d'une minorité sur les membres d'une majorité. Ces derniers, bien qu'ils ne puissent ouvertement accepter le point de vue minoritaire (absence d'influence publique et directe), sont néanmoins affectés par ce point de vue dans leur fonctionnement sociocognitif de façon indirecte, latente ou différée. *J.-L. Beauvais*

Conversion criminelle

En psychologie criminelle E. de Greeff a décrit le processus de conversion des systèmes de valeurs* qui accompagne une modification des attitudes* chez certains délinquants, ce qui leur permet de justifier le recours à des moyens illégaux pour satisfaire des fins qui leur sont propres ou qu'ils partagent avec d'autres. Dans certains contextes idéologiques, la conversion n'exclut pas la conscience d'une réprobation mais celle-ci est atténuée par un sentiment de responsabilité collective, de sacrifice à un idéal et d'identification héroïque*. Elle s'observe notamment chez certains membres de commandos terroristes. *J. Selosse*

Coopération

Au sens général, qui s'applique dès le niveau biologique, la coopération est l'activité par laquelle des entités agissent ensemble pour réaliser une fin. En psychologie, elle peut s'entendre soit intra-individuellement, soit entre des individus. Dans le premier sens, peu usité, on peut considérer que les conduites d'un individu agissent de pair dans la réalisation d'une activité finalisée : le travail collectif des schèmes* de vision et de préhension dans la prise de connaissance d'un objet est tout autant coopération que coordination*. Mais par coopération on entend d'abord la façon dont des individus rassemblent leurs forces, leurs savoir-faire, leurs savoirs pour atteindre une fin. On peut alors constater des degrés, voire même des stades* de coopération selon la nature plus ou moins consciente de ce rassemblement, ainsi que selon la complexité structurale des savoir-faire et savoirs engagés et de leur réunion.

Le premier niveau est celui de l'instinct*. Au niveau de l'acquis, des coopérations locales (au sens, par ex., où on parle de groupements locaux de conduites spatiales chez le bébé) se constatent dans les étapes sensori-motrice puis préopératoire du développement*. Mais comme coopérer consiste à rassembler les actions et les savoirs qui s'y rattachent, le stade opératoire* se manifeste par l'apparition de co-opérations de mêmes caractéristiques structurales que les opérations intra-individuelles. A la différence de celles-ci, les règles ordonnant les échanges interindividuels sont toutefois plus thématisées. Dès lors, la coopération interindividuelle peut apparaître non seulement comme condition de la pensée opératoire, mais aussi comme facteur d'accélération de son acquisition.

Par quels processus la coopération naît-elle ? Là aussi on peut distinguer des niveaux. De manière générale, elle est le résultat de combinaisons plus ou moins aléatoires et de sélection après coup. La coopération peut ainsi émerger d'un ensemble d'interactions* sociales et se substituer à des conduites égoïstes dans la mesure où elle s'impose comme maximalisant de manière durable et équilibrée les profits de chaque individu. Sa diffusion pourra toutefois être accrue dans la mesure où les individus prendront conscience de cette maximalisation. Au niveau le plus élevé, la coopération pourra enfin être considérée comme une attitude morale qui trouve sa raison dans la genèse même des idées de raison et d'humanité. *J.-J. Ducret*

Coordination intersensorielle

Intégration des informations en provenance de plusieurs modalités* sensorielles, attestant la participation des différents sens dans la construction des objets et dans l'appréhension des régularités du monde extérieur. L'expression est voisine de transfert* intermodal, transmodalité ou intermodalité. La coordination entre informations visuelles et auditives, et entre informations visuelles et tactiles a été particulièrement étudiée. Contrairement à l'idée longtemps admise d'un cloisonnement initial des modalités, qui ne se coordonneraient entre elles qu'à la faveur du développement, la précocité de la coordination intersensorielle a été démontrée, du moins pour ce qui concerne certains objets privilégiés, par exemple par la mise en évidence de réactions de surprise ou d'anxiété* en présence de dissociations entre l'image de la mère et de la source sonore de ses paroles. *M. Richelle*

Coordination sensori-motrice

Agencement des éléments sensoriels et moteurs qui permet la réalisation de gestes* efficaces. La plupart des actions* exigent l'intervention synergique, simultanée et successive, d'un grand nombre d'éléments sensoriels et moteurs qui interviennent dans un certain ordre et à un certain degré. Les mouvements* modifient la structure du champ* sensoriel capté par les organes des sens et ces changements sont à leur tour déclencheurs de mouvements. Ainsi, les déplacements du regard* au cours de la lecture sont continuellement guidés par les éléments perçus du texte. Dans la coordination visuomotrice qui permet la saisie d'un objet, les composantes sensorielles réalisent l'analyse de la position de départ du corps, le guidage visuel de la trajectoire, la mise en forme de la main, proportionnée à celle de l'objet, et finalement la perception des caractéristiques de l'objet au cours de sa manipulation ; en retour, ces données sensorielles contribuent à l'ajustement des engrammes* moteurs qui sont à l'origine de la commande du geste. La sensation est donc à la fois le moyen et la fin du mouvement. *M. Bonnet*

Copie

Reproduction fidèle d'un modèle* par imitation*, ou sous forme graphique.

Dans un sens lourd d'implications théoriques, voire philosophiques, réplique mentale* de l'objet perçu ou mis en mémoire. La théorie des copies reprend à son compte la conception philosophique selon laquelle les contenus mentaux reproduisent l'univers réel, par une sorte d'isomorphisme*, les organes récepteurs jouant un simple rôle de capteurs, restituant dans l'univers mental les objets enregistrés et mis en mémoire, sur lesquels le sujet pourra ensuite opérer comme sur les objets réels. Cette théorie* soulève le vieux problème de l'homoncule, c'est-à-dire du statut du « sujet » amené à opérer sur les copies, et dont on ne voit pas pourquoi il ne commencerait pas à son tour à prendre des copies de copies, et ainsi de suite à l'infini. Mais, tout ancrée qu'elle soit dans une tradition philosophique partagée par le sens commun, la théorie des copies ne s'accorde pas avec ce que l'on sait des mécanismes de prise d'information*, où interviennent des filtrages*, des codages* et des organisations peu compatibles avec l'idée d'une simple reproduction, ni avec les vues modernes sur la perception aussi bien que sur la mémoire, conçues, dès leurs opérations les plus élémentaires, comme des systèmes de traitement actifs.

Néanmoins, certaines approches caractéristiques de la psychologie cognitiviste*, notamment en matière d'images mentales*, pourraient donner à penser que l'on assiste à une réhabilitation de la théorie des copies, bien que sous une forme plus élaborée. C'est dire que le problème de la correspondance entre univers extérieur et univers psychologique demeure l'un des thèmes sous-jacents, et l'un des défis majeurs, de la psychologie scientifique, et, plus largement, des neurosciences*. *M. Richelle*

Coping

Ensemble des stratégies* mises en œuvre par l'individu pour faire face à une demande externe ou interne évaluée comme contraignante. Les stratégies de faire face ont pour objectif de rétablir le contrôle* de la situation* considérée comme stressante*. La manière dont l'individu évalue la stimulation menaçante en fonction de la situation dans laquelle il se trouve et de l'activité dans laquelle il est engagé détermine les modalités mises en œuvre pour maîtriser la situation*. Les stratégies de faire face peuvent être soit cognitives soit comportementales*, soit les deux à la fois. Les stratégies cognitives consistent à reconsidérer le caractère menaçant de la stimulation ou à réévaluer la relation de l'individu à la menace. Les stratégies comportementales se manifestent par des actions destinées à neutraliser la menace et par la modification du comportement en tenant compte de la nouvelle situation. *G. Moser*

Coréférence

Deux unités du même discours* sont coréférentielles lorsqu'elles dénotent le même référent* extralinguistique, ce que l'on figure usuellement en leur appliquant un même indice-lettre : *« Pierre*^{i} *n'est pas là. Il*^{i} *est parti. »* La coréférence est souvent prise pour prototype de la relation d'anaphore*, conçue comme renvois successifs à un même dénoté. On méconnaît ainsi le fait que toute reprise anaphorique comporte une transformation des signifiés* au fil du discours*. En outre, la coréférence supposant évidemment la référence*, la notion est inapplicable en cas de co-instanciation d'unités dépourvues de toute assomption d'existence *(« Aucun auteur*^{i} *n'aime qu'on le*^{i} *critique »).* *A. Berrendonner*

Corne d'Ammon → Hippocampe

Corps

Le corps se laisse mal définir dans la mesure où il participe d'une illusion d'évidence : notre tradition occidentale sépare l'âme et le corps, le spirituel et le matériel tandis que le corps, devenu organisme, est l'objet de l'anatomie et de la physiologie*. La terminologie grecque, pour qui le *soma* n'est que le cadavre, comme la clinique médicale, conduisent la psychologie à se réapproprier le corps en dégageant ses deux fonctions : création de signification et figuration du sujet*. Le corps est instrument des conduites et support de l'identité*. La conscience corporelle élabore sa genèse* au travers des automatismes* de posture*, des gestes* expressifs jusqu'à la découverte de soi*, du partenaire et des objets. M. Mauss a dénoncé l'erreur qui consiste à lier la technique aux seuls instruments : les techniques du corps (notre premier instrument) nous sont transmises par tradition orale, comme un autre langage. La phénoménologie s'efforce de décrire ce vécu* sans faire du corps un simple mode de l'espace objectif. La psychopathologie étudie l'image* du corps et les troubles du schéma* corporel. L'expérience spéculaire* joue un rôle particulier dans l'identification* d'une image corporelle unifiée. La psychologie clinique accueille les découvertes des psychanalystes, en montrant le rôle de l'enveloppe corporelle et en précisant la participation des fantasmes.

R. Doron et E. Jalley

Corps calleux → Commissure

Corps mamillaires → Mamillaires

Corps propre

Le corps propre est à la fois une réalité extramentale, le corps biologique et un tissu de connaissances* : les savoirs innés et les notions acquises par l'individu lors de la psychogenèse* (le poids respectif de l'inné et de l'acquis variant selon les espèces). Chez l'être humain, le corps agit l'enfant avant que celui-ci en construise une notion de plus en plus complexe et apprenne à se familiariser avec lui. Dès la fin du XIXe siècle, W. Preyer a décrit quelques-unes des étapes de cette acquisition. L'enfant est d'abord surpris par les mouvements* d'un corps qu'il ne sait pas encore sien. Puis il apprend à les organiser, à se familiariser avec les sensations proprio- et extéroceptives qu'ils produisent, à intégrer mouvements et perceptions. Cette construction du corps propre est également corrélative de la construction de la réalité extérieure, physique, biologique et psychosociale.

J.-J. Ducret

Corpus

Lorsqu'une étude linguistique prend pour objet un ensemble fini d'énoncés ou d'événements langagiers recueillis par observation, cet ensemble de faits attestés est appelé corpus. La constitution d'un corpus, spontané ou induit par protocole expérimental, est le meilleur moyen d'élaborer des données empiriques relativement indépendantes des *a priori* du chercheur, et permet surtout d'accéder à des données quantifiables. Certains générativistes, reprochant à tout corpus d'être partiel et aléatoire, donc non représentatif de la langue dans son intégralité, préfèrent pour établir les faits recourir à l'intuition* du sujet parlant, autorité non moins partiale et aléatoire, sous couvert de laquelle est souvent commise une forte « idéalisation » des données.

A. Berrendonner

Correction de continuité → Correction statistique

Correction de Shepard → Correction statistique

Correction de Yates → Correction statistique

Correction statistique

Les deux types de correction les plus utilisés sont :

Correction de Sheppard : correction appliquée à la variance* et destinée à corriger les erreurs dues au groupement par classes des valeurs de la variable.

Correction de Yates ou **correction de continuité :** correction appliquée aux statistiques de test dont la distribution est discontinue, en particulier khi-deux*, destinée à améliorer l'approximation par une distribution continue.

P. Bonnet et H. Rouanet

Corrélation

En statistique, terme général synonyme d'interdépendance ou de liaison entre variables* et comprenant dans ce sens l'association et la contingence* (mais non la causalité).

Coefficient de corrélation : indicateur numérique de liaison entre deux variables numériques, qui varie de -1 à $+1$. Le coefficient est positif lorsque d'une part les valeurs élevées des deux variables, d'autre part les valeurs basses, tendent à être associées ; le coefficient est négatif lorsque les valeurs élevées de l'une des variables tendent à être associées aux valeurs basses de l'autre variable. Lorsque les deux variables sont indépendantes, le coefficient est nul (la réciproque n'étant pas vraie). La notation générique pour le coefficient de corrélation est **r.**

Le **coefficient r de Bravais-Pearson,** ou **coefficient de corrélation linéaire** est égal au rapport de la covariance* au produit des écarts-types* des deux variables. Les coefficients suivants sont dérivés du coefficient de Bravais-Pearson. Lorsque l'une des deux variables est dichotomique, on emploie les coefficients **bisériaux** r^{bis} et $r.^{bis}$ selon que la variable dichotomique est regardée comme obtenue par regroupement d'une variable sous-jacente normale ou comme discrète. Pour deux variables dichotomiques, on définit de même des coefficients **tétrachoriques ;** le coefficient correspondant à deux variables discrètes est souvent noté φ. Si l'on remplace les valeurs numériques par les rangs, on obtient le coefficient de **corrélation des rangs,** ou de Spearman, souvent noté ρ. D'autres coefficients non linéaires sont parfois utilisés, tels que le **rapport de corrélation** noté η^2.

Dans le cas de plus de deux variables, on définit les **coefficients de corrélation partielle,** c'est-à-dire entre deux variables conditionnellement à d'autres variables ; et le coefficient de **corrélation multiple** entre une variable et l'estimation* de cette variable fournie par un ensemble d'autres variables.

P. Bonnet et H. Rouanet

Corrélation des rangs → Corrélation

Corrélation illusoire

Perception de corrélation* entre deux classes d'événements qui en réalité ne sont pas corrélées, ou qui le sont dans une moindre mesure, ou qui sont corrélées dans la direction opposée. Selon D.L. Hamilton, on peut expliquer la formation des stéréotypes* par les corrélations illusoires basées sur la distinctivité et leur maintien par les corrélations illusoires basées sur les attentes.

F. Ric

Corrélation linéaire → Corrélation

Corrélative → Groupe mathématique

Correspondance (Mise en —)

Procédure opérante à essais distincts où un sujet doit, par une réponse, désigner parmi un ensemble de stimulus* de comparaison celui qui est identique à un stimulus échantillon présenté simultanément ou au préalable (appariement à l'échantillon). Par exemple, un pigeon est confronté à 3 clés*-réponses. Dans une première phase, la clé centrale est illuminée en jaune pendant 5 secondes. Au terme de cette phase, les clés latérales sont simultanément illuminées, l'une en jaune, l'autre en bleu. Un coup de bec sur la clé jaune (couleur de l'échantillon) sera renforcé ; un coup de bec sur la clé bleue sera puni par l'arrêt, pendant quelques secondes, du programme qui contrôle l'expérience (*time-out, TO,* ou « temps mort »). Dans une variante, le sujet sera renforcé pour le choix du stimulus de comparaison différent de l'échantillon *(matching to oddity)*. Dans une autre variante, la relation entre l'échantillon et le stimulus de comparaison apparié est arbitraire et déterminée par une règle *(symbolic matching to sample, SMS)*. Dans ce cas, échantillon et stimulus de comparaison peuvent appartenir à des modalités* sensorielles différentes (son et lumière). L'échantillon peut aussi être un segment de comportement opérant : par exemple, le comportement opérant d'un pigeon soumis en alternance irrégulière à deux programmes de renforcement différents sera aléatoirement interrompu par l'illumination simultanée de deux clés latérales, l'une en bleu (appariée au programme A), l'autre en rouge (appariée au programme B), et l'oiseau sera renforcé pour le choix de la couleur appariée au comportement opérant juste antérieur. Ces programmes sont utilisés pour l'étude du contrôle exercé par les stimulus externes, l'étude de la mémoire (procédure de *delayed matching to sample, DMS,* appariement différé à l'échantillon, où l'on insère un délai entre l'échantillon et les stimulus de comparaison), l'étude de la « prise de conscience » *(awareness)* du comportement propre, l'étude des processus cognitifs* et en particulier l'apprentissage d'équivalences (un sujet humain apprend les associations A-C, B-C, A-D, dont il dérivera D-B. Ce type d'apprentissage est utilisé en particulier pour étendre le répertoire cognitif de sujets humains débiles mentaux).

H. Lejeune

Correspondances (Analyse des —) → Analyse des données

Cortex

Le cortex cérébral des mammifères est un important manteau cellulaire d'une surface approximative de 250 000 mm^2 et contenant au moins 10^9 cellules nerveuses dans un volume d'environ 300 cm^3. Sur une base phylogénétique et selon le nombre de couches, on distingue trois types de cortex : le plus primitif, appelé **archicortex** ou **allocortex**, comportant deux couches cellulaires, correspondrait au manteau primitif et serait à l'origine de la formation hippocampique*. Le **paléocortex**, encore appelé **mésocortex**, fait d'un nombre variable de couches (entre 2 et 6), se situerait entre les deux autres types ; il correspond au système de l'olfaction* avec ses voies et ses centres corticaux et à quelques zones voisines. Le **néocortex**, le plus évolué, auquel est le plus souvent réservée la simple appellation cortex, recouvre la totalité des deux hémisphères* ; sa surface est majorée en raison des nombreuses circonvolutions qui la constituent ; elle est séparée par des sillons plus ou moins profonds appelés scissures, qui délimitent de grandes régions anatomofonctionnelles appelées lobes*. La cyto-architectonie du cortex permet de distinguer 6 couches qui sont appelées, de la surface à la profondeur : la couche moléculaire ou plexiforme, constituée de cellules d'associations, la couche des grains externes contenant des cellules réceptrices sensitivo-sensorielles, la couche pyramidale externe formée de cellules effectrices, la couche granulaire interne, la couche pyramidale interne, la couche des cellules fusiformes, cellules d'associations. De nombreuses variations architectoniques peuvent être observées d'une région à l'autre portant sur l'importance des couches qui peuvent parfois presque totalement disparaître.

Le cortex s'organise en deux axes, vertical et horizontal. L'axe vertical correspond à des fibres de projection qui quittent le cortex ou y arrivent et à des fibres de connexions interlaminaires issues de neurones non pyramidaux, déterminants essentiels de l'organisation corticale en colonne. L'axe horizontal correspond à des fibres de liaisons intragriséales.

Sur le plan fonctionnel, on distingue :

1. des aires effectrices ou motrices, en relation avec les efférences motrices ; la plus décrite est à l'origine de la voie de la motricité* volontaire et occupe la circonvolution frontale ascendante ;
2. des aires réceptrices des afférences*, point d'arrivée des voies sensitivo-sensorielles ;
3. des aires associatives*, jouant un rôle d'association et d'intégration* horizontales de cortex à cortex et verticales du cortex aux noyaux gris ;
4. des aires végétatives*, moins bien connues, essentiellement situées dans le lobe de l'insula.

R. Decombe, M. Le Moal, B. Soumireu-Mourat

Cotard (Syndrome de —)

Syndrome caractérisé par un délire* systématisé de négation. Il associe dans sa forme typique des idées de négation (des organes, du corps, de l'entourage, du monde, de la vie) avec des idées d'immortalité et des idées d'énormité (destin monstrueux, désespérant et infini).

Au sens strict, il ne s'observe qu'au cours des états mélancoliques. On évitera de l'utiliser au sens large comme certains dans les psychoses chroniques. *J.-F. Allilaire*

Cote → Note

Cotexte

Dans les travaux de linguistique* du texte*, on distingue généralement les relations purement internes au tissu textuel et les relations que le texte entretient avec la situation ou le contexte*. La référenciation (V. Référence) anaphorique* *(« un livre* [...] *ce livre* [...] *»)* est, par excellence, une relation cotextuelle de désignation* d'une unité déjà encodée (« *un livre* [...] »), tandis que la référenciation déictique* (« *ce livre* », montré du doigt à un interlocuteur) désigne exophoriquement une réalité absente de la mémoire* textuelle. Le passage d'un emploi avant tout contextuel du langage (à l'oral) à l'établissement de relations cotextuelles entre unités linguistiques constitue une des difficultés majeures lors de l'apprentissage de l'écrit. En psycholinguistique, l'étude de l'influence du cotexte sur les processus de compréhension* du langage (et plus précisément sur l'étape d'accès au lexique*) a permis de mettre en évidence deux types d'effets : le premier est un effet automatique d'activation diffuse d'un item lexical sur les items voisins (par ex., /pain/ sur /farine/, sur /beurre/, etc.). Le second est un effet attentionnel* et conscient : l'information cotextuelle est alors calculée à partir de la construction d'une représentation* mentale de ce qui a été lu ou entendu auparavant.

J.-M. Adam et D. Zagar

Cothérapie

Conduite d'un groupe psychothérapeutique par plusieurs psychothérapeutes, constitués en équipe, et recourant plus ou moins entre eux à une répartition des rôles* et à l'analyse de l'intertransfert. La forme la plus courante est celle d'un couple de thérapeutes de sexe différent, animant par exemple un groupe de couples conjugaux et ravivant chez les participants une image de couple parental. Les thérapeutes peuvent avoir un statut égal, qui leur permet d'intervenir chacun librement, avec le risque de présenter un modèle idéal ou conflictuel de couple ou de groupe. Certains peuvent être observateurs non participants et discuter seulement en dehors des séances avec le ou les thérapeutes principaux. En psychothérapie familiale systémique*, l'un des thérapeutes est seul présent dans le groupe mais se trouve sous le contrôle de l'autre, qui assiste à la séance derrière une glace sans tain et qui peut provoquer une interruption pour réharmoniser avec le premier thérapeute les interventions à faire dans le groupe. *D. Anzieu*

Couleur (Réponses — au Rorschach)

Les réponses couleur au Rorschach* désignent la prise en considération, par le sujet, du stimulus chromatique et son intégration dans le processus de figuration de la tache. Elles manifestent la réceptivité du sujet à l'impact du matériel et rendent compte par là même de sa sensibilité aux effets de la réalité externe. Théoriquement, on interprète les réponses couleur comme traductions des réactions affectives, émotionnelles et pulsionnelles, et on s'attache à la manière dont le sujet les traite et les aménage : débordement, bouleversement par émois intérieurs mal contrôlés ou, au contraire, capacités d'élaboration et d'association des affects* aux représentations. *C. Chabert*

Coupable → Culpabilité

Couplage

L'un des trois présupposés de base* définis par W. Bion, qui régissent la vie inconsciente des groupes restreints et déterminent le groupe de base prédominant. Le présupposé de base de couplage repose sur la conviction inconsciente, et partagée par les membres d'un groupe, que ce groupe est réuni pour être sauvé par une personne ou par une idée qui sont encore à venir. Dans la pratique de la dynamique des groupes*, la prédominance de l'hypothèse de base de couplage se traduit concrètement par deux phénomènes typiques : une atmosphère générale d'optimisme, d'espoir et d'attente ; la tendance du groupe à s'intéresser avec bienveillance aux interactions, supposées amoureuses, de deux de ses membres, quel que soit par ailleurs le sexe de ces derniers. *J.-M. Petot*

En psychologie de la perception*, désigne la correspondance* entre rencontres* qui s'établit notamment lorsqu'un sujet doit comparer la taille de deux objets. Selon le modèle probabiliste élaboré par J. Piaget en 1961, lorsque, pour une unité de temps donnée, la densité des rencontres sur l'objet 1 est égale à celle des rencontres sur l'objet 2 (rencontres homogènes), le couplage est considéré comme complet. Lorsque ces densités diffèrent (rencontres hétérogènes), le couplage est incomplet ; il entraîne alors la surestimation* de la taille d'un des objets et provoque une illusion* perceptive. *J.-P. Bronckart*

Couple (Pensée par —)

L'organisation mentale en termes bipolaires a de nombreux exemples en psychanalyse et en psychologie du développement*. La métapsychologie* de S. Freud comporte ainsi des dualités cardinales : pulsions sexuelles et d'autoconservation ; pulsions de vie et de mort. Son analyse de certains processus psychiques implique aussi des structures duelles* (travail du rêve, mot d'esprit, lapsus, jeu de la bobine). Par ailleurs, les pulsions partielles sont appariées selon des couples d'opposés. H. Wallon a décrit la pensée par couple comme le fonctionnement intellectuel primitif chez l'enfant entre 2 et 8 ans environ : un en deux, deux en un. *E. Jalley*

Couples associés

Procédure d'apprentissage* au cours de laquelle des paires d'items, ou **paires associées** (souvent des paires de mots sans relation sémantique évidente ou des paires dont le premier élément est une syllabe sans signification et le second un mot), sont présentées aux sujets. Au cours de l'épreuve de mémoire, on présente le premier élément d'une paire, la tâche du sujet étant soit de rappeler le second élément soit de le reconnaître parmi d'autres.

Cette méthode a surtout été utilisée dans l'étude de la mise en place d'associations* conférant à un élément un pouvoir évocateur d'un autre élément qui ne lui est, en principe, associé que par une apparition simultanée ou quasi simultanée dans un contexte particulier.

Des paires de mots sémantiquement liés sont aussi utilisées dans des expériences où la nature de la liaison est une des variables* indépendantes. *S. Bredart*

Courbe

Représentation graphique de données empiriques ou théoriques sous forme d'un tracé (ligne) inscrit dans un système de coordonnées. Le procédé est aussi largement utilisé en psychologie que dans n'importe quelle autre discipline scientifique, de sorte que l'on pourrait, à la limite, énumérer autant de courbes que de phénomènes décrits. Les exemples suivants ne sont donc qu'illustratifs de courbes classiques.

Courbe de développement* : courbe présentant l'évolution d'un phénomène en fonction de l'âge.

Courbe d'apprentissage* : courbe présentant la progression d'une acquisition* comportementale en fonction des essais* successifs ou du temps.

Courbe cumulative : courbe présentant les fréquences* cumulées d'une variable*, généralement par référence à l'ordonnée, en fonction d'une autre variable, le plus souvent le temps, portée en abscisses ; dans les procédures de conditionnement opérant* : courbe des réponses cumulées enregistrées en temps réel pendant l'expérience en fonction du temps, permettant une inspection directe de l'évolution du débit* de réponse.

Courbe d'efficacité du récepteur ou **courbe ROC :** dans la théorie de la détection du signal*, graphique des détections* en fonction des fausses alarmes*, pour un indice de discriminabilité* donné, et traduisant les caractéristiques du sujet selon le critère de décision* adopté. *M. Richelle*

Courbe de rétention → Rétention

Court terme (Mémoire à —)

Désigne souvent un système hypothétique de stockage* à capacité limitée. La limitation de ce système est généralement estimée à 7 (+ ou − 2) items d'information* (lettres, mots, chiffres) si on l'estime en nombre d'éléments (V. Groupement) ou à une durée de quelques secondes. Le maintien d'information en mémoire à court terme (MCT) au-delà de cette limite temporelle est possible grâce à l'autorépétition* du matériel présenté. L'expression MCT est aussi utilisée pour désigner non seulement ce système de stockage mais aussi des processus de contrôle agissant sur l'information stockée ; processus gérant par exemple le passage d'information du magasin à court terme vers la mémoire à long terme*. Dans ce cas, l'expression MCT est utilisée dans un sens proche de celui de « mémoire de travail* ».

Enfin, certains auteurs utilisent l'expression MCT pour qualifier un type de tâches particulier, à savoir une classe d'épreuves de mémoire dans lesquelles la quantité d'information à retenir est réduite et où le délai présentation-épreuve est de l'ordre de quelques secondes. Dans ce cas, on préfère utiliser l'expression **magasin à court terme** pour désigner soit le système de stockage, soit ce système et les processus de contrôle associés.

On considère généralement que l'information stockée en MCT est codée sous forme acoustique ou articulatoire. Certains auteurs envisagent aussi la possibilité d'un codage visuel ou sémantique. *S. Bredart*

Coût-bénéfice

Comparaison du coût d'une anticipation erronée par rapport au bénéfice d'une anticipation exacte dans un environnement incertain où la tâche* à réaliser exerce une forte pression temporelle sur la réponse à produire. Cette comparaison aboutit au choix d'une stratégie* conservatrice (attendre le stimulus déclencheur) ou risquée (anticiper). Toute la question pour le sujet est d'évaluer, en fonction des répercussions d'un succès et d'un échec dans cette tâche, si le risque vaut d'être pris. *M. Durand*

Covariance

C'est la mesure de la variabilité conjointe de deux variables* autour de leurs moyennes*. La covariance entre deux variables est la moyenne des produits des écarts aux moyennes, ou moyenne des produits centrés. *P. Bonnet et H. Rouanet*

Crack → Cocaïne

Cramponnement (Instinct de —)

Notion due en 1947 au psychanalyste hongrois I. Hermann, qui considère l'instinct de cramponnement (ou **agrippement**) comme une des pulsions partielles* prégénitales. Cet instinct, observable chez les singes, pousse le petit à s'agripper des mains et des pieds aux poils de sa mère. Chez l'être humain, l'absence de fourrure conduit le bébé à se cramponner des mains et des yeux à sa mère. Cette conduite peut être inhibée*, déplacée*, symbolisée*. Elle produit la relation duelle* et l'attachement*. *D. Anzieu*

Crânien → Nerf

Créativité

Aptitude* complexe, distincte de l'intelligence* et du fonctionnement cognitif et qui serait fonction de la fluidité des idées, du raisonnement inductif, de certaines qualités perceptives et de la personnalité*, également de l'intelligence divergente* dans la mesure où elle favorise la diversité des solutions et des produits. Les individus créatifs font preuve d'imagination, d'esprit d'invention et d'originalité. Le processus créatif est favorisé par une attitude positive vis-à-vis des idées nouvelles et inattendues, et par le fait de disperser son attention* plutôt que de la concentrer sur le problème posé. *C. Lévy-Leboyer*

Créativité linguistique

La créativité linguistique est, selon N. Chomsky, le fait central dont doit rendre compte la linguistique synchronique. Ce fait central est généralement défini comme suit : tout sujet adulte parlant une langue donnée est, à tout moment, capable d'émettre spontanément, ou de percevoir et de comprendre, un nombre infini de phrases* que pour la plupart il n'a jamais prononcées ni entendues auparavant. On distingue généralement deux types de créativité : (a) la « créativité gouvernée par les règles », qui autorise la production d'une infinité de phrases nouvelles au moyen des règles récursives de la grammaire : cette créativité est un produit de la compétence* ; et (b) la « créativité qui change les règles », c'est-à-dire la créativité donnant lieu à des variations individuelles dont l'accumulation peut éventuellement modifier le système des règles : cette créativité est un produit de la performance*. *M. Hupet*

Crèche

Métaphore d'origine chrétienne qui désigne aujourd'hui encore des établissements publics ou privés destinés à recevoir des enfants de moins de trois ans dont les parents doivent vaquer à leurs occupations professionnelles. De témoin des œuvres de miséricorde, la crèche est devenue l'un des principaux « analyseurs » du changement culturel fondamental que représente l'émancipation des femmes. *D. Hameline*

Créode → Chréode

Crépusculaire

Caractérise un état pathologique de la conscience*, en général transitoire, assez proche de la confusion* dont il partage l'obnubilation, mais qui s'accompagne souvent d'une activité cohérente et coordonnée.

Parfois associé à une activité onirique ou hallucinatoire partiellement consciente et critiquée, il peut s'accompagner ou entraîner des comportements automatiques ou semi-automatiques à type de fugue ou d'agression.

L'état crépusculaire est suivi d'une amnésie* partielle ou totale. Il peut survenir de façon épisodique et récidivante chez des personnalités multiples où il est marqué par l'obnubilation et les sentiments d'étrangeté, conduisant parfois à un état second avec production oniroïde d'images visuelles d'allure hallucinatoire voire d'expériences ecmnésiques dans lesquelles certains souvenirs peuvent être revécus avec l'acuité émotionnelle de l'actualité du présent.

S'observe lors des grands traumatismes émotionnels, certains troubles métaboliques cérébraux, et surtout dans certaines formes d'épilepsie. *J.-F. Allilaire*

Cri

Production vocale simple, composée d'une ou de quelques syllabes ou notes seulement, ce qui la distingue du chant*, plus long et varié. L'étude des cris et des chants (notamment l'inventaire du répertoire, la structure et la fonction de chacun) a bénéficié de l'apparition des moyens d'enregistrement et de retransmission. C'est un domaine aussi où l'on a pu relier de manière précise les noyaux cérébraux responsables de l'émission sonore, la production de celle-ci par l'appareil phonatoire, ainsi que sa signification fonctionnelle. En général, chaque cri (d'appel, de contact, de détresse, d'alarme*, de quémande*) peut être relié à une fonction différente. J.-C. Guyomarc'h a montré qu'en fonction des changements de motivation du poussin un cri peut se transformer progressivement en un autre, de signification et de structure différentes, par une série d'intermédiaires, exemples d'ambivalences successives et de comportements composites. La distinction structurelle et fonctionnelle entre cri et chant n'est pas absolue ni aisée : le cri dissyllabique d'une rainette a la même double fonction que le chant des passereaux : une note attire la femelle, l'autre repousse les rivaux. Et certains chants ne sont que la répétition monotone de quelques notes. *J.-C. Ruwet*

Cri primal

Le contrôle du souffle et le cri sont utilisés par diverses psychothérapies corporelles, comme la bioénergie*, le *rebirth,* qui se réfèrent plus ou moins au stade du respir*. Inventé par A. Janov en 1975, le cri primal fait passer le patient d'un isolement complet à des séances individuelles puis de groupe où il est invité à revivre les cris de détresse et d'appel du nourrisson et à abréagir les émotions* traumatisantes qui y correspondent. *D. Anzieu*

Crime

Dans son sens juridique, infraction* grave que la justice criminelle punit d'une peine afflictive ou infamante. Sa condamnation relève d'une cour d'assises. E. Durkheim considère le crime comme un acte qui blesse les états forts de la conscience collective. Cette définition met l'accent sur l'aspect social donc relatif du crime dans le temps et l'espace. Dans le langage courant, le mot crime est utilisé pour qualifier les infractions contre les personnes (crimes de sang et infractions sexuelles) qui soulèvent une forte réprobation, l'indignation morale et la peur. S. Freud fait référence au parricide et à l'inceste maternel pour associer ces deux crimes matriciels à la genèse du sentiment de culpabilité*. La criminologie distingue les crimes selon leur nature (crime contre les biens, les personnes, les mœurs, l'ordre public), leur motivation (crimes passionnels, vengeance, terrorisme, intérêts) et leur mode de réalisation (crime individuel ou collectif, occasionnel, organisé ou spontané, crime en col blanc, crime de guerre).

J. Selosse

Criminalité

Phénomène social universel, la criminalité recouvre l'ensemble des activités criminelles sous leurs différentes formes. Elle constitue l'objet des études empiriques de la criminologie*. Ses manifestations sont rapportées à la structure et à la culture* d'une société (impact de l'urbanisation et des conditions économiques sur le niveau de criminalité), à la politique criminelle qui inspire le contrôle juridique mais aussi aux variables individuelles (de sexe, d'âge) ou d'appartenance à des milieux qui peuvent l'influencer dans sa nature et sa fréquence.

J. Selosse

Criminel

Epithète utilisée pour qualifier qui est capable ou coupable d'une activité qui viole gravement la loi. La criminologie* étudie le phénomène criminel dans une perspective différentielle et comparative au travers de l'évolution de ses facteurs, de sa nature, de ses manifestations individuelles ou collectives. La psychologie criminelle étudie la genèse et la signification de la conduite illégale pour un sujet placé en situation conflictuelle qui recourt à un processus criminogène ou qui passe à l'acte pour réduire ses tensions. Le crime* possède trois caractéristiques selon D. Lagache : il est agressif, viole les valeurs communes à un groupe et entraîne le rejet de son auteur.

J. Selosse

Criminogène

Les facteurs qui prédisposent et favorisent la réalisation d'actes délictueux sont au cœur des problématiques posées par la criminalité*. Ces facteurs sont répartis sous diverses caractéristiques sociales et individuelles qui interagissent et interviennent à des degrés divers dans l'exécution des activités illégales. Leur pondération varie avec le caractère plus ou moins incitateur de certaines situations* et selon les caractéristiques sociales et psychopathologiques des délinquants*.

J. Selosse

Criminologie

La criminologie rassemble diverses disciplines des sciences juridiques, humaines, sociales et politiques autour d'un même objet complexe : le phénomène criminel, en vue de son étude scientifique. Celui-ci est appréhendé à trois niveaux, ceux de la criminalité*, du crime* et du criminel* (J. Pinatel). Elle cherche à dégager les facteurs étiologiques et à apprécier les déterminismes individuels et sociaux qui influencent la criminalité et la diversité des crimes, leur nature, leur forme, leur localisation et leur fréquence. La criminologie générale recherche l'existence des facteurs de causalité en vue de promouvoir une politique sociale préventive et répressive, tandis que la criminologie clinique s'intéresse aux criminels et étudie les caractéristiques biologiques, psychiques et relationnelles qui président à l'émergence et à la réalisation d'actes illicites. Elle étudie les traitements des délinquants* en fonction de leurs traits de personnalité* et de leurs structures psychopathologiques (mentale et caractérielle) ou de la nature spécifique de leur passage à l'acte*. A une criminologie du passage à l'acte centrée sur l'étude des mécanismes individuels qui favorisent la réalisation de l'activité antisociale* et explicite les troubles de l'altérité s'oppose la criminologie de la réaction sociale qui considère qu'on ne peut analyser la conduite illégale séparément des procédés de sélection, d'adjudication et de sanction qui caractérisent l'administration de la justice. Une criminologie de la communication propose l'articulation de ces conceptions antagonistes dans une problématique plus délibérément interactionniste qui considère l'agir délictueux comme un message paradoxal ou comme un court-circuit de la parole à inscrire dans les enchaînements de circonstances qui ont conduit à la réalisation de tel ou tel comportement antisocial. En raison des incidences juridiques, pénitentiaires et axiologiques des études criminologiques, celles-ci inspirent des controverses théoriques et sociopolitiques (par ex., entre la défense sociale et la déjuridiciarisation) qui alimentent une criminologie critique.

J. Selosse

Crise

Tandis que le conflit* intrapsychique désigne une dimension constante et diachronique du développement*, la crise est ponctuelle et localisée : c'est un changement décisif, un moment aigu de déséquilibre*. La notion est donc liée à celles de la continuité* ou de la discontinuité du développement, et à la validation même du contenu des stades*. C'est ainsi qu'on parle de crise de personnalité* (H. Wallon à 3 ans, A. Gesell à 2, 6 ans) ; la naissance, les débuts de la scolarisation et l'adolescence* sont d'autres phases critiques. Pour la psychanalyse*, les élaborations de la crise sont des acquisitions spécifiques de la psyché humaine, le transitionnel, entre rupture et suture, ouvre un nouveau domaine à la clinique* et à la psychothérapie* : R. Kaës estime que penser la crise, c'est mentaliser une rupture. *E. Jalley*

Critère de décision

Dans la théorie de la détection du signal*, point de démarcation entre les réponses *oui,* que le sujet assigne à la distribution du bruit + signal*, et les réponses *non,* que le sujet assigne à la distribution du bruit*. Ce critère, encore appelé biais* de réponse, et symbolisé par β, est fonction des caractéristiques propres au sujet et des conditions de la situation de détection [indice de discriminabilité* *d',* coût/bénéfice des diverses catégories de réponses (détections*, omissions*, fausses alarmes* et rejets* corrects), fréquence d'apparition du signal, etc.]. Sa valeur se calcule à partir des probabilités conditionnelles des détections et des fausses alarmes, et correspond à l'unité lorsqu'il se situe à l'intersection des deux distributions. *M. Richelle*

Critères de succès professionnel

Mesurer la **réussite professionnelle** représente une démarche importante dans le cadre de la gestion du personnel des entreprises et des organisations, et, également, lorsqu'on souhaite valider les méthodes d'évaluation qui permettent de décrire les caractéristiques individuelles requises pour réussir. On distingue des critères objectifs et subjectifs. Les indicateurs objectifs du succès professionnel (production en qualité et en quantité, absentéisme*, stabilité dans l'emploi, progression dans la carrière) sont, en réalité, souvent contaminés par des paramètres organisationnels indépendants des caractéristiques individuelles. Les indicateurs subjectifs, fiches et grilles de notation, souffrent de défauts tels que l'indulgence des notateurs, l'effet de halo (ou difficulté à juger de manière analytique les différents points d'une fiche de notation) et la tendance à la moyenne. La formation des notateurs, et surtout la construction de fiches de notation adaptées, notamment d'échelles dont les différents échelons sont définis par des comportements réels, permettent de réduire ces défauts.

C. Lévy-Leboyer

Croisement → Facteur

Croissance

Développement* des caractéristiques biologiques d'un être vivant depuis sa naissance jusqu'à sa maturité*, sous l'effet conjugué de déterminations internes (notamment le rôle du *pool* génétique) et externes (notamment l'apport d'aliments fondamentaux : métabolites et vitamines). La croissance d'un organisme est réglée par son métabolisme* et elle procède de l'accroissement et de la multiplication des cellules. Ces activités cellulaires sont elles-mêmes guidées et orientées par certaines hormones*. La croissance peut être continue (chez les vertébrés) ou discontinue (chez les arthropodes). Chez l'homme, le rythme et les effets de la croissance sont très variables ; sur la base de critères externes (le poids et la taille à un âge donné), on peut établir des normes (échelles de croissance) qui permettent l'identification de déficits **(nanisme)** ou d'excès **(gigantisme)**. *J.-P. Bronckart*

Croyance

Dans un sens général, attitude d'adhésion à une proposition* (sous forme d'énoncé ou de représentation*) dont la vérité ne peut pas toujours être démontrée. La croyance repose d'une part sur des éléments de connaissance*, d'autre part sur un sentiment subjectif de l'ordre de l'assertion et elle présente trois degrés. Au degré inférieur se situe l'opinion*, croyance qui n'attribue aux connaissances qu'un caractère probable et qui n'exclut pas une réserve dans l'adhésion (doute). Au degré supérieur se situe le « savoir », croyance résolument assertive et fondée sur des connaissances socialement reconnues (même si elles ne sont pas toujours démontrables). Au degré intermédiaire se situe la croyance proprement dite ou adhésion excluant le doute (certitude*) mais ne reposant pas sur des connaissances scientifiques ; elle peut être de l'ordre du délire* ou de l'hallucination* ; elle peut être fondée sur des valeurs morales ou religieuses socialement légitimées (mythes, foi) ; elle peut aussi procéder des savoirs de « sens commun » ou connaissances *ad hoc* élaborées en fonction d'intérêts individuels ou d'exigences sociales. Les structures (V. Représentation sociale) et le fonctionnement (mécanismes d'objectivation* et d'ancrage*) de ces dernières formes de croyance constituent un des objets de recherche de la psychologie sociale contemporaine.

J.-P. Bronckart et C. Prévost

Cryptarithmétique (Problème —)

Problème* d'arithmétique élémentaire (par ex., addition de deux nombres de quatre chiffres) dans lequel les chiffres ont été remplacés par des lettres (ou quelque autre symbole) selon une règle de codage que le sujet doit décrypter pour aboutir à la solution. Utilisés déjà par F. Bartlett, les problèmes cryptarithmétiques ont été abondamment exploités par A. Newell et H. Simon dans leurs recherches, publiées en 1972, sur les démarches cognitives* adoptées dans la résolution* de problèmes où le nombre de combinaisons possibles (pour une correspondance de 10 chiffres à 10 lettres, il est de 10 ! soit 3 628 800) écarte toute stratégie de vérification pas à pas de chacune des possibilités.

M. Richelle

Crypte

Enclave ou inclusion au sein du moi* décrite par N. Abraham et M. Torok en 1978, donnant lieu à un type de clivage* particulier qui isole du moi les souvenirs et les affects* en rapport avec un objet perdu dont le deuil n'a pu être fait. La formation d'une crypte présuppose :

1. un secret inavouable (relation incestueuse, acte criminel, etc.) partagé avec l'objet perdu ;
2. une obligation de silence imposée par l'objet en raison de sa honte ;
3. la disparition brutale de l'objet dans des conditions qui excluent que les affects le concernant aient pu faire l'objet d'une élaboration* psychique. La manifestation la plus remarquable de la pathologie cryptique est l'identification endocryptique, dans laquelle le sujet vit inconsciemment et par procuration les affects fantasmés de l'objet disparu, notamment la nostalgie que l'objet est censé avoir du sujet.

J.-M. Petot

CSP → Classe sociale

Cube

Cube de Necker : figure* géométrique réversible* représentant un cube dessiné en transparence, toutes les arêtes visibles.

Cubes de Kohs : jeu de cubes dont les surfaces présentent des partitions colorées, que le sujet doit assembler en un cube plus grand de telle sorte que les surfaces de ce dernier reproduisent une certaine figure donnée comme modèle. Il fait partie des tests* d'intelligence.

M. Richelle

Culpabilité

La culpabilité est un terme polysémique qui caractérise soit l'état d'un individu reconnu **coupable**, soit le sentiment* de faute lié à la transgression* d'un interdit* ou à la violation d'une règle morale. Le sentiment de culpabilité peut prendre un caractère plus ou moins morbide et être parfois immotivé. Des formes pathologiques peuvent alors conduire à des manifestations délirantes d'autoaccusation ou à des tentatives mortelles d'autopunition. Plus fréquemment, la culpabilité se dissimule sous des symptômes anxieux et phobiques. L'expiation liée au sentiment de culpabilité est également à l'origine de conduites* criminelles.

J. Selosse

Culturalisme

Représenté au début du siècle par l'Ecole américaine « Culture et Personnalité » (autour d'A. Kardiner, R. Linton, R. Benedict, M. Mead), le culturalisme désigne une orientation qui, rétablissant contre le sociologisme le lien entre social et psychique, collectif et individuel, a jeté un pont entre l'anthropologie* et la psychologie*. Car elle pose l'humain, au départ, comme un dynamisme psychique réalisant ses potentialités à travers des cultures* qui dessinent le social selon des configurations renvoyant elles-mêmes à des concepts psychologiques. Elles sont, en effet, constituées de significations initiant des attitudes* manifestées par des comportements*. Dès lors le social, modélisé par le culturel, est intégré par les individus en tant qu'immanent à leur vécu et leurs conduites. Il est également perçu comme agi par eux, le modèle culturel apparaissant à l'observation comme un être de raison dont ils s'écartent diversement, qu'ils manipulent, ce qui révèle leur rôle actif. La personnalité*, infléchie par le socioculturel et y réagissant, devient ainsi l'instance médiatrice appelant, comme on le vit avec A. Kardiner et son hypothèse de personnalité de base*, à préciser les mécanismes de cette double opération. La psychanalyse*, intéressée elle-même aux réseaux de sens informant l'expérience subjective et canalisant la *libido**, a été fortement impliquée dans cette investigation. Enfin le culturalisme a banalisé l'emploi en anthropologie des méthodes (cliniques en particulier) de la psychologie. *C. Camilleri*

Culture

De son origine (culture au sens agricole) le terme a conservé les connotations d'un artéfact par lequel l'homme excède, domestique le naturel et produit un plus de valeur par rapport à lui. De là dérivera le sens classique de « se cultiver », se donner l'équipement pour s'approcher du vrai, du beau et du bien. La conception commune n'en retient que l'aspect d'accumulation des connaissances, pendant que le sens élitiste, à mesure que ce savoir se relativise, désigne la culture comme acquisition d'une forme de l'esprit conditionnant une approche spéciale et valorisée du réel (de la « tête bien faite » à « ce qui reste quand on a tout oublié »).

Le sens anthropologique apparaît au XIXe siècle avec l'anthropologie*. D'abord liée à une idéologie évolutionniste*, la Culture au singulier, synonyme de la Civilisation, désigne le progrès de l'homme, envisagé maintenant comme formation collective, vers son achèvement idéal. Cela implique que ses acquis se transmettent : la culture est un héritage social que le groupe valorise et tient à léguer. Ce sens passe à l'arrière-plan à mesure que, l'évolutionnisme s'effaçant, on s'intéresse aux cultures particulières des groupes. Depuis E. B. Tylor, et en passant par le culturalisme*, d'autres connotations apparaissent. La culture devient une configuration diversement intégrée autour d'un principe de liaison (*pattern,* modèle) induisant telle ou telle logique de développement, à ne juger que par rapport à elle-même (relativisme). Sa réalité se concentre ainsi dans une forme spécifique capable d'infléchir tout ce qui est dans l'homme et ce qui en provient.

Quant au repérage concret de ces formes, pour sortir des affrontements actuels entre anthropologues, le psychologue aurait avantage à retenir le critère symbolique, rendu dominant par le culturalisme*, privilégié par la revue critique de A. C. Kroeber et C. Kluckhohn. Parmi les significations collectives projetées sur les stimulus, seraient culturelles celles induites par la logique du modèle initial, majoritairement vécues comme un patrimoine à transmettre. La culture serait alors la configuration diversement intégrée des significations acquises, persistantes et partagées, que les membres d'un groupe, de par leur affiliation à ce groupe, sont amenés d'une part à distribuer de façon prévalente sur les stimulus provenant de leur environnement et d'eux-mêmes, induisant à leur égard des attitudes, représentations et comportements communs valorisés ; d'autre part à insérer dans les produits de leurs activités, et dont ils tendent à assurer la transmission. *C. Camilleri*

Cumulatif (Enregistrement —)

Enregistrement d'événements où le tracé fournit une courbe* des effectifs cumulés, généralement en fonction du temps. Il a été le mode préféré d'enregistrement et de présentation des données dans les laboratoires de conditionnement opérant*. Son exploitation la plus classique consiste à enregistrer les réponses* à l'aide de la plume cumulative, dont la déflection marque par ailleurs les renforcements*. Un débit* de réponse élevé se traduit par une pente raide de la courbe, dont les portions plates signalent l'absence de réponses. Aux divers programmes* de renforcement correspondent des *patterns** d'enregistrement caractéristiques. L'information demeurant claire même en cas de débit très élevé malgré un déroulement lent du papier, le procédé permet un examen visuel des données en cours d'expérience. L'usage généralisé des micro-ordinateurs pour le contrôle en temps réel des expériences de conditionnement opérant entraîne l'abandon progressif de cette méthode ingénieuse d'enregistrement électromécanique. *M. Richelle*

Curiosité → Exploratoire

Curriculum

Au sens donné par les protagonistes anglo-saxons de l'éducation nouvelle*, désigne les expériences de vie nécessaires au développement* de l'élève, développement qui exige aussi l'appropriation* de savoirs et d'habiletés*, mais qui s'opère en fonction de l'apprenant et des fins poursuivies. Cette notion s'oppose à celle, plus traditionnelle, de programme scolaire, qui est centrée sur une matière à enseigner, découpée selon sa logique interne.

Tel qu'il entre dans l'usage français, l'emploi du terme *curriculum* marque la volonté de lier fonctionnellement les composantes de l'enseignement : intentions, contenus, organisation, méthodes, environnements humain et matériel (y compris manuels scolaires), évaluation* et dispositions relatives à la formation des enseignants. La liaison voulue vise à respecter la loi de la triple homogénéité formulée par Scriven en 1967 : entre les objectifs du *curriculum* et les contenus et les processus de l'enseignement, entre les contenus et les modalités d'évaluation, et entre les objectifs* et ces modalités. A l'empirisme* du passé, la technique de construction d'un *curriculum* substitue une démarche aussi rigoureuse que possible. Etant donné les buts généraux assignés à l'éducation* et à la formation en fonction des jugements de valeur et des grandes options de politiques générale, culturelle, commerciale, on procède à une évaluation des besoins suivie d'une étude de faisabilité et débouchant sur des objectifs. Vient ensuite la planification générale, y compris la première répartition des contenus d'enseignement, les options méthodologiques, la préparation des matériels et la formation d'un premier groupe d'enseignants. Après avoir été prétesté dans un petit nombre de classes ou de groupes, et revu en fonction des résultats de cet essai (au besoin répété), le *curriculum* est expérimenté sur le terrain, revu encore, puis généralisé. Un contrôle de qualité est effectué. Idéalement, le *curriculum* fait l'objet d'une évaluation continue, ce qui permet des ajustements progressifs et évite les réformes brutales. *G. de Landsheere*

Curriculum vitae → Inventaire biographique

Cutané → Sensibilité cutanée

Cybernétique

Terme proposé en 1948 par N. Wiener pour définir la science qui a pour objet l'étude des processus de contrôle et de communication chez les êtres vivants et les machines. Un système cybernétique comporte des parties qui intègrent les informations* extérieures et prennent des décisions*, ainsi que des parties asservies qui exécutent les décisions. Leur état est maintenu constant par le dispositif de *feed-back**. Conçue, dès l'origine, dans le cadre d'applications technologiques, la cybernétique a eu rapidement une influence considérable sur le développement de la psychologie cognitive*.

P. Mengal

Cycle d'activité → Activité

Cycle fonctionnel

Terme introduit par J. von Uexkühl en 1921 pour décrire les interactions entre un animal et son monde subjectif. Les objets porteurs de caractères perceptifs spécifiques de l'espèce, actifs sur les récepteurs* sensoriels, définissent ainsi un monde perceptif alors que l'action du sujet sur le milieu s'exerce grâce aux effecteurs* sur des objets porteurs de caractères spécifiques de l'espèce, définissant un monde actif.

R. Campan

Cycle menstruel → Œstrus

Cyclochronie

Terme peu employé, proposé par N. A. Popov en 1950 pour désigner la propriété du système nerveux central à reproduire spontanément des excitations cycliques antérieures (V. Temps, Temporel).

H. Lejeune

Cycloïde → Constitution

Cyclothyme normal → Constitution

Cyclothymie

Oscillation de l'humeur entre des périodes ayant des caractéristiques voisines de celles d'un état dépressif et des périodes ayant des caractéristiques voisines de celles d'un état maniaque. L'intensité des signes de l'une ou l'autre période est insuffisante pour porter le diagnostic de maladie maniaco-dépressive.

Un sentiment d'inadéquation, un isolement, une chute des performances intellectuelles et un accroissement du temps de sommeil marquent les phases d'allure dépressive ; une surestimation de soi, une recherche excessive de contacts sociaux, un sentiment d'accroissement des facultés intellectuelles et une diminution du temps de sommeil marquent les périodes d'allure maniaque.

L'apparition habituelle de cette alternance thymique chez l'adulte jeune et sa permanence expliquent que la cyclothymie ait été considérée par certains comme une constitution ou une personnalité spécifique. Pour d'autres, et plus récemment, elle est décrite comme une forme symptomatique atténuée de maladie maniaco-dépressive bipolaire.

Différents facteurs ont été supposés impliqués dans la genèse de ces états : facteurs biologiques, génétiques et environnementaux notamment. La psychopathologie offre elle aussi des possibilités explicatives de cette évolution cyclique. La dépression marquerait l'incapacité fondamentale du sujet* à se situer de manière nuancée et stable dans la relation à l'objet*, et porterait donc, dans sa nature même, les conditions d'émergence de cette oscillation. La persistance d'exigences inhumaines, idéales, inscrites dans le mouvement dépressif rend ainsi compte de ce mouvement d'oscillation entre des extrêmes présent dans la cyclothymie, par incapacité à maintenir une position intermédiaire dans laquelle l'ambivalence* est surmontée et la position mégalomaniaque infantile abandonnée. *M.-C. Hardy-Bayle*

D

Daltonisme → Dichromatisme

Dame de Fay → Dessin (Test de —)

Damier

Figure géométrique composée de surfaces alternativement d'un ton puis d'un autre ton, tant en colonnes qu'en lignes (échiquier). Il s'agit d'une figure très réactogène utilisée dans les tests de potentiels évoqués* visuels. On peut y faire varier le contraste entre les cases, comme le nombre de cases par élément de surface. L'intersection de ces bandes forme un grain de couleur ou de gris plus important, car il y a superposition. (A ne pas confondre avec le **tartran**, figure composée de deux bandes colorées verticale et horizontale.)

R. Génicot

Danger

Tout ce qui peut porter atteinte à la liberté, la sûreté, l'intégrité d'un individu constitue un danger. Rapportée à un contexte susceptible d'entraîner des conséquences fâcheuses, la notion de danger est associée à une double signification : celle de menace et celle de risque. La première débouche sur la notion de dangerosité d'une situation ou d'un état dangereux ; la seconde sur celle d'évaluation d'un péril, d'une prise de risque. En criminologie clinique, le diagnostic d'état dangereux modifie l'appréciation de la responsabilité juridique. *J. Selosse*

Danse

K. von Frisch a découvert et M. Lindauer a précisé la signification des danses que les abeilles mellifères exécutent sur les rayons verticaux de leur ruche, et par lesquelles elles informent leurs compagnes de la nature, de la distance et de la direction où se trouve une source de nourriture nouvellement découverte. Ces danses constituent une forme de langage* dans la mesure où elles reposent partiellement sur l'utilisation de symboles*. Au retour de son exploration* fructueuse, la butineuse, chargée de senteurs florales emprisonnées dans ses poils, signale par une danse circulaire une abondante source de provende à moins de 25 m : elle tourne sur elle-même à l'emplacement d'une cellule, puis parcourt un arc qui couvre 6 m, revient sur ses pas, boucle un cercle complet, recommence ; elle attire ainsi ses compagnes, qui sont renseignées sur la nature de la provende à exploiter par les senteurs perçues par des attouchements antennaires. Si la nourriture se trouve à plus de 100 m, la butineuse effectue une valse ou danse frétillante qui s'est révélée précise et efficace jusqu'à 11 km : elle fait un court trajet rectiligne vers le haut si la nourriture est dans la direction du soleil, vers le bas si elle est dans la direction opposée, puis revient à son point de départ par une boucle, alternativement à droite et à gauche ; l'information précise quant à la direction est fournie par la transcription par rapport à la verticale, fournie par la pesanteur, de l'angle que forme la direction de la ruche à la nourriture par rapport à la projection horizontale de la direction du soleil ; la distance est évaluée par la rapidité du trajet rectiligne accompagné de frétillements latéraux de l'abdomen : plus la provende est éloignée, plus le rythme est lent. Entre 25 et 100 m, l'abeille effectue une danse en forme de croissant, sorte d'aller et retour sur un arc dont la concavité par rapport à la verticale donne la direction de la nourriture par rapport au soleil. Ces danses peuvent persister pendant plusieurs heures dans l'obscurité de la ruche, l'abeille se révélant capable de tenir compte du déplacement du soleil dans le ciel. La reine avant un vol nuptial, les ouvrières avant un essaimage effectuent de plus une danse vibrante, non encore entièrement élucidée, faite de mouvements verticaux de l'extrémité de l'abdomen. *J.-C. Ruwet*

Data analysis → Analyse des données

Déafférentation

Littéralement ce terme renvoie à une notion de neuroanatomie : une structure reçoit des afférences issues d'une autre partie du système nerveux périphérique ou central. Une déafférentation correspond à la suppression d'une arrivée neuronale pour la structure cible. Ceci peut être consécutif à une lésion des corps cellulaires des neurones à l'origine de l'ensemble d'axones constitutifs de cette afférence, ou encore à une atteinte touchant ces axones eux-mêmes. Expérimentalement, réaliser une déafférentation revient à supprimer, par lésion sélective d'une population neuronale ou par section d'un faisceau d'axones, une voie bien définie établissant des synapses avec des neurones rassemblés dans une ou même plusieurs structures cibles si les axones se divisent en plusieurs grandes ramifications en aval de cette section.

Les conséquences d'une déafférentation sont multiples : — en anatomie, une déafférentation entraîne toujours une dégénérescence antérograde frappant les terminaisons de ces afférences. La reconnaissance morphologique de ces stigmates a été longtemps utilisée pour reconnaître les divers territoires cibles d'une population de neurones donnés. La lésion des axones peut éventuellement entraîner une dégénérescence rétrograde des corps cellulaires. Enfin, au niveau de la structure cible, une déafférentation peut être suivie d'un développement ou buissonnement des terminaisons axoniques terminales provenant d'une autre afférence ; — en neurophysiologie, une déafférentation est à l'origine de perturbations fonctionnelles. Un exemple dramatique en est fourni par les syndromes douloureux résultant d'une déafférentation par section ou arrachement traumatique de rameaux ou troncs nerveux au niveau d'un membre, ou encore à la suite d'une amputation provoquant les sensations de douleur du membre fantôme*, par lésion de voies ascendantes au niveau spinal ou cérébral, douleurs consécutives à une infection syphilitique, par lésion thalamique dans le syndrome de Déjerine et Roussy résultant de lésions dégénératives après accidents vasculaires. Pour le neurochimiste et le pharmacologue, une déafférentation provoque une réaction de sensibilisation qui résulte d'un accroissement au niveau postsynaptique de la densité de récepteurs aptes à reconnaître le neuromédiateur normalement dérivé par l'afférence manquante. Pour le neuropsychologue de type associationniste, une déafférentation ou déconnexion permet d'expliquer des troubles de l'activité mentale par rupture de communication entre centres ou parties d'aires ayant des fonctions complémentaires différentes. *J. Féger*

Débilité mentale

La débilité mentale est une forme légère de déficience* mentale. La déficience mentale est fréquemment définie par trois critères proposés par l'Association américaine de la déficience mentale en 1973 : une efficience* intellectuelle significativement inférieure à la moyenne, des difficultés sérieuses d'adaptation* sociale, une apparition de ces déficits pendant la période du développement*. Lorsque l'efficience intellectuelle est évaluée au moyen des tests de QI*, on considère généralement comme débiles les sujets dont les QI varient approximativement de 50 à 70. Ces chiffres ont été fixés en fonction d'exigences sociales ; ils sont les critères approximatifs d'inadaptation au cursus scolaire normal, et d'adaptation à un régime d'éducabilité minimale. Les exigences sociales en matière d'éducation devenant plus fortes, on tend à relever la borne supérieure de la débilité, celle-ci passant à 80 dans certains textes administratifs. Le critère d'adaptation sociale n'est pas toujours très pertinent pour caractériser les débilités. Les débiles, surtout lorsqu'ils ont reçu une éducation adéquate, peuvent être bien adaptés socialement. La débilité mentale n'est pas une entité homogène. Ses causes peuvent être diverses : variabilité « normale » du patrimoine génétique, atteintes du système nerveux, conditions socio-éducatives peu favorables au développement, troubles de la vie affective. A ces diverses étiologies peuvent correspondre des modalités différentes de fonctionnement psychologique. On a montré par exemple que les déficits quant à l'organisation spatiale et temporelle étaient relativement plus importants chez les débiles exogènes que chez les débiles endogènes alors que les déficits quant à la psychomotricité étaient plus importants chez ces derniers (chez les débiles exogènes, ou débiles « pathologiques », il y a atteinte du système nerveux central, ce qui n'est pas le cas chez les débiles endogènes, ou débiles « normaux »). *M. Huteau*

Débit de réponse

Mesure de la quantité de réponses* émises par unité de temps, adoptée, à la suite de B. F. Skinner, dans les laboratoires de conditionnement opérant*. Elle suppose que l'expérimentateur fasse le choix, dès le départ de son expérience, d'une unité-réponse opérationnellement définie, tel l'appui sur un levier*, et qu'un dispositif adéquat de transduction en permette l'enregistrement. En privilégiant le débit, le chercheur renonce à prendre en compte les variations éventuelles de la structure ou topographie* des réponses. Néanmoins, cette manière simple de quantifier le comportement individuel s'est révélée extrêmement féconde pour l'analyse des effets des diverses contingences de renforcement* comme dans l'utilisation des techniques opérantes en psychophysique* animale ou en psychopharmacologie* expérimentale.

On parlera de débit moyen ou global pour caractériser le comportement sur la durée entière d'une expérience. On s'en satisfera si le débit est relativement régulier et soutenu et que ses variations sont négligeables (par ex., dans un programme à intervalle* variable). Sinon, on mesurera un débit local pour des phases particulières de l'expérience (par ex., phases de présentation d'un signal* avertisseur d'une stimulation aversive* inévitable en cours de programme à renforcement positif), ou un débit terminal pour les phases finales de composantes du programme de durée déterminée, tels les cycles périodiques d'un programme à intervalle fixe*. *M. Richelle*

Décalage

Au début du siècle, E. Claparède a formulé la loi de prise de conscience*, ou loi des décalages, qui postulait que lorsque l'enfant passe d'un plan de conscience ou d'action à un autre plus élaboré, les opérations psychologiques primitivement efficaces doivent être réapprises dans le nouveau contexte cognitif. Cette loi a été reprise et précisée par J. Piaget qui en fait l'essence de ce qu'il appelle les **décalages verticaux** (ou « décalages en compréhension »). Aux différents niveaux de développement* (sensori-moteur*, intuitif, opératoire concret*, opératoire formel*), les mêmes situations, qui semblent provoquer chez l'enfant les mêmes réponses, sont différentes du point de vue des processus cognitifs qu'elles déclenchent. Ainsi, dans ses actions, l'enfant peut, dès la deuxième année, tenir compte du fait que certaines propriétés des objets (par ex., la quantité de matière ou le poids) restent invariantes lors de la déformation de ces objets ; ce n'est cependant que plusieurs années plus tard qu'il maîtrisera cette invariance* dans ses raisonnements*. La durée de ces décalages verticaux varie d'une notion à l'autre, ce qui est à l'origine de **décalages horizontaux.** Par exemple, le décalage vertical de la notion de quantité de matière étant plus court que celui de la notion de poids, l'enfant aura conscience de la conservation* de la quantité de matière vers 6-7 ans et de celle du poids vers 9 ans. Ainsi, un décalage horizontal (ou « décalage en extension ») prend place au sein d'un même niveau de développement entre des notions dont la maîtrise suppose la même démarche cognitive (dans l'ex., ce sont deux conservations) mais qui, correspondant à des contenus différents quant à leur signification* pour le sujet, résistent plus ou moins à se laisser assimiler. *J.-E. Gombert*

Décentration

Conduite de régulation* par laquelle le sujet percevant ou connaissant cherche à compenser les lacunes initiales de ses actions, de ses perceptions ou de ses conceptions. Cette notion se rattache à une conception relativiste de la connaissance* selon laquelle l'intelligence* consiste en l'établissement de relations entre le divers perçu ou conçu. La coordination* des points de vue spatiaux ou sociaux, la coordination des systèmes de référence spatio-temporelle de la physique relativiste, l'activité par laquelle un enfant ou un adulte conserve une classe* d'objets alors même qu'il réunit ces objets avec d'autres pour former une classe d'extension plus générale, les activités perceptives par lesquelles le sujet apprend à compenser les déformations perceptives induites par les centrations* spontanées, l'activité par laquelle le sujet met en quelque sorte à distance ses intérêts ou ses désirs personnels afin de tenir compte, dans ses décisions d'action, des intérêts ou des désirs d'autrui, l'ensemble de ces activités forme des cas particuliers de la conduite de décentration dont on peut dire qu'elle constitue le propre des régulations cognitives.

La conduite de décentration aboutit à des résultats plus ou moins optimaux. Dans le cas des activités perceptives, c'est-à-dire de la mise en relation des éléments perçus au cours des centrations successives, la compensation des déformations n'est que partielle. Plus nombreux seront les couplages* entre les différentes centrations, plus les surestimations de grandeurs des objets tour à tour centrés auront tendance à s'annuler. Cependant le mécanisme de balayage perceptif étant par nature probabiliste, une compensation exacte ne peut se produire. Au contraire, les régulations de l'intelligence pratique ou conceptuelle aboutissent à des compensations parfaites dans la mesure où elles deviennent les opérations de la pensée logique ou mathématique.

J.-J. Ducret

Décharge

Dans un sens dérivé des conceptions de P. Janet, phase de libération, dans l'acte ou dans l'explosion émotionnelle, mettant fin à une phase de tension* psychologique. Le concept de décharge trouve sa place dans les diverses théories de la dynamique des conduites qui recourent à la métaphore du ressort, c'est-à-dire d'une accumulation de tension brusquement libérée, qu'il s'agisse de pulsion*, d'instinct*, de motivation*, d'émotion*, d'affects*, d'inhibition*. On accorde dans cette perspective une valeur fonctionnelle à la décharge. Dans une acception voisine, la décharge correspond à la réduction du besoin* résultant de l'accomplissement d'un acte consommatoire*. Le terme s'applique cependant aussi, dans un sens plus descriptif, à tout comportement survenant de façon abrupte et explosive : décharge agressive.

En électrophysiologie, activation d'une unité neuronale, production d'un influx nerveux.

M. Richelle

Déchéance

La loi vise à protéger les enfants en danger en introduisant la déchéance des droits d'autorité parentale. Juridiquement, ce terme est utilisé pour exprimer la perte d'une capacité juridique. En psychologie sociale*, la déchéance traduit la perte de pouvoir attachée au passage d'un statut à un autre nettement inférieur.

J. Selosse

Déchiffrement

Mécanisme qui, au cours de la lecture* à haute voix, consiste à prononcer les mots en associant des syllabes à des groupes de lettres. On considère généralement qu'il y a deux voies possibles pour prononcer un mot : dans la première, le code graphémique est transformé en code phonémique par la mise en œuvre des règles de correspondances grapho-phonémiques (CGP) ; dans la seconde, le code graphémique donne directement accès au lexique mental* où est recouvré le code phonémique. Dans les deux cas, c'est le code phonémique qui va permettre la programmation de la motricité articulatoire. L'activité de déchiffrement permet d'observer la maîtrise avec laquelle un lecteur débutant utilise les règles de CGP.

D. Zagar

Décibel

Le décibel, noté dB, est la dixième partie du **Bel**. Le Bel est l'unité acoustique exprimant le niveau d'intensité sonore. Il s'agit du logarithme décimal du rapport entre l'intensité mesurée I_2 et une intensité de référence I_1 : $\log_{10} I_2/I_1$. L'intervalle entre les intensités étant très grand, il est apparu commode d'utiliser une échelle logarithmique.

R. Génicot

Décidabilité

Une classe de problèmes à réponse de type oui ou non (problèmes de décision) est dite décidable s'il existe un algorithme* qui, étant donné un problème quelconque de la classe, donne en un temps fini (qui peut être très long) la réponse oui ou la réponse non. Par exemple, le problème de l'arrêt d'un programme* en informatique* est indécidable. On parle de semi-décidabilité (positive) s'il existe un algorithme qui donne en un temps fini la réponse oui, mais qui peut ne pas se terminer en cas de réponse non.

Pour un système formel*, la décidabilité est implicitement relative à la classe de problèmes suivante : une formule donnée du langage est-elle ou n'est-elle pas un théorème ? Par exemple, le calcul des propositions est décidable : la méthode des tables de vérité, qui consiste à envisager toutes les combinaisons de valeurs de vérité possibles pour les symboles propositionnels de la formule, est une « procédure de décision ». Le calcul des prédicats du premier ordre n'est que semi-décidable.

M. Baron

Décilage → Étalonnage

Décile → Quantile

Décision

La décision, qui suppose la sélection* d'une réponse particulière parmi plusieurs réponses possibles, résulte d'un processus d'intégration d'informations* et d'évaluations multiples. La théorie de la décision cherche à déterminer l'ensemble des choix* possibles et à préciser les critères de choix ; sur la base de méthodes mathématiques ou probabilistes, elle permet d'élaborer des modèles simplifiés des situations étudiées. Les décisions peuvent être classées en fonction du degré de connaissance que l'on a de l'avenir. La « décision sans risque », face à un avenir certain, semble dépendre étroitement d'une estimation* des profits et pertes liés à chaque terme du choix. Au calcul de cette utilité* subjective, la « décision avec risque » doit ajouter celui de la probabilité* subjective d'occurrence de chaque éventualité ; elle serait prise en maximisant l'espérance mathématique, c'est-à-dire en adoptant la solution pour laquelle le produit des utilités et des probabilités paraît le plus élevé. On a beaucoup étudié ces mécanismes dans le cadre de la théorie des jeux* et du comportement économique.

Ainsi, dans un jeu interactif, la première étape consiste à examiner l'ensemble des possibilités dont chacun dispose et les conséquences plus ou moins probables des décisions qu'il prendra (schéma de causalité*) ; il s'agit ensuite de hiérarchiser ces conséquences selon un ordre de préférence (schéma de finalité*). Chaque stratégie possible est assortie d'une espérance sur laquelle sera fondé le choix. Les mécanismes impliqués diffèrent selon que l'on dispose ou non d'une information complète sur l'état du jeu à un instant donné. Nombre d'études ont porté sur la façon dont le joueur rassemble l'information nécessaire, sur la quantité d'information qu'il juge suffisante avant de prendre une décision, sur les moyens qu'il met en œuvre pour atteindre son objectif lorsque l'information est limitée, sur son attitude* devant la prise de risque. D'autres recherches sont centrées sur les interactions entre joueurs, principalement sous forme de lutte ou de coopération : à l'extrême, la lutte entre deux personnes d'intérêts opposés aboutit au duel ; la coopération peut engendrer des coalitions, une seule et même tactique étant adoptée par plusieurs joueurs.

L'étude de la décision est également abordée dans d'autres contextes théoriques : détection du signal*, reconnaissance mnésique, accès* au lexique notamment.

F. Macar

Système interactif (ou intelligent) d'aide à la décision (SIAD) : système informatique* qui permet la recherche ou l'analyse de solutions pour des problèmes complexes de décision, dans le cadre d'une interaction avec son utilisateur. Il met en œuvre des éléments de théorie de la décision et peut intégrer divers outils, tels que gestionnaire de bases de données*, tableur, module statistique, module graphique, outil d'analyse multicritère, système-expert*, gestionnaire de ressources, générateur et évaluateur de scénarios. L'objectif est en général d'apporter une aide aux décideurs, dans le cadre d'une coopération personne-machine, tout en leur laissant le choix de la décision finale et sa responsabilité. *M. Baron*

Déclaratif

En linguistique*, qualifie les faits de langue qui traduisent une attitude de neutralité de l'énonciateur* vis-à-vis de ce qu'il exprime. Ces faits se situent à trois niveaux distincts. Le premier a trait au mode grammatical (regroupement des temps des verbes en catégories générales — V. Modalité) : par opposition aux modes subjonctif, impératif ou optatif, qui expriment l'ordre, le souhait, etc., le mode déclaratif (ou indicatif) se borne à l'affirmation des faits. Le deuxième a trait aux caractéristiques syntaxiques des phrases* : les phrases déclaratives s'opposent aux phrases interrogatives, exclamatives, impératives et emphatiques. Le troisième enfin concerne les verbes eux-mêmes : les verbes déclaratifs traduisent une assertion simple (dire, raconter, affirmer, etc.), par opposition notamment aux verbes d'opinion (croire, penser, etc.).

En intelligence artificielle*, qualifie une formulation de connaissances qui est indépendante de ses conditions d'emploi (par opposition aux formulations à caractère procédural*). Un théorème, une règle* de grammaire*, une formule de logique ou de physique constituent des énoncés déclaratifs. Dans la construction de systèmes experts*, on s'efforce, dans la mesure du possible, de formuler les connaissances en termes d'énoncés* déclaratifs.

M. Baron et J.-P. Bronckart

Déclenchement

Production automatique d'une réaction* ou d'une séquence* de comportements* par une stimulation* donnée. On parle de déclenchement d'un réflexe*, ou, en éthologie*, de mécanisme inné de déclenchement à propos de la mise en branle, par le stimulus adéquat, d'une chaîne* de comportements largement préprogrammée. Pour B. F. Skinner, le conditionnement* pavlovien* se distingue du conditionnement opérant* par le fait que dans le premier il y a déclenchement de la réponse conditionnée par le stimulus conditionné, alors que dans le second il y a émission spontanée de la réponse. *M. Richelle*

Déclencheur

Dans la conception éthologique, les déclencheurs sont des structures morphologiques (miroirs alaires, patrons colorés, huppes et crêtes) ou comportementales (présentation gestuelle, production sonore, émission de phéromones) adaptées à la fonction d'activation des mécanismes innés de déclenchement*. La méthode des leurres* mise au point par N. Tinbergen a démontré la spécificité de la liaison, garantie par un mécanisme de déclenchement, entre une réponse déterminée et une combinaison particulière de stimulus clés. Dans le cas d'un prédateur* à la recherche d'une proie et dont l'attaque est déclenchée par une combinaison de stimulus dont est porteuse cette dernière, et dont il possède une perception sélective innée ou acquise, l'intérêt du premier est d'affiner sa perception*, l'intérêt de la seconde est de masquer ou de brouiller ses stimulus ; les intérêts sont contradictoires. En revanche, dans les cas où, dans les relations sociales de reproduction ou dans les relations de symbiose*, les intérêts sont partagés, la sélection va à la fois favoriser le perfectionnement du pouvoir déclencheur de la combinaison clé et affiner la perception sélective du mécanisme filtreur, le mécanisme inné de déclenchement. Les mimes qui pratiquent le parasitisme* de reproduction et le parasitisme social (coléoptères myrmécophiles, veuves parasites, coucous, *Aspidontus*) ont développé des déclencheurs très semblables à ceux de leur hôte et détournent à leur profit les réponses normales de ceux-ci. *J.-C. Ruwet*

Décodage

Dans un sens général, opération de transformation du code* sous lequel se présente une information* ; par exemple, la transformation d'un nombre écrit en décimal (15) en un nombre écrit en binaire (1111), ou encore la transformation du langage parlé en langage écrit (dans cette acception, est synonyme de codage*).

Dans le cadre de la théorie de l'information, désigne l'opération effectuée par le récepteur* dans une situation de communication ; utilisant sa connaissance des règles du code, celui-ci décrypte les représentations* du référent* qui sont véhiculées par le message* (dans cette acception, est antonyme de codage* ; V. Fonction du langage).

En psychologie de la perception*, désigne l'ensemble des opérations par lesquelles les énergies* en jeu dans la stimulation des organes des sens sont transformées en informations, selon les modalités propres au système nerveux d'un organisme donné. *J.-P. Bronckart et D. Zagar*

Décompensation

Rupture d'un processus de compensation*. Quand cède l'état d'équilibre entre une déficience ou une anomalie mentale et un comportement*, une croyance* ou un désir* destinés à la compenser, les effets de la déficience ou de l'anomalie se manifestent avec acuité ; leurs incidences pathogènes tendent à se généraliser. Par exemple, le sentiment d'omnipotence narcissique propre au moi idéal du psychopathe peut être annulé par un échec ou une sanction. La fragilité du moi* et les effets propres des carences affectives se révèlent alors. Il en résulte une intolérance des affects négatifs, une poussée autoagressive qui créent une forme de dépression susceptible d'entraîner un geste suicidaire. De même, une certaine forme d'adaptation* sociale, bien renforcée par les protections de l'entourage, peut chez le sujet âgé céder la place à une angoisse aiguë et à une désorganisation cognitive quand les mécanismes de compensation ne bénéficient plus des conditions favorables antérieures.

La facilité de telles hypothèses explique l'usage parfois trop extensif du terme pour décrire un état de crise* et plus généralement toute mutation brusque dans l'équilibre des structures mentales habituelles. *D. Widlöcher*

Déconnexion (Syndrome de —)

Le concept de connexion* repose à l'origine sur un fondement anatomique, à savoir l'identification de faisceaux (constitués par des groupements d'axones neuronaux) reliant, c'est-à-dire connectant, des régions cérébrales précises à l'intérieur d'un hémisphère, ou d'un hémisphère cérébral à l'autre. Le rôle fonctionnel spécifique de chacune de ces régions au cours des processus mentaux implique nécessairement des associations, des transferts d'activités. Les syndromes de déconnexion représentent des perturbations qui apparaissent comme la conséquence de lésions affectant ces faisceaux. Le modèle en est représenté par des lésions du corps calleux qui peuvent interrompre les relations interhémisphériques* ; ainsi le syndrome de déconnexion calleuse ne permet plus aux informations sensorielles traitées par l'hémisphère droit d'avoir accès au traitement verbal propre à l'hémisphère gauche : par exemple, un objet placé dans la main gauche ne pourra plus être dénommé (anomie de la main gauche). Une telle déconnexion, appelée aussi interhémisphérique, permet d'analyser le rôle fonctionnel de chaque hémisphère cérébral au cours de différentes circonstances. Une déconnexion peut aussi être intrahémisphérique : ainsi le trouble de répétition, observé au cours de l'aphasie* de conduction, a pu être interprété comme la conséquence d'une lésion intéressant le faisceau reliant l'aire de Wernicke à l'aire de Broca.

Par extension, le concept de connexion est aussi utilisé sans référence à une lésion anatomique. Le syndrome de déconnexion signifie alors une rupture fonctionnelle entre plusieurs (généralement deux) activités mentales : on parle ainsi par exemple de déconnexion visuoverbale pour signifier que, malgré des capacités verbales et visuelles parfaitement préservées, un sujet ne peut dénommer un objet présenté visuellement. Il faut sans doute remarquer la fortune du concept de connexion puisqu'il inspire et aussi qualifie les modèles dits connexionnistes* proposés par les sciences cognitives*. *J.-L. Signoret*

Découverte (Pédagogie de —)

Processus méthodologique destiné à amener l'élève à générer des concepts* et des idées, éventuellement après lui avoir fait prendre conscience des règles logiques et scientifiques élémentaires permettant de les vérifier. Le but est atteint quand l'élève découvre par lui-même les régularités et les irrégularités dans son environnement physique et sociopolitique. Dès le début du XXe siècle, les protagonistes de l'Ecole active* ont montré l'importance des situations éducatives suscitant chez l'élève des interrogations à propos d'un problème significatif qu'il souhaite résoudre. Le constructivisme* piagétien s'inscrit aussi dans cette ligne. *G. de Landsheere*

Dédoublement de la personnalité

Phénomène psychopathologique rare dans sa forme complète, caractérisé par l'apparition, à côté de la personnalité* « normale » du sujet (personnalité « prime »), d'états seconds qui s'organisent en une « personnalité seconde ». Les deux personnalités sont pourvues chacune d'une conscience* psychologique, d'aptitudes, de goûts, de traits de caractère et de souvenirs personnels différents voire opposés ; elles peuvent se succéder (l'une remplaçant l'autre) ou alterner.

L'essentiel du phénomène est constitué par le fait que l'une au moins des personnalités (généralement la personnalité prime) ignore l'existence de l'autre, et qu'elle est amnésique de tout ce qui a été vécu au cours des périodes d'apparition de l'autre personnalité. Dans certains cas encore plus rares, ce sont trois, quatre ou un nombre plus élevé de personnalités qui alternent (V. Personnalité multiple). *J.-M. Petot*

Déduction

Forme de raisonnement* dans laquelle des conclusions sont dégagées à partir de données de départ (axiome*, informations* spécifiques) par enchaînement d'opérations* strictement logiques, sans qu'aucune information complémentaire n'y intervienne. Opposée, depuis Aristote, à l'induction*, qui va du particulier au général, la déduction va du général au particulier. Elle trouve son illustration dans la preuve* d'un théorème en mathématique, et dans l'inférence* syllogistique, abondamment analysée par les logiciens médiévaux.

D'un point de vue logique, la déduction présente un caractère de nécessité qui résulte d'une combinatoire* au sein d'un système fermé. Le cas psychologiquement et logiquement le plus simple est constitué par le système de deux propositions* p et q dont chacune peut être vraie (V) ou fausse (F). Il en résulte la possibilité de concevoir 16 et seulement 16 compositions binaires. Algébriquement, il s'agit du nombre des applications entre l'ensemble des quatre couples possibles de base { (V,V), (V,F), (F,V), (F,F)} et l'ensemble {V,F}. On voit alors par exemple que, à supposer que la proposition* p soit vraie et que la proposition si *p alors q* le soit aussi, il en découle nécessairement que la proposition q est vraie. Il s'agit de l'équivalent de la règle fondamentale de détachement, dite aussi *modus ponens,* et l'on est dans l'ordre de l'hypothético-déductif.

Des essais de modèles* psychologiques du raisonnement déductif ont été proposés, au cours des années 1980, notamment par R. Sternberg et par P. N. Johnson-Laird.

J.-B. Grize et M. Richelle

Défaut fondamental

La zone du défaut fondamental est l'une des trois zones du psychisme distinguées en 1968 par le psychanalyste britannique d'origine hongroise M. Balint, les deux autres étant la zone du conflit œdipien et la zone de la création. Dans la zone du défaut fondamental :

1. la relation significative est une relation duelle* : deux personnes, et deux seulement, sont en cause. Mais leur relation n'est pas celle qui règne entre deux adultes ; elle est plus primitive ;
2. la force qui opère ne renvoie pas à un conflit, mais à quelque chose qui est déformé ou qui manque dans le psychisme et engendre une défectuosité qui doit être réparée. Elle se manifeste sous une forme proche de l'avidité* ;
3. le niveau des processus psychiques est préœdipien, prégénital* et préverbal.

J.-M. Petot

Défense

Toute conduite ou mécanisme psychologique par lequel le sujet se soustrait ou se met à l'abri d'une stimulation*, situation ou représentation aversive*.

Réflexe de défense : réaction motrice réflexe* par laquelle le sujet se soustrait à une stimulation nociceptive*. Le réflexe de flexion de la patte stimulée par une décharge électrique chez le chien a été exploité par I. Pavlov dans le conditionnement* du réflexe de défense.

Défense perceptive : filtrage* sélectif, au moment de la prise d'information, de certains stimulus revêtant pour le sujet une valeur négative, de telle sorte que leur perception et leur identification consciente en soient rendues plus difficiles. Ainsi, des mots à connotation affective ou des mots tabous demandent plus de temps pour être identifiés en présentation tachistoscopique* que des mots neutres par ailleurs à tous égards équivalents (non seulement quant à la longueur, à la structure phonologique, etc., mais quant au degré de familiarité). Le phénomène suppose un mécanisme de subception, auquel s'ajoute un contrôle non conscient qui fait songer au refoulement* freudien. Il a été décrit pour la première fois par E. McGinnies en 1949.

M. Richelle

Défense (Mécanisme de —)

D'une façon générale, la notion de mécanisme de défense englobe tous les moyens utilisés par le moi* pour maîtriser, contrôler, canaliser les dangers internes et externes. Les mécanismes de défense sont variés et relativement nombreux. Anna Freud, en 1936, en a énuméré neuf : la régression*, le refoulement*, la formation réactionnelle*, l'isolation*, l'annulation*, la projection*, l'introjection*, le retournement sur soi, le renversement dans le contraire. Bien d'autres procédés défensifs ont pu être décrits : déplacement*, conversion*, clivage*, déni*, identification projective, défense maniaque, sans oublier la sublimation* qui appartient plus au champ de la normalité qu'à celui de la pathologie. Ainsi, le terme mécanisme de défense peut être utilisé dans des acceptions un peu différentes : soit pour préciser certains procédés spécifiques d'affections psychopathologiques, soit pour déterminer les constituants psychiques de chaque phase du développement* (défenses schizoïdes, défenses anales, etc.), soit pour désigner l'utilisation défensive de tel ou tel destin « pulsionnel » (refoulement, par ex.), soit tout simplement pour définir l'ensemble des processus défensifs de la psyché. Cet emploi diversifié et généralisé n'est pas sans poser certaines questions : s'agit-il d'un concept théorique ou d'un simple repère clinique ou thérapeutique ? S'agit-il d'un mécanisme du moi ou d'un mode de relation de la pulsion* à son objet ? Le refoulement, par son action permanente, ne doit-il pas être distingué des autres types de mécanismes, ou encore : la notion même de mécanisme de défense n'introduit-elle pas nécessairement une référence à une épistémologie mécaniste et dualiste* ? Enfin, y a-t-il des mécanismes de défense normaux et des mécanismes de défense pathologiques ou s'agit-il plutôt de constellations défensives qui permettraient de faire la différence ?

L'ensemble de ces questions reste source de débats actuels et sans doute futurs.

A. Braconnier

Défensif

Le comportement défensif englobe toutes les conduites* visant à tromper ou dissuader l'attaque d'un ennemi ou d'un rival. Il peut être passif, l'animal recherchant la sécurité dans l'immobilité (ou **akinésie**), le camouflage* et l'homochromie*, formes et couleurs se fondant dans l'arrière-plan. L'animal peut aussi se joindre à un vaste regroupement de congénères, dont les orientations toutes identiques et les évolutions synchrones créent un effet de confusion rendant malaisés par le prédateur* le choix et l'isolement d'une victime. De tels rassemblements peuvent d'ailleurs passer à l'attaque défensive, rameuter* les congénères et harceler le prédateur, le forçant à quitter les lieux. Une proie potentielle, comme une antilope dans une savane ou une steppe dégagée, et qui a repéré un prédateur, peut aussi, au lieu de se dissimuler, s'exhiber, sauter sur place, pousser des cris, déployer des structures et patrons colorés. Ces signaux s'adressent aussi bien aux congénères, qui sont avertis du danger (V. Altruisme), qu'au prédateur, qui est informé que l'effet de surprise escompté est déjoué. Le comportement défensif, comme différentes nuances de menaces ou les comportements de soumission*, s'inscrit aussi dans le registre des interactions agonistiques* entre partenaires sociaux ; il renseigne sur les dispositions de l'agoniste* et inhibe l'attaque de l'antagoniste. Les contestations aux frontières territoriales se règlent par un jeu de menaces offensives et défensives. Un animal sur le point de rompre un engagement, comme un coq de bruyère, ménage sa retraite par une dernière menace. Nombre de ces comportements à haute valeur expressive ont été cristallisés par ritualisation*. *J.-C. Ruwet*

Déficience

C'est le fait ou le sentiment (plus ou moins conscient) qu'un organe ou un être est inférieur à ce qu'on juge être la norme. Qu'elle soit objective ou subjective, la déficience implique une constatation : la déficience se distingue du déficit, dont les connotations étiologiques sont beaucoup plus radicales et les implications parfois dangereuses (débilité*). La psychologie individuelle comparée d'A. Adler fonde sur la déficience ses analyses de l'état d'infériorité des organes et du mécanisme de compensation (V. Handicap). *C. Prévost*

Définition

Terme utilisé par H. Wallon en psychologie du développement* pour désigner la phase terminale du développement des catégories* mentales ; c'est l'un des aspects, à côté des relations, de la formation de la pensée catégorielle*. Cette dernière notion correspond à peu près à ce que J. Piaget entend par groupements* logico-arithmétiques (de classification et de sériation) et infralogiques, et dont il situe l'achèvement à peu près au même âge que H. Wallon (9 ou 10 ans-10 ou 12 ans). La fonction catégorielle procède à deux types de tâches intellectuelles : a. l'explication* du réel au moyen de relations, b. la représentation des choses au moyen de catégories, dont l'étape finale consiste dans la définition en extension et en compréhension. La fonction catégorielle représente une mutation qui suppose le développement de l'espace mental*. *E. Jalley*

Défusion → Désintrication

Dégagement

Le mécanisme de dégagement du moi* tend à la réalisation des possibilités : les défenses* sont désinvesties au profit d'un surinvestissement* des pensées liées à l'attention* et à la réflexion. Le nouveau concept se justifie doublement : d'une part, en effet, les fonctions non conflictuelles du moi étudiées en psychologie (perception, communication, langage) peuvent se situer d'un côté ou de l'autre du conflit et des défenses ; d'autre part, les opérations défensives s'efforcent de réduire les tensions selon le principe de déplaisir tandis que les opérations de dégagement du moi ont une structure logique, font appel à l'intelligence et accroissent la liberté du sujet en favorisant la mobilité de sa conscience, en le rendant capable de changer de système de références. Il peut alors passer de la répétition agie à la remémoration parlée, prendre de la distance par rapport à son vécu, substituer le contrôle à l'inhibition en s'ajustant ainsi aux situations nouvelles. *R. Doron*

Dégénérescence (Doctrine de la —)

Doctrine très influente en médecine mentale introduite à partir du milieu du XIXe siècle. Le *Traité des dégénérescences* de N. Morel établissait, dans le cadre d'une doctrine du progrès social, un plan d'hygiène physique et morale. Ce plan devait s'opposer à la dépravation et aux multiples causes dégénératrices qui caractérisaient l'existence d'une large part des masses ouvrières dont le taux de natalité était par ailleurs élevé. Cette doctrine avait des préoccupations eugéniques* dans la mesure où le dégénéré pouvait être une menace par rapport à certains canons culturels et sociaux et par rapport à l'évolution sociale. Le rôle du médecin est donc large dans ce cadre puisque la solution thérapeutique consistant à la mise à l'écart des malades mentaux et des asociaux est également une contribution au progrès social. Le dégénéré est supposé porteur d'une déviation maladive par rapport à une typologie normative de l'humanité. Cette déviation est caractérisée par un ensemble d'incapacités physiques et morales, de conduites asociales et aurait une étiologie héréditaire dite dégénérative. Ainsi, la notion d'hérédité* est au centre de la théorie des dégénérescences. L'asile n'est que l'un des moyens de la prophylaxie sociale ; il est aussi le lieu possible du traitement moral ou d'une rééducation thérapeutique.

M. Le Moal

Dégénérescence neuronale

Perte progressive de la structure et de la fonction spécifique d'un neurone* ou d'un ensemble de neurones pouvant aboutir à sa disparition. Diverses formes de dégénérescence neuronale peuvent être distinguées. La dégénérescence axonale antérograde (wallérienne) correspond à la dégénérescence de la portion de l'axone* située distalement à une transsection. L'axone augmente de volume, se fragmente puis se désagrège. Les débris sont phagocytés par les cellules gliales : oligodendrocytes, astrocytes et microglie dans le système nerveux central, cellules de Schwann dans les nerfs périphériques. Dans le cas d'axones périphériques myélinisés, la myéline* disparaît également tandis que les cellules de Schwann se multiplient et remplissent l'espace. Dans le système nerveux central, un tissu cicatriciel sera formé par les astrocytes. La lésion de l'axone provoque également une réaction rétrograde dans le corps cellulaire, la **chromatolyse** : augmentation du volume cellulaire, disparition des corps de Nissl. Cette réaction disparaît après quelques semaines, ou, si la lésion de l'axone ne se situe pas trop loin du corps cellulaire, peut aboutir à une dégénérescence et à la mort neuronale. Dans ce dernier cas on parle de dégénérescence rétrograde. Par ailleurs, la dégénérescence d'un neurone peut provoquer des dégénérescences et morts cellulaires secondaires dans les neurones innervés par le neurone perdu — on parlera de dégénérescence ou dénervation* transsynaptique antérograde — ainsi que des neurones innervant normalement le neurone dégénéré. Il s'agira, dans ce dernier cas, de dégénérescence transsynaptique rétrograde. Dans certains cas, des dégénérescences transsynaptiques en cascade ont même pu être démontrées. Toutefois la susceptibilité aux dégénérescences transsynaptiques dépend de nombreux facteurs : l'âge, l'espèce, l'étendue de la dégénérescence primaire.

J.-P. Herman

Dégoût

Emotion* qui accompagne la réaction de rejet d'un aliment inappétent ou toxique. Chez l'homme, le dégoût est accompagné d'une mimique* caractéristique. Cette mimique se greffe sur les mouvements buccolinguaux qui permettent l'expulsion de l'aliment incriminé et qui sont communs à l'homme et aux autres espèces animales. Ces mêmes mouvements apparaissent lors d'ingestion de substances normalement préférées si elles ont été associées par le passé à une intoxication (aversion* gustative conditionnée).

R. Dantzer

Degré de liberté

Terme introduit par R. A. Fisher dans les années 1920 par analogie avec l'idée de degré de liberté d'un système dynamique ; il s'agit du nombre de valeurs ou de dimensions nécessaires pour déterminer le système. Dans ce sens, les degrés de liberté d'un ensemble de données ne sont rien d'autre que le nombre de valeurs qui pourraient être attribuées arbitrairement dans le cadre du système spécifié ; par exemple, dans une distribution* de fréquences en k classes, le nombre de degrés de liberté est égal à $k-1$, la connaissance de $k-1$ d'entre elles déterminant la k-ième ; de même, dans un tableau de contingence* ayant p lignes et q colonnes, les totaux marginaux étant fixés, il y a $(p-1)(q-1)$ degrés de liberté.

P. Bonnet et H. Rouanet

Dans l'analyse des contrôles moteurs, l'expression degré de liberté renvoie au nombre de dimensions du mouvement* autorisé à chaque point de segmentation, et qui définit l'ensemble des trajectoires possibles parmi lesquelles le programme moteur* opérera sa sélection. Ainsi, l'articulation de l'épaule offre trois degrés de liberté, autorisant les mouvements du bras vers la gauche ou vers la droite, vers le bas ou vers le haut, et en rotation.

M. Richelle

Déictique

Un terme est déictique lorsque sa dénotation* est fonction de quelque élément extralinguistique institué par le procès d'énonciation*. Les indices personnels *« je », « tu »*, qui désignent à chaque énonciation des interlocuteurs différents, les désinences et adverbes temporels comme *« hier », « demain »*, qui situent ce qui est dit par rapport au moment du dire, les démonstratifs *« ici », « là »*, qui localisent par rapport à un geste de monstration du locuteur*, les verbes *« aller », « venir »*, etc., sont des déictiques. On oppose souvent *deixis* (référence* à la situation extralinguistique) et anaphore* (référence à un terme du cotexte* verbal), mais il s'agit là d'un seul et même processus de renvoi à des connaissances déjà validées, présupposées*, ne différant que par le « mode de donation » (évidence perceptive ou assertion verbale) qui les a établies dans l'implicite* commun.

A. Berrendonner

Déjà-vu (Sentiment de —)

Sentiment que la situation* présente reproduit exactement et complètement une expérience du passé. Il ne s'agit pas de la simple identification du présent à un souvenir du passé, mais bien d'une illusion de reviviscence du passé. Cette expérience peut reposer aussi bien sur des impressions visuelles que sur des paroles déjà entendues ou dites, sur une tonalité émotionnelle complexe déjà ressentie.

Avec H. Bergson, on s'accorde pour considérer que ce trouble témoigne moins d'une perte de la conscience* du caractère présent de l'expérience que d'une actualisation mnésique. Il s'agit d'un phénomène observable dans la vie quotidienne, mais plus accusé dans certains états névrotiques et psychotiques, sans que la spécificité de ces états joue réellement un rôle. On l'observe également dans certaines atteintes paroxystiques de l'activité du lobe temporal.

Le sentiment de « déjà-vu » pose le problème des mécanismes psychologiques et psychophysiologiques qui nous permettent de distinguer le caractère « présent » d'une expérience des évocations de souvenirs épisodiques* de forte intensité. *D. Widlöcher*

Délai

Intervalle de temps imposé par l'expérimentateur entre un stimulus* et la réponse* à fournir (dite dès lors réponse différée*) ou entre une consigne* et le début de l'activité du sujet. L'introduction d'un tel délai peut avoir pour but d'explorer les capacités de rétention* ou de favoriser la planification de l'action.

Intervalle de temps introduit par l'expérimentateur entre des événements de l'expérience en vue de mieux cerner la relation entre variables* dépendante et indépendante, ou de neutraliser des variables parasites. Ainsi, dans la mesure d'un temps de réaction*, un délai de durée irrégulière entre le stimulus avertisseur* et le stimulus impératif* assure la mobilisation de l'attention du sujet tout en empêchant l'anticipation*.

Période d'attente requise du sujet comme condition du renforcement* dans certains programmes* de conditionnement opérant*. Dans le programme de renforcement de débit de réponse lent (DRL), le sujet doit espacer ses réponses d'un délai critique pour être renforcé.

Inhibition de délai : dans les conditionnements* de trace*, différés*, ou à la durée*, réduction ou extinction* des réponses conditionnées dans la première phase du délai (les réponses ne subsistant qu'à l'approche de la présentation du stimulus inconditionnel*).

M. Richelle

Déliaison → Liaison

Délictueux

Cet adjectif précise le caractère illicite d'un comportement. Son emploi est à distinguer de celui de délinquant* qui tend par un emploi abusif à être utilisé comme épithète, alors que ce terme ne doit s'appliquer qu'à l'auteur d'un acte qui enfreint la loi et qui encourt de ce fait une sanction pénale.

J. Selosse

Délinquance

En droit, la délinquance est constituée par la diversité des infractions* sanctionnées pénalement. Il s'agit d'activités agressives et dommageables légalement réprimées. En fait, la délinquance déborde le cadre juridique. Ce sont des conduites* symptomatiques complexes, multidimensionnelles qui s'expriment par la transgression* des règles sociales et des interdits* et dont la signification varie d'un simple appel jusqu'à l'expression d'un trouble psychopathique. La délinquance révèle essentiellement une pathologie de l'identité*, du lien et des limites.

Majoritairement observée durant l'adolescence*, elle a généralement un caractère transitoire et réactionnel mais peut exprimer les conflits* d'une organisation personnelle d'état-limite*, de névrose* structurée ou de psychose*. Il y a donc lieu de l'étudier à la fois dans une perspective psychogénétique, structurale et synchronique dans la mesure où la mise en acte peut dépendre de déterminations d'ordre différent, variables selon l'âge, le sexe, l'environnement* du délinquant, la situation et l'objet délictogènes. Au niveau de la dynamique sociale, la délinquance interpelle les significations symboliques structurantes de la loi et de la transgression, de la culpabilité* et du sacrifice, de la violence* et de l'ordre.

Délinquance juvénile : juridiquement, c'est l'ensemble des infractions réalisées par des mineurs. Son estimation ne s'applique qu'à la délinquance apparente, sélectionnée et sanctionnée et ne rend pas compte du phénomène réel. Les enquêtes de délinquance autorévélée ont montré que les comportements illicites étaient fréquents et généralisés durant l'adolescence. La délinquance juvénile est un sous-ensemble des conduites déviantes qui violent les règles par imprudence, intérêt, déni ou défi. Leurs transgressions agies s'articulent à des problématiques développementales, psychiques et sociales perturbées par des altérations du lien interhumain et des carences traumatiques. Elle se distribue inégalement et prend des formes différentes selon l'origine sociale, l'âge et le sexe des contrevenants. Liée à un déficit structurel, à des troubles narcissiques et d'individuation des adolescents ainsi qu'aux problèmes d'insertion et de reconnaissance de la place des jeunes dans la société, elle est essentiellement transitoire durant la période d'immaturité et de dépendance* et s'achève pour la plupart avec la conquête de l'autonomie*, la maîtrise d'une identité sexuée, l'investissement d'un rôle social. Seule une minorité de jeunes, estimée entre 10 et 15 % des délinquants poursuivis, s'engage dans la répétition d'activités de plus en plus criminelles. La délinquance se manifeste notamment au travers de conduites d'anticipation de rôles (délinquance statutaire), d'interpellation des systèmes réglementaires permettant de questionner les significations de l'interdit et le fondement de l'autorité (délinquance de mise à l'épreuve) ou encore de prises de risques telles qu'elles mettent en question la vie de leurs auteurs (délinquance ordalique). Chez les jeunes drogués, l'activité délictueuse* est associée à leur intoxication* (délinquance accessoire à un état de dépendance). Des infractions sont également commises pour satisfaire des besoins divers (délinquance par nécessité et par intérêt). *J. Selosse*

Délire

Habituellement, l'idée délirante renvoie au contenu de ce qui est émis (un sujet est délirant s'il émet des idées en opposition évidente avec la réalité et s'il est convaincu de la vérité de ces idées) et la construction délirante au type de mécanisme impliqué dans l'élaboration du délire en système.

Ainsi, l'existence d'un délire suppose un contenu de pensées inadéquat, appelé thème délirant, et l'intervention de processus psychologiques opérant de manière pathologique, appelés mécanismes générateurs du délire. Ces processus par lesquels le système délirant s'édifie sont au nombre de cinq :

1. dans l'intuition, le sujet admet comme réelle et vraie une idée fausse sans vérification, sans tentative de justification logique. Ce mécanisme est rarement seul à l'œuvre dans la construction d'un système délirant. Il s'associe le plus souvent à d'autres mécanismes délirants ;
2. dans l'imagination, le sujet construit un monde d'événements et de situations erronés qui tendent à s'enrichir au gré de ses récits. La conviction qui s'y attache est discursive et purement intuitive ;
3. dans l'interprétation, le sujet donne une fausse signification à un fait réel. L'intuition délirante première (l'idée de base) se trouvera confirmée par les inférences erronées et réitérées sur la réalité extérieure ;
4. l'hallucination* est une perception sans objet à percevoir ;
5. l'illusion est une perception dénaturée. Elle diffère de l'interprétation où les faits sont correctement perçus et de l'hallucination pour laquelle il n'existe aucune base perceptive dans la réalité extérieure.

La difficulté de la reconnaissance du caractère morbide de l'idée délirante tient aux limites floues qu'elle entretient avec les croyances* acceptables pour le groupe social auquel appartient le sujet. Un thème de jalousie, de persécution ou un thème religieux peuvent, en soi, ne pas être considérés comme pathologiques, à l'inverse des thèmes de transformation corporelle ou de filiation où le caractère pathologique est d'emblée évident. La reconnaissance du caractère délirant de l'idée repose alors plus sur les arguments donnés pour la justifier (inférences pathologiques ou distorsions perceptives) que sur la conviction qui y est attachée, le doute délirant étant possible sans que soit remis en cause le caractère délirant des propos. Un certain degré de critique à l'égard du système délirant est parfois observé : ce doute délirant est en rapport avec le degré de confiance que le sujet accorde à ses processus de pensée.

Le délire est considéré comme un phénomène non spécifique. Il peut en effet s'observer dans différentes maladies mentales aussi bien que dans certaines pathologies organiques ou iatrogéniques*.

En clinique psychiatrique, la non-spécificité de ce phénomène explique que lorsqu'il s'associe à des signes ou à un contexte évolutif orientant vers un diagnostic, ce sont ces derniers qui priment dans l'attribution diagnostique : la présence de signes dissociatifs évoque le diagnostic de schizophrénie, celle de signes thymiques évoque le diagnostic de troubles thymiques.

Cependant, certaines catégories diagnostiques sont définies par la présence d'une activité délirante. Elles se différencient sur la base de leur caractère aigu (on parle alors de **bouffée délirante aiguë**) ou chronique (on parle alors de délires chroniques). Les délires chroniques se distinguent en fonction du mécanisme délirant prévalent : mécanisme interprétatif dans le délire paranoïaque, mécanisme imaginatif dans le délire paraphrénique, mécanisme hallucinatoire dans la psychose hallucinatoire chronique.

Une perspective plus psychologique considère que l'apparition d'une pensée délirante constitue en soi un phénomène particulier qui distingue certains groupes de patients par une vulnérabilité cognitive spécifique.

La clinique psychanalytique a fait du délire un mode de défense contre l'angoisse* et une tentative de reconstruction du monde respectant cet aménagement défensif. L'absence de ressources névrotiques normales chez ces patients rend compte de l'utilisation, face aux conflits* intrapsychiques, de mécanismes défensifs très archaïques (décrits par M. Klein dans la phase schizo-paranoïde de développement), essentiellement le déni* de la réalité, la projection* et l'identification projective*. *M.-C. Hardy-Bayle*

Délire d'imagination → Imagination

Delirium tremens

Complication aiguë de l'alcoolisme* chronique, c'est une urgence médicale et psychiatrique. S'observe surtout chez l'homme lors des périodes de sevrage ou sous l'effet de stress* variés. A type de délire* aigu, il est précédé de prodromes à type d'insomnies avec cauchemars*, de céphalées avec malaise cénesthésique diffus, de tremblements des extrémités et de la langue, et se caractérise par l'explosion souvent brutale d'un délire onirique et hallucinatoire avec zoopsies (images visuelles élémentaires évoquant pour le malade de petits animaux) entraînant une agitation en rapport avec l'aspect effrayant des phénomènes psychosensoriels. S'y associent à des degrés divers des signes de confusion mentale* avec désorientation temporo-spatiale et phénomènes oniriques, un syndrome général avec sudation profuse, tremblements et une déshydratation qui exige d'être corrigée rapidement par un apport hydroélectrolytique approprié. Il doit être diagnostiqué et traité au stade du pré-*delirium.* En l'absence de traitement, il peut évoluer vers une encéphalopathie carentielle avec lésions cérébrales irréversibles. *J.-F. Allilaire*

Délit

Rapporté au Code pénal, le délit est une infraction, située entre les crimes* et les contraventions et passible d'une peine correctionnelle. Ce terme est utilisé pour qualifier toute conduite fautive et dommageable. *J. Selosse*

Démantèlement

Mécanisme de défense* archaïque décrit par D. Meltzer. Selon lui, les objets d'excitation sexuelle autour desquels se cristallisent les perversions sont des objets démantelés, puis dévalorisés, différents des objets partiels* et des objets clivés*. Le démantèlement sépare les sensations fournies sur un organe des sens de celles fournies par un autre organe des sens et concernant le même objet externe. D'où la dissolution de l'objet du « sens commun » en une multitude d'objets unisensoriels. L'amour est ramené à la sensorialité immédiate ; la satisfaction se trouve entravée ; il en résulte une absence d'introjection et une insatiabilité de l'excitation. *D. Anzieu*

Démarcation (Signifiant de —) → Signifiants formels

Démécologie → Écologie

Démence

La démence est primitivement un trouble acquis affectant le raisonnement*. Si la démence sénile*, puis la paralysie générale* ont servi de modèles pour décrire l'affaiblissement progressif des facultés mentales, il était distingué plusieurs types de démences : démences vésaniques observées à la période terminale de certaines psychoses, démences organiques impliquant des lésions cérébrales manifestes, démence précoce qui deviendra la schizophrénie*. La démence se définit actuellement comme un syndrome, sans préjuger de son étiologie et de son traitement, caractérisé par la diminution des capacités intellectuelles ou cognitives, et lié à une affection cérébrale (ou organique). Une telle définition pose néanmoins plusieurs problèmes :

1. puisqu'il n'existe pas de faculté*, intelligence ou raison, mais un ensemble de capacités ou fonctions cognitives, la démence implique que plusieurs de ces capacités soient affectées. La démence doit ainsi associer un trouble de mémoire à un autre trouble intéressant par exemple la pensée abstraite, le jugement, le langage, etc. Sémiologiquement, la démence est définie par une addition de critères ;
2. l'intensité des troubles peut être variable, préservant en partie l'adaptation individuelle (démence légère), ou bien être responsable d'une perte totale de l'autonomie (démence sévère). La notion de détérioration intellectuelle est devenue obsolète. La réalisation des opérations cognitives peut simplement être lente : on parle alors de **bradyphrénie** ;
3. l'origine cérébrale des démences fait que le concept actuel de démence sous-entend démence organique. Mais des affections psychiatriques (en particulier la dépression, voire l'hystérie) peuvent être à l'origine d'un déficit des capacités cognitives ; on parle alors de pseudo-démences ;
4. les démences ont longtemps impliqué une évolution irrémédiable. Il existe cependant des démences fixées ;
5. le mode d'installation des démences est habituellement progressif, mais un syndrome démentiel peut s'installer brutalement. Les limites entre confusion* mentale et démences peuvent être alors difficiles à préciser, justifiant parfois l'utilisation du terme d'état confusodémentiel ;
6. le siège fonctionnel cortical des processus cognitifs fait qu'implicitement le terme de démence renvoie à démence corticale. Cependant des lésions cérébrales sous-corticales, affectant en particulier les noyaux gris, peuvent être à l'origine de démences dites sous-corticales ;
7. la nature des lésions cérébrales responsables de démences rend compte des qualificatifs utilisés pour caractériser les classes étiologiques : démences dégénératives, les plus fréquentes, dont le type est la maladie d'Alzheimer*, démences vasculaires ou artériopathiques, démences mixtes associant les deux types précédents de lésion.

J.-L. Signoret

Démence précoce → Schizophrénie

Démence sénile

Forme de démence* survenant avec l'âge qui a servi de modèle pour décrire et circonscrire les démences. La prédominance fréquente des troubles de mémoire, responsables d'une amnésie* antérograde majeure, justifie parfois le terme de **presbyophrénie**.

L'origine de la démence sénile a été initialement rapportée à des lésions cérébrales d'origine vasculaire. Il s'agit en fait de lésions corticales dites dégénératives, identiques à celles de la maladie d'Alzheimer*, d'où la terminologie actuelle de démence sénile de type Alzheimer. Il était classique de distinguer, parmi les démences dégénératives, démences préséniles et démences séniles. Cette distinction tend actuellement à disparaître, même si l'unicité sémiologique de ces deux types éventuels de démence est discutée. *J.-L. Signoret*

Démocratie industrielle

En théorie, application à la gestion des organisations* du principe démocratique de respect des libertés individuelles, de l'égalité des chances et du droit à l'expression, par opposition aux pratiques de gestion dictatoriales et autocratiques. En réalité, le terme de démocratie industrielle désigne un ensemble de pratiques de gestion comprenant un aménagement des tâches qui permet à chacun de réaliser ses possibilités, de prendre des responsabilités et d'obtenir dans son travail l'autonomie compatible avec la nécessaire coordination des activités ainsi que la participation aux décisions. La démocratie industrielle repose également sur l'idée que le travail recèle des qualités motivationnelles intrinsèques que l'enrichissement* et la participation* permettent de mobiliser. *C. Lévy-Leboyer*

Dendrite → Neurone

Dénégation

Refus de reconnaître comme sien une pensée, une représentation ou un désir au moment où il est énoncé (« Je n'ai jamais pensé cela » : refus de l'affirmation que j'ai énoncée ou que l'on m'impute). Mécanisme de défense, très répandu, rencontré précocement par S. Freud comme résistance* dans le traitement des hystériques, il indique dans la cure analytique le moment où un désir ou une idée inconsciente resurgit. Une représentation consciente et exprimée est refusée comme n'appartenant pas au sujet, signant donc l'émergence du refoulé. On distinguera la dénégation du déni*. *A. Braconnier*

Dénervation

Destruction de l'innervation d'un organe, d'un tissu ou d'une cellule par atteinte spécifique de la cellule nerveuse. Les conséquences de la dénervation ont été bien étudiées dans le cas du muscle ainsi que dans certains organes périphériques innervés par le système sympathique. Outre la perte du contrôle neuronal, la dénervation peut entraîner plusieurs modifications secondaires au niveau de la cible. D'une part, il apparaît généralement une hypersensibilité, appelée aussi hypersensibilité de dénervation, vis-à-vis du transmetteur* sécrété par l'innervation détruite (l'acétylcholine dans le cas du muscle). Cette hypersensibilité résulte de l'augmentation du nombre de récepteurs* spécifiques au transmetteur, de leur redistribution sur l'ensemble de la surface de la cible et de la perte des mécanismes d'inactivation du transmetteur. A plus long terme, apparaissent des modifications morphologiques au niveau de la cible : atrophie dans le cas du muscle, diminution de la taille de la cellule, modifications des organelles subcellulaires, disparition des spécialisations dendritiques telles que les épines dendritiques lors de la dénervation d'un neurone*. Dans ce dernier cas, ces modifications peuvent conduire à la mort du neurone atteint (dégénérescence* transsynaptique antérograde).

Les mécanismes conduisant à ces modifications sont encore mal connus. L'inactivité de la cible, résultant de la dénervation, en serait partiellement responsable. Par ailleurs, la disparition de facteurs encore non identifiés, apportés normalement par l'innervation détruite, pourrait également être impliquée. Les causes de la mort neuronale au cours du vieillissement* sont l'une des questions les plus importantes posées aux neurosciences et à la médecine ; on a suggéré l'existence d'un programme génétique conduisant inéluctablement à la mort. *J.-P. Herman*

Déni

Le déni est un mécanisme originaire de défense* à l'égard de la réalité extérieure qui consiste en un refus par le sujet de reconnaître la réalité d'une perception traumatisante, essentiellement celle de l'absence de pénis chez la femme. Dans un sens plus large, le déni est une opération défensive dont la fonction est de maintenir hors du champ de la conscience des perceptions, des pensées et des sentiments contradictoires et incompatibles les uns avec les autres.

D'un point de vue plus spécifique, il est considéré comme la manifestation d'un rejet radical portant sur la réalité de la castration. Si la castration est conçue comme un complexe centré sur le fantasme* qui vient apporter une réponse à l'énigme que pose à l'enfant la différence anatomique des sexes, le déni consiste en un rejet d'un élément fondateur et essentiel de la réalité humaine. Selon S. Freud, il constitue chez l'adulte le point de départ d'une psychose*, mais se retrouve comme mode de défense prédominant tout autant chez le fétichiste que chez le psychotique. Il porte sur la réalité extérieure, contrairement au refoulement*. *A. Braconnier*

Dénomination

Affectation d'un mot* à un référent*, elle concerne le rapport des langues naturelles* aux objets du monde ou à l'expérience qu'elles désignent (V. Désignation), classent et découpent de façon spécifique. On distingue parfois cette dénomination « naturelle » de la dénomination « artificielle » ou scientifique, qui est précisément l'objet des définitions d'un dictionnaire tel que celui qu'on est en train de lire. *J.-M. Adam*

Dénotation

Un nom, ou une expression nominale, dénotent (ont pour extension*) tout objet qui possède certaines propriétés définies dans le cadre du système de la langue. Par dénotation, un concept renvoie à une classe d'objets (chiens, livres) et, par désignation*, à un objet donné (ou plusieurs) de la classe. Linguistique* et sémiotique* contemporaines opposent ce terme à celui de connotation* : si le contenu conceptuel (dénotation) de *« voiture », « véhicule auto-*

mobile », « bagnole », « caisse », « char » est identique, les connotations* qui résultent de l'utilisation de l'une ou l'autre de ces expressions signalent l'origine socioculturelle, géographique (pour le « char » québécois) ou encore l'attitude du locuteur (préciosité, familiarité, émotion*, etc.).

J.-M. Adam

Déontologie

Créé par J. Bentham en 1834, ce terme désigne la théorie des devoirs, en particulier des différents devoirs professionnels. La Société française de psychologie a rédigé en 1961 un Code de déontologie des psychologues qui fut réactualisé en 1987 par l'Association nationale des organisations de psychologues. Ce nouveau code s'applique à tous les psychologues et aux étudiants dès le début de leurs études ; son respect est une garantie pour l'usager comme pour l'unité, la valeur et le développement de la profession, dont la spécialité est reconnue et protégée par la loi du 26 juillet 1985. Le Code vise en particulier à faire respecter la dignité humaine et le secret professionnel (loi du 6 avril 1978, relative à l'informatique et aux libertés) ; il fait devoir au psychologue de s'informer constamment des progrès de sa discipline, de refuser tout engagement que l'état présent des techniques ne lui permet pas d'assumer et de s'opposer au détournement des savoirs et des techniques psychologiques à des fins qui ne sont pas en accord avec la déontologie. En ce qui concerne la recherche, sur l'homme et l'animal, le psychologue doit accorder son action aux exigences du Comité d'éthique et des règlements afférents.

Le Code de déontologie des psychologues a été réactualisé le 25 mars 1996 par l'AEPU (Association des enseignants de psychologie des universités), l'ANOP (Association nationale des organisations de psychologues) et la SFP (Société française de psychologie). Son préambule en définit clairement l'exprit : « Le respect de la personne humaine dans sa dimension psychique est un droit inaliénable. Sa reconnaissance fonde l'action des psychologues. Le présent Code de déontologie est destiné à servir de règle professionnelle aux hommes et aux femmes qui ont le titre de psychologue, quels que soient leur mode d'exercice et leur cadre professionnel, y compris leurs activités d'enseignement et de recherche. Sa finalité est avant tout de protéger le public et les psychologues contre les mésusages de la psychologie et contre l'usage de méthodes et techniques se réclamant abusivement de la psychologie. Les organisations professionnelles signataires du présent Code s'emploient à le faire connaître et respecter. Elles apportent, dans cette perspective, soutien et assistance à leurs membres. L'adhésion des psychologues à ces organisations implique leur engagement à respecter les dispositions du Code. »

R. Doron

Dépendance

L'enfant humain se trouve dans la nécessité, pendant toute la période* de son développement*, de dépendre, à la fois aux plans matériel, psychologique et social, de l'assistance parentale. Une telle situation se retrouve en partie dans d'autres espèces animales que R. Spitz a qualifiées de nidicoles, par opposition aux espèces nidifuges. Dans la pensée freudienne, le concept de dépendance infantile est régulièrement associé à ceux d'état de détresse* et de prématuration. A la détresse néonatale, d'ordre moteur, puis psychique, vient s'ajouter la « détresse face aux parents », en rapport avec l'angoisse* de perdre l'objet* d'amour. C'est cette succession de niveaux que vient recouvrir, dans la description de S. Freud, le terme de dépendance infantile. Cet ensemble notionnel a été repris en tout ou en partie par M. Klein, H. Wallon, D. Winnicott et R. Spitz.

E. Jalley

Par ailleurs, désigne un état pathologique révélé par l'arrêt de la prise du toxique, produisant des symptômes d'abstinence*. La crainte de l'apparition du syndrome d'abstinence est une des raisons impérieuses qui amènent le sujet à répéter la consommation du toxique. La dépendance est aussi un ensemble de processus psychobiologiques dont la compréhension scientifique est à la base des recherches sur les toxicomanies*. Il n'y a pas d'approche logique des toxicomanies si l'on ne relie pas l'ingestion de la drogue* d'une part à son impact neurobiologique au niveau de certains systèmes neuronaux et d'autre part aux raisons psychobiologiques qui conduisent à l'appétence au toxique et qui font qu'un individu plus qu'un autre cherchera par la drogue à compenser un déséquilibre initial. Pour certains auteurs il existe aussi, associée à la dépendance de nature pathophysiologique, une dépendance psychologique correspondant au désir compulsif de reproduire l'expérience procurée par la prise du toxique dans la mesure où cette prise réduit un inconfort psychique et psychobiologique. La distinction entre les effets psychiques et biologiques de la drogue est néanmoins délicate ; l'assuétude* au toxique dépend de tous ces effets indissociables. *M. Le Moal*

Dépendance à l'égard du champ

Tendance à adhérer aux données immédiatement perceptibles, plutôt qu'à s'en abstraire, qui caractérise, par opposition à l'indépendance* du champ, l'un des pôles des styles cognitifs* décrits par A. Witkin et A. Asch en 1948. A l'origine, la notion s'appliquait à l'utilisation des indices visuels, par opposition aux indices posturaux, dans la perception de la verticale. Elle s'est élargie ensuite pour s'appliquer de façon plus générale aux modes de perception, de résolution de problèmes, de relation sociale et de réactivité affective. Ainsi, le sujet caractérisé par une forte dépendance à l'égard du champ aura de la peine à dégager une forme intriquée dans une figure masquante, à se détacher des données et à passer d'une hypothèse à une autre dans la recherche d'une solution à un problème*, ou, dans le domaine affectif à élaborer des défenses* constructives contre l'anxiété*.

M. Richelle

Dépendance conceptuelle → Conceptuel

Dépendance croisée → Abstinence (Syndrome d'—)

Dépendance d'état

Des conduites acquises alors qu'un individu est dans un état interne donné peuvent nécessiter, pour être émises à nouveau dans la situation originale, que l'individu soit dans l'état où il se trouvait au moment de l'acquisition. Ce phénomène, dit de dépendance d'état, est observé quand l'état interne est modifié par l'activation hormonale* ou en cas d'absorption de médicaments ou de drogues*, y compris l'alcool*. L'état dans lequel se trouve un sujet sous l'influence d'une substance pharmacologiquement active prise dans un environnement* donné ne peut être réellement mémorisé que lorsque l'organisme se retrouve dans le même état ; inversement, ce qui est mémorisé lorsque le sujet n'est plus sous l'influence du toxique ne l'est pas durant l'absorption. La disparition du comportement lors des changements d'état correspond à la dissociation d'état. Un phénomène voisin est la **congruence mnésique** qui exprime le fait que les souvenirs surviennent plus facilement quand le sujet se trouve dans l'état affectif qu'il éprouvait lors de l'acquisition ou plus difficilement s'il éprouve un état affectif opposé. De même, l'acquisition est plus facile lorsqu'il y a congruence entre la nature du matériel à mémoriser et l'état affectif du sujet. Ces dernières données ont une importance considérable et illustrent les relations très fortes entre affects et cognition*, ce que la plupart des cognitivistes négligent.

R. Dantzer et M. Le Moal

Dépendant (Renforcement —)

Qui n'est octroyé au sujet que s'il a fourni la réponse instrumentale* ou opérante* requise. L'usage de **contingent**, dans le sens anglais de *contingent (upon)*, s'est répandu, comme celui de contingences de renforcement*, de préférence à dépendant. A l'opposé, si l'octroi du renforcement n'est pas subordonné à la production de la réponse, mais décidé par l'expérimentateur, il sera dit non contingent, plutôt que non dépendant. *M. Richelle*

Dépendante (Variable —) → Variable

Dépersonnalisation

Trouble subjectif de la conscience* de soi initialement décrit par P. Janet dans la personnalité psychasthénique* qui associe des sentiments d'étrangeté, de vide intérieur, de doute sur l'identité* de soi, d'indécision dans l'action pouvant aller jusqu'à des sentiments de pensée automatique et d'anéantissement.

Réalise un syndrome clinique comportant une altération des sentiments d'être et d'avoir un corps*, d'être une personne ayant une identité psychique et sociale. S'y ajoutent un sentiment douloureux de non-reconnaissance de l'intégrité de soi et un sentiment de déréalisation et de perte du caractère familier du monde extérieur habituel et vécu comme déréel. Ce trouble s'observe chez le sujet normal lors de certaines modifications de la vigilance* et dans de nombreux états pathologiques. Parmi ceux-ci, les états schizophréniques, les expériences délirantes aiguës, les expériences psychodysleptiques, les états crépusculaires, mais aussi certains états dépressifs.

Enfin, la dépersonnalisation a pu être considérée comme une complication évolutive caractéristique de certaines transformations des systèmes défensifs chez des sujets en cours de psychothérapie analytique surtout lors de cures types. *J.-F. Allilaire*

Dépistage

Recherche systématique et instrumentée, au sein d'une population, des sujets susceptibles de présenter des handicaps* ou des déficiences*.

Les concentrations d'enfants et d'adolescents provoquées par la scolarité* augmentent avec la prolongation de cette dernière. Elles consignent dès lors le capital humain* dans des zones paradoxales puisque les risques accrus de la contamination et du désordre entrent en composition avec la chance de disposer d'un champ permanent pour une observation et une orientation systématiques de cette population.

D. Hameline

Déplacement (Activités de —)

Conduites* survenant en dehors de la séquence* dont elles font normalement partie et en dehors du contexte où elles sont attendues. Elles surgissent le plus souvent dans des situations conflictuelles et y paraissent aberrantes. Elles ne semblent pas y remplir de fonction immédiate, si ce n'est d'apaiser l'animal. Ainsi, lorsque deux animaux sont confrontés à leur frontière territoriale, la situation stimulante éveille deux dispositions contradictoires : attaquer ou fuir ; les antagonistes* se livrent à un jeu subtil de réponses mêlées où se reconnaissent les composantes plus ou moins accusées des comportements d'attaque et de fuite ; toutefois, si la situation stimulante évoque avec la même force les deux dispositions* contradictoires, celles-ci, au lieu de se mêler, se freinent, s'inhibent et c'est une autre conduite qui surgit : au lieu d'attaquer ou de fuir, deux coqs picorent au sol, deux avocettes prennent l'attitude du sommeil, deux étourneaux se toilettent. Ces conduites, qui appartiennent le plus souvent aux registres les plus fréquemment utilisés du répertoire comportemental de l'animal (nourrissage, toilettage*, manipulation de matériaux), surviennent à la place des autres. A. Kortlandt et N. Tinbergen les avaient découvertes indépendamment l'un de l'autre en 1940 et les avaient appelées **activités de substitution.** Les contextes dans lesquels elles peuvent encore survenir sont : la brusque interruption d'une activité en cours ; la disparition ou l'absence des stimulus nécessaires à une activité amorcée. Dans une première interprétation, Tinbergen postulait que l'énergie* qui ne peut se libérer par aucune des deux voies activées avec une force égale se redistribue, *via* un centre supérieur les tenant l'une et l'autre sous son contrôle, vers une troisième voie. Dans cette conception, l'activité de substitution ne résulte pas de sa propre activation ; elle provient de la décharge par une voie de redistribution inattendue des influx activés puis bloqués ailleurs. Pour Van Iersel et Bol, l'activité de substitution survient lorsque deux systèmes activés avec une force rigoureusement égale se freinent à un point tel que leur action freinante sur un troisième système diminue, et permet, par désinhibition*, l'expression des comportements que contrôle ce dernier, et dont la libération dépend dès lors aussi de son propre seuil de réponse et de la présence éventuelle des stimulus adéquats dans le milieu : deux coqs affamés effectuent plus volontiers des substitutions de picorage; deux coqs repus le font plus facilement en présence de grains. La fréquence d'expression de telle ou telle réponse de substitution, à laquelle on préfère aujourd'hui donner le nom d'activité de déplacement, peut ainsi être augmentée par manipulation des situations interne et externe relatives à cette troisième voie. Si elles paraissent aberrantes et sans objet, il n'en est pas moins vrai que les activités de déplacement renseignent l'antagoniste sur les dispositions de l'exécutant : il n'est disposé ni à fuir ni à attaquer. En raison de la valeur de l'information véhiculée, la sélection naturelle a retenu certaines de ces activités de substitution et les a intégrées par ritualisation* dans des parades* à fonction de communication sociale ou sexuelle.

J.-C. Ruwet

Déplacement (Mécanisme de —)

Le déplacement a été particulièrement mis en évidence par S. Freud dans l'analyse du rêve*. C'est un mécanisme de défense* par lequel l'énergie d'une représentation* peut se détacher d'elle pour passer à d'autres représentations reliées à la première par une chaîne associative. Le déplacement est bien repérable dans le rêve ou dans la formation de symptômes psychonévrotiques et, de façon générale, dans toute formation de l'inconscient. C'est dans son projet de psychologie scientifique que S. Freud explique, à partir du schéma sur le fonctionnement de l'appareil psychique*, que dans le processus primaire* le déplacement se définit comme la répartition de la totalité de l'énergie d'une représentation « a » sur une autre représentation « b ».

Dans le processus secondaire*, on retrouve le déplacement, mais limité dans son parcours et portant sur de très petites quantités d'énergie. Il est à noter que, dans l'analyse du rêve, le déplacement est étroitement lié aux autres mécanismes, favorise la condensation* et la figurabilité. Le déplacement a toujours une fonction défensive, dans la phobie* où il permet de localiser et d'objectiver l'angoisse, dans l'hystérie* où s'opère un glissement de l'énergie du domaine représentatif au domaine somatique.

A. Braconnier

Déplacements (Groupe des —)

→ Groupe mathématique

Dépolarisation → Polarisation

Dépression

L'une des pathologies les plus anciennes et les plus fréquentes (de 5 à 10 % de la population générale). La mélancolie* reste le tableau clinique le plus typique même s'il ne correspond plus aux formes les plus nombreuses. Considérée comme la forme endogène*, elle était opposée aux formes réactionnelles* ou psychogènes* dans un débat théorique aujourd'hui atténué. Les classifications avaient été définies à partir de différenciations descriptives, de références étiologiques et de considérations évolutives, mais la découverte des antidépresseurs* et leur efficacité dans différentes variétés de dépressions réduisent l'intérêt des classifications étiologiques.

La psychopathologie du deuil* avait permis à S. Freud de définir un cadre psychanalytique aux conséquences de la perte d'objet*. Ce cadre théorique a été ensuite complété par les concepts kleiniens de positions parano-schizoïde* et dépressive* qui offrent une référence psychogénétique aux oscillations bipolaires* de la maladie maniaco-dépressive*.

La sémiologie de la dépression est dominée par l'association d'une humeur* dépressive et d'un ralentissement* psychomoteur. La culpabilité, le désespoir, la vision pessimiste de l'existence et les signes somatiques (insomnie, asthénie, modifications en plus ou en moins de l'appétit et du poids) complètent le tableau clinique et sont en proportions variables d'un sujet à l'autre. Les idées de suicide méritent une attention particulière. Elles constituent le facteur pronostique essentiel car tout déprimé présente un risque de suicide. D'autre part, les progrès de la connaissance ont permis de postuler un lien entre déplétion en sérotonine* et suicide, ouvrant par là même tout un champ thérapeutique et théorique sur les relations entre impulsivité* et systèmes sérotoninergiques. La généralisation des traitements chimiothérapeutiques et l'apparition d'échecs ont amené à la définition du concept de dépression résistante auquel on reconnaît deux types d'étiologies. A côté des facteurs psychologiques, les causes organiques sous-jacentes sont dominées par les maladies générales (cancers profonds), endocriniennes et neurologiques (maladie de Parkinson*).

La question essentielle concerne la curabilité de la dépression, qui pose le problème des limites de la définition. D'un côté, une dépression « maladie », d'origine endogène, réactionnelle ou psychogène, qui aurait non une origine mais une contrepartie biologique accessible aux antidépresseurs, avec un traitement préventif des rechutes de la maladie maniaco-dépressive par les thymorégulateurs*. De l'autre, une psychologie dépressive qui répond au sens strict à la dépression névrotique, et qui repose sur une souffrance morale sans concomitants somatiques, en rejoignant le cadre des troubles narcissiques* et des états-limites*. Cependant les distinctions sémiologiques sont difficiles entre ces deux pôles qui ne sont de plus pas exclusifs l'un de l'autre. C'est pourquoi l'Ecole de La Salpêtrière a proposé le ralentissement comme l'élément sémiologique comportemental fondamental des dépressions « maladies », réponse biologique à la perte, en même temps que phylogénétiquement articulé avec les modèles de séparation et de renoncement.

De nouvelles formes de description clinique, comme les *SAD (seasonnal affective disorders),* faisant intervenir le raccourcissement hivernal de l'éclairement diurne, laissent entrevoir de nouvelles perspectives étiopathogéniques en même temps que de nouveaux traitements (photothérapie).

Ce sont de tels progrès qui font penser qu'outre son remaniement conceptuel, la dépression en tant qu'entité devrait progressivement subir un démembrement et disparaître au profit de descriptions cliniques correspondant à des diachronies différentes (stades plus précoces, nouvelles formes de périodicité) ou des cibles sémiologiques plus précises (définition des sujets à risque suicidaire, ralentissement périodique). *R. Jouvent*

Dépression anaclitique → Anaclitique

Dépressive (Position —)

Concept purement kleinien désignant une modalité de relation d'objet. Aux environs du sixième mois, l'unification des images maternelles (bonne et mauvaise) consécutive à la disparition du clivage paranoïde fait naître la peur de détruire la mère. L'angoisse dépressive survient, qui ne pourra être dépassée que par un effacement des mécanismes paranoïdes (en particulier déni et clivage) au profit d'une inhibition de l'agressivité et d'une réparation de l'objet, permettant l'introjection d'un bon objet stable.

M. Klein décrit la position dépressive en 1935, en pleine maturité de sa théorie : existence d'un Œdipe archaïque, précocité d'un surmoi concomitant d'une exacerbation des pulsions sadiques orales, importance du concept de réparation. La réunion des pulsions destructrices et amoureuses en un même objet fonde l'ambivalence qui, pour M. Klein, est un cap normal et positif du développement en ce qu'il permet son dépassement. Cette phase précoce du développement comporterait les mêmes configurations de relations objectales que la dépression (d'où le choix du terme « position » plutôt que ceux de stade ou phase). Son articulation avec la phase paranoschizoïde* a l'intérêt d'offrir un modèle psychogénétique aux oscillations thymiques de la psychose maniaco-dépressive*. *R. Jouvent*

Dérive

Image maritime évoquant un état de vacuité statutaire. Le plus souvent les comportements* d'errance ne sont qu'épisodiques et accessoires et les jeunes n'y recourent que transitoirement : ils ne font que dériver en raison de leur statut incertain entre l'enfance et l'âge adulte en quête d'une identité* sociale reconnue. La situation de **galère** traduit une forme particulière de ces conduites* de dérive sociale juvénile. La dérive sert aussi de « technique de neutralisation » qui justifie les comportements dérogatoires considérés comme nécessaires à l'autodéfense des membres de sous-groupes juvéniles marginalisés. *J. Selosse*

Dérive instinctive

Réapparition, dans une situation expérimentale éloignée des conditions naturelles de vie de l'animal, d'éléments du répertoire comportemental propre à son espèce. Le phénomène a été décrit par K. Breland et M. Breland en 1961 chez des sujets soumis à des conditionnements opérants*. Par exemple, des ratons laveurs, pourtant parfaitement conditionnés à transporter des jetons d'une extrémité à l'autre d'une grande cage en vue d'un renforcement* alimentaire intermittent*, cessent d'exécuter cette conduite avec la régularité et la vitesse initiales, pour manifester des comportements spécifiques caractéristiques (frottement du jeton entre les pattes antérieures).

L'observation de ce phénomène a conduit à relativiser le contrôle exercé par les conditionnements*, et à insérer ceux-ci dans l'ensemble de l'économie comportementale de l'animal en reconnaissant les contraintes spécifiques* sur les mécanismes d'apprentissage. *M. Richelle*

Dermolexie

Identification de symboles graphiques tracés sur la peau. La dermolexie met en œuvre une intégration sensorielle* et cognitive* complexe, et un transfert intermodal*, les configurations* des lettres, habituellement perçues visuellement, étant décodées tactilement par stéréognosie*. *M. Richelle*

Dérogation

Manquement caractéristique d'un niveau de négociation des règles sociales. Il s'observe au cours du développement du jugement moral* et juridique, au stade conventionnel. En s'écartant des normes prescrites socialement, la dérogation interroge la signification de la soumission à une morale du devoir et exprime une aspiration à se voir accorder de nouveaux droits par les autorités conventionnelles. Liées au besoin de se faire reconnaître de nouvelles compétences identitaires, les **conduites dérogatoires** participent à l'élaboration d'une prise de conscience des interactions entre droits et devoirs. *J. Selosse*

Désamour

Le désamour, théorisé par A. Ruffiot en 1984, traduit la réalité psychique des couples en rupture. Ils revivent des phénomènes psychiques de même nature que ceux expérimentés dans l'état amoureux, mais en négatif : déni*, clivage*, contre-idéalisation (remplaçant l'idéalisation amoureuse), phénomènes qui visent un désancrage des corps l'un envers l'autre et des psychés l'une par rapport à l'autre.

Le désamour n'est pas absence d'amour, indifférence, mais amour en détresse, en nostalgie, en souffrance, ce que reflètent des mécanismes tels que le reproche, l'attaque, le désir d'annihilation de l'objet. Il est dé-création, à la fois désillusion individuelle (atteinte narcissique) et groupale (déracinement par rapport au groupe social).

La névrose de désamour témoigne d'un fonctionnement psychique marqué par l'impossibilité de tomber amoureux.

A. Ruffiot

Désaveu

Traduction française proposée en 1965 par G. Rosolato du mot allemand *Verleugnung*. Cette traduction est préférée à celle de déni* en raison de la confusion possible entre ce dernier terme et le mot dénégation*. « Ne pas vouloir admettre », définition du terme désavouer, se situe dans le seul champ des signifiants de démarcation et des représentations, et ne nécessite pas systématiquement un passage à l'énonciation verbale comme l'oblige le mot dénégation représenté typiquement par la formule « Je sais bien, mais quand même... ». Le désaveu, caractéristique du fonctionnement fétichique pervers, dépasse le seul fonctionnement fétichique pour permettre plus largement d'accéder à la compréhension des phénomènes de croyance* et d'illusion*.

A. Braconnier

Descendant → Ascendant

Déscolarisation

Concept à valeur programmatique qu'on doit à Ivan Illitch, et qui est au cœur de la violente critique de l'école qu'il mena dans les années 1970 en compagnie d'Everett Reimer notamment. Le débat d'idées qu'ils ont créé est partie intégrante des grandes secousses morales et politiques de ces années-là, dans lesquelles dominent les thèses tiers-mondistes et les critiques de la société de consommation. Selon eux, le modèle européen de l'école, qui s'impose aux pays pauvres, est incapable d'assurer l'égalité et génère des classements au sein de la société et entre les nations. L'école, au service de l'idéologie de consommation, dépossède l'individu du pouvoir éducateur qu'il porte en lui et le détourne de prendre des initiatives dans le domaine des valeurs associées au travail et à la connaissance*. La déscolarisation est le mouvement par lequel se substituerait à l'institution école une institution éducative, fondée sur des réseaux de communication* dans lesquels chacun aurait le droit d'enseigner et qui permettraient à chacun le libre accès au savoir, à tout moment de sa vie.

D. Manesse

Description

Dans une première acception, cette notion doit être inscrite dans le débat classique entre descriptivisme et ascriptivisme. Pour le premier, un énoncé déclaratif* est une description ou représentation* de la réalité : des objets possèdent telle ou telle propriété et entretiennnent telle ou telle relation. L'approche descriptiviste voit dans un énoncé du type *« Cette voie d'escalade est en très beau rocher »* la simple attribution* d'une propriété à un individu, tandis que l'analyse ascriptiviste y repère d'abord un acte de recommandation (du type *« Je te recommande cette voie »).*

Quand on dit qu'il n'existe pas de récit* sans description, entendant par là qu'il faut bien mettre un monde debout et conférer un minimum de propriétés à un certain nombre d'individus acteurs ou personnages, on signifie aussi bien que la description peut être disséminée tout au long de la narration* que constituer des blocs séquentiels homogènes, comme c'est le cas, par exemple, chez Balzac. Il semble possible de poser l'existence d'une superstructure* descriptive caractérisée par une organisation achronique (à la différence du récit, de la recette, etc.) et hiérarchique commune aux listes et énumérations (états élémentaires de la description) aussi bien qu'aux suites d'actions (description d'actions à distinguer du récit). En principe infinie, la sélection de propriétés et de parties de l'objet considéré, puis de parties et propriétés de parties et ainsi de suite, est, en fait, contrainte par les nécessités de l'interaction* qui impose de ne sélectionner que les données pertinentes.

J.-M. Adam

Désensibilisation

Terme utilisé en allergologie pour désigner la procédure visant à rendre un organisme insensible vis-à-vis d'un allergène par des injections répétées de cet allergène à des doses initialement très diluées puis progressivement croissantes.

Par analogie, J. Wolpe, psychiatre sud-africain, utilise ce terme pour définir sa thérapie de désensibilisation systématique par inhibition* réciproque. Son principe est que si une réponse incompatible avec l'anxiété* peut survenir en présence de stimulus anxiogènes*, les liens entre ces stimulus et les réponses d'anxiété s'affaibliront. Cette thérapie, utilisée avec succès dans les phobies* d'objets externes, allait étendre son champ d'application à l'ensemble des pathologies impliquant l'anxiété. Son efficacité, sa systématisation furent pour beaucoup dans l'implantation des thérapies comportementales* dans le champ de la clinique.

Des nombreuses études expérimentales qui lui ont été consacrées s'est dégagée progressivement la condition essentielle de son efficacité, à savoir l'exposition aux stimulus anxiogènes en situation réelle.

Il n'est plus acceptable d'affirmer aujourd'hui que l'efficacité de la méthode et de ses multiples variantes repose exclusivement sur des mécanismes d'apprentissage. D'autres facteurs tels que la relation thérapeutique, l'attente d'un gain thérapeutique, l'autoévaluation par le sujet de ses progrès, jouent certainement un rôle important. *O. Fontaine*

Déséquilibration

Employée dans tous les domaines où il est question de dynamique psychologique, la notion de déséquilibration a été plus particulièrement utilisée par Piaget et ses collaborateurs, lorsque ces derniers ont été conduits à s'interroger sur les raisons ou les causes qui entraînent le processus d'équilibration* majorante. Quatre facteurs sont entre autres avancés pour expliquer la « déséquilibration » d'un système cognitif : 1. les perturbations que peut entraîner la confrontation d'un schème* avec ses « aliments » ; 2. les conflits cognitifs* que peut induire la co-activation de schèmes de différentes familles (par ex. arithmétique et spatiale) lors de la résolution d'un problème tel que la mesure d'une quantité ; 3. la dissymétrie initiale à l'intérieur des systèmes cognitifs entre actions ou préopérations positives d'un côté, négatives de l'autre ; 4. l'ouverture sur de nouveaux problèmes et sur de nouveaux possibles et l'exigence de coordination d'action ou d'opération que produit la construction de tout nouveau système de schèmes englobant un ancien système. *J.-J. Ducret*

Déséquilibre → Équilibre

Désespoir appris

Un des modèles* animaux de la dépression* imaginé par R. Porsolt en 1977 pour étudier les effets des antidépresseurs. Si des souris ou des rats sont forcés à nager dans un espace confiné, ils adoptent, après un certain temps de tentatives d'échappement*, une posture immobile. Aux essais suivants, la survenue de l'immobilité se fait de plus en plus rapide. Cet état a été appelé par l'auteur *« behavioural despair »* (désespoir appris). L'hypothèse est que les animaux « désespèrent » d'échapper et abandonnent toute tentative en ce sens. Ce test a été rapproché du test de « résignation apprise* » *(learned helplessness)* de M. Seligman.

La plupart des antidépresseurs, les électrochocs, la déprivation du sommeil* à mouvements oculaires rapides retardent la survenue de l'immobilité d'une manière significativement corrélée à leur efficacité clinique.

La spécificité de ce test a cependant été critiquée. Ainsi certains antidépresseurs agissent sur la souris, mais pas sur le rat. Par ailleurs, de nombreuses substances non antidépressives, telles que les stimulants, les convulsivants, les substances anticholinergiques, les opiacés, ont un effet similaire sur l'immobilité. *O. Fontaine*

Déshabituation

Levée de l'habituation*, obtenue, notamment, par interférence* d'un stimulus inattendu. La déshabituation fournit l'argument principal à la conception de l'habituation comme processus actif, plutôt que simple atténuation et disparition d'une réponse. Un exemple particulièrement convaincant en est la réapparition de la réponse qui a fait l'objet d'habituation à la suite de l'omission occasionnelle du stimulus, dans une série de présentations* périodiques*.

M. Richelle

Désignation

Opération instituant un rapport entre les unités de la langue et le monde (réel ou fictif) ; elle est généralement rapprochée de celle, plus large, de dénotation* (V. Dénomination) ou de celle de référenciation (V. Référence). Cette opération s'effectue en contexte* : c'est par un acte d'énonciation* que s'opère la désignation des objets du monde. Soulignons que la distinction entre sens* et désignation est justifiée par le fait que le même objet du monde peut être sémantisé de façon différente en fonction du choix de telle ou telle désignation : ainsi, A. Rimbaud peut être « *l'auteur des* Illuminations », « *l'homme aux semelles de vent* » ou encore « *le négociant d'Abyssinie* ».

J.-M. Adam

Désindividuation

Introduit par P. G. Zimbardo, la désindividuation résulte de deux mécanismes conjoints : l'anonymat et l'abandon de la responsabilité personnelle au profit de la responsabilité du rôle*. Ce dernier exerce deux types de contraintes sur l'individu : des pressions externes (les attentes) et des pressions internes. La désindividuation est d'autant plus forte que la cohésion du groupe et la solidarité sont importantes. Des comportements contraires à la norme augmentent la demande de solidarité, ce qui contribue à son tour à minimiser les différences interindividuelles. D'une manière ponctuelle, la désindividuation peut résulter de pressions temporelles, d'un état d'excitation émotionnelle ou sexuelle, d'une surcharge sensorielle ou de l'engagement dans un acte d'agression*.

G. Moser

Désinhibiteur (Médicament —)

Au sens strict, les désinhibiteurs sont une sous-classe de neuroleptiques* (fluphenazine, pipotiazine, pimozide, sulpiride). Ayant des effets à posologie plus faible que l'effet antiproductif, ils correspondent à une stimulation des systèmes dopaminergiques. Décrit initialement comme la propriété antiautistique de certains neuroleptiques, leur effet se confond avec l'effet antidéficitaire en corrigeant les symptômes tels que l'athymhormie*, l'émoussement affectif*, l'anhédonie*, la perte du contact, la pauvreté des expressions et l'akinésie*. Leurs effets secondaires sont une reprise de l'agitation, du délire et des hallucinations, c'est-à-dire de type productif. Cet effet antidéficitaire de la stimulation dopaminergique est maintenant utilisé en dehors de la schizophrénie*, dans tous les cas de déficit. Par extension, on emploie le terme d'effet désinhibiteur pour d'autres types de substances.

La levée du blocage anxieux anticipatoire représente une autre forme de désinhibition, telle qu'on l'observe avec les benzodiazépines ou les inhibiteurs spécifiques des récepteurs sérotoninergiques 5HT2 (carbamazépine). Cet effet désinhibiteur est parfois recherché lors de l'utilisation addictive des benzodiazépines.

La levée du ralentissement dépressif* constitue un phénomène spécifique qui englobe l'ensemble des systèmes d'actions de la dépression. Elle ne doit pas être confondue avec la désinhibition précoce observée notamment lors de l'emploi des premiers antidépresseurs qui pouvaient créer une dissociation idéo-comportementale où le sujet encore déprimé voyait sa motricité subitement libérée, conduisant parfois à des passages à l'acte suicidaire.

R. Jouvent

Désinhibition

Levée d'une inhibition* par interférence d'un stimulus* inattendu. Le phénomène a été démontré par I. Pavlov en présentant un stimulus interférent au cours de l'extinction* ou au cours de la phase d'inhibition en début de délai* dans un conditionnement* de trace* ou dans un conditionnement différé* : les réponses conditionnées inhibées apparaissent à nouveau, momentanément. Pavlov considérait la désinhibition comme la preuve la plus convaincante de sa conception de l'inhibition comme processus actif, et non comme simple absence d'excitation*.

Libération des contrôles supérieurs sur les conduites émotionnelles ou sociales, suite à une atteinte du système nerveux central ou sous l'effet de certaines substances pharmacologiques, tel l'alcool. La notion de désinhibition renvoie ici à la conception de l'organisation du système nerveux comme une intégration* hiérarchique*, conception déjà proposée par H. Jackson au XIXe siècle.

M. Richelle

Désintoxication

Ensemble des procédés utilisés pour éviter les conséquences pathologiques de la consommation habituelle ou accidentelle d'un produit toxique. Dans une cure de désintoxication, il s'agit de proposer des moyens médicaux et psychothérapiques pour soulager l'intoxiqué de sa dépendance* physique et psychique. L'organisation d'une cure passe par une période de sevrage structurée par l'établissement de nouvelles relations visant à faire émerger une demande et à remplacer des passages à l'acte par une ébauche de mentalisation*.

J. Selosse

Désintrication

Les termes de désintrication, **défusion** ou **désunion** désignent, dans la deuxième théorie freudienne des pulsions*, la rupture du mélange qui s'opère entre les deux groupes pulsionnels fondamentaux, Eros et Destruction. La description des effets de la désintrication porte essentiellement sur la place prépondérante prise par une pulsion de mort* qui n'est plus tempérée par son union avec la *libido**. En ce sens, la composante sadique* de la *libido* normale illustrerait l'intrication des pulsions, cependant que le sadisme devenu indépendant sous forme de perversion* offrirait le modèle d'une désunion. Dans une perspective kleinienne, P. Heimann a considéré les passages à l'acte* brusques de certains criminels comme le produit d'une désunion soudaine des pulsions de vie et des pulsions de mort.

J.-M. Petot

Désinvestissement

Désigne en psychanalyse tout retrait de l'investissement*, aux divers sens de ce terme. Le processus de désinvestissement joue un rôle important :
1. dans le refoulement* ; toutes les formes du refoulement (refoulement après coup ou refoulement originaire) comportent un retrait de l'investissement préconscient-conscient* de la représentation* à refouler ;
2. dans le retrait narcissique* normal ou pathologique : les investissements sont retirés aux représentations des objets avant de servir à l'investissement de nouveaux objets (travail du deuil*) ou du moi (repli narcissique* normal dans la douleur ou la maladie organique, mégalomanie*, manie*, mélancolie*). *J.-M. Petot*

Désir

Le terme désir a été retenu pour traduire, dans la langue psychanalytique française, l'allemand *Wunsch,* auquel il est loin de correspondre exactement. Fondée sur le dévoilement du désir inconscient, la psychanalyse remet en cause radicalement la définition classique du désir comme tendance accompagnée de conscience*. La psychanalyse s'est édifiée à partir de la reconnaissance du rêve*, du symptôme* névrotique, du lapsus* et de l'acte manqué*, des rêveries ou fantasmes*, des souvenirs-écrans*, etc., comme des réalisations déguisées de désirs inconscients. C'est dans le cadre de la psychologie du rêve* que S. Freud a élaboré sa théorie du désir. Les conditions de possibilité de la formation du désir sont mises en place au cours de l'expérience de satisfaction*. Celle-ci a lieu lorsque l'excitation* provenant d'un besoin intérieur est apaisée par l'obtention de l'objet spécifique. Freud prend l'exemple du nourrisson affamé qui reçoit sa nourriture : un élément essentiel de cette expérience, c'est l'apparition d'une certaine perception (l'aliment, dans l'exemple choisi) dont l'image mnésique restera associée avec la trace mnésique de l'excitation du besoin. Dès que le besoin se représentera, il y aura, grâce à la relation établie, déclenchement d'une impulsion *(Regung)* psychique qui investira de nouveau l'image mnésique de cette perception dans la mémoire et provoquera à nouveau la perception elle-même, c'est-à-dire reconstituera la situation de première satisfaction. Une telle motion est ce que nous nommerons désir ; la réapparition de la perception est l'accomplissement de désir. Le désir inconscient est donc défini comme visant primitivement une répétition hallucinatoire* d'une perception antérieurement associée à la satisfaction, ce qui rend compte de sa propension à se manifester dans le rêve ou dans le fantasme*.

Sous l'influence de J. Lacan, certains psychanalystes français ont tendance à opposer radicalement le désir au besoin*, dans le cadre d'une conception globale de leurs relations avec la demande*. Le besoin ne concernerait que l'individu psychobiologique, considéré isolément. La demande est par essence adressée à autrui. Le désir se distinguerait de l'un comme de l'autre dans la mesure où il viserait un objet fantasmatique (et non un objet réel, comme le besoin) et chercherait à s'imposer sans tenir compte du langage (à la différence de la demande). *J.-M. Petot*

Désirabilité sociale

C'est l'une des principales tendances de réponse* biaisant les scores des questionnaires* de personnalité*. Elle correspond au choix systématique des réponses favorables lors d'une autodescription. Pour minimiser son effet, on peut construire des items symétriques ou neutres quant à leur désirabilité ou des items à choix forcé. Cette tendance comprend : l'irréalisme involontaire dans la perception de soi, lié à l'anxiété, et le désir délibéré de faire bonne impression, lié au contexte de l'examen.

Des échelles spéciales détectent soit ces deux aspects (échelles de Marlowe-Crowne), soit le premier (échelle d'Edwards), soit le second (échelles Lie, échelle de Wiggins). *M. Bruchon-Schweitzer*

Désocialisation

Concept employé pour traduire les effets de l'exclusion, de l'isolement et de la rupture* d'avec l'environnement social. La désocialisation marque le terme d'un processus de désinsertion sociale qui résulte d'une désagrégation progressive des repères temporels et spatiaux, d'un désengagement et d'une déshumanisation de tout lien social. Souvent associée à une dégradation physique (alcoolisme, toxicomanie), la désocialisation correspond à la déchéance d'un individu et aboutit à une équivalence de mort sociale. *J. Selosse*

Désoxyribonucléique → Acide nucléique

Dessin

Le dessin est une activité graphique spontanée chez l'enfant et qui subsiste chez certains adultes. Il mêle l'expression de soi et la copie de la réalité. Chez l'enfant, il n'est pas qu'une image, mais aussi un mode d'écriture complexe qui a pouvoir de signification. J. Piaget envisage le dessin comme une spécification de la fonction sémiotique*, située à mi-chemin entre le symbolique* et l'image mentale*. L'étude du dessin comporte des applications très variées. Les tests de reproduction de dessins géométriques explorent le niveau de structuration* de l'activité* perceptive, le contrôle* visuo-moteur, l'attention*, la mémoire* immédiate et d'éventuels troubles neurologiques sous-jacents (test de L. Bender, figure complexe de Rey-Osterrieth). Le dessin figuratif* est utilisé comme test de développement* intellectuel et comme test projectif* dans l'étude de la personnalité* (les tests de dessin*, le test de l'arbre*, le dessin de la famille). Son usage dans le cadre de la psychothérapie* et de la psychanalyse des enfants est une technique classique, à côté du jeu* (voir le *squiggle** utilisé par D. Winnicott dans la consultation thérapeutique). Enfin, le dessin a été étudié aussi comme méthode pédagogique.

D. Anzieu et E. Jalley

Dessin (Tests de —)

Epreuves permettant d'apprécier le niveau mental au cours du développement* de l'enfant. Pour mieux circonscrire la richesse, la fidélité et la qualité de la structuration du dessin, la copie de dessins géométriques a paru insuffisante. Le dessin libre, tout en permettant une mobilisation à la fois intellectuelle et créatrice, peut difficilement être étalonné. C'est pour concilier ces deux perspectives que plusieurs auteurs ont retenu le dessin à thème.

Le **dessin du bonhomme** de F. Goodenough : est utilisé comme test de développement mental de 4 à 12 ans. Il s'exécute sans autre modèle que la représentation mentale dont l'enfant dispose. Il s'agit d'un test non verbal, généralement bien accepté, facile et rapide à faire passer et à coter, permettant une bonne estimation de la maturation mentale de l'enfant, mobilisant également les facteurs affectifs. On lui reproche sa très grande sensibilité aux troubles grapho-perceptifs et aux troubles de la structuration spatiale.

La **dame de Fay** se donne comme objectif d'améliorer l'épreuve du bonhomme de Goodenough en la rendant plus sensible à chaque âge. L'enfant doit dessiner une dame qui marche sous la pluie. Les éléments retenus par la cotation sont plus nombreux que pour le bonhomme. L'étalonnage est établi de 5 à 12 ans pour être appliqué comme test de développement. Le **dessin de la famille,** technique d'investigation psychologique inventée par L. Corman, est destiné aux enfants ; la passation est simple et facile, mais l'analyse et l'interprétation, dans la mesure où l'épreuve n'est pas étalonnée, reposent totalement sur l'expérience et les compétences du psychologue. Deux consignes sont utilisées :

1. « Dessine ta famille » ;
2. « Dessine une famille » ou encore « une famille que tu imagines ». L. Corman distingue trois niveaux d'interprétation : le niveau graphique, le niveau des structures formelles, le niveau du contenu. Il adjoint une enquête sous forme d'entretien* semi-directif permettant de saisir les différentes significations identificatoires ou relationnelles (précisions sur l'âge, le sexe, le rôle, le plus ou le moins gentil, le plus ou le moins heureux).

Il existe d'autres tests de dessin : Rey-Osterrieth, Prudhommeau. *C. Chabert*

Destinataire

Dans les théories de la communication*, on différencie le récepteur* d'un message* du destinataire, qui est le sujet visé abstraitement par un acte de langage*. Les théories polyphoniques* et discursives distinguent quant à elles ce rôle de destinataire de celui d'allocutaire. Ce qui explique qu'une injure puisse être proférée devant quelqu'un (allocutaire) à qui l'on déclare : *« Je ne parle pas pour toi, bien sûr. »*

Dans le schéma actantiel d'analyse du récit* (V. Actant), cette notion correspond au rôle de celui qui reçoit (don) l'objet de valeur et sanctionne la quête du héros en le récompensant (contre-don) et en reconnaissant sa valeur. *J.-M. Adam*

Destinée (Névrose de —)

Terme utilisé par divers psychanalystes et psychopathologues, dont O. Fenichel, pour désigner un ensemble de troubles repéré par C. Jung et par S. Freud sous le nom de **contrainte de destin,** et caractérisé par la répétition, dans la biographie d'un sujet ne présentant pas de névrose* clinique, d'un même type d'événement, généralement (mais pas nécessairement) fâcheux. S. Freud distingue les cas dans lesquels le sujet se met manifestement, de lui-même quoique inconsciemment, dans des situations répétitives de celui dans lequel le sujet semble n'avoir aucune part dans les événements qui se répètent (deuils, accidents, catastrophes). L'ensemble de ces faits est invoqué comme preuve de l'existence d'une compulsion ou contrainte de répétition*. Les successeurs de S. Freud ont généralement considéré que, dans les cas de contrainte de destin, le sujet recherche inconsciemment une punition, de sorte que les notions de névrose de destinée et de névrose d'échec* se recouvrent largement.

J.-M. Petot

Désunion → Désintrication

Détail blanc → Blanc

Détectabilité

Propriété d'une stimulation* qui en permet la réception par l'organisme. La première condition pour qu'un phénomène physique soit détectable est évidemment qu'il se situe au-dessus du seuil* absolu*. Mais, cette condition remplie, des facteurs divers peuvent affecter la détectabilité, par masquage* du stimulus. Ainsi, un bruit ambiant altère la détectabilité d'un signal sonore ; son insertion dans une autre forme géométrique régulière affecte la détectabilité d'une bonne forme*. *M. Richelle*

Détecteur de caractéristiques

Entité neuronale ou mentale* assurant la fonction de repérage de certains caractères des stimulations*, particulièrement dans le domaine visuel. L'expression s'applique avec pertinence aux neurones du cortex* visuel qui réagissent électivement aux stimulations* lumineuses orientées soit verticalement soit horizontalement. Elle s'applique par extension à des entités inférées qui assureraient de façon similaire la détection de divers caractères essentiels dans la structuration de l'espace (arêtes, coins, etc.) ou dans l'identification de configurations complexes, tels les visages. A la différence des détecteurs d'orientation*, mis en évidence par les décharges unitaires enregistrées à l'aide de microélectrodes, ces entités n'ont pas encore trouvé leur support neuronal précis.

La notion de détecteur de caractéristiques s'est révélée féconde dans les recherches visant à construire des robots dotés de capacités perceptives comparables à celles des êtres vivants. *M. Richelle*

Détection du signal (Théorie de la —)

Modèle* mathématique appliqué à la psychophysique*, à l'origine par J. A. Tanner et W. P. Swets en 1954, la théorie de la détection du signal (TDS) est aussi un modèle du fonctionnement du sujet. Ce dernier, dans une situation simple de détermination du seuil absolu*, assignerait ses observations à l'une ou l'autre de deux distributions hypothétiques (réputées normales*), celle du bruit* ou celle du signal*, en fonction d'un critère de décision* qu'il se forgerait et où interviennent des variables motivationnelles. Il y a quatre catégories de réponses possibles, selon que le sujet rapporte la présence du signal (réponse OUI) lorsque celui-ci est objectivement présent (détection) ou absent (fausse alarme) ou qu'il rapporte l'absence du signal (réponse NON) lorsque celui-ci est effectivement absent (rejet correct) ou qu'il est présent (omission). L'écart entre les moyennes des deux distributions (indice de sensibilité* δ') traduit le degré de discriminabilité* entre signal et bruit. Le critère de décision β définit la démarcation entre les réponses OUI et NON, et variera en fonction, notamment, de caractéristiques du sujet (attitudes*) et de l'évaluation qu'il fera du coût/bénéfice des différents types de réponses. Ces variations de critères chez un même sujet fournissent la courbe d'efficacité du récepteur* ou courbe d'isosensibilité* *[receiver operating characteristics (ROC) curve]*.

La TDS a élargi la problématique de la psychophysique, jusque-là centrée sur les mécanismes sensoriels au sens strict, en y introduisant les processus de décision*.

M. Richelle

Détente

Dans le cadre d'un modèle homéostatique, la détente suit une réduction de tension nerveuse ou psychique associée à un état ou à une sensation* agréable de relâchement. Elle survient après la satisfaction d'une pulsion*, la sortie ou la modification d'une situation de contrainte* et correspond à l'apaisement d'une pression et d'une contraction intérieure. Dans une perspective psychodynamique et en pratique thérapeutique, différentes méthodes de relaxation* sont utilisées pour procurer une détente musculaire et psychique. *J. Selosse*

Déterminant (au test de Rorschach)

Il s'agit d'un système de cotation prenant en compte les facteurs (forme F, couleur C, mouvement M) que mobilisent préférentiellement les réponses au test de Rorschach*. Celles-ci peuvent être déterminées soit par la centration sur les contours de la tache (la forme, réponses à déterminant F), soit par la sensibilité aux éléments chromatiques (noir, blanc, rouge, pastel ; réponses à déterminant C), soit par la projection de mouvements attribués aux images (kinesthésie humaine K, animale « kan », ou d'objet « kob »). Les déterminants définissent des conduites psychiques spécifiques : attachement aux percepts (F), émergence d'affects (C), construction de représentations intégrant les mouvements pulsionnels (k). *C. Chabert*

Détermination linguistique

Considérée dans ses aspects les plus larges, il s'agit d'un phénomène qui consiste à apporter un complément, une précision à l'intérieur d'un énoncé. Cette fonction est assurée par certaines classes d'unités linguistiques*, par exemple des adjectifs épithètes *(« C'est une blessure superficielle ! »)*, des relatives *(« L'homme que vous venez de rencontrer est mon meilleur ami »)*, des syntagmes* prépositionnels *(« Le mari de Jeanne »)*. On parle ainsi, dans plusieurs terminologies grammaticales, de relatives déterminatives et de compléments déterminatifs. En un sens plus restreint, la détermination est assurée par la catégorie des déterminants, termes qui permettent l'actualisation* du nom dans le discours* (on regroupe sous cette étiquette les articles, adjectifs démonstratifs, possessifs, indéfinis, numéraux) et sa plus ou moins grande « détermination » : on opposera ainsi le générique *(« L'homme est mortel » ; « Un homme est mortel »)* au spécifique *(« Un homme vient d'entrer dans la maison »)*. *J.- L. Chiss*

Déterminisme

Conception selon laquelle tous les phénomènes sont déterminés par des causes*. Dans une forme philosophique extrême, le déterminisme affirme que tout événement présent ou futur se trouve contenu dans ses causes antérieures, elles-mêmes réductibles à un événement premier, à partir duquel il pourrait, en principe, être prévu. Dans une forme beaucoup moins ambitieuse, le déterminisme, qui est postulat de ce que la nature n'obéit pas au caprice, mais à un ordre de causalité, guide toute démarche scientifique. Il y a cependant place, à l'intérieur de ce cadre général, pour bien des nuances et pour bien des débats, tantôt communs à toutes les sciences, tantôt propres à la psychologie. Parmi les thèmes de débats généraux, deux méritent particulièrement d'être soulignés. Le premier oppose le déterminisme traditionnel à la notion d'indéterminisme ou d'incertitude proposée par certains théoriciens de la physique ; il renvoie au statut du hasard*, et des descriptions en termes probabilistes, dans l'explication* de la réalité, la question centrale étant ici de savoir si le renoncement à un déterminisme strict reflète l'insuffisance actuelle, et transitoire, de nos moyens de connaissance, ou un revirement radical fondé sur une propriété du réel enfin reconnue. Le second, qui n'est pas, si l'on va au fond des choses, sans rapport avec le premier, porte sur la difficulté de concilier un déterminisme strict, où tout serait théoriquement prévisible à partir d'une connaissance d'un état antérieur, et l'émergence de formes nouvelles, que l'on peut expliquer, mais non prévoir ; ce second problème s'est posé de façon particulièrement aiguë à la biologie, mais il est également au cœur des réflexions théoriques contemporaines en physico-chimie (V. les travaux de I. Prigogine) et en astrophysique.

En psychologie, le conflit persiste entre déterminisme et liberté*, même si la plupart des chercheurs, préoccupés de problèmes plus délimités, n'y consacrent explicitement que peu d'attention. L'évolution de la notion de causalité*, avec notamment l'introduction des régulations en *feedback**, n'a pas radicalement modifié les termes du problème. Pas plus que les progrès de la réflexion sur les rapports entre cerveau et esprit* qu'a suscités l'essor des neurosciences*, et qui débouchent aussi bien sur des résurgences du dualisme* que sur diverses versions, non compatibles, de monismes*. En revanche, un autre vieux débat, celui du déterminisme réductionniste*, qui ramenait le psychique à l'organique, et par là au physico-chimique, semble aujourd'hui dépassé à la faveur de conceptions, d'abord biologiques, qui admettent le caractère non strictement réductibles des structures émergentes et la bidirectionnalité, descendante (des structures supérieures aux structures inférieures, *top-down*, aussi bien qu'ascendante*, *bottom-up*), des relations causales qui permettent de rendre compte du comportement.

La fréquente qualification du déterminisme en psychologie (déterminismes biologique, culturel, génétique, environnemental, etc.) trahit un autre type de débat entre partisans de diverses catégories de causes, tenues pour dominantes, voire exclusives.

M. Richelle

Déterminisme linguistique → Relativisme linguistique

Détour

Chemin indirect emprunté par un animal pour parvenir à un but*, notamment lorsqu'un obstacle s'interpose sur le chemin direct. Recours à un moyen ou une voie détournée, utilisation d'un intermédiaire pour atteindre un but ou résoudre un problème*.

La **conduite de détour,** opposée à l'exécution d'une séquence* de comportements instinctifs* préprogrammée, a été assimilée à un niveau d'intelligence* supposant non seulement une capacité d'apprentissage* face à la nouveauté, mais une activité d'anticipation*. L'examen détaillé des multiples formes de déplacements* propres aux diverses espèces animales oblige à nuancer cette interprétation du détour dans une hiérarchisation simplifiée des conduites.

M. Richelle

Détresse

En psychanalyse, état du nouveau-né incapable, du fait de son immaturité (elle-même effet de sa prématuration* ou néoténie) psychique et motrice, de satisfaire lui-même ses besoins. Les excitations pulsionnelles sont menaçantes dans la mesure où, l'appareil psychique n'étant pas à même de leur donner une réponse adéquate, elles risquent de s'accumuler et, au-delà d'un certain seuil, de créer un développement d'angoisse* automatique. L'état de détresse du début de la vie est ainsi le prototype de toute situation traumatique (V. Traumatisme de la naissance). Dans les conceptions psychanalytiques classiques, cette situation est également le fondement des états de dépendance du nourrisson relativement à la mère.

J.-M. Petot

Détresse apprise → Résignation apprise

Deuil → Travail du deuil

Deutéranopie → Dichromatisme

Développement

Notion très générale qui désigne l'ensemble des processus de transformation qui affectent soit les organismes vivants, soit les institutions humaines (société, culture*, économie, etc.), soit encore leurs différentes propriétés. Dans la plupart des cas, ce terme est porteur de connotations continuistes et finalistes, et est alors proche de celui d'évolution* ; le développement conduit l'entité concernée d'un état initial réputé simple ou primitif à un état final considéré comme plus complexe, plus stable, voire comme définitif.

La phylogenèse* peut être interprétée en termes de développement ; par l'effet combiné des mutations* aléatoires et de l'adaptation* aux caractéristiques du milieu*, les espèces évolueraient de formes simples à la forme particulièrement complexe que constitue l'homme. En psychologie, cette notion est surtout utilisée pour désigner les faits d'évolution qui caractérisent l'ontogenèse* ; on parlera ainsi de développement cognitif*, développement affectif, développement de la personnalité*, etc. L'un des problèmes majeurs qui se pose en ce domaine est celui de l'identification des **facteurs de développement,** ou plus précisément du poids respectif des différents facteurs potentiels. Quatre tendances principales peuvent être distinguées. A. Gesell est l'initiateur en 1929 d'un courant pour lequel le développement humain est essentiellement réglé par les facteurs internes, en particulier par la maturation* de l'équipement biologique. Pour le constructivisme* piagétien, le développement est le produit des interactions* entre organisme et milieu, interactions elles-mêmes réglées par des mécanismes fonctionnels à caractère inné (assimilation*, accommodation*, équilibration*). Dans ces deux perspectives, le développement est continu et hiérarchisé ; les capacités comportementales nouvelles apparaissent selon un ordre fixe et certaines de ces étapes de développement se caractérisent par une réorganisation fonctionnelle générale (V. Stade). A la suite de L. S. Vygotsky, l'interactionnisme* social postule l'existence de deux filières de développement, la première reposant sur l'action des facteurs internes, la seconde résultant de l'appropriation* puis de l'intériorisation* par l'individu de significations* sociohistoriques préconstruites. Dans cette option, le développement présente un caractère discontinu ; avec l'appropriation des significations du groupe, la nature même du développement change, passant du biologique au sociohistorique. Pour le béhaviorisme* enfin, le développement est le produit de l'apprentissage* et est donc sous l'effet du milieu et plus précisément des contingences de renforcement* ; il se traduit essentiellement par un enrichissement du répertoire comportemental. C'est dans cette dernière perspective que peuvent être étudiées les interactions dialectiques entre développement du milieu (évolution des connaissances*, de la culture, des conditions économiques) et développement psychologique.

Alors que, dans les conceptions qui précèdent, l'âge adulte (ou la maturité*) constitue, implicitement ou explicitement, le terme du développement, une conception récente (*life-span developmental psychology,* ou **« développement vie-entière »**) applique la notion de développement à l'ensemble du **cycle de vie,** incluant donc dans son objet les différentes transformations qui se produisent dans la vie adulte, y compris les processus de dégénérescence* et de mort.

Retards de développement : de nombreuses études ayant trait aux développements cognitif, affectif, moteur, etc., ont permis d'établir une chronologie moyenne des étapes d'acquisition de comportements ou de compétences*. Ces données peuvent être utilisées comme normes* d'évaluation* des divers aspects du développement individuel. Les écarts à la norme sont de types divers ; ils peuvent consister en une accélération ou en un ralentissement général du processus : phénomènes de précocité ou de retard proprement dit (V. Arriération) ; ils peuvent aussi se traduire par la fixation* à un stade* donné ou par des phénomènes de régression*.

Psychologie développementale : alors que la psychologie de l'enfant* a pour objet la description et l'explication des conduites* des sujets à cette étape de leur évolution, la psychologie développementale est une approche qui utilise de manière privilégiée les faits de développement pour élaborer une théorie générale du fonctionnement psychologique du sujet. Cette approche a particulièrement été développée par J. Piaget sous l'appellation de **psychologie génétique** (V. Epistémologie génétique).

J.-P. Bronckart

Développement cognitif

Développement* des aptitudes* mentales, des structures et des processus intellectuels, qui est le plus souvent décrit comme une séquence ordonnée de stades*. Alors qu'en psychologie développementale, on considère généralement que le développement cognitif se déroule de la naissance* à la période d'insertion dans la vie (adolescence*, âge adulte), une tendance récente applique cette notion aux transformations des processus d'élaboration des connaissances* qui affectent l'ensemble de la vie humaine *(life-span developmental psychology)*, renouant ainsi avec une conception en usage au début de ce siècle.

Pour certains auteurs, inspirés d'A. Gesell, le développement cognitif est un produit de la maturation* du système nerveux et constitue un pur déroulement d'aptitudes mentales innées ; il ne relèverait donc pas des mécanismes d'apprentissage*. Pour d'autres, il se présenterait comme une séquence irréversible de stades parfois fixes et prédéterminés, parfois sensibles à l'influence du milieu, mais toujours orientés vers un état final, chaque stade marquant un saut qualitatif par rapport au précédent. Dans d'autres courants encore, le développement cognitif est décrit comme un processus de changement progressif conduisant à des niveaux de plus en plus élevés de différenciation* et d'intégration* supposant un état final de maturité atteint par interaction* avec le milieu. Dans cette perspective structuro-fonctionnelle, le changement temporel simple ne peut être identifié au progrès cognitif.

Dans la psychologie américaine, cette expression renvoie très souvent à la théorie des stades élaborée par J. Piaget.

J. Vonèche

Développement des organisations

Ensemble d'interventions visant à rendre l'organisation* plus efficace et plus dynamique. Plus précisément, ensemble de méthodes destinées à établir un climat de confiance, à assurer la clarté des communications, à développer la capacité à exposer, affronter et résoudre les conflits, à optimiser le travail en équipe, et à stimuler la capacité qu'a l'organisation de renouveler ses objectifs et ses structures. Les méthodes sont aussi bien destinées à changer les individus que les structures, les systèmes et les pratiques, le climat* de l'organisation et le style des relations interpersonnelles.

C. Lévy-Leboyer

Développement libidinal → Phase du développement libidinal

Développement neurobiologique

La neurobiologie du développement s'attache à découvrir les gènes de développements qui dirigent les plans d'organisation du cerveau, de l'état embryonnaire à l'organe constitué. Cette discipline bénéficie des travaux effectués chez les invertébrés. Plus largement, le développement intègre les influences environnementales qui révèlent une plasticité des réseaux neuronaux et peuvent orienter le développement, notamment lors de certaines phases critiques, par exemple dans la période intra-utérine. *M. Le Moal*

Développement psychosexuel

Le développement psychosexuel dépend des compétences cognitives et affectives de l'individu, tout en étant fortement influencé par le substrat biologique et par les normes socioculturelles.

Chacun de nous est porteur d'un sexe chromosonique (XY pour l'homme et XX pour la femme). Le relais est pris par le sexe gonadique, car dès la 5e semaine de la vie intra-utérine la production de la testostérone transforme certaines gonades primitives en futurs testicules. Par la suite, le développement sexuel va progressivement s'autonomiser du substrat biologique jusqu'à la puberté. Deviennent plus importants les traits de caractère qui, selon la théorie freudienne, se modèlent autour des comportements corporels. La sexualité future dépendra en partie de l'importance des pulsions orales (gloutonnerie, avidité et voracité) de ce stade précoce du développement.

Dans une étape ultérieure, entre deux et trois ans le plus souvent, l'enfant apprend à contrôler ses sphincters. S'il reste fixé au premier stade anal*, il pourra développer ultérieurement une sexualité impulsive. Si le deuxième stade anal prévaut, la retenue et l'attitude oppositionnelle, tant dans la vie que dans la sexualité, seront au premier plan. A cette époque et dans les trois années qui suivent, l'enfant développe plusieurs pulsions partielles. Si sa curiosité naturelle se fixe et devient pathologique, il pourra devenir un futur voyeur. Si sa tendance à montrer fièrement ses organes génitaux persiste et lui donne une excitation particulière, il deviendra exhibitionniste. Si le développement des pulsions agressives se prolonge au-delà de la phase physiologique de cruauté, il pourra devenir un adepte du sadomasochisme (V. Sadisme).

Entre 5 et 10 ans, le développement psychosexuel entre dans une phase moins visible, mais non moins intense, appelée période de latence*, pendant laquelle se développent d'autres intérêts intellectuels et sportifs, soutenus par l'éducation familiale et l'école. A cette époque, le développement sexuel féminin est plus accompli que celui du garçon car ce dernier peut avoir une excitation et même des érections réflexes (présentes d'ailleurs depuis la naissance et même dans la vie intra-utérine), mais pas de plaisir orgasmique qui n'apparaîtra qu'à la puberté. En revanche, on considère qu'avant 10 ans, la moité des fillettes ont connu l'expérience orgasmique de type clitoridien.

La puberté*, identifiée avec l'apparition des caractères sexuels secondaires (pilosité, changement de voix et de dimension de la verge chez le garçon ; pilosité, changement de l'image corporelle et ménarque chez la jeune fille), marque l'entrée dans l'adolescence*. A cette époque le développement se poursuit mais d'une manière peu harmonieuse, alternant périodes d'ascétisme et d'autres de sexualité débordante. A cette époque la masturbation est explorée par 85 % des garçons et des filles, alors que l'âge des premiers rapports sexuels (qui varie selon la culture) se situe aujourd'hui vers 17 ans dans les pays francophones d'Europe. Le développement ultérieur de l'adulte continuera de s'effectuer sous la triple influence des facteurs biologiques, psychologiques et sociaux. *W. Pasini*

Développement vie entière → Développement

Déviance

La conception normative de la déviance postule l'existence d'un consensus social minimal autour d'un système de règles* reconnues comme légitimes. Est alors considéré comme déviant celui qui ne respecte pas les normes* et les transgresse. Dans une conception interactionniste, qui tient compte des mécanismes de réactions sélectives face aux diverses formes de violation des règles, est déviant celui qui est étiqueté tel en fonction non seulement de ses écarts de conduite mais aussi en raison d'autres critères de statut*, d'âge, de sexe, de niveau socio-économique et culturel, de facteurs ethniques. C'est ainsi que la définition de la déviance varie selon qu'on la conçoit comme le résultat des mécanismes psychosociaux de régulation* sociale (déviance attribuée) ou comme l'expression d'une divergence des normes par un ou plusieurs membres d'un groupe d'appartenance* : soit par incapacité personnelle ou sociale (par ex., maladie, sociopathie) conduisant à une déviance subie ; soit par rébellion et refus actif (par ex., délinquance*), exprimant une déviance contestataire ; soit par revendication individuelle d'une originalité spécifique (par ex., transsexuel) liée à une déviance typique ; soit par des pratiques sociales de rupture* avec toute identification* sociale ou selon un mode inversé de conformité* : déviance anticonformiste. Aucune conduite n'est déviante en soi, c'est la signification qu'on lui prête en fonction de critères normatifs individuels et sociaux qui lui confère ce caractère.

Par les réactions qu'elle suscite, la déviance est source d'ajustements et de changements psychosociaux. *J. Selosse*

Déviant

Individu ou comportement* qui manifeste une déviance*. Le statut* de déviant dans un groupe* est assigné par des effets de régulation sociale*. L'existence d'un déviant dans un groupe entraîne d'abord un accroissement des pressions en sa direction. Ensuite, si le déviant maintient son écart, il est rejeté et la crédibilité de sa position est neutralisée par un processus* de « naturalisation » qui le définit originellement comme différent. Exclus des groupes sociaux majoritaires, les déviants cherchent à conforter leur position minoritaire dans des sous-groupes d'affiliation* à forte cohésion. Grâce à un phénomène de polarisation, ils peuvent alors s'opposer à la norme* dominante et maintenir une position de rupture* en devenant une source d'influence. La psychologie clinique* s'intéresse aux déviants discrets qui revendiquent le droit de ne se soumettre qu'à la norme humaine au plus extrême de sa singularité. *J. Selosse*

Devis pédagogique

Proposé au Québec pour traduire la formule américaine *educational design,* ce vocable, par sa connotation comptable elle-même, décrit de manière pertinente l'importance, dans une activité éducationnelle, de la phase de préparation et sa rationalisation toujours possible, souvent souhaitable. Définir les objectifs*, inventorier les contraintes et les ressources, retenir les contenus et les moyens, décrire les tâches, prévoir le dispositif d'évaluation* : qu'elles soient menées avec la rigueur d'un plan prévisionnel ou les approximations de la simple prudence, ces opérations permettent de systématiser, voire de rendre « systémique », la préparation de l'action et d'en calculer les coûts, dans tous les sens du mot.

D. Hameline

Dévoration

A la suite de K. Abraham qui distingue une oralité d'incorporation (succion) puis de destruction (mordication), M. Klein privilégie cette seconde phase cannibalique et sadique. Pour elle, l'enfant d'un an vit une angoisse œdipienne comme peur d'être dévoré alors qu'il désire dévorer l'objet libidinal : car l'objet introjecté devient une instance primitive et l'enfant craint le surmoi comme une chose qui dévore.

R. Doron

Dexaméthasone → Glucocorticoïde

Dextérimètre

Dispositif permettant de mesurer l'habileté motrice*, généralement en exigeant du sujet, sous consigne de rapidité, un ajustement* des mouvements* manuels à une action inhabituelle, telle que le transfert d'une série d'anneaux d'une extrémité à l'autre d'une tige sinueuse. Certains modèles, dits **dextérigraphes**, permettent en outre l'enregistrement des mouvements.

M. Richelle

Dextérité

Aptitude à produire des mouvements simultanément précis et rapides à l'aide des membres supérieurs. On distingue la dextérité digitale, ou aptitude à réaliser des manipulations d'objets par des mouvements fins des doigts, de la dextérité manuelle qui sollicite les muscles des mains, bras et avant-bras. *M. Durand*

Diachronie

Terme général qui renvoie à l'ensemble des méthodes d'étude scientifique d'un objet qui prennent en compte le paramètre temporel (V. Temps). Il s'oppose à celui de synchronie*, qui a trait aux méthodes saisissant un objet, abstraction faite de l'action que le temps exerce sur lui. La démarche diachronique peut se centrer exclusivement sur l'évolution* (biologique ou cognitive) d'un organisme ; elle peut également intégrer les paramètres de changement socioculturel (perspective historique ; V. Histoire).

Considérées comme nettement disjointes par F. de Saussure, les démarches diachroniques et synchroniques sont considérées comme complémentaires dans divers courants de linguistique* contemporaine. Il en va de même dans les courants de psychanalyse* de l'enfant, et R. Spitz notamment a souligné la nécessité d'un usage conjoint de ces deux démarches. En psychologie, on peut considérer que les méthodes longitudinales* relèvent de la diachronie et que les méthodes transversales* relèvent de la synchronie. *J.-P. Bronckart et E. Jalley*

Dialecte

Par opposition à la notion de langue naturelle*, le terme de dialecte désigne un parler régional apparenté au système* considéré comme « langue » et qui possède des caractéristiques linguistiques propres (phonétiques, phonologiques, lexicales et, plus rarement, morphosyntaxiques). Le parler qui, pour des raisons historiques, économiques et socioculturelles, s'impose comme système dominant accède, seul, au rang de langue : un dialecte, bien que souvent déprécié d'un point de vue sociologique, n'est donc en rien une forme dégradée de celui-ci. On considère généralement les patois comme des variantes d'un dialecte.

D. Peraya

Dialogue

Dans une structure dialogale, les voix des interlocuteurs se répondent et leurs interventions se succèdent en conservant leur autonomie. La plupart des linguistes reconnaissent aujourd'hui que cette structure est à la base de l'énonciation* et même du langage intérieur* (V. Monologue). Il convient toutefois de distinguer une telle succession de répliques de la présence de plusieurs voix (énonciateurs*) au sein d'une même intervention (monologale) ; il s'agit dans ce cas d'une structure polyphonique, qu'on oppose parfois à la structure diaphonique qui voit le locuteur* reprendre et réinterpréter, dans son propre discours* — à l'aide d'un *« puisque »* par ex. — des propos attribuables à son interlocuteur.

J.-M. Adam

Diathèse → Voix

Dichaptique → Haptique

Dichoptique

Woodworth a désigné par ce terme des stimulations hétérogènes, affectant simultanément les régions correspondantes des deux rétines (antagonisme ou rivalité* binoculaire). (V. Conflit perceptif.) *R. Génicot*

Dichorhinique

Se dit de stimulations* olfactives* qui affectent différemment les deux narines et de l'analyse de leurs effets perceptifs.

M. Richelle

Dichotique

Se dit de la présentation* simultanée de stimulations* auditives différentes aux deux oreilles. La procédure expérimentale d'écoute dichotique a été mise au point par D. Broadbent en 1956. Le psychologue britannique eut l'idée de présenter, à travers des écouteurs*, deux séries différentes de trois chiffres à l'oreille gauche et à l'oreille droite respectivement, au rythme de deux chiffres par seconde, et de façon parfaitement synchronisée. Au lieu d'enregistrer trois paires de chiffres, le sujet enregistrait l'information* séparément pour chaque oreille. Les résultats recueillis furent décisifs dans la formulation de la théorie de l'attention* fondée sur la notion d'un système de traitement* de l'information à canal* unique de capacité limitée et sur la notion de filtre*. La procédure d'écoute dichotique est devenue d'un usage très répandu en psychologie cognitive*, non seulement dans l'étude des processus attentionnels, mais, à la suite des travaux de O. Kimura, dans les recherches de neuropsychologie* sur la latéralisation* cérébrale. C'est ainsi que les informations verbales fournies à l'oreille droite dominent sur celles qui atteignent l'oreille gauche, comme le laisse attendre la dominance* hémisphérique gauche pour le langage.

M. Richelle

Dichotomie

Répartition des éléments d'un ensemble en deux classes* sur base de la présence/absence d'un critère donné.

Modalité de réponse* à une épreuve psychologique, un test*, un questionnaire*, limitant à deux les possibilités de réponses (oui/non).

Dans le développement* cognitif*, selon les descriptions fournies par Piaget, les dichotomies marquent un progrès par rapport aux collections* figurales, où les éléments sont rassemblés selon un rapport de convenance, et qui sont la règle au stade* préopératoire*. S'il est capable de fournir une dichotomie, l'enfant n'est pas, cependant, d'emblée capable d'en fournir une seconde, selon un critère différent, puis une troisième, etc. (dichotomies successives, par ex. selon la taille, puis selon la couleur, puis selon l'épaisseur, puis selon la texture des éléments). Les dichotomies constituent l'amorce des conduites de classification* qui aboutiront aux classifications multiplicatives*.

M. Richelle

Dichromatisme

Anomalie de la vision des couleurs correspondant à l'absence de fonctionnement, au niveau de l'œil, d'une des trois radiations fondamentales (couleurs primaires : rouge, vert ou bleu). Cette anomalie résulte de l'absence d'une des trois variétés de cônes correspondant aux trois pics de sensibilité spectrale aux trois couleurs fondamentales. La **protanopie** ou **daltonisme** (du nom de lord Dalton, qui en était atteint ; le terme n'est plus guère usité dans la langue scientifique) correspond au non-fonctionnement des récepteurs au rouge. C'est donc un dichromatisme vert et bleu. La **deutéranopie** correspond au non-fonctionnement des récepteurs du vert. C'est un dichromatisme rouge et bleu. La **tritanopie** correspond au non-fonctionnement des récepteurs de bleu. C'est un dichromatisme vert et rouge. Les différentes formes de dichromatisme sont héréditaires.

R. Génicot

Didactique

Le souci de bien enseigner devient une préoccupation véritablement didactique quand on tente de répondre, de façon méthodique, aux questions suivantes :

1. Quoi enseigner ?
2. A qui ?
3. Pourquoi ?
4. Comment ?
5. En vue de quels résultats ?

Ces questions sont faussement simples. D'abord parce qu'elles sont en interrelation : y répondre, c'est découvrir qu'enseigner-apprendre forme un sous-système à la fois très dépendant des conditions générales du système éducatif* et porteur d'une réelle autonomie de manœuvre pour les acteurs en interface. A l'uniformité des programmes et de l'organisation peut être opposée la diversité, quand ce n'est pas l'imprévisibilité concrète, des pratiques d'un enseignant à l'autre.

Mais surtout répondre à ces questions c'est mettre en lumière la rencontre toujours onéreuse de logiques contradictoires dont aucune ne peut être négligée sans risque. Ainsi la logique de constitution des corps de savoirs n'a pas les mêmes critères de cohérence que la logique de leur exposition, encore moins la logique de leur apprentissage* : la table des matières d'un manuel laisse songeur et le scientifique et l'élève. Le premier travail du didacticien est d'opérer la transposition susceptible de rendre ces trois logiques compatibles. Certains pensent que cette transposition didactique trouve son seul fondement dans la cohérence propre à chaque discipline et contestent le bien-fondé d'une didactique générale. D'autres, au contraire, jugent qu'un projet didactique n'est complet que par un inventaire à la fois plus large et plus fin : niveau intellectuel, intérêts, origine sociale des élèves ; compétences diversifiées et complémentaires des enseignants ; mise à jour des méthodes, techniques et moyens. Les répercussions pédagogiques, psychologiques et sociales de toute pratique d'évaluation* confirmeraient déjà, à elles seules, le caractère systémique de tout enseignement : les questions communes à toutes les disciplines sont de vraies questions didactiques.

D. Hameline

Diencéphale

Cerveau intermédiaire formant une zone de transition entre le télencéphale* et le mésencéphale*. Il s'est développé, au niveau embryonnaire, avec le télencéphale, à partir des deux vésicules du prosencéphale, constituant ainsi un des éléments du cerveau proprement dit. Il est situé entre les deux hémisphères télencéphaliques. La structure embryonnaire diencéphalique donne naissance aux parois du 3e ventricule, au thalamus*, au pallidum, à l'hypothalamus* mais aussi à la rétine*, aux deux nerfs optiques, au chiasma optique ainsi qu'à la posthypophyse, l'épiphyse et les deux tubercules mamillaires.

R. Decombe et M. Le Moal

Différé

Reporté dans le temps après un intervalle plus ou moins long.

Le terme s'applique à des procédures expérimentales dans lesquelles on empêche le sujet de fournir sa réponse pendant un délai défini. Ces procédures de réaction différée visent généralement à mettre en évidence la rétention* en mémoire* de l'information* utile à la réponse, comme dans l'épreuve classique où un appât est placé sous une de trois caches devant le sujet, ou dans la mise en correspondance* différée. Elles peuvent également avoir pour but, en inhibant l'entrée immédiate dans l'action, de ménager une période d'inspection de la situation et de réflexion anticipative, par exemple dans des expériences portant sur la résolution de problèmes* concrets.

Se dit aussi d'une fonction* dont les conditions maturationnelles n'autorisent l'expression qu'à un certain stade* du développement*.

Renforcement différé : dans le conditionnement instrumental* ou opérant*, renforcement* présenté après un certain délai, plutôt qu'immédiatement après la réponse.

M. Richelle

Différé (Rappel —) → Rappel

Différence

Différence juste perceptible : différence physique minimale entre deux stimulus situés sur le même *continuum** donnant lieu à la perception d'une différence. La mesure de la différence juste perceptible ou DJP intervient dans la détermination des seuils* différentiels*.

Différence juste imperceptible : différence maximale que l'on peut introduire dans le stimulus sans entraîner la perception d'une différence ; c'est la différence maximale en deçà du seuil différentiel. *M. Richelle*

Différenciateur sémantique

Technique conçue par C. E. Osgood pour étudier la signification connotative* : l'individu localise un concept sur un *continuum* défini par deux termes bipolaires (par ex. bon-mauvais, fort-faible). De tels *continua* sont des approximations de quelques dimensions générales (par ex., bon-mauvais est une approximation de la dimension de la valeur*). Sous sa forme standard, issue d'Osgood, le différenciateur sémantique comporte un nombre limité d'échelles* (souvent 9) permettant d'étudier les trois grandes dimensions de la connotation : la valeur, la puissance et l'activité. Par extension, on appelle parfois différenciateur sémantique tout ensemble d'échelles d'appréciation définies par des termes bipolaires. *Ersoc*

Différenciation

Processus par lequel une conduite*, un organisme, une population passent d'un état homogène à un état hétérogène au cours du développement*, de l'évolution* ou d'un apprentissage*. En biologie*, le terme renvoie, notamment, à la spécialisation progressive des cellules au cours de l'embryogenèse* ou à la diversification des espèces au cours de la phylogenèse*.

En psychologie, il désigne, d'une façon générale, toute complexification et affinement des conduites se manifestant à travers l'ontogenèse. En psychologie expérimentale, on parle de différenciation à propos de l'affinement d'une réponse*, qui, de globale et indifférenciée, se définit progressivement au cours d'un conditionnement* ou d'un apprentissage, ou encore à propos de l'acquisition* de réponses différentes à des stimulus* différents.

Chez H. Wallon, la différenciation intervient dans la conception du passage d'un stade* au suivant. La nouvelle fonction dominante s'intègre dans l'ancienne en la différenciant et en la subordonnant. P. Marty reprend ce schéma dans son modèle des chaînes évolutives concernant la psychosomatique* : chaque étape est constituée par la hiérarchisation de fonctions* dépassées. A la suite de S. Freud, pour qui le moi se différencie du ça, et le surmoi du moi, R. Spitz, M. Klein, D. Winnicott et M. Malher, chacun dans son propre système de références, usent du terme de différenciation (associé souvent à celui d'intégration*) pour marquer l'étape qui distingue le sujet ou la personnalité* de son milieu* biologique et social.

E. Jalley et M. Richelle.

Différenciation sociale

Concept relevant du champ de la comparaison sociale*. Il s'agit, pour un individu ou un groupe qui se juge en position d'infériorité par rapport à d'autres — et cela dans une situation où l'on doit faire valoir ses aptitudes* ou compétences —, de préserver son identité* et sa valeur* en affirmant sa différence. La différenciation sociale met en cause des critères de la comparaison interindividuelle ou intergroupe : modification de la pertinence des critères, mise en avant de critères nouveaux rendant difficile la comparaison sociale. Par ailleurs, la différenciation sociale pourrait relever d'un besoin d'unicité (de se sentir unique) dont certains auteurs ont affirmé l'existence.

Ersoc

Différentiel

Seuil* différentiel : valeur minimale qu'il faut ajouter (seuil différentiel supérieur) ou retrancher (seuil différentiel inférieur) à un stimulus pour que soit perçue une différence. Le seuil différentiel est une valeur limite correspondant, par convention, à la moyenne entre différences* juste perceptible et juste imperceptible. Il se mesure à l'aide de l'une des trois méthodes* classiques de la psychophysique* (limites*, stimulus constants*, ajustement*), les différences se calculant du stimulus de comparaison* par rapport à un stimulus étalon* ou standard*. Le seuil différentiel ne correspond pas à une valeur absolue indépendante de la position du stimulus étalon sur le *continuum** physique considéré. Il correspond à une valeur relative à la valeur de ce stimulus, qu'exprime, dans sa forme la plus simple, la fraction de Weber $\Delta I/I$, où ΔI est la valeur de l'accroissement d'intensité requis et I l'intensité du stimulus étalon.

Renforcement différentiel : dans la terminologie du conditionnement opérant*, renforcement* sélectivement octroyé à certaine(s) valeur(s) définie(s) d'une dimension du comportement. Ainsi, dans les programmes* de renforcement différentiel de débit de réponse lent, le renforcement ne suit une réponse que si celle-ci a été précédée d'un intervalle sans réponse (ou intervalle interréponses) d'une durée minimale déterminée.

Psychologie différentielle : domaine de la psychologie ayant pour objet de rendre compte des différences interindividuelles ou intergroupes. Elle recherche les facteurs responsables des différences observées aussi bien dans l'héritage biologique, en s'appuyant sur la génétique comportementale*, que dans le milieu, en explorant les variables physiques (nutrition, conditions climatiques, etc.) et culturelles (classes socio-économiques, éducation, etc.). La psychologie différentielle, longtemps tenue pour un champ de la psychologie appliquée chargé d'expliquer à des fins pratiques les exceptions et variations par rapport aux lois générales, a pris place depuis peu parmi les approches fondamentales dans une perspective qui accorde à la variabilité* inter- comme intra-individuelle une signification centrale pour l'adaptation* psychologique.

M. Richelle

Difficultés scolaires

Les difficultés scolaires peuvent se rencontrer dès l'enfance* mais peuvent également constituer un problème nouveau, passager ou durable, lors de l'adolescence*. On distingue : — les difficultés acquises dans l'enfance, retards supérieurs à 2 ans (échec* scolaire) pouvant avoir pour origine une déficience* mentale ou des dysharmonies cognitives (dyspraxie, dysgnosie, dyschronie) ; — les difficultés étroitement associées à l'adolescence (hyperinvestissements et fléchissements scolaires) ; — des difficultés pouvant être liées à une évolution défavorable de conduites transitoires ou à des ruptures associées à l'absentéisme, au désinvestissement des études ou à une révolte systématique, voire violente, vis-à-vis de l'institution scolaire. Des facteurs sociaux sont également évoqués. La population scolaire a évolué depuis 1959 et si l'accès aux études signifie pour bon nombre l'accès à de nouveaux savoirs, il n'en est pas pour autant suivi pour tous d'un accès aux connaissances et l'on a mis en avant, dès les années 70, l'existence d'une relation entre l'échec scolaire et l'origine sociale, corrélation interprétée à travers les concepts de reproduction et de handicap socioculturel (absence de bases culturelles et linguistiques, conflit culturel, déficiences institutionnelles).

P. G. Coslin

Diffraction

Processus décrit par S. Freud dans le travail du rêve* et nommé comme tel par R. Kaës. Une pensée du contenu latent est dissimulée en étant dissociée en plusieurs éléments visuels en apparence différents dans le contenu manifeste du rêve. C'est l'inverse de la condensation*. La diffraction est à distinguer de deux autres mécanismes de défense* dissociatifs particulièrement utilisés en situation de groupe : le dépôt multiple, destiné à sauvegarder le bon objet en le divisant, et la **fragmentation,** décrite par O. Springman en 1976, où les participants d'un groupe large refusent tout thème commun de discussion qui donnerait unité et consistance au groupe mais qui les obligerait à affronter la position dépressive*.

D. Anzieu

Déviation de la direction de propagation en ligne droite d'une onde lorsqu'elle rencontre un obstacle. Grâce à la diffraction, l'onde contourne l'obstacle. Ce phénomène est bien connu dans le cas du son et observable aussi sur des ondes lumineuses. La diffraction produit des écarts aux lois de l'optique géométrique. Il y a deux conséquences optiques à ce phénomène : a. l'image d'un point-source ne peut être un point-image, mais un dessin diffus. Cette configuration dépend de la forme et de la taille de l'objet rencontré (par ex., un diaphragme) et de la longueur d'onde de la lumière ; b. un système de trous, de rayures parallèles équidistantes ou de fentes, placé devant une surface polie, peut produire une lumière spectrale par diffraction.

R. Génicot

Diglossie

Dans son acception la plus générale, ce terme est un synonyme de bilinguisme*. En sociolinguistique, il désigne plus spécifiquement un état de distribution fonctionnelle stable entre deux variétés de la même langue (l'une considérée comme « haute », l'autre comme « basse ») en fonction des situations et des types de communication*. La notion de diglossie s'étend aujourd'hui à toute différence fonctionnelle entre deux langues, même non apparentées. Contrairement au bilinguisme qui ne concerne que les aspects individuels, une situation de diglossie s'accompagne toujours d'une différence statutaire entre les deux langues : la diglossie relèverait donc essentiellement de la sociolinguistique.

D. Peraya

Digressive (Pensée —) → Circonstanciée (Pensée —)

Dimension

Par analogie avec les dimensions dans l'espace, toute propriété d'un stimulus* passible d'une quantification* : la fréquence* et l'amplitude* sont les deux dimensions des sons purs. Par extension, toute propriété de la sensation* se prêtant à quantification : la hauteur tonale* et l'intensité* sont les deux dimensions psychologiques principales de la sensation auditive. On emploie aussi le terme *continuum**.

Tout trait* psychologique pouvant faire l'objet d'une quantification, ou toute échelle* construite à laquelle les individus peuvent être rapportés : l'introversion* et l'extraversion* sont des dimensions de la personnalité*, ou : l'axe introversion-extraversion constitue une dimension de la personnalité.

M. Richelle

Diplopie → Anisopie

Dipsique (Comportement —)

La **soif** est l'un des facteurs, mais non le seul, qui provoque le comportement de prise de boisson. Il faut distinguer les comportements dipsiques provoqués par une privation d'eau du comportement spontané de prise de boisson : tous deux existent chez l'animal et l'homme. Comme pour tout comportement, ce dernier est organisé par le cerveau depuis la sensation de soif jusqu'aux conduites de sélection et d'ingestion. Le maintien des équilibres eau-sels minéraux et de la pression osmotique est une nécessité homéostatique*. L'eau de l'organisme (70 % de la masse corporelle) est distribuée entre un compartiment cellulaire (55 à 60 % de l'eau totale) et un compartiment extracellulaire. La perte progressive d'eau par les différents organes (poumons, tractus urinaire et intestinal, peau) touche les deux compartiments et, si elle n'est pas compensée, provoque la soif. Toutefois, selon les états physiopathologiques, les déficits peuvent être sélectifs de l'un ou l'autre compartiment. La perte intracellulaire et les changements osmotiques qui en résultent sont détectés par des cellules spécialisées elles-mêmes déshydratées : les osmorécepteurs localisés dans l'hypothalamus* antérieur (région préoptique). La perte extracellulaire ou hypovolémie (hémorragie, grandes déshydratations), en raison de l'importance du compartiment vasculaire, déclenche des signaux d'une part à partir de mécanorécepteurs situés dans les artères pulmonaires et la veine cave, dont la stimulation est transférée au cerveau par le nerf vague ou, d'autre part, à partir des appareils dits juxtaglomérulaires des reins qui libèrent dans la circulation une hormone*, l'angiotensine II, dont les récepteurs sont situés dans les organes subfornicaux circumventriculaires (en dehors de la barrière hématoencéphalique). La soif dite spontanée est souvent anticipatoire, elle dépend de la nature du repas (importance des protéines), des rythmes circadiens* et des repas. L'arrêt de la soif (la satiété de boisson) dépend de nombreux stimulus rétroactifs issus de l'oropharynx et de certaines régions cérébrales comme le septum. Les structures nerveuses contrôlant et organisant le comportement dipsique sont mal connues, du moins pour les régions extrahypothalamiques. L'ablation de l'hypothalamus et des régions sous-thalamiques perturbe gravement le comportement dipsique. Chez le nouveau-né, les mécanismes nerveux de la soif existent bien avant l'expression du comportement dipsique.

M. Le Moal

Dipsomanie

Forme paroxystique d'alcoolisme*, à début brutal, perçu comme besoin irrépressible et continu jusqu'à l'abrutissement au bout de quelques jours. Il entraîne des troubles du comportement et comporte le risque d'actes délictueux et de suicide.

Il est souvent suivi d'une période dépressive et, toujours, d'abstinence absolue jusqu'à l'accès suivant. Le traitement en est particulièrement difficile. *B. Brusset*

Directif → Entretien

Discontinuité → Continuité

Discordance

P. Chaslin, en 1912, décrit le groupe des folies discordantes qui rassemble différents tableaux psychopathologiques jusqu'alors considérés comme indépendants qu'il organise autour d'une caractéristique clinique commune : la discordance. Cette discordance renvoie à une incohérence observable dans les différents champs d'expression clinique :

1. dans le discours : il y a déficit de la structure logique du discours qui ne se soumet à aucun axe thématique précis ; les propositions s'enchaînent, déliées de la loi des contradictions, entraînant une ambivalence* des propos ; les énoncés produits n'ont aucune portée pragmatique conduisant à l'expression d'abstractions vides ou suivent un raisonnement pseudo-logique, impénétrable. Les composantes élémentaires du langage semblent également altérées : utilisation de mots nouveaux (néologismes), mauvais choix lexical (paralogismes), mauvaise utilisation des règles syntaxiques (agrammatisme) ;
2. dans le champ émotionnel : l'affect* n'est plus en rapport avec le comportement* produit ou la pensée* émise. La coexistence et l'expression simultanée de deux sentiments* contraires (ambivalence affective) rendent le comportement du discordant étrange et imprévisible. L'indifférence affective contraste avec la survenue de conduites affectives explosives et paradoxales (impulsions immotivées, actes auto- ou hétéro-agressifs incompréhensibles) ;
3. dans le champ psychomoteur : la dysharmonie des mouvements donne au discordant une impression de maladresse, d'indécision. Les mouvements peuvent être parasités par des expressions motrices involontaires qui déforment, surchargent ou remplacent l'expression normale. Au maximum, dans la catatonie*, il y a perte totale de l'initiative motrice.

Si le terme de discordance est encore utilisé, c'est davantage aujourd'hui pour qualifier le regroupement symptomatique qu'avait décrit P. Chaslin pour désigner le groupe des maladies qu'il cherchait à rassembler sous le terme de folies discordantes et dans lesquelles il incluait : l'hébéphrénie, la folie paranoïde (caractérisée par un délire incohérent produit « à froid ») et la folie discordante verbale (définie par une production langagière totalement incompréhensible).

Ce terme, au niveau clinique, rejoint celui de « dissociation mentale » de Bleuler. Ces deux termes peuvent être tenus pour « équivalents » au niveau clinique puisqu'ils qualifient un même processus morbide ; cependant le premier (dissociation) prend son origine dans une lecture explicative de l'auteur (Bleuler) alors que le second (discordance) a été élaboré à partir de la seule observation clinique (Chaslin).

Les liens de ce terme avec la schizophrénie sont donc très étroits et renvoient à la définition donnée de la dissociation dans ce dictionnaire. *M.-C. Hardy-Bayle*

Discours

A la différence de l'objet abstrait texte*, le discours est un objet concret, produit dans une situation donnée et dans un réseau complexe de déterminations sociales, idéologiques, psychologiques. Il doit donc être abordé non seulement d'un point de vue linguistique, mais aussi d'un point de vue historique, sociologique, psychologique, psychanalytique ou encore herméneutique. A la différence des types de textes ou des séquences* textuelles (V. Narration, Description, Argumentation), les discours doivent être considérés en lien avec les institutions dans lesquelles ils apparaissent. On parlera ainsi de discours religieux, juridique, journalistique, publicitaire, littéraire, politique, scientifique, didactique, etc. A ces grandes catégories viennent s'ajouter les genres du discours : parabole, homélie, hagiographie, prière, cantiques, etc., pour le discours religieux ; éditorial, fait divers, reportage, interview, etc., pour le discours journalistique ; article de loi, plaidoyer, etc., pour le discours juridique ; poésie, théâtre, roman, nouvelle, essai, avec leurs sous-genres (sonnet, ballade, mais aussi comédie, tragédie, etc.) pour le discours littéraire.

Une classification des genres et des sous-genres de discours est difficile à réaliser en raison des variations historiques auxquelles ceux-ci ont été (et sont encore) soumis. Bien que beaucoup plus changeants et souples que les catégories grammaticales* de la langue, ces genres n'en possèdent pas moins, pour le sujet parlant, une valeur normative. *J.-M. Adam*

Discriminatif

Relatif à une discrimination*. Qui implique une discrimination : apprentissage* discriminatif. Qui atteste une discrimination : réponse* ou réaction* discriminative. Qui contrôle une discrimination : stimulus* discriminatif.

Dans le cadre du conditionnement* pavlovien*, un stimulus discriminatif (SD) positif est un stimulus conditionné* (SC) associé au stimulus inconditionnel* (SI) ; un SD négatif est un SC qui n'est pas associé au SI, et qui, par conséquent, finit par ne plus provoquer de réponses conditionnées.

Dans la terminologie du conditionnement opérant*, le stimulus discriminatif ne déclenche pas, à proprement parler, les réponses ; il n'est qu'un événement en présence duquel les réponses seront renforcées, ou en présence duquel tel programme de renforcement* sera en vigueur. Beaucoup des programmes imaginés et explorés par les expérimentateurs ne comportent aucun stimulus discriminatif, ce qui, à la fois, souligne la priorité de la relation entre réponse et renforcement et atteste que le conditionnement opérant ne rentre pas dans le schéma stimulus-réponse, en dépit d'un malentendu tenace. *M. Richelle*

Discrimination

Processus par lequel un sujet opère une distinction entre des stimulus* ou objets ; aboutissement de ce processus. Procédure expérimentale mise en œuvre pour que ce processus se manifeste : épreuve de discrimination. L'installation d'une discrimination suppose le contrôle de réponses discriminatives* par des stimulus discriminatifs. Le tremplin* de K. Lashley est l'un des nombreux dispositifs classiques pour l'étude de la discrimination visuelle. Le principe général, pour établir une discrimination, consiste à renforcer les réponses à un stimulus dit positif, et à ne pas les renforcer au stimulus négatif. Les réponses produites d'abord par généralisation* au stimulus négatif subissent l'extinction*.

La discrimination repose en premier lieu, évidemment, sur les capacités discriminatives du sujet dans la ou les modalités* sensorielles concernées. Elle renvoie par là à la psychophysique* des seuils différentiels*. Mais elle met en jeu, en outre, l'association des stimulus avec des conséquences positives ou négatives, laquelle relève de l'apprentissage* et des mécanismes cognitifs* (V. Apprentissage sans erreurs).

En psychologie sociale, le terme désigne les attitudes et conduites particulières qu'un individu ou un groupe manifeste à l'égard d'un autre individu ou groupe, le plus souvent sur base de caractères attribués par préjugé* plutôt qu'objectivement repérés.

M. Richelle

Discussion de groupe

Processus social où un groupe de sujets est chargé de discuter un problème, et de prendre une décision ou d'aboutir à une solution. Ces situations sociales sont utilisées (notamment dans le cas de groupes sans *leader** assigné) sous le nom de test de groupe pour évaluer les compétences sociales des individus. Les discussions de groupe représentent également un moyen de stimuler la créativité* individuelle et de faciliter le changement d'attitude des individus ainsi que leur adhésion aux décisions prises en commun. *C. Lévy-Leboyer*

Disparité rétinienne

Projection en des points différents de la rétine d'un stimulus* visuel. En vision binoculaire, un même objet ne se projette pas dans des points correspondants de la rétine d'un œil et de l'autre. Un cas particulier est la disparité de fixation due à une sous- ou une surconvergence de l'œil. Ce phénomène se situe entre la fusion* binoculaire et la diplopie*. *R. Génicot*

Dispersion

La notion intuitive de dispersion, pour un protocole* ou une distribution* numérique, est familière : selon que les observations apparaissent très éloignées, ou au contraire très rapprochées les unes des autres, on les déclare « très dispersées », ou « peu dispersées ». La notion intuitive de dispersion est formalisée en termes d'indice de dispersion. Plus la valeur de l'indice est élevée, plus le protocole (ou la distribution) est déclaré dispersé. Cette formalisation peut se faire de diverses manières, mais tout indice de dispersion satisfera à la propriété de positivité : un indice de dispersion est un nombre positif, nul si et seulement si les observations ont toutes même valeur (protocole constant ou distribution ponctuelle).

Les caractéristiques de dispersion les plus répandues sont l'**écart interquartile** et l'**écart-type.** L'écart interquartile est la distance entre le premier et le troisième quartile*. La variance* est la moyenne des carrés des écarts à la moyenne* et l'écart-type est la racine carrée de la variance.

P. Bonnet et H. Rouanet

Display → Parade

Dispositif inné d'acquisition
→ *Language acquisition device*

Disposition perverse polymorphe
→ Pervers

Disqualification

Type de logique pathogène décrite par l'Ecole de thérapie familiale systémique* de Palo Alto, en termes de tangentialisation disqualifiante. La disqualification consiste à ne pas prendre en compte le message d'un interlocuteur (paroles, émotions, sensations, perceptions) non pas du fait du contenu du message (de sa signification) mais en raison de la prise d'initiative par l'interlocuteur de communiquer. Le fait même de s'exprimer lui est refusé. Tel l'enfant, heureux de jouer, qui appelle sa mère pour lui manifester qu'il est heureux : « regarde comme je joue bien » et qui s'entend répliquer : « va te laver, grand sale ». *C. Ruffiot*

Disque

La technique du disque rotatif a été d'un usage très diversifié dans les laboratoires de perception* visuelle. Elle permet entre autres, par le phénomène de fusion*, d'obtenir, en faisant varier la proportion des secteurs noirs et blancs, des plages de luminosité* variable (« gris » plus ou moins foncés), ou, en faisant varier les secteurs colorés et blancs, des plages plus ou moins saturées.

Disque stroboscopique : dispositif permettant de produire un effet de mouvement apparent* dit stroboscopique*. Un disque noir à l'exception d'un étroit secteur blanc est mis en rotation sous éclairement intermittent*. Au lieu de percevoir, comme dans une situation banale de fusion, un disque gris foncé, l'observateur perçoit un mouvement rotatif du secteur blanc, affecté d'une vitesse qui varie en fonction du rapport de la vitesse de rotation à la fréquence* de l'intermittence lumineuse. *M. Richelle*

Dissocialité

Troubles de la socialisation. La dissocialité d'un individu résulte des défaillances du processus de socialisation* par manque d'étayage* social, absence de référents identitaires, insuffisance d'articulation complémentaire du rôle social. Elle peut trouver un refuge temporaire dans des groupes de marginaux. Elle s'atténue et disparaît avec le changement de milieu de vie et le soutien actif d'un encadrement psychosocial et éducatif. La **dyssocialité** concerne l'aboutissement d'un processus de désocialisation* sociopathique marqué par des conduites de rupture et de transgression qui ont un caractère vindicatif, destructeur et agressif, dont la tonalité est nettement antisociale et le registre d'expression plus individuel que groupal. *J. Selosse*

Dissociation

Le terme de dissociation a été créé par E. Bleuler pour désigner le phénomène morbide à l'œuvre dans l'ensemble du groupe des schizophrénies*. A ce titre, sa présence, au plan clinique, était indispensable au diagnostic de schizophrénie dont il constituait en outre l'explication pathogénique.

Le terme de dissociation désigne la rupture de l'unité psychique, celle-ci présidant, chez le sujet* normal, à l'intégration harmonieuse des différents champs constitutifs de la personnalité* : affect*, pensée*, comportement*. Chez le schizophrène, cette intégration n'existe plus ni entre les différents champs (l'affect ne correspond plus à la pensée qui est émise, la pensée au comportement réalisé) ni à l'intérieur même de chacun de ces champs, l'harmonie affective est rompue et les affects absents ou imprévisibles, le comportement moteur est dysharmonieux et la pensée se disloque, ne suivant plus les lois de la planification qui en assure la cohérence et l'unité.

En tant que processus interne, il reste inobservable. L'observateur pourra inférer son existence du comportement observable du malade. La discordance* correspond à ce niveau de description clinique. Ces deux termes, équivalents, qualifient un même phénomène morbide, la dissociation d'un point de vue pathogénique, la discordance du point de vue de l'observation.

Depuis quelques années, on assiste à des tentatives de démembrement de la schizophrénie. De ce fait, la spécificité de la dissociation, sur laquelle s'appuyaient les limites descriptives de cette maladie, a été remise en cause. C'est en s'appuyant sur les troubles du langage et de la pensée, censés exprimer directement le trouble dissociatif, que les auteurs ont conclu à la non-spécificité de ce phénomène qui, d'après eux, se rencontre dans bien d'autres états psychopathologiques, notamment dans les états maniaques. *M.-C. Hardy-Bayle*

Dissonance cognitive

Concept utilisé par L. Festinger en 1957, pour désigner l'état de tension créé par la contradiction entre différentes cognitions, c'est-à-dire différentes connaissances, opinions* ou croyances* relatives au milieu social, à l'environnement physique ou à ses propres sentiments* et conduites*.

Les hypothèses fondamentales de la théorie sont :

1. il existe un besoin de consonance engendrant des pressions tendant à réduire ou à éviter l'accroissement de la dissonance ;
2. pour résoudre la tension, l'individu peut modifier certaines cognitions, en ajouter de nouvelles ou moduler son comportement.

Cette théorie, dont le fondement motivationnel a été fortement critiqué, a stimulé de nombreuses recherches à propos de phénomènes aussi variés que les changements d'attitude*, la formation des impressions ou les relations interpersonnelles.

F. Askevis-Leherpeux

Distance

H. Hediger a attiré l'attention sur le fait qu'un animal maintient toujours vis-à-vis d'un ennemi ou d'un prédateur potentiel une distance à la limite de laquelle il s'écarte ou prend la fuite. Cette distance varie selon les espèces et en fonction de l'expérience que le sujet a de l'objet de sa crainte ; elle peut être très réduite dans les réserves où les animaux ne sont pas chassés, et tomber à zéro dans les zoos.

La distance interindividuelle est une notion qui s'applique aux relations intraspécifiques ; chez les vertébrés, spécialement chez la plupart des oiseaux et chez maints mammifères, un individu maintient autour de lui une zone de sécurité en deçà de laquelle l'approche d'un congénère provoque une réaction de menace défensive ou d'évitement*. Cette distance interindividuelle varie selon les sexes et selon les saisons : en période de reproduction, l'intolérance intraspécifique augmente et l'agressivité territoriale du moment en fixe les limites. Lors de la copulation, chacun, mâle et femelle, doit éliminer par des parades* qui son agressivité, qui ses craintes. Des mouvements postcopulatoires défoulent ensuite la tension née du bref rapprochement en deçà de la distance interindividuelle. De nombreux invertébrés, certains poissons et des mammifères (rongeurs, porcins) ne présentent pas ce comportement de distance et multiplient au contraire les contacts corporels (animaux de contact ou animaux de distance).

En psychologie humaine, on parle plus couramment de distance interpersonnelle pour désigner des phénomènes analogues, mais largement modulés par la culture. On peut, avec Hall, distinguer la distance intime, la distance personnelle (les individus restent à distance de bras les uns des autres), la distance sociale (autorisant l'interaction vocale normale), et la distance publique. *J.-C. Ruwet*

Distance sociale

Inversement proportionnelle au degré d'intimité que l'on accepte de partager avec d'autres individus, la distance sociale se mesure par l'écart que l'on désire mettre entre soi et autrui.

E. S. Bogardus a, le premier, proposé un instrument construit selon un modèle quasi hiérarchique* permettant d'évaluer la distance interethnique sur la base des éléments acceptés dans une liste ordonnée d'énoncés allant de : « interdire à l'autre d'entrer dans son pays » jusqu'à « l'accepter comme membre de sa famille ».

F. Askevis-Leherpeux

Distorsion

Aberration d'un système optique déformant un objet. Les dimensions de l'image d'un objet ne sont pas conformes à celles de l'objet lui-même. Cette déformation apparente est due soit à un défaut optique de l'œil (**aniséiconie**), soit aux caractéristiques du système (telle la lentille cylindrique), soit encore à l'action d'un facteur de champ (certaines illusions*, effets consécutifs*).

R. Génicot

Distracteur

Dans une tâche mobilisant l'attention* du sujet, tout stimulus* étranger au stimulus cible* et susceptible d'altérer la performance*. Le recours aux distracteurs constitue, en psychologie cognitive*, un moyen indirect d'inférer l'indépendance (relative) de deux processus* de traitement de l'information* se déroulant parallèlement. L'effet plus ou moins perturbateur des distracteurs est fonction de nombreux facteurs, notamment du niveau d'automatisation* de la tâche en cours et du degré de similarité entre stimulus distracteur et cible.

M. Richelle

Distribué

Se dit d'un apprentissage* réparti dans le temps, par opposition à l'apprentissage massé*. Qu'il s'agisse d'apprentissage moteur ou de mémorisation chez l'homme, ou d'apprentissage chez l'animal, les apprentissages distribués sont, toutes choses égales d'ailleurs, plus solides que les apprentissages massés, pour autant, cependant, que les intervalles entre les phases successives de l'apprentissage ne soient pas démesurément longs, auquel cas les effets d'oubli l'emportent.

Attention distribuée : V. Attention.

(V. Fonction distribuée.) *M. Richelle*

Distribution

Tableau faisant correspondre à chaque valeur d'une variable, soit le nombre d'observations recueillies (distribution d'effectifs), soit la proportion d'observations recueillies (distribution de fréquences).

Une distribution numérique a des caractéristiques de centralité*, de dispersion* et de forme. Parmi les distributions numériques, on distingue les distributions discrètes (dont les valeurs sont séparées par des intervalles) et les distributions continues. Parmi les distributions discrètes classiques, on mentionnera la distribution binomiale, la distribution hypergéométrique, la distribution de Poisson. Parmi les distributions continues classiques, on mentionnera la **distribution normale**, la distribution du khi-deux*.

P. Bonnet et H. Rouanet

Distributionnalisme

Théorie du langage* et méthode de description des langues qui a pris naissance aux Etats-Unis, sous l'impulsion de L. Bloomfield en 1933, dans un contexte marqué par la nécessité d'étudier les très nombreuses langues amérindiennes, et à partir d'orientations de la psychologie béhavioriste*, qui implique d'étudier des comportements* humains (donc des événements langagiers) sans recours à l'introspection* et en limitant l'appel à la signification*. Il s'agit de repérer, à l'aide des substitutions, la distribution d'une unité linguistique*, c'est-à-dire l'ensemble des environnements où on la rencontre dans le corpus*, réunion d'énoncés produits par les locuteurs de la langue et dont il faut s'assurer de la représentativité et de l'homogénéité. L'analyse distributionnelle porte sur les différents niveaux de la langue (phonèmes*, morphèmes*, syntagmes*) et l'analyse en constituants immédiats* permet de dégager la hiérarchie de ces unités et d'obtenir des classes distributionnelles (V. Catégorie grammaticale). Etendue à des énoncés longs, l'analyse distributionnelle a permis le développement de l'analyse de discours*.

J.-L. Chiss

Divergente (Pensée —) → Pensée

Division du travail

Selon la théorie marxiste, le concept de division du travail rend compte de la séparation des rôles économiques entre travail industriel et commercial, et travail agricole ainsi qu'entre travail matériel et intellectuel. Le développement des sociétés industrielles a instauré une séparation des fonctions d'études et de conception et des fonctions d'exécution souvent très fractionnées, illustrées par le taylorisme. De nos jours, c'est la répartition des postes-machines permettant la coopération entre différents postes (travail en équipes intégrées, flexibilité et polyvalence des hommes, adaptation rapide aux machines) qui représente la forme fondamentale de la division du travail. *P. Lidvan*

Docimologie

Terme forgé par H. Piéron pour désigner la science dont l'objet est l'étude systématique des examens*, en particulier des systèmes de notation*, et du comportement des examinateurs et des examinés. Dans les examens écrits traditionnels, et plus encore dans les épreuves orales, la divergence des notes* entre correcteurs réputés également compétents et le manque de fidélité* des notes d'un même correcteur sont considérables.

Les principaux facteurs affectant la notation sont la fatigue des évaluateurs, la stéréotypie (la connaissance des résultats antérieurs de l'élève influence l'examinateur), l'effet de halo* (influence exercée par l'apparence physique, la facilité verbale de l'élève, par la réputation familiale), l'effet d'ordre des corrections (après une copie brillante, une copie moyenne est sous-estimée), l'effet de contraste. Le manque de validité de contenu est aussi fréquent : un nombre insuffisant de questions ne permet pas une exploration générale de la matière et, de surcroît, la palette comportementale n'est pas couverte (par ex., trop de questions de mémoire ou d'applications stéréotypées, et trop peu de questions mettant en jeu les processus cognitifs supérieurs : analyse, synthèse, évaluation).

De façon générale, les enseignants classent correctement leurs élèves entre eux, mais ils tendent inconsciemment à exagérer les différences notamment pour obtenir *grosso modo* d'année en année la même distribution des notes de réussite et d'échec (loi de Posthumus). Qu'il s'agisse d'examens internes ou externes, la meilleure sauvegarde reste le recours au moins partiel à des épreuves objectives, construites selon les règles de l'art et, si possible, corrigées automatiquement. Les techniques d'harmonisation des notes entre examinateurs ou entre écoles atteignent actuellement un degré élevé de précision. L'harmonisation se fait soit à partir de la comparaison directe des notes attribuées par les divers membres des jurys, soit par référence à une même épreuve standardisée de validité avérée subie par l'ensemble de la population concernée. *G. de Landsheere*

Dol

Unité d'intensité* de la sensation* douloureuse cutanée, intervenant dans la construction d'une échelle* de sensation de la sensibilité thermique. *M. Richelle*

Par ailleurs, désigne, en langage juridique, toute manœuvre frauduleuse utilisée pour tromper une des parties dans l'établissement d'un contrat ; un dol par vice de consentement annule ce contrat. Plus généralement dol signifie : tromperie, duperie. Les conduites dolosives sont empreintes de malignité. *J. Selosse*

Dominance

La dominance renvoie à un mode de comportement interpersonnel permettant d'obtenir les objets convoités (symboliques ou non) et de se mettre en position de force dans les compétitions*. En psychologie sociale, lorsqu'elle n'est pas assimilée à un trait proche de l'ascendance*, la dominance relève surtout de l'appartenance à des groupes dominants dans les rapports de domination intergroupes (rapports professionnels ou de classes, rapports intersexes). La domination repose alors sur des structures formelles, sur les barrières intercatégorielles et sur les normes imposées par les groupes dominants. *ERSOC*

En éthologie*, dominance se réfère à la situation privilégiée que s'arroge par rapport aux individus dominés (V. Soumission) un animal de rang élevé dans une hiérarchie* sociale. Dans une hiérarchie linéaire, l'animal A du niveau le plus élevé domine tous les autres, alors que l'individu inférieur W n'en domine aucun. Dans la hiérarchie triangulaire, A domine B qui domine G qui peut dominer A. La dominance s'installe par de brèves interactions interindividuelles de menace-évitement*, non dommageables pour le dominé car hautement ritualisées*. La dominance confère des avantages : primauté d'accès à la nourriture et au gîte de repos ; primauté, voire monopole, d'accès aux femelles fécondes. Elle comporte des responsabilités : conduite du groupe, défense contre les prédateurs*. Aussi, à la notion de dominance, préfère-t-on associer aujourd'hui celle de fonction plutôt que celle de supériorité. La position dominante doit être défendue par des attitudes symboliques vis-à-vis des membres du groupe au sein duquel l'évolution et les changements de statut s'opèrent généralement en douceur. La tension est plus forte en cas de contestation ou d'éviction, après maladie ou blessure, du dominant ou de son remplacement après sa mort. Les relations de dominance sont complexes, dans la mesure où, dans les sociétés de singes par exemple, les liens filiaux et de parenté se maintiennent et où le statut du jeune est influencé par la position hiérarchique de sa mère et par l'intérêt que le dominant porte à celle-ci. Des clans liés à la parenté et des coalitions se forment. La position de chacun dépend ainsi de sa naissance, de sa force, de sa personnalité et de son histoire personnelle au cours de sa socialisation. Ces aspects des rapports de dominance se laissent transposer à l'espèce humaine, où ils s'assortissent cependant de toutes les stratégies élaborées au sein des diverses cultures et qui exploitent souvent des instruments extérieurs à la personne comme l'argent, ou des constructions symboliques, comme les idéologies politiques et religieuses. *J.-C. Ruwet*

Domination

Toute relation interindividuelle dissymétrique, établie sur des ressources inégales des partenaires ou qui s'exerce au travers de pressions, d'obligations et de sanctions qui invitent à la soumission, caractérise un rapport de domination. La domination peut être légitimée et référée à un statut d'autorité, de compétence ou de prestige. Elle peut entraîner des effets différents selon son caractère public ou privé et selon les modalités coercitives qu'elle utilise. Liée à un statut d'autorité institutionnalisé, elle peut conduire à une obéissance démesurée. Dans des rapports interpersonnels, la domination peut être recherchée sur un mode masochiste ou subie à travers la haine*, la violence et l'agression* dans un type de rapport qui recherche sa satisfaction dans la défaite d'autrui. *J. Selosse*

Don

Terme de la psychologie commune qui à la fois banalise et « fatalise » les capacités* humaines. Banalisation : le constat quotidien des multiples inégalités dans les habiletés* et les apprentissages* conduit à la simplification dichotomique du langage le plus usuel : doué/pas doué. Fatalisation : dans la banalité même du propos, perce une évocation de l'inéluctable. Le bagage individuel s'inscrit dans un jeu de prédispositions dont le lieu, providence divine, astres ou code génétique, radicalement autre, entraîne à une herméneutique de correspondances. L'éducation tend à se réduire à une pratique de la divination. Gros d'un débat qui, même sécularisé, demeure fondamentalement religieux, le terme est impropre à un usage scientifique. *D. Hameline*

Dopamine

Neurotransmetteur* appartenant à la famille chimique des monoamines et en particulier des catécholamines regroupant notamment la noradrénaline* et l'adrénaline*. Les neurones* à dopamine sont présents dans le système nerveux* périphérique (paroi des vaisseaux, ganglions, glomus carotidien) et dans le système nerveux central. Dans le cerveau, on a dénombré dix-sept noyaux catécholaminergiques différents pour la dopamine. Ces noyaux sont habituellement regroupés en neurones à axones longs comme ceux du système mésostriatal et du système mésocortico-limbique, des neurones à axones moyens tels que ceux du système tubéro-hypophysaire et des neurones à axones courts tels que ceux du système rétinien.

Le rôle fonctionnel de ces noyaux est différent. Le système tubéro-hypophysaire inhibe la libération de prolactine par l'hypophyse* antérieure. Le système mésostriatal régule les réflexes posturaux* et la coordination motrice* ; sa dégénérescence est à l'origine des principaux symptômes de la maladie de Parkinson*. Le système mésocorticolimbique serait impliqué dans de nombreux processus cognitifs* et de renforcement*. Comme tout neurotransmetteur, son rôle fonctionnel dépend de la région cérébrale qu'il module ; or la plupart des régions cérébrales (corticales et souscorticales) sont modulées par la dopamine. Le neurone à dopamine est activé par les substances toxicomanogènes telles que l'amphétamine, la cocaïne, les opiacés*, la nicotine, l'alcool*, et la transmission dopaminergique est bloquée par les molécules dites neuroleptiques* utilisées dans le traitement des psychoses schizophréniques*. L'implication, directe et indirecte, du réseau* que forment ces neurones à dopamine dans la régulation des conduites adaptatives et dans de nombreux troubles du comportement et de la pensée est démontrée par de nombreux travaux expérimentaux et cliniques. *H. Simon*

Double

Certains enfants s'inventent un compagnon imaginaire qui les comprend et les protège ou dans lequel ils projettent leur agressivité*. L'expérience amoureuse à l'adolescence, voire plus tardivement, est souvent vécue selon un fantasme gémellaire, chacun s'imaginant être le jumeau de l'autre doté du sexe complémentaire et constituant avec lui une complétude idéale. Le thème du double, de l'ombre, de l'écho, de la trace, de l'image au miroir ou à la surface des eaux est un des ressorts de la littérature fantastique ; il produit des effets que S. Freud a qualifiés d'inquiétante étrangeté. Dans les sociétés non occidentales, la croyance au double, bénéfique ou maléfique, est répandue. T. Nathan a distingué le double complémentaire, perçu comme symétrique, appartenant à l'autre sexe ou à l'autre monde, dont la fonction est d'établir la frontière entre l'espace externe et l'espace interne, la rencontre avec lui conduisant à une initiation, et le double identique, où la frontière est brouillée et dont la rencontre conduit à la folie et à la mort. *D. Anzieu*

Double articulation

Système propre aux langues humaines défini par A. Martinet. La première articulation est formée des unités signifiantes minimales (les monèmes) comme, par exemple, le mot « avion » (non décomposable en segments signifiants) ou les syllabes « cri » (présente dans toutes les formes du verbe « crier » quels que soient le mode, le temps, la personne ou le nombre) et « ons » (présente dans toutes les flexions à la première personne du pluriel du présent de l'indicatif, quel que soit le verbe) qui composent le mot « crions ». Ces monèmes sont eux-mêmes analysables en unités de seconde articulation (les phonèmes*) qui ne sont pas signifiantes en elles-mêmes mais qui permettent de différencier les monèmes entre eux. *J.-E. Gombert*

Double aveugle → Placebo

Double bind

Terme introduit par G. Bateson, en 1956, et traduit en français par **double contrainte, double lien** ou **double entrave.** Il désigne la situation dans laquelle un individu ou un groupe est soumis à deux exigences contradictoires, de telle sorte que l'obéissance à l'une entraîne la violation de la seconde. La structure logique des doubles liens est celle des paradoxes, mais leur portée pragmatique repose sur le fait qu'ils sont imposés par une personne ou un groupe disposant du pouvoir de contraindre et d'interdire la prise de conscience du caractère logiquement vicieux de l'injonction. L'Ecole de Palo Alto a attiré l'attention sur la fréquence des doubles liens dans les « familles à transaction schizophrénique », mais le phénomène déborde largement la pathologie. L'hypnothérapie ericksonienne et les thérapies systémiques de la famille* font appel à des doubles liens thérapeutiques fonctionnant comme contre-paradoxes. *J.-M. Petot*

Double contrainte → *Double bind*

Double entrave → *Double bind*

Double insu → Insu

Double lien → *Double bind*

Douleur

Sensation découlant de la stimulation des récepteurs* de la nociception*. De nombreuses controverses ont traversé l'histoire des recherches sur la douleur, que ce soit dans les domaines de la philosophie ou plus spécifiquement de la médecine, et certaines ne sont toujours pas tranchées. Un consensus s'est établi pour reconnaître que la douleur chez l'homme est un phénomène neuropsychologique complexe, d'aspect pluridimensionnel (sensoriel, affectif, cognitif et comportemental) et susceptible d'être modulé par de nombreux facteurs dont l'origine se situe aussi bien au niveau de l'individu (facteurs neurophysiologiques et psychologiques) que de son environnement (facteurs sociaux). Trois composantes sont classiquement distinguées dans un phénomène douloureux : une composante sensori-discriminative qui permet l'analyse de la qualité (brûlure, piqûre, etc.), de la localisation, de l'intensité et de la durée de la stimulation nociceptive ; une composante motivationnelle* qui donne à la sensation douloureuse son caractère désagréable ; une composante cognitive* et évaluative qui renvoie à un ensemble de phénomènes capables de moduler les deux dimensions précédentes par l'intermédiaire de différents systèmes de contrôle : phénomènes d'anticipation, d'attention*, de suggestion, d'expérience antérieure.

Le terme douleur renvoie à des expériences psychologiques très diverses et parfois très différentes, qui vont de la douleur expérimentale provoquée en laboratoire par des stimulations nociceptives chez le sujet sain aux douleurs observées en clinique qui peuvent être aiguës ou chroniques. Le temps est un facteur déterminant dans la compréhension du phénomène douloureux : de simple symptôme, une douleur peut évoluer par sa persistance en véritable syndrome, passant d'une « douleur signal d'alarme » à une « douleur maladie » comme l'a qualifiée R. Leriche. Chez l'animal, il est extrêmement difficile d'identifier et d'interpréter un comportement douloureux spontané, et la question demeure de savoir si les animaux perçoivent la douleur comme les êtres humains. La majeure partie de notre connaissance scientifique des mécanismes neurophysiologiques de la douleur repose néanmoins sur l'expérimentation animale, où les sujets sont soumis à des stimulations nociceptives aiguës ; elle s'appuie sur des analogies anatomiques, physiologiques et pathologiques entre les différentes espèces de vertébrés supérieurs, y compris l'homme. La douleur chronique intéresse davantage le clinicien car c'est celle qui pose les problèmes les plus difficiles tant du point de vue de l'étiologie et du traitement thérapeutique que de son interprétation. Elle accompagne de nombreuses maladies et est associée à des perturbations neuropsychologiques de longue durée qui diffèrent considérablement de celles observées dans les situations aiguës. Les connaissances sont très limitées concernant les mécanismes nerveux à l'origine des douleurs chroniques, d'où l'élaboration de modèles expérimentaux de douleur chronique chez l'animal tels que l'arthrite expérimentale induite par adjuvant chez le rat (où la douleur s'établit deux semaines après l'inoculation de la maladie et se prolonge au cours d'une phase aiguë de deux semaines pour s'éteindre progressivement pendant les quatre semaines suivantes), ou le modèle, encore controversé, de déafférentation par section des racines sensitives dorsales de nerfs périphériques. *B. Calvino*

Douleur du membre fantôme → Membre fantôme

Doxométrie

Ensemble des méthodes d'identification et de mesure* des opinions* d'une population déterminée, la technique la plus répandue étant celle des « sondages statistiques ». Alors que dans l'usage courant la notion d'opinion a trait exclusivement à la « doxa » (c'est-à-dire aux éléments de croyance*, d'adhésion ou de certitude), elle prend un sens plus large dans le cadre de la doxométrie : elle y désigne aussi les diverses données plus objectives qui peuvent faire l'objet d'un sondage (intentions de vote, habitudes comportementales, objets possédés, niveau de vie, etc.).

J.-P. Bronckart

Dramatisation

Liée à l'intensité émotionnelle et accessoirement traumatique d'actions ou d'événements qui ont perturbé l'équilibre d'une situation ou d'un sujet, la dramatisation va mettre en scène leur retentissement au niveau personnel en recourant à des symbolisations diverses qui opposent le désir de vie à une destinée néfaste. La stylisation de la dramatisation peut s'inspirer de schèmes culturels et être particulièrement mise en évidence dans la clinique ethnopsychiatrique. Mais elle dépend aussi de la structuration propre à certaines personnalités (hystérique, masochiste) qui va lui donner un caractère spectaculaire ou l'inscrire au travers de manifestations mélancoliques ou persécutoires. *J. Selosse*

Drame

Tout événement qui crée un excès d'excitation dont le retentissement entraîne un fort déséquilibre et place le sujet* devant les limites de son potentiel adaptatif constitue pour lui un drame. En raison de cette confrontation aux limites qui donne une valeur existentielle au drame, l'individu peut manifester des passages à l'acte* défensifs. Dans une perspective phénoménologique, on peut distinguer le drame subi devant lequel l'individu se surpasse (réaction héroïque) ou s'épuise (démission) et le drame agi face à la représentation d'un destin bouleversé par un renversement des systèmes adaptatifs (par ex., trahison amoureuse) qui donne une dimension tragique au passage à l'acte. Situé par rapport au syndrome général d'adaptation, le drame correspond à un stress* aigu qui entraîne soit une réponse de survie, soit une détresse.

J. Selosse

Dressage → *Shaping*

Drive

Terme anglais, dont le champ sémantique ne recouvre sans doute pas les sens des mots français qui, normalement, le traduisent (besoin*, motif*, état motivationnel*, tendance*), ce qui explique que les psychologues francophones y aient recours. Il ne doit peut-être le succès de son emprunt qu'aux acceptions multiples et souvent mal précisées qu'il revêt chez les psychologues anglophones eux-mêmes. Dans l'une de ces acceptions, *drive* se réfère à un état de l'organisme, lié à des fluctuations identifiables de variables physiologiques, et qui le rend réceptif à certaines stimulations ou l'engage dans certaines activités. Il désignera aussi bien un état de privation* alimentaire qu'un état émotionnel (on voit que le terme besoin n'est pas ici satisfaisant) ; un besoin biologique primaire, comme la faim ou la soif, qu'un « besoin » acquis : ainsi, la peur* déclenchée par un stimulus associé à un événement aversif* dans un conditionnement d'évitement* a statut de *drive* acquis, motivant le sujet à fournir une réponse d'évitement, entraînant une réduction* du *drive,* selon la théorie des deux facteurs. *M. Richelle*

Drogue

Selon l'acception française, substance ayant des propriétés pharmacologiques particulières dans la mesure où elle entraîne une tolérance* et une dépendance* et plus généralement de la toxicomanie*. La traduction et l'usage du mot anglo-saxon *drug* sont impropres ; ce dernier terme correspond à toute substance naturelle ou artificielle qui, en raison de sa nature chimique, altère la structure et la fonction de certains organes. A l'opposé de ce sens large, il convient de réserver l'usage du mot drogue aux substances, illégales ou non, utilisées dans un but théoriquement non pharmaceutique de recherche du plaisir, d'évitement de la douleur* physique ou psychologique ou de réduction des effets d'une dépendance physique ou psychologique (effets du sevrage). Une molécule, une substance pharmacologique ou un médicament ne deviennent une drogue qu'à partir du moment où celle-ci a produit chez un individu donné des effets tels que ce dernier ressent le besoin impérieux de vouloir répéter l'expérience produite par sa consommation. Ce dernier point explique l'importance des essais précliniques qui précèdent la mise sur le marché d'un médicament.

Parmi les drogues les plus connues, on peut citer le haschich et ses dérivés, les dérivés des substances opiacées*, les hallucinogènes* et autres substances à effets psychédéliques, les psychostimulants* (amphétaminiques, cocaïne*), l'alcool* et les préparations alcooliques, le tabac et les diverses préparations contenant de la nicotine, les préparations contenant de la caféine ou ses dérivés (café, thé, etc.).

La dépendance est un état théoriquement bien caractérisé mais pratiquement difficile à établir, notamment si l'on considère l'usage de certains médicaments (anxiolytiques*, mais aussi opiacés) ; il faut de plus évaluer la prescription et l'absorption de ces substances en termes de coût/bénéfice pour le sujet. La recherche ou la consommation de ces substances particulières est aussi vieille que le monde végétal d'où la plupart proviennent, et l'homme (comme les animaux) a appris à les connaître, les éviter, les consommer, voire les sacraliser. Il est intéressant de considérer que ces molécules végétales ont dans le cerveau des récepteurs* spécifiques aptes à les reconnaître et avec lesquels ils interagissent pour produire leurs effets.

En raison de leurs effets délétères potentiels, au-delà du plaisir ou du soulagement recherchés, les drogues sont au centre d'un problème social rendu plus dramatique du fait du caractère illicite de leur obtention. La demande et l'offre constituent un marché relevant de ce qu'il est convenu d'appeler « le milieu de la drogue » qui régit l'accessibilité au toxique et le coût d'une dose absorbée. La distinction entre drogue dure, moins dure et tolérée est plus sociale que médicale et elle n'a pas de base scientifique rigoureuse. Parmi les drogues ayant des effets nocifs considérables et posant de réels problèmes de santé publique, on peut citer l'alcool et le tabac : la nicotine et l'alcool sont des drogues légales dont l'usage est encouragé dans de nombreuses sociétés. Face à ces fléaux, les barbituriques ou les opiacés posent des problèmes de moindre importance à l'échelle d'une société. La définition d'une substance comme drogue ou non résulte de décisions de certains secteurs de la société ; c'est pourquoi les produits à base d'alcool ou de nicotine sont arbitrairement exclus de la classification.

Enfin, pour des raisons encore mal comprises, l'effet d'une drogue donnée est sujet à de grandes différences interindividuelles et les bases biologiques, épigénétiques et génétiques de ces différences sont tout aussi importantes à rechercher que les effets standards neuropharmacologiques. *M. Le Moal*

Dualisme

Nom donné aux doctrines philosophiques qui opposent deux principes irréductibles comme le bien et le mal, le droit et le fait, l'esprit* et la matière. En psychologie, C. Wolff a distingué le dualisme du monisme* en ce qui concerne l'opposition de l'âme et du corps. Cette opposition fut introduite en philosophie par R. Descartes qui caractérisait l'âme comme une substance dont l'attribut était la pensée et le corps comme une substance totalement distincte dont l'attribut était l'étendue. Cette conception allait marquer toute l'histoire de la psychologie et rendre particulièrement délicate la question de l'union de l'âme et du corps. L'hypothèse du parallélisme psychophysiologique* ou encore celle de l'isomorphisme de structure* sont des solutions contemporaines apportées au problème de la dualité de l'âme et du corps. *P. Mengal*

Duelle

Forgées en 1943 par I. Hermann, les expressions « unité duelle » ou « relation duelle » ou « relation en unité duelle » ont un sens voisin de dyade* ou relation dyadique. La relation duelle se réfère à une période où mère et bébé auraient vécu inséparables, dans l'unité redoublée de leur complétude respective. I. Hermann nie l'existence d'un instinct maternel et explique l'unité duelle comme effet de l'instinct filial qui agit chez la mère par empathie* avec son tout-petit. Les partenaires de l'unité duelle sont branchés l'un sur l'autre à la manière des vases communicants, avec maintien d'un niveau constant de demande et de satisfaction. La relation duelle humaine dérive par étayage* de la relation instinctuelle de cramponnement* entre le petit singe et sa mère.

D. Anzieu

Durée

Ce qui n'est pas instantané. La limite de la durée est le « point de temps » ou « élément punctiforme de durée ». Le seuil de pause ou seuil* absolu de durée est la limite entre l'instantané et le durable. Il y a perception* de la durée lorsqu'une stimulation unique est assez longue pour ne pas paraître instantanée, ou lorsque deux stimulations brèves apparaissent comme successives. Le seuil différentiel de durée est la plus petite différence de durée perceptible (ou différence juste perceptible*) par rapport à une durée étalon. Selon la loi de la constance relative des seuils différentiels (loi de Weber), celui-ci est une proportion constante de la durée de l'étalon. P. Fraisse a distingué les mécanismes de perception (pour des durées inférieures à 2 secondes) et d'estimation de la durée (pour des durées supérieures à 2 secondes). Cette distinction a été reprise par J. Michon dans le cadre d'une théorie du traitement de l'information* temporelle. La perception de la durée serait sous-tendue par un mécanisme de traitement automatique, qui ne fait pas appel à l'attention sélective. L'estimation de la durée serait sous-tendue par un processus de traitement contrôlé faisant intervenir l'attention et la mémoire. L'expérience de la durée découle, selon P. Janet, de la prise de conscience d'une résistance à la réalisation de nos désirs. La connaissance de la durée est de l'ordre de la représentation*. Elle permet la construction de l'horizon temporel*. *H. Lejeune*

Dyade

La dyade est un couple où l'individualité de chacun disparaît au profit d'une unité dyadique au sein de laquelle se tissent certains types de liens. Le sociologue G. Simmel utilise ce terme à la fin du XIXe siècle pour désigner un groupe de deux personnes. Le psychanalyste hongrois I. Hermann a créé en 1943 l'expression voisine de relation duelle*. La relation dyadique caractérise la relation symbiotique* mère/nourrisson. Elle fonde le fantasme* d'une psyché commune aux deux partenaires de la relation. D. W. Winnicott en 1965 a éclairé un aspect important de cette relation : la préoccupation maternelle primaire*, qui pousse la mère à s'ajuster parfaitement à tous les besoins du nourrisson. La dyade amoureuse désigne le couple homme-femme, décrit par J. Lemaire comme un « nous psychique » où s'effacent les limites du moi*. Sur le plan topique*, on observe une mise en commun d'espaces psychiques où l'objet-couple fonctionne comme un moi unique. Au point de vue dynamique*, le conflit s'actualise dans une défense des limites de l'unité-couple contre l'intrusion de l'environnement. Sous l'aspect économique*, une mise en commun des ça* individuels ainsi qu'un ressourcement énergétique continu des moi s'opèrent.

A. Ruffiot

Dynamique des groupes → Groupe

Dynamomètre

Instrument destiné à la mesure de la force* musculaire, muni éventuellement d'un dispositif d'enregistrement graphique (auquel cas on parle de **dynamographe**).

M. Richelle

Dynorphine → Opioïde endogène

Dyscalculie

Utilisé comme synonyme d'acalculie*, c'est-à-dire d'un trouble acquis du calcul. Utilisé aussi chez l'enfant pour les difficultés d'acquisition des opérations arithmétiques.

J.-L. Signoret

Dysharmonie cognitive

Trouble de l'intelligence* constituant un syndrome cognitif grave, découvert et conceptualisé par B. Gibello dans une perspective qui intègre la psychanalyse et la psychologie piagétienne des structures opératoires*. Ce syndrome comporte :
1. un mélange, dans des proportions variables, de troubles dyschroniques, dyspraxiques et dysgnosiques ;
2. de graves anomalies des structures opératoires, marquées principalement par un nombre élevé de décalages* horizontaux et même verticaux à l'Echelle de pensée logique de Longeot ;
3. en conséquence, des troubles importants des apprentissages (le niveau scolaire ne dépasse guère celui du CM1) ;
4. (surtout dans la forme psychopathique, découverte la première) une attitude de déni* de la difficulté à comprendre avec tendance à vivre les échecs de manière persécutive, ce qui entraîne souvent un rejet effectif de la part de l'entourage. Le syndrome de dysharmonie cognitive pathologique se retrouve également dans les psychoses infantiles* et dans diverses formes de dysharmonies d'évolution ainsi que dans les suites des traumatismes crâniens*. Avec le syndrome plus récemment découvert de retard d'organisation du raisonnement*, il constitue le groupe des troubles de l'intelligence par anomalie des contenants de pensée que B. Gibello distingue tant des troubles du niveau intellectuel (débilités ou surdons) que des troubles intellectuels fonctionnels dans lesquels tous les contenants de pensée sont présents et intacts mais non utilisés ou mal utilisés par le sujet en raisons de conflits* névrotiques.

J.-M. Petot

Dysharmonique

Terme qui, pris dans le sens général, manifeste le décalage transitoire entre différents secteurs en jeu dans le développement* de l'enfant. Plus précisément :
1. adjectif utilisé pour rendre compte, dans les débilités* et les déficiences* mentales, de la variation possible de troubles intriqués que sont l'insuffisance intellectuelle, les troubles de la personnalité et les troubles instrumentaux. Cette dysharmonie peut se concevoir dans une perspective statique, comme la débilité dysharmonique, ou dans une perspective dynamique, comme la déficience dysharmonique où la place respective de chacun de ces éléments peut se modifier avec l'évolution. La dysharmonie évolutive souligne, à côté de l'impulsivité d'accès à la pensée symbolique, l'importance des difficultés dans la vie affective et relationnelle ;
2. terme utilisé à propos de certains troubles de l'adolescence, pour caractériser les insuffisances graves de processus de symbolisation (dyspraxie, dysgnosie, dyschronie), chez des adolescents non débiles, mais psychopathes. La référence psychopathologique est soit celle de séquelles de carences* affectives précoces, soit celle d'un processus dépressif contemporain des troubles.

A. Braconnier

Dyskinésie

Littéralement mouvements* anormaux, qualifiés aussi, maintenant plus rarement, de mouvements involontaires. La variété sémiologique des mouvements anormaux est grande : les tremblements sont caractérisés par leur rythme autour d'une position d'équilibre ; les **mouvements choréiques** sont rapides, variables, imprévisibles et complexes — on peut en rapprocher les **mouvements balliques** brusques et de grande amplitude, les **mouvements athétosiques** plus lents de type reptation ; les **myoclonies** sont des contractions musculaires brusques et brèves pouvant entraîner des déplacements segmentaires ; les dystonies* sont des contractions musculaires prolongées à l'origine de mouvements de torsion répétitifs, ou de postures anormales. Tous les mouvements anormaux précédents appartiennent au « genre » dyskinésies. On tend cependant à réserver l'appellation dyskinésies à des mouvements anormaux voisins des mouvements choréiques (on dit parfois choréiformes) localisés à la bouche, d'où le nom de dyskinésies bucco-linguo-faciales. Ces dyskinésies surviennent souvent au cours de ou surtout après un traitement neuroleptique, d'où le terme de dyskinésies tardives. *J.-L. Signoret*

Dyslexie

Difficulté propre à l'acquisition de la lecture*, la dyslexie se traduit par la fréquence et la persistance d'hésitations, d'incompréhensions, d'erreurs, d'inversions de syllabes, de confusions de lettres, de mutilations de mots, de fautes portant sur le langage écrit qui persisteront souvent jusque dans l'apprentissage de l'orthographe, tout cela malgré un niveau intellectuel normal. Ces anomalies dans l'acquisition des automatismes lexicaux et graphiques restent pour une part mystérieuses. Si les désordres affectifs sont retenus depuis longtemps par de nombreux auteurs (une plus grande fréquence de désordres affectifs, le plus souvent de type névrotique, étant constatée chez les dyslexiques par rapport à des populations témoins ou de contrôle), certains considèrent que, même s'ils existent, ces désordres affectifs sont secondaires à un désordre de type constitutionnel en faveur duquel on peut retenir le caractère familial des cas de dyslexie, la plus grande fréquence (quelles que soient les études) chez les garçons et enfin certains travaux neurophysiologiques. La question reste cependant posée de savoir s'il s'agit de la transmission héréditaire d'une inaptitude particulière à l'appréhension de la lecture ou si elle correspond à des troubles familiaux plus généraux concernant le langage ou l'organisation cognitive. Face à ces points de vue différents, un grand nombre de cliniciens actuels essaient de résoudre ce problème soit en scindant la dyslexie en deux groupes de pathogénies différentes soit en considérant la dyslexie comme un désordre plurifactoriel. En pratique, l'association d'une rééducation orthophonique* et d'une psychothérapie est la méthode thérapeutique préconisée, sauf s'il n'existe aucun trouble affectif soigneusement recherché.

A. Braconnier

Dysmorphophobie → Somatoforme

Dysorthographie

Perturbations de l'orthographe quelle qu'en soit l'origine. Devrait être réservée aux difficultés d'acquisition de l'orthographe, observées chez l'enfant et fréquemment associées à la dyslexie* d'évolution. Mais utilisée aussi pour les troubles acquis de l'orthographe, qu'il s'agisse d'agraphie*, d'amnésie* sémantique ou d'un syndrome démentiel. *J.-L. Signoret*

Dyspareunie → Frigidité

Dyspraxie → Apraxie

Dysprosodie

La prosodie, ou façon de prononcer, est faite d'éléments rythmiques et mélodiques. Aux premiers appartiennent le débit vocal, la durée relative des phonèmes*, la place de l'accent tonique ; aux seconds, la hauteur de la voix et des phénomènes, en particulier le caractère ascendant ou descendant de la mélodie en fin de phrase, l'accentuation de certains phonèmes, la façon d'articuler les consonnes. La prosodie dépend de l'apprentissage* du langage (accents régionaux), du message transmis (courbe mélodique ascendante dans les phrases interrogatives et descendante dans les phrases déclaratives), de facteurs émotionnels ou thymiques (voix hachée et basse dans la tristesse, rapide et aiguë dans la joie). L'absence de traduction émotionnelle du langage oral aboutit au « langage neutre » ou aprosodie. On admet que les fonctions linguistiques de la prosodie : interrogation, affirmation, négation sont plutôt perturbées chez les cérébrolésés gauches alors qu'au cours des lésions de l'hémisphère droit, les modifications les plus importantes touchent les fonctions émotionnelles : colère, joie, tristesse, ironie. Les dysprosodies peuvent être analysées finement sur des enregistrements électroacoustiques (sonogrammes). On les observe surtout dans les désintégrations phonétiques (Alajouanine) qui font partie de l'aphasie de Broca ; le contour mélodique et la place de l'accentuation sont perturbés par l'augmentation des pauses, les conduites de l'effort articulatoire. Les dysprosodies sont améliorables par les techniques de rééducation du langage. Elles peuvent laisser subsister des aspects de prosodie étrangère comme la dysprosodie de type germanique liée à des modifications dystoniques de la voix, ou de type anglo-saxon du fait d'aspects parétiques des organes bucco-pharyngés. *B. Lechevalier et F. Eustache*

Dyssocialité → Dissocialité

Dysthymie

Trouble de l'humeur*, d'évolution chronique, marqué par la prédominance de sentiments dépressifs (tristesse, anhédonie, perte d'intérêts, sentiments d'inadéquation). Le retentissement de ces troubles sur le fonctionnement social les distingue des fluctuations normales de l'humeur. Cependant, leur intensité est insuffisante pour porter le diagnostic d'état dépressif. La survenue fréquente de ce trouble chez l'adulte jeune et sa permanence l'ont fait qualifier de personnalité* ou de névrose dépressive. Il peut également succéder à un état dépressif et poser le problème de la chronicisation de cet état.

M.-C. Hardy-Bayle

Dystonie

Mouvements* lents et involontaires conduisant à des positions anormales transitoires ou durables, associés à des torsions et des mouvements rapides réguliers ou non. Les étiologies sont nombreuses : certaines formes sont d'origine génétique, d'autres résultent de syndromes neuropsychiatriques plus larges ou de maladies dégénératives.

M. Le Moal

E

Éblouissement

Conditions de vision* dans lesquelles on éprouve une gêne ou une réduction de l'aptitude à distinguer des détails ou des objets, par suite d'une répartition défavorable des luminances* ou d'un contraste excessif. Les éblouissements sont soit directs, soit par réflexion, selon que les objets lumineux et éblouissants se trouvent proches de l'axe de la vision ou qu'ils sont réfléchis dans la même direction que l'objet regardé. L'éblouissement perturbateur trouble la vision sans provoquer nécessairement une sensation désagréable ; l'éblouissement inconfortable produit une sensation désagréable sans nécessairement troubler la vision des objets. *R. Génicot*

Écart interquartile → Dispersion

Écart-type → Dispersion

Échange social

Dans le cadre des théories du renforcement social*, G. C. Homans propose une adaptation du conditionnement opérant* à la prédiction du comportement en considérant les interactions comme similaires aux transactions économiques. Le sujet recherche la récompense et évite la punition (maximisation des résultats et minimisation des coûts), pour arriver à des échanges sociaux profitables. L'estime ou l'approbation d'autrui fonctionnerait comme un renforcement général du comportement. Homans introduit en outre la notion de justice distributive : dans une relation d'échange avec autrui, le sujet s'attend à ce que les coûts et les récompenses de chacun soient proportionnels à ses investissements. La théorie de l'échange social, et plus particulièrement les principes de la **justice distributive,** ont donné lieu à plusieurs développements : la théorie de l'équité* de J. S. Adams, et la théorie de l'interdépendance de J. W. Thibault et H. H. Kelley.

G. Moser

Échantillon

Désigne un sous-ensemble d'une population. Un échantillon est dit représentatif de la population selon une variable* si la distribution* de fréquences* de cette variable dans l'échantillon est la même que dans la population. Un échantillon obtenu par un procédé assimilable à un tirage au sort dans la population est appelé échantillon au hasard de la population.

Échantillonnage : on appelle échantillonnage dans une population tout mécanisme réel ou hypothétique conduisant à l'obtention d'un échantillon : échantillonnage représentatif, échantillonnage au hasard.

P. Bonnet et H. Rouanet

Échantillonnage → Échantillon

Échappement

Procédure* expérimentale* où le sujet est soumis à une stimulation aversive* à laquelle il peut se soustraire : apprentissage*, conditionnement* d'échappement*. Conduite par laquelle un organisme se soustrait à une stimulation aversive, notamment dans une procédure d'échappement : ainsi, l'appui sur un levier* permettra à un rat de mettre fin à un éclairement excessif ; ou, dans une cage à double compartiment*, le passage dans le compartiment voisin lui permettra de se soustraire à un choc électrique. Procédure et conduite d'échappement ressortissent à l'apprentissage instrumental* ou au conditionnement opérant*. Dans la mesure où les stimulus aversifs en cause correspondent à des stimulus déclencheurs* de réponses spécifiques de fuite ou de défense* dans le milieu naturel, l'acquisition* de comportements d'échappement reste particulièrement limitée par les contraintes spécifiques*.

L'échappement ne doit pas être confondu avec l'évitement*. *M. Richelle*

Échauffement

Notion proposée par les éducateurs physiques et surtout sportifs : c'est l'ensemble des exercices, généralement moteurs voire musculaires, destinés à atteindre d'emblée l'efficience maximale lors de la performance. Les leçons d'éducation physique commencent souvent par une phase globale d'échauffement supposée nécessaire et l'on ménage symétriquement, à la fin, une phase de retour au calme. Selon les moments de l'histoire et les idéologies didactiques, la période d'échauffement est plus ou moins longue.

Certaines écoles de psychodrame* entendent par *warming up* la pratique d'une sorte de préparation aux jeux de rôles*.

On parle aussi d'échauffement en psychologie expérimentale à propos d'une phase de mise en train préalable à l'expérience proprement dite. *C. Prévost*

Échec (Névrose d'—)

On parle, en psychanalyse, à la suite des travaux de R. Laforgue en 1941, de conduites d'échec lorsqu'il apparaît qu'un sujet, qui poursuit consciemment et souvent activement certains buts, s'arrange pour ne pas les atteindre. La recherche inconsciente de l'échec est l'effet de l'action interdictrice du surmoi*. Lorsque de telles conduites se répètent dans la biographie d'un sujet qui ne présente pas par ailleurs de symptômes psychopathologiques caractérisés, on parle de névrose*, ou mieux, de syndrome* d'échec. La répétition des conduites d'échec témoigne de la présence d'un puissant besoin inconscient de punition, qui relève du masochisme* moral. Les névroses d'échec entrent dans le cadre plus général des névroses de destinée*. *J.-M. Petot*

Échec scolaire

Situation d'un élève dont les résultats ne satisfont pas aux normes* de l'école*. La problématique de l'échec scolaire est quasiment contemporaine de l'obligation* scolaire, puisque celle-ci impose à tous les enfants des programmes de base et des rythmes identiques, et elle devient plus aiguë avec la prolongation de la scolarité : plus on avance dans les étapes du cursus, et plus grossissent les effectifs des enfants qui ne peuvent les franchir. L'échec scolaire se traduit par des mesures institutionnelles (redoublements de classe, orientations imposées) et l'une de ses conséquences est la sortie du système éducatif* d'un certain nombre de jeunes qui n'ont pu y acquérir ni diplôme, ni qualification professionnelle. La mesure de tous ces paramètres, dont l'incidence économique est considérable sur les coûts de l'éducation, permet d'établir le rendement du système scolaire, une des variables à prendre en compte pour faire les choix politiques qui le concernent.

Plusieurs analyses s'opposent sur les causes de l'échec scolaire : l'une, qui ne fait que rationaliser le sens commun, l'attribue à l'enfant et à ses carences du point de vue de l'intelligence*, de son appétence au travail. Mais un grand nombre d'études convergentes ont montré le caractère hautement sélectif de l'échec scolaire, qui touche surtout certaines catégories sociales dites défavorisées. C'est alors l'école qui est mise en cause dans ses méthodes, ses programmes, et les modes de transmission qu'elle privilégie : la nature de la langue qu'on y utilise, l'importance des significations* abstraites, l'éviction de la réalité vécue par les élèves, etc. On a pu montrer également le caractère cumulatif de l'échec et la précocité de ses manifestations chez la plupart des enfants qu'il touche : l'échec dans les premiers apprentissages*, lire et écrire, est prédictif d'une scolarité ultérieure compromise. Pour y remédier, l'institution met en place des structures qui sont le plus souvent de l'ordre du quantitatif : augmentation des heures de cours, réduction des effectifs, programmes allégés, renforcement de l'enseignement préélémentaire, considéré comme une propédeutique aux apprentissages de base. D'autres types de mesures sont d'ordre pédagogique, et visent à développer la motivation et l'autonomie de l'élève : travail en groupes flexibles, horaires souples, ouverture de l'école sur la vie, mise en place de pédagogies différenciées. *D. Manesse*

Échelle d'attitude → Attitude

Échelle d'évaluation

Introduite il y a une trentaine d'années, la **psychopathologie quantitative,** qui prend un essor croissant, repose sur l'utilisation d'échelles d'évaluation. Ce sont des outils de recherche qui, à l'exception des échelles d'autoévaluation*, sont toutes remplies par un observateur clinicien.

Leurs objectifs sont multiples : d'abord distinguer des classes ou des catégories diagnostiques (classification américaine du *Manuel diagnostic et statistique des troubles mentaux* (DSM III, International Classification of Diseases ou ICD10) : ce sont les échelles différentielles ; ensuite prévoir une évolution : échelles prédictives ; enfin et surtout décrire un état clinique ou la distribution d'une variable dans une population : ce sont les échelles descriptives.

Ces dernières, si elles sont répétées, peuvent permettre d'étudier les effets d'un traitement. Elles sont souvent utilisées dans ce but en psychopharmacologie*. Plusieurs types d'échelles descriptives sont à distinguer : les inventaires globaux qui sont des listes de symptômes ; les échelles nosographiques globales, dont la plus connue est l'échelle de dépression de M. Hamilton. Ces échelles fournissent un indice global de pathologie mais n'ont pas de stabilité factorielle ; enfin les échelles syndromiques (échelle de ralentissement dépressif) ou polydimensionnelles (échelle d'humeur dépressive).

Toute échelle requiert un certain nombre de qualités. La validité signifie que l'outil mesure bien l'objet étudié, de façon spécifique ; elle peut s'obtenir par exemple de façon concurrente avec une autre échelle. La validité externe est produite par comparaison avec un critère externe (imagerie, mesure biologique). La sensibilité permet de quantifier des signes même discrets ou des évolutions même minimes (sensibilité au changement). La fidélité implique une réplication de la même note devant le même objet par le même observateur (fidélité intrinsèque) ou deux observateurs différents (fidélité interjuges).

Les principales erreurs méthodologiques découlent de l'inadéquation des outils choisis par rapport au présupposé théorique d'une étude, ou de conclusions abusives à partir de résultats chiffrés. Malgré cela, la standardisation des données cliniques et l'introduction de la mesure en psychopathologie apportent un progrès méthodologique indiscutable. *R. Jouvent*

Échelle d'intelligence

Ensemble de tests* d'intelligence* permettant de caractériser les sujets quant à leur niveau intellectuel. Selon le mode de définition de la notion de niveau, d'où découlent les principes de construction des épreuves, on peut distinguer trois types d'échelles d'intelligence.

1. Les niveaux peuvent correspondre à des âges mentaux* ou à des quotients intellectuels*. Les sujets sont alors classés en référence aux performances* moyennes d'enfants d'âges différents. Exemples : l'« échelle métrique » de A. Binet et T. Simon, créée en 1905, et sa révision par R. Zazzo en 1966, la « nouvelle échelle métrique de l'intelligence ».
2. Les niveaux peuvent correspondre à des catégories d'étalonnage*. Les sujets sont alors classés en référence à la performance moyenne des enfants de leur âge. Exemples : l'échelle d'intelligence élaborée par D. Wechsler en 1955 pour adultes ou WAIS, l'échelle d'intelligence de Wechsler pour enfants ou WISC ; ces échelles permettent de calculer un quotient intellectuel verbal* et un quotient intellectuel non verbal (ou de performance).
3. Les niveaux peuvent être définis *a priori* à partir d'une théorie du développement* intellectuel. Les sujets sont alors en général caractérisés par un stade* de développement. Exemple : l'« échelle de développement de la pensée logique » ou EPL, élaborée par R. Longeot en 1974 et inspirée de la théorie de J. Piaget. Bien qu'elles prétendent souvent évaluer une intelligence générale, les échelles d'intelligence caractérisent en fait les individus selon des aspects particuliers de leur niveau intellectuel.

M. Huteau

Échelle d'intervalle → Échelle de mesure

Échelle d'observation du comportement

Tout procédé permettant d'attribuer des nombres à des observations* directes des comportements*, de façon à enregistrer aisément ces observations, à les systématiser et à les rendre aussi indépendantes que possible de l'observateur. Dans sa forme la plus simple, l'échelle ou grille* d'observation est nominale : elle propose une nomenclature d'unités* ou de catégories de comportement dont l'observateur notera la présence, selon la procédure d'échantillonnage* dont il aura fait choix ; elle fournit alors des informations sur la fréquence* des comportements observés. Dans une forme plus élaborée, l'échelle comporte une évaluation* de l'unité comportementale observée, évaluation qui dépasse pourtant rarement le niveau ordinal : pour chaque comportement ou catégorie de comportement, l'observateur devra fournir une évaluation, par exemple de l'intensité ou de quelque autre dimension, en situant son jugement* dans l'une des cases proposées d'une échelle en *n* points, ou en le positionnant graphiquement sur une droite représentant le *continuum** considéré. Ce type d'échelle suppose que l'observateur soit capable, au-delà du simple repérage de la présence d'un comportement, d'en estimer de manière fiable une caractéristique impossible à saisir par un procédé plus objectif. La concordance des jugements de plusieurs observateurs (fidélité* interjuges) tient généralement lieu d'indice de validité des évaluations (V. Ethogramme). *M. Richelle*

Échelle de catégorie → Catégorie

Échelle de Guttman

Technique permettant essentiellement d'explorer des attitudes*, développée par L. Guttman depuis 1941. L'échelle se compose d'une série d'items dichotomiques illustrant divers degrés d'une même attitude* (c'est une échelle ordinale). Tout sujet qui est d'accord avec un item doit être aussi d'accord avec les items exprimant un degré plus modéré de l'attitude* explorée. Un coefficient de reproductibilité permet de savoir dans quelle mesure on peut reproduire sans erreur les réponses données par les sujets à partir de leurs scores. L'analyse hiérarchique permet de vérifier l'unidimensionnalité des items. *M. Bruchon-Schweitzer*

Échelle de mesure

Modalité d'attribution de nombres à des objets. On en distingue généralement, avec S. S. Stevens, quatre types, hiérarchisés du niveau le plus rudimentaire au plus raffiné. L'échelle **nominale** se borne à répartir les objets en classes ou catégories selon des critères non ambigus : ainsi peut-on répartir les sujets d'un échantillon* selon leur profession, leur statut socio-économique, etc., ou les réponses à un test de Rorschach selon leur déterminant, forme, couleur, mouvement. L'échelle **ordinale** range les objets selon un certain ordre, sur une dimension* choisie, par exemple du plus petit au plus grand ; les échelles de préférence, dérivées de jugements* appréciatifs portés sur un objet par rapport à un autre ou une série d'autres, sont des échelles ordinales. C'est aussi le cas des descriptions ordonnées des différentes conduites caractérisant des stades du développement intellectuel, par exemple. La distance entre deux objets voisins sur une telle échelle n'est pas précisée. L'échelle d'**intervalle** introduit en outre une unité entre valeurs ordonnées, qui permet d'assurer qu'un écart à quelque endroit de l'échelle est quantitativement égal au même écart à un autre endroit quelconque ; les calendriers constituent des échelles de ce type familières à tous : mesurant le temps à partir d'un point d'origine conventionnel, ils le découpent en unités constantes, mais ils n'autorisent pas à affirmer qu'il s'est passé deux fois plus de temps en l'an mille qu'en l'an 500 ; il suffit de convertir en un autre calendrier pour vérifier que ce rapport est caduc, faute de disposer d'un véritable point d'origine correspondant à zéro. C'est à cette dernière exigence que répondent les échelles de **rapport**, ou proportionnelles, comme le sont les échelles de longueur ou de poids. Les psychologues ont rarement affaire à des échelles d'intervalle au sens strict : l'attribution de valeurs numériques pour enregistrer les réponses correctes à un test ne doivent pas faire illusion, car elle n'entraîne pas qu'une réelle unité de mesure s'applique en un point quelconque de l'échelle. Ils ne peuvent s'en approcher, souvent, qu'à la faveur de traitements mathématiques complexes. Les échelles de rapport se rencontrent plus rarement encore ; la psychophysique* est sans doute l'un des domaines privilégiés qui nous en fournit quelques illustrations dans les échelles de sensation*.

Le choix d'une échelle est dicté par la nature des données empiriques auxquelles on l'applique et par le degré de contrôle que l'on exerce sur elles. A chaque type d'échelle correspondent des modalités particulières de traitements statistiques, tant descriptifs qu'inférentiels. Il y a donc une étroite liaison entre objets à mesurer, choix de l'échelle de mesure et application des outils statistiques appropriés.

D. Defays et M. Richelle

Échelle de sensation

Attribution d'une métrique aux différents niveaux du *continuum** psychologique que constitue la sensation*, rapportés aux valeurs du stimulus* physique. La notion d'échelle de sensation implique que l'on tienne la sensation pour une grandeur mesurable, mais que la modalité de mesure* que l'on peut lui appliquer n'est pas nécessairement la réplique de celle qui s'applique au stimulus physique.

Les échelles de sensation diffèrent selon les procédés mis en œuvre pour les construire et selon l'expression mathématique de la fonction reliant le *continuum* (« subjectif ») de la sensation au *continuum* objectif du stimulus. Les échelles dites de Fechner sont construites à partir de procédures de discrimination* (seuils différentiels*), la différence juste perceptible* fournissant l'unité de mesure de la sensation, et la fonction logarithmique $s = c \log I/Io$ l'expression mathématique (avec s la sensation, I une valeur du stimulus, Io la valeur du stimulus correspondant au seuil absolu*, c étant une constante dérivée de la loi de Weber*). Lorsque les échelles sont construites à partir d'une méthode de production de rapport* (estimation de grandeur*, fractionnement*), la relation est généralement décrite par une fonction puissance du type $S_i = bS_i^a$ (loi de Stevens). Un troisième type d'échelle repose sur les méthodes de partition* (équisection*, bissection*, catégories*). La question de savoir si les *continua* psychologiques des sensations obéissent réellement à l'un ou l'autre de ces types d'échelles, ou s'ils se ramènent, en fin de compte, à des variantes dans la manière d'appréhender et de mesurer une même réalité (voire à des variantes plus ou moins adaptées selon la dimension physique considérée) demeure un objet de débat en psychophysique*.

Les unités adoptées pour les échelles de sensation relatives aux diverses modalités* sensorielles, et à chaque dimension physique des stimulus, ont été désignées par des termes généralement forgés par les psychophysiciens qui ont établi ces échelles. Ainsi le sone* est l'unité de l'échelle d'intensité sonore (ou sonie), le mel* l'unité de l'échelle de hauteur tonale, le dol* l'unité de l'échelle de douleur, le gust* celle de l'échelle des saveurs, etc.

Les échelles de sensation élaborées en psychophysique ont inspiré la construction d'échelles appliquées à d'autres phénomènes psychologiques (échelles d'attitudes*, de jugement esthétique, etc.). *M. Richelle*

Écho de la pensée

G. de Clérambault décrit l'écho de la pensée dans le cadre de l'automatisme* mental et en dégage deux aspects selon que la pensée se répète sur son mode propre ou qu'elle est répétée en écho par autrui. Cette anomalie marque donc le passage, dans cette description, d'un trouble réduit à une automatisation et mécanisation de la pensée (écho de la pensée propre) à l'écho de la pensée par un autre que le sujet lui-même, sous la forme d'une hallucination* intrapsychique. *M.-C. Hardy-Bayle*

Écholalie

Terme médical qui garde de la définition de l'écho son caractère de répétition. Ces phénomènes de répétition s'observent dans le champ du langage : on parle d'écholalie pour désigner, chez un sujet, la répétition automatique de paroles qu'on lui adresse sans qu'il paraisse en comprendre le sens. Ce phénomène est considéré comme automatique car il est involontaire, sans intention apparente et en rupture par rapport à l'activité en cours.

Purement descriptif, ce terme peut tout aussi bien qualifier un signe fréquent de certaines maladies neurologiques (notamment les démences*) que désigner un symptôme* de certaines pathologies psychiatriques notamment les schizophrénies*. Identique d'un point de vue descriptif, il est pourtant probablement différent du point de vue de ses mécanismes de production d'une pathologie à l'autre. *M.-C. Hardy-Bayle*

Écholocalisation → Écholocation

Écholocation

L'écholocation ou **écholocalisation** est un système d'orientation* où l'animal produit par impulsion des séries d'ultrasons, hors de portée de l'oreille humaine, et dont les échos lui sont renvoyés par les obstacles ou les proies, le temps séparant l'émission et le retour fournissant l'évaluation de la distance. Chez les chauves-souris, qui ont fait l'objet des premières investigations poussées, et qui se faufilent tantôt entre les stalactites, tantôt entre les branches, et chassent de nuit les insectes, les très hautes fréquences produites (20 000 Hz) permettent la discrimination* d'objets de petite taille. Le larynx, la bouche et le nez, les oreilles participent au système émetteur-récepteur. L'écholocation est étudiée aussi chez les dauphins et a été découverte chez des martinets tropicaux nichant dans des grottes obscures. *J.-C. Ruwet*

Échomimie → Passivité

Échopraxie

En clinique, ce terme désigne la répétition automatique par le malade des gestes* ou mimiques qu'il voit faire. Ce phénomène est tenu pour automatique car il est involontaire, sans intention apparente et sans que le sujet semble avoir conscience de le réaliser.

Purement descriptif, ce phénomène de répétition, souvent associé à une écholalie*, peut tout aussi bien s'observer dans certaines maladies neurologiques (confusion, démence*) que chez les schizophrènes.

M.-C. Hardy-Bayle

Éclairement

L'éclairement est la densité de flux lumineux tombant sur une surface ; l'unité en est le **lux**. Plus précisément, c'est le rapport d'un flux lumineux reçu sur une surface par un élément de cette surface : E lux = lumen/S m^2. Lorsque l'éclairement n'est pas uniforme, il convient d'effectuer la moyenne arithmétique en divers relevés selon une convention bien établie. L'éclairement est relatif à la quantité de lumière émise par une source et est inversement proportionnel au carré de la distance de la source à la surface considérée ; il varie en fonction de l'inclinaison du plan par rapport à la source (relation cosinus).

R. Génicot

Éclaireuse

Lorsque, chez les abeilles mellifères, la reine quitte la ruche, entraînant à sa suite la moitié environ des ouvrières pour fonder une nouvelle colonie, l'essaim se fixe en un lieu d'attente. Des éclaireuses s'en détachent et partent explorer les environs à la recherche d'un site convenant à une installation durable. Revenues à l'essaim, elles s'efforcent d'entraîner celui-ci vers le site choisi.

J.-C. Ruwet

Ecmnésique

Qualifie un phénomène d'hallucinations* de la mémoire qui consiste en l'irruption dans la conscience du sujet de souvenirs du passé ressentis et revécus comme présents avec toute leur acuité émotionnelle et comme appartenant à l'expérience actuelle qu'elle peut colorer d'une sensation de déjà-vu*. Le phénomène ecmnésique prend parfois l'aspect d'une reviviscence du passé avec irruption d'un défilé panoramique des souvenirs.

Il a été appliqué initialement par R. Pitres à un phénomène de réversion mentale observé chez des sujets en état d'hypnose* et chez des hystériques. S'observe lors de prise d'hallucinogènes, mais aussi dans la confusion mentale et lors des bouffées délirantes*.

J.-F. Allilaire

Éco-éthologie

Domaine de rencontre entre l'écologie* et l'éthologie*, deux branches encore jeunes de la biologie dont on éprouve parfois des difficultés à circonscrire la spécificité et l'objet propres. L'écologie, science des relations entre les organismes et leur environnement*, situe son enquête au niveau des populations, des communautés et des biocénoses ; elle se préoccupe de flux d'énergie, d'échanges de matière, de productivité des écosystèmes* ; elle s'apparente à l'économie et à la démographie. L'éthologie, science du comportement*, étudie les moyens par lesquels l'animal résout les problèmes que lui pose son environnement vivant ou inanimé ; elle situe son enquête au niveau de l'individu, de l'unité familiale, du groupe social ; elle se préoccupe de comportement alimentaire*, de rapprochement des partenaires sexuels, de soins parentaux, d'échanges d'information ; elle s'apparente à la psychologie* et à la sociologie. Ecologie et éthologie se sont développées indépendamment l'une de l'autre, parfois en s'ignorant ostensiblement, souvent même en rivales. Pourtant, elles ne se conçoivent pas l'une sans l'autre. Et l'éco-éthologie est leur domaine de recouvrement.

Les premiers éthologistes objectivistes (O. Heinroth, K. Lorenz) étudiaient le comportement pour lui-même, chez des animaux captifs ou acclimatés ; cela les a conduits parfois à qualifier d'aberrants ou de gratuits des comportements dont la signification ne pouvait apparaître qu'à la condition de s'exprimer dans le milieu naturel de l'animal. Car le comportement, objet de l'éthologie, qu'il soit inné* ou acquis*, c'est-à-dire qu'il soit le fruit d'un processus phylogénétique ou d'un processus ontogénétique d'adaptation*, est le résultat d'une interaction historique ou actuelle entre l'animal et son milieu ; il a été et est façonné par le milieu ; il s'exprime le mieux dans un milieu donné ; on ne peut l'étudier et le comprendre sans faire référence au milieu.

Les écologistes des populations considèrent celles-ci comme des sommes de consommateurs ou de reproducteurs anonymes ; ils ne s'intéressent qu'aux masses et aux données accumulées pouvant être traitées statistiquement ; ils négligent les études de cas observés cliniquement. Pourtant, les individus ne sont pas interchangeables ; ils ont chacun leur histoire personnelle, leurs aptitudes, leur personnalité ; ce sont les individus qui sont porteurs d'inventivité, de créativité*, d'innovation (V. Outil, Protoculture), qui sont capables d'imitation et sont susceptibles d'infléchir le succès d'une communauté, l'économie d'un écosystème ; c'est la coopération plus que la compétition qui détermine le succès d'un groupe social. Le fonctionnement d'un écosystème ne peut se comprendre sans savoir qui fait quoi et comment il le fait (V. Altruisme).

Plusieurs disciplines rendent compte de ce besoin nouveau d'explorer les frontières entre l'écologie et l'éthologie et d'intégrer davantage les deux disciplines. L'écologie comportementale se concentre très précisément sur le rôle et l'influence du comportement dans l'économie et le succès des groupes et populations. La sociobiologie* et la socio-écologie se préoccupent du niveau d'intégration intermédiaire entre l'individu et la population : le groupe social. La première privilégie les déterminants génétiques et l'adaptation phylogénétique des structures sociales ; la seconde insiste sur la dimension ontogénétique d'une structuration des sociétés en interaction continue avec le milieu.

J.-C. Ruwet

École

Etablissement dans lequel un groupe d'élèves reçoit un enseignement*, et par extension, l'ensemble des maîtres et des élèves de cet établissement.

Employé seul, le terme Ecole peut désigner une institution par laquelle une société dispense l'enseignement, au même titre que la Justice, l'Armée. Mais le mot école est fréquemment déterminé par un adjectif, qui va caractériser le type d'enseignement qu'on y dispense :

1. du point de vue de sa nature : les grandes écoles délivrent, en marge de l'Université, des formations professionnelles d'excellence ou très spécialisées (Ecole des chartes, Ecole polytechnique). Les écoles normales assurent la formation des instituteurs, etc. ;
2. du point de vue de ses caractéristiques institutionnelles : on parlera de l'école publique (réglementée par l'Etat et à sa charge), de l'école privée (relevant d'initiatives de particuliers mais entretenant en général des liens contractuels avec l'Etat). Dans cette acception, le terme est quasiment synonyme d'enseignement ;
3. du point de vue des méthodes d'enseignement qui y sont à l'œuvre : l'Ecole active* (Dewey), l'Ecole moderne (Freinet), représentent des courants pédagogiques novateurs. Les écoles parallèles désignent des établissements variés, à contre-courant du modèle officiel de l'école.

D. Manesse

École active

Sous la plume du pédagogue H. Marion, dès 1888, la méthode active* se définit par la mobilisation permanente de l'intérêt* des élèves, par l'emploi de techniques pédagogiques qui incitent ces derniers :

1. à exercer leur intelligence* par l'échange verbal ;
2. à participer par leurs réponses à l'élaboration des objets de leur propre savoir ;
3. à expérimenter concrètement la réalité des choses avant de s'initier à leur nomenclature abstraite. Mais, au demeurant, ces élèves sont « actifs » en proportion de l'activité* même de l'enseignant : ils sont mobilisés plus qu'ils ne se mobilisent.

Parler d'école active, comme le font les pédagogues genevois de l'Institut Rousseau à partir de 1919, c'est prétendre aller plus loin que la seule méthode active, c'est reconnaître en l'élève l'acteur déterminant de ses apprentissages* et, dès lors, redéfinir l'intervention éducative, sinon comme une abstention à la manière de l'éducation négative* préconisée par J.-J. Rousseau, du moins comme une médiation*, voire un simple aménagement du contexte.

Ce projet repose sur trois *topoï* :

1. d'une part, on fait référence à une psychologie de l'enfant* qui rompt avec l'empirisme* sensualiste des méthodes intuitives pour se faire constructiviste et attribue aux opérations* du sujet le rôle prépondérant. Proclamé par E. Claparède, ce retournement s'accomplira en référence à l'œuvre de J. Piaget et des piagétiens ;
2. d'autre part, la notion d'« école active », popularisée par les Genevois, reprend celle d'*Arbeitsschule,* empruntée à l'inspecteur munichois G. Kerchensteiner. C'est préconiser que faire, voire fabriquer, est plus formateur qu'écouter, voire rédiger ou se livrer au dialogue ;
3. mais c'est déjà au slogan de l'Américain J. Dewey : *learning by doing* que se réfère, entre autres, le pédagogue de Munich comme les psychopédagogues de Genève.

Le concept d'« école active », autant qu'un projet proprement éducatif, manifeste en définitive l'un des lieux communs du discours de la société individualiste contemporaine. L'« école active », c'est en effet la célébration du *self-help* comme du *self-government* : l'autonomie des élèves (libres allées et venues, marge d'organisation, initiatives, interactions, responsabilités au sein du collectif, individualisation du travail, etc.) devient la valeur dont le manque disqualifie l'éducation comme autoritaire, passive ou traditionnelle.

Il reste que les travaux récents sur l'interaction* ou le conflit sociocognitif*, de même que les recherches en didactique*, confirment qu'au sein du « sous-système » enseigner-apprendre, c'est apprendre qui constitue l'activité déterminante. Aussi bien est-ce de la forme que revêtiront les apprentissages* qu'il dépend que l'école soit ou non « active ». *D. Hameline*

École maternelle

Etablissement destiné à l'accueil et à l'éducation* d'enfants n'ayant pas atteint l'âge de l'obligation scolaire*.

Destinée à remplacer les asiles de jour, la première école maternelle fut ouverte en 1837 par F. Froebel. S'inspirant notamment de J.-J. Rousseau, Froebel voulait respecter la nature de l'enfant, le laisser s'épanouir. Petit à petit, et notamment sous l'influence de M. Montessori, l'école maternelle est devenue une « pré-école », avec ses exercices systématiques de développement sensoriel, ses activités stéréotypées et la préparation à l'apprentissage* de la lecture* et du calcul. A partir des années 1930, et dans la ligne de l'Education nouvelle*, une large place a été faite à l'expression spontanée par le jeu et l'art, aux activités de langage* et de quantification*, à l'exploration de l'environnement. La socialisation* est aussi devenue l'une des préoccupations majeures. Avec les années 1960 et étant donné la conscience toujours plus vive du rôle déterminant des premières années de la vie, des programmes spéciaux ont été proposés pour les populations particulières considérées comme défavorisées (V. Education compensatoire). A partir de cette époque, la méthodologie de l'éducation préscolaire a été de plus en plus influencée par les idées de J. Piaget. Dans les pays industrialisés, et bien que la fréquentation en reste libre, les écoles maternelles accueillent la presque totalité du groupe d'âge concerné.

G. de Landsheere

École moderne → Mouvement Freinet

Écologie

Branche de la biologie étudiant les lois régissant les relations entre les organismes et leur environnement* biotique (vivant) et abiotique (inanimé). La **synécologie** étudie les relations entre des partenaires ou des ensembles : communautés et biocénoses ; la **démécologie** étudie les conditions de développement, renouvellement, fluctuation des populations (biologie des populations, dynamique des populations) ; **l'autoécologie,** idéalement centrée sur le laboratoire, a pour objet de déterminer, en les faisant varier systématiquement, les caractéristiques du milieu permettant le meilleur épanouissement d'une espèce, et donc ses ***preferenda*** écologiques, aux différents stades de son développement ; l'**écosystémologie** (V. Ecosystème), discipline dérivée de la systémologie et née de l'irruption de l'écologie dans les préoccupations humaines, s'efforce d'établir des prévisions et de définir des principes de gestion de l'environnement*. *J.-C. Ruwet*

Économie

Champ scientifique voué à l'étude des mécanismes de production, d'échange et de consommation des biens, l'économie est longtemps demeurée très étrangère à la psychologie. Récemment s'est manisfesté un intérêt réciproque, dans plusieurs directions. Ainsi, dans le but de cerner l' *Homo œconomicus* dans sa réalité plutôt qu'à travers les abstractions de l'économie traditionnelle, on voit se rejoindre économistes et spécialistes de la psychologie cognitive* des décisions* ; les modèles* d'optimisation*, empruntés aux outils de l'économétrie, sont appliqués à l'analyse des comportements conditionnés opérants aussi bien qu'à celle des conduites de recherche de nourriture chez l'animal en milieu naturel.

Principe d'économie : en méthodologie scientifique, règle selon laquelle ce qui peut s'expliquer simplement ne doit pas l'être de façon inutilement compliquée. Ce principe, déjà formulé par G. d'Occam au XIVe siècle, a été explicitement repris en psychologie comparée par C. Lloyd Morgan, qui invitait à ne pas faire appel à des processus supérieurs, souvent peu vérifiables, pour expliquer des comportements animaux explicables par des processus plus élémentaires (canon de Morgan). Le problème, pour la psychologie, est cependant de ne pas glisser du respect du principe d'économie au réductionnisme*. Aussi certains psychologues, les gestaltistes* en particulier, ont-ils adopté une attitude inverse en proposant, comme W. Köhler, par exemple, le **principe de fertilité maximale,** qui dispense de l'exigence de simplicité.

Méthode d'économie : l'une des méthodes classiques d'étude de la mémoire* imaginées par Ebbinghaus en 1885. Un certain temps après une première acquisition*, jusqu'à un critère défini, du matériel à mémoriser, on procède à une nouvelle acquisition*, jusqu'au même critère. La différence entre le nombre d'essais* nécessaires à la seconde acquisition et le nombre d'essais à la première aquisition représente l'économie absolue. Rapportée au nombre d'essais lors de la première acquisition, cette différence se traduira en pourcentage d'économie relative. Cette procédure ingénieuse permet de tester la rétention* alors même que les méthodes habituelles de rappel* ou de reconnaissance* pourraient laisser à penser à un oubli complet.

M. Richelle

Économie de l'éducation

Discipline qui se développe dans les années 1960 et naît de l'idée que l'éducation* peut jouer un rôle positif dans la croissance économique, en d'autres termes que l'éducation rend le travail plus efficace et donc plus productif. On cherche à vérifier l'hypothèse que le développement économique est lié à celui de l'éducation en quantifiant les facteurs éducatifs qui contribuent à une amélioration du système de production (V. Capital humain). Ultérieurement, les interactions entre les systèmes économique et éducatif ont été étudiées par : la mesure des effets économiques de l'éducation, l'étude du fonctionnement du système éducatif (efficacité technique de ce système, coûts de l'éducation), la planification* de l'éducation (demande sociale en éducation, besoin en main-d'œuvre du système économique, taux de rendement des investissements).

P.-M. Dumont

Économique (Point de vue —)

Point de vue qui, dans la métapsychologie freudienne, prend en considération l'hypothèse d'une énergie (énergie d'investissement) dont la répartition et la circulation expliqueraient l'intensité et le jeu des activités mentales.

L'idée que pensées* et actions* présentent une intensité variable d'activation est triviale et peut appeler des théories explicatives diverses. L'originalité du point de vue freudien tient en premier lieu au présupposé que l'appareil psychique* est en soi inerte et que son activation résulterait nécessairement d'une excitation externe ou interne constituant la charge énergétique que l'appareil s'emploie à réduire. Le second point tient à la nature des excitations d'origine interne. S. Freud les attribue, en dernière origine, à des sources somatiques permanentes (pulsions*). Le point de vue économique est complémentaire et inséparable des autres points de vue métapsychologique (dynamique* et topique*) qui permettent de rendre compte de tout événement mental. Les notions de force et de conflit qui caractérisent le point de vue dynamique ne peuvent se comprendre sans postuler une énergie sous-jacente. Les différences topiques entre modes primaire et secondaire du fonctionnement psychique peuvent être conçues comme deux manières de réguler la circulation de l'énergie qui active les pensées (énergies libre et liée).

Le point de vue économique est l'objet d'un double débat. S. Freud semble avoir généralement en vue l'énergie d'origine libidinale. Dans ce cas, le point de vue économique constitue un modèle assez pertinent pour rendre compte des capacités de déplacement, de mise en tension et de décharge propre à la pulsion sexuelle. Est-il autant nécessaire et pertinent si l'on prend en considération la pulsion de mort, les pulsions destructrices ou les instincts d'autoconservation ? Le second débat concerne le principe même d'une énergétique s'exerçant sur l'appareil mental, mais d'origine extérieure à lui. On a pu reprocher à S. Freud d'être demeuré trop dépendant d'une conception neurophysiologique fondée sur la théorie du réflexe*. Si l'on accepte ces critiques, le point de vue économique ne peut être considéré que comme un modèle métaphorique et non plus comme une théorie explicative.

D. Widlöcher

Écosystème

Système fonctionnel formé par toutes les communautés biologiques d'une aire donnée et leur environnement* physique. Sa composante biotique comprend des végétaux producteurs (synthèse chlorophyllienne), des animaux consommateurs (phytophages et prédateurs), des organismes décomposeurs et réducteurs recyclant les déchets et les cadavres. Sa composition abiotique est constituée du climat et des sols. Les relations entre les organismes et leur environnement sont régies par un flux de matière et d'énergie et établissent la dépendance absolue de tous les organismes par rapport aux seuls végétaux producteurs ainsi que le rôle essentiel des recycleurs. Deux lois fondamentales se déduisent des relations de dépendance entre producteurs et consommateurs et de leur organisation en chaînes alimentaires : l'énergie se dissipe et la masse vivante (la biomasse) diminue.

Un écosystème se définit moins par rapport à l'espace occupé que par ses principes d'organisation et de fonctionnement. Les écosystèmes géographiquement les mieux définis sont les biomes, englobant les communautés biologiques vivant dans une aire climatique définie. L'écosystème global, à l'échelle de la planète, est la biosphère, comportant tous les vivants et la partie de la Terre influençant la vie et influencée par elle. La Terre, telle que nous la connaissons dans la composition de son atmosphère, des eaux, des sols, est le résultat de plus de trois milliards d'années d'interactions avec la vie depuis l'apparition de celle-ci.

Les écosystèmes naturels peuvent être vus comme des machines d'éléments intégrés et interdépendants assurant la fixation et la circulation d'énergie la meilleure, compte tenu de leur composition et des caractéristiques des lieux. Les écologistes (V. Ecologie) s'efforcent d'en déterminer la production. En les transformant, les agronomes essaient d'améliorer celle-ci, souvent hélas au prix de leur diversité, de leur stabilité et de leur durabilité. *J.-C. Ruwet*

Écosystémologie → Écologie

Écoute

Prise d'informations* auditives impliquant un processus attentionnel*, souvent recherchée au laboratoire à la faveur des consignes* fournies au sujet, ou des conditions expérimentales dans lesquelles il est placé. L'écoute dichotique* désigne la procédure qui consiste à présenter des stimulations auditives différentes à chacune des oreilles.

En psychologie clinique*, ou dans le contexte de certaines recherches en psychologie sociale* ou en psychologie de la personnalité*, le terme écoute désigne une attitude*, certes attentive, mais surtout réceptive à ce que le patient, le client ou le sujet exprime, attitude jugée favorable à la relation*. Le psychologue se met à l'écoute de son interlocuteur. *M. Richelle*

Écouteur

Appareil acoustique s'appliquant étroitement aux oreilles et permettant de délivrer des stimulations* auditives parfaitement contrôlées, sans interférence* des bruits* ambiants et sans qu'elles parviennent à d'autres auditeurs. L'écouteur, devenu aujourd'hui un objet de technologie de la vie quotidienne, a pourtant été, dès qu'il fut à la disposition des psychologues expérimentaux, la source de progrès marquants non seulement en psychoacoustique* et en psychophysique* de l'audition*, mais en psychologie cognitive*, notamment par le recours à la méthode d'écoute dichotique*.
M. Richelle

Écran

Dans la perception* visuelle, l'effet écran désigne le phénomène de complètement par le sujet d'une figure ou d'un objet partiellement masqué par un écran. Ce complètement s'impose de façon très contraignante, puisqu'il apparaît alors même que le sujet a pu constater un instant auparavant une lacune réelle dans le stimulus. Le phénomène s'apparente au phénomène de clôture*, étudié par la psychologie de la forme*, à la constance* perceptive et à la permanence* de l'objet. Il concerne aussi bien les objets en mouvement progressivement soustraits au regard, et que le sujet interprétera comme disparaissant derrière un écran ou dans un tunnel pourtant inexistant dans la réalité (V. Mouvement apparent).

Tout élément, concret ou symbolique, qui en masque ou déguise un autre. Ainsi, dans l'interprétation psychanalytique du rêve*, tel personnage neutre pour le sujet sera substitué à un autre, chargé de signification affective, et lui fera écran. *M. Richelle*

Écran du rêve

Notion introduite en 1949 par le psychanalyste américain B. Lewin. Il s'agit du fond sur lequel se détachent les images des rêves*. Ce fond indifférencié, généralement blanc, serait seul présent dans certains rêves. Il aurait pour prototype le sein* maternel, qui fournit le fond de l'espace du nourrisson, sur lequel se détachent les images hallucinées. La notion d'écran a également été utilisée, dans un sens tout à fait différent, par le psychanalyste britannique W. Bion, pour désigner un phénomène pathologique : lorsque la fonction alpha* n'est pas assurée, les éléments psychiques non assimilés, ou éléments bêta, prolifèrent et s'agglutinent en un écran bêta qui permet la formation de cauchemars*, mais non de rêves proprement dits. *J.-M. Petot*

Écriture en miroir → Miroir

Éducabilité

Capacité*, observée ou inférée à l'échelle de l'espèce humaine et des individus qui la composent, d'optimiser, voire d'organiser, les adaptations* rendues nécessaires par les conditions d'existence, et d'en faire autant d'occasions, voire d'obligations, d'augmenter les savoirs et les pouvoirs socialement valorisés. *D. Hameline*

Éducation

L'un de ces mots dont tout le monde croit bien connaître le sens à condition de ne pas avoir à le définir. Effectivement, l'idée d'éducation se révèle triplement résistante à une saisie conceptuelle : avant d'être une notion, l'éducation désigne une expérience, un défi, un enjeu : une expérience intersubjective, un défi moral et politique, un enjeu dans la concurrence entre les sciences humaines.

Préalablement au discernement intellectuel de l'objet de ses pratiques, tout éducateur est d'abord le sujet de sa propre éducation dont l'expérience, heureuse et malheureuse, hante, qu'il le pressente ou non, sa manière d'appréhender l'éducation des autres. Or, cette expérience est vécue par des millions d'êtres humains sous le signe énigmatique de la rivalité et de l'échec. L'éducation est d'abord quelque chose dont la réussite est certes imaginable, mais qui, *de facto,* rate souvent. Ce raté est perçu, dans les sociétés productivistes modernes, à la fois comme une régulation* sociale de la répartition des places, qui appelle l'analyse politique cynique, et comme un gaspillage du potentiel des talents, qui engendre l'indignation morale. Eduquer reviendrait alors à affronter un défi : parvenir, dans une seule et même entreprise humaine, à contrôler du fonctionnement et à conjurer de la malfaisance. Sans doute les sciences humaines ne reçoivent-elles pas la mission explicite de conjurer les mauvaises fortunes. En revanche, leurs tenanciers ne répugnent pas à prendre leur part au contrôle. Ainsi l'éducation est un enjeu, depuis deux cents ans, entre les différentes sciences de l'homme, dès lors qu'elles ont à voir avec l'organisation de la société, l'inspiration du pouvoir et la diffusion d'un savoir dominant. L'éducation est donc l'objet d'une concurrence de définitions antagonistes : psychologie, psychanalyse, sociologie, psychologie sociale découpent leur propre objet d'investigation, non sans signifier parfois l'incompatiblité des différentes approches et leur rivalité pour le fin mot sur le phénomène éducatif. Mais le risque est aussi grand d'un amalgame sans rigueur comme en témoigne la circulation dans la culture de certains acquis éducationnels de ces sciences passés à l'état de lieux communs.

Cet amalgame est d'autant plus facile que les acceptions du terme « éducation » dans ses usages courants révèlent son manque de fermeté. Education appelle ainsi de nombreux qualificatifs ou compléments de détermination. Il forme avec ces derniers autant de locutions passées dans le langage par la force de l'habitude. Spécifications par le champ : éducation scolaire, éducation familiale, éducation spéciale, etc. ; par l'objet : éducation sexuelle, éducation de la volonté, éducation des sphincters, etc. ; par les âges de la vie : prime éducation, éducation des adolescents, éducation des adultes, etc. Cette plasticité du terme éclate dans la notion d'éducation permanente*. Ainsi se manifeste l'envergure du phénomène, mais s'annonce tout autant la déception à laquelle doit s'attendre qui voudrait le définir avec un degré de généralité à la hauteur de cette envergure, sauf à se déterminer à des choix théologiques, métaphysiques ou, tout au moins, moraux.

Le terme éducation forme avec celui d'instruction* un couple singulier, attesté de longtemps dans l'histoire. Sans doute, faut-il revenir à Condorcet pour voir fonder en raison l'antagonisme de ce couple. L'éducation serait l'ensemble des moyens de pression et de persuasion qu'une société déploie pour se fabriquer des adhérents. L'attachement* est ainsi le fruit de l'éducation, non sans de grands avantages, pour les particuliers comme pour la communauté, mais non sans de graves équivoques. Une seule parade serait possible qui puisse contrecarrer cette perversion de l'agrégation sociale en une véritable dépendance affective : c'est l'entreprise de détachement menée par la raison en ses œuvres singulières où se disciplinent les savoirs, garants de la liberté, de la clairvoyance et de l'existence assumée en connaissance de cause.

En réalité, toute l'histoire de l'instruction dans les démocraties, telles qu'elles se cherchent au long du XIXe siècle, montre, d'une part, que le projet (national) d'éduquer traverse constamment le projet (public) d'instruire et, d'autre part, que les disciplines auxquelles ce dernier donne cours, loin de conforter la raison en la hauteur de son détachement critique, instituent autant de modalités fortement socialisées des savoirs et de leurs usages reçus et acceptés. Par ailleurs, le détachement appelle, au même titre que l'attachement, une médiation* éducationnelle marquée de l'ambivalence d'une relation inégalitaire et mimétique en sa disposition même et, dès lors, porteuse d'une charge psychologique qu'il serait vain de nier et imprudent de ne pas prendre en compte.

Il n'empêche que la critique de ce que l'on pourrait nommer le psychologisme éducationnel, dès lors qu'elle échappe au reproche de n'être à son tour que l'expression d'une frilosité et d'une naïveté rationalistes, sonne une alerte juste sur les perversités latentes de l'intention d'éduquer, quand cette intention se fait conjointement officielle, au nom des impératifs de la société, et intégrale, au nom des lois de la nature. *D. Hameline*

Éducation comparée

Cette discipline utilise la comparaison de faits éducatifs et des rapports qu'ils entretiennent avec leur environnement afin de contribuer à l'amélioration des systèmes éducatifs. Plus spécifiquement, elle analyse et compare l'état des systèmes éducatifs (scolaire et extrascolaire), les facteurs endogènes et exogènes qui déterminent ces systèmes ainsi que les problèmes éducatifs qui se posent et les solutions qui ont été envisagées pour tenter de les résoudre. La comparaison peut se faire géographiquement et historiquement et elle peut porter sur différents niveaux : états, districts, régions, etc. Elle peut avoir pour objet les structures des systèmes, leur organisation, leur administration ainsi que des méthodes d'enseignement*, des programmes, des méthodes d'évaluation*, etc. *P.-M. Dumont*

Éducation compensatoire

Expression désignant l'ensemble des actions éducatives destinées à lutter contre l'effet de facteurs sociaux, culturels, raciaux, familiaux ou environnementaux hypothéquant la valorisation du potentiel intellectuel et affectif de l'enfant ou de l'adolescent, en particulier dans le contexte scolaire.

Le mouvement de l'éducation compensatoire s'est développé principalement dès la fin des années 1950 aux Etats-Unis ; ses promoteurs étaient soucieux d'un meilleur respect des droits civiques (égalité des chances*) et désireux d'élever le rendement scolaire* global, surtout dans les disciplines scientifiques, pour rester compétitifs face aux autres nations avancées. Après avoir initié des actions limitées (par ex., enrichissement du langage* en prenant comme référence celui de la classe sociale dominante), le mouvement d'éducation compensatoire s'est progressivement réorienté en profondeur : à la notion de handicap* s'est substituée celle de différence respectable. Son but est aujourd'hui d'aider l'enfant à se développer dans un contexte de pluralisme socioculturel.

G. de Landsheere

Éducation négative

« La première éducation doit être purement négative » : cette phrase de Jean-Jacques Rousseau, au livre II de l'*Emile,* résume la règle d'abstention qui doit marquer, selon lui, l'éducation de la première enfance. Rousseau dénonce les interventions humaines, à ses yeux toujours prématurées. Elles ont pour résultat de faire acquérir des habitudes*, des préjugés, des connaissances inutiles et artificielles et de provoquer, non une éducation, mais cette dégénérescence qui est la marque de l'emprise sociale. Ne pas contrarier la nature : la laisser faire au cours de la première enfance (2 à 12 ans), puis la seconder habilement à l'âge de force (12 à 15 ans). Tel est l'axiome que l'Education nouvelle* empruntera à Rousseau et qui deviendra, non sans de grands contresens, l'adage de la société permissive contemporaine dont le précepteur d'Emile est loin d'anticiper les croyances*.

D. Hameline

Éducation nouvelle

L'expression, attestée à de nombreuses reprises au cours du XIXe siècle, caractérise un mouvement international à partir de la fondation des écoles nouvelles à la campagne. Le pédagogue genevois A. Ferrière élaborera, à partir de 1915, un instrument d'évaluation* en trente points susceptible de sélectionner les écoles qui, à ses yeux, peuvent revendiquer le label.

Cette initiative montre que l'adjectif « nouvelle » accolé à « éducation » contribue d'abord à disqualifier ce qui est censé ne pas mériter l'épithète. Il s'ensuit que désigner l'éducation comme nouvelle, c'est d'abord s'inscrire dans une querelle où se trouve d'emblée compromis l'exercice

serein de la définition. Les « Trente Points », dont Ferrière assure qu'ils correspondent à des constats d'observation, constituent tout autant un manifeste. On peut y relever quatre dominantes qui profilent assez fidèlement l'éducation nouvelle :
1. un naturisme-énergétisme, argumenté à la fois par l'hygiène et par une anthropologie de proximité avec le naturel, médiation obligée vers le spirituel et le cosmique ;
2. un pédocentrisme* préoccupé à la fois d'individualisation des apprentissages*, d'autonomie* morale et de participation sociale *(self-government)* ;
3. un scientisme, qui fonde l'éducation, désormais fonctionnelle, sur les découvertes de la psychologie génétique* et des lois du développement* de l'enfant ;
4. un particularisme, qui fait de l'initiative des particuliers et de leurs entreprises le moteur du progrès économique et social contre la bureaucratie d'Etat et l'esprit « fonctionnaire ».

Ce quadruple caractère des écoles nouvelles se retrouvera dans les principes de la Ligue internationale pour l'éducation nouvelle, fondée au Congrès de Calais en 1921 et qui tiendra une grande place dans les débats pédagogiques de l'entre-deux-guerres. Mais l'unanimité autour de la « charte de Calais » cache, en réalité, de profondes divergences que l'histoire subséquente fera apparaître. Divergences sociopolitiques : le Groupe français d'éducation nouvelle (GFEN), que dominent dès 1932 les figures de P. Langevin et de H. Wallon, opposera au particularisme des fondateurs un sociocentrisme* qui accorde la priorité à la démocratisation des études et à l'éveil de la conscience politique. Divergences psychopédagogiques : l'Education nouvelle regroupe aussi bien des technologistes soucieux de valider scientifiquement et de systématiser des tests* d'apprentissage individualisé que des libertaires s'inspirant de la *new psychology* dont W. Reich constitue la référence.

La banalisation même de ses thèmes, au sein du discours officiel et des lieux communs sur l'école, montre que, plus qu'un mouvement pédagogique unifié et producteur d'effets spécifiques, l'Education nouvelle constitue l'une des manifestations diffuses de la culture contemporaine, à la fois permissive et soucieuse de rentabilité, centrée ombrageusement sur l'individu et traversée pourtant par des mouvements sociaux de vaste ampleur. *D. Hameline*

Éducation ouverte

Expression générique recouvrant une variété de pratiques pédagogiques se réclamant de doctrines philosophiques ou de théories du développement* à orientation pédocentrique*. Relèvent de cette catégorie les écoles se rattachant au mouvement d'Education nouvelle*, les écoles ouvertes, les écoles alternatives, les écoles décloisonnées, l'éducation informelle. Selon Giacona et Hedges, l'éducation ouverte présente une ou plusieurs des caractéristiques suivantes : un ensemble de croyances et d'attitudes chez les enseignants concernant l'enfant et la nature de l'apprentissage*, une formation des enseignants à la pratique de l'éducation ouverte, une architecture scolaire décloisonnée, la suppression des classes rigides, une forte réduction de la directivité chez les maîtres, la participation des élèves au choix des objectifs, l'autoévaluation*.

G. de Landsheere

Éducation permanente

Parler d'éducation permanente plutôt que de formation continue* ou d'éducation récurrente, c'est poser que l'« institution » des enfants et l'« institution » des adultes constituent un seul et même processus. C'est poser que, tout au long de la vie d'un individu et de l'histoire, désormais changeante, des sociétés, les humains demeurent sujets de l'éducation. C'est dire qu'ils ne cessent pas de s'instituer mutuellement et mimétiquement comme humains, de telle manière qu'ils s'assurent ou se refusent une identité*, un projet et une place.

Ainsi compris, le concept d'éducation permanente se distingue de concepts psychosociaux comme l'interaction*, l'influence, l'emprise ou la contrainte, phénomènes dont tout groupe humain est le siège, entraînant des changements dans les attitudes de ses membres.

D'usage récent (1950), le concept d'éducation permanente assume dans sa définition même une contradiction de la société contemporaine. D'un côté les individus, au sein de nombreux groupes sociaux, ont désormais à leur disposition, foisonnantes et sans cesse renouvelées, des occasions d'avoir et d'être « plus » que régissent les lois de l'offre et de la demande. En témoigne, par exemple, la multiplication des formations dites de développemement personnel à l'initiative souvent concurrente de diverses obédiences psychologiques (analyse transactionnelle, bioénergie, sophrologie, programmation neurolinguistique, gestion mentale, etc.).

D'un autre côté, sollicitées de favoriser cette expansion, les instances qui détiennent le pouvoir social et la responsabilité de la planification budgétaire formulent le souhait, à la fois rationnel et raisonnable, que cette multiplicité s'organise et soit contrôlée. Les Etats sont ainsi amenés à se doter d'un arsenal législatif ou réglementaire, et à accroître leur emprise sur les individus, au risque de voir s'instituer la société en entreprise éducative permanente.

D. Hameline

Éducation physique et sportive

Discipline scolaire qui participe aux finalités générales de l'éducation tout en poursuivant des objectifs spécifiques tels que contribuer au développement physique et moteur des élèves, transmettre un ensemble de connaissances et d'habiletés motrices relevant d'une culture sportive, assurer une éducation globale. Cette spécificité tient à ce que l'éducation physique et sportive s'adresse à la motricité des élèves et utilise les activités physiques et sportives comme moyen d'éducation. Elle se distingue de l'éducation psychomotrice qui ne recourt pas à ces activités, et de l'éducation sportive qui est une initiation au sport.

Les activités sportives font l'objet d'une analyse et d'un traitement didactiques de la part des enseignants, pour être transposées en milieu scolaire. Durant les leçons, les élèves sont confrontés à des tâches qui diffèrent des tâches sportives proprement dites par une atténuation de leur caractère compétitif, par une simplification et une gradation contrôlée en complexité, et par le fait qu'elles sont l'occasion d'acquisitions qui dépassent les simples apprentissages sensori-moteurs (compréhension des principes d'efficacité, respect des règles et des adversaires, apprentissage de valeurs, etc.). Ces séquences de tâches d'apprentissage permettent de solliciter et donc de développer certaines fonctions, qualités, aptitudes, habiletés, attitudes chez les élèves. La pédagogie, très diversifiée, va de la mise en situation de résolution de problème à un enseignement directif centré sur la reproduction de modèles gestuels. Cette discipline vise aussi à une économie de moyens grâce au transfert d'apprentissage : l'enseignement d'habiletés de base est conçu comme une propédeutique à des apprentissages sportifs et moteurs ultérieurs plus rapides et faciles.

Cette discipline scolaire très prisée des élèves a un statut original au sein de l'Ecole : il s'agit d'une éducation corporelle qui favorise et utilise le jeu et le mouvement, au sein d'une Ecole de l'immobilité, fondamentalement intellectualiste et laborieuse. En conséquence, elle est souvent perçue comme une discipline mineure n'ayant qu'une fonction d'exutoire (elle serait l'occasion pour les élèves de décharger un trop-plein d'énergie ou d'agressivité) ou de compensation (les élèves en difficulté scolaire pourraient trouver là l'occasion de connaître quelque succès). Néanmoins son importance est de plus en plus reconnue dans une perspective d'éducation à la santé et d'éducation civique.

M. Durand

Éducation psychomotrice

Pédagogie corporelle fondée sur un rejet du dualisme* corps-esprit et qui vise une éducation* de l'individu global. Elle est surtout en usage à l'école maternelle. La pluralité des références théoriques correspond à une multiplicité de méthodes parmi lesquelles trois courants peuvent être repérés. Le premier propose un affinement de la motricité* par des exercices de latéralisation*, d'équilibre ou de coordination. Le second tend à favoriser le développement* intellectuel à partir de la motricité et de la prise de conscience de la logique de l'action. Le troisième s'adresse à l'affectivité sur la base de la relation instaurée lors de pratiques telles que l'expression corporelle*.

M. Durand

Éducation spéciale

Ensemble des méthodes pédagogiques et thérapeutiques destinées à des sujets soumis à l'obligation scolaire* mais qui ne peuvent progresser en fonction des instructions officielles et des usages de l'école ordinaire. Cette population est très hétérogène, puisqu'elle comporte, entre autres, aussi bien des débiles profonds que des caractériels intelligents. Il existe des Ecoles d'éducateurs spécialisés préparant au diplôme correspondant.

C. Prévost

Éduction

Mécanisme cognitif* par lequel le sujet dégage, de l'appréhension empirique* directe de deux éléments, une relation* entre eux (éduction de relation), ou de l'appréhension d'un élément et d'une relation l'autre élément auquel s'applique la relation (éduction de corrélat). Le terme, introduit par C. Spearman pour désigner un niveau élémentaire du fonctionnement logique du sujet, ne trouve plus guère sa place dans les travaux contemporains sur la cognition*. *M. Richelle*

Effecteur

Désigne une partie de l'organisme (de la cellule à l'organe) qui produit un effet, une action dans son milieu environnant. Les muscles ou les glandes sont par exemple des effecteurs. Les effecteurs sont sous commande nerveuse ou neurohormonale ; ils reçoivent des ordres moteurs en provenance du cerveau, ordres véhiculés par les influx* efférents qui passent par des relais médullaires. Les effecteurs assurent la vie de relation de l'organisme, et relèvent du fonctionnement du système nerveux* somatique. *F. Parot*

Effectif

Un effectif est un nombre d'observations. Le dénombrement d'observations, qui conduit aux distributions* d'effectifs, est la pierre de touche de la statistique*. Faire de la statistique, c'est toujours procéder à, ou se fonder sur, des distributions d'effectifs.

Les effectifs d'un tableau de contingence* sont appelés effectifs conjoints (on dit aussi de contingence ou de co-occurrence). On en déduit les effectifs marginaux (somme des effectifs par ligne et par colonne), lesquels définissent les deux distributions marginales d'effectifs. De la distribution des effectifs on déduit également la distribution des fréquences* conjointes, avec les deux distributions marginales de fréquences. L'analyse locale d'un tableau de contingence consiste, pour tous les couples de modalités constitués à partir des deux variables (cases du tableau), à étudier la liaison entre ces modalités. Pour examiner les liaisons, on se réfère aux effectifs théoriques. Par effectif théorique d'une case, on entend la valeur qu'aurait l'effectif de cette case si, les effectifs marginaux étant donnés, on avait une liaison nulle pour cette case. L'effectif théorique d'une case est le produit des effectifs marginaux divisé par l'effectif total. La liaison entre deux modalités est positive, négative ou nulle selon que l'effectif de la case (effectif observé) est supérieur, égal ou inférieur à l'effectif théorique correspondant. L'appellation consacrée « effectif théorique » ne doit pas faire illusion. D'une part, les « effectifs théoriques », qui résultent non pas d'une procédure de dénombrement mais d'une définition formelle, ne sont pas (en général) des nombres entiers. D'autre part, ce sont de simples valeurs de référence, dont le calcul n'exige à vrai dire aucune théorie.

P. Bonnet et H. Rouanet

Efférence → Afférence

Effet (Loi de l'—)

Loi formulée à l'origine par E. L. Thorndike (1911), dans le cadre de la psychologie de l'apprentissage*, selon laquelle une « connexion* modifiable » accompagnée ou suivie d'un état satisfaisant s'en trouve consolidée, alors qu'une connexion accompagnée ou suivie d'un état désagréable s'en trouve affaiblie. Cette loi se fonde sur les données empiriques recueillies notamment dans des expériences où des chats enfermés dans une boîte à problèmes* apprenaient à déverrouiller la porte. D'un essai à l'autre, l'apprentissage s'y manifeste par un abandon des comportements inefficaces, et la rétention* des comportements efficaces.

Malgré le recours à des termes subjectifs du langage courant (état « satisfaisant » ou « désagréable »), Thorndike avait en vue des phénomènes parfaitement objectivables, l'« état satisfaisant » correspondant à une situation que l'animal ne fait rien pour éviter, mais qu'il tendra à maintenir ou à reproduire par ses actes, l'« état désagréable » à une situation que l'animal ne fera rien pour entretenir et à laquelle il tendra au contraire à se soustraire, ou à mettre fin.

La loi de l'effet a pris une part centrale dans les théories de l'apprentissage élaborées par les écoles béhavioristes*, même si certains auteurs l'ont nuancée, comme G. Guthrie, dont la conception privilégie la contiguïté* temporelle, ou E. Tolman, qui accorde une part aux informations cognitives* que le sujet enregistre sur la situation d'apprentissage pour les exploiter ultérieurement. C'est dans la théorie de B. F. Skinner que la loi de l'effet a conservé le plus nettement sa valeur explicative, à travers une formulation différente dans les termes mais non dans le fond : le « contrôle du comportement par ses conséquences* » renvoie à l'accroissement ou à la diminution de la probabilité d'apparition des réponses en fonction des événements, gratifiants ou punitifs, qui les suivent. *M. Richelle*

Effet allostérique → Antagoniste

Effet autocinétique → Autocinétisme

Effet boomerang → Effet pervers

Effet consécutif figural → Figural

Effet Coolidge → Nouveauté

Effet de cohorte → Transversale (Méthode —)

Effet de halo

Il s'agit d'une erreur constante affectant l'observation d'autrui décrite dès 1920 par L. L. Thurstone. Certains caractères du sujet observé peuvent induire chez l'observateur une impression globale (favorable ou non, par ex.) qui va colorer les évaluations de cet observateur quant à diverses caractéristiques du sujet observé (d'où l'origine essentiellement subjective de la cohérence de ce type de données). On peut réduire cet effet en convertissant le trait à observer en unités de comportement observables, en évitant les évaluations qualitatives globales, en confrontant les évaluations de plusieurs observateurs. Les recherches d'autres solutions sont toujours en cours.

M. Bruchon-Schweitzer

Effet de position sérielle → Sériel

Effet Guttman → Analyse des données

Effet Hawthorne

Au cours des recherches menées entre 1920 et 1940 à l'usine Hawthorne, F. J. Roethlisberger et W. J. Dickson ont observé que le changement des conditions de travail entraînait une amélioration du moral du personnel et un accroissement de la productivité. Le retour aux conditions antérieures n'ayant pas fait disparaître cet effet positif, les chercheurs l'ont attribué au seul fait de participer à une expérience, ce qui donne au personnel le sentiment d'être considéré et valorisé. Par extension, on désigne sous le nom d'effet Hawthorne le biais positif introduit par tout changement attribué, par ceux qui en sont affectés, à de bonnes intentions.

C. Lévy-Leboyer

Effet pervers

Un effet second est marginalement lié à un traitement ou à une action poursuivant un autre objectif. Cet effet est dit pervers lorsqu'il revêt un caractère négatif, dommageable.

Alors que l'**effet boomerang** est spécifiquement à l'opposé des intentions (ex. : les informations contenues dans une campagne contre la drogue peuvent susciter une augmentation de la consommation de celle-ci), le concept d'effet pervers est beaucoup plus général. Exemple : la pression exagérée, exercée sur des élèves pour obtenir des performances scolaires toujours plus élevées, provoquerait certains suicides.

G. de Landsheere

Efficacité lumineuse

La courbe d'efficacité lumineuse relative spectrale représente la sensibilité de l'œil humain aux différentes longueurs d'onde. L'œil humain standard (moyenne de l'œil sain à maturité) n'est pas également sensible à toutes les longueurs d'onde du spectre visible (de 380 à 780 nanomètres). L'*optimum* de sensibilité* se situe à 555 nanomètres (couleur vert-jaune) en vision* de jour (condition photopique) et à 507 nanomètres (couleur bleutée) pour la vision nocturne (condition scotopique). En s'écartant de ces valeurs maximales (représentées par l'unité), on constate que les courbes de sensibilité baissent de manière progressive de part et d'autre de cettre valeur. L'efficacité est nulle à la limite ultraviolette pour les deux courbes (longueurs d'onde faibles). Pour les longueurs d'onde supérieures, l'efficacité est nulle dans les rouges en vision scotopique (cette couleur apparaît noire la nuit) et à l'infrarouge en vision photopique. Ces courbes de sensibilité relative spectrale $V\lambda$ (vision photopique) et $V'\lambda$ (vision scotopique) caractérisent le filtre* visuel (rétinien). Les cellules photosensibles (en photographie, par ex.) sont munies d'un filtre $V\lambda$ pour se rapprocher de la sensibilité visuelle.

R. Génicot

Efficience

Désigne de manière générale le rendement d'un comportement ou le degré d'accomplissement de l'effet d'une action*. Dans le cadre des tests* psychologiques, diverses techniques de mesure* permettent d'apprécier l'efficience de divers types de comportements.

Psychologie de l'efficience : selon H. Wallon, démarche qui met en jeu des méthodes inductives (V. Induction) pour aboutir à la formulation de lois* ayant trait à la structure et au fonctionnement des actes* moteurs et mentaux. Elle s'oppose à la psychologie de la conscience* qui procède par introspection*.

Quotient d'efficience : mesure* proposée par D. Wechsler et qui se définit comme le rapport établi entre le score* obtenu par un individu à un test* et le score maximal de l'individu moyen dans l'échelle des âges.

J.-P. Bronckart et E. Jalley

Efficience motrice : qualifie les mouvements corporels dont l'exécution présente des caractéristiques d'efficacité et d'économie. L'efficacité désigne le fait d'atteindre régulièrement le but fixé. L'économie renvoie à deux composantes : la composante physiologique ou rendement, qui est le plus souvent exprimé comme le rapport entre le travail physique et l'énergie métabolique dépensée ; la composante psychologique, plus difficile à quantifier, fait référence au degré de sollicitation attentionnelle et au niveau de la charge mentale pendant la réalisation du mouvement.

Plus un individu est habile, plus il est capable de réaliser des mouvements efficients. Au plan moteur, ce gain d'efficience correspond à une disparition ou une atténuation des mouvements parasites, des contractions musculaires superflues ou trop intenses, et à une meilleure intégration temporelle de ces contractions. Au plan du contrôle moteur*, le gain en efficience correspond à l'ouverture plus ou moins complète de la boucle cognitive et à un processus d'automatisation. Ce gain est considéré soit comme une conséquence de l'apprentissage moteur soit comme un des déterminants des processus d'acquisition et d'obéissance à un principe très général d'économie.

M. Durand

Effondrement

Le terme anglais *breakdown,* qui n'a pas de signification nosographique stricte, est le plus souvent utilisé pour désigner la dépression nerveuse *(nervous breakdown).* D. Winnicott lui a donné une définition plus précise dans le cadre d'une théorie dont les affirmations principales sont les suivantes :

1. certains patients, qui ont peur d'un effondrement nerveux, redoutent en fait l'effondrement de leurs défenses* et, plus généralement, l'effondrement de leur « *self** unitaire » ;
2. l'effondrement redouté a déjà eu lieu, du fait d'une carence de l'environnement*, au cours du tout premier développement ; il a pris fin après (et grâce à) l'organisation de nouvelles défenses qui constituent ensuite la structure de la maladie du patient ;
3. cet effondrement n'a pas été véritablement éprouvé ou assumé ;
4. la reviviscence dans le transfert* de ces défaillances de l'environnement est le seul moyen pour l'analyste de reconnaître ce type de souffrance et d'apporter une interprétation utile, qui souligne notamment que l'effondrement a déjà eu lieu.

J.-M. Petot

Effort

Caractérise l'intensité de l'engagement dans une situation et l'économie de la conduite. Dans le domaine des activités physiques et sportives, on distingue classiquement l'effort physique de l'effort mental. Le premier s'apprécie par une mesure de l'accroissement du métabolisme* dû au travail musculaire. Le second, moins facilement accessible de façon objective, est associé à une élévation du niveau d'activation* du système nerveux central* et à une mobilisation intensive et sélective des ressources attentionnelles. L'intensité de ces deux composantes est perçue ou estimée avec une bonne précision par les acteurs. Cette information est vraisemblablement utilisée au cours du contrôle du mouvement*.

M. Durand

Effroi

Contrairement à la peur et à l'angoisse* qui accompagnent l'attente d'un danger connu ou inconnu, l'effroi est, dans le langage de la psychanalyse, l'affect ressenti par le sujet plongé sans préparation dans la situation de détresse*. L'effroi prive ordinairement le sujet de toute possibilité de réaction : il met le moi* hors d'état d'exercer ses fonctions de liaison* des quantités d'excitation. Il est de ce fait toujours présent à l'origine de la névrose traumatique* que S. Freud nomme parfois névrose d'effroi. Dans ses derniers travaux, S. Freud a opposé au signal d'angoisse, et décrit sous le nom d'angoisse automatique, un affect qui possède toutes les caractéristiques de l'effroi : survenue brutale, submersion et mise hors jeu de toutes les fonctions du moi, répétition de l'état de détresse.

J.-M. Petot

Égalisation

En psychophysique* et en psychologie de la perception*, procédure* qui consiste à demander au sujet d'ajuster un stimulus de comparaison* de manière à ce qu'il lui paraisse égal au stimulus étalon* **(égalisa-**

tion subjective). On l'emploie, notamment, dans la mesure des seuils différentiels* par la méthode dite de l'erreur* moyenne, où l'écart entre la valeur ajustée du stimulus de comparaison et celle du stimulus étalon fournit une estimation* de la différence juste imperceptible*. Elle s'applique aussi à la mesure des constances* perceptives (par ex., égalisation de deux plages de gris placées dans un éclairage différent) ou à des illusions* optico-géométriques (par ex., la mesure de l'illusion de Müller-Lyer se fait très facilement en invitant le sujet à ajuster la longueur d'une ligne munie de pennures externes, tracée sur une glissière, à celle d'une ligne munie de pennures internes). *M. Richelle*

Égalisation (loi d'—)

Initialement formulée par Herrnstein en 1961, à partir d'expériences de conditionnement opérant* dans lesquelles le sujet a le choix entre deux réponses* contrôlées par deux programmes de renforcement* différents (programme concurrent), la *matching law* établit que le rapport entre les débits* des deux réponses tend à égaliser le rapport entre les fréquences de renforcement* qu'elles entraînent. L'équation décrivant cette relation a été compliquée ensuite, dans la *matching law* généralisée, pour tenir compte de divers facteurs, notamment des biais* de réponse, responsables des résultats observés empiriquement s'écartant de cette proportionnalité simple, et traduisant une sur- ou sous-égalisation *(overmatching* ou *undermatching)*.

La loi d'égalisation, et ses diverses formes dérivées, constituent un modèle* quantitatif particulièrement élaboré de la psychologie de l'apprentissage. Elle présente d'intéressantes convergences avec les modèles d'optimisation* tels qu'appliqués, entre autres, par les éthologistes dans l'étude de la distribution spatio-temporelle des comportements de recherche de nourriture en milieu naturel. *M. Richelle*

Égalité des chances

Expression signifiant la volonté d'accorder à tous les enfants une égalité d'accès et de traitement à l'école. Cette notion large fait l'objet de débats polémiques, notamment sur ce qu'elle présuppose : l'égalité des chances ne se conçoit, pour la plupart des auteurs, qu'en acceptant l'évidence discutable de différences, d'inégalités entre les enfants dès leur entrée à l'école. Elle consiste donc à réclamer du système éducatif* qu'il donne à chaque enfant la possibilité d'atteindre les résultats dont il est capable. C'est au nom de la démocratisation, mise en œuvre pour élever le niveau de tous, que la notion d'égalité des chances est contestée.

L'égalité des chances peut se mesurer de manière externe d'après, par exemple, les caractéristiques du dispositif scolaire (dotations égales des écoles* en maîtres, en locaux, en subventions), mais également à la sortie du système scolaire : elle consisterait alors en l'égalité des résultats scolaires d'enfants issus de catégories socioprofessionnelles différentes. La réalité dément évidemment cet objectif, quels que soient les efforts déployés pour y tendre, notamment par l'action pédagogique. La réussite scolaire est en effet étroitement corrélée avec le niveau d'instruction des familles. *D. Manesse*

Égocentrisme

Pour J. Piaget, caractéristique majeure de la pensée* de l'enfant ; face à une situation donnée, celui-ci procède à une centration* première contraignante, déformante et inconsciente. Cela se traduit dans son comportement par une indifférenciation* entre le moi* et l'autrui*, entre le sujet et l'objet, ainsi que par une utilisation du langage* non dominée par la visée communicative. Les trois manifestations langagières de l'égocentrisme sont l'écholalie*, le monologue* et le monologue collectif (l'enfant parle en présence d'autrui mais ne s'adresse pas à lui). L'évolution ultérieure s'effectue par décentration* et réciprocité des échanges ; elle se manifeste par une socialisation* progressive de la pensée et du langage.

Dans des écrits ultérieurs, J. Piaget a expliqué l'égocentrisme en termes de résultat de la dominance alternative de l'assimilation* ou de l'accommodation* (ce qui correspond à l'attitude précritique de l'intelligence* selon J. Piaget ou au syncrétisme* intellectuel selon H. Wallon). Il s'ensuit que cette notion ne caractérise plus exclusivement la pensée enfantine, même si la période 6-7 ans continue à être considérée comme cruciale.

La notion d'égocentrisme a donné lieu à de nombreux contresens (notamment lorsqu'on l'a associée au comportement consistant à « parler de soi »). Par ailleurs, les manifestations verbales de l'égocentrisme ont fait l'objet d'une interprétation très différente de celle proposée par J. Piaget. Ainsi, pour L. S. Vygotsky, le langage égocentrique ne précède pas le langage socialisé : bien au contraire, il constitue une étape intermédiaire entre ce dernier et le langage intérieur. D'ailleurs, on peut encore en observer certaines manifestations chez l'adulte lorsque celui-ci se trouve confronté à des tâches difficiles (résolution de problèmes*, par ex.). Enfin, de nombreux travaux ont montré que le jeune enfant (dès 3-4 ans) est capable de comprendre qu'autrui a un point de vue différent du sien et, si la tâche n'est pas trop complexe, de découvrir quel est ce point de vue. De plus, les échecs relevés correspondent très rarement à un comportement de type égocentrique (c'est-à-dire que l'enfant ne choisit pas majoritairement ce qui serait sa propre perspective).

M. Fayol

Égodystonie

Littéralement, qualifie une activité mentale en opposition avec le moi*. S'oppose trait pour trait au terme égosyntonie* dans les différentes acceptions du concept de moi. Une phobie d'impulsion peut être qualifiée d'égodystonique par rapport au moi en tant que représentation consciente de soi. Une tendance perverse sera dite égosyntonique ou égodystonique selon qu'elle s'exprime en accord ou en conflit avec les prescriptions du moi par rapport aux exigences du ça et du surmoi.

D. Widlöcher

Égosyntonie

Littéralement, conformité d'une activité mentale avec le moi* ; s'oppose à l'égodystonie*. Au sens large, le terme de moi se réfère à la personnalité* et à l'ensemble des représentations conscientes que s'en donne le sujet*. Un comportement* ou un sentiment* sera dit égosyntonique si le sujet le perçoit en accord avec la représentation qu'il se fait de lui-même.

Quand le moi est conçu dans une perspective psychanalytique comme instance de contrôle, en interaction avec les autres instances de la personnalité, le terme égosyntonique signifie que l'activité mentale ainsi qualifiée est sous le contrôle du moi et conforme à ses buts.

D. Widlöcher

Einsicht → Compréhension soudaine

Éjaculation précoce → Impuissance sexuelle

Élaboration psychique

L'élaboration secondaire est la dernière étape de la formation du contenu* manifeste du rêve* : celle qui donne une cohérence et un sens relativement acceptable par la conscience aux images chaotiques produites par le travail de rêve en les faisant entrer dans le cadre préétabli d'un scénario disponible dans le préconscient*.

L'élaboration psychique est un concept technique de la psychanalyse puis, plus généralement, de toute la psychologie dynamique, dont les contours sont relativement flous, mais qui correspond à une fonction fondamentale du psychisme : celle qui consiste à faire face aux tensions créées par les modifications de l'environnement ou par des modifications survenant dans le sujet lui-même (transformations corporelles ou psychiques consécutives au développement ou au cycle de la vie, surgissement d'exigences pulsionnelles, apparition de maladies physiques, etc.). S. Freud en 1895 a expliqué la névrose d'angoisse* comme due au fait que l'appareil psychique, débordé par une quantité d'excitation sexuelle trop grande, est incapable de l'élaborer et doit la laisser se transformer automatiquement en angoisse. L'élaboration consiste donc à transformer l'énergie libre* en énergie liée*, ce qui permet d'établir le processus secondaire* et donc de différer la décharge sous forme motrice ou hallucinatoire (V. Identité de perception). Dans une perspective plus générale, l'élaboration psychique est entendue comme la possibilité de donner une expression psychique complète (représentation* et affect*) à la pulsion (V. Mentalisation). Les travaux de P. Marty et de divers psychanalystes français ont mis l'accent sur l'échec de cette première étape de l'élaboration psychique comme facteurs prédisposant aux affections psychosomatiques*, aux passages à l'acte* hétéro- ou autoagressifs, aux addictions, etc.

J.-M. Petot

Élargissement des tâches

Les tâches industrielles sont souvent séquentielles et découpées en unités de courte durée que l'opérateur exécute de manière répétitive et monotone. Elargir les tâches consiste à accroître la variété du travail soit en multipliant les séquences différentes attribuées au même opérateur, soit en les allongeant de manière à intégrer des opérations plus variées, soit encore en introduisant une polyvalence des opérateurs et une rotation des postes. Il faut distinguer l'élargissement des tâches qui ne modifie pas le contenu* du travail de l'enrichissement des tâches. *C. Lévy-Leboyer*

Électroconvulsivothérapie

Terme aujourd'hui préféré à celui d'**électrochoc** pour désigner la réalisation, à des fins thérapeutiques, d'une crise convulsive généralisée provoquée par stimulation électrique transcérébrale. L'efficacité de ce traitement est démontrée dans les dépressions* mélancoliques survenant dans l'évolution des psychoses maniaco-dépressives* et dansles troubles dépressifs résistant aux chimiothérapies antidépressives. Les autres indications sont plus rares et relèvent du caractère aigu de certains troubles psychiatriques, des échecs ou des risques des chimiothérapies. Ses contre-indications sont plus celles de l'anesthésie et de la curarisation (qui empêche la phase des contractions cloniques des muscles striés) qui sont toujours pratiquées pour sa réalisation depuis les années 1970. Ses inconvénients résultent des troubles cognitifs à type de déficits mnésiques, transitoires et totalement réversibles (amnésie antérograde et lacunaire) dont l'incidence paraît considérablement réduite par la technique unilatérale appliquée sur l'hémisphère non dominant. Son mode d'action reste hypothétique et ferait intervenir des modifications induites au niveau du métabolisme des monoamines cérébrales et des récepteurs mono-aminergiques. *J.-F. Allilaire*

Électrodermale → Réponse électrodermale

Électroencéphalographie

Méthode électrophysiologique d'enregistrement de l'activité électrique de l'encéphale*, généralement captée par des électrodes de surface, dont l'origine remonte aux travaux de H. Berger en 1929. A côté de ses apports à la clinique neurologique, notamment dans le repérage des foyers épileptogènes et des néoformations, l'ElectroEncéphaloGraphie (EEG) est à la source de plusieurs progrès importants de nos connaissances en psychophysiologie* et constitue encore aujourd'hui une voie de recherche féconde dans l'exploration des événements cérébraux associés aux activités* cognitives*. L'EEG a notamment permis de décrire les différents niveaux de vigilance*, depuis l'état d'éveil* attentif caractérisé par la désynchronisation* des ondes alpha (8 à 12 Hz) dont Berger déjà avait montré l'association avec l'état de veille au repos, jusqu'aux divers niveaux de sommeil* lent et paradoxal. Dans un autre domaine, les potentiels évoqués* cérébraux concomitants de la prise d'information* sensorielle ont ouvert la voie à une véritable psychophysique* de la réponse des aires primaires corticales aux stimulus extérieurs. Enfin, plus récemment et grâce aux progrès techniques (moyennage opisthochronique, c'est-à-dire à rebours dans le temps à partir d'un événement non prévisible, des tracés obtenus sur plusieurs essais successifs), l'exploration des potentiels lents associés *(event related potentials, ERP)*, parfois appelés un peu abusivement ondes cognitives, semble offrir un accès original à des phénomènes cognitifs tels que l'attention*, la préparation* à l'action, l'attente*. Ces ondes, dont le décours s'étale sur quelque 500 millisecondes, avec des phases de positivité et de négativité caractéristiques, paraissent liées soit à la préparation motrice *(readiness potentials)*, soit à l'attente (variation contingente négative*), soit à la réaction de « surprise » face à un événement improbable (onde P 300, observée, par ex., lors de l'omission d'un stimulus périodique*), soit à l'improbabilité sémantique (onde N 400, négativité se manifestant environ 400 ms après la présentation d'un mot tout à fait incongru dans un énoncé). L'EEG quantitative (ou quantifiée), s'écartant des procédés artisanaux de lecture directe des tracés qui ont longtemps prévalu, tire parti de la puissance de calcul des ordinateurs en temps réel pour fournir une analyse statistique raffinée des fréquences*, amplitudes*, variations des ondes cérébrales, et extraire au maximum les signaux significatifs du bruit* de fond. *M. Richelle*

Électromyographie

Technique permettant d'enregistrer les potentiels* d'action se propageant le long des membranes* des éléments musculaires. Selon les méthodes (aiguilles, électrodes de surface), on enregistrera des unités musculaires ou l'activité d'une partie du muscle. Cependant la technique s'étend à la mesure des conductions nerveuses des fibres nerveuses de large diamètre et au test de la conduction au niveau de la jonction neuromusculaire. Elle permet de ce fait de repérer les maladies d'origine purement nerveuses (neuropathies) des maladies purement musculaires (myopathies). *M. Le Moal*

Électro-oculographie → Mouvements oculaires

Électrophysiologie

Ensemble des techniques visant à étudier l'activité électrique des cellules, en particulier des cellules nerveuses ou neurones*. Deux niveaux d'approche peuvent être distingués. L'activité d'un seul neurone est abordée par des enregistrements extracellulaires ou intracellulaires à l'aide de microélectrodes. Plusieurs manifestations peuvent être enregistrées : les potentiels* d'action (ou activité unitaire) qui se propagent le long des voies nerveuses, les potentiels locaux (potentiels membranaires de repos, potentiels postsynaptiques excitateurs ou inhibiteurs). L'ensemble de ces potentiels est étudié soit dans le cadre de l'activité spontanée du neurone, soit en réponse à une excitation du neurone, le plus souvent une stimulation électrique. La réponse à la stimulation peut être enregistrée dans le sens physiologique de propagation (du dendrite vers l'axone, en réponse à une stimulation orthodromique) ou expérimentalement dans le sens inverse (en réponse à une stimulation antidromique : test de collision). Les techniques récentes (« *voltage-clamp* » et « *patch-clamp* ») permettent d'étudier les potentiels électriques liés à l'activité des canaux ioniques de la membrane du neurone. Le deuxième niveau d'approche est plus global : c'est l'étude de l'activité électrique d'une population plus ou moins large de neurones. Cette approche recouvre les manifestations spontanées constituant les différentes ondes* ou rythmes révélés par l'électroencéphalographie*, ou les potentiels évoqués en réponse à une stimulation afférente. Les techniques modernes avec usage de l'informatique permettent une quantification et des représentations plus synthétiques de ces événements électriques (spectres de fréquence, cartographie). *B. Soumireu-Mourat*

Électrosismothérapie → Électroconvulsivothérapie

Électrotropisme → Tropisme

Élément de comportement

Terme employé, comme synonyme d'unité*, pour désigner les formes de comportement retenues aux fins d'observation et de description. Ce sont ces éléments qui seront repris sur les échelles* d'observation* ou sur les éthogrammes*. Ils pourront varier en durée et en complexité, en fonction du niveau de résolution adopté : l'observateur pourra faire choix aussi bien d'éléments correspondant à des segments de mouvements* finement décomposés que d'éléments constituant des actes* fonctionnellement organisés (par ex., dans les conduites parentales* d'un animal, l'apport de nourriture aux jeunes, défini comme un parcours complet du départ au retour au nid). En l'absence d'unités d'analyse clairement définies, comparables à la molécule, l'atome ou la cellule, le psychologue se trouve exposé, dans le choix de ses éléments de description, à des biais* théoriques aussi bien qu'aux contraintes inévitables de ses outils d'observation.

M. Richelle

Émancipation → Majorité

Emboîtement → Enchâssement

Émergence

Ce terme est utilisé de manière générale pour désigner l'apparition d'un nouveau comportement* ou d'une nouvelle capacité* au cours du développement* phylogénétique* ou ontogénétique*.

Il a pris un sens plus restreint dans le cadre des théories innéistes* du développement du langage*, où il désigne un processus d'acquisition quasi exclusivement imputable à l'action de facteurs internes. Pour N. Chomsky, l'être humain serait doté d'une compétence* langagière biologiquement inscrite, c'est-à-dire d'une capacité idéale à produire, comprendre et reproduire les structures de toute langue naturelle*. Dans cette optique, pour autant néanmoins qu'un *input** verbal soit fourni à l'enfant, les structures du langage « émergent » successivement, au gré de la seule maturation* des organes de production-réception et du système nerveux central.

Cette conception, qui s'oppose aux théories béhavioristes* de l'apprentissage* et au constructivisme* piagétien, s'appuie sur un certain nombre de faits qui ont été mis en évidence notamment par E. H. Lenneberg :

1. la grande régularité des étapes d'acquisition du langage, de 5 mois à 5 ans (phase des vocalisations* ; production de mots isolés, puis d'énoncés à deux mots, puis d'énoncés complexes) ;

2. l'absence de contraintes de l'environnement susceptibles d'expliquer cet ordre d'acquisition ;
3. l'indépendance du développement verbal par rapport aux développements moteur et intellectuel ;
4. la possibilité d'acquérir le langage en l'absence de tout exercice.

Comme pour les autres comportements caractéristiques de l'espèce, il existerait donc une période critique* d'acquisition du langage, correspondant à un état privilégié de plasticité* des zones du cortex cérébral où cette fonction s'inscrit. *J.-P. Bronckart*

Émergentisme → Esprit

Émetteur

Pour la théorie classique de la communication*, l'émetteur est un appareil chargé de transmettre un message* en codant l'information* qui provient de la source (V. Encodage). De ce point de vue, l'appareil vocal d'un individu peut, par rapport au cerveau-source, être considéré comme un émetteur-transmetteur. Si l'on prend pour source la voix*, la radio joue alors l'office d'émetteur-transmetteur d'un message (encodage électrique d'ondes) ; elle peut même servir alternativement d'émetteur et de récepteur* chargé d'encoder puis de recoder l'information. Dans le schéma de la communication, l'émetteur (synonyme de locuteur* dans cet emploi) désigne la place occupée par le sujet producteur du discours*.

J.-M. Adam

Émittance

Quotient du flux* lumineux quittant un élément de la surface contenant le point par l'aire de cet élément. L'unité est le lumen* par mètre carré. Encore appelé excitance lumineuse (en un point d'une surface).

R. Génicot

Emmétropie

Etat de réfraction de l'œil dans lequel, avec une accommodation relâchée, un objet, à l'infini, trouve son foyer juste sur la rétine. C'est l'état de réfraction idéale de l'œil, rarement atteint. Il s'agit d'une absence d'amétropie* qui ne peut être améliorée par le port d'une correction optique. *R. Génicot*

Émotion

Etat particulier d'un organisme survenant dans des conditions bien définies (une situation dite émotionnelle) accompagné d'une expérience subjective et de manifestations somatiques et viscérales. Les émotions peuvent être étudiées sous différents aspects :
1. les théories évolutives* des émotions soulignent leur caractère adaptatif* et leur fonction de signal ;
2. les théories cognitives* insistent sur la façon dont l'information est traitée et dont les plans d'action sont élaborés et mis en œuvre ;
3. les théories physiologiques mettent l'accent sur les relations possibles entre l'émotion en tant qu'état mental ou cognitif et son expression somatique ou viscérale : ainsi, W. James et C. Lange ont, indépendamment, proposé, au début du XXe siècle, que l'émotion est secondaire à la perception, par le sujet, des modifications viscérales provoquées par la situation émotionnelle. Ils ont en cela été violemment critiqués par W. Cannon qui soutenait que les composantes cognitives de l'émotion précèdent les modifications physiologiques. Une synthèse de ces deux conceptions a été avancée : l'émotion serait en fait le résultat d'une interaction entre deux composantes, une activation* non spécifique consécutive à l'excitation* du système sympathique* déclenchée par la situation et une cognition constituée par l'attribution de cette activation à certains éléments de cette situation. Bien qu'elle ait beaucoup de succès, cette synthèse n'a jamais été prouvée expérimentalement.

Les émotions de base comprennent la joie, la tristesse, la colère, la peur, la surprise et le dégoût. Chez l'homme, elles peuvent être différenciées par les mimiques auxquelles elles donnent naissance. Les réactions physiologiques et hormonales accompagnant les émotions sont en revanche beaucoup moins discriminantes et elles sont donc habituellement mises en relation avec l'activation accompagnant l'émotion plutôt qu'avec la nature de l'émotion ressentie.

Les nombreuses tentatives pour relier un neurotransmetteur* donné à une émotion particulière ont échoué et on admet maintenant que les émotions mettent en jeu des circuits neuronaux qui débordent largement le système limbique* ou cerveau des émotions. L'**émotivité**, c'est-à-dire la capacité de réagir par des émotions, dépend d'interactions complexes entre les facteurs génétiques et les facteurs de développement*, particulièrement au cours du jeune âge. Le niveau émotionnel ou affectif* dans lequel se trouve l'organisme constitue un état dont dépendra la plupart des autres fonctions intégrées de l'organisme (dépendance d'état*), dont les processus cognitifs. L'acquisition, le stockage, la restitution des données dépendent étroitement de l'état affectif et de la congruence entre ce dernier et les croyances* du sujet.

Un dernier point mérite réflexion : la nature neurobiologique du substrat anatomofonctionnel des états affectifs reste mal connue en dépit d'assimilations hâtives avec certains circuits du système limbique, avec les circuits dits de l'autostimulation* (centres du plaisir), avec les régions impliquées, avec les effets des drogues* conduisant à la toxicomanie, avec la neuroanatomie de l'agression*, etc. Comme la fièvre, l'émotion est un signal homéostatique fondamental dont le rôle général ou spécifique dépend des causes qui lui ont donné naissance et de la signification qu'elles ont pour le futur du sujet.

R. Dantzer et M. Le Moal

Émotion (Théorie componentielle des émotions)

Théorie de Schachter, pour laquelle l'expérience émotionnelle implique à la fois une activation physiologique et un étiquetage de cette activation (attribution de l'état d'activation à un événement significatif) : émotion = activation + attribution.

J.-L. Beauvois

Émotive (Fonction —) → Fonction du langage

Émotivité → Émotion

Émoussement affectif

Trouble de la dynamique affective consistant en une diminution de l'expressivité comportementale et subjective des émotions*. Proche de l'indifférence affective, il inclut à la fois une perte d'initiative et une diminution de la réactivité.

Il a été décrit dans les états dépressifs : Galien signalait déjà dans la mélancolie un éloignement vis-à-vis des choses les plus chères. K. Schneider l'incluait dans sa notion de dépression* vitale. La sémiologie de l'émoussement affectif chevauche partiellement celle du ralentissement* dépressif.

Le même symptôme a été décrit dans la schizophrénie* : E. Kraeplin insistait sur le fait que plus que dans la sphère intellectuelle, c'est dans la sphère affective qu'il faut chercher la caractéristique de la démence* précoce dont l'inaffectivité apparaît le signe dominant. Dans cette pathologie, la notion d'émoussement affectif rejoint celle d'indifférence et se recoupe avec celles d'athymhormie*, de déficit, et d'anhédonie*. Cette dernière s'en distingue cependant en ce qu'elle ne concerne en principe que la seule subjectivité.

La sensibilité de cette même caractéristique émotionnelle aux agonistes dopaminergiques dans la dépression, la schizophrénie et aussi dans la maladie de Parkinson* fait proposer l'idée que l'émoussement affectif est une cible transnosographique* de la stimulation des structures dopaminergiques et un modèle de leur implication dans la motivation*.

R. Jouvent

Empan

Par empan de mémoire immédiate*, on entend la quantité d'items qui peut être restituée immédiatement après la présentation d'un matériel donné (liste de chiffres, de lettres ou de mots). La mesure de cet empan est souvent utilisée pour l'évaluation de la capacité de stockage à court terme*. On associe généralement à « empan » un mot désignant le matériel présenté : on parle ainsi d'empan de chiffres, d'empan de mots, voire d'empan de phrases.

S. Bredart

Empathie

Intuition de ce qui se passe en l'autre, sans oublier toutefois qu'on est soi-même, car dans ce cas il s'agirait d'identification. Pour C. Rogers, l'empathie consiste à saisir, avec autant d'exactitude que possible, les références internes et les composantes émotionnelles d'une autre personne et à les comprendre comme si l'on était cette autre personne.

R. Doron

Empirique

Qui se fonde sur les données de l'expérience*, sur les faits recueillis par l'observation* ou l'expérimentation*. Qui découle de tâtonnements pratiques non guidés par un but* ou un cadre théorique. Selon les préférences que l'on a pour les divers composants de la démarche scientifique, on verra la part de l'empirique comme s'opposant à celle du théorique, ou au contraire la complétant.

On parle aussi d'empirique à propos de l'application d'un modèle* formel, et notamment mathématique, à des données concrètes, qui se révèlent, en gros, compa-

ec le modèle, mais exigent éven-
t quelques aménagements de
s courbes empiriques ne confir-
toujours l'équation de la loi de

M. Richelle

Empirisme

Ensemble de conceptions philosophiques et psychologiques qui soutiennent que la connaissance* s'élabore à partir de la seule expérience*. Ces conceptions s'opposent à celles qui admettent l'existence de principes innés de connaissance. Dans le domaine de la psychologie, l'empirisme caractérise surtout l'Ecole anglaise et se réalise aujourd'hui le plus complètement dans le courant béhavioriste*. On peut faire remonter les origines de l'attitude empiriste à la philosophie de R. Bacon mais la thèse sera principalement développée par T. Hobbes et surtout par J. Locke qui subit les influences de l'empirisme médical de T. Sydenham. Selon ces auteurs, les idées* proviennent des sensations* et se composent ensuite entre elles pour produire des idées plus générales grâce aux lois de l'association*. La psychologie associationniste sera développée par D. Hume et les utilitaristes* qui radicaliseront la position en soutenant le point de vue sensualiste*. En France, ce courant philosophique sera défendu principalement par Condillac. Les premiers béhavioristes, E. L. Thorndike et J. B. Watson, sont les héritiers de cette longue tradition. Bien que B. F. Skinner ait rompu avec la psychologie associationniste, il ne reste pas moins le représentant le plus affirmé de la position empiriste radicale mais également le plus isolé par rapport aux développements les plus récents du cognitivisme*. Pour celui-ci, la connaissance se constitue en totale indépendance de l'environnement, elle ne résulte pas de l'impression des événements ou propriétés du monde extérieur mais d'une création de la signification, selon une dimension historique individuelle, par un système fermé sur lui-même. Cette dernière position est l'exact contraire de la thèse empiriste.

P. Mengal

Empirisme logique

Appelé encore **positivisme logique** ; composante de la philosophie analytique qui centre sa problématique sur le langage*, dont elle propose une analyse logique, et qui se présente comme théorie de la signification*. Développant une attitude critique à l'égard de la métaphysique, l'empirisme logique soutient que seuls parmi les énoncés non analytiques ceux que l'on peut tester empiriquement ont une signification. Ce sont les membres du Cercle de Vienne (fondé en 1929) et principalement R. Carnap qui ont défendu cette position ; ils ont exercé une influence très profonde sur la philosophie aux Etats-Unis, où, fuyant le nazisme, ils ont émigré. La psychologie anglo-saxonne, le béhaviorisme* en particulier, s'est inspirée de sa variante qu'est l'opérationnisme* dans sa lutte contre les positions métaphysiques.

M. Kail

Empreinte

Marque indélébile reçue au cours d'une expérience précoce du développement (V. Imprégnation), et fixant les caractéristiques supra-individuelles de la classe d'être ou d'objets à laquelle le sujet réservera ultérieurement ses conduites filiales, sociales et/ou sexuelles. Il est bien connu qu'un caneton qui a été couvé par une poule la suit dès l'éclosion comme il suivrait sa mère et réserve ultérieurement aux gallinacés ses conduites sociales et sexuelles. D. A. Spalding fut le premier à y voir un processus précoce et radical d'apprentissage* des caractéristiques des partenaires sociaux. K. Lorenz dès 1935 et E. H. Hess en 1973 précisèrent les particularités et conditions d'installation du phénomène. Ainsi, peu après l'éclosion, un oiseau nidifuge naïf reçoit et mémorise durablement au cours d'une phase sensible de son développement (dite période critique*), idéalement entre les 13e et 16e heures, l'empreinte de l'être, sa mère ou un objet de substitution (empreinte maternelle ou empreinte sur un objet aberrant), auquel il est exposé en premier. Il réserve ultérieurement à l'objet d'empreinte sa réponse filiale de suite. Pour Lorenz, cette fixation sur l'objet de la première exposition est définitive, exclusive, irréversible, et orientera toutes les réponses filiales, sexuelles et sociales. Une confusion est née de ce que Lorenz fut successivement pour ses animaux d'expérience un substitut maternel, un compagnon, un partenaire. Or, si la réponse filiale de suite s'éteint après quelques semaines, un nouveau processus de sensibilisation à des stimulus nouveaux pour un autre registre de réponses s'installe au sein du groupe de pairs, où le sujet reçoit l'empreinte du compagnon d'élevage qui orientera plus tard ses réponses sexuelles (empreinte sexuelle). L'empreinte porte sur des caractéristiques supra-individuelles : l'animal généralise ses réponses à tous les objets de la classe de l'objet d'empreinte. Les caractères d'exclusivité et d'irréversibilité de l'empreinte ont été récemment tempérés : les phases sensibles ne sont pas aussi rigoureusement délimitées dans le temps mais, une fois l'empreinte acquise à une période idéale, une nouvelle empreinte ne peut s'y substituer. Cependant, un sujet privé durablement de contacts avec des représentants de l'objet d'empreinte peut, à la longue, reporter ses conduites sur un autre ; dans ce cas pourtant, la préférence reste acquise à l'objet d'empreinte. Les caractéristiques du phénomène qui demeurent sont donc : la primauté de la première expérience et l'irréversibilité de la préférence.

En plus de l'empreinte maternelle et de l'empreinte sexuelle, certains auteurs étendent la notion d'empreinte à l'imprégnation au chant* de l'espèce (empreinte vocale), à l'habitat* d'élevage (empreinte sur l'habitat), à l'alimentation (empreinte alimentaire). *J.-C. Ruwet*

Emprise

Il n'existe pas d'équivalent français satisfaisant du terme allemand *Bemächtigungstrieb,* dérivé d'un verbe *(sich bemächtigen)* qui veut dire « s'emparer de, se saisir de quelque chose ». La pulsion* d'emprise ou de maîtrise ou d'appropriation a été décrite par S. Freud en 1905 comme une composante de l'érotisme et du stade anal*. Au cours de ce stade, les composantes libidinales* autoérotiques* ont un but passif : le plaisir obtenu par l'excitation de la zone anale. Au contraire, la pulsion d'emprise, dont la source est dans la musculature, notamment dans le sphincter anal, pousse à un but actif : contrôler et dominer l'objet*, s'en emparer ou s'en saisir. Elle est l'élément de base du sadisme anal. Elle n'a pas pour but d'infliger la souffrance à l'objet, mais elle est indifférente à cette souffrance. Selon K. Abraham, la pulsion d'emprise cesse d'apparaître comme la pulsion fondamentale du sadisme anal : elle n'en serait qu'une forme atténuée, caractéristique de la deuxième étape anale, au cours de laquelle ce n'est plus la destruction de l'objet qui est le but pulsionnel, mais son contrôle, ce qui implique sa survie. *J.-M. Petot*

Emprunt

Ce terme désigne à la fois l'acte de transfert d'un trait* ou d'une unité linguistique* d'une langue dans une autre et le trait ou l'unité empruntés : l'emprunt résulte de l'interférence linguistique. Il touche principalement le niveau lexical de la langue et, contrairement au « calque », il se caractérise, tout au moins au départ, par la volonté de maintenir intact la forme ou le trait étranger. L'intégration de la forme empruntée peut se réaliser à des degrés divers, en fonction de paramètres psycholinguistiques (maîtrise des systèmes linguistiques en contact) et/ou sociolinguistiques (affectation, prestige relatif des deux langues, etc.). *D. Peraya*

Énaction → Autopoïèse

Encapsulé → Modularité

Encéphale

Portion du système nerveux* central située dans la boîte crânienne. Il est embryologiquement issu de la portion du tube neural primitif constitué des trois vésicules suivantes après fermeture du canal neural : le prosencéphale, le mésencéphale*, le rhombencéphale ou tronc cérébral*.

Il est constitué par un axe médian formé du tronc cérébral, une masse tectale à la face postérieure du tronc cérébral formée par le cervelet* et les tubercules quadrijumeaux, une masse ovoïde occupant les 7/8 de la boîte crânienne, le **cerveau**, formé de deux hémisphères cérébraux*. Il se prolonge sans discontinuer au niveau du tronc occipital par la moelle épinière dont la limite avec l'encéphale n'est que théorique. *R. Decombe et M. Le Moal*

Enchâssement

Terme utilisé en grammaire générative* pour désigner l'opération de transformation* qui consiste à insérer totalement une suite S2 (appelée phrase* enchâssée ou constituante ; par ex., *« Charlotte m'a offert un pyjama »*) dans une autre suite S1 (appelée phrase matrice ou réceptrice ; par ex., *« Le pyjama a complètement déteint »*), et dont le résultat est une phrase dite composée ou complexe *(« Le pyjama que Charlotte m'a offert a complètement déteint »).* En français, on parle aussi d'emboîtement pour désigner la même opération. On parle plus spécifiquement d'autoenchâssement lorsque l'élément enchâssé est de même nature syntaxique que l'élément enchâssant. Un cas typique de construction dite autoenchâssante est celui de l'enchâssement d'une relative dans une phrase matrice qui est déjà elle-même une relative enchâssée : par ex., *« Le violoniste que l'ouvreuse* *que Xavier harcèle a tenté d'empoisonner est rétabli ».* *M. Hupet*

Encodage

Dans un sens très général, désigne tout processus cognitif par lequel un message* ou une information* (contenue dans une image, une conversation, un texte lu) est transformé en une représentation* interne (dans cette acception, synonyme de décodage*).

Dans le cadre de la théorie de l'information, désigne les opérations effectuées par l'émetteur* dans une situation de communication : les représentations d'un contenu quelconque (référent*) sont transformées en message*, par application des règles d'un code* particulier (V. Fonctions du langage). *D. Zagar*

Enculturation

Désigne l'ensemble des opérations par lesquelles le sujet prend possession de la culture* de sa société. Le concept et le terme se sont imposés avec l'anthropologie* psychologique lorsque, cessant de considérer les représentations sociales* comme des formations transcendantes s'emparant mystérieusement des individus, on se préoccupa des mécanismes concrets par lesquels la culture s'acquiert dès le premier âge.

Si l'on est d'accord pour distinguer la configuration des significations culturelles dans l'ensemble de celles produites par une collectivité, l'enculturation devient une part, variable selon les sociétés, de la socialisation, dont elle constitue alors comme le squelette.

Le devenir de l'opération varie également. S'il s'agit de sociétés intégrées dans une culture* fortement systématisée, tous les sous-groupes dans lesquels le sujet s'investira lui renverront la même configuration : l'enculturation se renforcera en se parachevant par des connotations non nécessairement présentes dans le milieu familial. Sinon, il rencontrera des sous-cultures plus ou moins autonomisées favorisant sa prise de distance et son positionnement personnel par rapport au modèle culturel : l'enculturation laissera progressivement place au maniement individuel de la culture. *C. Camilleri*

Endocrine → Hormone

Endogène

Est endogène ce qui prend son origine dans l'organisme. Classiquement ce terme était opposé à ceux d'exogène et de psychogène*. Dans les années 1960-1970, au moment de l'avènement des psychotropes, un débat étiologique s'était développé entre organicistes et tenants du psychodynamique. C'est à cette époque que plusieurs classifications ont pu opposer les états dépressifs endogènes, survenant sans cause déclenchante, aux dépressions névrotiques ou réactionnelles. Aujourd'hui, il est admis par la plupart des auteurs que des événements vitaux* précèdent la plupart des dépressions, y compris celles évoluant dans le cadre d'une psychose maniaco-dépressive*.

L'endogène retrouve une acception plus générale, moins nosographique, qui englobe l'inné, les rythmes chronobiologiques et plus généralement le biologique dans tous ses processus. *R. Jouvent*

Endomorphine → Opioïde endogène

Endorphine → Opioïde endogène

Énergie d'investissement

Dans la perspective du point de vue économique, définit l'énergie qui active une opération mentale. Externe à l'opération elle-même, elle serait d'origine perceptive ou pulsionnelle. Dans le système de pensée primaire*, l'énergie circulerait librement et tendrait à se décharger, tandis que dans le système secondaire* elle investirait des réseaux qui demeureraient chargés en permanence. Inspiré par la pensée physicaliste de l'époque et déplacé d'une perspective neurophysiologique (investissement* du neurone) à une perspective psychologique (investissement d'une représentation*), le modèle* est discuté. Tenu pour simple métaphore par certains, d'autres y voient un concept indispensable, en particulier dans le domaine de la psychosomatique*.

D. Widlöcher

Énergie libre

Les notions fondamentales de la métapsychologie* freudienne découlent des trois présupposés suivants :

1. chaque idée ou représentation tend à se traduire par des mouvements ; c'est l'idéodynamisme de H. Bernheim, dont S. Freud avait médité et traduit plusieurs ouvrages ;

S. Freud attribue cette tendance à une énergie psychique* dont les représentations seraient chargées ;
2. les représentations sont reliées les unes aux autres par des associations d'idées* ;
3. dans l'appareil psychique, les représentations sont situées plus ou moins loin du pôle moteur ou perceptif ; pour se décharger sous forme motrice ou hallucinatoire, l'énergie d'une représentation éloignée du pôle perceptif ou du pôle moteur doit passer à d'autres représentations qui en sont plus proches. L'énergie est libre lorsqu'elle se déplace d'une représentation à une autre selon n'importe quel lien associatif. L'énergie passe alors d'une représentation à une autre en vertu de liens quelconques : contiguïté, ressemblance, contrariété, homophonie, assonance, etc. Cela définit le processus primaire* qui est le mode d'activité psychique propre à l'inconscient. **L'énergie** est **liée** lorsque le préconscient* inhibe son écoulement, ce qui a pour effet l'augmentation du niveau énergétique général en ne permettant le passage que de quantités réduites le long de certaines voies associatives : cette activité psychique effectuée avec de petites quantités d'énergie est caractérisque des processus secondaires*, notamment de la pensée. *J.-M. Petot*

Énergie liée → Énergie libre

Enfant

Au sens étymologique, le terme d'enfant (du latin *infans*) désigne l'être humain qui n'a pas encore acquis l'usage de la parole*. Dans son acception actuelle en psychologie, le terme d'enfance désigne une étape du développement* de l'être humain qui, selon les auteurs, se situe entre la naissance et la maturité*, entre la naissance et la puberté* ou encore entre l'émergence du langage* et la puberté. On distingue la première enfance (jusqu'à 3 ans) de la deuxième (de 3 à 7 ans) et de la troisième (7 à 12 ans), cette dernière débouchant sur l'adolescence*.

Le concept d'enfant, comme âge spécifique de la vie humaine séparé de l'état adulte, s'est développé en même temps que la privatisation de la vie familiale vers les XIVe et XVe siècles, sous l'impulsion des idées de la Renaissance et surtout de la Réforme, et a évolué au cours des siècles.
Psychologie de l'enfant : discipline qui a pour objet la description et l'explication des conduites des enfants. Elle se distingue de la psychologie développementale, qui utilise de manière privilégiée le développement des conduites de l'enfant pour élaborer une théorie générale du fonctionnement psychologique du sujet. *J. Vonèche*

Enfant de remplacement

Enfant substitut conçu après la mort d'un frère ou d'une sœur et souvent prénommé comme lui (ou elle) « en souvenir ». Cette expression est due à E. O. Poznanski en 1972. Elle signe l'incapacité des parents à faire le deuil de l'enfant mort ou leur désir de nier cette mort. Cette situation comporte une dimension pathogène pour l'intéressé et le voue à un destin mortifère. *A. Ruffiot*

Enfant imaginaire

Enfant à naître sur lequel se focalisent attentes, espoirs, angoisses, fantasmes du groupe familial, en particulier de la part de la mère dont la grossesse ranime ses propres expériences infantiles. L'oralité ravive les images de bonne et de mauvaise mère, qui se projettent sur la représentation que la femme se fait de la mère qu'elle est et de l'enfant qu'elle porte. L'analité confère au fœtus une valeur de trésor ou de poison intracorporel dans une fantasmatique de gestation intestinale. Les vécus phalliques font de l'enfant l'équivalent du pénis. A la naissance, l'enfant réel est confronté à l'enfant imaginaire qui se trouve relégué, dévalorisé et dont la mère doit faire le deuil. L'enfant réel peut apparaître décevant, d'où des craintes éventuelles de substitution d'enfant dans la maternité ou la crèche, qui traduisent une peur mais aussi un souhait face à l'écart entre l'enfant imaginaire et l'enfant réel. *A. Ruffiot*

Enfant maltraité

Enfant exposé de la part des adultes qui en ont la charge à des sévices qui peuvent compromettre sa santé mais aussi son développement*, psychique et affectif. Ces sévices peuvent prendre un caractère de violence passive (négligence ou omissions) ou active (coups et blessures, séquestrations, privation d'aliments ou de soins). Ils peuvent être associés à des frustrations et à des carences affectives et éducatives mais prendre également la forme d'assujettissements sexuels (inceste, viol). La maltraitance à enfants fait l'objet de mesures judiciaires particulières. *J. Selosse*

Enfant sauvage

Enfant élevé par des animaux, qu'il ait été abandonné en milieu* naturel, ou encore enlevé par des femelles ayant perdu leurs petits. Depuis le XIVe jusqu'au XXe siècle, ont été rapportés toutes sortes de cas : enfant-loup, enfant-ours, enfant-singe, enfant gazelle, enfant-léopard. Ils sont généralement quadrupèdes, tous muets, en outre intolérants aux vêtements, et sexuellement indifférents. Bien que certaines de leurs fonctions sensorielles soient en général très développées (odorat, vision nocturne), ils demeurent à peu près totalement inéducables sous les aspects précédents. Ils éprouvent les émotions* les plus élémentaires : impatience ou colère, mais ignorent le sourire et le rire. Ces cas paraissent démontrer l'existence d'un mécanisme d'apprentissage* sélectif et massif, dans une période critique* programmée héréditairement, de la fonction du langage. Cette période, par ailleurs, se trouve être celle où s'installent la locomotion* bipède, l'usage manuel de l'ustensile, et aussi les bases des conduites* affectives et sexuelles. Au début du XIXe siècle, J. Itard tenta d'éduquer à Paris le jeune Victor, recueilli dans l'Aveyron à l'état sauvage. En dehors de ces cas, aujourd'hui introuvables, de déréliction en milieu naturel, il existe, à l'époque moderne, d'assez nombreux exemples d'isolement précoce complet provoqué par la pathologie parentale. *E. Jalley*

Enfant symptôme

Enfant présentant une pathologie qui fournit une solution de compromis réactionnelle à une perturbation psychique du groupe familial que l'enfant tente de négocier à travers ses troubles. Porte-parole des angoisses et des fantasmes familiaux et assurant le rôle de bouc émissaire* inconscient, l'enfant symptôme, ou patient désigné selon la terminologie systémique*, permettrait aux membres de la famille de faire l'économie de la maladie. L'abus de cette notion a pu conduire à une culpabilisation indue des parents et de la fratrie. *A. Ruffiot*

Engagement (Théorie de l'—)

Soit deux individus ayant les mêmes attitudes*. L'un est amené par les circonstances à émettre un comportement* (par ex., signer une pétition), l'autre non. Quelles conséquences la seule émission de ce comportement va-t-elle avoir qui permettront par la suite de différencier ces deux individus ? Selon C. A. Kiesler l'étude de l'engagement porte :

1. sur les conditions qui font qu'un tel comportement aura des conséquences : sentiment de liberté associé à l'acte émis, importance des suites attendues, faibles justifications ;
2. sur la nature de ces conséquences : modification ou consolidation des attitudes dans le sens d'une plus grande conformité à l'acte émis, émission ultérieure de comportements allant dans le même sens, etc.

Plutôt qu'à une véritable théorie, la notion d'engagement renvoie à un paradigme de situations dites le plus souvent de soumission* dans lesquelles on étudie les effets générateurs d'un acte : situations de soumission forcée (quand l'acte suscité par les circonstances est contraire aux attitudes* ou motivations* préalables), de soumission sans pression (quand cet acte est conforme à ces mêmes attitudes ou motivations). Les effets étudiés dans ces situations (effets de changement d'attitude dans la soumission forcée, effets comportementaux de pied-dans-la-porte ou d'amorçage dans la soumission sans pression, étudiés par R. Joule et J.-L. Beauvois) impliquent une théorie psychosociale de la rationalisation*.

La théorie de l'engagement informe des pratiques pédagogiques, managériales, psychothérapiques... Elle a été utilisée dans des interventions dont l'objectif était la réalisation de quelques comportements* ciblés considérés comme utiles (économies d'énergie, lutte contre les accidents, prévention contre les maladies...). *Ersoc*

Engramme

Trace mnésique* inscrite dans le tissu nerveux. Le terme, introduit au début du siècle par l'auteur allemand R. Semon, ne doit sa fortune dans le vocabulaire de la psychologie moderne qu'à l'usage qu'en fit K. S. Lashley en 1950 dans un article retentissant. Ayant recherché, par ses expériences de lésions corticales chez des animaux soumis à des apprentissages* discriminatifs*, le support nerveux des acquisitions*, Lashley ne l'avait trouvé dans aucune structure particulière, les déficits consécutifs aux lésions semblant plus liés à la quantité de tissu nerveux détruit qu'au site de la lésion. Il en dégageait la **loi d'action de masse** du cortex cérébral, et défendait l'idée de la plasticité* des structures corticales. Le désenchantement du grand psychophysiologiste américain se révéla doublement fécond. D'une part, les neurobiologistes n'en furent que plus stimulés à poursuivre la recherche du support neuronal de la mémoire*, tant au niveau neurophysiologique que neurochimique, les travaux de E. R. Kandel sur les mécanismes cellulaires de l'habituation*, de la sensibilisation* et du conditionnement pavlovien* fournissant une illustration de leurs succès. D'autre part, la notion de plasticité dans les fonctions de stockage de l'information assurées par le système nerveux central prit une place majeure dans les développements théoriques des neurosciences*. *M. Richelle*

Enképhaline → Opioïde endogène

Énoncé → Énonciation

Énonciateur

Dans la théorie de l'énonciation*, ce terme désigne simplement le sujet producteur de l'énoncé* et responsable de l'actualisation* de la langue. Il prend un sens différent dans la théorie polyphonique (V. Polyphonie), qui conteste le postulat classique de l'unicité du sujet parlant et analyse nombre d'énoncés comme produits d'une sorte de mise en scène, par un locuteur*, d'un ou de plusieurs énonciateurs. Selon O. Ducrot, l'énonciateur est un « personnage », agent des actes de langage*, dont l'énonciation est moins expression de paroles — au sens matériel et concret du terme — qu'expression d'un point de vue, d'une position, d'une attitude. *J.-M. Adam*

Énonciation

Selon E. Benvéniste, « l'énonciation est [la] mise en fonctionnement de la langue par un acte individuel d'utilisation (...). C'est l'acte même de produire un énoncé ». Il en existe trois conceptions principales. On l'a d'abord réduite aux quelques facteurs, toujours impliqués dans l'acte de parole*, dont est fonction la valeur désignative des termes déictiques* de la langue : locuteur*, moment de parole, situation de parole, par rapport auxquels est déterminée la signification* des indices personnels, des temps verbaux, et des embrayeurs comme « *ici* », « *là* », « *ce* », « *le* ». Selon une conception plus extensive, l'énonciation n'est pas seulement le point de repère présupposé par les unités déictiques* de la langue, mais comprend l'ensemble des conditions de production/réception d'un énoncé : mimogestualité coverbale, savoirs culturels, données perceptives, état psychologique des interlocuteurs, etc. Ainsi étendue à la totalité du savoir sur le monde, la notion risque de se diluer, toute information verbalisée devenant une trace de l'énonciation. En réaction, s'est donc développée une conception très abstraite, qui fait de l'énonciation un pur événement : la survenue d'un **énoncé.** De ce support minimal, l'énoncé assure toute la caractérisation, disant par sa force illocutoire* quelle valeur d'acte* doit lui être attribuée, et spécifiant par ses marques indexicales quelles en sont les instances responsables, ou énonciateurs (V. Polyphonie). Le principal inconvénient de cette perspective est de n'atteindre que des rôles énonciatifs signifiés, dont le rapport aux acteurs concrets du procès de parole reste peu clair. Au total, prenant en compte tantôt trop, tantôt trop peu de facteurs extralinguistiques, les sémantiques* de l'énonciation ne suffisent ni l'une ni l'autre à figurer l'acte de parole comme conduite communicative concrète relevant d'une théorie générale de l'action. *A. Berrendonner*

Enquête

Procédure de recherche consistant à recueillir des données verbales auprès de groupes ou échantillons de sujets choisis en fonction d'objectifs précis, dans le but de décrire et d'analyser une situation particulière.

Toute enquête a sinon des hypothèses*, tout au moins des objectifs qui dictent la mise en œuvre de différentes techniques particulières : entretiens* (non directif, semi-directif), questionnaires*, échelles d'attitudes*, et du type d'échantillonnage* retenu pour décider des groupes à interroger en fonction du plan d'enquête. Le recueil des données (l'enquête proprement dite) est souvent précédé d'une phase exploratoire **(préenquête)** destinée à connaître la population concernée, à affiner les hypothèses de départ, à construire les instruments de vérification et à les tester auprès de la population. Dans la mesure où il est impossible d'effectuer une randomisation* des sujets — l'enquête portant par définition sur des variables constitutives du sujet —, les conclusions relatives aux hypothèses ne peuvent se faire en termes de causalité* mais seulement en termes de corrélations*. L'enquête s'impose quand les données destinées à être recueillies ne sont pas de portée générale, mais se produisent à un moment donné dans une société donnée. Elle ne se limite pas à recueillir des informations sur les attitudes*, croyan-

ces*, représentations* et préférences des individus, mais peut aussi porter sur des comportements* quand ceux-ci ne sont accessibles que par l'intermédiaire du langage. Elle apparaît notamment comme le seul moyen d'obtenir des informations quand :
1. le chercheur doit recueillir un nombre important de données sur la même personne ;
2. les comportements recherchés appartiennent à l'histoire de l'individu ;
3. quand l'observation du comportement est impossible ou inacceptable du point de vue déontologique. Les sondages d'opinion sont une forme particulière d'enquête ayant comme objectif de décrire ponctuellement l'état de l'opinion* d'une population.

G. Moser

Enquête de personnalité

Les enquêtes psychosociales et les dossiers de personnalité font partie des informations utilisées par les autorités administratives et judiciaires dont les décisions interviennent sur le cours d'une vie. Confié à des spécialistes habilités (travailleurs sociaux, médecins, psychologues), l'établissement de ces documents, dont le cadre est précisé par des textes réglementaires, soulève des problèmes méthodologiques et déontologiques ainsi que des rapports de pouvoirs (subordination des psychologues au médecin dans l'examen médico-psychologique). Les techniques d'enquête et d'examen étant spécifiques, c'est au niveau de leur intégration dans une synthèse diagnostique que se situe l'essentiel d'un travail d'équipe transdisciplinaire. Encore faut-il que leur instrumentation complémentaire puisse s'inscrire dans une conception partagée afin d'aborder la problématique du sujet examiné de façon cohérente par rapport aux modèles cliniques qui président à leur organisation. Les représentations implicites des personnalités, des handicaps ou des manifestations pathologiques doivent être confrontées à des critères objectivés (sémiologie et syndromes). En raison de l'attention portée institutionnellement au diagnostic et au pronostic et de la façon dont ceux-ci seront utilisés et réduits par les effets des logiques gestionnaire et administrative, les spécialistes ont intérêt à établir un système de communication verbale avec le décideur et le sujet examiné afin d'expliciter personnellement leur contribution au dossier.

J. Selosse

Enquête sociale

Procédure de collecte d'information et d'observation* sur des sujets*, des familles ou des groupes* sociaux, effectuée dans leur milieu de vie à des fins de recherche méthodique, de vérification d'hypothèse, de témoignage* ou préalable à une intervention de nature administrative. Considérée comme un instrument privilégié des pratiques des services sociaux, l'enquête diligentée par des organismes de contrôle, d'aide ou de prévention sociale pose des problèmes de références normatives en fonction du mandat qui l'initie (judiciaire, sanitaire ou social) et qui relève de la déontologie* des enquêteurs. Les critères de dysfonctionnement du système familial et de vulnérabilité* aux influences du milieu ont été renouvelés grâce aux méthodes de l'analyse systémique et à la diffusion des modèles d'interactions psychosociales. La prise en compte de critères socio-économiques et d'implantation locale des familles, l'existence de sous-cultures* dans une société pluriethnique et la structuration de styles de vie* différents ont modifié les conceptions, la technique et la fonction de l'enquête sociale. Le statut de l'enquêteur s'est transformé d'informateur en médiateur.

J. Selosse

Enregistrement cumulatif → Cumulatif

Enrichissement des tâches

Une tâche enrichie apporte à celui qui l'exécute plus de satisfactions internes, c'est-à-dire plus de satisfactions liées au contenu* du travail lui-même. Enrichir le travail, c'est donner à l'opérateur plus d'autonomie, de responsabilité, d'informations sur son travail et de marques d'appréciation pour la réussite des tâches difficiles qui lui sont confiées. C'est, également, augmenter l'intérêt et la signification de ce qu'il fait. Les effets de l'enrichissement des tâches sur le moral et sur le comportement sont très variables et sont vraisemblablement modulés par les caractéristiques individuelles et notamment par le besoin d'accomplissement*.

C. Lévy-Leboyer

Enseignement

Transmission de connaissances* théoriques ou pratiques, de techniques ou de méthodes, réalisée par un maître ou un professeur à destination d'élèves. Ce terme entre dans une première opposition avec celui d'apprentissage*, processus d'appropriation des connaissances par les élèves.

Dans la plupart de ses emplois, il est déterminé par un adjectif. On va ainsi distinguer :
1. des formes dominantes d'enseignement : l'enseignement mutuel, dans lequel les élèves les plus avancés enseignent à leurs camarades les plus jeunes ; l'enseignement individuel par lequel le maître s'adresse successivement à chaque élève, l'enseignement simultané, par lequel il s'adresse à la classe entière ;
2. des types de contenus enseignés : l'enseignement général désigne la formation intellectuelle et culturelle, et s'oppose à l'enseignement technique ou technologique, orienté vers l'exercice d'une profession ;
3. des niveaux d'étude : l'enseignement primaire (ou élémentaire) est celui qui est constitué des savoirs jugés indispensables à la vie dans une société donnée, et il est en général obligatoire. Il est suivi de l'enseignement secondaire, puis de l'enseignement supérieur ou universitaire ;
4. les statuts institutionnels et administratifs d'ensembles d'établissements scolaires : l'enseignement public, à la charge de l'Etat, de la région ou de la commune, s'oppose ainsi à l'enseignement privé.

D. Manesse

Enseignement assisté par ordinateur (EAO)

Tout programme* informatisé destiné à se substituer au moins en partie à l'enseignant, qu'il s'agisse de la présentation de la matière (connaissances ou habiletés), de ses applications ou des exercices proposés à son propos.

Le sigle EAO prend parfois un sens plus large en désignant toute activité pédagogique portée par l'ordinateur, y compris les logiciels d'apprentissage indépendant (apprentissage assisté par ordinateur — AAO).

G. de Landsheere

Depuis l'intégration de l'audiovisuel numérique à l'informatique*, le multimédia éducatif propose des activités de résolution de problèmes, d'exploration de micromondes, d'étude de simulations ou de bases de données*. L'utilisation de techniques d'intelligence artificielle* et d'hypermédia vise la conception d'environnements d'apprentissage plus interactifs et adaptatifs (EIAO), permettant aussi une coopération avec des formateurs, éventuellement à distance via un réseau (Internet par ex.).

M. Baron

Enseignement individualisé

Technique d'enseignement qui repose sur la constatation que les élèves d'une même classe ne sont pas identiques du point de vue du niveau des connaissances*, des rythmes d'acquisition ni de la personnalité*. Par conséquent, il est peu de situations didactiques qui conviennent à tous, au même moment, et il convient de les moduler selon les besoins de chacun. Sur la base d'un plan de travail négocié entre un ou plusieurs élèves et l'enseignant, ce dernier amène chaque élève vers un objectif donné, selon une progression, et avec l'aide d'outils pédagogiques appropriés. L'enseignement individualisé n'implique pas que chaque élève travaille séparément, pas plus qu'il ne suppose que le maître ne se décharge de ses tâches en ayant recours aux seuls « outils » pédagogiques qu'il peut éventuellement solliciter (fiches autocorrectives, programmes informatiques, etc.). Le travail individualisé n'est pas non plus exclusif de moments d'enseignement simultané dans la classe.

Systématisé dans ses principes sous le nom également de **pédagogie différenciée,** l'enseignement individualisé vise à rendre possible, par la diversification des méthodes et des progressions, l'acquisition de programmes communs dans des classes hétérogènes.

D. Manesse

Enseignement programmé

Obstinément réduit à l'usage des « machines à enseigner » conçues dans les années 1950, l'enseignement programmé est frappé d'une double obsolescence : en aval, l'enseignement assisté par ordinateur (EAO*) possède une capacité autrement plus fine d'adapter réciproquement un apprenant et les programmes* qu'il est censé apprendre ; en amont, la conception de l'enseignement programmé reconduit les principes de la didactique* de bon sens :
1. le découpage de la matière à apprendre doit donner lieu à la séquence de présentation la plus favorable à l'apprentissage* ;
2. la progression de l'apprentissage doit tenir compte des rythmes d'apprentissage, différents d'un élève à l'autre ;
3. la tâche essentielle de l'enseignement est de stimuler l'activité* des élèves ;
4. l'évaluation* immédiate et, si possible, positive est génératrice de progrès.

L'enseignement programmé systématise ces quatre règles dont les corollaires sont l'individualisation du parcours et le dialogue privilégié avec une machine qui peut être soit un « livre brouillé », soit, aujourd'hui, un didacticiel informatique.

Insister sur l'évaluation immédiate, la progression *step by step*, et la supériorité éducationnelle des contingences de renforcement* positives, c'est donner la préférence à la programmation* linéaire, préconisée par B. F. Skinner. Prendre en compte prioritairement la variété des parcours, d'un élève à un autre, et le rôle formateur de l'erreur corrigée, c'est donner la préférence à la programmation ramifiée.

Le bilan de l'enseignement programmé peut être jugé décevant, dès lors que l'EAO ouvrait des perspectives plus fines et adaptables. Mais les débats autour des machines à programmes ont permis de poser avec plus de pertinence certaines questions fondamentales : expérimentation des algorithmes* de l'apprentissage, irréductibles à la simple logique d'exposition de la matière à enseigner ; rôle des phases préparatoires de découverte libre, guidée ou semi-guidée ; intégration des phases de dialogue élève-machine dans des dispositifs d'interaction élèves-élèves et élèves-maître. L'apport de l'Ecole soviétique, poursuivant les travaux plus anciens de L. S. Vygotsky, a restauré une approche par les opérations mentales et proposé une théorie de la formation par paliers qui rompaient avec les perspectives strictement comportementalistes de Skinner.

C'était signifier, entre autres, que la question de l'enseignement programmé laissait désormais la place à celle de la programmation de l'enseignement et que cette dernière deviendrait, dans la perspective du développement de l'EAO mais tout autant avec la reprise de la recherche didactique*, une question centrale de l'éducation scolaire comme de l'éducation des adultes.

D. Hameline

Ensemble

Terme de base de la théorie des ensembles créée par G. Cantor à la fin du XIXe siècle et qu'il définissait comme « toute collection M réunissant en un tout des objets définis et bien distincts de notre intuition et de notre pensée (objets appelés "éléments" de M) ».

Dans l'usage courant, on parle aussi de classe*. Il faut cependant noter que, dans le sens ci-dessus, un ensemble n'est pas nécessairement l'extension* d'un concept* et cela pour au moins deux raisons. Les objets « lundi », « Mallarmé » et « $\sqrt{2}$ » sont définis et distincts. Ils forment donc un ensemble, que l'on note {lundi, Mallarmé, $\sqrt{2}$ }, sans qu'il soit possible de les subsumer sous un concept commun. D'autre part, on ne saurait, comme l'a montré B. Russell en 1903, faire correspondre sans contradiction un ensemble au concept « être l'ensemble de tous les ensembles ». Par ailleurs un ensemble, puisque conçu comme un tout, est un objet, de sorte que rien n'empêche d'introduire l'ensemble vide sans se heurter aux difficultés que présente la classe vide. On peut le définir comme l'ensemble qui contient tous les éléments $x \neq x$, éléments qui n'existent évidemment pas. De plus, si a est un objet, l'ensemble qui contient a, donc {a}, est aussi un nouvel objet, comme l'est encore {{a}}, soit l'ensemble qui contient l'ensemble qui contient a. On est en présence d'objets de types qui vont en croissant. Cela conduit à distinguer deux relations différentes : « être élément de » et « être inclus dans ». Soit l'ensemble {a, b}. On peut dire, par définition, que a est élément de {a,b}, mais il faut dire que {a} est inclus dans {a,b}. On note respectivement a E {a,b} et {a} $\subseteq$ {a,b}.

Dès 1939, les travaux de l'Ecole de N. Bourbaki ont fortement contribué à faire voir que la théorie des ensembles était de nature à servir de fondement aux mathématiques tout entières. C'est la raison pour laquelle des considérations ensemblistes ont été progressivement introduites jusque dans l'enseignement élémentaire. Cette résolution a été confortée par les recherches de l'Ecole de Genève sur la genèse de l'intelligence*. A ce propos, il faut noter que, par bien des aspects, ce que J. Piaget ne cesse d'appeler classes correspond souvent par ses exigences aux ensembles, étant bien entendu que les notions que développe l'enfant ne correspondent que d'assez loin aux concepts mathématiques de la théorie des ensembles.

J.-B. Grize

Entéramine → Sérotonine

Entraînement

En sport, désigne l'ensemble organisé et systématisé des procédés ayant pour objectif l'amélioration de la performance motrice*. Il se compose de deux parties. L'entraînement général a pour fonction de développer les aptitudes physiques (force, vitesse, souplesse, endurance, etc.) et psychomotrices (vitesse de réaction, vitesse de décision, etc.). L'entraînement spécifique vise un développement des aptitudes requises dans la spécialité sportive (ce qui suppose au préalable une analyse des tâches* sportives), une acquisition puis un affinement des habiletés motrices*, et une optimisation des stratégies individuelles et collectives. Cet entraînement physique est généralement complété par une préparation psychologique et une hygiène de vie stricte : tempérance, diététique, etc. L'efficacité de l'entraînement sportif est fonction du respect de certaines lois, les deux principales étant le caractère retardé des effets et le phénomène de surcompensation. De sorte que certains principes doivent être respectés tels que le dosage de l'intensité de la charge d'entraînement, la répétition et la variabilité des exercices et des sollicitations, l'organisation en cycles, l'évolution du général vers le spécifique, notamment.

Dans une acception plus récente, ce terme désigne l'activité de l'entraîneur, qui a la charge d'entraîner un athlète ou un groupe d'athlètes. Cette activité particulière a trois caractéristiques principales. Elle est une “improvisation planifiée” : l'entraîneur adapte souplement ses plans en fonction de l'incertitude inhérente à l'activité des athlètes et au contexte. Elle est une activité créatrice : il s'agit de découvrir ou d'inventer des solutions inédites, efficaces et efficientes propres à chaque athlète. Enfin, elle est une interaction entre l'entraîneur et l'athlète ou les athlètes : son efficacité est pour partie basée sur le degré de coopération qui s'établit entre ces deux protagonistes et le style relationnel au sein de la dyade (parfois aussi analysé comme un style de leadership). *M. Durand*

Par ailleurs, le terme peut avoir, en psychologie expérimentale, deux acceptions différentes :
1. ajustement de la période d'un rythme biologique sur celle d'un synchroniseur* externe. Mécanisme par lequel le synchroniseur corrige la différence qui existe entre sa période et celle du rythme biologique*. Cette correction dépend d'un mécanisme circadien de sensibilité de l'organisme au signal temporel, la courbe phase-réponse, dont les caractéristiques sont semblables chez toutes les espèces, qu'elles soient nocturnes ou diurnes. La lumière induira une avance de phase, un retard de phase ou n'aura pas d'effet selon le moment auquel l'animal y aura été exposé ;
2. l'effet d'entraînement est un effet de causalité perceptive* décrit par A. Michotte en 1946. Si un objet A (surface colorée) placé à gauche, derrière une fente d'observation, à quelque 3 cm d'un objet B de même nature, est déplacé vers l'objet B et que, à partir du moment où il rejoint B, les deux objets se meuvent accolés à la vitesse de A, un observateur attribuera le mouvement de B à un entraînement par A. L'effet perceptif d'entraînement ne persiste que pour une certaine longueur du parcours commun. *H. Lejeune*

Entretien

L'entretien est un échange de paroles avec une ou plusieurs personnes pour un but autre que le simple plaisir de la conversation. La communication y est essentiellement verbale mais se trouve complétée par des communications non verbales* (postures, mimiques, etc.). Dans la vie professionnelle et sociale il existe divers types d'entretiens, selon que celui qui le mène communique des renseignements ou une décision à l'intéressé et qu'il cherche ou non à agir sur ses motivations*. En psychologie, les buts de l'entretien sont divers : reconstituer l'histoire du sujet (anamnèse*), sonder ses connaissances (interrogation orale), juger de ses aptitudes à un apprentissage (orientation*) ou à un emploi (sélection) ; contribuer au diagnostic, à l'indication et au traitement pour des sujets souffrant de troubles psychiques et/ou relationnels (entretiens dits « préliminaires » à une psychothérapie), aider le sujet à affronter une difficulté ponctuelle dans l'existence (conseil psychologique), entraîner le ou les sujets à une meilleure communication avec autrui (formation), etc. L'entretien peut être demandé par l'intéressé (entretien clinique, conseil), par le psychologue (enquête, sondage d'opinion, étude de marché, recherche scientifique) ou par un tiers (médecin, employeur, professeur). L'entretien peut être complété par des questionnaires et des tests (clinique « armée »). Il peut être individuel, de couple, de famille, de groupe. L'attitude du psychologue, analogue à celle du psychanalyste, est marquée par la fermeté et par la neutralité bienveillante. Dans l'**entretien directif,** le psychologue pose des questions préétablies et cherche à obtenir des informations. Dans l'**entretien non directif,** il laisse parler le plus librement possible le sujet en l'encourageant, en reformulant ses réponses, en observant ses réactions et en cherchant à comprendre les peurs, les hésitations, les résistances, le système défensif du sujet. L'**entretien semi-directif** est un compromis entre les deux formules précédentes. Une des tâches du psychologue est de susciter la coopération du sujet sans suggérer ni induire ses réponses, et de déceler par des recoupements les erreurs, les oublis, les mensonges éventuels de ce dernier. Dans l'**entretien situationnel,** le sujet doit dire comment il se comporterait dans une situation qui lui est décrite par le psychologue ou comment il traiterait des informations ou des documents que celui-ci lui fournit ; les différentes conduites possibles ont généralement fait l'objet d'une cotation préalable. En psychiatrie, l'entretien structuré à visée diagnostique est standardisé de façon à permettre de recueillir d'une façon systématique les critères des différents troubles psychiatriques. Dans ses recherches sur le développement* cognitif de l'enfant, J. Piaget a donné un sens particulier à l'entretien clinique. C'est l'art de questionner l'enfant pour mettre en évidence sa mentalité et sa conception du monde, soit directement, soit à l'occasion de manipulations d'un matériel simple. *D. Anzieu*

Entropie

Terme emprunté à la thermodynamique, où il s'applique à la fonction définissant l'état de désordre d'un système physique, par la théorie de l'information* et la statistique. Introduit dans la théorie de l'information par C. Shannon en 1948 (à la suite d'une suggestion de J. von Neumann), il y désigne la mesure de l'information ou incertitude*.

L'entropie d'une variable* aléatoire* x est définie par

$$-\,E\,(\log f\,(x))$$

où f (x) est la densité de la variable aléatoire x et E est l'opérateur « espérance mathématique ». Il s'agit suivant les cas d'une mesure de dispersion*, d'information, d'incertitude. Elle permet par exemple dans un système qui peut se trouver dans des états distincts A_1, A_2, ..., A_n avec des probabilités p_1, p_2, ..., p_n de caractériser l'état d'incertitude dans lequel on se trouve avant d'observer le système. Elle vaut dans ce cas

$$-\sum_{i=1}^{n} p_i \log p_i$$

Quelquefois appelée incertitude, elle est définie à une constante multiplicative près qui varie suivant la base du logarithme utilisé. Le choix de la base 2 présente l'avantage de faire correspondre l'unité de mesure de l'entropie à l'alternative équiprobable. Sa valeur toujours positive varie entre 0 (cas d'une distribution certaine ou tous les p_i sont nuls sauf un qui vaut nécessairement 1) et log n (cas d'une distribution uniforme ou les n résultats possibles sont équiprobables).

Comme l'entropie croît avec l'incertitude, on préfère parfois utiliser, sous le nom de néguentropie ou information, la quantité

$$\sum_{i=1}^{n} p_i \log p_i$$

qui a l'avantage de décroître avec l'incertitude et qui se prête aux mêmes calculs de décomposition que l'entropie. *D. Defays*

Énurésie

Emission involontaire d'urine chez l'enfant pendant le sommeil*, parfois également dans la journée. Ce trouble fonctionnel, traditionnellement classé dans les troubles psychomoteurs, est la persistance ou le retour du comportement normal du bébé, jusqu'à ce que la maturation et l'éducation rendent possible, vers 18 mois-2 ans, le contrôle mictionnel volontaire.

Le diagnostic requiert l'élimination de toute cause organique d'incontinence. Dans la forme primaire, plus fréquente chez les garçons, l'absence d'apparition du contrôle sphinctérien après 3 ans a des causes variées en rapport avec les conflits intrapsychiques et les interrelations avec les parents. La forme secondaire témoigne d'une régression*, banale lors de la naissance d'un puîné, mais aussi de diverses sortes de conflits en rapport avec la passivité*, l'autoérotisme* et l'angoisse de castration*. Comme tous les troubles fonctionnels, elle peut se charger de multiples bénéfices et significations primaires et secondaires, en fonction des effets de l'expérience dont les attitudes des parents. D'où les méthodes thérapeutiques simples centrées sur la limitation des bénéfices secondaires* et le repérage des conflits.

Les enregistrements du sommeil (hypnogrammes) ont montré que la miction survenait dans la première partie du sommeil au moment où une phase de sommeil paradoxal était logiquement attendue. Ainsi, la miction semble venir en lieu et place du rêve*, donnant une sorte de validation au modèle psychosomatique* du court-circuit de la mentalisation*. *B. Brusset*

Enveloppe familiale → Famille

Enveloppe psychique

Concept élaboré par D. Anzieu à la suite du moi-peau*, lequel représente l'enveloppe tactile. D'autres enveloppes sensori-motrices s'emboîtent dans cette enveloppe originaire : enveloppes sonore, visuelle, chromatique, olfactive, enveloppes de chaleur, de souffrance, d'angoisse, de rythme, etc. E. Bick a décrit sous l'expression de seconde peau une enveloppe psychique étayée sur la musculature, faute d'un moi-peau tactile suffisant. Du point de vue fonctionnel, il convient de distinguer l'enveloppe qui reçoit et filtre l'excitation (pare-excitation*) et l'enveloppe qui reçoit des significations et en conserve des traces sous forme d'inscriptions. La topologie des rapports entre les deux enveloppes varie selon les diverses organisations psychopathologiques. *D. Anzieu*

Envie

Selon M. Klein, l'une des émotions les plus primitives et les plus fondamentales du bébé, décrite comme une pulsion primaire. L'envie est un besoin d'appropriation de l'objet idéal ou de ses qualités en même temps qu'une intention de le détruire pour supprimer la pression qu'il exerce comme objet d'envie. Cette intentionnalité destructrice en fait l'une des premières manifestations de l'instinct de mort. Si l'envie est trop forte, elle interagit dans la négociation de la phase parano-schizoïde* : le clivage entre un bon et un mauvais objet ne peut être maintenu puisque l'objet idéal devient un objet attaqué et spolié.

Certaines organisations psychopathologiques font référence à l'envie en tant qu'elle exprime un fonctionnement mental archaïque, dépourvu d'une capacité à organiser l'ambivalence et à contrôler les pulsions primaires ; c'est le cas de certains troubles limites, d'états hypocondriaques* et psychopathiques*.

Les objets de l'envie lui donnent une signification différente et se rapportent au développement de la sexualité infantile : envie du pénis dans le cas de la petite fille, envie inverse du garçon pour la fonction féminine, « contenante » et procréatrice. Dans la perspective kleinienne, chacune d'entre elles est plus tardive et consécutive à l'envie primaire, à la différence de la conception de S. Freud qui fait de l'envie du pénis un phénomène primaire au centre de sa théorie de la sexualité féminine.

R. Jouvent

Envie du pénis

L'envie du pénis est, selon S. Freud, l'ensemble des sentiments d'amertume et de dépit que la fillette éprouverait lorsqu'elle constate la différence anatomique des sexes et comprend qu'elle n'a pas et n'aura pas de pénis. En ce sens, l'envie du pénis est irréductible au désir d'avoir un pénis et encore plus au désir de recevoir un pénis dans l'acte sexuel. K. Abraham a distingué deux formes de cette envie chez la femme, selon qu'elle donne lieu à des fantasmes de possession d'un pénis (type d'accomplissement du désir) ou à des mouvements hostiles au pénis qu'elle sait ne pouvoir posséder (type de revanche). Le caractère primitif de l'envie du pénis a été contesté par nombre de psychanalystes femmes ; M. Klein en a admis la réalité, tout en montrant qu'elle n'est qu'un dérivé relativement tardif de l'envie primaire du sein*, commune aux bébés des deux sexes, et la contrepartie de l'envie masculine de la capacité féminine de porter des bébés.

J.-M. Petot

Environnement

Ensemble des conditions extérieures à un organisme, et de nature à l'influencer. Le terme est assez généralement synonyme de milieu*. Ce dernier s'emploie cependant aussi bien à propos des conditions internes. Pour les psychologies interactionnistes*, l'environnement désigne le milieu dans lequel vit l'organisme et avec lequel il interagit. Pour la plupart des théories modernes, suivant en cela les conceptions de la biologie, organisme et environnement sont de plus en plus abordés comme parties d'un même système. Selon les domaines de recherches et les approches théoriques, on privilégiera cependant tantôt l'environnement physique, tantôt l'environnement social ; tantôt l'environnement artificiel ou construit d'une situation expérimentale, tantôt l'environnement naturel, la niche écologique*. *M. Richelle*

Épigenèse

L'épigenèse est un concept dynamique de la biologie, désignant toutes les étapes de la complexification d'un organisme à partir de sa conception, et selon lequel chaque stade* découle du précédent et détermine le suivant, dans une interaction globale permanente avec le milieu. A sa conception, un individu en son œuf, c'est une certaine quantité de réserves nutritives, d'outils moléculaires et cellulaires universels, et un programme génétique unique et particulier dans les limites de variation de l'espèce. Dès les premières divisions, le décodage commence : le programme génétique est répliqué et s'exprime par parties dans les différentes cellules ; celles-ci se différencient, les feuillets se forment et se mettent en place, les tissus et organes s'ébauchent. A chaque stade, chaque partie est fonction de ce qui l'a précédée, influence les autres, contribue à déterminer ce que sera l'étape suivante. D'un point de vue comportemental, l'épigenèse comprend l'embryogenèse* et l'éthogenèse*. La naissance, l'éclosion sont ici des étapes charnières, car les interactions avec le milieu sont décuplées. Les rythmes endogènes se règlent sur ceux de l'environnement*, dont les stimulations et variations contribuent à canaliser le développement des structures anatomiques, la mise en place des mécanismes physiologiques, l'affinement des compétences sensorimotrices. Chez les espèces où le comportement parental* est réduit à sa plus simple expression, l'organisme se débrouille dès la naissance : d'emblée, le phénotype résultant de l'épigenèse est parfaitement ajusté au milieu. Chez les espèces où le comportement parental est élaboré, ainsi que chez les espèces sociales, l'éthogenèse se continue par les interactions avec les parents, les pairs, les partenaires, les rivaux. L'inné* hérité de l'espèce n'est qu'à l'état de potentialité dans le génome de l'œuf ; les aptitudes effectives ne sont que ce qu'en fait le développement de cet organisme dans une interaction continue avec l'environnement. De plus, et compte tenu de ce qu'il est, l'organisme fait des expériences et ajuste aux acquis hérités de l'espèce et de ses parents propres ses acquis personnels. Ses erreurs et ses enrichissements (V. Protoculture) déterminent son influence et son rôle dans le groupe et la part, directe ou indirecte, qu'il prend à la génération suivante, donc à l'évolution et au futur de l'espèce (V. Sociobiologie). Inné et acquis sont complémentaires et rétroagissent donc bien l'un sur l'autre. *J.-C. Ruwet*

Épilepsie

Manifestations pathologiques aiguës et transitoires, survenant de façon inopinée et justifiant les mots de crise, d'attaque. Ces manifestations traduisent une décharge brusque et excessive d'une population de neurones, plus ou moins étendue. La variété des crises épileptiques est grande. Les crises généralisées correspondent à une décharge de l'ensemble du système nerveux central : la « crise grand mal » correspond à la description classique associant convulsions et coma postcritique ; la « crise petit mal », propre à l'enfant, provoque une absence, une suspension de la conscience* sans perte de vigilance. Les crises partielles sont la conséquence de décharges localisées : les crises partielles élémentaires peuvent être motrices (crises bravais-jacksoniennes), sensitives, sensorielles ; les crises partielles complexes sont responsables d'un désordre de la conscience et de l'expérience vécue, en particulier sensation d'étrangeté*, de déjà-vu*, de déjà-vécu, pensée ou reviviscence forcées. Ce dernier type de crises partielles a été aussi qualifié de crises temporales, crises psychomotrices, voire du terme ambigu d'équivalents (sous-entendu épileptiques). La manifestation clinique initiale d'une crise, signe avant-coureur pour le patient, constitue l'**aura**. La répétition subintrante de crises, sans résolution, réalise l'état de mal épileptique. Chez des patients dont les crises sont habituellement fréquentes, il est possible d'observer des traits de personnalité faits de viscosité mentale, impulsivité, susceptibilité, mysticisme, ayant justifié l'individualisation du « caractère épileptique ». L'extension psychopathologique de ce concept, sous le nom de personnalité épileptoïde, n'est plus justifiée. *J.-L. Signoret*

Épiphénoménisme

Théorie selon laquelle la conscience* est un phénomène accessoire (épiphénomène), le facteur constitutif de la conduite consistant dans le processus nerveux. Cette doctrine aboutit entre autres au béhaviorisme* de J. Watson. Une variété moins restrictive en est représentée par le parallélisme psychophysiologique* selon lequel les phénomènes psychiques et les phénomènes physiologiques représentent deux séries indépendantes, sans action l'une sur l'autre. J. Piaget reprend et justifie en partie cette doctrine dans le cadre de ses conceptions sur l'isomorphisme* entre les systèmes* d'implication, au plan conscient, et les systèmes d'ordre causal, de nature organique ou matérielle. *E. Jalley*

Épisode verbal

Notion introduite par B. F. Skinner pour qualifier la situation globale dans laquelle se déroulent les échanges verbaux. L'épisode verbal est défini par la somme des comportements* individuels émis par le locuteur* et le récepteur* au cours d'un échange. Cette notion ne s'applique en réalité qu'à un sous-ensemble des situations de communication* verbale (les interactions orales concrètes), et les linguistes lui préfèrent les notions voisines de contexte*, de situation d'énonciation* ou d'actes de langage*, qui permettent de décrire la totalité des situations de communication verbale (incluant les monologues, la production écrite, la lecture*, etc.). *J.-P. Bronckart*

Épisodique (Mémoire —)

La mémoire* épisodique concerne les événements personnellement vécus par un sujet, constitués d'« épisodes » qui peuvent être localisés grâce à leurs coordonnées de temps et de lieu, et à l'origine d'une biographie singulière. Ce type de mémoire se définit aussi par rapport (ou en opposition) à une autre mémoire, la mémoire sémantique qui est celle des faits, des idées, des concepts et aussi du sens des mots, dont la référence est l'universel et non plus un sujet individuel. La pathologie confirme la pertinence d'une telle distinction puisqu'au cours des syndromes amnésiques* il est possible d'observer une perturbation de la mémoire épisodique, sans trouble de la mémoire sémantique. Cependant, s'il est plausible de considérer que les informations contenues en mémoire n'ont pas les mêmes caractéristiques fonctionnelles et structurelles, il faut nécessairement qu'il existe des relations entre ces deux types de mémoire, pour permettre d'expliquer comment des épisodes répétés d'un même événement, dans des contextes temporels et spatiaux variés, peuvent aboutir à des connaissances sémantiques. *J.-L. Signoret*

Épistémique (Sujet —) → Sujet

Épistémologie

Discipline philosophique fondée dans la seconde moitié du XIXe siècle et dont l'objet consiste à soumettre à un examen critique les principes, les hypothèses et les résultats des disciplines scientifiques, à déterminer leur valeur logique et leur portée objective.

Contrairement à ce qu'indique l'étymologie, l'épistémologie ne peut être considérée ni comme « la science des sciences », ni comme la science générale de la connaissance*, dans la mesure où elle ne dispose pas de critères lui permettant de se fonder elle-même comme discipline scientifique ; sa démarche consiste à examiner, *a posteriori,* l'état de développement historique des sciences dans leur diversité, et à établir sur cette base les conditions *a priori* de toute connaissance scientifique. L'épistémologie prend appui sur deux démarches connexes dont elle est cependant distincte : l'histoire* et la sociologie des sciences d'une part, la logique pure d'a
qu'elle utilise pour décrire les f
construction scientifique.

A cette conception de l'épist
comme analyse « externe » (philos
des sciences, s'est adjointe plus réc
une conception « interne » qui la définit comme l'évaluation critique que le chercheur doit appliquer aux démarches de sa propre discipline. Cette démarche, qui constitue une manière de prolongement du positivisme*, est qualifiée par J. Piaget d'« épistémologie scientifique », et elle s'oppose à l'épistémologie classique qui est qualifiée par le même auteur de « métascientifique ».

Dans la mesure où il a trait aux conditions d'élaboration des connaissances, l'objet de l'épistémologie rejoint celui des écoles de psychologie centrées sur le développement* et le fonctionnement cognitifs, mais la psychologie ne peut pour autant constituer une épistémologie puisque, comme toute science, elle est soumise à sa critique. Cette parenté a néanmoins conduit J. Piaget à fonder l'épistémologie génétique*, qui utilise les données expérimentales de la psychologie de l'enfant* dans le but de décrire les mécanismes qui constituent la source même des diverses variétés de connaissance et de suivre leur développement aux niveaux ultérieurs jusqu'à l'élaboration de la pensée* scientifique proprement dite. *J.-P. Bronckart et E. Jalley*

Épistémologie génétique

Expression utilisée par James Ward dès 1883 et reprise par J. M. Baldwin qui désigne de cette façon un projet de construction d'une théorie de la connaissance* fondée sur les conceptions évolutionnistes et développementales et enrichissant la méthodologie longitudinale* proposée par G. Stanley Hall dans sa psychologie génétique*. Jean Piaget reprendra ce projet et le conduira à son terme en intégrant les deux aspects de l'épistémologie* : philosophie des sciences et théorie de la connaissance. L'ambition de Piaget est de décrire la genèse des connaissances scientifiques dans l'espèce humaine. Révoquant l'histoire des sciences parce que non scientifique et n'offrant qu'une analyse temporellement limitée, Piaget choisit une approche génétique, et non historique, qui lui apparaît indépendante de toute échelle temporelle. La psychologie de l'enfant semble alors la méthode la plus adéquate dans la mesure où son utilisation est fondée sur une généralisation de la loi de récapitulation*. L'ontogenèse* des connaissances sera considérée comme la récapitulation de l'histoire des sciences.

Cette théorie de la construction des connaissances confère à la psychologie une position particulière qui retentit sur la conception piagétienne de la philosophie des sciences : à la classification hiérarchique proposée par les épistémologies positivistes, Piaget oppose le cercle des sciences. C'est parce que l'épistémologie de Piaget est génétique que la classification est circulaire : la psychologie, sommet de la hiérarchie dans les épistémologies positivistes, rejoint les mathématiques et la logique, qui en constituent le point de départ, dans la mesure où les opérations du sujet, décrites par la psychologie, apparaissent comme le fondement de tout savoir logico-mathématique. *P. Mengal*

Épreuve de réalité

En psychanalyse, opération psychique consistant à vérifier la nature perceptive ou imaginaire d'une représentation, et fonction psychique effectuant cette vérification. L'épreuve de réalité est une fonction du moi*. Elle présuppose l'abandon du narcissisme* primaire absolu dans lequel le moi et le non-moi sont indifférenciés, ainsi que la différenciation du moi et du ça*. Elle se construit progressivement et par étapes : différenciation de l'hallucination* et de la perception* dans un premier temps, pour finir par la différenciation entre fantasme* et souvenir. Par extension, le terme épreuve de réalité s'applique également aux désirs*, notamment aux désirs inconscients archaïques, pour désigner l'opération par laquelle le moi juge si ces désirs sont réalisables ou s'ils doivent être rejetés. *J.-M. Petot*

Épreuve du miroir → Miroir

Épreuve piagétienne

Les épreuves piagétiennes sont des tests* d'intelligence* directement inspirés de la théorie du développement* cognitif de J. Piaget (V. Constructivisme). Certaines doivent être appliquées individuellement et supposent la présence d'un matériel ; d'autres ont la forme de tests collectifs papier-crayon. Les situations retenues sont généralement proches des situations expérimentales imaginées par Piaget, mais les conditions de l'observation ont été standardisées (dans les épreuves individuelles on a cependant conservé quelques-unes des caractéristiques de l'entretien* clinique). Le sujet est caractérisé par un stade* de développement*, stade général ou stade relatif à un secteur particulier. Exemples : L'« échelle de développement de la pensée logique », l'« échelle collective de développement logique ». *M. Huteau*

Équation personnelle

Erreur systématique* due aux particularités individuelles de l'observateur. L'expression fut introduite par les astronomes, à la suite de la découverte par N. Maskelyne en 1795 des écarts entre ses propres mesures et celles de son collaborateur. Ces écarts intriguèrent l'astronome allemand F. W. Bessel en 1820 qui, les analysant, comprit qu'ils traduisaient les différences entre individus quant à ce que l'on appela ensuite le temps de réaction*, et suggéra d'introduire une correction dans les mesures. Ainsi était posé, en dehors de la psychologie scientifique encore inexistante, un problème (le temps de réaction) qui allait devenir peu après un objet d'étude privilégié de la science psychologique naissante.

Bien que d'abord appliquée aux cas limités d'erreurs liées au temps de réaction (et qu'on l'emploie parfois abusivement pour désigner comme tels les temps de réaction individuels), l'expression s'est généralisée aux erreurs systématiques de l'observateur, qu'elles aient leur source dans ses caractéristiques psychophysiologiques élémentaires ou dans des traits plus complexes de sa personne. *M. Richelle*

Équilibration

En tant que concept physiologique, l'équilibration désigne une fonction intégrée du système nerveux nécessitant la mise en jeu de nombreux appareils sensoriels et de réflexes sensori-moteurs échelonnés tout le long de la moelle, du bulbe, du pont, par lesquels un organisme assure ses postures*. L'équilibration, chez l'homme, résulte de processus complexes à l'origine desquels on trouve principalement :

1. l'appareil kinesthésique* situé dans les masses musculaires et les ligaments ;
2. l'appareil visuomoteur ;
3. l'appareil vestibulaire*. Les informations provenant de ces systèmes périphériques parviennent aux noyaux de certains nerfs crâniens, les nerfs oculomoteurs en particulier, aux structures de la proprioception* et de la kinesthésie, aux étages moteurs de la moelle épinière, et agissent en permanence sur les centres du maintien de l'équilibre situé au niveau du tronc céré-

bral et constitué essentiellement par les noyaux vestibulaires ; ceux-ci sont d'ailleurs connectés avec leurs homologues contralatéraux et avec le cervelet* dont le rôle dans la régulation des phénomènes posturaux participe au contrôle de l'équilibration. Ces informations vont contribuer à maintenir le tonus musculaire de la moitié homolatérale du corps. Lorsque le corps et la tête sont en mouvement, les vitesses angulaires et linéaires varient et sont enregistrées par les labyrinthes, éléments constitutifs de l'appareil vestibulaire. Ceux-ci envoient leurs informations aux centres de l'équilibre, contribuant à une adaptation instantanée de la réponse motrice du corps à la situation dynamique et cela grâce à une mémorisation des informations issues des expériences précédemment vécues, en particulier depuis l'enfance. L'ensemble de ces mécanismes est inconscient ; leur prise de conscience, engageant les structures corticales, traduit un dysfonctionnement et se manifeste par le vertige.

R. Decombe et M. Le Moal

Équilibration cognitive

Pour J. Piaget, l'adaptation* de l'individu à l'environnement résulte de processus de transformations visant à l'équilibre*. Ni l'individu ni l'environnement n'étant statiques, l'état d'équilibre permanent est impossible ; les conduites* s'accompagnent donc toujours d'un processus d'équilibration. Ce processus comporte deux pôles, en première analyse antagonistes : l'assimilation* et l'accommodation*. L'assimilation est un processus de transformation des perceptions du réel visant à les rendre semblables à ce que le sujet connaît déjà, opérant par déformation et incorporation, dans les schèmes* antérieurs, des objets, événements ou relations nouveaux. Cependant, certaines nouveautés que le sujet rencontre dans son environnement ne sont pas assimilables aux schèmes préétablis parce qu'elles sont trop différentes de ce qui est déjà maîtrisé. Leur prise en charge suppose une accommodation, c'est-à-dire une modification de l'équipement mental (enrichissement ou création de schèmes). Imposée par la résistance de l'objet à se laisser assimiler, l'accommodation n'est que dérivée ou secondaire par rapport à l'assimilation.

Piaget a introduit le concept d'**équilibration majorante** pour souligner que le processus ramène non seulement à l'équilibre mais majore, accroît, la puissance logique des schèmes et structures d'opérations. Cette majoration (en relation avec des processus comme l'abstraction réfléchissante*) rend compte du développement* cognitif.

J.-E. Gombert

Équilibre

Etat de stabilité posturale qui s'établit sous le contrôle* de différents organes (oreille interne et cervelet notamment) ainsi que de stimulations kinesthésiques et visuelles.

Désigne aussi, de manière plus générale, l'état de stabilité atteint par un système* donné, qu'il relève de la physique, de la biologie, de la cybernétique* ou des sciences sociales.

Selon la théorie constructiviste* de J. Piaget, l'adaptation* de l'individu à l'environnement s'opère par un processus continu d'équilibration*, c'est-à-dire par une succession de régulations* qui assurent la coordination des schèmes* et tendent à établir une compensation totale entre les processus d'assimilation* et d'accommodation*. Les stades* de développement* (sensori-moteur*, opérations concrètes* et formelles*) correspondent à des états d'équilibre (ou paliers) momentanés, qui sont rapidement perturbés par la lecture d'informations* non immédiatement assimilables (processus de **déséquilibre**). Dans la théorie de H. Wallon, cette notion désigne un état plus général de la personnalité* qui résulte de l'intégration* de fonctions affectives et cognitives jusque-là en conflit.

En psychopathologie, la notion de déséquilibre est utilisée de manière très générale ; elle renvoie à une organisation psychique imparfaite et vulnérable qui rend le sujet incapable de vivre selon ses véritables intérêts et qui le prédispose aux grands troubles psychiatriques.

J.-P. Bronckart et E. Jalley

Équilibre (Théorie de l'—)

Elaborée par F. Heider, la théorie, d'inspiration gestaltiste*, définit l'équilibre au sein d'une unité cognitive composée de deux ou trois entités liées par des relations dynamiques (sentiments) et des relations d'union (appartenance, proximité, causalité, etc.) : les entités peuvent être un individu P, une autre personne O et/ou une entité impersonnelle (situation, objet, événement) X. Une dyade (P-O ou P-X) est dite en état d'équilibre si la relation entre les deux éléments est positive (ou négative) à tous égards et une triade (P-O-X) l'est si les trois relations sont positives ou si deux sont négatives et la troisième positive.

La théorie postule que si cet état est rompu, des forces tendant à rétablir l'équilibre apparaissent de sorte que P modifie soit les relations d'union par le truchement de l'action ou de la réorganisation cognitive soit les relations dynamiques entre les éléments de l'unité. *F. Askevis-Leherpeux*

Équilibre quasi stationnaire

K. Lewin, en dynamique des groupes*, a défini l'état d'équilibre quasi stationnaire comme un état d'équilibre entre des forces égales en grandeur et opposées en direction, à rapprocher de la notion d'homéostasie*. Cet état n'est pas rigoureusement constant ; il manifeste des fluctuations autour d'un niveau moyen ; il y a donc une marge de voisinage à l'intérieur de laquelle la structure du champ de forces ne se modifie pas. C'est la définition la plus générale de la résistance au changement. L'accroissement des forces opposées ne modifie pas l'équilibre, mais entraîne une augmentation de la tension dans le groupe. Pour modifier la structure du champ de forces, il faut augmenter très fortement l'une des forces opposées ou diminuer l'intensité de l'autre. Une fois que le changement est allé au-delà de la marge de voisinage, il tend à se poursuivre de lui-même vers un nouvel équilibre et à devenir irréversible. *D. Anzieu*

Équipe sportive

Groupe d'individus pratiquant un sport* régi par des règles telles que la victoire ne peut être atteinte individuellement. Au sein de l'équipe, les rôles sont fortement structurés (attaquants, défenseurs, gardien de but) et les statuts très spécifiés avec un *leader* officiel (le capitaine). Sa taille, sa composition et son organisation sont fonction du règlement et des ressources* individuelles : morphologie, aptitudes*, habiletés*, etc. Les performances collectives dépendent d'une gestion optimale de ces ressources et de la cohésion du groupe, elle-même fonction de l'adhésion de chaque membre aux objectifs collectifs.

M. Durand

Équipotentialité

Egalité de possibilités fonctionnelles entre diverses structures*. Le terme s'emploie surtout à propos des structures du système nerveux central (équipotentialité cérébrale, corticale, hémisphérique) pour désigner la capacité qu'ont diverses structures du cerveau ou du cortex*, ou qu'ont les deux hémisphères*, d'assurer les mêmes fonctions. L'équipotentialité peut être limitée à certains stades du développement*. Ainsi, si l'hémisphère gauche, qui en assure normalement la gestion, se trouve lésé au moment de l'acquisition du langage, l'hémisphère droit intact pourra en assurer la suppléance* (V. Action de masse, Vicariance). *M. Richelle*

Équisection

Procédure* utilisée dans l'établissement d'échelles de sensation*, ou autres échelles* psychologiques, à l'aide de la méthode de partition. Le sujet est invité à diviser un *continuum**, par exemple l'intensité* du stimulus, dont les deux valeurs extrêmes lui sont données, en n parties subjectivement égales. La forme la plus simple d'équisection est la bissection* ou division en deux parties. Si l'on demande d'emblée une division en plus de deux parties, on parlera d'équisection simultanée, et d'équisection progressive si les divisions sont obtenues en faisant procéder à de nouvelles bissections à partir des bissections précédentes.

M. Richelle

Équité (Théorie de l'—)

Prolongement de la théorie de l'échange social*, fondé sur le principe de justice distributive* de G. C. Homans. J. S. Adams suggère que tout sujet, dans ses relations avec autrui, tend vers l'équilibre entre ses investissements et les récompenses qui en résultent. Les sujets éliminent ou réduisent l'inégalité (l'inéquité) en augmentant ou en diminuant leurs investissements dans la relation selon que l'inéquité représente un avantage ou un inconvénient pour eux. A l'origine, le principe d'équité a été appliqué à des situations de travail pour prédire des phénomènes tels que la productivité et le *turn-over*. Ultérieurement, la théorie a été formalisée (matrice d'interdépendance de J. W. Thibault et H. H. Kelley) et, en tant que modèle général de l'interaction sociale, appliquée à d'autres situations, notamment aux relations interpersonnelles. *G. Moser*

Équivalence

Une relation d'équivalence est une relation qui est à la fois réflexive, symétrique et transitive. La relation d'égalité entre nombres en fournit un exemple : $x = x$ (réflexivité), si $x = y$ alors $y = x$ (symétrie), si $x = y$ et $y = z$ alors $x = z$ (transitivité). Les relations que l'on exprime par « avoir le même quelque chose que » ou par « être du même quelque chose que » (âge, pays, poids) sont des relations d'équivalence. En particulier, deux propositions* sont équivalentes si elles ont même valeur de vérité. Chacune d'elles implique alors l'autre. L'opération de biconditionnalité qui porte sur deux propositions « si p alors q et si q alors p » est souvent appelée l'équivalence, comme on dit la conjonction. Il s'agit toutefois d'une opération et non d'une relation.

Si un ensemble* est muni d'une relation d'équivalence, il est possible de le partager en classes* disjointes. On place dans chacune d'elles les éléments équivalents par la relation. On a alors effectué une partition de l'ensemble en classes d'équivalence.

J.-B. Grize

Équivalence numérique

Estimer l'équivalence numérique de deux (ou plusieurs) ensembles* revient à admettre qu'ils comportent le même nombre d'éléments quels que soient les caractéristiques et l'agencement spatial ou temporel de ceux-ci. Le jugement* d'équivalence peut être étayé par quatre types d'arguments* : le plus précoce dans le développement* de l'enfant consiste en une évaluation grossière à partir de la longueur ou de la densité des collections ; viennent ensuite, d'une part, la correspondance terme à terme et, d'autre part, le dénombrement, utilisable sur incitation dès 4-5 ans ; s'établit enfin la conservation* qui voit l'équivalence affirmée du fait que les transformations opérées (en général spatiales) n'affectent pas la numérosité*.

Éreutophobie

Crainte angoissante de rougir, apparaissant le plus souvent en situation sociale, l'éreutophobie s'accompagne volontiers de conduites d'évitement* (évitement des situations où cette angoisse pourrait apparaître, conduites diverses de dissimulation telles que le maquillage).

Bien qu'appartenant, par son étymologie, au groupe des phobies*, l'éreutophobie se rencontre beaucoup plus volontiers dans les névroses* obsessionnelles que dans les névroses phobiques, soulignant le caractère indépendant du symptôme phobique par rapport à un cadre nosographique précis.

M.-C. Hardy-Bayle

Ergomètre

Appareil destiné à mesurer le travail musculaire*, et le plus souvent utilisé en vue de mettre en évidence la fatigabilité. Muni d'un système d'enregistrement graphique, il s'appelle **ergographe.** *M. Richelle*

Ergonomie

Ensemble de recherches et d'interventions portant sur l'environnement et les conditions de travail, et sur les systèmes homme-machine, et destinées à améliorer les moyens mis à la disposition des travailleurs, à les rendre compatibles avec leurs caractéristiques physiologiques et psychologiques et à garantir leur sécurité et leur confort. Pour atteindre ces objectifs, l'ergonomie procède à la description des tâches et des postes de travail, étudie la nature des informations, leur traitement et leur représentation mentale, décrit les caractéristiques de l'équipement et les réponses de l'opérateur. Elle analyse également tous les documents se rapportant au travail, comme les erreurs et leurs causes, les caractéristiques du travail effectué et les dysfonctionnements opératoires. *C. Lévy-Leboyer*

Érogène

Qualifie ce qui est source d'une excitation sexuelle. On sait l'importance accordée par S. Freud aux zones érogènes, c'est-à-dire aux régions de la surface du corps susceptibles d'être le siège d'une telle excitation. Historiquement, la parenté entre le concept de zone érogène et celui de zone hystérogène (décrit par J. Charcot) est indéniable. Plus banalement, on parle d'une situation, d'un événement, d'une pensée ou d'une activité érogène. *D. Widlöcher*

Eros

Terme qui apparaît sous la plume de S. Freud à partir de 1920 pour désigner l'ensemble des pulsions* de vie (pulsions sexuelles et pulsions d'autoconservation), en tant qu'elles s'opposent à l'ensemble des pulsions de mort. Le choix du terme *Eros* correspond au souci freudien de marquer l'importance particulière de la sexualité dans le groupe des pulsions de vie, mais il est également déterminé par le souci de souligner que les pulsions de vie, comme le dieu Eros, ont pour vocation première de créer des liens, des ensembles plus vastes. En ce sens, il n'est pas exagéré de dire que le choix de ce terme correspond à une volonté de souligner la créativité des pulsions de vie. *J.-M. Petot*

Érotisation

Utilisation de certaines parties du corps, d'activités mentales ou de comportements, apparemment indépendants de la sexualité, comme source d'excitation et de jouissance sexuelle. S. Freud a montré comment la sexualité infantile utilise le corps tout entier comme source d'excitation sexuelle. Dans le champ de la psychopathologie, l'érotisation peut entraîner la limitation ou l'inhibition de certaines fonctions psychiques ou physiques ou au contraire leur renforcement. Si l'écriture prend la signification d'un coït (faire couler d'une plume un liquide sur une feuille de papier), celle-ci peut être abandonnée par un sujet qui s'interdirait d'accomplir un tel acte. La pensée elle-même peut être surinvestie et érotisée comme dans la névrose obsessionnelle*. La souffrance physique, la douleur psychique peuvent être recherchées comme source de jouissance. Il en va ainsi dans le masochisme*. L'érotisation de la situation thérapeutique* enfin peut être comprise comme une résistance à la cure.

A. Braconnier

Erreur

Faute ou écart par rapport à ce qui est correct, l'erreur peut, en psychologie, se trouver dans le comportement du sujet (réponse incorrecte dans un test*) ou dans les démarches de l'observateur (erreur systématique ou équation personnelle*). Elle implique que l'on se réfère à une norme de correction, ce qui, s'agissant des « erreurs » du sujet, risque de priver l'observateur d'un examen des conduites du sujet prises pour elles-mêmes, plutôt que par référence à une norme. Ainsi, les « erreurs » du langage enfantin, par rapport à la norme du langage des adultes, sont des révélateurs exceptionnels des structures caractéristiques du parler de l'enfant, si on en analyse les particularités. Le terme erreur, dans plusieurs expressions devenues classiques et dont les plus connues sont reprises ci-dessous, est donc une survivance d'un usage qui remonte souvent au XIXe siècle ; il comporte un jugement évaluatif qui ne correspond plus à l'approche actuelle des phénomènes ainsi désignés. Le terme effet, plus neutre, serait plus approprié.

Erreurs observées dans les conduites du sujet :

Erreur d'attente ou **d'anticipation :** dans une expérience de psychophysique* visant à déterminer le seuil* par la méthode des limites*, réponse de fausse alarme* résultant de l'attente que le sujet a, au terme d'une série de stimulus sous-liminaires*, de se voir présenter un stimulus supraliminaire*. L'**erreur d'habitude** désigne le phénomène inverse, la fausse alarme traduisant ici une sorte d'inertie, ou de persévération* des réponses de détection antérieures. Par extension, toute réponse résultant des attentes du sujet plutôt que de la situation réelle.

Erreurs se glissant dans les démarches de l'observateur ou de l'expérimentateur :

Erreur de l'étalon* : en psychophysique, ou en psychologie de la perception, surestimation* de l'étalon par rapport au stimulus de comparaison*.

Erreur de position spatiale : dans le cas d'une présentation simultanée des stimulus, erreur d'estimation liée à la localisation d'un stimulus par rapport à l'autre ; il est aisé de la neutraliser en alternant aléatoirement la position des stimulus.

Erreur de position temporelle : dans le cas d'une présentation successive, erreur d'estimation liée à la position des stimulus dans l'ordre de présentation. Comme la précédente, on la neutralise aisément par permutation de l'ordre.

Erreur moyenne (méthode de l'—) : en psychophysique, méthode d'ajustement* dans laquelle le sujet est invité à procéder à l'égalisation* du stimulus de comparaison au stimulus étalon. L'écart objectif (l'« erreur ») relevé par l'expérimentateur entre la valeur de l'étalon et la valeur ajustée, moyenné sur plusieurs mesures, fournit une estimation de la différence juste imperceptible*.

Erreur d'échantillonnage : erreur dans les résultats trouvant son origine dans la constitution de l'échantillon*, en réalité non représentatif de la population dont on prétend qu'il est tiré.

Erreur instrumentale : erreur due à une faille dans l'équipement technique utilisé (V. Artéfact).

Erreur parasite : erreur liée à l'interférence d'un facteur étranger à l'expérience, ou à un accident momentané dans le fonctionnement des appareils.

Erreur systématique : erreur se reproduisant de façon constante au cours d'une observation ou d'une expérience, tantôt du fait d'une anomalie ou d'une défaillance des instruments utilisés, tantôt en raison des biais* liés à l'observateur (Equation personnelle*) (V. Effet Rosenthal). *M. Richelle*

Erreur de halo

Non-discrimination entre les différents aspects ou les différentes dimensions permettant de décrire ou de noter les caractéristiques psychologiques d'un individu. Cette erreur est en général due à l'importance donnée à une caractéristique isolée qui contamine l'évaluation des autres caractéristiques et rend impossible leur évaluation objective. *C. Lévy-Leboyer*

Espace

L'espace, tel qu'il se construit pour un organisme vivant, ne se ramène pas à une description de l'espace physique dans lequel ses actions* se déroulent, même si certaines règles de correspondance *(mapping)* peuvent sans doute être dégagées entre l'un et l'autre. L'espace psychologique est d'abord une construction perceptive, tributaire des caractéristiques des modalités* sensorielles et des organes récepteurs* les plus impliqués : au premier chef, chez l'homme, la vision*, mais aussi l'audition*, les sens tactiles*, l'odorat* (on parlera d'espaces visuel, auditif, tactile, olfactif, si l'on veut les envisager pour eux-mêmes plutôt que dans l'intégration de leurs rôles respectifs), et des lois générales de la perception*. Il n'est pas moins tributaire des actions motrices du sujet, de ses mouvements* par rapport aux objets proches, de ses déplacements* dans un territoire* plus ou moins étendu, supposant des processus d'orientation* dont la complexité apparaît dans les migrations* éloignées chez certaines espèces animales. L'étude de l'espace psychologique, qu'il s'agisse d'une espèce, ou d'une population particulière au sein d'une espèce (groupe ethnique dans l'espèce humaine), englobe donc aussi bien l'analyse des moyens de prise d'information spatiale que les formes d'aménagement du territoire*, bref l'essentiel des rapports de l'organisme à sa niche écologique*, et les représentations* cognitives qui en résultent ou les sous-tendent.

Dans un sens métaphorique, la psychologie contemporaine use fréquemment du mot espace à propos de l'organisation des représentations cognitives. Ainsi, l'expression espace-problème* *(problem space)* renvoie à une sorte de zone mentale* qui comporterait une représentation des objets impliqués, du but recherché, des actions à mettre en œuvre, des contraintes propres à un problème ou à une classe de problèmes.

Psychologie de l'espace ou **spatiale :** depuis l'avènement des vols astronautiques, branche de la psychologie appliquée visant à décrire, analyser et prévenir les problèmes spécifiques d'adaptation de l'organisme humain dans l'espace. Parmi ces problèmes, on trouvera les effets de l'apesanteur, de l'isolement*, du confinement prolongé, de la perturbation des rythmes* biologiques. *M. Richelle*

Espace de vie → Champ (Théorie du —)

Espace mental

Forme de l'espace résultant d'un double processus de sublimation* et de projection* des diverses strates, corporelle, gestuelle* et perceptuelle, de l'espace concret. L'espace mental constitue à la fois le produit et le milieu* d'exercice de la fonction symbolique* sous ses deux versants : le langage* et la pensée*. En référence aux travaux de H. Head sur l'aphasie*, et par anticipation des vues de A. Leroi-Gourhan, H. Wallon envisage que les troubles de cette forme particulière de geste* qu'est le langage ne concernent pas seulement la chaîne temporelle, mais touchent aussi la fonction gestuelle dans son ensemble, comme aptitude à disposer de l'ordre spatial. C'est aussi dans cette intuition de l'espace, qualifiée encore d'espace en puissance ou d'ordre du possible, que s'achève l'intégration de l'image corporelle, par réduction des espaces locaux (dès 3 ans) tout d'abord en conflit dans l'expérience spéculaire. Ce concept d'un hyperespace, qui est également celui de la fiction et du rêve, est à rapprocher aussi bien de la conception lacanienne du symbolique* que de l'espace potentiel de D. Winnicott. *E. Jalley*

Espace personnel

Introduite par E. T. Hall, la notion d'espace personnel est utilisée pour décrire les distances* maintenues entre individus dans différentes situations comme moyen de protection physique. On distingue la distance intime, la distance personnelle (sphère de protection individuelle), la distance sociale (maintenue lors d'interactions entre individus), et les distances publiques (en l'absence d'interaction). Les sujets ne protègent pas seulement leur espace personnel, mais respectent également celui des autres et attendent d'eux qu'ils en fassent de même. La régulation des espaces interpersonnels s'opère essentiellement au moyen de contacts oculaires. Elle est dépendante des caractéristiques sociales, de la situation environnementale et de normes culturellement déterminées. *G. Moser*

Espace-problème

C'est une notion introduite par A. Newell et H. Simon en 1972 pour formaliser la représentation* d'un problème par un sujet.

Lors de la résolution d'un problème* par transformation d'états, l'espace-problème est le graphe* de résolution construit par le sujet. Celui-ci peut avoir une représentation des opérations à effectuer pour passer d'un état à un autre qui ne corresponde pas à l'énoncé du problème : l'espace-problème à un instant donné peut donc être très différent du graphe de résolution défini par l'énoncé. Par exemple, le sujet peut ne pas prendre en considération une des règles de l'énoncé, ne pas tenir compte d'une contrainte. *J. Mathieu*

Esprit

Terme chargé de sens multiples au cours de ses avatars dans les divers systèmes philosophiques, esprit désigne tantôt, dans un sens proche de ses racines étymologiques, le principe (souffle) de vie, tantôt l'âme individuelle, tantôt la réalité pensante supérieure, source de la création et la dominant, tantôt l'instance psychologique produisant la pensée* ou dirigeant l'action, tantôt le sujet* de la représentation* ou de la conscience*. Dans une tradition dualiste* qu'illustre la distinction faite par W. Dilthey entre sciences de l'esprit (en allemand *Geisteswissenschaften*) et sciences de la nature *(Naturwissenschaften)*, l'esprit est une entité à laquelle ne peuvent s'appliquer les modes d'investigation propres aux sciences naturelles, dont les démarches expérimentales visent à expliquer, mais bien une approche d'ordre plus intuitif et interprétatif, de type herméneutique*, visant à comprendre. Si certaines orientations de la psychologie clinique* et de la psychologie de la personnalité* ont adopté les vues de Dilthey et ont retenu le concept d'esprit (ou de psychisme*, ou d'appareil* psychique) en élaborant par ailleurs des méthodes d'interprétation et d'intervention plus soucieuses de donner un sens aux conduites du sujet singulier que de les expliquer, les courants plus strictement scientifiques et expérimentaux de la psychologie ont préféré s'inscrire sans équivoque dans les sciences de la nature en éliminant l'esprit de leur vocabulaire et de leurs constructions théoriques. Les connotations mentalistes* du terme l'ont rendu particulièrement impropre à figurer dans le lexique des écoles béhavioristes*. Peu usité en français, il était banni du *Vocabulaire de la psychologie* de H. Piéron publié en 1951.

Il est cependant réapparu, comme traduction de l'anglais *mind*, et parallèlement au mot cognition*, dans le sillage de la psychologie cognitive* et du cognitivisme*, dont l'essor est sans doute lui-même lié au renouveau de la philosophie de l'esprit *(mind philosophy)* dans la tradition anglo-saxonne. Esprit désigne alors l'ensemble des processus mentaux, principalement ceux qui relèvent de l'intelligence*, que permettent d'inférer des analyses expérimentales ingénieuses assistées de modélisations* plus ou moins audacieuses. Il semble que dans ce contexte le terme ne revête pas, du moins pas nécessairement, ses anciennes connotations dualistes ou spiritualistes*.

Le terme a d'autre part aussi été remis à la mode, toujours par transfert de l'anglais *mind*, par le regain d'intérêt accordé au vieux débat sur esprit et matière, esprit et corps, ou, selon une formule plus actuelle, esprit et cerveau*, dans le cadre des neurosciences* contemporaines. Si l'on y voit s'imposer souvent l'hypothèse de l'émergence d'un nouveau type d'organisation, se construisant à travers l'interaction de l'outil cérébral avec le monde physique et culturel (**émergentisme** interactionniste de K. Popper, constructivisme* de J.-P. Changeux, proche de celui de Piaget), on retrouve dans le débat la plupart des positions traditionnelles, du monisme* matérialiste* à l'idéalisme*, en passant par les dualismes à dominante paralléliste, interactionniste, ou spiritualiste. Typique de la résurgence du dualisme est la conception de J. C. Eccles qui, au terme d'une analyse des apports les plus neufs de la neurobiologie*, postule néanmoins, comme entité existant par elle-même, l'esprit conscient qui déchiffre les activités du cortex en les sélectionnant selon ses intérêts pour donner à l'expérience consciente unité et continuité.

Les interrogations actuelles sur le statut de l'esprit sont étroitement liées à l'élucidation du problème de la conscience* et de l'intentionnalité*.

R. Doron, P. Mengal, M. Richelle

Théorie de l'esprit : l'expression « théorie de l'esprit » désigne, après D. Premack et G. Woodruff, l'aptitude à expliquer et prédire ses propres actions et celles d'autrui en termes intentionnels. Cette aptitude implique de faire appel à un raisonnement basé sur des états mentaux inobservables comme le désir (il va faire A parce qu'il veut B) ou la croyance*, au sens de ce qui est tenu pour vrai. Les données actuelles tendent à montrer que seul l'homme parmi les primates est capable de prédire sans base d'observable et que cette capacité n'est pas maîtrisée avant 4 à 5 ans.

Le domaine de recherche dont l'objet est d'expliquer cette aptitude, encore appelée capacité « à lire l'esprit » (*mindreading* en anglais), est à l'intersection de plusieurs disciplines des sciences cognitives : philosophie, primatologie, linguistique, psychologie et psychopathologie développementale.

Dans la perspective de la psychologie développementale, l'expression théorie de l'esprit désigne l'opération par laquelle l'esprit* est compris comme engendrant des représentations*. Il est alors justifié de parler de théories de l'esprit, distinguant par là des facettes voire des étapes dans cette compréhension, qu'on la considère innée et modulaire (ce qui n'exclut pas qu'elle se développe) ou acquise individuellement ou par acculturation* (et donc s'élaborant). *A.-M. Melot et J. Nadel*

Trait d'esprit : S. Freud, en soulignant l'étroite solidarité des diverses manifestations psychiques, a étudié *Le mot d'esprit et ses rapports avec l'inconscient* en 1905. Dans la mesure où l'élaboration psychique de l'esprit ressemble à l'élaboration du rêve*, le sens latent que comportait le rêve est au contraire exposé par le rire, et l'on reconnaît quatre variétés de jeux de **mots d'esprit** : l'esprit peut être obscène, agressif, cynique ou sceptique. *R. Doron*

Essai

Dans une procédure* expérimentale, unité de situation reproduite un certain nombre de fois, et au cours de laquelle le sujet produit sa performance*, qui sera observée et enregistrée distinctement. La subdivision d'une expérience en essais successifs s'utilise particulièrement lorsqu'on vise à mettre en évidence une évolution de la performance (mémorisation*, apprentissage*, fatigue*), ou encore lorsqu'on souhaite éliminer certains inconvénients d'une procédure continue. Ainsi, une procédure par essais distincts (ou discrets), où le sujet commande lui-même le début de l'essai, dans une tâche sollicitant fortement les processus d'attention*, permet de minimiser les fluctuations ou les chutes de performance qu'entraîne une procédure continue.

Il est fréquent que les caractéristiques du dispositif expérimental imposent la subdivision en essais successifs : ainsi en va-t-il des techniques de labyrinthes* utilisées dans l'étude de l'apprentissage. Les méthodes de conditionnement opérant* ont mis en honneur dans ce domaine la procédure continue ; mais, pour les raisons signalées ci-dessus, on y réintroduit souvent l'essai discret : il permet, par exemple, dans un programme de renforcement de débit* de réponse lent, de cerner l'estimation temporelle* de l'animal, confondue de façon irrégulière avec le temps mis à consommer la nourriture dans la procédure continue.

Essai unique : procédure où le sujet n'est soumis à la situation qu'une seule fois, comme c'est souvent le cas dans la méthode dite d'évitement* passif, où un animal se voit sanctionné par une stimulation aversive* intense pour une seule réponse fournie, hautement probable (par ex., quitter une plate-forme fortement éclairée pour un compartiment plus sombre mais électrifié).

Essai clinique : dans l'étude expérimentale d'un médicament, préalable à son usage clinique, phase finale de vérification chez des patients des effets thérapeutiques attendus. Cette épreuve, pour être concluante, doit obéir aux règles de la méthode expérimentale, et inclure notamment des groupes contrôles rigoureux. Ceux-ci impliquent souvent l'administration d'un *placebo** en double aveugle. Le respect de ces règles est particulièrement important dans la mise au point de médicaments psychotropes*, dont les effets ne sont généralement évalués qu'à travers des appréciations ou jugements* du clinicien, du patient lui-même ou de son entourage. *M. Richelle*

Essai blanc → Blanc

Essai professionnel

Echantillon de travail constitué par une tâche choisie parce qu'on la juge représentative de celles que le candidat devra effectuer dans l'exercice de son activité professionnelle. Les essais professionnels, délaissés pendant longtemps au profit des tests*, ont connu un regain d'intérêt depuis que L. Owens leur a donné une base théorique en développant la notion de **cohérence comportementale :** le comportement observé pendant l'essai professionnel, considéré comme une réplique miniaturisée du travail réel, devrait se répéter dans les situations de travail ultérieures.

C. Lévy-Leboyer

Essaimage

Chez les insectes sociaux, processus de formation de colonies nouvelles à partir de la colonie mère. Chez les fourmis et les termites, la reine devenue aptère demeure dans la colonie initiale et ce sont les individus sexués ailés qui essaiment. Chez les abeilles mellifères, c'est la reine qui part, entraînant à sa suite une partie des ouvrières. Le déterminisme de ce phénomène n'est pas encore totalement éclairci : il a une base génétique puisqu'il est possible de sélectionner des variétés d'abeilles qui n'essaiment plus ; il est déclenché par des circonstances extérieures à la ruche et par une rupture de l'équilibre interne de celle-ci : la reine, seule femelle féconde, inhibe par sa substance royale le développement des ovaires des ouvrières ; quand, par suite notamment mais pas exclusivement d'une augmentation de la densité, cette substance n'atteint plus suffisamment toutes les habitantes, certaines ouvrières construisent des loges royales et élèvent des femelles fécondes. La reine mère part alors. *J.-C. Ruwet*

Essais et erreurs (Apprentissage par —)

Apprentissage* qui se réalise à travers une succession de tentatives tantôt infructueuses, tantôt fructueuses, les conduites se manifestant au cours de ces dernières finissant par l'emporter. L'apprentissage par essais et erreurs répondrait, selon E. J. Thorndike, à la loi de l'effet*. Dans la mesure où les tâtonnements s'y traduisent en comportements observables, on a souvent assimilé l'apprentissage par essais et erreurs à un niveau particulier dans une conception hiérarchisée des conduites acquises et intelligentes, niveau supérieur au conditionnement pavlovien* mais inférieur aux tâtonnements intériorisés et anticipateurs qui débouchent sur le remaniement soudain de la situation problème, ou *insight**.

Les essais et erreurs ne sont cependant pas inhérents aux apprentissages perceptivo-moteurs élémentaires chez l'animal, puisqu'il est possible, par un aménagement convenable des conditions dans lesquelles il se déroule, de réaliser un apprentissage discriminatif* sans erreurs. *M. Richelle*

Esthésiomètre

Instrument servant à mesurer la sensibilité tactile, soit par stimulation simultanée de deux points voisins, écartés jusqu'à perception d'une stimulation double (compas de Weber), soit par application de pointes fines de tailles différentes (crins de von Frey), soit, selon une technique plus récente et plus fine, par stimulation vibratoire* de la peau avec recherche du point de fusion* vibratoire. On trouve aussi **esthésimètre**.

Le **thermo-esthésimètre** est un appareil destiné à mesurer la sensibilité à la chaleur.

M. Richelle

Estimation

Jugement* évaluatif sur une dimension quelconque d'un stimulus* ou d'un trait* : estimation de grandeur, d'intensité*, du niveau d'anxiété*, etc. Les procédures d'estimation sont fréquentes en psychologie, aussi bien du côté du sujet, notamment dans les domaines de la perception* et de la psychophysique*, que du côté de l'observateur, souvent appelé à fournir des estimations des phénomènes enregistrés à l'aide d'échelles* d'observation. Dans le cadre de la psychophysique et des méthodes qui en dérivent, la procédure d'estimation se distingue de la production* et de la reproduction* : ainsi, l'estimation d'une durée consistera à en fournir une évaluation en unités chronométriques, ou par comparaison ordinale (« plus longue », « plus courte » qu'une durée étalon*), alors que la méthode de production assigne au sujet la tâche inverse (fournir un intervalle de durée définie) et que la méthode de reproduction, où il s'agit de produire une durée identique à une durée modèle, n'exige pas d'estimation, du moins explicite. *M. Richelle*

En inférence* statistique, l'estimation, ou estimation ponctuelle, d'un paramètre* consiste à construire une statistique* permettant d'attribuer une valeur à ce paramètre à partir des observations. Exemple : la moyenne μ d'une distribution parente est estimée par m, moyenne de l'échantillon*. On englobe parfois dans l'estimation la construction d'intervalles* ou régions de confiance*. *P. Bonnet et H. Rouanet*

Estime de soi

L'estime de soi* est une implication de la valeur qu'une personne attribue aux divers éléments du concept qu'elle a d'elle-même (composante évaluative ou affective du concept de soi). En tant que structure cognitive*, le concept de soi est fait d'éléments autodescriptifs (traits, comportements*, états...), chroniquement accessibles ou temporairement saillants, variant quant à leur désirabilité ou leur utilité sociale. Cette valeur résulte de processus d'intériorisation* et de comparaisons sociales plus ou moins sélectives. Bien que certaines personnes s'attribuent peu de valeur (dépressifs), les psychologues tablent sur une motivation des gens à maintenir l'estime qu'ils ont d'eux-mêmes à un niveau élevé. *Ersoc*

Estompage (Réponses — au test de Rorschach)

On désigne sous ce terme les réponses déterminées par les dégradés de tons, leurs nuances (notamment aux planches sombres). Cette particularité de la sensorialité témoigne chez le sujet d'une certaine finesse perceptive qui prend des significations variées selon la qualité des associations qui la traduisent. H. Rorschach distingue trois catégories d'estompages :

1. les estompages de texture caractérisent la sensibilité tactile, ils se réfèrent aux contacts liés au toucher et renvoient à des modalités relationnelles précoces (par ex. : peau de fourrure) ;
2. les estompages de diffusion sont constitués par des engrammes aux contours flous (par ex. : nuages, fumées) et renvoient à une imprécision des limites ;
3. les estompages de perspective sont construits selon trois dimensions, ce que Rorschach interprète dans le sens d'une lutte contre les sentiments d'infériorité.

C. Chabert

Étalon

Modèle de référence, notamment pour les unités de mesure* physique (auquel les psychologues se doivent de se conformer lorsqu'ils définissent un stimulus).

Terme désignant plus particulièrement en psychologie le stimulus* de référence par rapport auquel le sujet doit faire une comparaison, par exemple par jugement* de différence ou d'égalité du stimulus dit de comparaison* dans la détermination du seuil différentiel* ou dans la mesure d'un phénomène de constance perceptive*. (V. Erreur de l'étalon.) *M. Richelle*

Étalonnage

Opération psychométrique* consistant à fabriquer un instrument d'évaluation permettant de situer un individu ou une observation par rapport aux valeurs d'une population.

Relèvent de l'étalonnage les procédés de normalisation d'une distribution*, de calcul des quantiles*.

Etalonner une distribution consiste à la diviser en classes, c'est-à-dire à effectuer une transformation de la variable à partir des effectifs ; selon que ces classes sont chacune constituées de 25 % de l'effectif total, de 10 % ou de 1 %, ces étalonnages prennent le nom de **quartilage, décilage** ou **centilage**. *P. Bonnet et H. Rouanet*

État hypnoïde → Hypnose

État-limite

Dans la pratique psychiatrique et psychanalytique actuelle, la référence au groupe des états-limites est de plus en plus fréquente. Pourtant l'utilisation de ce terme recèle de nombreuses ambiguïtés sémiologiques, nosographiques et psychopathologiques. D'un point de vue général, il est employé pour désigner les affections psychopathologiques situées à la limite entre névrose* et psychose*. A ce titre, il peut être essentiellement considéré comme un trouble de la personnalité* dont les principales manifestations se situent sur le plan comportemental (impulsivité, accès intense et inapproprié de colère, d'angoisse ou de dépression), sur le plan des symptômes par un large polymorphisme, sur le plan des sentiments (sentiment de vide ou d'ennui quasi constant), sur le plan des relations interpersonnelles (attitudes excessives et instables d'idéalisation, de dévalorisation ou de manipulation d'autrui), sur le plan des mécanismes de défense* (fréquence des mécanismes de clivage*, d'identification projective, de déni*, d'omnipotence et de mise en acte des pensées ou des affects). Les hypothèses psychopathologiques de la constitution des états-limites sont soit à prédominance structurelle : la notion de traumatisme affectif précoce, de « tronc commun aménagé » (véritable pseudolatence de l'enfance s'organisant de façon stable et durable) et d'une relation d'objet de type anaclitique*, sont alors les principaux repères ; soit à prédominance génétique dans laquelle l'intensité excessive, constitutionnelle ou acquise de la pulsion agressive et la perturbation de l'intégration d'un concept de soi unifié sont prévalentes. Se situant dans un *continuum* entre la névrose et la psychose, ou s'isolant sous la forme d'une organisation clairement repérable, la notion d'état-limite s'inscrit dans le champ des descriptions toujours sujettes à caution et qui ont pris au cours de l'histoire des noms divers : états préschizophréniques, schizophrénie pseudo-névrotique, schizoïdie, schizothymie, syndrome ***borderline,*** prépsychose, psychose non délirante.

On peut s'interroger sur l'usage très étendu actuellement de cette référence et sur son corollaire : les divergences de définitions et de compréhension psychopathologique. *A. Braconnier*

État mixte

La description des états mixtes par E. Kraepelin en 1904 lui permet d'offrir un argument clinique essentiel à la réunification des différentes formes de manie* et de mélancolie* dans une même maladie : la folie maniaco-dépressive*. Il décrit en effet des tableaux psychiatriques où s'intriquent des symptômes de la série mélancolique et des signes de la manie. Selon le type d'intrication, il différencie six types d'états mixtes : la manie furieuse, l'excitation avec dépression, la dépression avec fuite des idées, la manie improductive, la stupeur maniaque, la manie akinétique. A cette époque, E. Kraepelin fut violemment critiqué, les auteurs soulignant que les tableaux cliniques pris comme exemples pourraient être classés parmi les états maniaques, les états mélancoliques, les états organiques ou les tableaux schizophréniques.

De nos jours, si la plupart des auteurs reconnaissent l'existence d'états mixtes, la définition reste souvent très imprécise. Selon le manuel américain de classification des troubles mentaux, le diagnostic de trouble mixte ne peut être posé que si l'épisode actuel comprend le tableau symptomatique complet, à la fois des épisodes dépressifs majeurs et des épisodes maniaques, intriqués ou alternant rapidement à intervalle de quelques jours et si les symptômes dépressifs sont prédominants et durent au moins un jour entier.

Ces états posent souvent des problèmes diagnostiques (avec une pathologie organique chez le sujet âgé, schizophrénique chez le sujet jeune) et thérapeutiques.

M.-C. Hardy-Bayle

État modifié de conscience → Conscience

Étayage

Dans la psychanalyse* freudienne, l'étayage, un des trois caractères de la sexualité* infantile, désigne la relation existant entre les pulsions* sexuelles et les pulsions d'autoconservation. Les premières s'aident d'abord des fonctions vitales qui leur fournissent une source organique, un objet et une direction, et deviennent par la suite indépendantes.

Dans les sciences du langage*, ce terme désigne, dans une situation de communication* exolingue et asymétrique, les conduites langagières de soutien et d'aide, telles que la facilitation des énoncés et la vérification systématique qui scandent les échanges entre un natif et un non-natif. L'étayage, qui met ensemble la compréhension et la structuration discursive, est l'ajustement réciproque que le natif et le non-natif utilisent pour communiquer. *M. Pujol*

Ethnocentrisme

L'ethnocentrisme désigne la tendance à évaluer tous les autres groupes (hors-groupe*) selon les standards de son propre groupe (intragroupe*) ethnique ou culturel. Il se caractérise par des attitudes* positives à l'égard de son propre groupe, des attitudes négatives à l'égard du hors-groupe, et la conviction de la supériorité des membres et des productions de l'intragroupe. Il se manifeste dans les préjugés*, dans les comportements (discrimination* ou favoritisme intragroupe*), ainsi que dans les attributions causales* (attribution ethnocentrique).

F. Ric

Ethnographie

Parmi les sciences sociales*, l'ethnographie est l'étude descriptive des groupes sociaux, de leurs mœurs, de leurs pratiques et de leurs institutions.

Ethnologie

Parmi les sciences sociales*, l'ethnologie et l'anthropologie culturelle s'efforcent d'expliquer le matériel recueilli en ethnographie*.

Ethnopsychanalyse

L'ethnopsychiatrie est en principe la partie de l'ethnologie consacrée aux savoirs et savoir-faire ethniques relatifs aux troubles mentaux (ethnologie des « psychiatries » exotiques) tout comme l'ethnopsychothérapie est l'étude ethnologique des méthodes psychothérapiques traditionnelles. Le terme ethnopsychanalyse ne peut entrer dans cette série, puisque la psychanalyse n'existe que dans notre civilisation. Par ailleurs, le terme ethnopsychiatrie a été utilisé par le fondateur de cette discipline, Georges Devereux, dans un sens qui englobe celui que nous avons indiqué, mais ne s'y réduit pas. L'ethnopsychiatrie selon Devereux utilise les données de l'ethnopsychiatrie *stricto sensu* pour construire une théorie psychanalytique générale de la maladie mentale* (V. Désordre ethnique, Désordre-type), de la culture* et des rapports entre personnalité individuelle et culture qu'il appelle parfois ethnopsychanalyse et qu'on pourrait tout aussi bien appeler anthropologie psychanalytique. En ce sens, c'est Freud qui, avec *Totem et tabou*, a été le fondateur des études ethnopsychanalytiques. G. Devereux a souligné le fait que l'ethnopsychanalyse ne peut se constituer que dans le cadre d'une épistémologie complémentariste* qui confronte les discours antagonistes de l'ethnologie et de la psychanalyse tout en renonçant à les concilier. *J.-M. Petot*

Ethnopsychiatrie → Ethnopsychanalyse

Éthogenèse → Ontogenèse

Éthogramme

Répertoire comportemental complet d'une espèce, à tous les stades de son développement. Sa connaissance est un préalable absolument indispensable à toute étude comparative et à toute analyse comportementale. Pourtant, l'éthogramme de l'homme est à peine ébauché. Dès 1906, H. S. Jennings préconisait de tels répertoires, qu'il appelait des systèmes d'action ; J. B. Watson lui-même en réalisa un, qui peut servir de modèle, pour les sternes. C. O. Whitman, O. Heinroth, K. Lorenz et leurs élèves payèrent d'exemple. Etablir un éthogramme est un travail contraignant et exigeant un sens aigu de l'observation* : il faut en effet inventorier, distinguer, décrire, nommer tous les items comportementaux, gestuels ou sonores, leurs combinaisons, leurs enchaînements. La rigueur et l'objectivité des éthogrammes ont largement bénéficié des moyens modernes d'enregistrement sur pellicule cinématographique ou sur bande magnétique vidéo, qui permettent une révision, un examen image par image, et des mesures spatiales et temporelles précises ; l'invention des enregistreurs portatifs et des spectrographes soniques a permis dans les années 1950 de collecter, conserver et reproduire sous forme graphique les productions sonores des animaux et d'échapper ainsi aux limitations des notations musicales et de la reproduction d'onomatopées, si habiles fussent-elles. L'étude et la reproduction des chants* d'oiseaux ont ouvert un chapitre entièrement neuf de l'étude de la complémentarité entre l'instinct* et l'apprentissage* (V. Echelle d'observation). *J.-C. Ruwet*

Éthologie

Etude des mœurs des animaux. Dans cette acception initiale, l'éthologie trouve en France et son origine, dans les travaux de C. G. Leroy, et son plein épanouissement dans les remarquables souvenirs entomologiques de J.-H. Fabre. Le mot éthologie est utilisé explicitement pour la première fois dans la publication posthume en 1854 des œuvres d'E. Geoffroy Saint-Hilaire mais les développements qui en sont donnés recouvrent exactement ce que E. Haeckel écrit en Allemagne de l'écologie*, ce qui a provoqué une confusion originelle entre les deux disciplines (V. Eco-éthologie). A la fin du XIXe siècle, le Belge L. Dollo définit l'éthologie dans le sens moderne de biologie du comportement*. Le renouveau de l'éthologie sous cette acception émergea grâce aux travaux de chercheurs tels C. O. Whitman, O. Heinroth, J. von Uexkühl, J. S. Huxley, K. von Frisch et K. Lorenz, combinant la formation académique et la pratique naturaliste. Ils réagissent en fait contre une psychologie animale alors repliée exclusivement sur le laboratoire et élaborant des théories générales à partir de faits isolés ; ils prônent l'étude de la diversité des espèces, dans toute leur complexité, dans leur contexte naturel ; dressant des éthogrammes*, s'appuyant sur la systématique, recourant aux méthodes éprouvées de la morphologie comparée, ils jettent les bases d'une éthologie comparative qui éclaire la phylogenèse et l'évolution des comportements. La démarche expérimentale de N. Tinbergen élargit le champ de l'éthologie, qui se préoccupe aussi de l'étude de la causalité* des comportements (ce qui l'apparente à la physiologie), de leur caractère adaptatif ou signification biologique (ce qui débouche sur l'écologie*), enfin de leur développement* chez l'individu, prolongeant jusqu'à la vie de l'adulte l'esprit des recherches embryologiques et, avec W. H. Thorpe, ouvre des portes vers la psychologie de l'apprentissage*. L'éthologie situe ainsi son enquête sur les quatre plans qui intéressent tous les biologistes : phylogenèse et évolution* ; causalités ou mécanismes ; fonctions ou caractères adaptatifs ; ontogenèse ou développement. A cet effet, elle fait appel à tous les acquis des différentes branches de la biologie : neurophysiologie, génétique, écologie, systématique, endocrinologie. *J.-C. Ruwet*

Étiologie

Utilisé à l'origine dans le champ médical pour désigner l'étude des causes d'une maladie ou d'une anomalie, ce qui marque le lien étroit existant entre étiologie, nosographie et traitement. Connaissance des causes des phénomènes morbides, l'étiologie constitue le meilleur critère de classification de ces troubles (**nosographie**) et permet au mieux d'adapter à chaque catégorie une thérapeutique. A l'inverse, l'absence de connaissances étiologiques conduit à formuler des hypothèses étiopathogéniques ; la thérapie choisie en conséquence peut valider ces hypothèses.

M.-C. Hardy-Bayle

Étoile sociométrique

Une des configurations mises en évidence par la sociométrie* de J. Moreno. Elle caractérise le *leader* populaire, pôle positif d'attraction dans un groupe. Il reçoit plus que le nombre prévu de choix sociométriques d'après les critères retenus et il occupe le centre du sociogramme*. *D. Anzieu*

Étrangeté (Sentiment d'—)

S'applique au sentiment que la situation présente est bizarre ou irréelle et que l'on assiste passivement à un spectacle. Le sentiment de « déjà-vu »* peut être considéré comme un cas particulier du sentiment d'étrangeté qui implique à la fois un trouble de l'aperception de la situation et une ébauche de sentiment de dépersonnalisation.

On distinguera des états d'étrangeté liés directement à une altération de nature neurophysiologique (épilepsie temporale, confusion mentale) et des états qui relèvent de causes psychologiques (simple état temporaire dans un contexte d'inattention ou de désintérêt de la situation, troubles névrotiques ou psychotiques, etc.). Dans tous ces cas, d'origine disparate, le phénomène apparaît peu spécifique et lié à une inadéquation entre l'activité mentale et la situation présente.

Sous le terme *das Unheimliche* (l'inquiétante étrangeté), S. Freud, se référant à des œuvres littéraires, en particulier à l'« Homme au sable » tiré des contes fantastiques d'Hoffmann, décrit un sentiment d'angoisse provoqué par la perte du sentiment de familiarité quand se présente comme réel quelque chose qui a été considéré jusque-là comme fantastique. Ce sentiment tiendrait au fait que la situation présente ranime des formations psychiques de l'enfance (sentiments, fantasmes, croyances, etc.) refoulées ou dépassées. *D. Widlöcher*

Étude fonctionnelle

Notion qui s'oppose à celle de gymnastique intellectuelle, ou de stimulation des aptitudes* pour elles-mêmes, indépendamment de leur application à la résolution des problèmes* que se pose effectivement l'individu et qu'il souhaite résoudre. Principalement défendue à l'origine par les pédagogues pragmatiques américains, dont F. Parker et J. Dewey, la notion d'étude fonctionnelle est au cœur des théories dites d'Education nouvelle*, illustrées en Europe par E. Claparède, P. Bovet, O. Decroly, C. Freinet, etc.

En introduisant notamment la notion de rééquilibration*, la théorie constructiviste* piagétienne a donné des bases solides à ce qui ne fut d'abord qu'une conception empirique. *G. de Landsheere*

Eugénisme

Terme créé en 1883 par Francis Galton, cousin de C. Darwin, qui est convaincu que la société humaine est soumise à la loi de sélection naturelle des plus aptes comme le sont les espèces biologiques. L'eugénisme, qui s'intègre donc au darwinisme social, se présente comme « la science de l'amélioration de la race », fondée sur l'idée que les qualités intellectuelles et morales, les dons et aptitudes, sont héréditaires et que le progrès de l'espèce humaine exige une sélection génétique. La stérilisation des « inaptes » (diversement définis) fut à maintes reprises organisée dans différents pays ; les techniques de contrôle *in vitro* de la reproduction sont également confrontées à la tentation d'eugénisme. *F. Parot*

Eustress → Stress

Eutonie → Relaxation

Évaluation

Terme générique désignant la supputation de la valeur ou de l'état, le plus souvent par référence à un idéal ou à une norme*, en s'appuyant soit sur des appréciations subjectives, soit sur des mesures. Plus techniquement, l'évaluation se définit par une note* d'une modalité ou d'un critère considéré dans un comportement* ou un produit. Le terme évaluation a une acception beaucoup plus large que celle de mesure*. Cette dernière est une description quantitative (un nombre est assigné à un objet ou à un événement selon une règle), alors que l'évaluation peut comprendre à la fois une description qualitative, une description quantitative et des jugements de valeur concernant la désirabilité*.

De façon générale, on peut distinguer trois groupes de définitions de l'évaluation ; les définitions fondées sur l'objectif : on détermine dans quelle mesure les objectifs d'un programme ou d'un traitement sont atteints ; les définitions descriptives *(goal free evaluations)* : il ne s'agit pas d'apprécier l'écart par rapport aux objectifs, mais bien de collecter des informations aidant à la prise de décisions ; les définitions judiciaires : un jugement est porté en termes de validité, de mérite ou de valeur. Plus traditionnellement, on distingue les évaluations pronostiques, les inventaires et les évaluations diagnostiques.

Les objets de l'évaluation sont multiples. Ainsi, en pédagogie, elle porte sur les élèves, sur les enseignants, sur les projets éducatifs, les programmes, les matériels, y compris les manuels scolaires, les établissements, l'environnement éducatif, le système scolaire* (productivité, respect de l'égalité des chances*, financement, coûts, administration). Sur un plan plus théorique, on distingue deux modèles d'évaluation, l'un prescriptif et l'autre descriptif.

Le modèle prescriptif consiste en un ensemble de règles précisant ce qu'est une évaluation valide, et indiquant comment elle doit être réalisée. Il s'agit d'établir si un programme donné est meilleur qu'un ou plusieurs autres programmes, ou encore dans quelle mesure il atteint plus ou moins bien l'objectif assigné. Au point de vue méthodologique, l'évaluation peut être quantitative ou qualitative, dure ou douce. La première catégorie relève épistémologiquement du positivisme* ; la méthode choisie est empruntée aux sciences dites exactes et poursuit l'objectivité en partant de définitions opératoires et en adoptant une approche essentiellement statistique. L'approche qualitative se réclame épistémologiquement de l'herméneutique* qui privilégie la compréhension (évaluation anthropologique, phénoménologique, illuminante). La méthodologie qualitative acquiert chez les bons spécialistes une rigueur qui la rend de plus en plus scientifique. La méthodologie varie aussi selon les utilisateurs de l'évaluation. Pour les décideurs, la préoccupation première est la réalisation du programme adopté et son coût, tandis que pour les utilisateurs les processus et les réponses aux questions parfois très différentes selon les acteurs revêtent aussi une importance considérable (évaluation répondante).

Le modèle d'évaluation descriptif est théorique. Il consiste en un ensemble de propositions empiriques en forme de lois permettant de décrire, prédire ou expliquer les activités évaluatives. Exemples : étude de l'utilisation qui est faite, par les personnes intéressées, des conclusions de l'évaluation, étude des processus de prise de décision. Les modèles descriptifs, assez récents, sont normalement appelés à jouer un rôle essentiel dans la validation des évaluations.

G. de Landsheere

Évaluation à 360°

Utilisation d'un même questionnaire pour se décrire soi-même et pour se faire décrire par des observateurs compétents et informés qui peuvent être des personnes de la famille, de l'entourage social ou encore des collègues, des subordonnés, des supérieurs. Les questionnaires utilisés concernent le plus souvent la personnalité ou les compétences professionnelles. La comparaison des différents profils obtenus favorise la communication et permet d'élaborer des plans de développement personnel.

C. Lévy-Leboyer

Évaluation critérielle

Expression forgée par Glaser et Klaus en 1962 et regrettablement passée comme telle dans l'usage ; que l'on étalonne en effet une performance* par rapport à celles d'autres individus (évaluation normative), par rapport à un objectif à atteindre ou par rapport à un domaine de compétence, un critère existe toujours. L'appellation « évaluation centrée sur des objectifs ou sur un domaine » est plus correcte.

Un domaine fermé (ex. : la multiplication des dix premiers nombres entiers) peut être exhaustivement exploré par l'évaluation. Ce n'est pas le cas pour les objectifs de transfert (ex. : lutter contre les pollutions) ou d'expression (ex. : jouer du piano), d'où la redoutable question de la représentativité des épreuves. L'évaluation critérielle pose nombre de problèmes psychométriques*, restés jusqu'à présent sans réponses entièrement satisfaisantes, notamment en matière de fidélité* des épreuves et du nombre de questions nécessaires pour obtenir une validité de contenu satisfaisante.

G. de Landsheere

Évaluation des besoins

Un besoin* peut se définir comme la distance qui sépare un état actuel d'un état désiré ; pour son évaluation*, trois méthodes sont courantes : l'étude des écarts (par ex. : 20 % de la population doivent encore être alphabétisés), l'étude des *desiderata* et l'étude par interprétation (par ex. : opérationnalisation des buts fixés dans un programme scolaire). Les techniques les plus souvent utilisées sont la consultation d'experts, l'enquête, l'observation sur le terrain, l'analyse des tâches*, l'étude de cas, la comparaison entre scores et normes*, etc.

Des questions restent en suspens : peut-on évaluer les besoins d'individus sans leur accord et leur adhésion aux conclusions ? Un désir d'intensité suffisante devient-il un besoin ? Comment déterminer la meilleure façon de répondre à un besoin ?

G. de Landsheere

Évaluation des programmes

Un programme est un ensemble intégré d'activités conçues pour atteindre un but donné ; son évaluation tente d'établir dans quelle mesure les résultats atteints correspondent aux intentions (critères intrinsèques) et peut déboucher sur une contestation de ces intentions mêmes (critères extrinsèques). On distingue quatre méthodes générales d'évaluation de programmes : expérimentale (approche quantitative), descriptive (approche qualitative axée sur les processus ; dans le cas de l'évaluation dite répondante, la description est faite du point de vue de chaque catégorie de participants), éclectique et analyse coût-bénéfice*. La mesure dans laquelle les responsables tiennent compte de l'évaluation de programmes est évidemment variable. Ce phénomène aussi est un objet d'investigations.

Évaluation formative

En évaluation des programmes*, technique destinée à déceler les erreurs de construction et les dysfonctionnements. Dans la pratique scolaire, évaluation* intervenant, en principe, au terme de chaque tâche d'apprentissage* pour informer élèves et maître du degré de maîtrise atteint et, éventuellement, établir un diagnostic des difficultés d'apprentissage. Le terme « formative » indique bien que cette évaluation s'intègre dans le processus éducatif normal, les « erreurs » étant à considérer comme des moments dans la résolution d'un problème*, et non comme des faiblesses répréhensibles ou des manifestations pathologiques.

G. de Landsheere

Évaluation par les pairs

Depuis toujours, un individu appartenant à un groupe d'égaux en âge, en profession, etc., a été évalué par ses semblables. L'expression évaluation par les pairs désigne une utilisation systématique, éventuellement armée, de ce comportement : par exemple, des élèves évaluent les performances de leurs condisciples ou collaborent avec l'enseignant à cette évaluation*. L'intérêt de cette démarche est notamment l'effort d'analyse et la coopération éducative. La faiblesse est double : manque de fidélité* si l'évaluation n'est pas faite par un nombre assez élevé de pairs, et manque de validité* : incompréhension des motivations et des problèmes personnels du sujet évalué, compétition, biais. L'évaluation des enseignants par leurs pairs, à des fins soit diagnostiques, soit certificatives, est de plus en plus souvent revendiquée comme procédure à la fois plus démocratique et plus valide que l'évaluation par des inspecteurs ou d'autres agents extérieurs de supervision.

G. de Landsheere

Évaluation sommative

Alors que l'évaluation formative* est de nature diagnostique, l'évaluation sommative revêt un caractère de bilan. Elle intervient au terme d'un ensemble de tâches d'apprentissage* constituant un tout : chapitre d'un cours, ensemble des cours d'un trimestre, etc. Les examens* relèvent presque toujours de cette catégorie. Alors que l'évaluation formative prépare une sorte de dialogue particulier entre l'éducateur et son élève, l'évaluation sommative est publique : classement des élèves, communication des résultats aux parents, attribution d'un diplôme.

En évaluation des programmes*, l'évaluation sommative a pour objet de déterminer dans quelle mesure un programme fonctionne bien dans son ensemble.

G. de Landsheere

Éveil

Fréquemment confondu avec la notion d'activation*, l'éveil est un phénomène sous-tendant les aspects toniques du comportement. Il permet souvent d'expliquer la dimension d'intensité quantitative du comportement et rend compte alors des éléments physiologiques de ce dernier. L'éveil est en fait un concept psychophysiologique évoquant l'activation du système nerveux central. Une tendance à l'hypo-éveil ou à l'hyper-éveil a été souvent évoquée pour expliquer les anomalies de l'attention* en particulier dans les troubles schizophréniques. Plus généralement, la relation entre l'éveil, la manière de réaliser une tâche et d'effectuer une performance suit une loi classique dont la fonction prend la forme d'un U inversé, c'est-à-dire que les performances les meilleures se situent à un niveau d'éveil intermédiaire, elles s'atténuent à mesure que l'éveil devient trop fort ou trop faible. Actuellement, d'un point de vue biologique, le système d'éveil est considéré essentiellement comme l'activation du système noradrénergique*. *A. Braconnier*

Événement

En un sens très général, désigne toute séquence cohérente de phénomènes ou de comportements, et s'applique plus particulièrement aux séquences considérées comme importantes pour une raison quelconque.

Dans le cadre de la philosophie analytique, ce terme désigne les seuls enchaînements de phénomènes « tels qu'ils se produisent dans la nature », et il s'oppose ainsi au terme d'action* (intentionnelle ou sensée), qui s'applique aux enchaînements de phénomènes résultant de l'intervention intentionnelle et motivée d'un agent* humain. En psychologie, les interventions sur le milieu d'un organisme vivant peuvent être analysées comme de purs événements, c'est-à-dire sans prendre en compte les représentations* disponibles chez l'agent intervenant ; cet agent peut alors être considéré comme une des causes de l'événement (option du béhaviorisme*). Ces mêmes interventions peuvent par contre être analysées en termes de conduites* ou d'actions sensées, lorsque sont prises en compte les propriétés mentales de l'agent (option du cognitivisme* et de l'interactionnisme*) ; se pose alors la question de savoir si les rapports entre ces propriétés mentales de l'agent et les caractéristiques de l'action peuvent encore faire l'objet d'une interprétation causale (V. Causalité). *J.-P. Bronckart*

Événement vital

Un événement vital est un événement qui survient dans la vie d'un individu et l'oblige à réagir de façon plus ou moins importante, pour s'y ajuster. Cet événement peut être bénéfique (vacances, promotion, mariage) ou nocif (perte d'un être cher, ruptures d'attachement, accident, etc.). Les événements vitaux constituent autant de sources de stress* et donc d'altérations potentielles des fonctions organiques. Différentes échelles événementielles sont disponibles pour mesurer l'importance des événements vitaux subis au cours d'une période donnée et, par extension, le risque pathologique encouru. La plus connue est l'échelle d'Holmes et Rahe dans laquelle le mariage sert d'événement de référence. La relation entre les événements vitaux et la pathologie objective ou subjective est plus facile à mettre en évidence dans des études longitudinales que dans des études transversales, ce qui indique que le nombre et l'intensité des événements vitaux sont moins importants que des facteurs de sensibilité individuelle encore non identifiés. Par ailleurs, l'impact des événements vitaux sur l'individu dépend de ses stratégies d'ajustement* et du soutien* social dont il bénéficie.

R. Dantzer

Évitante (Personnalité —)

Qualifie un type de personnalité, individualisé à partir de la classification DSM IV *(Manuel diagnostique et statistique des troubles mentaux)*, par une hypersensibilité à l'humiliation, à la honte et au rejet potentiels, une réticence à se lier à autrui et un retrait social malgré un vif désir d'affection et d'approbation. Ce type rejoint en partie celui décrit précédemment sous le terme de névrose d'abandon*. *D. Widlöcher*

Évitement

Dans la terminologie de la psychologie de l'apprentissage instrumental* et du conditionnement opérant*, procédure dans laquelle le sujet peut se soustraire anticipativement à une stimulation aversive* en fournissant une réponse* définie, dite réponse d'évitement. Généralement, celle-ci est efficace au cours de la présentation d'un signal avertisseur* qui précède la stimulation aversive* : on parle dans ce cas d'**évitement avec signal**. M. Sidman en 1953 a proposé une procédure d'**évitement sans signal** dans laquelle les stimulus aversifs (chocs) surviennent à intervalles réguliers en l'absence de réponses ; chaque réponse retarde d'un délai* défini le choc suivant, de sorte que les chocs peuvent être indéfiniment évités pour autant que les intervalles interréponses soient toujours plus courts que les intervalles séparant deux chocs ou une réponse et un choc. L'évitement fait partie des contingences* de renforcement négatif*.

Évitement passif : évitement dans lequel le sujet doit s'abstenir de produire une certaine réponse pour éviter une stimulation aversive. La situation la plus courante consiste à placer un rat dans un compartiment éclairé voisin d'un compartiment sombre, mais où il recevra un choc ; il suffit souvent d'un seul essai pour que l'animal apprenne à ne plus quitter le compartiment éclairé. *M. Richelle*

En psychopathologie, désigne une attitude* ou conduite* destinée à s'écarter d'une situation ou à empêcher la production d'une pensée ou d'un acte générateurs d'angoisse*. Le terme s'applique assez spécifiquement aux états phobiques et obsessionnels. *D. Widlöcher*

Évocation

L'évocation est une conduite de mémoire* au sens strict, par laquelle le sujet se rappelle un événement passé ou un objet précédemment perçu. La référence qu'elle implique au passé, donc à un savoir proprement temporel, soulève de difficiles questions d'interprétation qui se reflètent dans l'attribution ou non par le psychologue de capacités d'évocation chez l'animal ou chez le bébé. Cette conduite pose également le double problème de la conservation du passé et de sa reconstruction par le sujet au moyen de souvenirs-images, problème compliqué par l'existence de faux souvenirs par lesquels le sujet croit se rappeler ou pouvoir évoquer des événements qu'il n'a pas perçus. Les recherches de psychologie génétique ont en effet montré que, d'un côté, l'image-souvenir est une construction dépendant en partie de l'évolution des savoir-faire et des savoirs ; mais que, de l'autre, cette construction n'est pas gratuite par rapport aux événements évoqués. Lorsque, par exemple, un enfant construit l'image-souvenir d'une configuration d'objets initialement perçue, il se peut que l'image obtenue déforme celle-ci en fonction des savoirs acquis. En ce cas, l'enfant pourra n'être pas satisfait par sa reconstruction du passé. Il faut donc que quelque chose de ce dernier perdure sous une forme ou sous une autre, fournissant comme un modèle recognitif au travail d'évocation. Dans l'interprétation piagétienne, qui récuse l'idée de trace*, ce qui permet pour ainsi dire au passé d'agir, c'est l'aspect figuratif* des schèmes* à l'œuvre. L'activité de perception initiale recouvrirait en effet non seulement un aspect opératif* de classification* ou d'interprétation du perçu, mais aussi une activité figurative d'accommodation* aux caractéristiques singulières de celui-ci. Interviendrait donc dans l'évocation du passé non seulement les savoirs et savoir-faire plus ou moins généraux relevant de la mémoire sémantique* ou de la mémoire-habitude, mais aussi la « trace » du travail d'accommodation des schèmes à ces caractéristiques, trace qui s'explique par le mécanisme de conservation* des mêmes schèmes. *J.-J. Ducret*

Évolution

Processus temporel de transformation d'un phénomène ; à l'origine synonyme de développement*. Dans un sens plus restreint, transformation organique des espèces ; en ce sens, **transformisme** et **évolutionnisme** sont aujourd'hui synonymes.

C'est au XIXe siècle que de nombreux philosophes et biologistes ont élaboré ce concept d'évolution : H. Spencer d'une part a proposé que tous les phénomènes évoluent en passant d'un état d'homogénéité indéfinie et incohérente à un état d'hétérogénéité définie et cohérente ; ce processus de différenciation progressive de la matière a été largement repris, généralisé et c'est d'abord la doctrine de Spencer qu'on a nommée évolutionnisme. D'autre part, C. Darwin a élaboré (en même temps que A. R. Wallace, mais en la publiant avant lui) une théorie de l'évolution des espèces vivantes en vertu de laquelle toutes ces espèces ont un ancêtre commun unique et dérivent les unes des autres par un processus de transformation plus ou moins lent.

J.-B. Lamarck affirmait que les espèces vivantes ne sont pas fixes et immuables mais changeantes et susceptibles de se transformer au cours du temps ; pour lui, une espèce se transformait grâce à une tendance vitale à l'adaptation* et en fonction de l'usage qu'elle faisait de ses différents organes et caractères. L'évolutionnisme darwinien, qui s'est développé au cours du XXe siècle, dépasse et précise les thèses lamarckiennes : on considère aujourd'hui que l'évolution est constituée de l'ensemble des changements, au fil des générations, de la composition génétique des populations et de leur adaptation. Sur la variabilité génétique populationnelle, créée par les mutations et par les recombinaisons de gènes et diffusée par les dérives génétiques et les migrations*, agit la **sélection naturelle**, qui la stabilise ou la modifie dans un certain sens, par un processus où les variations de l'environnement* déterminent différentiellement la viabilité des phénotypes* et, en conséquence, perpétuent ou non les génotypes*. Cette viabilité dépend des caractères biologiques et psychocomportementaux qui constituent le phénotype : celui-ci est d'autant plus viable que les caractères en question favorisent l'adaptation de l'organisme, à savoir son aptitude à exploiter l'environnement et à se reproduire. Il s'ensuit que les individus les mieux adaptés donnent naissance à une progéniture plus nombreuse, laquelle hérite des caractères facilitant l'adaptation. De tels mécanismes peuvent mener à la transformation, l'apparition (spéciation), le maintien (évolution d'entretien) ou la disparition (extinction) des espèces.

En psychologie, la référence à l'évolutionnisme est fréquente : par exemple, B. F. Skinner affirme que le mécanisme de conditionnement opérant* est semblable à celui de la sélection naturelle : le milieu sélectionne les comportements comme il sélectionne les phénotypes ; si un comportement apparaît une première fois par hasard, il est immédiatement soumis aux contingences* qui le renforcent et l'installent ou non dans le répertoire de l'organisme. Toutefois, Skinner précise qu'il n'y a qu'une analogie* entre le mécanisme d'évolution phylogénétique des espèces et celui d'évolution ontogénétique des comportements.

La position piagétienne implique, elle aussi, une référence constante à l'évolutionnisme et ce à deux niveaux conjoints : pour J. Piaget, la question de l'hérédité* de l'acquis n'est pas résolue même si les progrès de la génétique moléculaire ont permis de réfuter l'hypothèse que les caractères acquis par un organisme au cours de sa vie pouvaient se transmettre à sa descendance. Par ailleurs, il adhère au postulat de continuité* entre les phénomènes biologiques et les phénomènes psychologiques, ce qui implique qu'il existe un équivalent biologique à son principe psychologique d'équilibration* des structures cognitives. C'est pour répondre à cette exigence que Piaget élabore son concept de phénocopie*. Etant donné la continuité postulée, il n'y a pas analogie entre mécanisme biologique et mécanisme psychologique, mais identité.

Par ailleurs, on doit à l'éthologie* classique de O. Heinroth et K. Lorenz d'avoir, grâce à la méthode phylogénétique de comparaison par homologie, érigé les comportements des espèces en critères déterminants dans la classification taxonomique. Si l'éthologie privilégie la phylogenèse, certaines écoles de la psychologie comparée* et de la psychobiologie* fondent leur démarche sur l'**anagenèse**, entendue comme l'évolution progressive du degré d'organisation des organismes vivants, transcendant l'histoire phylogénétique. Une part croissante de la recherche est dévolue, dans ces disciplines, à l'étude des moyens psychocomportementaux d'exploitation de l'environnement, notamment de l'habitat* et des ressources alimentaires (V. Écoéthologie).

F. Parot et E. Tirelli

Évolutionnisme → Évolution

Examen

Un examen est une opération par laquelle on juge des connaissances*, des habiletés*, des traits de personnalité* caractérisant un individu, à des fins descriptives, pronostiques ou diagnostiques. La réussite d'un examen est déterminée par une note* ou un profil* que l'individu doit atteindre ou dépasser (compétence minimale*), alors que, dans un concours, le nombre d'admis est fixé d'avance. L'examen est dit normatif lorsqu'il situe le sujet par rapport aux performances d'un groupe de référence (par ex., le groupe-classe). L'épreuve est appelée critérielle si elle informe sur le degré d'avancement de l'individu vers un objectif à atteindre. Par examens internes, on désigne soit les épreuves construites et notées par le maître qui a enseigné la matière, soit les épreuves organisées dans l'établissement fréquenté par l'élève. Les examens externes sont des épreuves organisées et notées par des jurys indépendants des établissements, à l'échellon local, régional ou national. En France, la plus connue de ces épreuves est celle du baccalauréat.

Un examen bien construit doit offrir des garanties de fidélité* (répétée sous forme parallèle, l'épreuve devrait conduire à une même conclusion), de validité* de contenu (l'épreuve a-t-elle couvert en suffisance le ou les domaines sur lesquels elle est censée porter et a-t-elle adéquatement mis en jeu la gamme comportementale qui s'applique au contenu ?) et de standardisation* (l'épreuve et la notation doivent être les mêmes ou strictement équivalentes pour tous les membres du groupe). La docimologie* est la science qui a pour objet l'étude systématique des examens, en particulier des systèmes de notation* et du comportement des examinateurs. *G. de Landsheere*

Excitabilité

Propriété fondamentale des tissus et cellules que sont les récepteurs* sensoriels, les neurones* et les cellules musculaires et qui résulte des propriétés intrinsèques de leur membrane. L'excitabilité au sein du système nerveux* est un état permanent et vital, dont le résultat final est intégré par toute la cellule et peut se traduire par une réponse d'excitation* ou d'inhibition*. L'excitation et l'inhibition se transmettent par l'intermédiaire de substances chimiques ou médiateurs* pour produire des potentiels* gradués locaux postsynaptiques, inhibiteurs ou excitateurs, bloquant ou permettant une dépolarisation* suffisante pour créer un potentiel d'action. Un jeu subtil d'excitations et d'inhibitions est nécessaire pour le mouvement* et la posture*, le sommeil* et les états de vigilance*, la conduction précise des informations*, le fonctionnement du cerveau par conséquent.

Par ailleurs, dans la description générale des conduites, le terme excitabilité désigne une réactivité exacerbée aux stimulations extérieures, se traduisant par des réponses motrices, verbales ou émotionnelles hors de proportion avec la situation recontrée. On préfère parfois le terme **hyperexcitabilité**.

M. Le Moal

Excitation

Au plan neurophysiologique, processus par lequel s'expriment les membranes excitables et, partant, la physiologie du neurone* et du muscle. La traduction membranaire de l'excitation est la dépolarisation*, avec les phénomènes biochimiques et électriques concomitants. L'excitation est contrôlée et modulée par l'inhibition*.

Dans un sens plus général, état d'activation* du système* nerveux ou de l'organisme se traduisant par la production de comportements : l'installation de réactions conditionnées* correspondait, pour I. Pavlov, à une mobilisation du processus d'excitation, régulé à son tour par le processus d'inhibition.

Dans la description du comportement animal et humain, le terme désigne, dans un sens proche d'agitation*, un état d'activité motrice, verbale ou émotionnelle excessive. Cette excitation psychomotrice peut constituer un symptôme de certains états pathologiques (phases maniaques de la psychose maniaco-dépressive, schizophrénie, tumeur de l'encéphale*, démence sénile), ou résulter de l'administration d'une substance psychotrope (excitation alcoolique, amphétaminique). *M. Le Moal*

Exemplaire

Dans les modèles* de représentation* des concepts* élaborés par la psychologie cognitive*, un exemplaire est un élément singulier (par ex., tel chien particulier appartenant à l'espace* conceptuel « chien »), par opposition au prototype*, lequel désigne une sorte de représentation-noyau, synthétisant les attributs de la catégorie*. Certains modèles, comme celui proposé par D. Medin et M. Schaffer en 1978, expliquent les représentations de concepts à partir des exemplaires, au dépens des prototypes. *M. Richelle*

Exercice

Dans un test* ou une épreuve psychologique quelconque, essai* ou item* destiné à la mise en train du sujet et à s'assurer de sa compréhension des consignes*, par une familiarisation initiale avec la tâche.

Répétition d'une activité dans le but, ou avec la conséquence d'en améliorer, ou seulement d'en entretenir, la performance. L'exercice apparaît ainsi comme un facteur d'apprentissage*. Il joue certainement un rôle important dans le passage à l'automatisme* d'une activité motrice ou mentale* récemment acquise. C'est ce que résume la **loi de l'exercice**, selon laquelle l'exercice facilite et affine la performance. Il convient cependant de nuancer cette loi, notamment en spécifiant certaines conditions dans lesquelles l'exercice ne présente pas ce caractère positif, ou ne le présente pas de façon optimale : ainsi l'état de fatigue* peut rendre l'exercice inopérant, voire néfaste ; ou encore des répétitions trop rapprochées (apprentissage massé*) se révèlent moins utiles à l'amélioration d'une performance que des répétitions plus espacées dans le temps (apprentissage distribué*).

M. Richelle

Exhibitionnisme

Conduite perverse caractérisée par le fait d'une exposition des organes génitaux devant une personne étrangère et qui ne se méfie pas, dans le but d'obtenir un état d'excitation sexuelle sans aucune tentative pour avoir avec cette personne une relation sexuelle ultérieure. Le sujet agit sous l'emprise d'une impulsion et dans certains cas le désir de surprendre ou de choquer le témoin de son exhibition est consciemment perçu. Dans d'autres cas, cette conduite s'accompagne d'un fantasme sexuel source d'excitation suivant lequel le témoin va être à son tour excité sexuellement.

C'est une conduite presque exclusivement masculine, les victimes étant presque toujours des femmes ou des fillettes, qui peut aussi être symptomatique lors d'ivresses alcooliques, d'états maniaques, de certains troubles obsessionnels compulsifs et d'états démentiels. *J.-F. Allilaire*

Expansion

En linguistique*, ce terme désigne les constituants qui, ajoutés à un énoncé, ne modifient ni les rapports mutuels des éléments préexistants ni leur fonction. Selon A. Martinet, tout constituant, à l'exception des éléments indispensables à l'actualisation du prédicat*, peut être considéré comme une expansion du morphème* prédicatif. L'expansion joue un rôle fondamental dans la constitution des messages* puisqu'elle permet d'exprimer les circonstances, la qualité, les participants, etc. Dans l'analyse en constituants immédiats*, l'expansion est un procédé de substitution. Est considérée comme l'expansion d'une classe de morphèmes toute suite qui répond aux trois critères suivants : posséder la même distribution, une structure en constituants différente et, au moins, le même nombre de morphèmes. *D. Peraya*

Expectation

Attente, anticipation* d'un certain événement. Le terme, vieilli dans l'usage courant, a été réhabilité dans le vocabulaire technique de la psychologie par emprunt à l'anglais. Appliqué aux attentes du sujet, il renvoie aussi bien à des anticipations révélatrices de la personnalité* (le niveau d'expectation, c'est-à-dire la performance que le sujet pense objectivement pouvoir atteindre, se distinguant du niveau d'aspiration*) qu'à des anticipations découlant de tel détail d'une procédure expérimentale, comme dans l'erreur* d'anticipation observée dans une mesure psychophysique. Le terme expectation s'applique aussi aux attentes de l'observateur ou de l'expérimentateur, comme dans l'effet Rosenthal*. L'expectation ne suppose nullement la prise de conscience*, et on la trouve chez les organismes les plus élémentaires ou dans le contexte des réactions les plus simples, comme en témoigne le phénomène de déshabituation*. Elle renvoie cependant, du moins dans la théorie de l'expectation proposée par Tolman, à la notion de représentation* interne, mentale* des régularités du monde extérieur, ou des relations entre les actions du sujet et le monde extérieur. *M. Richelle*

Expérience

1. Dans l'un de ses sens courants, repris parmi leurs concepts centraux par plusieurs écoles de philosophie et de psychologie (notamment dans les courants phénoménologique* et humaniste*), le terme désigne ce que le sujet perçoit, sent, pense dans ses rapports au monde qui l'entoure et à lui-même, et d'une manière irréductiblement subjective. Ce sens est souvent précisé par le recours à l'expression « expérience vécue », ou au terme proche « vécu* ». L'expérience ne se confond pas nécessairement avec les contenus de l'introspection* ni de la conscience* explicite et elle n'est pas nécessairement exprimable verbalement. Elle renvoie généralement au flux temporel des événements et des impressions qui leur sont liées, mais peut aussi mettre l'accent sur l'aboutissement, à un moment donné de la vie du sujet, de l'ensemble de ses expériences passées (acception qui rejoint un autre des sens courants du terme, qui réfère à la richesse du savoir et de la sagesse accumulés par un être au cours de son existence).
2. Dans une autre acception courante, reprise cette fois par les philosophies empiristes*, le terme désigne l'ensemble des informations* que l'organisme reçoit, à travers ses sens, de l'univers qui l'entoure. Selon la tradition empiriste, toute connaissance* dérive de l'expérience ainsi conçue et les cadres formels de la mise en ordre de la réalité ne procèdent pas d'idées innées*, mais de l'expérience sensible.
3. Etude d'un phénomène à l'aide de la méthode expérimentale*. Faire une expérience consiste à placer un phénomène que l'on souhaite étudier sous contrôle rigoureux de manière à en cerner les conditions d'apparition (les causes*) ou de modification. Dans toute expérience, on précisera,

sous le nom de variable* dépendante, la dimension du phénomène à étudier, et sous le nom de variable(s) indépendante(s) la ou les condition(s) que contrôle l'expérimentateur. Celui-ci relèvera les variations de la première sous l'effet des variations qu'il aura fait subir aux secondes. Toute expérience, que ce soit en psychologie ou dans quelque autre science, suppose une question de départ ou hypothèse*, la définition des variables dépendante et indépendante(s), la mise en œuvre de procédés, instruments ou techniques adéquats tant de contrôle des variables que d'enregistrement des données, puis des méthodes de traitement* des résultats elles-mêmes subordonnées au plan* d'expérience adopté.

Expérience pour voir : expérience entreprise sans hypothèse de départ très élaborée, à titre exploratoire, dans un domaine encore mal défriché, ou à propos d'un problème mal cerné sur le plan théorique.

Expérience provoquée/invoquée : selon une distinction qui remonte à Claude Bernard, l'expérience provoquée est celle que l'expérimentateur monte délibérément, en se donnant les moyens de la réaliser, alors que l'expérience invoquée est celle qui lui est en quelque sorte fournie par la nature (dans les maladies ou accidents, par ex.) et dont il peut tirer parti. Le psychologue, pour qui le recours à la méthode expérimentale se trouve limité par des règles morales, a largement exploité les expériences invoquées ; ainsi, en neuropsychologie*, la méthode pathologique*, qui supplée à l'interdiction d'expérimenter en tirant parti des expériences invoquées, a permis de progresser dans l'étude des fonctions du cerveau par l'examen des cas d'atteintes cérébrales.

Expérience cruciale : expérience dont il est permis d'attendre ou de tirer des conclusions décisives quant à la validité d'une théorie scientifique. Il est rare cependant qu'en psychologie la théorie soit formulée de manière telle que l'expérience cruciale puisse être proposée et réalisée. Seules s'y prêtent des théories très « locales », limitées à des problèmes très étroitement circonscrits. *M. Richelle*

Expérimental

Qui se conforme aux règles de l'expérimentation* (méthode expérimentale, psychologie expérimentale) ou résulte de son usage (données expérimentales). La **méthode expérimentale,** méthode de recherche dans laquelle le chercheur contrôle délibérément les variables pour cerner entre elles des relations, a trouvé sa place dès les origines de la psychologie scientifique. Si elle se pratique le plus souvent dans le cadre idéal du laboratoire, elle n'y est cependant pas strictement liée, comme l'attestent les expériences* réalisées sur le terrain par les éthologistes.

La **psychologie expérimentale** recouvre les domaines de la psychologie qui sont abordés à l'aide de la méthode expérimentale. Ces domaines s'élargissent à mesure que progressent les techniques de recherche. Il est donc impossible de circonscrire une fois pour toutes, en lui assignant son objet, le champ de la psychologie expérimentale : limité au milieu du XIXe siècle à des questions élémentaires de psychophysique* et de psychomotricité*, il englobe aujourd'hui de nombreux aspects des fonctions cognitives* et affectives* longtemps tenus pour inaccessibles à la démarche expérimentale. *M. Richelle*

Expérimentation

Application à un objet de recherche de la méthode expérimentale*. A la différence de l'observation*, où le chercheur, même s'il se dote d'outils propres à améliorer sa perception des phénomènes, ne les modifie pas, l'expérimentation constitue une véritable intervention dans le réel soumis à examen. Elle suppose évidemment un examen préalable du réel (observation ou expérimentation antérieure) conduisant à la formulation d'une hypothèse*, qu'il apparaît techniquement possible, et moralement légitime, de tester par une manipulation systématique délibérée de certaines variables*. Comme dans les autres sciences, l'expérimentation en psychologie est inséparable de la mise au point d'instruments et de techniques qui la rendent possible : ainsi, il a fallu que soit disponible la technique du conditionnement* pour accéder expérimentalement à l'étude psychophysique* chez l'animal ; de nombreux problèmes de perception* ou de cognition* supposent un contrôle précis, et pour des valeurs très brèves, du temps de présentation* des stimulus* ou du temps de réaction du sujet*, qui n'ont pu être résolus que grâce à la mise au point de dispositifs tachistoscopiques*, ou, plus récemment, grâce à l'ordinateur en temps réel. On ne peut donc, *a priori,* assigner à l'expérimentation en psychologie des frontières liées aux limites, imprévisibles, des progrès techniques. Elle peut cependant trouver ses limitations éthiques (l'intrusion dans le cours des conduites chez l'homme ou chez l'animal étant jugée, dans certaines conditions, immorale), ou épistémologiques (l'intervention expérimentale étant tenue, selon l'objection classique de certaines écoles soit de psychologie clinique*, soit d'éthologie*, pour une perturbation de l'objet même qu'elle prétend étudier). *M. Richelle*

Expertise

Dans le cadre de la psychologie de la résolution de problèmes*, l'expertise caractérise le sujet, dit expert par opposition au novice*, qui, par ses connaissances acquises et sa familiarité avec un domaine spécialisé, y fait preuve d'une capacité élevée à résoudre les problèmes. L'expert se distingue par la mise en œuvre de schémas* spécialisés de connaissances directement opérationnelles, fortement automatisés et rapidement mobilisables, de représentations d'un haut niveau d'abstraction des problèmes à traiter, d'une capacité de contrôle sur les opérations en cours.

La notion d'expertise s'applique également, en intelligence artificielle, aux systèmes dotés des compétences spécialisées pour traiter des problèmes relevant d'un domaine particulier de connaissances.

Qu'il s'agisse d'intelligence naturelle ou artificielle, le concept d'expertise, en insistant sur l'importance des connaissances spécialisées dans un domaine de problèmes donné, rompt avec la thèse d'un mécanisme général de résolution de problème dont l'efficacité se généraliserait à tous les domaines *(general problem solver).*

M. Richelle

Explication

Central à toute démarche scientifique, comme d'ailleurs plus largement à toute entreprise de compréhension, le concept d'explication est aussi l'un des plus difficiles à cerner ; il se grève, en outre, en psychologie, de difficultés particulières. D'une manière générale, une explication est une substitution d'un discours plus intelligible à un discours moins intelligible. Les moyens mis en œuvre peuvent être très divers, de l'argumentation didactique et de la paraphrase à la formalisation dans un modèle* mathématique, en passant par la description, à la faveur d'une observation* au besoin armée, d'aspects du réel jusque-là insoupçonnés. La démarche scientifique a, elle aussi, ses modalités et ses niveaux d'explication, qui ont cependant en commun que l'on y fait systématiquement retour du discours au réel par des procédures de vérification combinant règles logiques et pratiques empiriques. L'opposition description/explication, parallèle à l'opposition théorie/donnée empirique, est sans doute assez artificielle, les explications purement théoriques demeurant spéculatives en l'absence de descriptions rigoureuses des faits qui les confirment, et les observations empiriques s'inscrivant toujours dans le cadre, explicite ou implicite, d'un argument théorique. La séduction des explications théoriques, voire formelles, compense souvent, dans l'histoire des savoirs, la carence de données empiriques.

La notion d'explication est étroitement liée à celles de causalité* et de déterminisme*. On retrouvera donc en psychologie autant de modes d'explication qu'il existe de grandes catégories de facteurs de causalité (explications biologique, sociale, génétique, environnementale, etc.) ou de grandes voies d'approche à la réalité psychique (ontogénétique, comparative, psychométrique, etc.), les explications intégrant les différents facteurs et conjuguant les différentes approches méthodologiques ayant sans doute le plus de chances de se révéler, à long terme, satisfaisantes.

Une autre opposition traverse depuis longtemps la réflexion psychologique : c'est celle de l'explication et de la compréhension*, sur laquelle insistait K. Jaspers. La première, d'ordre scientifique, conviendrait à la recherche des lois générales auxquelles obéissent les conduites* humaines. La seconde s'imposerait dans la rencontre de l'individu singulier, telle que la vit dans sa pratique, par exemple, le psychologue clinicien ; elle exigerait d'autres moyens, que se sont attachées à préciser diverses écoles phénoménologiques, psychanalytiques et humanistes. C'est une distinction proche que recouvre l'opposition explication/ interprétation*. *M. Richelle*

Explicite (Mémoire —) → Implicite

Exploration → Exploratoire

Exploratoire (Comportement —)

Le comportement exploratoire est une forme d'investigation de l'espace* et des objets spécialement développée chez les vertébrés supérieurs, oiseaux et mammifères qui manifestent leur **curiosité.** C'est une caractéristique juvénile, mais qui persiste durablement chez certains : corvidés et psittacidés, félins, rongeurs et primates. Souple, flexible, changeant, il présente de nombreuses similitudes avec les phases d'appétence. Il s'exprime toutefois en dehors de toute stimulation des autres registres comportementaux et apparaît sans nécessité immédiate, pendant les périodes de relâchement et de détente, où les manifestations ludiques, teintées de curiosité, abondent. Il est l'occasion de nombreuses manipulations d'objets, de combinaisons inédites, fait appel à toutes les formes d'apprentissage*. Il permet à l'animal d'accumuler des expériences qui se révéleront utiles dans des contextes plus contraignants. Centrés sur des objets, ces jeux et manipulations sont appelés comportement d'investigation. On réserve plutôt l'appellation comportement explorateur ou d'exploration à l'apprentissage des relations spatiotemporelles dans le domaine vital. Cette exploration est spécialement développée au moment de l'émancipation des jeunes. La dispersion postjuvénile automnale et l'erratisme typique de maints animaux à cette époque relèvent du comportement exploratoire. *J.-C. Ruwet*

Exposition → Comportementale (Thérapie —)

Expression

Dans le langage courant, désigne le processus de « traduction » d'une entité quelconque par une autre entité à caractère observable ; dans cette acception commune, l'expression peut se définir comme le processus dynamique qui sous-tend la relation de signe* (dans son sens général). Comme ce dernier terme, « expression » peut désigner aussi le produit même de la relation, c'est-à-dire la seule entité observable. Lorsqu'on se centre sur le processus, on affirme, par exemple, qu'un discours* exprime un point de vue ou qu'une fleur exprime un sentiment ; lorsqu'on se centre sur le produit, on affirme qu'un symbole* mathématique est l'expression d'une relation, ou encore qu'une production verbale (V. Enoncé) est une expression régionale, usuelle, etc.

Pour les auteurs d'inspiration phénoménologique, l'acception de ce terme est limitée au langage* humain ; chez E. Husserl (et, plus tard, chez M. Merleau-Ponty), l'expression est définie à la fois comme l'acte* qui produit « l'exprimé » (ou énoncé) et comme l'acte par lequel un sujet (dans un contexte* déterminé) attribue une signification* à cet exprimé.

En éthologie*, on appelle **comportements expressifs,** ou activités* expressives, les productions (mimiques*, rituels*, postures*, mouvements segmentaires, etc.) qui exercent une fonction de signal* dans le cadre des activités sociales d'une espèce (nutrition, reproduction*, comportement parental*, comportements d'agression* ou de défense*). Chez certaines espèces, ces comportements s'organisent en véritables systèmes, qui véhiculent des significations différenciées, et qui peuvent dès lors être analysés comme des codes* de communication*. C'est dans cette perspective que l'éthologie humaine, notamment, décrit les comportements expressifs comme des faits de communication non verbale*, et analyse le rôle qu'ils jouent dans les différentes formes d'interaction* d'un groupe.

La plupart des courants de psychologie attribuent cependant un sens plus restreint à la notion d'expression, celle-ci ne s'appliquant qu'aux manifestations perceptibles des émotions* ou d'autres « états » internes : mimiques faciales, attitudes* corporelles, rires, pleurs, cris, tremblements, etc. Ces comportements sont généralement décrits comme de simples indices* reflétant soit un état affectif latent (tension, frustration*, conflit*, etc.), soit un trait de personnalité*. La psychologie associationniste* y voit le résultat de contractions musculaires locales commandées par des excitations* du système nerveux : l'intensité d'une émotion se traduirait par une excitation d'intensité proportionnelle qui produirait la contraction musculaire et donc le comportement expressif apparent. Dans une perspective différente, F. Buytendijk les définit comme des activités motrices innées, intentionnellement produites pour traduire une signification subjectivement vécue par un individu (honte, peur, angoisse, effort, etc.) ; cette forme d'activité se distinguerait des actions transitives, qui sont orientées vers un but* identifiable dans le milieu, ainsi que des activités représentatives et figuratives, qui sont sous-tendues par un code conventionnel appris. Dans son célèbre ouvrage *The Expression of the Emotions in Man and Animals*, C. Darwin a défendu la thèse de l'universalité des expressions (faciales). Après avoir été contestée par divers auteurs qui soulignaient l'importance des variations culturelles, cette position est aujourd'hui confirmée par de nombreuses recherches qui montrent que les formes d'expression des émotions sont universelles et que seules varient avec la culture leurs règles de déclenchement et de gestion.

Dans la mesure où elles permettent d'évoquer avec force des émotions, des sentiments, ou des situations, les œuvres d'art sont parfois décrites comme des « formes supérieures d'expression ».
Techniques d'expression : en pédagogie, désigne l'ensemble des activités éducatives qui favorisent l'expression de sentiments ou de motivations propres à l'élève (expressions corporelle, gestuelle, vocale, graphique, etc.). *J.-P. Bronckart*

Expression corporelle

Ensemble de techniques du corps, généralement groupales et fondées sur l'idée qu'il importe de libérer des forces ou des conduites* réprimées par la pression sociale, notamment religieuse, et que l'on suppose enfouies dans le corps. En partie dérivées de la formation des acteurs, elles se sont répandues dans les milieux psychothérapeutiques et éducatifs. Elles ont trouvé d'autres sources d'inspiration et de diversification dans certaines théories américaines (bioénergie*, Gestalthérapie), et dans la psychanalyse*. On a tenté de les codifier. *C. Prévost*

Expression des salariés

Cette notion trouve son origine dans deux courants de recherche : l'un, issu des travaux de K. Lewin, a montré l'efficacité du travail en groupe pour la résolution de problèmes ; l'autre, initié par les recherches sur le rôle motivateur de la participation* des salariés à une prise de décision, a abouti à la mise en œuvre de la direction participative. L'expression des salariés s'effectue au travers de systèmes de consultation et de concertation (boîte à idées, études d'opinion interne, groupes de progrès, cercles de qualité*). En France, la loi du 4 août 1982 reconnaît aux salariés un « droit à l'expression directe et collective » portant sur le contenu, l'organisation et les conditions de travail. *P. Lidvan*

Expressive (Fonction —) → Fonction du langage

Extension

L'extension d'un concept* est constituée par l'ensemble* des objets qui tombent sous lui, c'est-à-dire qui jouissent des propriétés que définit sa compréhension*. Une logique est dite extensionnelle si elle traite les propositions* en termes de valeurs de vérité, indépendamment du sens* de ses constituants. *J.-B. Grize*

Externalité → Lieu de contrôle

Externat

En renvoyant chaque jour les éducables hors de l'établissement d'éducation et, de manière générale, dans leur foyer, l'externat, appelant la métaphore du milieu ouvert, consacre le partage de la responsabilité éducative entre des instances à la fois coopérantes et concurrentes : la famille ou ses mandataires, l'école, la rue. L'internat*, au contraire, réputé milieu fermé, confère à l'établissement un rôle prédominant qui explique la fascination qu'il exerce tant sur les partisans de l'éducation intégrale, religieuse ou laïque, que sur les pionniers de l'Education nouvelle*. Aujourd'hui, l'existence des externats médico-pédagogiques, destinés aux enfants en difficulté, confirme la généralisation de la tendance externaliste. *D. Hameline*

Extéroception

La fonction sensorielle de la peau et de ses dérivés (dont les poils) résulte de la mise en jeu d'une grande diversité de récepteurs* spécialisés où domine la sensibilité* mécanique. Les sensations de toucher, pression, vibration, mouvements thermiques, douleurs, etc., sont transmises par des fibres spécifiques et il y a une relation entre chaque organe des sens et les diamètres des axones afférents. Les afférences restent séparées à l'entrée dans le système nerveux au niveau de la corne dorsale de la moelle épinière : les entrées nociceptives* et thermiques sont latérales, les sensations mécaniques plus médianes. Les faisceaux ascendants font relais dans divers noyaux du pont, puis du thalamus, puis gagnent le cortex sensori-moteur. A un niveau ou un autre, ces projections se croisent. L'organisation de chaque zone sous-corticale présente à la fois un patron somatotopique et un patron de ségrégation modulaire. La projection thalamique sur le cortex se fait essentiellement sur le gyrus postcentral et secondairement sur les aires motrices contiguës et les aires associatives. Les projections sur le cortex sont organisées somatotopiquement bien que l'on trouve encore une ségrégation des sensations selon une structure modulaire verticale. Chaque module contient un nombre limité de cellules en colonnes de la surface à la couche des fibres ; ces cellules communiquent avec d'autres cellules ayant une fonction particulière dans d'autres colonnes, suggérant donc une organisation autant par couches que par colonnes. Quoi qu'il en soit, l'aire primaire de projection représente la surface du corps, chaque partie du corps ayant une surface proportionnelle à l'importance de ses récepteurs et donc au rôle joué dans l'appréhension du monde extérieur. *M. Le Moal*

Extinction

Procédure expérimentale consistant, dans une expérience* d'apprentissage* ou de conditionnement*, à ne plus renforcer les réponses. Dans le conditionnement pavlovien*, l'extinction consiste plus précisément à ne plus présenter le stimulus inconditionnel*. Dans les apprentissages instrumentaux* et le conditionnement opérant*, elle consiste à ne plus délivrer le renforçateur* à la suite d'un essai* réussi ou d'une réponse opérante* fournie selon les conditions requises par le programme* de renforcement* jusque-là en vigueur.

Effet obtenu, dans le comportement du sujet, par l'application de cette procédure, et qui se traduit généralement par une réduction puis une disparition des réponses. Cette disparition n'est cependant pas définitive, comme en témoigne la récupération spontanée* ou la réapparition subite des réponses en cours même d'extinction à la suite de la présentation d'un stimulus interférent*. C'est ce qui conduisit Pavlov à voir dans l'extinction une forme d'inhibition*. *M. Richelle*

Extralinguistique

On qualifie d'extralinguistique toute dimension d'une situation énonciative (V. Enonciation) dont les états ne peuvent être analysés en termes de contraintes proprement grammaticales, mais peuvent néanmoins exercer un effet sur la production* et la compréhension* d'énoncés. C'est en ce sens que l'on oppose généralement le contexte* linguistique (dont les paramètres pertinents sont ceux des énoncés voisins) au contexte non linguistique ou extralinguistique [dont les paramètres pertinents sont ceux des sujets en interaction* (leurs caractéristiques psychologiques, leurs croyances, leurs connaissances mutuelles, leur statut hiérarchique, etc.) et ceux de la situation physique dans laquelle se déroule l'échange]. *M. Hupet*

Extrapolation

Estimation*, à partir des valeurs observées, des valeurs que pourrait vraisemblablement prendre une variable dépendante* si l'on en explorait les variations au-delà des limites effectivement adoptées dans l'observation. Ainsi, on extrapolera à l'ensemble du *continuum** une échelle de sensation* empiriquement établie sur une partie seulement des valeurs physiques. L'extrapolation doit toujours demeurer mathématiquement justifiée, et même dans cette condition essentielle, elle requiert une grande prudence, la justification mathématique n'étant pas une garantie d'adéquation empirique*.

Par extension, généralisation* d'une observation faite, ou d'une conclusion dégagée dans un contexte donné à un domaine plus large : extrapolation du laboratoire à la vie réelle, de l'animal à l'homme, du cas singulier à une règle générale (V. Modèle, Validation). *M. Richelle*

Extrasensoriel

Qui ne s'adresse à aucun sens mais serait néanmoins perçu par l'organisme. La perception* extrasensorielle correspondrait à la capacité qu'auraient certains sujets, sous certaines conditions optimales d'observation, de recueillir des informations par d'autres voies que les récepteurs* sensoriels connus. Cette capacité est un phénomène controversé, qui relève pour beaucoup de la parapsychologie*, bien qu'il ait fait l'objet de recherches expérimentales. Les résultats en sont cependant ténus, souvent non reproductibles et, dans les cas à première vue les plus convaincants, souvent interprétables autrement, en termes par exemple de probabilités*, de théorie des jeux* ou de la décision*. Dans d'autres cas, la négligence, voire la fraude ne sont pas à exclure. Il reste qu'une attitude scientifique impose de rester ouvert à des faits qui n'attendent peut-être, pour être vraiment établis, que des progrès dans nos moyens d'investigation. Les exemples abondent en effet, dans l'histoire des sciences, de phénomènes d'abord écartés qui n'ont trouvé droit de cité qu'après une évolution des méthodes, ou des idées. *M. Richelle*

Extratensif (au test de Rorschach)

Type de résonance intime* qui met en évidence la prévalence des réponses couleur par rapport aux réponses kinesthésiques. Il serait significatif d'un fonctionnement psychique investissant particulièrement les relations avec le monde extérieur, en privilégiant notamment la sensibilité à l'environnement et l'expression des affects*. Le sujet extratensif s'engage beaucoup dans des activités extérieures, relationnelles, manifestant une dépendance plus ou moins importante vis-à-vis des objets externes, cherchant dans les contacts avec eux des satisfactions émotionnelles et affectives. L'hystérie* constitue un exemple typique de personnalité* extratensive.

C. Chabert

Extraversion

Propension à se tourner vers l'extérieur, l'extraversion est une caractéristique psychologique, au sens du caractère*, du style propre à chaque individu qui s'exprime par une ouverture au monde et aux autres, une tendance à aller vers l'inconnu. Plusieurs psychologues ont proposé l'idée que le niveau d'éveil* expliquait cette dimension psychologique de la personnalité. H. Eysenck a émis l'idée que les sujets extravertis étaient les sujets qui avaient naturellement un niveau relativement bas d'éveil et qui recherchaient alors une quantité importante de stimulation. Cela est à l'origine d'une échelle évaluant l'extraversion. C. Jung a fait de l'extraversion l'une des deux caractéristiques de base de sa classification psychologique.

A. Braconnier

Extrémisation du risque

Depuis la célèbre recherche que M. Sherif publia en 1935, l'étude de la genèse des normes de groupe* (V. Influence sociale) indique que bien souvent la norme naît d'une convergence des jugements individuels vers une position centrale (normalisation par convergence). Pourtant, il existe des situations de décisions collectives, notamment lorsqu'il s'agit de prendre des risques, où l'on observe une extrémisation de la décision collective par rapport aux jugements préalables individuels : ainsi a-t-on dit que les groupes prenaient plus de risques que les individus. On a depuis montré :

1. que cette extrémisation pouvait se faire vers la prudence, et
2. qu'on était en présence d'un phénomène qui débordait le cadre de la prise de risque : le phénomène de la polarisation* collective.

Ersoc

F

Fable → Histoire

Fabulation

Faux souvenir affectant plus le passé récent que le passé ancien. Il s'agit en règle d'une reconstruction anarchique, souvent à partir d'éléments autobiographiques authentiques, mais qui ont perdu leur référence temporelle. Les fabulations (ou **confabulations**) sont fréquentes au cours du syndrome de Korsakoff où elles ont pu être interprétées comme une sorte de défense contre une amnésie* qui s'accompagne d'anosognosie*. Mais il faut noter que des fabulations peuvent s'observer, sans amnésie franche, au cours de certaines perturbations frontales. *J.-L. Signoret*

Facilitation

La réponse* à un stimulus est facilitée lorsque l'on peut observer une augmentation de l'amplitude d'une modification du potentiel* postsynaptique à la suite d'une stimulation répétitive naturelle par accroissement de fréquence des potentiels d'action présynaptique ou leur regroupement en bouffées ou en situation expérimentale lorsque la stimulation est faite avec une salve tétanisante. La facilitation est due à un accroissement de la quantité de neurotransmetteur* libérée par chaque potentiel d'action en fonction de son rang dans le train. Ce type de facilitation de brève durée, quelques minutes, ne doit pas être confondu avec la potentiation ou dépression à long terme. Dans ce cas, une activation synaptique intense conditionne un accroissement ou une diminution de réponse sur une longue période, mesurables en heures ou jours. Le mécanisme est alors plus complexe et fait intervenir des modifications biochimiques et peut-être aussi structurelles aux niveaux pré- et postsynaptique. *J. Féger*

Facilitation sociale

Amélioration de la performance individuelle due à la présence d'autrui, que cet autrui soit simple observateur (coprésence) ou qu'il effectue la même tâche (coaction). Selon R. B. Zajonc, la présence d'autrui augmente la motivation* ; or une motivation accrue élève le niveau général d'activation de l'organisme et favorise la production des réponses dominantes.

En revanche, N. B. Cottrell met l'accent sur la spécificité sociale d'autrui et objecte que :

1. l'effet de coprésence ne se produit que dans la mesure où autrui n'est pas neutre et peut faire une évaluation de la performance qu'il observe ;
2. la coaction n'a d'effet facilitateur qu'à condition qu'elle survienne en situation de compétition. *F. Askevis-Leherpeux*

Façonnement → *Shaping*

Facteur

Dans un sens courant dans le discours scientifique, tout élément pouvant avoir statut de cause* d'un phénomène, ou pouvant l'influencer (V. Causalité). Plus techniquement, le terme est souvent pris comme synonyme de variable* indépendante, particulièrement dans le cas des plans* d'expérience, et plus spécialement des plans factoriels. Sa définition rejoint alors celle qu'il a en statistique, où il désigne une variable explicative catégorisée, posée au départ d'une analyse portant sur des données structurées, qu'elles soient issues d'une expérimentation (réalisées selon un plan d'expérience défini) ou qu'elles aient été recueillies à l'aide de procédures d'enquête. On parle de **facteur constant** lorsque le facteur en cause ne revêt qu'un seul état ou modalité*.

Deux facteurs sont dits emboîtés lorsqu'à chaque modalité de l'un de ces facteurs, appelé facteur emboîté, on assigne une et une seule modalité de l'autre, appelé facteur emboîtant : ainsi, dans un plan d'expérience impliquant trois groupes d'âge, il y a **emboîtement** du facteur sujet (S) dans le facteur âge (A), chaque sujet étant nécessairement assigné à un et un seul âge : le plan qui correspond à cet emboîtement est noté S<A>.

Deux ou plusieurs facteurs sont dits croisés si à chaque modalité de l'un on affecte chaque modalité de l'autre (des autres), et qu'à chaque combinaison ainsi produite correspond au moins une observation : le plan de **croisement** de deux facteurs A et B est noté A∗B.

Dans l'analyse factorielle*, un facteur est une variable, non pas spécifiée au départ, comme dans les usages précisés ci-dessus, mais issue de l'analyse. C'est une variable numérique, qui fait cependant le plus souvent l'objet, dans les sciences du comportement, d'une analyse psychologique. Ainsi, les facteurs dégagés des analyses factorielles réalisées sur des batteries de tests* mentaux ont été assimilés à des aptitudes* ou compétences soit d'ordre général (facteur g), soit d'ordre plus restreint quoique intervenant encore dans une grande variété de tâches présentant des aspects communs (facteurs de groupes, verbal, spatial, etc.), soit d'ordre spécifique, intervenant dans des performances très particulières. Il en va de même des facteurs dégagés des tests ou inventaires* de personnalité*.

P. Bonnet et H. Rouanet

Facteur de développement → Développement

Facteur de milieu → Milieu

Facteur de réflexion diffuse

Expression remplaçant aujourd'hui le terme désuet ***albedo.*** Lorsqu'une surface mate diffusante (couche de neige fraîche, par ex.) reçoit de la lumière, elle réfléchit celle-ci de manière orthotrope (même valeur de réflectance lumineuse dans toutes les directions), et répond à la loi de Lambert. Pratiquement, les surfaces sont partiellement diffusantes et on a affaire à des facteurs de luminance qui varient selon les angles de réflexion ; dans ce cas, on parle aussi d'*albedo* par extension. L'*albedo* dépendra également de la longueur d'onde incidente.

R. Génicot

Facteur g

La notion de facteur* général (ou facteur g) a été introduite en 1904 par C. Spearman comme élément central de sa théorie bifactorielle de l'intelligence* : les individus se distingueraient selon une compétence* générale plus ou moins sollicitée par toutes les tâches* : le facteur g, et des compétences spécifiques propres à chaque tâche. Si la théorie bifactorielle a été abandonnée, la notion de facteur g a été conservée : on dit qu'il existe un facteur g lorsqu'on observe systématiquement des intercorrélations* positives dans une batterie de tests*. Le facteur g n'est donc général que relativement à un échantillon de tâches. Les tests dits de facteur g sont des tests de raisonnement* inductif sur des contenus figuratifs* sans signification particulière. Dans les modèles hiérarchiques de l'organisation des aptitudes*, le facteur g coiffe des facteurs de groupes, larges et restreints. *M. Huteau*

Facultés (Psychologie des —)

Terme aujourd'hui inusité en psychologie bien que certains concepts des neurosciences*, comme celui de modularité*, y renvoient. Il désignait des capacités de l'esprit humain, comme l'imagination* ou la mémoire* ; ces facultés ont fait l'objet de subdivisions successives souvent assorties de l'hypothèse de localisations* cérébrales précises. *F. Parot*

Faim → Alimentaire (Comportement —)

Fait d'appartenance

L'être humain construit son image sociale à partir de comparaisons relatives à sa place dans une structure sociale. Il est donc important pour l'individu d'être perçu par autrui comme membre du groupe auquel il se réfère. Pour obtenir cette reconnaissance, notamment par des groupes marginaux ou déviants, il peut être conduit à faire preuve de sa compétence normative. Pour cela, il réalise une conduite* manifeste performante, qu'il considère comme significative de son adoption des critères valorisés par le groupe, soit de sa propre initiative, soit en satisfaisant à une épreuve initiatique mémorable exigée préalablement à son admission dans le groupe. Dans les groupes minoritaires, les faits d'appartenance assurent leur consistance et caractérisent l'identification de leurs membres. *J. Selosse*

Falaise visuelle

Dispositif expérimental imaginé par Gibson visant à mettre en évidence chez le jeune enfant la perception de la profondeur dans l'axe vertical, en évitant tout risque de chute. Une surface vitrée couvre directement le sol sur une de ses moitiés, tandis que sur l'autre, marquant une dénivellation perpendiculaire abrupte avec la première, le sol se trouve à plus d'un mètre de profondeur. De part et d'autre, le sol vu par transparence présente le même motif en damier. Le jeune enfant, placé à quatre pattes sur la surface vitrée, s'arrête à la limite de cette falaise visuelle, attestant par là l'intégration sensori-motrice des informations visuelles fournies : la perception de la profondeur commande une réaction d'évitement de la zone « dangereuse ».

M. Richelle

Familiarisation

Dans une situation expérimentale, la passation d'un test* ou d'un questionnaire*, la phase de familiarisation consiste, préalablement à l'expérience ou la passation proprement dite, à donner au sujet l'occasion de se familiariser avec la situation, le dispositif, la tâche. Elle vise à réduire les sources de variabilité que constitueraient la confrontation abrupte avec la situation, l'incompréhension des consignes, ou quelque réaction émotionnelle initiale sans rapport avec l'objet de l'expérience ou de l'épreuve. On distinguera, bien que la distinction ne soit pas toujours évidente, la familiarisation de la mise en train, qui désigne plus spécifiquement une phase d'exercice d'une tâche dans laquelle on vise à mesurer ensuite la performance* au-delà d'un certain niveau minimum.

Le terme s'applique aussi, dans l'étude des réactions à la nouveauté, à la présentation répétée des mêmes stimulus et objets ou à l'évolution des conduites du sujet à leur égard, passant par exemple de la peur et de l'évitement*, ou de la surprise, à la curiosité, à l'exploration et la manipulation, à l'utilisation régulière, ou éventuellement à l'indifférence et la perte d'intérêt. La familiarisation ne se confond pas avec l'habituation*, qui implique une atténuation, voire une disparition de la réponse suite à la répétition du stimulus. Dans un sens plus large, la familiarisation correspond au changement dans les rapports entre le sujet et une situation ou une tâche contribuant au passage des processus* contrôlés aux processus automatiques*. *M. Richelle*

Familiarité

Propriété des objets ou des événements qui se présentent régulièrement dans l'environnement d'un sujet. Elle peut présenter un caractère objectif, et être la conséquence de la fréquence élevée d'apparition de ces objets ou événements dans l'environnement ou le cadre de référence habituels du sujet. Elle peut présenter un caractère plus subjectif, et être liée au sentiment du « déjà-vu », non explicable en termes de fréquence statistique dans l'environnement.

J.-P. Bronckart

Famille

La famille est un groupe d'individus unis par des liens transgénérationnels et interdépendants quant aux éléments fondamentaux de la vie. Les écrits de S. Freud et ceux de ses successeurs font fréquemment référence aux membres de la famille en tant qu'acteurs dans le développement psychique d'un individu, mais on n'y trouve pas de théorie psychanalytique de la famille en tant que groupe. La première grande approche théorique est systémique (V. Thérapie familiale systémique). Elle est suivie, dans les années 1970, par l'approche psychanalytique : le groupe familial élabore un appareil psychique familial et possède son propre mode de fonctionnement psychique ; il peut être traité dans sa totalité par la thérapie familiale psychanalytique*.

Appareil psychique familial : terme inventé par R. Kaës en 1976 à la suite d'appareil psychique groupal*. Résultant de la fusion des psychismes individuels, l'appareil psychique familial a été conceptualisé par A. Ruffiot en 1981 comme constitué de psyché pure ; son fonctionnement est de type onirique. Il est le cadre invariant indifférencié permettant à chaque membre de la famille de réaliser une bonne intégration somatopsychique et de structurer un moi individuel autonome. Sa fonction est de contenir les psychismes individuels.

Enveloppe familiale : fantasme partagé d'une membrane commune, d'un moi-peau familial décrit par D. Anzieu en 1985. L'enveloppe familiale assure les fonctions principales de pare-excitation interne et externe, de frontière entre l'intérieur et l'extérieur de la famille, de filtre des échanges, de contenant des psychismes individuels. La nature, rigide ou souple, de cette enveloppe psychique détermine le fonctionnement intrafamilial et ses rapports avec le monde extérieur. L'enveloppe généalogique constitue un cadre délimitant un espace d'échanges qui inscrit la famille dans une histoire transgénérationnelle.

Fonctionnement psychique familial : décrit selon le type de relation d'objet, la nature de l'angoisse et les mécanismes de défense* utilisés, il traduit la façon dont une famille gère ses conflits*. Une relation d'objet génital caractérise la famille qui s'organise autour de l'angoisse de castration*. Une relation d'objet partiel* caractérise la famille anaclitique* confrontée aux angoisses de perte. Une relation de type fusionnel caractérise la famille psychotique qui vit une angoisse de morcellement*.

Mécanismes de défense familiaux : élaborés par l'appareil psychique familial, ils visent à réduire les excitations qui élèvent son niveau de tension interne. Une famille pathologique développe divers mécanismes de défense* : déni de la différence des êtres, déni de la différence des sexes, déni de la différence des générations, déni de la loi et du pouvoir sexuel, déni de la mort. D'autres mécanismes défensifs préservent la famille d'excitations d'origine externe.

A. Ruffiot

Mythopoïèse familiale : conceptualisée par A. Ruffiot pour décrire un procès psychique observable en thérapie familiale psychanalytique*, la mythopoïèse* familiale consiste en une activité de symbolisation* et d'interprétation* du réel sous la forme de productions fantasmatiques groupales. Au-delà de son histoire réelle, toute famille est dotée d'un pouvoir de créativité (E. Granjon, J. Lemaire) constitutive de la fonction mythopoïétique familiale : la famille engendre naturellement des mythes*. L'appareil psychique familial, lieu de symbolisation et de transmission des fantasmes originaires, est l'espace de fomentation de la mythopoïèse familiale en perpétuelle création.

A. Ruffiot et L. Knéra

Narcissisme familial : concept désignant une réalité psychique groupale inconsciente caractérisée, dans sa forme la plus primitive, par une tendance à l'indifférenciation moi/non-moi et une fusion des psychismes individuels. D'autres figures plus complexes et plus organisées telles que l'idéal du moi* familial, le soi* familial sont décrites.

La famille existe comme entité stable, permanente, unifiée et différenciée quand elle a pu se constituer une enveloppe narcissique délimitant un dedans et un dehors, exerçant les fonctions d'un moi-peau*.

A. Ruffiot et L. Knéra

Objet-groupe-famille : la notion d'objet-groupe-famille désigne le fantasme commun des membres du groupe familial d'être un tout. Trois types d'objet-groupe-famille ont été décrits : l'objet-groupe-famille contenant, l'objet-groupe-famille partiel et l'objet-groupe-famille *imago*. Chaque niveau d'organisation de la psyché comporte simultanément des investissements d'objet-groupe-famille et d'objets individuels.

Onirisme familial : mise en commun des rêves des différents membres de la famille donnant lieu à un « appareil onirique familial ». L'onirisme familial permet le retour à une psyché commune, l'aménagement d'un espace onirique commun transitionnel. Le rêve, lieu privilégié de la rencontre des inconscients, permet, en cure familiale analytique, de reconstituer et contenir des « vécus sans traces » du tout premier âge et de rétablir une continuité psychique chez les membres.

A. Ruffiot

Organisateurs psychiques familiaux : Décrits par A. Ruffiot dans le cadre du processus de la thérapie familiale psychanalytique*, trois organisateurs dynamisent et structurent, de façon successive, la vie profonde du groupe familial, dans le sens d'une autonomisation progressive des psychismes individuels par rapport à la psyché groupale : illusion groupale*, émergence des imagos* paternelle et maternelle, apparition des fantasmes* originaires*.

A. Eiguer repère aussi trois organisateurs inconscients de la famille dans son fonctionnement courant : le choix d'objet, le soi familial et l'interfantasmatisation.

A. Ruffiot et L. Knéra

Famille (Test de dessin de la —)

Technique d'investigation psychologique inventée par L. Corman et destinée aux enfants ; la passation est simple et facile, mais l'analyse et l'interprétation, dans la mesure où l'épreuve n'est pas étalonnée, reposent totalement sur l'expérience et les compétences du psychologue. Deux consignes sont utilisées :

1. « Dessine ta famille » ;
2. « Dessine une famille » ou encore « une famille que tu imagines ». L. Corman dis-

tingue trois niveaux d'interprétation : le niveau graphique, le niveau des structures formelles, le niveau du contenu. Il adjoint une enquête sous forme d'entretien* semi-directif permettant de saisir les différentes significations identificatoires ou relationnelles (précisions sur l'âge, le sexe, le rôle, le plus ou le moins gentil, le plus ou le moins heureux). *C. Chabert*

Fantasmatique

L'importance particulière du fantasme* chez S. Freud conduit les psychanalystes à concevoir que la vie d'un sujet est structurée par une fantasmatique, c'est-à-dire par une organisation singulière à la fois thématique et dynamique de ses fantasmes. La fantasmatique originaire est, en revanche, universelle et spécifique (V. Séduction).

R. Doron

Fantasmatisation

C'est l'élaboration de fantasmes* en fonction des désirs* : il ne s'agit pas d'une visée intentionnelle, mais d'une mise en scène dont le sujet fait partie, même si sa présence est masquée par des défenses* et des interdits. *R. Doron*

Fantasme

Dans son extension la plus large, ce terme désigne l'imagination*, mais il a été remis en usage par la psychanalyse qui lui donne un statut privilégié, celui de scénario de l'accomplissement du désir* inconscient comportant des déformations défensives. Le même terme désigne des scènes de statut psychique différent qui ont entre elles des rapports qui sont l'objet privilégié de l'investigation psychanalytique.

S. Freud distingue les fantasmes conscients ou rêves* diurnes, inconscients comme structures sous-jacentes à des contenus manifestes, et les fantasmes originaires qui sont toujours retrouvés dans la psychanalyse, donc considérés comme universels, irréductibles aux contingences du vécu* individuel, et qu'il considérait comme transmis phylogénétiquement (scène primitive*, castration*, séduction*, retour intra-utérin).

Les fantasmes mettent en scène le désir* dans des séquences surtout visuelles dont le sujet fait partie. Les permutations de rôle et d'attribution concourent aux opérations défensives primitives du retournement sur la personne* propre, du renversement dans le contraire*, de la dénégation* et de la projection*. La vie fantasmatique inconsciente est structurée et structurante ; ramenée à son noyau, elle constitue la réalité psychique comme forme d'existence particulière qui ne peut être confondue avec la réalité matérielle.

A partir de l'interprétation du jeu* de l'enfant comme un rêve, l'école kleinienne de psychanalyse a généralisé la théorie du fantasme jusqu'à considérer comme tel toute production de l'inconscient et à le supposer sous-jacent à toute activité psychique.

Dans une autre orientation, introduite par J. Lacan, caractérisée par la place donnée au langage (l'inconscient étant considéré comme structuré comme un langage), le fantasme a été considéré comme appartenant au registre de l'imaginaire*, distingué du réel* et de l'ordre symbolique du langage. Il est alors considéré comme illusion* en rapport avec le narcissisme spéculaire*, lequel rend possible, notamment dans la cure analytique, l'articulation du réel et du symbolique*. *B. Brusset*

Fantasme de casse

Expression due à D. Anzieu en 1975 pour désigner la forme d'angoisse* spécifique des groupes de formation. L'objectif de changement des attitudes individuelles proposé aux participants est ressenti par eux comme comportant un risque de « casse » de leurs habitudes, de leur volonté, de leur individualité. Ces fantasmes sont projetés sur l'équipe des animateurs, dont le groupe essaie de « casser » la méthode. Les participants craignent de devenir à leur tour des « casseurs » à l'égard des autres. Les fantasmes de casse expriment le transfert* groupal négatif, tandis que l'illusion groupale*, dont ces fantasmes sont l'inverse, concentre le transfert positif. *D. Anzieu*

Fantôme

La notion psychanalytique de fantôme a été introduite par N. Abraham et M. Torok : c'est le travail inconscient qui assure la méconnaissance du secret inavouable d'un autre (inceste*, crime) ; il hante les paroles et les bizarreries, les symptômes* ou les récits fantastiques et se manifeste dans l'inquiétante étrangeté*. Le fantôme n'est pas lié à la perte d'un objet ou à un deuil manqué par le sujet lui-même : il est le témoignage de l'existence d'un mort qui continue de vivre en lui. Il ne peut s'évanouir qu'au moment où se trouve reconnue son hétérogénéité radicale par rapport au sujet. Le travail d'élaboration du fantôme échoit aux descendants d'un parent porteur d'une crypte*; celle-ci résulte de la perte inavouable, à cause d'un secret partagé, d'un objet narcissique particulièrement valorisé par le sujet. *R. Kaës*

Fatigabilité

Prédisposition ou tendance* à la fatigue*, physique ou mentale*. Elle peut découler d'une activité antérieure excessive (surmenage), ou de circonstances particulières telles que le stress* ou la privation* de sommeil* ; elle peut être liée à un état psychophysiologique plus ou moins permanent (« tempérament »), ou faire partie du tableau clinique de diverses pathologies somatiques ou psychosomatiques (ancienne notion de neurasthénie, syndrome de la dépression*, etc.). Des épreuves de laboratoire et des tests* ont été mis au point pour mesurer la fatigabilité physique (ergomètre*, mesures répétées au dynamomètre*) ou mentale (tâches d'attention* soutenue) ; le principe en est de suivre le déclin d'une performance* continue ou répétée en fonction du temps. La fatigabilité peut aussi se situer au niveau d'un organe sensoriel ou moteur précis : fatigabilité oculaire ou asténopie (V. Anisométropie). *M. Richelle*

Fatigue

Processus* de dégradation croissante de l'efficience motrice ou mentale* lié à la poursuite excessive de l'activité* au-delà du stade où l'énergie devrait être restaurée par un apport extérieur et/ou par le repos et le sommeil*. Etat subjectif associé à cette dégradation.

La fatigue comme résultat d'une activité prolongée est parfaitement objectivable physiologiquement, par exemple au niveau musculaire. Le psychologue peut, à ce niveau, la mettre en évidence aisément par la mesure de l'évolution des rendements*, à l'aide d'instruments tel que l'ergographe*. Mais la fatigue se traduit de façon plus subtile dans la dégradation des activités perceptives, mnésiques, intellectuelles, comme en témoigne une chute quantitative et qualitative des performances (accroissement des erreurs). La corrélation entre ces manifestations comportementales objectives et, d'une part, les mesures physiologiques directes ou indirectes (degré de privation de sommeil, par ex.), d'autre part, les sentiments subjectifs associés, est complexe et reflète de grandes variations interindividuelles. Celles-ci sont entre autres à mettre sur le compte de la part qu'y jouent les phénomènes motivationnels*.

La fatigue, dans ses manifestations objectives et/ou subjectives, constitue un symptôme de divers états psychopathologiques aussi bien que physiopathologiques, notamment des états dépressifs (V. Psychasthénie). *M. Richelle*

Faux-*self*

L'usage habituel du mot anglais de *self* pour « soi » dans ce terme le situe clairement en référence à la conception de D. Winnicott. Il rend compte de certaines formes de régression* dans la cure psychanalytique* et d'organisation psychopathologique entrant dans le cadre des états-limites*.

Dans ses comportements et ses attitudes, le sujet*, dès la première enfance, se soumet aux exigences de son entourage au prix d'un clivage* du *self* qui laisse persister un vrai *self* caché archaïque, privé de moyens d'expression et de satisfaction, non élaboré par les échanges avec l'entourage. D. Winnicott y voit une défense contre la partie malade de la mère, qui cherche à rendre malade l'enfant.

Dans le clivage du soma et de la psyché (typique des structures psychosomatiques*), cette dernière est investie par le faux-*self* ainsi coupé des expériences corporelles. Il en résulte des sentiments de futilité, d'inconsistance, de vide ou de rester étranger aux expériences vécues. D'où la nécessité d'aménagements techniques dans la cure analytique.

Cette notion a été souvent reprise dans des sens vagues qui tendent à perdre de vue l'idée centrale du clivage défensif du *self.* *B. Brusset*

Feed-back

Rétroaction* d'un état de la variable dépendante* sur la variable indépendante*, d'un effet sur la cause* qui l'a produit. Le terme anglais s'est imposé en français, aux dépens de la traduction proposée « rétroaction ». Répandu par N. Wiener en 1948 dans le contexte de la cybernétique*, science nouvellement baptisée des systèmes autocontrôlés, il en traduisait un concept clé. Certaines machines, dont le thermostat offre un exemple simple, sont conçues de telle sorte que la régulation de leur *output** est assurée par une action en retour de celui-ci sur le mécanisme de régulation lui-même. Ces servomécanismes constituent des systèmes de contrôle en boucle fermée. Ils fournissent un modèle* d'un mode de fonctionnement omniprésent dans le monde biologique, que Claude Bernard avait intuitivement saisi dans sa notion de stabilité du milieu intérieur, reprise par W. Cannon en 1932 dans son concept d'homéostasie*. Les formalisations mathématiques et l'impulsion théorique donnée par Wiener devaient faire la fortune du *feed-back* dans les disciplines les plus diverses. La psychologie accueillit terme et concept avec d'autant plus d'empressement qu'ils apportaient une formulation scientifique des problèmes téléonomiques*, des questions liées aux activités dirigées vers un but*.

Les exemples de *feed-back* abondent dans les domaines les plus divers des sciences du comportement. L'analyse du mouvement* révèle le rôle des informations en retour, en provenance des récepteurs proprioceptifs* musculaires et tendineux. Toute coordination* sensori-motrice implique l'intervention de *feed-back,* fournissant en permanence des estimations de l'écart entre la performance actuelle et la performance recherchée en vue de sa réduction. Dans les apprentissages*, le contrôle du comportement par ses conséquences* caractérisant le conditionnement opérant* correspond à un phénomène de *feed-back.* Il en va de même des réglages des comportements préparatoires* et consommatoires* mis en branle par un état motivationnel, en retour régulé par eux. Dans les activités d'apprentissage et de résolution de problèmes* chez l'homme, la connaissance du résultat joue le rôle de *feed-back.* On retrouve le *feed-back* dans les interactions sociales, dans les ajustements* ergonomiques, et dans des applications thérapeutiques (V. Bio-*feed-back*).

Une régulation en *feed-back* des comportements suppose que l'information sur l'*output,* parvenant au site de commande, soit confrontée à une sorte de valeur étalon, ou à une représentation* de l'*output* souhaité, la boucle comportant dès lors un comparateur*.

Le terme ***feed-forward*** désigne une régulation qui anticipe un état ultérieur du système, comme dans l'ajustement moteur du sportif à une phase prochaine de la trajectoire de la balle (V. Anticipation, Programme moteur). *M. Richelle*

Feed-back verbal

Appliquée à l'acquisition des langues première et/ou seconde, cette notion rend compte des réactions verbales de locuteurs chevronnés (parents, enseignants, etc.) face aux productions de locuteurs-apprenants. Il peut s'agir d'approbations et de désapprobations verbales, de répétitions exactes ou partielles des énoncés de l'apprenant, d'expansions* (corrections implicites), de corrections explicites et d'extensions du langage de l'interlocuteur (énoncés prolongeant la signification* de l'énoncé précédent). Le choix et le niveau des adaptations verbales sont surtout déterminés par le niveau réceptif du langage de l'apprenant, mais aussi par ses capacités productives (longueur des énoncés notamment). Selon une hypothèse largement répandue, ces réactions jouent un rôle primordial dans l'acquisition des langues. *G. De Weck*

Feed-forward → *Feed-back*

Féminité

La féminité, corrélative de la masculinité, marque en français l'identité* de genre, soulignée par la grammaire. Mais les cliniciens s'efforcent de distinguer le plan biologique et le plan psychologique, d'étudier la construction de l'identité sexuée dans l'espèce humaine, de définir la part des orientations profondes de la personnalité* et celle des préjugés sociaux. *R. Doron*

Fertilité maximale → Économie

Fétichisme

Concept ethnologique élaboré au XVIIIe siècle dans le contexte de la colonisation, dans lequel il désignait une caractéristique prétendument générale des religions anciennes et primitives : le transfert à des objets naturels ou fabriqués, grâce à des gestes ou à des paroles magiques, de pouvoirs en fait attribués à des forces invisibles et divinisées.

En 1907, M. Mauss mit fin à l'usage ethnologique du terme en le faisant résulter de l'aveuglement de l'Europe coloniale devant les sociétés africaines et nord-américaines. Cependant, Marx puis Freud en firent un usage métaphorique pour désigner l'un la relation que la société capitaliste entretient avec la marchandise, l'autre celle qu'un individu entretient avec certains substituts de l'objet désiré ; dans chaque cas, le fétiche (la marchandise ou la mèche de cheveux par exemple) constitue une trace, un signe, de l'objet fétichisé (les rapports sociaux, la personne désirée). *F. Parot*

notamment le graveur Escher et le peintre Magritte, ont su exploiter pour créer des effets troublants. *M. Richelle*

Figure de style

Les rhétoriciens classiques distinguent les figures de pensée (ironie*, litote, etc.) et les figures de construction (ellipse, chiasme, etc.) des **tropes** ou figures de mots par lesquelles on fait prendre à un mot une signification* qui n'est pas la sienne propre. La tradition rhétorique retient généralement quatre tropes maîtres : la métonymie* *(« boire un verre »)*, la **synecdoque** *(« les voiles au loin »)*, la métaphore* *(« Achille est un lion »)* et l'ironie* *(« il s'est héroïquement enfui le premier »)*. Dans la métonymie, les domaines sont reliés sans pour autant s'identifier (on peut ainsi dire qu'Alexandre Dumas est *« une grande plume »*). La synecdoque repose sur l'inclusion* (la voile dans le bateau). La métaphore renvoie, elle, à des domaines différents et l'ironie s'appuie sur un décalage à la limite de l'antithèse : un héros ne s'enfuit pas.

Le terme trope a fini par s'appliquer à toute espèce de détournement (en grec *tropos*) de sens* et la linguistique contemporaine en vient à considérer le mécanisme des tropes comme un cas particulier de fonctionnement de l'implicite* : il y a trope chaque fois qu'un contenu dérivé, sans évincer complètement le contenu primitif, cesse d'être connoté pour devenir l'objet essentiel dénoté (V. Connotation et Dénotation). Ainsi, la métaphore est une façon de dire autre chose et l'ironie le contraire de ce que l'énoncé signifie ; avec l'hyperbole *(« Je t'adore »)*, le sens à dériver *(« Je t'aime »)* est moins fort que le sens littéral tandis qu'il est plus fort dans le cas de la litote *(« Je ne te déteste pas »)*. *J.-M. Adam*

Filiation adoptive

La filiation adoptive est un lien artificiel créé par décision judiciaire. Les textes distinguent entre l'adoption* plénière et l'adoption simple. L'adoption plénière substitue une nouvelle filiation à la filiation d'origine. Elle est irrévocable. L'enfant acquiert les droits et les obligations d'un enfant légitime. Il prend le nom de la famille d'adoption. L'adoption simple maintient les liens avec la famille d'origine et n'a pas d'influence sur la nationalité de l'adopté. L'enfant garde ses droits héréditaires dans les deux familles. Sa révocation est possible par jugement. Pour pouvoir être adopté, l'enfant doit avoir moins de 15 ans. Agé de plus de 13 ans, il doit consentir personnellement à son adoption (dans la législation française). *J. Selosse*

Filiation des structures

J. Piaget caractérise le niveau opératoire* par la maîtrise de la réversibilité* des transformations. L'intelligence* y accède par étapes dont l'une se situe au stade des opérations concrètes* et l'autre à celui des opérations formelles*. Chacune d'elles peut être décrite en termes de systèmes algébriques. La première est celle de la structure de groupement* : groupement de classes* avec inversion et groupement de relations avec réciprocité. Elles connaissent des limitations qui restreignent les combinaisons possibles. La seconde résulte de deux synthèses entre ces groupements. L'une conduit à la structure des nombres* naturels, l'autre au groupe INRC* et à l'algèbre de Boole. Mathématiquement, en effet, une structure booléenne peut être définie comme une algèbre (relation d'équivalence*, à la base des classes) ou comme un treillis (relation d'ordre, à la base des relations asymétriques). *J.-B. Grize*

Filtrage → Unification

Filtre

1. En acoustique, dispositif qui assure le seul passage soit à des fréquences* comprises entre deux fréquences de coupure (filtre passe-bande*), soit à des fréquences inférieures ou supérieures à une fréquence de coupure (filtre passe-bas et passe-haut*).
2. En ce qui concerne la lumière, il s'agit d'un dispositif à transmissions régulières servant à modifier soit le flux énergétique ou lumineux, soit la répartition spectrale relative, soit les deux à la fois. On distingue des filtres sélectifs, des filtres non sélectifs ou filtres neutres ou filtres gris neutres, selon qu'ils modifient ou non la représentation spectrale relative du rayonnement.
3. En psychologie, la notion de filtre est devenue courante dans le contexte de l'attention*, depuis que D. Broadbent, en 1957, en a fait un élément essentiel de l'attention sélective, dans sa théorie connue sous le nom de **théorie du filtre.** Elle visait à rendre compte, par l'introduction d'un système central de contrôle des entrées sensorielles, d'une part de la capacité du cerveau à éviter la surcharge évidente qui découlerait de l'enregistrement et du traite-

ment* de toutes les informations auxquelles les organes récepteurs sont exposés simultanément, d'autre part à sélectionner les informations pertinentes à une tâche dans laquelle l'organisme est engagé, et de négliger les autres. *R. Génicot et M. Richelle*

Filtre optique sélectif → Bande passante

Filtre passe-bande → Bande passante

Filtre passe-bas → Bande passante

Filtre passe-haut → Bande passante

Finalisme

Conception selon laquelle la finalité*, au sens d'aboutissement ou de but*, fournit l'explication* des phénomènes. L'appel aux causes* finales a souvent, à travers l'histoire de la philosophie, servi à rendre compte des processus* se déroulant dans le temps, ou remplissant une certaine fonction. A l'échelle de l'univers comme à celle du destin de l'homme, le finalisme invoque plus ou moins explicitement le dessein d'un Créateur ou un plan inhérent à la Nature. Dans le monde du vivant, la prodigieuse diversité et l'élégance des formes d'adaptation* ont longtemps alimenté l'argument finaliste, dont la biologie contemporaine, en dépit des solutions différentes issues du darwinisme*, recèle encore des versions larvées ; en témoigne la difficulté souvent éprouvée à faire correctement la distinction entre téléonomie* et téléologie*. En psychologie, les explications finalistes transposées au comportement* individuel se rencontrent encore inévitablement dans les débats théoriques, à vrai dire loin d'avoir trouvé leur solution satisfaisante, autour des notions de but, de volonté*, d'intention* et d'intentionnalité*. *M. Richelle*

Finalité

Aboutissement ou but* d'un processus ; caractéristique repérable dans un enchaînement d'actions ou d'événements, qui fait apparaître la subordination de ses éléments à l'atteinte d'un état final. Dans un sens fort, la notion de finalité est solidaire de celle de finalisme*. Le terme est cependant utilisé, en psychologie, dans un sens moins lourd d'implications métaphysiques, à propos de conduites à l'évidence organisées par rapport à un résultat terminal, telles la construction d'un nid chez l'animal, la succession des étapes d'acquisition de la langue naturelle ou la recherche de la solution d'un problème. Il décrit alors simplement une sorte d'ensemble téléonomique*, et renvoie aux concepts plus courants en psychologie contemporaine de programme*, de programmation*, d'anticipation*.

M. Richelle

Finalité éducative

Assertion, de l'ordre du principe, dont l'énoncé permet à une société, ou à un groupe social, de tenir un discours sur les valeurs que les institutions éducatives sont censées promouvoir. Le terme est fréquemment utilisé au pluriel dans l'expression « les finalités de l'éducation », et le mot « fin » est souvent donné pour équivalent. F. Fontaine a proposé en 1977 de réserver le mot « but* » aux intentions* qui président à un programme d'action éducative déterminée. Enoncer une finalité éducative, c'est d'abord contribuer à la confection du propos commun plus qu'entreprendre de susciter véritablement l'intelligence de ce qui se fabrique. *D. Hameline*

Fisher-Snedecor (F de —) → Analyse de variance

Fixation

Notion psychanalytique qui rend compte de la liaison de la pulsion à une représentation inconsciente inaltérée. La fixation a, classiquement, une triple détermination : le stade de développement de la *libido**, le traumatisme ou l'objet, lesquels ne sont pas exclusifs l'un de l'autre. Mais elle peut aussi, comme la régression*, porter sur un mode d'organisation du moi* ou du surmoi*.

La notion très générale et banale de régression a, en psychanalyse, un sens assez précis par la référence à la fixation, qui tend à tenir la place de l'étiologie dans le modèle psychopathologique freudien, mais la question devient celle des causes de la fixation : on invoque, outre des prédispositions constitutionnelles, le traumatisme, la carence ou l'excès d'apports de l'entourage, en somme l'écart par rapport à ce qui aurait été souhaitable, qu'il n'est d'ailleurs pas possible de définir.

La fixation empêche le passage d'un stade à un autre au cours du développement, déterminant le pathologique comme anachronisme. Les perversions montrent ainsi la persistance de schèmes de satisfaction indéfiniment répétés et parfois dans une remarquable continuité depuis l'enfance. La perversion est au fondement de la théorie psychanalytique de la sexualité et des stades de son développement mais sa structure s'avère actuellement beaucoup plus complexe que l'effet direct de la fixation comme répétition à l'identique en l'absence des transformations qui font le développement. *B. Brusset*

Fixation oculaire

Activité d'orientaion d'un ou des deux yeux sur un objet donné afin que son image se forme sur la fovéa. Le point de fixation est le point de l'espace sur lequel est centré le regard. La fixation excentrique est une fixation par laquelle l'image d'un objet vu n'est pas formée sur la fovéa, mais dans une zone proche de la fovéa. *R. Génicot*

Flexibilité

Aptitude* ou propriété des conduites caractérisée par la facilité à appréhender des données sous des angles différents, à imaginer des solutions diverses à un problème*, ou des usages variés et nouveaux à un objet ou à un mot. Les psychologues de l'intelligence* qui se sont attachés à en identifier les facteurs ont introduit la notion de flexibilité en rapport avec diverses tâches perceptives ou cognitives (repérage d'une figure masquée par des traits embrouillés, changement de stratégie dans la résolution de problèmes malgré les routines utilisées antérieurement, etc.). Elle apparaît, au titre d'aptitude, de facteur ou de composante, dans la définition de l'intelligence fluide, opposée à cristallisée, de R. B. Cattell et J. L. Horn, ou de la pensée divergente opposée à convergente chez J. P. Guilford, ou encore comme ingrédient de la créativité.

Le concept est fréquemment utilisé, en contraste avec **rigidité**, dans d'autres contextes que celui de la mesure et de la définition de l'intelligence, notamment la perception*, ou l'apprentissage* et la résolution de problèmes chez l'animal (V. Variabilité, Exploration, Plasticité, Figural). *M. Richelle*

Flexibilité cognitive

Les concepts de flexibilité et de contrôle cognitifs ont été développés par R. Gardner dans une perspective qui met en jeu à la fois le fonctionnement cognitif* et la personnalité. Les individus « flexibles » tendent à se concentrer sur la tâche qu'ils accomplissent tout en étant ouverts aux changements, et prêts à utiliser toutes les informations disponibles, y compris celles qui relèvent de la sphère affective, et sont capables d'identifier parmi ces informations celles qui sont pertinentes. *C. Lévy-Leboyer*

Flexibilité figurale → Figural

Flou (Ensemble —)

Considérons l'ensemble* des nombres* naturels et posons-nous la question de savoir si tel nombre est premier ou ne l'est pas. Il existe un algorithme* qui permet dans chaque cas de répondre par oui ou par non. Dans bien des domaines il n'en va pas de même. Si la phrase « Jean a deux ans » peut être considérée comme française, « Deux ont ans Jean » ne l'est certainement pas. Mais que dire de « Jean a deux années », « Deux ans Jean il a » ? Pour faire face à de telles questions, L. A. Zadeh a introduit dès 1965 le concept d'ensemble flou. On associe à tout élément une fonction qui prend ses valeurs dans l'intervalle des réels [0 1] et qui détermine le degré d'appartenance de l'élément à l'ensemble. Si la valeur de la fonction est 1, l'élément appartient certainement à l'ensemble ; si elle est 0, il en est exclu et pour les autres valeurs il y appartient plus ou moins. *J.-B. Grize*

Fluidité

Terme utilisé par certains psychologues pour signifier à la fois la rapidité, la richesse et l'aisance de certains comportements. C. W. Taylor a introduit l'expression de « fluidité idéationnelle » *(ideational fluency)* pour caractériser la rapidité de production des idées, et L. L. Thurstone a proposé celle de « fluidité verbale » (*word-fluency* ou facteur W) pour qualifier l'aisance générale que manifestent certains sujets dans l'utilisation de la langue (notamment la richesse du vocabulaire). La fluidité verbale peut être évaluée par des tests qui consistent à fournir, en un temps limité, le plus de mots possible à partir d'une amorce* quelconque (un préfixe, par ex.). *J.-P. Bronckart*

Flux

Le terme s'applique souvent, en psychologie, à des comportements se déroulant dans le temps de façon continue, et qu'il est difficile pour l'observateur de découper en unités* distinctes et pertinentes (V. Echelle d'observation).

Il désigne aussi le caractère continu d'une expérience subjective (flux de la conscience) ou, plus techniquement, d'une perception (comme le **flux sonore**, produit par une mélodie, dont les éléments successifs sont, de façon incoercible, groupés dans le même ensemble). *R. Génicot et M. Richelle*

Flux lumineux

Flux de lumière qui entraîne une perception visuelle. Le flux lumineux correspond au rayonnement énergétique produit sur l'observateur de référence photométrique (efficacité lumineuse relative spectrale $V\lambda$). L'unité est le lumen (lm) qui représente la quantité d'énergie rayonnée par seconde et dans toutes les directions ; cette valeur est normalisée pour la vision photopique par la courbe $V\lambda$ et par la grandeur Km (= 680 lm/watt) comme coefficient d'ensemble. *R. Génicot*

Focus

Terme utilisé en linguistique* pour caractériser la dynamique en vertu de laquelle la distribution de l'information* dans un énoncé s'organise en une information supposée connue et une information constituant le **foyer assertif** de l'énoncé, le cœur même (focus) de ce que le parleur souhaite communiquer. En ce sens, focus ou foyer assertif s'oppose à présupposition* ou information présupposée. Cette dynamique fait par ailleurs l'objet d'analyses fondées sur des distinctions analogues, dont celles d'information ancienne/nouvelle *(given/new)*, ou de thème/propos *(topic/comment)*. Les moyens par lesquels se signale le focus sont soit prosodiques (par ex., ralentissement et accentuation) soit syntaxiques (par ex., choix d'une structure clivée). *M. Hupet*

Folie

Dans la langue commune, sert traditionnellement à définir l'égarement de la raison. Ce concept a probablement toujours été présent dans les représentations que les hommes se sont faites du fonctionnement de l'esprit*. Elle signifie la déraison, c'est-à-dire la négation de la raison, que celle-ci soit imputée aux dieux, aux passions ou à la maladie. Il s'agit donc d'un concept beaucoup plus large que celui de maladie mentale.

Deux arguments ont fait renoncer à l'usage du terme au cours du XIXe siècle. Le premier, d'ordre moral, exprimait la volonté de rompre avec toute vue péjorative et d'affirmer l'origine médicale des troubles. Le terme d'aliénation* mentale fut destiné à le remplacer. Le second, d'ordre clinique, a résulté de l'individualisation de maladies mentales diverses, non plus tenues pour de simples variétés d'expression d'un seul désordre fondamental, mais pour des entités morbides distinctes.

Le terme est redevenu à la mode en même temps que se développait, au milieu du XXe siècle, une contestation philosophique et politique de la médicalisation du « trouble mental ». M. Foucault a bien exprimé cette contestation à partir d'une critique historique qui retrace les évolutions du traitement social de la folie entre le Moyen Age et l'époque contemporaine. La médicalisation n'apparaît plus que comme une solution parmi d'autres de ce traitement social. Sans en discuter le bien-fondé technique, cette critique dénonce dans la médicalisation le refus de prendre en considération la réalité anthropologique de la folie : la raison doit être interrogée à partir de son négatif.

Dans le même esprit, le terme est repris par tous ceux qui, se réclamant plus ou moins de l'antipsychiatrie*, nient la validité d'une approche médicale ou psychopathologique des troubles mentaux et cherchent leur origine dans des explications de nature politique ou sociologique.

D. Widlöcher

Fonction

En psychologie, le terme de fonction peut s'appliquer aux différentes catégories classiques de l'activité mentale ou comportementale : fonctions d'attention*, de mémoire*, de perception*, de langage*, etc.; dans cette acception générale, proche de celle du sens commun, il se substitue au terme ancien de « faculté » (V. Psychologie des facultés). L'emploi de ce terme témoigne cependant parfois d'un accent porté sur les dimensions utilitaires ou téléologiques des conduites humaines, au détriment de leurs dimensions structurelles ; le courant de psychologie fonctionnelle (V. Fonctionnalisme) de Angell, Dewey, James et Titchener pose notamment que c'est à partir d'une approche de l'activité humaine dans son économie globale et dans sa valeur adaptative que l'on peut le mieux appréhender ses constituants essentiels et leurs déterminations. Cette même perspective a été adoptée par Vygotsky, qui a proposé de distinguer les « fonctions psychologiques inférieures », biologiquement fondées et de l'ordre du sensori-moteur*, des « fonctions psychologiques supérieures », issues de l'intériorisation* des outils sémiotiques du groupe social, et « pénétrées de conscience* ».

Dans le cadre de la théorie piagétienne, ce terme s'applique au second niveau du stade* préopératoire (V. Préopération) : l'intelligence* de l'enfant de 5-6 ans s'organise en « fonctions constituantes », qui stabilisent les relations posées entre un phénomène donné (pousser, en son milieu vs sur le côté, une plaquette avec un crayon) et ses conséquences (la plaquette avancera tout droit vs tournera). Au stade ultérieur des opérations concrètes*, ces fonctions se transforment en « fonctions constituées », dotées de réversibilité*, et permettant l'organisation d'une pensée opératoire*.

J.-P. Bronckart

L'étude des fonctions biologiques et de leurs interactions est l'objet de la physiologie. Au niveau du système nerveux, le terme est souvent associé au terme structure* : les neurobiologistes tentent d'attribuer à une structure ou à un groupe de structures une fonction ou un rôle fonctionnel particuliers, voire un comportement. Cette tendance localisationniste est tantôt dominante tantôt en déclin selon les périodes historiques, selon que la conception phrénologique*, modulaire* ou de l'action de masse est prise en compte ou non. Il reste que les grandes fonctions neurophysiologiques (telles que la vigilance*, la mémoire*, la perception*, l'attention*, etc.) sont des concepts encore mal définis. Il est classique de dire que les fonctions neurophysiologiques concourent à l'établissement et au maintien de comportements harmonieux et adaptés. Fonctions et comportements* représentent deux niveaux distincts de complexité.

M. Le Moal

Fonction distinctive → Phonologie

Fonction distribuée

On parle de fonction (ou de traitement) distribuée (ou **répartie**) lorsqu'un processus de traitement particulier ne s'effectue pas dans un sous-ensemble spécialisé d'un système de traitement mais est pris en charge par l'ensemble de ce système. L'expression est utilisée aussi bien dans l'analyse fonctionnelle des réseaux* neuronaux naturels que dans celle des réseaux de neurones formels* ou connexionnistes*.

J. Requin

Fonction du langage

Si le langage* humain peut être considéré comme un des modes de réalisation de la fonction sémiotique*, c'est-à-dire de la capacité cognitive générale d'utiliser des signes*, on peut également analyser l'effet en retour qu'il exerce sur les capacités cognitives et comportementales d'un sujet ; ce sont ces différents effets en retour que l'on qualifie généralement de fonctions du langage.

De nombreux psychologues ont étudié l'effet qu'exerce le langage, à ses différents stades de développement*, sur les opérations de pensée* (représentation*, conceptualisation*, perception*, mémoire*, etc.) ; c'est dans ce contexte qu'ont été développés notamment la théorie de la médiation* verbale et le concept de second système de signalisation*. Certains travaux plus spécifiques ont porté sur le rôle que joue le langage dans la structuration de la personnalité* ou encore dans la régulation* des comportements moteurs*.

Divers classements des fonctions du langage ont été proposés par la linguistique*. M. A. K. Halliday, par exemple, a défini trois méta- ou macrofonctions du langage adulte : une **fonction textuelle** qu'il propose d'aborder en étudiant les textes* typiques dans leur contexte situationnel (pertinence contextuelle) ; une **fonction idéationnelle,** qui correspond à la structure proprement sémantique* du discours*, et une fonction **interpersonnelle,** qui permet d'exprimer les relations sociales et personnelles, y compris l'intrusion du locuteur* dans la situation et l'acte d'énonciation*. L'expression de « fonctions du langage » renvoie cependant habituellement à la synthèse élaborée par R. Jakobson en 1963, sur la base d'une analyse du **schéma de la communication.** Ce schéma intègre les facteurs suivants : le message*, l'émetteur* (ou locuteur), le receveur (ou destinataire*), le référent* (ou thème*), le code* utilisé et le canal par lequel s'établit le contact. Aux fonctions expressive, conative (appel) et référentielle (représentation) identifiées par K. Bühler en 1934, Jakobson ajoute les fonctions phatique, métalinguistique et poétique. Ces six fonctions sont toujours étroitement imbriquées, mais, selon que l'accent est mis sur tel ou tel pôle, l'une domine parfois les autres (Jakobson parle à ce propos de « dominante »).

La **fonction référentielle** ou **cognitive** est centrée sur le contenu du message, sur les aspects proprement informatifs de la communication. Elle est inséparable de l'activité discursive : puisqu'on ne peut pas ne pas communiquer, on ne peut pas ne pas construire par le discours* (message) une représentation du monde. La langue dispose d'opérateurs, comme *« il était une fois… »* ou *« si »*, qui permettent de construire des mondes possibles* et de référer ou même de raisonner dans des espaces sémantiques fictionnels.

La **fonction expressive** ou **émotive** est centrée sur l'émetteur. Marquée par l'exclamation, l'interjection, l'intonation, les adverbes de sentiment, la première personne, les points de suspension, les changements brusques de registre de langue, etc., elle tend, selon Jakobson, à donner l'impression d'une certaine émotion*, vraie ou feinte.

La **fonction conative,** orientée sur l'interlocuteur (récepteur), est soulignée par l'impératif, l'apostrophe, le vocatif, l'interrogation, l'usage du pronom *« tu/vous »*. Cette fonction, qui possède une valeur pragmatique* évidente, est moins liée au contenu informatif qu'à l'interaction* elle-même.

La **fonction phatique,** centrée sur le contact, permet, elle aussi, de dépasser les limites d'une conception purement informative de la communication. Elle est présente dans les signes très particuliers qui sont dépourvus de sens* (ou qui ont perdu leur sens premier) et qui servent à établir, prolonger ou interrompre la communication, ou encore à vérifier si le circuit fonctionne. Des énoncés comme *« allô ? »*, *« comment ça va ? »* et autres propos sur la pluie et le beau temps permettent d'établir ou de maintenir la « communion phatique ». Aux signes vides de type *« heu »*, *« tu vois/tu sais »*, *« n'est-ce pas ? »*, etc., destinés à établir ou à maintenir et prolonger le contact, il faut ajouter les formules rituelles de clôture des échanges : *« à bientôt »*, *« au revoir »*, intonation descendante, ralentissement du débit et multiplication des pauses, marqueurs de clôture de type : *« voilà »*, *« bien/bon »*, etc.

La **fonction métalinguistique** ou **de glose** (V. Métalangage) correspond aux vérifications, par les interlocuteurs, des différents niveaux du (des) code(s)* qu'ils utilisent. Cette fonction se manifeste clairement dans des expressions comme *« en d'autres termes »*, *« c'est-à-dire »* et autres marqueurs de reformulation paraphrastique.

La **fonction poétique,** centrée sur le message lui-même, permet d'induire des relations d'équivalence sémantique à partir d'équivalences phoniques. Si la fonction poétique est surtout dominante dans la littérature, subordonnée à d'autres fonctions, elle est également présente dans le slogan publicitaire *(« Cadeau Kodak »)* ou politique, la devise *(« Sans feu ni lieu. Sans foi ni loi »)*, la maxime, le graffiti, le dicton, le proverbe, la comptine, etc. De telles formes permettent d'induire, par le rythme et les parallélismes phoniques ou graphiques, des relations sémantiques qui introduisent parfois des déviations de la structure grammatico-sémantique. Lorsque, dans un énoncé, la fonction poétique prime sur la fonction référentielle*, il ne se produit pas une disparition de la référence*, mais plutôt la création d'une référence fictionnelle dédoublée qu'illustre l'exorde des conteurs majorquins cité par R. Jakobson : *« Cela était et n'était pas. »* *J.-M. Adam*

Fonction grammaticale

Relation que les catégories grammaticales* entretiennent entre elles au sein de l'énoncé ou vis-à-vis de l'ensemble de l'énoncé. Une même catégorie grammaticale peut occuper des fonctions différentes (un adjectif est épithète, attribut, apposition) et une même fonction peut être remplie par des catégories grammaticales différentes (un adjectif et un nom seront attributs). Le repérage des rapports de dépendance syntaxique entre les catégories (sujet du verbe, complément du nom) s'opère en termes sémantiques* et/ou distributionnels (V. Distributionnalisme). Si la bipartition sujet/prédicat, connue dès l'Antiquité, définit les relations logiques fondamentales de la phrase*, l'analyse grammaticale a dégagé progressivement depuis le XVIIe siècle une série de fonctions (dont les diverses sortes de compléments) que sont venus contester et compléter les raffinements des grammaires scientifiques et pédagogiques aux XIXe et XXe siècles en France. *J.-L. Chiss*

Fonction répartie → Fonction distribuée

Fonction sémiotique → Fonction symbolique

Fonction symbolique

Dans l'optique piagétienne, l'accès au niveau préopératoire (entre 18 mois et 2 ans) est caractérisé par l'apparition de la fonction symbolique (ou **sémiotique**) qui renvoie à la possibilité pour l'enfant de représenter des actions, des objets ou des événements en dehors de toute perception actuelle. Selon Piaget, avec l'accès à cette fonction, l'enfant devient capable de représenter un signifié* au moyen d'un signifiant* qui ne sert qu'à cela. L'apparition de la fonction symbolique se manifeste dans cinq domaines :

1. l'imitation* différée dans laquelle le signifié est le modèle et le signifiant l'imitation elle-même ;
2. le jeu symbolique*, ou jeu de « faire semblant » ; malgré un parallélisme dans l'attribution des statuts de signifié et de signifiant, le jeu symbolique diffère de la simple imitation* dans la mesure où, contrairement à cette dernière qui est une accommodation* à des modèles extérieurs, il est une transformation du réel par assimilation* aux besoins (ou aux désirs) du sujet ;
3. le dessin* dans lequel le signifié est le modèle et le signifiant la production picturale ;
4. l'image mentale* que J. Piaget considère comme une imitation intérieure et non comme un simple dérivé de la perception ; en tant que signifiant elle est reconstruction de l'objet antérieurement perçu, qui a lui le statut de signifié ;
5. enfin le langage* où le signifié est l'objet (au sens large) que l'enfant évoque verbalement et le signifiant le ou les mots utilisés pour opérer cette évocation*.

J.-E. Gombert

Fonctions exécutives

Expression introduite par le psychologue soviétique A. R. Luria, les fonctions exécutives regroupent un ensemble d'activités cognitives* complexes pour lesquelles les lobes frontaux, en particulier le cortex préfrontal, constituent le substrat anatomique principal. Lezak a précisé ce concept, d'une part en distinguant quatre phrases successives intervenant dans le déroulement d'une action* et d'un comportement* finalisé, d'autre part en précisant la sémiologie caractéristique de l'atteinte de ces différentes phases. Les fonctions exécutives comprendraient ainsi l'intention* d'agir (la volition), qui mène à la nécessité d'élaborer des plans (la planification), puis d'effectuer l'acte* envisagé (l'action dirigée vers un but), et le contrôle de l'efficacité de celui-ci (le rétrocontrôle). La volition, qui peut être définie comme la capacité d'initiative et de formulation des intentions et des objectifs, nécessite l'intégrité de la conscience* de soi et l'environnement*. Ses perturbations entraînent une apathie et un apragmatisme. Les patients peuvent présenter des comportement d'errance et une restriction importante des actions qui ne sont déclenchées que par des stimulations*. Dans d'autres cas, l'activité du patient est restreinte à des tâches routinières. En cas de trouble de la planification, les patients sont incapables d'anticipation* et d'élaboration des différentes étapes de l'action, ils ne parviennent pas à choisir la stratégie* la plus adaptée au contexte, ni à prendre des décisions lors d'activités nouvelles. La réalisation de l'action dirigée vers un but nécessite la transformation du plan, de l'intention en activités, le maintien de l'action en cours, et le réajustement de la stratégie en fonction de l'évolution de la situation*. Lors du syndrome frontal, il peut exister une dissociation entre les intentions et la mise en œuvre des actions nécessaires à la réalisation du but. L'action projetée est parfois commencée mais elle n'est pas menée à son terme, le plus souvent du fait des persévérations. Enfin lors de déficits du rétrocontrôle, le patient n'effectue pas de comparaison entre le résultat obtenu et le but de l'action. Le patient ne détecte pas ses erreurs et ne peut donc pas les corriger. En neuropsychologie* cognitive, le modèle le plus influent pour rendre compte de la complexité des fonctions exécutives est celui proposé par Shallice et ses collaborateurs qui postule un traitement hiérarchique des activités mentales organisé en trois niveaux de contrôle attentionnel. Le premier est un répertoire de schémas d'action déclenchés de façon automatique lors de situations routinières ne demandant qu'un contrôle attentionnel minimal. Le deuxième niveau est le système « résoluteur » de conflits intervenant dans les activités semi-automatiques. Il permet la sélection du schéma le plus approprié à la situation parmi plusieurs en compétition. Enfin, le système attentionnel superviseur (ou SAS) intervient lorsqu'une activité nouvelle ou complexe nécessite l'élaboration de stratégies sollicitant l'initiative du sujet. Il permet de faire face à des situations nouvelles en utilisant des connaissances antérieures, d'élaborer des stratégies, de planifier les différentes étapes d'une action et d'inhiber des réponses non pertinentes. Ce SAS, sous-tendu par le cortex préfrontal, joue un rôle clé dans la mémoire* de travail, instance qui permet le maintien* et la manipulation d'informations pendant la réalisation de tâches cognitives. En neuropsychologie clinique, l'évaluation des fonctions exécutives est difficile car les troubles peuvent être très différents, quantitativement et qualitativement, d'un patient à l'autre. Le *Wisconsin Card Sorting Test* est particulièrement sensible car il explore de façon globale les fonctions exécutives. Différents tests se présentant sous forme de labyrinthe ou de puzzle (la *Tour de Londres*) sont plus particulièrement destinés à la mesure des capacités d'anticipation et de planification. Le test de Stroop évalue la possibilité d'inhiber des interférences. Le paradigme* de Brown-Peterson est aussi fréquemment perturbé en cas de syndrome frontal, du fait de l'implication des fonctions exécutives dans la mémoire de travail. Par ailleurs, des procédures expérimentales dérivées de travaux chez le singe, parfois « validées » avec des méthodes d'imagerie* fonctionnelle cérébrale, sont censées renseigner sur des perturbations sélectives consécutives à des lésions de régions précises du cortex préfrontal. L'intégrité du cortex dorsolatéral est évaluée au moyen de tâches d'apprentissage* conditionnel associatif. Au contraire, les tests d'alternance différée sont particulièrement sensibles aux lésions orbitolatérales. Un autre mode d'évaluation cherche à concilier les exigences d'une analyse cognitive avec des situations d'examen voisines de la vie quotidienne. C'est le domaine des investigations écologiques particulièrement pertinentes pour l'évaluation des fonctions exécutives. Ces évaluations sont particulièrement précieuses dans les suites de traumatismes crâniens graves, pour affiner une prise en charge rééducative et proposer une réinsertion professionnelle.

F. Eustache et B. Lechevalier

Fonctions parallèles (Stratégie des —)

→ Stratégie

Fonctionnalisme

E. Titchener, chef de file du structuralisme* américain, est le premier à employer ce terme à la fin du siècle dernier pour désigner la « psychologie fonctionnelle », c'est-à-dire celle qui prend pour objet non les structures de la conscience* mais ses fonctions*.

L'école fonctionnaliste, inspirée par la philosophie pragmatiste* de William James, et regroupée à Chicago autour de John Dewey et de James Angell, naît de l'enthousiasme que la théorie de l'évolution* provoque chez les jeunes psychologues : si l'animal humain a acquis, au cours de son évolution, une conscience, c'est que celle-ci présente un avantage adaptatif ; il convient de déterminer et d'analyser ces fonctions adaptatives de la conscience. L'objet de cette psychologie est donc la conscience considérée comme réponse donnée par un être vivant à un problème présenté par son environnement. L'activité mentale, ici encore abordée par introspection* expérimentale, est analysée en tant qu'acquisition*, mémorisation*, organisation* et évaluation* des expériences que l'organisme fait de son milieu.

Ce point de vue offre à la psychologie des perspectives pratiques : les activités mentales sont étudiées en liaison avec les circonstances qui les entourent et sur lesquelles on peut agir. En cela, il a largement influencé le béhaviorisme* ; mais J. B. Watson va le critiquer sur un point fondamental : la conscience ne doit plus être l'objet de la psychologie.

On qualifie également aujourd'hui de fonctionnalistes les approches cognitivistes* qui visent à rendre compte des modalités du fonctionnement mental sans se préoccuper de leur éventuelle réalité neurobiologique.

F. Parot

Fonctionnel

Terme qualifiant le fonctionnement de processus de divers ordres. En psychologie, ce qui concerne les fonctions biologiques et mentales. Par exemple, H. Wallon parle d'alternance, de prépondérance et d'intégration fonctionnelles. J. Piaget invoque la notion d'invariant* fonctionnel à propos du couple* des processus complémentaires de l'assimilation* et de l'accommodation*, dont la continuité s'oppose au caractère de discontinuité des structures cognitives qu'ils produisent. Dans le champ de la pathologie psycho-organique, fonctionnel se dit aussi des troubles qui ne comportent pas de lésion organique repérable ; fonctionnel s'oppose aussi à lésionnel comme psychiatrie s'opposerait à neurologie.

E. Jalley

Fonctionnement psychique familial

→ Famille

Fond → Figure

Force

Terme générique désignant différentes aptitudes* à produire un effort musculaire intense pour maintenir une charge, la déplacer ou résister à son déplacement. On identifie ainsi des facteurs de force explosive (dénommée aussi force/vitesse ou détente), de force dynamique et de force statique. Ces aptitudes concernent spécifiquement certains groupes musculaires (train supérieur, inférieur et tronc) et correspondent à des formes de travail différentes ; l'effort peut être bref ou prolongé, progressif ou maximal, statique ou dynamique et s'accompagner d'un raccourcissement ou d'un allongement des muscles. Elles dépendent également des caractéristiques structurales du tissu musculaire et notamment de la répartition des différentes fibres dont la vitesse*, la durée de contraction ainsi que la consommation d'énergie sont très différentes. L'entraînement* permet de développer dans une certaine mesure les aptitudes de force. Cette amélioration est due à une meilleure synchronisation des unités motrices au travail, à un accroissement du volume des fibres ainsi qu'à une modification de la proportion de fibres lentes et rapides dans le muscle. *M. Durand*

Force illocutoire → Illocutoire

Forclusion

Terme d'origine juridique (déchéance d'un droit venu à terme) proposé par J. Lacan pour traduire le mot utilisé par S. Freud *(Verwerfung)* pour rendre compte de la spécificité des psychoses* : il est défini par le rejet primordial d'un signifiant* fondamental (par ex., le phallus* en tant que signifiant du complexe de castration*) hors de l'univers symbolique du sujet. Contrairement à ce qu'il en est dans le refoulement*, les signifiants forclos ne sont pas intégrés à l'inconscient du sujet et ne peuvent faire retour que de l'extérieur, au sein du réel, notamment dans le phénomène hallucinatoire*.

Ce mécanisme primaire de séparation* et de rejet de la perception insupportable correspond aux termes de désinvestissement radical de la représentation inconsciente* ou de perte de la réalité que S. Freud décrivait dès 1894 : en se séparant d'une représentation insupportable attachée à la réalité, le moi se détache de la réalité.

J. Lacan conçoit la forclusion en partant de l'article de S. Freud sur la négation comme faite de deux opérations complémentaires : l'introduction dans le sujet et l'expulsion hors du sujet ; la première est une symbolisation ou affirmation primaire, la seconde constitue le réel en tant qu'il est le domaine qui subsiste hors de la symbolisation, défaut qui donne à la psychose* sa condition essentielle.

Ce modèle a conduit à introduire dans la théorie à la question de la place de l'enfant dans le désir des parents, et plus précisément dans le désir de la mère. L'exclusion de toute référence au père comme tiers, comme phallus, comme Nom-du-Père et comme Loi, aliénerait l'enfant privé de la sorte de la position de sujet de son désir et de sa parole. Cette théorisation, liée à l'ensemble des conceptions lacaniennes, a été utilisée comme un système très général, de sorte qu'elle tend à perdre sa valeur et sa spécificité. *B. Brusset*

Formalisation

La formalisation est un mouvement de pensée* qui part d'un corps de connaissances* déjà constitué et qui aboutit à l'élaboration de systèmes formels, donc à des reconstructions qui sont soumises à des exigences précises. Il est possible de distinguer deux moments conceptuels dans le processus de formalisation, celui de l'axiomatisation* et celui qui est à proprement parler formel*.

Axiomatiser un domaine de connaissances consiste d'abord à en extraire un petit nombre de notions* qui servent de base à la définition de toutes les autres. On les appellera les notions primitives. Il faut ensuite relier ces notions les unes aux autres en leur attribuant les propriétés que l'on juge essentielles et en posant un certain nombre de relations entre elles. Il s'agit des axiomes* du système. Enfin on déduit toutes les conséquences possibles des axiomes et ce sont les théorèmes. Une axiomatisation offre deux avantages. D'une part, elle a pour effet d'expliciter le contenu des notions (en droit, ce contenu est réduit à ce que « disent » les axiomes) et, d'autre part, elle fournit un instrument de découverte. En effet, le nombre des lois connues dans un domaine quelconque est toujours fini, tandis que le nombre des théorèmes est illimité. Bien entendu la question est alors de s'assurer, pour chaque théorème, qu'il lui correspond bien un fait attestable du domaine. Même si une axiomatisation comporte un certain nombre de signes* conventionnels, elle se fait dans une langue naturelle*. On n'est donc jamais certain ni d'avoir évité d'introduire quelque prémisse de contrebande, ni d'avoir déduit correctement. C'est pour échapper à ces dangers que l'on passe à la formalisation.

L'idée est simple : il s'agit d'éviter tout recours à l'intuition* que l'on peut avoir des notions en jeu. Pour cela on se donne des signes dépourvus de toute interprétation. Seule leur forme est prise en considération : lettres majuscules, minuscules, italiques, grecques, etc. On se donne des règles* pour combiner ces signes (les règles de formation) et des règles pour passer de certaines combinaisons à d'autres (les règles de transformation). On a ainsi construit la syntaxe* d'un système formel. On met enfin les signes du système en correspondance avec les objets du domaine : c'est la sémantique* du système. *J.-B. Grize*

Formant → Sonogramme

Formation continue

Organisation dont se dotent les sociétés industrielles contemporaines pour prolonger ou reprendre (d'où le terme moins usité de **formation récurrente**) la formation initiale, en raison de la rapide obsolescence des connaissances*, des techniques et des pratiques enseignées, et en fonction d'un contexte économique de restructuration, de reconversion, de rupture d'activité. La formation continue, bien au-delà du simple recyclage, est devenue une institution socio-économique, destinée, autant qu'à favoriser la réinsertion compétente, à différer la rentrée et surtout l'entrée sur le marché du travail. *D. Hameline*

Formation de compromis

Modèle psychanalytique du symptôme névrotique bien explicité par S. Freud en 1926 : sa structure biface permet à la fois l'accomplissement du désir inconscient et les exigences de la défense dans un compromis tel que le symptôme est maintenu des deux côtés : d'où sa persistance. Sous la négativité manifeste du symptôme se réalise la positivité cachée de la jouissance dans la réalisation symbolique du fantasme inconscient ; la première prévaut dans la névrose obsessionnelle*, la seconde dans l'hystérie*.

L'échec de l'élaboration psychique* de la formation de symptôme laisse place à l'inhibition* ou à l'angoisse*. Mais, dans la **formation de symptôme,** le retour du refoulé peut donner lieu à des formations substitutives*, ou susciter des formations réactionnelles. *B. Brusset*

Formation réactionnelle

Modèle psychanalytique des traits de caractère*, qu'ils soient étroitement localisés ou s'étendant à l'ensemble de la personnalité*. Ils ont valeur symptomatique quand ils sont rigides, contraignants, compulsionnels*, quand ils échouent, ou quand ils aboutissent au résultat opposé à celui qui était consciemment visé : la saleté à force de vouloir être propre, l'obséquiosité, etc.

L'attitude constituée en réaction au désir refoulé est de sens opposé à celui-ci, et maintenue par un contre-investissement* de force égale à celle de l'investissement* inconscient. Les formations réactionnelles jouent un grand rôle dans le développement normal du caractère, dans la genèse du surmoi* et au cours de la période de latence*.

Dans la névrose obsessionnelle*, les formations réactionnelles échouent à maintenir le refoulement* de sorte qu'elles sont réinvesties par le désir inconscient et prennent l'allure des symptômes obsessionnels*. *B. Brusset*

Formation récurrente → Formation continue

Formation réticulée

Ensemble diffus de neurones* en réseau s'étendant tout au long du tronc cérébral* de la région bulbaire au mésencéphale*. Pour de nombreux auteurs, la formation réticulée ou **réticulaire** s'étend de la moelle épinière* (lame médullaire péri-épendymaire ou couche VII) aux noyaux thalamiques* dits non spécifiques ou intralaminaires, c'est-à-dire au diencéphale*. Elle reçoit, par l'intermédiaire de collatérales des voies ascendantes, des messages en provenance de tous les systèmes afférents*. Structure de convergence, elle est le type même d'un système non spécifique. Elle exerce d'une part des influences descendantes sur les motoneurones crâniens et spinaux dont elle contrôle ainsi les niveaux d'activité et, d'autre part, des influences ascendantes en direction de l'hypothalamus* et du cortex*, aires corticales associatives, notamment par l'intermédiaire du thalamus, et d'autres structures cérébrales. Sa stimulation entraîne une activation* de larges zones cérébrales se traduisant par des réactions électroencéphalographiques et comportementales d'éveil*. A l'inverse, une lésion de la formation réticulée mésencéphalique entraîne un état de somnolence ou de coma, tel qu'il a été observé dans l'encéphalite léthargique épidémique. Pour ces raisons, on attribue à la formation réticulée un rôle essentiel dans le maintien et le contrôle des niveaux de vigilance*. Classiquement, la formation réticulée est divisée en deux parties : réticulée mésencéphalique activatrice, la plus étendue, et réticulée bulbaire inhibitrice, mieux délimitée, ces deux parties exerçant une interaction réciproque à laquelle participent d'autres structures, en particulier les noyaux du raphé ; en outre, la formation réticulée subit en retour un contrôle cortical. L'ensemble de ces interactions, dont les mécanismes neurochimiques sont assez bien connus, se traduisent par les différents états de veille et de sommeil*. La juxtaposition des facilitations et inhibitions va s'exercer de façon fine et différenciée sur les différentes voies spécifiques, se traduisant ainsi par la modulation des états d'attention*. En outre, et peut-être par l'intermédiaire d'un contrôle des niveaux d'activité de certaines structures cérébrales, ou parce qu'elle joue un rôle de filtre pour les messages afférents, la formation réticulée est impliquée dans la perception de la douleur*, et dans certains déterminants de l'apprentissage* et de la mémorisation* (rôle de l'attention sélective, rôle possible du sommeil paradoxal). En dépit de ces hypothèses anatomofonctionnelles classiques, le rôle propre des constituants de la formation réticulée reste à évaluer.

B. Soumireu-Mourat

Formation substitutive

Modèle théorique des symptômes*, actes manqués*, traits d'esprit selon lequel ceux-ci remplacent les contenus inconscients, donnant une satisfaction de remplacement à la faveur d'une substitution symbolique. Elle correspond à une formation de compromis* dans laquelle l'accomplissement de désir* prévaut, alors que c'est le processus défensif* dans la formation réactionnelle*. *B. Brusset*

Forme

Parmi les sens courants du mot, la psychologie, spécialement depuis le mouvement gestaltiste (d'ailleurs appelé en français psychologie de la forme*), a insisté, dans la définition de la forme (ou ***Gestalt***), sur l'organisation des éléments constitutifs d'un stimulus entraînant sa perception comme globalité structurée. Celle-ci prend éventuellement le pas sur les éléments constitutifs, l'exemple le plus convaincant étant celui de la mélodie, identifiable quelle que soit la clé dans laquelle elle est jouée, pour autant que les rapports entre les notes soient respectés.

Des caractéristiques objectives jouent assurément un rôle important dans cette organisation, ce qui conduisit les gestaltistes à la notion de **bonne forme**, forme présentant des propriétés de régularité, de symétrie, de simplicité qui, en les rendant plus prégnantes*, en privilégient la perception. Mais, certaines conditions minimales de stimulation étant remplies, la perception de la forme découle souvent aussi d'une activité cognitive qui complète et interprète les informations données.

L'usage scientifique français n'évite pas les recouvrements et les glissements entre les termes forme, figure*, structure*. Forme renvoie plus nettement à l'organisation que figure. Certains ont proposé de réserver forme au percept*, et figure au stimulus, mais l'usage est loin de cette distinction.

M. Richelle

Forme (Psychologie de la —)

Cette expression traduit le terme allemand ***Gestaltpsychologie*** dans lequel le mot *Gestalt* peut mieux s'exprimer par l'idée de totalité organisée. On peut fixer à l'année 1891 les débuts de ce mouvement lorsque C. Ehrenfels et E. Husserl, indépendamment l'un de l'autre, définissent « les qualités de forme », pour le premier, et « les moments figuraux d'unité », pour le second. Ehrenfels avait fait remarquer qu'une mélodie possède une unité qui ne peut la faire assimiler à une suite de notes de musique et, de façon plus générale, V. Benussi propose le concept de *Produktion* pour désigner l'activité qui consiste à réunir les parties en un tout. Ce courant théorique, qui s'amorce au début du XXe siècle, se constitue donc contre la thèse élémentariste et l'associationnisme* psychologique. Il affirme la prééminence de la totalité sur les parties qui la composent et présente l'activité perceptive et intellectuelle comme une production active et déformante. La théorie se construit tout d'abord à partir d'expériences dans le domaine de la perception*, et en particulier dans celui des illusions* perceptives. W. Köhler, K. Koffka et M. Wertheimer dégagent les lois de l'organisation perceptive (ou **lois de la perception**) sur la base de la conviction que la perception est une activité organisatrice répondant à des lois parmi lesquelles on peut répertorier :

Loi de proximité : les éléments spatialement ou temporellement proches tendent à se grouper dans la même configuration ;
Loi de similarité : les éléments semblables appartiennent à la même configuration ;
Loi de symétrie : les figures qui admettent un ou plusieurs axes de symétrie sont plus facilement reconnues comme de bonnes formes ;
Loi de continuité : une configuration dont les éléments sont orientés dans la même direction est reconnue comme bonne forme ;
Loi de clôture : propension à construire des configurations ne comportant pas de lacune.

Ces lois orientent l'activité du sujet percevant dans sa recherche des bonnes formes.

Köhler et Wertheimer s'intéressent ensuite aux processus intellectuels et, notamment, au raisonnement logique. Köhler propose de parler d'apprentissage par « *insight** » pour caractériser des situations où la solution à un problème est découverte sans tâtonnements contrairement au procédé « par essais et erreurs* » théorisé par E. L. Thorndike. Quant à Wertheimer, il désigne par « pensée productive »* l'activité qui conduit à la résolution de problèmes*. Sous l'influence du biologiste K. Goldstein, la psychologie de la forme s'est transformée en une épistémologie ayant pour ambition d'englober, dans un modèle unique, la connaissance du monde physique, du monde biologique et du monde psychologique. L'hypothèse de l'isomorphisme* de structure postule entre ces trois domaines une homologie des lois d'organisation. J. Piaget s'en inspirera pour établir un parallèle entre la causalité physique et l'implication logique lorsqu'il tentera de surmonter certaines difficultés logiques soulevées par le parallélisme* psychophysiologique. De façon plus générale, l'épistémologie gestaltiste est un organicisme ou un systémisme qui met à l'avant-plan les concepts de finalité*, d'émergence* et de principe de complexité maximale (V. Economie) qui l'apparentent à la philosophie de la nature et l'opposent totalement à l'Ecole empiriste* même si son influence fut profonde sur la psychologie américaine de l'entre-deux-guerres.

P. Mengal

Forme (Réponses — au test de Rorschach)

Les réponses forme au test de Rorschach sont essentiellement déterminées par le contour perceptif de la tâche. Elles rendent compte de conduites psychiques diverses visant surtout une saisie objective des images par une centration sur leur enveloppe formelle, sans projection de mouvement ni prise en considération de la couleur*. Il s'agit pour le sujet d'écarter les ingérences fantasmatiques et/ou affectives dans une perspective à la fois adaptative et défensive. La qualité du contrôle formel traduit par ces réponses doit être testée. Les réponses F+ correspondent à des formes statistiquement adéquates ; les réponses F– correspondent à des déformations perceptives ; les réponses F± sont vagues et floues.

C. Chabert

Formel

L'adjectif formel prend des sens différents dans les expressions « système formel », « raisonnement* formel » et « stade* des opérations* formelles ». Toutefois chacune d'elles comporte une même idée : celle d'indépendance par rapport à la situation, au contenu dont il est question et au sens* de ce qui est considéré. C'est ainsi, par exemple, qu'une grammaire* formelle se centre sur la syntaxe* et non sur la sémantique*. Cette façon de concevoir les choses, si elle n'est pas celle de tous les jours, prend une importance toute particulière dans le développement* de l'intelligence* et, aujourd'hui, dans la perspective de l'intelligence artificielle* et des systèmes-experts*. Chez J. Piaget, on trouve comme équivalentes les expressions « stade des opérations formelles » et « stade des opérations hypothético-déductives ». Cela conduit à caractériser le formel à l'aide de trois composantes : l'idée de combinatoire*, celle de langage* et celle de groupe INRC*.

L'idée de combinatoire exige de quitter les données actuellement perçues et reçues pour construire un monde clos sur lui-même, donc entièrement déterminé, c'est-à-dire de se situer dans un système d'ensemble. Un tel système est nécessairement détaché du réel. Si trois électeurs A, B et C ont à voter pour un candidat, chacun d'eux donnera sa voix ou ne la donnera pas, mais le système global envisage tous les cas possibles : A vote oui, vote non ; B vote oui, vote non ; C vote oui, vote non. Les faits réels prennent ainsi place dans l'ensemble de toutes les hypothèses possibles. Le langage permet lui aussi de se détacher du réel. Après avoir brûlé une allumette, il est physiquement impossible de la rétablir dans son état initial, mais il est concevable de la frotter et de la « défrotter ». Une fois l'action intériorisée, elle devient opération et se caractérise par sa réversibilité*. Enfin le groupe INRC est l'expression complète du stade des opérations formelles. Il s'agit d'un groupe de transformations qui portent sur l'ensemble des seize opérations binaires possibles dans une logique bivalente. Un tel groupe résume bien et l'aspect global et l'aspect combinatoire, mais n'est concevable qu'au niveau hypothético-déductif, à celui des opérations formelles. *J.-B. Grize*

Formes (Genèse des —)

La **morphogenèse** conduit à un changement de paradigme* : au lieu de s'intéresser à l'infiniment petit et à l'infiniment grand, la science étudie les objets inanimés ou animés à notre échelle. Leur simplicité apparente masque des difficultés théoriques soulignées par Thom, Mandelbrot, Prigogine et Yorke : une forme* se découpe sur un fond en manifestant la discontinuité des propriétés d'un milieu ; elle est une notion qualitative et non une grandeur. D'où la nécessité d'une approche phénoménologique de la nature réhabilitant le monde de la perception* : il s'agit de réapprendre la complexité en rupture avec la « technoscience » analytique qui réduit les corps à des masses ponctuelles in-formes. Thom a inventé une formalisation mathématique pour exprimer l'existence, la stabilité et la disparition des formes. Il s'agit d'une modélisation* strictement topologique applicable à la biologie et aux sciences humaines comme à la physique. C'est ainsi qu'en éthologie, Zeeman utilise la « catastrophe de la fronce » pour rendre compte de l'agressivité d'un chien dans une situation donnée : elle réalise une discontinuité dont la probabilité combine deux facteurs antagonistes : la peur et la colère. Suivant Woodcock et Davis, ce modèle permet aussi d'établir la cartographie de changements psychiques où se succèdent continuité et discontinuités : par exemple l'endormissement, le rêve et l'éveil. En psychologie clinique*, des relations intersubjectives fortement instables, comme dans l'expérience du *« squiggle »* (Winnicott), peuvent être interprétées selon les mêmes règles : lorsque deux sujets dessinent des formes en psychothérapie, la genèse réciproque de celles-ci évoque des interactions représentables par des déplacements temporels sur un graphe*. Cette expression métaphorique de l'émergence d'une pensée commune peut être reprise ensuite dans des échanges verbaux. *R. Doron*

Fornix → Commissure

Fort/da → Jeu de la bobine

Foule

Rassemblement plus ou moins accidentel d'individus sous l'influence d'un facteur extérieur exerçant une action commune sur eux (par ex. : rassemblement d'animaux autour d'un point d'eau), sans qu'intervienne l'interattraction* et sans que se constitue une communauté. Il existe des foules animales plus ou moins permanentes. La foule humaine est essentiellement temporaire. W. Westley distingue des foules conventionnelles, possédant une cohésion morale, qui se réunissent à une heure et en un lieu fixés à l'avance (auditoires, publics, etc.) et des foules spontanées, aux réactions imprévisibles, réunies autour d'un incident, sans meneur, ni organisation, ni règles. A la suite de G. Le Bon, en 1895, on a mis en évidence les comportements caractéristiques de la psychologie des foules : passivité des individus, pauvreté des contacts interpersonnels, contagion des émotions et de l'agitation, décharges éventuellement paroxystiques (violence, enthousiasme) des stimulations produites par la présence massive des autres. *D. Anzieu*

Fovéa → Vision

Foyer assertif → Focus

Fractionnement

Méthode de la psychophysique*, utilisée en vue de la construction d'échelles* de sensation*, dans laquelle le sujet est invité à produire un certain rapport entre un stimulus étalon* et un stimulus ajustable. Généralement, il lui est demandé de fournir un rapport de 1 à 2 , en ajustant le stimulus de telle sorte qu'il lui paraisse correspondre à la moitié ou au double du stimulus étalon. *M. Richelle*

Fragmentation → Diffraction

Frame

Dans un programme* de reconnaissance automatique de scènes, de tableaux, on désigne par ce mot anglais un cadre* qui représente une scène typique. Comme un cadre, il comporte des places *(slots)* pour les objets qui jouent un rôle dans la scène. Si l'objet n'est pas identifié, le *frame* permet de poser son existence comme hypothèse et, éventuellement, de déclencher des processus de recherche d'indices pour confirmer ou infirmer sa présence dans la scène.

Dans un sens plus général, ce mot est employé comme synonyme de cadre.

J. Mathieu

Fratrie

Ensemble des enfants issus d'un même couple. Ce terme doit être distingué de celui de **phratrie,** qui désigne un groupe de tribus, ou un groupe de clans appartenant à la même tribu.

Il est fréquent qu'une nouvelle naissance dans la famille engendre une situation de **rivalité fraternelle,** c'est-à-dire de concurrence entre enfants pour l'attribution de la première place dans l'attention ou l'amour de la mère (ou d'un autre membre de l'entourage). Cette rivalité se manifeste par des conduites positives de « mise en valeur », ou par des conduites de jalousie*, d'agressivité*, d'échec et de régression* (énurésie* et encoprésie notamment).

Diverses études montrent que les troubles caractériels sont plus fréquents chez les aînés que chez les cadets. En ce qui concerne le développement cognitif*, il a été démontré d'une part que les résultats aux tests d'intelligence* décroissent lorsque le nombre d'enfants augmente dans la même famille, d'autre part que le niveau intellectuel des enfants décroît (en moyenne) avec l'augmentation du rang de naissance.

J.-P. Bronckart

Frayage

Terme métaphorique, traduit de l'allemand *Bähnung*, désignant la facilitation* dans le cheminement de l'influx* nerveux lors d'un apprentissage*. La notion est beaucoup trop générale et trop grossière pour être encore utile au stade actuel de l'étude neurobiologique des apprentissages, où les modèles* employés sont plus précis à la fois quant à la localisation* des circuits en cause et quant à la nature et au décours temporel des événements neuronaux. Elle est néanmoins toujours présente, de façon plus ou moins explicite, dans des modèles plus généraux, comme ceux que manipulent les spécialistes de l'intelligence artificielle*, notamment dans le courant connexionniste*.

M. Richelle

Freezing

Absence manifeste de mouvements* chez un animal, à l'exception de ceux nécessaires à la respiration. L'appellation métaphorique anglaise de *freezing* (congélation) se réfère plus particulièrement à l'immobilité comportementale observable en réaction à l'occurrence d'un événement aversif* ou d'un stresseur violent. Dans ce cas, le *freezing* est souvent considéré comme un corrélat comportemental immédiat du stress*. L'immobilisation comportementale peut se produire dans diverses situations naturelles. Par exemple, à la vue lointaine d'un prédateur, certains gallinacés s'immobilisent sur place, exploitant par là les propriétés du mimétisme* de leur livrée. Chez beaucoup de mammifères, la mère déplace couramment ses petits en serrant la peau de leur nuque dans la gueule. Ainsi suspendus, ceux-ci prennent aussitôt une posture d'immobilisation caractéristique, laquelle facilite clairement le transport. Dans ces situations, qui intéressent surtout la psychologie comparée* et l'éthologie*, on parle généralement d'immobilité tonique plutôt que de *freezing*.

E. Tirelli

Fréquence

1. En statistique descriptive, effectif* correspondant à une valeur de la variable* étudiée. Certains auteurs limitent l'usage de fréquence à la proportion de l'effectif par rapport à l'effectif total, laquelle, multipliée par 100, donne le pourcentage. D'autres, s'alignant sur l'usage anglais, utilisent fréquence dans les deux cas, en précisant « absolue » dans le premier, « relative » dans le second.

Polygone de fréquence : histogramme* de la distribution* des fréquences des différentes valeurs d'une variable.

Fréquences cumulées : présentation ordonnée des fréquences observées aux différentes valeurs d'une variable telle que chaque fréquence corresponde à la sommation de la fréquence correspondant à la valeur considérée et de toutes les fréquences correspondant aux valeurs précédentes dans l'ordre adopté.

2. Nombre d'événements par unité de temps, plus particulièrement s'agissant d'événements périodiques*, telles les oscillations dans un mouvement vibratoire*. La fréquence, exprimée en cycles par seconde ou Hertz (Hz), caractérise une dimension fondamentale du stimulus* acoustique, ou encore des stimulations vibratoires auxquelles sont sensibles les mécanorécepteurs de la peau. Elle peut éga-

lement définir le stimulus lumineux, pour lequel l'usage s'est établi de recourir plutôt à la longueur d'onde*, qui est son inverse.

En psychoacoustique*, la **fréquence de référence** est une fréquence, généralement de 1 000 Hz, adoptée pour les calibrages et comparaisons, que ce soit d'appareils de production ou de mesure du son, ou des réponses de sujets à des stimulus sonores. La **fréquence étalon** ou **fréquence normale d'accord** est une fréquence adoptée comme référence pour définir une échelle musicale (actuellement, le *la* de la troisième octave à 440 Hz). La **fréquence fondamentale,** dans un son complexe, est la fréquence correspondant à la période de l'onde décrivant le son (normalement la fréquence la plus grave), et dont les autres composants, ou harmoniques, sont nécessairement des multiples.

La **fréquence critique de fusion** est la fréquence à laquelle un phénomène périodique intermittent est perçu comme continu. Elle est aisément mise en évidence dans le domaine visuel en présentant en rotation un disque composé de secteurs blancs et noirs ; lorsque est atteint le seuil critique de fusion*, le disque est perçu gris, plus ou moins foncé selon la proportion de noir et de blanc.

3. En psycholinguistique, la **fréquence d'occurrence** ou la **fréquence d'usage** d'une unité lexicale*, ou de quelque autre élément de la langue, correspond à la fréquence relative à laquelle cette unité apparaît dans un corpus parlé ou écrit. Elle est prise en compte, en relation avec la familiarité, dans les recherches sur la mémoire verbale ou sur l'organisation cognitive des outils sémantiques.

4. Dans le domaine de l'apprentissage* et des processus cognitifs*, la capacité des organismes à adapter leurs comportements à des variations de fréquence d'événements significatifs a été explorée notamment dans les recherches sur la *matching law* dans des situations de choix chez l'animal, et, chez l'humain, dans les diverses procédures d'apprentissage, d'estimation* ou de prédiction de probabilités*. Les résultats de ces recherches ont donné lieu à des débats d'interprétation entre « **fréquentistes** » (pour qui les données psychologiques peuvent s'expliquer par les fréquences objectives des événements) et les « subjectivistes » ou **bayésiens** (pour qui tout se joue dans le sujet, au niveau de croyances subjectives). Ce débat rejoint des problématiques de l'économie* à laquelle d'ailleurs sont souvent empruntés les modèles* mathématiques (V. Optimisation, Spatial).

M. Richelle

Fréquence critique de fusion → Fréquence, Fusion sensorielle

Fréquentation scolaire

L'instruction s'est généralisée dans les nations modernes, principalement au cours du XIXe siècle, par la mise en place de systèmes éducatifs* contrôlés par l'Etat. Encore fallait-il que les enfants fréquentassent l'école. L'optimisme progressiste et libéral issu des Lumières comptait sur l'attraction spontanée du savoir : l'école, dès lors qu'elle était gratuite, n'avait pas à être obligatoire. Mais devant le peu d'empressement des familles des milieux populaires, la plupart des Etats devaient en arriver, dans les dernières décennies du XIXe siècle, à décréter l'obligation scolaire*. « Aller à l'école » devenait, dès lors, la forme instituée de l'acquisition des connaissances*, au détriment des multiples modes de l'éducation « informelle ». *D. Hameline*

Frigidité

Définit chez la femme une difficulté ou une impossibilité d'accéder au plaisir* orgasmique. On distingue frigidité totale ou partielle (variable dans ce dernier cas selon les circonstances de l'acte sexuel ou survenant en fin de coït après une première phase d'excitation et de plaisir) et frigidité primaire ou secondaire (liée dans ce cas à une cause de nature organique ou psychique).

Dans un sens plus large et moins pertinent, on range dans le cadre des frigidités l'absence de désir sexuel, l'absence de toute satisfaction psychique ou physique de nature sexuelle, le **vaginisme** (contracture involontaire du muscle releveur de l'anus empêchant le coït) et la **dyspareunie** (douleur survenant au cours du coït). Le terme de frigidité s'applique alors à toutes les situations susceptibles d'altérer la satisfaction sexuelle. *D. Widlöcher*

Frontal (Lobe —)

Lobe antérieur du cerveau. Les troubles consécutifs à une souffrance lésionnelle ou fonctionnelle (V. Démence sous-corticale) de ce lobe constituent le **syndrome frontal** associant en particulier des perturbations émotionnelles, des désordres cognitifs et des altérations des conduites sociales. Ainsi le rôle des lobes frontaux a pu être interprété de façon globale comme exerçant des activités de régulation et de programmation des comportements complexes. Il paraît légitime actuellement de considérer les lobes frontaux comme constitués par un ensemble de structures fonctionnelles, interdépendantes, s'exerçant dans des domaines comportementaux spécifiques. *J.-L. Signoret*

Frustration

La privation est le manque d'un objet susceptible de satisfaire un besoin*. La frustration prend une résonance subjective : la privation de satisfaction est vécue comme le résultat d'un refus opposé par autrui. Dans son étude dynamique* de la personnalité* et des groupes, K. Lewin s'est beaucoup servi de la séquence frustration-agressivité-régression. S. Freud a mis en évidence, dans les échecs de certains patients, une intention inconsciente de se refuser à eux-mêmes la satisfaction désirée. La frustration nécessaire des désirs du patient dans la situation psychanalytique fonde la règle d'abstinence*. *D. Anzieu*

Fugue

Comportement impulsif d'éloignement, momentané, d'un lieu de vie sans but précis, par un enfant ou un adolescent sur fond de conflit* relationnel. Elle traduit généralement une mise à distance d'une forte tension inter- et intrapersonnelle. Ses modalités peuvent prendre des formes variées et répondre à des mobiles différents : solitaire (le plus souvent d'origine réactionnelle) ; en couple (expériences relationnelles privilégiées) ; à plusieurs (épreuve initiatique) ; fuite défensive devant l'emprise d'un système qui soumet le sujet aux effets paradoxaux d'une double contrainte et le désigne comme porteur de son dysfonctionnement. Les significations psychologiques sont multiples : les fugues peuvent exprimer la désaffection, le dissentiment, la détresse, l'anxiété mais également la revendication, la culpabilité. La fugue à répétition, d'expression compulsive, est le symptôme d'un trouble psychopathologique du lien, des limites et des échanges avec l'extérieur. Il convient de porter une attention particulière, lors du retour, aux effets d'après-coup de la fugue qui vont attribuer un sens et une fonction à ce mouvement visible de séparation/individuation qui fait lien à la frontière de la dépendance et de la liberté. Dans une perspective psychosociale, la fugue est à distinguer de « la route » et de « la galère » qui concernent les adolescents et qui marquent soit une volonté de rupture avec les systèmes normatifs, soit une situation de dérive* sociale. « La route » est une conduite* d'errance symbolique soutenue par des idéologies utopistes. « La galère » évoque un état de désorganisation, de déstructuration, d'incertitude, lié à une absence de reconnaissance sociale génératrice de réactions violentes. *J. Selosse*

Fuite dans la maladie

La fuite dans la maladie n'est qu'un cas particulier du mécanisme de fuite, que l'on rencontre dans divers phénomènes décrits par des psychanalystes : fuite dans la santé, fuite dans l'imaginaire, fuite dans la réalité, etc. Ce mécanisme fournit une issue en forme d'échappatoire à un conflit* psychique insoluble par le moi*, en permettant d'éviter le déplaisir qui découlerait de l'affrontement direct au conflit : frustration* en cas de renoncement au désir*, développement d'angoisse* en cas de transgression des interdits intériorisés. Ainsi, la fuite dans la maladie, au sens de fuite dans la névrose* ou dans la psychose*, permet-elle de donner satisfaction, dans une formation de compromis*, aux exigences les plus contradictoires et d'obtenir de surcroît des bénéfices* secondaires. Du point de vue psychosomatique*, la fuite dans la maladie organique est un moyen de déplacer dans le corps un symptôme dont l'élaboration* psychique susciterait un développement d'angoisse trop important. La psychanalyste britannique N. Searl a décrit en 1929 sous le nom de **fuite dans la réalité** un mécanisme d'inhibition de la vie imaginaire qui survient lorsque les fantasmes inconscients sont trop anxiogènes, et qui s'accompagne d'un surinvestissement* de la réalité et de l'adaptation à la réalité. *J.-M. Petot*

Fuite dans la réalité → Fuite dans la maladie

Fuite des idées

Modalité anormale de fonctionnement de la pensée* encore appelée **tachypsychie**, suggérée par l'observation du comportement* langagier de malades maniaques. Chez ces malades, la difficulté à interrompre le discours et l'accélération du débit verbal s'accompagnent d'une difficulté à centrer leur propos sur un axe thématique précis avec une tendance à passer trop rapidement d'un thème à l'autre ou à introduire des énoncés ne se référant plus au thème traité mais activée par certains des composants élémentaires du discours produit.

L'accélération de la pensée ou fuite des idées caractérise la facilitation des associations* de pensée nommée par certains **hyperactivation cognitive**, conduisant le maniaque à générer rapidement des plans de discours (ou intention de discours) et à les interrompre parfois avant même que le plan en cours ne se soit intégralement réalisé pour en initier un nouveau.

L'importance de cette fuite des idées suit l'intensité de l'état maniaque. Lorsque l'intensité de la manie est modérée, le discours peut donner une impression de grande facilité, les propositions s'enchaînant avec rapidité et la diversité des thèmes produits témoignant de la fécondité de la pensée. Lorsque l'intensité s'accroît, l'incapacité à conserver un axe thématique aux propositions énoncées peut rendre le discours incohérent.

Quelle que soit l'importance de la fuite des idées, le patient peut en rendre compte : il perçoit des pensées se succédant à un rythme plus rapide que de coutume, et exprime parfois une difficulté à les maîtriser et à maintenir un axe de pensée.

M.-C. Hardy-Bayle

Fusion → Intrication

Fusion sensorielle

Fusion binoculaire : unification des images rétiniennes formées en des points correspondants des deux rétines. Cette fusion est rendue possible par la coordination des deux yeux.

Fusion tonale : phénomène acoustique consistant dans le fait que plusieurs sons musicaux peuvent donner une résultante unique, différente de tous les sons constituants et dépendant des rapports existant entre ces derniers. Cette sensation est d'autant plus agréable que la fusion est plus totale (consonance).

Fusion binaurale : fusion de deux sensations auditives, engendrées séparément et simultanément dans chacune des deux oreilles. Si les deux stimulus sont égaux en fréquence* et en intensité*, la fusion est diotique ; s'ils ne le sont pas, la fusion est dichotique.

Fréquence critique de fusion : fréquence d'une stimulation intermittente* à partir de laquelle l'impression subjective correspondante paraît continue. Dans la vision, des éclairs séparés par un long intervalle donnent des impressions discontinues ; lorsque la fréquence des éclairs augmente, apparaît, pour une certaine valeur, l'impression de papillotement*, suivi de la fusion pour une fréquence encore plus élevée. La fréquence critique définit le seuil* de fusion. La fusion s'observe également dans les domaines auditifs et tactiles (persistance de l'information sensorielle).

R. Génicot

G

Galère → Dérive

Galvanotaxie → Taxie

Galvanotropisme → Tropisme

Gang

Association de malfaiteurs structurée, organisée et hiérarchisée en vue d'accomplir des activités antisociales spécialisées, et qui n'hésite pas à employer la violence pour réaliser des méfaits et pour défendre le monopole de certaines pratiques illicites. Son étude a été conduite initialement dans une perspective de socialisation écologique qui a associé la présence de gangs à certaines caractéristiques de zones urbaines. L'analyse psychosociale a pris en compte successivement les dimensions anomiques, sous-culturelles, structurales et mythiques de ces associations qui recourent à un symbolisme de participation. *J. Selosse*

Gangster

Appliqué aux membres d'un gang*, ce label traduit l'appartenance à un milieu dont le système de valeurs s'oppose à celui de la société. Faisant partie de l'imagerie des faits divers, mais aussi de l'univers médiatique, le cliché stéréotypé du gangster peut servir de référence à des identifications héroïques* et de support à la hiérarchie de rôles prestigieux dans certains groupes déviants et dans certaines bandes* aux activités illégales. *J. Selosse*

Ganser (Syndrome de —)

Décrit en 1887, ce syndrome réalise une suppression singulière de la fonction de communication. Il se caractérise par un ensemble d'activités de réponse à côté, d'actions à côté, et d'attitudes fondées sur le fait de vouloir ne pas savoir.

Décrit, au départ, chez les prisonniers et détenus, il s'exprime par des paroles et actes absurdes en réponses à des questions ou situations claires et non ambiguës, amenant à soupçonner une conduite de simulation*. Ultérieurement, il a été décrit comme caractéristique de certains états crépusculaires hystériques aujourd'hui rattachés aux troubles dissociatifs dans les classifications. Il peut aussi s'observer dans certains troubles schizophréniques ou lors de confusions mentales. *J.-F. Allilaire*

Gaucherie

Tendance à utiliser préférentiellement les membres gauches du corps (main, jambe, mais également œil, etc.) pour exécuter des mouvements* précis, volontaires ou automatiques, de la vie quotidienne. Cette tendance, observable chez une minorité de sujets et dans toutes les cultures, peut être partielle (l'un ou l'autre membre) ou totale, et est dépendante des tâches* à réaliser. La **gaucherie** est le résultat d'une dominance de l'hémisphère droit (à l'inverse des droitiers), qui se développe dès les premières années et se stabilise vers 7 ans pour la latéralité* fonctionnelle (en particulier manuelle), et vers 8-9 ans pour la latéralité cognitive (distinction de la droite et de la gauche au plan de la représentation*). L'habileté* qui en résulte est équivalente à celle des droitiers, de sorte qu'actuellement on ne cherche plus à contrarier cette tendance lorsqu'elle est bien établie. Si la gaucherie a longtemps été considérée comme un facteur causal dans l'apparition de troubles du langage* chez l'enfant (bégaiement*, dyslexie*, etc.), faisant alors partie des troubles dits instrumentaux, des travaux récents en neuropsychologie*, parfois contradictoires du reste, montrent que c'est plutôt une mauvaise latéralisation* qui peut dans certains cas accompagner des troubles du langage, sans en constituer à lui seul un facteur causal. *G. De Weck*

Gazouillis → Babil, Lallation

Gène

Défini d'abord comme un fragment du génome* ségrégeant comme une seule unité à la méiose et associé à un trait définissable (couleur, morphologie, caractéristique physiologique ou comportementale). Ultérieurement, le gène a été défini comme un fragment d'acide désoxyribonucléique transcrit en acide ribonucléique codant pour une seule chaîne polypeptidique d'acides* aminés. Les formes allèles* sont les formes que peut prendre un gène à un *locus** donné, formes dépendant des modifications des paires de bases constitutives, transmises d'ascendants à descendants. La carte génétique* d'une espèce est définie par la position respective des gènes sur les chromosomes. Ces gènes peuvent être des unités de fonction (ou unités de ségrégation) ou des séquences de bases. On estimerait à 7^{10} le nombre de gènes portés par le génome humain. Il est actuellement possible de transplanter un gène d'une espèce (isolé par les méthodes de génétique moléculaire) dans une autre espèce où il s'incorpore au génome* de cette dernière donnant des individus transgéniques. Les gènes sont portés par les chromosomes nucléaires mais non exclusivement. Des gènes cytoplasmiques (contenus dans les mitochondries) ont été identifiés. *P.-L. Roubertoux*

Généralisabilité de la validité

Possibilité de généraliser les résultats d'études de validité* prédictive à d'autres situations où les exigences du poste de travail sont les mêmes, ou bien à d'autres professions appartenant à la même famille de métiers. Lorsque 75 % de la variabilité observée des coefficients de validité s'expliquent par des sources d'erreur identifiables et mesurables (notamment la taille trop restreinte des échantillons, la dispersion réduite des données et la faible fidélité* des critères), la validité est considérée comme généralisable et la validité moyenne peut être calculée après correction statistique pour tenir compte des sources d'erreur identifiées. *C. Lévy-Leboyer*

Généralisation

1. Dans le domaine du conditionnement* et de l'apprentissage*, désigne le processus d'extension, de transfert* à d'autres stimulus*, plus ou moins similaires, d'une réponse* d'abord liée à un stimulus particulier **(généralisation du stimulus)** ou l'extension à des réponses voisines du contrôle exercé par un stimulus sur une réponse donnée **(généralisation de la réponse).** Le test classique de généralisation du stimulus consiste, après conditionnement à un stimulus S, à présenter systématiquement des stimulus échelonnés sur l'ensemble du *continuum** physique considéré, de part et d'autre de S ; la généralisation est d'autant plus marquée que le stimulus testé est proche de S et elle s'atténue à mesure que l'on s'en éloigne, comme le met en évidence le gradient* de généralisation. La généralisation peut cependant être supprimée par le processus de discrimination*.

Lorsqu'on observe une généralisation à des stimulus dont la similarité par rapport au stimulus initial n'est pas évidente, sur la base des caractéristiques physiques, on suppose un chaînon intermédiaire, sorte de troisième terme assurant l'équivalence* entre les stimulus, et l'on parle de **généralisation médiatisée** ou **par médiation.** Un cas particulier en est, chez l'homme, la **généralisation sémantique,** fondée sur l'appartenance des stimulus, non verbaux ou verbaux, à une même catégorie de signification.

Généralisation de règle : cas particulier de généralisation de réponse fondée sur l'application d'une règle ; un exemple frappant en est fourni par les généralisations morphologiques dans le langage enfantin (*« il a prendu »,* sur le modèle de *« rendu »*), où les erreurs sont la preuve de la généralisation de la règle.

2. En psychologie cognitive*, processus par lequel des éléments lexicaux, des concepts*, des objets*, des représentations*, sont regroupés sur la base de caractères communs en ensembles structurés (dénommés, selon les modèles, schémas*, *frames**, catégories*, etc.) d'un niveau supérieur. Ainsi, pour J. R. Anderson, la généralisation est une formation de représentation de second degré à partir de plusieurs exemplaires* de premier degré, que leurs caractères communs autorisent à ranger dans une même catégorie. La notion de généralisation est ici proche de celles de conceptualisation*, de catégorisation*, de classification*. Une démonstration classi-

que de la généralisation sur un matériel non verbal a été fournie par M. I. Posner et S. W. Keele en 1968 : des sujets auxquels on présente des ensembles structurés de points constituant des variantes altérées d'un prototype* les classent correctement par rapport à celui-ci, même lorsqu'il ne leur a pas lui-même été présenté.

La surgénéralisation* réfère à l'inclusion dans la catégorie d'éléments présentant certains caractères qui devraient logiquement les en exclure (*« tous les animaux volants sont des oiseaux »* incluant erronément les chauves-souris), la **surdiscrimination** référant au phénomène inverse, de non-inclusion d'éléments qui devraient logiquement en faire partie *(« toutes les chaises ont quatre pieds »).*

On retrouve, à propos de la généralisation, les oppositions entre modèles* déclaratifs* et procéduraux*, propositionnels* et analogiques*, qui font l'objet de débats en psychologie cognitive de la mémoire*.

M. Richelle

Générateur de système-expert

→ Système-expert

Genèse

Ensemble des formes par lesquelles passe un organisme pour arriver à l'état considéré (le plus souvent l'état adulte) et des processus qui font advenir ces formes. L'idée de genèse, contrairement à celle d'histoire*, comporte une connotation de nécessité qui provient de son usage en biologie : la genèse comprend alors l'embryogenèse* et l'ontogenèse* comme successions non aléatoires d'étapes programmées de développement* vers un état final conçu comme nécessaire.

C'est en ce sens que J. Piaget parle de genèse de la connaissance* chez l'enfant comme dans la pensée scientifique : les stades* de son développement constituent en effet une série dont l'ordre est universel et irréversible et ne comporte aucune lacune. De même, le développement libidinal a pu être considéré comme une genèse chez certains auteurs (V. Phase). Dans chaque cas, mais de façon plus ou moins explicite, une référence est faite à la nécessité biologique qui gouverne le déroulement de ce développement.

F. Parot

Génétique

Discipline qui étudie la variabilité individuelle et sa transmission héréditaire. La **génétique formelle** étudie le mode de transmission de traits* et la localisation des gènes* impliqués dans la transmission de ces traits. Elle peut utiliser une démarche descendante (partant du trait, découvrir le ou les gènes responsables) ou une démarche ascendante (partant d'un gène identifié par des propriétés physiques, en rechercher la fonction). La **génétique quantitative** décompose la variation* observée en ses composantes génétiques (additive, due à la dominance, une interaction entre gènes), environnementales (environnements maternels, ou de types divers) et ce qui résulte de l'interaction* entre génotype et environnement. La **génétique des populations** analyse la structure génétique d'une population et son évolution* en fonction des contraintes évolutives.

P.-L. Roubertoux

La **génétique comportementale** est la partie de la génétique qui met en relation des différences phénotypiques d'ordre comportemental et des différences observées au niveau du génotype. Dans l'espèce humaine, où le degré de proximité génétique (probabilité d'avoir des gènes communs par transmission) croît avec le degré de proximité environnementale, des méthodes tentent de minimiser l'environnement commun (études d'adoptions*) ou de maximiser la proximité génétique (études de jumeaux*).

Des traits ou capacités tels que l'intelligence*, les traits de personnalité* et les troubles de la conduite* ont fait l'objet d'un grand nombre de recherches. Dans la presque totalité des cas, les résultats laissent présumer une intervention des facteurs génétiques. Les phénotypes qui se distribuent de façon discontinue (les maladies mentales, par ex.) se prêtent à des études de liaisons qui ont pour but de rendre compte des modes de transmission d'un caractère héréditaire en comparant la fréquence d'apparition du caractère dans une généalogie aux fréquences attendues que le modèle postulé permet de prédire. La meilleure stratégie consiste à étudier soit des familles au sein desquelles le caractère étudié apparaît avec une grande fréquence (familles informatives) soit des groupes sociaux dont le taux de consanguinité est élevé (isolats). La localisation chromosomique d'un caractère est rendue possible par la détection d'une association, pendant plusieurs générations, entre le trait étudié et des gènes « marqueurs » préalablement identifiés par leurs corrélats biochimiques.

L'analyse des variations phénotypiques observées entre les différents groupes suppose la possibilité de manipuler les facteurs dont elles résultent, c'est-à-dire le génotype et l'environnement (physique, biologique et social). Les sujets qui appartiennent à un même groupe doivent être homogènes génétiquement, ce qui est impossible dans notre espèce. Il faut donc renoncer à savoir si les différences entre groupes ethniques ou sociaux ont une composante génétique. Pour certaines espèces, telles la souris ou la mouche, le patrimoine génétique est bien connu. Chez la souris domestique, on peut constituer des groupes de sujets qui possèdent le même patrimoine génétique aux mutations spontanées près : ce sont les lignées consanguines. Si les conditions d'élevage ont été maintenues constantes, lorsque apparaissent des variations phénotypiques entre individus appartenant à des lignées différentes, il est légitime de s'interroger sur l'existence d'un effet du génotype. Cependant, les sujets appartenant à différentes lignées diffèrent, aussi, par les environnements maternels pré- et postnatals dans lesquels ils se sont développés. La mise en œuvre de plans expérimentaux adéquats permet de dissocier les effets du patrimoine génétique de ceux de l'environnement maternel pré- et postnatal. Deux composantes de l'environnement maternel prénatal sont susceptibles d'entraîner une variation comportementale : l'environnement cytoplasmique et l'environnement utérin.

Des techniques de greffes d'ovaires et de transferts d'embryons aux premiers stades de développement, associées d'une part à un plan de croisements adéquat et d'autre part à une procédure d'adoption, permettent d'isoler les effets des composantes cytoplasmique, utérine, postnatal et génétique. On peut aussi étudier les effets des mutations soit « spontanées » soit « provoquées », ou même les effets des transferts de gènes.

La littérature visant à mettre en relation les gènes et les comportements à partir de travaux portant sur des espèces animales est abondante. Les mouches et la souris ont particulièrement retenu l'attention des chercheurs. Ces études ont porté sur des comportements aussi variés que l'apprentissage, les comportements sexuels, l'agression, les conduites de soins aux jeunes. Le but final reste toujours de localiser une ou des unités de ségrégation pour lesquelles les variations alléliques* sont liées à des variations comportementales. Les résultats observés sur les espèces infrahumaines ne sont pas directement transposables à notre espèce. Cependant ils nous éclairent sur les mécanismes sous-jacents aux liaisons gènes-comportements. On sait maintenant que des modèles simples de liaisons sont, le plus souvent, non conformes aux faits. C'est ainsi que, dans la plupart des cas, les travaux sur l'humain considèrent les effets des interactions génotype-environnement comme nuls alors que les résultats expérimentaux observés chez l'animal montrent que ces interactions ont des effets non négligeables. *M. Carlier et C. Desforges*

Génital

Terme devenu nécessaire, après l'extension par S. Freud du sens du terme sexualité*, pour désigner ce que le langage courant reconnaît comme sexuel. Il faut toutefois préciser que la notion de sexualité génitale est plus restreinte que la conception commune de la sexualité, puisqu'elle n'englobe pas certaines formes de sexualité perverse*, ni l'utilisation des organes génitaux pour l'obtention de buts prégénitaux (pulsions* partielles : sadisme*, masochisme*, voyeurisme*, exhibitionnisme*). Le stade génital se caractérise en principe par la réunion de la tendresse et de la sensualité à l'égard de l'objet d'amour et par l'unification, sous le primat des tendances génitales, de toutes les composantes sexuelles non refoulées* ou sublimées*, ceux des buts sexuels prégénitaux qui sont maintenus l'étant au titre de préliminaires. Cette unification est préparée au cours du stade génital infantile ou stade phallique*, mais ne s'achève qu'après la puberté, lorsque le développement des organes génitaux permet les rapports sexuels normaux (il faut toutefois souligner que S. Freud admettait que la forme d'homosexualité* dans laquelle le but sexuel est la masturbation mutuelle relève de l'érotisme génital). Les successeurs de S. Freud se sont partagés au sujet de l'érotisme et du stade génital. Les uns, à la suite de K. Abraham, ont opposé la génitalité (caractérisée par le dépassement de l'ambivalence*, voire pour certains par l'« oblativité ») à toutes les tendances prégénitales marquées par le sadisme et l'ambivalence. Les autres ont insisté sur les contributions à la formation des tendances génitales apportées par les érotismes prégénitaux : importance de l'érotisme oral de succion (M. Klein) et de l'intégration de l'analité (E. Jones) pour la formation de l'érotisme vaginal de la femme, importance de l'érotisme urétral* dans la formation de l'érotisme génital masculin, etc. *J.-M. Petot*

Génogramme

Représentation graphique, conventionnelle et géométrique d'une famille*, sous forme de symboles définissant de façon précise les particularités de chaque individu. Le génogramme renseigne sur toute situation conjugale ou familiale. Cette technique a été développée par M. Bowen en 1980 aux Etats-Unis. En France, E. Lemaire-Arnaud en 1985 a spécifié son utilisation en pratique clinique : les données schématisées par la famille permettent au thérapeute de comprendre les composantes transgénérationnelles horizontales et verticales. Le génogramme est une production spécifique de chaque famille. Il peut être complété au fur et à mesure d'une cure familiale. Il est d'une grande efficacité dans la mise au jour des phénomènes de l'ordre du fantôme* ou de la crypte*. *A. Ruffiot*

Génome

Ensemble du matériel génétique caractéristique d'une espèce. Le génome d'une espèce se définit par le nombre de chromosomes*, la position des *locus* sur ces chromosomes ainsi que par les différentes formes allèles* possibles à chacun de ces *locus.* Un ***locus*** peut être défini soit comme une unité de ségrégation (gène ayant un effet phénotypique identifié), soit par un ensemble de paires de bases.

P.-L. Roubertoux

Génotype

Ensemble de l'information* génétique portée par un organisme. Les recombinaisons entre chromosomes*, survenant à la méiose, conduisent à des remaniements de l'information portée par chaque chromosome transmis aux descendants. De cette façon, chaque descendant d'un même couple recevant la moitié des allèles* d'un de ses parents n'a qu'une probabilité sur deux de recevoir un allèle donné. Pour cette raison, deux descendants d'un même couple ont une probabilité infime d'avoir le même génotype. Chez certaines espèces (souris, rat) des lignées consanguines ont été constituées. Dans ces lignées, les individus sont homozygotes à chaque *locus* et, pour un *locus,* les individus possèdent les mêmes formes allèles. Dans ces lignées, tous les sujets ont le même génotype. Les variations interindividuelles résultent alors de facteurs épigénétiques* et environnementaux.

P.-L. Roubertoux

Genre de discours

Par rapport au discours*, les genres sont des catégories culturelles abstraites des champs littéraire, journalistique, cinématographique, etc. Selon Bakhtine, « les genres du discours organisent notre parole de la même façon que l'organisent les formes grammaticales (syntaxiques) ». Les genres sont des catégories pratiques de la production autant que de l'interprétation. Il ne s'agit toutefois que de catégories prototypiques. Entre des faits divers, des sonnets, des paraboles ou des tragédies, il n'existe guère que des « ressemblances de famille ». Contradictoirement flous et pourtant efficaces, les genres sont pris entre un principe de clôture, gouverné par des règles, qui relie tout genre au passé, le voue à la reproduction, à la répétition, à la convention, et un principe d'ouverture qui déplace les règles et introduit dans les genres la variation, l'invention, l'innovation infinie.

J.-M. Adam

Géophotoménotaxie → Taxie

Géotropisme → Tropisme

Gérontologie

Science concernant l'ensemble des processus du vieillissement. De manière abusive, on applique le même terme à la spécialité médicale consacrée au diagnostic et au traitement des maladies et des infirmités des personnes âgées. Il convient d'utiliser dans ce sens le terme de gériatrie. De même, on devrait parler d'un médecin gériatre et non gérontologue pour désigner les praticiens de cette spécialité.

Plus qu'une science à part entière, la gérontologie résulte de l'application de nombreuses disciplines. C'est ainsi que la neurophysiologie s'applique au vieillissement cérébral, à l'étude du vieillissement du tissu nerveux et du système vasculaire et que la sociologie s'applique aux effets du processus démographique du vieillissement. La psychologie s'intéresse pour sa part aux altérations des activités cognitives et à leur mesure, ainsi qu'aux effets psychopathologiques (états dementiels et confusionnels, troubles névrotiques tardifs ou réactionnels, etc.). *D. Widlöcher*

Gerstmann (Syndrome de —)

Décrit sous sa forme complète en 1930 après la publication de plusieurs observations, le syndrome* de Gerstmann associe quatre éléments séméiologiques : l'agnosie* digitale, l'indistinction droite-gauche, l'acalculie* et l'agraphie*. Le patient atteint d'agnosie digitale ne peut reconnaître ses doigts, les distinguer les uns des autres, les dénommer, les désigner et commet des erreurs dans l'imitation de gestes fins. Ces troubles sont plus marqués pour les trois doigts intermédiaires que pour le pouce et l'auriculaire. L'indistinction droite-gauche porte aussi bien sur le corps du patient que celui d'autrui, voire même sur des représentations du corps humain ou sur des vêtements. En revanche, elle ne s'étend pas aux directions dans l'espace. L'acalculie affecte à la fois le calcul mental et le calcul écrit. L'agraphie peut prendre des formes variées (verbale ou littérale) ; elle est caractérisée par une conservation relative de la copie par rapport à l'écriture spontanée ou dictée. Selon Gerstmann, ce syndrome serait le témoin d'une lésion de la convexité pariéto-occipitale gauche, et plus précisément de la jonction du gyrus angulaire et du cortex occipital de l'hémisphère gauche. L'hémianopsie* latérale homonyme droite est constante et une apraxie constructive est fréquemment associée. Cette homogénéité anatomique et séméiologique traduit, pour Gerstmann, une physiopathologie commune aux quatre éléments fondée sur une perturbation spécialisée du schéma corporel. La réalité du syndrome est contestée dans plusieurs études de séries de patients. Certaines montrent que les quatre éléments séméiologiques ne sont pas plus souvent associés entre eux qu'avec d'autres troubles comme l'apraxie constructive ou l'alexie*. D'autres concluent que le syndrome de Gerstmann est observé lors de lésions très étendues, ce qui lui ôte toute valeur localisatrice. De même, certains auteurs affirment que ce syndrome n'est que la conséquence d'une aphasie ou d'une atteinte globale des fonctions intellectuelles. Les nombreuses observations publiées depuis les années 1960 soulignent toutefois l'intérêt clinique et parfois topographique du syndrome de Gerstmann. Malgré son histoire tourmentée, le syndrome de Gerstmann semble correspondre au moins à une réalité clinique mais les débats qu'a suscités son existence semblent s'être taris depuis l'avènement des modèles* cognitivistes* en neuropsychologie*. *F. Eustache et B. Lechevalier*

Gestalt → Forme

Gestaltpsychologie → Forme (Psychologie de la —)

Gestalt-thérapie

Due à F. Perls, la *Gestalt*-thérapie est une des « thérapies nouvelles » expérimentées à l'institut d'Esalen en Californie à partir de 1968-1970. Dérivée du jeu de rôle*, c'est une forme de thérapie individuelle en groupe ; le thérapeute et le groupe se centrent successivement sur chacun des participants qui vient s'asseoir « sur la sellette », c'est-à-dire sur une chaise vide près du thérapeute, et qui développe un auto-psychodrame* avec un objet personnel imaginaire. Le thérapeute cherche à faire prendre conscience au sujet, dans l'ici et maintenant, des représentations morcelées de son corps et de sa personnalité et à lui permettre de s'unifier en s'identifiant à une forme* *(Gestalt)* dynamique de relation avec un objet, avec autrui, avec ses propres sentiments. *D. Anzieu*

Geste

Mouvement* extérieur du corps* qui est porteur d'une signification*.

Dans son acception restreinte, ce terme ne s'applique qu'aux seuls mouvements non verbaux*, généralement produits par les membres supérieurs (main* et tête). A la suite de C. Morris, on distingue les gestes incidents et les gestes sociaux. La première catégorie regroupe d'une part les mouvements qui constituent l'expression* d'un état interne, et plus particulièrement d'une émotion* (rougissement, bâillement, etc.), et d'autre part les mouvements apparemment dépourvus d'intention* mais qui peuvent se voir dotés d'une signification par un observateur externe. La seconde catégorie rassemble les gestes qui s'intègrent à un système de communication* et qui ont donc un sens* conventionnel défini par les règles d'un code* ; on y distingue les gestes symboliques (signe de croix), les gestes iconiques (qui miment ce qu'ils représentent : mouvement reproduisant la forme d'un objet) et les gestes expressifs (sourire*, grognement*, etc.).

Dans une conception plus large, on considère qu'au cours de la préhistoire* l'hominisation* a articulé en un même ensemble fonctionnel trois formes de gesticulation (locomotrice, technique et vocale) correspondant à un triple dispositif (bipédie, outil, langage*). Chez l'homme, la gestualité primitive est de nature expressive et contribue à la cohésion sociale* ; la gestualité langagière émerge ensuite (entre 1 et 3 ans) et assure une fonction de représentation* ; plus tard enfin se développent les diverses formes de gestualité symbolique (imitation*, jeu*, dessin*, etc.).

J.-P. Bronckart et E. Jalley

Gigantisme → Croissance

Glie

Classe de cellules, spécifique du système nerveux* central, avec les neurones*, et y représentant, selon certaines estimations, 90 % des cellules. On peut distinguer deux grandes sous-classes de cellules gliales : la **microglie** et la **macroglie**, cette dernière comprenant les oligodendrocytes et les astrocytes. Par ailleurs, certains types de cellules (cellule de Müller de la rétine, cellules épendymaires, glie radiale de Bergman) correspondent également à des formes spécialisées de glie. Les cellules macrogliales ont une origine commune (neuro-ectodermale) avec les neurones, tandis que l'origine de la microglie est encore débattue.

Le rôle des cellules gliales, longtemps considérées comme simples cellules de soutien, est complexe, bien que partiellement connu. C'est ainsi que la microglie aurait essentiellement un rôle de nettoyage des débris cellulaires au site des lésions ou des inflammations du système nerveux et participerait également aux réactions immunitaires dans le système nerveux. Son rôle serait donc analogue à celui des macrophages périphériques desquelles elle pourrait d'ailleurs provenir. Parmi la macroglie, les oligodendrocytes forment les gaines de myéline* autour des axones* centraux. Finalement, les astrocytes auraient un rôle multiple : maintien de l'homéostasie* (pH, composition ionique, etc.) du milieu intérieur dans le système nerveux, constitution de la barrière hémato-encéphalique, participation aux processus immunitaires intracérébraux, sécrétion de facteurs neurotrophiques*. Par ailleurs, lors du développement*, les astrocytes et surtout leur forme spécialisée, la glie radiale, orientent la migration des neurones ainsi que la pousse axonale.

J.-P. Herman

Glose → Métalangage, Fonction du langage

Glossographie → Glossolalie

Glossolalie

Productions verbales habituellement abondantes et incompréhensibles, n'obéissant pas aux règles linguistiques communautaires ; c'est un langage réellement nouveau créé par le locuteur où les mots sont remplacés par des néologismes et où il est possible de repérer des règles syntaxiques sommaires. La prosodie est maintenue, voire accentuée, donnant l'impression d'un discours fait de mots et de phrases. S'observe dans des contextes psychopathologiques comme la schizophrénie* (on parle alors de **schizophasie**), au cours de certains états de transe ; plus rarement une jargonaphasie* peut réaliser une glossolalie. La **glossographie** est l'équivalent écrit de la glossolalie. La **glossomanie** peut en être considérée comme une variante ludique, où le jeu verbal, toujours sans signification, utilise des suites de syllabes rythmées et assonancées.

J.-L. Signoret

Glossomanie → Glossolalie

Glucocorticoïde

Substance de structure stéroïdienne, qui possède une action puissante sur le métabolisme glucido-protidique (hyperglycémie par néoglucogenèse). Les glucocorticoïdes jouent un rôle physiologique considérable par l'intermédiaire de récepteurs* intracellulaires qui modulent l'expression de nombreux gènes*. Chez l'homme, le cortisol est le glucocorticoïde endogène principal, sécrété par le cortex surrénalien sous le contrôle de l'ACTH* hypophysaire. Il présente aussi une activité minéralocorticoïde non négligeable. Des dérivés de synthèse comme la dexaméthasone ont une action plus puissante et plus spécifique. La sécrétion des glucocorticoïdes suit un cycle nycthéméral* très marqué avec un maximum le matin. Ces hormones* exercent un rétrocontrôle sur leur propre sécrétion par action sur l'hypothalamus* et l'hypophyse*. Cette propriété est mise à profit dans le **test à la dexaméthasone** : administrée le soir, la dexaméthasone bloque normalement l'élévation nocturne de la cortisolémie. L'absence de blocage (ou échappement) révèle une hyperactivité de l'axe corticotrope. L'hormone est libérée dans les situations de stress*, d'activation*, d'adaptation* et, semble-t-il, lorsque les mécanismes de contrôle* sont en état de défaillance ou qu'ils se font sur un mode passif.

P. Mormède

Gnosie

Terme utilisé comme le contrepoint positif d'agnosie* pour renvoyer à la connaissance* du monde et de ses objets, construite à partir des multiples expériences sensorielles. Le concept de gnosie, contrairement à celui de mémoire sémantique, ne concerne pas la connaissance du lexique. Il est inclus dans le concept d'asymbolie*.

J.-L. Signoret

Gonadotropine

Hormone* glycoprotéique qui contrôle l'activité des gonades. L'hormone folliculotrope (FSH) agit sur les cellules granuleuses des follicules ovariens pour stimuler la croissance folliculaire et induire l'ovulation, en synergie avec l'hormone lutéotrope (LH). Elle agit aussi sur les cellules de Sertoli des tubes séminifères du testicule pour stimuler la spermatogenèse, en synergie avec les androgènes*. L'hormone lutéotrope stimule les cellules interstitielles des ovaires et des testicules qui sécrètent respectivement les œstrogènes* et les androgènes. Un seul type cellulaire de l'antéhypophyse, les cellules gonadotropes, sécrète les gonadotropines, sous le contrôle de la lulibérine hypothalamique (LRF ou LHRH ou GnRH), en association avec les stéroïdes sexuels et d'autres hormones protéiques d'origine gonadique (inhibines et activines). Une gonadotropine chorionique (hCG) est produite par le placenta.

P. Mormède

Goût → Gustation

Gradient

En psychologie expérimentale, on a pu obtenir des relations quantitatives entre stimulus multidimensionnels (X1, X2, …, Xn) et une réaction définie comme fonction réelle f (X1, X2, …, Xn) de ces stimulus.

On appelle gradient de la fonction f le vecteur à n composantes dont la n-ième est la dérivée partielle de la fonction f par rapport à la variable Xi. On le note

$$\text{grad } f = \left(\frac{\delta f}{\delta X1}, \frac{\delta f}{\delta X2}, \ldots, \frac{\delta f}{\delta Xn}\right)$$

Le gradient est donc une généralisation vectorielle de la dérivée première.

Gradient de généralisation : après conditionnement* à une valeur donnée sur un *continuum** physique (par ex., un son*), si l'on utilise d'autres stimulus sur le même *continuum* (par ex., on varie uniquement la fréquence*) qui n'ont jamais été renforcés, et que l'on porte en ordonnées la réaction produite (par ex., la quantité de salive chez le chien de Pavlov), on peut tracer une courbe continue, décroissant régulièrement de chaque côté de la valeur correspondant au stimulus renforcé original. Cette relation entre variation de la réaction et variation, sur une dimension, du stimulus est appelée gradient de généralisation.

D'autres expériences ont montré que l'on pouvait trouver un tel gradient non seulement pour des valeurs de stimulus externes mais pour des caractéristiques de la réponse, telles la force ou l'amplitude, voire la probabilité ou la latence.

On distingue le **gradient d'excitation,** établi autour d'un stimulus positif*, et le **gradient d'inhibition***, établi autour d'un stimulus négatif*, et qui présente, à l'inverse du premier, une allure en **U.** On n'obtient cependant, empiriquement, deux gradients distincts que si stimulus positif et négatif ne sont pas situés sur le même *continuum* physique.

A. El Ahmadi

Grammaire

Ce terme a des acceptions multiples qui s'enracinent dans une tradition plusieurs fois millénaire d'étude du langage* et des langues, et qui dépendent largement de la diversité des points de vue engagés dans cette réflexion (grammaire générale, grammaire comparée). L'usage courant connaît la grammaire comme une espèce particulière d'ouvrage contenant les règles* d'une langue, et l'univers pédagogique a familiarisé le grand public avec une conception de la grammaire comme ensemble de principes prescriptifs, normatifs visant à fournir la connaissance d'un usage* particulier de la langue identifié comme « bon usage ».

Dans une seconde acception, issue des courants à visée scientifique, la grammaire est définie comme une théorie cherchant à décrire et à expliquer les règles de fonctionnement d'un système linguistique donné. Par extension, c'est le système lui-même qu'on arrive à dénommer grammaire : « la grammaire du français est particulièrement complexe ». Certaines écoles, comme la grammaire générative* de N. Chomsky, justifient dans leurs hypothèses constitutives l'ambivalence du terme : si tout sujet possède de sa langue maternelle une connaissance* implicite et non consciente (une compétence* grammaticale), c'est qu'il a intériorisé le système de cette langue (sa grammaire) dont le linguiste simulera le fonctionnement par la construction d'une grammaire, modèle* susceptible d'énumérer toutes les phrases* possibles de la langue et de rendre compte des intuitions* du sujet parlant. Si la grammaire générative n'est pas *stricto sensu* un modèle psychologique de l'activité du locuteur-auditeur idéal, elle a pu produire des représentations* de la façon dont s'opèrent la production* et la compréhension* des énoncés.

En soulignant l'extrême plasticité du terme grammaire, on repère parfois, chez les sémiologues, sa quasi-synonymie avec le terme système (grammaire de la mode, grammaire du récit) et, en linguistique, la variabilité du champ recouvert : identifiée à la seule syntaxe*, la grammaire s'oppose à la morphologie ; identifiée à la morphosyntaxe, elle s'oppose à la lexicologie* et à la phonologie* ; étendue à l'ensemble des activités métalinguistiques*, elle peut concerner l'étude de multiples unités, la phrase comme le texte*. *J.-L. Chiss*

Grammaire générative

Une grammaire* est dite générative lorsqu'elle prend la forme d'un corps de règles* visant à engendrer (c'est-à-dire énumérer explicitement) toutes et rien que les expressions bien formées d'une langue*. Elle simule ainsi faiblement (par son produit de sortie, et non par ses mécanismes internes) la compétence* d'un locuteur*. De telles grammaires sont ordinairement formalisées en algorithmes* : grammaires de réécriture, dont les règles du type X → AB, simulant le rapport *« X est constitué de A et de B »*, développent une variable-axiome* par substitutions successives de symboles* ; grammaires applicatives, qui procèdent par combinaisons successives d'opérateurs et d'arguments*, chaque unité-opérateur y étant définie comme une fonction entre deux classes d'expressions ; grammaires transformationnelles (V. Transformation linguistique).

La formulation, par N. Chomsky, de plusieurs modèles successifs de grammaire générative a suscité un important courant de recherche en psycholinguistique*, entre 1960 et 1980. Pour les tenants de cette école, l'être humain serait doté d'une capacité innée (V. Innéisme) à produire et comprendre toute langue naturelle*, et cette capacité s'identifierait à une « grammaire universelle » contraignant la classe des structures linguistiques possibles ; dans cette perspective, le développement* du langage s'analyserait essentiellement comme un processus d'émergence* et de paramétrage de structures syntaxiques préprogrammées, sans qu'interviennent de manière décisive ni les facteurs du milieu*, ni les lois d'apprentissage* décrites par la psychologie d'inspiration béhavioriste*. *A. Berrendonner*

Grammaire-pivot

Dans les travaux relatifs à l'acquisition du langage*, ce terme renvoie à une description des énoncés de deux mots produits par les jeunes enfants. Cette description est fondée sur l'identification de deux classes grammaticales dites primitives : une classe d'unités-pivot et une classe d'unités *open* (termes introduits par M. D. S. Braine en 1963). Le repérage de ces classes repose sur une analyse distributionnelle* des énoncés de deux mots qui a pour objet de déterminer :

1. la fréquence de chaque mot ;
2. la position qu'un mot occupe dans les combinaisons ;
3. les associations d'un mot avec un autre.

Sur la base de ces critères, on a cru pouvoir dégager les deux classes précitées. Les mots de la classe-pivot sont fréquemment utilisés, ont une position fixe dans la combinaison (soit la première, soit la seconde), ne sont pas utilisés seuls, et ne se combinent pas entre eux ; les mots de la classe ouverte ont les propriétés inverses. *M. Hupet*

Grammaticalité

Bonne formation, conformité aux contraintes de la langue. Ce terme a d'abord été utilisé pour désigner la correction proprement syntaxique (V. Syntaxe), distincte de l'interprétabilité sémantique* et de l'acceptabilité* pragmatique*. Puis, par extension, il en est venu à désigner la conformité (éventuellement graduable) par rapport à un ordre quelconque de règles* langagières. Censés refléter l'intuition* des locuteurs*, mais incontrôlables empiriquement, les jugements* de grammaticalité portés par les linguistes ont en fait le statut épistémologique d'hypothèses de travail ou d'axiomes* instituant des données. L'**agrammaticalité** d'une expression est usuellement signalée d'un astérisque. *A. Berrendonner*

Grand automatisme mental → Automatisme mental

Grandeur → Constance perceptive

ment » des pattes antérieures chez les insectes, ainsi que les patrons moteurs* typiques du *grooming* des oiseaux : lissage des plumes, frétillements, secouements divers, etc. Bon nombre d'espèces exploitent pour la toilette un élément de l'environnement physique. C'est le cas de la baignade, du déploiement des ailes pour leur séchage, du grattement contre un arbre ou un rocher et des bains de poussière ou de boue. Si ce genre de comportements ne laisse aucun doute sur leur fonction hygiénique et antiparasite, il n'en est pas de même de ceux qui consistent à s'enduire le corps de matières fécales ou putréfiées (chez certains canidés), pour lesquels la fonction reste inconnue. Bien que surtout dirigés vers soi, les mouvements de toilette peuvent dans certaines circonstances s'adresser à des congénères, notamment chez les espèces hautement organisées au niveau social (épouillage chez les primates, y compris l'homme). On parle alors de *grooming* social. Celui-ci contribue non plus seulement à la propreté corporelle mais aussi à des fonctions sociales, comme le maintien des liens* familiaux, la hiérarchie* dans un groupe ou la communication* tactile.

E. Tirelli

Groupe-analyse

Au sens large, la groupe-analyse est une méthode d'investigation des formations et des processus psychiques qui se développent dans un groupe ; elle fonde ses concepts et sa technique sur certaines des données essentielles de la théorie et de la méthode psychanalytiques, et sur des élaborations originales requises par la prise en considération du groupe en tant qu'entité spécifique.

Dans un sens plus restreint, la groupe-analyse est une technique de psychothérapie psychanalytique de groupe et un dispositif d'expérience de l'inconscient* en situation de groupe, mis au point par l'école anglaise de la *group-analysis*. Ce concept, formé par l'Américain T. Burrow en 1927, a été repris et élaboré par des psychanalystes anglais (S. H. Foulkes, J. Rickman, H. Ezriel). Cinq idées principales sont à la base de la groupe-analyse foulkésienne : 1. le parti d'écouter, de comprendre et d'interpréter le groupe en tant que totalité dans « l'ici-maintenant » ; 2. la prise en considération du seul transfert « du groupe » sur l'analyste et non des transferts intragroupaux ; 3. la notion de résonance inconsciente et/ou fantasmatique* entre les membres d'un groupe ; 4. la tension commune inconsciente du groupe ; 5. la notion de groupe comme matrice psychique et cadre de référence de toutes les interactions.

R. Kaës

Groupe Balint

Au sens restreint et précis, méthode de formation psychologique des médecins mise au point par le psychanalyste britannique d'origine hongroise M. Balint en 1957. Un petit groupe de praticiens (huit à dix) se réunit régulièrement en présence d'un médecin psychanalyste afin de débattre des cas des malades qui ont mis en difficulté, sur le plan de la relation, tel ou tel des participants. Le groupe en discute, suggère des solutions au praticien qui est en relation avec le malade, lui communique éventuellement des interprétations le renvoyant à son contre-transfert*. Au sens large, on appelle groupe Balint tout groupe dont les objectifs et les modes de travail sont analogues et qui rassemble des professionnels de la relation (psychologues, orthophonistes, assistants de service social, voire enseignants) autour d'un moniteur psychologue ou psychanalyste.

J.-M. Petot

Groupe d'appartenance

Caractéristique psychosociale dégagée par H. Hyman pour relier la participation d'un individu à sa position dans une structure sociale. Le groupe d'appartenance est celui où un sujet* est impliqué en tant que membre solidaire d'un ensemble de relations, d'activités et de valeurs* qui modèlent ses conduites* sociales. L'appartenance à un groupe sert à situer l'individu dans l'échelle sociale, à structurer son champ cognitif, à satisfaire ses besoins d'affiliation* et de reconnaissance, à définir son identité* sociale. Lorsqu'un groupe d'appartenance est subi comme « inéluctable », il peut, selon E. de Greeff, constituer un élément de résistance aux changements et devenir une source de stigmatisation* sociale. Un groupe d'appartenance « choisi » favorise l'interdépendance des fonctions normatives et comparatives en procurant une satisfaction affective caractérisée par un degré élevé d'homophilie des constellations de pairs.

J. Selosse

Groupe de diagnostic → Base (Groupe de —)

Groupe de référence

Cadre psychosocial permettant d'établir des relations préférentielles entre un individu et son environnement, le groupe* de référence offre une structure de comparaison à partir de repères partagés en commun. Il fournit des motifs d'aspiration* permettant de changer des conduites* en orientant des attitudes* sociales selon une hiérarchie de valeurs*. Le groupe de référence remplit différentes fonctions normatives et comparatives, identificatoires*, positives ou négatives, affinitaires et sert à anticiper des satisfactions sociales. R. K. Merton a proposé une théorie du groupe de référence comme système d'inspiration de conduites collectives générant des modifications de représentations mentales qui poussent les individus à prendre leurs distances vis-à-vis de leur groupe d'appartenance* et à rechercher des affiliations* dans d'autres groupes.

J. Selosse

Groupe des déplacements → Groupe mathématique

Groupe INRC → Opération formelle, Formel, Groupe mathématique

Groupe interne

Formation intrapsychique dotée d'une structure et de fonctions de liaison entre des pulsions, des objets, des représentations et des instances formant un système de relations : le réseau des identifications, la structure distributive, permutative et dramatique des fantasmes* originaires, la représentation anthropomorphique de l'appareil psychique, les systèmes de relation d'objet, les complexes et les *imagos** sont des exemples de groupes internes. La conception freudienne de l'inconscient* comme groupe de pensées clivées exprime la notion de la groupalité psychique, organisée par les processus originaire, primaire et secondaire. Les groupes internes fonctionnent comme organisateurs psychiques* de la construction de l'appareil psychique groupal*.

R. Kaës

Groupe mathématique

Ensemble d'éléments (objets, opérations, transformations) muni d'une opération de composition. Pour parler de groupe (au sens mathématique), les conditions suivantes doivent être satisfaites :

1. l'opération appliquée à deux éléments de l'ensemble* donne un élément de l'ensemble ;
2. l'opération est associative : x op (y op z) = (x op y) op z ;
3. il existe dans l'ensemble un élément dit neutre n tel que x op n = x ;
4. à tout élément de l'ensemble x correspond un élément x' tel que x op x' = n.

Groupe des déplacements : si l'on appelle déplacement* le trajet d'un point A à un point B, les quatre conditions de définition du groupe sont satisfaites. Psychologiquement, la condition 1 implique que le sujet ait constitué un système d'ensemble ; la condition 2 qu'il ait pris conscience de la possibilité de détours ; les conditions 3 et 4 qu'il sache qu'il est toujours possible de revenir au point de départ. Mais tout cela exige une décentration* des actions propres et J. Piaget parle déjà de groupe des déplacements au simple niveau des comportements*.

Groupe INRC : groupe de transformations* au sens mathématique du terme, transformations qui portent sur l'ensemble des seize opérations binaires possibles dans une logique bivalente. Soit par exemple l'une d'elles : « p et q » :

I est la transformation **identique :** I(p et q) = p et q.

N est la **négation**, au sens de l'algèbre de Boole : N(p et q) = non-p ou non-q.

R est la **réciproque :** R(p et q) = non-p et non-q.

C est la **corrélative :** C(p et q) = p ou q.

On voit facilement que les quatre transformations sont composables entre elles et qu'on a, par exemple, RC(p et q) = N(p et q). Ce groupe, qui résume bien et l'aspect global et l'aspect combinatoire de la pensée formelle, n'est concevable qu'au niveau hypothético-déductif, et constitue l'expression complète du stade* des opérations formelles*.

J.-B. Grize

Groupe primaire

Introduite par H. C. Cooley en 1909, cette notion caractérise un type de groupe de taille limitée dont les membres ont entre eux des rapports d'association et de coopération directs, intimes, immédiats et réciproques (famille, groupe de camarades, groupe de voisinage, groupe de jeu des enfants). Il en résulte une identification réciproque dans une totalité fusionnelle qu'exprime le « nous ». On distingue les groupes primaires naturels, dont on est membre de fait (la famille) ; les groupes primaires d'association fondés sur l'adhésion volontaire, les affinités ou la communauté d'intérêt ; les groupes primaires artificiels, fondés par un projet thérapeutique ou formatif. *R. Kaës*

Groupe T.

Le groupe T. (appellation abréviative issue de la traduction de *basic skills Training-group*) est une méthode de formation personnelle à la dynamique des groupes*. Inventée en 1947 par les disciples de K. Lewin, la méthode initiale repose sur le principe de l'apprentissage par l'expérience des forces psychiques qui se développent dans un groupe primaire* artificiel régi par un dispositif stable : 8 à 12 participants (qui n'ont pas de liens antérieurs entre eux et dont les traits d'identité sont hétérogènes quant à l'âge, le sexe, la profession, les responsabilités et la culture) se réunissent pendant un nombre relativement élevé de séances pour ne communiquer que par la parole dans une entière liberté des échanges. Un moniteur, éventuellement assisté d'un observateur ou d'un comoniteur, a pour tâche de maintenir les règles du dispositif et l'objectif de formation des participants au diagnostic des phénomènes de groupe.

Sur la base des expériences mises au point au *National Training Laboratory in Group Development* de Bethel (Maine), des objectifs, des formules et des théories différentes se sont développés aux Etats-Unis et en Europe ; en témoignent les diverses dénominations ultérieures du groupe T. : groupe de base, groupe de diagnostic, d'évolution ou de sensibilisation, groupe centré sur le groupe, etc. Un partage s'est effectué entre deux principales orientations. L'une, psychosociologique, est centrée sur l'expérience et l'élaboration des phénomènes d'autorité, de *leadership,* de norme, de morale et de communication. Ses objectifs sont variables : entraînement au travail en groupe, apprentissage de la négociation, analyse de la résistance au changement, contestation des tendances bureaucratiques des groupes et des institutions. L'autre, psychanalytique, est centrée sur les conditions propres à rendre possible une expérience de l'inconscient et de la subjectivité en situation de groupe. *R. Kaës*

Groupement

Terme qui désigne habituellement la réunion de plusieurs éléments en une structure d'ensemble ; il est utilisé en psychologie dans deux acceptions différentes.

Dans les travaux ayant trait à la mémoire*, désigne le fait de grouper des éléments d'un matériel à apprendre (lettres, chiffres) en une entité plus importante (syllabe, mot, nombre) qui acquiert le statut d'une unité pertinente à mémoriser (***chunk***). Le *chunk* est l'unité dans laquelle s'exprime potentiellement l'empan* de la mémoire immédiate* ; il implique généralement une interprétation du stimulus* fondée sur les connaissances* stockées dans la mémoire à long terme* : groupement de lettres en syllabes ou en mots (les lettres S, O, L, E, I, L, C, H, A, T devenant les deux unités *« soleil »* et *« chat »*) ou groupement par conversion de code* (la suite XVIILXI devenant les deux nombres 17 et 61). Il existe également des groupements sans signification* (des listes comme 3B24X471C4F2 étant segmentées en sous-ensembles de 3 ou 4 éléments contigus). On admet généralement que les habiletés* exceptionnelles en mémoire immédiate résultent en grande partie de la mise en œuvre de stratégies de groupement très puissantes.

Dans le vocabulaire piagétien, désigne une structure mathématique qui rend compte des opérations concrètes* (opérations qui dépendent des contenus sur lesquels elles portent). Elle est caractérisée par les propriétés suivantes :
1. la composition transitive, définie par l'opération directe (+) ;
2. la réversibilité*, définie par l'opération inverse (–) ou par la réciproque (gh) ;
3. l'identité*, définie par l'opération identique dont le résultat est l'élément neutre (0);
4. l'associativité, définie par la possibilité d'atteindre dans certaines conditions le même résultat par des voies différentes.

La structure de groupement est intermédiaire entre la structure de groupe* qui repose sur une relation d'équivalence* et celle de treillis qui repose sur une relation d'ordre. Elle se caractérise par une double limitation, dont l'une porte sur l'associativité et l'autre sur les possiblités de composition des opérations. Il existe deux familles de groupements, celle des groupements de classes et celle des groupements de relations. Le groupement a fait l'objet de plusieurs tentatives de formalisation*, notamment par le logicien J.-B. Grize.

S. Bredart, J.-B. Grize, E. Jalley

Groupes (Dynamique des —)

Expression forgée en 1944 par K. Lewin à la suite de ses recherches aux Etats-Unis sur des petits groupes. Elle marque la révision du postulat individualiste sur lequel cet auteur avait fondé ses travaux antérieurs concernant la personnalité* et son champ d'action : les conduites humaines lui apparaissent dès lors comme la résultante non seulement des forces psychologiques individuelles mais des forces propres au groupe auquel l'individu appartient. Son expérience *princeps* en 1939 portait sur la comparaison entre des groupes d'enfants menés de façon autoritaire, démocratique et laisser faire quant au taux d'agressivité* suscité ainsi dans le groupe. L'observation de groupes réunis autour d'une tâche concrète commune a, selon K. Lewin, à être menée scientifiquement dans des conditions expérimentales. Son modèle théorique est inspiré de la physique des champs de forces et de la psychologie de la forme* (*Gestalttheorie*). La dynamique s'oppose à l'étude statique ou morphologique des groupes ; elle étudie les rapports d'interdépendance des variables en jeu, la tension et l'aboutissement qui en résultent : équilibre quasi stationnaire, évolution lente, choc mutatif. Le changement groupal passe par trois étapes : décristallisation de l'équilibre actuel, mutation, renforcement de l'équilibre nouveau. La topologie* fournit des représentations graphiques de ces rapports. Après la mort de K. Lewin en 1945, la dynamique des groupes a connu un essor important dans quatre directions. L'une d'elles a développé la perspective béhavioriste* et/ou cognitiviste* (par ex., l'effort du groupe, selon L. Festinger, pour réduire la dissonance* cognitive). Une autre a poursuivi l'expérimentation dans la perspective lewinienne (par ex., avec K. Coch et G. French, l'étude des processus permettant de surmonter la résistance au changement*). Une troisième a intégré les apports du psychodrame* et de la sociométrie* de J. Moreno dans le sens de la psychothérapie de groupe. Une dernière orientation s'est centrée sur une méthode nouvelle de formation aux relations humaines et de sensibilisation au fonctionnement des groupes par la participation à des petits groupes de libre parole (groupe T.*). Cette méthode a été exploitée principalement dans le sens du non-directivisme* chez l'animateur par C. Rogers et dans celui d'un travail d'interprétation psychanalytique par W. Bion. La dynamique des groupes étudie les structures de pouvoir, les processus de prise de décision, les communications*, les réseaux d'affinités*, les styles de commandement, la créativité* collective, les émotions et la mentalité* de groupe, etc. *D. Anzieu*

Guérison

Action de guérir : souvent le contexte sera synonyme de rétablissement, cicatrisation, cessation, ajustement, ou encore protection, défense, persévération.

Pour G. Canguilhem, la notion de guérison pose le problème du normal et du pathologique ; elle renvoie à la notion d'une nouvelle norme individuelle. A travers la guérison, l'organisme viserait à réaliser des transformations permettant l'obtention de nouvelles constantes, malgré d'éventuels déficits persistants, qui permettent de retrouver un nouvel ordre.

La guérison doit se concevoir plutôt comme une mutation d'un « agencement » en un autre qui concerne une restitution à l'état initial. Dans la perspective de la thérapeutique, la visée fondamentale est la guérison du processus psychopathologique. Les critères en sont multiples : normalisation de la conduite*, souplesse adaptative* suivant les situations, capacité à satisfaire les besoins en fonction de la réalité objective.

D'un point de vue strict, la guérison exige la suppression complète et définitive du processus morbide, mais on distinguera deux aspects :

1. la guérison d'une phase pathologique ou d'un accès qui peut laisser subsister un dispositif par lequel la récidive ou la reprise évolutive est possible, c'est la guérison au sens symptomatique ;
2. la guérison pure et simple, qu'elle soit sans séquelles avec restitution *ad integrum,* ou qu'elle soit accompagnée de séquelles à type d'infirmité, par exemple. *J.-F. Allilaire*

Guidance

Mot anglais francisé dans les années 1950 au moment où l'orientation scolaire* intégrait, en plus des tâches d'examen et de diagnostic, des fonctions à la fois de thérapie et de réadaptation* scolaire qui amenaient psychiatres et psychologues à assumer, auprès des enfants perturbés et de leur famille, des responsabilités de conseil, de soutien, d'aide à la décision, voire de direction, sinon des consciences, tout au moins du processus en cours. Ces mots de la langue française auraient sans doute désigné non sans vérité les pratiques effectives, mais leur charge d'autoritarisme, même tempérée, les rendait idéologiquement impropres, face au prestige de la non-directivité*. Moins connoté, et sans qu'il fût nécessaire d'en débattre, guidance s'imposa. *D. Hameline*

Gust → Gustation

Gustation

Sens qui permet la détection et la discrimination de molécules de l'environnement, associé pour l'essentiel à la sélection et à la consommation de nourriture. Ces produits chimiques sont détectés par des cellules réceptrices assemblées en bourgeons du **goût** localisés sur certaines parties de la langue et dans la cavité buccale. La discrimination des qualités sensorielles telles que le sucré, l'amer, le salé et l'aigre dépend de composants chimiques dont la répartition quantitative détermine les qualités. La nature chimique des molécules palatables et les sites actifs sont bien connus. Les cellules du goût ne répondent pas d'une manière équivalente à ces séries chimiques, bien qu'une cellule donnée puisse répondre à des stimulus variés ; il existerait donc une certaine sélection qui se retrouve dans la répartition des bourgeons : le sucré est mieux perçu dans la partie antérieure et la pointe de la langue, l'aigre sur les côtés, l'amer sur l'arrière, le salé sur les bords. La molécule palatable altère le potentiel de repos de la cellule. Une seule fibre sensorielle innerve plusieurs cellules dans un bourgeon, et aussi des cellules d'un bourgeon voisin. Les messages sont transmis au noyau du faisceau solitaire dans le bulbe et, après relais, vont rejoindre le noyau parabrachial du goût. Des neurones du troisième ordre projettent au cortex* gustatif, à la strie terminale, l'amygdale*, l'hypothalamus*, etc. De nombreuses interactions existent entre ces neurones gustatifs et les systèmes viscéraux ; les noyaux pontiques et bulbaires permettent la coordination du comportement ingestif, des régulations énergétiques et de la balance hydrique.

La psychophysique* de la gustation, en recourant aux diverses méthodes d'estimation* de l'intensité* et de la qualité* des sensations gustatives, se heurte encore à la difficulté de trancher entre les conceptions classiques fondées sur les combinaisons des quatre saveurs fondamentales, et celles qui font une part, pour ce qui est des stimulations composites, à l'émergence de qualités nouvelles, non réductibles aux saveurs fondamentales. Le ***gust*** est une unité d'intensité sapide, applicable aux échelles* de sensation concernant ces quatre saveurs, proposée en 1948 mais tombée en désuétude.

M. Le Moal

Gymnastique

Discipline sportive où chaque concurrent réalise un enchaînement de figures sur différents agrès tels que la barre fixe, les anneaux, la poutre. La compétition* aboutit à un classement général ou à chaque agrès. La performance est notée par des juges et dépend du niveau de difficulté des habiletés réalisées, de la virtuosité, du risque et des qualités expressives et esthétiques de l'exécution.

La gymnastique sportive se distingue radicalement des gymnastiques du XIXe siècle et du début du XXe qui étaient des méthodes d'éducation physique* généralement non compétitives et faisant un usage intensif des agrès.

M. Durand

H

Habileté

Ensemble circonscrit de compétences* s'actualisant dans des comportements efficaces, et résultant généralement d'un apprentissage*, éventuellement favorisé par des dispositions ou aptitudes* innées. Les habiletés motrices désignent plus particulièrement des savoir-faire manifestés dans des mouvements* organisés complexes, tels que rencontrés dans les sports. Le terme s'applique couramment aux savoir-faire artisanaux et techniques, aux performances artistiques, aux acquisitions scolaires, aussi bien qu'à des compétences cognitives plus abstraites. On a distingué, surtout dans le contexte éducationnel, des habiletés de base*, conditions, dans un *curriculum**, du passage à des acquisitions ultérieures plus complexes, et des **habiletés de niveau supérieur,** compétences très générales applicables, en principe, à une grande diversité de problèmes.

M. Richelle

Habileté de base

Appelées dans le passé les trois clés du savoir (les *3 R's — reading, writing, arithmetic* — des Anglo-Saxons), les habiletés de lecture*, d'écriture et d'arithmétique gardent leur valeur fondamentale, mais ne suffisent plus à constituer le viatique culturel dans la société contemporaine. Aussi, on y ajoute de plus en plus souvent l'alphabétisation* informatique et l'alphabétisation médiatique. Par ailleurs, l'importance déterminante de certaines composantes affectives du développement* ont amené plusieurs auteurs à défendre la thèse des habiletés cognitivo-affectives de base : plasticité mentale, curiosité d'esprit, capacité d'identifier les problèmes et de les résoudre, créativité*, capacité de travailler en groupe, résistance aux tensions. La complexification croissante de la société postindustrielle impose de faire acquérir, idéalement par tous, de solides habiletés de base. Le mouvement contemporain en faveur d'une focalisation renouvelée sur ces habiletés risque de diminuer la place à réserver aux apprentissages* culturels plus généraux.

G. de Landsheere

Habileté motrice

Capacité acquise par apprentissage* à réaliser une tâche* complexe en exécutant des mouvements répondant à des exigences de précision, de rapidité, d'économie, d'efficience et de régularité.

On sépare classiquement les habiletés ouvertes des habiletés fermées. Les premières se déroulent dans un milieu changeant, instable et peu prédictible où la planification de la réponse est impossible. A l'inverse, les secondes peuvent être planifiées parce qu'elles se déroulent dans un milieu stable (ou changeant de manière régulière et donc prédictible) immédiatement ou après un apprentissage de cette régularité. On distingue également les habiletés visant un objectif situé dans l'espace (les **topocinèses**), des habiletés ayant pour but la production d'une forme gestuelle (les **morphocinèses**).

On ne parle d'habileté que si la tâche est suffisamment difficile pour n'être pas réalisable d'emblée et impose un apprentissage des moyens pour atteindre le but. Ce processus aboutit à une automatisation* et une intériorisation* du contrôle du mouvement ainsi qu'à une intégration des éléments constitutifs de la réponse en une séquence motrice lisse et stable. Enfin, l'habileté correspond à un fonctionnement économique, c'est-à-dire à une mobilisation restreinte des ressources attentionnelles et à l'établissement d'un rapport optimal entre le travail mécanique produit et la dépense énergétique occasionnée par ce travail. *M. Durand*

Habitat

Terme usité en écologie* animale pour désigner l'espace géographique hétérogène rassemblant tous les milieux indispensables à la vie d'une espèce : gîtes et abris, parcours et voies d'accès ou de fuite, ressources alimentaires. Souvent confondu avec biotope*, il s'en distingue par sa plus grande étendue, sa complexité, la référence à une espèce ou à une communauté définie : la forêt de volcans est l'habitat du gorille de montagne ; la savane est l'habitat des herbivores sauvages, mais la rivière ou la mare sont les biotopes refuges de l'hippopotame. Il se définit donc à la fois par rapport à la nature et l'étendue du milieu géographique et à l'aire d'action d'une espèce. S'agissant d'un individu, on distingue le domaine vital ou espace et la partie de l'habitat effectivement utilisée (V. Territoire). *J.-C. Ruwet*

Habituation

Atténuation, pouvant aller jusqu'à la disparition, d'une réponse* par répétition du stimulus* qui la provoque. L'exemple classique est celui de réaction d'alerte* ou d'orientation* au stimulus sonore survenant dans l'environnement du sujet. A mesure que le stimulus se répète, la réaction d'alerte s'atténue, jusqu'à s'effacer. L'habituation se distingue de l'extinction*, qui concerne les réactions conditionnées*. On peut y voir une forme élémentaire d'apprentissage non associatif, qui désencombre l'organisme de réponses qui se révèlent inutiles tout en préservant sa réactivité initiale à l'apparition du stimulus. Que l'habituation corresponde à un processus actif plutôt qu'à une simple dégradation de la réponse semble confirmé par le phénomène de déshabituation* (ou réapparition de la réponse à la présentation d'un stimulus interférent*). L'habituation se manifeste aussi bien au niveau comportemental (réaction d'orientation de la tête et du regard vers la source sonore, réaction de contraction à la stimulation mécanique chez des organismes élémentaires, flexion du membre à une stimulation douloureuse, etc.) qu'au niveau des corrélats électrophysiologiques (potentiel* évoqué).

L'habituation offre une méthode d'exploration psychophysique* chez des sujets dont la collaboration ne peut être obtenue sur simples consignes* verbales. C'est ainsi qu'elle est utilisée pour déterminer les capacités de discrimination auditive chez le nourrisson : la présentation d'un stimulus sonore interrompt chez celui-ci la succion* non nutritive spontanée, aisément enregistrée à l'aide d'un capteur de pression ; après quelques présentations répétées du même stimulus, on ne relève plus d'interruption de la succion ; si l'interruption se manifeste à nouveau sur présentation d'un stimulus sonore différent, on peut affirmer que le sujet discrimine le second stimulus du premier. On voit comment cette méthode permet de déterminer les seuils* absolu* et différentiel*.

On parle, par extension, d'habituation à propos de la familiarisation du sujet avec une situation* expérimentale, préalable à la mise en route de l'expérience proprement dite : après une période d'habituation à la chaise de contention, le macaque est soumis aux problèmes de mise en correspondance différée*. L'habituation vise à écarter les réactions, et particulièrement les réactions émotionnelles, qui risqueraient d'interférer avec la bonne marche de l'expérience, à la différence de la mise en train* qui vise à mettre le sujet en condition, en le familiarisant avec les caractéristiques propres de la tâche.

Il convient de distinguer l'habituation de l'adaptation* du récepteur* sensoriel à certaines caractéristiques du stimulus (ex. : adaptation à la lumière intense, à la stimulation thermique). *M. Richelle*

Habitude

Ce terme du langage courant n'a pas pris de sens technique précis dans la langue scientifique. Son équivalent anglais *habit* tenait une place importante dans la théorie de l'apprentissage* élaborée par C. Hull dans les années 1940 ; il y avait statut de *construct** hypothétique ou variable intermédiaire*, inférable de la production des comportements acquis, et dont la force était fonction de diverses conditions de l'apprentissage ; l'ambitieuse tentative de théorie hypothético-déductive de Hull n'ayant imposé ni ses formules ni sa terminologie, le terme *habit* ne se rencontre guère plus dans la littérature scientifique anglo-saxonne qu'en français. Lorsqu'on en use, le mot habitude désigne généralement un comportement acquis, ayant atteint un certain niveau d'automaticité, et dans le registre des conduites motrices plutôt que verbales ou intellectuelles. On trouve récemment chez M. Mishkin l'opposition mémoire/système d'habitudes dans l'une des nombreuses dichotomies proposées pour rendre compte des dissociations observées dans les fonctions mnésiques, parallèle à l'opposition mémoire déclarative*/procédurale* ou mémoire explicite/implicite*. *M. Richelle*

Habitus

Terme qui désigne de façon générale la manière d'être d'un sujet*.

En médecine, désigne l'apparence générale du corps considéré comme expression extérieure de l'état de santé ou de maladie du sujet. On parle d'*habitus* normal ou d'*habitus* morbide. Enfin, peut s'adresser à un comportement acquis, fortement caractéristique d'un groupe social quelle que soit son étendue, et qui paraît transmissible au point de sembler inné. *J.-F. Allilaire*

Haine

La haine est un sentiment, toujours intense, d'une personne à l'égard d'une ou de plusieurs autres personnes à qui elle veut du mal ou dont les malheurs la réjouissent. La haine est déclenchée par l'envie, par la jalousie, par une blessure d'amour-propre, par une injustice subie*. Elle peut entraîner le mépris, l'agressivité*, la vengeance. Elle peut alterner avec des sentiments d'amour* pour la même personne (ambivalence*) ou provenir d'un retournement en son contraire* d'une passion amoureuse excessive ou déçue. Tandis que l'amour recherche la similitude ou la complémentarité avec le partenaire, la haine est une réaction d'intolérance aux différences par rapport à l'autre ou aux autres. Les soubassements inconscients de la haine ont été étudiés par la psychanalyse. S. Freud les rattache aux pulsions de mort*. M. Klein a précisé la précocité des fantasmes sadiques* et destructeurs chez le bébé. D. Winnicott a fait reconnaître le rôle parfois nécessaire de la haine dans le contre-transfert* du psychanalyste. *D. Anzieu*

Hallucination

L'hallucination, au sens médical du terme, est un phénomène pathologique, défini comme une perception* sans objet ou, plus précisément, une perception sans objet à percevoir.

La clinique psychiatrique distingue, depuis J. Baillarger, les hallucinations psychosensorielles et les hallucinations psychiques. Les premières possèdent toutes les qualités de la perception. Elles peuvent concerner tous les systèmes perceptifs : auditif (entraînant des hallucinations auditives), visuel, olfactif, gustatif ou tactile. Les hallucinations psychiques ne possèdent pas cet élément sensoriel. De description difficile, les hallucinations psychiques sont souvent définies à l'aide de métaphores, sorte de « voix intérieures », elles ne possèdent pas le caractère d'extériorité, impliquant le système perceptif, de l'hallucination psychosensorielle. Cependant, elles partagent, avec l'hallucination psychosensorielle, la qualité d'étrangeté par rapport à la pensée* propre du sujet* et le vécu* d'intrusion de l'autre à l'intérieur même de l'esprit*.

L'hallucination est parfois difficile à isoler d'autres phénomènes sensoriels proches, et notamment de l'illusion*.

S'appuyant sur les deux caractères fondamentaux attribués à la perception normale, on peut définir l'hallucination comme l'altération du mécanisme perceptif proprement dit, et l'illusion comme une mauvaise interprétation* du phénomène perceptif.

Le problème des bases psychologiques de l'hallucination a été récemment reformulé par les psychologues cognitivistes qui se sont interrogés sur les rapports de ce phénomène à l'image* mentale.

L'image mentale constitue le produit d'une activité de représentation*, et non une simple réplique du réel. La plupart des études ont porté sur les hallucinations survenant chez les schizophrènes. Chez ces malades, une des hypothèses avancées est l'existence d'un lien entre vivacité de l'imagerie dans une modalité sensorielle donnée et la présence d'hallucinations dans cette modalité. Cependant, si cette caractéristique de l'image mentale réalise un prérequis, elle ne constitue pas une condition suffisante pour expliquer la survenue d'hallucinations. Il y aurait en outre une altération de la fonction de test de la réalité qui pourrait rendre compte de l'attribution de l'expérience perceptive à une origine extérieure au sujet. Cependant, chez les sujets normaux, dans les états de grande relaxation ou les périodes d'assoupplissement, l'expérience perceptive peut ne pas être attribuée à soi et être vécue comme une image volontaire.

Or, la caractéristique de ces états est l'absence d'engagement du sujet dans une pensée dirigée. L'origine de l'image mentale qui survient (sa finalité ou le but cognitif) échappe alors au sujet et apparaît comme involontaire.

C'est l'émergence de telles images, alors que le schizophrène est engagé dans une action ou une pensée dirigée avec laquelle elles sont incompatibles, qui induirait l'idée de leur origine externe. Une telle émergence s'expliquerait par l'incapacité du schizophrène à produire des pensées ou des actions structurées. Les ruptures dans l'organisation de ces plans d'action autoriseraient l'apparition de séquences incompatibles avec leur intention initiale.

Sous le terme d'hallucination négative, on entend l'absence apparente de perception d'une donnée de la réalité. Le fait a été observé dans le cas de « l'Homme aux loups » de Freud. Certains psychanalystes accordent une place importante à ce phénomène, forme extrême d'un déni de la réalité et n'étant pas nécessairement d'origine psychotique. *M.-C. Hardy-Bayle*

Hallucinogène

Produits dont la prise induit certains phénomènes morbides spécifiques au premier rang desquels une altération de l'activité perceptive allant d'une intensification des perceptions* à des illusions* et à des hallucinations* le plus souvent visuelles mais parfois auditives ou tactiles. Des symptômes physiques (dilatation pupillaire, tachycardie, tremblements et incoordination motrice) et une anxiété complètent le tableau. D'autres symptômes, dont la survenue est aléatoire, sont mis sur le compte du contexte dans lequel s'effectue la prise (posologie, personnalité* du patient).

M.-C. Hardy-Bayle

Hallucinose

Recouvre plusieurs phénomènes différents, la différence tenant aussi bien aux critères cliniques la définissant qu'à l'étiologie.

Les termes hallucinose ou **phénomènes hallucinosiques** peuvent désigner des productions hallucinatoires (auditives, visuelles ou olfactives) que le malade critique, c'est-à-dire dont il reconnaît le caractère morbide. L'existence de ce phénomène doit évoquer une atteinte de nature organique, notamment épileptique.

Au contraire, l'hallucinose des buveurs, décrite chez les alcooliques, désigne un état hallucinatoire où les hallucinations auditives sont au premier plan et ne suscitent aucune critique de la part du sujet. Lorsque les thèmes sont persécutifs ou de contenu injurieux (ce qui est le plus fréquent), la réactivité délirante est forte et le passage à l'acte à craindre. Cet état survient après diminution ou cessation de la consommation d'alcool. L'évolution est le plus souvent favorable, elle se fait rarement vers un délire* chronique.

Enfin, dans l'**hallucinose pédonculaire**, le sujet présente des hallucinations visuelles sous la forme d'un défilé d'images qu'il peut ou non critiquer. Cet état témoigne d'une lésion de la calotte des pédoncules cérébraux, le plus souvent, lorsqu'il est isolé, de nature vasculaire ou toxi-infectieux. *M.-C. Hardy-Bayle*

Halo

Anneaux, colorés ou non, observés dans certaines conditions de la vision d'une source lumineuse ponctuelle ou au travers d'un trou sténopéique excentrique. Il s'agit aussi d'un symptôme fréquent rencontré dans certaines affections oculaires telles que le glaucome (V. Effet de halo).

R. Génicot

Handicap

Au sens premier, jeu de hasard (*hand in cap :* « main dans le chapeau »), puis désavantage imposé lors d'une épreuve sportive à un concurrent réputé plus fort, ce terme est utilisé en psychologie, de préférence à « infirmité » ou à « déficit », pour signifier le désavantage psychosocial que doit compenser une personne atteinte d'une déficience*. La notion de handicap est relative aux normes d'usage, au niveau de développement* et aux capacités de tolérance du groupe auquel appartient le **handicapé.** On distingue généralement quatre types de handicap :

1. le handicap sensoriel (amblyopie, cécité*, surdi-mutité*, etc.) ;
2. le handicap moteur (paralysie, infirmité motrice cérébrale, etc.) ;
3. le handicap mental (arriération*, débilité*, etc.) ;
4. le handicap résultant d'une maladie chronique (asthme, diabète, tuberculose, etc.).

On définit également trois degrés d'intensité du handicap, en tenant compte de ses répercussions physiques et sociales :

1. le handicap léger, qui n'entrave pas les potentialités de développement et permet une indépendance sans aide extérieure ;
2. le handicap moyen, pour lequel une intervention spécialisée rend possible une intégration sociale et professionnelle ;
3. le handicap profond, qui rend l'individu dépendant d'autrui, y compris pour la réalisation des besoins élémentaires.

J.-P. Bronckart

Handling → Maniement

Happening

Forme généralisée de l'impromptu théâtral, développé en France par J.-J. Lebel et visant à créer spontanément un « événement » *(happening)* imprévu et provocateur (poétique, musical, dramatique, dansé, etc.) qui sollicite la participation improvisée des spectateurs. Un *happening* se déroule au théâtre, au musée, dans la rue. Il peut être utilisé dans certaines thérapies dérivées du psychodrame*. *D. Anzieu*

Haptique

Domaine d'étude scientifique des sens cutanés (par analogie avec optique et acoustique*). Adjectivement, qui se rapporte au toucher*.

Dichaptique : se dit d'une présentation de deux stimulus tactiles différents à deux zones symétriques du corps, généralement les mains ; la technique est employée notamment dans l'étude des fonctions hémisphériques* chez des sujets à cerveau dédoublé*. *M. Richelle*

Harem

Le harem est une forme stable de polygynie (V. Polygamie) où un mâle s'assure le contrôle durable de plusieurs femelles, qu'il rassemble, protège des avances des mâles rivaux et féconde au moment opportun. Des cas de harem ont été bien étudiés chez des antilopes (impalas), les zèbres, des primates (entelles, geladas, patas, babouins hamadryas et gorilles). Chez l'impala, le mâle et son harem devancent sur le domaine vital le groupe de mâles célibataires, de sorte que les ressources du milieu profitent d'abord aux reproducteurs ; les célibataires sont organisés en une hiérarchie* d'où sortiront les contestataires du mâle conducteur du harem. Chez les singes, en cas d'élimination du mâle fécondant, le remplaçant peut tuer les jeunes en bas âge pour libérer les mères de la lactation et restaurer à son profit leur cycle œstral. *J.-C. Ruwet*

Harmonisation des notes → Docimologie

Hasard

Lorsque des phénomènes dont les conditions de définition sont parfaitement déterminées peuvent avoir plusieurs issues possibles, ils sont dits fortuits : lorsqu'on les réalise, le résultat observé est attribué au hasard. Le hasard est donc une cause* fictive invoquée pour rendre compte d'observations qu'on ne peut prédire parfaitement.

Son existence a depuis toujours fait l'objet de nombreuses controverses. Pour certains, il s'agit d'un simple produit de l'ignorance des vraies causes des événements : Hippocrate affirmait que le hasard n'est rien : tout ce qui se fait a une cause certaine et cette cause se trouve encore en avoir une autre qui l'a produite ; le hasard ne peut donc exister que dans la nature. Pour d'autres en revanche, l'existence du hasard est liée au fait que l'univers n'est pas complètement régi par des lois déterministes* mais qu'il est aussi partiellement contingent.

Les psychologues se sont intéressés à la manière dont la représentation du hasard se construit chez l'enfant : d'abord conçu comme un obstacle à la déductibilité, le hasard est progressivement assimilé en comprenant que, même si les cas individuels restent imprévisibles, certaines régularités peuvent s'observer au niveau des ensembles.

La théorie qui a pour objet l'étude des phénomènes dus au hasard est la théorie des probabilités*. Elle cherche à formaliser les régularités observées dans les phénomènes fortuits à partir d'une mesure de leur tendance à se produire. *D. Defays*

Haschich → Cannabinoïde

Hauteur tonale

La hauteur d'un son ou sa tonie* est le caractère de la sensation* auditive qui fait dire que le son est plus ou moins grave ou aigu. La hauteur d'un son dépend essentiellement de sa fréquence* : plus celle-ci est élevée, plus le son paraît aigu. Pour tous les sons, la sensation de hauteur dépend aussi légèrement de leur intensité* ou de leur niveau de pression acoustique. Aussi a-t-on suggéré de caractériser numériquement la hauteur d'un son quelconque par un nombre égal, non pas à sa fréquence, mais à la fréquence du son pur pris à 40 dB au-dessus de la pression de référence qui donne à l'auditeur normal moyen une sensation de hauteur comparable. La hauteur serait alors évaluée en mels*. *R. Génicot*

Hébéphrénie

Décrite comme entité morbide autonome en 1871 par E. Hecker, elle se caractérise par l'apparition successive ou alternante de différentes formes d'état mélancolique, narcissique ou confusionnel dont l'éclosion est en rapport avec l'âge jeune postpubertaire, et dont l'évolution se fait rapidement vers un état de faiblesse psychique et d'appauvrissement mental dont les indices sont identifiables dès le début des troubles et qui peuvent évoluer jusqu'à un état de stupidité terminale.

Reprise ultérieurement comme une des formes de la démence précoce, puis dans le groupe des psychoses schizophréniques. Plus récemment, des travaux ont insisté sur l'opposition des symptômes négatifs et des symptômes positifs caractéristiques des psychoses paranoïdes, et sur l'alternance ou le mélange complexe de ces deux aspects.

A cet égard, l'expression **hébéphréno-catatonie** paraît correspondre pour des auteurs comme H. Ey à une forme mixte plutôt qu'à une variété particulière d'hébéphrénie. *J.-F. Allilaire*

Hébéphréno-catatonie → Hébéphrénie

Hédonisme

Doctrine philosophique selon laquelle la conduite ne serait guidée que par la recherche de plaisir* et l'évitement* de la douleur*.

Au XVIIIe siècle, l'hédonisme s'exprime dans la morale des intérêts* défendue par les philosophes associationnistes* comme J. Locke ou D. Hume. L'utilitarisme* anglais reprendra, au début du XIXe siècle, l'idée que les motifs* de l'action humaine sont la recherche du plaisir et la fuite de la peine en proposant une économie et même une arithmétique des plaisirs et des peines, qui servent de fondement à la législation.

En psychologie, c'est le béhaviorisme*, héritier du pragmatisme*, qui reprend le plus clairement, dans les théories du conditionnement*, les principes de la doctrine hédoniste. *F. Parot*

Certains chercheurs ont émis l'hypothèse de l'existence de structures cérébrales dites de plaisir ou de récompense et de structures dites d'évitement* ou d'aversion*. De fait, la stimulation intracérébrale de certaines régions provoque des manifestations d'approche*, de récompense ou de plaisir identifiées par exemple par le phénomène d'autostimulation*, ou des manifestations d'évitement ou de fuite identifiées par l'échappement incoercible du lieu où l'animal se trouve lors de la stimulation. La récompense et la punition se rattachent à cette conception du bon et du mauvais : certains auteurs prétendent identifier des « neurones de récompense » et des « neurones de punition ». Ces mêmes neurones seraient tout naturellement impliqués dans les processus de renforcement*. Cette conception est fortement localisatrice (V. Localisation cérébrale) et réductionniste. *M. Le Moal*

Héméralopie

Insuffisance d'adaptation à l'obscurité se manifestant par une déficience lors de la vision nocturne ou crépusculaire (vision scotopique, voire mésopique). On distingue des héméralopies congénitales, à hérédité dominante ou récessive, et des héméralopies acquises par avitaminose A ou par dégénérescence rétinienne. *R. Génicot*

Hémianopsie

Altération de la moitié du champ visuel (**hémichamp**) des deux yeux. L'altération peut affecter rarement la moitié supérieure (hémianopsie altitudinale), le plus souvent la moitié latérale (hémianopsie latérale). Une hémianopsie latérale est homonyme (droite ou gauche) lorsqu'elle affecte les moitiés droite ou gauche de chaque champ visuel ; la lésion responsable siège sur les voies visuelles rétrochiasmatiques contralatérales. Une altération limitée aux quadrants supérieurs ou inférieurs de chaque champ visuel définit une **quadranopsie** (supérieure ou inférieure). *J.-L. Signoret*

Hémiasomatognosie → Asomatognosie

Hémichamp → Hémianopsie

Hémiplégie

Atteinte motrice d'un hémicorps, consécutive à une lésion de la voie pyramidale (ou centrale) reliant le cortex* cérébral moteur aux cellules de la corne antérieure médullaire. Cette atteinte motrice associe de façon variable un déficit moteur (ou paralysie), des modifications du tonus musculaire, des réflexes ostéotendineux et des réflexes cutanés (le classique **signe de Babinski** est la réponse en extension du gros orteil à la stimulation cutanée plantaire ; il traduit une lésion de la voie pyramidale). *J.-L. Signoret*

Hémisphère cérébral

Au nombre de deux, les hémisphères cérébraux constituent, avec le diencéphale*, le cerveau proprement dit. Ils dérivent embryologiquement du développement du télencéphale* et sont symétriquement disposés, dans la boîte crânienne, à droite et à gauche par rapport à la structure médiane qu'est le diencéphale. Leur face superficielle est parcourue de circonvolutions et de scissures qui délimitent des lobes : lobe frontal*, lobe pariétal*, lobe temporal*, lobe occipital*, lobe de l'insula. Chaque hémisphère, comme toute autre partie de l'axe cérébro-spinal, est formé de substance grise et de substance blanche. La substance grise est constituée par le cortex* et les noyaux gris centraux, la substance blanche occupe l'espace compris entre le cortex, les noyaux gris centraux et la face latérale du cerveau intermédiaire et constitue en particulier les commissures* interhémisphériques. *R. Decombe et M. Le Moal*

Hémisphérectomie

Ablation neurochirurgicale du cortex* cérébral, et de la substance blanche sous-jacente, d'un hémisphère* cérébral ; les noyaux gris centraux et le thalamus sont en règle épargnés. Cette intervention exceptionnelle est pratiquée habituellement chez des enfants porteurs de lésions cérébrales sévères affectant un seul hémisphère et généralement responsables d'épilepsie*.

J.-L. Signoret

Hérédité

Ensemble des processus qui président à la transmission biologique et sont fondés sur les propriétés du patrimoine génétique ou génome*. Ces processus font l'objet d'une branche particulière de la biologie*, la génétique*, et leur rôle dans les comportements l'objet de la génétique comportementale ou psychogénétique. Intuitivement reconnue depuis longtemps par le sens commun, frappé par les ressemblances entre générations, puis postulée par les grandes théories de l'évolution*, l'hérédité a été en partie élucidée au cours d'un siècle de recherches particulièrement fécondes, qui ont mené des travaux, d'abord ignorés, de G. Mendel autour de 1865 jusqu'au décodage du substrat chimique de l'information* génétique avec F. Crick et J. D. Watson en 1953, qui ouvrit la voie à la génétique moléculaire.

Dans les espèces à reproduction sexuée, l'information génétique est véhiculée par les gamètes mâle et femelle, et inscrite dans les chromosomes*, où elle est codée dans les molécules d'acide désoxyribonucléique* (ADN) dont l'exploitation et la reproduction mettent en jeu des mécanismes de transcription et de duplication. La complexité de ces mécanismes et des structures sur lesquelles ils portent ne permet plus aujourd'hui de concevoir l'hérédité comme une simple répétition du même trait qui serait déclenchée par la présence d'un gène particulier. Elle est l'expression, dans le phénotype*, d'une dynamique subtile où les caractères observés découlent le plus souvent de l'interaction entre gènes multiples, aux statuts et fonctions divers (gènes de structure, gènes régulateurs), et que modulent sans cesse les influences de l'environnement dans lequel l'organisme se développe. La marge de variation dans l'actualisation des potentialités du génome est par conséquent très grande, et particulièrement dans les aspects comportementaux des phénotypes.

La part de l'hérédité dans les comportements et les capacités (intelligence*, traits* de personnalité*, pathologie mentale) fait depuis longtemps l'objet de débats où les vues idéologiques contaminent souvent les données objectives, à la faveur d'une ignorance ou d'une simplification des concepts, des méthodes et des acquis de la génétique.

R. Doron, E. Jalley, M. Richelle

Herméneutique

Interprétation des textes religieux, philosophiques, littéraires, juridiques, mais aussi de toutes les formes d'expression humaine, non écrite : œuvres d'art, récits populaires, symboles* et mythes*. Ce dernier aspect a donné lieu à de nombreuses études dans le domaine de la psychanalyse* appliquée. Dans une acception particulière, le terme a été un moment utilisé pour désigner une lecture des textes psychanalytiques dans la perspective idéaliste d'une anthropologie phénoménologique et existentielle.

E. Jalley

Héroïne

Opiacé* dérivé de la morphine, l'alcaloïde majeur de l'opium, extrait du pavot. L'exposition de la morphine à l'acide acétique provoque une modification de la structure chimique par acétylation des groupes phénol et alcool qui conduit à l'héroïne.

Elle fut commercialisée dès la fin du siècle dernier, surtout comme médicament de la toux en raison d'une efficacité remarquable supérieure à celle de la codéine (autre dérivé opiacé). Les effets de dépendance* et ses potentialités à provoquer une toxicomanie* ne furent pas immédiatement évalués. L'héroïne n'a pas d'activité propre, c'est une prodrogue ; elle est métabolisée en 6-acétylmorphine qui est la molécule active dans le cerveau. Seuls les métabolites de l'héroïne se lient aux récepteurs* opioïdes (ou opiacés) membranaires de certains neurones. Le mode d'action pharmacologique est plus rapide, plus bref que celui de la morphine en raison d'une plus grande liphophylicité qui lui permet de traverser la barrière hémato-encéphalique (ce que ne peut faire la morphine).

L'héroïne est une substance dont l'usage non médical est illicite. Ses indications chimiques sont réglementées et varient d'un pays à un autre. L'héroïne, comme la morphine, est un narcotique, un analgésique puissant et elle est euphorisante (plus que la morphine). Cette molécule fait partie de la liste des substances provoquant des toxicomanies. Son action sur les récepteurs opioïdes à la périphérie et dans le cerveau fait l'objet de recherches intenses. L'action au niveau des récepteurs est bloquée par la naloxone et ses dérivés. La méthadone est également un agoniste* des récepteurs opioïdes de plus longue durée d'action que l'héroïne, ce qui justifie sa prescription dans certains programmes du traitement de la toxicomanie dans la mesure où le sujet peut reprendre une vie sociale plus normale car non orientée vers la recherche de la drogue. *M. Le Moal*

Héroïque (Identification —)

L'identification héroïque permet au sujet de se défendre contre les tensions internes en agissant au-dehors son conflit, au travers d'un rôle prestigieux, modelé par des schèmes collectifs et figuré par des prototypes de héros* qui fournissent des justifications à la conduite agie. Cette notion d'identification héroïque permet tout à la fois de se dépasser, de prendre un risque, d'affirmer une autorité, de légitimer une domination voire même de disculper une transgression*. Elle participe à l'élaboration des transformations psychiques en œuvre, par exemple, dans un processus criminogène ou méritoire qui, progressivement, en favorise la mise en acte. *J. Selosse*

Héros

Personnage légendaire qui surmonte des épreuves et réalise des exploits bien au-delà des capacités normalement attribuées aux êtres humains. Ce caractère hors normes fait du héros une figure extraordinaire (les demi-dieux de la mythologie) qui déborde des limites et qui le situe au-delà des lois naturelles et sociales. Sa filiation déroge souvent aux liens de parenté habituels et le fait s'opposer dramatiquement à celui qui occupe la place du père. Associées à la force de figuration des héros, leurs images structurent la vie psychique en symbolisant la dramaturgie des tensions intérieures et en alimentant les fonctions de l'imagination. L'identification héroïque* permet à un sujet de s'approprier les attributs qui aident au dépassement de ses propres limites, voire même à la transgression* des interdits.

J. Selosse

Hertz

Unité de fréquence* d'une grandeur périodique correspondant à une période ou cycle par seconde et notée Hz : $1\text{Hz} = 1\ s^{-1}$. Cette unité est universellement employée quelle que soit la nature de l'oscillation. Exemples : en acoustique, la fréquence du LA3 vaut, par convention, 440 Hz ; en photométrie, la fréquence correspondant à la couleur vert-jaune est de 540.10^{12} Hz (plus ou moins 555 nanomètres de longueur d'onde) ; en électricité, 50 Hz est la fréquence du courant alternatif industriel en Europe.

R. Génicot

Hétérochromosome → Chromosome

Hétéronomie → Autonomie

Heuristique

Procédé non algorithmique* aidant à la résolution de problèmes*, qui permet habituellement de résoudre plusieurs problèmes similaires, mais qui ne garantit pas la validité de la solution. On distingue des heuristiques générales, par exemple décomposer le problème en problèmes plus simples que l'on sait résoudre, et des heuristiques spécifiques, propres au domaine, comme regrouper les termes de même degré dans la résolution d'équations algébriques. Dans les problèmes dont la résolution nécessite des étapes de choix, une heuristique est une méthode ou un principe qui permet de décider, lors d'une étape, quel est le choix le plus prometteur pour atteindre un but donné. Ainsi certaines heuristiques utilisent des fonctions d'évaluation de distance, de coût des actions.

La formalisation des heuristiques est un des objectifs de l'intelligence artificielle*.

J. Mathieu

Heuristique de jugement

Mises en lumière par D. Kahneman et A. Tversky, les heuristiques de jugements désignent des procédures cognitives* simplistes utilisées pour résoudre des problèmes spécifiques. Leur utilisation permet à l'individu de simplifier la tâche à laquelle il est confronté et de réduire l'incertitude pour un faible coût cognitif (par comparaison avec un raisonnement logiquement fondé). Acquises sur la base de l'expérience passée, de l'observation, ou par instruction des agents de socialisation, elles conduisent généralement l'individu à une solution (ou un jugement, ou une décision) acceptable mais potentiellement fausse. *F. Ric*

Hibernation

L'hibernation est une stratégie à laquelle de nombreux animaux ont recours pour surmonter sans dommage des conditions saisonnières défavorables quant au climat et aux ressources alimentaires. Elle est fréquente chez les invertébrés comme les insectes et les mollusques, et chez les amphibiens et reptiles, animaux à sang froid dont le métabolisme est en tout temps sous la dépendance des variations de la température ambiante. On connaît quelques cas de torpeur temporaire chez des oiseaux (engoulevents, martinets, colibris) mais il s'agit d'une mise au ralenti de l'organisme pendant quelques heures du cycle journalier. La véritable hibernation, caractérisée par un sommeil* profond et prolongé, une mise au ralenti du métabolisme avec ralentissement des rythmes cardiaque et respiratoire, une économie des dépenses énergétiques, une chute de la température, est connue chez les monotrèmes et marsupiaux, des rongeurs, des insectivores et les chauves-souris. L'animal devient hyperactif à l'automne, s'aménage une cachette, y accumule des réserves alimentaires (V. Amassement) et s'y confine avant l'altération du climat. Un rythme saisonnier interne règle l'évolution polyglandulaire à la base des changements de comportement et de métabolisme déterminant l'endormissement comme le réveil. *J.-C. Ruwet*

Hiérarchie

Concept introduit en neurologie et en psychiatrie par H. Jackson en 1884 dans la perspective évolutionniste de C. Darwin et de H. Spencer : alors que l'évolution* est une marche ascendante qui va des centres nerveux inférieurs les plus simples, les plus automatiques mais aussi les mieux organisés vers les centres supérieurs les plus complexes, les plus volontaires et les moins organisés, la dissolution des fonctions suit une marche descendante. Mais celle-ci n'est pas une simple régression de sens inverse : un certain niveau d'évolution persiste, de sorte que la maladie est une révolution qui comporte une symptomatologie positive : elle décapite la hiérarchie et lui substitue des forces anarchiques dont les plus évoluées exercent encore un contrôle. Un ordre nouveau est reconstitué. Cette conception hiérarchique fut importée en psychologie et en psychopathologie par T. Ribot, S. Freud et P. Janet. Ainsi l'embryogénie de l'esprit humain, conçue par E. Renan en 1848, aboutit au principe de la continuité hiérarchique : pour A. Gesell, l'appareil moteur primaire conserve sa fonction dans l'ensemble des actions adaptatives et sociales. Le concept de hiérarchie est au centre de l'épistémologie des sciences biologiques et psychologiques, où il s'articule à celui d'intégration, comme le souligne F. Jacob : dans une telle organisation, des propriétés nouvelles émergent du niveau inférieur ; leurs constituants peuvent les expliquer mais on ne peut pas les en déduire.

R. Doron

En éthologie*, la notion de hiérarchie se rapporte à deux phénomènes. D'une part, à l'hypothèse selon laquelle le comportement animal s'organise en un système étagé de domaines majeurs (comportement de reproduction) englobant des domaines subordonnés (comportement de cour, de construction, de défense, de soins parentaux) contrôlant chacun une série d'actions de consommation* (mordre, menacer, poursuivre) ; ces domaines seraient sous le contrôle de systèmes de commandes organisés hiérarchiquement, allant du plus général et intégrateur au plus parcellaire et spécifique. D'autre part, elle se rapporte au fait que certains groupes sociaux s'organisent en un système étagé de relations de dominance*-soumission*. On parle alors de hiérarchie sociale. T. Schjelderup-Ebbe décrivit en 1922 le cas des poules domestiques où, dans les conditions de forte densité de la captivité, tous les individus se répartissent par la distribution de coups de bec (hiérarchie de becquetage) en une hiérarchie linéaire où l'animal supérieur (α) domine tous les autres, alors que l'animal inférieur (ω) est dominé par tous les autres. Ce cas classique a trop focalisé l'attention sur les notions de supériorité-infériorité et sur le rôle de l'agressivité*. A l'exception des animaux de contact, qui ne respectent pas une distance* interindividuelle, tous les groupes, même ceux qui ne s'organisent pas normalement en hiérarchie, développent en captivité, sous les contraintes des fortes densités et du faible espace disponible, une hiérarchie fondée sur l'agression réservant aux plus forts l'accès aux ressources ; cette exagération de la tension interindividuelle et la hiérarchie qui en résulte sont des artéfacts*. Dans la nature, la hiérarchie sociale est un système qui organise et minimise les affrontements réels. Alors que la territorialité* fonde une paix basée sur la propriété foncière et se rencontre dans les milieux stables à ressources prévisibles, la hiérarchie sociale est caractéristique des groupes vivant dans des milieux instables à ressources irrégulières et imprévisibles. La hiérarchie sociale, à l'instar de la territorialité, réserve en premier aux individus reproducteurs les avantages du milieu. Toutefois, du fait de la complexité des relations interindividuelles, on a tendance à substituer aux notions de supériorité-infériorité celles de statut et de rôle. Le rang élevé confère des avantages mais aussi des responsabilités et des risques ; inversement, l'activité des animaux de rang peu élevé n'est pas indifférente pour le groupe. La fixation rapide, par des affrontements symboliques de menace* et d'évitement*, des rapports interpersonnels de dominance et soumission, combinée aux capacités de mémorisation* et de reconnaissance interindividuelle, installe rapidement au sein du groupe les règles de préséance ainsi que les rôles.

J.-C. Ruwet

Hippocampe

Encore appelé **corne d'Ammon,** il constitue la partie principale de la formation hippocampique, qui comprend également le gyrus dentatus et le subiculum. Formant un renflement au niveau de la corne temporale du ventricule latéral, cette formation, située à la face interne de l'hémisphère cérébral*, borde la 5e circonvolution temporale ou cortex parahippocampique. L'hippocampe est fait de substance grise repliée sur elle-même, dont la disposition vue sur coupes justifie l'un et l'autre de ses deux noms. Ce cortex ancien, comportant des cellules pyramidales dans l'hippocampe et des cellules en grains dans le gyrus dentatus, est le lieu d'un circuit trisynaptique très étudié. Les entrées de l'hippocampe sont constituées par l'ensemble fornix-fimbria qui véhicule la voie cholinergique en provenance du septum (voie septo-hippocampique), et par-delà du diencéphale, et par la voie perforante provenant du cortex entorhinal, permettant d'alimenter l'hippocampe en informations* sensorielles passant par le télencéphale. Les sorties de l'hippocampe se font essentiellement par le fornix (ou trigone) vers le **septum** et d'autres structures télencéphaliques et diencéphaliques, mais aussi par le subiculum vers le cortex. L'hippocampe constitue ainsi une des composantes du circuit de Papez* ou circuit hippocampo-mamillo-thalamique.

Les fonctions attachées à l'hippocampe sont complexes et encore mal connues. Au premier plan se situent les processus de mémorisation*, bien que la part et la nature de l'intervention de l'hippocampe restent controversées : sélection, traitement et indexation des informations avec comparaison à celles déjà stockées, l'hippocampe constituant le centre d'un circuit à double entrée le mettant en relation à la fois avec le néocortex (où se ferait le stockage proprement dit) et avec le diencéphale*. L'hippocampe aurait pour rôle de caractériser les attributs de toute information afférente et d'autoriser éventuellement son stockage (V. Potentialisation). D'autres implications fonctionnelles sont attribuées à l'hippocampe, plus ou moins reliées entre elles ou avec la mémorisation : contrôle de l'inhibition* (interne ou comportementale), détection de la nouveauté*, analyse spatiale (constitution de cartes spatiales), persévération* des conduites, vie émotionnelle*, contrôle des niveaux d'activité*. Ces différentes interventions de l'hippocampe rendraient compte de certains troubles observés lors d'atteintes temporales (syndrome de Klüver et Bucy* ; troubles mnésiques).

B. Soumireu-Mourat

Histogramme

Dans le cas d'une distribution* d'effectifs* regroupés en classes, à chaque modalité observable on peut associer la valeur de la densité de la classe à laquelle elle appartient : ce faisant on définit une fonction numérique, qu'on appellera fonction de densité d'effectifs de la distribution regroupés en classes. Cette fonction est une fonction étagée : sa représentation graphique est constituée d'une succession de segments horizontaux, correspondant chacun à un intervalle du regroupement ; on l'appelle histogramme (des effectifs) de la distribution.

En partant d'une distribution de fréquences* regroupées en classes, on obtient de la même façon un histogramme des fréquences. Aux valeurs frontières (limites de classes) on a coutume de joindre les points représentatifs de la fonction par des segments verticaux (en ces points, la valeur de la fonction de densité est arbitraire).

P. Bonnet et H. Rouanet

Histoire

L'histoire se présente en psychologie* par les concepts de genèse*, de croissance*, de développement*, de culture* et de civilisation : c'est le cadre des conditions d'existence et des milieux* spécifiques où s'élabore la vie mentale. La psychologie historique* d'I. Meyerson se demande ce qui, dans le nouveau, est différent de l'ancien, comment et pourquoi ce nouveau est apparu. Quand il s'agit de l'histoire personnelle, la méthode clinique utilise l'anamnèse* et la catamnèse* pour rétablir le contexte d'une conduite* ou préciser le changement d'un sujet* : mais S. Freud a montré que l'effet d'« après-coup » remanie les traces mnésiques selon les expériences nouvelles et l'accès à un autre type de développement. Mais lorsque l'historien et le psychologue tentent de penser la temporalité culturelle des individus, ils se heurtent à une limite commune. Dans ce cas, en effet, le vécu* plie sous la main et l'on n'arrive jamais à saisir « le dur du mou » (L. Wittgenstein), ce qui est cependant la condition et le début de toute science.

E. Jalley et R. Doron

Désigne, par ailleurs, le contenu narratif distingué de l'acte de narration* et du texte* narratif proprement dit (V. Récit) ; une histoire peut être traduite dans des formes sémiotiques différentes : en mots ou en images fixes (bande dessinée) ou mobiles (cinéma). La notion de fable des formalistes correspond à l'histoire. Un écrivain (Flaubert, par ex.) ne peut emprunter à un fait divers que son histoire pour en faire un roman *(Madame Bovary).* Pour qu'il y ait histoire, il faut nécessairement un indice temporel doublé d'un indice de causalité* (cela permet de distinguer un texte narratif véritable d'un récit de voyage ou d'une simple relation chronologique). Diverses recherches centrées sur la production*, la mémorisation et la compréhension* de textes ont montré que les éléments de l'histoire étaient maîtrisés avant la structure du récit proprement dite.

J.-M. Adam

Histrionique (Personnalité —)

Tirant son origine du latin *histrio* qui signifie « acteur », ce terme et son substantif (histrionisme) ont depuis longtemps servi à définir un des traits marquants de la personnalité* des hystériques* : la propension à la dramatisation* des situations, à l'emphase des sentiments* et au fait que la production des symptômes* nécessite la présence d'un tiers spectateur et s'accompagne d'une relative indifférence à leur égard.

On a pu démontrer qu'il n'existe qu'une faible relation de dépendance entre les symptômes de conversion* hystérique et ces troubles de personnalité qui leur sont traditionnellement attachés. Dans un souci de marquer clairement cette différence, la classification DSM IV *(Manuel diagnostique et statistique des troubles mentaux)* a proposé de décrire sous le terme de « personnalité histrionique » un état permanent caractérisé par un comportement dramatique et hyperactif associant tout ou partie des traits suivants : hyperexpressivité des émotions, recherche incessante de l'attention d'autrui, besoin d'activités et de sensations fortes, réactivité excessive à des événements mineurs, accès irrationnels de colère et de mauvaise humeur et perturbation des relations interpersonnelles caractérisée par l'inauthenticité, l'égocentrisme et la dépendance.

D. Widlöcher

Holding → Maintien

Holophrase

Enoncé d'un seul mot que l'enfant produit entre 12 et 18 mois (on parle également d'énoncé ou de période holophrastique) et qui signifie davantage que ce seul mot (par ex., *« Papa »* prononcé par un enfant qui vient de trouver une cravatte de son père). Reste ouverte la question de savoir dans quelle mesure les holophrases peuvent être considérées comme de véritables phrases* exprimant des relations syntaxiques (du type sujet-verbe, par ex.) ou sémantiques (du type possession-possesseur) comparables à celles de l'adulte. Le débat porte également sur la capacité d'analyse informationnelle que suggère la sélection qu'opère l'enfant dans son répertoire lexical en fonction du degré de saillance des divers aspects de la situation.

M. Hupet

Homéostasie

Terme utilisé pour la première fois par W. Cannon en se référant aux processus physiologiques coordonnés et complexes qui maintiennent le fonctionnement des divers organes et les mécanismes biologiques dans un équilibre* propre et réciproque tendant vers un état stable et basal. L'homéostasie correspond au maintien d'un équilibre optimal et adaptatif entre l'organisme et ses environnements interne et externe et concerne donc les régulations biologiques en général. Cette notion d'équilibre et de constance du milieu intérieur* en dépit des modifications de l'environnement* est due à Claude Bernard qui en proposa l'idée après une série d'expériences célèbres sur la constance de la glycémie et qui écrivit en 1878 que la fixité du milieu intérieur est la condition de la vie libre.

Les régulations physiologiques doivent cependant être élargies au domaine comportemental ; en effet le comportement*, à partir de signaux inconditionnés ou acquis, peut anticiper les conséquences biologiques des changements de l'environnement interne et externe ; ce phénomène peut être étudié dans le cadre des motivations*. D'une manière plus large, on peut même dire que le comportement est le moyen le plus sophistiqué qu'a trouvé un cerveau pour s'équilibrer lui-même. L'homéostasie offre des exemples achevés de rétroactions* négatives biologiques par lesquelles le fonctionnement du système est contrôlé par ses propres conséquences. *M. Le Moal*

Homicide

Terme générique, sous sa forme substantive qui définit la mise à mort d'une personne : soit involontairement (homicide par imprudence), soit délibérément (l'homicide volontaire est un meurtre), soit avec préméditation (c'est un assassinat*). L'adjectif homicide est utilisé pour caractériser une conduite* mortelle. Encore appelé « crime* de sang », l'homicide a été réparti en six catégories : crime par délectation, par contamination, par impulsion, par préjugés, par lâcheté (crime crapuleux), par décharge chez les déséquilibrés. L'étude phénoménologique du processus homicide a été menée par E. de Greeff qui distingue trois étapes de conversion criminelle* : l'idée velléitaire, l'assentiment formulé et la crise*, qui s'appuiera sur des éléments précipitants de la victime pour passer à l'acte* ou pour dévier l'exécution par un homicide inachevé. *J. Selosse*

Hominisation

Processus de l'évolution* par lequel, à travers une série de mutations génétiques sélectionnées par l'environnement, l'espèce humaine s'est constituée en se distinguant des autres espèces de primates*. Dans ce processus, le passage à la station bipède semble avoir joué un rôle décisif puisqu'il a libéré la main et permis le développement des zones frontales du cerveau* : les diverses étapes de l'hominisation sont en effet caractérisées principalement par le type d'objets fabriqués (dont l'archéologie préhistorique reconstitue les étapes) et par la capacité de la boîte crânienne (dont la paléontologie retrace l'évolution). Ce processus biologique est prolongé par celui, plus psychologique, d'humanisation*.

F. Parot et M. Richelle

Homme aux loups

Le plus célèbre des analysants de S. Freud, nommé ainsi en raison d'un rêve* effrayant où ce patient voyait plusieurs loups dressés sur un arbre en face de la fenêtre de sa chambre. S. Freud, dans son exposé du cas, se limite à l'étude de la névrose infantile (phobie d'animaux, suivie d'une névrose obsessionnelle) sous-jacente à la dépression survenue à l'âge adulte. Il souligne le rôle pathogène :

1. de l'observation du coït parental ;
2. de scènes de séduction* sexuelle de l'enfant par des bonnes et par sa sœur, scènes ayant mobilisé chez lui des fantasmes* très angoissants de castration*. Ce patient entreprit avec S. Freud, en 1910, une psychanalyse qui fut exceptionnellement longue pour l'époque et qu'il acheva en juillet 1914 pour se marier et pour rentrer en Russie. Chassé de son pays par la révolution de 1917 et ruiné, il fut réanalysé en 1919-1920 par S. Freud qui pensait que la première analyse n'avait pas été conduite à son terme. Il résida désormais à Vienne, vivant d'abord en partie de l'aide financière des psychanalystes, puis d'un emploi modeste dans une compagnie d'assurances. Analysé une nouvelle fois en 1926 à la suite d'un épisode délirant par une élève de S. Freud, Ruth Mack Brunswick, il se rétablit ensuite et vécut très âgé, sans jamais pouvoir se passer complètement d'aide psychothérapique. *J.-M. Petot*

Homme aux rats

Célèbre patient de S. Freud, analysé en 1907-1908, Ernst Lehrs (le nom est un pseudonyme, mais le prénom paraît être authentique) avait trente ans à la fin de son analyse. Il était avocat et se plaignait d'obsessions* et de compulsions*. C'est l'une de ses obsessions, relative à un supplice chinois dans lequel un rat affamé est introduit dans l'anus du condamné, qui motive le surnom sous lequel il est devenu célèbre. Le traitement fut un succès, mais le patient, qui était officier de réserve, fut parmi les premières victimes de la Première Guerre mondiale. S. Freud lui a consacré en 1909 l'un de ses principaux écrits cliniques, les « Remarques sur un cas de névrose obsessionnelle (l'Homme aux rats) », qui demeure à ce jour le texte psychanalytique le plus important consacré à la névrose de contrainte* ou névrose obsessionnelle*.

J.-M. Petot

Homochromie

Forme de camouflage*, permanente ou temporaire, par identité de la coloration de l'animal et de celle du substrat ou du milieu. L'homochromie est pratiquée par certains prédateurs* à l'affût qui attendent le passage de leur proie. Elle est le plus souvent le fait des proies potentielles. D'une manière générale, les oiseaux et mammifères des déserts possèdent des plumages et pelages dans la gamme des gris-beige des sables (alouettes, rongeurs, fennec). Les oiseaux et mammifères des régions arctiques (bruant des neiges, lagopède, hermine, lièvre, renard) acquièrent en hiver des livrées de couleur blanche. Chez maintes espèces appartenant aux crustacés, mollusques céphalopodes (seiche), batraciens, reptiles (caméléon) et poissons, les changements de coloration, grâce au jeu d'extension ou concentration des cellules chromatophores du derme, sont rapides et labiles, s'ajustant au milieu et aux circonstances, variant selon les motivations de l'animal. Ces changements sont induits par voie neurohormonale ; ils permettent de dissimuler ou au contraire d'exposer en un instant des déclencheurs* jouant un rôle important dans le comportement sexuel et agonistique*, et qu'il convient de masquer à un prédateur en chasse ou à un rival dominant (V. Soumission).

J.-C. Ruwet

Homogénéité (Test d'—)

Test pour lequel l'hypothèse nulle* est une hypothèse d'homogénéité. On dit aussi test de permutation. Le prototype en est le test de Fisher-Pitman pour deux groupes indépendants (structure S<G>). Intuitivement, dire que deux groupes sont homogènes, c'est dire qu'on peut les mélanger. A partir du groupe obtenu par réunion des deux groupes initiaux, on construit un ensemble de protocoles* possibles par rapport auquel on situe le protocole observé. Le principe de Fisher-Pitman s'étend à d'autres structures, comme la structure de groupes appareillés (structure S∗T). Les tests d'homogénéité* sont extrêmement répandus lorsque la variable est codée sous forme de rangs : test de Mann-Whitney pour les structures S<G>, test de Wilcoxon pour les structures S∗T. Les tests d'homogénéité font partie des méthodes non paramétriques*.

P. Bonnet et H. Rouanet

Homographe

Se dit de deux ou plusieurs formes linguistiques qui s'écrivent de la même manière mais qui ont des sens* différents. Les homographes peuvent avoir la même prononciation (par ex., *« cor »* dans *« cor de chasse »* et *« cor au pied »*), ou au contraire des prononciations différentes (par ex., dans *« Les poules du couvent couvent »* ou *« Peut-on se fier à ce fier jouvenceau ? »*). La capacité d'identifier les différences de statut syntaxique ou sémantique* des homographes a fait l'objet de diverses recherches en psycholinguistique* et en pathologie du langage.

M. Hupet

Homomorphisme → Morphisme

Homoncule

Ce sont les alchimistes qui les premiers prétendirent fabriquer un modèle* réduit d'homme qui, invisible et impalpable, opérait sur les forces obscures qui étaient censées régir la matière. En psychologie, la tradition béhavioriste*, sous la plume de B. F. Skinner surtout, reproche au cognitivisme* non seulement d'imaginer un homoncule (ou **homuncule**) à l'intérieur de l'organisme, qui déterminerait le comportement de celui-ci, mais aussi de ne pas expliquer le comportement de cet homoncule lui-même.

F. Parot

Désigne par ailleurs la représentation cérébrale homologue des différentes parties du corps. Exemple achevé de la localisation* cérébrale des fonctions : tous les manuels d'anatomie ou de physiologie nerveuse représentent la surface des aires corticales somesthésiques et motrices « occupée » par une maquette humaine dont la taille (ou la surface) des différentes parties du corps est proportionnelle à la surface occupée dans le cortex : par exemple, les mains auront une importance sensorielle et motrice plus grande que les pieds. Ce schéma résulte d'études neurophysiologiques après enregistrements des neurones ou après stimulations locales et de l'analyse des effets des lésions. Ces représentations somatotopiques sont en partie correctes, en partie trop schématiques. Les localisations fonctionnelles corticales n'ont ni cette rigueur ni cette simplicité et de grandes variations individuelles existent. Enfin, une seule fonction occupe rarement à elle seule des territoires corticaux aussi larges. *M. Le Moal*

Homonymie

Ce terme désigne la relation d'identité existant entre deux ou plusieurs formes linguistiques (il s'agit le plus souvent de morphèmes*) ayant le même signifiant* mais des signifiés* différents. Les formes présentant cette relation sont dites homonymes les unes des autres. On spécifie généralement l'homonymie en parlant d'homophonie (V. Homophone) lorsqu'il s'agit d'une identité phonique (par ex., sceau, seau, saut), et d'homographie (V. Homographe) lorsqu'il s'agit d'une identité graphique (par ex., *« fils »* dans *« les fils de Jean »* et *« les fils barbelés »*). *M. Hupet*

Homophone

On dit d'un mot qu'il est homophone par rapport à un autre mot lorsqu'il se prononce de la même manière que ce dernier mais a un sens* différent (par ex., *« bon »* et *« bond »*, *« conte »* et *« compte »*, ou *« sain »*, *« saint »*, *« sein »*, *« ceint »* et *« seing »*). On dit également de deux signes graphiques qu'ils sont homophones lorsqu'ils sont employés pour noter un même phonème* (par ex., *« s »* et *« t »* dans *« torsion »* et *« portion »*, ou *« s »*, *« c »*, *« ç »* et *« ss »* dans *« si ça cesse »*). *M. Hupet*

Homoscédasticité

La validité prédictive des scores obtenus à un test par rapport à un critère décrivant un comportement professionnel suppose vérifiée l'hypothèse d'homoscédasticité selon laquelle, lorsque la distribution des scores obtenus au test est découpée en segments, les variances du critère pour chaque segment sont équivalentes. Pratiquement, cela signifie que la capacité prédictive du test est vérifiée aussi bien pour les scores élevés que pour les scores faibles ou moyens. *C. Lévy-Leboyer*

Homosexualité

Relation amoureuse entre deux personnes du même sexe. Le terme s'applique aussi bien aux relations marquées par des attouchements physiques et toute forme de coït extragénital qu'à celles seulement marquées par des sentiments passionnés ou tendres. Quand on considère, non la relation, mais la tendance* ou disposition, le sens devient plus extensif. L'homosexualité dite latente échappe à la conscience du sujet* et s'exprime par des conduites* de substitut (amitiés sélectives, fréquentations, etc.), des formations réactionnelles ou une inhibition de l'activité hétérosexuelle (impuissance, frigidité).

Différents termes sont improprement confondus avec celui d'homosexualité. La **sodomie** (coït anal) se pratique également dans des relations hétéro- et homosexuelles. La **pédérastie** ne caractérise que l'homosexualité masculine orientée vers des sujets jeunes. Le **transvestisme** ou **travestisme** définit l'habitude de s'habiller et de se maquiller à l'imitation de l'autre sexe. Généralement observé chez des hommes, il n'est pas nécessairement l'expression d'une homosexualité, mais celle d'une forme de fétichisme*. Le **transsexualisme**, enfin, caractérise la croyance (quasi délirante) que l'on appartient en réalité au sexe opposé et s'exprime par la revendication d'être tenu pour tel, en particulier par des modifications médicales ou chirurgicales corporelles appropriées. Il ne s'accompagne pas, en règle générale, de tendance homosexuelle.

Considérée selon les époques et les sociétés comme un vice à réprimer, une déviance* à corriger ou une différence à respecter, l'homosexualité, masculine ou féminine, laisse entrer le mystère des déterminants biologiques et psychosociologiques qui guident l'orientation du choix sexuel. *D. Widlöcher*

Homuncule → Homoncule

Honte familiale

Affect conscient ou non, groupalement partagé par les membres d'une famille, pouvant être en rapport :

1. avec un secret, lié à un événement vécu dans la honte et associé à des interdits fondamentaux dans toutes sociétés : in-

ceste* et meurtre. Ce secret opère par clivage* et déni*, créant de graves lacunes dans le système symbolique et des effets de distorsion au sein de la communication intrafamiliale. Il est transmissible à travers les générations.
2. avec un trauma* familial réalisant une blessure narcissique : par exemple dans le cas de familles affectées par des maladies génétiques ou un handicap mental.

A. Ruffiot et L. Knéra

Horde

Ce terme d'origine mongole désigne une troupe vagabonde, le camp et la cour du roi. Il caractérise par la suite un groupe indiscipliné, puissant et uni dans son activité de désordre social, métaphore de la puissance désorganisatrice et meurtrière de la vie pulsionnelle lorsqu'elle n'est pas structurée par la loi œdipienne et l'interdit cannibalique. S. Freud, en 1913, a imaginé, sur le mode d'un mythe scientifique, le passage inaugural de la supposée horde primitive à l'organisation sociétale : le meurtre du père originaire par les frères, liés entre eux dans la rivalité et l'homosexualité, est métabolisé en une opération symbolique qui rend possible l'identification* des membres à l'Ancêtre commun et entre eux, institue l'interdit de l'inceste* et du meurtre de l'animal totémique. La version œdipienne du mythe de la horde recouvre la représentation originaire de l'archigroupe*.

R. Kaës

Horizon temporel → Temporel

Horloge interne

L'observation des rythmes* biologiques, et, dans bien des cas, de leur caractère endogène, a conduit à postuler l'existence de mécanismes internes, métaphoriquement appelés horloges, assurant à ces phénomènes cycliques leur indispensable base de temps. Les progrès de la chronobiologie*, s'ils n'ont pas pleinement élucidé la nature de ces horloges, ont cependant cerné tantôt certaines des structures nerveuses impliquées (glande pinéale chez les oiseaux, noyaux suprachiasmatiques chez les mammifères), tantôt des mécanismes oscillatoires au niveau cellulaire, voire moléculaire.

A l'instar de ce qui se passe pour les rythmes biologiques, on peut invoquer une ou des horloges internes pour expliquer les diverses formes de régulations temporelles* acquises ou d'estimation* du temps chez les animaux et chez l'homme. On n'est cependant pas en mesure actuellement d'en situer le substrat neural. Aussi certains chercheurs ont-ils proposé d'en faire l'économie, en invoquant l'hypothèse d'une horloge comportementale : le sujet exhibant une régulation temporelle serait guidé, non par quelque horloge interne, mais par le contrôle discriminatif de ses propres comportements, des conduites enchaînées les unes aux autres ou répétées jouant le rôle de repères (conduites collatérales*).

On parle enfin d'**horloge externe** lorsque l'on fournit au sujet une stimulation extérieure présentant une variation détectable en fonction du temps (par ex., atténuation graduelle de l'intensité lumineuse) ; l'animal exploite cette information comme le sujet humain utilise une horloge.

M. Richelle

Hormone

Messager chimique produit par une cellule et qui agit à distance de son lieu d'origine. Les cellules sécrétrices peuvent être organisées en glandes à sécrétion interne (ou **endocrines**) ou réparties de façon plus ou moins diffuse dans un tissu épithélial ou nerveux comme le système neuro-endocrinien diffus*. Les hormones sont classiquement divisées en grandes familles selon leur structure chimique. Les hormones **stéroïdes** (androgènes, œstrogènes, progestérone, corticostéroïdes), dérivées du cholestérol, pénètrent dans les cellules cibles et agissent sur l'expression génique par l'intermédiaire de récepteurs* intracellulaires (à cette famille se rattachent la vitamine D et la vitamine A). Les hormones **thyroïdiennes**, qui ont le même mécanisme d'action et dont la structure des récepteurs est très semblable à celle des hormones stéroïdes. Un grand nombre d'hormones ont une structure protéique (la plupart des hormones antéhypophysaires, l'insuline, la parathormone) ou polypeptidique (vasopressine, ocytocine, ACTH, glucagon, hormones du tractus gastro-intestinal). Certaines enfin dérivent des acides aminés* (adrénaline et noradrénaline médullosurrénaliennes, mélatonine épiphysaire, ainsi que les hormones thyroïdiennes évoquées plus haut). Toutes ces substances agissent, au niveau de la membrane des cellules cibles, sur des récepteurs spécifiques qui modifient divers systèmes de messagers intracellulaires (AMP cyclique et inositols phosphates en particulier) ou les mouvements ioniques à travers la membrane.

P. Mormède

Hors-groupe

Ensemble des membres du ou des groupes de non-appartenance de l'individu tel qu'il se dégage, à un moment donné, du processus de catégorisation sociale*. Quoique souvent décrit comme lieu de stigmatisations et de discriminations, le hors-groupe peut contenir des éléments, voire des groupes de référence, plus valorisés que les membres de l'intragroupe*.

Bien qu'il ne s'agisse pas là d'une règle systématique, les gens semblent établir moins de différences parmi les membres d'un hors-groupe que parmi les membres de l'intragroupe* (effet d'homogénéité du hors-groupe). *Ersoc*

Hospitalisme

Ensemble de troubles du bébé consécutifs aux carences* maternelles quantitatives décrit par R. Spitz dans les années 1940. En l'absence de maternage* suffisant, les réactions à la séparation* d'avec la mère peuvent entraîner, au bout de trois mois environ, la dépression anaclitique* et au bout de cinq mois, si rien n'est fait, le tableau très grave de l'hospitalisme qui n'est plus entièrement réversible. Outre le retard considérable du développement, l'enfant sombre dans un état de marasme avec chute de la courbe de poids, altération de l'état général, grande fragilité aux infections et risque létal. Les travaux de Spitz ont prouvé que le maternage répondait à un besoin absolu. Celui-ci est la meilleure prévention des syndromes de carence maternelle précoce. *B. Brusset*

Humanisation

Concept introduit par certains auteurs, tel J. Château, pour désigner le processus de construction et d'appropriation des valeurs proprement humaines et grâce auquel se prolonge l'hominisation* biologique. Concept corrélatif d'un double refus du primat biologique et du primat sociologique, l'humanisation correspond, pour le psychologue qui l'envisage à travers le développement* individuel, à la synthèse que tente un organisme pour retrouver son unité naturelle au niveau des représentations*.

R. Doron

Humaniste (Psychologie —)

Expression créée aux Etats-Unis par un groupe informel de philosophes et psychologues se réclamant de la psychologie phénoménologique et de la psychanalyse existentielle (A. Maslow, C. Bühler, C. Rogers, R. May) en vue d'ouvrir un champ théorique et pratique entre le béhaviorisme* et la psychanalyse, centré sur la relation intersubjective et l'expression des sentiments vécus ici et maintenant. Ce groupe aboutit à la constitution d'une association américaine puis internationale de psychologie humaniste, à la tenue de congrès internationaux, à la fondation en 1961 d'un *Journal of Humanistic Psychology.* L'influence, au début prépondérante, de C. Rogers et de ses groupes de rencontre* a cédé la place aux thérapies corporelles inventées à Esalen en Californie et plus ou moins inspirées des techniques orientales de méditation et de respiration. *D. Anzieu*

Humeur

Selon J. Delay, c'est l'ensemble des dispositions affectives et instinctives qui déterminent la tonalité fondamentale de l'activité psychique, capable d'osciller entre les deux pôles de l'euphorie expansive et de la dépression douloureuse ; la notion est facile à entendre mais difficile à définir. Le caractère holistique de l'humeur ne peut être exprimé que par une globalisation : « être de bonne humeur, de mauvaise humeur… ».

En psychologie, les émotions* sont classiquement décrites selon trois composantes : subjective, comportementale, physiologique. Si cette dernière peut être étudiée et mesurée de façon univoque, il n'en est pas de même des deux premières. Le clinicien est en effet confronté en permanence aux tendances attributionnelles du sujet et de lui-même (« je suis triste parce que je m'ennuie » ou bien « il est triste car il est figé »). En psychopathologie, cette globalisation de l'humeur amène à la considérer exclusivement comme un indice thymique*. Cependant il est possible de montrer que, derrière cette description uniaxiale de l'humeur, se rangent des tableaux sémiologiques* très différents et que le concept d'humeur éclate en plusieurs dimensions : troubles de la dynamique affective (émoussement affectif*, hyperémotivité) et *patterns* qualitatifs (tristesse douloureuse, irritabilité). L'approfondissement des connaissances passe par un démembrement des composantes horizontales (selon les émotions identifiées) et verticales (selon les niveaux expressifs), en faisant l'hypothèse que de nombreux symptômes correspondent à des structures en mosaïque issues d'une réorganisation pathologique entre les niveaux expressifs. *R. Jouvent*

Hygrokinèse → Cinèse

Hygrotropisme → Tropisme

Hylémorphisme

C'est le mode de constitution des êtres qui, selon la philosophie d'Aristote et des scolastiques, repose sur l'interaction d'une matière et d'une forme organisatrice. Au XIXe siècle, la renaissance de la scolastique (néoscolastique ou néothomisme) influence la psychologie de la forme* et provoque un retour au schème hylémorphique dans lequel le donné extérieur, en particulier perceptif, est organisé (informé, au sens étymologique du terme) par l'activité du sujet. Le concept de structure*, tel qu'on le définit dans la psychologie génétique* de J. Piaget, est proche de cette signification du mot forme. *P. Mengal*

Hyperactivation cognitive → Fuite des idées

Hyperactivité

La quantité d'actions* dans lesquelles s'engage un sujet peut constituer un symptôme qui reste le plus souvent difficile à reconnaître lorsqu'il est évalué seul, du fait de l'ambiguïté de ses limites avec un comportement normal. En effet, la quantité d'activité peut être éminemment variable d'un individu à l'autre. Analysée comme conduite isolée, on peut supposer son caractère morbide lorsqu'elle témoigne d'une incapacité pour le sujet à ne pas s'engager dans une action. Elle constitue alors une anomalie, le plus souvent en rupture par rapport à la propre norme du sujet, en tant que perte de la liberté d'agir par contrainte à agir. Ce signe est caractéristique de tous les états d'excitation, principalement des états maniaques*. Quand elle s'inscrit dans un contexte psychopathologique plus large qui lui octroie son statut d'anomalie (fuite en avant*), sa reconnaissance est facilitée. *M.-C. Hardy-Bayle*

Hyperalgésie

Sensibilité excessive à la douleur*, se traduisant par un abaissement du seuil* et/ou par l'exacerbation de la sensation douloureuse. *M. Richelle*

Hyperesthésie

Sensibilité excessive, au-dessus de la normale. Le terme est généralement réservé aux sensibilités cutanées*. *M. Richelle*

Hypermétropie → Accommodation visuelle

Hyperphagie → Boulimie

Hyperpolarisation → Polarisation

Hypersyntonie

La **syntonie** est un concept décrit par E. Bleuler, désignant l'accord affectif de l'individu et de son milieu. L'hypersyntonie, dans ce sens, désigne une réactivité excessive du sujet aux stimulus de son environnement, véritable assujettissement de ses réactions émotionnelles aux événements qui l'entourent : par exemple, tristesse excessive dans un contexte triste ou gaieté excessive dans un contexte gai.

Ce comportement a été décrit comme spécifique des états maniaques, et J. Delay l'utilise pour opposer schizothyme et cyclothyme. Cependant, ce comportement est, à l'évidence, un phénomène complexe, supposant l'intervention de plusieurs phénomènes liés et ne se résumant pas à une dimension émotionnelle. En effet, plus qu'une simple résonance affective, l'hypersyntonie désigne une hyperréactivité aux stimulus et une facilitation des réponses (émotionnelles et motrices) à ces stimulations. Cette hyperréactivité aux stimulus peut s'expliquer :

a. soit par une prise en compte excessive et non sélective de tout stimulus même banal et habituellement non opérant compte tenu du plan d'action dans lequel le sujet est engagé ;

b. soit par une facilitation exagérée de la réponse, le nombre de stimulus perçus n'étant pas modifié ;

c. soit par l'association de ces deux phénomènes. *M.-C. Hardy-Bayle*

Hypertexte

Ensemble de textes interconnectés par des liens, destinés à être lus suivant différents chemins et susceptibles d'être complétés. La lecture d'un hypertexte sur ordinateur s'effectue de manière non séquentielle, l'activation d'un point d'ancrage permettant l'accès à un autre texte grâce à un lien qui peut dépendre du contexte, selon le profil de l'utilisateur ou l'objectif de la consultation par exemple. Ce processus de parcours, appelé navigation, repose sur des accès associatifs aux informations. Il permet une activité d'exploration (parfois appelée butinage), qui nécessite généralement des aides cognitives au repérage et à l'orientation. La notion d'hypermédia généralise les principes de l'hypertexte aux documents multimédia (graphique, image, son, animation vidéo). Ces techniques sont utilisées pour la conception de manuels et d'encyclopédies électroniques, d'environnements d'apprentissage (V. EAO), et de documents accessibles sur la toile *(World Wide Web).* *M. Baron*

Hypertrophie du moi

Aux alentours de 1910, P. Sérieux et J. Capgras, H. Wallon et S. Freud étudient les délires* (de persécution, d'interprétation). Le moi*, dont la fonction normale de synthèse avait été soulignée, apparaît alors hypertrophié chez des malades présentant une paranoïa*, comme Louis II de Bavière ou le président Schreber. Chez ce dernier, le langage expose sa mégalomanie : pour lui, la toute-puissance divine était son alliée naturelle. D'un combat apparemment inégal entre un homme faible et isolé et Dieu lui-même, il était sorti vainqueur, et cela prouvait que l'ordre de l'univers était de son côté. En fait, l'hypertrophie du moi traduit sa faiblesse. Selon D. Lagache, l'étude psychanalytique du narcissisme*, où la conscience est fascinée par le moi, tandis que la relation avec les autres ne se fait plus qu'à travers lui, permet sans doute de mieux comprendre certains délires.

C. Prévost

Hypnose

Etat mental transitoire, ressemblant à un état de sommeil* quoique affectant un sujet éveillé. Il est caractérisé par une absence de réaction aux stimulus de l'environnement, une absence d'initiative comportementale, une suggestibilité* extrême et généralement un oubli consécutif après retour à l'état normal. L'hypnose est provoquée par différentes méthodes : fixation d'un point lumineux, du regard de l'hypnotiseur ou écoute de sa parole. On s'accorde généralement pour considérer que, chez des sujets prédisposés (en particulier dans les états hystériques*) et dans des circonstances particulières (transes religieuses), l'hypnose peut survenir spontanément (**état hypnoïde** décrit par J. Breuer).

Les hommes semblent avoir de tout temps provoqué et utilisé des états d'hypnose à des fins magiques, thérapeutiques et religieuses. Son histoire scientifique commence avec A. Messmer qui, au milieu du XVIIIe siècle, à Vienne puis à Paris, a développé la pratique de l'hypnose à des fins thérapeutiques et expérimentales sous le terme de magnétisme* animal. Cet usage médical fut développé et authentifié à Paris par J. Charcot et à Nancy par H. Bernheim. Le premier défendit l'idée d'un état particulier de la conscience et lia la suggestibilité hypnotique au terrain hystérique. Le second invoqua le rôle de la suggestion simple et introduisit l'usage thérapeutique de l'hypnose dans de nombreuses indications médicales. La pratique thérapeutique de l'hypnose se répandit très rapidement en Europe et en Amérique, tandis qu'en France, en dépit des travaux de P. Janet, elle disparut comme thérapeutique et comme objet d'investigation psychologique jusqu'aux travaux de L. Chertok dans les années 1950.

Ce sont surtout les mécanismes psychologiques et psychophysiologiques de l'hypnose qui suscitent de très nombreux travaux. Le débat le plus vif concerne la nature même de l'état d'hypnose. Pour les uns, il s'agit d'un état de conscience particulier, qui n'est ni le sommeil ni l'état de veille, et qui serait provoqué par une concentration sélective de l'attention, secondaire à la suggestion de l'hypnotiseur. Pour les autres, l'état d'hypnose consiste en une stratégie cognitive que le sujet adopte pour obéir aux prescriptions de l'hypnotiseur. Cette stratégie reposerait sur une concentration délibérée de l'attention pour les tâches demandées et une « inattention » sélective pour toute autre sollicitation. Il est fondamental d'observer que, même dans cette seconde perspective, l'état d'hypnose diffère radicalement de la simple simulation.

Une deuxième question concerne la prédisposition à l'hypnose. De nombreux tests ou échelles d'évaluation ont été construits pour distinguer les sujets facilement hypnotisables. On s'accorde pour estimer que 30 % des individus répondent à ces critères. En revanche, les traits de personnalité qui définiraient ces individus demeurent mal connus.

D'autres questions qui suscitent de vives controverses ont trait à la connaissance que le sujet conserve de son état (l'observateur caché), à la nature de l'amnésie consécutive (amnésie vraie ou oubli délibéré) et à l'existence éventuelle de corrélats psychophysiologiques (anomalies électroencéphalographiques et électrodermales). Selon les réponses données, c'est la thèse d'un état spécial de la conscience ou celle d'une simple altération des stratégies cognitives qui se trouve confortée. *D. Widlöcher*

Hypoalgésie

Baisse de réaction à une stimulation provoquant habituellement une sensation de douleur*. L'augmentation du seuil de réactivité a été constatée en particulier chez le rat soumis à un ensemble de stimulations environnementales, telles la rotation rapide, l'application de chocs électriques plantaires, l'immersion dans un bain d'eau froide. Elle semble due au stress* que provoquent ces manipulations répétées de l'animal. Ce phénomène, quelquefois appelé **analgésie induite par le stress**, peut être expliqué soit par des facteurs nerveux dépendants des opioïdes* endogènes, soit par des facteurs endocriniens*. *B. Calvino*

Hypocondrie

Syndrome constitué par des préoccupations portant sur la santé et qui s'associent à une exacerbation des sensations cénesthésiques.

L'hypocondrie est définie classiquement comme l'interprétation déréelle de sensations ou de signes physiques ressentis comme anormaux et conduisant à la crainte ou à la croyance d'avoir une maladie. L'étymologie grecque du mot révèle et indique son emploi initial comme équivalent masculin de l'hystérie*. A partir de la reconnaissance, par T. Sydenham, de l'existence de l'hystérie chez l'homme, l'hypocondrie est considérée comme une affection distincte pouvant toucher les deux sexes. Dans son étude de 1899, J. Cotard en achève la description en soulignant la tendance de l'hypocondriaque à déterminer les causes des maladies dont il se pense frappé. S. Freud lui attribue en 1914 sa place de névrose actuelle, et l'explique par les modifications de l'investissement libidinal, qui se reporte massivement des objets du monde extérieur sur les organes corporels, en partie ou en totalité, lesquels fonctionnent alors comme zone érogène élargie et lieu de décharge de l'excitation sexuelle. L'hypocondrie forme un ensemble syndromique que l'on peut rencontrer dans différents cadres nosologiques ; il est habituel d'en distinguer deux grandes formes : l'hypocondrie anxieuse infiltrée de craintes nosophobiques qui appelle la réassurance et l'hypocondrie délirante, véritable délire* interprétatif qui s'accompagne souvent de conduites de revendication. *J.-F. Allilaire*

Hypophyse

Glande endocrine qui repose sur le plancher de la cavité crânienne dans une loge de l'os sphénoïde, la selle turcique. L'**adénohypophyse**, d'origine épiblastique, comprend : a. le lobe antérieur dans lequel on distingue les cellules corticotropes (ACTH* et β-endorphine), somatotropes (hormone* de croissance), thyréotropes (hormone thyréotrope), gonadotropes (gonadotropines*) et les cellules à prolactine dont l'activité sécrétoire est contrôlée par la zone périventriculaire de l'hypothalamus* ; b. le lobe intermédiaire (hormones mélanotropes et β-endorphine), peu développé chez l'homme ; c. le lobe infundibulo-tubéral, zone de communication avec l'éminence médiane par l'intermédiaire du système vasculaire porte hypothalamo-hypophysaire. La **neurohypophyse**, d'origine neurectoblastique comprend aussi trois parties. Le lobe postérieur correspond à la zone de terminaison des fibres nerveuses sécrétant la vasopressine et l'ocytocine, et dont les corps cellulaires sont localisés dans les noyaux supraoptique et paraventriculaire de l'hypothalamus. La tige infundibulaire le relie à l'éminence médiane, zone de passage des fibres nerveuses et zone d'échanges hypothalamo-hypophysaires. L'hypophyse est donc une glande endocrine sécrétant des hormones ayant de multiples cibles dans l'organisme, au niveau d'organes et d'autres glandes endocrines. *P. Mormède*

Hypothalamus

Partie ventrale du diencéphale*, de part et d'autre du 3e ventricule, à laquelle l'hypophyse* est rattachée par la tige infundibulaire. Il est sous-divisé au plan morphofonctionnel en trois zones longitudinales : la zone périventriculaire contient la plupart des motoneurones neuro-endocriniens, la zone médiane formée de sous-groupes cellulaires bien marqués qui définissent les divisions rostro-caudales (préoptique, supraoptique, tubérale et mamillaire), la zone latérale formée principalement des fibres du faisceau médian du télencéphale*. L'hypothalamus joue un rôle fondamental dans le maintien de l'homéostasie* et dans les processus d'adaptation* comportementale : régulation de l'activité sécrétoire de l'hypophyse antérieure (zone périventriculaire), de la balance hydrique (vasopressine des noyaux supraoptique et paraventriculaire), du système nerveux* autonome (zone antérieure parasympathique dite trophotrope et hypothalamus latéral orthosympathique dit ergotrope), du comportement de prise de nourriture et de boisson, de la reproduction (comportement et régulation neuroendocrinienne). Il est le siège des mécanismes de renforcement* (hypothalamus latéral), de la genèse et de la régulation des rythmes circadiens* (noyau suprachiasmatique).

P. Mormède

Hypothèse

1. Proposition que l'on soumet à vérification par l'épreuve des faits. La formulation de l'hypothèse est la première étape de la démarche scientifique, suivie de la mise en œuvre des moyens appropriés, observation* ou expérimentation*, pour la vérifier ou la réfuter. Explication* fournie à titre provisoire, dans l'attente d'une vérification : dans ce deuxième sens, l'hypothèse, qui s'avoue explication encore incertaine, se distingue de la théorie* qui ou bien rassemble et organise des données confirmées, ou bien articule des arguments explicatifs dont le caractère encore spéculatif n'est pas souligné. On peut regretter que le mot hypothèse soit tombé en désaffection, au profit des mots théorie ou modèle*, qui n'en ont pas la connotation de prudence et de scepticisme.

La distinction entre les deux sens mentionnés ci-dessus repose sans doute sur la manière dont la formulation de l'hypothèse débouche ou non, pratiquement, sur l'étape suivante de vérification empirique. Celle-ci suppose que l'on soit en mesure d'opérationnaliser l'hypothèse, d'une part grâce au recours à des techniques d'investigation disponibles, d'autre part à la mise en œuvre de plans* d'expérience autorisant l'application d'outils statistiques, et notamment les tests d'hypothèses.

Dans le premier cas, référant à l'étape préliminaire de toute observation ou expérimentation scientifique, l'hypothèse peut se présenter, en psychologie comme ailleurs, sous des formes plus ou moins structurées, depuis les formulations très ouvertes qui préludent aux expériences pour voir jusqu'aux expressions mathématiques décrivant une fonction à vérifier (par ex., on peut se demander si le modèle d'optimisation* s'applique aux comportements de recherche de nourriture d'un animal en territoire naturel). Il n'y a pas de relation *a priori* entre le niveau de complexité ou d'ambition de l'hypothèse et l'intérêt des résultats de l'expérience qui vise à la vérifier.

2. En statistique inférentielle, les tests d'hypothèses sont des procédures permettant de rejeter ou de retenir une proposition quant à l'effet d'une variable, à une interaction, à l'homogénéité d'une population d'observations, etc. Leur application suppose que soient remplies certaines conditions dans le recueil des données et dans l'établissement du plan d'expérience. L'**hypothèse nulle,** qui prédit l'absence de différence entre une valeur spécifiée d'un paramètre et une valeur empirique, ou entre une population de référence et une population parente, ou entre deux échantillons, est la plus strictement testable. Son rejet, justifié par le résultat du test statistique approprié, permettra de conclure à l'effet de la variable* indépendante étudiée, à l'appartenance des deux échantillons à des populations distinctes, etc.

3. Si le mot hypothèse n'est plus à l'honneur dans la méthodologie scientifique, il a en revanche trouvé sa place dans le vocabulaire de la psychologie cognitive*, où il désigne la supposition, l'argument implicite que l'on prête au sujet pour faire un choix*, prendre une décision* ou adopter une stratégie* dans la recherche de la solution d'un problème*. Le terme avait déjà, en 1932, été utilisé dans ce sens à propos d'apprentissage* en labyrinthe chez l'animal par D. Krechewsky, dans le sillage de E. C. Tolman. Le type de représentation* postulée ici s'apparente à l'expectation* et à l'anticipation*. Lorsqu'on passe à l'étude de la résolution de problèmes au stade de la pensée formelle*, comme l'a fait J. Piaget, les hypothèses du sujet sont souvent explicites, ou explicitables sur demande, ou inférables sans équivoque de ses conduites non verbales observables. L'activité cognitive qui fait l'objet de l'étude du psychologue rejoint alors celle du scientifique dans la conduite de sa recherche. *M. Richelle*

Hypothèse non paramétrique → Non paramétrique

Hypothèse nulle → Signification, Hypothèse

Hypothèse paramétrique → Paramétrique

Hystérie

Appartenant à l'histoire de la médecine dès ses origines, le terme d'hystérie évoque de nos jours trois aspects psychologiques : le phénomène de conversion*, un trouble de la personnalité* et un état mental caractéristique. La conversion consiste en un mécanisme psychologique par lequel un ensemble d'idées, de désirs et d'affects est transformé en un symptôme corporel. Elle se manifeste surtout par des comportements présentant l'apparence d'infirmités physiques (paralysie, anesthésie, aphonie) sans signe d'atteinte organique et qui ne respectent pas la systématisation ou anatomique ou syndromique de maladies connues. S. Freud a proposé deux explications des symptômes de conversion : l'une établit un lien sémantique entre le symptôme et la représentation refoulée ; l'autre met l'accent sur un transfert d'énergie. Le symptôme se forme soit par une équivalence symbolique, soit par une connexion associative.

La conversion hystérique peut apparaître comme un accident occasionnel ou s'inscrire dans une évolution durable. Elle peut s'actualiser à l'occasion d'un événement déclenchant facilement repérable ou au contraire survenir sans raison apparente. Elle peut surtout s'observer dans n'importe quel type d'organisation pathologique de la personnalité, y compris l'organisation psychotique, mais se rencontre principalement dans ce qu'il est convenu d'appeler la personnalité hystérique.

La personnalité hystérique se caractérise par différents traits de caractère : suggestibilité, théâtralisme, érotisation des relations interhumaines, mythomanie. Il n'existe pas de corrélation systématique entre cette personnalité et la manifestation de conversion.

Enfin, le terme d'hystérie caractérise un état mental dans lequel on retrouve : l'aptitude à la conversion, c'est-à-dire une jouissance inconsciente par et dans le corps*. Le corps de l'hystérique serait excessivement érotisé et ce serait cette érotisation qui donnerait la possibilité au corps de somatiser le fantasme ; la prévalence du refoulement* comme mécanisme de défense* ; l'existence chez ces sujets d'un conflit les amenant à être constamment confrontés à la problématique bisexuelle que tout individu normal ressent et résout au moment de son adolescence. L'hystérique aurait du mal à se dégager de ce conflit en raison de sa difficulté à liquider le complexe d'Œdipe et à surmonter l'angoisse de castration.

Plusieurs questions sont débattues à propos de l'hystérie : la première concerne la distinction, proposée par certains, entre l'hystérie représentée par la conversion (telle que nous l'avons décrite) et l'hystérie caractérisée par un comportement général dans lequel il s'agit d'une simulation* inconsciente d'une maladie. Ce dernier point de vue s'applique tout particulièrement au syndrome de Briquet*. La seconde concerne la place des troubles mentaux pouvant aller de la simple amnésie* jusqu'au somnambulisme*, la fugue et même le dédoublement* de la personnalité. La troisième enfin concerne les hypothèses pathogéniques : à côté des hypothèses neurobiologiques, citons des hypothèses pathogéniques (autres que celles auxquelles nous avons fait jusque-là référence, c'est-à-dire les hypothèses psychanalytiques). La constatation de crises d'hystérie collective, de lignes de démarcation parfois difficiles entre les phénomènes de possession et les phénomènes hystériques, en un mot des aspects culturels, amène certains à l'hypothèse d'une possibilité ontogénique naturelle à l'hystérie qui serait plus ou moins réprimée selon les cultures et selon les époques. Citons également une hypothèse explicative de l'hystérie ne reposant pas sur une compréhension psychanalytique de cette névrose* : celle de P. Janet qui explique l'hystérie par le rétrécissement du champ de conscience et par la tendance à la dissociation et à l'émancipation des systèmes d'idées et des fonctions. On peut rapprocher cette hypothèse d'une hypothèse plus récente, de type cognitif, qui ferait de l'inattention sélective le mécanisme prévalent expliquant entre autres la superbe indifférence de l'hystérique. Citons enfin l'hypothèse éthologique qui explique l'hystérie comme un comportement de simulation et un mécanisme de diversion à l'égard des prédateurs.

A. Braconnier

I

Iatrogène

Qualifie une intervention à visée thérapeutique qui surajoute une pathologie*.

R. Doron

Icône

Si l'on définit le signe* de manière large, comme la combinaison d'un élément représentant et d'un élément représenté, dans le cadre d'un code* de communication*, on considérera, à la suite de C. S. Peirce, que l'icône en constitue une des trois variétés fondamentales, avec l'indice* et le symbole*. On définit généralement l'icône comme un signe dans lequel le représentant et le représenté entretiennent un rapport motivé, de type analogique (la caricature d'un personnage constitue une icône). En s'en tenant à l'analyse fondatrice de Peirce, on observera plus généralement que dans l'icône l'élément représentant exhibe une qualité (ou une configuration de qualités) de l'élément représenté (une tache verte pour désigner la couleur verte). Le même auteur distingue trois sous-ensembles d'icônes : les images, les diagrammes et les métaphores*.

J.-P. Bronckart

Iconique (Mémoire —)

Nom donné par U. Neisser à la mémoire* sensorielle visuelle. Les travaux de G. Sperling ont montré qu'elle est de grande capacité mais très labile : la durée de vie de l'information* en mémoire* iconique est estimée à quelques centaines de millisecondes. Elle est sensible aux phénomènes de masquages rétroactif* et proactif*. Sa principale fonction est d'assurer une durée de traitement minimale en cas de disparition du stimulus.

D. Zagar

Ictus amnésique → Amnésie

Idéal du moi

Expression introduite par S. Freud dans son second modèle de l'appareil* psychique pour caractériser une représentation de soi cherchant à accéder à des représentations idéalisées (parents, personnes admirées, projets ou activités valorisés). D'un point de vue génétique, il s'agit d'une instance de la personnalité* constituée par la résultante de l'identification narcissique et des identifications secondaires liées à la résolution œdipienne. L'idéal du moi dans l'évolution de l'œuvre de S. Freud est tout d'abord confondu avec le **moi idéal** (instance de toute-puissance narcissique forgée sur le modèle du narcissisme* infantile), comme tentative de reconquête du narcissisme perdu.

L'idéal du moi est ensuite exploré dans sa dimension narcissique grâce à l'étude des processus de groupe et de l'identification primaire. Dans *Le moi et le ça* en 1923, l'idéal du moi, nouvelle instance due à l'identification parentale dans la résolution œdipienne, est associé à la fonction d'interdiction pour constituer le surmoi*. Enfin dans un texte plus tardif de 1932, *Nouvelles conférences sur la psychanalyse,* il constitue une des fonctions du surmoi. L'idéal du moi montre bien l'évolution d'un concept qui reste un point de convergence entre le narcissisme et la résolution œdipienne.

A. Braconnier

Idéalisant (Transfert —) → Transfert

Idéalisation

Notion psychanalytique définie par S. Freud comme un processus qui agrandit et exalte l'objet* sans changer sa nature et qui concerne les domaines de la libido* du moi* et de la libido d'objet. Alors que la sublimation* concene la libido d'objet lorsque la pulsion vise un but éloigné de la satisfaction sexuelle.

L'idéalisation de l'objet aimé a toujours une signification narcissique* et celle des parents contribue, par l'identification*, à la genèse et à l'enrichissement des instances idéales de la personne (moi idéal* et idéal du moi*).

Pour M. Klein, comme pour de nombreux auteurs, l'idéalisation est essentiellement une défense contre les pulsions destructrices ; elle est corrélative du clivage* entre bon et mauvais objets : qu'il s'agisse d'objets partiels* ou d'objets totaux*, le bon objet est idéalisé, pourvu de toutes les qualités et protecteur, tandis que le mauvais objet est haï et, du fait de la projection*, persécuteur (position paranoïde-schizoïde*).

Ces modèles théoriques, comme la référence au narcissisme*, permettent de comprendre l'association de l'idéalisation et de la persécution dans les psychoses passionnelles* : paranoïa*, érotomanie*, délire de jalousie*, ou encore les idéalistes passionnés caractérisés par l'exaltation, la psychorigidité* et les tendances mystiques.

B. Brusset

Idéalisme

Philosophie qui ramène toute existence à la pensée*. La psychologie s'est dégagée du mentalisme* qui la réduisait au subjectivisme de l'introspection* : dans ce cas en effet, selon H. Wallon, en établissant une équivalence entre l'être et la connaissance psychique, la conscience rencontre les mêmes problèmes que ceux de la pensée lorsqu'elle se confond avec l'existence des choses. La psychologie se donne alors pour objet la conduite*, voire le comportement*. L'idéalisme critique de L. Brunschvicg, en se refusant toutefois, après E. Kant, à toute option ontologique sur la nature de la pensée et en soulignant son rôle actif dans l'élaboration de la représentation*, a cependant préparé la réhabilitation des phénomènes mentaux par le constructivisme* et le cognitivisme*. Pour J.-F. Le Ny, par exemple, les représentations cognitives ou mentales sont bien « dans la tête » d'un sujet : il s'agit de symboles en correspondance avec un univers. Comme d'autres sciences, la psychologie, tout en refusant les séductions de l'introspection, peut se proposer de connaître du réel inobservable en confrontant ses modèles* aux données observables.

C. Prévost

Idéation

Terme peu usité aujourd'hui, idéation désigne le processus de formation des idées dans les vues philosophiques classiques où les distinctions entre sensations et idées, ou idées et actes tenaient une place centrale. On le retrouve dans une forme adjectivale, idéationnel ou idéatoire, dans la qualification de certaines formes d'apraxie*, où est atteinte l'exécution de séquences d'actes constitutifs d'une action finalisée plus ou moins complexe. On parlerait plus volontiers aujourd'hui de planification* de l'action, ou d'organisation hiérarchique du programme* moteur.

M. Richelle

Idéationnelle (Fonction —) → Fonction du langage

Identification

Reconnaissance* de l'identité* d'un objet, d'un événement* ou d'une action*, dans le cadre de processus soit perceptifs, soit cognitifs. L'identification peut consister en une reconnaissance de l'unicité ou de la mêmeté d'une entité singulière *(cet objet est la pipe de Piaget)* ; elle peut consister à reconnaître à une entité le statut d'exemplaire* d'une classe* ou d'une catégorie* *(ceci est une pipe)* ; elle peut consister encore à poser un jugement* d'équivalence* entre des propriétés quelconques d'entités de statuts divers *(cette série de bâtonnets est équivalente, en nombre et en structure, à cette série de poupées)*.

Dans l'ontogenèse* comme dans la phylogenèse*, la capacité d'identification constitue l'un des critères majeurs de l'existence d'une fonction de représentation* ; elle atteste de ce que les indices* élaborés par l'organisme dans ses interactions* avec les objets ou événements du milieu peuvent être mis en correspondance avec les cadres perceptifs ou cognitifs (images*, schèmes*, concepts*) déjà disponibles dans ce même organisme. Au stade sensori-moteur* du développement humain, l'identification présente un caractère pratique ; les entités sont reconnues par assimilation* à l'un des schèmes d'action en cours de construction. Avec l'émergence de la fonction symbolique*, puis la construction des opérations* de la pensée*, l'identification présente un caractère formel ou conceptuel ; les entités reconnues sont appariées avec des structures mentales et/ou verbales, et les jugements d'identité peuvent alors être explicites et conscients.

En psychanalyse, ce terme désigne les processus inconscients (à distinguer de l'imitation*, préconsciente ou consciente) au travers desquels se réalise la structuration du moi* et de la personnalité* ; le sujet « se met à la place de l'autre » (rival, agresseur, objet d'amour) pour des raisons qu'il méconnaît. A l'étape d'**identification primaire**, qui se caractérise par la fusion entre le sujet et son modèle (indifférenciation* ou participation syncrétique), succède celle de l'**identification structurante** (de la période œdipienne à la puberté*), dans laquelle le moi et le surmoi s'organisent en conformité avec le modèle fourni par l'entourage parental. Cette étape est elle-même suivie de celle d'**identification indépendante** (après la puberté*), par laquelle le moi se construit sur la base de l'expérience propre, et perd sa dépendance à l'égard des modèles externes.

En psychologie sociale, ce terme désigne un processus voisin par lequel un sujet assimile une propriété d'un autre sujet et se transforme en conformité à ce modèle ; les groupes et les foules* se constituent par de tels processus d'identification.

Identification à l'agresseur : mécanisme de défense* par lequel un sujet, en présence d'un danger, s'identifie à son agresseur.

Identification par les sons : technique de localisation des objets par les ondes sonores qu'ils émettent (V. Echolocation*).

Identification projective : mécanisme de projection* qui se traduit par le fantasme* d'intrusion sadique de sa propre personne, en partie ou en totalité, à l'intérieur du corps d'autrui. Introduite par M. Klein pour qualifier un type de relation d'objet agressive qui peut s'établir entre l'enfant et la mère, cette expression est aussi utilisée pour désigner certains fantasmes à l'œuvre dans les états de claustrophobie et de dépersonnalisation*. *J.-P. Bronckart*

Identification adhésive : mode primitif d'identification décrit par E. Bick comme caractéristique de l'autisme*, soit normal primaire, soit pathologique. Il constitue, avec l'identification projective*, une des deux formes de l'identification narcissique. Il survient dans une représentation du monde bidimensionnelle, alors que l'identification projective se produit dans un monde tridimensionnel. L'enfant, effrayé par la réalité externe et interne et par toute perspective de séparation, vit collé à sa mère (V. l'instinct de cramponnement d'I. Hermann et le fantasme d'une peau commune selon D. Anzieu). Cet accolement le calme, il a la tête vide et il imite mécaniquement les objets et les personnes. *D. Anzieu*

Identique → Groupe mathématique

Identité

Dans le sens général, caractère de ce qui est même (« mêmeté ») ou unique, bien que pouvant être perçu, représenté ou dénommé de manières différentes.

Dans le sens d'identité des objets, caractère de deux ou plusieurs objets (concrets ou représentés), distincts dans le temps et/ou dans l'espace, mais qui ont exactement les mêmes propriétés (identité qualitative ou spécifique). Selon le principe de l'« identité des indiscernables » de Leibniz, l'identité qualitative d'objets concrets n'aurait qu'une validité pragmatique. Deux gouttes d'eau ou deux œufs peuvent être considérés comme identiques en ce seul sens qu'ils ne diffèrent en rien quant à l'usage que l'on veut en faire ou au point de vue que l'on adopte à leur égard, mais un examen physique ou chimique approfondi fera nécessairement apparaître des différences entre eux. Dès lors, l'identité qualitative ne constitue généralement qu'une projection* idéalisante sur plusieurs objets différents de la propriété d'unicité qui fonde le premier sens du terme.

Sous le terme de **loi d'identité** (ou **principe d'identité**), la logique traditionnelle a formulé la règle sans l'observance explicite ou implicite de laquelle aucune pensée* rationnelle ne serait possible : « ce qui est est ; ce qui n'est pas n'est pas ». Cette règle, dont la notation générale est « a = a » (a pouvant représenter un concept* ou une proposition*), ne renvoie pas seulement à l'égalité* algébrique, mais fonde également le théorème des propositions inanalysées (a → a, et a ↔ a) ainsi que celui du calcul* des fonctions* de premier ordre (x) [F(x) F(x)], ou F(x) x F(x). Le principe d'identité doit être distingué du principe de contradiction*, selon lequel le contraire du vrai est faux, et du principe du « tiers exclu », d'après lequel, de deux propositions contradictoires, l'une est vraie et l'autre fausse. En logique, on qualifie également de « relation d'identité » le rapport qui existe entre deux termes identiques, ainsi que la formule qui énonce ce rapport (V. Groupe mathématique).

En psychologie expérimentale, l'expression d'« identité phénoménale » est parfois utilisée pour désigner le processus par lequel, dans certaines tâches de perception* d'un mouvement* apparent ou réel, l'objet en mouvement est vu comme un seul et même objet, malgré le fait qu'au niveau des systèmes récepteurs, les différentes phases de présentation du stimulus se traduisent par des unités de représentation discrètes et différentes. Cette « identité temporelle », ainsi que les identités de même ordre, que l'on peut mettre en évidence dans l'organisation des structures spatiales, constituent un aspect et une forme de permanence de l'objet*. *J.-P. Bronckart*

Par ailleurs, le terme identité renvoie à l'**identité individuelle,** personnelle, du sujet* humain. Relative à la conception que chaque société élabore de l'identité humaine, ethnique et culturelle, l'identité personnelle résulte de l'expérience propre à un sujet de se sentir exister et reconnu par autrui en tant qu'être singulier mais identique, dans sa réalité physique, psychique et sociale. L'identité personnelle est une construction dynamique de l'unité de la conscience* de soi au travers de relations* intersubjectives, des communications* langagières et des expériences sociales.

L'identité est un processus actif, affectif et cognitif, de représentation* de soi dans son entourage associé à un sentiment* subjectif de sa permanence. Ce qui permet de percevoir sa vie comme une expérience qui a une continuité et une unité et d'agir en conséquence. L'identité satisfait aux nécessités inter- et intrapersonnelles de cohérence, de stabilité et de synthèse qui assurent une permanence dans l'existence. Ces fonctions de régulation sont indispensables pour permettre l'adaptation* aux changements et pour éviter l'apparition des troubles* de la personnalité* liés à la confusion et à la diffusion de l'identité ou à son morcellement. L'identité personnelle prend place dans une lignée. Elle inscrit les legs du passé dans la construction d'un horizon temporel. Lorsque la part originaire de l'identité ne peut être investie, l'équilibre* de la personne en est affecté.

L'identité personnelle est sexuée ; la façon d'habiter son corps et d'assumer son identité de genre dépend de l'incorporation* des objets* libidinaux mais aussi des effets d'attribution* socioculturels des rôles masculin et féminin. Les actes*, les créations, les possessions mais aussi la différenciation*, les confrontations et les engagements sont des moyens pour signifier la marque de son identité personnelle. L'articulation de ces multiples facettes dépend de la cohérence et du dynamisme du principe organisateur des adaptations (force du moi) qui régule les interactions entre les changements de la vie et ceux de l'environnement.

Enfin, l'**identité sociale** résulte d'un processus* d'attribution*, d'intervention et de positionnement dans l'environnement ; elle s'exprime au travers de la participation à des groupes* ou à des institutions. Elle peut être octroyée ou revendiquée en fonction des modalités d'affirmation de soi* et du désir* d'accomplissement*. Sa construction et ses caractéristiques sont donc relatives, interactives et fonctionnelles. L'identité sociale est structurée par des références identificatoires liées aux expériences partagées avec d'autres acteurs qui actualisent, selon la place des individus, une attribution et une estimation des images de soi, variables selon les groupes d'appartenance*. Liée aux processus d'intégration*, l'identité sociale se manifeste publiquement au travers de l'exercice des rôles* et des statuts qui révèle la conception personnelle d'un style de vie* (conventionnel, marginal*, déviant*, rebelle). L'interprétation* des rôles dans le jeu* social favorise l'émergence d'une conscience de soi par rapport à « l'autre généralisé » qui entretient un sentiment évaluatif permettant l'orientation générale d'une existence.

Au niveau individuel, l'identité sociale est le produit et le lieu de synthèse des rapports dialectiques entre le moi, le je* et le soi* impliqués dans toute relation à autrui*. D'un point de vue phénoménologique, l'actualisation de l'identité de soi dans la relation interpersonnelle génère une conscience complémentaire de l'identité. Comme l'expérience de soi dans le monde s'appuie sur les représentations qu'un sujet se fait de lui-même en situation ainsi que sur sa conscience d'appartenance, la conception d'une identité relève d'une construction sociale cognitive, inséparable de la conscience d'autrui. *J. Selosse*

Identité de perception

Selon la théorie freudienne du désir*, l'appareil* psychique fonctionnant conformément au processus primaire* cherche à reproduire, sur un mode hallucinatoire, des perceptions identiques à celles qui ont accompagné l'expérience primaire de satisfaction*. Mais l'hallucination* ne pouvant apporter la satisfaction du besoin, l'appareil psychique doit apprendre à inhiber l'écoulement libre de l'énergie* vers le pôle perceptif. Ainsi le moi*, identifié au préconscient*, transforme le monde extérieur pour y faire apparaître la perception réelle de l'objet de satisfaction ». La mise en place de ce détour nécessite :

1. la transformation de l'énergie libre en énergie liée, qui entraîne l'élévation du niveau énergétique général de l'appareil psychique ;
2. la possibilité pour le préconscient d'investir des représentations désagréables, mais dont la prise en compte est nécessaire pour l'action adaptative ;
3. la mise en place d'une attention* discriminatrice qui tient compte des liens logiques et physiques entre les représentations des choses et dirige la circulation de l'énergie d'une représentation à l'autre en fonction de ces liens : la pensée s'intéresse alors aux voies de communication entre les représentations plutôt qu'à leur intensité.

Ces trois transformations équivalent à la substitution du principe de réalité* au principe de plaisir*. En somme, l'identité de perception est la retrouvaille de la perception satisfaisante par la voie courte de l'hallucination. L'identité de pensée est l'identité de perception retrouvée par la voie détournée de la pensée et de l'action sur le monde extérieur. *J.-M. Petot*

Identité sociale (théorie de l'—)

Elaborée par H. Tajfel et J. C. Turner dans les années 1970, cette théorie postule que l'individu cherche à accéder à, ou à maintenir, une identité sociale (i.e. la partie du concept de soi* qui découle de ses appartenances catégorielles) positive. Pour cela, l'individu peut adopter diverses stratégies de comportement* dont le choix est déterminé par ses croyances* concernant la nature des relations entre son groupe et les autres. Notamment, s'il pense que les frontières entre groupes sont perméables, il optera pour une stratégie* individuelle de mobilité sociale. Si les frontières entre groupes sont perçues comme imperméables, l'individu s'engagera dans des stratégies collectives de changement social. Dans ce cas, le type de stratégie utilisée dépendra de la légitimité et de la stabilité perçue des relations entre l'intragroupe* et le hors-groupe*.

La théorie de l'identité sociale, et son extension, la théorie de l'autocatégorisation, permettent de rendre compte d'un grand nombre de phénomènes intra- (cohésion*, conformisme*, rejet des déviants) et intergroupes (discrimination*, favoritisme intragroupe*, formation des stéréotypes*). *F. Ric*

Idéologie

Le terme est créé en 1798 par A. Destutt de Tracy pour désigner la science descriptive de la pensée et de l'origine des idées fondée sur l'observation intérieure et sur la connaissance médicale de la nature de l'homme. Cette école, héritière de l'empirisme* anglais et de celui des Lumières, rassemble en quelques années un grand nombre de philosophes et de savants : M. Bichat, F. Broussais, P. Cabanis, M. Condorcet, J.-B. Lamarck, P. Laplace, A. Lavoisier, tous convaincus que la construction de la République ne peut s'appuyer que sur la science et l'éducation. L'Allemagne connaît à l'époque le même phénomène, avec L. Feuerbach, J. Stirner, B. Bauer, qui voulaient eux aussi constituer une science de la nature humaine.

En 1800, l'Idéologie englobait l'ensemble des sciences de l'homme, y compris l'économie, la législation, la morale, parce qu'elles sont toutes fondées sur la Raison inhérente à la nature humaine. Dès 1812, Napoléon s'emploie à conférer au terme la connotation péjorative de discours abstrait et creux. K. Marx lui donna le sens couramment utilisé aujourd'hui de conception du monde qui reflète des faits socio-économiques. C'est en ce sens que l'utilise aujourd'hui la psychologie sociale* lorsqu'elle étudie, par exemple, l'influence des structures collectives sur les comportements des groupes ou des individus. *F. Parot*

Idéopraxie

Terme hérité de l'analyse et de la classification des apraxies* réalisées au début du XXe siècle dans le cadre des conceptions associationnistes, notamment par Liepmann, distinguant entre apraxies idéatoires, idéomotrices et motrices. Il renvoie, par référence aux deux premières de ces formes, à l'acte moteur en tant qu'il dépend d'un processus d'idéation*, soit dans la conception anticipée de l'acte finalisé à exécuter, soit dans la mise en œuvre de la séquence de gestes appropriés. La fusion des deux composants étymologiques — idée et action — reflétait clairement une interprétation de l'acte volontaire, intentionnel, comme étant la réalisation d'une idée préalable, puis guidant l'action. Les travaux accumulés depuis sur l'organisation motrice ont mis en faveur des concepts,

— programme* moteur, plan* d'action, représentation*, — qui ont fait tomber le terme idéopraxie en désuétude. *M. Richelle*

Idiosyncrasie

On parle d'idiosyncrasie ou de comportement idiosyncrasique pour désigner l'aptitude des individus à organiser, par et pour eux-mêmes, des données et des faits identiques selon leurs dispositions personnelles, affectives ou cognitives. La plupart des fautes individuelles de langage, par exemple, sont dues à des comportements idiosyncrasiques. Certains de ceux-ci peuvent se généraliser et devenir une forme de langue familière avant de passer dans le système de la langue. *D. Peraya*

Illettré → Analphabétisme

Illettrisme → Analphabétisme

Illocutionnaire → Illocutoire

Illocutoire

Tout énoncé servant à accomplir un acte* de langage, on peut, selon J. R. Searle, figurer son sens* par l'expression F (P), dans laquelle P désigne un contenu propositionnel (prédicat* + arguments*) dénotant un état de choses, et où F est un opérateur décrivant l'acte que l'énonciateur* entend exercer sur ce contenu ; ce sont les caractéristiques de cet acte (but visé, direction d'ajustement entre P et les choses, conditions d'appropriété et de succès, mode d'accomplissement intersubjectif, etc.) que l'on appelle **force illocutoire** ou **illocutionnaire.** Les marqueurs de F sont les tournures de phrase* (assertive, interrogative, impérative), les constructions performatives*, diverses formules figées, etc. Une valeur illocutoire littérale peut, par figure*, en sous-entendre une autre, « dérivée » ou « indirecte » : *« t'as du feu ? »* (question littérale → requête indirecte). On peut par ce moyen moduler (atténuer ou aggraver) les menaces que l'usage de la force illocutoire fait peser sur l'indépendance et l'image sociale des interlocuteurs.

A. Berrendonner

Illusion

Du point de vue clinique, la valeur positive de l'illusion a été soulignée par D. Winnicott dans le premier développement de l'enfant : l'objet transitionnel*, du pouce à l'ours en peluche, donne lieu à une expérience fondamentale, que D. Winnicott situe dans le champ de l'illusion, qui se prolonge par la culture et la religion : celle de l'activité transitionnelle, située dans une aire intermédiaire entre ce qui est soi et l'objet, par laquelle l'objet est à la fois créé et trouvé dans la réalité, de sorte que s'y articulent le fantasme inconscient et la perception de la réalité. Dans cette perspective, l'illusion qui donne, à la faveur du maintien* maternel, l'expérience de l'omnipotence est essentielle pour la constitution du *self**. Un paradoxe (typique de la pensée de D. Winnicott) est que l'illusion fonde l'investissement de la réalité comme lieu d'où l'accomplissement du désir peut advenir. L'illusion fonde l'espoir à condition que la désillusion soit bien tempérée par le *timing* des soins maternels. *B. Brusset*

Illusion de Müller-Lyer → Opticogéométrique (Illusion —)

Illusion groupale

L'illusion groupale, expression inventée en 1971 par D. Anzieu, est un état psychique collectif que les membres d'un groupe formulent ainsi : « Nous sommes bien ensemble, nous construisons un bon groupe, et (si le *leader* du groupe partage cet état) nous avons un bon *leader.* » S. Freud en 1921 avait précisé, à propos de l'Eglise et de l'Armée, le rôle cohésif de l'illusion selon laquelle le *leader* (Dieu, le commandant en chef) aime d'un amour égal tous les membres qui, à leur tour, s'aiment les uns les autres commes des frères. Cette illusion, dite « sociétale », reproduit le renoncement des frères et sœurs au désir infantile d'être chacun le préféré du père. Dans les groupes non directifs*, l'illusion groupale survient après une première phase dominée par l'angoisse* persécutive. D'où le sentiment d'euphorie d'être délivré de cette angoisse. L'illusion groupale cimente alors l'unité du groupe. Elle est à l'évolution d'un groupe ce que le stade du miroir* est à l'évolution de l'enfant : une étape nécessaire mais aussi aliénante, fondatrice du narcissisme* groupal. Trois phénomènes accompagnent l'illusion groupale :

1. un membre du groupe devient le bouc émissaire* de celui-ci ;
2. une idéologie égalitariste affirme la similitude des membres entre eux, en niant les différences de sexe, de génération, etc. ;

3. un roman groupal des origines apparaît qui soutient l'utopie* d'un autoengendrement groupal : « Nous ne devons la naissance de notre groupe à personne qu'à nous-mêmes. » L'illusion groupale repose sur un clivage* interne à l'appareil psychique groupal. Les pulsions libidinales* sont concentrées sur l'objet groupe ; les pulsions destructrices, clivées des précédentes, sont projetées sur une victime émissaire ou sur un groupe extérieur. D. Anzieu a montré que les fantasmes de casse* constituent ainsi la contrepartie de l'illusion groupale. L'illusion groupale provient de la substitution au moi idéal* de chacun d'un moi idéal partagé de type maternel, à la différence des groupes étudiés par S. Freud et s'organisant autour d'un idéal du moi de type paternel. *D. Anzieu*

Illusion perceptive

L'expression désigne, à première vue, une perception* traduisant un écart, une discordance par rapport à la réalité. Ainsi comprise, elle sous-entend que la perception fournirait normalement une réplique véridique de cette réalité, ce qui n'est sans doute pas le cas. Il est plus correct de voir dans les illusions des écarts par rapport au fonctionnement perceptif habituel. Il existe de nombreux exemples d'illusions, dans les diverses modalités* sensorielles, mais les plus nombreuses et les mieux étudiées relèvent de la perception visuelle. Elles ont été abondamment décrites par les expérimentateurs et exploitées par les artistes. Elles peuvent se ranger en trois catégories : les **distorsions,** que l'on rencontre dans les illusions de Müller-Lyer, de Poggendorff, de Zöllner, d'Ebbinghaus, qui affectent la longeur, la continuité, le parallélisme, la taille, la courbure, etc. ; les **ambiguïtés,** caractéristiques des figures* réversibles (tel le cube* de Necker), dans lesquels la perception oscille entre deux interprétations ; les **paradoxes,** qu'illustrent les objets* impossibles, dans lesquels le sujet perçoit des données qui violent la logique ou l'expérience. On peut y ajouter les fictions*, ou perceptions ne correspondant à aucun stimulus objectif ; dans leurs formes pathologiques, on parlera plutôt d'hallucinations*, mais on reste dans le domaine des illusions pour des phénomènes plus banals et plus limités, tels les contours* illusoires.

Quant à leur explication, on peut distinguer les illusions physiques (distorsion d'un bâton partiellement immergé), lesquelles intéressent peu le psychologue ; les illusions d'origine physiologique, dont on peut rendre compte par les caractéristiques de fonctionnement du récepteur ou des voies et centres nerveux impliqués dans la prise d'information sensorielle, et qu'affecte une modification introduite dans un paramètre physique du stimulus ; les illusions d'origine cognitive*, qui comportent une application inadéquate des connaissances issues de l'expérience du sujet. Il n'est cependant pas toujours facile de départager ces deux dernières catégories, ou de préciser la part respective des facteurs physiologiques et cognitifs. Aussi les illusions perceptives continuent-elles de fournir matière à débats théoriques. *M. Richelle*

Illusoire → Apparent

Image consécutive → Consécutif

Image de soi

Prise dans le sens subjectif et non pas physique (l'image dans le miroir), l'image de soi est la représentation* et l'évaluation* que l'individu se fait de lui-même aux différentes étapes de son développement* et dans les différentes situations dans lesquelles il se trouve. Il n'y a ainsi pas une, mais de multiples images de soi. Les psychologues de l'enfant et les psychanalystes ont montré comment ces représentations se construisent à travers un jeu d'identifications* aux personnes de l'entourage ou à des figures héroïques réelles ou imaginaires. Les images de soi dépendent aussi du regard et des évaluations que les autres portent sur l'individu. Enfin l'image de soi se rattache à la genèse de la conscience* de soi. *J.-J. Ducret*

Image du corps

Représentation imaginaire que chaque sujet a de son propre corps et qui est à distinguer du schéma corporel* dont la base est neurologique. Elle comporte des aspects conscients, préconscients et inconscients ; elle n'est pas donnée d'emblée, mais se constitue au cours de la première enfance. S. Ferenczi, en 1913, s'est le premier interrogé sur la genèse de l'image du corps et sur ses fondements libidinaux ; il supposait que l'investissement libidinal des zones érogènes* était étendu à d'autres parties primitivement non érogènes du corps en fonction de leur ressemblance et de leur assimilation aux zones érogènes. M. Klein a décrit le rôle prévalent de l'investissement pulsionnel par l'enfant de l'intérieur du corps de sa mère, qui conditionne, dans le mouvement permanent de l'introjection* et de la projection*, l'investissement* pulsionnel et la représentation du corps propre*. Jacques Lacan, en 1949, a souligné, à la suite d'Henri Wallon, le fait que l'image de notre corps ressemble à l'image que nous en avons dans le miroir* : elle nous le représente comme si nous le voyions de l'extérieur, elle est donc aliénante en ce sens qu'elle nous le représente du point de vue d'autrui. La notion d'image du corps a été popularisée par P. Schilder dans un ouvrage paru aux Etats-Unis en 1950 : il montre combien la formation de l'image du corps joue un rôle déterminant dans la genèse de la représentation de soi. Cela est confirmé par le fait que les altérations graves du moi dans les psychoses* s'accompagnent généralement de distorsions importantes de l'image du corps. Les tests projectifs* structuraux (test de Rorschach*, test du village*) et les épreuves de dessin* (tests de l'arbre*, du bonhomme*, etc.) sont parmi les meilleurs instruments de connaissance de l'image du corps. *J.-M. Petot*

Image mentale

Représentation* intériorisée et structurée d'un objet ou d'un événement, antérieurement perçu ou construit par le sujet.

De son interaction* avec le milieu, l'organisme conserve des traces* internes, éphémères ou permanentes. L'image mentale (ou imagerie mentale) constitue un ensemble structuré de traces permanentes ; sa présence rend possibles les processus d'identification*, de discrimination*, d'évocation* et d'anticipation*. Pour la psychologie associationniste*, les images mentales constituent des traces résiduelles de perceptions (le plus souvent visuelles) ; elles sont reliées entre elles par de multiples associations établies au cours de l'existence. Pour la psychologie constructiviste*, les images mentales constituent le produit de l'intériorisation* de l'imitation différée*. Piaget distingue par ailleurs les images reproductrices, qui permettent l'évocation d'objets déjà perçus, et les images anticipatrices, qui s'adressent à des événements non encore perçus. Dans les deux cas, les images ne permettent que la figuration* d'états, la représentation de transformations exigeant la mise en œuvre des opérations cognitives* proprement dites. Par opposition aux concepts*, les images présentent en outre un caractère essentiellement individuel : elles sont le produit de l'interaction d'un sujet particulier avec un objet singulier.

Chez l'enfant, la présence d'une image mentale ne peut être attestée que par les processus cognitifs qu'elle rend possibles. Le critère adopté par certains auteurs est la capacité d'identification ou de reconnaissance*, qui est très précoce ; celui adopté par d'autres est la capacité d'évocation, plus tardive. L'émergence de la fonction symbolique*, à la fin de la première année, introduit un système de représentation par signaux* externes, qui se superpose aux images mentales ; l'individu se trouve alors doté d'un « double système de codage* ».

J.-P. Bronckart

Image spéculaire → Miroir (Stade du —)

Imageante (Rêverie —) → Rêverie

Imagerie fonctionnelle cérébrale

L'imagerie fonctionnelle cérébrale regroupe l'utilisation de plusieurs techniques d'imagerie dynamique du cerveau qui ont permis l'instauration d'un nouveau courant de recherche. La neuropsychologie* fonctionnelle est définie comme la mise en relation d'une activité cognitive* (ou d'un dysfonctionnement cognitif) et d'une activité cérébrale. La référence au cerveau ne se fait pas uniquement par le biais de l'anatomie (comme dans la méthode anatomoclinique qui met en relation des déficits cognitifs et des lésions cérébrales chez des patients) mais au travers de son activité. La neuropsychologie fonctionnelle est étroitement liée à l'évolution technologique et s'appuie sur des modèles physiques et mathématiques qui permettent la construction d'images de l'activité fonctionnelle cérébrale. Les indices de l'activité cérébrale sont de deux natures : d'une part électrique et magnétique, et d'autre part physico-chimique. Une première approche regroupe les techniques électroencéphalographiques* et électromagnétiques, la seconde comprend la tomographie* par émission de positons (TEP) et l'imagerie par résonance magnétique fonctionnelle (IRMf). Les techniques électroencéphalographiques sont caractérisées par une résolution spatiale imprécise mais leur excellente résolution temporelle en fait des outils précieux en neurosciences cognitives. Ces méthodes permettent de recueillir des signaux électriques ou magnétiques grâce à des capteurs répartis autour de la tête du sujet. L'EEG quantitative vise à mesurer les fluctuations spontanées de l'activité électrique cérébrale par décomposition spectrale et dans différentes bandes de fréquences. La méthode de l'ERD permet de quantifier l'amplitude du signal électrophysiologique sur des périodes très courtes (125 ms). Les signaux électriques synchronisés avec l'apparition de processus mentaux portent le nom de potentiels évoqués. La magnétoencéphalographie permet de mesurer la faible activité magnétique qui est couplée à l'activité électroencéphalographique à l'aide de capteurs magnétiques supraconducteurs. Cette méthode présente l'avantage, en plus de celui d'une bonne résolution temporelle, d'une meilleure résolution spatiale (de l'ordre de quelques millimètres) que les méthodes électro-encéphalographiques. Par ailleurs, la TEP permet d'obtenir des informations sur les variations de la consommation cérébrale d'oxygène, de glucose ainsi que sur le débit sanguin cérébral régional. Elle est particulièrement adaptée pour étudier les modifications du métabolisme dans différentes affections cérébrales et leur mise en correspondance avec des déficits cognitifs. Cette méthode permet également de mesurer les modifications du débit sanguin cérébral lorsqu'un sujet effectue une tâche cognitive. L'augmentation du débit sanguin cérébral survenant à la suite d'une mise en jeu physiologique du cerveau est de grande amplitude et se produit en quelques secondes : il s'agit donc d'un bon marqueur des variations de l'activité neuronale. L'imagerie fonctionnelle par résonance magnétique constitue une autre méthode qui permet de détecter les variations du débit sanguin cérébral. Cette technique suscite un intérêt croissant de par son caractère non invasif, sa résolution spatiale inégalée (des structures de quelques millimètres sont visibles), et sa capacité de suivre l'évolution temporelle grossière des activations (de l'ordre de quelques secondes). La résolution temporelle de cette méthode ne suffit toutefois pas à décomposer la chaîne d'événements qui, à l'échelle de mille secondes, soustend les activités cognitives humaines. Les développements méthodologiques actuels cherchent à associer différentes techniques d'imagerie fonctionnelle ainsi que leur utilisation au plan individuel.

F. Eustache et B. Lechevalier

Imaginaire

C'est le domaine de l'imagination* créatrice qui compose des représentations* sensibles différentes des objets* réels ou des situations vécues : rêves*, mythes*, œuvres plastiques. Il a pour limite le délire*. Dans le cadre de la psychologie du développement*, on y rattache divers aspects de la fonction symbolique* : l'imitation* représentative, l'image mentale sous ses deux formes reproductrice et anticipatrice, le simulacre et le jeu symbolique ou d'expression, le dessin*. Du point de vue psychanalytique, on mentionne, outre le rêve, le fantasme* et le thème du roman* familial. Dans sa perspective particulière, J. Lacan oppose la notion d'imaginaire à celles de symbolique et de réel. Tandis que le réel est assimilé par lui à la pulsion* et à l'objet pulsionnel (objet a), le symbolique à la fonction du langage (Autre) comme axe de l'identification* symbolique, l'imaginaire représente la relation du moi* à l'*imago** du double, à la forme* de l'autre*, comme objet de l'identification imaginaire.

E. Jalley et R. Doron

Imaginaire groupal

La notion d'imaginaire groupal, introduite par D. Anzieu en 1964, condense plusieurs significations. L'idée initiale est que, dans toute situation de groupe*, une représentation imaginaire sous-jacente est commune à plusieurs participants : il n'y a pas de groupe sans imaginaire. Cette idée s'est développée dans quatre directions de recherche principales :

1. le groupe est l'objet de représentations imaginaires (images, fantaisies, fantasmes) ;
2. le groupe est une mise en commun des images internes, des émotions* et des angoisses associées des participants, et en ce sens l'imaginaire groupal est une composante de la mentalité de groupe ;
3. le groupe est, comme le rêve*, l'accomplissement imaginaire de désirs et de menaces inconscientes, et, du point de vue de la dynamique psychique, le groupe est un rêve, c'est-à-dire un débat avec un fantasme sous-jacent ;
4. le groupe est le lieu de production et de manifestation d'images inconscientes, quant à ses origines, à ses buts et à ce qu'il représente pour ses membres, fondamentalement la relation à un objet partiel : le groupe est une bouche, un cloaque, une machine, un corps unifié ou démembré, etc.

Il y a lieu de distinguer différentes formes de l'imaginaire groupal : la relation à l'*imago** maternelle archaïque prévaut dans la foule et, dans les groupes, elle produit la formation de l'archigroupe* ; dans la bande prédomine l'*imago* narcissique omnipotente.

La prise en considération du registre de l'imaginaire tel que l'a introduit J. Lacan a orienté les recherches d'A. Missenard vers l'étude des identifications imaginaires dans les groupes. Le groupe naît comme objet imaginaire lorsque les participants, s'étant identifiés à l'objet idéal de l'autre pour sortir de la confusion originelle, construisent le groupe comme unifié, de telle sorte qu'il réponde à leur désir et assure la continuité de leur moi. L'abandon de la fonction imaginaire du groupe (d'unification à travers le rapport narcissique des sujets à un idéal commun) permet l'accès de chacun à ses propres désirs personnels. *R. Kaës*

Imagination

Aptitude à former et à activer des images mentales* en l'absence de tout modèle perçu ; en ce premier sens, l'imagination se confond avec la capacité d'évocation*.

En un second sens, l'imagination désigne la capacité de combiner des images en tableaux ou en successions. On distingue généralement l'**imagination reproductrice,** qui est la capacité de réorganiser, sous une forme nouvelle, des traces* mnésiques relatives à des événements révolus, et l'**imagination créatrice,** qui consiste en une évocation d'événements potentiels, mais qui n'ont jamais été perçus par le sujet. L'activité imaginaire peut rester strictement mentale (rêverie*) ou s'incarner en des productions concrètes (inventions, créations intellectuelles ou artistiques). Par défaut de contrôle intellectuel ou par dissolution de la conscience*, cette activité peut produire chez certains sujets un « monde imaginaire », qui se substitue au monde réel, et qui incarne les éléments constitutifs de leur délire*.

Délire d'imagination (ou **paraphrénie confabulante**) : forme de psychose* délirante chronique caractérisée par la production d'idées et de discours extravagants, mais dans laquelle les hallucinations* sont rares. Malgré leur délire, ces malades restent bien adaptés à la réalité, et se distinguent en cela des schizophrènes*.

J.-P. Bronckart

Imago

Terme créé en 1912 par C. G. Jung et retenu la même année par S. Freud, O. Rank et H. Sachs comme titre d'une revue consacrée à la psychanalyse* appliquée. Il désigne une image inconsciente d'objet, qui est forgée précocement et qui reste investie pulsionnellement. C. G. Jung et S. Freud mentionnent les *imagos* paternelle, maternelle et fraternelle et soulignent le fait que ces *imagos* jouent le rôle de modèle régissant inconsciemment les choix d'objets* et donc les relations d'objet ultérieures, qui tendent à reproduire les relations aux objets primitifs de l'enfance. En ce sens, le transfert* peut être décrit comme projection d'*imagos* sur le psychanalyste. M. Klein a défini les *imagos* comme des objets introjectés, c'est-à-dire comme des perceptions fantasmatiquement déformées des objets réels. L'ampleur de la déformation est due à deux séries de facteurs indépendants dont les effets se cumulent. D'une part, l'immaturité perceptive et cognitive du moi du nourrisson le rend incapable de percevoir les objets autrement que comme des objets partiels au moment où la relation d'objet s'établit et il est donc loin de pouvoir effectuer avant longtemps l'épreuve* de réalité ; de ce fait, l'objet n'a pas une consistance lui permettant de résister aux déformations imaginaires. D'autre part, les affects violents et contrastés de la première enfance conduisent, sous l'effet du clivage* de l'objet, à méconnaître l'identité des aspects bons et des aspects mauvais du même objet et à rapporter ces aspects différents à des objets internes différents (*imago* du sein idéal, *imago* du sein persécuteur).

J.-M. Petot

IMAO → Antidépresseur

Imitation

De la manière la plus générale qui couvre aussi des faits exclusivement biologiques tels que le mimétisme* physiologique, l'imitation est le phénomène ou le processus par lequel un organisme ou un organe (considéré sous l'angle matériel ou l'angle logiciel) prend la forme ou les propriétés d'une partie de son environnement. Le phénomène dans sa généralité peut d'ailleurs être entendu soit dans un sens large (tout fait d'adaptation* comporte une dimension imitative), soit dans un sens plus reserré de copie* « trait pour trait » d'un modèle. Dans le contexte de la théorie de l'évolution* où la notion d'adaptation occupe une place centrale, il est dès lors naturel que les premiers théoriciens du développement* (J. M. Baldwin et J. Piaget) aient considéré l'imitation ou l'accommodation* dont elle constitue une spécialisation comme l'une des deux grandes facettes du développement psychologique et lui aient consacré de longues études empiriques. Pourtant, si dans ses résultats l'imitation revient toujours à une copie au sens large ou étroit de formes ou de propriétés préexistantes, le processus met en œuvre des mécanismes variés qui appartiennent à des plans différents de réalité. Les faits de mimétisme rencontrés chez certaines espèces animales ne sauraient relever de la même explication que les imitations psychologiques conscientes, de finalités variées, par lesquelles un individu s'efforce de calquer ses buts sur ceux détectés chez autrui, de « singer » le comportement d'autrui, etc.

A s'en tenir aux imitations psychologiques, une première grande distinction peut être faite entre des imitations relevant pour l'essentiel de mécanismes innés (imitation inhérente à l'apprentissage* du chant chez certaines espèces d'oiseaux, imitation précoce chez le bébé humain, etc.), et des imitations relevant de l'auto-organisation psychologique des conduites. Puis, au sein de ces dernières, les psychologues du développement sont parvenus à établir plusieurs niveaux qui vont des « imitations de soi-même » à l'œuvre dès les réactions circulaires* élémentaires (le sujet cherche spontanément à reproduire ce que vient de lui faire vivre une action terminée), jusqu'aux imitations intentionnelles et précises rendues possibles par le développement de l'intelligence* sensori-motrice.

En ce qui concerne les imitations d'autrui chez l'homme, des expériences de O. Maratos en 1982 et de A. N. Meltzoff et M. K. Moore en 1985 confirment les anciennes observations de W. Preyer quant à leur précocité. Dès les premières semaines, et même dès les premières heures après la naissance, on constate chez le bébé la capacité d'imiter le comportement d'autrui, en particulier ce qui touche aux mouvements des lèvres et de la langue. Ces premières imitations comportent quatre caractéristiques importantes :

1. elles portent souvent sur des parties (par ex., la langue) invisibles du corps propre* ;
2. elles ne mettent en jeu que des réactions circulaires qui appartiennent au bagage comportemental de l'enfant ;
3. ces capacités d'imitations précoces disparaissent très vite et ne sont pas intégrées aux étapes ultérieures de développement ;
4. les imitations provoquées expérimentalement et notamment la protusion de la langue paraissent artificielles dans la mesure où le partenaire de l'enfant doit attirer fortement son attention et multiplier les présentations du modèle pour que le bébé reproduise celui-ci. Les imitations précoces confirment l'existence d'une forte prédétermination biologique de certains comportements relativement complexes. Néanmoins l'essentiel des comportements imitatifs que l'on trouve chez l'homme relève de paliers supérieurs des conduites.

C'est vers deux mois qu'apparaissent les premières imitations d'autrui relevant de déterminations principalement psychologiques (par ex., l'enfant qui imite un son produit par un adulte). Comme l'a montré Piaget, cette imitation se fait par assimilation* du comportement d'autrui à un schème* propre connu du sujet, sans pour autant qu'il y ait à proprement parler activité spécialisée d'imitation. On est encore proche du phénomène de la réaction circulaire : le son entendu ne fait qu'entretenir et renforcer, ou tout au plus déclencher de l'extérieur, une conduite spontanée appartenant au bagage de l'enfant. Pour qu'apparaisse la conduite d'imitation, il faut que l'activité d'accommodation aux caractéristiques du milieu se distingue du processus d'assimilation, autrement dit qu'il existe des activités spécialisées d'accommodation, que l'enfant sache prêter attention à des comportements d'autrui qui échappent à des réactions circulaires déjà connues de lui, et qu'il ait la capacité de coordonner ses propres schèmes de manière nouvelle, de façon à produire le comportement constaté chez autrui. Ces conditions psychologiques remplies, peut apparaître l'imitation comme « reproduction intentionnelle de modèles à significations complexes », et reproduction dont l'enfant a construit lui-même les conditions psychologiques de possibilité.

J.-J. Ducret

Immaturité

Terme habituellement utilisé pour caractériser l'affectivité* d'un enfant, d'un adolescent, d'un adulte, marquée du manque d'autonomie*, du besoin de protection, d'une fixation exagérée aux images parentales. L'intérêt prédominant de l'enfant reste fixé à sa propre personne, au domaine de ses activités et de ses profits. Cet égoïsme particulier se manifeste sous forme de susceptibilité, de vanité et d'entêtement. La vie relationnelle est aussi étriquée : l'élaboration et la structuration de la personnalité sont limitées par une incapacité à trouver des résolutions aux conflits autrement que par des aménagements économiques : décharge brutale de la tension émotionnelle, manifestation de cette tension dans des attitudes de prestance, d'inhibition, d'opposition, de défi ou de désintérêt, élaboration de constructions mentales pensées ou agies, peu organisées (mythomanie, vol, délinquance). Ces troubles sont volontiers rencontrés dans les déficiences* mentales. L'incapacité d'accéder au symbolisme rend compte de l'impossibilité de résoudre les conflits, et du défaut de maturation affective. *A. Braconnier*

Immédiat (Rappel —) → Rappel

Immersion

Les thérapies dites d'immersion dérivent des travaux de T. G. Stampfl et D. J. Levis sur les thérapies implosives. Les **thérapies implosives,** contrairement aux thérapies par désensibilisation*, exposent directement le sujet aux stimulus les plus anxiogènes* auxquels une analyse psychodynamique* attribue l'origine des problèmes du patient.

Les thérapeutes comportementalistes, après avoir montré le peu d'utilité des présupposés dynamiques, ont utilisé ce mode d'approche sous le nom de thérapie par immersion. L'objectif est de placer le sujet dans une situation d'anxiété* maximale pour aboutir à un phénomène d'extinction*.

Des nombreuses études menées sur la durée de l'immersion, il ressort que les longues expositions (60 à 80 mn) sont nettement plus efficaces que les périodes courtes (10 à 20 mn). De plus, l'exposition en situation réelle est plus efficace que l'exposition dans le cabinet du thérapeute.

La mesure de la réduction de l'anxiété a retenu l'attention des chercheurs : il semble que la mesure de l'anxiété au niveau comportemental et verbal fournisse un meilleur critère que l'évolution des indices physiologiques (rythme cardiaque, réaction psychogalvanique*). Cela indiquerait une certaine indépendance entre facteurs verbaux et comportementaux d'une part, et indices physiologiques d'autre part, dans le traitement des syndromes anxieux. *O. Fontaine*

Implantation → Implémentation

Implémentation

On appelle implémentation (ou **implantation,** selon les auteurs) la réalisation d'un programme* et son installation sur un ordinateur, ou bien le résultat de ces opérations. Par exemple, on implémente (ou implante) un algorithme, un traitement d'informations*.

L'implémentation d'un langage de programmation* consiste en la réalisation et l'installation sur un type de machine donné d'un interpréteur ou d'un compilateur de ce langage. *M. Baron*

Dans une hiérarchisation à trois niveaux répandue par D. Marr en 1980, l'implémentation constitue par ailleurs le niveau inférieur, celui de la concrétisation dans le *hard-ware,* en dessous de la représentation*, correspondant au choix d'une forme de codage, elle-même subordonnée à la computation*, formulation abstraite de niveau supérieur des propriétés et règles de fonctionnement du système à mettre en œuvre. Ainsi, en ordre descendant, la théorie arithmétique correspondra au niveau computationnel, le choix d'un système numérique (binaire, décimal) au niveau représentationnel, et le choix du boulier compteur ou d'un ordinateur au niveau implémentationnel. Transposée au domaine de la psychologie, cette hiérarchisation assigne à la neurobiologie* le niveau de l'implémentation ; la psychologie cognitive se réserve les niveaux supérieurs et s'arroge parfois, dans les conceptions fonctionnalistes extrêmes, la priorité sur l'étude du *hard-ware* neural ; celle-ci ne serait que seconde à celle des niveaux proprement cognitifs, inapte à en faire progresser l'analyse, et non décisive quant à la confirmation des modèles théoriques adoptés. Ce débat est de ceux qui divisent les psychologues qui interrogent sur la place de leur discipline au sein des sciences cognitives*. *M. Richelle*

Implication

En logique classique, l'implication est une relation entre deux propositions* p et q, telle que la proposition conditionnelle « si p alors q » est vraie. On distingue l'implication dite matérielle, telle que définie, de l'implication formelle qui relève de la logique des prédicats* et donc réclame l'introduction de la quantification*. De toute façon, la conditionnelle n'étant fausse que si l'antécédent est vrai tandis que le conséquent est faux, l'implication logique présente un certain caractère paradoxal. Ainsi la proposition *« les éléphants sont roses »,* supposée fausse, implique logiquement *« 2 + 2 = 4 »,* proposition acceptée comme vraie. Les logiciens se sont essayés à restreindre le sens de l'implication, mais malgré les efforts déployés le problème reste ouvert.

Dans l'usage commun, il est utile de distinguer deux sortes d'implications : l'implication proactive, qui tire les conséquences d'une proposition donnée, et l'implication rétroactive qui porte sur les conditions de la proposition affirmée.

J.-B. Grize

Implication dans le travail

Elle est définie par T. M. Lodhal et M. Kejner comme le degré auquel une personne s'identifie psychologiquement à son travail, ou par l'importance que prend le travail dans l'image de soi. Concrètement, elle s'exprime par la mobilisation des capacités et de l'énergie individuelle face au travail. Située à l'intersection de la représentation de soi et du travail, elle apparaît comme une structure mentale fournissant à la motivation* une orientation. Dans ce concept multidimensionnel interviennent le degré d'identification de l'individu à sa tâche, l'activité qu'il souhaite y déployer et l'importance qu'il accorde à ses activités professionnelles.

P. Lidvan

Implicite

Désigne, dans les sciences du langage*, des éléments de contenu qui ne sont pas explicitement mentionnés dans un énoncé, mais qui sont néanmoins souvent nécessaires pour son interprétation complète. L'implicite découle d'une sorte de loi d'économie (l'impossibilité de tout dire) autant que du besoin de ne pas toujours signifier explicitement ce que l'on veut dire (discours indirect). On peut distinguer dans *« Lucky Luke a cessé de fumer »* un contenu implicite présupposé (V. Présupposition) qui n'a normalement pas besoin d'être précisé : *« Il fumait auparavant »* et un contenu implicite sous-entendu : *« Tu devrais l'imiter ! »* Dans les deux cas, un processus inférentiel d'extraction de propositions* implicites est mis en œuvre par l'interprétant, mais si le présupposé est directement impliqué par l'énoncé, les sous-entendus éventuels varient en fonction de la situation et des intentions.

J.-M. Adam

Implicite (Mémoire —)

La mémoire implicite se révèle lorsque la confrontation à un matériel facilite l'exécution ultérieure d'une tâche dont la consigne ne comporte aucune référence à cette confrontation et dont la réalisation est totalement possible sans cette référence. Le complètement de mots (dire le premier mot qui vient à l'esprit à partir d'un fragment graphémique), la résolution d'anagrammes ou encore l'identification de mots présentés à un niveau d'énergie faible sont autant de tâches facilitées par la présentation antérieure des mots concernés et ce même si le sujet est incapable de rappeler ces mots. Par opposition, la **mémoire explicite** est évaluée à l'aide de tâches exigeant explicitement de la part des sujets la récupération d'un matériel, les consignes se référant à la phase d'acquisition (par ex., les épreuves de rappel* libre ou indicé, les épreuves de reconnaissance*).

De nettes dissociations entre les performances de mémoire implicite et les performances de mémoire explicite ont été révélées de façon spectaculaire chez des patients amnésiques*, ceux-ci montrant des performances de mémoire implicite préservées en dépit d'importantes difficultés de mémoire explicite. Cette dissociation peut aussi s'observer chez le sujet normal (V. Rétention).

S. Bredart

Implosive (Thérapie —) → Immersion

Imprégnation

Processus d'apprentissage* radical ne nécessitant aucune répétition, et par lequel, au cours d'une phase sensible de son développement et pendant une période critique* d'exposition, un animal reçoit l'empreinte* durable des caractères supra-individuels d'un objet ou d'un être à la classe duquel il réservera ultérieurement ses réponses filiales ou sociales ou sexuelles. L'imprégnation a donc pour effet de déterminer les stimulus auxquels il répondra désormais. Au cas où l'expérimentateur a substitué à l'objet naturel d'empreinte un objet de substitution, il y aura fixation sur cet objet aberrant (empreinte aberrante).

J.-C. Ruwet

Impuissance apprise → Résignation apprise

Impuissance sexuelle

L'impuissance sexuelle est l'incapacité pour l'homme d'accomplir une copulation normale et complète. Elle se caractérise par une absence ou une insuffisance d'érection de la verge.

On distingue des formes primaires (survenant dès le premier coït et permanentes) et secondaires, des formes permanentes et transitoires, des formes constantes et relatives (dépendant du choix du partenaire ou du mode de pratique sexuelle). Il est classique d'opposer impuissances organiques (d'origine neurologique, endocrinienne, vasculaire ou médicamenteuse) et psychiques (inhibition névrotique ou réactionnelle, tendance perverse). Les méthodes actuelles d'exploration physiologique ont mis en évidence l'importance des facteurs vasculaires. Une origine mixte (organique et psychique) semble assez fréquente.

On rapprochera de l'impuissance proprement dite l'**éjaculation précoce** et, de manière plus discutable, le retard ou l'absence d'éjaculation et l'absence d'orgasme (**anorgasmie**). *D. Widlöcher*

Impulsion

Comportement soudain, brusque, inattendu et irraisonné, souvent dangereux, perçu par le sujet comme un besoin impérieux. La charge affective en est généralement intense mais de nature diverse, par exemple sexuelle ou destructrice : l'attentat à la pudeur, la prise de toxique, la fugue, le vol, l'incendie, le meurtre, l'automutilation* et le suicide*.

Le pouvoir d'inhibition, de contrôle et de réflexion est variable et d'évaluation difficile, d'où, en cas de délit, les problèmes complexes de l'expertise médico-légale.

Il est classique de distinguer les impulsions affectives (dans les psychoses dissociatives* ou passionnelles*, par ex.), les impulsions motrices (des épileptiques et des arriérés mentaux), les impulsions-obsessions (les phobies d'impulsion, les formes intermédiaires entre impulsion et compulsion* dans la névrose obsessionnelle*), et, enfin, les stéréotypies*, typiques des atteintes organiques du cerveau et des psychoses dissociatives.

Les impulsions peuvent, en outre, survenir dans les états confuso-oniriques* (type *delirium tremens**), la mélancolie* dont on connaît le risque suicidaire, les psychoses passionnelles et la psychopathie*. Dans ce dernier cas, le passage à l'acte* impulsif est un mode privilégié, sinon unique, de résolution des conflits et des tensions : d'où l'instabilité caractéristique.

La théorie de l'impulsion conduit à l'idée de dissolution de l'activité volontaire, libérant des niveaux et des structures partielles ou uniformes, ou à celle de défaut d'élaboration psychique et de symbolisation. Du point de vue neurochimique, des travaux récents montrent le rôle du système sérotoninergique dans le contrôle de l'impulsion. *B. Brusset*

Impulsivité

Disposition à des conduites* impulsives qui témoigne d'un manque de contrôle. Naturelle chez le petit enfant, elle peut constituer un trait de caractère* et de comportement* qui est global ou étroitement localisé selon le type d'impulsion* considéré. *B. Brusset*

Inadaptation scolaire

Notion assez large, qui recouvre tous les cas dans lesquels un enfant n'est pas en harmonie avec les normes* du milieu scolaire, du fait de déficiences intellectuelles, de troubles physiques, mentaux ou affectifs. C'est évidemment l'obligation* scolaire et sa durée croissante, ainsi que le caractère relativement uniforme des comportements sociaux et intellectuels requis par l'école*, qui fait apparaître, en marge de la masse des élèves, différentes catégories qui ne peuvent en suivre les exigences. Des structures particulières accueillent les enfants inadaptés dans l'institution scolaire : l'enseignement spécial désigne en général celles qui concernent les enfants souffrant de handicaps* physiques et mentaux ; d'autres, telles les classes de perfectionnement, visent à donner une formation professionnelle minimale, voire à réinsérer dans le cursus normal ceux qui ne satisfont pas aux normes intellectuelles des cycles normaux. *D. Manesse*

Inadaptation sociale

L'inadaptation concerne l'ensemble des résistances et des difficultés d'intégration et de participation aux systèmes sociaux et aux obligations de la vie en société. L'appréciation de l'inadaptation sociale est formulée par un jugement porté sur des comportements* en fonction des valeurs* qu'un groupe* social ou qu'un évaluateur attribue aux différentes natures et formes d'insertion sociale. C'est dire que de tels critères sont variables d'un groupe d'attribution* à un autre en fonction d'un code normatif d'inférences, mais aussi selon le temps et le lieu d'observation*. Il convient donc de pondérer l'appréciation d'une inadaptation sociale d'après les valeurs et les normes*, les règles* et les indices* servant à son évaluation, mais aussi selon la nature des interactions, leur localisation, leur inspiration dans le champ des communications, et le statut que l'individu évalué occupe dans son environnement. La psychologie sociale* a souligné la complexité interactive de cette dénomination et mis en garde sur sa connotation idéologique. L'étude objective des comportements inadaptés invite à la considérer dans une perspective multidimensionnelle : normative et groupale tout d'abord, organique et fonctionnelle ensuite, en tenant compte des altérations intellectuelles des compétences, des opérations et des conflits* de rôles sociaux qui peuvent être dus tout autant aux dysfonctionnements et aux déséquilibres de la société environnante qu'à celui des individus : certains milieux peuvent être inadaptés aux besoins de leurs membres.

J. Selosse

Incarcération

L'enfermement dans une prison en application d'un jugement pénal est une forme légale du châtiment d'un condamné. Justifié rationnellement par des impératifs de sécurité, de dissuasion et d'exemplarité de la peine, l'emprisonnement, qui est un acte de répression sociale, isole les détenus de la société et les cache aux yeux du monde. Privé de référence à la réalité extérieure, le sujet incarcéré est livré à lui-même et, en raison de la surpopulation pénitentiaire, exposé à l'intimité forcée avec d'autres prisonniers. Il est l'objet d'une dépossession symbolique qui se traduit parfois par des troubles réactionnels caractéristiques d'une pathologie carcérale. La prison, comme tout milieu clos stigmatisé, sécrète une subculture particulière, carcérale, caractérisée par un gouvernement des détenus les plus dangereux, une déviation des échanges, le règne de l'homosexualité, la glorification de modèles antisociaux et la diffusion de techniques frauduleuses. L'existence de cette subculture contrarie les tentatives d'accompagnement thérapeutique des détenus qui ressentent la réalité carcérale comme la confirmation d'un monde hostile et tout-puissant.

J. Selosse

Incertitude

Caractérisation de l'état de méconnaissance ou d'indétermination d'un système, d'un individu, d'une situation, d'une assertion. L'incertitude est quelquefois utilisée dans certains contextes comme un synonyme d'entropie* (principalement lorsqu'il s'agit de mesurer la quantité d'incertitude attachée à une situation donnée).

L'incertitude intéresse différentes disciplines à divers égards. Les probabilistes et les statisticiens s'attachent à sa mesure, les physiciens à évaluer son impact sur la connaissance de la nature, les pédagogues cherchent à l'estimer pour affiner leurs techniques d'évaluation. Les psychologues étudient sa nature, sa genèse (V. Hasard), son influence sur les comportements et particulièrement sur les stratégies adoptées lorsque l'individu est incertain des conséquences de ses actes (à travers des formalismes du type « théorie des jeux* ») ; ils examinent, dans le cadre de travaux en intelligence artificielle*, son impact sur les modes de raisonnement* lorsque les informations* manipulées sont entachées d'incertitude.

Son étude est au centre de la théorie des probabilités*, de la théorie des sous-ensembles flous, de la théorie de l'évidence de Dempster-Shaffer, de la théorie de l'information.

D. Defays

Inceste

C'est parce que beaucoup de ses patientes hystériques lui disaient avoir été séduites par leur père au cours de leur enfance que Freud a compris l'importance de la sexualité dans la formation des névroses ; c'est parce qu'il a compris que ces récits étaient souvent imaginaires et constituaient des fantasmes de désir qu'il a découvert le complexe d'Œdipe, qui permet de comprendre l'universalité et la signification des désirs incestueux, et qui voue la psychanalyse à l'exploration de l'inceste rêvé. Mais il y a aussi des incestes bien réels, dont la connaissance demeure difficile. On croyait autrefois qu'il s'agissait d'un phénomène fort rare, dont la fréquence aurait été de l'ordre d'un cas sur un million. Depuis une quinzaine d'années, de nombreuses enquêtes anglo-saxonnes soulignent au contraire sa fréquence. Bien que ces travaux ne distinguent pas toujours clairement l'inceste proprement dit des autres « abus sexuels », ils s'accordent largement sur les estimations suivantes : environ 12 % des femmes nord-africaines auraient eu une « expérience sexuelle intrafamiliale » avant l'âge de quatorze ans. Les attouchements sexuels seraient beaucoup plus fréquents que les actes impliquant une pénétration. Au Canada, un rapport très souvent cité, datant de 1986, affirme qu'une femme sur huit aurait subi des « violences sexuelles » (ce qui inclut les attouchements) de la part d'un ascendant direct. Selon la plupart des chercheurs spécialisés, les filles sont deux à cinq fois plus souvent « séduites » que les garçons ; les pères — et plus encore les beaux-pères — et les frères sont les principaux séducteurs ; l'inceste père-fille ou frère-sœur est beaucoup plus fréquent que l'inceste mère-fils. D'après les descriptions classiques, le père incestueux est un être immature, souvent alcoolique ; la mère est souvent complice ; les conséquences psychologiques pour l'enfant séduit sont dramatiques. Mais ces études portent sur les cas d'inceste divulgués, qui viennent à la connaissance de la justice et des services sociaux, et qui concernent des milieux sociaux défavorisés. Or l'inceste semble répandu dans tous les milieux. Par ailleurs, certains auteurs estiment que les conséquences sociales et judiciaires de la divulgation de l'inceste (interrogatoires, sentiments de culpabilité* pour avoir trahi le séducteur en témoignant contre lui, réactions de curiosité ou de rejet de l'entourage, etc.) sont aussi traumatiques* que la séduction incestueuse elle-même. Ces résultats semblent corroborés par une étude comparative récente : on trouve dans les deux groupes de femmes victimes d'inceste trois fois plus de troubles de la sexualité (frigidité) que dans le groupe témoin* ; mais les victimes d'inceste ayant dénoncé leur séducteur semblent plus perturbées psychologiquement, tandis que celles qui ne l'ont pas dénoncé ne présentent aux *tests de personnalité** pas plus de traits névrotiques que les sujets du groupe témoin*. *J.-M. Petot*

Incident (Apprentissage —) → Apprentissage

Incident critique

Evénement typique, choisi pour sa saillance et contribuant soit à faire avancer, progresser une tâche, soit à retarder, freiner ou faire échouer celle-ci.

J.-C. Flanagan énumère quatre conditions pour qu'un événement significatif figure comme incident critique :

1. il doit être observable ;
2. la situation doit permettre la compréhension de l'activité étudiée ;
3. elle doit comporter des buts ou intentions qui soient clairs ;
4. les incidents retenus doivent être particulièrement efficaces ou inefficaces par rapport aux buts de l'activité observée.

Initialement utilisée en psychologie du travail, la technique des incidents critiques s'applique, dans le cadre de l'enquête*, à une grande variété de situations. *G. Moser*

Incidente (Mémorisation —) → Mémorisation

Inclusion

Relation d'appartenance d'un élément à une classe*, ou d'une classe à une autre classe (classes emboîtées ou inclusion de classes). Activité cognitive* réalisant sur des objets concrets ou des représentations* symboliques la relation logique ainsi définie, ou en attestant la compréhension chez le sujet. La maîtrise de l'inclusion est liée au développement des activités de classification*. J. Piaget a montré les difficultés liées, chez le jeune enfant, à l'articulation du « tous » et du « quelques », les marguerites étant jugées plus nombreuses que les fleurs pour peu qu'elles constituent un ensemble plus grand que celui des « autres fleurs ».

M. Richelle

Inconditionnel

Dans la terminologie du conditionnement* pavlovien, se dit du stimulus* auquel sera associé, en vue du conditionnement, un stimulus d'abord neutre* ; se dit aussi de la réaction* que ce stimulus provoque par voie réflexe*, ou de l'association* permanente qui relie ce stimulus et cette réaction. Exemple : l'introduction de nourriture dans la bouche constitue un stimulus inconditionnel entraînant une réaction inconditionnelle de salivation. *M. Richelle*

Inconscient

Sous sa forme adjective, définit toute opération mentale et toute représentation inaccessible à la conscience* du sujet. Dans ce sens très général, le terme s'applique à tout un niveau du traitement de l'information* et de la prise de décision : sélection des stimulus, activation des représentations stockées en mémoire à long terme, procédures de traitement des informations, etc. En d'autres termes, une grande partie des processus perceptifs (perception subliminale), attentionnels, mnésiques et décisionnels sont inconscients, qu'ils contribuent à l'exécution de plans moteurs, à la compréhension ou à la production d'actes de parole.

De manière beaucoup plus restrictive, le terme, pris dans son sens psychanalytique, s'applique à un ensemble de représentations* qui partagent le même niveau de complexité que les représentations accessibles à la conscience et qui présentent le même caractère d'intentionnalité et de formalisation sur les modes de la croyance* et du désir*. Ces représentations constituent l'objet de l'investigation psychanalytique. Elles doivent être distinguées des représentations qui ne sont pas conscientes actuellement mais qui sont susceptibles de le devenir si la situation ou les associations de pensée les activent (représentations préconscientes*). On distinguera les représentations inconscientes qui n'ont jamais eu accès à la conscience et qui ont été l'objet d'un refoulement* primaire (expériences infantiles, par ex.) et celles qui ont été accessibles à la conscience (préconscientes) et qui ont été par la suite l'objet d'un refoulement secondaire. Les représentations inconscientes constituent un système auquel s'applique le substantif « inconscient » et qui présente un certain nombre de caractéristiques. Elles ont pour contenu sémantique l'expression de croyances et de désirs en rapport avec les pulsions libidinales (mais aussi agressives dans la perspective du dualisme pulsionnel). Les modalités de la croyance et du désir prennent la forme d'un accomplissement (« hallucinatoire ») du désir : la représentation peut être formalisée sur le mode d'une action exprimant le désir comme satisfait. Cette propriété fondamentale explique que le système agit en fonction des lois du processus primaire*. Si les représentations inconscientes ne sont pas immédiatement accessibles à la conscience, elles peuvent le devenir (en particulier grâce au travail de l'interprétation*). La question est alors de savoir si c'est la même représentation qui change de statut ou si une nouvelle représentation (inscrite cette fois dans le système préconscient-conscient) se substitue, d'un point de vue fonctionnel, à la représentation inconsciente. Quoi qu'il en soit, d'un point de vue phénoménologique, on dira qu'une représentation, source de jouissance, est devenue une représentation du désir.

La prise en considération du point de vue structural (distinction entre les instances du ça, du moi et du surmoi) a remis quelque peu en cause le statut de l'inconscient comme système, dans la mesure où les propriétés de ce système s'appliquent uniquement au ça*. Or, des activités du moi* (en particulier les mécanismes de défense) et du surmoi* (jugement, prescriptions) sont également inconscientes. *D. Widlöcher*

Inconscient collectif

Partie de l'inconscient* qui serait commune à tous les êtres humains et donc innée*. L'inconscient collectif est la partie la plus ancienne et la plus profonde de l'inconscient. Il est le soubassement sur lequel est édifié l'inconscient personnel. Il est ordinairement défini par un certain nombre de contenus : fantasmes* originaires ou fantasmes typiques, *imagos** ou archétypes*. La notion d'inconscient collectif n'est pas étrangère à la psychanalyse, mais c'est seulement après être entré en contact avec C. G. Jung que S. Freud admet que la langue symbolique du rêve* appartient à un mode de pensée archaïque, survivance du passé préhistorique de l'humanité, et accepte l'origine phylogénétique des fantasmes de scène originaire*, de séduction* et de castration*. Jung et ses successeurs ont donné toute son extension à cette hypothèse en définissant les contenus de l'inconscient collectif comme des archétypes, extension qui n'a pas été admise par S. Freud. *J.-M. Petot*

Incontinence psychique

Fantasme inconscient caractérisé par la perte des limites des appareils* psychiques individuels qui se déversent les uns dans les autres. En théorisant l'identification* projective, M. Klein, en 1946, met en évidence le caractère incontinent du psychisme dans sa description de la psychose* et du premier développement du nourrisson qui place sa psyché dans sa mère. J. Bleger, en 1970, nomme sociabilité « syncrétique ou incontinente » un type de communication à l'œuvre dans les groupes, utilisé préférentiellement par les sujets psychotiques* et états-limites*, mais qui constitue pour tout individu la base des échanges par interaction. P.-C. Racamier, en 1978, fait appel à cette notion pour caractériser le fonctionnement psychique des schizophrènes lorsqu'il énonce : « Comment vivre quand on vit hors de soi ? » La thérapie familiale psychanalytique* fait apparaître ce phénomène d'incontinence dans le transfert* groupal sur les thérapeutes ainsi que dans l'interonirisme, qui sont des manifestations de la tendance à reconstituer une psyché unique. *A. Ruffiot*

Incorporation

Mode de relation à l'objet* libidinal au cours du stade cannibalique*, l'incorporation témoigne de l'étayage* des pulsions* libidinales sur les pulsions d'autoconservation. Elle conserve en effet les traits de l'ingestion d'aliments : plaisir oral, destruction de l'objet et assimilation de sa substance à celle du sujet. De ce fait, l'incorporation est essentiellement une relation imaginaire, facilitée par l'équivalence *pars pro toto* qui prédomine dans l'inconscient entre les objets partiels, notamment le sein*, et les personnes dont ils ne sont que les organes ou les produits. S. Freud a souligné qu'elle est la première forme de l'introjection* et de l'identification*. K. Abraham y a vu le prototype du sadisme* et de l'ambivalence*. M. Klein, à sa suite, a souligné l'importance des fantasmes d'incorporation dans la vie psychique normale et pathologique (en particulier dans la mélancolie* et dans la psychose*) et des situations anxiogènes qu'ils suscitent. Plus récemment, N. Abraham et M. Torok ont opposé les fantasmes d'incorporation au processus d'introjection (V. Crypte). *J.-M. Petot*

Incubation

En psychologie de la créativité*, et dans une conception qui remonte à H. von Helmholtz, phase précédée de la phase de saturation, ou de prise d'information et de recherche, et suivie de l'illumination, ou moment de la découverte de la solution. L'incubation correspondrait à une activité cognitive* inférée, échappant aussi bien à l'observateur extérieur qu'à la prise de conscience* du sujet, dont le dénouement laisse supposer qu'elle a eu lieu et qu'elle a consisté en un travail complexe sur les informations connues. La biographie de nombreux savants en fournit des exemples anecdotiques, dont l'un des plus fameux est celui de Poincaré découvrant la solution longtemps recherchée au problème des fonctions de Fuchs au moment de monter dans l'omnibus de Caen.

En éthologie*, on décrit des comportements d'incubation chez les animaux ovipares assurant les conditions de l'éclosion de l'œuf ; la couvaison en est la forme la plus répandue, mais on trouve chez certains poissons prenant en charge le destin de la ponte des comportements d'incubation buccale. *M. Richelle*

Inculpé

Terme juridique utilisé lors de l'instruction d'une affaire pénale et qui qualifie toute personne soupçonnée d'avoir commis une infraction en fonction de charges ou de présomptions qui pèsent sur elle. L'inculpation peut également être demandée car elle est un droit qui confère certaines garanties légales attachées à ce statut (accès au dossier d'instruction, absence de prestation de serment, assistance d'un avocat). *J. Selosse*

Indépendance (Test d'—)

Test pour lequel l'hypothèse nulle* est une hypothèse d'indépendance entre deux variables. Exemple : test exact de Fisher, test approché du khi-deux* pour l'indépendance dans un tableau de contingence*. *P. Bonnet et H. Rouanet*

Indépendance à l'égard du champ

Tendance à réagir en se dégageant des données immédiatement perceptibles, à la différence des individus caractérisés par la dépendance* à l'égard du champ. La notion correspond à l'un des styles* cognitifs décrits par H. A. Witkin et A. Asch en 1948 à partir de l'analyse des indices utilisés dans la perception de la verticale : les sujets indépendants du champ recourraient à des indices posturaux, par opposition aux sujets dépendants utilisant des indices visuels. Elle a été ensuite appliquée de façon plus générale aux modes de perception, de résolution de problèmes*, de relation sociale et de réactivité affective. Ainsi, le sujet indépendant à l'égard du champ dégagera sans peine une forme intriquée dans une figure* masquante, se détachera des données et passera aisément d'une hypothèse à une autre dans la recherche d'une solution à un problème ; dans le domaine affectif, il élaborera des défenses* constructives contre l'anxiété*. *M. Richelle*

Indépendante (Variable —) → Variable

Index

Dans le langage courant, table alphabétique des noms propres, notions ou termes techniques mentionnés dans un ouvrage.

En lexicographie (V. Lexique), désigne le résultat de différentes formes de dépouillement lexical.

Dans la sémiologie de C. S. Peirce, le terme anglais d'*index* désigne une sous-classe de signes*, qui se distinguent des icônes* et des symboles*. Ce terme est généralement traduit en français par « indice », mais certains auteurs, comme U. Eco, lui préfèrent la traduction par « index ». *J.-P. Bronckart*

Indexation

En psychologie, désigne parfois l'enregistrement d'une information* en mémoire (V. Stockage).

En lexicographie (V. Lexique), procédé de classement des items lexicaux consistant à leur attribuer des traits distinctifs* qui les discriminent à l'intérieur d'un ensemble fini ; l'item /Pierre/ pourra, par exemple, être indexé de la manière suivante : [+ nom] [– commun] [+ animé] [+ humain] [+ mâle].

En informatique*, opération qui associe à une information* en cours de traitement un code* permettant de l'identifier d'un certain point de vue ; l'item /vais/ pourra, par exemple, être indexé de la manière suivante : forme verbale – indicatif présent – singulier – première personne.

J.-P. Bronckart

Indice

C. S. Peirce distingue, parmi la grande diversité des signes*, trois variétés fondamentales selon la nature du lien entre le signe et son référent* : l'indice (ou index), l'icône* et le symbole*. L'indice est avec la réalité extérieure, avec l'objet dénoté, dans un rapport de contiguïté de nature existentielle : par exemple, entre la fumée et le feu, la première est l'indice du second puisque l'on peut, de la présence de la fumée, inférer l'existence du feu. L'indice se distingue d'une part de l'icône puisque le lien n'est en rien fondé par une ressemblance (l'icône ressemble, en effet, à ce qu'elle représente) et d'autre part du symbole puisqu'il n'existe aucun lien conventionnel. Pourtant la relation indicielle n'est jamais purement naturelle : tout indice nous communique quelque chose par rapport à un système soit d'expériences acquises soit de strictes conventions. Dans la sémiologie* postsaussurienne, l'indice se distingue encore du signal* par le fait que, contrairement à ce dernier, il manifeste une signification* sans aucune intention* communicative de la part de l'émetteur*. Seul le signal est un signe conventionnel produit volontairement par l'émetteur pour être reconnu comme tel par le destinataire* : cette distinction trace une démarcation nette entre les sémiologies de la signification (R. Barthes) et de la communication (L. Prieto, G. Mounin, etc.). L'indice se définit dans ce dernier courant comme une relation d'indication qui permet de classer un événement par rapport à une classe* plus générale appelée, en logique, « univers de discours ». Enfin, la théorie des mots-indices est née dans l'analyse du discours* pour désigner certaines catégories lexicales caractéristiques de l'appartenance d'un discours à un groupe socioculturel ou politique : cette dernière hypothèse semble avoir été abandonnée aujourd'hui. *D. Peraya*

Indicé (Rappel —) → Rappel

Indifférenciation

En biologie, état d'une cellule ou d'un tissu dont certains caractères sont restés à l'état embryonnaire, c'est-à-dire ne se sont pas spécialisés (différenciés) sur le plan morphologique ou physiologique.

En psychologie de l'enfant, caractérise les interactions* qui se développent entre le nourrisson* et son milieu au début de la période sensori-motrice* : le bébé agit certes sur les objets, mais sans qu'il ait conscience de l'existence d'un moi* (et donc d'un corps propre) distinct des objets, et sans qu'il ait conscience de l'existence même (de la permanence*) de ces objets. Pour J. Piaget, cette indifférenciation du sujet et de l'objet, qui est solidaire d'une centration* sur le corps propre (égocentrisme* radical), résulte du caractère non coordonné des actions effectuées sur le milieu. Au cours du développement* sensori-moteur, cette coordination s'établit progressivement, et le sujet se constitue alors comme distinct des objets et source des actions qu'il effectue sur eux. L'état d'indifférenciation est aussi décrit par les termes d'adualisme*, d'assimilation* directe, de fusion*, d'identification* primaire et de symbiose*.

En psychanalyse, état de chaos qui caractérise les processus et les contenus de l'inconscient*. Tout élément de l'inconscient reste indifférencié ; il ne peut se manifester de manière isolée, il est fondamentalement ambivalent (il est porteur de sa propre négation), et il ne peut en conséquence être dirigé. *J.-P. Bronckart*

Indiscipline

C'est le refus de se soumettre aux règles d'apprentissage éducatif et à leur système de transmission institutionnelle. Rapportée au cadre familial et scolaire, l'indiscipline est un des symptômes des troubles de l'enfance et de l'adolescence qu'il s'agit de situer dans le champ multidimensionnel des interactions entre processus d'apprentissage et finalités de l'éducation, relation éducateur/sujet/groupes d'élèves/classe, système d'évaluation et risque d'échec. Débordant du seul registre des troubles du caractère, l'indiscipline relève de facteurs psychosociaux qui donnent sens à cette forme d'insoumission. *J. Selosse*

Individu de liaison → Liaison

Individuation

Recherche de singularité psychologique et d'autonomie qui s'opère au cours de la socialisation, par l'intermédiaire des rapports aux groupes d'appartenance et autres groupes. C'est le résultat des processus qui conduisent l'individu à construire un sentiment d'identité* en exprimant des différences et similitudes entre lui-même et autrui par l'intermédiaire des renforcements* positifs et négatifs d'autrui, de la comparaison sociale*, et de la distinction sociale (construction du concept de soi par l'observation d'une différence entre soi et autrui). Le désir de singularité est d'autant plus affirmé qu'il est menacé. *G. Moser*

Induction

1. Dans la terminologie du conditionnement* pavlovien*, phénomène d'accentuation de l'excitation* ou de l'inhibition* observé à la suite d'une phase immédiatement antérieure dominée par le mécanisme inverse, inhibition ou excitation. Ainsi, les réponses à un stimulus conditionnel* positif* sont amplifiées si celui-ci est présenté après une série de stimulus négatifs* **(induction positive)** et, inversement, la réduction de réponses à un stimulus négatif est plus marquée qu'à l'ordinaire si ce dernier est présenté après une série de stimulus positifs **(induction négative).** Un phénomène équivalent a été décrit dans le conditionnement opérant* sous le nom de contraste* comportemental.
2. Forme de raisonnement par lequel des conclusions générales sont dégagées à partir de cas particuliers. L'induction, dont l'empirisme* classique faisait la source unique de la construction du savoir, tient une place essentielle dans la démarche des sciences empiriques, donc de la psychologie. Comme processus* cognitif, à l'œuvre dans l'activité intellectuelle quotidienne aussi bien que dans l'activité de l'homme de science, l'induction fait depuis longtemps l'objet de recherches en psychologie. Dans les problèmes d'induction typiques, tels qu'ils figurent fréquemment dans les tests* mentaux ou dans l'arsenal des techniques récentes de la psychologie cognitive, on soumet au sujet des éléments (objets, dessins, mots, énoncés) présentant une certaine organisation dont il doit dégager le principe ou la loi, ce dont il fera preuve soit en la formulant, soit, plus souvent, en l'appliquant par la continuation correcte d'une série, le complètement d'une lacune, le choix d'un élément compatible, etc. Des recherches récentes, liées aux perspectives de l'intelligence artificielle*, abordent la démarche inductive dans des domaines caractéristiques du savoir scientifique (induction de la structure moléculaire à partir des informations fournies par le spectographe de masse, diagnostic médical) ou technologique (repérage des pannes et dépannage de systèmes électroniques). *M. Richelle*

Induction allomimétique → Contagion

Induit (Comportement —)

Comportement dirigé vers le stimulus* qui précède la présentation de nourriture dans la procédure d'*autoshaping** ou comportement non spécifié par les contingences de renforcement* et qui est facilité par la présentation intermittente de nourriture ou d'un choc électrique. La présentation de la nourriture ou du choc peut être dépendante (dans les programmes opérants* à intervalle fixe ou à intervalle variable) ou indépendante du comportement (dans les programmes à temps fixe ou à temps variable). Le comportement induit observé dans les programmes opérants qui renforcent explicitement une réponse est aussi désigné sous les termes de comportement collatéral*. Les comportements induits ont souvent un caractère stéréotypé* et excessif : J. Falk a décrit en 1961 une prise de boisson excessive (la polydipsie*) chez le rat dans le programme opérant à intervalle fixe. *H. Lejeune*

Inertie → Analyse de variance

Inertie neuronique (Principe d'—)

Principe postulé par S. Freud en 1895 : les neurones* tendent à se débarrasser totalement de la quantité d'énergie qu'ils reçoivent, ce qui suppose une libre circulation de l'énergie entre les neurones. Ce principe est ensuite abandonné par son auteur jusqu'à ce qu'il en reprenne l'esprit en 1920 avec l'énoncé du principe de Nirvāna*. *D. Anzieu*

Infantilisme

Chez un adulte, manifestation de caractéristiques physiques ou psychiques propres à l'enfant, alors qu'elles devraient avoir disparu. L'infantilisme psychique ou **puérilisme** consiste en la présence de certains retards* intellectuels ou d'arriérations* affectives. L'infantilisme physique se produit quand il y a un retard considérable de la formation sexuelle. L'infantilisme moteur ainsi que l'infantilisme statique peuvent être observés chez les enfants qui présentent des troubles moteurs avec des paralysies d'origine cérébrale ou immaturité* cérébrale. *M. Pujol*

Inférence

Dans le langage courant, « inférer », c'est tirer une conclusion d'un fait, d'une observation, au moyen d'un raisonnement*.

Le substantif « inférence » appartient au langage technique de la logique formelle ; pour cette discipline, elle constitue une forme de raisonnement qui se déroule dans un système ouvert et n'a ainsi pas de caractère de nécessité. L'enchaînement des propositions* qui exprime une inférence n'est pas toujours linéaire. Il peut y figurer ce que D. R. Hofstadter appelle des *sideways connections*. La transduction* (terme que J. Piaget a repris de W. Stern), qui procède par ressemblance, et le raisonnement par analogie* sont du domaine de l'inférence. Il faut souligner que, une inférence une fois produite, le sujet adulte peut toujours la transformer en une déduction*. Il lui suffit pour cela de construire le système fermé qui comprend toutes les propositions nécessaires à la conclusion obtenue.

En statistique, on utilise la notion d'inférence pour qualifier certaines propositions : alors que les propositions tenues pour vraies proviennent directement des données, les propositions inférées constituent les conclusions d'une analyse. Pour les énoncés généralisants, les propositions inférées auront presque toujours un caractère de vraisemblance ; la logique inhérente à l'inférence statistique est une logique du probable.

P. Bonnet, J.-B. Grize, H. Rouanet

On parle aussi d'inférence dans l'étude de l'apprentissage* chez l'animal à propos d'une modification observée dans la performance* à la suite d'une information relative au renforcement* enregistrée en dehors de la situation d'apprentissage proprement dite : ainsi, un rat préalablement entraîné à trouver sa nourriture dans le compartiment d'arrivée d'un labyrinthe, et placé ensuite directement dans ce compartiment dépourvu de nourriture, fournira, dans de nouveaux essais d'apprentissage, un parcours plus lent, attestant l'effet de l'information recueillie. La notion est proche de celle d'apprentissage latent*. *M. Richelle*

Infériorité (Complexe d'—)

Ensemble de représentations, d'attitudes et de conduites en rapport avec un sentiment d'infériorité. A. Adler a donné une signification centrale à cette notion qu'il rattachait à un défaut physique effectif, une infériorité d'organe, morphologique ou fonctionnelle. Lui donnant valeur étiologique, il en décrivait les conséquences dont la surcompensation. S. Freud considérait qu'il s'agissait plutôt d'un symptôme qui devait s'analyser en référence à deux dommages, réels ou fantasmatiques, que peut subir ou redouter de subir l'enfant : la castration* et la perte d'amour.

Quelles que soient sa valeur descriptive et son évidence naturelle, cette notion s'avère être souvent de l'ordre de la rationalisation et correspondre à des sentiments de culpabilité ou de dépression*. C'est par rapport à l'idéal du moi* que se fait l'évaluation négative de soi. L'infériorité est relative à un idéal grandiose.

Dans tous les cas, il s'agit de la dimension narcissique des rapports du sujet avec lui-même en tant qu'elle implique l'identification au regard de l'autre sur soi, donc, en dernière analyse, celui des parents dans l'enfance dont on sait l'importance structurante du sentiment de valeur propre et de confiance en la possibilité d'être aimé.

B. Brusset

Infirmité → Handicap

Influence

On parle d'idées d'influence lorsqu'un sujet* croit être soumis à une force interne ou externe qui dirige ses pensées, module ses sentiments* et commande ses actes* ou son comportement*. Le délire d'influence correspond à la persistance et au développement organisé de ce type d'idées.

Décrites par L. Seglas en 1894 sous le nom d'hallucinations* psychiques, elles ont été intégrées en 1920 par G. de Clérambault au syndrome d'automatisme mental* : à partir du syndrome basal se greffe une élaboration secondaire plus ou moins développée, à type d'idées délirantes de persécution, regroupées par d'autres cliniciens sous la dénomination de syndrome d'action extérieure. Ces manifestations peuvent se rencontrer au cours d'états psychopathologiques divers qui vont évoluer de façon variable de l'intermittence à la chronicité, plus rarement la guérison. Le plus souvent, elles apparaissent dans le cadre de troubles délirants persistants ou délires chroniques (à thème érotomaniaque, mystique, persécutif, etc.) ou de troubles schizophréniques. Plus rarement, d'états maniaques ou mélancoliques, de certains tableaux obsessionnels compulsifs, enfin de l'épilepsie.

J.-F. Allilaire

Influence sociale

Désigne la modification entraînée dans les jugements, opinions* et attitudes* d'un individu par le fait de prendre connaissance de ceux d'autrui. Elle qualifie classiquement les trois types d'effets suivants :

1. la normalisation* (M. Sherif) ou convergence des jugements individuels vers une norme de groupe ;
2. le conformisme* (S. Asch) ou acceptation du point de vue de la majorité ;
3. l'innovation (S. Moscovici) ou influence exercée par une minorité active, c'est-à-dire cohérente et persévérante.

D'abord considérée par certains comme le résultat d'un processus individuel de suggestibilité*, l'influence sociale est désormais considérée comme un cas particulier d'interaction sociale*. Certaines théories l'interprètent en termes d'apprentissage* imitatif ou vicariant*. D'autres l'envisagent d'un point de vue motivationnel : l'acceptation du point de vue d'autrui serait soit une réponse à des besoins* affectifs (besoins d'affiliation* ou d'approbation) ou cognitifs (tel le besoin de cohérence évoqué dans la théorie de la dissonance cognitive*), soit une conduite instrumentale prenant en compte les coûts et les gains attendus de l'accord social. D'autres enfin se rattachent à la tradition gestaltiste* et l'expliquent par la mise en œuvre des activités cognitives que déclenche le désaccord avec autrui.

F. Askevis-Leherpeux

Influx nerveux → Neurotransmission

Information

Notion d'abord intuitive, appartenant au langage courant, l'information est liée aux notions de renseignement, de message*, de communication*. Depuis les années 1950, le terme a envahi le vocabulaire de la psychologie, principalement sous l'influence de la **théorie de l'information.** Introduite par C. Shannon en 1948, dans le contexte des problèmes de transmission des messages rencontrés par les ingénieurs des communications, et répandue peu après dans les milieux scientifiques par Shannon et W. Weaver, la théorie de l'information s'attache à étudier la transmission de l'information depuis un point appelé émetteur jusqu'au récepteur à travers un canal qui véhicule le message sous une forme codée. Aux étapes successives de la transmission, et plus particulièrement au niveau du canal, des phénomènes d'interférence peuvent survenir, auxquels on donne le nom général de bruit*. La notion d'information ne renvoie pas ici au contenu sémantique des messages, mais, dans un sens statistique, à ce qui permet de lever l'incertitude* entre des événements auxquels est attachée une certaine probabilité d'occurrence, donc plus ou moins prévisibles. L'information apportée par un message est d'autant plus élevée que l'événement qu'il contient est rare (quelle qu'en soit par ailleurs la richesse de contenu sémantique). La mesure de l'information se ramène à celle de l'entropie*, et a pour unité le bit*. Un surcroît d'information, assurant une redondance* du message, constitue le moyen d'en assurer la transmission en dépit du bruit. Les concepts de la théorie de l'information et les équations qu'elle propose ressortissent à la théorie des probabilités*, et l'on en retrouve les outils en statistique inférentielle.

La psychologie a très tôt exploité, sous l'impulsion notamment de G. Miller, le modèle* de la théorie de l'information pour aborder des problèmes de perception, de mémoire, de communication verbale, de psychophysiologie sensorielle, d'une manière générale les problèmes où un *input** fait l'objet d'un encodage* (codage nerveux, par ex.), d'une conduction et d'un aboutissement, avec décodage présumé. La fécondité théorique du modèle, qui offrait des procédés mathématiques nouveaux pour traiter de nombreuses situations psychologiques, devait se trouver tempérée par des obstacles à sa généralisation. Ainsi, son application à la psycholinguistique se heurta rapidement à la discordance capitale entre information au sens de la théorie de Shannon et information sémantique (alors que l'occurrence d'un mot rare apporte beaucoup d'information dans le premier sens, il peut en apporter très peu dans le second, et inversement).

Le succès de la théorie de l'information est probablement à la source de l'usage très répandu, depuis 1950 environ, du mot information dans le vocabulaire de la psychologie, comme d'ailleurs des neurosciences*, dans un sens plus proche du sens courant que du sens technique qui vient d'être présenté. Ainsi parle-t-on de l'information que tout organisme « prélève » dans son milieu à l'aide de ses organes sensoriels, et désigne-t-on par ce terme toute stimulation frappant un récepteur* périphérique. La mise à l'honneur en psychologie cognitive* du **traitement de l'information** ***(information processing)*** n'est sans doute pas sans lien avec les insuffisances bientôt reconnues de la théorie de l'information. En effet, les informations puisées dans le milieu ne sont pas seulement véhiculées, elles ne font pas seulement l'objet d'une transmission, elles sont aussi traitées, c'est-à-dire triées, élaborées, organisées, stockées, récupérées, ou plus généralement représentées, pour servir en dernier ressort d'instruments à l'action. Ce sont toutes ces opérations qui intéressent au premier chef la psychologie et les neurosciences. Si la théorie de l'information trouve encore en psychologie de nombreuses applications ponctuelles techniquement justifiées, la notion de traitement de l'information, qui la dépasse et s'en distingue très largement, fournit une enveloppe de réflexion beaucoup plus vaste.

En informatique*, la notion d'information demeure très strictement liée à la théorie de l'information et fait référence à la forme qui est le support de connaissance communicable et susceptible de traitements formels automatisables, de calculs*. Dans un ordinateur, l'information est représentée sous forme binaire, l'unité en étant le bit.

M. Baron et D. Defays

Informatique

Le mot informatique est dû à Philippe Dreyfus en 1962, et provient du rapprochement des deux mots information* et automatique*. L'Académie française en a donné en 1966 la définition suivante : « Science du traitement rationnel, notamment par machines automatiques, de l'information considérée comme le support des connaissances humaines et des communications dans les domaines technique, économique et social. » L'informatique au sens actuel a pour objet le traitement d'informations par des ordinateurs et recouvre les domaines désignés en anglais par des expressions équivalentes à « science des ordinateurs » et « traitement d'informations ». Son développement est fondé à la fois sur des études théoriques (logiques, mathématiques, linguistiques) et sur l'amélioration de techniques d'automatisation du calcul*. L'histoire de l'informatique est marquée par la conception de générations successives de machines caractérisées par différentes technologies et architectures (aspect matériel), par le développement de langages et de programmes* de plus en plus « évolués » pour les utiliser (aspect logiciel) ainsi que par son utilisation dans des domaines d'activité de plus en plus larges.

M. Baron

Informel

Terme décalqué de l'américain *informal* et utilisé en psychologie sociale pour désigner une réunion ou une rencontre sans programme ni règles ni hiérarchie, où les participants sont détendus, spontanés, dans un climat permissif et d'apparente bonne camaraderie, par opposition aux réunions formelles, liées à des structures officielles. La philosophie sous-jacente est que si on les laisse libres les êtres humains ont naturellement entre eux de bonnes relations.

D. Anzieu

Infraction

Terme juridique employé pour qualifier toute activité sanctionnée pour avoir violé la loi pénale. L'article I du Code pénal français distingue trois catégories d'infractions selon leur degré de gravité : les contraventions punies de peines de simple police, les délits* sanctionnés par des peines correctionnelles, les crimes* qui entraînent des peines répressives.

J. Selosse

Infradien → Rythme biologique

Infraliminaire

Qui se situe en dessous du seuil*. Une valeur d'un stimulus physique, sur l'une quelconque de ses dimensions (intensité, durée, etc.), est dite infraliminaire si elle se situe en dessous du seuil absolu*. Une différence par rapport à une valeur perçue est dite infraliminaire si elle se situe en deçà du seuil différentiel*.

M. Richelle

Infralogique → Prélogique

Infrason → Ultrason

Inhibition

Terme issu de la physiologie, désignant la réduction, voire la suppression de l'activité d'un système (organe, ensemble fonctionnel) sous l'effet d'un contrôle dit inhibiteur, généralement de nature neurale ou hormonale.

En neurophysiologie, processus par lequel un neurone* ou groupe de neurones, par l'intermédiaire de neurotransmetteurs* appropriés, réduit le seuil d'excitabilité* des membranes par hyperpolarisation et la probabilité des événements postsynaptiques que sont les potentiels gradués et les potentiels d'action. Processus actif, exigeant beaucoup d'énergie et ayant valeur de signal, l'inhibition s'intègre dans la communication interneuronale. A l'échelle des groupes de neurones, l'inhibition latérale permet une délimitation spatiale fine et discriminante des informations*. A un niveau fonctionnel plus global, l'inhibition désigne tout contrôle régulateur d'une structure nerveuse sur une autre, ou d'une fonction sur une autre, par exemple d'une structure ou fonction corticale supérieure sur les centres sous-corticaux, selon la conception de l'intégration* proposée par H. Jackson.

Chez I. Pavlov, le terme recouvre un ensemble de processus actifs invoqués pour rendre compte de la réduction ou de la suppression plus ou moins prolongée des réponses conditionnées, intervenant dans la dynamique fonctionnelle de l'activité nerveuse supérieure en complément à l'excitation*. Il désigne, par extension, le résultat observé de l'intervention de ces processus. La psychologie de l'apprentissage a repris à Pavlov les diverses formes d'inhibition : externe, c'est-à-dire due à l'interférence* d'une stimulation extérieure, transitoire ou permanente, supplantant l'action des stimulus conditionnés, ou interne, c'est-à-dire liée à la dynamique propre du système nerveux. A son tour, l'**inhibition interne** se présente sous diverses formes : **inhibition de délai***, se développant à la faveur d'un intervalle temporel entre stimulus conditionné* et inconditionnel*, ou encore de l'intervalle* séparant les stimulus inconditionnels périodiques dans les conditionnements à la durée* ; **inhibition conditionnée**, résultant de l'association, à un stimulus conditionnel positif*, d'un stimulus négatif*, à valeur inhibitrice ; **inhibition de discrimination*** ou de différenciation*, se traduisant par la disparition des réponses dues à la généralisation* au cours d'un conditionnement discriminatif ; inhibition d'extinction*, observée lorsqu'on cesse de renforcer la réponse conditionnée.

Malgré les arguments avancés par Pavlov en faveur du caractère actif de l'inhibition, et notamment le phénomène de désinhibition*, on a parfois ramené le concept d'inhibition à celui d'excitation, la première n'étant qu'une réduction ou un défaut de la seconde. Les travaux expérimentaux ont cependant donné raison aux intuitions pavloviennes, en mettant en évidence dans les apprentissages discriminatifs un gradient* d'inhibition distinct du gradient d'excitation. Enfin, on parle d'**inhibition latente*** lorsque la préexposition à un stimulus entraîne un amoindrissement de son efficacité s'il est ensuite employé comme stimulus conditionné ou inconditionnel.

La psychologie fait par ailleurs un large usage du terme inhibition pour désigner soit des mécanismes faisant obstacle à l'expression de traits*, potentialités ou conduites*, soit des mécanismes empêchant la prise de conscience* (refoulement*), soit des formes de réduction générale de l'activité (ralentissement* dépressif*). (V. Interférence, Proactif, Rétroactif.)

Récemment, l'inhibition a connu un regain général d'intérêt en psychologie cognitive, notamment dans l'étude de l'attention sélective et dans celle du développement cognitif.

Classiquement, l'attention sélective a été considérée comme une fonction d'activation*. De ce point de vue, après un traitement initialement automatique, l'information pertinente est sélectionnée (précocement ou tardivement selon la place du « filtre sélectif ») par un mécanisme attentionnel d'activation, de facilitation. Dès ce moment, l'information non pertinente à ignorer se dissipe passivement dans le temps. N'étant pas activée, facilitée, elle ne fait donc pas l'objet d'un traitement cognitif ultérieur. Par rapport à cette conception classique de l'attention-activation, une analyse alternative s'est récemment imposée : celle de l'attention-inhibition. Selon cette analyse, le mécanisme essentiel de la sélection attentionnelle est l'inhibition, le blocage actif de l'information non pertinente en mémoire de travail. Dans ce cas, le traitement cognitif de l'information pertinente, ultérieur à la sélection, ne s'opère pas en raison d'une activation-facilitation spécifique, mais du fait qu'il n'y a plus d'interférence avec l'information non pertinente inhibée. La question est ici de savoir comment distinguer expérimentalement ces deux modalités possibles de sélection cognitive. Le paradigme mis au point, dans ce cadre, est celui de l'amorçage négatif (*negative priming* en anglais), indicateur de l'existence et de l'efficience du contrôle inhibiteur de l'information.

Le souci de dissocier les contraintes d'inhibition de celles d'activation se retrouve également dans les recherches actuelles de psychologie du développement cognitif. L'une des critiques formulées aux modèles néopiagétiens (ou néostructuralistes) est qu'ils sont tous, comme la théorie de J. Piaget, des modèles de coordination-activation d'unités structurales et non des modèles de sélection-inhibition.

O. Houdé, M. Le Moal et M. Richelle

Inhibition intellectuelle

Perturbation purement fonctionnelle de l'intelligence*, caractérisée par l'incapacité à obtenir des performances en rapport avec le niveau intellectuel réel du sujet, qui est et demeure normal. L'inhibition intellectuelle exclut donc par définition la débilité* et se développe sur un fond de personnalité* névrotique. Les inhibitions peuvent porter électivement sur un domaine déterminé, par exemple sur les acquisitions scolaires, et laisser subsister un fonctionnement normal dans les autres domaines. Elles peuvent être généralisées, donnant l'impression erronée que le sujet est débile. Dans tous les cas, il est nécessaire pour étayer le diagnostic d'inhibition intellectuelle, et notamment pour écarter la présomption de débilité, de procéder à un examen psychologique approfondi comportant au moins une batterie classique (du type Binet ou du type Wechsler) et une série d'épreuves piagétiennes (telles que, par ex., l'Echelle de pensée logique de Longeot). Les inhibitions intellectuelles rentrent dans le cadre général des inhibitions névrotiques des fonctions du moi* : le moi renonce à une activité lorsque cette activité risquerait de susciter un développement d'angoisse* en raison de sa connexion avec des désirs* refoulés*. Plus spécifiquement, S. Freud a montré que l'origine de toute activité intellectuelle réside dans les investigations sexuelles du jeune enfant et que le refoulement de cette curiosité sexuelle infantile par crainte de la castration* ou de la perte d'amour est à l'origine des inhibitions intellectuelles ultérieures. M. Klein a en outre souligné que la pulsion de savoir du jeune enfant est souvent inhibée en raison de son lien avec les tendances agressives du complexe d'Œdipe archaïque.

J.-M. Petot

Inhibition réciproque → Comportementale (Thérapie —)

Initiative structurante

Traduction de l'anglais *initiating structure*. Un des groupes de comportements qui constituent l'un des deux facteurs dégagés par E. A. Fleishman en 1962 à partir de l'analyse factorielle faite sur les descriptions des activités des cadres. Ensemble de conduites par lesquelles les cadres organisent et définissent les activités de leurs subordonnés, assignent les tâches, veillent à la productivité, planifient et prévoient le travail et, de manière générale, s'efforcent d'atteindre et de faire atteindre par leurs collaborateurs les objectifs de l'organisation.

C. Lévy-Leboyer

Injustice subie

On doit cette expression à E. de Greeff : c'est la présence de mécanismes de négation*, de compensation, de revendication qui, sous un mode sadomasochiste* d'agression*, expriment la réaction à un sentiment de souffrance liée à un préjudice* injuste porté à la personne*. Occupant un « statut exceptionnel », dont S. Freud disait que la problématique se rattache à un événement et à une souffrance qui avaient atteint le sujet* dans sa prime enfance, celui-ci se sent victime* d'être né, coupable* d'être là et contraint de réagir à une malédiction dont il ne se sent pas responsable, mais qu'il prend en compte.

J. Selosse

Inné

Littéralement, qui existe dès la naissance. Au sens strict, déterminé par les gènes*, indépendamment de toute influence du milieu et de toute expérience. Ses qualités sont la fixité et la résistance au changement. En ce sens, est présenté comme antithétique de l'acquis, les deux notions étant exclusives l'une de l'autre. En fait, elles ne peuvent être définies sans référence l'une à l'autre et, loin de s'exclure, elles sont complémentaires et rétroagissent l'une sur l'autre. Ce sont deux processus analogues d'adaptation* au milieu, qui s'installent l'un au cours de l'histoire de l'espèce, l'autre au cours de l'histoire de l'individu. L'inné est propre à l'espèce et varie dans les limites de celle-ci au même titre que ses autres caractères. Il évolue au rythme de l'espèce elle-même. Celle-ci fait des expériences d'essais et d'erreurs à chaque génération, par la production par voie de sexualité d'une descendance non uniforme ; les individus non ajustés au milieu ne se reproduisent pas ou peu ; les individus ajustés transmettent leurs qualités à leurs propres descendants. Les acquis de l'espèce sont stockés en mémoire dans la séquence de la molécule d'ADN*. Et l'inné peut varier d'un individu à un autre autant que deux individus peuvent différer l'un de l'autre.

Loin d'être indépendant du milieu, l'inné a été sélectionné par lui de telle sorte que, s'il a à s'exprimer dans un milieu comparable à celui qui a présidé à son évolution, il s'y révélera parfaitement ajusté. A l'inverse, il paraîtra aberrant dans un milieu qui s'écarterait trop de celui qui l'a généré. Il reste que l'inné n'est qu'une potentialité enfermée dans le génome*. Il ne pourra s'exprimer dans le phénotype qu'au cours et à la suite de l'embryogenèse et de l'éthogenèse (V. Epigenèse). L'inné se met ainsi progressivement en place et la naissance ou l'éclosion ne sont pas, sous cet angle, des stades cruciaux. Ainsi, des comportements innés liés à la sexualité n'apparaîtront chez l'adulte qu'après la mise en place des structures anatomophysiologiques indispensables à leur expression. *J.-C. Ruwet*

Innéisme

Conception philosophique selon laquelle la nature d'un être est déterminée dès sa naissance et ne dépend pas des conditions de l'environnement* dans lequel il vit et des expériences* qu'il peut y faire. Selon les époques, l'innéisme a pris des formes et des appellations différentes : l'innéisme des idées est généralement rattaché à la tradition cartésienne dans laquelle les idées premières de l'intelligence* sont disponibles dès le début de la pensée. Il en résulte une indépendance de l'intelligence dans sa démarche à l'égard de toute information* d'origine sensorielle. Cet innéisme s'oppose à l'empirisme* pour qui les idées proviennent de l'expérience sensible.

Dans certaines conceptions psychologiques, le mot **nativisme** est parfois utilisé comme synonyme d'innéisme. On qualifie de nativistes les théories, généralement perceptives, pour lesquelles l'usage d'un appareil sensoriel ne nécessite aucune phase d'apprentissage*. On qualifie également de nativiste l'hypothèse chomskyenne d'une grammaire* universelle. On trouve enfin le synonyme **préformisme** dont l'origine est à situer dans les théories de la génération : l'hypothèse de la préformation des germes s'oppose à l'épigenèse*, dans le domaine de l'embryologie, comme l'inné* s'oppose à l'acquis dans le domaine du développement psychologique. Au XXe siècle, la génétique a plus ou moins clos ce débat en disqualifiant les tenants d'une détermination complète des capacités individuelles à partir du patrimoine génétique au profit de ceux qui soutiennent l'idée d'un développement conçu comme une interaction complexe entre le matériel génétique et les facteurs externes. *P. Mengal*

Innéité

Caractère de ce qui est inné*, c'est-à-dire présent à la naissance. Bien que, *stricto sensu,* l'innéité ne soit pas nécessairement liée à l'hérédité*, il n'est pas rare que les scientifiques eux-mêmes se rendent coupables de ce glissement. Pour qui étudie les comportements*, la notion d'innéité s'applique légitimement aux conduites* effectivement présentes à la naissance, dont on sait qu'elle représente dans le développement une étape très variable selon les espèces, et qu'elle est précédée d'une phase de développement prénatal* qui est loin d'être négligeable dans l'origine des différences* interindividuelles. Au-delà de l'inventaire que l'on peut faire au moment de la naissance, les comportements sont essentiellement le produit d'une épigenèse* au cours de laquelle les potentialités* inscrites dans le génome* se trouvent en interaction avec le milieu*. Ces potentialités sont évidemment, d'une certaine manière, innées (puisqu'elles remontent au moment de la conception), mais non les comportements qu'elles autorisent.

Une remise à l'honneur, dans certaines écoles de psychologie contemporaines, des thèses anciennes des philosophies idéalistes et rationalistes, de Platon à Descartes, a néanmoins accrédité à nouveau l'innéité des idées, qu'il s'agisse des concepts de base ou des formes dans lesquelles les coulent les langues naturelles, selon les vues de N. Chomsky, pour qui le langage se compare à un organe. Ces conceptions relèvent plus de la doctrine que de la théorie scientifique et elles ressortissent plus à l'innéisme* qu'à une analyse biologiquement fondée de l'innéité. *M. Richelle*

Innocence

L'innocence caractérise l'état mental d'une personne qui ignore le mal (innocence de la petite enfance) et ne se sent responsable d'aucune nuisance, d'aucune faute. Il faut rapporter l'innocence aux notions de sacrifice et de peine pour saisir l'importance des « réactions d'innocence » chez certains sujets qui, par un mouvement de défense archaïque, expriment un besoin de justification éthique par rapport à des sentiments d'injustice subie*. *J. Selosse*

Innovation pédagogique

L'approche systémique de l'éducation* confirme et modélise un constat banal : les pratiques éducationnelles d'une société à un moment donné de son histoire résultent d'un équilibrage complexe entre des facteurs de stabilité et des facteurs de changement à travers quoi se parachève le système.

Analysable par l'observateur non impliqué en termes de produit, ce parachèvement peut être vécu par les acteurs en termes de projet. On réservera la notion d'innovation pédagogique pour caractériser, à quelque échelle que ce soit d'un système éducatif*, une intention* transformatrice qui, par-delà la double illusion du volontarisme naïf et de la soumission aux faits, tente de surmonter la contradiction des deux termes et de penser un changement comme produit et comme projet. En tant que produit au sein d'un système, le changement fait l'objet d'une appréhension rationnelle et méthodique d'enchaînements d'événements, de série d'opérations, de fréquence de résultats. En tant que projet, le changement appelle un renouvellement marqué de l'effort éclairé par une intelligence des choses relevant de l'action sensée, que P. Ricœur définit par le pouvoir de faire comprendre l'intention et de la voir créditée ainsi d'un caractère de plausibilité partagée par toutes les parties en présence.

La notion de résultat escompté, qui constitue elle-même la clé du concept d'objectif* éducatif, s'engendre à cette double lecture du produit dans le projet et du projet dans le produit. L'évaluation de ce résultat assure le bouclage systémique de l'opération, où se spécifie de nouveau l'innovation, par opposition à une croissance* par la seule force des choses comme à l'utopisme d'une transformation par la seule force des volontés*. *D. Hameline*

Input

Terme anglais, que rend parfaitement le mot **entrée,** mais qui est devenu courant en français scientifique pour désigner toute information* en provenance de l'extérieur captée par un système, vivant ou non, de traitement de l'information*. Ainsi, dans un système quelconque de communication, l'*input* est une information agissant sur un récepteur*. Par analogie, dans un organisme, l'*input* sera généralement synonyme de stimulus* agissant sur un récepteur sensoriel. L'*input* déclenche un processus* de traitement de l'information au terme duquel se situe une information de sortie ou *output**, que l'on peut, en psychologie, assimiler à la réponse*. L'étroite liaison des concepts d'*input* et d'*output* aux processus de traitement de l'information qui interviennent entre le premier et le second écarte toute confusion de ce type de modèle* avec une vieille psychologie stimulus-réponse, l'accent étant mis sur les événements intermédiaires, une fonction de transfert rendant compte, formellement, de la relation entre *input* et *output*. *M. Richelle*

Input linguistique

Dans les études sur l'acquisition*/apprentissage* des langues (première et/ou seconde), cette notion renvoie au modèle langagier que constitue la langue cible, présent dans l'entourage de l'apprenant (enfant ou adulte).

Bien que l'*input* ait été longtemps peu étudié, la question de son influence sur le développement* langagier a toutefois toujours été posée. Sa mauvaise qualité (jamais vérifiée) a été un argument en faveur de l'innéité* des structures linguistiques, postulée par les chomskyens. Cette hypothèse est actuellement infirmée par les analyses de l'*input* lui-même, qui ont montré à la fois ses particularités et son rôle dans le développement langagier. Plus précisément, il a été mis en évidence que le langage adressé par des locuteurs confirmés à des locuteurs-apprenants se caractérise par des adaptations* (phonologiques, syntaxiques, sémantiques et lexicales) aux capacités des locuteurs-apprenants, favorisant ainsi l'acquisition de la langue, au même titre que les réactions de l'entourage (*feed-back* verbal*) aux productions de l'apprenant. Cette variété de langue de l'adulte est généralement connue sous le terme de « langage-bébé » ; en raison des connotations de ce terme, l'expression « langage modulé » lui est préférée. *G. De Weck*

INRC (Groupe —) → Groupe mathématique

Insight → Compréhension soudaine

Insomnie

Quantité insuffisante de la durée normale du sommeil*. Depuis qu'on sait enregistrer électrophysiologiquement le sommeil, il est nécessaire de distinguer la quantité et la qualité objectives du sommeil de nuit et le sentiment que peut avoir le sujet de mal dormir ou de dormir insuffisamment. Il est également nécessaire de distinguer les insomnies anxieuses du soir des insomnies dépressives du matin. Il est enfin nécessaire de considérer l'insomnie comme un dysfonctionnement du cycle veille-sommeil, et non plus seulement comme un symptôme nocturne. *A. Braconnier*

Instabilité

L'instabilité, fréquente en particulier chez l'enfant, comporte une double composante motrice et mentale. Elle s'exprime par un type particulier de motricité*, le défaut général du contrôle* et de la capacité d'inhibition*, la labilité des processus idéatifs, la discontinuité de l'ensemble des conduites*. L'impulsivité* motrice et émotionnelle est de règle. En dehors des cas d'étiologie strictement psychologique, la question est toujours débattue des instabilités psychomotrices vraies. Elle est abordée aujourd'hui dans le cadre thématique des dysfonctions neurologiques mineures. Ce concept très actuel poursuit la tradition inaugurée par H. Wallon, dès 1925, avec sa typologie des syndromes psychomoteurs. *E. Jalley*

Instance de la personnalité

Terme d'origine judiciaire introduit par S. Freud pour désigner les différents systèmes qui composent l'appareil* psychique dans le cadre de sa première topique* et les constituants de la personnalité psychique dans la seconde topique. La première topique, dans sa forme initiale, distinguait un système inconscient* et un système préconscient-conscient*, identifié avec le moi*, auquel étaient rattachées la perception, la motricité volontaire et la conscience* (aux deux sens du terme, psychologique et moral) et donc l'instance de la censure*. Dans un deuxième temps, la nécessité de prendre en compte les conséquences de la découverte du narcissisme* a amené S. Freud à donner, au sein du moi, une relative autonomie à l'instance critique et à la censure du rêve, rattachées à la formation narcissique qu'est l'idéal du moi*. La deuxième topique reconnaît au surmoi* encore plus d'autonomie relativement au moi, cependant que le système inconscient reçoit désormais le nom de ça*. S. Freud tend à employer de préférence le terme instance pour désigner l'instance critique, la censure, l'idéal du moi puis le surmoi, plus rarement le moi, presque jamais l'inconscient ou le ça. Cela tient probablement à la connotation judiciaire du terme, qui désigne essentiellement un tribunal envisagé en tant qu'étape le long d'une procédure, selon que ses décisions sont susceptibles d'appel ou qu'il juge lui-même en appel. En ce sens, l'inconscient ou le ça, qui se trouvent au point de départ de toutes les demandes et sont en quelque sorte les plaideurs, n'ont pas à en juger et il est naturel que la métaphore judiciaire ne s'applique qu'à des instances moïques ou surmoïques. *J.-M. Petot*

Instinct

Notion controversée de l'éthologie* comme de la psychologie*. Pour J.-H. Fabre, l'instinct est un plan de vie inné*, parfait, préformé qui, mû par une force vitale, conduit fatalement et inexorablement l'animal vers un but, qui est la conservation de l'espèce. Après que cette conception et, chez les psychologues, celles, analogues, de W. McDougall, eurent été battues en brèche par les réflexologistes et les behavioristes*, les éthologistes néo-instinctivistes reformulèrent les fondements théoriques de l'instinct. Intégrant les notions lorenziennes d'activité et de mouvement instinctifs*, de leur spontanéité née d'une activité neuronale autonome, du lien qui les rattache à un schéma déclencheur inné *via* un mécanisme inné de déclenchement*, N. Tinbergen en 1951 définit l'instinct comme un système hérité et adapté de centres nerveux coordonnés, organisés hiérarchiquement (V. Hiérarchie), continuellement amorcés et sous tension, dont chacun remplit des fonctions intégratives de rassemblement d'informations internes (hormones, stimulus proprioceptifs) et externes (combinaisons clés de stimulus) et de redistribution, du plus généralisé au plus spécifique. L'état de tension latent du système (potentiel ou énergie spécifique d'action) se traduit par l'état d'appétence conduisant l'animal à rechercher activement (V. Comportement exploratoire) les situations où il rencontre les schémas déclencheurs appropriés au besoin du moment. L'excitation du système se traduit par l'expression étalée de suites ordonnées de coordinations motrices héréditaires et culmine avec l'exécution des actes de consommation*. Chaque acte ne se produit qu'en présence de son schème déclencheur et est donc adapté à la situation. Le mérite de Tinbergen a été de concevoir un modèle* de l'instinct qui tienne compte et prévoie des structures anatomophysiologiques localisables et au niveau desquelles on puisse expérimenter.

La mise à l'épreuve de ce modèle a montré qu'il est trop unidirectionnel : il ne tient pas compte des possibilités de réafférence et il faut lui préférer un système de centres disposés davantage en réseau* ; il ne tient pas assez compte des interactions entre centres donnant lieu à des réponses mêlées. Enfin, dans sa rigidité, il ne dit rien de l'épigenèse ; une telle structure en effet ne peut s'installer que progressivement par une interaction globale permanente de l'animal avec son milieu. *J.-C. Ruwet*

Instinctif

Indépendant de l'expérience*, quant à sa forme et son origine ; synonyme d'inné* dans le sens où son fondement est héréditaire. Notion controversée, évitée par les spécialistes, d'autant que le langage courant lui donne diverses acceptions. Entre 1931 et 1941, K. Lorenz a fourni le premier effort sérieux pour le doter d'un cadre théorique. Il s'inspire de divers concepts formulés par ses prédécesseurs : J. von Uexkühl a postulé qu'un mécanisme filtreur assure la spécificité d'une réponse motrice à des schémas déclencheurs, d'où la notion de mécanisme inné de déclenchement* ; O. Heinroth a montré qu'il existe des comportements aussi caractéristiques des entités taxonomiques que les structures morphologiques, se mettant en place sans apprentissage, et dont l'exécution a un caractère de spontanéité ; par des stimulations électriques de centres moteurs intracérébraux (V. Neuro-éthologie), E. von Holst a provoqué l'expression de tels comportements, indépendamment de toute afférence sensorielle. K. Lorenz en tire la notion d'activité instinctive *(Instinkthandlung)*, spécifique, stéréotypée*, répétitive, reconnaissable, pouvant constituer avec d'autres des chaînes plus complexes qui se distinguent des chaînes de réflexes* par le fait qu'elles sont amorcées et contrôlées intérieurement. Il affine le concept en celui de coordination motrice héréditaire *(Erbkoordination)*, qui est déterminée génétiquement, est indépendante des apprentissages*, de l'imitation* et de l'expérience, comme le prouve son exécution parfaite même si l'animal a été privé de toute information relative à la situation où elle prenait place normalement (expérience de privation*). Par extension, une activité instinctive est une suite ordonnée de ces coordinations motrices héréditaires. Les auteurs plus récents s'efforcent de recourir à des expressions plus neutres telles que patron moteur fixe, schème moteur spécifique, sortie motrice unitaire, stéréotype moteur, schème spécifique d'action. *J.-C. Ruwet*

Institutionnelle (Analyse —, Psychothérapie —)

L'analyse institutionnelle est une méthode d'investigation et une pratique du changement de l'organisation, des structures et de la tâche primaire de l'institution, quelle que soit la nature de celle-ci (soins, formation, production, administration, etc.).

Le terme de psychothérapie institutionnelle, formé par G. Daumezon et P.-M. Koechlin en 1952, désigne l'ensemble des conduites réglées à visée thérapeutique qui utilisent à cette fin la médiation de la structure sociale de l'institution dans laquelle vit le patient. Cette définition large comprend des théories, des pratiques et des applications très diverses. Elles trouvent leur unité d'inspiration dans le mouvement social, initié dès avant la Seconde Guerre mondiale, de transformation de la structure asilaire traditionnelle ; cette transformation implique la critique des effets aliénants, ségrégatifs et pathogènes de l'institution hospitalière psychiatrique, et la retrouvaille active des conditions de réalisation de sa tâche primaire de soin et de réadaptation des malades. Plusieurs courants se sont successivement développés, notamment en France dès 1940-1942 avec F. Tosquelles, Y. Racine, J. Oury, P. Sivadon, puis avec les expériences anglaises de communauté thérapeutique* (M. Jones) et de communauté d'antipsychiatrie* (D. Cooper, R. Laing). Cette seconde révolution psychiatrique s'est inspirée de différentes orientations sociologiques, psychosociologiques et surtout psychanalytiques. L'inspiration freudienne a soutenu l'expérience du 13e arrondissement de Paris où la création de structures de soins extrahospitalières (hospitalisation à domicile et hôpitaux de jour) a été ordonnée à une meilleure correspondance des actions thérapeutiques avec le fonctionnement des malades psychotiques. L'orientation lacanienne a prédominé à la clinique de La Borde, à Cour-Cheverny, où la création de champs transférentiels multifocaux dans l'institution a été soutenue par l'idée que le psychotique doit pouvoir y créer son propre itinéraire et retrouver son historicité, pour autant que le dispositif institutionnel comporte des règles de lieux et de temps sur lesquelles puisse s'étayer le processus thérapeutique. *R. Kaës*

Instruction

Selon Kant, l'instruction est l'une des composantes de l'éducation* : l'acquisition, par autoformation*, ou par soumission aux directives d'autrui, de diverses formes d'habiletés humaines. Selon Condorcet par contre, l'instruction s'oppose à l'éducation ; ce dernier terme désigne alors les pratiques de l'influence* destinées à susciter l'adhésion des cœurs, alors que l'instruction émancipe la raison et rend son autonomie* au jugement.

Au cours du XIXe siècle, la persistance d'une psychologie des facultés* tend à restreindre l'instruction à la seule acquisition des habiletés proprement intellectuelles. Selon que l'on veut ou non accentuer le caractère polémique de la notion d'instruction, l'option demeure, aujourd'hui encore, entre la définition de Kant et celle de Condorcet (V. Education). *D. Hameline*

Instruction informatique

Une instruction est une phrase élémentaire, appelée aussi ordre, d'un langage de programmation* dit « impératif » ; elle correspond à une ou plusieurs opérations déterminées qu'un ordinateur doit exécuter. On distingue plusieurs catégories d'instructions, par exemple : instructions d'affectation, qui permettent d'affecter la valeur d'une expression à un identificateur, instructions d'entrée-sortie qui permettent le transfert d'informations* entre l'unité centrale et les unités périphériques, instructions de boucle*, qui permettent de répéter un traitement, instructions conditionnelles qui permettent d'effectuer des traitements différents selon la valeur d'une condition. Par exemple, « SI <test> ALORS <instruction-1> SINON <instruction-2> » est une forme d'instruction conditionnelle.

M. Baron

Instrumental (Apprentissage —)

Apprentissage* de comportements dont la production est la condition d'accès à une récompense* ou renforcement*. Le terme est transposé de l'anglais, où, dans l'une de ses acceptions, il signifie « qui sert à », « qui sert d'intermédiaire, d'instrument pour ». Le parcours de labyrinthes* a été la forme la plus étudiée d'apprentissage instrumental, mais il existe de nombreuses autres situations et procédures qui correspondent à sa définition (échappement*, évitement* actif, etc.). Le conditionnement opérant* peut être considéré soit comme une expression équivalente à apprentissage instrumental, soit, plus conformément à l'usage qui s'est établi, comme une forme d'apprentissage instrumental. *M. Richelle*

Instrumentalité

Relation perçue et évaluée par chaque individu entre le résultat de son travail et ce contre quoi il souhaite l'échanger, qu'il s'agisse de biens matériels (comme le salaire), de récompenses symboliques (comme les marques d'estime) ou de conséquences à long terme (comme les promotions). La théorie de l'instrumentalité postule que la motivation* au travail est fonction à la fois de la valence* et de l'instrumentalité. *C. Lévy-Leboyer*

Insu

Dans les plans* d'expérience, on parle de méthode d'insu lorsque l'expérimentateur est tenu dans l'ignorance de la valeur d'une variable* indépendante qu'il présente ou administre au sujet. Ainsi, en psychopharmacologie* expérimentale (et particulièrement dans les essais* cliniques), l'expérimentateur ignore s'il administre la substance active ou le *placebo**, qui en a les apparences extérieures mais est pharmacologiquement neutre. On parle de **double insu** lorsque l'expérimentateur est systématiquement tenu dans l'ignorance de l'état de deux variables indépendantes. Ainsi, dans le même contexte, l'expérimentateur ignorera non seulement s'il administre la substance active ou le *placebo,* mais si les sujets ont reçu préalablement le traitement x ou le traitement y (par ex., s'ils bénéficient d'une psychothérapie* de groupe ou d'un traitement comportemental*). Le but est d'éviter qu'interviennent dans la conduite de l'expérience et l'enregistrement des résultats les biais* de l'observateur. La méthode exige naturellement le travail en équipe. On dit aussi méthode **aveugle** et **double aveugle.** *M. Richelle*

Intégration

Principe d'organisation s'appliquant à des structures dont les éléments sont hiérarchiquement ordonnés, les niveaux supérieurs exerçant leur contrôle sur les niveaux inférieurs. Le concept d'intégration est central dans la logique du vivant, où chaque différenciation*, chaque accroissement de complexité s'assortit de nouveaux degrés d'intégration. L'importance de l'intégration dans l'organisation du système nerveux* avait été reconnue dès 1884 par H. Jackson, au nom duquel est attachée la **loi d'intégration du système nerveux central**, mettant en relief la double conséquence d'une atteinte à une structure nerveuse d'un niveau donné, à savoir d'une part l'altération des fonctions qu'elle assume en propre, et d'autre part le relâchement des contrôles qu'elle exerce sur les structures de niveau inférieur, qui s'expriment alors de façon anarchique.

En psychologie, la notion d'intégration tient une place capitale dans les contextes théoriques les plus divers : on la retrouve aussi bien dans les caractérisations des mécanismes d'apprentissage* ou l'ordonnancement des stades* du développement* cognitif* que dans l'organisation des éléments lexicaux en mémoire* ou dans la prise en compte des informations* sensorielles en provenance des diverses modalités* dans le déroulement d'un programme* moteur. Le terme s'applique aussi, de façon plus descriptive, à toute conduite dont les éléments sont clairement subordonnés à un but* finalisé, à toute action* intentionnelle*.

Dans le contexte psychopédagogique ou psychosocial, le terme d'intégration désigne l'insertion à un groupe auquel le sujet devrait s'adapter, en s'y conformant, le groupe pouvant se montrer plus ou moins favorable à cette insertion. Intégration s'oppose ici à ségrégation*.

C. Prévost et M. Richelle

Intégration intermodale → Transfert intermodal

Intégration scolaire

Processus par lequel on réunit dans les mêmes classes des élèves jusque-là scolarisés dans des lieux différents. L'intégration des élèves handicapés* (déficients visuels et auditifs, infirmes moteurs, etc.) dans les classes normales est préconisée pour lutter contre les effets d'isolement social, de ghetto, qui frappent ces catégories. De la même façon, l'intégration des élèves en échec* scolaire grave, qui s'accompagne en général d'un soutien en heures dispensées par des éducateurs spécialisés, peut permettre d'éviter les effets cumulatifs de « nivellement par le bas » que leur regroupement dans des classes spéciales tend à provoquer. De manière générale, l'intégration vise à l'unification du système scolaire* en différant les processus de sélection. C'est dans cette perspective que prend sens la mise en place de structures secondaires de type tronc commun*.

D. Manesse

Intégration sociale

Il convient de distinguer la fonction sociale d'intégration du processus d'intégration. La fonction consiste à assurer les coordinations nécessaires entre les unités ou parties d'un ensemble organisé en veillant à maintenir l'adéquation de ses normes* et de ses valeurs*. Le processus concerne les diverses modalités d'interactions utilisées par un individu pour être situé et se situer dans un groupe ou dans une collectivité afin de se voir reconnus une place, un statut et une identité sociale. L'intégration varie avec la répartition sociale des âges de la vie auxquels sont attribuées des compétences relatives plus ou moins accessibles avec l'opportunité de trouver des satisfactions alternatives aux buts et aux moyens inaccessibles. Comme l'intégration sociale peut être prédéterminée par des conditions d'origine et d'appartenance à des catégories d'âge et de sexe, l'individu peut chercher à sortir d'un milieu et d'un statut subis pour changer de rôle dans un milieu choisi. L'intégration sociale est soumise aux effets d'un double contrôle : interne (personnel) et externe (social). Celui-ci use d'obligations et de sanctions mais aussi veille à la désirabilité et à l'accessibilité des objectifs préconisés et valorisés. Le contrôle interne passe par l'identification normative qui est une condition essentielle de la socialisation. A partir des résultats de plusieurs enquêtes, S. Hirshi considère que l'intégration normative varie avec l'intensité de quatre dimensions du lien social : l'attachement, l'engagement, l'investissement et la croyance. L'intégration sociale permet à l'individu non seulement d'entrer en relation fonctionnelle avec le monde, de satisfaire ses besoins d'être stimulé et d'agir mais encore de répondre à des besoins interpersonnels de participation, d'affiliation et de confirmation.

J. Selosse

Intellectualisation

Au sens précis du terme, l'intellectualisation est un mécanisme de défense* du moi* et, plus généralement, un processus psychique dont la description a été faite en 1936 par A. Freud. L'intellectualisation en tant que mécanisme de défense n'est que l'intensification de l'attitude la plus fondamentale du moi qui consiste dans la substitution du processus secondaire* au processus primaire*. Particulièrement opérante chez certains adolescents, elle se caractérise par la transposition en théories sociales, psychologiques voire physiques ou métaphysiques de la perception qu'a le sujet des processus inconscients qui se produisent dans sa personnalité* ; elle réalise une traduction en langage intellectuel des processus pulsionnels. D'une manière plus relâchée, beaucoup de psychanalystes nomment intellectualisation une résistance* de certains analysants à l'expression spontanée des idées et surtout des affects*, à laquelle ceux-ci tendent à substituer leurs commentaires ou leurs théories. *J.-M. Petot*

Intelligence

Fonction* psychologique, ou ensemble des fonctions grâce auxquelles l'organisme s'adapte à son milieu* en mettant en œuvre des combinaisons originales de conduites*, acquiert et exploite des connaissances* nouvelles, et éventuellement raisonne et résout les problèmes* d'une manière conforme aux règles dégagées par les formalisations de la logique. L'intelligence s'oppose ainsi traditionnellement à l'instinct*, qui dote l'animal de conduites admirablement adaptatives, mais non originales, car inscrites dans l'héritage spécifique. Elle s'oppose d'autre part à l'automatisme*, encore qu'elle s'appuie nécessairement sur lui et que ce qu'elle résout de façon inédite passe souvent ensuite dans le répertoire des routines* à la faveur de l'exercice*.

L'étude de l'intelligence en psychologie scientifique a connu diverses phases successives, et, à un même moment, des ramifications diverses. En une première phase, l'accent a été mis sur la mesure des manifestations de l'intelligence, ou des facultés* intellectuelles postulées par les psychologies philosophiques. La multiplication des tests* mentaux, tests de quotient intellectuel* ou d'aptitudes* diverses, largement exploités à des fins pratiques d'orientation* et de sélection*, débouchait, par les méthodes d'analyse factorielle*, sur des théories structurales de l'intelligence et de ses composantes.

En marge de ce courant, se développait une approche moins intéressée par les produits de l'intelligence que par ses démarches, ses modes de fonctionnement. J. Piaget, après plusieurs précurseurs, marqua ce domaine de son empreinte théorique, et de son choix d'une méthode ontogénétique* (V. Epistémologie génétique et Constructivisme).

Rejoignant J. Piaget dans son intérêt pour les mécanismes, mais non dans sa recherche de leur explication dans la construction ontogénétique, un autre courant de la psychologie de l'intelligence s'est préoccupé avant tout de démonter les stratégies* du sujet dans la résolution de problèmes. C'est ce courant qui s'épanouit aujourd'hui dans le cadre de la psychologie cognitive*, où le terme cognition* a souvent pris la place d'intelligence, et qui alimente de ses analyses de processus cognitifs naturels le domaine de l'intelligence artificielle*, réciproquement pour lui source de modèles* descriptifs et explicatifs.

La psychologie a depuis longtemps renoncé à opposer l'homme aux animaux en réservant au premier l'intelligence : une approche évolutive des processus d'accroissement de l'information* chez l'organisme individuel permet en effet de tracer la continuité depuis les formes élémentaires d'adaptation individuelle (habituation*, apprentissages associatifs*) jusqu'aux formes les plus élaborées mettant en jeu les activités symboliques*. Bien que la neurobiologie* comparée ne cesse de réserver des surprises quant à l'insoupçonnable richesse des structures nerveuses assurant chez les espèces les plus diverses la gestion des conduites intelligentes, il n'est pas douteux que le développement de ces dernières au cours de la phylogenèse soit parallèle au développement du système nerveux central, et, plus particulièrement, chez les mammifères, du cortex cérébral.

La question de l'unité de l'intelligence n'a cessé de se poser. Aux anciennes facultés de l'esprit a fait écho la subdivision en aptitudes*, éventuellement subordonnées à une **intelligence générale** (facteur g) saisie dans une note globale à des tests (QI). Plus récemment, le problème de l'unité a été formulé en termes de formes d'intelligence, plutôt que de composantes : on a, d'une part, opposé pensée divergente* et pensée convergente*, intelligence fluide et cristallisée, indépendance* et dépendance* à l'égard du champ ; d'autre part, on a distingué les formes d'intelligence intervenant abondamment dans les activités structurées des systèmes scolaires, et par là particulièrement importantes dans les cultures fortement scolarisées **(les savoirs)** et celles qui sont en œuvre dans les multiples aspects de la vie quotidienne et pratique **(les savoir-faire).**

Le constat d'importantes différences interindividuelles, quelles que soient les composantes ou les formes d'intelligence envisagées, a suscité à la fois des recherches sur les déterminants héréditaires et socioéducatifs, et un débat sur la part du milieu et des gènes qui n'a pas toujours été exempt de passion. *M. Richelle*

Personne ne conteste l'idée que l'intelligence représente un des facteurs qui déterminent la nature et l'efficacité des comportements*. Ce qui explique le souci de mesurer l'intelligence en vue de fonder les décisions concernant l'orientation scolaire*, les choix professionnels* aussi bien que la gestion des carrières. Qualifiée successivement d'aptitude mentale générale, puis de fonctionnement cognitif*, l'intelligence a fait l'objet de schémas théoriques destinés à identifier les différents types d'aptitude* mentale, et à étiqueter les aptitudes responsables des comportements mesurés par les tests mentaux. Spearman a proposé un schéma bifactoriel selon lequel les notes obtenues à tout test mental sont fonction d'une aptitude générale, nommée G, et d'une aptitude spécifique de la tâche considérée. Thurstone a défendu l'idée qu'il existe des facteurs de groupe, responsables des scores obtenus à plusieurs tests et expliquant les corrélations observées entre eux. Vernon, acceptant à la fois le modèle de Spearman et celui de Thurstone, a proposé un schéma hiérarchique, comportant un facteur général, deux facteurs majeurs de groupe, facteur verbal et facteur moteur, des facteurs mineurs de groupe et des facteurs spécifiques. Le modèle de Guilford réfute l'existence d'un facteur général et analyse les comportements intelligents selon un modèle en trois dimensions (opérations, contenus et produits) qui permettent de définir 120 types différents d'intelligences. Cattell n'accepte pas non plus l'idée d'un facteur général unique et différencie l'intelligence fluide qui concerne l'aptitude à percevoir et à saisir des relations de l'intelligence cristallisée qui concerne le raisonnement. Plus récemment, Gardner a défendu l'idée qu'il existe de nombreuses formes indépendantes de l'intelligence, notamment intelligence logique, musicale, spatiale, kinesthésique, linguistique et sociale. Et Sternberg a proposé une théorie triarchique de l'intelligence qui est fondée sur la distinction entre les trois catégories de traitement de l'information qui servent à apprendre, à organiser et planifier ce qu'on veut faire, et à le faire. Ces différents schémas théoriques ont été le point de départ de nombreux tests d'intelligence mesurant soit le facteur G, soit des facteurs majeurs de groupe, soit des dimensions spécifiques de l'aptitude mentale.

C. Lévy-Leboyer

Intelligence artificielle

Constituée en 1956 à la conférence tenue au Dartmouth College (New Hampshire), où a été présenté le programme de démonstration de théorèmes *Logic Theorist* de A. Newell, G. Shaw et H. Simon, l'intelligence artificielle est un domaine aux contours mal définis qui se distingue de l'informatique* dite classique par les problèmes étudiés, les méthodes utilisées et des liens privilégiés avec les sciences cognitives*.

L'intelligence artificielle s'intéresse aux problèmes mal ou non traités par une approche algorithmique au sens strict ; son objectif général est de reproduire, au moyen de machines, des activités humaines habituellement qualifiées d'intelligentes, l'outil d'expérimentation privilégié étant actuellement l'ordinateur. Caractérisée dans les années 1950-1960 par le traitement d'informations symboliques non numériques ainsi que par l'utilisation d'heuristiques*, elle s'est développée d'abord en démonstration automatique de théorèmes, dans le domaine des programmes de jeux (jeu d'échecs en particulier), et en résolution générale de problèmes. Des domaines tels que la reconnaissance des formes* et le traitement automatique du langage naturel* lui sont liés. Depuis la fin des années 1970, l'intelligence artificielle est marquée par le développement des systèmes-experts* (ou systèmes à base de connaissances), où la problématique générale est la représentation de connaissances* et la modélisation* de raisonnements. D'autres développements concernent l'apprentissage automatique* et la résolution de problèmes* distribuée. On peut distinguer deux grands courants en intelligence artificielle, avec des objectifs et des méthodes différents :

1. réaliser des systèmes informatiques ayant de bonnes performances de résolution de problèmes, par tous les moyens possibles. Pour ce courant, l'étude du comportement humain (expert) en situation de résolution de problèmes peut être source d'inspiration pour trouver de bonnes heuristiques et réaliser des programmes efficaces ;

2. concevoir des systèmes modélisant le comportement humain (expert ou non), en relation avec des études de psychologie cognitive. Les motivations de ce courant sont relatives au test de modèles psychologiques ou à la réalisation de systèmes interactifs d'aide à la résolution de problèmes et de systèmes d'aide à l'enseignement.

Intelligence artificielle distribuée : ce domaine, constitué dans la décennie 1980-90, s'est distingué par une conception collective de l'intelligence et de la résolution de problèmes, en liaison avec le développement de systèmes informatiques parallèles et distribués. Des entités logicielles, qui peuvent être réparties sur un réseau*, communiquent et interagissent par partage d'informations (systèmes à tableau noir ou *blackboard*) ou par envoi de messages (systèmes multiagents*) pour réaliser des tâches. De nombreuses applications concernent la simulation ou le contrôle de systèmes complexes ainsi que la résolution distribuée de problèmes (en robotique par ex.).

M. Baron

Intelligence pratique

Cette expression, entendue au sens large, pourrait légitimement désigner les formes d'intelligence* appliquées à des situations concrètes de la vie pratique, par opposition à celles qui interviennent dans les connaissances abstraites et formelles (opposition entre savoir-faire et savoir). Elle a cependant été traditionnellement réservée à l'intelligence manifestée dans la résolution de problèmes* concrets exigeant des conduites manipulatoires. Elle fut magistralement décrite par W. Köhler en 1917 chez les chimpanzés dont il montra la capacité à effectuer des détours*, à utiliser des intermédiaires et à combiner des objets pour en faire des instruments permettant d'atteindre un appât, et dont il nota les phases inactives suivies de compréhension soudaine* ou *insight,* indiquant une possible activité de tâtonnement intériorisée. Ces travaux de Köhler inspirèrent des recherches analogues chez l'enfant. Ils avaient par ailleurs le grand mérite d'ouvrir la voie aux études expérimentales sur les capacités de représentation* symbolique chez les primates supérieurs et sur la construction et l'usage d'outils* chez les animaux. Au vu des stratégies* mises en œuvre, certains ont voulu voir dans l'intelligence pratique un niveau des conduites intelligentes supérieur aux apprentissages* instrumentaux par essais et erreurs*, reflétant déjà des compétences de raisonnement* auxquelles le langage* donnera ensuite toute leur ampleur.

Introduites dans les tests*, les tâches d'intelligence pratique ont été dénommées épreuves de performance*, par opposition aux épreuves mentales*.

M. Richelle

Intelligibilité

Caractéristiques d'un discours, d'un texte, d'un message oral ou écrit, qui en permettent la compréhension*. L'intelligibilité est en partie fonction des capacités du sujet récepteur, mais, pour une part essentielle des propriétés physiques et linguistiques du message*. Les conditions d'**intelligibilité de la parole** ont depuis les années 1920 préoccupé les spécialistes de la communication* (téléphonique notamment). Dans des recherches auxquelles sont attachés les noms de H. Fletcher, de J. C. R. Licklider et G. A. Miller, on mesure l'intelligibilité par le pourcentage d'éléments d'un message correctement restitués. On sait que l'intelligibilité est nulle, en milieu calme, si le niveau sonore de la parole est inférieur à 20 dB, et qu'elle n'est parfaite qu'à 40 dB. Si le message est transmis sur fond de bruit*, l'intelligibilité est nulle pour un rapport parole/bruit de 10 dB et n'est parfaite que pour des rapports de 10 à 15 dB.

A côté de ces conditions psychoacoustiques, les conditions linguistiques ont fait l'objet d'études à l'aide notamment de la technique des textes lacunaires ou tests de closure ou clôture*, qui consiste à présenter un texte dont des mots (par ex., un mot sur cinq) ont été enlevés.

M. Richelle

Intension

En logique, l'intension d'un concept* (ou compréhension*) s'oppose à son extension* (ou dénotation*). L'intension du concept /livre/ peut être définie comme l'ensemble des propriétés qui circonscrivent ce concept, alors que son extension est définie par l'ensemble de tous les objets réels ou idéaux auxquels il s'applique. Pour la linguistique intensionnelle, les expressions des langues naturelles* ne sont porteuses que d'une référence* virtuelle ; elles renvoient à des notions (non à des concepts) qui spécifient la portée de cette référence.

Il convient de distinguer intention* et intension. D'un point de vue pragmatique* et discursif, l'identification de l'intention de signification* d'un énoncé est un aspect de la cohérence* textuelle. Objet d'une reconstruction, elle résulte d'un travail interprétatif.

J.-M. Adam

Intensité

Appliquée au stimulus*, l'intensité est une mesure de l'énergie*, exprimée en unités de pression sonore ou décibels* pour le stimulus auditif*, en unités de flux* lumineux ou de luminance* pour le stimulus visuel. S'agissant des sens chimiques, olfaction* et gustation*, la notion de concentration est préférée à celle d'intensité.

Appliquée à la sensation*, l'intensité correspond à la dimension de « force », variant corrélativement à l'intensité (ou la concentration chimique) du stimulus, selon une relation généralement proche de la loi de Weber, à partir de la sensation d'intensité minimale correspondant au seuil absolu*. L'étude de cette relation constitue l'un des objectifs traditionnels de la psychophysique* ; elle met en œuvre la construction d'échelles* de sensation.

Le terme s'applique également, bien que de façon moins précise techniquement, à tout autre phénomène psychologique passible d'une estimation* allant du « plus faible » au « plus fort », que l'estimation soit faite par un observateur extérieur ou par le sujet lui-même : conduites* (agitation*, actes* agressifs, etc.), émotions* et humeurs* (colère, dépression*, anxiété*, etc.), attitudes* et opinions* (xénophobie, adhésion idéologique, etc.) se laissent évaluer sous l'angle de l'intensité, par le recours à diverses techniques, telles que l'estimation sur une échelle en *n* points ou le repérage sur un axe spatial symbolisant le *continuum* en cause. *M. Richelle*

Intention

Evoquant un état implicite, non observable, la notion d'intention est utilisée en psychologie avec deux significations différentes.

La première, du langage commun : l'intention est le fait de se proposer un certain but, elle correspond à une volonté* ou un désir* qui précède une action*. Cette première définition s'inscrit dans un modèle mécaniste ou biologique dans lequel l'intention est une représentation préalable (consciente ou inconsciente) de l'acte. Ici l'action comporte deux parties : un événement mental appelé volonté ou intention, puis l'effet de cet événement mental (qui est un autre événement) lui succédant. L'action a ceci de particulier d'être toujours dirigée vers un objet.

La seconde définition correspond à un courant qui considère que toute action est en elle-même intentionnelle, c'est-à-dire que l'intention, le désir, la volonté, font partie intégrante de l'action ; l'intention correspond alors à une composante dispositionnelle de l'action ; une action quelle qu'elle soit ne peut être énoncée ou réalisée sans que son intention soit implicitement présente. L'intention n'est donc plus un événement antérieur à l'action, elle est contenue dans l'action. Cette seconde définition s'inscrit dans un modèle finaliste dans lequel on peut considérer qu'agir est en même temps vouloir quelque chose ; l'action comporte son intention et une action intentionnelle est une action exécutée suivant un plan. Dans ce courant d'idées, qui est celui de la psychologie de l'action, l'intention a été en effet définie soit comme la partie non terminée du plan d'action engagée, soit comme l'heuristique d'un système qui contiendrait un ensemble d'instructions (le programme) et une machinerie qui permettrait la réalisation du programme. Dire que toute action est intentionnelle, dire qu'elle porte en elle-même son intention et donc correspond à la volonté d'un agent, soulève cependant de nombreuses questions : peut-on, par exemple, dire que toute action est intentionnelle, même au sens d'une « disposition à » ? N'y a-t-il pas d'action-réflexe ? Une autre question, et non des moindres, concerne le champ de la psychologie ; cette conception de l'action intentionnelle remet en effet en cause les notions de source, de but et d'objet, c'est-à-dire le concept de pulsion*. *A. Braconnier*

Intentionnalité

Concept scolastique exhumé par le psychologue F. Brentano, puis repris et développé par E. Husserl et l'ensemble du courant phénoménologique ; il désigne une propriété de la conscience*.

Pour F. Brentano et E. Husserl, la conscience n'est jamais identifiable en tant que telle (comme processus général ou comme contenu), mais elle est toujours relative à un acte* de visée, d'intention* à l'égard d'un objet. L'acte intentionnel est constitutif à la fois de l'objet et de la conscience, et l'intentionnalité peut alors se définir comme la relation d'orientation de la seconde vers le premier.

Pour les psychologues d'inspiration phénoménologique, l'intentionnalité est le rapport de signification*, de nature existentielle (et non rationnelle), que le sujet entretient avec le contexte de ses actes (objets de l'environnement et relations sociales) ; elle peut être définie comme la structure significative de l'activité*, d'un point de vue subjectif. Pour les tenants de cette école, toute activité d'un sujet (conduites expressives, perceptives, et même processus physiologiques) doit être analysée dans son intentionnalité, mais celle-ci n'est toutefois accessible au psychologue que dans sa rencontre intentionnelle avec le sujet, c'est-à-dire dans l'établissement, avec lui, d'une relation intersubjective authentique. *J.-P. Bronckart*

Interaction

Terme général qui désigne des phénomènes de synergie d'actions* pouvant se situer à des niveaux de fonctionnment divers. Il concerne d'une part les actions conjointes réalisées par les membres d'un groupe poursuivant un même but* (V. Coaction et Interaction sociale). Il concerne d'autre part les mécanismes de réciprocité qui s'établissent dans le déroulement de certains processus psychiques (V. *Feed-back*) ; c'est en ce sens, par exemple, que S. V. Kravhov et son école ont décrit les interactions qui se manifestent dans le fonctionnement des organes des sens.

En méthodologie* expérimentale et en termes statistiques, l'interaction se définit par le fait que la relation entre une certaine variable* indépendante et une variable dépendante est modifiée en fonction du niveau pris par une autre variable indépendante. Des interactions apparaissent fréquemment en psychologie. Par exemple, les effets de la malnutrition entre 0 et 2 ans (première variable indépendante) ne joueraient pas de la même façon sur le développement intellectuel ultérieur (variable dépendante) suivant le niveau socio-économique (deuxième variable indépendante) des familles qui élèvent les enfants. **Interaction génotype-environnement :** la mise en évidence d'une interaction entre le génotype* et l'environnement* pour un comportement* donné signifie que les génotypes n'ont pas le même effet suivant les environnements dans lesquels ils sont placés et, inversement, que les environnements n'ont pas les mêmes effets sur les différents génotypes. Par exemple, un effet des variations de l'environnement maternel utérin a été montré pour des indicateurs du développement chez des souriceaux porteurs d'un certain génotype alors que cet effet n'apparaît pas chez des souriceaux porteurs d'un autre génotype ; dans cet exemple, les deux variables indépendantes sont le génotype et l'environnement utérin, la variable dépendante est le développement. *M. Carlier*

Interaction aptitudes-traitement (IAT)

En pédagogie, ensemble des relations à considérer entre aptitudes*, au sens de toutes les caractéristiques du sujet, et traitement* au sens de toute intervention, expérimentale ou non. Exemple : une même méthode d'enseignement ne convient pas également aux élèves de grande agilité d'esprit et aux élèves lents, aux anxieux et aux non-anxieux, etc. Pour vérifier l'incidence des interactions aptitudes-traitement, l'étude différentielle des résultats est souvent éclairante. Une interaction de premier ordre concerne deux variables, de deuxième ordre une variable en interaction avec deux autres, etc. *G. de Landsheere*

Interaction sociale

Processus interpersonnel par lequel des individus en contact modifient temporairement leurs comportements* les uns vis-à-vis des autres par une stimulation réciproque continue. L'interaction sociale est le mode comportemental fondamental dans un groupe*.

Concept majeur de la psychologie soviétique que A.N. Léontiev définit comme un réseau d'activités* gérées par le groupe dans lequel l'individu se développe et s'organise ; les êtres humains se sont constitués et fonctionnent en groupes, leurs comportements se déroulent dans des situations collectives, portent sur des objets qui ont une signification* sociale et sont orientés par les usages du groupe. Du point de vue interne, la conscience* de soi-même et la construction des fonctions psychiques supérieures sont étroitement dépendantes de l'histoire des rapports de l'individu avec sa société. L'appartenance à une communauté d'interprétation des unités de représentation* permet la compréhension et l'anticipation* des activités d'autrui ; elle permet également la modification de son propre comportement en tenant compte du point de vue de l'autre. L'utilisation du langage* constitue à la fois le reflet et le principal instrument de l'interaction sociale. *J. Dolz*

Interactionnisme

Perspective épistémologique qui considère que toute connaissance* doit être analysée dans le cadre d'une relation d'interdépendance entre le sujet* connaissant et l'objet* à connaître. Pour l'interactionnisme, le comportement* n'est pas une simple réaction à l'environnement (schéma stimulus-réponse), ni un phénomène d'émergence* des capacités* intrinsèques du sujet (innéisme*) mais un processus interactif de construction. Dans une telle perspective, l'action du sujet sur l'environnement est fondamentale. A la suite d'auteurs comme L. S. Vygotsky, A. N. Léontiev et H. Wallon, s'est développé l'**interactionnisme social** qui considère l'action réciproque des membres du groupe et les systèmes de communication* qui la rendent possible comme le phénomène majeur dans l'élaboration des connaissances. *J. Dolz*

Interaural

Se dit de tout processus d'interaction entre les stimulations, généralement différentes (stimulation dichotique*), des deux oreilles. *M. Richelle*

Interculturel

Ce terme est utilisé parmi d'autres : multi- ou pluriculturel, transculturel, parce que, sur la base d'un souci commun quant à la communication*, il renvoie à des préoccupations diverses : échanges culturels en général ; évaluation des cursus scolaires face à la diversité ethnoculturelle des élèves ; étude des avatars de la communication entre porteurs de cultures* ou subcultures différentes ; enfin aménagement des conditions du respect des différences culturelles. Ce dernier cas traduit une option qui s'appuie sur des arguments réalistes : la diversité ethnoculturelle des sociétés ira en augmentant ; scientifiques : l'individu n'atteint son développement et ses performances optimaux qu'à partir de sa culture ; moraux : les cultures n'étant pas hiérarchisables (relativisme), chacun a droit à l'instauration des conditions du maintien de la sienne ; philosophiques : faire profiter chacun de la richesse de l'humain par son accès à la diversité culturelle.

Mais cette option exige une action pour élaborer entre les cultures une articulation capable d'obtenir, à partir d'une entière réciprocité des perspectives chez leurs porteurs, les effets bénéfiques de leur diversité sans leurs inconvénients. Le terme interculturel pourrait être réservé à ces actions et à leurs produits, et l'on utiliserait « multiculturel » pour les situations de coexistence de fait des systèmes, sans un tel aménagement de leurs rapports spontanés. *C. Camilleri*

Interdit

Barrière morale. Elle est toujours dite (interdite), délimite le possible et cerne le désirable, en assurant une protection individuelle et en contenant la violence et la jouissance en deçà des limites du défendu. Le pouvoir et le lieu d'énonciation de l'interdit étant tenus par des figures de référence, c'est par soumission, identification* et introjection progressive que les interdictions vont se transformer en interdits intériorisés dans une conscience morale (surmoi). Selon leur modalité d'intégration, ceux-ci peuvent être structurants dans la mesure où ils contiennent, déplacent et orientent les dynamismes du développement psychique. Mais comme l'interdit n'est jamais inaccessible, il est corrélatif de la loi, de la transgression*, de la répression, il est la disposition qui établit un refus. Cette disposition est située par l'anthropologie structurale et la psychanalyse à partir des interdits fondamentaux de l'inceste, du cannibalisme, du meurtre. L'interdit assure une triple fonction : structurelle, structurante et symbolique, car tout rapport au réel passe par la médiation de la loi qui précède la pulsion* et se sert du langage pour exprimer ses commandements. Les interdits tiennent une place importante dans l'économie de la vie psychique, ils sont à l'origine des mécanismes de défense*, de refoulement*, de compromis, de sublimation ; ils alimentent des conflits*intrapsychiques et des angoisses de conscience ; ils structurent des organisations névrotiques. *J. Selosse*

Intérêts

Tendances ou dispositions relativement stables orientées vers différents objets, activités ou expériences. Ces tendances sont conditionnées par les pressions culturelles définissant les rôles dévolus aux deux sexes et aux membres d'un groupe social donné. Les intérêts ne se limitent pas au champ professionnel et concernent également les matières scolaires, les loisirs et les autres activités hors travail. La mesure des intérêts peut être faite à l'aide d'inventaires. Les plus connus (inventaire de E. K. Strong, inventaire de G. F. Kuder) sont accompagnés de grilles de correction permettant de comparer les intérêts d'un individu à ceux d'un groupe de référence composé de personnes ayant réussi dans une profession ou dans une famille de métiers donnée. *C. Lévy-Leboyer*

Interfantasmatisation

Rapprochement de certains membres d'un groupe, familial ou non, autour du fantasme* inconscient de l'un d'entre eux, perçu au travers du langage ou du comportement. Décrite par les analystes de groupe en termes de mentalité de groupe, de résonance inconsciente, de résonance fantasmatique, ou d'interaction fantasmatique, l'interfantasmatisation, qui prend son origine dans la relation duelle* symbiotique entre la mère et l'enfant, traduit la capacité des inconscients à communiquer directement entre eux. Source de conflits mais aussi de créativité, l'interfantasmatisation est, pour A. Eiguer, le troisième organisateur psychique familial ; ce phénomène est particulièrement repérable dans les productions oniriques d'une famille en cure analytique. *A. Ruffiot*

Interférence

Altération d'une performance* résultant d'une activité ou tâche intercalée ou concurrente.

Dans le domaine de la mémoire*, l'interférence concerne l'altération de l'acquisition* en mémoire, mise en évidence dans une épreuve de récupération* (rappel* ou reconnaissance*), dont la cause peut être identifiée dans un apprentissage* antérieur **(interférence proactive)** ou dans un apprentissage intercalé entre l'apprentissage initial et le test de rétention* **(interférence rétroactive).** Dans ce sens, le terme interférence est aujourd'hui souvent employé de préférence à inhibition*. L'interférence constitue le concept explicatif central dans certaines théories de l'oubli* et, en neuropsychologie, dans certaines interprétations des difficultés de récupération en mémoire de certains patients amnésiques*, spécialement dans le syndrome de Korsakoff*.

Le concept d'interférence est également central dans l'étude des processus attentionnels. Ceux-ci sont en effet perturbés par des distracteurs*, ou par la concurrence d'une autre sollicitation de l'attention*. Plus une tâche est automatisée, moins elle sera sujette à interférence. Mais, d'autre part, l'attention ne peut toujours neutraliser les interférences automatiques*, comme le démontre l'**effet Stroop,** décrit dès 1935 : des mots quelconques écrits en différentes couleurs sont identifiés sans difficultés en un temps moyen constant ; s'il s'agit de termes désignant des couleurs, et que l'encre dans laquelle ils sont écrits ne corresponde pas systématiquement à la couleur désignée, le temps d'identification augmente, démontrant une interférence que le sujet n'est pas en mesure d'éliminer volontairement.

Phénomène de réduction d'amplitude d'une vibration résultant de la rencontre de deux ondes de phases différentes.

M. Richelle

Interférent

Se dit d'un stimulus* qui, présenté de façon inattendue au cours d'une expérience de conditionnement*, perturbe le décours normal de celui-ci, en réduisant l'activité conditionnée en cours (par inhibition* externe, selon I. Pavlov) ou en levant une inhibition en cours (désinhibition*).

Se dit de tout stimulus distracteur*, ou de toute activité compétitive mobilisant l'attention, et altérant la performance dans une activité attentionnelle ; ou de toute tâche perturbant une acquisition* mnésique* par un phénomène d'interférence*. *M. Richelle*

Interhémisphérique → Commissure

Intériorisation

Dans son acception générale, ce terme désigne l'ensemble des processus par lesquels certains éléments du monde extérieur sont intégrés au fonctionnement mental d'un sujet, sous forme de représentations* qui contribuent à la réorganisation des structures affectives ou cognitives antérieures.

Dans la psychologie développementale* de J. Piaget, ce terme renvoie plus particulièrement aux mécanismes par lesquels les produits des activités d'assimilation* et d'accommodation*, réglées par les schèmes* sensori-moteurs*, sont reconstruits et coordonnés au plan mental. L'intériorisation constitue, avec la différenciation*, le processus majeur qui conduit à l'émergence* de la fonction sémiotique*, et ultérieurement au développement* de la pensée* représentative sous sa forme opératoire*. Chez L. S. Vygotsky et les tenants de l'interactionnisme social*, ce terme désigne le processus d'appropriation* et de reconstruction des significations* sociohistoriques véhiculées par le langage* de l'entourage, qui se traduit d'abord par l'apparition du langage intérieur*, puis par le développement de la pensée verbale proprement dite (V. Second système de signalisation).

En psychanalyse*, cette notion est parfois utilisée comme synonyme d'introjection* (notamment par l'Ecole kleinienne), et parfois comme synonyme d'identification*. Elle est aussi utilisée de manière plus spécifique pour désigner les processus de reconstruction, au niveau intrapsychique, de relations interpsychiques (intériorisation de la relation d'autorité père-enfant sous forme de la relation surmoi-moi). Comme la représentation, dans son sens psychanalytique, ce processus suppose que soit réalisée la différenciation structurale de l'appareil psychique* (conscient, préconscient, inconscient*) qui permet que les relations de conflit* soient vécues à ce niveau.

J.-P. Bronckart

Interlangue

Dans le cadre de l'apprentissage* des langues secondes, ce terme désigne le système intériorisé par l'apprenant à un moment donné de son apprentissage. Une interlangue est un état de langue défini par ses caractéristiques internes, par la nature et les règles de la grammaire intériorisée, mais aussi par son caractère évolutif. Relativement récente, cette notion est quasi synonyme de celles de « dialecte* idiosyncrasique », de « système intermédiaire », de « compétence* transitoire », de « système approché », de « langue de l'apprenant ». L'étude d'une interlangue fait référence, d'une part, à la langue cible dont elle tend à se rapprocher et, d'autre part, au système intériorisé de la langue maternelle, substrat sur la base duquel elle se construit.

D. Peraya

Intermittence

Caractéristique d'un stimulus* présenté avec des interruptions, généralement périodiques*. Dans ce cas, l'intermittence donnera lieu, selon sa fréquence*, à une sensation de stimulus successifs séparés par des vides, ou au contraire à une sensation continue. Le phénomène se rencontre aussi bien dans le cas de l'audition*, ou du sens tactile*, que dans le domaine visuel, où il a été particulièrement étudié dans les travaux sur la fréquence ou le seuil* critique de fusion* (V. Papillotement, Scintillement).

M. Richelle

Intermittent (Renforcement —) → Renforcement

Intermodal → Transfert intermodal

Intermodalité → Transfert intermodal

Internalisation

Concept ancien de l'étude de la socialisation* : assimilation par l'individu de données extérieures comme faisant partie de lui-même ou émanant de lui-même. Plus spécifiquement, processus sociocognitif* par lequel les individus assimilent à leur concept de soi*, donc sous forme de connaissance de ce qu'ils sont, la valeur ou utilité sociale reconnue à leur comportement*. L'utilité sociale de certains comportements de travail peut ainsi être assimilée par internalisation sous la forme d'une connaissance de soi comme consciencieux, assidu. L'internalisation se réalise à travers la production d'explications internes des renforcements et des comportements, explications auxquelles prédispose la norme sociale d'internalité.

Ersoc

Internalité → Lieu de contrôle

Internat

Etablissement destiné à l'entretien et à l'éducation d'enfants ou d'adolescents hors famille. Monastique ou clérical, il peut recevoir pour mission de tenir les pensionnaires à l'écart du « siècle ». Scolaire, il a répondu longtemps aux nécessités sociales de l'éloignement plus qu'aux intentions pédagogiques, sauf dans le cas des « écoles nouvelles à la campagne » (fin XIXe - début XXe siècle) ou se concrétise l'idéal éducatif du *home*. Spécialisé, on y effectue le placement d'enfants ou de jeunes en difficulté, séparés *de facto* (les orphelins, par exemple) ou *de jure* (en cas de déchéance parentale, par exemple) de leur milieu ordinaire.

Les effets psychologiques du placement, et, en particulier, la carence affective* due à la séparation précoce d'avec la mère, ont été étudiés par Spitz et par Bowlby. Durning a proposé de qualifier le rapport entre l'éducation extrafamiliale et celle donnée dans la famille comme une « suppléance » plutôt que comme une « substitution » (V. Externat).

D. Hameline

Intérocepteur → Intéroception

Intéroception

Sensibilité aux stimulations internes de l'organisme. C. S. Sherrington, en 1911, a défini, à côté des extérocepteurs* (récepteurs des informations extérieures) et des propriocepteurs* (récepteurs des sensations somatiques profondes), les **intérocepteurs** (appelés quelquefois **viscérocepteurs**) qui déclenchent des influx* à partir de systèmes viscéraux.

L'intéroception regroupe ainsi les informations en provenance des systèmes gastro-intestinal, cardio-vasculaire, lymphatique, uro-génital et respiratoire, des glandes endocrines, des membranes séreuses, du système réticulo-endothélial et de la moelle osseuse. Certaines structures spéciales du système nerveux* central, qui fournissent des informations sur des changements de composition chimique du sang, peuvent y être assimilées.

Les premiers travaux sur les intérocepteurs, ceux de Cyon et Ludwig en 1866, décrivaient l'anatomie et la physiologie des nerfs dépresseurs de la crosse aortique ; en 1868, Hering et Breuer mirent en évidence que le réflexe respiratoire était fondé sur la stimulation mécanique des récepteurs pulmonaires. Des travaux ultérieurs allaient permettre de dégager cinq grandes classes d'intérocepteurs : les mécanorécepteurs, les chémorécepteurs, les thermorécepteurs, les osmorécepteurs et les récepteurs de volume.

Ces recherches sur les intérorécepteurs se sont heurtées à des difficultés méthodologiques majeures : contrairement à l'extéroception, l'intéroception ne pouvait utiliser les méthodes psychophysiques* ; seule, l'électrophysiologie a pu être utilisée. C'est surtout à l'approche pavlovienne que l'on doit d'avoir commencé l'examen systématique des propriétés des intérocepteurs, des mécanismes d'intégration centrale des informations qu'ils fournissent et des relations entre intéro- et extérocepteurs. Ce travail a appelé des développements dans différentes directions alliant aux techniques électrophysiologiques l'analyse expérimentale du comportement, le rapport verbal et les méthodes psychophysiologiques.

On sait aujourd'hui que les informations intéroceptives influencent le comportement, jouent un rôle considérable dans la vie émotionnelle* et dans de nombreux mécanismes inconscients.

L'établissement de liens fonctionnels entre l'intéroception, les systèmes cognitifs conscients et la motricité* de relation, et la détermination de la pathologie qui peut leur être associée, constituent des perspectives de recherche primordiales notamment pour la psychologie médicale. *O. Fontaine*

Interpersonnelle (Fonction —) → Fonction du langage

Interprétation

Attribution d'un sens, d'une signification* à des faits de différentes natures : parole, attitudes, événements, situations. L'attribution du sens s'appuie sur un système référentiel fait des connaissances du sujet et constituant un préalable nécessaire à la saisie compréhensive d'une situation. La diversité des références possédées par le sujet normal permet une souplesse dans l'adaptation à une situation donnée d'un cadre référentiel spécifique.

L'utilisation, par le psychanalyste, de la référence à la théorie freudienne, comme grille de déchiffrage du discours du patient en situation analytique, constitue un exemple de système interprétatif.

L'interprétation est pathologique lorsqu'elle devient obligatoire et systématique, qu'un cadre référentiel inadéquat est utilisé par le sujet pour inférer la signification d'une situation et que la confiance du sujet dans ses inférences est absolue, avec méconnaissance de l'arbitraire de tout système de référence. Le sujet donne alors une signification erronée à un fait réellement survenu.

L'interprétation pathologique constitue un des mécanismes fondamentaux à l'œuvre dans la plupart des constructions délirantes. Cependant, elle ne possède, en clinique psychiatrique, aucune spécificité diagnostique. Elle se rencontre en effet aussi bien dans certaines formes de troubles thymiques (mélancolie ou manie délirante) que dans les états psychotiques aigus ou chroniques, dissociatifs (schizophrénies) ou non dissociatifs (délires chroniques).

En psychanalyse* le terme interprétation est utilisé pour rendre compte du mode d'intervention principal par lequel le psychanalyste propose un sens nouveau à des contenus de pensée du sujet.

M.-C. Hardy-Bayle

Interpsychologie

Terme forgé par G. Tarde qui, à la fin du XIXᵉ siècle, conçoit la psychologie collective comme se limitant à l'étude des interactions entre individus. Cette conception a été discutée et n'a plus guère cours actuellement. *D. Anzieu*

Interquartile → Dispersion

Intersubjectivité

De nombreux auteurs, personnalistes et existentialistes, phénoménologues ou non, comme M. Scheler, G. Marcel, E. Mounier ou G. Gurvitch, ont utilisé le terme et ses corrélats : l'être-avec-autrui, la coexistence, la réciprocité, le dialogue, la communication. Dire de quelqu'un qu'il s'exprime à autrui implique que la pensée est enfermée dans la langue, comme le sujet* serait enfermé dans son corps. Aujourd'hui, l'expression est le fait primitif et non l'isolement des consciences ; le point de départ est l'intersubjectivité : pour Merleau-Ponty autrui m'est donné immédiatement comme comportement. Ce courant a marqué également la psychiatrie et la psychopathologie : si l'échange des pensées ne peut être considéré comme un simple échange de signes*, c'est que l'expression est un fait primitif et intersubjectif qui prélude à la différenciation des sujets comme tels. L'intérêt de la notion d'intersubjectivité a progressé dans divers champs de la psychologie. Dans l'étude des formes primaires de la sociabilité, H. Wallon a montré que la période initiale du psychisme est un état d'indivision du sujet et de l'ambiance : cette symbiose* affective marque très précocement la participation d'autrui à la formation de la conscience*. Les travaux d'éthologie* animale soulignent les effets thérapeutiques des rapports sociaux chez les jeunes singes. En psychologie clinique, les recherches de D. Winnicott concernant les phénomènes transitionnels, le jeu* et la psychothérapie nous découvrent de nouvelles formes de l'intersubjectivité : l'expérience culturelle se situe dans l'espace potentiel entre l'individu et son environnement.

R. Doron et E. Jalley

Intervalle

En acoustique, écart entre deux sons périodiques*, exprimé par le rapport entre leurs fréquences* respectives. En musique, écart entre deux notes simultanées (intervalle harmonique) ou successives (intervalle mélodique).

Dans la terminologie du conditionnement opérant*, délai, variable ou constant, séparant les disponibilités de renforcement* successives dans les programmes* à intervalle.

Intervalle interstimulus : délai séparant la fin d'un stimulus du début du stimulus suivant. (A distinguer de l'asynchronie* d'installation du stimulus.) *M. Richelle*

Intervalle (Échelle d'—) → Echelle de mesure

Intervalle de confiance → Confiance

Intervalle de rétention → Rétention

Intimidation

L'intimidation est un comportement de menace* ritualisé*, à forte valeur expressive, symbolique d'une attaque véritable mais sans les risques de dommages corporels survenant dans les rapports agonistiques* entre animaux. Les composantes agressives sont évidentes ; les armes (bec, cornes, griffes) sont exposées et tendues vers le rival. Mais les éléments de crainte sont également présents : les nageoires sont déployées, le plumage ébouriffé, le pelage hérissé ; l'attaque n'est qu'ébauchée et est stoppée net, sans atteindre l'opposant. Un grèbe huppé attaque un rival en plongeant sous l'eau, bec tendu, et tente de le saisir et de l'entraîner sous la surface. L'attaque feinte est un plongeon simulé : l'oiseau menace de front, bec tendu, donne l'illusion de s'élancer, plonge mais resurgit sur place ou à quelques décimètres ; si l'intimidation ne suffit pas à écarter l'opposant, ce faux plongeon peut se muer en attaque franche. Le rameutage* ou houspillage est une forme particulière d'intimidation à l'encontre d'un prédateur* potentiel.

J.-C. Ruwet

Intolérance

Attitude réactionnelle excessive vis-à-vis de tout ce qui heurte un système de croyances* passionnément défendu. L'intolérance peut exprimer des caractéristiques individuelles ou groupales. Elle peut être rapportée soit à un certain niveau du développement (l'égocentrisme et son étroitesse du champ mental) ; soit à une organisation de l'individu (la personnalité autoritaire) ; soit à la pression idéologique partisane d'un groupe au climat non permissif (attitude sectaire) ; soit par aliénation chez le séide à la dévotion du chef. L'intolérance alimente les dispositions individuelles et collectives à violenter et à persécuter ceux qui pensent différemment. Elle peut être exploitée en matière de religion et de politique et conduire à la violence sacrificielle.

J. Selosse

Intonation

Courbe mélodique que l'on peut abstraire de la perception d'une phrase*. Elle résulte de la variation de la hauteur musicale de la voix*, c'est-à-dire des variations du ton* laryngien ou du fondamental de la voix. En français, par exemple, les intonations montante et descendante caractérisent respectivement les formes interrogative et affirmative. Dans cette première acception,

« intonation », « mélodie » et « contour mélodique » sont considérés comme des synonymes. Au sens large, on définit l'intonation comme l'intégration perceptive globale des différents éléments prosodiques*.

D. Peraya

Intracérébral → Autostimulation

Intragroupe

Ensemble des membres du groupe* d'appartenance de l'individu tel qu'il se dégage, à un moment donné, du processus de catégorisation sociale*. L'intragroupe est souvent décrit comme le lieu d'effets de favoritisme (ou de sociocentrisme), les membres de l'intragroupe faisant notamment l'objet d'évaluations plus positives que les membres du hors-groupe*. Selon les théoriciens de l'identité* sociale, l'individu s'attribue les caractéristiques positives de l'intragroupe et se construit ainsi une identité elle-même positive.

Ce processus n'est cependant pas incompatible avec l'établissement d'une différenciation intragroupe permettant d'isoler, au niveau évaluatif, les membres peu désirables qui sont alors jugés encore plus sévèrement que s'ils appartenaient au hors-groupe (effet brebis galeuse).

Ersoc

Intrication

Les termes intrication, fusion ou union désignent, dans la deuxième théorie freudienne des pulsions*, le mélange qui s'opère entre les deux groupes pulsionnels fondamentaux, Eros* et destruction. Ce mélange fait coexister les investissements, par les deux pulsions, des mêmes buts* et des mêmes objets*, de sorte que les poussées des deux pulsions sont indiscernables l'une de l'autre, même si leurs sources demeurent distinctes. Cette union est le moyen privilégié de liaison de la pulsion de mort. Les exemples les plus caractéristiques de cette union des pulsions sont le sadisme* et le masochisme* mais il semble que la plupart des conduites normales la mettent en jeu à un degré ou à un autre. M. Klein, reprenant une idée de S. Freud, estime que ce processus d'union des pulsions commence dès le début de l'existence, lorsque la *libido** narcissique obtient le déplacement* vers l'extérieur des pulsions de destruction qui sont d'abord dirigées vers l'organisme propre.

J.-M. Petot

Intrinsèque (Renforcement —) → Renforcement

Introjection

Terme (opposé à projection*) introduit en psychanalyse* par S. Ferenczi et adapté par S. Freud pour désigner un mécanisme psychologique formateur de la personnalité* qui entraîne des remaniements du moi* et sert à l'édification du surmoi*. Mécanisme inconscient d'incorporation d'un objet qui consiste à faire entrer la plus grande partie possible du monde extérieur et à faire siennes les qualités réelles ou supposées de l'objet. En *Gestalt*-thérapie*, Perls la définit comme une des résistances* classiques consistant à intégrer, sans les transformer pour les assimiler de manière personnalisée, les idées ou principes des autres, le monde extérieur envahissant ainsi le sujet. Pour la psychanalyse, l'introjection a plutôt une connotation positive, tandis que pour la *Gestalt* il s'agit d'un processus à connotation négative.

M. Pujol

Introspection

Ce terme, qui apparaît d'abord dans la langue anglaise au milieu du XIXe siècle, a, en français, un sens technique puisqu'il désigne la méthode par laquelle une conscience* s'observe elle-même.

Cette méthode d'auto-observation a tenu un rôle important dans l'histoire de la psychologie : le premier, Alfred Binet a recours à l'introspection expérimentale ou provoquée pour connaître les états subjectifs (ou contenus conscients) d'un individu soumis à des stimulations* définies ou en train d'accomplir une tâche précise ; on demande alors au sujet de porter attention* à ses états intérieurs et d'en faire une description aussi fidèle que possible. Le contenu conscient ainsi rapporté constitue l'objet même de la psychologie introspectionniste. Cette méthode a été radicalisée à la fin du XIXe siècle par des psychologues de l'Ecole de Würtzburg comme O. Külpe ou K. Bühler ou, aux Etats-Unis, par le courant structuraliste* de E. Titchener.

Elle a fait l'objet d'une critique généralisée au début du XXe siècle de la part des partisans d'une « psychologie de l'autre », d'une psychologie objective* ; le behaviorisme* en particulier, en affirmant que l'accord entre plusieurs observateurs est la seule preuve de validité d'une observation*, disqualifiait l'introspection comme mode d'accès aux faits psychologiques.

Cependant, l'introspection est encore aujourd'hui utilisée en psychologie clinique* lorsqu'on demande au sujet de rapporter, lors d'entretiens* ou de questionnaires*, ses sensations, sentiments ou convictions ; certains cognitivistes* y ont également recours lorsqu'ils demandent à leurs sujets de verbaliser les opérations* par lesquelles ils s'acquittent d'une tâche.

F. Parot

Introversif (au test de Rorschach)

Terme de Rorschach désignant un type de résonance intime* qui met en évidence la prévalence des réponses kinesthésiques* par rapport aux réponses couleur*. Il serait significatif d'un fonctionnement psychique investissant particulièrement le monde interne du sujet, privilégiant les conduites intellectuelles, la créativité, les productions imaginaires, parfois au détriment des affects*. Le sujet introversif montre des tendances au repli sur soi, ayant plutôt recours à son intériorité psychique pour trouver des satisfactions pulsionnelles et fantasmatiques, dans une relative indépendance par rapport aux objets externes. La névrose obsessionnelle* constitue un exemple typique de personnalité* introversive.

C. Chabert

Introversion

Attitude psychologique opposée à celle d'extraversion* ; propension à se tourner vers l'intérieur de soi-même, à donner la prépondérance aux valeurs et aux pensées propres du sujet lui-même, à s'isoler du monde extérieur. Au sens de C. Jung, l'introversion est définie par le retrait d'intérêt du monde extérieur et l'intériorisation de la *libido** qui s'investit sur le sujet. H. Eysenck a défini comme **introvertis** les sujets qui pouvaient trouver leur maximum d'éveil* à des niveaux bas de stimulation.

A. Braconnier

Intuition

Processus psychologique par lequel une nouvelle connaissance ou une croyance* surgit dans le monde des connaissances d'un sujet sans qu'il puisse apporter de preuves logiques à l'appui de cette idée.

Dans l'intuition délirante, le caractère pathologique n'est pas attaché au fait d'avoir une intuition, mais à son contenu et au caractère de vérité que le sujet lui accorde en l'absence de tout support perceptif et sans nécessité de vérification ou de justification logique.

Ce type de certitude* intuitive peut se rencontrer dans la plupart des états délirants, mais il reste rarement isolé et s'associe à d'autres mécanismes délirants qui viennent souvent étayer et alimenter cette première intuition.

M.-C. Hardy-Bayle

Intuition grammaticale

Pour N. Chomsky, l'intuition grammaticale est le processus qui, sous la dépendance de la connaissance* tacite (c'est-à-dire inconsciente) qu'a le locuteur de l'ensemble des règles* qui déterminent la bonne formation des phrases* (V. Compétence linguistique), permet au sujet de porter des jugements de grammaticalité* sur toute phrase. Il s'agit donc d'une intuition de la forme linguistique et non du sens*, intuition partagée par tous les membres d'une même communauté linguistique.

J.-E. Gombert

Invariant

Dans un sens général, élément d'une structure ou d'un système formel qui est conservé alors même que la structure a subi une ou plusieurs transformations (V. Conservation). Cette notion occupe une place centrale dans la pensée scientifique et dans l'épistémologie* modernes. L'affirmation des principes d'inertie, de conservation de la force, de conservation de la masse dans les transformations chimiques, du principe prérelativiste de conservation de l'énergie, etc., ce sont quelques-uns des grands moments de l'histoire des sciences physiques. De leur côté les théoriciens de la géométrie et les algébristes de la deuxième moitié du XIXe siècle ont reconstruit leur objet d'étude en le concevant au moyen du couple transformation-invariant. Depuis lors, le concept d'invariant est rattaché à la notion mathématique de groupe* de transformation.

Des auteurs tels que H. Poincaré ou E. Meyerson avaient déjà aperçu l'importance des groupes de transformation et des invariants qui s'y rattachent pour l'explication psychologique des fonctions cognitives. C'est pourtant à J. Piaget qu'il reviendra de construire un programme de recherches qui démontrera l'omniprésence des transformations (toute action est transformation), de leurs regroupements réglés, et des constances* et invariances multiples qui résultent de ces regroupements.

J.-J. Ducret

Inventaire biographique

Instrument d'autoévaluation* qui explore divers événements de la vie aisément vérifiables (cursus scolaire, professionnel, événements familiaux, activités scolaires et de loisir), ce qui le rend peu falsifiable. Il est surtout utilisé dans un objectif de sélection professionnelle*. On identifie alors quelques aspects critiques d'un emploi, qui sont convertis en items. Ces items seront sélectionnés soit d'après leur relation à des critères d'efficience professionnelle, soit d'après leur relation aux dimensions identifiées par une analyse du travail (V. Validité). Ces inventaires se sont révélés de meilleurs prédicteurs que des procédures plus classiques de recueil de données biographiques (V. Entretien*, *Curriculum vitae*). *M. Bruchon-Schweitzer*

Inversion

Dans le domaine de l'apprentissage* discriminatif, l'inversion consiste à changer la valeur du stimulus : positif* (S^+) en stimulus négatif* (S^-) et celle de S^- en S^+, après un certain nombre d'essais*. La manœuvre est généralement répétée plusieurs fois, l'apprentissage de l'inversion se manifestant de plus en plus rapidement, du moins chez certaines espèces. L'apprentissage de l'inversion a été proposé comme test des capacités d'apprentissage dans les comparaisons entre espèces.

Inversion prismatique : dans l'étude de la perception* visuelle et de la plasticité* des fonctions sensori-motrices, renversement, dans le sens haut-bas ou gauche-droite, des images rétiniennes, obtenu par interposition de prismes. Cette procédure permet de mettre en évidence les possibilités de remaniement des coordinations* sensori-motrices et de suppléance* sensorielle. *M. Richelle*

Investigation

Démarche particulière de l'analyse psychologique, elle consiste en une exploration des traces et des souvenirs*. Surtout employée en psychologie clinique*, l'investigation vise l'interprétation compréhensive de la dynamique de la conduite* d'un sujet en situation. Elle s'attache à explorer les structures et les processus inconscients en les rapportant à l'ensemble des interactions de l'être humain avec son entourage et avec lui-même. D. Lagache précise en 1964 que la méthode investigatrice s'appuie sur trois critères : information, cohérence et économie, en vue d'une interprétation grâce à la règle de compréhension, c'est-à-dire au travers de la relation du sujet avec le psychologue. L'attitude investigatrice tente d'établir et de gagner la confiance et la collaboration du sujet, afin qu'il adhère à la démarche du psychologue et que ses problèmes puissent se projeter sur la situation relationnelle établie. Elle combine l'observation, l'entretien, les productions et les réactions d'un sujet placé dans une situation relationnelle propice. La stratégie investigatrice s'articule autour des besoins auxquels le psychologue se propose de répondre, des moyens employés et des buts visés. *J. Selosse*

Investissement

Concept psychanalytique, caractéristique du point de vue économique, fondé sur un modèle énergétique supposant une énergie psychique qui peut être fixée à une représentation, le corps, une partie du corps, ou un objet. Il désigne aussi bien l'acte d'investir, c'est-à-dire de charger en énergie, que la quantité d'énergie investie, ou, en d'autres termes, la somme d'excitation, la valeur affective.

Par la séparation de la représentation et du *quantum* d'affect* qui y est lié, S. Freud a cherché à rendre compte d'une donnée frappante, notamment dans l'hystérie* : un événement important peut laisser le sujet indifférent tandis qu'il est bouleversé par un incident minime. S. Freud a fondé le point de vue économique sur deux modèles théoriques fondamentaux en psychanalyse, celui d'appareil psychique* et celui de pulsion* : l'énergie investie est l'énergie pulsionnelle provenant de sources internes, exerçant une poussée permanente et imposant à l'appareil psychique le travail de la transformer. Dans la deuxième théorie de l'appareil psychique, le ça est le pôle pulsionnel d'où proviennent tous les investissements, et d'où les autres instances (moi et surmoi) tirent leur énergie.

Les changements dans les investissements correspondent à une sorte de balance énergétique telle que l'augmentation de l'un entraîne la diminution de l'autre ; ainsi en est-il entre les objets extérieurs et les objets fantasmatiques, le corps, le moi, etc.

En dépit de son ambiguïté, cette notion s'est substituée, en psychologie clinique, à celle d'intentionnalité* ou d'objet-valeur de la phénoménologie : elle est directement liée à la théorie psychanalytique de l'inconscient et rend compte des forces engagées dans le travail psychique, dans le lien à l'objet de désir, d'amour ou de haine, dans le transfert* au cours de la cure psychanalytique*. Elle a pris une grande importance dans les théories psychosomatiques.

B. Brusset

Invitation sexuelle

L'invitation sexuelle est en position terminale de la séquence* de comportements conduisant à la copulation, qu'elle précède immédiatement. Cette attitude porte le nom de lordose chez les rongeurs : la femelle est immobile et figée, pattes antérieures fléchies, pattes postérieures écartées, queue déviée, dos courbé. Chez les primates, on appelle présentation l'attitude d'une femelle qui approche à quatre pattes, parfois à reculons, se penche, derrière levé tourné vers le mâle ; l'**invite** est rehaussée chez les babouins par les tuméfactions des parties nues et vivement colorées de la région anogénitale. Chez ces mêmes babouins, il est fréquent que des mâles adoptent cette attitude en guise de soumission*, pour apaiser un mâle dominant*. Chez les oiseaux, une femelle sollicitant l'accouplement fléchit les pattes, se penche en avant, dresse le croupion, écarte la queue. En période de chaleur ou d'œstrus, la fréquence avec laquelle une femelle, non encore disposée pourtant à accepter la copulation, sollicite celle-ci est un indice informant le mâle sur son degré de maturation. Chez un pigeon ou un tétras, la femelle sollicite pendant que le mâle effectue ses mouvements de cour ; au moment où ce dernier se positionne et s'apprête à la monte, la femelle s'esquive ; le manège est répété plusieurs fois et stimule la maturation des partenaires. Chez le grèbe huppé, où il n'y a pas de dimorphisme sexuel et où, la copulation de fécondation mise à part, les rôles sont interchangeables, mâle et femelle pratiquent indifféremment l'invitation : l'invitant se couche à la surface de l'eau ou sur un amas végétal, ébauche de nid ; cou tendu, ornements de la tête déprimés, immobile, il attend que l'autre effectue une pseudocopulation. La répétition de ces séquences contribue à la maturation des partenaires et renforce la cohésion de leur couple.

J.-C. Ruwet

Involution

En psychologie développementale* englobant la vie entière, processus de diminution progressive, lié au vieillissement normal, des performances* et capacités psychologiques, tels le ralentissement* psychomoteur, la diminution de la mémoire* en certains de ses aspects, l'accroissement de la fatigabilité dans les activités cognitives, la réduction de la précision ou de l'attention*, etc.

Le terme s'applique aussi à la détérioration pathologique des fonctions psychologiques observée dans les diverses formes de sénilité.

Sémantiquement symétrique au terme évolution* (ontogénétique), la notion d'involution n'implique pas pour autant que le processus en cause se déroule selon un ordre inverse à celui du développement* des fonctions touchées, comme certains chercheurs en ont fait l'hypothèse dans une perspective piagétienne. Les abondants travaux contemporains sur le vieillissement normal et pathologique ne s'accommodent guère de cette vue de l'involution comme une sorte d'évolution à rebours.

M. Richelle

Ironie

Ce terme recouvre au quotidien des phénomènes sémiotiques très variés, n'ayant en commun que leur « esprit tendancieux ». En rhétorique, il désigne plus spécifiquement la figure* d'antiphrase par laquelle on laisse entendre le contraire de ce que l'on dit *(« C'est malin ! »)*. Selon une conception plus récente, d'origine pragmatique*, l'ironie serait un discours* rapporté à une fonction (auto)parodique : en mimant une énonciation*, on met en lumière son caractère absurde et inapproprié. Cette définition a l'avantage de rendre compte des ironies non assertives *(« Allez-y, ne vous gênez pas ! »)*, du caractère indécidable de la signification ironique, et de l'ironie dite « du double exact » : toute énonciation peut être interprétée ironiquement, pourvu que l'on y voie, au second degré, la mimésis exacte de ce qu'elle serait au premier degré. Il en est ainsi, par exemple, du présent dictionnaire, qui est à l'évidence une excellente parodie de lui-même. *A. Berrendonner*

Isolation

Mécanisme de défense* décrit par S. Freud comme typique de la névrose obsessionnelle* par comparaison avec le refoulement* qui est typique de l'hystérie*. Il consiste à séparer une pensée ou une action de son contexte et du reste de l'existence du sujet. Il s'agit d'une attitude qui, sous divers aspects (pauses, rituels, etc.), établit de manière systématique et magique, par rupture des connexions associatives, un hiatus dans le cours des pensées et des actes.

B. Brusset

Isolement

Situation de rupture de contact avec les congénères, l'isolement, encore appelé privation* sociale, est parfois provoqué expérimentalement chez l'animal, afin d'en étudier les conséquences, généralement négatives, sur l'adaptation : ainsi, c'est par l'isolement d'avec la mère que H. Harlow a pu, dans les années 1960, mettre en évidence les facteurs cruciaux dans la genèse de l'attachement* chez le singe. Les études sur la privation sensorielle impliquent le plus souvent l'isolement.

En dehors de ces situations expérimentales mettant en cause, chez l'homme, des sujets volontaires, l'isolement, plus ou moins complet, résulte, dans la vie réelle, soit des conditions d'existence (perte du partenaire, vie solitaire en milieu urbain anonyme), soit de la coercition (isolement carcéral), soit de contraintes professionnelles extrêmes (vols spatiaux), soit encore de manifestations psychopathologiques (délire de persécution*). A ces formes d'isolement correspondent des problèmes psychologiques très différents, requérant éventuellement une intervention ou un soutien particulier. *M. Richelle*

Isomorphisme → Morphisme

Isotopie

Effet de la récurrence d'un même sème* dans un discours*. A.-J. Greimas en 1966 la décrit comme un ensemble redondant de catégories sémantiques* qui rend possible la lecture uniforme du discours. Ainsi, une suite textuelle du type : *« mon ordinateur est très triste depuis que son cheval n'a plus de roue de secours »* ne présente pas les redondances isotopiques nécessaires à la formulation d'un jugement de cohésion-cohérence*. Entre l'individu *« ordinateur »* et la propriété *« tristesse »,* il y a incompatibilité sémique (/animé/ et /non-animé/) ; de même, *« roue de secours »,* qui se situerait dans un domaine compatible avec *« voiture »,* est impossible à conjoindre à *« cheval »,* animal qui, de plus, ne peut appartenir à un ordinateur, à moins d'imaginer un univers de science-fiction où seraient redéfinis les rapports entre éléments du monde représenté. La seule isotopie identifiable se trouve dans *« tristesse »* et la dépossession impliquée par *« n'a plus de ».* Même s'il recouvre des phénomènes très divers, le concept d'isotopie se réfère toujours à la constance d'un parcours de sens qu'un texte exhibe quand on le soumet à des règles de cohérence interprétative. Il permet de décrire les phénomènes de poly-isotopie et d'hétérotopie (V. Métaphore) si fréquents dans les textes : de l'histoire drôle (qui joue sur une rupture isotopique) à la parabole (lisible sur deux isotopies au moins) en passant par ces deux vers des *Illuminations* d'A. Rimbaud : « Les courants de la lande, Et les ornières immenses du reflux », où se croisent une isotopie aquatique (les courants du reflux) et l'autre terrestre (les ornières de la lande). *J.-M. Adam*

Itération (Boucle d'—) → Boucle

J

Jacksonisme

Théorie de l'organisation neurologique, du nom de son auteur, H. Jackson (1835-1911). Ce neurologue anglais conçut un modèle de l'évolution et de la dissolution des fonctions nerveuses et introduisit l'évolutionnisme* et le facteur temps dans l'espace du système nerveux* et dans l'organisation de ses fonctions. Au sens large, le jacksonisme repose sur le principe d'une organisation hiérarchique du système nerveux, selon lequel chaque niveau intègre un ensemble des capacités reflétant tout ce qu'un organisme doté de ces structures (et rien de plus) peut faire. L'évolution ajoute et de la complexité neurologique et de la complexité fonctionnelle et oblige à des réorganisations nécessaires de l'ensemble de telle sorte que les structures les plus récentes contrôlent (inhibition*) les structures les plus anciennes. Dans une certaine mesure, les niveaux supérieurs, outre leur apport spécifique, prennent en charge les fonctions des niveaux inférieurs. L'ontogenèse reproduit ce processus, intègre aux niveaux supérieurs ce qui était spécifiquement intégré aux niveaux inférieurs pour l'établissement de plans*. A cette hiérarchie organisatrice des fonctions correspond la dissolution pathologique en symptômes négatifs témoignant du désordre des centres atteints (donc d'un certain niveau d'organisation) et symptômes positifs qui témoignent de l'activité propre liberée, non contrôlée désormais, des centres sous-jacents. Il faut noter que les idées de Jackson ont donné lieu au modèle dit organodynamique de H. Ey. *M. Le Moal*

Jalousie

Le sentiment de jalousie est l'exigence d'une possession exclusive ; il est fait d'un conflit avec la réalité : seul, un objet imaginaire peut la satisfaire. C'est pourquoi S. Freud, pour rendre compte de la jalousie morbide, fait intervenir le refoulement* des fantasmes* d'infidélité hétéro- et homosexuelle : le sujet projette sur le partenaire ses propres désirs d'infidélité et dissimule son intérêt homosexuel pour le rival. Les psychanalystes ont étudié la rivalité fraternelle : selon J. Lacan, le sujet investit l'image d'un autre qu'il imprègne d'une passion narcissique. *R. Doron*

Jardin d'enfants → École maternelle

Jargonagraphie → Jargonaphasie

Jargonaphasie

Type de discours aphasique observé au cours des aphasies* de Wernicke où l'enchaînement des mots, les transformations des mots (V. Paraphasie) et la présence de néologismes ne permettent plus à l'auditeur de décoder, de comprendre le discours. La jargonaphasie s'observe en règle dans un contexte de logorrhée* avec anosognosie*. L'équivalent écrit est qualifié de **jargonagraphie**. *J.-L. Signoret*

Je

Comme « tu », « toi » et « te », « je », « moi » et « me » sont des pronoms personnels qui ne prennent leur sens* que dans l'instance du discours* ; leur référence* change avec l'alternance des prises de parole dans le dialogue*, chaque interlocuteur étant tour à tour désigné par « je » puis par « tu ». L'enfant ne peut donc, pour acquérir ces pronoms, procéder comme pour les autres unités linguistiques*. Il doit notamment comprendre que « je » et « moi » correspondent à l'émetteur* de l'énoncé.

Chez l'enfant normal, l'usage du pronom « je » apparaît vers vingt-quatre mois, après une période de reproduction du mode d'adressage des parents *(« bébé pleure »)* et après l'utilisation du « moi ». Dans cette première phase, il est utilisé de manière irrégulière ; souvent absent des monologues*, il apparaît surtout dans les situations à forte implication personnelle. Le stade* du personnalisme* (vers trois ans) se caractérise, selon H. Wallon, par un emploi plus adéquat de ces pronoms, qui traduit l'accès de l'enfant à une meilleure connaissance de soi. L'acquisition et le fonctionnement de l'opposition « je-moi » restent relativement mal connus ; du fait de son statut énonciatif, « je » aurait une dimension fortement socialisée alors que « moi », plus précoce, renverrait plus nettement à l'« intériorité ».

Dans certaines formes d'autisme*, l'emploi de ces pronoms est fortement perturbé, les sujets utilisant le « je » pour désigner leur interlocuteur et le « tu » pour s'autodésigner. *M. Fayol et C. Prévost*

Je (Naissance du —)

Expression visant à rendre compte d'une étape décisive dans la constitution de l'individualité somatopsychique. C'est à partir d'une matrice familiale où dominent l'indifférenciation soi*-autrui et la fusion que se constitue le psychisme individuel et qu'émerge le Je, autour des six à huit premiers mois. Cette période est marquée par l'apparition d'acquisitions motrices et psychiques importantes (telles que la verticalité assise).

Le Je naissant correspond à la fin du narcissisme* primaire (S. Freud), la fin du premier sous-stade oral (K. Abraham), l'entrée dans la position* dépressive (M. Klein), le début de l'intégration soma-psyché (D.W. Winnicott), du défaut fondamental* (M. Balint) et du fonctionnement préconscient (P. Luquet). Le Je naissant est aussi solidaire d'une progressive différenciation sujet*/objet*, de la mise en place des identifications introjectives, de l'élaboration des angoisses de perte, d'abandon et de mort, de l'acquisition d'une ébauche de la « conscience » de la mort (A. Ruffiot). L'enfant affronte la solitude du Je pour la premire fois. La constitution de sa propre fonction alpha* (W.R. Bion) soutient ce processus d'autonomisation psychique et de subjectivation. *A. Ruffiot et L. Knéra*

Jeu

Activité* commune à l'homme et à certains mammifères supérieurs : elle est finalité sans fin, plaisir* de fonctionner à distance du travail*. En deçà de la diversité des jeux adultes qui en masque l'essence, le jeu enfantin révèle sa dimension fondamentale par la chronologie. H. Wallon et J. Piaget y distinguent des étapes franchies par le psychisme, du biologique au social, au travers desquelles se dégage le sujet* dans ses relations avec son corps* et les objets*, en découvrant progressivement les fictions et les règles. Cette genèse* l'éloigne de ce qui était fonctionnel et le fait accéder à la gratuité, à l'effort et même à la discipline : elle comporte l'appel de l'aîné (le désir d'être grand) et l'élan humain (mouvement en avant surajouté à la maturation physiologique), soulignés par J. Château en 1947, pour qui les deux sont d'ailleurs liés, car sans le désir d'être grand il n'y aurait pas de respect mystique de la règle. C'est pourquoi le jeu peut avoir des rapports étroits avec la pédagogie* et la psychothérapie*. Dans le premier cas, on remarque que c'est dans le jeu que sont essayées et consolidées certaines conduites fondamentales pour le travail. Dans le second, on y voit une forme fondamentale de la vie en même temps qu'une forme archaïque du processus secondaire. D. W. Winnicott en 1971 envisage le jeu dans l'espace* potentiel comme la voie d'accès pour l'enfant à la créativité et à la vie culturelle. Le passage du jeu au « je » introduit à la vie adulte. Selon R. Caillois, les jeux ont une vocation sociale : l'*agôn* implique la compétition (sport), l'*alea* partage le risque avec une rigoureuse exactitude (jeux de hasard), la *mimicry* conduit le sujet à se faire croire et à faire croire aux autres qu'il est un autre que lui-même (jeu d'illusion), l'*ilinx* recherche la panique voluptueuse d'un vertige que chacun redouterait s'il ne voyait les autres se bousculer pour le subir (glissades, voltige). Ainsi les jeux impliquent la compagnie. *R. Doron et E. Jalley*

Jeu de la bobine *(fort/da)*

En septembre 1915, S. Freud passa deux semaines à Hambourg chez sa fille S. Halberstadt où il observa le jeu répétitif de son petit-fils Ernst, alors âgé de dix-huit mois. L'enfant n'utilisait ses jouets que de la manière suivante : il les jetait loin de lui en s'écriant « o-o-o-o » (*fort,* qui veut dire « parti ») ; il agissait de même avec tous les petits objets qui lui étaient accessibles. Un jour, Ernst avait une bobine de bois à laquelle une ficelle était attachée : il la faisait disparaître en la lançant par-dessus le rebord de son lit à rideaux en criant « o-o-o-o » et la faisait reparaître en criant « *da* » (« la voilà ! »). S. Freud considère que cet épisode est la forme complète du jeu dont le comportement d'abord et le plus souvent observé ne constituait que « le premier acte » et que ce jeu symbolise les départs et les retours de la mère de l'enfant. Quatre ans plus tard, dans *Au-delà du principe de plaisir* en 1920, S. Freud s'appuie sur cet exemple afin de poser la question de savoir si la répétition d'événements déplaisants dans le jeu est compatible avec le principe de plaisir* ou si elle nécessite le recours à l'hypothèse d'une contrainte de répétition* indépendante du principe de plaisir. *J.-M. Petot*

Jeu de rôle

Le psychodrame* et le sociodrame* sont des improvisations dramatiques à visées thérapeutiques. Le jeu de rôle, également inventé par J. Moreno, a une visée de formation. Des scénarios, concernant les rapports humains dans la vie sociale et professionnelle, sont proposés aux participants (renvoyer ou recruter un employé, renseigner un étranger, réagir à une sollicitation importune). L'objectif est d'entraîner les participants :
1. à prendre avec plus de spontanéité* les rôles requis ;
2. à mettre l'interlocuteur à sa place et à se mettre à la place de l'interlocuteur pour une meilleure compréhension réciproque. J. Moreno s'appuie sur les théories sociologiques de G. H. Mead et de R. Merton, sur la personne* en tant qu'« acteur social » et en tant que « faisceau de rôles ». *D. Anzieu*

Jeu symbolique

Le jeu, en tant qu'instrument symbolique, exprime la connaissance qu'a l'enfant qui utilise les choses et accomplit certains gestes symboliquement, c'est-à-dire d'une manière non adaptée à leur fonction propre mais assimilée à l'activité représentative autotélique et automotivée qu'est le jeu. Cette notion est surtout utilisée par J. Piaget dans la terminologie duquel elle s'oppose à imitation* comme assimilation* s'oppose à accommodation*. Dans le développement* mental de l'enfant, le jeu symbolique apparaît entre 18 et 24 mois et est surtout vif entre 4 et 7 ans. Il succède au jeu d'exercice (pure répétition psychomotrice) et au jeu de règle. *J. Vonèche*

Jeux (Théorie des —)

Un jeu est une situation formalisable dans laquelle, le plus généralement, plusieurs joueurs (ou plusieurs équipes) s'affrontent. Ils disposent chacun d'un certain nombre d'actions possibles, dont les conséquences (gains, gratification ou perte, pénalisation) sont fonction des choix* opérés par l'adversaire. L'étude des stratégies* utilisées, compte tenu des actions possibles et de leurs conséquences prévisibles, constitue la théorie des jeux. Les principes fondamentaux furent découverts essentiellement par J. von Neumann en 1928 puis popularisés par un ouvrage qu'il écrivit avec O. Morgenstern en 1944. L'interprétation de la théorie n'est bien établie que pour les jeux de deux personnes à somme nulle.

La théorie des jeux est utilisée essentiellement pour l'étude de problèmes économiques, militaires ou psychologiques. En psychologie sociale, elle fournit un cadre conceptuel qui permet de décrire et d'expliquer des interactions*. Normative, elle cherche à stipuler la conduite que des joueurs rationnels devraient tenir pour maximiser leurs gains plutôt qu'à décrire la conduite effective des joueurs. Elle a permis d'étudier les phénomènes de négociation, les comportements coopératifs* et compétitifs*, de mettre en évidence l'importance des modes de représentation* de l'adversaire sur les stratégies utilisées, etc. *D. Defays*

Jeux d'alternance

Catégorie de jeux* décrite par H. Wallon, et consistant dans l'alternance des rôles* de patient et d'agent. Leur développement occupe le cours de la troisième année, dans la période qui précède l'affirmation de l'identité* personnelle, marquée par la crise* de 3 ans. Les variétés en sont multiples : donner et recevoir une tape, se cacher et chercher, se sauver et rattraper. La situation y est décomposée en deux phases active et passive, et l'enfant y tient tour à tour le rôle d'auteur et celui de victime. Ces jeux permettent à l'enfant de faire l'apprentissage de la réciprocité des rôles, de la complémentarité des rapports entre partenaires. La pratique de l'alternance prépare l'affirmation du moi personnel, en introduisant au sein du sujet* la bipartition entre deux pôles, condition de la prise de conscience de soi*. Une variété particulière des jeux de réciprocité est constituée par les monologues dialogués où l'enfant prête sa voix à deux interlocuteurs avec une intonation différente. Il y a lieu de rapprocher ces jeux du jeu de la bobine* décrit par S. Freud à une date un peu plus précoce (1,6 an). *E. Jalley*

Jeux éducatifs

Optimisation, par les adultes, de l'interaction* spontanée des enfants avec leur entourage et leur environnement, dans le but de stimuler, voire de rendre plus précoces, les habiletés* motrices, les capacités* perceptives ou cognitives, et les relations avec autrui. Cette intervention des adultes peut se matérialiser par la confection d'objets, dont la manipulation est censée produire des effets de développement*, escomptés sur la foi d'une expérimentation préalable ou par l'application d'une doctrine éducative (jeux Froebel ou Montessori, par ex.). *D. Hameline*

Jouet

A l'origine désignait le badinage amoureux. Aujourd'hui, caractérise ce qui sert à amuser un enfant. On distingue les jouets selon leur but (éducatif, scientifique), leur public (filles, garçons), leur mode de fonctionnement (jeux de société, jeux individuels).

S'applique aussi à tout test* psychologique utilisant des jouets, manipulés librement ou non par l'enfant examiné, et destiné soit à mesurer son développement* cognitif, affectif, ou moteur, soit à révéler, par projection*, les affects*, les attitudes* et les problèmes de l'enfant. *J. Vonèche*

Jugement

Proposition évaluative qu'un observateur* émet à propos d'une conduite*, d'une performance*, d'un trait*, etc., du sujet ou du groupe qu'il observe, ou qu'un sujet, dans une expérience psychologique, fournit sur un stimulus* ou une situation*. L'examen des conditions de production de jugements en psychologie est étroitement lié à la théorie de la mesure*, ou psychométrie* au sens large. C'est dans le contexte de la psychophysique que cet examen a été mené de la façon la plus raffinée, à travers les diverses méthodes d'estimation* (fractionnement*, partition*, bissection*) et de détection* ou de discrimination* (seuils différentiels*, égalisation subjective*). La cohérence même des données fournies en psychophysique par les diverses procédures de jugement indique bien que celui-ci, loin d'être l'expression d'une décision subjective irréductible, est la résultante de facteurs qu'il s'agit de repérer, et dont il s'agit de dégager les lois.

Cela vaut aussi bien pour les jugements portés par un observateur sur les conduites de sujets observés, et justifie les critiques et précautions méthodologiques mises en œuvre chaque fois que, à défaut d'une mesure objective, on est forcé de s'en remettre à l'évaluation de juges (explicitation des critères utilisés, repérage des biais*, recherche de la concordance intra- et interjuge, etc.).

Le problème n'est pas moins aigu dans le contexte pratique de l'éducation, où il a donné lieu à une discipline propre, la docimologie*.

Jugement absolu : en psychophysique*, jugement que le sujet est invité à porter sur la valeur physique du stimulus (par opposition aux jugements de comparaison*, ou aux jugements relatifs impliqués dans les méthodes dites de partition). *M. Richelle*

Jugement moral

Evaluation* (et le plus souvent autoévaluation*) des conduites sur la base de critères relevant des valeurs morales en usage dans un groupe. Le jugement moral doit être distingué du comportement moral et du sentiment moral. Un individu peut mal se comporter de son propre avis (jugement) sans pourtant changer ce comportement parce qu'il ne le regrette pas (sentiment).

L'étude du jugement moral de l'enfant a été entreprise par J. Piaget en 1932, puis développée aux Etats-Unis, notamment par A. Kohlberg. Ces travaux montrent que l'enfant passe de l'hétéronomie* à l'autonomie* en trois étapes principales : a. stade prémoral (le sujet ne retient que son avantage personnel) ; b. stade conventionnel (le sujet ne retient que les sanctions extérieures) ; c. stade de l'autonomie (le sujet juge selon sa propre conscience*). *J. Vonèche*

Jugement pénal

Chargé de défendre un certain ordre social et de protéger les citoyens, la justice circonscrit également les limites de la vengeance* et les incohérences du sacrifice. La décision répressive relève d'un procès public qui poursuit un inculpé* considéré comme coupable et responsable de ses actes* pour le sanctionner. L'appréciation de l'infraction* poursuivie doit être objective, matérielle, sociale et personnalisée. Elle donne lieu à un débat public avec l'avocat chargé de la défense. Le jugement pénal s'appuie sur des preuves et sur des aveux*, l'inculpé étant considéré comme responsable de ses actes. Dans les affaires criminelles, lorsqu'il y a doute sur les capacités de discernement d'un prévenu*, l'autorité judiciaire peut faire appel aux experts pour apprécier son niveau de responsabilité et son accessibilité à une peine (punissabilité). *J. Selosse*

Jugement social

C'est l'évaluation des conduites* humaines selon des valeurs* et des normes* défendues par les membres des groupes majoritaires qui réagissent aux écarts de façon diffuse et informelle. Lorsqu'il émane d'individus dont le statut est précisément d'assurer une régulation sociale, le jugement social prend un caractère plus procédural et formel. Il existe néanmoins des critères interdépendants entre ces formes de jugement. L'un et l'autre ont pour effet l'appréciation et la catégorisation des actes, la désignation des déviants et la mise en œuvre de réactions. La psychologie sociale* s'intéresse aux attitudes qui président à l'évaluation des conduites divergentes en fonction de critères culturels, éthiques, de gravité, de conflits d'intérêts ainsi que des clivages d'opinions, variables selon les groupes et le statut des évaluateurs. Les variances sociales autour de la permissivité, l'indulgence, la sévérité sont polarisées dans l'opinion générale ; elles sont plus intermédiaires chez les contrôleurs sociaux.

J. Selosse

Jumeaux (Méthode des —)

Méthode consistant à comparer la ressemblance intrapaire de couples de jumeaux monozygotes (MZ) à la ressemblance intrapaire de jumeaux dizygotes (DZ) de même sexe. Il y a concordance lorsque les deux éléments du couple présentent le trait considéré. Si la concordance intrapaire des DZ est plus faible que celle des MZ, on admet que cette différence est due au patrimoine génétique puisque la proximité génétique des DZ est plus faible (50 % en probabilité) que celle des MZ (100 %). Cette méthode est fondée sur des postulats largement discutés et dont le plus contesté consiste à considérer que l'effet de l'environnement (pré- ou postnatal) joue de la même façon chez les DZ que chez les MZ. Quel que soit le comportement* étudié, dans la quasi-totalité des études, la concordance des MZ est plus élevée que celle des DZ. Si la méthode ne permet pas en soi de prouver l'existence de facteurs génétiques, elle peut constituer, chez l'humain, une première étape dans la recherche des effets de la variabilité des génotypes* sur la variabilité comportementale. Les travaux sur les psychoses maniaco-dépressives* en sont une illustration. *M. Carlier et C. Desforges*

Justice

La formation des attitudes* et du sentiment de justice, l'appréciation de l'équité des règles de droit et de leur usage varient en fonction du développement* du jugement moral. L'interprétation des différents systèmes de règles et l'acquisition de compétences juridiques (signification du droit, des sanctions, de l'indulgence) participent aux processus de socialisation* ; les règles sont successivement interdictrices, prescriptives et relatives. La socialisation comprend le développement de la compétence à exercer ses droits et à défendre sa dignité. La norme juridique n'étant pas seulement prescriptive et interdictrice mais aussi attributive, elle est appréhendée dans l'interaction des droits et des devoirs. La conscience des droits s'élabore selon trois niveaux : dans le premier, ils sont autorisés, dans le second, accordés, dans le troisième, fondés sur des principes abstraits. Les critères de socialisation juridique varient selon les sexes.

J. Selosse

Justice distributive → Échange social

K

Kappa (Effet —)

Effet de la distance spatiale entre deux stimulus sur l'estimation* de l'intervalle temporel* compris entre eux : la durée* subjective croît avec la distance spatiale objective. Si des éclairs lumineux sont délivrés successivement en trois points A, B et C, la distance A-B étant inférieure à la distance B-C, le délai A-B sera jugé inférieur au délai B-C même s'il est objectivement égal. L'effet kappa s'observe également dans les modalités* auditive et tactile, et pour les mouvements continus. L'effet inverse est l'effet tau*.

F. Macar

Khi-deux (Test du —)

Test de signification mis au point par K. Pearson en 1900, servant à comparer une distribution* observée à une distribution théorique, construite sous une certaine hypothèse*. L'exemple le plus célèbre est celui du khi-deux d'indépendance* dans un tableau de contingence*.

La statistique khi-deux peut être obtenue en calculant, pour chaque case, la contribution absolue au khi-deux, égale au carré de l'écart entre effectif observé et effectif théorique, divisé par l'effectif théorique, puis en calculant la somme des contributions. Symboliquement on écrit :

$$\chi^2 = \Sigma \left[\frac{(\text{effectif observé} - \text{effectif théorique})^2}{\text{effet théorique}}\right].$$

P. Bonnet et H. Rouanet

Kinésimètre

Dispositif destiné à la mesure du mouvement*, dans l'un ou l'autre, ou dans plusieurs de ses aspects (direction, amplitude, vitesse*). Le terme n'est plus guère en usage, bien que l'enregistrement et la mesure du mouvement bénéficient aujourd'hui des technologies combinées de l'image vidéo et de son analyse par ordinateur.

M. Richelle

Kinesthésie

Sensibilité de l'organisme à ses propres mouvements*, fondée sur l'intégration des informations proprioceptives* (musculaires et tendineuses) et les informations vestibulaires*.

M. Richelle

Kinesthésie (Réponse — au test de Rorschach)

Au test de Rorschach*, ce terme désigne les réponses données par le sujet qui rendent compte de la projection de mouvements attribués à des images humaines (K), animales (kan) ou d'objets (kob). Les kinesthésies sont sous-tendues par des conduites psychiques diverses, s'inscrivant pourtant dans une dialectique commune : l'activité qui les détermine met en évidence une certaine mobilité permettant de montrer l'investissement du monde interne dans sa dimension imaginaire et pulsionnelle. La kinesthésie relève de l'illusion (le mouvement n'est pas offert par le stimulus) et renvoie par là même à la créativité, à la sphère transitionnelle, aux capacités de figuration fantasmatique. En même temps, les mouvements projetés sont porteurs des désirs du sujet en termes pulsionnels (libidinaux et agressifs), ce qui met au jour à la fois ses possibilités d'aménagements conflictuels (intrapsychiques) et les caractéristiques de sa vie relationnelle. Enfin, les kinesthésies humaines prennent un sens spécifique en ce qui concerne les processus identificatoires : la représentation de soi, l'identité, les identifications sexuelles sont mobilisées dans la construction des représentations humaines qui sous-tendent les réponses.

C. Chabert

Kleptomanie

Impulsion* irrésistible à voler des objets qui n'ont pas de valeur utilitaire ni monétaire immédiate. L'acte, plus impulsif que compulsif*, est précédé par un sentiment de tension croissante et suivi d'apaisement ou de soulagement. Il n'est pas commis par colère ni par vengeance, et n'entre pas dans le cadre de la délinquance psychopathique.

B. Brusset

Klüver et Bucy (Syndrome de —)

Ensemble de symptômes, observés pour la première fois en 1939 par H. Klüver et P. C. Bucy après lésion bilatérale du lobe temporal* chez le singe, et consistant en une totale absence de peur et de réactions d'attaque* et de défense*, une grande placidité, une tendance à porter à la bouche toutes sortes d'objets ou nourritures inhabituelles, l'incapacité de reconnaître les objets familiers (à rapprocher de l'agnosie* visuelle) et une hypersexualité sans discrimination même avec les objets inanimés de l'environnement. Ce syndrome est devenu chez l'homme un indicateur des altérations temporales et des structures limbiques sous-jacentes dont l'amygdale*. Plus généralement, ces lésions concernent des régions qui seraient impliquées dans l'évaluation des afférences sensorielles et la neuropsychologie des émotions*.

M. Le Moal

Korsakoff (Syndrome de —)

Originellement affection associant des troubles de mémoire* et une polynévrite des membres inférieurs, d'où le nom devenu obsolète de psychose polynévritique de S. Korsakoff. Cette affection est la conséquence de lésions du système nerveux secondaires à un désordre carentiel dont la cause majeure est l'alcoolisme* ; les lésions cérébrales décrites par C. Wernicke justifient aussi l'appellation d'encéphalopathie de Wernicke-Korsakoff. En fait, l'appellation est devenue celle de syndrome de Korsakoff ou syndrome korsakovien renvoyant à une amnésie* antérograde (ou oubli à mesure), associée dans sa forme complète à une désorientation temporo-spatiale, des fabulations* et des fausses reconnaissances. En France, syndromes de Korsakoff et syndromes amnésiques sont souvent utilisés comme synonymes. Dans les pays anglo-saxons, le syndrome de Korsakoff sous-entend en règle une étiologie alcoolocarentielle.

J.-L. Signoret

L

Labyrinthe

Dispositif de laboratoire abondamment utilisé dans l'étude de l'apprentissage* animal, particulièrement chez le rat et dans la tradition de la psychologie américaine, béhavioriste* puis cognitiviste*. Le principe général en est d'amener le sujet, libéré d'un compartiment de départ, à parcourir un trajet aboutissant à un compartiment d'arrivée, où l'attend une récompense* ou renforcement*. Il en existe de nombreuses versions, depuis l'allée simple, où la performance ne se laisse mesurer que par un temps de parcours, jusqu'aux labyrinthes à bras multiples, où la mesure du temps peut se doubler de celle des erreurs (entrées dans des impasses), en passant par les labyrinthes à deux branches (en T ou en Y) où la performance se mesure en termes de choix, gauche ou droite, à la bifurcation. Ils peuvent être conçus de telle sorte que le sujet ne puisse en apercevoir que la section où il se trouve, ou bien au contraire en puisse embrasser l'ensemble du regard. Le labyrinthe aquatique est rempli d'eau, à l'exception du compartiment d'arrivée. C'est dans des recherches sur les labyrinthes que E. C. Tolman a mis en évidence l'apprentissage latent* et introduit la notion de carte cognitive*. L'intérêt théorique suscité par cette variable intermédiaire, ou cette représentation*, a en retour provoqué un regain d'intérêt pour les techniques de labyrinthes (quelque peu abandonnées pendant quelques années) chez les cognitivistes, qui se sont dotés de nouvelles variantes, tel le labyrinthe à huit branches symétriques d'Olton. *M. Richelle*

Labyrinthe (— vestibulaire) → Système vestibulaire

LAD → Language acquisition device

Lallation

1. Type d'émission vocale produite par l'enfant dès 3 à 6 mois et que l'on observe jusqu'à l'émergence* du langage*. Les premières lallations sont essentiellement des chaînes répétitives de type syllabique (ta, ta, ta... pa, pa...) ; ce n'est que vers 9 mois que les enfants produisent des chaînes syllabiques non répétitives (apabujé...). Ces vocalisations*, qui contiennent une gamme d'expressions sonores plus large que celle de la langue, existent également chez l'enfant sourd de naissance, ce qui suggère qu'elles ne sont pas, à l'origine, des réponses acquises. Toutefois, une différence entre les lallations des enfants sourds et des enfants entendants se marque après 6 mois, âge auquel il a été montré un rapprochement entre les contours prosodiques des lallations du bébé et ceux de la langue utilisée dans son environnement.
2. Synonyme de **lambdarisme :** défaut de prononciation du phonème* /l/.

J.-E. Gombert

Lambdarisme → Lallation

Langage

Dans l'usage scientifique, ce terme désigne la capacité, dont est doté tout être humain normalement constitué, d'apprendre et d'utiliser un ou plusieurs systèmes de signes* verbaux pour communiquer avec ses semblables et se représenter le monde. Capacité de l'espèce humaine, à caractère universel, le langage doit être distingué des langues naturelles* et de la parole*. La langue naturelle est le système de signes particulier adopté par une communauté ;

elle présente un caractère social et historique. Le terme de parole, enfin, désigne les comportements concrets de mise en œuvre de la langue par un individu. On distinguera encore le langage de « la langue », concept introduit par F. de Saussure en 1916 pour désigner les caractéristiques communes à l'ensemble des langues naturelles.

Le statut même du langage continue de faire l'objet d'âpres débats scientifiques. Un premier courant considère cette « faculté* » comme la caractéristique définitoire de l'humanité ; c'est elle qui aurait permis le développement de l'ensemble des potentialités humaines. A la faveur de mutations génétiques aléatoires, l'homme aurait été doté d'un équipement biologique spécifique, le rendant apte à produire et à comprendre tout type de phrase. C'est cette compétence* innée que s'efforce de décrire notamment la grammaire générative* de N. Chomsky. Dans une optique plus « évolutionniste », un deuxième courant considère au contraire le langage comme une conséquence du développement cognitif*. Pour J. Piaget, l'être humain serait doté de capacités fonctionnelles puissantes, rendant possible l'émergence* d'une fonction symbolique* générale, dont le langage ne serait qu'un aspect. A ces courants qui mettent l'accent sur la détermination interne du langage, s'opposent ceux qui y voient surtout le produit complexe d'apprentissages* accumulés par l'humanité au cours de son histoire*. Adoptée notamment par le béhaviorisme*, cette position a été particulièrement développée par les tenants de l'interactionnisme* social. Pour ces derniers, le processus d'hominisation* s'est caractérisé d'abord par le développement de nouvelles formes de coopération sociale (de nouvelles activités) qui ont rendu possibles l'utilisation d'outils, puis le dévelopement du langage. Sur le plan fonctionnel, les deux premiers courants considèrent avant tout le langage comme un instrument de représentation*, alors que les deux autres y voient d'abord un système de communication*, c'est-à-dire un système d'action sur les congénères.

En psycholinguistique*, l'acquisition du langage par l'enfant a fait l'objet de trois types d'études majeures. Les premières décrivent les stades* de production spontanée des unités et structures de la langue maternelle, depuis les holophrases* (15 mois environ) jusqu'aux phrases* complexes (autour de 5 ans). Les deuxièmes ont trait au développement (plus tardif) de stratégies* de compréhension* des énoncés produits dans l'environnement. Les troisièmes concernent les mécanismes mis en place (plus tardivement encore) pour produire des discours* complexes, adaptés aux différentes situations de communication. Les acquisitions observées ont fait l'objet de différents types d'explication. Dans l'option chomskyenne, l'enfant serait doté d'une capacité innée (dispositif d'acquisition du langage) et les étapes de l'acquisition constitueraient un simple processus d'émergence, dépendant du degré de maturation* du système nerveux* central. Dans l'option piagétienne, ce serait l'achèvement du stade sensori-moteur* (en particulier l'accès à la permanence de l'objet*) qui rendrait possible l'apparition du langage, et les acquisitions ultérieures seraient elles aussi conditionnées par le développement cognitif général. Dans la conception interactionniste, l'acquisition du langage est décrite comme une succession d'apprentissages sociaux qui superposent aux acquis cognitifs les significations historico-culturelles élaborées par le groupe (second système de signalisation*). La psychologie du langage a particulièrement étudié les effets produits par l'intériorisation* de ce second système : réorganisation de la mémoire et des processus perceptifs, régulation* de l'action, structuration de la personnalité*.

Par extension, le terme de langage désigne également les systèmes de notation* utilisés par certaines disciplines formelles (« langage mathématique »), ainsi que pour la programmation* des ordinateurs. Dans l'usage courant, il désigne parfois tout code* de communication (le « langage des animaux ») ou encore tout système d'interprétation de productions culturelles (« le langage de l'architecture »). *J.-P. Bronckart*

Langage animal

Toutes les espèces animales utilisent des codes* de communication*, qui permettent aux congénères d'échanger des informations* utiles à la survie de l'espèce ou à l'organisation d'activités collectives. Ces codes sont constitués de signaux* (ou déclencheurs* d'une réaction), qui peuvent être transmis par voie chimique, visuelle ou sonore. Les insectes sociaux comme les fourmis émettent des substances chimiques (phéromones*) qui exercent une fonction d'alarme* sur leurs congénères, qui guident leurs déplacements ou qui orientent leurs échanges sexuels. Les lucioles et de nombreux poissons émettent des signaux visuels qui interviennent dans la régulation des interactions sexuelles ; signaux qui s'organisent parfois en manifestations comportementales formalisées, stéréotypées et ostentatoires, que l'on qualifie de rituels* (V. Parade). Et les abeilles exécutent des danses* complexes qui fournissent des indications précises sur les sources de nourriture. De multiples espèces utilisent enfin des signaux sonores ; les choucas et les singes Vervet, par exemple, émettent des cris d'alarme qui varient selon le type de prédateur et auxquels les congénères réagissent de manière appropriée ; les dauphins en groupe produisent en permanence des ultrasons qui semblent fournir des indications relatives à l'organisation et à la réalisation de tâches collectives.

Ces codes de communication peuvent-ils être qualifiés de langages* ? Pour de nombreux linguistes et psychologues, le langage constituerait une propriété exclusivement humaine, mais les arguments à l'appui de cette thèse sont disparates et contradictoires (certains se fondant sur le caractère inné de la compétence linguistique* ; d'autres soulignant au contraire le rôle décisif des transmissions sociales et des apprentissages* dans le développement du langage humain), et les tentatives d'élaboration de listes de critères permettant de différencier radicalement langage humain et communication animale ont toutes été vouées à l'échec, suite à de nouvelles découvertes des propriétés des échanges sociaux de certaines espèces animales. On observe en réalité une évolution* des capacités communicatives des espèces, qui se caractérise par l'accroissement de la complexité des systèmes de signaux, mais surtout par la transformation de leurs modalités de gestion : systèmes innés ou instinctifs chez les insectes ; systèmes partiellement gérés par des conventions* de groupes chez certains mammifères supérieurs ; systèmes règlés par des conventions sociales et accessibles aux représentations des interactants chez les humains. Il est possible que l'emploi de signes* radicalement arbitraires* constitue la condition principale du spectaculaire développement du langage humain, mais cette propriété est peut-être partagée par d'autres espèces (dont les dauphins), et en tout état de cause, seule la poursuite de recherches empiriques permettra d'identifier les caractéristiques respectives du langage humain et de ce que l'on peut qualifier de langage animal.

J.-P. Bronckart

Langage de programmation

Langage artificiel non ambigu permettant de coder sous forme d'un programme* un traitement d'information* qui devra être effectué par un ordinateur. On distingue plusieurs niveaux de langages de programmation : langages « machine », assembleurs (ou langages d'assemblage), et langages dits « évolués », développés depuis 1955 environ et dont les opérations élémentaires s'éloignent des opérations câblées de la machine pour se rapprocher des opérations humaines habituelles dans les domaines d'activités concernés (par ex., parmi les premiers, FORTRAN pour le calcul scientifique et COBOL pour la gestion). On peut classer les très nombreux langages de programmation existant en plusieurs catégories : langages impératifs basés sur la notion d'instruction*, langages fonctionnels (LISP*), langages de type logique (PROLOG*), langages orientés objets*, par exemple.

M. Baron

Langage égocentrique

Comportement verbal qui est dominant chez l'enfant entre 2-3 et 5-6 ans. D'une part, l'enfant parle préférentiellement de lui-même, d'autre part, son discours ne tient pas compte du point de vue de ses interlocuteurs. La simple répétition*, le monologue* et le monologue collectif (chaque enfant parlant sans s'occuper de ce que disent les autres) sont les trois manifestations du langage égocentrique. Pour J. Piaget, ce comportement verbal est une manifestation du phénomène plus général de l'égocentrisme* enfantin, alors que, pour L. S. Vygotsky, il est une étape de l'évolution du langage, initialement communicatif, dans le sens de l'intériorisation*.

J.-E. Gombert

Langage intérieur

Ce terme désigne l'imagerie verbale en œuvre dans l'activité de pensée*. Cette évocation* verbale interne, manifeste lors de la lecture* silencieuse ou de l'écriture, est plus généralement le langage de la réflexion.

L. S. Vygotsky en fait un enjeu majeur du développement* intellectuel : le langage, initialement communicatif, évoluerait dans le sens d'une possibilité de plus en plus importante d'intériorisation*. *J.-E. Gombert*

Langage naturel

Un langage dit naturel est un langage utilisé usuellement pour la communication entre individus (le français, par ex.). Une caractéristique des langages naturels est leur capacité à l'ambiguïté, contrairement aux langages artificiels ou codes* (langages de programmation*, par ex.). Le traitement automatique du langage naturel fait l'objet de travaux en linguistique* informatique* et en intelligence artificielle*. On distingue des travaux concernant la compréhension de textes d'une part, et la génération de textes d'autre part. Parmi les applications, on peut citer la traduction automatique, le résumé automatique de textes et la conception de modules d'interfaces de « dialogue homme-machine », pour la constitution et l'interrogation de bases de données* et de bases de connaissances*. *M. Baron*

Langage orienté objets

Un langage orienté objets est un langage de programmation* basé sur des structures appelées objets, qui communiquent par envoi de messages, et sur un mécanisme d'héritage de propriétés. Les objets sont des instances de classes (par ex. Milou est une instance de la classe *chien*). A une classe sont attachées des propriétés, sous la forme d'attributs et de méthodes, qui sont des procédures*. Les classes sont organisées hiérarchiquement en classes et sous-classes (par ex. la classe *chien* est sous-classe de la classe *animal domestique*), et elles héritent des propriétés de leurs surclasses. Un objet est décrit par une liste de couples (attribut, valeur), et il réagit aux messages qu'il reçoit grâce aux méthodes de sa classe ; ce mode de communication donne un contrôle décentralisé. Le développement de ces langages, utilisés en intelligence artificielle distribuée*, procède de deux courants d'inspiration : la représentation des connaissances* (langages de *frames**) et les langages de programmation* développés pour la simulation de systèmes (SIMULA, SMALLTALK par exemple). *M. Baron*

Langage socialisé

Pour J. Piaget, au langage égocentrique* caractéristique de l'enfant pendant la période préopératoire, succède (vers 6-7 ans) le langage socialisé qui correspond au comportement verbal dominant chez l'adulte. Alors que la fonction du langage égocentrique est essentiellement une recherche de plaisir fondée sur l'action immédiate, celle du langage socialisé est la communication* à autrui de la pensée*. Les cinq types de discours* appartenant au langage socialisé sont :

1. l'information adaptée ;
2. la critique ;
3. les ordres, prières et menaces ;
4. les questions ;
5. les réponses. *J.-E. Gombert*

Language acquisition device (LAD)

Dispositif inné d'acquisition du langage qu'il faut, selon N. Chomsky, postuler pour rendre compte de l'aptitude des enfants à acquérir rapidement la maîtrise du système linguistique complexe que constitue toute langue naturelle*, alors même que les données verbales fournies à l'enfant par son entourage ne sont pas toujours de la meilleure qualité. Le *LAD* est conçu comme une prédisposition* cognitive inscrite dans les gènes* de l'espèce humaine, qui spécifie quelles formes les langues peuvent prendre et qui permettra donc à l'enfant de découvrir la grammaire* de la langue particulière à laquelle il est exposé. C'est au psycholinguiste D. McNeill que l'on doit la description la plus explicite, en 1970, de la structure interne et du fonctionnement présumé du *LAD,* ainsi que de ses relations avec le développement cognitif. *M. Hupet*

Langue naturelle

Expression qui s'applique à l'ensemble des systèmes de communication* verbale historiquement élaborés par les groupes humains ; bien qu'il soit parfois difficile de distinguer une langue d'un dialecte* ou d'un patois, on considère qu'il existe aujourd'hui 4 000 à 6 000 langues naturelles dans le monde (français, japonais, swahili, etc.). Système concret et évolutif, la langue naturelle ne doit pas être confondue avec le langage* (*construct** théorique désignant la capacité d'espèce à produire et à comprendre une langue naturelle) et avec « la langue » (*construct* d'origine saussurienne qui rend compte des caractéristiques communes à l'ensemble des langues naturelles). Elle se distingue également des « langages artificiels » utilisés notamment pour programmer les ordinateurs (Basic, Pascal, Prolog).

Depuis les années 1950, l'un des objectifs de la recherche en intelligence artificielle* est de concevoir des ordinateurs et des logiciels capables de comprendre les langues naturelles. Le programme SHRDLU de T. Winograd figure parmi les tentatives les plus spectaculaires ; dans un univers limité, composé d'objets de formes et de couleurs différentes, SHRDLU est capable de répondre à des questions concernant la position des objets et de les déplacer (Homme : *« Où est le bloc ? »* SHDRLU :

« Je ne comprends pas de quel bloc il s'agit. » Homme : *« Où est le grand bloc bleu ? »* SHDRLU : *« Dans la boîte. »).*

J.-P. Bronckart et D. Zagar

Lapsus

Erreur involontaire dans la prononciation *(lapsus linguae)* ou l'écriture *(lapsus calami)* d'un mot, qui en altère ou en change le sens. Comme pour tous les actes* manqués, S. Freud y décèle la présence d'un conflit* entre une intention consciente et un désir inconscient, ce dernier trouvant à s'exprimer dans la lettre même du mot. Du point de vue de l'inconscient, l'acte manqué est donc un acte réussi. *D. Anzieu*

Latence (Période de —) → Sexualité

Latence (Temps de —)

Temps séparant la présentation d'un stimulus* et la réponse*. On parle de latence d'un réflexe*, aussi bien que d'une réponse motrice ou verbale quelconque. La latence est à distinguer du temps de réaction*, qui est une latence irréductible, c'est-à-dire le temps minimal entre présentation d'un stimulus et réponse volontaire. *M. Richelle*

Latent (Apprentissage —) → Apprentissage

Latéralisation

Caractéristique anatomofonctionnelle résultant de l'asymétrie des deux hémisphères* cérébraux encore appelée dominance* cérébrale ou spécialisation hémisphérique, encore que l'asymétrie ait été retrouvée dans des régions du diencéphale* et du mésencéphale*.

Classiquement, les aspects fonctionnels de l'asymétrie cérébrale correspondent à une latéralisation relative de certaines capacités cognitives* et comportementales : le langage*, les capacités praxiques, l'écriture, l'apprentissage verbal et la mémoire* dépendent de l'hémisphère gauche ; les capacités spatiales, la perception des formes en 2 ou 3 dimensions, des faces, couleurs, musique, formes tactiles, tonalités affectives, habillage, etc., dépendent de l'hémisphère droit. La latéralisation existe chez l'adulte, l'enfant, l'animal. Les recherches neuropsychologiques chez des patients atteints de lésion localisée et de sections du corps calleux* ont permis des micro- et des macro-analyses de chaque région, avec les limites inhérentes aux relations et aux réorganisations possibles structure-fonction*. Chez le sujet sain, les techniques de neuroimages* ne peuvent pas délimiter les sous-unités fonctionnelles de tâches cognitives ; les tests perceptifs dichotiques* et tachistoscopiques* pour un hémichamp impliquent des stimulations latéralisées, appliquées soit simultanément soit successivement, et sont basés sur le fait qu'une stimulation latéralisée est transmise d'une manière prédominante (audition et somesthésie) ou exclusivement (vision) à l'hémisphère contralatéral. A partir de ces épreuves, pour lesquelles les capacités d'attention* sont sollicitées, l'asymétrie de performance est observée et l'asymétrie fonctionnelle est inférée. A partir des approches expérimentales, de nombreuses dichotomies droite-gauche ont été proposées (verbal-non verbal, focal-diffus, verbal-visuospatial, analytique-synthétique, rationnel-intuitif, déductif-créatif, etc.), souvent trop radicales et réductrices voire hypothétiques. Il reste que, pour la plupart des sujets, l'hémisphère gauche serait spécialisé dans le traitement de l'information* et l'analyse d'items discrets avec référence à un arrangement temporel ; l'hémisphère droit serait spécialisé dans un traitement plus synthétique, pour tendre vers des configurations globales sans tenir compte des aspects temporels. En fait, chaque hémisphère participe dynamiquement au traitement de l'information mais on ignore jusqu'à quel point la spécialisation est relative ou absolue, ou si chaque hémisphère est doté de nombreuses compétences avec la possibilité d'inhiber l'autre. Par ailleurs, de nombreuses différences individuelles existent et même sexuelles, le sexe féminin ayant moins d'asymétrie que le sexe masculin, ce qui suggère un rôle possible des hormones sexuelles durant le développement.

Sur le plan anatomique, les deux hémisphères présentent des différences certaines, particulièrement dans les régions temporo-pariétales et plus précisément dans le premier gyrus temporal, le planum temporal, beaucoup plus large à gauche, région essentielle pour la compréhension du langage. Cependant cette différence n'est pas généralisable et des différences individuelles existent. Il apparaît également que certaines parties du corps calleux sont plus importantes chez les gauchers et les ambidextres. Enfin, l'expérimentation animale (oiseaux, rongeurs, primates, etc.) et les investigations systématiques anatomiques, biochimiques et fonctionnelles révèlent une asymétrie anatomofonctionnelle bien plus répandue que prévu. Ainsi l'asymétrie décrite chez l'homme pourrait avoir des origines phylogénétiques* et une signification biologique plus large. *M. Le Moal*

Latéralité

Généralement associée au qualificatif manuelle, désigne la prévalence fonctionnelle d'une main chez l'homme. La droiterie désigne ainsi l'utilisation exclusive de la main droite pour les actes fonctionnels appris ; en fait, l'utilisation préférentielle de la main droite apparaît tôt chez le nourrisson lors des activités spontanées d'exploration-préhension. La droiterie est considérée comme le propre de l'homme puisqu'elle concerne au moins neuf dixièmes des individus. Chez l'animal, il peut exister des prévalences fonctionnelles latéralisées mais en règle ni exclusives, ni systématiques. La gaucherie* s'oppose symétriquement à la droiterie, par l'utilisation exclusive de la main gauche. En fait, l'analyse comportementale de la latéralité manuelle montre qu'il existe, entre des droitiers exclusifs et des gauchers exclusifs, un *continuum* d'individus dont la latéralité manuelle peut être variable selon les activités et selon les circonstances. Plutôt que de les qualifier d'ambidextres*, il serait préférable d'utiliser la notion de spécialisation fonctionnelle manuelle, exclusive ou non. La latéralité manuelle peut être influencée par des facteurs pathologiques affectant les membres supérieurs ou le système nerveux, et par des facteurs socioculturels qui font que la gaucherie à travers l'écriture a pu être interprétée comme anormale voire péjorative. Un gaucher contraint à écrire de la main droite est souvent qualifié de contrarié. La latéralité manuelle apparaît bien comme le témoignage de la latéralisation* cérébrale. Ainsi, en règle générale, la droiterie est corrélée à une spécialisation fonctionnelle hémisphérique gauche pour le langage alors que les liens entre la gaucherie et la spécialisation fonctionnelle hémisphérique sont beaucoup plus variables. L'existence de facteurs génétiques à l'origine de la latéralité manuelle est probable mais non démontrée, même si le caractère familial de la gaucherie est présent dans environ deux tiers des cas. *J.-L. Signoret*

Leader

Individu qui amène un groupe* auquel il appartient à atteindre des objectifs spécifiques. Le *leader* est dit émergent lorsqu'il s'attribue ce rôle et se fait accepter par les membres du groupe. Il est dit assigné lorsque l'organisation, l'institution ou la tradition lui attribuent son rôle et ses responsabilités. Les recherches sur les caractéristiques des *leaders* et sur leur style de comportement sont nombreuses. Elles ont montré qu'il n'existe pas de traits psychologiques caractérisant tous les *leaders,* ni de comportement qui garantisse l'efficacité du *leadership**. Le style de comportement du *leader* et ses caractéristiques psychologiques doivent être adaptés aux exigences de la situation. A la suite de F. Fiedler, plusieurs modèles de contingence* ont proposé des schémas théoriques permettant de définir ce qui, dans chaque situation, fera qu'un *leader* est efficace.

C. Lévy-Leboyer

Leadership

Processus d'influence sociale* par lequel un individu amène un groupe à atteindre des objectifs. Le *leadership* n'implique pas seulement le fait de faire faire quelque chose à d'autres individus, mais également (ce qui n'est pas le cas pour les relations d'autorité*) la capacité à changer l'attitude des membres du groupe, à les mobiliser et à entraîner leur adhésion à des buts communs. De ce fait, le *leader** doit savoir susciter les motivations* et entraîner ceux qui le suivent bien plus que les diriger de manière autoritaire. *C. Lévy-Leboyer*

Learning set

Termes anglais, que l'on pourrait rendre par **attitude d'apprentissage induite,** introduits par H. Harlow en 1949 pour rendre compte d'une facilitation* de la performance* observée dans l'apprentissage de relations ou de règles chez le singe et chez l'enfant. Par exemple, deux objets sont présentés ; sous l'un d'eux est caché un appât ; la règle à appliquer est : « l'appât se trouve sous le même objet qu'à l'essai précédent » ; après le choix nécessairement au hasard du premier essai, l'application de la règle assure 100 % de réussite. Sur un grand nombre de problèmes similaires successifs, impliquant des paires d'objets différentes, on observe une amélioration progressive dans le sens d'une application immédiate de la règle, attestée par les choix fournis au second essai. Le *learning set* se ramène en fait au transfert* d'une stratégie de résolution à des problèmes semblables. C'est de ce type de phénomène que découle la notion « apprendre à apprendre », largement reprise par les pédagogues à propos des apprentissages scolaires. *M. Richelle*

Leçon

Sélection et mise en forme d'un contenu d'enseignement, en fonction des objectifs* et des ressources, la leçon est, traditionnellement, l'unité de base du temps et de l'activité didactique*. Parfois réduite, dans le langage courant, au seul temps de l'élève qui « apprend sa leçon », ou au seul temps de l'enseignant qui « donne une leçon », elle s'inscrit à la jonction du logique et du chronologique. D'une part, à l'ordonnancement des savoirs en leur cohérence propre, elle substitue l'organisation des disciplines en leurs séquences didactiques. Mais, d'autre part, elle transforme un simple déroulement temporel en une progression dont le critère, outre le plaisir réciproque, demeure l'efficacité de l'apprentissage* dont elle a réalisé une étape. *D. Hameline*

Lecture

Ensemble des activités oculomotrices et cognitives qui, à partir de l'extraction d'informations* graphiques, conduisent à la compréhension* d'un énoncé. L'activité oculomotrice se décrit comme une succession de déplacements rapides (les saccades*) et de pauses ou fixations* oculaires. La saccade est brève (50 millisecondes) et d'amplitude variable (de 5 à 10 caractères en moyenne) ; elle permet de placer le centre de l'œil (la fovéa) sur les mots de la ligne. C'est pendant la fixation oculaire, dont la durée moyenne est environ 250 millisecondes, que le lecteur peut extraire l'information graphique. Le champ utile de la vision pendant une pause (ou empan* de lecture) peut se diviser en deux zones : la zone fovéale, où l'acuité visuelle est maximale, et qui s'étend à environ 3 caractères à gauche et à droite du point de fixation, et la zone périfovéale qui peut aller jusqu'à 25 caractères à droite du point de fixation ; l'empan de lecture est donc dissymétrique. On pense que ces deux zones remplissent des fonctions différentes : schématiquement, le mot couvert par la zone fovéale serait l'objet d'une analyse perceptive détaillée visant à sa reconnaissance* et les informations extraites de la zone périfovéale serviraient à guider l'œil vers les points de fixation suivants.

La durée d'une fixation oculaire varie selon le niveau du lecteur (elle est plus longue chez le lecteur débutant) et selon la difficulté du texte lu. Mais le temps de fixation est également sensible à des variations linguistiques locales : par exemple un article est, en moyenne et à longueur égale, fixé moins longtemps qu'un verbe. Ces observations indiquent que la vitesse de lecture est sous le contrôle de l'activité cognitive. Quelle est la précision de ce contrôle, et notamment peut-on supposer que le temps de fixation sur un mot reflète l'ensemble des coûts temporels associés au traitement cognitif ? Nonobstant les controverses actuelles à ce sujet, le temps de fixation (ou celui d'exposition en lecture) est utilisé (à l'aide de techniques d'enregistrement des mouvements oculaires ou d'autoprésentation segmentée) comme indicateur comportemental (observable) de l'activité cognitive engagée pendant la lecture.

On peut décomposer le traitement cognitif en deux étapes principales : la reconnaissance des mots et la construction de la signification* des phrases. La reconnaissance des mots (ou accès au lexique*) consiste à associer l'information extraite visuellement à celle contenue dans le lexique mental* ; l'étude de son fonctionnement a suscité de nombreuses questions concernant notamment la nature de l'information graphique utilisée (lettres, groupes de lettres, forme du mot), celle du code* sous lequel elle est transformée (graphémique et/ou phonologique), et l'influence du contexte dans lequel le mot est placé. Enfin, l'information recouvrée lors de la reconnaissance des mots est combinée afin de construire le modèle mental de la phrase puis du texte ; cette étape met en jeu des règles syntaxiques et sémantiques.

D. Zagar

Légalité

Dans une première acception, caractère de ce qui est conforme à la loi, au sens juridique de ce terme. Par extension, conformité aux lois, aux règles morales ou aux normes, sur un plan externe et superficiel, c'est-à-dire sans préjuger de l'adhésion morale de l'individu à ces règles.

Dans la psychologie piagétienne, ce terme désigne l'ensemble des opérations cognitives* qui visent à l'explication des phénomènes naturels par la construction de lois ; il s'oppose au concept de causalité*. La légalité procède du constat de relations observables et de l'« application » des opérations logico-mathématiques aux objets. La causalité dépasse le niveau des observables et implique une « attribution » des opérations (avec leurs transformations) à ces mêmes objets. *J.-P. Bronckart*

Légitimation

Procédure juridique destinée à changer le statut d'un enfant naturel en enfant légitime de l'un ou de ses deux parents. *J. Selosse*

Lent (Sommeil —) → Sommeil

Leptosome → Constitution

Leurre

En éthologie*, le mot leurre désigne une représentation simplifiée et plus ou moins grossière d'un objet (œuf) ou d'un animal (épinoche mâle à ventre rouge) dont on désire isoler les caractéristiques susceptibles d'induire une réponse. Dans la méthode des leurres, systématiquement appliquée par N. Tinbergen et ses collaborateurs dans les années 1930, on utilise successivement une série de leurres représentant toutes les combinaisons possibles des caractéristiques de l'objet (taille, forme, couleur, tacheture) que l'on fait varier et présente tour à tour. Cette méthode a permis de formuler quelques-uns des concepts fondamentaux de l'éthologie classique. Ainsi, ce qui importe dans le déclenchement d'une réponse, ce n'est pas l'objet dans sa totalité (une représentation fidèle de la forme épinoche), mais certains signes dont il est porteur (une barre rouge à la base d'un disque), les stimulus clés ; il y a une relation spécifique entre une combinaison particulière, la combinaison clé, et une réponse donnée ; les stimulus sont perçus en fonction de leur valeur propre, mais aussi de leurs relations spatiales et temporelles (nature configurationnelle des stimulus) ; des stimulus qualitativement différents peuvent se remplacer quantitativement (loi de sommation hétérogène) et un défaut de l'un peut être compensé par un excès de l'autre ; on peut donc construire des leurres dont le pouvoir évocateur est supérieur à celui de l'objet réel (stimulus supranormaux) (V. Mécanisme inné de déclenchement). *J.-C. Ruwet*

Levier réponse

Dispositif équipant une cage de conditionnement opérant*, destiné à recevoir la réponse* d'appui de l'animal, définie comme réponse opérante. Ce *manipulandum** fut adopté par B. F. Skinner dès les années 1930, et est devenu d'usage courant dans les expériences portant sur des espèces chez lesquelles ce type d'action motrice est d'exécution aisée, notamment le rat, le chat, le singe. La force nécessaire à actionner le levier (généralement pour fermer un circuit électrique) doit être ajustée à la force musculaire de l'animal, comme sa forme et sa position doivent l'être à sa morphologie. *M. Richelle*

Lexème

Au sens large, un lexème désigne une unité assimilable au mot*. A. Martinet a proposé, en 1960, de distinguer parmi les « monèmes », unités de la première articulation (V. Double articulation), les lexèmes, qui appartiennent au lexique* et les morphèmes*, qui sont des unités grammaticales. Par exemple, dans le monème *« travailler »*, le lexème est *« travail »* et le morphème la terminaison *« -er »*. Les lexèmes appartiennent à des inventaires illimités tandis que les morphèmes font partie d'inventaires finis. On oppose parfois le lexique au vocabulaire*, dans une opposition langue-parole. *D. Peraya*

Lexicographie → Lexique

Lexicologie → Lexique

Lexique

Dans son acception générale, le lexique (ou dictionnaire) peut se définir comme l'ensemble des mots en usage dans une langue. Dans un sens plus restreint, il est composé des seuls lexèmes* (mots sémantiquement pleins) à l'exclusion des morphèmes* (mots grammaticaux). Pour certains linguistes, la compétence* du sujet parlant inclut un composant lexical, en l'occurrence une structure organisée d'items lexicaux dotés de traits* syntaxiques, sémantiques* et phonologiques* précis. Ce composant a été décrit par certains psychologues sous le terme de lexique mental*. La **lexicologie** et la **lexicographie** sont les sous-disciplines de la linguistique qui traitent de l'organisation du lexique. *J.-P. Bronckart*

Lexique mental

C'est une mémoire* à long terme dans laquelle est stocké l'ensemble des informations* qu'un locuteur* possède sur les mots de sa langue. A chaque mot (ou morphème*) sont associés un code* phonologique et un code graphémique, et toutes les informations sur les propriétés syntaxiques et sémantiques concernant l'emploi de ce mot. La façon dont sont organisés les éléments du lexique mental relève des travaux sur la mémoire sémantique* ; A. M. Collins et M. R. Quillian décrivent cette organisation en termes de réseau* hiérarchisé (ex. : canari et moineau sont reliés à oiseau, oiseau et chat à animal, etc.). *D. Zagar*

Liaison

Association* ou relation de contiguïté*, ou de cause à effet, entre deux événements. Le terme a surtout été employé, techniquement, dans le contexte du conditionnement* pavlovien*, pour opposer les **liaisons permanentes,** c'est-à-dire inscrites dans l'organisation physiologique du sujet, qui existent entre stimulus inconditionnel* et réponse inconditionnelle, et les **liaisons temporaires** qui caractérisent le couple stimulus conditionné*-réponse conditionnée. Les secondes ne s'installent qu'à la faveur d'un apprentissage* et sont passibles d'extinction*.

Dans la modélisation* en graphes* des relations entre individus au sein d'un groupe, on parle d'**individu de liaison** à propos d'un membre du groupe qui se trouve, par exemple à la faveur des choix sociométriques, constituer un point d'articulation ou charnière entre deux individus ou sous-groupes n'ayant par ailleurs pas de relation directe. *M. Richelle*

Liaison (Attaque contre la —)

De même que M. Klein avait souligné que l'envie* primaire du sein vise plus la créativité* maternelle que l'organe lui-même, de même son disciple et continuateur W. Bion, en 1959, regroupe sous la dénomination d'attaques contre la liaison (parfois traduit moins exactement : attaque contre les liens) les attaques fantasmatiques contre le sein, le pénis et la pensée verbale dans le but de mettre en évidence la finalité commune de ces attaques : détruire les liaisons entre deux objets*. Ces attaques inspirées par l'envie émanent de la partie psychotique de la personnalité et s'en prennent en particulier à ce qui constitue la forme la plus primitive du lien entre l'*infans* et le sein : l'identification projective* et à la capacité du sein (et, dans le transfert, celle de l'analyste) d'introjecter* les identifications projectives. *J.-M. Petot*

Liberté surveillée

Expression paradoxale qui qualifie dans le droit une mesure d'éducation appliquée aux mineurs délinquants et qui consiste à maintenir le jeune dans son milieu de vie naturel ou supplétif, en confiant à un délégué le soin d'aider et de contrôler son développement et son intégration. L'ordonnance française de 1945 distingue :

1. la liberté d'éducation qui constitue une mesure définitive ;
2. la liberté d'observation, provisoire, ordonnée soit par le juge d'instruction soit par le juge des enfants afin de prendre une mesure d'encadrement opportun ou d'observer la conduite sociale du mineur pendant une période déterminée. C'est cette expérience qui a permis le développement de l'observation en milieu ouvert et les pratiques socio-éducatives de contrôle judiciaire ;
3. la liberté d'épreuve qui reconnaît l'infraction mais fixe un délai au bout duquel le juge statuera définitivement. Cette pratique a servi à instaurer les mesures spécifiques du contrôle judiciaire*.

La **semi-liberté** caractérise la situation de sujets confiés à des structures d'encadrement éducatif ou de cure, qui exercent sous leur contrôle, mais à l'extérieur, leurs activités sociales. *J. Selosse*

Libido

Terme latin (signifiant désir, mais dont il faut souligner la ressemblance phonétique avec l'allemand *lieben* = aimer), utilisé par S. Freud pour désigner l'énergie* psychique des pulsions* sexuelles. Elle est à la pulsion sexuelle ce que la faim est au besoin alimentaire.

Dans la première théorie freudienne des pulsions, la *libido* est l'un des deux termes fondamentaux du conflit* psychique, qui oppose les pulsions sexuelles aux pulsions du moi* ou pulsions d'autoconservation*. Le moi est amené à s'opposer aux demandes libidinales au nom de ses propres exigences d'autoconservation et d'adaptation à la réalité*. La découverte du narcissisme* rend difficile pour S. Freud le maintien d'une opposition aussi tranchée entre les intérêts du moi et la *libido,* dont une partie est narcissiquement investie sur le moi : il lui faut dès lors reconnaître que le conflit psychique oppose souvent certaines pulsions libidinales objectales à des pulsions libidinales narcissiques, alliées aux intérêts du moi. L'étude du narcissisme amène également l'affirmation par S. Freud d'une constance* de la quantité de *libido* disponible dans l'appareil psychique pour des investissements* : la masse totale des investissements d'objets est inversement proportionnelle à l'investissement du moi, de sorte que le surinvestissement* du moi (par ex., dans la maladie organique) rend indifférent à l'objet. Certains psychanalystes, comme P. Federn, ont rejeté cette conception.

Dans la deuxième théorie des pulsions, la *libido,* tout en continuant à entrer épisodiquement en conflit avec les pulsions d'autoconservation, est cependant leur alliée dans le conflit psychique fondamental qui les oppose toutes deux, en tant que pulsion de vie, aux pulsions de mort* ou de destruction. *J.-M. Petot*

Libre (Rappel —) → Rappel

Libre association (Règle de —) → Règle fondamentale

Liens familiaux

La famille est un groupe spécifique caractérisé classiquement par des liens d'alliance, de filiation et de fraternité (ou consanguins). Pour I. Bérenstein, la structure familiale inconsciente est constituée par ces trois liens auxquels s'ajoutent les liens avunculaires (entre l'enfant et l'oncle maternel ou un représentant de la famille maternelle). Il nous paraît utile de tenir compte des liens transgénérationnels* (inconscients ou préconscients) et juridiques (propres à chaque société).

Des interdits fondamentaux (inceste et meurtre) régissent ces liens qui, ordonnés autour de la problématique de la loi et du désir, permettent une différenciation des fonctions paternelle, maternelle et filiale.

Les liens d'alliance poursuivent des fins sexuelles, affectives et de reproduction. Ils assurent, avec les liens de filiation, l'inscription dans la continuité narcissique* de l'espèce et dans la suite des générations. Les liens consanguins et avunculaires les secondent dans l'élaboration des processus d'autonomisation psychique et de socialisation.

Nombre d'auteurs (F. André-Fustier, F. Aubertel, A. Eiguer, E. Granjon, C. Joubert, R. Kaës, A. Ruffiot) attirent l'attention sur les liens transgénérationnels, en jeu dans la transmission psychique selon le double axe synchronique* et diachronique* et dans l'articulation entre les niveaux individuel, familial, social et culturel.

Tout lien familial crée un lien juridique. Les engagements d'actes d'état civil entre deux personnes (mariage, filiation) entraînent des conséquences juridiques. Les liens juridiques peuvent aussi s'instituer à la demande de la famille (adoption, tutelle) ou de la justice (divorce, maltraitance, etc.).

A. Ruffiot et L. Khéru

Lieu de contrôle

Traduction de l'anglais ***locus of control.*** Concept issu des théories de l'apprentissage* social, puis variable de la personnalité* très étudiée après que J. B. Rotter eut proposé en 1966 la première échelle validée d'**internalité/externalité :** il s'agit de savoir ce qui, dans les attentes des gens, contrôle les renforcements dont ils sont l'objet. Les internes voient en eux-mêmes (ce qu'ils sont, ce qu'ils font) cette instance de contrôle que les externes voient dans les situations, les autres, la destinée, la chance. On sait aujourd'hui que cette variable est fortement déterminée par des facteurs normatifs, une norme d'internalité valorisant les explications qui accentuent le poids de l'acteur dans la causalité des comportements et des renforcements. *Ersoc*

Ligand → Antagoniste

Ligne de base

Mesure d'une réponse*, d'une performance* faite avant l'introduction de la variable indépendante*. Les plans* d'expérience en ligne de base utilisent les sujets comme leur propre contrôle*, selon un schéma de type A-B-A : à une phase A de mesure de la réponse en ligne de base fait suite une phase B, où la réponse est mesurée sous l'action de la variable indépendante, puis une nouvelle phase de contrôle A, la variable indépendante étant exclue, afin de vérifier le retour à la ligne de base, et par là le rôle de la variable indépendante. Ce type de procédure, qui suppose que l'effet de la variable indépendante soit réversible, présente l'avantage de cerner cet effet sur le comportement individuel. Il est largement utilisé dans l'analyse des modifications de comportement obtenues par les méthodes de thérapies comportementales* : par exemple, on vérifiera qu'un comportement agressif* dépend de renforcements* sociaux, tels que des marques d'attention, en en mesurant la fréquence* en ligne de base (c'est-à-dire en situation habituelle, les renforcements supposés actifs étant présents), puis pendant une période où les renforcements sont systématiquement éliminés, et enfin pendant une nouvelle phase en ligne de base. *M. Richelle*

Ligne du regard → Axe relatif à la vision

Limbique (Système —)

Le système limbique est un ensemble complexe de structures situées à la face interne des hémisphères cérébraux ou à proximité : grand lobe limbique (circonvolution du corps calleux et circonvolution parahippocampique), formation hippocampique*, région du septum, noyaux de l'amygdale*, système de l'olfaction*. Autant qu'un système anatomique, il s'agit d'un concept anatomofonctionnel qui a évolué historiquement. Parallèlement à la description anatomique de Broca, est créé le terme de rhinencéphale* mettant l'accent sur l'olfaction qui semblait être la fonction principale de ces régions. En 1937, Papez décrit un circuit qui, depuis, porte son nom. Le **circuit de Papez,** dégagé d'une fonction olfactive phylogénétiquement essentielle, serait le support du contrôle des émotions*. Par la suite, P. D. McLean propose les appellations de « cerveau viscéral » et en 1952 de « système limbique » (cerveau intermédiaire ou paléomammalien des mammifères primitifs). S'enrichissant de zones mésencéphaliques*, le système limbique devient avec Nauta un large ensemble fonctionnel, participant à des régulations comportementales complexes. Les implications fonctionnelles du système limbique sont nombreuses. La fonction phylogénétiquement la plus ancienne est l'olfaction. De fait, les divers rôles de ce système proviennent de ce qu'il intègre les informations provenant aussi bien de l'environnement externe qu'interne du sujet. Certaines régions limbiques (hippocampe et composantes du circuit de Papez) sont impliquées dans le traitement et la mise en mémoire de ces informations. En outre, le système limbique participe aux processus de motivation* à la base des conduites alimentaires, sexuelles, sociales, notamment en permettant la confrontation de la situation en cours avec le souvenir des expériences passées de nature voisine servant de référence individuelle, et cela d'autant plus que certaines structures limbiques sont impliquées dans le contrôle des réactions émotionnelles (amygdale).

Au total, le système limbique est impliqué dans l'ensemble des interactions du sujet avec son environnement, permettant ainsi l'adaptation* des conduites. A ce titre, le système limbique élargi se trouve impliqué dans certains troubles psychiatriques, et l'atteinte de certaines de ses structures, dont le seuil d'excitabilité est particulièrement bas, expliquerait les caractéristiques de certaines épilepsies* dont elles peuvent constituer le foyer. *B. Soumireu-Mourat*

Limite

En psychophysique*, la **méthode des limites** est, à côté des méthodes des stimulus constants* et d'ajustement*, l'une des trois grandes procédures utilisées pour mesurer les seuils* aussi bien absolus* que différentiels*. Dans la détermination du seuil absolu, elle consiste à présenter en succession ordonnée une série de valeurs du stimulus préalablement échelonnées en dessous et au-dessus de la valeur seuil à préciser. Ces séries sont présentées soit en ordre ascendant, soit en ordre descendant, en prenant soin de faire varier le point d'origine pour éviter les effets d'anticipation*, jusqu'au moment où le sujet détecte le stimulus (dans le cas des séries ascendantes) ou bien cesse de le détecter (dans les séries descendantes). La limite entre les dernières valeurs détectées et non détectées, calculée par interpolation ou par la moyenne, est tenue pour une estimation du seuil. La méthode se transpose aisément dans la détermination des seuils différentiels, les séries prééchelonnées concernant ici le stimulus de comparaison*, et les limites à repérer étant celles qui séparent les valeurs donnant lieu et celles ne donnant plus lieu à une discrimination par rapport au stimulus étalon. *M. Richelle*

Limite de confiance → Confiance

Linéarité

En psychologie, propriété attribuée au développement* de l'enfant : un développement linéaire s'effectuerait de manière continue (V. Continuité), sans pauses, sans conflits et sans phases de régression*. Le constructivisme* piagétien constitue l'une des rares théories qui propose une vision linéaire de la psychogenèse*, à s'en tenir toutefois à ses seuls aspects fonctionnels : les mécanismes d'équilibration* (V. Assimilation et Accommodation) s'appliqueraient en effet sans solution de continuité, anticipant et intégrant les éléments de perturbation et de conflit. Sur le plan des structures cependant, la conception piagétienne ne peut être considérée comme linéaire, les stades* constituant des paliers d'équilibre* précédés et suivis de périodes de déséquilibre relatif.

En linguistique*, ce terme a été introduit par F. de Saussure pour désigner l'une des trois propriétés fondamentales du signe* (avec l'arbitraire* et le caractère discret) ; il signifie simplement qu'en raison des caractéristiques des appareils de production du langage*, les unités linguistiques ne peuvent être produites simultanément mais se déploient sur l'axe de la successivité.

J.-P. Bronckart et E. Jalley

Linguistique

Discipline dont l'objet consiste en l'étude à visée scientifique du langage* et des langues naturelles*. On parle volontiers aujourd'hui dans un souci de complétude des « sciences du langage ». La fondation de la linguistique moderne est située au début du xxe siècle avec le texte repère que constitue le *Cours de linguistique générale* de F. de Saussure, publié en 1916, mais l'émergence des matières de la linguistique (phonétique*, phonologie*, grammaire*, morphologie et syntaxe*, sémantique*) est largement antérieure à cette date. La prolifération des doctrines, la multiplication des disciplines connexes, les reformulations conceptuelles au sein même du « noyau dur » des études linguistiques, ont apporté des remaniements aux méthodes et même à l'objet tout en maintenant une certaine communauté des intérêts de connaissance.

J.-L. Chiss

Lisibilité

Terme qui désigne à la fois la qualité perceptive *(legibility)* d'un écrit et les caractéristiques psychologiques de son contenu (difficile, abstrait, intéressant : *readability*). La lisibilité physique dépend de la qualité de l'écriture ou de la typographie (corps des caractères, longueur des lignes), des qualités du papier, de la couleur de l'encre, etc. La lisibilité psychologique est liée au contenu du texte*, à sa forme et aux caractéristiques du lecteur (intelligence*, connaissances, intérêts). Depuis le début du xxe siècle, de nombreuses formules d'estimation de la lisibilité ont été proposées. Elles ont évolué parallèlement aux progrès de la linguistique et de la statistique. Le **test de closure** est un instrument de mesure de la lisibilité de bonne validité.

G. de Landsheere

LISP

LISP est un langage de programmation* dit fonctionnel ou applicatif, qui a été conçu à la fin des années 1950 par J. McCarthy pour le traitement* d'informations* symboliques, et qui a donné lieu à de nombreux « dialectes ». Abréviation de *LISt Processing,* LISP est basé sur la structure de liste et sur le lambda-calcul (théorie liée à la calculabilité*). Sa structure de base (atome et liste) est commune aux programmes* et aux données. L'activité de programmation en LISP consiste à définir et à appliquer des fonctions, dont la définition peut être récursive*.

En psychologie cognitive, ce langage était utilisé dans le cadre de projets d'intelligence artificielle* et dans l'élaboration de divers systèmes de représentation* à caractère procédural*, notamment dans les « systèmes-orientés-objets »*.

M. Baron

Lithium → Thymorégulateur

Lobe → Pariétal, Temporal, Frontal, Occipital

Lobectomie

Ablation neurochirurgicale d'un lobe cérébral ; une lobectomie doit donc être qualifiée : lobectomie frontale, occipitale, etc.

J.-L. Signoret

Lobotomie

Intervention neurochirurgicale visant à interrompre les multiples connexions du lobe frontal, et plus spécifiquement celles appartenant au système limbique*. Les effets comportementaux d'une telle intervention (indifférence affective, réduction des initiatives, entre autres) ont été considérés comme bénéfiques pour certains patients psychotiques. Ce type d'intervention a pratiquement perdu toute indication depuis l'introduction des médicaments psychotropes*.

J.-L. Signoret

Localisation cérébrale

Attribution à une région ou structure circonscrite du cerveau d'une fonction* bien définie. La question de la localisation cérébrale est de celles qui suscitent le plus de controverses dans le débat sur les relations cerveau-comportements et même cerveau-fonctions cérébrales. Cette querelle a également pour enjeu une conception de l'architecture cérébrale. Après une longue période au cours de laquelle une conception horizontale aristotélicienne prédomina, la querelle reprit au cours du XIXe siècle. La phrénologie*, avec F. J. Gall, prônait une architecture modulaire* et verticale tandis que d'autres chercheurs, avec G. Flourens, prétendaient que des lésions de régions différentes du cerveau produisaient des effets similaires et diffus sur le comportement. Par la suite, avec J. Broca et la localisation des fonctions langagières, avec les observations des neurophysiologistes après stimulation localisée du cortex chez l'animal ou chez l'homme anesthésiés au cours d'interventions neurochirurgicales, avec les analyses neuropsychologiques après traumatisme cérébral (cortex visuel, somesthésique) identifié, la conception de la localisation des fonctions, en particulier au niveau cortical, se renforça. Cependant, durant cette même période, d'autres auteurs comme K. Lashley défendaient les principes dits d'action* de masse et d'équipotentialité* des régions corticales.

En adoptant une attitude intermédiaire, on pourrait dire que plus le comportement est complexe et plus la participation d'une masse cérébrale de plus en plus étendue est nécessaire. La localisation cérébrale de fonctions et capacités neurophysiologiques, telle qu'elle a pu être proposée pour la somesthésie et la motricité* par des représentations du corps sur la surface du cortex, doit être nuancée. D'une manière générale, il convient de différencier les fonctions et capacités neurophysiologiques des activités comportementales, lesquelles nécessitent la mise en jeu coordonnée et intégrée de plusieurs fonctions et capacités et peuvent renvoyer à une fonction générale, un processus central non localisable. Aux fonctions neurophysiologiques correspondent de multiples localisations. Les projections des fibres longues recueillant et transmettant les informations sont circonscrites par des interneurones inhibiteurs participant au processus d'inhibition* latérale. Cette organisation en mosaïque, en cartes multiples, permettrait un codage sélectif des signaux en provenance de la périphérie. Une conception d'ensemble de type modulaire, vertical, est celle qui fournit les meilleures hypothèses de travail.

M. Le Moal

Localisation perceptive

Repérage de la position spatiale* d'une source de stimulation*. Elle peut concerner toute modalité* sensorielle de prise d'information* à distance, mais a surtout retenu l'attention dans les domaines de l'audition* et de la vision*. La localisation d'une source sonore met en jeu le délai interaural*, ou temps qui sépare l'arrivée du son aux deux oreilles (principalement pour les fréquences* basses) et la différence d'intensité* (pour les fréquences supérieures à 1 500 Hz). Ce double mécanisme de localisation dans le plan horizontal est connu sous le nom de **théorie duplex.** Dans le plan vertical, la localisation est moins précise, et dépend d'indices monauraux (filtrage du son lié à la conformation du conduit auditif) et binauraux (asymétrie entre oreilles) (V. Stéréoacousie).

La localisation est évidemment inhérente à la vision. C'est son degré de précision qui a retenu l'attention, dans des situations limites telles que la localisation perceptive de stimulus temporellement positionnés par rapport à la saccade* oculaire. Il est remarquable que la précision d'une coordination* visuomotrice (par ex., frapper d'un marteau sur un point lumineux apparaissant brièvement dans le noir) soit ici plus révélatrice de la finesse du contrôle qu'un jugement verbal.

M. Richelle

Locomotion

Ensemble des mouvements* par lesquels un organisme se déplace d'un lieu vers un autre, la locomotion est un processus rythmique stéréotypé* spécifique (marche, saut, reptation, vol, nage) dont le caractère vital est manifeste dans la forme des appendices locomoteurs, et souvent dans la forme du corps tout entier chez les animaux aquatiques et aériens. Du point de vue neurophysiologique, chez les vertébrés terrestres, le contrôle de la locomotion peut se ramener aux trois éléments suivants : des centres déclencheurs mésencéphaliques*, des réseaux* neuronaux médullaires constituant des oscillateurs, générateurs rythmiques coordonnant l'activité intra- et inter-appendiculaire, et des boucles régulatrices, d'origine proprioceptive*, entretenant la rythmicité et contrôlant l'adaptation* à l'environnement. La marche bipède, facteur très précoce de l'hominisation*, est une activité automatique dont la dynamique ressemble à l'entretien rythmique d'un déséquilibre. Le pas locomoteur se divise en une phase d'appui, propulsive, et une phase de rappel, oscillante. La course se distingue de la marche par l'existence d'une phase de suspension, sans appui.

M. Bonnet

Locus → Génome

Locus of control → Lieu de contrôle

Locuteur

Simple synonyme de l'émetteur* dans le schéma de la communication* de R. Jakobson, le locuteur est, dans la théorie polyphonique de l'énonciation*, distingué non seulement du sujet parlant effectif, mais aussi de l'énonciateur*. Selon O. Ducrot, une proposition* n'est jamais directement assertée par un locuteur. Ce dernier est à l'énonciateur ce que l'auteur est au(x) personnage(s) d'un roman. Une maxime comme *« Pauvreté n'est pas vice »* (La Rochefoucauld) met en scène un énonciateur E1 (pour qui la pauvreté est un vice) dont le locuteur se distancie et un énonciateur E2 avec lequel il marque en revanche son accord et qui prend en charge l'énonciation de la maxime négative. *J.-M. Adam*

Locutoire → Pragmatique linguistique

Logatome

Néologisme qui signifie littéralement morceau *(tomos)* de discours *(logos)* ; s'emploie pour désigner un segment de parole non porteur de sens* et qui ne constitue pas un morphème* (en français, par ex., le segment *« tur »*). Par extension, désigne tout non-mot*. Les logatomes sont utilisés dans de nombreuses expériences de psycholinguistique*. *D. Zagar*

Logique des prédicats

Système de logique formelle lié au courant de formalisation* des mathématiques et en particulier de la théorie des ensembles*, développé à la fin du XIXe siècle par des logiciens dont C. S. Peirce, G. Frege et B. Russell. Par rapport à la logique propositionnelle*, son langage se distingue par l'utilisation, outre des connecteurs logiques, de symboles de prédicats (représentant des relations) et éventuellement de symboles de fonctions, de variables d'individus (au premier ordre) et de quantificateurs (existentiel et universel) ; d'autre part son axiomatique* comprend en outre des axiomes et une règle d'inférence* (règle de généralisation). La logique des prédicats ou le calcul des prédicats du premier ordre n'est que semi-décidable.

En psychologie cognitive, la logique des prédicats a notamment été utilisée dans le cadre de la formulation des premiers modèles de représentation* des connaissances* (V. Mémoire sémantique). *M. Baron*

Logique des significations

Il n'existe pas à proprement parler une logique des significations comme il existe une logique des propositions* ou une logique des prédicats*. Les logiciens ont identifié la signification* soit à l'extension*, soit à l'intension*, soit à l'usage. L'extension d'un concept* est une classe* d'objets, celle d'une proposition sa valeur de vérité. L'intension d'un concept est sa ou ses propriétés définitoires, celle d'une proposition est son sens*.

Ce qui serait le plus proche d'une « logique des significations » est dû essentiellement à K. Ajdukiewicz (dès les années 1930). Il s'agit d'un système qui comporte trois sortes de règles : des règles axiomatiques, des règles déductives et des règles empiriques. Ces dernières spécifient dans quelles conditions une proposition est acceptable. Ainsi *« ceci est un mauvais article de dictionnaire »* n'est acceptable qu'en présence de ce qui précède. *J.-B. Grize*

Logique modale

Système logique où des symboles* particuliers appelés modalités ou opérateurs modaux peuvent être appliqués aux formules. Différentes axiomatiques* permettent de formaliser des notions de nécessité et de possibilité, de savoir, de croyance*, ou de temps* par exemple. Si l'on peut attribuer la paternité des fondements de la logique modale à Aristote, les développements théoriques récents sont issus des travaux du logicien C. I. Lewis, au début du XXe siècle, ainsi que de ceux de S. Kripke à la fin des années 1950. Ce dernier a conçu des structures d'interprétation adaptées (sémantique* dite « des mondes possibles* »), qui sont notamment utilisées par certains courants du cognitivisme* et de la pragmatique* linguistique. *M. Baron*

Logique naturelle

Il s'agit de l'étude des opérations mises en jeu lorsque la pensée* se manifeste par des discours*, donc de l'explicitation d'un certain nombre d'opérations logico-discursives. Le concept de base est celui de schématisation*, c'est-à-dire celui d'une représentation* discursive de ce que veut communiquer le locuteur* dans un cadre d'interlocution donné. Une telle logique est ainsi tout à la fois une logique de sujets et une logique d'objets. Logique de sujets, elle traite d'énoncés, donc d'expressions situées *hic et nunc* par opposition avec les propositions*. Logique d'objets, elle prend en compte les contenus des propositions indépendamment de leur valeur de vérité, mais en accordant une attention toute spéciale à l'élaboration verbale des objets de pensée dont il est question. Dans son état actuel, la logique naturelle, en tant qu'elle diffère de ce que G. Lakoff appelait de la même façon (c'est-à-dire de l'expression des seules opérations de langue donc d'une grammaire*), est encore descriptive. Elle cherche à intégrer des processus rhétoriques* comme la métaphore*, l'analogie et l'exemple. Elle se préoccupe davantage de l'argumentation* et de l'inférence*, qui sont toujours situées et *ad personam,* que de la déduction* qui, en droit, s'adresse à un sujet universel qui est hors de toute situation.

J.-B. Grize

Logique propositionnelle

Encore appelée **calcul des propositions ;** logique dont les fondements sont dus à Aristote et aux stoïciens ; elle concerne l'étude des formes de raisonnement combinant des énoncés ou « propositions ». Sa première présentation axiomatique* est due à G. Frege en 1879, d'autres sont dues à B. Russell et A. Whitehead en 1910. Le calcul propositionnel est un système formel* dont le langage comporte un ensemble infini de symboles appelés lettres ou variables propositionnelles et des symboles d'opérateurs ou connecteurs logiques (négation, disjonction, conjonction, implication, bi-implication ou équivalence logique). La règle d'inférence* est le *modus ponens.* L'interprétation des formules est faite généralement dans un univers à deux valeurs de vérité (vrai, faux). La logique des propositions est complète et décidable*.

M. Baron

Logique symbolique

La logique symbolique, dite aussi logique mathématique, est l'étude des formes les plus générales du raisonnement*. Elle est de nature formelle* en ce sens qu'elle considère les propositions* et leur structure en faisant abstraction de leurs contenus. Un raisonnement est ainsi logiquement valide indépendamment de la signification* de ses termes : il l'est dans tous les mondes possibles*. La logique symbolique renvoie le plus souvent à celle des prédicats* du premier ordre, ce qui signifie que, contrairement aux variables d'objets, les variables de prédicats ne sont pas soumises à quantification*. La partie la plus élémentaire de la logique des prédicats est constituée par celle des propositions* inanalysées (propositions considérées globalement, c'est-à-dire non décomposées en sujet prédicat).

J. Piaget a consacré de nombreux travaux à montrer comment l'enfant accédait à la logique symbolique, laquelle se distingue par ailleurs de la logique naturelle*.

J.-B. Grize

Logo

Logo est un langage de programmation* conçu pour les enfants, à la fin des années 1960 par W. Feuerzeig et S. Papert. Basé sur LISP*, il a été utilisé dans différents pays pour des expériences d'apprentissage de la programmation par de jeunes enfants ; dans ce cadre, il sert généralement à commander un dispositif mobile associé à l'ordinateur, appelé « tortue ». S. Papert, inspiré d'une part par les travaux de J. Piaget (en particulier sur l'épistémologie génétique*), et par l'intelligence artificielle* d'autre part, a développé une théorie de l'apprentissage dans des environnements appelés « micro-mondes », où l'enfant est amené à agir et à observer les effets de ses actions *(learning by doing).*

M. Baron

Logogène → Accès lexical

Logopédie → Orthophonie

Logorrhée

La logorrhée caractérise une forme de discours marquée par l'abondance des propos et l'accélération du flux de paroles. Ce discours, difficile à interrompre, semble trouver en lui-même et dans le discours des autres sa propre source de stimulation.

Ce signe s'observe essentiellement dans les états maniaques mais aussi dans certains troubles mentaux organiques, dans les dépressions* avec agitation anxieuse, dans certaines formes de schizophrénie* et parfois dans des réactions aiguës d'angoisse*.

M.-C. Hardy-Bayle

Loi

On use, dans le vocabulaire scientifique, du terme loi, dans un sens distinct de ses sens juridique et éthique, pour désigner un énoncé décrivant une relation entre phénomènes, tenue pour généralement valide. La loi peut prendre la forme d'une proposition déclarative, ou être exprimée par une formule mathématique ou logico-mathématique. A la différence des lois juridiques ou morales, les lois scientifiques ont donc valeur constatative, et non impérative. Le terme n'est pourtant pas exempt de connotations normatives. L'idée que les phénomènes naturels obéissent à des lois dérive sans doute, dans l'histoire de la pensée humaine, d'une conception ordonnée du monde, soumis à la volonté de son Créateur (on songe au mot célèbre d'Einstein : « Dieu ne joue pas aux dés »). Elle sous-tend d'autre part toute l'entreprise scientifique qui repose sur le pari que les phénomènes sont reproductibles et qu'il est possible d'y repérer des invariants. En toute rigueur, ce que l'on appelle en science une loi ne peut jamais être qu'une généralisation à laquelle aucune exception n'a encore été découverte. Lorsqu'une science traverse une période de son histoire où un paradigme* particulièrement cohérent domine, il n'est pas rare que les lois prennent, sans que l'on y prenne garde, valeur de règle absolue, qu'elles perdront avec la découverte ou la prise en compte des faits qui y échappent. Plus insidieux est l'abus du mot loi pour des généralisations approximatives, laissant à penser qu'elles sont établies alors que de nombreuses données les contredisent.

La question épistémologique demeure entière de savoir si les lois scientifiques sont, au sens strict, des lois de la nature, ou des lois de l'esprit humain, par lesquelles il introduit de l'ordre dans la nature. Cette question est doublement centrale pour la psychologie, d'une part concernée au même titre que les autres sciences, puisqu'elle formule nombre de lois propres à son domaine, et d'autre part impliquée, de par son objet, dans l'élucidation de la nature et des origines de la pensée scientifique qui produit ces lois. Sur cette question, on retrouve, en psychologie contemporaine, les conceptions les plus opposées. Les unes cherchent à retracer dans le développement du sujet, et en deçà, dans celui de l'espèce ou du vivant en général, la construction des instruments de la raison ; c'est la position défendue par J. Piaget. D'autres postulent des structures préformées, innées, de l'esprit fournissant d'emblée au sujet les outils, qui peuvent pour certains (tel N. Chomsky) se confondre avec le langage, lui permettant de penser le monde ; ces structures, auxquelles on prête éventuellement une réalité organique neuronale en attente de confirmation, se présentent comme une version moderne des *a priori* de E. Kant.

Si la psychologie conserve de son passé, comme les autres sciences, des lois devenues classiques (bien que leur généralité soit à présent nuancée), comme la loi de l'effet*, la loi d'action de masse*, les lois de groupement perceptif, ou encore des lois désignées du nom de celui qui les formula le premier, elle est aujourd'hui moins portée à user d'un terme qui s'accordait bien à la confiance sans réserve que la science du XIXe siècle avait en elle-même, mais qui n'a pas résisté aux mises en question internes de la philosophie des sciences du XXe (V. Modèle, Hypothèse). *M. Richelle*

Loi d'identité → Identité

Loi de l'effet → Effet

Loi de l'exercice → Exercice

Loi de la perception → Forme (Psychologie de la —)

Loi de récapitulation → Biogénétique (Loi —)

Loi de régression → Régression

Loi symbolique

Fait référence à l'ordre culturel qui donne sens à l'interdiction, mais elle n'est pas un rappel de l'ordre des éléments de vie, elle organise son interprétation par la médiation* du langage* et le codage des places dans une structure. La prohibition de l'inceste* institue une loi incarnée par une instance* interdictrice qui oblige à reconnaître l'autre comme lieu de la loi. Ainsi chaque individu établit un rapport singulier et général à celle-ci. Le caractère symbolique de la loi est lié à un processus de conversion* : l'enfant accède à la castration symbolique œdipienne en intégrant une castration imaginaire liée à la fonction significative du père reconnu en position tierce dans le couple mère/enfant. Ce tribut payé à la loi structure le désir* et valorise des choix qui donnent une signification* au contrat symbolique et à l'interdit*. Processus de symbolisation* et de socialisation* sont ainsi étroitement associés et participent à la construction des images légitimes, liées au statut* de représentations des référents matriciels (père/mère/enfant). C'est pourquoi, selon J. Lacan, la fonction sociale du symbolique s'exerce dans une structure donnée et que son interprétation est d'ordre historique. C'est autour de la signification symbolique humaine que le social s'organise. Dans une perspective psychodynamique, la relation à la loi symbolique est indissociable de la structure psychique du sujet. En fonction de son statut, génital ou prégénital, le comportement* s'oriente soit vers l'obligation, le refoulement*, la sublimation*, soit vers le déni*, la projection* et le clivage* du moi*. *J. Selosse*

Loisir

On rappellera, par paradoxe, que loisir se dit en grec *scholè :* c'est précisément parce qu'ils disposaient de leur temps que les jeunes gens de la bonne société athénienne pouvaient aller à l'école. Au contraire de l'oisiveté qui désigne l'absence d'occupation, le loisir peut tout à fait, dans la société contemporaine, signifier la surabondance des activités, y compris d'activités absorbantes ou pénibles. La mentalité moderne a transposé, pour le temps traditionnellement gratuit du loisir, les critères contraignants d'organisation et de rendement des activités productives. L'une des causes de ce mimétisme est que le loisir des uns est devenu l'industrie des autres. Cependant, les nouvelles conceptions de l'emploi du temps des cadres dans l'entreprise montrent que l'influence n'est pas à sens unique : qu'on le gagne ou qu'on le perde, disposer de son temps demeure un des critères de la réussite. *D. Hameline*

Long terme (Mémoire à —)

Par opposition à mémoire à court terme*, désigne un système hypothétique de stockage à capacité théoriquement illimitée et dans lequel l'information* est maintenue sans limitation de durée. Chez le sujet normal, l'oubli* en mémoire à long terme (MLT) serait le résultat d'une difficulté d'accès* à l'information, d'interférences*, plutôt qu'à sa détérioration, son effacement. En MLT, l'information ne serait généralement pas conservée sous sa forme de surface mais sous forme de significations (codage sémantique). Une possibilité de codage visuel ou acoustique existe cependant. La MLT contient l'ensemble de nos connaissances générales sur le monde (mémoire sémantique*) mais aussi des souvenirs liés à des événements particuliers (mémoire épisodique*).

Traditionnellement, l'étude de la MLT vise d'une part à modéliser la façon dont les connaissances y sont organisées et d'autre part à comprendre les stratégies* d'utilisation de ces connaissances au cours des activités de rappel* et de reconnaissance*.

La pertinence de la distinction entre mémoire à court terme et mémoire à long terme est de plus en plus contestée. *S. Bredart*

Longitudinale (Méthode —)

En psychologie du développement*, méthode consistant à suivre à travers le temps les mêmes sujets. Elle s'oppose à la méthode transversale* qui consiste à utiliser simultanément des échantillons* de tranches d'âges successives pour retracer une évolution*. La méthode longitudinale s'impose lorsque l'on cherche à cerner les effets à long terme d'une variable indépendante*, par exemple les conséquences à l'âge adulte d'un stress* précoce, ou à préciser comment évoluent des sujets qui ont été, à un moment donné, caractérisés sous un certain angle (suivi ou *follow up* des sujets à QI* élevé réalisé à l'initiative de L. M. Terman). Elle est préférable pour peu que l'on craigne des biais* d'échantillon* dans l'application de la méthode transversale. Elle va de soi quand on adopte une méthode de cas unique* et une approche clinique* centrée sur le sujet individuel dans sa singularité.

La méthode longitudinale est irremplaçable si l'on veut analyser finement et directement les mécanismes du changement, plutôt que de les inférer à partir des strates successives fournies par la méthode transversale. Elle exige beaucoup de temps, puisque, par définition, la durée de l'observation ou de l'expérience coïncide avec celle du phénomène étudié. Son usage est donc limité par tous les obstacles pratiques à cette planification à long terme de la recherche qui privent la psychologie de la réponse à de nombreuses questions que l'on ne peut aborder autrement. Les démarches rétrospective* (adoptée notamment en psychanalyse) ou anamnestique* n'en sont pas des substituts pleinement satisfaisants, la reconstruction du passé se révélant souvent impossible et étant toujours incertaine. *M. Richelle*

Longueur d'onde

Distance, dans la direction de la propagation d'une onde périodique*, entre deux points successifs où la phase est la même. Elle est symbolisée par λ. La longueur d'onde dans un milieu donné est égale au quotient de la longueur d'onde dans le vide par l'indice de réfraction du milieu. Les longueurs d'onde sont généralement données dans l'air (indice compris entre 1,00027 et 1,00029 pour les rayonnements visibles). Les longueurs d'onde dans le spectre visible se situent entre plus ou moins 380 nanomètres et 780 nanomètres. La longueur d'onde (inverse de la fréquence*) définit la teinte ou la tonalité* de la lumière (du violet au rouge). Une lumière blanche peut être dissociée en traversant un prisme et se répartir en couleurs d'arc-en-ciel. *R. Génicot*

Longueur moyenne des énoncés → MLU

Ludique

L'activité libre par excellence est dite ludique. C'est en échappant au principe de réalité* qu'une activité acquiert une dimension ludique. Appliquée aux activités et aux comportements de jeu*, cette épithète prend un sens particulier en psychologie. Le jeu permet de projeter, de déplacer les désirs et les conflits au travers d'une fonction ludique qui transforme l'angoisse* infantile en plaisir*. Dans la mesure où le jeu occupe une place intermédiaire entre le fantasme* et le langage, le symbole ludique modèle et exprime le fantasme d'omnipotence qu'il véhicule. En psychopathologie*, certaines structures pathologiques d'enfants liées à des perturbations archaïques se révèlent au travers de carences* ludiques, tandis que la fonction ludique se trouve inhibée chez certains enfants névrotiques. *J. Selosse*

Luisance

Aspect dans lequel on perçoit des reflets lumineux d'objets comme superposés à la surface par suite des propriétés directionnelles sélectives de cette surface. *R. Génicot*

Lumen

Unité du système international relative au flux* lumineux. C'est le flux lumineux émis par une source ponctuelle uniforme dans l'angle solide (stéradian*) et dont l'intensité lumineuse est de 1 candela*. Le symbole est *lm*. C'est aussi le flux d'un faisceau d'un radiateur monochromatique dont la fréquence est de 540.10^{12} Hz et le flux énergétique de 1/683 watt. *R. Génicot*

Lumière visible

Ensemble des radiations électromagnétiques capables de stimuler les récepteurs* rétiniens et de produire une sensation visuelle, et dont les longueurs d'onde sont comprises entre plus ou moins 380 et plus ou moins 780 nanomètres. La lumière blanche théorique contient toutes les radiations visibles avec une distribution énergétique identique pour toutes les longueurs d'onde. Quant à la lumière blanche naturelle (lumière du jour), la distribution énergétique est comparable à celle d'un corps noir dont la température est de plus ou moins 6 500 °K. *R. Génicot*

Luminance

Intensité lumineuse par unité de surface [symbole L : candela* (cd) par mètre carré]. Si toutes les sources étaient ponctuelles (dimension négligeable par rapport à la distance d'observation), la notion d'intensité lumineuse serait suffisante pour exprimer la quantité d'énergie rayonnée dans une direction. C'est rarement le cas, d'autant plus que toute surface réfléchissante se comporte comme une source lumineuse secondaire. L'œil voyant ainsi les objets éclairés, l'image vue sera d'autant plus brillante que le flux lumineux atteignant l'œil sera plus élevé. Le flux ainsi recueilli par l'œil est fonction de l'intensité des différents points lumineux constituant la surface indépendamment de l'angle d'observation et de la surface apparente, c'est-à-dire celle qui est sous-tendue par l'angle d'observation. La luminance est l'unité de photométrie* visuelle la plus fréquemment utilisée en psychologie. Les niveaux de luminance en vision scotopique vont de 10^{-9} cd/m^2 jusqu'à 10^{-2} cd/m^2, en vision mésopique 10^{-2} cd/m^2 jusqu'à 10 cd/m^2, et en vision photopique de 10 cd/m^2 jusqu'à 10^6 cd/m^2 (valeurs approximatives). *R. Génicot*

Luminosité

Terme aujourd'hui préféré à **brillance,** désuet, pour désigner la qualité d'une surface qui paraît émettre plus ou moins de lumière et donne une sensation visuelle de brillance à l'objet. Le terme physique correspondant est luminance*. *R. Génicot*

Lux

Unité d'éclairement lumineux du Système international, fréquemment utilisée. Elle correspond à l'éclairement produit par une surface dont l'aire est d'un mètre carré par un flux lumineux de 1 lumen uniformément réparti sur cette surface. 1 lux est égal à 1 lumen* par mètre carré. Des recommandations générales ont été établies pour définir les niveaux d'éclairement conseillés pour une tâche. Par exemple, de 400 à 900 lux pour un plan de travail selon le type d'activité ; de 200 à 400 lux pour la lecture prolongée sur papier blanc ; de 45 à 90 lux, espace des déplacements à l'intérieur (escalier, corridors) ; de 300 à 600 lux, éclairage général des magasins. *R. Génicot*

M

Macroglie → Glie

Macropsie

Illusion de grossissement ou de rapetissement des objets ou des personnes ; l'illusion peut intéresser l'ensemble d'une scène, le plus souvent des parties de cette scène, voire des fragments d'un objet ou d'une personne. Cette illusion peut coïncider avec celle de rapprochement ou d'éloignement (**pélopsie** ou **téléopsie**). Le trouble est habituellement paroxystique et transitoire, observé au cours de crises épileptiques* ou d'accès migraineux. *J.-L. Signoret*

Macrostructure sémantique

Désigne le sens* global d'un texte*, exprimé sous forme de propositions*. Distincte de celle de superstructure*, cette notion rend compte du fait qu'un texte entier ou une séquence* (chapitre, partie) peut constituer un tout de sens. Elle correspond alors au thème* global ou topic du discours*. Phénomène pragmatique, elle résulte d'une hypothèse de lecture-compréhension : en l'absence de titre et d'intertitres (marqueurs explicites de la macrostructure sémantique), le lecteur/auditeur formule une hypothèse sur l'objet du discours, hypothèse qui lui permet de construire des réseaux isotopiques (V. Isotopie). *J.-M. Adam*

Magasin à court terme → Mémoire à court terme

Magie

Puissance reconnue et attribuée à certains individus chargés de recourir à des forces surnaturelles qui dérogent ou s'opposent à l'ensemble des règles* de la condition humaine, de la causalité* physique et de la rationalité. Du point de vue de sa finalité, la magie peut être bénéfique (magie blanche) ou maléfique (magie noire). Etudiée d'abord par les ethnologues comme une forme particulière de la pensée* primitive, la magie a été présentée par M. Mauss en 1902 comme un « art de faire » et c'est cet aspect qui a retenu l'attention de S. Freud dans *Totem et tabou* en 1912. La référence à la magie est utilisée par la psychologie pour caractériser les conduites* irrationnelles ou la toute-puissance de la pensée animiste*, notamment infantile. Fondée sur l'analogie et la concordance, la magie consiste, selon T. Nathan, à faire subir aux éléments du monde réel le même traitement qu'à ceux du monde psychique par l'intermédiaire du déplacement* et de la condensation*. D'un point de vue psychosocial, la magie, considérée comme un phénomène collectif, n'intervient que dans la mesure où les mécanismes de transfert* symbolique concernent des groupes* humains diversement répartis à l'intérieur d'un même cadre mais reliés par un consensus social. La magie passe par le pouvoir d'un homme qui se trouve momentanément ou statutairement hors de la condition humaine : magicien, chaman. *J. Selosse*

Magique

Employé pour qualifier ce qui échappe aux règles en vigueur et qui conjugue à la fois l'étrange et le surnaturel. La conduite magique vise à s'approprier une force insolite pour la faire agir à son profit et au profit de son groupe. Il s'agit de solliciter et de soumettre une puissance étrangère à une intention. L'incantation magique remplit une fonction conjuratoire ; elle s'observe, notamment, chez des sujets qui s'affrontent ou se proposent d'affronter des situations risquées, éventuellement transgressives. Le rituel magique, clandestin ou public est une cérémonie où les forces surnaturelles sont invitées à produire un effet souhaité afin de satisfaire à des besoins ou à des désirs qui détournent le cours des événements ou qui transforment la réalité. Certains rituels juvéniles dans des groupes remplissent cette fonction. *J. Selosse*

Magnétique (Sommeil —) → Autohypnose

Magnétisme animal

Nom donné au XVIIIe siècle par le médecin viennois A. Mesmer au phénomène ultérieurement désigné par le terme hypnose*. Mesmer attribuait les états psychiques particuliers induits chez ses patients par ses interventions (qui impliquaient des « passes », mais aussi des contacts avec des barres de métal aimanté) à une force physique comparable à celles qu'invoquait la physique newtonienne, un appel métaphorique aux sciences physiques que l'on retrouve, chaque fois mis à jour, aux phases ultérieures de la psychologie. La théorie du magnétisme animal de Mesmer fit l'objet, en 1784, d'un examen critique de la part d'une commission royale qui rejeta l'explication par une force physique, mais reconnut l'existence d'effets attribuables à l'imagination. (Synonyme : **mesmérisme**.)

M. Richelle

Maïeutique

Se comparant à sa mère qui était sage-femme, Socrate, dans le *Théétète,* définit sa pratique du dialogue comme un art d'accoucher les esprits *(maièutikê).* C'est poser que les connaissances* sont présentes implicitement chez celui qui apprend : répondre aux questions de Socrate, c'est effectuer la délivrance de ce que l'on « savait sans le savoir ». Mais le dialogue, c'est Socrate qui le mène. Il est donc erroné d'assimiler la méthode socratique à une non-directivité* avant la lettre. Dans la panoplie des méthodes pédagogiques, la maïeutique demeure de référence illustre, mais l'habileté dialectique qu'elle requiert peut se révéler un artifice où le questionneur, délibérément ou non, induit les réponses. *D. Hameline*

Main

Organe dont le prototype rudimentaire apparaît, dans le champ antérieur de relation constitué par le système des interactions fonctionnelles des pôles facial et manuel, avec l'organisation symétrique bilatérale caractéristique des vertébrés. La première ébauche de la main proprement humaine se forme chez les lémuriens (il y a 40 à 65 millions d'années). Chez les hominiens, la main devient l'organe de la fonction* technique, du fait de s'affranchir de la fonction locomotrice et de libérer aussi totalement la face de la fonction préhensile. Chez les trois grands anthropoïdes (orang-outan, chimpanzé, gorille), le pouce est opposable ; cependant, les mouvements* des doigts demeurent relativement peu différenciés. Chez l'enfant humain, la pince pouce-index commence à fonctionner aux environs de 36 semaines. *E. Jalley*

Maintien

Le maintien ou ***holding*** est l'aspect des soins maternels ou du maternage* qui consiste dans la façon de porter, de tenir et de maintenir le nourrisson. Il représente, selon D. Winnicott qui a fait de ce terme un véritable concept psychanalytique, cette partie de la contribution d'une mère suffisamment bonne* qui est indispensable au tout premier développement du potentiel inné du nourrisson. Le stade du maintien précède le stade des relations objectales proprement dites : il correspond à une période néonatale dominée par l'autoérotisme* et le narcissisme primaire*. C'est au cours de cette période et grâce au maintien que l'enfant passe d'un état de non-intégration à un état d'intégration*, que le moi psychique s'installe dans le moi corporel et que le moi se distingue du non-moi. Dans ses derniers écrits, D. Winnicott a isolé le maniement* du maintien et lui a attribué des effets spécifiques. *J.-M. Petot*

Majorité

Seuil d'âge, fixé par les dispositions légales en vigueur dans un Etat, à partir duquel un individu est reconnu apte à accomplir tous les actes de la vie civile et est, en conséquence, en principe responsable de la totalité de ses actes. En deçà de ce seuil (âge de la **minorité** civile), l'individu peut se voir accorder certaines responsabilités restreintes (dispositions d'**émancipation** des mineurs de plus de 16 ans, par ex.) ; au- delà du même seuil, il peut se voir retirer l'exercice des droits et devoirs afférents à l'état de majeur pour des raisons d'ordre psychologique ou pénal. *J.-P. Bronckart*

Majorité légale

La notion de majorité renvoie à la définition par les autorités légales d'un seuil d'âge chronologique à atteindre pour accéder à l'exercice de droits civils et politiques. L'attribution d'une majorité légale confère à l'individu la capacité et la responsabilité entière de ses actes. Il existe trois majorités : civile, civique et pénale, dont les seuils d'âge peuvent être identiques ou varier de plusieurs années selon les législations nationales. La majorité civile correspond à l'acquisition de la pleine capacité juridique de ses actes civils ; elle n'est pas obtenue uniquement par l'acquisition d'un âge fixé par la loi (à la différence de la majorité civique et pénale), un individu peut y accéder à la suite de son émancipation ou de son mariage. L'accès à la majorité civique (appelée parfois majorité électorale ou politique) donne naissance à la qualité de citoyen actif bénéficiant du droit de vote et d'éligibilité. La majorité pénale marque la fin des mesures de protection judiciaire dont bénéficient les mineurs et introduit le délinquant majeur dans le régime ordinaire des sanctions appliquées aux adultes. La fixation des seuils d'âges légaux est un privilège de l'Etat. Elle est un moyen de régulation politique des rapports intergénérationnels. Comme l'accession à la majorité légale ne tient pas compte du niveau de maturité psychique, intellectuelle, affective des individus, des mesures de protection particulière peuvent être prises pour assurer un contrôle sur les actes de majeurs « incapables » aux yeux de la loi.

J. Selosse

Make A Picture Story (MAPS)

Technique projective* à expression dramatique créée par E. Schneidman en 1947. Le sujet dispose d'un théâtre miniature comprenant des décors (qui représentent des lieux concrets, très définis ou plus ambigus) et une série de personnages. Dans un premier temps, il choisit le décor et les personnages. Dans un second temps, il est invité à raconter une histoire à partir des éléments précédemment mis en place. Les hypothèses de base sont que, d'une part, le sujet se projette dans la construction de son récit et que, d'autre part, les références inconscientes y sont patentes. L'analyse et l'interprétation du MAPS peuvent être ordonnées par des méthodes et des théories diverses, notamment celles utilisées par H. Murray pour le TAT*.

C. Chabert

Malade identifié

Terme qui s'applique à chaque sujet ou patient désigné, membre d'une unité systémique comme un groupe social structuré ou une famille*, en tant qu'il présente des troubles psychiques qui prennent sens et sont concernés par un type de communication circulaire visant à maintenir l'homéostasie du système.

On peut ainsi arriver à relier les symptômes du malade identifié ou désigné au problème fondamental de la famille ou du groupe systémique auquel il appartient. On peut aussi entrevoir le cercle vicieux qui entretient la communication pathologique manifestée à travers les symptômes que présente le malade identifié et qui vise à camoufler ou à réguler la souffrance dysfonctionnelle de l'ensemble de l'unité systémique considérée.

J.-F. Allilaire

Maladie d'Alzheimer → Alzheimer

Maladie de Pick → Pick

Maladresse

Désigne la mauvaise exécution d'une habileté motrice*, c'est-à-dire une erreur empêchant d'atteindre le but visé. Cette erreur concerne surtout la phase de programmation* et d'exécution motrice et porte sur les composantes toniques ou cinétiques du mouvement*.

Selon une deuxième acception, il s'agit d'un syndrome psychomoteur dont la symptomatologie assez large concerne la motricité pratique et émotionnelle. Elle est associée à une mauvaise structuration du schéma corporel*, à une latéralisation* hésitante et souvent à des perturbations cognitives et affectives.

M. Durand

Maltraitance

Les premières approches des enfants maltraités ont été celles d'enfants victimes de violences* physiques avérées et présentant diverses traces de sévices subis, telles qu'hématomes, fractures et brûlures. L'intérêt s'est également porté par la suite sur les carences de soins massives se manifestant par des troubles de l'état général, des blocages de croissance, des retards psychomoteurs ou des troubles du comportement*. Il porte aussi aujourd'hui sur les mauvais traitements psychologiques. Abus physiques, violences psychologiques et négligences constituent un problème à la fois fréquent et grave. Si le cas des enfants martyrisés est particulièrement préoccupant, il n'en faut pas pour autant négliger les enfants beaucoup plus nombreux qui souffrent de violences psychologiques longtemps ignorées des statistiques. Les conséquences des maltraitances sont particulièrement graves. Certaines sont d'ordre physique : énurésie*, encoprésie, perte d'appétit ; d'autres sont d'ordre émotionnel : dépendance*, dépressivité, conduites de retrait ; d'autres encore, d'ordre cognitif — incompétence, retard intellectuel — et/ou comportemental — délinquance*, agressivité*, prostitution*. On relève également des difficultés d'attention et de persévérance, un manque de contrôle de soi, des conduites agressives, des difficultés relationnelles, mais aussi des sentiments de culpabilité, des conduites autodestructrices et une profonde détresse. Certains cas d'enfants maltraités ne sont connus des services sociaux qu'avec beaucoup de retard. Nombre d'autres ne sont pas détectés. Il s'ensuit que la prise en charge d'enfants maltraités ne concerne qu'une partie des jeunes victimes. A défaut de pouvoir s'interposer rapidement dans tous les cas de maltraitance, il s'avère urgent d'en prévenir la mise en acte, cette prévention pouvant s'effectuer au niveau de familles connues pour présenter un risque particulier de danger pour l'enfant. Mais elle peut aussi intervenir auprès de populations que des interventions psychosociales de masse (par la voie des médias, par exemple) pourraient aider à mieux intégrer ce que l'on peut et ne peut faire à un enfant. Tel est l'objectif d'une approche préventive récemment mise au point au Québec par Fortin à partir d'une Mesure de la justification de la violence envers l'enfant (MJVE), approche fondée sur un modèle écologique postulant que les maltraitances résultent d'une interrelation complexe de facteurs situés à différents niveaux systémiques.

P. G. Coslin

Mamillaires (Corps ou Tubercules —)

Il s'agit de deux renflements jumelés situés à la face postérieure de l'hypothalamus*. Ils constituent une partie importante du circuit hippocampo-mamillo-thalamique dit circuit de Papez* : en effet, ils reçoivent par le fornix postcommissural des projections provenant de l'hippocampe*, et à leur tour projettent par le faisceau mamillo-thalamique de Vicq d'Azyr sur le groupe nucléaire antérieur du thalamus*. La connaissance de leur implication dans les processus mnésiques résulte de la pathologie humaine : en effet, le syndrome de Korsakoff*, initialement décrit comme une atteinte dégénérative des corps mamillaires liée à une carence vitaminique d'origine éthylique, se traduit essentiellement par une amnésie* de fixation avec constitution d'une lacune antérograde. De fait, le rôle des corps mamillaires reste controversé, car des lésions mamillaires isolées sans amnésie ont été observées. L'explication pourrait résider dans une dissociation en différents types de mémoire*, dont seul l'un serait majoritairement concerné par les corps mamillaires et le circuit de Papez, comme semblent l'indiquer certaines expériences chez l'animal, ou encore dans la nécessité d'une double localisation lésionnelle pour que s'exprime le syndrome amnésique.

B. Soumireu-Mourat

Management formel (Théorie du —)

Les théoriciens du management formel (ou management classique) sont des praticiens qui ont cherché à systématiser et à généraliser leur expérience sous forme de principes pour la gestion des organisations*. Ils préconisent une structure rigide, avec des réseaux de communication et d'autorité* bien définis, un contrôle strict et une coordination des tâches étroitement respectée. Bien que leurs positions ne soient pas identiques, H. Fayol, L. F. Urwick, L. Gulick, M. P. Follett et F. W. Taylor sont d'accord pour juger nécessaires une spécialisation poussée, la description précise des tâches à accomplir, le respect de l'autorité et une capacité de contrôle* réduite.

C. Lévy-Leboyer

Mand

Terme forgé par B. F. Skinner dans son analyse du comportement verbal pour désigner un opérant* verbal, c'est-à-dire un énoncé d'une forme donnée suivi d'une certaine conséquence chez l'interlocuteur. Le *mand* définit donc une classe fonctionnelle, comportant les demandes, ordres, requêtes, prières, intimidations, etc., que la grammaire peut rendre par des formes diverses (même si certaines d'entre elles témoignent de ce que les structures linguistiques, par ex. les formes impératives, peuvent se superposer aux catégories fonctionnelles). La notion de *mand* rejoint la fonction conative distinguée par R. Jakobson, et l'acte illocutoire* (partiellement aussi l'acte perlocutoire) défini par J. Searle, à la suite de J. L. Austin, et repris dans les analyses de la linguistique pragmatique*. *M. Richelle*

Maniaco-dépressif

Le terme de folie maniaco-dépressive apparaît pour la première fois avec E. Kraepelin pour désigner une maladie mentale d'évolution chronique caractérisée par la survenue périodique d'épisodes mélancoliques et/ou maniaques. E. Kraepelin y intègre des tableaux cliniques jusqu'alors considérés comme indépendants tels que les accès maniaques isolés, certains accès dépressifs qualifiés de mélancoliques, les alternances de manie et de mélancolie décrites par J. Baillarger et J. Falret (sous l'appellation de folie circulaire pour l'un, de folie à double forme pour l'autre) les alternances de formes d'intensité modérée de manie et de mélancolie appelées cyclothymie*.

Pour E. Kraepelin, l'étiologie de cette maladie est endogène. Il la nomme psychose maniaco-dépressive pour marquer ce rattachement aux maladies endogènes, à côté de la psychose schizophrénique. De nos jours, le terme de maladie maniaco-dépressive est préféré à celui de psychose maniaco-dépressive dans la mesure où les caractéristiques des sujets qui en sont atteints ne correspondent pas à celles attribuées aux sujets psychotiques.

Avec E. Kraepelin, les dépressions* de la psychose maniaco-dépressive s'opposent aux dépressions dues à des causes psychologiques et environnementales. De nos jours, cette distinction entre les dépressions endogènes de la psychose maniaco-dépressive et les dépressions psychogènes tend à s'estomper. Pourtant, la maladie maniaco-dépressive garde encore un statut diagnostique, pronostique et thérapeutique autonome, qualifiant une maladie avec déterminisme génétique supposé. Cependant, l'hétérogénéité probable des patients pour lesquels ce diagnostic peut être posé a conduit certains auteurs à proposer différents démembrements censés conduire à une plus grande homogénéité des cadres diagnostiques, et donc à des stratégies thérapeutiques plus affinées. Ainsi K. Léonhard, s'appuyant sur les critères habituels de différenciation des maladies (cliniques, évolutifs, épidémiologiques, génétiques et biologiques), propose de distinguer les unipolaires dépressifs des bipolaires sur la base de la présence ou de l'absence d'états maniaques dans le cours évolutif de la maladie. Le traitement par lithium serait particulièrement efficace dans les formes bipolaires de la maladie ainsi démembrée.

M.-C. Hardy-Bayle

Manie

Après avoir qualifié la folie en général, le terme de manie, lors des premières descriptions des maladies mentales, au début du XIXe siècle, va désigner un « délire* général » envahissant toute l'activité mentale et ne permettant aucun contact avec le malade. Ce n'est que quelques années plus tard, avec l'observation de formes de manies sans délire, que sont redéfinis les signes fondamentaux de cette maladie au premier rang desquels l'euphorie et l'agitation.

Si la manie est facile à reconnaître par l'existence d'un trouble de l'humeur (hyperesthésie affective et versatilité de l'humeur plus souvent qu'euphorie), d'une tachypsychie, d'une hyperactivité motrice, d'une désinhibition verbale et comportementale et de troubles du sommeil, la fréquence des syndromes maniaques partiels et l'apparition de symptômes appartenant habituellement à d'autres catégories diagnostiques tels que des signes schizophréniques, une activité délirante, des troubles cognitifs évoquant un état démentiel, expliquent la variété des formes cliniques et rendent le diagnostic souvent difficile.

La prise en compte du critère évolutif dans la classification des maladies mentales va permettre, au début du XXe siècle, de réunir dans une même maladie, la folie maniaco-dépressive*, les diverses formes de manie et de mélancolie. Si l'existence d'une phase maniaque signe le diagnostic de maladie maniaco-dépressive bipolaire, les rapports de la dépression* à la forme unipolaire dépressive de cette maladie ne sont pas aussi étroits. Les formes évolutives de la maladie bipolaire sont variées, en fonction de la prévalence respective de la dépression et de la manie, de la fréquence des rechutes et de la réactivité au traitement essentiellement prophylactique par les sels de lithium* ou par le tégrétol, plus récemment proposé.

Les travaux actuels sur la manie concernent principalement les hypothèses étiopathogéniques (étude des facteurs héréditaires ou des facteurs biochimiques impliquant les neurotransmetteurs* cérébraux) et l'approche psychopharmacologique.

M.-C. Hardy-Bayle

Maniement

Le maniement ou ***handling*** est l'aspect des soins maternels ou du maternage* qui consiste dans la façon de manier, de manipuler et de toucher le corps et notamment l'épiderme du nourrisson (soins de la toilette, jeux avec le bébé, contacts corporels, etc.). D. Winnicott a différencié, dans l'ensemble du maintien*, les techniques de maternage qui relèvent du maniement dans la mesure où il leur attribue le rôle d'un apport de l'environnement* maternel qui serait nécessaire au développement du potentiel inné de personnalisation* dont le nourrisson est porteur. L'aspect essentiel de la personnalisation est, selon D. Winnicott, l'installation de la psyché dans le soma, créatrice de l'unité psychosomatique. Le stade où le nourrisson a besoin du maniement succède à celui où il a besoin du maintien comme la personnalisation succède à l'intégration*, caractérisée pour D. Winnicott par le sentiment d'existence continue. *J.-M. Petot*

Manifeste

Qui s'offre à l'observation, qui s'impose à l'appréhension immédiate. En psychologie, le terme peut, selon le contexte, s'inscrire dans plusieurs types d'oppositions sémantiques. Appliqué au comportement*, il s'oppose à interne et non directement observable, mental* : la parole* est manifeste, le langage* intérieur ne l'est pas. Dans les conceptions qui limitent la notion de comportement aux phénomènes directement observables, seul le comportement (la performance*) est manifeste, par opposition aux représentations* et cognitions*, ou aux compétences*, qui sont mentales. S'agissant de conduites ou de productions symboliques* (rêve*, message*, texte*), le sens* ou contenu* manifeste s'oppose au sens ou contenu latent*, lequel ne s'impose pas d'emblée mais ne se décèle qu'à la faveur d'une interprétation*. *M. Richelle*

Manipulandum

Terme générique désignant, notamment dans les situations de conditionnement opérant*, le dispositif que le sujet doit actionner (réponse*) pour entraîner le renforcement*. L'exemple le plus classique est le levier*, ou presselle, transposé dans les expériences sur humains sous forme de clé télégraphique, bouton poussoir, levier multidirectionnel, etc. *M. Richelle*

Manoptoscope

Appareil permettant de déterminer la prédominance oculaire et indirectement la main habile. Composé d'un tronc de cône dont la petite extrémité est très étroite, sa base large est placée contre le visage. Par l'ouverture étroite, le sujet fixe un objet puis il ferme alternativement les deux yeux. Quand il ferme l'œil non prédominant, l'objet fixé disparaît du champ visuel. *R. Génicot*

Manque

Notion élaborée par les structuralistes pour décrire l'organisation des œuvres d'art et de pensée autour d'un centre vide (manque, perte, rien, absence). Elle a été utilisée en psychanalyse explicitement par J. Lacan et implicitement par M. Balint (le défaut fondamental*). Le manque comprend trois formes principales : la détresse du nourrisson auquel manque l'assistance d'un environnement suffisamment maternant ; la découverte angoissante par l'enfant qui grandit du manque d'un phallus apte à lui conférer une puissance imaginaire ; l'expérience faite par l'adolescent et l'adulte du manque de l'objet, quel qu'il soit, à apporter à la pulsion* une satisfaction complète et durable. *D. Anzieu*

Marathon (Groupe —)

Groupes de rencontre (ou groupe T.*) intensifs, inventés par G. Bach, se déroulant sans interruption pendant 18 à 36 heures (généralement un week-end), les participants se restaurant et éventuellement dormant dans la salle de réunion. La confrontation prolongée avec autrui en vase clos est supposée briser les défenses du moi du sujet et exercer des effets de contrecoup sur les autres, au risque de provoquer des décompensations. *D. Anzieu*

Marche

Les activités de marche constituent une conduite spécialisée de déplacement* d'un organisme vivant ou d'un robot éminemment utile pour l'accomplissement de multiples fins. Cette conduite exige la coordination* des mouvements* de membres spécialisés à cet effet, ainsi que d'autres parties de l'organisme, dont le tronc. Elle requiert également l'intégration d'un ensemble complexe d'informations extéroceptives (généralement visuelles), proprioceptives et « exproprioceptives ». Elle nécessite enfin la maîtrise de multiples savoirs et savoir-faire spatiaux. L'acquisition de la marche se fait au travers d'un certain nombre d'étapes qui dépendent étroitement de la maturation* du système nerveux et de l'exercice (V. Motricité).

J.-J. Ducret

Marginalité

Expression topologique d'origine sociologique qui caractérise une position sociale excentrée par rapport à celle approuvée par la majorité et qui sert de référence à l'allégeance normative. La marge se situe à l'interface de deux cultures, à la bordure d'espaces adjacents. La marginalité définit une situation hybride par rapport aux systèmes socioculturels et économiques fonctionnels. Elle peut être subie ou choisie ; la marginalité subie résulte des effets de ségrégation et de stigmatisation* liés à des processus psychosociaux de discrimination et d'attribution* négative qui constituent les mécanismes de la marginalisation sociale. La marginalité choisie s'inscrit dans une distance et un intervalle spatio-temporel permettant aux individus de ne pas s'impliquer et de conserver une marge de manœuvre au risque d'être considérés comme accessoires, asociaux, voire même dangereux. A la différence des déviants* qui s'opposent activement et accusent leur distance d'avec la société en recourant à la violation et la rupture*, les marginaux s'efforcent de se maintenir, pour la plupart transitoirement, dans une aire de transgressions* comparatives. Cette marge de négociation est investie de fonctions* particulières : exploratoire, identificatoire, défensive, démissive. Elle peut satisfaire à un rituel de passage réussi ou échoué. Selon B. Gibello, l'existence de certaines perturbations affectives* et cognitives* peut favoriser la marginalité de certains adolescents* en créant une discontinuité dans la représentation psychique des objets. *J. Selosse*

Marijuana → Cannabinoïde

Masochisme

Doit son nom à l'écrivain autrichien L. Sacher-Masoch ; retenu par R. Krafft-Ebing pour définir une forme de perversion* sexuelle dans laquelle la jouissance ne peut être obtenue qu'en subissant douleur physique et/ou servitude et humiliation. Cette condition peut être trouvée soit dans des fantasmes* conscients accompagnant le coït, soit dans des mises en scène préparatoires, soit enfin dans la réalisation indépendante de ces scènes accompagnée ou non d'activité masturbatoire. L'existence de fantasmes masochistes incon… cients peut être à l'origine de formations névrotiques ou d'inhibition sexuelle.

Antithèse du sadisme*, l'articulation entre les deux perversions a pu être considérée comme l'expression d'une simple parenté clinique ou comme celle d'une même problématique, fondant la relation érotique indépendamment des positions assumées par les partenaires. A partir de cette problématique, S. Freud a tenté d'établir un lien génétique entre les deux positions, considérant successivement le sadisme puis le masochisme comme la position initiale. Ce dernier point de vue s'inscrit dans la théorie de l'instinct de mort.

Sous le terme de masochisme moral, S. Freud d'ailleurs décrit diverses formes d'attaques contre soi (culpabilité, névrose d'échec, réaction thérapeutique négative) comme autant d'expressions du masochisme primaire. Toutefois, il n'est pas sûr que puissent être tenus pour relevant d'un même mécanisme la recherche du plaisir érotique dans la douleur, l'asservissement de l'homme à une femme dominatrice, la soumission féminine à l'homme, la culpabilité et l'agression retournée contre soi-même. *D. Widlöcher*

Masquage

1. Dans le vocabulaire du conditionnement*, désigne un phénomène, décrit d'abord par I. Pavlov, d'absence de conditionnement à l'un des composants d'un stimulus* composite. Ainsi, si l'on conditionne un chien à un stimulus composite auditif-visuel, et que l'on teste ensuite chacun des composants isolément, on observera des réponses conditionnées au seul stimulus auditif, et non au stimulus visuel. L'un des deux composants, plus « saillant », l'a emporté sur l'autre. Le masquage dépend, entre autres, de la dominance relative des modalités* sensorielles concernées, de l'intensité* relative des stimulus, de leur validité relative par rapport à des événements significatifs du milieu (renforcements*). Le masquage *(overshadowing),* que l'on rencontre aussi bien dans les procédures de conditionnement opérant* que pavlovien*, est à distinguer du blocage*.

Les spécialistes du conditionnement opérant désignent aussi par le terme *masking* (difficile à rendre en français par un autre mot que masquage) la faiblesse du contrôle exercé par un stimulus discriminatif* si noyé » dans un ou plusieurs s non pertinents, mais plus hysique* et psychophysiolo-, réduction de la détectabi- ulus par superposition d'un ou d'un bruit*. Particulièrement étudié dans le domaine de l'audition, l'effet de masque met en évidence, en quelque sorte à rebours, le pouvoir de filtrage* des fréquences de l'appareil auditif : un bruit n'altère la détection* d'un son d'une fréquence* donnée que dans une marge assez étroite, la bande* critique, autour de cette fréquence. Le masquage est dit rétroactif* si le stimulus masquant est postérieur au stimulus masqué, proactif* s'il est antérieur. La technique du masquage, auditif ou visuel, a été largement exploitée en psychologie cognitive*, par exemple dans l'étude de l'intelligibilité* de la parole ou dans les recherches sur les processus de reconnaissance* et d'identification*.

M. Richelle

Masque

Stimulus* exerçant, par sa superposition ou sa juxtaposition à un autre stimulus, un effet de masque ou masquage* de ce dernier.

M. Richelle

Massé (Apprentissage —)

Apprentissage* réalisé dans des conditions telles que l'acquisition* en est ramassée dans le temps, par opposition à l'apprentissage distribué*, où l'acquisition est répartie dans le temps en phases séparées par des intervalles n'excédant cependant pas une certaine durée, qui entraînerait l'oubli*. Toutes choses égales d'ailleurs, l'apprentissage massé est moins efficace que l'apprentissage distribué. Cela serait dû soit à un effet de fatigue ou de surcharge, soit à l'absence de périodes de consolidation* qu'autorise l'apprentissage distribué.

M. Richelle

Matching → Correspondance (mise en —)

Matching (Loi de —) → Égalisation (Loi d'—)

Matérialisme

Prise de position philosophique qui affirme, dans sa forme radicale, que la matière est la seule substance qui existe et que, par conséquent, la pensée* n'en est qu'un produit. Il s'oppose d'une part à l'idéalisme* pour lequel l'idée est le principe déterminant et d'autre part au **spiritualisme** pour lequel l'esprit* est indépendant de la matière et se structure selon des lois spécifiques.

Dans l'Antiquité, le matérialisme constitue une explication de l'univers et lie son sort à l'atomisme : il a l'ambition de rendre compte du monde sans faire appel à un principe extérieur à lui. A partir du XVIIIe siècle, le matérialisme intervient dans l'analyse des phénomènes humains. Il est alors déterministe* au sens où il affirme que la réalité humaine peut être expliquée, en l'occurrence par ses conditions matérielles extérieures ; il souscrit au réductionnisme* méthodologique selon lequel les phénomènes complexes doivent être analysés en phénomènes plus simples ; enfin, il est strictement moniste* et refuse à l'esprit une existence indépendante de la matière.

Cette forme radicale de matérialisme ne se retrouve le plus souvent qu'à l'état de tendance dans la plupart des positions théoriques ; ainsi, en psychologie, c'est dans le béhaviorisme* radical de B. F. Skinner qu'on peut trouver le plus d'options matérialistes : tout comportement est contrôlé par ses conséquences (déterminisme) ; les événements ressentis par introspection sont de même nature que les événements observables (monisme) ; un individu est constitué par la somme de ses comportements juxtaposés (atomisme). Le parallélisme* psychophysiologique a reçu une interprétation de tendance matérialiste qui a fait de la conscience* un épiphénomène, un produit de la matière ; mais, même dans ce cadre, le maintien de la dualité esprit/matière ne permet évidemment pas de considérer cette thèse comme strictement moniste. La psychanalyse freudienne, par exemple, est déterministe, mais elle n'est pas moniste en ceci qu'elle ne dilue pas les phénomènes psychiques dans les phénomènes organiques (déterminisme psychique).

M. Kail

Maternage

Terme forgé en anglais aux alentours de 1940 (en français par P. Racamier en 1953) pour désigner :

1. l'ensemble des comportements par lesquels la mère ou la personne qui en tient lieu apporte ou tente d'apporter au nourrisson les soins maternels et, plus généralement, tout ce qui est indispensable à sa survie et à son développement physique et psychique : amour (V. Carence affective), stimulations, maintien*, maniement*, bain

de paroles, etc. Les travaux de nombreux auteurs, notamment D. Winnicott, ont montré l'importance du maternage pour l'enfant (maintien, maniement, présentation de l'objet*). W. Bion et D. Winnicott ont en outre entrepris l'étude des attitudes psychologiques de la mère qui facilitent le maternage ou l'accompagnent : rêverie (W. Bion) ou préoccupation maternelle primaire* qui caractérise la mère suffisamment dévouée (D. Winnicott) ;

2. un type de prise en charge de patients schizophrènes, fondé sur une conception de la schizophrénie* selon laquelle des carences affectives précoces ont déterminé la fixation orale*. Le but poursuivi est de réparer les frustrations et l'on admet généralement que cette réparation* est symbolique et non réelle. Les auteurs soulignent cependant l'importance de l'engagement affectif demandé au thérapeute. Le maternage est généralement conçu comme le complément d'une psychothérapie* (le maternage pouvant être effectué par le psychothérapeute lui-même ou par un autre thérapeute ou soignant) ou comme une phase préliminaire devant faciliter une éventuelle psychothérapie ultérieure. L'originalité de D. Winnicott est d'avoir défini certaines fonctions assurées par le psychanalyste dans la cure des cas-limites* par référence à certains aspects du maternage.

J.-M. Petot

Maternel (Comportement —)

Ensemble des soins assurés par la mère à sa progéniture. Quelle qu'en soit l'espèce, la femelle qui produit un nombre varié d'ovules de grosse taille chargés de vitellus (animaux ovipares) ou doit assurer la protection et l'alimentation intra-utérine de l'embryon (animaux vivipares), suivie de la lactation chez les mammifères, assure la plus lourde part du fardeau parental. Un jeune gorille reste accroché au sein puis au flanc de sa mère pendant une année entière ; pendant deux années encore, le dos de la mère est son poste d'observation et son mode de transport favoris. Même après son émancipation, le jeune demeure attaché à sa mère ; les filiations restent vivaces et des clans matrimoniaux se forment. Les liens affectifs et éducatifs étroits qui résultent de cette association contraignante et prolongée confèrent à la mère un rôle de premier plan dans le développement du jeune. Son importance pour l'équilibre psychophysiologique de celui-ci est démontrée *a contrario* par les observations de R. Spitz et J. Bowlby sur les bébés humains élevés en institution (V. Hospitalisme) et par les expériences de privation* réalisées par H. Harlow sur le jeune macaque. Celui-ci, privé plus ou moins précocement et durablement de contacts avec sa mère, développe un ensemble de manifestations d'involution (apathie, stéréotypie*, phobie, automutilation, anorexie) connu sous le nom de syndrome d'isolement*. Au contraire, l'interaction avec la mère apprend au jeune à contrôler ses émotions et prépare son harmonieuse socialisation dans le groupe des pairs. L'interaction mère-enfant est aussi le lieu privilégié d'installation de traditions (V. Protoculture).

Si le comportement maternel dans l'espèce humaine s'inscrit dans la continuité des formes et des fonctions qu'on lui connaît chez les animaux, particulièrement chez les mammifères et, plus directement, chez les primates, il se trouve également modulé par les diverses traditions culturelles, et il présente, au sein d'une même société, des variations dont certaines confinent à la pathologie, par défaut ou par excès, et peuvent être à la source de certains troubles psychologiques. *J.-C. Ruwet*

Maturation

Processus par lequel un organisme atteint à la maturité*, ou par lequel une fonction* biologique ou psychologique se trouve actualisée. La notion de maturation implique toujours, sinon exclusivement, une évolution interne de l'organisme, correspondant à un programme* de développement* caractéristique de l'espèce. Dans une acception stricte, le mot maturation désigne la mise en place des conditions organiques de l'émergence de comportements ne dépendant pas, ou guère, de l'exercice* ou de l'apprentissage*. Dans la réalité, l'expression des processus maturationnels se trouve toujours étroitement imbriquée dans l'interaction de l'organisme avec le milieu extérieur. Dans un sens plus large, qui englobe cette interaction, la maturation est conçue comme processus de développement vers des états fonctionnels plus ou moins achevés et stables, tenus pour caractéristiques de maturité.

Par opposition à la croissance, qui est un accroissement quantitatif de la matière vivante saisissable par des mensurations (la taille, le poids), la maturation est une notion plus qualitative du développement, marquée par des événements ou états particuliers (puberté).

Le facteur héréditaire général situe l'organisme sur une échelle de précocité-tardivité,

…on les espèces quant à son …ant aux fonctions concernées. … les différents systèmes accu… …ibilité inégale au milieu dans …on : la maturation sexuelle y …ble que la maturation dentaire. …du au sens large, le concept de maturation, où la modulation par le milieu tient une place plus ou moins importante, conduit au concept dérivé de maturité-immaturité* pour apprécier les systèmes d'autorégulation mentale dans le domaine de la personnalité*. *C. Prévost et M. Richelle*

Maturité professionnelle

Acquisition par le jeune adulte d'informations sur les métiers, leurs exigences, leurs débouchés, les conditions de travail qui les caractérisent, d'une part, et sur soi-même, ses capacités, mais également ses intérêts*, sa hiérarchie de valeurs et sa personnalité*, d'autre part. D. Super a montré que le choix professionnel est une tentative de réaliser l'idée que l'individu se fait de lui-même et que l'exploration du monde du travail et l'exploration de ses propres possibilités se font de manière complémentaire à travers les mêmes expériences. La maturité professionnelle est atteinte lorsque le jeune adulte a élaboré un projet d'avenir professionnel réaliste et motivé. *C. Lévy-Leboyer*

Mauvais objet

Ce terme, introduit par M. Klein, désigne un objet clivé*, qui peut être un objet complet* mais est au début de l'existence un objet partiel*. En tant que tel, le mauvais objet est le corrélat et en quelque sorte le complément fonctionnel du bon objet*. L'enfant est, au cours des premiers mois de sa vie, incapable de reconnaître l'identité entre la mère qui lui apporte des satisfactions — et qu'il perçoit sous forme de « bon sein » — et la mère qui lui inflige des traitements désagréables ou douloureux. M. Klein admet en outre que les expériences de frustration dues à l'absence de la mère (faim, malaise physique, douleurs, etc.) sont ressenties par l'enfant comme des mauvais traitements infligés par un « mauvais sein » persécuteur. Le nourrisson tente de se défendre contre ces mauvais objets persécuteurs en les attaquant et en les anéantissant dans ses fantasmes*, ce qu'à ce stade il ne distingue pas d'une attaque réelle en vertu de la toute-puissance de la pensée. Ce faisant, il redoute que les objets attaqués n'exercent des représailles, ce qui l'oblige à de nouvelles attaques imaginaires qui, à leur tour, entretiennent son angoisse de persécution*. Les mauvais objets par excellence sont ainsi les objets partiels persécuteurs de la position* paranoïde-schizoïde. M. Klein a cependant admis qu'une forme tardive et atténuée du clivage de l'objet sépare, au cours de l'élaboration de la position dépressive (qui s'étend sur plusieurs années), des bons objets complets et des mauvais objets complets (par ex. : la bonne mère réelle et une sorcière imaginaire ou une vieille parente détestée). *J.-M. Petot*

Maximum de vraisemblance → Ajustement

Mean length of utterance → *MLU*

Mécanisme

On désigne sous cette appellation les systèmes philosophiques et les conceptions épistémologiques qui ont recours à la métaphore de la machine dans la mesure où celle-ci se réduit à un assemblage de constituants élémentaires et où ses états actuels sont toujours déductibles des états antérieurs. Souvent associé à la philosophie cartésienne, le mécanisme soutient que les phénomènes sont toujours réductibles en termes de figures et de mouvements. Dans ce sens, mécanisme s'oppose à organicisme ou à dynamisme. Dans la mesure où un état donné est déterminé complètement par les conditions antérieures, le mécanisme s'oppose à toute philosophie faisant intervenir des qualités occultes ou encore des notions de finalité* immanente. En psychologie, des conceptions qui définissent l'apprentissage* comme l'acquisition d'habitudes* et les habitudes comme successions de mouvements* peuvent être qualifiées de mécanistes.

Par ailleurs, on parle de mécanisme pour désigner une combinaison de processus* ou d'organes qui réalise une certaine fonction* (par ex., le mécanisme de la sélection naturelle* ou celui du conditionnement opérant*). Dans la plupart des cas, cet usage est assez vague et certains préfèrent utiliser le terme processus, supposé plus clair et moins lourd de sous-entendus philosophiques. *P. Mengal*

Mécanisme acquis de déclenchement → Mécanisme inné de déclenchement

Mécanisme de défense → Défense

Mécanisme de défense familial → Famille

Mécanisme inné de déclenchement

Concept de l'éthologie classique né du constat de l'étroite spécificité liant une réponse particulière à une combinaison clé de stimulus (V. Leurre et Déclencheur). Ce constat a conduit J. von Uexkühl et surtout K. Lorenz à postuler l'existence d'un mécanisme nerveux de filtration des stimulus, assurant que la réponse n'est fournie que quand elle est justifiée et adaptée à la situation : l'animal diffère sa réponse jusqu'au moment où il rencontre la combinaison clé adéquate. L'expression « mécanisme inné de déclenchement » (MID) a été controversée dans la mesure où Lorenz ne précisait pas l'anatomophysiologie du mécanisme et ne prouvait pas son innéité*. Le concept conserve néanmoins toute sa valeur heuristique en ce qui concerne le principe de la filtration. On ne peut parler d'innéité que si l'animal réagit correctement à la représentation de la combinaison clé sans avoir eu la possibilité d'aucun apprentissage préalable. C'est le cas du poussin naïf de goéland tapotant la tache rouge du bec jaune de l'adulte et obtenant une régurgitation d'aliment. Si la spécificité de la perception sélective s'est structurée par l'expérience, on parle de **mécanisme acquis de déclenchement** (MAD). Les deux mécanismes ne sont pas incompatibles : le poussin de goéland renforcé par la régurgitation peut affiner son MID, qui est ainsi complété par l'expérience (MIDE). Dans le phénomène de l'empreinte*, l'animal structure en une seule expérience, au cours d'une phase précoce* de son développement*, un mécanisme de déclenchement qui orientera sur un type d'être ou d'objet ses réponses filiales, sociales ou sexuelles ultérieures. *J.-C. Ruwet*

Mécaniste (Organisation —)

Organisation à hiérarchie puissante et à structure rigide. Les tâches et les problèmes à traiter sont divisés en séquences courtes. Chacun est chargé d'un travail précis sous le contrôle de ses supérieurs. Méthodes à employer, obligations, contraintes et pouvoirs attachés à chaque fonction sont définis avec précision. La gestion des hommes et le contrôle du travail se font selon une structure hiérarchique verticale, les informations circulant de bas en haut et les ordres et les décisions se transmettant de haut en bas. *C. Lévy-Leboyer*

Mécanorécepteur → Proprioception

Médecine comportementale

Approche interdisciplinaire de la médecine ayant pris son essor dans les années 1970 et intégrant les recherches dans les sciences du comportement et biomédicales, et plus généralement dans tout ce qui relève de la médecine physique comme de la santé mentale. Elle est l'élément moteur des progrès dans la compréhension des mécanismes par lesquels les systèmes nerveux* et endocriniens* contrôlent les grands équilibres homéostatiques garants de l'adaptation* et de la santé. La médecine comportementale s'intéresse à l'analyse des facteurs psychologiques intervenant dans l'étiologie, la prévention et le diagnostic de nombreuses maladies, aux méthodes permettant de réduire les tensions et le stress* et de promouvoir les processus d'ajustement*, aux techniques de réhabilitation de divers troubles physiques. La médecine comportementale insiste sur l'importance des événements vitaux* et sur tout ce qui concourt aux différences individuelles dans la susceptibilité aux réponses pathologiques. De même, le rôle protecteur du soutien social* et autres facteurs émotionnels positifs est étudié tant au niveau clinique qu'épidémiologique. Le champ des thérapeutiques et techniques de modification* du comportement a beaucoup évolué, notamment à partir des travaux consacrés aux enfants retardés et à certaines névroses*. Des problèmes posés par le tabagisme, l'alcoolisme, l'obésité, les maladies cardiovasculaires ont trouvé peu de solutions jusqu'à ces dernières années en dépit de nombreux efforts et de sommes considérables consacrées à la prévention. C'est pourquoi les recherches menées en prenant en compte à la fois la complexité de problèmes trop souvent schématisés et la mise en place de techniques comportementales au niveau individuel se sont avérées des plus prometteuses. Sur le plan fondamental, ces techniques prennent en compte d'une part la réactivité du système nerveux autonome et les réponses viscérales, dont le rôle est réhabilité, notamment par le biais du bio-*feed-back**, et d'autre part les possibilités de l'apprentissage* instrumental, lequel peut modifier une grande variété de réponses des organes internes, par le biais des récompenses* ou punitions*. Les méthodes de relaxation entrent dans le cadre de la médecine comportementale.

Il apparaît que ces approches restent les meilleurs recours à de nombreuses perturbations résultant de traumatismes médullaires, de dysfonctionnements de la pression artérielle, de la respiration, de l'équilibration*, bref des divers organes internes, perturbations conduisant très souvent à des incapacités élevées et généralement coûteuses. Ces méthodes thérapeutiques entrent dans le cadre de ce que l'on appelle par ailleurs les thérapies* comportementales.

M. Le Moal

Médiane → Centralité

Médiateur

Substance chimique, souvent appelée **transmetteur** ou **régulateur,** libérée par les terminaisons nerveuses au niveau des synapses*, sous l'influence d'une excitation (influx* nerveux). Elle permet, par son interaction avec des récepteurs spécifiques, le passage de l'influx nerveux d'un nerf à un organe effecteur (muscle) ou d'un neurone à un autre neurone (neurotransmission). Le système nerveux contient de nombreux **neuromédiateurs** ou **neurotransmetteurs** parmi lesquels l'acétylcholine*, la noradrénaline*, la dopamine*, la sérotonine*, l'acide gamma-amino-butyrique (GABA), différents acides aminés* (glutamate, aspartate, glicine) et des peptides*. Un certain nombre de critères permettent l'identification d'un neuromédiateur :

1. sa localisation et sa biosynthèse intraneuronale ;
2. sa libération extraneuronale ;
3. les effets postsynaptiques sur des récepteurs spécifiques ;
4. l'existence de mécanismes d'inactivation de cette substance ;
5. les drogues connues pour agir soit sur la synthèse, soit sur la destruction de cette substance, doivent avoir la même action sur la transmission synaptique que celle qu'elles ont sur le neuromédiateur présumé.

Le terme de **neuromodulateur** a été introduit récemment pour désigner plus particulièrement des médiateurs qui agissent sur un autre neuromédiateur en modifiant soit sa libération, soit la sensibilité de ses récepteurs postsynaptiques. La formulation classique selon laquelle un neurone synthétise un transmetteur et un seul (principe de Dale) a été remise en question ; la coexistence, dans un même neurone, de neurotransmetteurs, d'amines et de peptides est courante.

U. Spampinato

Médiation

Passage par une étape ou variable intermédiaire*, rendant compte de la liaison entre deux événements, que la voie directe ne paraît pas pouvoir expliquer. Pris au sens large, le terme se rencontre dans les contextes les plus divers, par exemple : l'apparent conditionnement opérant* du rythme cardiaque passe par la médiation d'un conditionnement opérant de la musculature squelettique contrôlant la respiration ; l'estimation du temps* dont se montre capable l'animal ne se fonderait pas sur une horloge* interne, mais sur la médiation des conduites collatérales* ; etc. La forme verbale « médiatiser » prend parfois la place de médiation, notamment dans les domaines de la psychologie de la personnalité* et de la psychothérapie (avec risque de confusion avec le concept de média, moyens modernes de communication).

Mais le mot médiation a surtout été lié en psychologie aux efforts théoriques des néobéhavioristes*, C. Hull, E. Tolman et principalement C. Osgood, pour résoudre les difficultés soulevées par les conceptions stimulus-réponse. Des variables intermédiaires, de nature cognitive* (cartes* cognitives de Tolman, expectations*), furent invoquées comme lieu de transition. Les traces laissées par les stimulus conditionnés* se virent attribuer une ébauche de signification*, ouvrant la voie, chez l'homme, à la médiation par le langage* ou les représentations* conceptuelles. En ordre inverse, une théorie médiationnelle de la signification vit le jour, qui renvoyait, pour trouver les racines du sens des éléments du langage, aux réponses médiatrices suscitées par les associations* conditionnées. La psychologie cognitive, qui doit beaucoup à ces travaux dépassés, semble se dispenser du terme médiation, qu'on trouve rarement dans les écrits actuels.

M. Richelle

Médiation verbale

Notion proposée par la psychologie béhavioriste* pour rendre compte de l'acquisition* de la signification* et de divers apprentissages* cognitifs. Outil théorique qui rend compte des relations entre des stimulus* (sons) qui ne sont pas effectivement liés par une ressemblance objective, ainsi que de la possibilité de choisir entre plusieurs réponses pour un même stimulus. Le stimulus-signe est le stimulus associé de manière stable à des réponses détachables, qui peuvent se produire en dehors de la présence effective du stimulus, par opposition aux réponses liées à la présence effective de celui-ci. Pour le néobéhaviorisme américain, le répertoire des réponses de l'individu devient de plus en plus dépendant de médiateurs verbaux qui s'intercalent dans les connexions stimulus-réponse.

M. Pujol

Médicale (Psychologie —)

Dans l'usage actuel, la psychologie médicale est l'étude psychologique (à laquelle contribuent toutes les sous-disciplines de la psychologie) de tout le champ médical notamment de la relation malade-médecin (et plus généralement de la relation malade-soignants) ainsi que des aspects psychologiques des comportements et processus morbides et des thérapeutiques. La formation psychologique des médecins (notamment dans le cadre des groupes Balint*) et l'approche psychosomatique* en médecine sont parmi les principales applications de la psychologie médicale. *J.-M. Petot*

Mégalomanie

Surestimation du sujet* vis-à-vis de ses propres capacités*. Tendance qui peut aller de la position orgueilleuse jusqu'au délire de grandeur : elle peut porter sur le sujet lui-même (force physique, beauté, supériorité intellectuelle), sa situation sociale (surestimation du rôle social, idées de filiation avec des personnages célèbres), ou sa fortune, voire sur des pouvoirs surnaturels.

S'observe en clinique dans des contextes divers, dont le diagnostic repose sur l'association avec l'expansivité euphorique dans la manie et les troubles thymiques, avec la pensée paranoïde dans les troubles schizophréniques, avec des troubles neuropsychologiques dans les différents types de démence (classique et typique dans la syphilis tertiaire ou paralysie générale, aujourd'hui rarissime). *J.-F. Allilaire*

Mel

Composé des initiales de Mélodie, le terme Mel désigne l'unité subjective de tonie*. Par convention, 1 000 Mels correspondent à la tonie d'un son pur de 1 000 Hz à 60 dB. *R. Génicot*

Mélancolie

L'emploi du terme de mélancolie remonte à l'Antiquité grecque. A cette époque, la mélancolie était considérée comme un trouble psychique résultant d'un déséquilibre entre les quatre humeurs fondamentales : sang, lymphe, bile jaune et bile noire. C'est la prévalence de cette dernière humeur qui était en cause dans la mélancolie.

Au début du XIXe siècle, lors des premières descriptions des maladies mentales, la mélancolie est définie comme un délire* partiel, c'est-à-dire dirigé exclusivement sur un objet ou une série particulière d'objets. Ce n'est que quelques années plus tard, notamment grâce à l'observation de formes de mélancolie sans délire, que la pensée délirante perd son statut de signe spécifique et que se trouvent définis les symptômes fondamentaux de la mélancolie sur lesquels s'appuie encore notre diagnostic : tristesse, indifférence affective, ralentissement psychique et moteur. Dès cette époque est utilisé le terme de dépression* dont les limites avec celui de mélancolie ne sont toujours pas éclaircies. Les limites de la dépression sont plus larges que celles de la mélancolie. La dépression contient la mélancolie mais ne se résume pas à elle.

Le flou qui entoure le terme de mélancolie n'est pas étranger au débat encore actuel sur l'unicité ou la multiplicité des états dépressifs. Il est parfois réservé aux dépressions qui s'intègrent dans le cadre de la maladie maniaco-dépressive par ceux qui distinguent ce cadre diagnostique des autres dépressions. Il peut constituer, pour d'autres, un simple critère de gravité de la dépression. Pour d'autres enfin, il qualifie un type de contenu de pensée ; on parle alors de thématique mélancolique pour désigner les thèmes d'autoaccusation, les sentiments d'indignité et d'incurabilité.

M.-C. Hardy-Bayle

Mélange de couleurs

Association ou combinaison de couleurs. Il peut s'agir de mélange de lumières ou de matières (pigments) colorées. La colorimétrie* distingue deux types de mélange. Dans le mélange additif, une couleur, ajoutée à une deuxième, produit une sensation colorée dont la longueur d'onde dominante est comprise entre celles de ses composantes, du moins s'il s'agit de couleurs plus ou moins monochromatiques. On obtient du vert en additionnant du bleu et du jaune. Un mélange additif convenablement dosé des trois couleurs primaires additives (rouge 700 nanomètres, vert 546 nm, bleu 436 nm) donne une impression de blanc. Dans le mélange soustractif, une lumière blanche apparaît bleue au travers d'un filtre bleu car celui-ci a soustrait de la lumière d'origine toutes les tonalités à l'exception de la longueur d'onde correspondant au bleu du filtre. Si l'on ajoute à ce filtre bleu un filtre jaune, on obtient, par combinaison soustractive, une lumière pourpre (complémentaire du vert). La soustraction des trois couleurs primaires donne du noir (les couleurs primaires soustractives sont le jaune, le cyan et le magenta). Les peintres utilisent les deux procédés. *R. Génicot*

Membrane → Neurone

Membre fantôme (Douleur du —)

On désigne ainsi une forme de douleur* se rencontrant soit après amputation d'un membre, soit après dénervation importante d'un membre toujours présent (par ex., arrachement accidentel des racines dorsales des nerfs du plexus brachial ou section médullaire totale chez un paraplégique). Dans le premier cas, le malade décrit la persistance d'une perception hallucinatoire de son membre disparu ne devenant douloureuse qu'après un certain délai ; la douleur peut être rapportée soit sur le moignon, soit au niveau du membre fantôme, soit sur les deux. Dans le second cas, le malade décrit un positionnement de son membre déafférenté autre que dans la réalité ; des douleurs persistantes y sont associées, obsédantes de type brûlures ou fulgurantes de type décharges électriques. Les mécanismes responsables de ces douleurs ne sont pas connus mais le rôle des extrémités des rameaux nerveux sectionnés (en particulier avec l'apparition de névromes) est manifeste du fait du soulagement que procure une anesthésie locale pratiquée au niveau du moignon. Toutefois la participation de phénomènes d'origine centrale est fortement soupçonnée. *B. Calvino*

Mémoire

Capacité à acquérir, conserver et restituer des informations*. Les données issues de la psychologie expérimentale, de la psychologie cognitive et de la pathologie humaine ont toutes conduit à suggérer l'existence de plusieurs types de mémoires ou d'activités (capacités*) mnésiques* ; les classifications proposées dépendent des conceptions et des types de problèmes abordés.

En fonction du temps qui sépare la présentation d'une information de son évocation*, on a distingué :
1. la mémoire sensorielle (ou mémoire tampon* ou *buffer*) qui conserve les caractéristiques physiques du stimulus pendant moins d'une seconde ;
2. la mémoire à court terme* (MCT) qui a une durée d'environ 20 s et une capacité limitée à 7 ± 2 items ;
3. la mémoire à long terme* (MLT) de durée et de capacité très étendue.

Le problème de l'existence d'un traitement en série ou en parallèle par ces deux dernières catégories de mémoire n'est pas résolu actuellement.

En fonction de la nature de l'information mémorisée, une distinction a été établie entre mémoire épisodique* et mémoire sémantique* : la première contiendrait des informations portant sur des événements localisés dans le temps et l'espace, événements à caractère personnel et possédant une grande valeur affective ; au contraire, la seconde inclurait des informations plus abstraites (donc indépendantes du contexte*) relatives à des faits, des règles* ou des connaissances* générales acquis au cours de la vie. Cette dissociation n'exclut pas l'existence d'interactions entre ces deux mémoires : par exemple, l'accès à la mémoire sémantique est nécessaire pour apprécier la signification* et l'importance des événements en cours qu'opère la mémoire épisodique.

En fonction de la nature des activités mnésiques préservées dans les amnésies*, une dissociation entre mémoire déclarative* et mémoire procédurale* a été proposée : la mémoire procédurale contiendrait des données pourvues d'un mode d'utilisation et permettrait l'acquisition quasi automatique de nouvelles aptitudes perceptivo-motrices (un « savoir-comment ») ; en revanche, la mémoire déclarative permettrait la pensée* consciente (un « savoir-quoi ») et inclurait les mémoires épisodique et sémantique.

La définition des différents stocks mnésiques ne doit pas masquer la nature dynamique et interactive de la mémoire qui, en réalité, est liée à l'activité psychique dans son ensemble. La quantité d'effort, l'activité cognitive (l'attention*, la profondeur du traitement) et affective (refoulement*, déni*) impliquées dans le traitement de l'information influencent considérablement l'encodage* et le rappel*.

Neurobiologie de la mémoire : les travaux de biologie moléculaire et cellulaire permettent de suggérer que l'apprentissage* et la mémoire à court terme résultent de la mise en jeu d'un certain nombre de seconds messagers intracellulaires et de la modification post-traductionnelle de protéines. Ces mécanismes ne peuvent cependant pas rendre compte de la formation d'une mémoire à long terme en raison de la durée de vie relativement courte des protéines (quelques minutes à quelques semaines). De plus, les neurones* qui participent à l'acquisition* de l'information ne sont pas ceux qui participent à sa conservation durable. Il faut donc envisager une modification de l'expression génétique conduisant à la synthèse de nouvelles protéines ; ce qui est en accord avec le fait que les inhibiteurs de la synthèse protéique bloquent l'établissement de la mémoire à long terme sans altérer l'apprentissage ou la mémoire à court terme. La synthèse de nouvelles protéines peut conduire à des modifications morphologiques dans l'architecture de l'arborisation neuronale (augmentation de la zone synaptique active, augmentation du nombre de synapses*). Cette conception est radicalement différente de celle, très en vogue entre 1960 et 1970, qui proposait que la mémoire était représentée par un code macromoléculaire. Cette hypothèse, qui a notamment donné lieu à des tentatives de transfert de mémoire par injection d'extraits de cerveau, ignorait totalement les principes de la physiologie cellulaire.

Les études psychobiologiques chez l'animal et chez l'homme suggèrent que la mémoire ne constitue pas une fonction* homogène mais correspond plutôt à la mise en jeu interactive de plusieurs systèmes ayant des rôles différents et fonctionnant selon des modalités propres. Il est donc peu vraisemblable qu'un seul type de mécanisme puisse sous-tendre toutes les formes d'apprentissage et de mémoire. D'innombrables expériences sur le comportement animal ont abordé l'étude du rôle de régions cérébrales, des neurotransmetteurs*, des hormones* ou des nutriments. Elles sont cependant d'interprétation délicate dans la mesure où il est souvent difficile d'isoler expérimentalement la mémoire de l'apprentissage et l'apprentissage de la performance*. Par ailleurs, la restitution des souvenirs* montre bien la transformation permanente du matériel mémorisé avec le temps et la congruence de ce qui est mémorisé et restitué avec l'état affectif dans lequel se trouve le sujet lors de l'acquisition et de la restitution. *H. Simon*

Développement de la mémoire : les recherches effectuées sur les nouveau-nés révèlent que, dès l'âge de deux mois, ceux-ci sont capables d'encoder et de stocker une représentation* des détails particuliers d'une situation d'apprentissage. Cette représentation se maintient au moins pendant 24 heures et, ultérieurement, l'enfant est encore capable d'effectuer des discriminations* fines entre le contexte de tests* et la représentation associée à l'apprentissage. La représentation mémorielle est donc un phénomène très précoce.

Le développement de la mémoire peut être envisagé selon trois aspects : la mémoire à court terme, la base de connaissances*, les stratégies* et leur utilisation.

Le développement de la MCT se caractérise par un accroissement très rapide et très important de l'empan* mémoriel en fonction de l'âge. Cette évolution est interprétée tantôt comme résultant d'une augmentation de la capacité, tantôt comme consécutive à l'accroissement de la vitesse de certaines opérations : identification* des items ou rythmes de prononciation, par exemple. Selon F. N. Dempster, les données empiriques ne confortent que la thèse de l'accroissement de la vitesse de traitement.

Le développement de la base de connaissances (ou organisation de la mémoire à long terme) a été moins étudié. Trois éléments ont cependant été mis en évidence :

1. la catégorisation* fonctionnelle précède l'organisation taxonomique sans pourtant que cette dernière soit ignorée des sujets jeunes. En fait, son utilisation dépend fortement du type de tâche* ;
2. les catégories changent quantitativement (modification du nombre d'items qu'elles comprennent) et qualitativement (quant à leur organisation et à leur structure de typicalité*) ;
3. la facilité d'activation* des différentes relations se modifie : les items reliés de manière associative sont facilement activés, l'automatisation* de l'activation libérant de l'espace mental pour d'autres activités.

Les stratégies concernent soit l'encodage (autorépétition, groupement*), soit la récupération* (indices organisés). Leur développement soulève trois problèmes : leur disponibilité (le sujet les possède-t-il ?) ; leur déclenchement (sont-elles activées à bon escient ?) ; leur efficacité (leur utilisation conduit-elle à une performance plus efficace, et pourquoi ?). Selon que l'on cherche à répondre à l'une ou l'autre de ces questions, on aboutit à des résultats différents concernant le développement.

Enfin, des relations complexes ont été mises en évidence entre base de connaissances, empan mémoriel et stratégies. Une dichotomie récente opposant mémoire implicite et explicite paraît pertinente pour l'étude du développement. Cette distinction recouvre en partie les distinctions plus anciennes entre, d'une part, mémoire sémantique et épisodique et, d'autre part, mémoire procédurale et déclarative. Une tâche de mémoire explicite nécessite que le sujet puisse se souvenir d'une expérience précise (répondre, par ex., à la question : « Qu'avez-vous fait ce matin ? »). Une tâche de mémoire implicite peut s'effectuer sans référence à une expérience antérieure (conduire une voiture ne demande pas de se souvenir des leçons de conduite). Des travaux récents suggèrent que la mémoire implicite serait en place de manière très précoce (avant trois ans). En revanche, la mémoire explicite se développerait de manière plus progressive. De même, il est souvent suggéré que la mémoire sémantique précéderait le développement de la mémoire épisodique ou autobiographique. Ces différences de développement sont souvent utilisées pour appuyer la thèse de la séparation fonctionnelle des différents types de mémoire. *H. Abdi et M. Fayol*

Mémoire à court terme → Court terme

Mémoire à long terme → Long terme

Mémoire épisodique → Épisodique

Mémoire morte → *ROM*

Mémoire tampon

Terme utilisé en psychologie (on emploie quelquefois celui de ***buffer***) dans la modélisation* du fonctionnement de la mémoire*, par analogie avec le fonctionnement des ordinateurs*.

Mémoire généralement à faible capacité stockant temporairement des informations* en transit entre deux unités de traitement. Son fonctionnement peut être contrôlé par un « superviseur » régulant l'entrée d'informations dans la mémoire tampon et leur sortie vers l'unité de traitement suivante. Par exemple, les modèles d'épellation comprennent souvent une mémoire tampon graphémique dont un des rôles est de stocker momentanément et de mettre en attente l'information issue de l'analyse phonétique du stimulus, transférée progressivement vers une unité procédant à une conversion phonème/graphème. A l'issue de cette conversion, l'information, codée maintenant sous une autre forme, est stockée temporairement dans un *buffer* phonologique avant son transfert vers d'autres unités de traitement. *S. Bredart*

Mémoire vive → *RAM*

Mémorisation

Mise en mémoire d'informations*, c'est-à-dire encodage et stockage de celles-ci. On parle de **mémorisation intentionnelle** si le sujet est placé dans une tâche exigeant explicitement de lui l'étude d'un matériel en vue d'une restitution ultérieure. Dans une situation de **mémorisation incidente,** la tâche du sujet est autre que mnésique (par ex., prononcer des mots avec la meilleure diction possible), le sujet étant par la suite évalué par surprise quant à sa rétention* du matériel.

La mémorisation implique souvent une activité d'organisation du matériel, c'est-à-dire une mise en relation des éléments à mémoriser, ou d'élaboration, à savoir l'établissement de liens entre les éléments du matériel et d'autres informations (par ex., mettre en relation un pseudo-mot présenté tel « bax » avec un mot réel comme « bar » non présenté).

L'étude des stratégies de mémorisation vise à décrire les moyens mnémotechniques* utilisés spontanément et à évaluer l'efficacité de ces moyens (V. Consolidation mnésique, Mémoire à court terme, Mémoire à long terme, Oubli, Rappel). *S. Bredart*

Menace

Langage de violence* utilisé pour exercer une pression morale sur autrui en faisant présager une nuisance potentielle au travers d'un rapport de forces inégales. Fondée sur la crainte et l'intimidation, la menace constitue un indice de dangerosité lié à un projet stratégique de porter préjudice* à autrui. Elle est le symptôme du passage d'une situation interpersonnelle conflictuelle à une situation dangereuse. *J. Selosse*

Meneur

Celui qui, en milieu social désorganisé, rassemble autour de lui des individus en quête d'objectifs accessibles et qui leur procurent une satisfaction occupe une position de meneur. Il doit sa reconnaissance et son autorité à son réalisme et à sa détermination dans le choix des orientations des activités. Il tient son ascendant de son expérience et de sa capacité à fournir des signes extérieurs de sa puissance. Un meneur n'est pas un chef naturel, il occupe cette fonction en raison de son influence directe, personnelle et autocratique. A la différence du *leader** qui tient son autorité de son rôle social dans le groupe, le meneur la doit à son aptitude à dériver l'angoisse et utiliser les frustrations en orientant l'agressivité potentielle des sujets vers des cibles concrètes. Mettant l'accent sur l'importance des valeurs viriles de combativité et de dureté, il préconise des activités risquées qui donnent du prestige, subliment la castration et valorisent un modèle offensif. Sa sphère d'influence est locale, entretenue par une réputation mais de durée limitée en raison du caractère instrumental de son autorité, de la mouvance et de l'hétérogénéité des besoins à satisfaire. *J. Selosse*

Ménotaxie → Taxie

Mensonge

Objet d'une conduite généralement verbale, produisant des assertions contraires à ce qui est réputé vrai. Pour les moralistes, le mensonge implique l'intention de tromper. Il s'agit donc d'une conduite extrêmement complexe, qui suppose chez le locuteur un développement du langage suffisant pour entraîner la croyance de l'auditeur, l'élaboration des concepts de vérité et d'erreur, la mise en place de stratégies sociales à long terme. Le mensonge peut cependant être mis en œuvre « en catastrophe » pour résoudre à très court terme une situation conflictuelle insoutenable. Les préoccupations morales ont souvent empêché que l'on discerne que la conduite du mensonge implique la reconnaissance du secret, de la subjectivité et de la dissociation entre la conduite représentée et la conduite exprimée ou agie. Le mensonge en ce sens exprime le plus haut niveau de la prise de conscience*.

Le sens commun abuse du terme mensonge, lorsqu'il désigne ainsi tout comportement verbal erroné chez un enfant, même si celui-ci n'est pas encore parvenu à un niveau important de synthèse mentale. L'enfant qui ne sait pas distinguer le vrai du faux, chez qui la fantasmatique, fort prégnante, conduit à l'expression, exprime cette fantaisie, sans qu'on doive faire intervenir les catégories, plus épistémologiques que psychologiques, de certitude ou de doute. La psychologie distingue le mensonge à autrui et le mensonge à soi-même. Le mensonge à autrui est un retour de l'agression* à travers les lois, encore qu'il existe des mensonges altruistes : le mensonge est une action qui vise à transformer la conduite de l'interlocuteur. Quant au mensonge à soi-même comme lutte contre les représentations pénibles (culpabilité, infériorité, mort), ainsi que le mensonge à autrui, il appartient à notre manière d'être et découle de la lutte pour la vie.

R. Doron et C. Prévost

Menstruel → Œstrus

Mental

En dehors d'expressions où il qualifie sans ambiguïté un autre terme, tels âge*, arriération*, automatisme*, confusion*, détérioration*, rotation*, test*, etc., le terme mental est l'un des plus difficiles à définir et l'un des plus lourds d'implications théoriques de la psychologie. La réhabilitation du concept d'esprit* *(mind)* par la psychologie cognitive* contemporaine l'a remis en honneur dans le discours psychologique dans son sens étymologique « relatif à l'esprit », « qui appartient à l'esprit ». Cela n'en clarifie pas pour autant le sens, la difficulté étant simplement déplacée sur le concept d'esprit lui-même. Dans une acception qui a prévalu dans certains courants behavioristes, mental s'oppose à comportemental*, et dans la mesure où il renvoie à des inférences* non vérifiables et abusivement dotées de valeur explicative, il est indissociable du mentalisme*, que ces courants behavioristes ont combattu. Une vue moins radicale fait néanmoins une part à des comportements mentaux, qui ne différeraient des autres que par leur moindre accessibilité* à l'observation. La notion de conduite*, familière, depuis P. Janet, à la psychologie française, englobe sans équivoque le mental et le comportemental. Dans une perspective cognitiviste*, en revanche, le mental renvoie à des entités (représentations*, cognitions*) ou activités* (processus* de traitement de l'information*, de décision*) internes et est tenu pour l'objet principal de la psychologie, distinct à la fois du comportemental, qui n'en est que la manifestation, et du neural, qui n'en est que le support matériel. Au sein même du courant cognitiviste, les vues divergent quant aux rapports entre le mental, le comportemental et le neural ou cérébral, attestant la persistance du débat cerveau-esprit. Une autre ambiguïté porte sur le rapport entre mental et conscient*, que les divers auteurs conçoivent de façons différentes.

Dans la terminologie propre à certains domaines de la psychologie cognitive, proches de l'intelligence artificielle*, le terme mental qualifie souvent des termes divers :

modèle mental désigne une représentation* organisée d'objets du monde extérieur ou de concepts ; **simulation mentale** désigne une sorte d'anticipation* interne d'une action, destinée à en mieux ajuster l'exécution, telle qu'un athlète préparant sa performance. *M. Richelle*

Mentalisation

Terme introduit au début du siècle par E. Claparède pour désigner la prise de conscience. C'est aussi la liaison de la pulsion* émergente à son objet signifiant. Parallèle à la fantasmatisation*, cette élaboration participe du processus secondaire de pensée : elle atténue l'impact des excitations en leur conférant un sens ; elle diffère la satisfaction ; elle maintient la constance de l'objet. Dans la nosographie psychosomatique, la mentalisation apprécie les qualités du préconscient : épaisseur, fluidité des représentations, permanence du fonctionnement. Chez le jeune enfant, le besoin physiologique ne peut être satisfait que par une personne secourable : si elle lui donne un sens déviant, l'enfant ne peut apprendre à verbaliser ou à représenter les pulsions, à les mentaliser. Par exemple, la mère hyperprotectrice, toujours présente, ne permet pas à son enfant d'accéder à ses désirs propres, puisqu'ils sont immédiatement comblés. De façon plus générale, l'absence de mentalisation favorise le passage à l'acte, le délire, l'hallucination, la désorganisation somatique. *R. Doron*

Mentalisme

Ce terme désigne, dans les pays anglo-saxons, les psychologies d'inspiration spiritualiste* selon lesquelles il existe des processus mentaux de nature non physique (représentations*, structures mentales, inconscient*, etc.) qui constituent l'objet propre de la psychologie. Le mentalisme est plus souvent reproché que revendiqué ; les béhavioristes* en particulier affirment que la psychologie ne peut être scientifique si elle prend pour objet des phénomènes inférés et non objectifs et refusent l'hypothèse que des processus non physiques interviennent entre stimulation et réponse (qui sont tous deux de nature physique). *F. Parot*

Mentalité de groupe

Ce concept est un élément du modèle, élaboré par W. R. Bion, du groupe* conçu comme unité et comme système de tension entre les besoins de l'individu, la culture du groupe et la mentalité de groupe. Par ce terme, W. R. Bion désigne l'activité mentale qui se forme dans un groupe à partir de l'opinion, de la volonté et des désirs inconscients, unanimes et anonymes de ses membres. Les contributions de ceux-ci à la mentalité de groupe permettent une certaine satisfaction de leurs désirs, mais elles doivent être en conformité avec les autres contributions du fonds commun et être soutenues par lui. La mentalité de groupe présente ainsi une uniformité, en contraste ou en opposition avec la diversité des opinions, des pensées et des désirs propres aux individus qui contribuent à la former : elle garantit l'accord de la vie du groupe avec les présupposés de base*. *R. Kaës*

Mésencéphale

Le mésencéphale, encore appelé cerveau moyen, est issu du développement embryonnaire de la vésicule cérébrale moyenne dite mésencéphalique. Il constitue un élément du tronc* cérébral et est situé en avant et au-dessus de la protubérance dont il est nettement séparé par le sillon ponto-protubérantiel. Il forme un secteur de transition entre la fosse cérébrale postérieure et la fosse hémisphérique. Il est constitué en avant par les pédoncules cérébraux qui le lient au cerveau intermédiaire, en arrière par la lame quadrijumelle formée par les tubercules quadrijumeaux et les corps genouillés. Il comprend les noyaux des 3e et 4e paires de nerfs crâniens, le noyau rouge, le locus niger (ou substance noire), une partie de la formation réticulée ainsi que des voies de conductions ascendantes et descendantes. Il est traversé par l'aqueduc de Sylvius qui fait suite au 4e ventricule.

Le mésencéphale contient les relais des voies auditives et intègre les mouvements oculaires. *R. Decombe et M. Le Moal*

Mesmérisme → Magnétisme animal

Mésocortex → Cortex

Mésopique (Vision —) → Vision

Message

Ensemble d'informations* envoyées, grâce à un code* commun, par à un émetteur vers un récepteur, sur un canal*, et qui suppose un processus d'encodage* de l'information à transmettre par l'émetteur et un décodage* de celle-ci par le récepteur.

Ce terme a été largement utilisé dans le cadre des travaux de la théorie de l'information et de la communication*, qui ont étudié par exemple les conséquences des caractéristiques et des altérations du message ou de ses conditions de transmission sur sa bonne réception.

Dans un sens moins technique, on parle de message sensoriel pour désigner l'ensemble des impulsions nerveuses reçues par un récepteur sensoriel lors d'une stimulation*, impulsions que ce récepteur transmet au cortex par les voies afférentes (V. Neurotransmission). *F. Parot*

Mesure

Différentes définitions de ce terme ont été proposées : B. Russell, par exemple, la définit en 1953 comme une correspondance entre un ensemble de magnitudes et un ensemble de nombres ; S. S. Stevens impose une contrainte supplémentaire : il parle d'assignation de nombres à des objets sous le respect de certaines règles. Aujourd'hui, on entend généralement par mesure tout processus qui permet d'assigner des nombres à des objets en respectant et en représentant certaines de leurs propriétés. Dans le cas de la température, par exemple, la mesure pourrait être constituée par des nombres qui respectent la relation « plus chaud que » ; de manière plus formelle, on noterait A par exemple l'ensemble des objets dont on veut mesurer la température ; on formaliserait la notion « plus chaud » au moyen d'une relation binaire R telle que aRb si l'objet a est plus chaud que b ; mesurer la température, ce serait alors associer à chaque objet de A un nombre f(a) tel que f(a)gf(b) si et seulement si aRb, c'est-à-dire si et seulement si a est jugé plus chaud que b. En fait, la mesure de la température avec laquelle nous sommes aujourd'hui familiarisés satisfait à des contraintes plus sévères.

Certains auteurs proposent de considérer d'autres mesures que les mesures numériques et de caractériser les objets par des structures plus générales que les nombres. De plus en plus souvent, dans les sciences humaines en particulier, on est amené à considérer des représentations non numériques. Les modèles employés peuvent, par exemple, être des graphes*. De façon à ne pas exclure *a priori* les représentations de ce type, on peut définir la mesure comme l'établissement d'une correspondance entre un ensemble d'objets sur lequel on a défini un certain nombre de relations empiriques* et une structure mathématique (un modèle géométrique) qui permette de représenter ces relations.

Deux types de problèmes peuvent se poser lorsqu'on est confronté à la mesure d'un phénomène : il importe, premièrement, de s'interroger sur la nature et l'unicité de la représentation souhaitée. Cette question fait l'objet de la théorie de la mesure. Le choix d'une échelle* de mesure impose en effet des restrictions sur le phénomène que l'on cherche à appréhender et plusieurs représentations sont possibles. On comprendra facilement que si l'on veut mesurer les préférences d'un individu sur une échelle numérique et que si l'individu préfère l'objet a à l'objet b et l'objet b à l'objet c, il devra également préférer l'objet a à l'objet c. On distingue souvent quatre niveaux hiérarchiques d'échelles de mesure, qui imposent différentes contraintes sur les systèmes empiriques appréhendés : les échelles nominale, ordinale, d'intervalle et de rapport.

Deuxièmement, différentes techniques peuvent être quelquefois utilisées pour représenter un phénomène au moyen de la structure mathématique choisie. Généralement en effet, toutes les conditions auxquelles devrait satisfaire le système empirique pour que la représentation soit possible ne sont pas satisfaites. Il y a lieu alors d'ajuster le modèle malgré les écarts observés (V. Ajustement). Si ces écarts sont trop importants, il faut bien entendu renoncer au modèle et chercher un autre mode de représentation des données. *D. Defays*

Méta-analyse

Le terme de méta-analyse, introduit par G. V. Glass en 1976, recouvre divers types d'analyse statistique permettant de résumer et combiner les résultats empiriques d'études distinctes consacrées à un même problème (lien entre concept de soi et performance scolaire, entre motivation et efficience professionnelles, efficacité des traitements thérapeutiques, par ex.). Les étapes de la procédure sont les suivantes : définir un problème, échantillonner les études correspondantes, coder leurs caractéristiques, analyser statistiquement puis interpréter les résultats.

La méta-analyse essaye, à partir de la diversité des résultats généralement rapportés par des études consacrées au même problème, d'élucider les raisons de cette variabilité et de mettre au jour d'éventuelles régularités. Il a été montré par exemple, par une technique inspirée du modèle bayésien, que les coefficients de validité* des outils utilisés dans la sélection professionnelle* sont plus élevés qu'on ne l'a cru (les coefficients observés isolément étant parasités par des sources d'erreur liées à la petite taille des échantillons, à la sélection préalable des sujets, à la faible fidélité des critères). Ces analyses sont tantôt louées (clarté du codage, réfutabilité, stimulation de recherches ultérieures), tantôt critiquées (*a priori* dans la sélection et la codification des études, échantillons hétérogènes et/ou non représentatifs). *M. Bruchon-Schweitzer*

Métacognition

Désigne à la fois un domaine de connaissance* particulier, à savoir nos connaissances à propos de la cognition*, et les processus et stratégies de régulation de la cognition. Bien que ces deux aspects semblent logiquement liés, leur approche appartient à deux domaines de recherche relativement distincts. L'étude de la métacognition dans la première acception envisagée vise à décrire les connaissances verbalisables et l'habileté de réflexion consciente à propos de sujets tels que la perception, la mémoire, l'apprentissage, etc. La description verbale de la connaissance est une source de données importante dans ce secteur de recherche. L'analyse développementale de ces théories spontanées de la cognition a suscité énormément de travaux. Ceux-ci ont montré que, dans un grand nombre de cas, l'apparition de connaissances métacognitives adéquates est tardive (préadolescence, voire même âge adulte). Par ailleurs, il n'existe pas nécessairement de relation entre le niveau de connaissance métacognitive et le niveau de fonctionnement cognitif.

Dans l'autre acception, on se réfère au contrôle de l'activité cognitive. On considère souvent que les composantes importantes de ce contrôle sont : la planification de l'activité, comprenant la sélection d'une stratégie de résolution du problème* posé ; la supervision *(monitoring)* du bon déroulement des routines* impliquées par la stratégie choisie ; l'évaluation de l'efficacité de la stratégie choisie en cours ou au terme de l'activité. Dans ce cas, l'objet d'étude n'est pas la connaissance explicite que les sujets ont d'un tel contrôle, mais le fonctionnement de la régulation cognitive en soi (V. Métaconnaissance). *S. Bredart*

Métacommunication

Pour J. H. Flavell, la métacommunication renvoie à la connaissance que le sujet a des facteurs qui interviennent dans tout comportement (verbal ou non) participant à une activité de communication*, en particulier la connaissance des facteurs liés aux personnes en interaction*, à la tâche* à accomplir et à la stratégie* du locuteur. D'autres auteurs postulent que la métacommunication se réfère uniquement à la maîtrise consciente des aspects non verbaux de la situation de communication. Dans un cas comme dans l'autre, il s'agit d'une maîtrise d'aspects non spécifiquement linguistiques de la communication. *J.-E. Gombert*

Métaconnaissance

Une métaconnaissance est toute connaissance sur des connaissances*. Dans un système-expert*, les métaconnaissances sont utilisées pour assurer la gestion de la base de connaissances* : structurer, abstraire, assurer la cohérence, généraliser des connaissances qui appartiennent à cette base. Par exemple, elles peuvent déterminer quel sous-ensemble de connaissances doit être utilisé selon le contexte ou l'étape de la résolution du problème. Par suite, elles peuvent représenter des stratégies* de résolution ou d'apprentissage*. Les métaconnaissances sont utilisées pour formaliser les processus métacognitifs* de contrôle de l'activité cognitive, par exemple lors de la résolution de problèmes ou de l'acquisition de nouvelles connaissances. *J. Mathieu*

Métacontraste

Phénomène apparaissant lorsqu'une impression lumineuse brève se trouve plus ou moins complètement inhibée du fait qu'une impression analogue consécutive affecte une région contiguë de la rétine. Lorsqu'une première figure est présentée brièvement et suivie à court intervalle (environ 125 ms) d'une seconde figure projetée sur une région rétinienne adjacente ou presque à celle de la première, la première figure n'est pas perçue ou ne l'est que faiblement. Si l'ordre de présentation est inverse, ou si l'intervalle temporel est réduit ou augmenté, les deux figures sont perçues, respectivement, simultanément ou successivement (synonyme : masquage* rétroactif latéral). *R. Génicot*

Métalangage

1. Ou **métalangue :** langage* naturel ou formalisé (comme en logique) qui sert lui-même à parler d'une langue. Cette définition est à l'origine de l'acception que les linguistes donnent à l'adjectif « métalinguistique » comme qualifiant les utilisations du langage pour référer à lui-même.
2. Ou activités métalinguistiques : sous-domaine de la métacognition* qui concerne le langage et son utilisation. Il comprend les activités de réflexion sur le langage et son utilisation ainsi que les activités de contrôle conscient et de planification* par le sujet de ses propres processus de traitement linguistique (en compréhension* ou en production*). *J.-E. Gombert*

Métalangue → Métalangage

Métalinguistique (Fonction —) → Fonction du langage

Métamémoire

Dans un premier sens, connaissances* explicites, verbalisables des individus à propos de la mémoire*. Une taxonomie classique distingue les connaissances relatives aux personnes (par ex., la connaissance de ses propres habiletés mnésiques ; les connaissances à propos des différences inter- et intra-individuelles de la performance mnésique) ; aux tâches (par ex., les connaissances des exigences et contraintes liées aux situations de mémorisation et de récupération de l'information*) et aux stratégies (par ex., la connaissance des stratégies d'encodage* et de récupération*).

Dans un second sens, processus d'évaluation*, non nécessairement conscients, entrant dans la régulation* des processus mnésiques au cours d'une tâche. L'évaluation des chances de succès d'une recherche en mémoire en est un exemple. Cette évaluation peut phénoménalement se traduire par un sentiment de connaissance et est susceptible de contrôler l'initiation ou le maintien d'une stratégie de récupération. L'évaluation des résultats de la recherche entreprise en est un autre exemple. Elle est susceptible d'induire un changement de stratégie de récupération ou purement et simplement le maintien d'une recherche en mémoire.

La plupart des auteurs s'accordent sur le fait que le concept de métamémoire est très flou, et finalement utilisé faute de mieux. *S. Bredart*

Métaphore

Figure de style* (ou trope) qui fait prendre à un mot la signification* d'un autre mot appartenant à un champ sémantique* voisin. La métaphore usuelle fait partie du code* : *« pied de la table », « flanc de la montagne », « lit du fleuve ».* Dans un énoncé comme *« Achille est une patate »,* le processus métaphorique introduit une mise en retrait de l'isotopie* du légume (connotation*), tandis que l'isotopie humaine (/nullité/) fait l'objet, elle, d'une dénotation*. La métaphore vive, analysée par P. Ricœur en 1975, instaure au contraire un nouveau régime de vérité : l'éclipse de la référence* ordinaire est la condition de l'émergence d'un véritable pouvoir de redescription. Dans tous les cas, une métaphore comme *« Achille est un lion »* donne à l'interprétant l'instruction de sélectionner dans la représentation* globale du comparant (lion), terme métaphorisant ou « véhicule », et dans celle du comparé (Achille), terme métaphorisé ou « teneur », un certain nombre de sèmes* compatibles avec le co(n)texte* (/courageux/ plutôt que /paresseux/, par ex.). Cette opération de sélection est plus ou moins floue selon que la métaphore est poétique ou argumentative. *J.-M. Adam*

Métapsychologie

S. Freud utilise en 1896 ce néologisme, destiné à marquer la différence entre les vues sur les processus mentaux issues de ses recherches cliniques et une psychologie traditionnelle qui lie activité mentale et conscience. Le choix du terme indique à la fois une continuité avec la métaphysique (l'intérêt pour la philosophie s'est déplacé sur la psychologie) et une opposition (les réalités « suprasensibles » s'expliquent par une projection de l'inconscient).

Le champ de références du concept est demeuré imprécis. Les articles rassemblés sous ce terme laissent à penser que ce dernier s'applique à l'ensemble des processus psychiques observés en psychanalyse. Toutefois, S. Freud propose d'appeler métapsychologique la description d'un processus psychique selon ses relations dynamiques, topiques et économiques. Cette présentation peut sans doute s'appliquer à des cas individuels ou à des processus généraux. Dans ce second cas, on serait amené à distinguer la psychologie psychanalytique (les processus) et la métapsychologie (les principes de force, d'énergie psychique et d'instances de la personnalité). En réalité, processus et points de vue dépendent étroitement les uns des autres, et on peut considérer comme proprement métapsychologiques tous les grands écrits théoriques qui jalonnent l'œuvre de S. Freud.

Les points de vue qui définissent une présentation métapsychologique ont connu des modifications ultérieures. Substitution du structural au topique (D. Rapaport et M. Gill), ajout du génétique (H. Hartmann et E. Kris) et de l'adaptatif (D. Rapaport et M. Gill). Des transformations plus radicales ont été opérées (en particulier M. Klein, W. Bion) sans toutefois s'appuyer sur une remise en cause explicite des références freudiennes.

Une critique radicale de la validité scientifique de la métapsychologie a conduit à lui opposer une théorie « clinique » qui s'appliquerait exclusivement aux événements observables au cours de la cure. On a pu soutenir en revanche que la métapsychologie était la conceptualisation abstraite des processus de communication observables dans la situation psychanalytique et qu'à ce titre elle donnait matière à une confrontation interdisciplinaire. *D. Widlöcher*

Métathétique → *Continuum*

Méthode

Ensemble de procédures*, démarches ou règles adoptées dans la conduite d'une recherche ou dans une pratique. Les méthodes varient, quant à leur degré de généralité, du plus vaste au plus étroit : la méthode d'observation*, la méthode expérimentale* caractérisent de grandes approches scientifiques, alors que la méthode de l'erreur moyenne* ou la méthode des choix forcés* désignent des procédures expérimentales très particulières dans le cadre des méthodes psychophysiques*.

En tant que science, la psychologie partage les grandes méthodes d'investigation communes aux divers champs de l'activité scientifique : induction*, déduction*, observation, expérimentation*, mesure*, qu'elle spécifie à leur tour en méthodes particulières à son domaine propre, par exemple méthodes éthologique*, d'exploration critique*, des tests*, génétique*, psychométrique*, projectives*, etc. Un problème particulier de méthode s'est pourtant présenté à la psychologie quant à la place à donner, dans une démarche scientifique, à la méthode introspective*, source traditionnelle d'informations aussi bien pour la psychologie du sens commun que pour la psychologie philosophique. La psychologie scientifique du XIXe siècle en est restée tributaire, s'efforçant d'en compenser le caractère subjectif par la rigueur de l'expérimentation et de la mesure. Il a fallu attendre le début du XXe siècle, et la révolution behavioriste*, pour que l'introspection perde sa place au profit de méthodes objectives. Les courants phénoménologiques* et humanistes* en psychologie clinique ont cependant rendu au débat une certaine actualité.

Dans ses multiples champs d'application, la psychologie a développé des méthodes qui tracent de manière plus ou moins stricte les modalités de l'interaction entre le praticien et la ou les personnes auxquelles s'adresse son intervention. Ainsi parle-t-on en pédagogie de méthode active, de méthode de groupe, de méthode globale ou analytique pour l'enseignement de la lecture ; en clinique*, de méthode non directive, de méthode analytique, comportementale, etc.

Qu'il s'agisse de recherche ou de pratique, la définition non ambiguë des méthodes est la première condition de reproductibilité ou de comparaison des observations. On sait d'autre part que les données recueillies, ou, dans la pratique, les effets obtenus, sont étroitement dépendants des méthodes mises en œuvre. Ainsi, un seuil* sensoriel prendra des valeurs légèrement différentes selon qu'il aura été déterminé à l'aide de la méthode des limites*, de la méthode des stimulus constants* ou d'une méthode d'ajustement*. Une discrimination* se révélera plus ou moins vulnérable à des facteurs interférents selon qu'elle aura été acquise avec ou sans erreurs*. Il est donc essentiel de rapporter des faits observés aux méthodes utilisées.

M. Richelle

Méthode active → Active

Méthode analytique

Autre nom donné à la méthode globale* d'apprentissage* de la lecture*. Les non-initiés ont tendance à l'appliquer à la méthode syllabique traditionnelle que les spécialistes qualifient, au contraire, de synthétique. Le contresens ne peut être évité que si l'activité est saisie au titre de la tâche* de l'apprenant. Ou ce dernier est placé, au départ, face à un donné complexe à la fois porteur de sens* et de confusion ; son travail est de décomposer-recomposer cette globalité, d'où le terme d'« analyse ».

Ou l'apprenant est censé aller du plus élémentaire au plus complexe, ce qui suppose une démarche d'agrégation progressive et sensée des éléments, d'où le nom de « synthèse ». *D. Hameline*

Méthode audiovisuelle

Alors que l'expression **techniques audiovisuelles** désigne l'ensemble des procédés de reproduction et de diffusion des images et des sons utilisés isolément ou combinés dans la communication de masse, l'expression méthode audiovisuelle reste vague. Elle recouvre tantôt l'utilisation pédagogique occasionnelle de matériels (projecteurs et rétroprojecteurs, enregistreurs, ordinateur ou télécommunication), tantôt le recours à des produits médiatisés (films, programmes télévisuels, logiciels éducatifs), tantôt encore l'application de méthodes d'enseignement proprement dites, indissociables d'un matériel donné comme, par exemple, l'enseignement audio-oral des langues étrangères en laboratoire de langues.

G. de Landsheere

Méthode cathartique → Catharsis

Méthode d'ajustement → Ajustement

Méthode d'autoévaluation → Autoévaluation

Méthode d'économie → Économie

Méthode Delphi

Enquête d'opinion* sur l'évolution future, à long terme, d'un problème, d'une technique, d'une situation sociale, politique ou économique... Une première enquête permet de rassembler, dans des conditions d'anonymat, les opinions et les intuitions d'un échantillon* de personnes informées et compétentes. Ces opinions font ensuite l'objet d'une classification et sont résumées de manière à fournir la trame d'une nouvelle enquête auprès du même échantillon. Plusieurs enquêtes sont parfois organisées en succession, chacune s'appuyant sur les résultats apportées par la précédente, avec l'idée que le consensus ainsi atteint progressivement permet d'obtenir la meilleure prédiction possible. *C. Lévy-Leboyer*

Méthode de reconstruction → Reconstruction

Méthode des adoptions → Adoption

Méthode des jumeaux → Jumeaux

Méthode des lieux → Mnémonique (Stratégie —)

Méthode des limites → Limite

Méthode des mots clés → Mnémonique (Stratégie —)

Méthode du risque → Risque

Méthode du soufflage → Soufflage

Méthode expérimentale → Expérimental

Méthode globale

Objet de l'une des controverses les plus acharnées et les plus persistantes du siècle. Les spécialistes sont d'accord pour considérer qu'une méthode globale pure d'apprentissage* de la lecture* est impraticable, même si l'on souscrit aux deux principes posés par O. Decroly :

1. les enfants sont portés spontanément à communiquer avec le milieu ;
2. ils perçoivent ce dernier, et particulièrement ses messages*, comme un tout. Ce second principe conduit la plupart des auteurs de méthodes à proposer un point de départ global. C'est la durée de cette phase qui, tant en théorie qu'en pratique, continue à susciter des conflits, même si l'on peut considérer que les vraies questions sont ailleurs : types d'activité* de l'apprenant, rapport phonétique-graphique, programmation* de la phase d'analyse-synthèse, etc.

D. Hameline

Méthode longitudinale → Longitudinal

Méthode projective → Test projectif

Méthode traditionnelle

Si l'attitude de réquisitoire qui préside à l'emploi de la formule est attestée dès saint Augustin quand il dresse le procès de son éducation* scolaire, la description d'une méthode, puis d'une école traditionnelles a été, pour la plus grande part, fabriquée par les tenants de l'Education nouvelle* à qui elle sert de repoussoir quand ils s'en prennent aux défauts de l'école qui leur est contemporaine. A. Kessler, qui situe vers 1920 la généralisation de ce portrait charge, a fait l'inventaire des griefs : verbalisme et intellectualisme, ignorance ou méconnaissance de la psychologie de l'enfant*, autoritarisme et routine. Mais il a montré qu'il n'est pas possible de situer dans l'histoire une époque où cette désignation cernerait un ensemble positif de pratiques raisonnées et homogènes légitimant le nom de méthode. *D. Hameline*

Méthode transversale → Transversal

Métonymie

Figure* de style par laquelle un terme est substitué au terme réputé le plus adéquat en fonction des liens de contiguïté entre les deux. Par ce procédé, courant dans la langue française, il peut s'agir de désigner le contenu par le contenant *(« boire un verre »)*, l'objet par la matière *(« acheter une porcelaine »)*, le nom du producteur *(« vendre un Picasso »)* ou le lieu de la production *(« manger un Brie »)*. La désignation* du tout par l'une de ses parties est le plus souvent rangée sous l'étiquette **synecdoque** *(« l'industrie française manque de bras »)*. *J.-L. Chiss*

Métrique

Lorsqu'on définit une distance sur un ensemble d'observables, on dit que l'on munit cet ensemble d'une métrique. Métrique est souvent opposé à ordinal*. Certaines procédures statistiques nécessitent que les données soient munies d'une métrique, avec l'avantage d'une plus grande commodité. On rappelle qu'une métrique euclidienne est une métrique dans laquelle on peut définir l'orthogonalité et le théorème de Pythagore. *P. Bonnet et H. Rouanet*

Micro-enseignement → Autoscopie

Microgenèse

Ce concept est apparu en psychologie génétique lorsque l'étude des structures opératoires* s'est vue supplantée par celle des stratégies* ou des procédures qui expliqueraient leur constitution. Le sujet est confronté à des tâches pour lesquelles il doit assembler des séquences d'actions et de représentations*. Cet assemblage se fait au travers de microgenèses, qui, contrairement à la genèse des structures, peuvent être empiriquement étudiées. Si des traits généraux de cette dernière se retrouvent en elles (le passage de l'action à la pensée, du réussir au comprendre, etc.), il y manque l'aspect d'intégration structurale (au sens fort). La microgenèse n'est donc pas tant un condensé de la macrogenèse qu'un instrument privilégié d'étude des processus toujours concrets au travers et au moyen desquels se fait l'équilibration*. *J.-J. Ducret*

Microglie → Glie

Micromilieu

Terme peu usité, et souvent alors confondu avec biotope*, pour désigner un lieu de vie strictement délimité, un site réunissant des conditions physiques très particulières, des ressources ponctuelles. S'entend davantage comme microclimat, qui est préférable et qui se rapporte aux conditions climatiques (éclairement, luminosité, température, humidité) et par suite aux ressources propres à un espace réduit, une station, un biotope. *J.-C. Ruwet*

Micropsie → Macropsie

Migration

Déplacements latitudinaux périodiques et synchrones de populations animales entre une aire de reproduction et une aire d'hivernage* (migration d'automne) suivis d'un retour (migration de printemps). Celui-ci ramène dans les régions nordiques, pendant une brève bonne saison, des populations de nidificateurs occupant les niches* écologiques que ne peuvent saturer les populations sédentaires nordiques, fatalement maintenues à un très faible niveau de densité par les sévères conditions hivernales. Les adultes survivants et les jeunes produits gagnent alors leurs quartiers d'hiver dans des aires géographiques de l'hémisphère sud, au moment où celles-ci offrent les meilleures conditions d'existence. Les migrations transcontinentales impliquent le déclenchement à dates fixes et la synchronisation aux signaux saisonniers de l'environnement* (variations de la photopériode) de cycles hormonaux ainsi que le développement de l'aptitude à s'orienter, à déterminer sa position géographique, à choisir et conserver un cap en utilisant un compas magnétique et un compas céleste fondé sur le soleil et les étoiles (migrateurs nocturnes ou diurnes).

Par leur aptitude au vol, leur sensibilité aux variations de la lumière et du champ magnétique, leur acuité et leur mémoire visuelles, les oiseaux ont plus que tout autre développé ces capacités migratoires et présentent les exemples les plus frappants de navigation transcontinentale (sternes, grues, cigognes, hirondelles, fauvettes). Les poissons offrent des exemples classiques de déplacements non annuels entre une aire de reproduction et une aire de croissance (anguilles, saumons). On connaît des cas de migrations régulières intracontinentales (par ex., les migrations annuelles des gnous et des zèbres dans les savanes du Serengeti en Afrique de l'Est en fonction du patron de distribution des pluies de part et d'autre de l'équateur) et des migrations altitudinales entre plaines et montagnes. Le monde animal présente tous les cas intermédiaires d'erratisme entre le sédentarisme pur et la migration vraie. Enfin, on réserve le nom d'invasion aux brusques irruptions d'immigrants en surnombre, et non suivies de retour, à partir de zones de prolifération (criquets migrateurs, casse-noix, geais).

J.-C. Ruwet

Milieu

Dans son acception la plus courante en psychologie, le terme milieu est synonyme d'environnement*, et désigne l'espace de vie d'un individu, d'un groupe, d'une espèce (niche* écologique*). Sans autre spécification, il englobe le milieu physique et le milieu social (le terme « entourage » s'appliquant, plus particulièrement chez l'homme, au milieu social proche). L'expression milieu socioculturel est souvent préférée pour marquer la spécificité du milieu social humain, où les productions et représentations* culturelles tiennent une place importante à côté des congénères eux-mêmes. Les activités des organismes sont généralement conçues comme des adaptations* au milieu, qui peuvent néanmoins consister à l'aménager, à le modifier, voire à le construire.

Par **facteur(s) de milieu**, on entend l'ensemble des conditions externes, physiques et sociales, contribuant à déterminer les conduites d'un organisme et influençant son développement. *E. Jalley et M. Richelle*

Milieu intérieur (ou **interne**) : concept biologique dû à Claude Bernard. Ensemble des processus physiologiques interactifs au sein de l'organisme concourant à l'homéostasie*, caractérisé par le maintien des constantes biologiques propres à l'espèce. Les mécanismes physiologiques tendent vers l'équilibre* et la constance d'un milieu intérieur fermé et uniforme où évoluent les principes permettant la vie et l'autonomie de l'individu par rapport au milieu extérieur. Le vivant crée les conditions de son existence libre et son propre déterminisme. Il y a donc une relation entre l'indéterminisme extérieur et un déterminisme intérieur que l'organisme assure et assume lui-même. Le vivant se soustrait donc de l'environnement et produit son propre monde. Le comportement* est ce qui permet de relier le milieu intérieur au milieu extérieur. *M. Le Moal*

Mimétisme

Désigne toutes les formes d'imitation, quant à la forme et aux colorations, de structures de l'environnement* au sein desquelles le copieur se confond par camouflage* et homochromie*. Des phasmides, sauterelles et mantes miment des brindilles et des feuilles, soit pour se protéger, soit pour guetter une proie.

Une forme répandue de mimétisme est la **mimicrie**, où l'imitation morphologique et comportementale n'a pas pour objet de dissimuler, mais au contraire d'exposer, de tromper et de détourner ainsi quelque profit. Des orchidées miment des insectes qui, en cherchant à s'accoupler avec ces fleurs, assurent par le fait même leur pollinisation impossible autrement. Des insectes inoffensifs en miment d'autres, venimeux ou chargés d'âcres émanations et dont les oiseaux prédateurs ont fait la désagréable expérience, de façon à dissuader et à tenir ces derniers à l'écart (mimétisme aposématique ou mimicrie batésienne). Les coléoptères myrmécophiles miment l'apparence et la sollicitation antennaire des fourmis qu'ils parasitent et en obtiennent la régurgitation alimentaire. Le poussin des veuves parasites mime le schéma de quémande* du gosier des poussins de l'hôte et déclenche à son profit la distribution de nourriture du parent adoptif. L'*Aspidontus*, petit poisson carnassier, mime l'apparence et la nage du *Labroïdes,* petit poisson nettoyeur, et peut mieux s'approcher des poissons-clients, non pour les débarrasser des ectoparasites, mais pour leur arracher un morceau de nageoire ou de peau. Dans les groupes sociaux où règne la promiscuité enfin, des sujets dominés imitent le comportement gestuel et vocal de sujets dominants pour détourner à leur profit quelque avantage, l'approche de femelles par exemple (mimicrie de statut).

J.-C. Ruwet

Mimétisme affectif

Le mimétisme affectif est décrit par H. Wallon comme occupant la période* finale (0,6-1 an) du stade émotionnel (00-0,9 ou 1 an), où s'observent également diverses formes de rapports couplés entre nourrissons. Il repose sur le mécanisme de la contagion* mimique, en tant que principe d'un répertoire de plus en plus différencié, au cours de la psychogenèse*, des formes de la communication* émotionnelle. La mimique est une spécification de la posture* au niveau de la face.

R. Doron et E. Jalley

Mimicrie → Mimétisme

Mimique

Configuration de mouvements* faciaux qui accompagne divers comportements humains et animaux, en particulier les productions orales humaines ; dans ce dernier contexte, elle constitue l'un des aspects de la communication non verbale*. Les mimiques sont des signaux* cinétiques rapides, intégrés à la mimogestualité d'un émetteur*, c'est-à-dire à l'ensemble des signaux non verbaux transmis par le canal visuel. Les mimiques peuvent contribuer à la connotation* du contenu d'un discours*, et peuvent fournir également des indications sur l'état (les émotions*) de l'émetteur.

J.-P. Bronckart

Mineurs (Protection judiciaire des —)

Ensemble des mesures judiciairement ordonnées destinées à préserver les jeunes, âgés de moins de 18 ans en France, contre les conflits*, les situations et les actions qui pourraient leur être nuisibles. La notion de minorité est définie dans le droit civil et pénal. En droit pénal français, l'irresponsabilité des moins de 13 ans est absolue, elle devient excuse atténuante pour les enfants de 13 à 16 ans et facultative de 16 à 18 ans. La justice des mineurs donne priorité à l'éducation* et à la protection sur la répression au travers de mesures d'éducation surveillée, d'assistance éducative ou de changement de milieu de vie (placement familial ou institutionnel). Elle s'intéresse d'abord à la personnalité* du mineur pour prendre ses décisions. Le juge des enfants peut être saisi directement et intervenir rapidement lors de conflits et d'urgences. Les mesures prises à l'égard des mineurs présentent une grande souplesse : elles peuvent être provisoires et reconsidérées en fonction de l'évolution des sujets. Lorsque les mineurs sont en danger, le juge des enfants peut ordonner une mesure de protection confiée aux services d'Aide sociale à l'enfance des directions départementales des Affaires sanitaires et sociales.

J. Selosse

Minorité → Majorité

Minorité légale

Définie par des règles juridiques, la notion de minorité caractérise le statut des enfants et des adolescents considérés comme incapables de gouverner leur personne et leurs biens avant d'avoir atteint une certaine limite d'âge. Les sujets mineurs sont soumis à l'autorité parentale qui doit veiller à leur sécurité, santé, éducation et moralité. Ils font l'objet de mesures de protection judiciaire. Dans une conception traditionnelle, les mineurs deviennent sujets de droit quand ils sont en danger ou considérés comme dangereux. Dans le droit civil, la notion d'« intérêt de l'enfant » sert d'argument aux adultes qui parlent au nom des mineurs lorsque ceux-ci sont l'objet de décisions judiciaires. L'évolution des rapports entre les générations, les changements de mentalités et de représentation de l'enfance et de la jeunesse ont modifié cette conception à la fois autoritaire et protectrice des mineurs à qui les droits sont octroyés. Les législations progressent vers la reconnaissance d'une existence originale d'un statut légal de minorité, compte tenu de la capacité reconnue aux mineurs à faire entendre leur voix ainsi qu'à se protéger eux-mêmes d'autrui dans les débats qui les concernent. La convention des Nations unies sur les droits de l'enfant (1989) vise à garantir internationalement un droit à l'enfance.

J. Selosse

Mire

Dessin mosaïque ou en réseau servant de stimulus* visuel. Les mires les plus souvent utilisées sont des dessins composés de bandes parallèles verticales, alternativement noires et blanches, et dont la fréquence* spatiale (nombre de bandes noires et blanches par degré d'angle) et le contraste* (sinusoïdal, carré, ou plus ou moins important) peuvent varier. Ces mires constituent des optotypes* (tests visuels) de choix dans l'établissement de visuogrammes (courbes correspondant aux coordonnées : fréquences spatiales en abscisses et sensibilité au contraste en ordonnées).

R. Génicot

Miroir

Dessin en miroir : épreuve psychomotrice dans laquelle le sujet doit tracer le contour* d'une figure* en suivant sa production du regard, non pas directement, mais réfléchie dans un miroir. Il s'agit d'une situation simple permettant de mettre en évidence le réajustement par apprentissage* des coordinations* visuomotrices lorsque les modalités d'information* habituelles ont été modifiées. La comparaison des performances des deux mains, au terme de l'apprentissage de l'une d'entre elles seulement, permet aussi de démontrer le transfert* contralatéral* de ce réajustement, attestant qu'il se situe au niveau central et non périphérique.
Écriture en miroir : écriture à la main gauche, de droite à gauche et parfaitement symétrique à l'écriture normale de la main droite, dont se montrent capables certains gauchers.
Épreuve du miroir : les réactions du sujet à son image spéculaire ont été utilisées comme indices de la reconnaissance et de la prise de conscience* de soi par C. Darwin et par W. Preyer au XIXe siècle. Elles ont fait plus récemment l'objet de travaux expérimentaux, notamment de R. Zazzo et de M. Lewis et J. Brooks-Gunn chez le bébé humain, et, chez l'animal, de G. Gallup. Ce dernier a imaginé le test de la tache : une tache colorée, qui ne provoque aucune sensation cutanée, est placée sur le visage de l'animal ; son repérage sur soi-même à partir de l'image spéculaire est considéré comme témoin de la reconnaissance de soi (V. Schéma corporel, Somatognosie, Représentation). *M. Richelle*

Miroir (Transfert en —) → Transfert

Mise en train

Par analogie avec l'échauffement musculaire préalable aux activités sportives, la mise en train *(warming up)* est une phase de dégel des relations à l'intérieur d'un groupe de libre discussion et surtout de psychodrame* pour aboutir à des échanges ou à des jeux plus spontanés et plus vrais. La mise en train consiste en des discussions visant à lever les résistances* des participants à s'impliquer dans l'activité de formation ou de psychothérapie, dont ils sont par ailleurs demandeurs, et à créer un climat de groupe chaleureux (V. Familiarisation). *D. Anzieu*

MLU

Groupe des lettres initiales de *mean length of utterance* (en français, « **longueur moyenne des énoncés** »). Il s'agit d'une mesure de la longueur moyenne des énoncés d'un corpus*, calculée en nombre moyen de morphèmes*, et introduite par R. Brown en 1973 dans ses travaux sur l'acquisition du langage. Les repères chronologiques étant trop fluctuants pour pouvoir être prédictifs, la longueur moyenne des énoncés (au moins jusqu'à une valeur de 4 morphèmes) est généralement considérée comme un indice fiable du développement* linguistique, permettant notamment de délimiter des phases successives à l'intérieur desquelles les acquisitions se situeraient les unes par rapport aux autres. Brown définit ainsi quatre étapes de référence : la première débute avec des énoncés d'une longueur moyenne de 1,75 (observés par Brown chez des enfants de 18 à 27 mois), la quatrième se terminant avec les énoncés d'une longueur moyenne de 4 (observés chez des enfants de 26 à 48 mois). *M. Hupet*

Mnémomètre

Dispositif de présentation de stimulus visuels utilisé en psychologie expérimentale de la mémoire*. L'usage du tachistoscope* électronique et des dispositifs de présentation (écran cathodique, projecteur) contrôlés par micro-ordinateur a remplacé celui des différents mnémomètres classiques. *S. Bredart*

Mnémonique

Qualifie une série de stratégies* visant à améliorer les performances de mémorisation* et de récupération*. Ces stratégies impliquent le plus souvent l'**autorépétition** du matériel, s'il est verbal, ou la création d'associations*, de relations significatives entre les éléments d'un matériel à apprendre (par ex. une liste de mots). Les méthodes dites des lieux et des mots clés sont souvent citées à titre illustratif. La **méthode des lieux** consiste à imaginer un parcours dans un endroit bien connu, visualiser certains lieux précis de cet endroit et attribuer un élément du matériel à chaque lieu. Le recours à la **méthode des mots clés** exige que le sujet ait préalablement établi un système d'associations entre chiffres et mots (ou entre nombres et lettres dans certains cas). Le principe d'association peut être fondé sur la rime (un = parfum, deux = nœud, trois = roi, etc.) mais d'autres règles d'association plus complexes sont aussi utilisées. Lors de l'apprentissage d'un matériel nouveau, l'individu associe les mots présentés aux mots clés en formant une série d'images mentales bizarres. Par exemple, si les mots du matériel à mémoriser sont « arbre, soulier, banane », etc., il peut imaginer une scène comprenant un arbre dont les fruits sont des flacons de parfum, un soulier contenant un nœud papillon et un roi dévorant une banane. L'évaluation de l'efficacité des méthodes mnémoniques fait toujours l'objet d'investigations expérimentales. *S. Bredart*

Mnémotechnique

Ensemble de stratégies* et de techniques susceptibles d'aider la mémorisation*. La mnémotechnique, considérée comme un art véritable dans l'Antiquité, faisait l'objet d'un enseignement spécifique. Peut aussi qualifier ces stratégies et techniques ; est alors synonyme de « mnémonique* ».

S. Bredart

Mnésique

Qualifie l'ensemble des processus mentaux qui permettent de conserver des informations* sur les événements passés. L'étude des processus mnésiques tente d'élucider trois grands problèmes : la mémorisation*, c'est-à-dire le codage et le stockage des informations, la rétention*, c'est-à-dire le maintien de l'information en mémoire (V. Oubli) et la récupération*, à savoir le recouvrement de l'information en mémoire.

On distingue classiquement trois systèmes mnésiques : le registre de l'information sensorielle, la mémoire à court terme* et la mémoire à long terme*. Le registre de l'information sensorielle est un système qui maintient en place une trace* visuelle, une image détaillée, de l'information sensorielle parvenue à un organe des sens, et ce pendant quelques dixièmes de seconde. La mémoire à court terme est un système à capacité limitée stockant de façon temporaire une partie interprétée des données sensorielles. La mémoire à long terme possède une capacité de stockage théoriquement illimitée. Nos connaissances sur le monde y sont stockées de manière potentiellement permanente. Cette division tripartite de la mémoire est régulièrement remise en question. *S. Bredart*

Mobilité sociale

La mobilité sociale désigne les mouvements des individus ou des groupes d'individus à l'intérieur du système professionnel, soit au cours de leur existence (mobilité intragénérationnelle), soit d'une génération à la ou aux suivantes (mobilité intergénérationnelle). Elle est dite horizontale, et désigne alors les changements de statut ou de position sociale à l'intérieur d'un secteur ou entre secteurs professionnels différents, ou verticale lorsqu'elle rend compte des mouvements entre des positions sociales hiérarchisées. Les études de mobilité sociale verticale intergénérationnelle ont mis en évidence l'échec du système scolaire à corriger les inégalités dues à l'héritage socioculturel familial. *P. Lidvan*

Modal

Qui se rapporte au mode*. En statistique, se dit de la valeur correspondant à l'effectif le plus élevé d'une distribution*.

En anthropologie culturelle, selon une distinction due à R. Linton, un **trait modal** est un trait effectivement observé dans les comportements de la plupart des membres d'une culture, par opposition au **trait idéal** que ceux-ci rapportent comme étant la norme, mais en discordance avec la réalité.

En psychologie de la perception, on parle de **complément modal** (par opposition à amodal*) à propos de phénomènes de **complètement** automatique de lacunes dans le stimulus visuel, auxquelles la perception confère exactement les mêmes propriétés qu'au stimulus. Ainsi, si par fixation du regard la projection rétinienne d'une lacune circulaire dans une figure coïncide avec la tache aveugle*, la lacune ne sera pas perçue, et la figure sera subjectivement complétée de façon homogène. *M. Richelle*

Modalisation

L'analyse de la phrase* dans une perspective énonciative conduit à y distinguer ce qui relève de la représentation* et ce qui relève de la modalisation (ou modalité). Dans la phrase *« les spécialistes pensent que la situation s'améliore »,* le segment *« les spécialistes pensent... »* a trait à la modalité ; il exprime l'attitude du sujet *(modus)* à l'égard de l'événement représenté par le segment *« la situation s'améliore » (dictum).* On distingue généralement aujourd'hui les modalités logiques (*de re* : possible, probable, certain et nécessaire) des modalités *de dicto,* qui mettent en jeu les types de constructions syntaxiques :

phrases assertive (affirmation et négation), impérative, interrogative, exclamative, emphatique, mais aussi énoncés incluant des tournures impersonnelles (*« il est triste que », « il est heureux que »*), des verbes modaux (*« devoir », « pouvoir », « falloir », « penser », « espérer »*, etc.) ou des adverbes d'opinion (*« peut-être », « sans doute », « certainement », « probablement »*, etc.).

En sémiotique narrative, le schéma actantiel (V. Actant) est complété par la prise en compte des modalités du vouloir (désir), du savoir, du pouvoir (lutte) et du devoir. Le héros compétent ne réussit sa quête que s'il possède ces diverses modalités. *J.-M. Adam*

Modalité

Une **modalité sensorielle** est un domaine distinct de prise d'information correspondant à une catégorie de récepteurs*. L'expression est synonyme de sensibilité* ou de sens*, pour autant que ces termes renvoient, selon l'usage scientifique moderne, aux différents organes récepteurs. Elle remonte aux travaux de J. Müller et de H. von Helmholtz au XIXe siècle, qui, sur base de la loi des énergies spécifiques formulée par le premier, voulurent marquer l'absolue discontinuité entre les différents systèmes de réception sensorielle.

Dans son sens courant de forme ou condition de réalisation particulière sous laquelle peut se présenter un phénomène, le terme modalité se rencontre dans de nombreux contextes de la psychologie scientifique : ainsi dans certains modèles* de représentation* des concepts en mémoire*, les « rôles » ou descripteurs de contenus peuvent se présenter selon diverses modalités, par exemple obligatoire, optionnelle, inhérente ou dérivable (modèle en réseau sémantique* de Brachman). Modalité d'un facteur : V. Facteur. *M. Richelle*

Modelage

Apprentissage* par observation des autres personnes.

En plus d'une modification directe du comportement par apprentissage classique ou opérant*, l'être humain peut acquérir de nouvelles compétences par l'observation d'autres personnes (apprentissage social, apprentissage vicariant, imitation* ou encore apprentissage par observation). Dans tous les cas, ces apprentissages passent par un modèle*. Pour A. Bandura, le modèle entraîne un apprentissage par les fonctions informatives qu'il fournit et par les représentations* symboliques qu'il produit.

Pour cet auteur, le modelage implique quatre types de processus :
1. des processus attentionnels* qui opèrent des sélections en fonction des caractéristiques de l'observateur, du modèle, ainsi que des comportements présentés ;
2. des processus de rétention* utilisant l'imagerie* mentale ou le système symbolique du langage ;
3. des processus de reproduction motrice ;
4. des processus motivationnels* : l'observateur reproduira ou non les conduites modelées en fonction de leurs conséquences* anticipées. Cela amène à une distinction entre phase d'acquisition et phase de performance.

Les procédures d'apprentissage par modelage se différencient selon les types de relation existant entre observateur et modèle, selon l'existence ou non de conséquences directes pour le sujet, selon le temps qui sépare l'apprentissage et la mise en pratique de celui-ci, selon la nature opérante* ou répondante* de la réponse apprise.

De nombreuses questions théoriques demeurent quant à savoir ce qui est appris pendant l'observation, quelles sources de renforcement* sous-tendent ces apprentissages, quel statut doit être attribué aux réponses du modèle.

Le modelage est un mode d'apprentissage très général qui peut être utile dans un très large éventail de problèmes comportementaux : acquisition de conduites sociales, réduction de réponses émotionnelles, apprentissage chez les retardés mentaux, les autistes, les schizophrènes. *O. Fontaine*

Modèle

1. Le terme modèle a envahi le vocabulaire scientifique, avec une multiplicité de sens, dont certains sont classiques et précis, d'autres récents, qui témoignent par ailleurs d'un laxisme sémantique favorable aux confusions. On distinguera :
a. dispositif mécanique, électrique ou électronique servant, par analogie, à comprendre ou à faire comprendre la conception que l'on se fait du fonctionnement d'un objet naturel. Ainsi, les dispositifs à servomécanisme ou *feed-back** ont été utilisés comme modèle des systèmes biologiques ou psychologiques autorégulés ; les dispositifs hydrauliques comme modèle de la dynamique motivationnelle ; les ordinateurs comme modèle du fonctionnement cérébral ou cognitif* ;
b. représentation en réduction, éventuellement simplifiée, c'est-à-dire ramenée aux

éléments jugés utiles à l'analyse, d'une situation, d'un objet, d'un phénomène, artificiel ou naturel, construite en vue d'en faire plus aisément l'étude. La stratégie du **modèle réduit** ou de la **maquette,** familière aux sciences de l'ingénieur, est souvent adoptée par le chercheur dans toutes les disciplines. Elle est, d'une certaine manière, à la base de beaucoup de situations expérimentales, particulièrement lorsqu'elles visent à analyser et à prédire des comportements dans des conditions extrêmes de la vie réelle : ainsi a-t-on réalisé des modèles expérimentaux en vue d'étudier les altérations éventuelles des comportements en situation d'accélération ou d'apesanteur. Par extension, les expérimentateurs d'aujourd'hui parlent volontiers de modèle pour désigner n'importe quelle situation expérimentale ;

c. dans un sens voisin du précédent, on parle de modèle pour désigner un objet d'étude choisi en raison de sa commodité (laquelle implique généralement la simplicité) pour cerner les éléments essentiels impossibles à appréhender sur des objets plus complexes. Ainsi, l'invertébré marin *Aplysia californica,* dont le réseau neuronal est quantitativement réduit et aisément repérable, a été utilisé comme modèle pour l'étude des mécanismes neuronaux intervenant dans les apprentissages* associatifs. Si la fécondité de cette démarche n'est pas à démontrer, elle expose parfois, si l'on n'y prend garde, à ignorer les problèmes propres aux niveaux de complexité supérieurs ou encore à des généralisations fragilement justifiées par des raccourcis verbaux : on ne peut prendre, sans autres qualifications, comme modèle de la mémoire* le test d'évitement passif* du rat, ou comme modèle de la dépression* un test moteur sensible, chez la souris, à l'action de substances antidépressives ;

d. représentation schématique, généralement sous forme graphique, d'un processus, visant à fournir une description voire une explication* de celui-ci. Le modèle du mécanisme de la mémoire à court terme* de D. Broadbent, le modèle de la constitution et de la récupération de l'image mentale* de S. M. Kosslyn sont deux exemples de ce type de modèle en psychologie cognitive. Ces modèles peuvent différer grandement les uns des autres quant à leur adéquation au réel, à leur prétention explicative et à leur valeur heuristique. Ils s'apparentent ainsi, selon les cas, à des hypothèses* (formulées graphiquement), qui se prêtent à vérification expérimentale (c'est le cas du modèle de Broadbent), ou à des constructions théoriques plus ou moins spéculatives non testables (c'est le cas du modèle de Kosslyn) ;

e. par extension du sens précédent, et de façon sinon abusive, du moins propre à rendre la communication scientifique moins précise, le terme modèle est fréquemment employé comme synonyme d'hypothèse de travail ou de théorie explicative ;

f. cas particulier des sens (b) et (c), les **modèles animaux** sont des descriptions et/ou explications de comportements animaux (ou, par métonymie, les situations expérimentales les mettant en évidence), que l'on tient pour analogues de comportements humains. Le recours à de tels modèles se justifie par des raisons de simplification en vue d'une meilleure analyse, et par des raisons déontologiques, qui interdisent de tester l'hypothèse sur sujets humains. Les expériences de H. Harlow sur la privation de la mère chez le jeune singe ont fourni un modèle animal de la genèse de l'attachement* ; la résignation (ou détresse) acquise* a été proposée par H. Seligman comme modèle animal de la dépression. De tels modèles ont incontestablement une grande valeur heuristique, notamment en déblayant une partie importante du travail de vérification d'une hypothèse dont la vérification chez l'homme sera ensuite à la fois plus rapide et mieux centrée, et en suggérant des explications plus conformes au principe d'économie*. Ils présentent aussi des risques : d'anthropomorphisme*, de négligence des caractéristiques spécifiques aux animaux étudiés et aux êtres humains, de réductionnisme* ;

g. formalisation mathématique utilisée dans la description, l'explication ou la prédiction de données empiriques. Ainsi, les modèles statistiques sont devenus des outils descriptifs courants en psychologie. Mais on y rencontre également de nombreux modèles mathématiques à composante explicative : tel est le cas de la théorie de la détection du signal* en psychophysique*, des modèles factoriels* de l'intelligence*, des modèles d'optimisation* appliqués aux situations de choix entre contingences de renforcement* concurrentes ou de recherche de la nourriture en milieu naturel ;

h. représentation théorique d'un processus, suffisamment formalisée pour se prêter à une simulation*, généralement aujourd'hui une simulation sur ordinateur. Ce type de **modèle simulé,** qui ressortit à la fois aux sens (b), (d) et (g) ci-dessus, est devenu une forme de plus en plus utilisée de construction d'hypothèse et de vérification de plausibilité. Sa fécondité est inappréciable pour

autant que le retour à la réalité empirique ne soit pas perdu de vue.
2. Comportement d'un congénère faisant l'objet d'une reproduction ou d'une tentative de reproduction imitative. Personne à laquelle un individu s'identifie (V. Imitation, Identification, Modélisation).

M. Richelle

Modélisation

Recours à un modèle* dans la description ou l'explication du réel ; construction d'un modèle. Le terme s'emploie le plus souvent lorsqu'il s'agit d'un modèle formel (V. Formalisation). *M. Richelle*

Modulaire

Organisé en modules. La neuroanatomie du néocortex a révélé, avec les travaux de Szentagothai dans les années 1970, une organisation modulaire, structurant des ensembles de neurones verticalement (colonnes modulaires) à travers les six couches architectoniques *(laminae)* du cortex. Ces modules, dont chacun rassemblerait quelque 2 500 neurones et que l'on peut estimer au nombre de quelque quatre millions dans le cortex cérébral humain, constitueraient l'unité de base de sa dynamique fonctionnelle. Ce type d'organisation suggère, au niveau neuropsychologique, un agencement raffiné des supports neuronaux des fonctions cérébrales, singulièrement plus complexe que les anciens schémas localisationnistes ne le laissaient supposer. Il a inspiré les conceptions des fonctions cognitives axées sur la modularité*.

M. Richelle

Modularité

Caractéristique d'un système modulaire*, composé de **modules.** Désignant à l'origine une unité de mesure utilisée en architecture puis en hydraulique et en mécanique, le mot module a été ensuite employé dans le domaine de l'électronique puis de l'informatique pour désigner des unités fonctionnelles autonomes qui, associées selon différentes configurations, confèrent à un système de traitement sa souplesse d'utilisation. C'est avec un sens analogue qu'il a été adopté dans les sciences cognitives* et dans les neurosciences*.

Depuis la fin des années 1970 s'est développé un courant de recherches et de réflexion centré sur la notion de modularité dans le fonctionnement cognitif, dont le principal théoricien est J. A. Fodor. L'architecture cognitive reposerait sur deux types de processus*, les uns modulaires ou « verticaux », infrastructure essentiellement responsable du traitement des informations* à l'entrée du système, les autres centraux ou « horizontaux », superstructure mise en jeu dans la résolution de problèmes*, l'inférence*, les croyances et expectations, en un mot dévolue à ce qu'on peut schématiquement appeler la « pensée* ». Les unités modulaires ne seraient pas spécifiques des informations fournies par les différentes modalités sensorielles mais responsables de traitements hautement spécialisés (retour aux facultés* psychologiques) comme la perception de la couleur ou de la forme, la reconnaissance des visages ou des voix. Les opérations de traitement assurées par un module seraient automatiques, donc irrépressibles (on ne peut éviter de traiter sémantiquement un mot dont on doit faire seulement l'analyse phonémique) et, en corollaire, rapidement exécutées. De plus, les étapes successives du traitement intramodulaire, qui constituent des niveaux de représentation* hiérarchisés de l'information d'entrée, ne seraient pas accessibles aux systèmes cognitifs centraux, en particulier à la conscience*. Enfin, les processus se déroulant au sein d'un module seraient informationnellement **encapsulés,** c'est-à-dire non pénétrables, et donc non modulables, par des effets centraux (contextuels, attentionnels, etc.) pour autant que ces effets impliquent des représentations mentales construites avec les produits d'autres modules de traitement. Ces propriétés fonctionnelles des systèmes modulaires plaident en faveur d'une part d'un substrat neuronal inné, précâblé et peu affecté par les effets d'apprentissage* (expliquant la spécificité des dysfonctionnements observés à la suite de lésions nerveuses localisées) et, d'autre part, d'un développement* ontogénétique plus dépendant de la maturation* des systèmes neuronaux que des facteurs environnementaux.

Dans le domaine des neurosciences, la notion d'une **architecture modulaire** des ensembles neuronaux, en particulier du cortex* cérébral, contribue à une reconsidération profonde des relations entre structure* et fonction* dans l'organisation nerveuse. Le tissu cortical serait constitué d'agrégats d'unités anatomofonctionnelles présentant une microstructure identique conçue pour accomplir une même opération de traitement. Une unité, ou module, serait formée d'un petit nombre de neurones présentant une connectivité* intramodulaire dense, organisée verticalement « en colonne », et une connectivité extramodulaire plus lâche, organisée horizontalement « en réseau* », mettant en relation des modules relativement lointains. L'opération de traitement fondamentale se déroulant au sein de l'unité modulaire consisterait à détecter les covariations ou les coïncidences entre les signaux d'entrée du module, grâce à un mécanisme reposant sur le jeu interactif des influences excitatrices et inhibitrices s'exerçant entre les neurones du module. La nature des informations qu'un module importe et exporte, et donc la fonction à laquelle il collabore serait, elle, spécifique du réseau modulaire. Ainsi, une même région du cortex serait constituée par la juxtaposition d'unités de traitement participant à des fonctions différentes, tandis qu'une fonction particulière serait assurée par un réseau de modules anatomiquement « distribués* » dans le tissu cortical.

En dépit de la similitude du vocabulaire et, dans une certaine mesure, des concepts utilisés, les théories modulaires de l'organisation cognitive et de l'organisation nerveuse ne peuvent justifier pour autant une perspective réductionniste* : le module du neurophysiologiste n'est pas la structure responsable du module de traitement du psychologue. Cependant, ces conceptions, qui puisent toutes deux leur inspiration dans la formalisation* et la technologie informatiques*, offrent un terrain privilégié pour une réflexion commune et une collaboration féconde des psychologues cognitivistes et des neurobiologistes. *J. Requin*

Module → Modularité

Moelle épinière

Partie inférieure du système nerveux* central localisée dans la colonne vertébrale. Elle est la partie du névraxe qui diffère le moins du tube neural embryonnaire ; sa forme est celle d'un tube à parois épaisses et à lumière presque obturée : le canal de l'épendyme. Elle s'étend dans le canal rachidien du plan occipital à la deuxième vertèbre lombaire.

Elle est classiquement subdivisée en lames, ensembles anatomofonctionnels et zones d'intégration sensorielles, motrices, sensori-motrices et neuro-végétatives. A la périphérie sont disposés les trois cordons de substance blanche, les cordons postérieur, latéral et antérieur. La corne postérieure correspond à la zone somatosensitive, la corne antérieure à la zone somatomotrice, la zone intermédio-latérale a une destinée végétative motrice et sensitive. La moelle est un centre réflexe* somatique, elle participe à la régulation du tonus* musculaire et est le siège de réflexes de défense et de flexion. Elle est par ailleurs un centre végétatif.

R. Decombe et M. Le Moal

Moi

L'ancienneté d'usage et la diversité des écoles de pensée qui l'ont utilisé rendent impossible une définition précise et univoque de ce terme. Très généralement, il définit la personne* en tant qu'unité distincte. Une ambiguïté fondamentale doit être notée : le moi se fonde sur une expérience subjective (conscience de soi) qui garantit son unité, et en même temps il est l'agent qui gouverne les rapports de la personne au monde. La psychologie, et en particulier la psychopathologie (T. Ribot, P. Janet, S. Freud), à la fin du XIXe siècle, a conduit à démanteler définitivement la théorie d'un moi un et permanent. Le moi apparaît dès lors comme une construction secondaire, exerçant une certaine fonction de contrôle et de régulation sur l'ensemble des opérations mentales accessibles à la conscience* et sur les actions*. Cela explique que le terme ne soit plus guère employé en psychologie, à l'exception de la psychanalyse.

Si le terme a survécu en psychanalyse, c'est parce qu'il a été utilisé pour définir un système partiel, nécessaire à la compréhension du conflit intrapsychique. Le moi apparaît en effet comme une instance au sein de la personnalité* dont les fonctions principales sont l'adaptation* au réel et le maintien de la cohérence interne. Le moi est à la fois l'instance intégrée où se forgent les représentations* conscientes, et en particulier la représentation de soi, et l'agence défensive qui, pour répondre aux deux exigences du principe de réalité et de la cohérence interne, doit, devant tout signal de menace vis-à-vis de ces deux principes (en provenance des représentations internes ou des perceptions), mettre en place des mécanismes de refoulement*. Le moi est donc à la fois le siège de la conscience et l'agent d'opérations conscientes et inconscientes.

Il peut être décrit comme un ensemble organisé (processus secondaire) de représentations et de modes de traitement de ces représentations. Pour expliquer sa genèse, trois processus peuvent être envisagés : l'adaptation du système à la réalité extérieure (passage du **moi-plaisir** ou **moi-**

réalité), le retour de la *libido* sur la représentation de soi (narcissisme*) et l'imitation d'autrui (identification*). On ne peut bien définir les fonctions et les structures du moi sans les articuler avec celles du ça* et du surmoi* qui constituent avec lui les trois instances qui définissent la structure de la personnalité dans la théorie psychanalytique.

En dépit des apparences, le concept psychanalytique de moi demeure ambigu et très imprécis. Des interprétations très différentes ont pu lui être appliquées. Le courant de la psychologie du moi, aux Etats-Unis, a durant les années 1950 mis l'accent sur les fonctions adaptatives, et assimilé à l'activité du moi (au sens psychanalytique) les fonctions générales étudiées en psychologie. A l'inverse, mettant l'accent sur la dimension subjective du moi, J. Lacan en France a développé la théorie selon laquelle le moi, leurre imaginaire, exercerait une fonction de méconnaissance à l'égard de la vie psychique inconsciente. *D. Widlöcher*

Moi auxiliaire

Dans la cure des états-limites* et des psychotiques, le psychanalyste peut être amené à assumer momentanément à la place du patient certaines fonctions du moi* altérées ou non développées chez celui-ci. Il remplit ce rôle de moi auxiliaire jusqu'à ce que le patient ait pu intérioriser ce rôle et prendre en charge cette fonction. En psychodrame*, J. Moreno appelle moi auxiliaire les psychodramatistes* chargés de donner la réplique aux patients dans les jeux. *D. Anzieu*

Moi idéal → Idéal du moi

Moi-peau

Notion intermédiaire entre une métaphore et un concept, élaborée en 1974 par D. Anzieu. Le moi* enveloppe l'appareil* psychique comme la peau enveloppe le corps. Les principales fonctions de la peau se retrouvent transposées dans le moi : interface entre le dedans et le dehors, sac contenant des contenus, mise en correspondance des autres organes des sens entre eux (consensualité) sur un fond d'espace imaginaire constitué par les expériences tactiles précoces, recharge libidinale, soutien de l'excitation sexuelle, etc. Le moi-peau est constitué de deux enveloppes psychiques* : l'enveloppe pare-excitation*, l'enveloppe surface d'inscription. Le repérage des failles du moi-peau et la construction de leur origine sont une part importante du trav psychanalytique sur des patients états limites* et relèvent des techniques de l'analyse transitionnelle*. *D. Anzieu*

Moindres carrés (Méthode des —) → Ajustement

Molaire

Qualifiant le comportement, le terme molaire renvoie à une unité comportementale d'une certaine ampleur, voire finalisée, tendant vers un but*, par opposition à **moléculaire,** qui renvoie à une unité segmentaire, se confondant à la limite avec l'action d'un muscle donné. Les deux termes ont été contrastés, dans le second quart du XXe siècle, par la psychologie américaine pour distinguer deux niveaux d'analyse, l'un s'adressant aux comportements dans leur globalité et leur signification, l'autre les décomposant dans leurs éléments minimaux, sans chercher à en reconstituer ensuite l'intégration. Certains auteurs ont assimilé cette distinction à la distinction entre psychologie et physiologie, la première se préoccupant par essence, selon eux, des comportements molaires, la seconde se satisfaisant de l'approche moléculaire. Cette opposition ne correspond sans doute plus guère aux vues actuelles de la psychophysiologie, ou, plus largement, de la biologie des comportements, où la décomposition jusqu'au niveau élémentaire de la neurochimie, par exemple, n'exclut pas pour autant une attention aux grandes unités intégrées, tels les programmes moteurs* pilotant des gestes complexes et clairement finalisés. D'autre part, l'opposition molaire-moléculaire se heurte à la difficulté de classer sans équivoque des unités* comportementales d'un côté ou de l'autre, ces unités n'étant que des découpages plus ou moins conventionnels, aux fins d'analyse. *M. Richelle*

Moléculaire → Molaire

Monde discursif

Il n'y a pas d'acte d'énonciation* sans construction d'une référence*. Enoncés élémentaires ou discours plus amples présentent toujours une proposition de monde ces « petits mondes » ou mondes possibles* apparaissent aussi bien dans les données d'un problème de mathématiques (droites, plans, points, théorèmes) qu'à travers les individus (humains ou non) qui peuplent et

…iscours historique, géogra-…ique, journalistique ou un …*. En parlant de schémati-…ur la dimension profon-…onnelle de la construc-…discursifs. Les concepts …entaux* ou d'« univers de …» mettent quant à eux l'accent sur …ait que ces représentations discursives sont portées par des sujets et inséparables des mécanismes de polyphonie*.

J.-M. Adam

Monde formel

Expression proposée par K. R. Popper pour désigner un système de représentations sociales* dans lequel s'organisent les connaissances humaines ; elle est synonyme de **monde représenté.**

Le milieu* ne constituant, selon l'expression de Schopenhauer, qu'« une limite jamais atteinte », les humains n'y ont accès qu'au travers de connaissances déjà là, telles qu'elles ont été élaborées et codifiées par les générations antérieures. Selon J. Habermas, trois mondes formels peuvent être distingués : — un monde objectif, organisant les représentations relatives au milieu en ce qu'il est physique, et fournissant des critères pour l'évaluation de la vérité des connaissances et de l'efficacité des actions* ; — un monde social, organisant les représentations relatives aux rites*, normes* et valeurs* qui régulent les interactions entre membres d'un groupe et qui fournissent des critères pour l'évaluation de l'appropriété sociale des actions ; — un monde subjectif, organisant les autoreprésentations des personnes* humaines, et fournissant des critères pour l'évaluation de l'authenticité ou de la sincérité des actions.

J.-P. Bronckart

Mondes possibles

Théorie sémantique* formulée par S. Kripke pour l'interprétation des logiques modales. D'une façon très simplifiée, considérons un système qui contient trois constantes d'objets x_1, x_2, x_3 et un prédicat* à une place m. On peut y former trois expressions mx_1, mx_2 et mx_3. Si l'on interprète le système en posant x_1 = Dieu, x_2 = vous, x_3 = moi et m = être mortel, mx_1, mx_2 et mx_3 deviennent des propositions* vraies ou fausses. Dans le monde usuel, mx_1 est fausse et les deux autres propositions sont vraies. Une combinatoire* simple fait voir qu'il ne s'agit là que d'une des huit combinaisons concevables. Chacune d'entre elles correspond à un monde possible. La proposition « mx_1 ou non mx_1 » est vraie dans tous les mondes possibles : elle est ainsi nécessaire.

J.-B. Grize

Monème → Double articulation, Sème

Mongolisme → Trisomie

Monisme

Au contraire du dualisme*, le monisme caractérise les doctrines philosophiques qui mettent en jeu une substance ou un principe unique. En psychologie, au dualisme de l'esprit* et de la matière, on oppose soit un monisme idéaliste, soit un monisme matérialiste selon que l'on affirme que les choses sont réductibles à la pensée seule ou à la matière seule. Le premier s'exprime aujourd'hui dans certaines conceptions, parmi les plus radicales, du cognitivisme*, alors que le second caractérise le béhaviorisme* de B. F. Skinner.

P. Mengal

Moniteur

En pédagogie*, personne (en général un élève doué) qui, dans les classes très nombreuses, aide l'enseignant dans certaines tâches pratiques ou répétitives. Cette fonction est née au XVIIIe siècle avec le mode d'« enseignement mutuel » pour faire face à la pénurie de maîtres.

En psychologie sociale, ce terme désigne l'animateur d'un groupe de travail*, d'un *training group*. Dans la conduite des groupes thérapeutiques*, on utilise ce terme, de préférence à animateur, pour mettre en évidence les fonctions spécifiques attachées à ce rôle : donner les règles et en être le garant, observer une certaine neutralité, faire se souvenir, interpréter, etc.

D. Peraya

Monitoring

Mot anglo-américain signifiant « contrôle » ou « commande » et qui, en psychologie, désigne une fonction de contrôle de certaines étapes du traitement de l'information* (celles qui ne sont pas « automatiques »). Pour certains auteurs, cette fonction assure à la fois la supervision des processus de traitement et l'intervention sur ces processus lorsque certains phénomènes sont détectés ; pour d'autres, elle ne concerne que le contrôle, l'intervention étant alors sous la responsabilité d'une fonction d'« *editing* » formellement indépendante du *monitoring*.

J.-E. Gombert

Monochromatique

Qui est d'une seule couleur et plus précisément relatif à une lumière spectrale, un filtre coloré ou un pigment, caractérisé par une seule longueur d'onde (nanométrique) ou un domaine restreint de longueur d'onde. Un rayonnement lumineux monochromatique correspond à une valeur précise sur l'axe colorimétrique des tonalités. La longueur d'onde dominante se confond avec la longueur d'onde moyenne sur une très étroite bande spectrale. Par convention, les trois couleurs primaires sont monochromatiques : rouge 700 nanomètres ; vert 546 nm ; bleu 436 nm.

R. Génicot

Monologue

S'oppose à l'énoncé dialogal ou dialogue*, dans lequel les interventions des interlocuteurs se succèdent. Le monologue se caractérise par le caractère homogène — en apparence du moins — de l'intervention d'un sujet parlant. Les penseurs antiques considéraient déjà le discours intérieur comme un dialogue intérieur. Tous les linguistes, à la suite de M. Bakhtine et de L. S. Vygotsky, reconnaissent aujourd'hui que le dialogue sous-tend même le discours intérieur : le monologue est un dialogue intériorisé (entre un moi locuteur et un moi écouteur) et formulé en langage intérieur*.

J.-M. Adam

Moral

Qualifie la conformité* des conduites* humaines aux mœurs qui régulent de façon normative les interactions dans une société en tenant compte de l'importance des liens individuels. L'ajustement moral est étudié en fonction des capacités de discrimination, de jugement, de décentration* et d'intériorisation* des individus. La discrimination des règles* morales d'avec les autres règles (conventionnelles, sociales, légales) est fonction des réactions de l'entourage, des contextes, des sanctions et des jugements verbalisés qui permettent la hiérarchisation et l'ajustement des conduites avec les normes de réciprocité et de responsabilité qui les gouvernent. L. Kohlberg, reprenant les travaux de J. Piaget sur le jugement moral, a dégagé six stades* répartis sur trois périodes : préconventionnelle, conventionnelle et postconventionnelle. Ces stades évoluent des opérations* concrètes* aux opérations formelles*. Ils débutent par l'obéissance et la peur des punitions pour s'achever par l'adhésion à des principes éthiques universels. Ils illustrent trois étapes dans la représentation* des règles morales : imposée, consentie et choisie. Mais les différences relevées sont d'ordre plutôt qualitatif que propres à définir des niveaux* de développement du jugement moral. La décentration, considérée comme un processus facilitant la régulation des interactions sociales*, résulte des transformations progressives de l'égocentrisme* enfantin. Elle s'exerce essentiellement selon trois registres : cognitif, affectif et spatial qui interviennent sur les formes de socialité et le jugement. La liaison entre la décentration et l'évaluation du bien ou du mal est confirmée soit à la suite d'entraînement à se mettre à la place d'autrui dans des jeux de rôles* soit lors d'exercices d'alternance et de coordination des mobiles d'action et de leurs conséquences. L'intériorisation des interdits* sociaux correspond à l'élaboration d'une conscience* intérieure qui résulte de la rencontre avec l'autorité qui fait obstacle à la satisfaction de la tendance au plaisir* chez le petit enfant. C'est par identification* que l'intériorisation de l'interdit parental va constituer le surmoi* non seulement comme une instance* contraignante mais comme un idéal à respecter.

C. Prévost et J. Selosse

Morbide circulaire → Constitution

Morcellement

C'est le fait que l'objet perçu et, corrélativement, le sujet* percevant apparaissent sous forme de parties distinctes. Selon les auteurs et les domaines, la psychologie précise différemment les circonstances, les mécanismes et les effets du morcellement. En psychopathologie, l'angoisse* psychotique suppose une régression* à un stade archaïque du développement où le sentiment* d'exister est menacé dans sa cohésion et sa continuité. En psychologie génétique et en psychanalyse, J. Piaget, M. Klein et T. G. Bower convergent sur ce point en renouvelant le concept de clivage* ; pour eux, l'objet n'est complet que pour l'enfant de 4 ou 5 mois, ce qui a des conséquences sur les relations du nourrisson à sa mère : est partielle la mère dans son image locale, est totale la mère identifiée par ses caractères propres.

D'où la distinction de deux formes de clivage : le clivage dichotomique en bon et mauvais objet* ; le clivage-morcellement qui concerne surtout le mauvais objet.

Mais le morcellement affecte aussi le moi* qui s'édifie dans le développement normal à partir du point focal qui est le bon sein entier (intégration), ou bien se disperse en morceaux dans le cas de la déliaison mortifère (désintégration). *R. Doron*

Morphème

Unité minimale de signifiant* investie de fonction significative (V. Double articulation). Comme le terme l'indique, le morphème est une unité de forme et non de substance : un même morphème peut avoir diverses réalisations segmentales, ou « allomorphes » (pour le verbe *« aller »,* [all-], [v-], [i-], [aill-]); inversement, un unique segment concret peut être l'amalgame de plusieurs morphèmes (*« du » = « de » + « le ») ;* il existe aussi des morphèmes zéro, réalisés par une chaîne vide. Chaque morphème réside tout entier dans sa fonction oppositive, qui est de porter un signifié*. Son identification repose donc en dernier ressort sur des décisions sémantiques*. Accessoirement, certains morphèmes semblent remplir une fonction non significative, mais syntaxiquement démarcative (par ex., le morphème vide *« que »*).

A. Berrendonner

Morphine → Opiacé

Morphisme

Appelons structure un ensemble d'objets entre lesquels existe au moins une loi de composition : si x et y sont deux éléments d'une structure et si o est une des lois de composition, x o y en est aussi un élément. Soit alors deux structures S1 et S2 ; un morphisme (les mathématiques disent aussi un homomorphisme) est une correspondance f telle que :

1. si x1 et y1 sont deux éléments de S1 et z1 la composition de x1 et de y1 à l'intérieur de S1 ;
2. si x2 et y2 sont deux éléments de S2, respectivement images de x1 et de y1 par la correspondance f, alors l'élément z2 obtenu par la loi intérieure de S2 est l'image de z1 par la correspondance f. Un (homo)morphisme est un **isomorphisme** si, dans tout ce qui précède, les indices 1 peuvent être remplacés par les indices 2 et réciproquement.

J. Piaget appelle isomorphismes partiels des correspondances qui visent à cet état formel sans y atteindre pleinement. D'une façon générale, il est possible de concevoir que les raisonnements* par analogie* reposent en fait sur des morphismes plus ou moins strictement établis. *J.-B. Grize*

Morphocinèse → Habileté motrice

Morphogenèse → Formes (Genèse des —)

Morphophonologie → Phonologie

Morphosyntaxique (Stratégie —) → Stratégie

Morte (Mémoire —) → *ROM*

Mot

Le mot est une unité du système graphique, délimitée par des « blancs ». Par rapport au système de la langue, le mot correspond ou non à des unités minimales (*« avec »* = 1 morphème*, *« dé-nation-al-is-ation »* = 5 morphèmes) ; il correspond à des unités tantôt libres *(« moi »)* tantôt liées, c'est-à-dire employées seulement en co-occurrence avec d'autres *(« je »)* ; tantôt significatives, tantôt non *(« for intérieur »)*, cela étant la conséquence d'un retard de la graphie sur une agglutination. Ces disparités incitent à penser que le mot n'est pas une unité linguistique* fonctionnelle, mais plutôt, comme la phrase*, une entité pratique floue, produit de l'analyse spontanée, approximative et informelle que les utilisateurs font de la chaîne parlée. *A. Berrendonner*

Mot d'esprit → Esprit

Moteur d'inférence

Composant d'un système-expert* à base de règles de production*, dont la fonction est d'assurer la mise en œuvre de la base de connaissances* pour traiter un problème. Interpréteur d'un langage de représentation de connaissances* auquel il est associé, il correspond généralement à la modélisation* d'un raisonnement déductif naturel fondé sur des mécanismes d'inférence* logique tels que la règle du *modus ponens* et sur des stratégies telles que le chaînage-avant ou le chaînage-arrière ; ces deux stratégies correspondent à l'évocation des règles en fonction, respectivement, de leur partie condition et, en présence d'un but, de leur partie conclusion. *M. Baron*

Motifs

Dans le cadre des théories de l'action*, désignent l'ensemble des représentations rétroactives d'un agent* qui exercent une détermination sur les conditions de déclenchement et sur les propriétés d'une intervention dans le milieu. Qualifiés parfois aussi de « raisons d'agir » ou de « mobiles », les motifs se distinguent des représentations proactives ou intentions*, qui portent sur les effets attendus d'une action déterminée. *J.-P. Bronckart*

Motivation

La motivation s'inscrit dans la fonction de relation du comportement : grâce à elle, les besoins* se transforment en buts, plans et projets : le sujet recherche activement des formes d'interactions de sorte que certaines relations avec certains objets sont requises ou indispensables au fonctionnement. Le psychologue étudie les variables de la situation au sein des réseaux de relations car la complexité des besoins se mesure à celle du fonctionnement : c'est elle qui éveille des besoins latents.

Le développement de la motivation implique alors :

1. la canalisation des besoins (apprentissage) ;
2. l'élaboration cognitive (buts et projets) ;
3. la motivation instrumentale (moyens et fins) ;
4. la personnalisation (autonomie fonctionnelle). *C. Prévost*

Les recherches expérimentales sur les motivations suggèrent la nécessité de saisir les relations neurobiologiques entre les motifs* ou causes* et la mise en route et l'expression motrice du comportement*. On a distingué des motivations primaires, essentielles à la survie de l'individu et de l'espèce, et des motivations secondaires ayant une relation indirecte et acquise avec une motivation primaire. Ces motifs, buts ou récompenses primaires et secondaires, sont associés selon des mécanismes neurobiologiques encore mal connus. On distingue les motivations appétitives* ou consommatoires et aversives* ou d'évitement*. La faim* et la soif* d'une part, la nécessité d'éviter une menace ou une source de douleur* d'autre part, sont des exemples de motivations ou besoins. Bien que le concept de motivation soit central à la neurobiologie* des comportements et en dépit des travaux considérables qu'il a suscités, il convient de se demander si ce terme n'est pas tautologique ou ne relève pas de raisonnements circulaires et finalement de peu d'utilité pratique. Dans une acception large, le terme de motivation est englobé dans ceux de désirs et croyances, déterminants transitoires et réversibles sans doute plus appropriés à la recherche humaine. En neuroscience et en psychologie expérimentale, il a été souvent admis que l'intensité de la réponse fournie pour obtenir le but ou une récompense représentait une mesure de la motivation. Les notions de renforcement* et de récompense se réfèrent à un contexte d'apprentissage au cours duquel le sujet fera l'expérience d'un renforcement positif si le résultat de son comportement a des correspondances avec ce qu'il désirait, et inversement pour un renforcement négatif. *M. Le Moal*

L'étude de la **motivation au travail** envisage les conditions de travail* responsables des objectifs, de la qualité et de l'intensité du comportement dans le travail. Quatre groupes de modèles ont été proposés pour rendre compte de ces déterminants et de leur mode d'action. Les théories du besoin expliquent la motivation par l'existence de besoins que l'individu cherche à satisfaire. Les théories cognitives (souvent dites de l'instrumentalité) analysent le processus motivationnel à travers l'élaboration, propre à chacun, d'une représentation des liens entre l'effort et ses résultats. Les théories du but soulignent le rôle motivationnel des objectifs. Les théories de l'équité, appuyées sur le concept de balance, mettent en évidence la recherche d'un équilibre équitable entre travail fourni et récompense reçue. Enfin, les théories du renforcement appliquent aux situations de travail un schéma skinnérien fondé sur la contingence* récompense-réponse. *C. Lévy-Leboyer*

Motricité

La motricité est une caractéristique fondamentale de tous les êtres vivants du règne animal. Elle contribue à assurer leur autonomie dans leur milieu naturel, en permet l'exploration* et en facilite la perception. Elle repose sur la mise en jeu de systèmes contractiles, unités motrices associant un motoneurone à plusieurs fibres musculaires, qui mobilisent les éléments du squelette en fournissant une énergie mécanique par dégradation métabolique de substrats et consommation d'oxygène. La motricité est une activité intégrée et adaptée. Le maintien d'une posture*, sa modification préparatoire à un mouvement, l'exécution d'un geste* ne peuvent se réaliser de manière optimale que si, au départ, les systèmes sensoriels proprioceptifs* et extéroceptifs* fournissent un ensemble cohérent d'informations dans lesquelles entrent des références spatiales et temporelles internes associées à des références externes. Ces informations sont nécessaires pour assurer le prépositionnement postural, l'organisation et le déroulement d'un programme* moteur adapté. Les mouvements* eux-mêmes sont produits par la succession ordonnée d'une série de contractions musculaires phasiques. La variété des mouvements possibles résulte de la multiplicité des combinaisons selon lesquelles les muscles sont sollicités. Lorsqu'il s'agit d'un mouvement balistique* ou d'une activité motrice bien acquise, celle-ci est complètement exécutée en fonction des seules informations proprioceptives et extéroceptives initiales : programmation en boucle ouverte ou en anticipation. Dans les autres cas, la réalisation correcte d'un mouvement nécessite un guidage sensoriel permettant la correction des erreurs par rapport à une trajectoire idéale : programmation en boucle fermée. De nombreux mécanismes élémentaires reposent sur l'organisation de circuits neuronaux segmentaires et plurisegmentaires au niveau spinal comme cela est le cas pour divers réflexes* propres à un muscle, à un couple agoniste-antagoniste, à l'organisation de synergies entre muscles, à la réalisation d'activités coordonnées entre membres homologues ou entre tous les membres. Cependant ces seuls mécanismes ne peuvent assurer le maintien d'une posture ou produire un mouvement. Il est en effet nécessaire de faire intervenir un ensemble de voies descendantes dont les principales sont les voies réticulo-spinales, vestibulo-spinales en relation avec la motricité de la musculature axiale ou proximale et les voies rubro-spinales qui sont davantage en relation avec la musculature distale. L'intégrité de ces voies entraîne un tonus musculaire suffisant pour obtenir des contractions efficaces, permet le maintien de la posture antigravitaire, donne la possibilité d'assurer les réajustements posturaux de redressement, d'équilibration et de préparation à un mouvement provoqué ou encore à une activité rythmique comme la marche sur un tapis roulant. Au cours des diverses phases du sommeil, il se produit un relâchement plus ou moins marqué du tonus musculaire avec une abolition complète au cours des phases de sommeil* profond à l'exception de la musculature de l'appareil respiratoire et celles de quelques ensembles musculaires comme les muscles oculomoteurs, ceux des extrémités de membres. La réalisation d'activités motrices dans lesquelles intervient une notion de directionnalité, une intention de finalité avec sélection des buts à atteindre ou encore vers lesquels doit s'orienter le regard nécessite l'intégrité des aires corticales motrices primaire, secondaire et supplémentaire ainsi que leurs connexions avec les aires sensorielles et associatives. De même, elle repose sur le maintien des projections vers diverses structures sous-corticales dont les noyaux gris centraux et le cervelet. Par contre elle ne nécessite pas l'intégrité des voies cortico-spinales, support d'une motricité « pyramidale » qui n'intervient que pour assurer l'exécution de mouvements très précis des doigts, ceux qui en nécessitent la mise en jeu indépendante. Étant donné l'abondance des terminaisons cortico-spinales au niveau de la partie sensorielle de la moelle épinière ainsi que l'importance des mouvements des extrémités des doigts dans des conduites de palpation, on pourrait être tenté d'attribuer une finalité « sensorielle » à cette motricité si particulière. Au contraire, les relations cortico-spinales indirectes constituant les voies « extrapyramidales » apparaissent absolument nécessaires à la réalisation des activités motrices. Il se dégage ainsi une distribution hiérarchisée par différences de compétences comprenant la moelle épinière, les centres du tronc cérébral, les aires corticales motrices et les aires associatives. Dans cette organisation, les motoneurones et les interneurones qui leur sont directement associés reçoivent un ensemble d'informations fournies en parallèle par les différentes voies motrices. Comme le déclenchement du mouvement dépend de facteurs de motivation, une démarcation entre motricité volontaire ou involontaire pourrait être fonction du caractère conscient ou inconscient de cette motivation. Si le rôle le plus évident de la motricité est de permettre le déplacement d'une partie ou de l'ensemble du corps, la motricité représente aussi un moyen de communiquer que ce soit par la parole, par les gestes qui lui sont associés et aussi, mais de manière moins consciente, par l'attitude corporelle, par l'apparence ou l'expression du visage, par la direction du regard, éléments qui dépendent respectivement de la répartition des activités toniques et phasiques de la musculature du corps, de la face et de celle des globes oculaires. Enfin, la motricité par le jeu du système de réafférence fournit des informations qui permettent de calibrer et de construire la perception personnelle des divers aspects du monde extérieur, informations qui sont manquantes si l'exploration a été réalisée de manière passive. *J. Féger*

Mouvement

Changement de position effectué par un organisme ou par une de ses parties. Chez l'homme, le mouvement constitue le support matériel, le signifiant*, du geste*. Indicateur direct du fonctionnement des organismes vivants, le mouvement est une manifestation fondamentale de la vie, dont la commande et la régulation constituent une des fonctions les plus importantes du système nerveux. Des problèmes mécaniques considérables sont résolus dans l'activité motrice. L'organisation du système de contrôle est façonnée par l'intériorisation des contraintes mécaniques du corps et de l'environnement. Le mouvement d'un segment du corps articulé est relatif au système de référence que constitue son support, le segment proximal, lui-même mobile. Ainsi, les déplacements du regard résultent des mouvements relatifs des yeux, de la tête et du tronc. Le corps tout entier se trouve engagé, par ses postures stabilisatrices, dans la réalisation de la plupart des mouvements particuliers, l'immobilisation active constituant elle-même une manifestation fondamentale du contrôle moteur.

Le mouvement est le résultat d'une planification élaborée et d'une régulation permanente où l'élément volontaire* se limite à la détermination de l'objectif ; la production du mouvement, sa forme, sont réglées par une coordination* automatique innée ou acquise. Le mouvement dirigé vers un objet pour le saisir n'obéit pas aux mêmes règles d'organisation qu'un mouvement d'écriture générateur d'une forme.

Pour l'analyse, on distingue, au niveau comportemental comme au niveau du support musculaire, les mouvements rapides, dans lesquels domine le caractère anticipateur de la commande de vitesse réalisée par l'actualisation d'un programme moteur* : lancer, frapper, sauter, mouvements oculaires* en saccades ; et les mouvements plus lents, dans lesquels domine le caractère régulateur du contrôle de précision : équilibration, manipulation, mouvements oculaires de poursuite*.

La proprioception* musculaire fournit sur le mouvement des informations spécifiques qui participent à l'adaptation des commandes à la position initiale, à l'assistance flexible de l'exécution et à l'enchaînement des éléments de séquences* apprises que constituent les habiletés* motrices. Les systèmes neuraux responsables du contrôle moteur sont organisés en niveaux hiérarchiques* de complexité croissante, des arcs réflexes* dans la moelle épinière et le tronc cérébral aux systèmes de commande volontaire dans le cortex* cérébral. L'étude de l'activité électrique et métabolique du cortex cérébral a mis en évidence la multiplicité des cartes nerveuses motrices, et montré que chaque mouvement a une contrepartie dans une organisation spéciale des foyers actifs de la population neuronale.

M. Bonnet

Mouvement apparent → Apparent

Mouvement Freinet

Au sein de l'ensemble diffus que couvre le nom générique d'Education nouvelle* se sont pérennisés des mouvements plus ou moins structurés, à partir de l'entreprise pionnière et de la figure d'un fondateur. C. Freinet fournit ainsi à une minorité agissante d'instituteurs français une référence identitaire durable : modestie ombrageuse du praticien face à toute autorité, pédocentrisme* modulé par des convictions sociales affichées, ingéniosité didactique (imprimerie à l'école, correspondance scolaire, programmation* des apprentissages*, etc.). La pratique et le renouvellement conceptuel du conseil coopératif constitueront l'une des origines de la pédagogie institutionnelle*.

D. Hameline

Mouvement oculaire

Devant une scène visuelle, les yeux sont constamment animés de mouvements conjugués grâce à une organisation neuromusculaire fine dont la dynamique est étroitement ajustée aux informations traitées par la rétine, les voies et les centres nerveux visuels. Chaque œil est arrimé à six muscles extrinsèques dont l'action complémentaire permet l'orientation du regard dans toutes les directions. Les mouvements verticaux et horizontaux sont assurés par les muscles droits supérieurs, inférieurs et droits internes, externes ; les mouvements obliques sont assurés par l'action agoniste* et antagoniste* des muscles droits et des muscles obliques (petit oblique et grand oblique). Lors de l'inclinaison de la tête, il apparaît aussi des mouvements compensatoires de torsion du globe oculaire. On reconnaît deux grands types de mouvements oculaires : les mouvements de **version** et les mouvements de **vergence**. Ces derniers mouvements sont disjoints (par opposition aux premiers qui sont conjoints), et interviennent lorsque les yeux convergent ou divergent pour permettre à l'axe visuel de chaque œil de fixer un objet qui se rapproche ou s'éloigne. Ces mouvements sont de loin les plus lents. Ces vergences sont fusionnelles afin de réduire la disparité* rétinienne des deux yeux, et elles sont accommodatives afin d'ajuster optiquement l'image de la rétine. Les mouvements de version comprennent : les mouvements de saccade*, passage brusque d'un point de fixation à un autre ; les mouvements lents de poursuite*, lorsque l'œil suit un objet en déplacement (vitesse maximale de 50° par seconde) ; les mouvements des yeux durant le maintien de la fixation*, il s'agit de micromouvements (micronystagmus) afin de recentrer l'image sur la rétine suite à la dérive oculaire, et empêcher ainsi sa neutralisation. Les techniques d'enregistrement des mouvements oculaires ont connu d'importants développements : l'électro-oculographie enregistre la variation électrique des pôles antérieurs et postérieurs de l'œil en mouvement ; la motilo-oculographie utilise des procédés optoélectroniques de réflexion d'un faisceau infrarouge sur la cornée. Les données recueillies par ces méthodes sont ensuite traitées par ordinateur. *R. Génicot*

Moyenne → Centralité

Multifactoriel → Analyse multivariée

Multiple (Personnalité —)

Existence chez un même individu de deux ou plusieurs personnalités* distinctes, chacune d'entre elles se montrant, à un moment déterminé, prédominante. Chaque personnalité représente une unité complexe parfaitement intégrée et qui se caractérise par des modes de conduite*, des sentiments et des relations sociales, par des expériences et des souvenirs qui lui sont propres.

Le terme de personnalité multiple s'est substitué à celui de dédoublement* de la personnalité, créé au siècle dernier, et qui avait pour inconvénient de ne pas prendre en compte la pluralité éventuelle des personnalités. A cette réserve près, les descriptions cliniques actuelles ne diffèrent pas de celles rapportées au siècle dernier. Il existe toujours une personnalité de base, en continuité avec toute l'histoire personnelle du sujet*, c'est la « personnalité-hôte ». L'individu est en plus « habité » par une ou plusieurs personnalités supplémentaires, c'est-à-dire que, par périodes de quelques minutes à plusieurs jours, il développe une nouvelle identité*, avec des souvenirs, des intérêts et des comportements qui lui sont propres. Chacune de ces personnalités supplémentaires est, en règle, connue de la « personnalité-hôte » qui, très généralement, leur donne un nom (prénom ou surnom). En revanche, cette « personnalité-hôte » ne connaît des autres que les effets de leurs actions, elle les connaît comme on connaît autrui et n'a pas accès à leur subjectivité. La première question que l'on se pose à propos de ces cas est celle d'une simulation*. On remarquera que ce soupçon peut porter sur n'importe quel comportement* réputé pathologique. Ces personnes ne mettent d'ailleurs pas en avant les particularités de leur vie psychique. Si elles viennent consulter un médecin, c'est le plus souvent pour des symptômes beaucoup plus banals (état dépressif, attaque d'angoisse) ou à la suite d'un comportement anormal (fugue, violence incompréhensible, etc.).

On rapprochera ces personnalités de l'hystérie* et de l'hypnose*. Le rétrécissement du champ de conscience dans les états seconds, l'amnésie consécutive se retrouvent dans les trois cas. Par ailleurs, on n'a pas mis en évidence de particularité de nature physiologique (tous les indices sont de valeur constante, pour un individu, d'une personnalité à l'autre).

Observée par de nombreux auteurs il y a une centaine d'années, cette entité clinique avait été, par la suite, considérée comme une forme de simulation ou un effet de suggestion sur des personnalités histrioniques* ou mythomanes*, jusqu'à ce que des travaux récents en montrent l'existence chez de nombreux sujets en Angleterre et en Amérique du Nord.

L'origine du trouble demeure inconnue. Il semble se développer durant l'enfance ou l'adolescence et affecte, en tout cas, de manière chronique la personne. On aurait retrouvé dans la plupart des cas des événements traumatiques graves dans l'enfance ou l'adolescence. Une hypothèse de nature psychologique serait que ces personnes ne peuvent assumer les traumatismes moraux du passé qu'en fragmentant leur propre identité. Ces données et ces hypothèses sont voisines de celles apportées dans l'hystérie. Une hypothèse originale serait que les personnalités multiples amplifient le phénomène très banal de l'enfant qui se donne un double imaginaire. D'autres, en revanche, se demandent s'il n'existe pas un trouble organique ou un désordre fonctionnel affectant les voies qui relient entre eux les deux hémisphères cérébraux. En raison de toutes ces inconnues, la thérapeutique demeure très incertaine. L'hypnose ne semble pas connaître un grand succès et les thérapies comportementales, visant à prescrire au sujet de se conduire de manière définie pour contrer l'influence de ces doubles, sont celles qui donnent les meilleurs résultats.

Il est évidemment très curieux d'observer la réapparition de phénomènes que l'on croyait disparus. On peut bien sûr se demander s'il s'agit d'une épidémie de nature hystérique, cultivée par l'intérêt des scientifiques actuels, comme elle le fut entre 1890 et 1900. Ceux qui ont étudié ces cas pensent que le trouble est méconnu parce que l'on n'interroge pas les personnes qui ont généralement honte de leur état. De ce fait, en raison du comportement observable, les diagnostics de schizophrénie ou de maladie maniaco-dépressive sont habituellement portés. *D. Widlöcher*

Multitrait (Méthode —)

Méthode qui permet de mesurer la validité* convergente-discriminante. Repose sur l'idée que toute mesure d'un trait (ou d'une autre variable psychologique) doit donner des résultats qui corrèlent avec ceux obtenus par d'autres méthodes pour mesurer le même trait ou la même variable chez les mêmes sujets, mais ne doit pas corréler avec les mesures de traits ou de variables différentes obtenues avec la même méthode.

C. Lévy-Leboyer

Münchhausen

On désigne de ce nom un syndrome qui rassemble des conduites* pathologiques associées à des pathomimies* ou troubles factices chroniques avec symptômes physiques. Le terme de syndrome de Münchhausen a été consacré dans la littérature psychiatrique depuis quelques années. Il a été isolé parmi les différentes pathomimies graves en raison de la difficulté du diagnostic, de la sévérité de la pathologie induite qui fait courir un risque réel aux patients, et de l'aspect souvent délictuel des conduites pouvant poser des problèmes médico-légaux. Ces patients sont reconnaissables à certaines caractéristiques : leur connaissance de la médecine et du monde hospitalier, développée à l'occasion d'hospitalisations, de lectures, parfois d'un début de formation ; leur identité réelle est souvent difficile à établir et la falsification doit être évoquée devant le contraste souvent frappant entre l'uniformité apparente des séjours et l'excellente organisation dont ils font preuve pour leurs besoins quotidiens de confort et d'agrément. Les contacts avec l'entourage sont toujours impossibles et la vie extrahospitalière du patient est difficile à cerner, le plus souvent marginale et délictueuse. Le syndrome de Münchhausen par procuration ou maladie de Polle concerne des maladies parfois graves présentées par des enfants et simulées par les mères. Les pseudo-Münchhausen sont évoqués devant des tableaux de sursimulation. *J.-F. Allilaire*

Musicothérapie

L'utilisation de la musique pour le traitement des maladies mentales date de l'Antiquité mais la musicothérapie n'a pris sa forme actuelle qu'aux alentours de 1950. Au sens large, le terme s'applique à toutes les techniques psychomusicales fondées sur la catharsis* ou sur le conditionnement* dans lesquelles le son et la musique sont associés à d'autres techniques (relaxation*, hypnose*, etc.). Dans un sens plus restreint, elle est définie par l'utilisation du son et de la musique en tant que médiation dans une psychothérapie* individuelle ou groupale comportant une part de verbalisation, voire d'interprétation*. Les procédés comportent notamment l'écoute (musicothérapie réceptive) et la production sonore et musicale au moyen d'instruments mis à la disposition du ou des patients (musicothérapie active). Les indications sont variées, allant des troubles psychotiques* les plus massifs aux troubles relatifs à la sphère musicale (chanter faux, ne pas avoir d'oreille, ne pas avoir le sens du rythme). *J.-M. Petot*

Musique (Psychologie de la —)

Secteur de la psychologie qui étudie la nature de la réponse humaine à la musique. La discipline est née avec la psychologie expérimentale* elle-même et remonte à la fondation des premiers laboratoires de recherche de W. Wundt à l'université de Leipzig, en 1879. Des observations, aujourd'hui encore d'actualité, y ont été faites, à propos de la perception subjective d'accentuations dans l'audition* de séquences de sons identiques, du type battues de métronome. Quelques années auparavant, H. von Helmholtz étudiait déjà la sensibilité auditive et des aspects psychoacoustiques* de la musique tels que les phénomènes de consonance et de dissonance. Sa théorie de la perception des hauteurs, dite

« théorie de la résonance », affirmait que l'onde sonore est transmise vers la membrane basilaire de l'oreille interne où des cellules nerveuses spécifiques vibrent par sympathie. G. T. Fechner, bien que connu surtout pour ses travaux en matière de psychophysique*, passe pour être l'initiateur de la mesure* objective de la sensation de « beauté ». Ses méthodes fondées sur le jugement* de préférences esthétiques sont encore en usage aujourd'hui. Au cours des décennies suivantes, sous l'influence de F. Galton, l'intérêt s'est porté sur l'hérédité* du talent musical ; C. E. Seashore, en 1919, propose des batteries de tests d'aptitude* musicale, suivant en cela l'intérêt de la psychologie à cette époque pour des questions propres à l'orientation* scolaire.

Les travaux de R. Francès sur la perception des aspects syntaxique et stylistique de l'organisation musicale, et de P. Fraisse à propos des structures rythmiques ont ensuite développé la discipline dans le sens de l'expérimentation* systématique. Aidée par les progrès techniques récents en matière de synthèse sonore par ordinateur pour l'élaboration du matériel, la psychologie de la musique se rattache, aujourd'hui, au courant cognitiviste* par sa volonté d'analyser la nature des représentations* mentales de la musique tant à partir de la perception, de la mémoire, des processus d'information de l'auditeur, de la spécialisation hémisphérique, que du comportement moteur de l'interprète. Le champ d'investigation est potentiellement vaste, mais bien des domaines n'ont pas été jusqu'ici étudiés. La majorité des travaux connus à ce jour concernent des aspects partiels de la tonalité*. En revanche, peu de travaux se sont intéressés aux processus de création, aux aspects émotionnels de la pratique et de la réponse comportementales à la musique. Les théories gestaltistes* et le point de vue générativiste* semblent exercer une influence décisive dans l'orientation des recherches actuelles. *I. Deliège*

Mutacisme → Mutisme

Mutation → Chromosome

Mutisme

Qualifie une absence de langage en dehors de circonstances organiques lésionnelles entravant la faculté de langage (sourd-muet, aphasique, porteur de lésions du système phonateur) et à l'exclusion des états de manque d'acquisition.

Un nombre considérable de circonstances psychopathologiques peuvent induire un mutisme et la perte de l'indice précieux que constitue le discours en clinique psychiatrique rend souvent difficile le rattachement du mutisme à sa cause. Les conditions de survenue du symptôme et le comportement* observable du malade prennent, dans ce contexte, toute leur importance.

Le mutisme volontaire, qui s'observe chez des simulateurs, constitue une attitude d'opposition fréquente chez les caractériels* soumis à des frustrations* ou chez les débiles mentaux confrontés à une contrariété ou à une situation dépassant leurs capacités d'adaptation*. Chez le maniaque, le mutisme peut réaliser une attitude de jeu (**mutacisme**) ; il est alors de courte durée ; ou être lié à une tachypsychie* dont l'intensité ne permet pas au malade l'expression verbale, la pensée devenant insaisissable. Dans un contexte très hallucinatoire, le malade, accaparé par ses perceptions anormales, peut présenter un mutisme. Toutes les situations psychopathologiques où peut s'observer une réticence, au premier rang desquelles les états délirants, peuvent comporter un mutisme comme expression de cette réticence. Le mutisme négativiste* s'observe chez des schizophrènes* le plus souvent catatoniques*. Les formes stuporeuses de confusion ou de mélancolie s'accompagnent habituellement d'un mutisme.

L'inhibition* de certains sujets anxieux confrontés à des situations anxiogènes peut confiner au mutisme.

Le mutisme hystérique s'accompagne en règle d'une grande expressivité gestuelle ou mimique et survient dans des circonstances où des facteurs psychologiques sont impliqués. *M.-C. Hardy-Bayle*

Myéline

Gaine formée autour des axones* par des cellules gliales* spécialisées : oligodendrocytes dans le système nerveux central, cellules de Schwann dans les nerfs périphériques. Il s'agit d'une extension de la membrane externe de la cellule gliale, enroulée plusieurs fois et formant une spirale autour de l'axone. Cette gaine est discontinue, les points de discontinuité correspondant aux nœuds de Ranvier. Elle est composée essentiellement de lipides (70-80 %) ainsi que de certaines protéines spécifiques. De par sa composition et ses propriétés électriques, elle isole électriquement l'axone de son environnement. Par ailleurs, elle rend possible un mode spécial de conduction de l'impulsion nerveuse dans lequel la dépolarisation* de la membrane axonale ne se produit qu'au niveau des nœuds de Ranvier, le potentiel d'action se propageant donc en « sautant » de nœud en nœud (conduction saltatoire). La vitesse de conduction des axones myélinisés est de ce fait bien plus grande que celle des axones non myélinisés de diamètre égal. En dehors de ce rôle passif, la myéline pourrait aussi avoir un rôle plus actif et aider à maintenir l'homéostasie* du milieu extérieur de l'axone. La proportion de fibres myélinisées augmente avec l'évolution phylogénétique ; chez l'homme, la myéline constitue environ un tiers du poids sec du cerveau. Dans le système nerveux central, la substance blanche doit son aspect à la présence de myéline.

Diverses pathologies résultent de l'atteinte ou de la perte de myéline, la plus connue et la plus fréquente étant la sclérose en plaques, maladie démyélinisante, peut-être auto-immune, du système nerveux central ou encore l'encéphalite postinfectieuse pouvant survenir après une infection par le virus de la rougeole. *J.-P. Herman*

Myélinisation

Processus de constitution de la myéline* par les oligodendrocytes (système nerveux central) ou les cellules de Schwann (nerfs périphériques). La myélinisation n'est toutefois pas simplement le fait de ces cellules gliales* mais dépend de leur interaction spécifique avec l'axone* qui déclenche la formation de la myéline, en détermine la distribution spatiale. Chez l'homme, au cours de l'ontogenèse*, la myélinisation se fait pendant les premières années de la vie.

Des troubles ou retards de la myélinisation survenant dans cette période en raison de la malnutrition, par exemple, ne pourront pas être récupérés par la suite, en tout cas dans le système nerveux central. De même, une démyélinisation centrale provoquée par une lésion ne pourra pas être suivie de remyélinisation. A l'inverse, dans le système nerveux périphérique une remyélinisation est possible. C'est ainsi que des axones régénérés à la suite d'une lésion vont pouvoir être à nouveau myélinisés.

J.-P. Herman

Myoclonie → Dyskinésie

Mystification

Type de logique pathogène décrite par l'Ecole systémique* de Palo Alto. La mystification consiste à ne pas reconnaître comme véritables les sensations, perceptions, pensées d'un interlocuteur, dont le contenu du message est alors dénié par l'autre — le mystifiant — qui croit mieux apprécier que son interlocuteur les sentiments de celui-ci. Telle une mère qui plonge son enfant dans un bain qu'il dit trop chaud et lui répond que ses plaintes sont injustifiées, qu'il s'agit d'un caprice. L'enfant se tait mais fait une syncope. *A. Ruffiot*

Mythe

Le mythe est un récit d'événements fictifs attribués à des dieux, à des héros humains, à des êtres surnaturels et qui expliquent l'origine et le destin du monde, de l'humanité, de la société, des forces divines. Il fait l'objet d'une croyance collective et contribue ainsi à structurer le lien et l'organisation sociale. Par sa valeur symbolique, le mythe se distingue de la légende (récit embelli et amplifié des faits et gestes d'un personnage historique réel) et de la fable ou de l'allégorie (qui visent à tirer du récit une leçon morale). A côté de ses dimensions pratique et opératoire, la pensée du jeune enfant (2 à 7 ou 8 ans) comporte aussi une composante mythique essentielle. H. Wallon qualifie le procédé mythique de pensée, au niveau de la période syncrétique (2 à 6 ans), par le terme de providentialisme, qu'il définit comme un artificialisme élargi. Ce procédé utilise souvent des couples de représentations. J. Piaget invoque, au niveau de la pensée symbolique et préconceptuelle (2 à 4 ans), une forme mythique de l'artificialisme, intermédiaire entre le symbole ludique et la démarche explicative, et qui se manifeste à propos des questions d'origine.

Dans le champ de la psychanalyse, le thème du roman familial*, celui des fantasmes* originaires, celui aussi de la horde primitive*, représentent, à des degrés divers, d'autres formes de la pensée mythique. *E. Jalley*

Mythes familiaux

Productions fantasmatiques, issues de l'imaginaire individuel et familial et ayant pour fonction de symboliser et d'expliquer le réel. Ces productions s'expriment à travers des rituels, des règles non dites de fonctionnement, des jeux, ou sous forme de fables, de légendes en rapport avec l'histoire familiale. Le mythe est au groupe* ce que le fantasme est à l'individu.

Défini à l'origine par A. J. Ferreira en 1963, le mythe familial tend à être considéré comme pathogène par l'Ecole systémique*, en tant qu'ensemble de croyances fausses, renforçant l'homéostasie et la rigidité des rôles. En revanche, les psychanalystes familiaux soulignent son aspect structurant dans le plaisir qu'éprouve la famille* à construire naturellement un mythe, expression de la fantasmatique inconsciente familiale, et à le transmettre. La mythopoïèse* familiale est une des fonctions essentielles de l'appareil psychique familial*. Mécanisme défensif, rite mental rigide dans les familles de psychotiques, le mythe familial renaît dans l'espace de la cure et l'organise : il traduit la reprise du fonctionnement de l'appareil psychique familial et garantit l'élaboration du roman individuel de chaque membre. *A. Ruffiot*

Mythomanie

C'est en 1905 que le psychiatre français E. Dupré désigna ainsi une tendance pathologique, plus ou moins volontaire et consciente, au mensonge, à la création de fables imaginaires (fabulation), à l'imitation d'états organiques anormaux (simulation).

On distingue trois formes cliniques : la **mythomanie vaniteuse** trouve dans le « menteur » de P. Corneille, ou Tartarin le personnage d'A. Daudet, ses meilleures illustrations littéraires. Le sujet, dans l'intention de capter l'attention d'autrui, de le séduire ou de l'éblouir, se laisse aller à des fabulations mensongères le mettant en général dans une position avantageuse. Celle-ci peut prendre la forme d'une autoaccusation mensongère ou d'un comportement de simulation. La **mythomanie maligne** s'observe chez des auteurs de lettres anonymes, et des mystificateurs qui trouvent, du moins à court terme, des bénéfices réels à leur fabulation. L'intention de nuire à autrui s'associe donc au plaisir de la tromperie. La **mythomanie perverse** ajoute au plaisir de tromper et de nuire la recherche de bénéfices réels. On l'observe chez des imposteurs tirant parti d'un statut social fictif ou chez des escrocs.

Quels que soient les avantages obtenus et le tort infligé à autrui, le ressort principal de la mythomanie réside dans le plaisir pervers d'abuser la croyance d'autrui. De ce point de vue, on a pu comparer la mythomanie à l'exhibitionnisme sexuel ; le mythomane jouit de l'effet produit.

Plus mystérieuse demeure l'attitude du sujet vis-à-vis de sa fabulation. Conscient de son caractère fictif, il semble tirer également plaisir de jouer un rôle, de se couler dans le personnage ou dans l'action qu'il invente. On connaît mal les origines de la mythomanie. On a mis l'accent sur les traits narcissiques de la personnalité*, intéressée uniquement à sa propre image et sans attachement véritable à autrui. On a également invoqué la persistance anormale à l'âge adulte d'une tendance naturelle à l'enfant, liée à la découverte du pouvoir de la communication fictive et à la satisfaction ludique de construire un monde imaginaire. *J.-F. Allilaire*

Mythopoïèse

Ce terme emprunté au grec désigne l'activité de création d'un mythe, c'est-à-dire d'un type de récit structuré par des règles d'énonciation spécifiques, par des contenus symboliques et par des intentions signifiantes relatives aux origines, aux fins ultimes et aux accomplissements du destin d'un groupe. Cette activité suppose les conditions psychiques du maniement de la polysémie et de la métaphore*, dans le projet de constituer une représentation de la réalité à la fois ouverte à l'interprétation du discours mythique et conforme aux croyances et aux idéaux collectifs. De ce point de vue, l'activité mythopoïétique suppose l'usage d'un espace transitionnel collectif.

Plus largement, la mythopoïèse est une activité de transformation et de resignification des contenus du mythe qui se sont fixés en significations univoques ou en usages prescrits. Elle apparaît ainsi comme l'accomplissement de la fonction interprétative du mythe lui-même : porter du sens à être dit autrement. *R. Kaës*

N

Naissance sans violence → Naissance (Traumatisme de la —)

Nanisme → Croissance

Narcissique (Névrose —)

Opposée initialement par S. Freud à la névrose de transfert*, la névrose narcissique désigne une organisation psychopathologique dans laquelle la régression* rend le transfert difficile ou impossible ; la *libido**, désinvestie des objets, est automatiquement réinvestie sur le moi comme cela peut se voir dans les tentatives de traitement analytique des schizophrènes, des mélancoliques ou de la plupart des psychotiques. En 1924, S. Freud limita l'emploi du terme de névrose narcissique à la mélancolie*, différenciant ainsi cette affection non seulement des névroses de transfert*, mais également du large champ des psychoses*.

Actuellement, le terme de névrose narcissique n'est plus guère employé. Il lui est préféré le terme de personnalité narcissique qui ne recouvre pas ce que S. Freud avait décrit ou celui de composante narcissique de la personnalité* dans les affections qui ne se limitent pas au champ de la psychose.

A. Braconnier

Narcissisme

Utilisé initialement dans le sens restrictif d'une perversion sexuelle dans laquelle le sujet a pour objet préféré son propre corps, le concept de narcissisme a surtout été développé par la psychanalyse. S. Freud a introduit ce terme différemment selon les époques et selon les textes. Il en a fait à la fois un concept théorique lui permettant d'expliquer la psychose* comme un retournement de la *libido** sur le sujet, mais aussi un concept clinique décrivant un ensemble d'attitudes humaines dominées par deux traits principaux : le désintérêt pour le monde extérieur, une image de soi grandiose*. On peut ainsi distinguer deux définitions du narcissisme selon qu'on l'envisage d'un point de vue métapsychologique comme un processus d'organisation de l'appareil psychique*, ou d'un point de vue clinique comme un mode de relation libidinale de fonctionnement par rapport à l'autre. A cette distinction entre un point de vue clinique et un point de vue métapsychologique se superposent d'autres distinctions concernant le narcissisme :

1. La distinction entre une conception énergétique, dans laquelle s'opposent la *libido* du moi (*libido* narcissique) et la *libido* d'objet, et une conception plus spécifiquement génétique, dans laquelle s'opposent un narcissisme premier, anobjectal, appelé narcissisme primaire, et un narcissisme second, objectal, appelé narcissisme secondaire.
2. Une autre distinction doit être faite : celle entre le narcissisme normal, correspondant soit à un stade du développement soit à un des éléments rentrant normalement dans l'équilibre de la *libido,* et le narcissisme pathologique se référant à différents types de notions : celle de névrose narcissique caractérisée par une incapacité d'intériorisation de l'objet, celle de personnalité narcissique, issue des travaux de H. Kohut sur le transfert* de certains patients ayant permis de décrire deux formes de transfert : le transfert idéalisant et le transfert en miroir. Le premier correspond à la mobilisation thérapeutique de l'objet tout-puissant (l'image parentale idéalisée) et le second à la mobilisation du soi grandiose.

A. Braconnier

Narcolepsie

Besoin subit de sommeil*, aboutissant à un accès d'endormissement d'une durée allant de quelques secondes à plusieurs heures (en moyenne une dizaine de minutes). Le rythme de ces accès qui peuvent être déclenchés par des émotions* est variable. Durant l'accès, le sommeil est facilement réversible par toute stimulation. L'enregistrement électroencéphalographique a pu montrer que certains de ces accès ont les caractéristiques du sommeil paradoxal. Le syndrome de Gélineau associe en alternance narcolepsie et cataplexie*.

J.-L. Signoret

Narcotique → Opiacé

Narration

La narratologie distingue généralement le récit* (texte* ou énoncé narratif), l'histoire* (intrigue ou contenu narratif des événements racontés) et la narration. Avec cette dernière dimension, on passe du racontant et du raconté au raconter, c'est-à-dire à l'acte d'énonciation* proprement dit. Celui-ci implique au moins deux sujets engagés dans un rapport d'interaction*, un but du récit, des évaluations destinées à préparer l'interprétation et des traces de la prise en charge des propositions* (modalisation*, focalisation). Les trois niveaux narratifs sont indissolublement liés ; ils se complètent pour constituer le phénomène narratif dans son ensemble. *J.-M. Adam*

Nativisme → Innéisme

Nécessaire

Concept introduit par J. Piaget et qui constitue le troisième terme d'une triade formée par ailleurs du réel et du possible*. Il mesure la « force d'intégration » des significations* produites et logiquement reliées par le sujet. A ce titre, il existe des degrés de nécessité selon le nombre de ces significations et la nature déductible ou non de leurs liens. Le développement de la nécessité passe par trois grandes étapes. La première, d'indifférenciation* avec le réel, se caractérise, entre autres, par l'existence de « pseudo-nécessités » que l'on trouve jusque dans les sciences (problème de l'axiome des parallèles en géométrie). La deuxième est faite de nécessités provenant de liaisons inférentielles opératoires établies entre les significations, mais sans recherche des raisons. La troisième est constituée de la nécessité déductible (le nécessairement vrai, sinon contradiction*).

J.-J. Ducret

Négatif

Renforcement négatif : dans une procédure de conditionnement opérant*, renforcement* de la réponse* opérante consistant en l'interruption d'un stimulus aversif* (échappement*) ou en la non-présentation d'un stimulus aversif attendu (évitement*), la probabilité de la réponse ainsi renforcée s'accroissant en conséquence. Le renforcement négatif correspond à l'une des quatre grandes catégories de contingences* de renforcement. Il importe de le distinguer à la fois de l'omission* d'un renforçateur* positif attendu, comme dans l'extinction* (qui entraîne une réduction de la probabilité d'apparition de la réponse) et de la punition*, qui consiste à délivrer un stimulus aversif après la réponse, avec pour conséquence d'en diminuer la probabilité d'émission.

Stimulus négatif : dans un conditionnement discriminatif, stimulus* auquel n'est pas associé un renforcement, et ne donnant plus lieu, après un certain nombre de présentations, à des réponses conditionnées.

M. Richelle

Négation

Le terme allemand *Verneinung* a été traduit tantôt par négation, tantôt par dénégation*. Pour Freud, la négation est une qualité logique de la pensée* qui ne peut avoir de sens que dans le système préconscient-conscient*. L'inconscient ignore toutes les modalités logiques : négation, doute, ou degrés dans la certitude. Ces modalités sont le produit du travail de la censure qui s'exerce entre l'inconscient et le préconscient. La négation est donc bien un mécanisme de défense* du moi*. Freud souligne que, dans la cure psychanalytique, l'assouplissement du refoulement* se manifeste souvent par des associations d'idées énoncées sous forme négative : le contenu inconscient parvient à s'exprimer, sous le déguisement de la négation. On peut en donner pour exemple celui d'une personne qui annoncerait, sur le divan, qu'il lui vient à l'esprit quelque chose qui semble désobligeant pour l'analyste, mais qu'elle n'a pas la moindre intention de l'offenser. Il conviendrait en pareil cas de ne pas tenir compte de la négation, produit surajoutée par la censure, et de considérer l'idée rapportée comme l'expression véritable d'une intention offensante censurée.

S'interrogeant sur l'origine de la négation en tant que fonction logique, Freud se trouve renvoyé à l'origine de la fonction de jugement* : l'affirmation lui paraît dériver de l'inclusion dans le moi, dont le prototype oral* est l'acte d'avaler, la négation du rejet hors de soi dont le prototype oral est l'acte de cracher. En dernière analyse, l'affirmation lui apparaît comme une modalité de l'unification, et donc de la pulsion de vie*, cependant que la négation — successeur de l'expulsion — relève de la pulsion de destruction. Dans cette perspective, le négativisme des psychotiques s'expliquerait par la désunion ou désintrication des pulsions qui sépare la pulsion de mort des composantes libidinales qui lui sont ordinairement unies.

J. Lacan avait voulu rapprocher cette notion freudienne de la conception hégélienne de la dialectique, dans laquelle le « travail du négatif » prépare le dépassement *(Aufhebung)* de son opposition inerte et stérile avec le positif. Reprenant cette voie, plusieurs psychanalystes français, notamment J. Guillaumin, A. Green et R. Kaës, ont récemment regroupé sous la rubrique du négatif des phénomènes fort divers, comprenant notamment la négation, le déni*, la forclusion*, le transfert négatif*, la destructivité, différents phénomènes liés au non-dit dans la relation intergénérationnelle*, tels que les « cryptes* » et « fantômes* ». La majorité de ces phénomènes peut être mise en rapport avec la pulsion de mort*, qu'on tend à réinterpréter comme une condition de la vie psychique, dont l'assomption est nécessaire pour la formation et la position du moi* comme individu distinct.

J.-M. Petot

Négation (Transformation de —)

→ Groupe mathématique

Négativisme

En clinique psychiatrique, désigne la résistance passive : refus de la main tendue, refus de répondre aux questions, refus d'effectuer un ordre simple, ou active : occlusion des paupières, détournement de l'interlocuteur à toute forme de sollicitation. Ce phénomène est tenu pour automatique, non contrôlable par le patient, ce qui le différencie de l'opposition qui est volontaire.

Pour certains, le négativisme est un signe spécifique de schizophrénie* ; pour d'autres, le même phénomène se rencontre dans certaines atteintes du système nerveux central (confusion*, démence*).

Par extension, ce terme est parfois utilisé dans le langage courant pour désigner une attitude d'opposition, par exemple chez les adolescents. Dans cette acception, il perd son caractère incontrôlable et automatique qui fait sa valeur sémiologique en clinique, pour devenir synonyme d'opposition.

M.-C. Hardy-Bayle

Négligence

Désigne en fait une héminégligence, c'est-à-dire l'incapacité totale ou partielle de percevoir des informations situées dans l'hémiespace controlatéral à une lésion cérébrale, sans qu'un déficit sensoriel puisse rendre compte d'un tel trouble. En règle générale, l'hémiespace concerné est le gauche, conduisant à inférer une latéralisation* dominante hémisphérique droite pour l'espace. La négligence est qualifiée de visuelle lorsqu'elle affecte les informations visuelles, qui sont habituellement fonctionnellement prévalentes dans l'espace extracorporel ; elle peut aussi affecter les informations auditives. La négligence peut concerner aussi le corps, affectant alors les informations sensitives, et être à l'origine d'une hémiasomatognosie, voire d'une anosognosie* d'une hémiplégie associée. La négligence peut donc être multisensorielle ; sa mise en évidence impose souvent la présentation simultanée et compétitive des informations dans les deux champs de l'espace telle qu'elle est réalisée par l'audition dichotique. La négligence a pu être interprétée comme une agnosie spatiale unilatérale renvoyant implicitement à une méconnaissance de l'espace. Le concept de négligence actuellement prévalent renvoie à l'aspect dynamique et actif de la perception de l'espace qui impose exploration et organisation, sous la dépendance de l'attention* : un trouble de l'attention spatiale pourrait alors rendre compte du phénomène de négligence qui concerne aussi les représentations internes de scènes. Des difficultés visuoconstructives (ou apraxie* constructive), telles que la reproduction perturbée d'une figure géométrique, sont souvent concomitantes de la négligence. Il existe aussi une négligence motrice, affectant les mouvements spontanés d'un hémicorps en dehors de toute paralysie ; on a pu ainsi parler de négligence intentionnelle ; il ne semble pas cependant qu'une telle négligence réponde à une pathophysiologie univoque, même si elle est souvent associée à une négligence multisensorielle.

J.-L. Signoret

Syndrome ou hémisyndrome correspondant à une perte des intégrations sensorimotrices* résultant de l'atteinte de certaines régions corticales* (cortex préfrontal, angulaire) ou des ganglions de la base, le noyau caudé en particulier, et du thalamus*. Dans son expression expérimentale concrète, un animal ne réagit plus par une réponse motrice appropriée lors de la stimulation somesthésique homolatérale de diverses parties du corps. Une négligence ou inattention sélective est plus nette à gauche, c'est-à-dire après lésions de l'hémisphère droit, ce qui laisse supposer que ces régions contrôlent plus spécifiquement les processus d'attention* orientée. La négligence unilatérale se décompose en composants sensoriels, moteurs et motivationnels. *M. Le Moal*

Négociation

Les relations de négociation se caractérisent par l'implication d'au moins deux parties établissant des relations volontaires, le plus souvent séquentielles, afin de résoudre un conflit d'intérêts entre elles. En France, les lois Auroux de 1982 ont précisé le cadre contractuel de la négociation collective (obligation annuelle de négociation sur les salaires réels, la durée et l'organisation du temps de travail). En cas de conflit, l'issue de la négociation dépend du rapport des forces en présence, dans un processus dynamique où interviennent des manœuvres de coercition, de dissimulation, de persuasion, et d'accommodation. *P. Lidvan*

Néguentropie → Entropie

Néobéhaviorisme → Béhaviorisme

Néocortex → Cortex

Néologisme

Littéralement, mot n'appartenant pas au lexique de la langue. Observé au cours des glossolalies* et des aphasies* où le mot produit ne peut plus être identifié comme une transformation phonémique ou sémantique d'un mot cible (V. Paraphasie).

J.-L. Signoret

Néophobie

Réaction* comportementale consistant à éviter, négliger ou fuir temporairement ou définitivement un stimulus* nouveau. On a opposé la néophobie à l'exploration*, où le stimulus nouveau provoque une réaction d'approche*. C'est surtout chez les rongeurs et les primates que les réactions néophobiques ont été étudiées. En général, on les met en évidence dans une situation de choix* entre au moins deux stimulus complexes, les uns étant plus ou moins nouveaux (cages diverses, nourriture), et l'un d'entre eux restant familier (en général la cage de séjour). La réaction à la nouveauté* y est déterminée par le contraste entre les composantes nouvelles et familières des stimulus, et dépend donc étroitement de l'expérience* du sujet. La recherche a beaucoup porté sur la néophobie alimentaire chez le rat, du fait du rôle crucial que celle-ci joue dans l'établissement de l'aversion* gustative conditionnée. Devant une ration de nourriture nouvelle, bon nombre d'animaux montrent une certaine hésitation avant de la consommer. Une telle réaction peut se produire même si l'aliment est hautement appétitif*, ce qui suggère que l'évitement * initial est dû à la nouveauté de la nourriture. *E. Tirelli*

Néoténie

En biologie, la néoténie est un ralentissement du développement*, notamment chez les espèces à métamorphoses (insectes, anoures), pouvant conduire à l'apparition de comportements de reproduction alors même que subsistent des attributs larvaires ou juvéniles. En éthologie, le ralentissement du développement peut contribuer à prolonger la période de dépendance aux parents et favoriser ainsi les apprentissages* et l'installation de traditions (V. Protoculture). La persistance d'attributs (livrées juvéniles) et d'attitudes propres aux juvéniles permet aussi de prolonger la trêve qui évite aux jeunes de participer à la compétition intraspécifique, notamment dans les sociétés hiérarchisées. Enfin, la résurgence de comportements juvéniles (soumission*, quémande*) à fonction apaisante dans les interactions entre adultes relève à la limite de la néoténie. *J.-C. Ruwet*

Nerf

Désigne toute structure nerveuse périphérique au sein de laquelle sont regroupés des axones* afférents : nerfs sensoriels, efférents : nerfs moteurs, ou les deux : nerfs mixtes. Les douze paires de nerfs crâniens présentent l'une ou l'autre de ces configurations : purement sensorielle pour les nerfs optique et auditifs, purement motrice pour les nerfs oculomoteurs, ou mixtes. Les nerfs issus de la moelle épinière sont mixtes après confluence des racines dorsales où sont rassemblées les afférences sensorielles et des racines ventrales ne comportant que des efférences motrices. *J. Féger*

Neurasthénie

Terme proposé par le médecin George M. Beard en 1869 pour décrire un état d'épuisement nerveux *(nervous exhaustion).* Maladie du progrès strictement limitée selon Beard aux classes moyennes et supérieures, elle aurait pour origine une faible résistance du système nerveux révélée sous la pression de facteurs extérieurs (activité intellectuelle intense, compétition sociale, etc.). Peu discutée à l'origine aux États-Unis, la neurasthénie est diffusée en Europe dès les années 1880. En France, Charcot fixe ses stigmates : céphalée, insomnie, dépression cérébrale, asthénie neuromusculaire, rachialgie, dyspepsie par atonie gastro-intestinale. De nombreux médecins décrivent avant 1900 la « maladie de Beard » comme un syndrome d'asthénie physique lié à un trouble de l'humeur pouvant évoluer en mélancolie. Parce qu'elle permet de rassembler des symptômes auparavant dispersés, cette nouvelle entité acquiert dans l'ensemble des névroses une place comparable à l'hystérie et à l'hypocondrie. Elle s'articule en outre sans difficulté au système des dégénérescences hérité de Morel. Son succès dépasse d'ailleurs ce cadre médical. Présente dans l'œuvre de Durkheim en 1897 dans *Le suicide,* elle se trouve également sous la plume d'écrivains (O. Mirbeau, J. Renard, P. Valéry...). Après cette phase d'engouement s'amorce un lent déclin. L'absence de corrélation avec des lésions organiques brise l'étiologie mécanique de Beard et incite à renvoyer à une vague « prédisposition héréditaire ». Le reflux de la dégénérescence dans les années 1910, l'alternative des étiologies psychologiques et la progression de nouvelles catégories cliniques (état anxieux, dépression, psychasthénie de Janet, névrose d'angoisse de Freud) restreignent sa valeur diagnostic. Le même déclin s'observe aux États-Unis. Le DMS-I (1952) ne la mentionne plus et si elle réapparaît dans le DMS-II, ce n'est qu'un effet de l'alignement de la classification américaine sur celle de l'OMS (1968). Dans les versions suivantes (DMS-III, III-R et IV), la neurasthénie est incluse dans la dépression et renvoie au concept de dysthymie*. *L. Muchielli et M. Renneville*

Neurobiologie

Ensemble des approches et disciplines se rapportant au système nerveux* en général : génétique, génétique moléculaire, anatomie, embryologie, physiologie, les diverses variantes du cognitivisme*, la neuropsychologie*, la psychobiologie* et la **neurobiologie du comportement**.

Celle-ci a pour objet l'étude des relations cerveau-comportement et privilégie un point de départ neurologique. Il est admis qu'à toute modification nerveuse ou cérébrale correspond une modification fonctionnelle et partant, secondairement, comportementale*. A l'aide de lésions sélectives, de stimulations localisées, électriques ou chimiques, d'interventions aussi précises et contrôlées que possible, de méthodes d'imagerie*, le chercheur tente de mettre en corrélation, à partir d'*a priori* théoriques, une intervention donnée avec une modification fonctionnelle ou comportementale. La confusion est fréquente entre ces deux niveaux d'analyse. Cette démarche renseigne sur le rôle des diverses régions du cerveau dans l'organisation comportementale mais ne donne aucun renseignement sur le comportement en soi. De plus, elle néglige la relation historique dans l'évolution des relations cerveau-comportement. L'établissement de relations structure-fonction est l'objectif ultime de cette discipline, du plus intime de la matière cérébrale au plus précis de la fonction et du comportement. Cette démarche se retrouve en neuropsychologie* pour les fonctions supérieures et les processus cognitifs et en neurologie comportementale où l'on tente de décrire les déficits neurologiques en termes de fonction, de comportement et avec l'aide d'épreuves issues des recherches des comportementalistes. La psychobiologie permet une démarche complémentaire.

M. Le Moal

Neurochimie

Sous-discipline de la biochimie, qui a pour objectif l'étude des mécanismes physicochimiques du fonctionnement des systèmes nerveux* central et périphérique. Elle en précise les constituants chimiques, le métabolisme, les interactions, les rôles, ainsi que les effets d'agents pharmacologiques sur ces systèmes. J. L. Thudichum en fut le précurseur par la découverte, en 1884, de nombreux constituants chimiques du système nerveux, tandis que T. E. Elliot introduisit une approche fonctionnelle en démontrant, en 1905, la similitude entre l'action de l'adrénaline* et la stimulation d'un nerf sympathique. La neurochimie utilise des techniques *in vitro* et *in vivo*. Les premières, à partir d'homogénats et de cultures cellulaires, ou des coupes de tissu cérébral (méthode de perfusion), permettent d'analyser la transmission synaptique au niveau de sa régulation (synthèse, environnement ionique), les caractéristiques des médiateurs* chimiques et de leurs récepteurs, les systèmes enzymatiques impliqués, et les effets des agents pharmacologiques. Les secondes, réalisées sur l'animal entier dans des circonstances physiologiques ou expérimentales variées, permettent de plus une approche fonctionnelle chez l'animal anesthésié ou libre de ses mouvements. Ainsi, des méthodes d'évaluation du métabolisme cérébral (étude de la consommation de glucose, synthèse protéique) et de mesure de la libération et du métabolisme des neurotransmetteurs (technique de la canule, dite *push-pull*, voltamétrie, dialyse intracérébrale), ont permis de relier l'activité d'un système neuronal à une situation physiologique donnée (telle que fièvre, faim, satiété, veille-sommeil, activité motrice) et d'analyser les effets biochimiques des stimulations électriques et des médicaments. *U. Spampinato*

Neuro-endocrinologie

Etude de la régulation du système endocrinien par le cerveau. Le terme a été longtemps utilisé de façon restrictive au contrôle hypothalamique* de l'activité sécrétoire de l'hypophyse*. Son champ s'est maintenant considérablement élargi, par la mise en évidence d'un système neuro-endocrinien diffus* qui fonctionne avec les mêmes molécules informatives, les neuropeptides*. La vasopressine et l'ocytocine ont été les premières neurohormones identifiées. La grande période de la neuro-endocrinologie correspond à la recherche des facteurs hypothalamiques qui contrôlent l'activité de l'adénohypophyse. Première recherchée, dernière identifiée (en 1981), la corticolibérine (CRF) régule la sécrétion de l'ACTH*. La lulibérine (LHRH ou GnRH ou LRF) régule la sécrétion des gonadotropines*. La prolactine est la seule hormone* hypophysaire à avoir un contrôle essentiellement négatif par la dopamine sécrétée par des neurones situés dans le noyau arqué. La thyréolibérine (TRH ou TRF), première identifiée (en 1969), contrôle la sécrétion de l'hormone thyréotrope. L'hormone de croissance a un double contrôle activateur par la somatolibérine (ou GRF) et inhibiteur par la somatostatine. Les corps cellulaires des motoneurones endocriniens sont situés dans la zone paraventriculaire de l'hypothalamus et leurs neurones libèrent les produits de sécrétion dans l'éminence médiane au contact des capillaires du système porte hypothalamo-hypophysaire.

P. Mormède

Neuro-éthologie

Terme apparu au début des années 1960 pour désigner l'étude des bases neuronales du comportement*. C'est une discipline expérimentale au carrefour de l'anatomophysiologie, de la biophysique, de la biochimie et de l'éthologie. Partant des comportements observés par les éthologistes et des modèles* imaginés par ceux-ci pour en expliquer les facteurs de causalité*, la neuro-éthologie s'efforce de déterminer la façon dont les informations périphériques sont perçues, acheminées, filtrées et traitées au niveau du système nerveux central ; dont les instructions motrices sont dirigées vers les muscles dont les contractions coordonnées se traduisent en production de sons, émissions de substances, parades gestuelles ; dont ces informations sont stockées, rappelées, corrigées et réutilisées ultérieurement. Les préoccupations en ces domaines remontent à Descartes qui considérait le cerveau comme un agglomérat de réflexes automatiques à des stimulations externes. L'activité électrophysiologique du cerveau est connue depuis la fin du XVIIIe siècle. Ce siècle a vu se multiplier les travaux d'ablation visant à localiser les aires* responsables des principales fonctions cérébrales. W. Hess vers 1920 et E. von Holst, le véritable fondateur de la neuro-éthologie, ont localisé très précisément par stimulation électrique intracérébrale des centres responsables de comportements assimilables par l'éthologiste à des éléments connus du répertoire comportemental (V. Ethogramme) du chat, du poulet et de poissons, et ont démontré le caractère spontané et automatique de leur activation* et de leur coordination. La neuro-éthologie a connu des développements récents grâce aux progrès de technologies permettant d'explorer et d'expérimenter au niveau cellulaire : microscopie électronique, microélectrodes intramembranaires, sondes moléculaires et auto-immunoradiographie pour détecter le trajet des messagers intersynaptiques, identifier les cellules cibles, localiser finement les aires d'activité biochimique. Les domaines qui ont fait l'objet des recherches les plus fructueuses pour relier les comportements à l'activité du cerveau sont jusqu'à présent la locomotion chez des invertébrés (crustacés, mollusques, vers), l'identification des proies et les mouvements de prédation des grenouilles, le comportement de reproduction des rats et de la caille, le chant des oiseaux. *J.-C. Ruwet*

Neurohormone

Messager chimique sécrété par des neurones* et qui agissent à distance du lieu de leur libération. L'exemple le plus classique est celui de l'adrénaline* et de la noradrénaline* sécrétées par les cellules de la glande médullosurrénale, véritables neurones postganglionnaires sympathiques* transformés en cellules neuro-endocriniennes. Ce concept a été essentiellement utilisé pour les hormones* hypothalamiques (vasopressine et ocytocine, peptides qui contrôlent l'activité sécrétoire de l'hypophyse antérieure). Il s'est élargi à de nombreux neuropeptides*, souvent élaborés dans les mêmes cellules que les neurotransmetteurs classiques au sein du système nerveux et du système neuro-endocrinien diffus* et susceptibles d'agir à distance après diffusion par le sang, le liquide céphalorachidien* ou l'espace extracellulaire.

P. Mormède

Neurohypophyse → Hypophyse

Neuro-image

Terme caractérisant l'ensemble des méthodes mises au point à partir des années 1970 permettant de visualiser *in vivo* les structures du système nerveux* central normal ou pathologique. Parmi ces méthodes, qui dépassent la classique neuroradiologie, on peut citer la tomographie assistée par ordinateur qui permet de différencier les substances grise et blanche et de visualiser les ganglions de la base, et d'autres techniques de visualisation en trois dimensions, comme la tomographie par émission de positons, la tomographie par émission photonique, la résonance magnétique nucléaire, l'utilisation des ultrasons. Les progrès constants apportent une spécificité et une finesse d'analyse de plus en plus grandes et une image anatomique nouvelle du cerveau en état de fonctionnement au cours de comportements* et de processus cognitifs* (V. Imagerie). *M. Le Moal*

Neuroleptique

La découverte en 1952 des effets antipsychotiques de la chlorpromazine (Largactil) ouvrait l'ère des psychotropes* en même temps que celle des neuroleptiques. Le fait qu'un médicament puisse avoir un effet sédatif sur l'agitation, le délire et les hallucinations dans la schizophrénie ou la manie constituait une révolution thérapeutique. Les neuroleptiques restent encore aujourd'hui le traitement principal de la schizophrénie, et de nombreuses études ont pu montrer qu'ils diminuaient de façon significative les durées d'hospitalisation en hôpital psychiatrique.

Pour décrire leurs effets cliniques, J. Delay et P. Deniker proposèrent en 1957 cinq critères : création d'un état d'indifférence psychomotrice ; efficacité vis-à-vis des états d'agitation et d'excitation ; réduction des troubles psychotiques aigus et chroniques ; production de syndromes extrapyramidaux et végétatifs ; effets sous-corticaux dominants.

Peu à peu sont apparues des classifications de neuroleptiques, en fonction de leurs familles chimiques qui sont multiples ou surtout de leurs effets cliniques. On distingue les neuroleptiques sédatifs (chlorpromazine, lévomépromazine) des neuroleptiques désinhibiteurs* (fluphénazine, sulpiride) ainsi que des produits intermédiaires ou polyvalents. L'essentiel est de retenir que : une même substance peut avoir des effets différents selon les doses et la durée d'administration ; les effets sédatifs et antihallucinatoires semblent liés à une action antagoniste sur le fonctionnement des systèmes dopaminergiques alors que les effets désinhibiteurs sur l'athymhormie* ou l'émoussement affectif* correspondraient à une stimulation de ces systèmes.

Les neuroleptiques à action prolongée dits neuroleptiques retard sont des produits qui, administrés en une seule fois, ont des effets prolongés (plusieurs semaines). La très grande majorité est en forme injectable. Leur principe repose sur la prévention des rechutes par arrêt du traitement. *R. Jouvent*

Neurolinguistique

Discipline ou approche qui vise à appliquer les descriptions linguistiques aux troubles aphasiques*. Ainsi les modes de structuration, paradigmatique et syntagmatique, des signes* linguistiques devaient servir de modèles pour rendre compte des deux grands types d'aphasie : l'aphasie de Broca traduit un trouble de la contiguïté interdisant les combinaisons syntaxiques, alors que l'aphasie de Wernicke traduit un trouble de la similarité atteignant la sélection des mots. Mais une telle analyse était limitée, ne considérant que les productions verbales de deux types d'aphasie.

A. Luria a proposé en 1967 une véritable classification anatomolinguistique des troubles aphasiques dans une approche où toute activité verbale est considérée comme résultant de processus multiples, fonctionnellement isolables et anatomiquement localisés :

1. l'aphasie sensorielle par lésion temporale affecte l'analyse et la production des phonèmes ;
2. l'aphasie motrice kinesthésique par lésion postcentrale touche l'analyse des mouvements de la parole ;
3. l'aphasie motrice kinétique par lésion antérieure de l'aire motrice perturbe les séquences articulatoires ;
4. l'aphasie sémantique par lésion pariétale interdit l'organisation logique des éléments du discours ;
5. l'aphasie amnésique acoustique par lésion temporale profonde est responsable d'un défaut de rétention des unités linguistiques ;
6. l'aphasie dynamique par lésion frontale ne permet plus d'adapter le langage à la réalité.

Actuellement, la neurolinguistique s'oriente dans deux directions parallèles : l'une, dépendante de la psycholinguistique*, cherche à identifier les processus affectés par les perturbations aphasiques pour comprendre le fonctionnement normal du langage et ce, en dehors de toute référence anatomique ; l'autre utilise les nouvelles méthodes d'investigation cérébrale (potentiels évoqués, imagerie morphologique et fonctionnelle, stimulation électrique) pour tenter d'analyser le rôle des structures cérébrales au cours des processus sur lesquels reposent production et compréhension du langage. *J.-L. Signoret*

Neurologie

Discipline médicale spécialisée dans le diagnostic et le traitement des maladies du système nerveux* ; elle peut inclure la neurochirurgie qui n'en diffère que par un mode particulier de soin. Une maladie neurologique est définie par le fait qu'il s'agit d'une anomalie ou d'une atteinte le plus souvent repérable à un niveau microscopique ou macroscopique et que les symptômes qui en résultent sous-tendent des fonctions ou capacités neurophysiologiques généralement connues et localisables.

La neurologie regroupe plusieurs centaines de maladies ou syndromes de causes variées, génétiques ou environnementales, traumatiques, métaboliques ou infectieuses*, etc. Les moyens de diagnostic ont été transformés par les diverses méthodes de l'imagerie* radiologique, de la neuropathologie, de la génétique moléculaire et des neurosciences* en général. Les traitements progressent plus lentement et dépendent des progrès faits dans le domaine de l'étiologie. Les neurologues se préoccupent de plus en plus des analyses comportementales (neurologie comportementale) et de l'étude des processus cognitifs (neuropsychologie).

M. Le Moal

Neuromédiateur → Médiateur

Neuromodulateur → Médiateur

Neurone

Cellule nerveuse comprenant trois parties : le corps cellulaire, les **dendrites** et l'axone*. Les neurones sont à l'origine de la communication* nerveuse, de la transmission de l'information* et de sa conservation et sous-tendent le fonctionnement mental. Le corps cellulaire (ou périkaryon ou soma) contient, comme toute cellule, un noyau ayant de nombreuses inclusions dont les chromosomes*, du cytoplasme et de nombreuses organelles (corps de Nissl, ribosomes, réticulum endoplasmique, etc.). Le neurone, qui est en moyenne la cellule la plus grande de l'organisme, a des formes et tailles variées et particulières selon les structures nerveuses ou les espèces : de 5 microns à 100 microns et plus pour les corps cellulaires, et leurs processus, l'axone notamment, vont de l'ordre du micron à l'ordre du mètre.

Le neurone est entouré, comme toute cellule, d'une **membrane** ayant la propriété essentielle d'être excitable, ce qui distingue le système nerveux et les muscles des autres organes. L'étude théorique du neurone est basée sur l'indépendance anatomique des neurones ; les neurones communiquent entre eux au niveau de jonctions ayant une solution de continuité appelées synapses*.

Il y aurait à peu près 10^{10} à 10^{11} neurones dans le système nerveux central humain.

Il existe deux classes de neurones : excitateurs et inhibiteurs, agissant en sens inverse sur la polarité de la membrane postsynaptique. L'information peut soit être transmise à distance et largement à partir de quelques neurones, soit être canalisée précisément vers quelques neurones. A titre d'exemple, une cellule du cervelet (cellule de Purkinje) reçoit environ 200 000 terminaisons nerveuses et une autre cellule, appelée cellule en grain, adresse des contacts à environ 400 cellules de Purkinje. Au total, la réponse (ou non) d'un neurone donné dépendra de la région où sa membrane reçoit les impulsions nerveuses, de l'organisation spatio-temporelle de ces impulsions, des effets des transmetteurs* et hormones*, de la composition chimique de l'environnement. Les connexions* entre neurones sont très semblables d'un animal à un autre au sein d'une même espèce et même entre espèces proches, ce qui indique l'existence de programmes génétiques répétés phylogénétiquement et suggère une certaine signification quant à la fonction des systèmes neuronaux. *M. Le Moal*

Neurone formel

Le neurone formel, ou neurone artificiel, ou automate*, constitue l'élément de base dans l'architecture des réseaux* connexionnistes*. L'état, actif ou inactif, d'un neurone formel est fonction de la somme (ou potentiel) de ses entrées, formées par les sorties binaires des autres éléments du réseau avec lesquels le neurone est connecté. Ce potentiel dépend du nombre d'entrées et d'un facteur (le poids synaptique) modulant la transmission d'information* dans chaque connexion*. L'activation* du neurone intervient lorsque son potentiel est supérieur à un seuil déterminé. Organisés en couches, les neurones formels peuvent être en relation avec l'extérieur du réseau (comme les neurones d'entrée et de sortie) ou n'avoir de connexions qu'avec les autres neurones du réseau (neurones cachés). *J. Requin*

Neuropeptide

Peptide* utilisé par le système nerveux* comme messager* intercellulaire. Depuis la découverte de la vasopressine et de l'ocytocine, plus de 50 neuropeptides ont été caractérisés. Contrairement aux neurotransmetteurs* conventionnels qui sont élaborés au niveau des terminaisons nerveuses par l'action d'enzymes spécifiques, les neuropeptides sont élaborés dans le corps cellulaire par les mécanismes de la synthèse protéique. Les neuropeptides sont le plus souvent synthétisés sous forme de précurseurs macromoléculaires qui subissent une maturation enzymatique intracellulaire (protéolyse, amidation, acétylation) pour donner la forme mature du peptide. Ces précurseurs peuvent être multifonctionnels, c'est-à-dire qu'ils produisent plusieurs peptides bioactifs. Par exemple, la proopiomélanocortine (265 acides aminés) est à l'origine (pro-) d'un peptide à activité opioïde, la β-endorphine (-opio), des peptides à activité mélanotrope (-mélano) et de l'ACTH* (-cortine). La nature exacte des produits terminaux dépend du type cellulaire où s'effectue la synthèse : cellule corticotrope du lobe antérieur de l'hypophyse, cellule mélanotrope de l'hypophyse intermédiaire, cellules du noyau arqué de l'hypothalamus. *P. Mormède*

Neuropeptide → Acide aminé

Neuropharmacologie

Discipline traitant de l'action des substances thérapeutiques, et des drogues*, ou agents pharmacologiques, sur les nerfs et le système nerveux* central. Elle en étudie les effets sur la conduction* et l'excitabilité* des nerfs, sur la transmission de l'influx nerveux au niveau des synapses* interneuronales et neuromusculaires, et cherche à préciser le fonctionnement des systèmes de neurotransmetteurs* mis en jeu. Ainsi, elle participe à l'établissement des principes généraux du fonctionnement du système nerveux et à l'élaboration de nouvelles stratégies thérapeutiques. Les premiers travaux réalisés par O. Loewi en 1921 et W. B. Cannon en 1937 portant sur le système nerveux autonome sympathique* et parasympathique* ont permis d'affirmer le rôle de la noradrénaline* et de l'acétylcholine* comme neurotransmetteurs. Les diverses drogues perturbent la transmission nerveuse selon des modalités variables. Elles peuvent agir sur les récepteurs spécifiques d'un neurotransmetteur donné, soit en mimant son action (agoniste*), soit en inhibant celle-ci (antagoniste*). D'autres drogues modifient la synthèse, le stockage ou la libération du médiateur, au niveau des terminaisons présynaptiques, paralysant ou activant, selon les cas, la transmission de l'influx nerveux. Enfin, certains agents pharmacologiques appelés faux neurotransmetteurs se substituent aux médiateurs, sont libérés à leur place et entrent en compétition avec leurs récepteurs spécifiques : généralement moins actifs que les substances naturelles, ils diminuent l'efficacité de la transmission synaptique. Les diverses classes de médicaments actuellement à l'étude sont : les anti-épileptiques, les antiparkinsoniens, les analgésiques centraux, les anesthésiques, les antimigraineux et les médicaments nootropiques*, les anxiolytiques*, les antidépresseurs*, les antipsychotiques ou neuroleptiques*. *U. Spampinato*

Neurophysiologie → Neuropsychologie

Neuropsycho-endocrinologie
→ Psychoneuro-endocrinologie

Neuropsychologie

Discipline qui vise à étudier les rapports entre activités mentales et cerveau. Née dans le contexte de la pathologie neurologique, son champ s'est limité originellement à l'aphasie*, l'agnosie* et l'apraxie*. La doctrine des localisations cérébrales initiée par la découverte de la latéralisation* cérébrale a constitué une référence et un objectif obligés : repérer la région cérébrale responsable de telle ou telle perturbation pathologique. D'emblée, des modèles fonctionnels des processus psychologiques ont été proposés, s'appuyant sur l'anatomie et inspirés par les doctrines associationnistes*. Parallèlement, un autre point de vue, considéré comme opposé, visait à interpréter les troubles dans une optique évolutionniste, inspirée par H. Jackson, comme témoignant d'une dissolution affectant le fonctionnement mental dans sa globalité. Autour des années 1960, les syndromes de déconnexion* interhémisphériques et intrahémisphériques conduisaient à un néo-associationnisme où la prise en compte de multiples processus psychologiques devenait le fait dominant. Parallèlement, la neuropsychologie étendait son champ à toutes les activités intellectuelles et à la vie émotionnelle et apparaissait comme une sorte de lieu où pouvaient se rejoindre les données neuroanatomiques et neurophysiologiques, la psychologie expérimentale et la linguistique, ainsi que les analyses comportementales effectuées chez l'animal. Plus récemment, s'est développée une neuropsychologie dite cognitive ; son objectif est d'utiliser les conséquences d'une lésion cérébrale pour décrire et analyser les procédures mentales altérées et proposer ainsi des modèles du fonctionnement cognitif, sans référence au fonctionnement cérébral ; mais, au moins implicitement, ces modèles visent à rejoindre ceux élaborés par les neurosciences*.

Un principe majeur de la neuropsychologie, quelle que soit son orientation, est celui de la double dissociation : une circonstance, définie par une lésion et/ou une situation, est responsable de l'altération d'une procédure X conjointement à la préservation d'une procédure Y, alors qu'une autre circonstance, toujours définie par une lésion et/ou une situation, est responsable de la préservation de la procédure X conjointement à l'altération de la procédure Y. *J.-L. Signoret*

Neurorégulateur → Neuromédiateur

Neurosciences

Néologisme apparu au début des années 1970 qui désigne l'ensemble des disciplines scientifiques ayant pour objet d'étude les différents aspects de la structure, du fonctionnement et des fonctions du système nerveux* : son anatomie (la neuroanatomie), sa chimie (la neurochimie et la neuropharmacologie), sa physiologie (la neurophysiologie) (trois disciplines qui forment la neurobiologie), son rôle dans le comportement* (la psychophysiologie, la psychobiologie et la neuro-éthologie), sa pathologie fonctionnelle (la neuropsychologie), voire les perspectives philosophiques (la neurophilosophie) que suscite l'explosion des recherches sur le cerveau. Ce regroupement est né du souci et de la nécessité de décloisonner les disciplines traditionnelles et d'affirmer la multidisciplinarité accrue des recherches consacrées au système nerveux. Il a pour objectif une perspective plus intégratrice aux Etats-Unis (que traduit le singulier *neuroscience*) et plus fédératrice en Europe (que traduit le pluriel neurosciences). Il s'est institutionnalisé sous la forme de « sociétés des neurosciences », créées d'abord aux Etats-Unis (1970) puis au niveau européen (1976), enfin plus récemment en France (1988).

Largement tributaire des avancées technologiques permettant d'accéder aux différents niveaux de l'organisation anatomo-fonctionnelle du système nerveux, le succès des recherches menées dans le domaine des neurosciences depuis les années 1960 est lié aux possibilités nouvelles d'investigation offertes par le développement des techniques de la biochimie et de la biologie moléculaire, des techniques de marquage cellulaire et de traçage de voies nerveuses, des techniques d'enregistrement de l'activité électrique de neurones* isolés chez l'animal éveillé et actif, enfin des techniques d'« imagerie » cérébrale qui s'ajoutent aux techniques électroencéphalographiques* de plus en plus élaborées pour permettre, chez l'homme, d'évaluer les caractéristiques et la distribution de travail du cerveau. En quelques années, l'analyse des mécanismes intimes de la neuromédiation* chimique, qui déterminent et modulent la circulation de l'information* au sein des réseaux* neuronaux, la découverte des processus de sélection qui stabilisent l'organisation nerveuse au cours de l'ontogenèse* puis assurent le maintien de sa plasticité fonctionnelle, la mise en évidence des principes d'organisation modulaire* de l'architecture neuronale qui réforment les idées traditionnelles sur les relations entre structure* et fonction*, le patient décryptage enfin du rôle des différents ensembles neuronaux dans l'expression des comportements, ont profondément modifié la vision que nous avions du système nerveux.

La situation de la psychologie expérimentale* (en particulier de la psychologie cognitive) par rapport aux neurosciences a été d'emblée et est restée, à quelques nuances près, marginale pour plusieurs raisons. La première, la plus ancienne sinon la plus profonde, est liée au débat épistémologique, le plus souvent implicite mais permanent, qui schématiquement a opposé une conception faisant de la réduction* biologique la démarche explicative universelle des faits de comportements (considérée à tort ou à raison par ses détracteurs comme une position dominante voire doctrinale au sein de la communauté neuroscientifique) et une conception fonctionnaliste* attribuant aux processus cognitifs une relative autonomie vis-à-vis des mécanismes nerveux qui les sous-tendent (considérée à tort ou à raison par ses détracteurs comme un vestige ou une résurgence de positions dualistes* au sein de la psychologie). Une seconde raison à cette marginalité de la psychologie cognitive dans la fédération neuroscientifique est l'attraction qu'exerce depuis le début des années 1980 sur la psychologie le regroupement (moins institutionnalisé mais tout aussi dynamique que celui des sciences du cerveau) d'un certain nombre de disciplines ayant pour objectif commun la formalisation* des opérations de transformation de l'information* et des modes de représentation* des connaissances. Dans cette fédération des sciences cognitives*, centrée sur l'intelligence artificielle* et les modèles* informatiques*, la psychologie cognitive, comme science de l'intelligence « naturelle », peut être considérée comme occupant aussi une place frontalière. La question reste ouverte de savoir quels risques d'isolement court la psychologie cognitive de n'être située au cœur d'aucun de ces deux mouvements fédérateurs ou, au contraire, quel parti elle tirera de sa situation d'interface : le développement, rapide aux Etats-Unis et plus laborieux en Europe, d'un courant de recherches, les neurosciences cognitives, ayant pour ambition de coordonner voire d'intégrer la démarche des neurosciences du comportement et celle de la psychologie cognitive, témoigne du bénéfice que celle-ci peut obtenir de cette position privilégiée. *J. Requin*

Neurostéroïde

Les stéroïdes synthétisés par les glandes endocrines comme les hormones sexuelles, les hormones du stress, etc., agissent par des récepteurs spécifiques intracellulaires et génomiques sur de nombreuses structures cérébrales et influencent les conduites. Le cerveau peut également fabriquer, hors de toute influence périphérique, des stéroïdes que l'on définit mieux comme neurostéroïdes qui agissent sur des récepteurs membranaires, ceux des acides aminés, et qui influencent la mémoire et les états émotionnels. *M. Le Moal*

Neurotransmetteur → Médiateur

Neurotransmission

Processus qui permet le passage (ou la **conduction,** ou la **propagation**) de l'**influx*** nerveux d'un nerf à un muscle ou d'un axone au soma d'un autre neurone*. Elle s'effectue au niveau de certaines structures spécialisées, les synapses*, et met en jeu une substance chimique spécifique, le médiateur*. Cette neurotransmission comporte plusieurs étapes : l'influx présynaptique détermine, au niveau des terminaisons, par un mécanisme calcium-dépendant, la libération d'un neuromédiateur qui traverse l'espace synaptique et se fixe sur son récepteur* spécifique situé sur la membrane postsynaptique. Cette fixation entraîne une modification locale de la perméabilité cellulaire à certains ions (sodium Na^+, potassium K^+, chlore Cl^-), à l'origine d'un potentiel postsynaptique. Celui-ci est excitateur*, dans le cas d'une dépolarisation de la membrane, consécutive à l'augmentation simultanée de la perméabilité au Na^+ et K^+, et inhibiteur* lorsque ces modifications de perméabilité, concernant cette fois le K^+ et le Cl^-, engendrent une hyperpolarisation de la membrane. Le système retrouve son état initial grâce à des mécanismes de recapture présynaptique et de dégradation enzymatique du médiateur, lui permettant ainsi de fonctionner à nouveau. La neurotransmission implique donc un ensemble complexe de mécanismes neurochimiques, dont chacun est soit favorisé, soit inhibé par toute une série d'analogues structuraux ou d'antagonistes* du neuromédiateur. Des observations récentes indiquent qu'un neurone libère son ou ses neuromédiateurs non seulement à partir de ses terminaisons, mais également à partir de ses dendrites. Enfin, il existe une autre modalité de neurotransmission, transynaptique, purement électrique, se faisant sans l'intervention de médiateur. Cependant, son importance dans le système nerveux central des mammifères est mal connue. *U. Spampinato*

Neurotrophique (Facteur —)

Molécule de nature en général protéique, produite par l'organisme et nécessaire à la survie et/ou la croissance de certaines populations cellulaires. Les facteurs neurotrophiques jouent un rôle important au cours du développement* du système nerveux* en favorisant sélectivement la survie des populations neuronales qui constituent leur cible et en stimulant le développement des innervations fournies par ces populations à leurs organes cibles au sein desquels ils sont d'ailleurs produits. Ils semblent agir dans le système nerveux adulte au cours des processus de régénération* et de plasticité*. Le prototype des facteurs neurotrophiques est le *NGF (nerve growth factor)*, découvert en 1948 et le seul, jusqu'à une date récente, qui ait été isolé et identifié. Il est nécessaire pour la survie et la croissance des neurones sympathiques du système nerveux périphérique, des neurones des ganglions des racines dorsales ainsi que de certains groupes de neurones cholinergiques du système nerveux central. Deux autres facteurs neurotrophiques récemment identifiés, le *BDGF (brain derived growth factor)* et le *CNTF (ciliary neurotrophic factor)*, agissent sur les neurones des ganglions des racines dorsales. *J.-P. Herman*

Neuro-végétatif (Système nerveux —)
→ Système nerveux

Neurulation → Système nerveux

Neutralité

L'un des aspects fondamentaux de l'attitude du psychanalyste vis-à-vis de l'analysant, l'autre étant la bienveillance. Cette neutralité est exigée par la règle d'abstinence* qui interdit au psychanalyste d'avoir avec ses analysants d'autres relations que celles, verbales, qui se nouent dans la cure, mais elle va au-delà de ce que la règle d'abstinence impose. Il est en effet essentiel que le psychanalyste s'abstienne de toute prise de parti (jugement de valeur, expression de sympathie ou d'antipathie pour les personnes que l'analysant évoque, etc.) afin d'éviter que ces manifestations de sa personnalité réelle ne justifient des réactions affectives de l'analysant vis-à-vis de l'analyste. Il faut en effet que les attitudes affectives de l'analysant relativement à son analyste soient le plus possible dépourvues de fondement réel pour que l'analyste puisse en reconnaître et en faire reconnaître à l'analysant le caractère de réaction de transfert*. *J.-M. Petot*

Neutre

Dans le conditionnement* pavlovien, se dit du stimulus* destiné à être conditionné, préalablement à l'association avec le stimulus inconditionnel*. Le stimulus est neutre dans ce sens qu'il ne provoque pas par lui-même la réaction déclenchée par le stimulus inconditionnel. Introduit dans la situation expérimentale, il entraîne une réaction d'alerte* ou d'orientation* qui doit faire l'objet d'une habituation* avant que le conditionnement puisse s'installer.

M. Richelle

Névraxe → Système nerveux

Névrose

Désigne actuellement les troubles mentaux caractérisés par des comportements* qui n'affectent qu'un secteur limité de l'activité sans rapport, du moins apparent, avec les motivations instinctuelles et sociales habituelles. Le sujet* n'en voit pas la finalité mais en reconnaît le caractère anormal et ne peut s'en affranchir volontairement.

C'est de manière en somme négative que l'on oppose les névroses aux troubles des comportements instinctuels (perversion sexuelle*, trouble des conduites alimentaires), aux déséquilibres psychopathiques* et troubles du caractère* (affectant l'ensemble des activités de l'individu), aux troubles thymiques* et aux psychoses* (dont le caractère morbide n'est pas reconnu).

En fait, aucun de ces critères ne serait suffisant si l'autonomie du cadre des névroses ne reposait sur une théorie étiopathogénique précise. Au départ, après la création du mot par W. Cullen en 1777, il s'agissait de définir des troubles physiques d'origine fonctionnelle nerveuse. Les progrès de la médecine au cours du XIXe siècle permirent de sortir de ce cadre la plupart de ses expressions (asthme, épilepsie, chorée, etc.) pour n'en plus guère conserver que l'hystérie*.

Sur des bases théoriques différentes, P. Janet et S. Freud, de manière contemporaine, rapprochèrent cette dernière des manifestations phobiques et obsessionnelles.

Avec bien des nuances, jusqu'à récemment, le cadre des névroses a recouvert ces trois variantes cliniques. Toutefois, des formes voisines en étaient rapprochées (névrose actuelle*, névrose d'abandon*, névrose d'échec*, dépression* névrotique, névrose de caractère*, névrose d'organe*) sur des arguments différents. Les deux dernières illustrent bien une tendance qui s'est fait jour de considérer comme névrose un trouble d'origine psychogénétique*. Par une extension encore plus lâche, le terme est utilisé soit pour écarter l'origine « psychotique » d'un trouble psychique, soit pour marquer la nature involontaire, et pourtant dotée d'une symptomatologie inconsciente, de n'importe quel comportement.

Devant cette confusion terminologique, dans un souci affiché d'« athéorisme », mais aussi en raison de la difficulté de distinguer du cadre des névroses les autres troubles somatoformes* (par rapport à l'hystérie) ou les autres manifestations de l'angoisse (par rapport aux phobies et aux obsessions*), et en raison du fait que des symptômes névrotiques s'observent dans d'autres troubles mentaux, les récentes classifications internationales DSM III et IV *(Manuel diagnostique et statistique des troubles mentaux)* ont renoncé à ce cadre nosologique.

Cette réaction est peut-être excessive. Même si l'étiopathogénie des névroses doit être envisagée plus largement que dans le cadre du conflit intrapsychique de la théorie psychanalytique, des arguments de continuité symptomatique et d'efficacité des psychothérapies permettent de justifier que l'on réserve le terme de névrose à des formations symptomatiques isolées et permanentes de nature hystérique, phobique et obsessionnelle.

D. Widlöcher

Névrose carcérale

L'incarcération*, par ses conditions environnementales et psychiques stressantes, suscite une variété de troubles qui réactivent des passés d'abandon, de violence, de culpabilité, de répression. Ne pouvant les métaboliser au travers de modalités relationnelles avec l'extérieur, les détenus présentent souvent une détresse psychosomatique qui leur permet de reconstruire un dialogue social interdit à partir du droit d'être soigné. Certaines formes particulières de troubles du sommeil, de la digestion, des automutilations sur fond d'angoisse et de dépression, illustrent les effets pathogènes réels et fantasmés de la situation carcérale.

J. Selosse

Névrose d'abandon → Abandon

Névrose de transfert → Transfert

Névrose expérimentale

Perturbation du comportement* résultant de manœuvres expérimentales. L'expression remonte à I. Pavlov, qui l'appliqua à des perturbations des conditionnements* réalisés, ou à une difficulté d'en établir de nouveaux, à la suite de certaines conditions expérimentales, telles que l'exposition à des discriminations* dépassant les capacités de l'animal (procédure où les axes d'une ellipse, stimulus positif*, se rapprochent de ceux d'un cercle, stimulus négatif*, jusqu'à un niveau infraliminaire*) ou l'irruption d'un facteur traumatisant (inondation subite du local d'expérience). Pavlov observa les formes diverses que pouvait prendre la névrose expérimentale en fonction de la typologie* du chien, et fut frappé par sa persistance. Il y vit un modèle* expérimental des désordres pathologiques du comportement chez l'homme. Il faut se garder toutefois d'en rapprocher plus particulièrement les névroses*, le terme adopté par Pavlov référant simplement à un trouble des fonctions nerveuses corticales, qui faisaient l'objet de ses travaux. Ses disciples américains, H. Liddell d'un côté, H. Gantt de l'autre, poursuivirent l'étude des névroses expérimentales le premier chez le mouton et la chèvre, le second chez le chien, par méthode longitudinale* s'étendant sur des périodes rarement atteintes. Le concept a été transposé dans les apprentissages* instrumentaux*, notamment par N. R. F. Maier et par J. Masserman. Si l'expression forgée par Pavlov n'est plus guère en faveur aujourd'hui, il n'en reste pas moins que l'on peut tracer une filiation directe entre ces névroses expérimentales et les divers modèles animaux de la psychopathologie humaine d'origine plus récente, comme la séparation* d'avec la mère étudiée par H. Harlow ou la résignation acquise* de M. Seligman. *M. Richelle*

Névrose obsessionnelle → Obsession

Niche écologique

Position particulière qu'occupe dans le milieu* une espèce donnée, tenant compte de ses aptitudes physiologiques et de son phénotype morphologique et comportemental, et ensemble des relations qu'elle entretient dans l'écosystème*, tant avec les autres membres de la biocénose qu'avec l'environnement* abiotique (inanimé, physique et chimique). Ce concept, qui définit la part et le rôle d'une espèce dans l'écosystème, est davantage fonctionnel que spatial. Si l'habitat* d'une espèce est son adresse, sa niche exprime sa profession ; l'écosystème peut dès lors se concevoir comme un emboîtement des niches écologiques des différentes espèces composant la biocénose. Pour comprendre le fonctionnement d'un écosystème, il est donc indispensable de caractériser toutes les niches qui le composent et, à cet effet, de connaître les aptitudes physiologiques et comportementales des espèces : assimilation, métabolisme, stratégies alimentaire et reproductrice, socialité. Le comportement apparaît ainsi comme le médium par lequel un animal donné peut trouver sa place et exercer son rôle dans son milieu. *J.-C. Ruwet*

Nidification

La nidification regroupe des activités se situant à la charnière entre le comportement reproducteur* et le comportement parental*. Elle consiste en l'aménagement d'un nid qui recevra les œufs ou abritera la mère, et précède souvent la fécondation. L'entretien de ce nid se poursuivra pendant la couvaison ou la gestation, se prolongera pendant la période des premiers soins jusqu'à son abandon par les jeunes. L'aménagement d'un nid est souvent entamé par le mâle, comme moyen d'accentuer l'attractivité du territoire* et moyen de séduction de la femelle. Il est des cas où le nid, commencé par le mâle, est achevé par la femelle. Plus souvent, les deux partenaires l'aménagent ensemble, après la formation du couple et la fécondation. La construction du nid, chez de nombreux insectes et la plupart des oiseaux (les tisserins, par ex.), atteint des sommets dans l'art de construire. Le nid joue un rôle central dans le rapprochement et la cohésion des partenaires, dans leur synchronisation, dans le cheminement de leur maturité ; s'il est le lieu qui recevra œufs, poussins ou petits, il est aussi un édifice qui, tout en se faisant, stimule les partenaires et assure le développement de leurs disponibilités et de leurs aptitudes parentales. *J.-C. Ruwet*

Niveau

En un sens seulement parmi d'autres, un des plans ou degrés de l'organisation interne d'un ensemble matériel : niveaux géologiques ; ou d'un système mental : niveaux d'une analyse critique. Dans un sens plus dynamique, degré atteint par le développement* d'un processus. On utilise ce terme en psychométrie* : niveau mental*, niveau d'aptitudes*, niveau d'acquisitions* scolaires sont mesurés au moyen des tests* d'efficience. En psychologie génétique, niveau est parfois synonyme de stade*, en certains cas dans un sens plus englobant : niveau opératoire*. Parfois, niveau désigne aussi l'échelle des degrés de développement d'un ensemble fonctionnel particulier : niveau de la fonction* posturale*, de l'acte* moteur, de l'intuition* spatiale, de la conscience*, du syncrétisme*. Le gradient* de croissance de A. Gesell est proche de cette acception. *E. Jalley*

Niveau d'aspiration

Objectif qu'on s'assigne à soi-même. Les premières recherches sur le niveau d'aspiration ont été faites dans le laboratoire de K. Lewin par I. Hoppe en 1930. Il a montré que le sentiment d'avoir échoué ou réussi dans une tâche de visée n'était pas fonction du point touché sur la cible mais du fait, pour chaque sujet, d'avoir atteint, ou pas, son niveau d'aspiration, c'est-à-dire le but qu'il s'était fixé. Ce niveau d'aspiration est lui-même fonction de l'estimation, par le sujet, de ses capacités, estimation qu'il fonde sur ses performances passées. Les recherches ultérieures ont montré que le niveau d'aspiration joue un rôle dans le processus motivationnel, les tâches jugées trop faciles n'étant pas plus motivantes que celles qui sont estimées trop difficiles. Elles ont montré également que l'adéquation du niveau d'aspiration aux capacités réelles est fonction de la personnalité de chacun et que le niveau d'aspiration est influencé par les normes des groupes auxquels appartient l'individu. *C. Lévy-Leboyer*

Niveau de langue → Registre de langue

Niveau scolaire

Dans une acception courante, désigne la qualité des performances* dont est capable un élève par rapport à ceux de sa classe, ou la qualité des performances moyennes d'une classe par rapport à d'autres classes comparables, ou encore la nature des connaissances* et des capacités exigées à un examen* ou à un concours.

Dans le domaine institutionnel, le niveau scolaire désigne une des étapes du cursus scolaire. Celui-ci est découpé, selon des normes* nationales variables, en cycles (maternel ou préscolaire, primaire ou basique, moyen, secondaire, etc.), ces cycles étant à leur tour divisés en niveaux dont les désignations et le nombre varient selon les pays. Chacun d'eux correspond en général à une année scolaire. *D. Manesse*

Nocebo → Placebo

Nocicepteur → Nociception

Nociception

Sensibilité à la douleur*, fondée sur les informations* fournies par les **nocicepteurs** qui sont des récepteurs* périphériques capables de distinguer entre stimulations non nociceptives et nociceptives et de coder différents niveaux d'intensité de la stimulation douloureuse. Ils sont assimilés aux terminaisons nerveuses libres des fibres afférentes de petit diamètre, non myélinisées (C) à conduction très lente, ou myélinisées (Aδ) à conduction un peu plus rapide. On a caractérisé des nocicepteurs cutanés, musculaires, articulaires et viscéraux. Les afférences nociceptives pénètrent dans le système nerveux central par les racines dorsales des nerfs rachidiens. Le soma de ces neurones* est situé dans les ganglions rachidiens. Après leur entrée dans la moelle épinière, les fibres afférentes nociceptives se terminent principalement au niveau superficiel de la corne dorsale de la substance grise (zone marginale et substance gélatineuse). La stimulation des nocicepteurs déclenche l'activité de deux classes de neurones de la corne dorsale ; les neurones nociceptifs spécifiques, principalement situés au niveau superficiel de la corne dorsale et en proportion moindre dans sa partie intermédiaire, qui ne sont activés que par des stimulations nociceptives ; les neurones nociceptifs non spécifiques, principalement situés dans la partie intermédiaire de la corne dorsale et en proportion moindre dans sa partie superficielle, qui sont activés à la fois par des stimulations nociceptives et non nociceptives. Ces deux classes de neurones sont à l'origine des deux principaux faisceaux ascendants impliqués dans la nociception : le faisceau spino-thalamique dont les projections dans le thalamus* latéral sont essentiellement croisées, les axones traversant la ligne médiane au niveau du segment médullaire où sont situés les corps cellulaires ; le faisceau spino-réticulaire dont les projections dans le tronc cérébral* et la formation réticulée (du bulbe* rachidien jusqu'au mésencéphale) sont ipsi-, contra- ou bilatérales. Deux autres faisceaux ipsi-latéraux sont également impliqués dans la nociception, le faisceau spino-cervico-thalamique et les fibres postsynaptiques des cordons postérieurs, mais leur rôle reste à préciser. Les structures supraspinales mises en jeu par des stimulations nociceptives sont nombreuses et il n'existe pas de région de projection centrale privilégiée (un « centre » de la douleur). Les structures étudiées sont essentiellement celles où se projettent les principales voies ascendantes de la nociception ; le thalamus latéral dont les neurones nociceptifs transmettent l'information au cortex somesthésique primaire (rôle sensori-discriminatif) ; les noyaux intralaminaires du thalamus et les formations réticulées bulbaire et pontique qui projettent sur les aires corticales principalement motrices et prémotrices, l'hypothalamus* et le rhinencéphale* (rôle dans les composantes motivationnelles, cognitives et évaluatives de la douleur ; élaboration des réactions motrices et émotionnelles et mécanismes d'alerte).

Enfin, les études biochimiques et pharmacologiques ont mis en évidence les rôles de nombreux neuropeptides* présents dans le système nerveux central et périphérique et ont permis de formuler des hypothèses sur les mécanismes peptidergiques de la nociception et de l'analgésie*. L'importance de la substance P dès le niveau des fibres C a été démontrée. D'autre part, des systèmes opioïdes* endogènes (enképhalines*, dynorphines* et β-endorphine*) interviennent à différents niveaux d'intégration de l'information nociceptive et de son contrôle central et suggèrent des hypothèses explicatives quant à l'action analgésique de la morphine* et autres substances opioïdes. *B. Calvino*

Nom

Le nom désigne un individu, le distingue des autres et indique son appartenance à une famille. Transmis par filiation, il est le signe identitaire qui marque une reconnaissance et une transmission généalogique. Chargé de signification symbolique par l'inscription du nom du père (dans les sociétés patriarcales), le nom prendra toute son importance lors de la reviviscence de l'Œdipe et de la problématique narcissique. La reconnaissance de la fonction paternelle peut conduire certains adolescents à se faire confirmer leur inscription généalogique ou à rompre avec elle. Le recours à un **surnom** dans des groupes d'affiliation* exprime souvent la quête d'une nouvelle identité*, symbolique. Appliqué à un statut valorisé ou déprécié, le surnom peut signifier des transferts d'identité imaginaire ou de substitution ou marquer le caractère intime, quasi confidentiel d'une relation hors lignage. Le **prénom** confère un statut séparé à l'enfant, son usage marque non seulement une reconnaissance individualisante et une différenciation du sexe, mais aussi une délimitation du champ de désir du petit enfant en raison de son emploi lors d'interventions impératives. *J. Selosse*

Nombre

Le nombre traduit un rapport entre deux quantités, l'une étant prise comme unité. Les fondements mathématiques et psychologiques du nombre sont envisagés selon trois thèses. Selon la première, à dominante arithmétique, le nombre repose sur la relation d'ordre asymétrique quantitative (x h y). Selon la deuxième, à dominante logique, le nombre trouve son origine dans la quantification* des classes* étayée sur la correspondance terme à terme. Selon la troisième, défendue par J. Piaget, le nombre est le produit de la synthèse de la logique des classes et des relations (de l'inclusion* et de la sériation*).

Depuis les travaux de référence de J. Piaget et A. Szeminska en 1941, les recherches ayant trait à la genèse* du nombre chez l'enfant ont connu un essor considérable ; ils s'intègrent et renvoient à la problématique du développement*, de la conservation*, des algorithmes*, de la verbalisation*, de la quantification, des procédures de résolution de problèmes*, etc. *M. Fayol*

Nominale → Échelle de mesure

Non directif → Entretien

Non-directivité

Utilisée par C. Rogers pour caractériser sa conception de la thérapie individuelle, cette expression redéfinit une pratique et une théorie de l'aide : s'abstenir d'imposer, de questionner, d'interpréter, de juger, de conseiller, permet au patient de trouver en lui-même la ressource de sa croissance* *(growth).* Rogers avait perçu l'intérêt de transposer à la relation maître-élèves l'attitude ainsi définie : « Apprendre vaut mieux qu'enseigner ». Aider un élève à apprendre passe par le renoncement à le diriger. Ce paradoxe de « l'effacement seul efficace » ne fut pas sans écho chez des formateurs qu'exaspérait l'observation de la dépendance des éducables à l'égard de l'institution du pouvoir et du savoir en général, et de leur propre pouvoir en particulier. Version modernisée de l'éducation négative* préconisée par J.-J. Rousseau et par les courants de l'Education nouvelle*, cette méthode risquait de se confondre vite, non sans malentendus ni procès d'intention, avec la permissivité qui, plus qu'une option éducative raisonnée, est d'abord un fait de culture.

On distinguera la non-directivité comme entreprise et comme attitude*. Quand l'institution enjoint de diriger et que les élèves eux-mêmes l'attendent, entreprendre de ne pas diriger provoque un événement surprenant dont on escompte des effets formateurs. Il reste que se promouvoir non directif, c'est imposer la non-directivité, et donc mettre en œuvre une des modalités du maniement humain. *D. Hameline*

Non-dit

Un discours* peut être autant significatif par ce qu'il ne dit pas que par ce qu'il dit. Le non-dit relève de la catégorie du manque*. J. Lacan a montré que la forclusion* du nom du père dans le discours de la mère était un facteur de prédisposition de l'enfant à la psychose. Dans la cure psychanalytique, ce sont généralement les éléments en rapport avec le transfert* du patient qui sont non dits par celui-ci ; le psychanalyste peut parfois les soupçonner à partir de communications non verbales et interpréter le manquement à la règle de non-omission*. Dans les groupes de psychothérapie ou de formation, un non-dit important, concernant le groupe ou ses membres, peut bloquer le processus groupal et une crise est nécessaire à son explicitation. Dans la vie familiale, un non-dit parental peut induire des troubles psychiques chez l'enfant. La psychothérapie familiale psychanalytique* a confirmé l'hypothèse d'effets transgénérationnels d'un non-dit familial : un enfant peut se vivre inconsciemment comme le fantôme* d'un aïeul qu'il n'a pas connu et dont une action horrible (meurtre, suicide, inceste, folie, bâtardise) a été passée sous silence par la ou les génération(s) suivante(s) ; l'enfant pressent le secret, et maintient en vie dans son for intérieur l'aïeul mort. *D. Anzieu*

Non-omission (Règle de —) → Règle fondamentale

Non paramétrique (Hypothèse —, Test —)

Une hypothèse non paramétrique est une hypothèse qui ne porte pas sur un paramètre* (contrairement à une hypothèse paramétrique) et un test non paramétrique est un test d'une hypothèse non paramétrique. Parmi les tests non paramétriques figurent les tests d'homogénéité*, en particulier les tests de rangs comme ceux de Mann-Whitney, de Wilcoxon et les tests du khi-deux*. *P. Bonnet et H. Rouanet*

Non verbal → Communication non verbale

Nootropique

Médicaments visant à corriger les déficits des fonctions cognitives* et mnésiques* survenant par exemple lors du vieillissement. Sans effet vasodilatateur direct, ils peuvent néanmoins accroître le débit sanguin cérébral par modifications du métabolisme local. Ils sont capables d'augmenter la consommation cérébrale du glucose, d'améliorer le métabolisme cellulaire et mitochondrial et, pour certains, d'interférer avec l'activité des neurotransmetteurs*.
U. Spampinato

Noradrénaline

La noradrénaline (NA) est un neuromédiateur*, qui, comme l'adrénaline* et la dopamine*, appartient à la classe des catécholamines. Dans le système nerveux central, les corps cellulaires des neurones noradrénergiques sont situés dans la région bulbopontine, groupés en noyaux paramédians, dont le principal est le *locus cœruleus.* Leurs axones projettent de façon diffuse sur les principales aires cérébrales et vers la moelle. Au niveau du système nerveux périphérique autonome, la noradrénaline est surtout localisée dans les cellules des ganglions sympathiques latérovertébraux. Elle agit sur des récepteurs* spécifiques de deux types : les alpha et les bêta, chacun se subdivisant en deux sous-groupes. Au niveau central, la noradrénaline contribue à la régulation des processus de veille* et de sommeil*, de thermogenèse, de prise alimentaire, du système neuroendocrinien, ainsi qu'à la régulation de la tension artérielle et de la respiration. Au niveau périphérique, par son action élective sur les récepteurs alpha, elle contrôle, avec l'adrénaline, l'activité des systèmes cardiovasculaire et respiratoire et le métabolisme glycolipidique. *U. Spampinato*

Normale (Distribution —)

La distribution normale est, d'un point de vue technique, la plus importante des distributions à densité classiques. Il s'agit en fait d'une forme de distribution : une distribution normale dépend de deux paramètres (moyenne* et variance*). On dit aussi distribution de Gauss, ou de Laplace-Gauss.

Lorsqu'on a une distribution* à étudier, on la remplace souvent, pour certains problèmes, par une distribution qui en fournit une représentation simplifiée : c'est la procédure d'ajustement*. En statistique* inductive, les distributions classiques servent à ajuster les distributions des statistiques de test ; elles sont donc à la base des méthodes approchées. En particulier, dans nombre de tests* usuels (échantillonnage*, homogénéité*, fréquences*), la distribution normale fournit un bon ajustement de la statistique de test, d'autant meilleur que la taille des données est plus élevée (théorème limite-central). *P. Bonnet et H. Rouanet*

Normalisation

Dans l'histoire de la psychiatrie* et de l'antipsychiatrie*, la normalisation désigne, de façon péjorative, les efforts des institutions sociales et des techniques de réadaptation qui tendent à rendre conformes à la normalité* des conduites considérées comme pathologiques, aberrantes ou marginales. *R. Doron*

Normalité

Cette notion désigne habituellement d'une part la conformité à un type moyen, d'autre part l'absence de pathologie.

La définition de la normalité par la moyenne est d'ordre statistique : par exemple, l'âge mental normal, le QI normal. Bien que purement descriptive et opérationnelle, la moyenne tend à être considérée comme **norme*** et comme valeur*, d'où l'ambiguïté et les risques de ses utilisations : l'anomalie, la singularité, la dissidence sont facilement considérées comme anormales, donc pathologiques.

L'absence de pathologie est un critère négatif nécessaire mais insuffisant. Il requiert dans le domaine psychologique des critères du pathologique propres à fonder la légitimité des mesures psychiatriques imposées. En l'absence d'altération objective de l'organe ou de la fonction, on retient : la dangerosité, la souffrance, la contrainte, la rigidité, les limitations fonctionnelles, qui ne peuvent être évaluées en toute rigueur que par rapport à un individu d'âge, de sexe et de culture identiques, ayant vécu et vivant dans les mêmes conditions.

L'insuffisance du critère d'adaptation* a conduit à l'idée de normativité définie comme capacité à se donner des normes. De ce point de vue la créativité est un critère de normalité.

La normalité s'oppose à la pathologie et toutes deux impliquent inévitablement la référence à des valeurs. *B. Brusset*

Pour Claude Bernard, la norme réfère au maintien, dans des limites physiologiques, de la constance du milieu intérieur ; par le processus d'homéostasie*, l'organisme régule les conséquences des changements souvent brutaux, inadéquats, délétères de l'environnement ; les phénomènes à l'état pathologique et à l'état physiologique ne diffèrent que quantitativement. Pour Canguilhem, l'organisme est sain pour autant qu'il est normatif relativement aux fluctuations du milieu tandis que l'état pathologique traduit une réduction de ces normes de vie tolérées par le vivant ; aucune guérison n'est simplement le retour à des normes physiologiques. Entre le normal et le pathologique existe un autre état, intermédiaire, l'allostasie*. *M. Le Moal*

Normalité sexuelle

La référence à ce qui est normal ou pas dans le domaine de la sexualité est entachée d'un fréquent malentendu sur les différents critères qui sont employés. Il en existe au moins quatre.

1. La normalité statistique. Dans ce cas, est considéré comme normal ce qui est pratiqué par la majorité de la population. Toutes les pratiques sexuelles sont soumises à ce critère, de la fréquence à la durée des rapports, jusqu'à la dimension des organes sexuels.
2. La normalité morale. Depuis toujours science et morale sexuelle sont imbriquées dans la mesure où les comportements sexuels contribuent à l'établissement des normes sociales. L'exemple le plus simple est celui du mariage qui n'est pas seulement une organisation affective et juridique, mais aussi un sacrement. Dans une perspective catholique, la sexualité a comme finalité la procréation et accessoirement l'épanouissement du couple. De ce fait, la sexualité extra- et préconjugale et les pratiques non dévolues à la procréation (masturbation et homosexualité*) sont habituellement hors normes.
3. La normalité médico-légale. Dans ce cas, ce qui est pénalement répréhensible doit être considéré hors norme. Le sadomasochisme entre adultes consentants n'est pas punissable à moins qu'il y ait une atteinte à l'intégrité physique ou qu'il serve de support à une forme de prostitution. Cette base juridique a été utilisée pour éliminer toute discrimination légale à l'égard de l'homosexualité sans continuer à se référer aux valeurs morales ou psychologiques.
4. La normalité psychologique. Dans ce cas, c'est le sentiment subjectif de l'individu d'être dans la norme qui détermine son comportement. Ainsi une personne divorcée pourra connaître des changements dans son comportement lors d'une liaison ultérieure, car l'intimité relationnelle détermine ce qui est sexuellement acceptable. La normalité subjective est la cause principale de la consultation clinique de sexologie*. Un comportement sexuel qui est statistiquement fréquent et qui n'est ni moralement ni légalement répréhensible deviendra cause d'une plainte si la personne en souffre. A l'extrême opposé, le sentiment de normalité subjective pourra être utilisé par un pédophile qui ne souffre pas de sa tendance pour défendre les droits des minorités érotiques.

W. Pasini

Norme

État de la nature, indépendant du jugement en cours, servant de référence dans un jugement estimatif ou évaluatif. Dans « X est plus grand que la moyenne », il s'agit d'une représentation de la taille moyenne de la population. Dans « X est intelligent », il peut s'agir aussi bien de la représentation d'une intelligence optimale dont X tend à se rapprocher. *J. L. Beauvois*

Norme éducative

Il y a normes quand sont énoncés les référents* par rapport auxquels il est possible de porter des jugements de valeur sur ce qui est entrepris dans les lieux d'éducation*. Une grande part de ces normes sont destinées à apprécier, codifier ou modifier le fonctionnement de ces institutions (ainsi le règlement des allées et venues, la fixation des horaires hebdomadaires, etc.), et c'est souvent après coup qu'on légitime leur existence au nom d'une visée proprement éducative. Hors l'inventaire convenu des valeurs en honneur dans la société où les apprenants sont appelés à s'intégrer, il n'est pas facile de codifier des normes éducatives dont le référent dernier consisterait dans l'accroissement singulier et différentiel des ressources dont les apprenants seront personnellement porteurs à l'issue d'une formation. *D. Hameline*

Norme linguistique

Ensemble de représentations* sociales de la langue, exprimées dans des métadiscours évaluatifs et prescriptifs qui opèrent parmi les usages* (voire parmi les terminologies et doctrines grammaticales) une partition en termes de bien/mal (ex. : *« on ne dit pas, ou on ne devrait pas dire, "avoir très faim" »* - Académie). Entre ces catégorisations axiologiques externes et les régularités fonctionnelles immanentes à la langue, il n'y a pas congruence, d'où la présence chez tout locuteur de deux structurations linguistiques irréductiblement discordantes. Proférée par des acteurs sociaux institutionnellement autorisés (Académie, enseignants, chroniques de presse), la norme prend, en dépit de dissensions entre puristes, le statut d'évidence publique et consensuelle. Transposant à la langue les valeurs du temps, elle apparaît comme le moyen par lequel sont imposés à l'ensemble de la communauté parlante les habitus* d'une classe dominante et lettrée (la Cour, la bourgeoisie parisienne), pour qui l'écrit est le mode de communication par excellence (d'où une répression séculaire des traits d'oralité, et la référence constante aux « bons auteurs »). La norme a une fonction essentiellement stabilisatrice : elle soutient les variantes les plus aptes à inhiber toute prolifération polylectale* ; elle promeut les pratiques langagières les plus coopératives, prévenant ainsi des conflits pragmatiques entre interlocuteurs. Le discours normatif dominant, auquel tous sont assujettis, entre toutefois en opposition dialectique avec des contre-normes, qui existent à l'état récessif : n'ayant pas droit à une formulation publique, elles semblent néanmoins inspirer la régulation des conduites langagières de certains groupes minoritaires. *A. Berrendonner*

Norme sociale

Le concept de norme sociale a deux usages dans les sciences sociales et en psychologie sociale notamment. Il peut dénoter (norme descriptive) une régularité de comportements* ou de jugements* dans un collectif social donné (groupe, catégorie professionnelle, société globale...) non soumise à des contraintes externes saillantes. L'idée de norme est ici proche de celle d'habitudes sociales : normes vestimentaires, alimentaires, esthétiques... C'est surtout pour ces normes qu'on parle de conformisme* et de déviance*. Mais il dénote aussi (norme injonctive) un type de comportements ou de jugements dotés de valeur sociale dans un collectif donné, même s'ils n'y font pas l'objet de régularités avérées (se comporter selon ses idées : norme de consistance ; expliquer des comportements de façon interne : norme d'internalité...). La connaissance de telles normes par les gens intervient dans leurs stratégies d'autoprésentation. En effet, si c'est surtout la déviance qui est pénalisée dans le cas des normes descriptives, c'est plutôt la conformité qui est valorisée dans le cas des normes injonctives. *J. L. Beauvois*

Nosographie → Nosologie

Nosologie

Terme qui désigne selon E. Littré une branche de la médecine qui s'occupe d'attribuer des noms aux maladies, de les définir et de les étudier dans toutes leurs circonstances. Doit être distingué de **nosographie** qui est la distribution méthodique dans laquelle les maladies sont groupées par classes, ordres, genres et espèces.

D'une façon habituelle nosographie est synonyme de classification, tandis que nosologie renvoie à la sémiotique en psychopathologie et à la combinatoire des signes* qui dérivent autant des jugements portés par l'observateur que de l'observation* concrète des symptômes.

Les classifications ont actuellement tendance à se fonder sur des critères de diagnostic *a priori*. A l'opposé, les nosologies empiriques symptomatiques se proposent de définir des types existant réellement dans la nature (et non pas des types *a priori*) à l'aide des méthodes statistiques. Cette démarche nosologique vise à classer une population selon des données quantitatives mesurées sur des dimensions qui découlent des échelles* d'évaluation, et de dégager des sous-groupes ou types syndromiques de sujets à symptomatologie relativement homogène. *J.-F. Allilaire*

Notation

Action d'attribuer une note*. Elle consiste à rechercher dans l'objet à évaluer des caractéristiques correspondant à des qualités inhérentes à un modèle de référence. Selon G. Noizet et J.-P. Caverni, ce modèle est constitué d'une « norme » (sorte de modèle idéal), du « produit attendu » (pour un même thème de rédaction, on n'attend pas le même produit à l'école primaire et au lycée), et de l'utilisation d'une échelle de mesure*. La divergence, voire l'incohérence des notes, s'explique dans une large mesure par des phénomènes subjectifs déterminant le « produit attendu » : effets de halo, de stéréotypie, de contraste, d'ordre (V. Evaluation). La définition opératoire des caractéristiques du produit attendu permet la notation par ordinateur. *G. de Landsheere*

Note

En évaluation*, désigne tantôt une appréciation subjective globale, chiffrée ou non (« il travaille bien », « ce travail vaut 8 sur 10 »), tantôt une appréciation chiffrée selon un barème préalablement fixé (**cote**). Le mot score* désigne le résultat d'un test psychométrique*.

La note est dite objective quand elle est attribuée selon une règle dont chaque constituant a idéalement été défini de façon opératoire. La « note vraie » qui refléterait de façon intégrale la valeur d'une production ou de son auteur (par ex., note de connaissance de la langue maternelle) est une entité hypothétique dont la note attribuée se rapproche avec une marge d'erreur d'une ampleur variable (erreur sur la mesure*). *G. de Landsheere*

Notion → Concept

Nouveauté

On use du terme nouveauté en psychologie au moins dans deux groupes de situations.
1. Pour caractériser un stimulus* qui se présente pour la première fois, ou qui ne s'est plus présenté depuis longtemps. Alors que la nouveauté totale peut provoquer l'évitement* ou la fuite* (V. Néophobie), une nouveauté atténuée, possédant divers ingrédients familiers, peut présenter des propriétés attrayantes voire renforçantes* (V. Exploration, Curiosité). Le stimulus nouveau provoque des réactions* caractéristiques, à composantes émotionnelles, que désignent les expressions réaction de sursaut*, réaction d'alerte* ou d'orientation*. La plupart de ces réactions subissent, avec la répétition ou le maintien du stimulus, une habituation*. Un autre aspect des relations entre la relative nouveauté d'un stimulus et les états psychophysiologiques internes caractérisant la motivation* se rencontre dans l'**effet Coolidge :** les mâles d'un grand nombre d'espèces (y compris l'homme), arrivés à satiété sexuelle, recouvrent la vigueur initiale s'ils ont l'opportunité de copuler avec une nouvelle femelle.
2. Pour caractériser le déploiement de conduites* inédites ou inhabituelles, notamment dans le cadre de la psychologie de la créativité*. La nouveauté y sert de critère de réussite dans certaines épreuves de résolution de problème*, auxquelles des solutions nouvelles doivent être recherchées, ou dans l'usage plus ou moins inédit d'un objet ou d'un ensemble d'objets dans un but précis. Des conceptualisations récentes de la notion de créativité font dépendre la nouveauté créative de la reconnaissance sociale. Est nouveau et créatif ce qui a une valeur socialement estimable. *E. Tirelli*

Novice

Dans le vocabulaire de la psychologie cognitive*, et plus particulièrement dans le domaine de la résolution de problèmes*, le terme désigne le sujet qui n'a que peu ou pas d'expérience de l'espace-problème en cause, par opposition à l'expert* qui en a acquis une connaissance approfondie.

Dans le va-et-vient entre modèles* simulés sur ordinateur et système cognitif humain, le terme renvoie aussi bien à des programmes de machines destinées à apprendre, à enrichir leurs propres capacités à résoudre des problèmes complexes à partir de leur « expérience » de problèmes plus simples. Le système-expert peut ainsi consister en un système d'emblée doté de toutes les propriétés de l'expert, ou en un système d'abord « novice » capable de tirer parti de son propre fonctionnement dynamique pour atteindre à l'expertise.

M. Richelle

Nucléique → Acide nucléique

Nucléotide → Acide nucléique

Nuisance

Terme qui désigne les diverses conditions environnementales physiques d'origine sociale, telles que bruit, densité, pollution atmosphérique, etc., susceptibles d'avoir une incidence sur le comportement, les réactions émotionnelles et la santé des individus qui y sont exposés. Les effets des différentes nuisances, et notamment les efforts d'adaptation particuliers qu'elles imposent à l'individu, sont analysés en référence à la notion de stress environnementaux*.

G. Moser

Nulle (Hypothèse —) → Hypothèse, Signification

Numérosité

Terme *(numerosity)* d'abord proposé par S. S. Stevens en 1939 pour désigner l'attribut de cardinalité d'une collection d'objets (équivalent au nombre, au sens courant), par opposition à l'aspect subjectif que fournit l'appréhension globale, sans dénombrement proprement dit *(numerousness)*. Il est employé généralement à propos de la perception ou reconnaissance immédiate du nombre d'éléments d'un ensemble *(subitizing)*, phénomène attesté, au XIXe siècle, par les observations du philosophe D. Hamilton, pour des ensembles de 5 ou 6 éléments. La perception de la numérosité suscita l'intérêt, à l'origine, comme procédé permettant d'apprécier le nombre d'éléments simultanément accessibles à la conscience* ou à l'attention* (empan* attentionnel). Elle a été depuis largement étudiée tant dans le contexte du développement de la notion de nombre (où on la distingue du dénombrement et de l'estimation*) que dans la perspective du traitement de l'information*. Elle est fonction de nombreux facteurs, et notamment la configuration* perceptive, les rapports figure-fond*, la durée d'exposition, l'entraînement.

M. Richelle

Nutrition → Alimentaire (Comportement —)

Nystagmus → Système vestibulaire

O

Objectif éducatif

En un sens peu rigoureux mais fidèle à l'emploi commun du terme, toute recherche d'effets, explicitée ou non au préalable par les acteurs, dont la poursuite est censée donner un sens* à une activité éducative. Le terme est souvent équivalent de finalité*.

En un sens opérationnel depuis R. Tyler, effet escompté d'une action éducative, décrit au préalable en termes de capacité* de l'apprenant (« à l'issue de la formation, l'apprenant sera capable de... ») dont la présence est inférée à partir d'un comportement observable dans des conditions données, le niveau et les critères d'évaluation* de l'apprentissage* ayant été arrêtés à l'avance. *D. Hameline*

Objective (Psychologie —)

Expression introduite en 1904 par un psychiatre russe, V. M. Bechterev. Bien qu'elle exprime la tendance générale de la psychologie de l'époque à renoncer à l'introspection* et aux points de vue subjectifs, l'approche objective est en premier lieu recommandée par Bechterev en matière de maladie mentale : il faut étudier les changements psychophysiologiques objectifs, mesurables (modification du rythme du pouls, des sécrétions glandulaires, de la température corporelle, etc.) qui surviennent chez le patient plutôt que de lui demander de décrire son expérience subjective. *F. Parot*

Objet

Ce qui est présenté à la conscience* par la perception avec un caractère fixe et stable. Dans le rapport de connaissance*, le sujet* perçoit l'objet par ses organes des sens et en élabore une représentation*, qui est plus ou moins conforme à l'objet réel.

Dans le cadre de l'épistémologie génétique*, on considère que la représentation de l'objet se construit progressivement, par un processus jamais achevé, et ce tant au niveau du développement* de l'enfant que dans l'histoire des sciences. L'objet réel est ainsi la limite vers laquelle tend le processus de connaissance.

En psychanalyse, l'objet est le corrélatif de la pulsion, de l'amour ou de la haine : il est investi avant d'être perçu ; il apparaît souvent à l'occasion des effets de sa perte. D. Winnicott le situe dans cette aire intermédiaire d'expérience entre la réalité intérieure et la vie extérieure : c'est cette aire qui est transitionnelle, plus que l'objet lui-même. En rapprochant J. Piaget et M. Klein, B. Gibello conçoit l'objet épistémique* comme un précurseur de l'objet libidinal, investi par la pulsion de mort et contrôlé très précocement par le moi qui en tire des satisfactions de contrôle, d'emprise et d'exercice des sens et de la musculature.

E. Jalley et R. Doron

Objet permanent → Permanence de l'objet

Objet partiel

Dans la théorie psychanalytique, les objets partiels sont des organes, parties ou produits du corps (sein, pénis, anus, urine, etc.) pris comme objets libidinaux* lors des stades prégénitaux du développement* psychosexuel. Ils se différencient de l'objet complet ou total des stades ultérieurs, qui est la personne entière. S. Freud a mis en place les fondements de la théorie des objets partiels, mais c'est, semble-t-il, M. Klein qui a introduit ce terme. C'est en tant que zones érogènes* ou produits et/ou excitateurs privilégiés des zones érogènes que les objets partiels sont d'abord investis, et c'est à partir d'eux que l'investissement* s'étend à la personne complète qui possède ou contient les objets partiels. Les fantasmes* mettant en jeu des objets partiels sont régis par le double principe de l'équivalence symbolique* : équivalence (déjà affirmée par Freud en 1917) de tous les objets partiels entre eux, équivalence de chacun des objets partiels, en vertu du principe *pars pro toto,* avec l'objet complet dont il est une partie ou produit. Melanie Klein a décrit les nombreux fantasmes prégénitaux auxquels donnent lieu les objets partiels. Il faut éviter de confondre, dans les conceptions kleiniennes, l'objet partiel (antonyme : objet complet) et l'objet clivé (antonyme : objet total) ; les objets partiels sont toujours des objets clivés, mais les objets clivés ne sont pas toujours des objets partiels. En effet, au cours de la position paranoïde-schizoïde*, le clivage de l'objet ne peut porter que sur des objets partiels ; mais l'accès à la position dépressive* est marqué par la découverte de l'objet comme personne complète et le clivage s'applique dès lors à des objets complets (par ex. : bonne mère, mauvaise mère). C'est seulement lors des phases les plus avancées de la perlaboration* de la position dépressive que les objets complets deviennent des objets totaux. *J.-M. Petot*

Objet transitionnel

Terme introduit par D. Winnicott en 1953 pour désigner un objet concret choisi par le bébé et le jeune enfant, notamment au moment de l'endormissement (un tissu, un coin de couverture, une serviette, une couche, etc.). Cet objet constitue un intermédiaire entre le monde interne de l'enfant et le monde externe dans la mesure où, tout en appartenant à la réalité la plus tangible, il est investi de significations subjectives. Pour D. Winnicott, la capacité d'utiliser un objet transitionnel permet d'effectuer la transition, c'est-à-dire le passage, de la première relation orale à la mère vers la véritable relation d'objet. C'est à partir de l'observation d'enfants de quatre à douze mois que D. Winnicott a créé le concept d'objet transitionnel ; « entre le pouce et l'ours en peluche », cet objet constitue une partie presque inséparable de l'enfant et, en même temps, il représente la « première possession de quelque chose qui n'est pas moi ». La fonction de cet objet se maintient tout au long de la vie, dans le développement des phénomènes et de l'aire transitionnels, caractérisés par leur double appartenance à l'imaginaire et au réel. Ils manifestent la capacité du sujet à se situer dans le domaine de l'illusion, offrant un champ intermédiaire d'expériences, notamment dans les activités de création (culturelles, artistiques, religieuses, scientifiques). *C. Chabert*

Objet-groupe-famille → Famille

Obligation scolaire

Prescription, qui concerne tous les enfants, de fréquenter l'école* ou de recevoir un enseignement* qui correspond à des normes* définies, durant une période qui va en général de l'âge de 6 à 7 ans, jusqu'à un âge variable (de 12 à 18 ans). La contrepartie du droit à l'éducation de tout enfant est donc un devoir pour les parents ou les tuteurs : l'Etat, selon les moyens qu'il a ou qu'il se donne, peut réprimer, par des poursuites pénales ou des sanctions économiques, ceux qui se soustraient à cette obligation. La durée de l'obligation scolaire s'est accrue en général avec le développement économique des sociétés : elle est ainsi passée de 6 à 10 ans en France, entre 1882 et 1959. Elle est plus longue dans les pays riches, puisque l'Etat doit assurer, par des investissements dans l'éducation de plus en plus importants, la possibilité de rendre effective l'obligation pour tous. *D. Manesse*

Observateur

Personne qui procède à une observation*. S'agissant d'observation scientifique, l'observateur est en dernier ressort l'élément décisif de la qualité d'une observation, qu'il l'ait provoquée par des manipulations expérimentales* et se soit doté d'instruments, ou qu'il l'ait faite en se fondant directement sur ses propres informations* sensorielles. On connaît la part que prend dans l'observation du monde physique l'équation personnelle* de l'observateur. En psychologie, les biais* sont d'autant plus nombreux, et d'autant plus difficiles à déceler, que l'observateur appartient à la même espèce que l'objet qu'il étudie ou, s'il s'agit d'étudier l'animal, qu'il se trouve exposé au risque d'anthropomorphisation. Aucun observateur du comportement ne peut se targuer d'être parfaitement neutre face à son sujet, lequel de son côté réagit à celui qui l'observe. D'où les efforts méthodologiques visant à éliminer l'interaction observateur-observé (observation à l'insu du sujet), à la neutraliser (plans d'observation avec rotation* aléatoire des observateurs), ou à en évaluer explicitement le rôle.

Observateur de référence : « homme normal moyen » dont les jugements*, dans des conditions parfaitement standardisées et non extrêmes, sont utilisés pour établir les normes de référence dans la définition de catégories, qualités ou échelles psychophysiques*. En colorimétrie*, l'observateur de référence a longtemps servi à déterminer les différentes nuances. *M. Richelle*

Observation

1. Conduite de prise d'information attentive. Les comportements d'observation sont fréquents chez les diverses espèces animales dans l'affût des proies ou dans la recherche de la nourriture. On les induit sans peine en laboratoire si la détection* d'un stimulus* dans un contexte particulier est la condition d'un renforcement* (V. Attention).
2. Méthode d'investigation scientifique consistant à enregistrer par les sens, systématiquement, les caractères et les transformations de l'objet étudié. Donnée particulière ou ensemble de données résultant de l'application de cette méthode. L'observation constitue la première démarche de toute science empirique, et elle conserve toute son importance dans l'expérimentation*, qui la complète, plutôt qu'elle ne la remplace. Elle tient une place centrale dans les sciences psychologiques, soit que le recours à l'expérimentation y soit limité pour des raisons pratiques ou déontologiques, soit que l'on tienne l'intrusion expérimentale dans le cours naturel des comportements pour une perturbation modifiant radicalement l'objet même que l'on se propose d'étudier. C'est cette dernière raison qui justifie la place privilégiée de l'observation en éthologie*, en ethnologie et en psychologie clinique*. Il est pourtant fréquent, dans tous les domaines de la psychologie, tant au laboratoire qu'en clinique ou en psychologie sociale, que l'observation soit menée dans des conditions spécifiées, destinées à favoriser l'apparition de certaines catégories de conduites, ces conditions pouvant être tout à fait artificielles : observation des déplacements d'un rat dans une arène standard *(open field),* observation des productions gestuelles et verbales dans un entretien* non structuré, observation des interactions entre enfants dans un groupe composé à cette fin, etc.

Fondée sur l'appréhension perceptive ordinaire du réel, l'observation se donne cependant très vite des règles systématiques propres à organiser le recueil des données : choix des fréquences et des moments de la prise d'information, choix de son découpage en unités distinctes, codage et notation, autant d'éléments qui caractériseront les échelles* d'observation et les éthogrammes*. Se muant en observation armée, elle se dote aussi d'instruments propres à amplifier ou à compléter les capacités de nos sens (jumelles de l'éthologiste, microscope, enregistreur d'ultrasons), à enregistrer les phénomènes pour en permettre l'analyse différée et l'évaluation* par des observateurs multiples (film, vidéo, sonogramme).

De l'inventaire, l'observation passe à la classification* ou taxonomie*, qui suppose un repérage systématique des ressemblances et des différences, puis à la recherche des relations. Les notations et classifications des symptômes*, leur mise en relations structurales dans des syndromes* illustrent ces étapes dans le domaine de la psychopathologie*. *M. Richelle*

Observation en milieu ouvert ou institutionnel

L'examen des conduites spontanées dans la réalité concrète d'un milieu naturel ou institutionnel caractérise l'observation. Celle-ci fait partie des techniques utilisées dans les secteurs médico-sociaux, psychopédagogiques et judiciaires ; elles sont destinées à fournir des informations sur les manières d'être et d'agir des sujets, et sur les conditions d'apparition de certains de leurs comportements problématiques. L'observation en milieu ouvert est une méthode utilisée dans le cadre de la protection judiciaire de l'enfance. Elle consiste à recueillir, auprès de leur environnement, des données sur les conduites et les réactions des mineurs dans leurs divers milieux de vie (famille, école, quartiers, loisirs) pour en apprécier l'origine et la signification interactive. Les dossiers d'observation prennent place dans la constitution du dossier de personnalité*.

J. Selosse

Obsession

Comme l'hystérie*, l'obsession peut être définie à la fois comme un symptôme* ou un ensemble symptomatique et comme une organisation psychopathologique de la personnalité*. Comme symptôme, l'obsession se définit comme une idée ou un groupe d'idées qui s'imposent à l'esprit d'une manière lancinante et que le sujet* ne peut chasser bien qu'il les tienne pour absurdes. Il s'agit d'une intrusion, dans la pensée consciente, d'une idée, d'un sentiment, d'une image, d'un comportement parasite qui s'imposent d'une façon tenace. Le sujet lutte contre cette intrusion pour atténuer l'anxiété qu'elle suscite et peut s'adonner à des rituels* conjuratoires, gestes ou formules auxquels il attribue un pouvoir magique pour neutraliser et faire cesser l'obsession. Les contraintes, la lutte anxieuse, le doute, la conscience du caractère morbide du trouble permettent de distinguer l'idée obsédante de l'idée délirante. De même, l'absence de conduite d'évitement* distingue l'obsession de la phobie*. Avant S. Freud, qui mit largement au jour les différents aspects de la pathogénie des obsessions, P. Janet a été le premier à faire entrer les obsessions dans le cadre des névroses*. Mais cet auteur en fera un déficit particulier de la tension psychologique sans faire référence au sens de ce symptôme et au conflit sous-jacent qui peut le susciter. S. Freud décrivit le premier avec précision le mécanisme de base de l'obsession : le déplacement de l'affect lié à la représentation incompatible sur une représentation compatible pour le moi et la conscience du sujet. Grâce à son analyse de l'Homme aux rats*, S. Freud décrivit plus généralement la structure et l'organisation de la **personnalité* obsessionnelle** qui est marquée essentiellement par le conflit d'ambivalence entre l'amour* et la haine*, entre la soumission et la révolte et par la prévalence de certains mécanismes de défense*, l'annulation rétroactive, l'isolation et la formation réactionnelle. L'organisation de la personnalité obsessionnelle est caractérisée pour la psychanalyse par une régression-fixation au stade sadique-anal et par une tension intense entre le moi et un surmoi particulièrement cruel. Cela explique les traits de caractère* de la personnalité obsessionnelle : ponctualité, parcimonie, obéissance, autorité, entêtement, sadisme, auxquels viennent se joindre à la fois le doute, l'indécision et la psychasthénie. Outre ces différentes notions psychanalytiques, M. Bouvet complète la description de la personnalité obsessionnelle par un type particulier de relations d'objet prégénital entre l'obsessionnel et sa mère. L'ensemble de ces données fait de la **névrose obsessionnelle** une indication particulièrement privilégiée pour la cure psychanalytique. Pour être complet, il faut signaler l'hypothèse d'une base neurobiologique dans les troubles obsessifs-compulsifs, en particulier d'une anomalie des fonctions du lobe frontal dominant, mais surtout un dysfonctionnement sérotoninergique central, comme le montre, entre autres, l'effet favorable des médicaments inhibiteurs de la sérotonine* sur les troubles obsessionnels-compulsifs.

A. Braconnier

Obstruction

Un dispositif à obstruction est une allée ou un labyrinthe* élémentaire dans lequel, pour atteindre la récompense*, l'animal doit traverser une zone aversive* (généralement une grille-plancher électrifiée). On peut, en faisant varier en intensité* la stimulation aversive, inférer l'intensité de la motivation* ou de la tendance* en jeu.

M. Richelle

Occipital (Lobe —)

Lobe postérieur du cerveau. Sa face interne est divisée par la scissure calcarine dont les berges supérieure et inférieure correspondent aux aires striées (ou aires 17), zones de projection primaire des informations visuelles ; une lésion bilatérale de ces aires striées est à l'origine d'une cécité* occipitale ou corticale. Bien séparé en haut du lobe pariétal par la scissure pariéto-occipitale, il se prolonge en bas dans le lobe temporal par le gyrus lingual et le gyrus fusiforme ou occipito-temporal.

J.-L. Signoret

Occulte

Rendre occultes les pratiques de certains groupes vise à protéger ce que l'on veut dissimuler aux non-initiés. Les manifestations occultes s'observent dans certains milieux qui préservent des systèmes de croyance (sectes) ou des comportements atypiques (délinquance, toxicomanie) en exigeant des marques d'allégeance de la part de ceux qui désirent s'affilier (rituels d'initiation). La défense du caractère occulte des activités d'un groupe est souvent marquée par un serment de loyauté ou une compromission publique destinés à inculquer les règles de discrétion. Tenir un rôle occulte dans un groupe s'applique à l'exercice d'une influence indirecte.

J. Selosse

Oculomotricité → Mouvement oculaire

Odeur → Olfaction

Odorat → Olfaction

Œdipe → Complexe d'Œdipe

Œstrogène → Œstrus

Œstrus

L'activité sexuelle des femelles de mammifères est cyclique. La maturation des follicules ovariens sous l'influence des gonadotropines* hypophysaires s'accompagne d'une augmentation de la sécrétion d'**œstrogènes** qui assurent la préparation du système reproducteur à la fécondation. Le comportement reproducteur est également modifié par l'action des hormones* sexuelles sur l'hypothalamus*. L'œstrus est la période où la réceptivité sexuelle est maximale. Elle précède immédiatement la rupture folliculaire et la libération de l'ovule fécondable. Au cours du postœstrus, se développent le corps jaune et la sécrétion de progestérone qui prépare l'organisme à la gestation. Chez la femme, le cycle de réceptivité sexuelle est peu marqué et le stade le plus caractéristique du cycle est la menstruation, qui correspond, en absence de fécondation, à l'élimination de la partie superficielle de la muqueuse utérine. On parle donc plutôt de **cycle menstruel**. *P. Mormède*

Offrande alimentaire

On parle d'offrande alimentaire lorsqu'un animal en nourrit un autre. Le cas le plus classique est celui du nourrissage des jeunes, où les parents nourriciers répondent au schéma déclencheur* de la quémande*. Chez les insectes sociaux, le transfert de nourriture d'un individu à un autre (trophallaxie) répond à des sollicitations antennaires et s'accompagne du transfert de phéromones*, substances chimiques contribuant à la cohésion et à la régulation physiologique et sociale du groupe. Certains sujets dévolus à des tâches particulières, déchargés de la collecte de nourriture ou morphologiquement spécialisés (castes) et incapables de s'alimenter eux-mêmes, sont entièrement dépendants de l'échange. Certaines espèces étrangères parasites*, qui miment le solliciteur, peuvent bénéficier de l'échange. L'offrande alimentaire, qui est au premier chef un comportement du registre parental, peut chez les oiseaux devenir un élément de la parade* nuptiale (offrande nuptiale). Chez les sternes, la femelle apaise le mâle en adoptant un comportement infantile de quémande, tandis que le mâle rassure la femelle en se présentant à elle un petit poisson au bec, ce qui minimise et éclipse ce que son approche pourrait contenir d'agressif. L'aliment peut être réellement échangé et consommé ou n'être qu'un symbole (offrande de salut). Chez les columbidés, le jeu de la quémande et de l'offrande nuptiales se résume à un échange de becquetages. Un nourrissage de bouche à bouche, de parent à enfant ou entre pairs, observé chez les grands singes mais aussi chez les Papous et les Pygmées, est sans doute à l'origine du baiser des humains.

J.-C. Ruwet

Olfaction

Modalité sensorielle spécialisée dans la réception et le traitement des stimulus chimiques véhiculés dans l'air et provoquant des sensations subjectivement appelées **odeurs**. Il existe deux aires de réception : l'une primaire, les régions intranasales, d'où partent les fibres du nerf olfactif, l'autre secondaire ou accessoire, à partir de nerfs crâniens tels le trijumeau, le glosso-pharyngien et le vague qui ont des terminaisons chémoréceptives à différents niveaux du système respiratoire. Il est parfois difficile de dissocier les différentes actions des sens chimiques ; chez les poissons, par exemple, l'olfaction et la gustation* sont difficilement dissociables.

Chez l'homme, la muqueuse olfactive (1 cm^2), située dans les cavités nasales (parties supérolatérales et médianes), est couverte de mucus ; son épithélium contient plusieurs types de cellules réceptrices, basales, de support. La cellule olfactive, bipolaire, en forme de bâtonnet, fournit à la fois le transducteur et la fibre nerveuse. Cette cellule nerveuse a une propriété unique : elle dégénère et est remplacée selon un cycle de 30-40 jours, la régénérescence résultant d'une différenciation des cellules basales. Les terminaisons externes, ou dendritiques, sont situées dans le mucus formant une touffe de 10 à 20 cils d'une longueur de 100 microns environ et leur partie proximale constitue le site des récepteurs* où s'effectuent les transductions*. Chez certaines espèces, par exemple chez le rongeur, la partie externe de la cellule comprend, au lieu de cils, des petites porosités répondant aux phéromones*. Les molécules odorantes sont captées (et également rejetées) par le mucus ; elles y entrent en contact avec les bâtonnets, et la quantité de molécules sur le récepteur dépendra des concentrations air-mucus, de leur attraction par le mucus et de la répartition mucus-bâtonnets. Il existe 30 000 cellules par mm^2, soit 6 millions au total ; cela permet une grande redondance* de la fonction et assure une sommation des effets et donc une sensibilité à de très faibles concentrations. La muqueuse pourrait être hétérogène quant à la sensibilité aux différents stimulus. Il existerait une sensibilité régionale et une sensibilité sélective des récepteurs aux odeurs ; il a été également proposé que la sensibilité dépendait du mode de distribution spatiale et temporelle des différentes odeurs au niveau des récepteurs à partir de la couche muqueuse.

Les axones se rassemblent, traversent la base du crâne et atteignent le bulbe olfactif et, de là, à travers des voies d'une grande complexité, vont vers le système limbique* et le rhinencéphale* impliqués dans la régulation de nombreuses fonctions et classiquement réputés pour intégrer les aspects affectifs et motivationnels de la vie de relation. Le bulbe olfactif reçoit des fibres (en rétroaction) du cortex et aussi des régions limbiques et du mésencéphale*.

L'olfaction ou **odorat,** plus encore que les autres sens, répond mieux aux changements de stimulation qu'à une stimulation maintenue, l'habituation* y dépendant à la fois de mécanismes périphériques et centraux.

La discrimination olfactive correspond à la discrimination qualitative des différentes odeurs dont le nombre est incalculable et en renouvellement constant. Le système olfactif peut à la fois distinguer des odeurs individuelles et des mélanges, tout comme les autres organes des sens ; le mélange est alors perçu comme une entité (l'odeur du café correspond à 500 composés volatiles). Cette discrimination s'effectue selon des dimensions qualitatives et quantitatives que les chercheurs tentent de rendre objectives ; cependant, il est très difficile de dissocier la question « que sentez-vous ? » de « l'aimez-vous ? ». Cela indique la difficulté d'établir une psychophysique* olfactive. Les valeurs de seuil existent pour un millier de matériaux odorifères sur à peu près un demi-million existants ; les sens s'étendent sur une échelle de 1 à 10^{13}. Cette sensibilité relative pour diverses molécules semble avoir une certaine uniformité phylogénétique, sans préjuger de la sensibilité observée pour une espèce ou une autre ; le rongeur a une sensibilité 3 fois supérieure à celle de l'homme ; de plus, selon les odeurs, la sensibilité s'étend sur un facteur 2-3 à un facteur 10 en considérant la concentration moléculaire. Pour de nombreux êtres vivants, ce sens est fondamental pour la survie : nourriture, territoire, sexualité, défense, repérage des prédateurs ; il est essentiel à l'individuation et à la communication entre individus. Chez l'homme, en dépit de son importance reconnue par le sens commun, son rôle dans l'attraction-répulsion et dans la communication sociale et interpersonnelle est encore sous-estimé. Néanmoins, on a mis en évidence sa participation dans la genèse des interactions* affectives et, en particulier, dans l'origine de l'attachement*. D'autre part, il intervient, en combinaison avec le sens gustatif*, et souvent d'une manière prépondérante par rapport à ce dernier, dans la discrimination et l'appréciation des saveurs.

M. Le Moal

Oligophrénie

Débilité* mentale profonde repérable dans la démence*, dans les déficits génétiques de l'intelligence (trisomie*) ou dans les troubles métaboliques (oligophrénie phénylpyruvique). *R. Doron*

Oméga

Un des éléments sémiologiques classiques de l'observation du faciès mélancolique*. Il consiste en une exagération des rides frontales qui dessinent un oméga. Il dégage à la fois une impression de douleur, de figement et de gravité. *R. Jouvent*

Oméga (Fonction —, Famille —)

Fonction oméga : expression conceptualisée par G. Decherf et A. Ruffiot en 1995 pour désigner à la fois une fonction psychique et une modalité défensive de fonctionnement, découlant des failles de la fonction alpha : les angoisses de mort sont alors prévalentes. Elle est en relation avec l'apparition : de la position* dépressive, la naissance du Je* (6-8e mois), l'intégration psyché-soma et la différenciation moi/non-moi.

Famille oméga : famille qui a recours à une fonction oméga en réponse à des défaillances trop importantes de la fonction alpha : états-limites*, abandonnisme familial* (L. Knéra). La fonction oméga caractérise le fonctionnement régressif d'une famille qui a réalisé en partie un lien alpha, est sortie des angoisses psychotiques d'anéantissement, mais sans avoir pu établir des défenses névrotiques. Il s'agit d'une organisation psychique défensive contre la mort. *A. Ruffiot et L. Knéra*

Omission

Dans la théorie de la détection du signal*, l'omission est l'une des quatre catégories de réponses possibles, correspondant à la non-détection d'un signal effectivement présenté.

Dans le domaine du conditionnement opérant*, l'omission est une procédure expérimentale consistant à ne pas présenter le stimulus renforçateur* attendu. Occasionnelle, elle donne lieu à des réactions complexes, éventuellement à une activité opérante accrue, qui menait Gray à parler de *frustrative non-reward* (non-récompense frustrante). Systématique, elle correspond à l'extinction*.

Dans le même contexte du conditionnement opérant, l'omission désigne aussi une procédure de contrôle expérimental visant à assurer que le débit* de la réponse opérante observée est bien le résultat de son renforcement. Elle consiste à présenter le renforcement à des sujets contrôles pour autant qu'ils aient omis d'actionner le dispositif réponse pendant *n* secondes. *M. Richelle*

Omnipotence

Mécanisme de défense* archaïque consistant en la croyance d'un contrôle tout-puissant sur l'objet. La psychanalyse*, plus particulièrement avec M. Klein, fait du sentiment d'omnipotence une caractéristique essentielle du fonctionnement normal du bébé, qui peut aussi se retrouver dans des organisations mentales pathologiques (manie, psychose, état-limite). Le contrôle omnipotent de l'objet repose sur la non-différenciation du subjectif et de l'objectif, du désir et de l'acte (éprouver un sentiment hostile équivaut à anéantir l'objet de sa haine). Dans l'omnipotence, il n'existe pas de réalité indépendante de soi : un sentiment bon à l'égard de l'objet crée un objet bon, un sentiment de haine à l'égard de l'objet frustrant crée un objet mauvais et surtout persécuteur. Le sentiment d'omnipotence protégerait ainsi le sujet d'une angoisse de persécution puisqu'il croit pouvoir imposer magiquement ses propres lois. L'omnipotence peut aller jusqu'à annuler l'objet persécuteur et renforcer ainsi le déni* de la réalité. Ce sentiment d'omnipotence se rencontre tout particulièrement dans le cadre des troubles narcissiques* de la personnalité*. *A. Braconnier*

Onde cérébrale

Variation de potentiel électrique transitoire liée à l'activité des ensembles neuronaux du cerveau. Les ondes cérébrales, susceptibles de diffuser dans le tissu nerveux, sont en règle générale recueillies à la surface. Ces manifestations sont dites de type lent par rapport aux activités rapides représentées par les potentiels* d'action (activité unitaire ou multi-unitaire). On peut distinguer un premier type d'onde lente au niveau d'un seul neurone* : ce sont les potentiels postsynaptiques d'excitation et d'inhibition mesurés en millisecondes. De fait, on associe le plus souvent onde cérébrale aux potentiels électriques résultant de l'activité de populations de neurones, tels qu'ils sont observés dans les rythmes électroencéphalographiques*, définis par leur fréquence en Hertz ou cycles/seconde (avec la relation période ou durée = 1/fréquence). On parle également d'onde pour décrire les différents accidents caractéristiques d'un potentiel évoqué. *B. Soumireu-Mourat*

Onirisme

Type d'activité mentale automatique comparable au rêve* mais survenant en dehors du sommeil* ; consiste en images, visions, ou scènes animées auxquelles le sujet attribue les qualités d'une perception sensorielle.

Le terme trouve sa première utilisation clinique avec E. Lasègue qui assimile le délire* des alcooliques à un rêve éveillé. Puis P. Chaslin montre la fréquence de l'association du délire de rêve avec la confusion* mentale qu'il considère cependant comme indépendante. Enfin, E. Régis décrit le délire onirique avec son déroulement de visions élémentaires ou organisées auxquelles le sujet participe comme un somnambule, pouvant prendre parfois des caractéristiques hallucinatoires avec une charge affective le plus souvent pénible, voire effrayante.

Qu'il soit d'origine toxique ou infectieuse, le délire onirique a le plus souvent une évolution progressive vers une restauration de l'activité cognitive normale entrecoupée de manifestations oniriques fugaces, pour aboutir à une amnésie lacunaire élective de ces phases d'activité pathologique. Dans certains cas, il peut perdurer sous la forme de séquelles à types d'idées postoniriques persistantes susceptibles d'évoluer comme des états délirants secondaires postoniriques systématisés (délire de jalousie, de persécution, ou d'autoaccusation des alcooliques).

Sous une forme mineure, l'activité onirique peut s'observer lors de certains états anxieux, à l'occasion de traumatismes émotionnels, lors d'accidents épileptiques, mais bien plus souvent encore lors de certaines modifications de la vigilance*, tel l'endormissement avec onirisme hypnagogique.

J.-F. Allilaire

Onirisme familial → Famille

Ontogenèse

A l'opposé de la phylogenèse*, qui désigne le processus spécifique d'acquisition, l'ontogenèse désigne les acquisitions propres à l'individu. Phylogenèse et ontogenèse ne sont pas indépendantes : les acquisitions individuelles ne sont possibles que dans des limites fixées par l'espèce, et, inversement, le processus spécifique d'acquisition est médiatisé par les acquisitions individuelles. L'opposition phylogenèse-ontogenèse prend dès lors un sens plus ou moins radical dans la mesure où les processus d'acquisition correspondants sont considérés comme plus ou moins autonomes l'un par rapport à l'autre (ainsi dans le préformisme ontogénétique, il n'y a pas d'acquisitions individuelles véritables ; pour un constructivisme lamarckien au contraire, la phylogenèse pourrait n'être qu'un produit dérivé des acquisitions individuelles). *J.-J. Ducret*

L'ontogenèse commence par l'embryogenèse*, se poursuit depuis le développement postnatal jusqu'à l'âge adulte et l'on tend aujourd'hui à l'étendre à toute la vie du sujet. Elle intègre, à chacun de ses moments, les effets combinés et indissociables de la maturation et de l'expérience*, traduisant ainsi la résultante des interactions génétiques* et épigénétiques*. On appelle plus particulièrement **éthogenèse** le développement du phénotype comportemental. *R. Campan*

Opérant

Terme introduit par B. F. Skinner pour désigner une forme de conditionnement* distincte, selon lui, du conditionnement pavlovien*, ou répondant *(respondent).* Le conditionnement opérant se caractérise essentiellement par la liaison entre une réponse opérante et le renforcement*, la première étant la condition du second. Par extension, on parle de comportement opérant à propos de tout comportement dont on envisage particulièrement que la production est fonction de ses conséquences*.

Dans le contexte du laboratoire, la réponse opérante (ou substantivement, l'opérant) est définie par l'expérimentateur comme une action* motrice particulière modifiant l'état d'un *manipulandum** (levier réponse*, clé réponse, etc.). C'est sa fréquence ou débit* et sa répartition dans le temps qui ont particulièrement retenu l'attention des chercheurs, aux dépens de sa structure* ou topographie, dont l'intérêt n'est pas pour autant négligeable, comme l'a montré la prise en compte des contraintes spécifiques*.

Même lorsqu'il s'agit des opérants les plus simples couramment utilisés dans les travaux expérimentaux, la définition d'une réponse opérante spécifie en fait une classe de réponses, dont toutes les réalisations particulières satisfont à un critère donné (par ex., la force minimale à exercer sur le levier pour qu'il y ait fermeture du circuit), mais sont par ailleurs passibles de variations* (par ex., de durée, si cette dernière n'est pas spécifiée par le critère). Ces variations, qui sont plus ou moins larges selon des facteurs divers, notamment le programme* de renforcement (ainsi, elles sont plus marquées dans des programmes à renforcement intermittent* et dans l'extinction* que dans les programmes à renforcement continu*), autorisent les adaptations aux changements dans les contingences* de renforcement. Ainsi définie comme classe de réponses, enveloppe dans laquelle il y a place pour des variations, l'opérant est un concept central dans la perspective adoptée par Skinner d'une analogie entre dynamique des comportements individuels et mécanismes de l'évolution* biologique.

L'extension de la notion d'opérant aux problèmes rencontrés en dehors du laboratoire a conduit à des analyses des comportements de l'enfant en situation éducative et scolaire visant à en repérer les conséquences dans le milieu, et à agir sur les secondes en vue de modifier les premiers. La même approche a été appliquée aux comportements pathologiques dans les thérapies comportementales*. *M. Richelle*

Opératif

Contrairement à l'aspect figuratif* des fonctions cognitives, qui est relié au pôle accommodateur des schèmes*, l'aspect opératif caractérise l'ensemble des activités d'assimilation* par lesquelles le sujet transforme ou organise le réel, en particulier les éléments figuratifs (perceptions et images) résultant de l'activité accommodatrice. J. Piaget distingue trois grandes classes d'activités à caractère opératif : les actions sensori-motrices, les actions intériorisées prolongeant les premières, et enfin les opérations logico-mathématiques. La notion d'opératif se distingue ainsi de celle d'opératoire* par sa plus grande extension*. Les recherches piagétiennes sur le développement des perceptions, des images et de la mémoire ont confirmé le primat de l'opérativité sur l'aspect figuratif des fonctions cognitives. *J.-J. Ducret*

Opération cognitive

Dans son acception première, désigne les activités par lesquelles le sujet compose des concepts*, produit un jugement* de réalité ou juge de la valeur de vérité ou de fausseté d'une croyance ou d'une proposition*, enfin raisonne, c'est-à-dire déduit une proposition à partir d'un ensemble de prémisses tenues pour vraies ou fausses. Dans un sens élargi, les opérations cognitives (ou **opérations intellectuelles**) portent sur l'aspect opératif* de toute conduite. Les choix et stratégies qui guident la reconnaissance* ou plus généralement les activités perceptives, les transformations des images mentales* ou les transformations sémiotiques*, bref l'ensemble des activités dites de traitement de l'information*, sont ainsi considérées comme opérations cognitives, au même titre que les opérations de classification*, de jugement et de raisonnement*.

L'étude des opérations cognitives s'inscrit dans deux cadres d'interprétation complémentaires : l'approche génético-structurale et le paradigme de l'*information processing**. Le premier a conduit à la description de l'organisation et des compétences* structurales des opérations (au sens large) agissant dans les champs de la perception*, de la représentation*, du langage* ou de l'intelligence* logico-mathématique. Les opérations de sériation* sont par exemple rassemblées de manière telle qu'on peut modéliser le groupement* qu'elles constituent à l'aide de la structure mathématique de groupe*. La seconde approche décrit au contraire la façon dont différentes activités s'enchaînent lors de la production d'un comportement ou d'une suite de comportements particuliers et modélise au moyen d'un programme* d'ordinateur les règles et les connaissances implicites qui, dans un contexte donné, produisent l'enchaînement observé. *J.-J. Ducret*

Opération concrète

Dans la théorie des stades* de développement* élaborée par J. Piaget, le stade des opérations concrètes se situe approximativement entre 5 et 10 ans, et précède le stade des opérations formelles*. Les opérations concrètes constituent la sous-classe des activités opératoires* par lesquelles le sujet organise et conçoit les objets réels (et non pas propositionnels), à l'exclusion des activités faisant intervenir le regroupement réglé d'opérations appartenant à deux systèmes distincts (par ex., les opérations combinatoires*). Les opérations concrètes se subdivisent en deux grandes classes, logico-arithmétique et infralogique, selon qu'elles portent sur des ensembles d'objets indivisibles (classer, sérier, opérations arithmétiques), ou sur les parties d'un objet alors décomposé (quantités physiques, opérations spatio-temporelles, mesure). Les opérations concrètes reposent sur une structure de groupement*, et se distinguent en cela des opérations formelles qui reposent sur la structure du groupe INRC*. *J.-J. Ducret*

Opération formelle

Dans le système de stades* élaboré par J. Piaget, le niveau des opérations formelles (ou stade opératoire formel), qui apparaît vers 11-12 ans, marque l'achèvement du développement cognitif*. La principale caractéristique de la pensée formelle, par rapport à la pensée concrète* dont elle est issue, est un renversement du rapport existant entre le possible* et le réel. Alors qu'au niveau opératoire concret ce qui est considéré comme possible est un simple prolongement du réel connu du sujet, au niveau opératoire formel le réel attesté n'est qu'un cas particulier appartenant à un ensemble de possibles beaucoup plus large et calculable *in abstracto* par le seul raisonnement*. Ce détachement par rapport au réel perçu permet au sujet de raisonner sur des hypothèses et d'effectuer mentalement des opérations sur des opérations (des « combinaisons », c'est-à-dire des classifications* de classifications, et des « permutations », c'est-à-dire des sériations* de sériations). Au niveau structural, la pensée formelle se caractérise par le groupe INRC*. *J.-E. Gombert*

Opération intellectuelle → Opération cognitive

Opérationnisme

C'est une version du positivisme logique* proposée, en 1927, par le physicien américain P. W. Bridgman dans laquelle il propose de substituer aux définitions des concepts* l'ensemble des opérations concrètes qui président à leur élaboration. Ainsi la longueur est réduite aux opérations de mesure* qui la définissent. S. S. Stevens s'est largement inspiré de cette conception pour édifier sa théorie de la mesure*.

L'opérationnisme a également influencé E. C. Tolman qui définissait la psychologie comme l'étude du système d'opérations* permettant de passer du stimulus* à la réponse*. Ainsi se trouve abolie la distinction entre monde réel et représentation* mentale : il n'y a de part et d'autre que des ensembles d'opérations que l'on peut énoncer. *P. Mengal*

Opératoire

A distinguer de celle plus générale d'opératif*, la notion d'opératoire qualifie la pensée* de l'enfant parvenu au stade* des opérations concrètes*, puis formelles*. Les savoir-faire et les savoirs qui lui sont propres sont produits par le regroupement et la composition d'actions réelles ou en pensée portant soit sur des objets réels ou propositionnels, soit sur des actions ou opérations du sujet (par ex., activité de compensation d'une action). Toute composition d'actions n'aboutit pourtant pas à un regroupement opératoire de savoir-faire et de savoirs. Pour cela, la composition doit remplir trois conditions. Premièrement, les actions regroupées (actions effectives ou en pensée) doivent appartenir à une même famille épistémologique, par exemple actions spatiales, ou actions logiques (classer). Deuxièmement, à chaque action possible doit correspondre une action qui annule ou inverse son résultat. Par exemple, sérier du plus petit au plus grand, ou du plus grand au plus petit une collection de baguettes ; ou bien ajouter à une classe* d'objets jusque-là considérée une autre classe qui n'est pas en intersection avec la première, ou au contraire soustraire de la classe totale cette autre classe. Troisièmement, il faut que, pour le sujet lui-même, l'action qu'il met en œuvre soit conçue sur fond d'existence de son inverse ou de sa réciproque. Cette troisième condition implique que la pensée opératoire est simultanément pensée et opération, savoir et savoir-faire. L'importance de la pensée opératoire dans le fonctionnement de l'intelligence* humaine se mesure au fait qu'espace*, temps*, nombre* (*via* en tout cas la mesure), activités de rangement, de discrimination*, d'identification*, et très généralement de mise en relation, sont les conditions de possibilité et les instruments de tout échange intellectuel avec le milieu. La pensée opératoire apparaît donc comme le regroupement le plus efficace tant sur le plan de la mémoire* que de l'intelligence de ces instruments des échanges sujet-objet. *J.-J. Ducret*

Opiacé

Drogue* d'origine naturelle ou synthétique ayant des propriétés similaires à l'opium ou à son ingrédient actif principal, la **morphine**. Les opioïdes correspondent aux molécules biologiques produites par les organismes vivants et agissant aux niveaux des différents organes (dont le cerveau) comme médiateurs* et par les récepteurs* sur lesquels agissent les opiacés. Les opiacés sont souvent désignés par le terme ancien de **narcotique**. *M. Le Moal*

Opinion

L'opinion est une conduite verbale isolée, reliée à des processus événementiels. Elle est l'expression d'une attitude* à l'égard d'un objet généralement controversé, et est susceptible de changer selon les circonstances. L'opinion est recueillie à l'aide de questionnaires* construits dans le but de susciter des prises de position manifestes, de connaître des conduites objectives ou d'étudier explicitement des aspects de l'idéologie. Les sondages* d'opinion sont destinés à saisir statistiquement la position d'une population donnée par rapport à un événement ou une situation. *G. Moser*

Opioïde endogène

Classe de peptides* comprenant les morphines endogènes, **endomorphines**, **endorphines**, **enképhalines**, **dynorphines**, dermorphine, kyrotrophine, caséimorphine, etc., et, semble-t-il, des antimorphines ou substances endogènes ayant un rôle antagoniste* à celui des opiacés.

D'une manière générale, les opioïdes endogènes ont dans leur structure le pentapeptide enképhaline et ils agissent sur des récepteurs spécifiques ; leur action est bloquée par l'antagoniste de la morphine, la naloxone. Ces diverses molécules sont issues de précurseurs de gros poids moléculaire et l'on distingue trois familles de peptides opioïdes endogènes :

1. les dérivés de la pro-opiomélanocortine : les bêta, alpha, gamma-endorphines ;
2. les dérivés de la proenképhaline : la met-, leu-, met-arg-phé-enképhaline ;

3. les dérivés de la prodynorphine : les dynorphines A et B, les alpha- et bêta-néodynorphines. La plupart de ces molécules sont trouvées dans des neurones identifiés du système nerveux et, à la périphérie, au niveau du système nerveux périphérique et de glandes endocrines. Leur statut de neurotransmetteur* est suggéré par leurs rôles variés dans la communication* neuronale, leur libération synaptique et leur interaction avec des récepteurs spécifiques. Il faut rappeler que la bêta-endorphine est colibérée par des cellules de l'hypophyse antérieure avec l'ACTH* lors du stress* et des divers états d'activation* et d'adaptation* et que les enképhalines sont abondamment libérées à partir de la glande surrénale.

Le rôle fonctionnel de ces diverses molécules fait ressortir leur action dans la physiologie de la douleur*, des processus d'ajustement* et d'adaptation, les processus d'attachement* lors de l'ontogenèse* et bien sûr dans les toxicomanies* aux opiacés. *M. Le Moal*

Opposition

En psychologie, qualifie les comportements de certains patients qui manifestent une opposition à tout examen, et plus généralement à tout contact social (V. Psychopathie). L'expression « période d'opposition » est utilisée également pour qualifier certaines attitudes de rejet du monde adulte caractéristiques de certaines périodes de l'enfance et de l'adolescence*.

En logique, on affirme que deux éléments sont en opposition s'il existe entre eux une relation d'exclusion plus ou moins forte. Il peut s'agir de concepts* (vie/mort), d'unités linguistiques* (bas/pas) ou de propositions* *(« il vient »/« il ne vient pas »)*. Les oppositions peuvent être classées de la manière suivante :

1. propositions contraires : p et q sont contraires, si elles ne peuvent être vraies ensemble, mais peuvent être fausses toutes les deux (ex. : *« cet objet est noir »/« cet objet est blanc » ;* l'objet peut en effet être rouge) ;
2. propositions subcontraires : elles ne peuvent être fausses toutes les deux, mais peuvent être vraies ensemble (ex. : *« il est permis de partir en voyage »/« il n'est pas obligatoire de partir en voyage » ;* on peut en effet rester chez soi) ;
3. propositions contradictoires : elles ne peuvent être ni vraies ni fausses ensemble (ex. : *« Napoléon est mort à Paris »/ « Napoléon n'est pas mort à Paris »*).

Dans l'usage commun, on peut rencontrer des oppositions beaucoup plus nuancées : des divergences, des mensonges, des démentis, des contrastes et d'autres encore. *J.-B. Grize*

Opticogéométrique (Illusion —)

Catégorie d'illusions* perceptives dans le domaine visuel, qui portent sur des configurations* régulières, « géométriques », telles que bonnes formes*, droites parallèles, etc. Le terme remonte à J. J. Oppel, au milieu du XIXe siècle. L'**illusion de Müller-Lyer,** où deux longueurs égales sont perçues différentes en raison de l'adjonction à leurs extrémités de pennures convergentes ou divergentes, en est un exemple bien connu. Les illusions opticogéométriques sont particulièrement frappantes parce que la perception s'y écartent des données physiques aisées à mesurer objectivement. *M. Richelle*

Optimisation

On trouve, en biologie, à la base des modèles* d'optimalité, dont font usage par ailleurs les sciences économiques, l'hypothèse générale que l'évolution* par la sélection naturelle a pour effet d'optimiser un ou plusieurs caractères, comportementaux notamment, des organismes vivants.

Dans l'étude du comportement* animal, le problème général est celui de déterminer quelles valeurs doivent prendre n variables* X1, X2, ..., Xn (caractéristiques comportementales) soumises à des contraintes (écologiques, physiologiques) de manière à maximiser ou à minimiser une fonction dite fonction objective F (X1, X2, ..., Xn) (valeur de survie, quantité d'énergie, satisfaction).

Dans un exemple classique, un prédateur dispose d'un temps limité pour chasser deux catégories de proie : P1 et P2 ; il s'ensuit l'existence d'une contrainte sur les quantités respectives de proies qu'il est susceptible de consommer. La fonction « objectif à maximiser » est, par exemple, la quantité d'énergie que le prédateur tire de ses proies ou encore la satisfaction qu'il éprouve à avoir consommé tant de P1 et tant de P2. Le problème ainsi posé consiste à trouver le menu optimal, c'est-à-dire les quantités maximisant cette énergie ou cette satisfaction.

Lorsque les hypothèses d'optimisation sont suffisamment simples, les modèles d'optimalité peuvent être construits dans un formalisme mathématique (programmation mathématique, théorie des jeux*, optimisation statique ou dynamique). Dans des cas trop complexes, ces modèles doivent être présentés sous forme d'organigrammes et rédigés dans des langages de programmation* appropriés (LISP*, PROLOG).

C'est en comparant les comportements des modèles présentant, par simulation*, les adaptations* des organismes vivants aux comportements des organismes eux-mêmes que l'on peut évaluer la pertinence des hypothèses faites sur la structure du modèle d'optimalité. *A. El Ahmadi*

Optique écologique → Vision

Optomètre

Appareil servant à mesurer les caractéristiques réfractives de l'œil et à apprécier son degré d'amétropie*. Il s'agit d'un réfractomètre utilisant des optotypes*. Certains optomètres nécessitent la participation du sujet (jugement sur la netteté ou le flou du test proposé), d'autres sont objectifs (observation de la lumière réfléchie sur la rétine du sujet). *R. Génicot*

Optotype

Les optotypes sont des tests graphiques utilisés pour mesurer l'acuité* visuelle : anneaux brisés (de Landolt), crochets (de Snellen), E ou lettres diverses de l'alphabet, chiffres, réseaux de barres verticales, figures géométriques, dessins divers. Ces figures, au contraste* généralement maximal par rapport au fond, sont présentées sur des panneaux éclairés, sur plaques translucides ou par projection sur écran, en séries de grandeurs décroissantes selon une progression linéaire ou géométrique. Des optotypes ont été conçus pour la vision de loin (lecture à 4 ou 5 mètres) et pour la vision de près (lecture à 35 ou 40 centimètres). *R. Génicot*

Oral (Stade —)

Premier stade selon S. Freud du développement* de la sexualité* infantile, dans lequel la cavité bucco-pharyngée et les lèvres constituent la zone érogène* et où le plaisir est fourni par l'excitation qui accompagne l'activité de tétée du mamelon maternel ou de son substitut, le biberon. Il est à noter que la bouche reste une zone érogène visible, alors que les autres zones érogènes sont ou seront cachées. Certains auteurs préfèrent parler d'érotique ou de problématique orale plutôt que de stade. Dans les lettres à W. Fliess du 6 décembre 1896 et du 14 novembre 1897, S. Freud énonce pour la première fois l'idée de zone érogène prégénitale* ; il en décrit deux, la bouche et l'anus. Dans les *Trois essais sur la théorie de la sexualité* en 1905, il analyse les processus psychiques en jeu chez le bébé dans ce qu'il appelle la « sexualité orale » et qui subsistent chez l'adulte comme facteurs d'excitation sexuelle dans certaines perversions mais aussi dans les plaisirs préliminaires à la satisfaction génitale : baiser, caresse du mamelon, succion des organes génitaux. Avec la succion du pouce (ou l'autobercement), le bébé trouve un substitut au sein absent, fait du pouce une seconde zone érogène, se dégage de la dépendance maternelle par l'autoérotisme* et se procure un premier plaisir de type masturbatoire. Ce n'est que dans la réédition de 1915 des *Trois essais sur la théorie de la sexualité* que S. Freud parle d'un stade ou d'une organisation oral(e) ou cannibalique. La pulsion sexuelle orale lui apparaît avoir pour source corporelle la bouche ; pour objet, le sein ; pour but, l'incorporation. A l'excitation spécifique de la zone érogène buccale, S. Freud ajoute donc la prise en considération d'une relation d'objet particulière sur le mode manger-être mangé. Les fantasmes sexuels oraux apparaissent alors plus comme des représentations que des causes de la relation d'objet en question. K. Abraham, en 1924, a différencié le stade oral en un stade oral précoce, préambivalent, dominé par le plaisir de succion, correspondant au premier semestre de la vie ; et un stade sadique-oral ou cannibalique, contemporain de la poussée dentaire, avec l'apparition du désir de mordre, l'angoisse de détruire l'objet aimé et d'être dévoré à son tour par lui. Développant ces idées, M. Klein situe l'apogée du sadisme (oral et anal) dès le premier trimestre ; elle renonce à la notion de stades du développement pulsionnel pour celle de positions* entre lesquelles oscille l'appareil psychique ; au stade oral se substitue le premier passage de la position parano-schizoïde* à la position dépressive*.

Revenons au stade oral précoce. Il est marqué par la relation d'objet avaler-être avalé, par les angoisses du vidage et d'anéantissement, par des mécanismes de défense tels que le clivage*, la projection*, le démantèlement, la fragmentation. Le stade sadique-oral est caractérisé par la relation d'objet dévorer-être dévoré, par l'angoisse du morcellement, par l'apparition de l'identification projective* et de la réparation*. La fixation au stade oral se traduit par une personnalité caractérisée par l'égocentrisme, la passivité, l'avidité, la dépendance et un besoin continu d'amour inconditionnel ; la régression au stade oral précoce peut conduire à la schizophrénie*, tandis que la régression au stade sadique-oral ouvre la voie à la psychose maniaco-dépressive*, à la manie, à l'hypocondrie, aux dépressions*, aux maladies psychosomatiques*. *D. Anzieu*

Oralité → Avidité

Oralphabétisme

Concept créé pour affiner celui d'analphabétisme*. L'opposition alphabète/analphabète s'est en effet avérée trop simple pour rendre compte de la réalité, notamment en ce qui concerne l'éventail des compétences* possibles dans la pratique de la lecture* et de l'écriture. Le concept d'oralphabétisme est utilisé dans deux acceptions :

1. lorsqu'un individu maîtrise une ou plusieurs langues orales ;
2. lorsqu'un individu sait parler et lire une langue mais ne peut l'écrire.

Ce concept offre l'avantage d'introduire une catégorisation à l'intérieur du vaste ensemble recouvert par celui d'analphabétisme. Il est souvent confondu, à tort, avec celui d'analphabétisme fonctionnel qu'il ne recouvre que partiellement. *P.-M. Dumont*

Ordalie

Dans l'ordalie du Moyen Age, c'est le pouvoir souverain qui faisait appel au jugement de Dieu, tandis que dans la conduite ordalique c'est le sujet qui se pose en maître de son destin au travers d'un enjeu de vie ou de mort. Toxicomanes, suicidants, délinquants font appel à une puissance extérieure pour obtenir un jugement absolu qui les situe en dehors et au-delà de la dépendance, de la loi symbolique et de la justice humaine. Les conduites de prise de risque mortel articulent à la fois un désir et une quête de regénération et d'indépendance avec un espoir de renaissance et d'autoengendrement. Ce désir et cet espoir de tout recommencer en revenant à la vie entretiennent un fantasme ordalique. Le sujet cherche par sa survie à prouver sa valeur intrinsèque en la faisant reconnaître par les puissances transcendantes du destin. *J. Selosse*

Ordinale → Échelle de mesure

Ordre des mots

Etant donné la nature acoustique du message* verbal, ses unités doivent être ordonnées séquentiellement (concaténées). Cette contrainte substantielle est exploitée à plusieurs fins par les langues. Elle peut avoir une fonction significative ; l'ordre des mots est alors un signifiant* comme un autre. En français, il marque non seulement les rôles syntaxiques (sujet, compléments), mais aussi le statut de thème* ou de *focus** (le dernier terme à droite dans le syntagme* verbal est *focus* par défaut). Elle peut remplir également des fonctions pragmatiques* : l'ordre des mots contribue à l'optimisation de la chaîne en vue de son traitement perceptif ou mémoriel (on place les mots courts avant les longs afin de réduire les temps de mémorisation ; on permute deux éléments pour éviter une ambiguïté structurale ; on place un terme dans une position insolite pour en accroître la saillance perceptive, ce qui tient lieu de symptôme expressif, etc.). *A. Berrendonner*

Oreille → Audition

Organe (Névrose d'—)

Terme introduit par F. Alexander en 1950 pour désigner la pathologie psychosomatique* en évitant de distinguer par le mot lui-même psyché et soma, et surtout pour la distinguer des phénomènes de conversion hystérique*. Contrairement à ceux-ci, la névrose d'organe ne comporte pas d'expression symbolique, mais si on la définit comme une réponse physiologique des organes viscéraux à un retour constant ou périodique des états émotionnels, il faut ajouter : en rapport avec l'inconscient.

Reprise par O. Fenichel, cette notion n'est plus guère utilisée de nos jours. On lui préfère habituellement le terme de pathologie psychosomatique* au sens strict. *B. Brusset*

Organe de Corti → Audition

Organisateur psychique

Ce concept décrit et analyse des stades* critiques ou des successions dans le développement* psychique. R. Spitz l'introduit vers 1928 dans ses recherches sur l'embryogenèse du moi*. La signification des époques spécifiques pendant lesquelles se produit une réorganisation de la structure psychique le conduit à définir l'organisateur psychique comme le résultat d'une intégration achevée. Les indicateurs de la création des trois organisateurs psychiques sont : l'émergence vers 3 mois de la réponse-sourire au comportement maternel ; la réaction d'angoisse, vers 8 mois, à l'approche d'un visage humain inconnu vu de face ; l'acquisition du geste du non vers 12-15 mois. Dans son étude de 1938, J. Lacan soutient que les complexes* inconscients jouent un rôle d'« organiseur » du développement de la personnalité*, de la psychologie et de la psychopathologie familiales : le complexe du sevrage, le complexe de l'intrus, le complexe d'Œdipe et les *imagos* sont des successions de structures qui agencent les positions corrélatives du sujet et d'autrui.

Plus récemment, ce concept a permis d'analyser l'organisation, la structure et le développement des formations et des processus psychiques inconscients dans les groupes. Une première théorisation en a été proposée en 1970 par R. Kaës : les groupes internes* ont une fonction d'organisateur psychique dans l'appareil psychique groupal*.

R. Kaës

Organisation

Système social qui possède une structure hiérarchique complexe et qui opère dans un environnement, culturel, politique, légal, économique et technologique avec lequel il interagit continuellement. L'organisation est composée d'individus et de groupes*, qui sont aussi bien des groupes formels apparaissant clairement sur son organigramme, que des groupes non formels et néanmoins influents. Elle a un ou des objectifs. Pour les atteindre, les individus et les groupes qui composent l'organisation se voient attribuer des fonctions et des rôles différents. Leurs activités sont définies par des règles et des contraintes et coordonnées de manière rationnelle et finalisée. La durée de vie des organisations n'est pas limitée à l'accomplissement d'une activité ou d'un but ponctuel. Les organisations redéfinissent continuellement leurs objectifs et les moyens qu'elles se donnent pour les atteindre, de même que se modifient la composition de leurs membres et les caractéristiques de leur structure sociale.

C. Lévy-Leboyer

Organisme → Biologie

Orientation

La psychologie s'intéresse d'une part à la sensibilité des organismes à l'orientation des stimulus, c'est-à-dire leur position par rapport à un axe de référence, d'autre part à la capacité de l'organisme de repérer sa position dans l'espace de ses déplacements*. La sensibilité à l'orientation des stimulus a été elle-même étudiée sous des angles divers : en psychophysiologie*, avec la découverte des détecteurs* d'orientation ; en psychologie de la perception*, à travers l'étude des constances* de forme en dépit des modifications d'orientation des objets ; ou encore en psychologie cognitive*, par les méthodes de rotation* mentale. Elle est étroitement liée aux stratégies de prise d'informations, notamment à travers les mouvements oculaires*.

La capacité d'orientation dans l'espace des déplacements a fait depuis longtemps l'objet de recherches expérimentales sur l'animal, notamment à l'aide des labyrinthes*, qui ont conduit aux conceptions modernes de représentations* de l'espace ou cartes cognitives*. Des travaux parallèles ont été, plus récemment, entrepris chez l'homme, dans le contexte, par exemple, d'espaces urbains familiers ou nouveaux. Enfin, l'éthologie s'est penchée sur les remarquables capacités d'orientation dont témoignent les diverses espèces animales, dans les conduites de recherche de nourriture, de retour au gîte, et de migration*. Dans chacun de ces contextes, la tâche du chercheur est d'identifier les indices sensoriels, les stratégies perceptivo-motrices et les processus cognitifs (notamment mnésiques*) en jeu. Enfin, les détériorations pathologiques de l'orientation dans l'espace font partie des tableaux cliniques des démences séniles et de certaines atteintes cérébrales (V. Taxie, Tropisme, Cinèse).

M. Richelle

Orientation professionnelle

Activité de conseils destinés aux adolescents et aux adultes afin de les aider à prendre des décisions liées à la vie professionnelle. Elles se déroulent sur trois plans : stimuler les efforts actifs d'information sur les métiers, sur les carrières et sur soi-même ; aider à obtenir des renseignements sur les formations, les exigences des métiers, les formations et les débouchés ; élaborer des données descriptives sur les aptitudes*, la personnalité*, les intérêts* et les motivations* de l'individu et envisager avec lui ces informations de manière à ce qu'il les intègre dans ses plans de formation et de carrière. *C. Lévy-Leboyer*

Orientation scolaire

Composante logique de la rationalisation moderne de la scolarité*, la démarche d'orientation s'institue en France à partir de 1920. Elle répond à un double constat posé dès la fin du XIXe siècle : le choix des études correspond souvent très mal aux aptitudes* et aux goûts des élèves et engendre retards, échecs, dégoûts, crise d'identité ; il révèle, chez les familles, une logique de reproduction ou d'ascension sociales peu compatible avec la prospection rationnelle du « vivier de talents » qu'exige la compétition internationale. Les termes de la contradiction demeurent aujourd'hui inchangés : on souhaite engager égalitairement chaque individu sur sa voie propre ; on ne renonce pas à inscrire cet engagement dans le processus inégalitaire et planifié du placement social. *D. Hameline*

Orienté objets → Langage orienté objets

Originaire

Originaire se dit des fantasmes* et du refoulement*. Mais ce mot évoque aussi des problèmes plus généraux qui touchent à la psychologie*. Or si son effervescence théorique actuelle n'est certainement pas le dernier avatar des réflexions qui la font hésiter à se définir comme « scientifique » ou « non scientifique », nous pouvons nous interroger sur son origine, dans la mesure où elle a rapport avec son avenir. De la même façon, certains psychanalystes en viennent à expliciter les drames imaginaires rapportés par le patient qui touchent justement aux origines de son histoire personnelle (bon ou mauvais objet). Il faudrait donc pouvoir définir l'« originaire de la psychologie » !

Est-ce trop accorder à la biologie en prétendant saisir dans le jeune enfant les « fondements » qui préluderaient à la fois à son existence d'être vivant et pensant, dans la mesure où cette phase encore non dite se réduirait à un développement évolutif ? ou, à l'inverse, sera-t-on accusé d'« intellectualisme » si, abandonnant le « réalisme biologique », on suppose une énigme originaire chez l'enfant qui habite un langage non encore sexualisé dont il découvrira progressivement la signification par la liaison de ses capacités somatiques et représentatives (J. Laplanche) ? La psychologie s'intéresse à cette situation où le sujet établit ses limites au sein d'un « conflit originaire » ou le penser* (moi-pensant) prend la suite du moi-peau* (Anzieu). *R. Doron*

Orthocinèse → Cinèse

Orthogenèse

Doctrine formulée par K. Eimer, en 1897, selon laquelle le développement* de l'organisme serait réglé par un programme biologiquement prédéterminé ; toutes les directions de développement seraient prévues par le programme, mais leur réalisation (passage d'une forme à une autre) dépendrait néanmoins de l'action de facteurs externes.

Ce terme a été repris par N. Pende, dans une perspective de biotypologie, pour désigner l'orientation élective de l'évolution* qui aboutit à l'émergence* de types biologiques spécialisés. *J.-P. Bronckart*

Orthopédagogie

Le terme « **orthopédie** » avait été proposé au XVIIIe siècle pour désigner l'art de redresser les enfants. Mais une fantaisie étymologique l'a rattaché au latin *pes, pedis* (pied) et le mot s'est fixé dans son usage actuel. D'où le choix sémantiquement discutable du terme orthopédagogie. L'abandon pratique du terme au profit de guidance*, désormais francisé, n'est pas sans rapport avec la défaveur dans laquelle les milieux contemporains de l'éducation tiennent la notion de redressement, avec leur répugnance pour des pratiques correctrices légitimées par la référence à une rectitude essentiellement sociale, dont on dénonce le caractère conventionnel, voire oppresseur.

D. Hameline

Orthopédie → Orthopédagogie

Orthophonie

Au sens étymologique, rééducation de la parole*. Plus généralement, ce terme désigne le vaste champ des thérapeutiques du langage*. Au carrefour de la psychologie, de la médecine, de la pédagogie* et de la linguistique*, l'orthophonie recouvre l'ensemble des démarches relatives à la rééducation* tant du langage oral que du langage écrit, aussi bien chez les enfants que chez les adultes. Le terme est également utilisé pour désigner la discipline ayant pour objet spécifique l'étude des troubles développementaux ou acquis du langage oral et écrit. Dans certains pays francophones (par ex., Suisse, Belgique), c'est le terme de **logopédie** qui est en usage. *M. Hupet*

Oscillateur

Dispositifs générateurs d'un mouvement ou d'une impulsion périodique, les oscillateurs ne se rencontrent pas seulement dans le domaine de la physique ; ils jouent un rôle dans l'organisation physiologique, notamment dans l'entretien des activités rythmiques d'organes comme le cœur ou le cerveau. Il faut en postuler l'existence pour rendre compte des rythmes* biologiques décrits par la chronobiologie*, où l'implication de certains sites encéphaliques a pu être démontrée (glande pinéale chez les oiseaux, noyaux suprachiasmatiques chez les mammifères).

En chronopsychologie*, il faut les invoquer pour rendre compte des estimations* de la durée* et des régulations temporelles des comportements. A défaut d'en avoir repéré le(s) site(s) et identifié la nature, ces dispositifs fournissant la « base de temps » interviennent à titre de composante essentielle dans la plupart des modèles du temps* psychologique. La question reste ouverte de savoir si un oscillateur unique suffit à rendre compte dans la diversité des ajustements temporels observés, ou s'il faut faire appel à une pluralité d'oscillateurs.

M. Richelle

Oscillation → Alternance fonctionnelle

Osmorécepteur → Olfaction

Oubli

Incapacité de rappeler ou de reconnaître une information* apprise. Les deux causes de l'oubli généralement considérées sont la détérioration spontanée et l'interférence*. Dans le premier cas, l'oubli est vu comme le résultat de la détérioration spontanée d'une trace* mnésique avec le temps. Cet effacement est d'autant plus probable que l'information concernée est peu utilisée (V. Consolidation mnésique). Dans le second cas, l'oubli émerge d'une interférence entre traces. Une information oubliée n'est pas considérée comme effacée mais plutôt comme inaccessible. L'interférence peut être liée à la présentation de nouvelles informations (interférence ou inhibition rétroactive) ou à la présentation antérieure d'informations (interférence proactive). En ce qui concerne la mémoire à court terme*, les deux interprétations sont envisagées. Pour la mémoire à long terme*, on s'accorde généralement sur le fait que l'oubli résulte de mécanismes d'interférences. Plus récemment, un troisième point de vue est apparu. L'oubli n'émergerait pas d'un effacement de trace, ni d'une inaccessibilité par interférence mais du fait que les indices de récupération* disponibles au moment du rappel* sont inadéquats.

S. Bredart

Outil

Il est des exemples nombreux où des animaux, pour s'approprier de la nourriture, se servent d'objets trouvés sur place comme d'instruments. Des cas célèbres sont ceux de la loutre de mer de Californie et du pinson des Galapagos. La première plonge et ramasse sur le fond des oursins, des coquillages et un caillou, puis remonte ; nageant sur le dos en surface, elle brise sur la pierre bien calée sur sa poitrine la coquille ou les tests de ses proies, en mange le contenu, jette les débris, mais conserve la pierre à l'occasion de la plongée suivante. Le second se sert d'une épine de cactus tenue au bec et qu'il a détachée de son support pour extraire les larves d'insectes des anfractuosités où elles se dissimulent. Le vautour percnoptère se saisit de pierres qu'il laisse tomber sur des œufs pour en briser la coquille. Les singes *Cebus* d'Amérique du Sud et les chimpanzés de Côte-d'Ivoire cassent les coquilles de fruits durs sur des nodosités choisies de branches faisant office de véritables ateliers ; les chimpanzés jettent des branches et des pierres aux intrus et vers les carnassiers ; les chimpanzés, encore eux, se servent de longues baguettes pour sonder les fourmilières et termitières à l'époque précédant immédiatement les essaimages*. Dans tous ces cas où les auteurs anglophones utilisent le terme *tool* (outil), les francophones répugnent à parler d'outil, car il n'y a pas à proprement parler de façonnage, de transformation de l'objet utilisé. Seuls peut-être, les chimpanzés semblent capables de préparer leur instrument, au point que l'on puisse parler dans ce cas d'usage d'outil :

ils choisissent des branchettes, les émondent, les écorcent, les coupent à bonne longueur, en font des fagots, puis se dirigent vers les termitières à une certaine distance. *J.-C. Ruwet*

L'utilisation et la construction d'outils ont pris dans l'espèce humaine une extension apparemment illimitée, et dont l'origine se confond avec la préhistoire la plus reculée de l'*Homo sapiens* au point que l'on peut être tenté d'en faire la caractéristique la plus spécifique de l'homme, dérivant, selon les thèses de la paléontologie, de la libération de la main qu'a entraînée la station verticale. En réalité, il n'est guère possible, dans les tentatives de reconstitution de la paléopsychologie*, de dissocier la capacité de fabrication de l'outil des capacités cognitives et verbales, elles-mêmes facteurs d'accroissement des capacités d'apprentissage* et conditions de la transmission culturelle de l'acquis. D'abord prolongement du mouvement* corporel, l'outil s'est fait ensuite amplification, non seulement de l'acte moteur, mais aussi des fonctions réceptrices, puis, dans le développement récent de l'intelligence artificielle*, imitation et dépassement des capacités cognitives elles-mêmes. Les rapports de l'homme à l'outil créé par lui demeurent un thème central de la psychologie du travail* et particulièrement de l'ergonomie*.

M. Richelle

Output

Terme anglais, passé dans l'usage scientifique en français, bien que parfaitement rendu par **sortie,** désignant le résultat final ou le produit d'un dispositif quelconque de transformation ou de traitement des éléments introduits à l'entrée, ou *input**. En psychologie, le terme s'est souvent substitué à réponse*, voire à comportement* dans le vocabulaire de la psychologie cognitive*, comme *input* s'est substitué à stimulus*. Cet usage suggère que l'*output* ne représente que l'aboutissement d'un processus* non directement observable de traitement de l'information*, processus dont l'analyse constituerait, bien plus que l'*output* lui-même, le véritable objet de la recherche psychologique. *M. Richelle*

P

Paires associées → Couples associés

Pal

Terme introduit par G. von Bekesy pour désigner l'unité physiologique de sensibilité tactile à la vibration*, et correspondant à l'intensité liminaire* pour une vibration de fréquence* standard de 10 Hz.

M. Richelle

Paléocortex → Cortex

Paléopallium → Amygdale

Paléopsychologie

Domaine de la psychologie visant à reconstituer par inférences et analogies les caractéristiques psychologiques de l'homme préhistorique. La paléopsychologie fait appel à la paléontologie, l'anthropologie physique et culturelle, l'archéologie, l'éthologie et la psychologie comparée. Elle s'enrichit également de nos connaissances sur les capacités cognitives* de l'homme actuel, qui permettent, par exemple, de déterminer les conditions cognitives minimales permettant la taille de tel type d'outil* lithique.

M. Richelle

Palicinésie

Reproduction réitérée par le sujet* de son propre geste* à peine accompli ; redite de la phrase énoncée par soi-même : **palilalie.** Il s'agit de conduites pathologiques, caractéristiques de certains troubles moteurs du mésencéphale*.

Les faits de palicinésie et de palilalie doivent être bien distingués des conduites typiques du niveau de développement* normal que H. Wallon a appelé « le stade écho » (dès 0,9 an), et qu'il envisage comme fugitif : échopraxie*, échomimie, écholalie*. Il s'agit d'une répétition, immédiate et littérale des gestes ou des sons qui viennent d'être vus ou entendus. Par ailleurs, les derniers éléments de la séquence sont seuls reproduits. Ces conduites s'observent aussi dans les états de confusion* mentale.

Ces deux niveaux de faits doivent être aussi différenciés d'un autre qui semble présenter du reste une structure de type intermédiaire entre eux : vers 0,3-0,4 an, l'enfant répète les sons et les gestes qu'il vient de produire, si autrui les reproduit presque aussitôt après.

E. Jalley

Palilalie → Palicinésie

Pallesthésie

Sensibilité tactile à la vibration*. Le terme est peu employé, depuis que les recherches modernes sur la sensibilité cutanée se fondent essentiellement sur l'étude des stimulations vibratoires et définissent les caractéristiques des récepteurs* en termes de sensibilité élective à certaines bandes critiques de fréquence* des vibrations.

M. Richelle

Palpébral (Réflexe —)

Réflexe* de fermeture des paupières, déclenché par tout stimulus* présentant une menace potentielle pour le récepteur oculaire : objet s'approchant de l'œil, lumière vive, jet d'air, etc. Il fait aussi partie de la réaction de sursaut* déclenchée par une stimulation visuelle ou auditive intense et inattendue. Il a souvent été utilisé dans le conditionnement* pavlovien*, notamment chez l'homme, en raison de sa commodité. Le réflexe palpébral est à distinguer du clignement spontané des paupières, qui se produit à intervalles irréguliers, avec une fréquence* qui varie selon le contexte psychologique (stress*, attention*). Le clignement spontané s'accompagne d'une réduction de la sensibilité d'origine centrale (suppression* visuelle). *M. Richelle*

Panique (Trouble —, Attaque de —)

Terme qui désigne une terreur extrême et soudaine généralement irraisonnée et souvent de caractère collectif.

Introduit dans le vocabulaire clinique du langage psychiatrique pour désigner un type particulier d'état anxieux suivant une critériologie définie avec précision par la classification du DSM *(Manuel diagnostique et statistique des troubles mentaux)*. Correspond à la description des symptômes de l'accès d'angoisse*, décrit par S. Freud à l'exclusion de toutes les manifestations intercritiques qui complètent le tableau classique de la névrose d'angoisse, considérés dans ce cadre comme un autre trouble dit anxiété généralisée. Cette subdivision des différents types de troubles anxieux, souvent intriqués en clinique, vise à faire éclater le concept trop général d'angoisse et à rendre compte des abords thérapeutiques distincts révélateurs de mécanismes psychopathologiques différents que ces manifestations cliniques nécessitent. Les classifications les plus récentes lui accordent une place centrale au point de considérer l'agoraphobie et les différents symptômes phobiques comme des complications du trouble panique. *J.-F. Allilaire*

Pansexualisme

Mot souvent employé au cours des polémiques qui ont entouré l'apparition de la psychanalyse : on y voyait une conception de l'homme qui réduit sa nature à la sexualité. C. Jung, l'un des premiers, avait déjà tenté de dénaturer le concept de *libido**. Plus tard, pour des raisons religieuses et politiques, et aussi d'incompréhension intellectuelle, l'image du pansexualisme a encore persisté ; sans la sexualité, la psychanalyse deviendrait acceptable ; on procède alors à un réarrangement des concepts sur la base qui convient le mieux, sans respecter leur unité ni leur ordre. *R. Doron*

Panurgisme → Contagion

Papillotement

Effet visuel d'une stimulation lumineuse intermittente* inférieure à la fréquence critique de la fusion*. Cette fréquence critique et le papillotement varient avec les conditions de stimulation (région de la rétine intéressée, grandeur et luminance des plages, etc.). Ce papillotement peut se révéler désagréable et être à l'origine de l'asthénopie provoquée notamment par un éclairement mal ajusté (tube fluorescent, par ex.).
R. Génicot

Paracontraste

Phénomène de masquage* partiel ou total d'un stimulus lumineux par un autre, contigu ou antérieur de très peu (20 à 30 millisecondes) au premier. Il s'agit d'un effet proactif inverse du métacontraste*.
R. Génicot

Parade

On désigne par parade des manifestations formalisées et spectaculaires, non ambiguës, à forte valeur expressive, intervenant dans les relations sociales, la compétition ou la coopération intraspécifique. L'animal émetteur affiche et expose ses déclencheurs* en des combinaisons de gestes ostentatoires, soulignant des patrons de coloration et des ornements structuraux, et renforcées de productions sonores. Du fait de leur spécificité, elles assurent la cohésion du groupe social et l'isolement reproducteur de l'espèce. Du fait de leur nonambiguïté, elles assurent la circulation de l'information. Du fait de leur valeur expressive symbolique, elles expriment les intentions et contrôlent les émotions. Dans la compétition territoriale* ou hiérarchique*, elles ont pour objet de se substituer aux combats véritables dommageables. Dans les relations de groupe, elles avertissent les congénères de l'imminence d'une action et assurent la synchronisation de l'ensemble. Dans les relations sexuelles, elles apaisent et attirent le partenaire, contrôlent et redirigent l'agressivité latente, assurent la reconnaissance, renforcent la cohésion. Les comportements et les cérémonies de parades comportent de nombreux éléments ayant subi le processus de ritualisation*. On y rencontre notamment des activités infantiles (quémande* alimentaire), parentales (offrande* alimentaire, manipulation de matériaux pour la nidification), de toilettage (lissage des plumes) qui, surgissant initialement comme activité de déplacement* dans des situations de rencontre sociale, se sont intégrées dans la parade sous une forme symbolique (V. Pariade). L'usage fréquent (mais à déconseiller) du terme ***display*** en français et en allemand est dû au rôle qu'ont joué les ornithologues britanniques dans l'étude et la popularisation du *bird display,* des parades des oiseaux. *J.-C. Ruwet*

Paradigmatique → Paradigme

Paradigme

En psychologie, désigne une procédure méthodologique qui constitue un modèle de référence pour la conception de recherches expérimentales (par ex., le conditionnement instrumental* ou le transfert en miroir). L'adjectif **« paradigmatique »** est utilisé dans un sens proche pour signifier la typicité (ou caractère « exemplaire ») d'un objet, d'un comportement ou encore d'un cas* clinique.

En linguistique*, ce terme s'applique à la classe des unités (les morphèmes* notamment) qui peuvent se substituer les unes aux autres dans un cotexte* donné, tout en préservant les caractéristiques générales de la structure (en particulier de la phrase*) dans laquelle elles s'insèrent. Il est utilisé de préférence au terme synonyme d'associations* proposé initialement par F. de Saussure.

Dans la perspective épistémologique* de T. S. Kuhn, le paradigme se définit comme le mode d'explication* dominant dans une communauté scientifique, à un certain stade de développement historique d'une discipline particulière. En tant que corps organisé de conceptions logiquement ou empiriquement satisfaisantes, il a une fonction heuristique : génération d'hypothèses* opérationnelles, de méthodologies* et de critères de validation*. En tant que produit des « courants de pensée » dominants et de l'idéologie*, il participe également du phénomène d'adhésion ; lorsque la croyance* dont il relève se trouve bouleversée par l'intrusion de contradictions* internes ou externes, se produit une véritable « révolution scientifique ». *J.-P. Bronckart et E. Jalley*

Paradoxale (Communication —)

Palo Alto est un faubourg de San Francisco qui a donné son nom à un groupe de chercheurs travaillant notamment à l'hôpital psychiatrique de la « Veterans Administration », près de l'université Stanford. L'initiateur est, en 1949, l'ethnologue G. Bateson, ex-mari de M. Mead. Avec J. H. Weakland et J. Haley, à partir de 1952, il s'intéresse aux paradoxes de la communication* chez l'animal et l'homme. Il publie en 1956 l'article *Toward a Theory of Schizophrenic* qui expose la notion de *double bind** et fait de la logique paradoxale une caractéristique essentielle des communications à l'intérieur des familles dont un ou plusieurs membres sont schizophrènes. Don D. Jackson rejoint ce groupe en 1959 et fonde le *Mental Research Institute (MRI)* qui se consacre à la formation des thérapeutes familiaux systémiques, à la recherche clinique et au développement de la logique des communications dans le cadre de la théorie des systèmes. S'intègrent alors au *MRI* V. Satir et P. Watzlawick. Ce dernier fait connaître par ses ouvrages les travaux du groupe de Palo Alto, qu'il systématise grâce à la notion d'une pragmatique* de la communication. Le paradoxe est une proposition à la fois vraie et fausse, qui entraîne des déductions contradictoires entre lesquelles la raison oscille interminablement : dilemme, cercle vicieux. B. Russell a montré que les paradoxes logicomathématiques sont des sophismes résultant de la confusion entre deux niveaux de classes logiques (par ex., Epiménide le Crétois dit que tous les Crétois sont menteurs ; or, il est Crétois ; donc il ment en disant que tous les Crétois sont menteurs, et ainsi de suite). G. Bateson et P. Watzlawick ont mis en évidence des paradoxes pragmatiques qui ont pour but d'agir sur le destinataire et de le faire réagir de façon à renforcer l'emprise de l'émetteur sur lui (par ex., une mère qui a offert deux cravates à son fils lui reproche successivement de ne pas aimer celle des deux qu'il n'a pas mise). Un cas particulier est la prévision paradoxale qui condamne le destinataire à avoir la conduite répréhensible qui lui a été prédite. La communication paradoxale a trois effets principaux sur le psychisme du destinataire : l'inhibition* de l'intelligence, la colère ou le vide de la pensée. En reprenant ces caractéristiques, D. Anzieu, en 1975, a décrit, dans la cure psychanalytique, un transfert* paradoxal et un contre-transfert paradoxal au service de la pulsion d'autodestruction et dont le paradoxe narcissique fournit le modèle (« un individu narcissique est quelqu'un qui ne s'intéresse pas à moi »). La psychothérapie familiale systémique* propose aux membres de la famille malade des injonctions paradoxales afin de leur faire prendre conscience de leur fonctionnement paradoxal ainsi amplifié.

D. Anzieu

Paradoxe → Illusion perceptive

Paragraphie → Paraphasie

Paralexie → Paraphasie

Parallaxe

En vision binoculaire*, un œil n'a pas exactement la même image d'un objet que l'autre œil du fait de la distance entre les deux yeux. La parallaxe se mesure par l'angle formé par les deux axes visuels convergents sur un même objet. La parallaxe est le paramètre physique le plus important dans la vision en relief. La vision alternative d'un œil, puis de l'autre montre, surtout pour les objets rapprochés, le changement apparent de la position relative de l'objet. Il s'agit, dans ce cas, d'une parallaxe monoculaire. Dans le cas d'une vision binoculaire, il y a fusion des deux images. La différence spatiale est particulièrement importante dans la diplopie physiologique. On distingue aussi une parallaxe chromatique due aux indices de réfringence de l'œil, différents pour les longueurs d'onde courtes (le bleu) par rapport aux longueurs d'onde longues (le rouge). Enfin, il existe une parallaxe du mouvement* qui est la différence apparente dans la perception d'un objet en mouvement vu à partir d'une position statique par rapport à la perception de ce même objet mobile vu à partir d'une position dynamique, dans la direction du mouvement de l'objet ou dans le sens opposé.

R. Génicot

Parallélisme psychophysiologique

Le parallélisme psychophysiologique ou **psychophysique** est une forme de compromis entre le dualisme* strict et l'affirmation d'une interaction entre l'âme et le corps. Les psychologies empiristes, ne se satisfaisant pas des hypothèses de l'harmonie préétablie de W. Leibniz ou des causes occasionnelles de N. Malebranche, mais maintenant néanmoins l'affirmation de l'existence distincte d'un esprit* et d'un corps, ont proposé qu'à tout phénomène psychique correspond un phénomène physiologique. Cette correspondance est telle qu'à chaque événement de conscience* répond un événement dans le système nerveux, mais non réciproquement. L'origine de cette conception remonte à D. Hartley qui, en 1749, avait établi une relation entre l'association des idées* et les vibrations des nerfs et elle a dominé la psychologie du XIXe siècle. Sous la poussée des idées matérialistes*, le parallélisme finit par produire une conscience épiphénomène dans la mesure où seule la série des phénomènes nerveux est accessible à l'observation. Paradoxalement, ce sont des philosophes spiritualistes qui dénoncent le caractère matérialiste du parallélisme alors que la thèse avait été énoncée pour préserver l'indépendance de l'esprit et de la matière. De ce point de vue, la critique décisive viendra de H. Bergson en 1901. D'autres conceptions se sont efforcées d'exprimer l'interaction entre pensée et matière dans les termes de la causalité* en faisant intervenir des notions de force ou d'énergie psychique. Mais la nécessité d'expliquer alors la conversion de l'énergie psychique en énergie physique les a conduites à des hypothèses fantaisistes et les a rapidement dévalorisées. La psychologie de la forme* a tenté de surmonter ces difficultés par l'hypothèse de l'isomorphisme* de structure et J. Piaget a proposé que le mode causal soit réservé à la matière seule et le mode implicatif à la conscience.

P. Mengal

Paralysie générale

Entité morbide individualisée par A. Bayle en 1822 chez des « aliénés », sur des critères cliniques (associant troubles mentaux et manifestations neurologiques) et anatomiques (caractérisés par des modifications des méninges ou « arachnitis chronique »). L'influence heuristique de cette affection devait être majeure puisque des troubles mentaux (idées mégalomaniaques en particulier) étaient rattachés à des modifications organiques intracrâniennes. Il fallut attendre plus de cinquante ans pour que l'étiologie syphilitique fût reconnue. La paralysie générale est alors devenue une méningo-encéphalite, responsable d'une démence, éventuellement curable par un traitement étiologique.

J.-L. Signoret

Paramètre

On parle de paramètre d'une distribution* pour tout indice servant à caractériser la distribution de fréquences* d'une population et servant à indexer une famille de distributions. Exemple : la famille des distributions normales de variance* donnée dépend d'un paramètre qui est la moyenne (moyenne de la distribution).

Une **hypothèse paramétrique** est une hypothèse portant sur un paramètre d'une distribution (parente). Un **test paramétrique** est un test portant sur une hypothèse paramétrique. Exemple : tests portant sur les moyennes parmi lesquels le test de Student, le test F de Fisher de comparaison de moyennes en analyse de la variance.

P. Bonnet et H. Rouanet

Paramnésie

Terme (généralement peu utilisé) renvoyant à des erreurs affectant des souvenirs qui restent cependant identifiables pour l'observateur. Ces erreurs peuvent concerner la catégorie des informations rappelées, leur environnement contextuel, en particulier temporel (d'où des confusions chronologiques). *J.-L. Signoret*

Paraneurone → Système neuro-endocrinien diffus

Paranoïa

En pathologie mentale, après avoir désigné l'aliénation mentale en général, le mot paranoïa va se restreindre, au XIXe siècle, à l'ensemble des délires*. R. Krafft-Ebing, en 1879, distingue, dans le groupe des paranoïas, les délires hallucinatoires *(paranoia hallucinatoria)* et les délires sans hallucinations *(paranoia combinatoria)*. Après lui, G. Mendel réduit les limites de ce concept aux seuls délires sans hallucinations et systématisés (dont les prémisses sont fausses mais la construction logique). E. Kraepelin conserve le sens donné par G. Mendel au terme paranoïa, et oppose les états paranoïaques caractérisés par le développement d'un délire systématisé où la thématique persécutive domine, sans hallucination et sans évolution vers un affaiblissement des capacités intellectuelles, aux formes paranoïdes de la démence précoce (future schizophrénie) qui comportent, outre un délire non systématisé (sans construction logique), des hallucinations et une évolution vers un état de démence. Il souligne les caractéristiques de la personnalité prémorbide qu'il tient pour une condition préalable à l'émergence délirante. Cette dernière ne serait que l'hypertrophie de certains traits de constitution. D'autres auteurs s'attacheront à décrire cette constitution ou personnalité paranoïaque. Elle se caractérise par une hypertrophie du moi* ou autophilie, une fausseté du jugement, leur raisonnement s'appuyant sur des *a priori* empreints de subjectivité, et une « sensitivité » renvoyant à une attitude de pensée les portant à interpréter l'attitude d'autrui comme hostile à leur égard.

Le terme de paranoïa peut ainsi qualifier un délire chronique aussi bien qu'un aménagement pathologique de la personnalité. L'utiliser impose, en clinique psychiatrique, d'en préciser l'attribution : délire ou personnalité.

La logique psychanalytique attribue avec S. Freud au délire paranoïaque la valeur de défense contre l'homosexualité*. Cette modalité défensive serait caractérisée par une dénégation (rejet d'une partie de la réalité) et une projection (attribution à autrui de sentiments propres, non reconnus comme siens). M. Klein voit à l'œuvre chez les sujets paranoïaques mais aussi paranoïdes* un fantasme de persécution par les « mauvais objets » partiels internes. Elle décrit, par analogie, la position paranoïde comme l'un des stades évolutifs de l'enfant. Pour J. Lacan, le lien établi par S. Freud entre paranoïa et homosexualité tiendrait au rapport primitif du sujet humain à autrui, marqué par l'identification et le transitivisme. L'autre, à la manière du double spéculaire, exercerait ainsi sa fascination. Le paranoïaque, exclu de l'ordre symbolique introduit par le signifiant du nom du père, serait maintenu captif dans cette relation duelle imaginaire. *M.-C. Hardy-Bayle*

Paranoïde

Dès les premières descriptions de la schizophrénie*, E. Kraepelin comme E. Bleuler distinguent une forme paranoïde et une forme hébéphrénique à cette maladie. La forme paranoïde se caractérise par la prédominance des idées délirantes associées au syndrome dissociatif. Aux Etats-Unis, l'inclusion de la plupart des états délirants non structurés au cadre de la schizophrénie explique l'extension du terme paranoïde à toute forme d'activité délirante non structurée. En France, le recours à un démembrement plus fin des délires chroniques a conduit à réserver au délire schizophrénique le terme de paranoïde et à utiliser celui, moins précis, de délire non systématisé pour qualifier une activité délirante non structurée mais non schizophrénique, comme celle que l'on observe dans les bouffées délirantes aiguës ou dans certains délires chroniques (paraphréniques ou hallucinatoires). *M.-C. Hardy-Bayle*

Paraphasie

Perturbation aphasique du langage oral conduisant à la production d'un mot erroné soit au cours du discours, soit en répétition, soit lors de la dénomination. Les rapports entre le mot cible et le mot erroné, sous-entendant des transformations, des déviations, permettent de distinguer : des paraphasies phonémiques (ou littérales) affectant les unités sonores (ou phonèmes) du mot — colochat pour chocolat — ; des paraphasies verbales (ou mot pour l'autre) parmi lesquelles on peut observer des paraphasies sémantiques où le mot erroné et le mot juste ont des rapports de sens, des paraphasies morphologiques où le mot erroné a une forme sonore voisine de celle du mot juste. Les paraphasies produites en lecture à haute voix sont dénommées **paralexies** ; les **paragraphies** sont des paraphasies observées dans le langage écrit.

J.-L. Signoret

Paraphilie

Déviation durable de l'activité sexuelle par rapport à l'acte sexuel qui vise à atteindre l'orgasme par le coït réalisé par pénétration génitale. On parle de paraphilie ou de **perversion sexuelle** devant tout comportement psychosexuel dont les modalités d'obtention orgasmique nécessitent soit d'autres objets sexuels que le partenaire de sexe opposé, soit d'autres zones ou fonctions physiologiques, soit encore la présence de stimulus ou de conditions extrinsèques exclusives ou prévalentes (traumatisme, sadomasochisme, etc.) susceptibles de produire à elles seules le plaisir sexuel.

Etudiées et détaillées en tant qu'anomalies du comportement* sexuel par R. Krafft-Ebing, les perversions seront envisagées par S. Freud plutôt comme des aberrations sexuelles étudiées par rapport à un modèle génétique de développement conforme à la théorie de la sexualité proposée en 1905. C'est suivant les aléas du développement de cette organisation sexuelle en déviation d'objet, de but et de moyens pour obtenir le plaisir, que S. Freud proposera une nouvelle perspective sur cette question et élaborera la notion d'opération défensive de déni* qui pose le problème des relations entre fonctionnement psychotique et fonctionnement pervers.

J.-F. Allilaire

Paraphrénie

Classée parmi les délires* chroniques, la paraphrénie se caractérise par une organisation délirante permanante dont l'élaboration utilise de manière prévalente un mécanisme imaginatif, bien que parfois des phénomènes hallucinatoires puissent venir alimenter la production délirante. L'adaptation au réel de ces patients reste souvent étonnamment bonne du fait de la bipolarisation de leur vie psychique où coexistent une pensée délirante, le plus souvent circonscrite à un champ très précis des croyances* du sujet, et une pensée bien adaptée au réel expliquant leur bonne adaptation socioprofessionnelle. Les thèmes habituels de ce délire sont mégalomaniaques. Selon le degré de cohérence du système délirant on distingue :

a. la **paraphrénie confabulante** où les propos délirants s'organisent en un récit compréhensible et où le contenu des thèmes se nourrit volontiers de l'actualité (récits d'héritage fabuleux, de rapts d'enfants, de filiation royale) ;

b. la **paraphrénie fantastique** où les thèmes sont plus extravagants, plus proches de la fiction et les liens logiques entre eux plus lâches.

M.-C. Hardy-Bayle

Parapsychologie

Démarche d'investigation empirique de phénomènes psychiques dits occultes et traditionnellement exploités par les religions et les superstitions. La parapsychologie étudie trois formes de perception extrasensorielle (ESP) : la télépathie ou transmission de pensée à distance ; la clairvoyance ou vision d'objets à distance ; la psychokinésie ou action physique opérée à distance par une activité mentale. La prédisposition de certaines personnes à l'ESP a été rapprochée du magnétisme animal*, de la suggestibilité hypnotique*, de la pensée prélogique, de la communication des inconscients, de l'identification projective*. Les recherches en parapsychologie n'ont pas atteint un niveau de validation suffisamment scientifique.

D. Anzieu

Parasitisme

Relation interactive entre des représentants d'espèces différentes où le **parasite** exploite et cause des dommages à son hôte, à son intégrité physique et à son métabolisme comme à son alimentation et à sa reproduction, mais généralement sans le tuer, trop vite du moins, et où l'hôte développe des mécanismes de protection pour en minimiser les effets ou se défaire du premier. La sélection a favorisé chez les parasites des adaptations* morphologiques, physiologiques et comportementales de plus en plus ajustées à leur niche*. A la limite, le jeune, produit, soigné et alimenté par le parent, vit en parasite de celui-ci, qui peut en être affecté, mais ce type de relation s'inscrit dans le cadre de la reproduction* et du comportement parental* de l'espèce.

Les éthologistes distinguent plusieurs types de parasitisme comportemental. Dans le parasitisme alimentaire simple, un animal force un sujet d'une autre espèce à lui abandonner sa proie, comme les frégates et les skuas vis-à-vis des oiseaux de mer. Dans le parasitisme de reproduction, le sujet charge une autre espèce des soins à sa progéniture, comme le coucou ou les veuves africaines qui confient leurs œufs à une série de familles de passereaux ; le parasite n'est accepté que s'il présente un minimum d'adaptations morphologiques et comportementales. Dans le parasitisme social enfin, le parasite ne porte pas préjudice à l'hôte, mais à l'organisation et l'efficacité sociales de son groupe. Ainsi, les fourmis esclavagistes amazoniennes *Polyergus,* incapables de se nourrir et d'entretenir leurs larves, s'emparent des nymphes de fourmis *Formica* qu'elles réduisent en esclavage dès l'émergence, reposant entièrement sur les échanges trophallactiques de ces dernières, tant pour leur alimentation que pour celle de leurs larves. L'adaptation comportementale réside ici dans l'imitation* (mimicrie) du comportement de l'hôte. *J.-C. Ruwet*

Parasympathique (Système nerveux —)

→ Système nerveux

Pare-excitation

S. Freud estimait que la protection de l'organisme contre les excitations d'origine externe est une fonction psychobiologique fondamentale et il a envisagé plusieurs dispositifs susceptibles de l'assurer. Comparant l'appareil* psychique à une vésicule vivante, il définit le pare-excitation comme un tégument qui l'enveloppe et la protège contre les énergies considérables mises en jeu par les phénomènes physiques dont nos organes sensoriels ne peuvent sans dommage recevoir qu'une fraction. Cette enveloppe protectrice a perdu ses qualités de substance vivante et elle transmet les excitations aux récepteurs sensoriels après les avoir atténuées. S. Freud a également envisagé que cette fonction de sélection réductrice soit assurée par un fonctionnement discontinu du système perception-conscience, qui ne serait soumis aux énergies extérieures que de façon périodique.

J.-M. Petot

Parental (Comportement —)

Le comportement parental désigne toutes les conduites par lesquelles les parents s'occupent de la protection, du logement, du réchauffement, des soins d'hygiène, de l'alimentation, du transport et de l'éducation de leurs œufs, larves et jeunes. Il peut être réduit à sa plus simple expression : chez maintes espèces aquatiques, mâles et femelles, synchronisés par des signaux de l'environnement*, lâchent simultanément leurs gamètes et la fécondation prend place en eau libre ; les larves sont capables de s'orienter, de se déplacer, de s'alimenter et de se garder des prédateurs sans apprentissage préalable (V. Inné). A l'inverse, tous les groupes zoologiques montrent des exemples diversifiés de systèmes parentaux où les jeunes sont l'objet de soins constants. M. Van Cassel a montré que chez le forficule, la femelle fécondée s'investit, à l'exclusion de tout autre, dans un comportement parental contraignant ; ses aptitudes et dispositions à s'occuper de ses œufs puis de ses larves évoluent sous le double jeu de facteurs internes et de stimulations provenant de la progéniture elle-même. Chez les espèces monogames, les contributions aux soins parentaux sont en général partagées. Chez les espèces polygames, un des parents multiplie les liaisons, nécessairement successives chez une mère polyandre, tandis que l'autre parent se consacre à la progéniture (V. Harem). Deux possibilités s'offrent aux parents : produire un grand nombre d'œufs et les abandonner à eux-mêmes ; n'en produire que quelques-uns et les suivre au plus près et le plus longtemps possible. Les relations durables entre les jeunes et leurs parents rendent possibles des apprentissages* répétés et variés et permettent l'installation de traditions (V. Protoculture). *J.-C. Ruwet*

Parents combinés

Prolongeant l'hypothèse de S. Freud en 1908 concernant les théories sexuelles infantiles, M. Klein en décrit une nouvelle en 1932. Elle serait constituée à un stade génétique très précoce : la mère incorporerait le pénis du père au cours du coït, et la femme possédant un pénis représenterait les parents accouplés. D'où, chez l'enfant, une peur des parents unis contre lui dans un coït perpétuel (complexe d'Œdipe initial).

R. Doron

Pariade

On appelle pariade, spécialement chez les oiseaux, la cérémonie de parades* qui conduit à et culmine avec la copulation. Les mouvements respectifs des partenaires sont hautement expressifs et symboliques. Très souvent, ils sont le fruit d'un processus de ritualisation*. Chez les gallinacés, l'alléchage consiste en un picorage au sol qui attire la poule ; chez les sternidés, la quémande* alimentaire de la femelle est la résurgence sous forme symbolique d'un comportement infantile ; l'offrande* alimentaire du mâle est interprétée comme une symbolisation d'un comportement parental* : en se présentant à la femelle un petit poisson au bec, le mâle atténue ce qui, dans son approche, pourrait paraître agressif ; le petit poisson est présenté symboliquement car il n'est pas nécessairement transmis ni consommé. Il est vraisemblable qu'originellement, dans l'état de tension entre un mâle et une femelle qui se rapprochent, la quémande comme l'offrande surgissent comme activité de déplacement*, assurant un apaisement et un enchaînement, et qu'elles ont été sélectionnées de ce fait pour jouer un rôle essentiel de communication dans ce nouveau contexte. La séquence de la pariade ne se bâtit pas en une fois, et implique la maturation et la synchronisation des partenaires. Sa répétition renforce la cohésion du couple. La pariade est souvent suivie de parades postcopulatoires qui apaisent et redirigent la tension née du bref rapprochement. *J.-C. Ruwet*

Pariétal (Lobe —)

Lobe cérébral situé en arrière du sillon de Rolando ou scissure centrale, au-dessus du lobe temporal, et en avant du lobe occipital. La partie antérieure, ou région pariétale ascendante, est la zone de projection des informations sensitives. La région pariétale supérieure peut être considérée comme une aire d'intégration où s'organisent les mouvements dirigés vers un but. Les lobes pariétaux ont un rôle fonctionnel majeur dans les rapports du corps et de l'espace.

J.-L. Signoret

Parkinson (Maladie de —)

Affection dégénérative du système nerveux central décrite en 1815 par J. Parkinson. Elle est caractérisée par une triade symptomatique associant un tremblement de repos lent et distal (mouvement d'émietter le pain), une rigidité avec hypertonie et une akinésie. Cette dernière consiste en une perte d'initiative idéomotrice : sujet figé, inexpressif (amimie) et raréfaction des mouvements spontanés. Les manifestations psychiques sont fréquentes et variées : à côté d'un émoussement affectif* presque toujours associé à l'akinésie psychique, surviennent fréquemment des états dépressifs authentiques. Des hallucinations peuvent apparaître sous traitement et/ou témoigner d'une détérioration. Les étiologies sont multiples, infectieuses, toxiques ; les neuroleptiques peuvent réaliser un syndrome parkinsonien qui disparaît à l'arrêt du traitement.

La découverte, dans les années 1970, du mécanisme de dégénérescence* des neurones dopaminergiques nigro-striataux et l'efficacité du traitement substitutif par la L-dopa ont eu une double conséquence. Sur le plan thérapeutique, cette maladie longtemps incurable peut maintenant être stabilisée ; c'est le premier exemple de traitement pharmacologique d'une maladie neurologique dégénérative. Sur le plan théorique, l'atteinte parkinsonienne est un modèle de l'implication des structures dopaminergiques dans le mouvement et la motivation*. *R. Jouvent*

Parole

Dans l'usage courant, on assimile souvent la parole au langage*, défini comme la « faculté naturelle de parler ». Cette conception innéiste a cédé le pas à une conception environnementaliste pour laquelle le développement* du langage est essentiellement lié à la société humaine.

En linguistique, chez F. de Saussure d'abord, le terme a pris un sens particulier et s'oppose à celui de langue. Cette dernière est définie comme un pur objet social constitué de l'ensemble des règles nécessaires à la communication ; la parole est la partie individuelle du langage : l'usage et la réalisation concrète dans un énoncé, dans un acte de communication, du système* de la langue. La parole est donc aussi un acte de création et de liberté de la part du locuteur. Dans cette conception classique, la linguistique prend la langue seule comme objet. Les concepts de langue et de parole ont été reformulés par la linguistique générativiste en termes de compétence* et de performance*. La compétence se voit définie comme l'ensemble des règles dont relève la phrase, objet principal de la théorie générativiste. La performance est, elle, la manière dont le locuteur utilise ces règles. Actuellement se développe la pragmatique*, qui marque le passage d'une linguistique de l'énoncé* et de la langue à une linguistique de l'énonciation* et de la parole : il s'agit d'étudier les actes de langage* ou actes de parole en prenant en compte les énoncés, le cadre effectif de leur énonciation, leur contexte* et les rapports d'intersubjectivité qui s'y développent. On peut concevoir, en effet, que la parole individuelle se conforme à des règles sociales qui relèvent, de fait, de la langue.

D. Peraya

Parricide

L'homicide d'un ascendant constitue un parricide ou un matricide. Ce crime* lourd de symbole est commis surtout par des jeunes adultes (18-22 ans). Il s'inscrit dans une pathologie familiale marquée par la castration* et la dépendance, à moins qu'il ne satisfasse des intérêts personnels calculateurs. Assez souvent, il s'agit d'un passage à l'acte généreux ou défensif qui vient au secours d'un membre de la famille victime d'un bourreau domestique. L'action est généralement brutale, le meurtrier se faisant violence* à lui-même. *J. Selosse*

Participation

La notion de participation du personnel, entrée en France dans le droit du travail à partir de 1959, s'applique soit au profit ou au capital de la société (intéressement), soit à la gestion de l'entreprise. Dans ce cas, il s'agit, avec les différents représentants du personnel ou avec les salariés eux-mêmes (participation directe), de prendre part aux décisions et/ou d'en contrôler l'application (règlement intérieur, organisation du travail, rendement, discipline, etc.). Si des études inspirées de la théorie de F. Herzberg ont montré que la participation pouvait être un facteur d'enrichissement* du travail et d'augmentation de la productivité, son efficacité semble soumise au contexte économique, social et politique. *P. Lidvan*

Particularisation

Opération parfois appelée aussi **spécialisation,** qui concerne le passage du général au particulier, inverse de la généralisation* ; dans des langages formels comportant des symboles de variables (en logique des prédicats* du premier ordre, par ex.), cette opération consiste à passer d'une expression à une expression moins générale en remplaçant toutes les occurrences d'une variable (ou de plusieurs) par un même terme (une constante, par ex.). Dans des formalismes de représentation de connaissances* à base d'objets*, une sous-classe est définie par particularisation à partir d'une classe, en précisant la valeur de certains attributs ou en ajoutant de nouveaux attributs ou des méthodes. *M. Baron*

Partition

Méthode utilisée dans la construction d'échelles* psychophysiques (échelles de sensation). Elle consiste à inviter le sujet à diviser en intervalles égaux le *continuum** physique considéré. On procède le plus souvent par bissection*, et éventuellement par bissection progressive (l'intervalle fourni dans la bissection précédente faisant à son tour l'objet d'une bissection) plutôt que par équisection directe en *n* intervalles ou catégories.

En logique, subdivision d'un ensemble en sous-ensembles, ou classes de partition. Les psychologues de l'intelligence, et notamment J. Piaget, se sont intéressés aux opérations* de partition entre autres parce qu'elles offrent l'occasion d'analyser les critères adoptés par le sujet pour construire les sous-ensembles et l'évolution de ces critères au cours du développement.

M. Richelle

Passage à l'acte

Processus de transformation d'une intention* en sa réalisation motrice. Le terme s'applique en règle générale à des actes impulsifs qui transgressent des interdits collectifs ou individuels. Il est utilisé en criminologie pour désigner des actes d'agression et des attentats sexuels.

Il est également utilisé en psychiatrie. L'intention qui lui donne naissance est en général consciente. C'est la facilitation de sa réalisation qui est tenue pour pathologique. Des travaux récents ont montré le rôle de neurones à médiation sérotoninergique dans le contrôle de l'impulsivité. Le passage à l'acte peut aussi extérioriser une intention demeurée inconsciente ; c'est alors l'existence de cette intention qui est tenue pour pathologique.

Dans cette dernière perspective, le terme est souvent utilisé pour traduire l'usage par S. Freud du verbe allemand *agieren,* en particulier quand l'agir s'oppose à la prise de conscience, hors de la cure ou dans la situation psychanalytique, apparaissant à la fois comme moteur du transfert et comme résistance à la remémoration. Souvent d'ailleurs dans cette acception, on substitue pour la traduction française les termes anglais *acting out** et *act out*. J. Lacan a utilisé le terme « passage à l'acte » en opposition à celui d'*« acting out »* pour désigner la réalisation du fantasme pour autant qu'elle assure la méconnaissance de ce dernier et la fermeture à toute fonction signifiante. *D. Widlöcher*

Passion

Passion est un terme doté d'acceptions diverses. La classification des passions est un problème philosophique classique. Ce sont les adjectifs forgés sur ce nom qui ont pris un sens plus psychologique : passionné, qui désigne un tempérament actif et enthousiaste, a une dénotation positive ; passionnel, qui caractérise certains délires ou certains crimes, reçoit une dénotation négative. Pour la psychiatrie française, au début du xxe siècle, les délires* passionnels et donc pathologiques comprenaient l'érotomanie*, le délire de jalousie et le délire de revendication, tandis que les « idéalistes passionnés » (adeptes d'une idéologie politique ou religieuse) étaient considérés comme des individus à la limite entre normalité et pathologie. Le délire passionnel comporte deux éléments indissociables : une « idée prévalente » à laquelle le malade adhère totalement (selon T. Ribot, la passion est à l'affectivité ce que l'idée fixe est à la pensée) ; une mobilisation persistante d'énergie pour atteindre son but et qu'aucun échec ou démenti ne vient ébranler. Par ailleurs, le malade ne présente ni détérioration mentale ni désorganisation de la personnalité. Plus près de nous, les psychanalystes ont surtout considéré la passion amoureuse (et son corollaire la jalousie), la passion du jeu, la passion idéologique ; la toxicomanie* ayant parfois été considérée comme une passion. Ils ont mis en évidence : le surinvestissement* libidinal et narcissique de l'objet, l'idéalisation* de celui-ci, la mobilisation* de la pulsion d'emprise* sur cet objet, l'impossibilité de renoncer au désir pour lui (d'où éventuellement le crime passionnel), le sentiment d'être la victime d'une possession, le caractère obsédant du désir, la régression à l'impuissance du nouveau-né dans une situation dissymétrique par rapport à une mère fantasmée toute-puissante, le plaisir d'une vive excitation, qui rend actif, mêlé à l'intense souffrance de l'insatisfaction (ici passion retrouve son sens premier qui désigne la passion du Christ). *D. Anzieu*

Passivité

La passivité décrit, par opposition au trait de caractère* actif, les sujets dont le comportement habituel manifeste peu de volonté* ou une faible capacité de réaction. En psychopathologie, le syndrome de passivité associe un manque d'initiative, l'obéissance automatique, la répétition immédiate des actes (échopraxie*) et des mimiques de l'interlocuteur (échomimie*). Ce syndrome voisine l'apragmatisme* de certains schizophrènes*. La passivité s'observe également dans les organisations limites sous la forme de la relation d'objet* anaclitique* ; elle signifie alors la dépendance* à l'égard de l'objet et la nécessité vitale de sa présence. *R. Doron*

Pathologie

Dans l'histoire de la médecine, la pathologie est la connaissance des maladies ; on y distingue une pathologie générale, qui étudie les lois biologiques et leurs mécanismes, et des pathologies spéciales, consacrées aux organes et aux fonctions. La psychologie s'est intéressée très tôt aux maladies mentales comme en témoignent les recherches et débats qui se sont développés en psychiatrie*, en psychopathologie* et en psychosomatique*. *R. Doron*

Pathomimie

C'est la production, dissimulée par le sujet, de symptômes physiques ou psychiques imitant une pathologie. La motivation du sujet est d'inspirer la sollicitude et les soins médicaux sans recherche de bénéfices matériels, comme dans le cas de la simulation*.

Les imitations de pathologies somatiques sont fréquentes et variées : en dermatologie sous forme de lésions cutanées (application de produits abrasifs, brûlures de cigarettes multiples), en hématologie notamment les cas de saignements provoqués répétés aboutissant à une anémie, en chirurgie à l'origine d'interventions multiples, abdominales en particulier. Les syndromes psychiatriques mimés consistent souvent en des troubles de la compréhension (réponses à côté du syndrome de Ganser*), des hallucinations ou des pertes de mémoire.

La multiplication des soins, des investigations cliniques et paracliniques renforcent le sujet dans son statut de « professionnel de la maladie » qui se trouve parfois amplifié par une note mythomaniaque (syndrome de Münchhausen*).

Fréquente dans le corps médical et infirmier, la pathomimie survient souvent dans le cadre de troubles narcissiques, parfois lors d'un élément dépressif surajouté.

R. Jouvent

Patient désigné → Malade identifié

Patois → Dialecte

Patron → *Pattern*

Patron moteur de base

Coordination motrice considérée comme constituant fondamental de la motricité*, à partir duquel vont se construire les habiletés motrices* de l'adulte : on décrit par exemple les patrons (ou *patterns**) de la course, du saut en longueur, du lancer à bras cassé, de l'attraper. Ces patrons évoluent avec l'âge jusque vers 7-8 ans sous l'effet de l'exercice et de la maturation. Cette évolution consiste en des réorganisations successives qui obéissent à des lois générales telles que l'accroissement de l'indépendance segmentaire ou l'augmentation de l'amplitude des mouvements.

M. Durand

Patte Noire (Test de —)

Epreuve projective* thématique créée par Louis Corman, les « Aventures de Patte Noire (PN) » proposent une série d'images où les mêmes animaux (une famille de cochons, dont le petit Patte Noire) sont représentés dans diverses situations. L'originalité de l'épreuve consiste dans sa méthode d'application qui se différencie de la présentation ordonnée des planches successives, habituelle dans les autres tests projectifs. La procédure de passation du PN comprend quatre phases :

1. la présentation du frontispice qui représente toute la famille permet de demander à l'enfant d'en identifier chaque membre ;
2. on propose à l'enfant de regarder toutes les planches et de choisir celles dont il a envie de raconter l'histoire ;
3. la méthode des choix et identifications offre à l'enfant la possibilité de faire la différence entre les planches aimées et non aimées et de verbaliser des souhaits identificatoires ;
4. on présente la planche « fée », on raconte à l'enfant que PN a rencontré une fée ; celle-ci lui propose d'émettre trois souhaits que l'enfant doit deviner. Enfin, quelques questions de « synthèse » sont posées : « Qui est le plus heureux ? Le moins heureux ? », « Qui est le plus gentil ? Le moins gentil ? », « Que va devenir PN quand il sera grand ? », « Que pense PN de sa patte noire ? ». Cette passation est longue mais il convient d'administrer le test en une seule fois dans la mesure où, en deçà des thèmes abordés, la dialectique des mouvements projectifs et défensifs est essentielle à analyser à travers les différentes séquences. Le PN est une épreuve pertinente pour analyser les capacités d'individuation, de différenciation et d'identification de l'enfant. Par ailleurs, les modalités de relation d'objet les plus précoces peuvent être saisies dans la mesure où de nombreuses planches mettent en scène la relation mère-enfant. Le dépouillement obéit à la même procédure que le CAT*.

C. Chabert

Pattern

Terme emprunté à l'anglais, où il survient dans des contextes très divers, qui peut se rendre selon les cas par configuration*, **patron,** structure*, bonne forme*, modèle* (au sens de modèle à reproduire), type, allure générale. Il se trouve dans certaines de ses acceptions anglaises une valeur sémantique qui ne semble avoir son équivalent dans aucun mot français, ce qui explique peut-être son adoption dans la langue scientifique (pas seulement psychologique). Particulièrement illustratif à cet égard est le sens de *pattern* dans *pattern recognition,* ou reconnaissance de *pattern :* il s'agit de la capacité de la perception (capacité dont on cherche aujourd'hui à doter les machines) à identifier une même forme, par exemple d'une lettre ou d'un chiffre, à travers ses multiples réalisations dans les écritures individuelles. Le mot « forme », qui a bien en français ce sens parmi d'autres, ne semble pas évoquer au même degré la double connotation de souplesse et de structure, de souplesse dans la structure. Des cas de ce type, qui favorisent l'emprunt lexical direct, favorisent du même coup sa généralisation dans des acceptions pour lesquelles le français dispose pourtant d'un équivalent (par ex. « configuration » pour *pattern* visuel). Aussi n'est-il pas possible d'énumérer tous les usages actuels de *pattern* en français. On le trouve en éthologie* pour désigner des ensembles ou chaînes structurées de comportements, dont les détails peuvent varier sans affecter sensiblement la structure générale. On parle de *pattern* de réponse dans des situations d'apprentissage* pour désigner des types de comportements tendant à se produire systématiquement chez un même individu, ou résultant de façon caractéristique des contingences* de renforcement. Ou encore à propos du profil des réponses à un questionnaire* de personnalité* ou d'attitude*.

M. Richelle

Pause

Interruption dans l'émission de réponses* opérantes, en particulier après le renforcement* dans le programme à intervalle fixe (pause postrenforcement). En psychologie du temps*, le « seuil de pause » désigne le seuil de dépassement de l'instantané, c'est-à-dire du « point de temps » ou « élément punctiforme de durée ». Ce seuil vaut plusieurs centièmes de seconde.

Ce terme désigne aussi une période de repos ménagée dans une journée de travail. La durée optimale d'une pause est celle qui permet l'élimination maximale de la fatigue* sans compromettre le rendement.

H. Lejeune

Pavlovien

L'adjectif pavlovien, dérivé de I. Pavlov, s'applique à tout apport empirique ou théorique du grand physiologiste russe. En psychologie, il qualifie plus particulièrement certains aspects de la seconde partie de son œuvre scientifique, celle qu'il a consacrée, de la fin du siècle passé à sa mort, à l'étude de l'activité nerveuse supérieure. Le conditionnement*, dont il mit au point la procédure* et étudia en détail les mécanismes, est dit aujourd'hui pavlovien (ou encore de **type I** ou **répondant**) pour le distinguer de type II ou opérant*, défini par B. F. Skinner. Mais on évoque fréquemment la théorie pavlovienne de la dynamique de fonctionnement de l'écorce cérébrale, basée sur les deux processus d'excitation* et d'inhibition*. Cette dernière, qui a fait l'objet de la part de Pavlov d'une description minutieuse et d'une élaboration conceptuelle importante, est souvent, eu égard à celle-ci, qualifiée d'inhibition pavlovienne. On reconnaît aussi l'apport original de Pavlov en attachant son nom adjectivé à ses conceptions psychopathologiques, étroitement liées à sa théorie du conditionnement, et à sa typologie*, qui y tient une place majeure.

M. Richelle

Pédagogie

1. Ensemble de pratiques habituelles, d'attitudes prévisibles et de propos réitérables à travers lequel est désignée la manière d'un enseignant, que cette manière soit tenue ou non pour digne d'éloge : « la pédagogie de Mr Untel », « Je n'approuve pas la pédagogie de cette institutrice ».
2. Capacité, digne d'éloge, manifestée par un éducateur, scolaire ou non, d'accéder à l'intelligence de l'interaction* qu'il a avec les éducables et d'adapter son message et sa pratique en conséquence : « Mr Untel est un (véritable, authentique, etc.) pédagogue » ; ou l'absence de cette capacité : « Mr Untel manque de pédagogie ». Par généralisation, se dit de l'habileté constatée chez tout porteur de message à des interlocuteurs, à un public, voire à une population : « le ministre s'est montré particulièrement pédagogue. Face aux malentendus, le gouvernement devra faire preuve de pédagogie ».
3. Ensemble des méthodes, techniques et procédures qui caractérisent soit l'enseignement d'une discipline (V. Didactique) : la pédagogie de la lecture, du calcul, des sciences naturelles, etc. ; soit une activité fondamentale à susciter chez l'apprenant : la pédagogie de la découverte* ; soit une entrée spécifique dans la pratique éducationnelle : pédagogie de maîtrise*, pédagogie par objectifs*.
4. Par opposition à éducation*, l'élaboration et la diffusion d'un corps de savoir, tel que l'éducation puisse faire l'objet d'une construction théorique ou doctrinale systématique ; l'attribution de cette construction à un auteur : la pédagogie de Pestalozzi, de Herbart, de Freinet ; la qualification d'une telle construction par l'idée qui est censée s'y trouver dominante : la pédagogie non directive, la pédagogie institutionnelle*.
5. Par opposition à science(s) de l'éducation, la théorie pratique des situations éducatives, particulièrement scolaires, appelant, en prise sur le réel, l'élaboration réflexive des décisions, des projets et des actions éducatives. Pour désigner ce « savoir praticien », P. Gillet a proposé de restaurer la notion de pédagogique (voir l'allemand *Pädagogik*), comme on parle de politique, de rhétorique* ou d'informatique.

D. Hameline

Pédagogie curative → Rééducation

Pédagogie de maîtrise

Expression introduite par B. S. Bloom dans le cadre de l'application à l'enseignement du modèle de l'apprentissage* scolaire proposé par J. B. Carroll. Ce modèle repose sur trois idées : l'aptitude* d'un élève est définie par le temps nécessaire pour atteindre un niveau de connaissance* donné ; le degré d'apprentissage correspond au rapport entre le temps effectivement consacré à l'étude et le temps nécessaire pour maîtriser la tâche* ; le temps à consacrer pour un apprentissage dépend de la persévérance de l'élève, de sa capacité à comprendre l'enseignement, de l'occasion d'apprendre qui lui est donnée à l'école (temps consacré à l'enseignement de la matière) et de la qualité de l'enseignement. Deux dispositions caractérisent toutes les applications collectives ou individualisées de la pédagogie de maîtrise : l'élève détermine lui-même la vitesse de progression et dispose d'une vaste panoplie d'aides humaines et matérielles.

G. de Landsheere

Pédagogie différenciée → Enseignement individualisé

Pédagogie institutionnelle

Né de la rencontre du Mouvement Freinet*, de la psychiatrie institutionnelle, de la psychanalyse lacanienne, et voisin de l'analyse institutionnelle, ce courant pédagogique critique l'éducation* scolaire incarnée par des institutions dont les enfants intériorisent la toute-puissance au détriment de leurs propres capacités instituantes. Il n'en préconise pas pour autant la non-directivité* : le rôle de l'enseignant est de favoriser l'émergence et la ritualisation* d'institutions internes qui permettent le travail d'identification* réciproque et l'efficacité productive. Le conseil en est l'institution pivot.

D. Hameline

Pédagogie par objectifs

Une fois les buts généraux d'un enseignement définis, des objectifs pédagogiques peuvent être proposés à deux niveaux : un niveau large qui permet la construction du *curriculum** (dans le passé, celui-ci se résumait à une énumération de matières) ; un niveau plus précis destiné à l'enseignement quotidien. Pour un cours d'une centaine d'heures dans une branche donnée, 20 à 25 objectifs relativement généraux suffisent généralement à indiquer les comportements que les élèves doivent apprendre à produire. Pour une leçon d'une à deux heures, le nombre d'objectifs spécifiques semble pouvoir se situer entre 1 et 10 selon les cas. Ces chiffres marquent des ordres de grandeur et non une réelle valeur normative. Alors que de telles formulations d'objectifs servent avant tout à stimuler la réflexion sur les actions éducatives en préparation, d'aucuns ont vu, surtout sous l'influence de Mager qui dressait des listes d'objectifs opératoires pour l'enseignement programmé*, que l'instruction gagnerait en qualité et en efficacité si elle couvrait systématiquement les centaines d'objectifs comportementaux définissables à propos d'une matière donnée. Cette conception mécanique et simpliste est l'une des mésaventures périodiques de la pédagogie.

G. de Landsheere

Pédagogue → Pédagogie

Pédérastie → Homosexualité

Pédocentrisme

En un raccourci sommaire mais commode, J. Vial a proposé de distinguer, dans l'histoire de l'éducation scolaire moderne, trois centrations successives :

1. le magistrocentrisme de l'école laïque ou religieuse à la fin du XIXe siècle, où l'acteur prioritaire est l'enseignant en sa fonction de transmetteur des savoirs et d'« instituteur » de la jeunesse ;
2. le pédocentrisme (ou **puérocentrisme**) de l'Education nouvelle* qui opère le retournement copernicien et fait graviter le système éducatif* autour de l'enfant ;
3. le sociocentrisme*, sensible dès les années 1930 à travers les préoccupations de démocratisation de l'enseignement, qui perçoit l'interaction* maître-élèves comme une composante de la production de la société.

D. Hameline

Pédonculaire → Hallucinose

Pélopsie → Macropsie

Pensée

Terme du langage courant et tout à la fois chargé d'un passé philosophique complexe, le mot « pensée » renvoie à toutes les manifestations de l'esprit*, désignant tantôt des contenus, les idées, tantôt des activités*, les raisonnements* ; selon les cas, l'accent peut être mis sur les supports symboliques* ou représentatifs de la pensée, sur les outils logiques ou heuristiques qu'elle met en œuvre, sur sa dynamique affective, sur ses significations* inconscientes*, etc.

La psychologie scientifique, notamment dans la tradition de P. Janet, de H. Wallon, de J. Piaget, s'est préoccupée des origines de la pensée, conçue comme intériorisation* des conduites* ou comportements*, à la faveur du développement de la fonction* représentative et du langage. La trajectoire ontogénétique mène ainsi de l'action purement sensori-motrice* à la pensée formelle, opérant intérieurement sur les symboles les plus abstraits. Par ailleurs, les rapports entre pensée et langage* demeurent matière à controverse, les uns, dans le sillage de J. Piaget, accordant la priorité, et la préséance développementale à la première, d'autres, suivant N. Chomsky, au second, d'autres encore, reprenant les intuitions de L. S. Vygotsky, tenant langage et pensée pour indissociables après une brève période précoce de développement parallèle. Le cas particulier du rapport entre pensée et verbalisation* soulève à nouveau le vieux problème des supports mentaux de la pensée, en raison du regain d'intérêt pour l'imagerie* mentale d'une part, et du recours aux **protocoles de pensée à haute voix** dans les recherches sur la résolution* de problèmes, d'autre part. L'usage actuel du mot « pensée » chez les psychologues renvoie souvent à des activités mentales ou cognitives dont il n'y a pas lieu de croire qu'elles puissent faire l'objet d'une verbalisation. Le terme « cognition* » tend d'ailleurs à se substituer à « pensée », sans que les contours sémantiques en soient pour autant plus précis.

La psychologie clinique et la psychopathologie se sont de leur côté intéressées aux altérations et déviations de la pensée, telles qu'elles apparaissent dans le délire* ou l'obsession*, et aux fonctions de la pensée dans l'économie générale du psychisme. Dans cette dernière perspective, on a suivi largement l'indication de S. Freud qui fait de la pensée un substitut du désir hallucinatoire. Pour W. Bion, la pensée est la conjonction de l'attente d'un objet désiré et de la conscience de l'absence de cet objet ; toute pensée impliquerait donc nécessairement une frustration* ; la tolérance* à cette frustration doit être suffisante pour accéder au processus secondaire et permettre l'élaboration de l'appareil à penser, faute de quoi, selon B. Gibello, se construirait un appareil à délirer.

Pensée divergente : expression proposée par J. P. Guilford pour désigner une orientation de la pensée qui sous-tendrait la créativité*, et que cet auteur a tenté de mesurer dans ses tests* de production divergente. Elle serait faite de sensibilité aux problèmes, de facilité dans la production d'idées nombreuses, dont certaines ont des chances d'être nouvelles, de flexibilité*, de capacité d'analyse et de synthèse et de gestion de la complexité. La notion s'oppose à celle de **pensée convergente**.

R. Doron, E. Jalley, M. Richelle

Pensée opératoire

Type de pensée qui, selon J. Piaget, apparaît vers 6-7 ans lors de l'avènement du stade* des opérations concrètes* et s'enrichit vers 11-12 ans lors de l'accession au stade des opérations formelles*. Ontogénétiquement, ce type de pensée commence à s'élaborer à l'approche de la deuxième année, lorsque l'enfant devient capable de penser des actions, et de prévoir leurs conséquences, sans avoir à les effectuer réellement. Toutefois, la pensée ne devient véritablement opératoire qu'avec l'« opération vraie » du stade opératoire concret, qui est réversible* (ce qui se traduit par la possibilité de penser une action en prenant en considération l'action inverse — par ex. réunir et dissocier) et qui est intégrée dans une structure d'ensemble. *J.-E. Gombert*

Pensée par couple → Couple

Penser (le)

Le Penser ou Moi-pensant est une notion qui a été élaborée par Didier Anzieu en 1994 pour désigner ce que Bion a défini comme appareil à penser les pensées. Le Moi-pensant*, qui concerne les idées, se situe dans la suite du Moi-peau*, qui concerne les perceptions. Le Penser comprend quatre activités principales : concevoir, juger, raisonner, ordonner. Les fonctions du Moi-pensant dérivent des huit fonctions du Moi-peau ; d'où la description de huit logiques du Penser : logiques de la consistance, de la contenance, de la constance, de la signifiance, de la correspondance, de l'individuation, de l'énergisation et enfin de la sexualisation.

Ces logiques du Penser facilitent la compréhension des processus psychiques de la connaissance. *D. Anzieu*

Peptide

Molécule composée d'un petit nombre d'acides* aminés (moins de 50) réunis entre eux par liaison peptidique (-CO-NH-). Certains, comme la vasopressine ou l'ocytocine, peuvent avoir une structure cyclique stabilisée par condensation des chaînes latérales de deux molécules de cystéine (pont disulfure). Les peptides biologiquement actifs sont élaborés selon les mécanismes de la synthèse protéique sous forme de précurseurs qui subissent ensuite une maturation enzymatique complexe : clivage puis modification éventuelle des fonctions libres terminales (amidation, acétylation, cyclisation). Ces molécules sont, avec les neurotransmetteurs*, parmi les molécules essentielles participant à la communication intercellulaire. *P. Mormède*

Percept

Produit mental de l'activité* perceptive, par opposition au stimulus*, événement du milieu externe ou interne définissable par ses propriétés physiques. Le terme a été forgé par analogie avec concept*, produit mental d'une activité idéatoire d'abstraction. L'apparente symétrie que suggère la dérivation lexicale ne peut masquer une évidente différence de statut pour le psychologue : alors que les concepts participent étroitement des systèmes sémantiques et logiques impliqués dans les échanges verbaux, et sont par là relativement aisés à formuler par le langage ou en quelque autre code formel, les percepts demeurent strictement individuels (sauf à en fournir une description verbale dont il serait hasardeux d'affirmer la validité) et, pour autant qu'ils fassent l'objet d'une prise de conscience, subjectifs. D'autre part, les théories de la perception, particulièrement dans le courant cognitiviste*, ne permettent pas de tracer une ligne de démarcation nette entre percept et concept, l'activité perceptive relevant non moins que la formation des concepts de processus cognitifs plus généraux, et impliquant déjà des abstractions et des catégorisations* qui obligeraient à faire des percepts des concepts implicites. Aussi le terme n'est-il plus d'un usage très courant. *M. Richelle*

Perception

Fonction* de prise d'information* des événements du milieu extérieur ou du milieu interne par la voie des mécanismes sensoriels*. A la vieille question de savoir si la perception nous livre une connaissance* du monde tel qu'il est, question qui hanta la réflexion des philosophes, la psychologie scientifique, et plus particulièrement la psychophysiologie moderne, substitue une perspective toute différente. De nombreuses données empiriques écartent l'idée que la perception opérerait un simple enregistrement du réel : les différentes modalités* sensorielles par lesquelles les organismes des diverses espèces entrent en contact avec le monde extérieur découpent sélectivement dans la réalité physique des informations spécifiques, et en excluent d'autres ; les récepteurs sensoriels ne constituent pas de simples grilles d'entrée de certaines stimulations, mais des transducteurs qui transforment des formes d'énergie* caractéristiques en événements nerveux selon des règles propres à l'organisme qui perçoit ; d'autres transformations, que l'on commence lentement à décoder, notamment pour la vision, interviennent ensuite aux étapes successives de l'acheminement de l'information sensorielle jusqu'aux centres ultimes de son élaboration, chez l'homme au niveau cortical ; les lois de la perception, si elles témoignent d'une cohérence par rapport aux propriétés des stimulations*, n'en sont pas moins, avant tout, des règles de fonctionnement de l'organisme qui perçoit ; enfin, là où l'on serait tenté de mettre l'accent sur la cohérence des rapports entre lois perceptives et structure du monde physique, les discordances, telles que les illustrent les illusions*, rappellent le caractère très relatif de cette cohérence. Il faut d'ailleurs ajouter que la description scientifique de la réalité physique, si elle continue de reposer, en dernier ressort et par nécessité, sur la perception, a depuis longtemps suppléé par l'instrumentation à ses limites et à ses erreurs.

Si la perception n'est plus conçue aujourd'hui comme un simple enregistrement du réel, elle apparaît moins encore comme une fonction d'enregistrement passif. La prise d'information sensorielle la plus élémentaire, que l'usage classique situerait au niveau de la sensation*, met en effet en jeu des processus attentionnels*, qui manifestent, dès le stade du récepteur*, les contrôles et les modulations subtiles des centres supérieurs. Cela justifie les conceptions, telle celle de Piaget, qui voient dans la perception une conduite, et usent volontiers de l'expression « activité(s) perceptive(s) » de préférence à « perception ».

Il est cependant possible de hiérarchiser les facteurs intervenant dans la perception, et d'y reconnaître ceux qui sont liés aux caractéristiques des stimulus, aux contraintes des récepteurs, aux conditions neurophysiologiques de la transmission de l'information vers les centres nerveux, et ceux qui, de nature plus cognitive*, relèvent de processus conceptuels supérieurs et de l'intégration des expériences du sujet ; les premiers traduisent une relation de causalité* ascendante* *(bottom up),* les seconds une relation descendante *(top down)* (V. Vision). *M. Richelle*

Perception absolue → Absolue

Perception anorthoscopique → Anorthoscopique

Perception catégorielle → Catégoriel

Perception de la causalité → Causalité

Perception sociale

Parfois employée pour désigner les facteurs sociaux de la perception, l'expression est plus communément utilisée pour qualifier la perception de l'environnement social. Après les premiers travaux de C. Darwin tentant de montrer le caractère inné de l'expression et de la reconnaissance des émotions*, l'intérêt des chercheurs s'est étendu au problème plus général de la capacité à juger autrui. Aujourd'hui, sous l'impulsion des travaux d'inspiration gestaltiste* de S. Asch en 1946 et de F. Heider en 1958, les auteurs s'intéressent plutôt aux processus d'inférence* mis en œuvre dans la formation des impressions et dans les phénomènes d'attribution* causale. C'est ainsi que les recherches de S. Asch montrant que les impressions sont organisées autour de traits dits centraux ont précédé les travaux sur les théories implicites de la personnalité* (l'individu appuie ses inférences sur la conception qu'il a des liens existant entre les traits) et ceux, plus récents, sur la théorie des schémas* (l'individu traite l'information sociale à l'aide de catégories conceptuelles). De même, l'intérêt porté par F. Heider à la perception des faits psychologiques interpersonnels est-il à l'origine des nombreux travaux consacrés à la manière dont l'individu explique, par des facteurs dispositionnels (internes) ou situationnels (externes), les événements dont il est l'acteur ou l'observateur.

F. Askevis-Leherpeux

Perceptron

Modèle* électronique élémentaire, conçu par F. Rosenblatt en 1962, simulant le fonctionnement propre à un système nerveux captant une information* extérieure et, après l'avoir traitée, y fournissant une réponse*. Par l'insertion d'unités associatives* dont les connexions* étaient pondérées par l'activité antérieure du système, le perceptron constituait une machine dotée d'une capacité d'apprentissage*, certes rudimentaire, fondée sur l'idée de facilitation synaptique. Il préfigurait les modèles plus élaborés qui ont suivi, et plus particulièrement les modèles neuromimétiques proposés par les connexionnistes.

M. Richelle

Perceptuel

Synonyme de perceptif* parfois rencontré sous la plume de psychologues francophones, sans doute par transposition non justifiée de l'anglais *perceptual,* que traduit parfaitement perceptif. Dans certains usages plus délibérés, le terme renvoie à la notion de percept*, et s'oppose à conceptuel. *M. Richelle*

Père

Le père occupe en psychologie une place significative en raison de la multiplicité de ses références, de ses fonctions et de ses attributs réels, imaginaires ou symboliques. Parmi ceux-ci, la position archétypale de « noyau paternel » qui structure les mythes des origines autour d'images de donneur de loi, de transcendance et de génération, constitue un ensemble de références archaïques qui organisent des projections et des représentations. Dans une structure de parenté, la place du père ne recouvre pas sa fonction de géniteur, elle est marquée symboliquement par sa reconnaissance en tant que détenteur de la puissance phallique, transmetteur du nom, en position de médiation et de séparation du couple mère/enfant. La relation paternelle s'instaure sous le signe de l'altérité. Pour J. Lacan, le père est le représentant de la loi. Cette fonction inaugurale, castrante et structurante du « père idéal » contribue à la construction de l'idéal du moi et du surmoi. Les carences de références paternelles par défaut ou par excès sont à l'origine d'identifications* distorses et de perturbations psychiques qui s'expriment par des troubles de la socialisation*. L'analyse systémique a mis en évidence l'importance du rôle du père dans les modes transactionnels de liaison, de délégation, de legs transgénérationnels au sein de la famille*. La psychologie sociale s'intéresse aux effets de changements de normes dans la parenté qui entraînent des représentations divergentes du père : « abdication du père » et « nouveaux pères ». D'une part, la législation de 1970 en France a mis fin à l'autorité paternelle. Elle définit une répartition socialement égalitaire des pouvoirs maternels et paternels au travers d'une nouvelle autorité* parentale et promeut de nouveaux modèles de codification à partir d'une nouvelle équation sociale et symbolique de la signification du père. D'autre part, la contraception, la vasectomie et la conservation du sperme ainsi que les nouveaux modes de procréation questionnent la position du père et du géniteur et modifient le désir, le vécu et les représentations de la paternité et de la parentalité.

J. Selosse

Performance

Alors que dans l'usage courant le mot performance se voit généralement doté d'une connotation d'exploit — la performance d'un athlète de haut niveau —, dans le vocabulaire de la psychologie il désigne au contraire l'activité manifeste dans un contexte donné, laquelle peut demeurer bien en deçà des potentialités du sujet. On peut ainsi opposer apprentissage* et performance, apprentissage renvoyant ici aux capacités acquises dont la performance n'est que la manifestation occasionnelle, ne traduisant pas nécessairement les capacités réelles. La même distinction trouve son fondement dans l'apprentissage latent*, dans lequel rien ne révèle, au moment où il se réalise, un apprentissage en cours, qui ne s'actualisera qu'ultérieurement à la faveur de circonstances particulières. On la retrouve dans l'opposition compétence-performance en psycholinguistique (V. Performance linguistique).

Au plan théorique, cette distinction peut conduire à tenir la performance, en un sens équivalent à comportement* observable, pour un simple indice d'une réalité interne, cognition*, représentation*, qui constituerait l'objet véritable de la psychologie.

Dans le domaine des tests* ou autres épreuves psychologiques impliquant une tâche d'une certaine durée, la performance sera synonyme de rendement. *M. Richelle*

L'évaluation de la performance est une démarche centrale dans la gestion des ressources humaines parce qu'elle permet de décrire les forces et les faiblesses des individus et des groupes. L'évaluation de la performance comporte deux étapes distinctes, l'observation* et le jugement*. Elle utilise des indicateurs objectifs (production, chiffres de vente, nombre d'erreurs, accidents, absences...) ou des indicateurs subjectifs (fiches de notation utilisées par la hiérarchie). Les indicateurs objectifs ne sont pas toujours fiables parce qu'ils fournissent des informations souvent peu fidèles dans le temps et parce qu'ils peuvent être fortement déterminés par des facteurs situationnels. L'effort des psychologues du travail s'est donc porté sur le développement de fiches de notation fondées sur une analyse précise des comportements* de travail et de leur importance relative, et dont le format évite les erreurs de halo* et les imprécisions, ainsi que sur la formation des notateurs. *C. Lévy-Leboyer*

Performance linguistique

En grammaire générative*, terme technique introduit par N. Chomsky pour désigner l'usage* effectif de la langue, c'est-à-dire l'actualisation* de la compétence* ou système intériorisé de règles*, dans des situations concrètes. Qu'il s'agisse d'énoncer, d'entendre, de comprendre ou de retenir une phrase*, la performance dépend de la compétence*, mais elle dépend également de nombreux autres facteurs tels que les contraintes de la mémoire*, l'attention, le contexte* physique et social, les relations entre les interlocuteurs, etc. L'étude de la performance comprend au moins un modèle de l'émetteur* et un modèle du compreneur ; elle requiert en outre l'élaboration d'une théorie des contextes dans lesquels les sujets parlants exercent leur compétence. Cette étude de la performance est essentiellement le fait de la psycholinguistique*, de la neurolinguistique* et de la sociolinguistique. *M. Hupet*

Performance motrice

Comportement et degré d'efficience de ce comportement qui résulte de la mobilisation des ressources* d'un individu face aux contraintes* d'une tâche motrice*. La performance dépend des aptitudes psychomotrices ou physiques* et des habiletés* individuelles, mais aussi de la capacité à les mobiliser de manière optimale dans la tâche. Cette capacité est fonction de la motivation* et du contrôle émotionnel du sujet. *M. Durand*

Performatif

Enoncé servant à l'accomplissement d'un acte illocutoire*, et présentant une construction « je (te) VP (proposition) » dans laquelle VP est un verbe au présent de l'indicatif (ex. : *« je t'ordonne de venir »*). On a proposé de voir dans cette structure le modèle sous-jacent dont dériverait par transformation* syntaxique toute expression illocutoire, mais cette « hypothèse performative » pose problème. Tout verbe performatif ayant aussi des emplois constatifs, mieux vaut supposer que la valeur illocutoire prise par de tels énoncés n'est pas littérale, mais produite par détour rhétorique* : affirmer que l'on agit infère, sous certaines conditions de contexte*, que l'on agit, ce qui permet une suppléance du faire par le dire. *A. Berrendonner*

Périmètre

Appareil destiné à mesurer le champ* en vision monoculaire ou binoculaire. Le sujet, placé au centre d'un hémisphère (coupole de Goldmann) ou d'un arc, fixe un point central et indique les limites périphériques encore visibles de divers tests projetés sur la surface interne de la coupole. Si le test a lieu sur une surface plane, on parlera de technique du campimètre*. Grâce à l'exploration du champ visuel dans un espace courbe, le périmètre permettra une plus grande précision dans l'étude des limites periphériques du champ visuel. *R. Génicot*

Période

Intervalle de temps recouvrant un cycle complet d'un phénomène se reproduisant régulièrement, dit périodique. La période est l'inverse de la fréquence*. La période peut, en psychologie, caractériser certains stimulus*, tels les stimulus auditifs ou tactilo-vibratoires (pour les uns comme pour les autres, l'usage s'est imposé d'utiliser plutôt la fréquence, exprimée en Hz) ou encore des stimulus rythmiques quelconques. Elle peut aussi concerner les variables physiologiques (période cardiaque) ou les comportements du sujet : ceux-ci peuvent obéir à une périodicité ressortissant aux phénomènes chronobiologiques ou à des régularités temporelles induites par des caractéristiques du milieu.

En psychologie du développement*, phase de la vie à laquelle est attribuée une certaine spécificité qui la distingue des phases antérieures ou postérieures : période précoce, période de latence (phase prépubertaire), période adulte, etc. Le terme est plus descriptif, moins chargé d'implications théoriques que stade*. *M. Richelle*

Période critique

Dans le développement*, période, définie par un commencement et une fin, au cours de laquelle un certain type d'interaction avec le milieu doit prendre place pour que s'installe normalement un comportement spécifique ou que se développe de façon optimale une fonction*. La notion a été d'abord définie par K. Lorenz, à propos du phénomène d'empreinte* : c'est au cours d'une période qui va de 5 à 24 heures après l'éclosion que le poussin ou le caneton doit être exposé à un stimulus privilégié (dans la nature, la vue et les gloussements de la mère) pour que s'installent les comportements de poursuite vitaux pour le jeune animal.

D'autres exemples non moins frappants ont été décrits, par P. Marler en 1970, à propos de l'acquisition du chant* chez certains passereaux, qui ne manifesteront normalement, lors de leur premier printemps, le chant caractéristique de leur espèce que s'ils ont été, entre le dixième et le centième jour de leur existence, exposés au modèle du chant de l'adulte ; par D. H. Hubel et T. N. Wiesel en 1963, dans le cadre du développement fonctionnel du système visuel chez le chaton, développement qui suppose, pour être normal, une alimentation perceptive adéquate entre la troisième et la douzième semaine.

A la différence de l'installation de comportements par la seule maturation* de structures organiques, qui n'exige aucune intervention de l'exercice* ni de l'apprentissage*, les comportements ou développements fonctionnels dépendant d'une période critique impliquent une interaction avec l'environnement, généralement sous la forme d'une rencontre avec des stimulations déterminées.

L'expression période critique, telle qu'entendue à l'origine par Lorenz, impliquerait plusieurs caractéristiques qui ne sont pas toujours réunies dans les exemples décrits, à savoir la durée assez brève, l'absolue limitation à ce laps de temps si l'on veut voir apparaître le comportement en cause, l'irréversibilité du déficit ou de l'anomalie observés en cas soit de carence de l'information critique, soit de substitution d'une information anormale (substitution d'un modèle d'une autre espèce, éventuellement l'homme, dans l'empreinte). Aussi a-t-on souvent préféré l'expression **période sensible, privilégiée** ou **favorable.**

C'est sous ce dernier terme que la notion a été appliquée, chez l'homme, à la phase du développement où s'accomplit généralement l'acquisition* du langage*, et qui irait de la première année jusqu'à un *terminus ad quem* situé, selon les auteurs, entre 7 et 10 ans. Des arguments neuropsychologiques* (possibilités de suppléance par l'hémisphère droit intact en cas d'atteinte à l'hémisphère gauche et aux fonctions verbales qu'il avait commencé d'assurer) et éducatifs (relative facilité d'acquisition d'une langue seconde) viennent appuyer cette idée, que semblent encore confirmer les difficultés rencontrées à apprendre à parler aux enfants qui ont subi une privation* grave d'interaction avec un entourage sociolinguistique au cours de cette période.

Par extension, on tend à assimiler à une période favorable les phases précoces du développement, où se jouerait le destin psychologique du sujet humain. Cette conception, centrale dans la pensée psychanalytique, sous-tend de nombreuses théories développementales. Elle a trouvé diverses confirmations empiriques, notamment dans les travaux classiques de R. Spitz et de J. Bowlby sur les conséquences de la privation maternelle et sur l'hospitalisme (V. Expérience précoce). *M. Richelle*

Période de latence → Sexualité

Période sensori-motrice

La période sensori-motrice du développement* de l'enfant s'étend de la naissance jusque vers 18 mois. L'enfant apprend à agir sur le monde qui l'entoure (l'« univers de la perception »), à connaître son corps propre*, à catégoriser les réalités physiques, psychobiologiques et psychosociales qui s'offrent à lui au cours de ses échanges actuels avec le milieu. Pendant cette période, il est possible qu'une part de l'activité soit consacrée à la construction de représentations* de réalités qui échappent à l'ici et maintenant. Mais la part la plus importante est l'apprentissage sensori-moteur. Après 18 mois, l'activité sensori-motrice continue son évolution, mais tout aussi et de plus en plus importante devient l'acquisition de notions et représentations physiques, psychologiques et sociales, qui étendent l'univers connu et maîtrisé de l'enfant au-delà du monde de la perception, et qui exigent la construction de savoir-faire opératifs appropriés. *J.-J. Ducret*

Périphérique

Dans l'organisation nerveuse, ce qui se trouve dans les diverses régions du corps, par opposition à central*, c'est-à-dire l'encéphale* et la moelle épinière*. Récepteurs sensoriels et effecteurs musculaires font partie du système périphérique. Par analogie, dans l'organisation psychologique, ce qui se passe au niveau des entrées d'informations ou des comportements manifestes par opposition à ce qui se passe au niveau des processus*, tenus pour centraux, de traitement* et de décision*.

Vision périphérique : V. Vision.

M. Richelle

Périphérique (Système nerveux —)
→ Système nerveux

Perlaboration

Ce néologisme est proposé par J. Laplanche et J.-B. Pontalis pour traduire le terme utilisé par S. Freud de *Durcharbeitung* en 1914. Il désigne un travail psychique qui, dans la cure psychanalytique, permet au sujet d'admettre, dans sa vie psychique consciente, des éléments auparavant refoulés, de se dégager de l'emprise des mécanismes de défense*, mais aussi de la compulsion* de répétition et de l'attraction qu'exercent les inscriptions inconscientes.

Le temps de la perlaboration fait suite à celui de l'interprétation : une résistance qui paraît d'abord rester sans effet passe ensuite de l'acceptation abstraite à la conviction fondée sur l'expérience vécue qui est seule résolutive. La perlaboration progressive de l'analysant est facilitée par les interprétations de l'analyste qui lui montre, au fur et à mesure du déroulement de la cure, que les mêmes significations se retrouvent dans des contextes différents. *B. Brusset*

Perlocutoire → Pragmatique linguistique

Permanence de l'objet

La permanence est une propriété attribuée par le sujet à un objet dont il postule une existence dans le temps indépendante de la perception ou de la conception qu'il peut en avoir. Pour E. Kant, la permanence était une catégorie *a priori* de l'entendement. Les recherches sur la construction du réel chez l'enfant montrent que cette catégorie est le résultat d'une psychogenèse au cours de laquelle l'enfant construit et coordonne des savoir-faire et des savoirs spatio-temporels autant que des savoir-faire et des savoirs relatifs à la perception des qualités sensibles de l'objet. Des recherches plus récentes ont mis en évidence l'existence chez l'animal de précurseurs de cette notion. Les conduites par lesquelles un animal retrouve un objet non perçu n'atteignent cependant pas le degré de complexité de celles du jeune enfant (V. Conservation).

J.-J. Ducret

Persécution → Paranoïa

Perséquomètre

Dispositif d'étude de la psychomotricité*, permettant d'enregistrer un comportement de poursuite d'une cible mobile. Il en existe de nombreuses versions, les unes à mouvement pendulaire, les autres à mouvement rotatif ou rectiligne ; les unes à trajectoire régulière, les autres à trajectoire irrégulière.

M. Richelle

Persévération

Répétition d'attitudes ou d'expressions verbales alors que le contexte qui leur a donné naissance a disparu.

Les différents types de persévérations qui ont pu être décrits (par inertie, itératives, substitutives) se rapportent tous à une perte de la possibilité de s'extraire d'un acte. Le déficit d'un facteur d'inhibition* a pu être supposé à l'origine de ce phénomène.

Les persévérations s'observent très fréquemment dans les troubles mentaux organiques, notamment dans les atteintes frontales et les états démentiels. Ce symptôme est assimilé aux stéréotypies* chez les schizophrènes. On constate chez ces patients, dans des tests d'associations* verbales, un retour fréquent au mot inducteur de l'expérience antérieure ou la répétition d'une même réponse.

M.-C. Hardy-Bayle

Personnalisation

A la différence de la socialisation*, véritable intégration au groupe par identification*, la personnalisation est réalisation de soi, orientation par le projet, promotion par le pouvoir, estimation des valeurs, identisation et autonomisation. Ces deux mécanismes ne sont pas toujours en harmonie, car la socialisation peut être dépersonnalisation. C'est particulièrement à l'adolescence* qu'ils entretiennent un rapport dialectique entre développement* et crise* : pour P. Tap, la personnalisation vise la maîtrise des objets, de soi et d'autrui. Elle crée des valeurs et tend, par un effort critique, à dépasser les aliénations et les impuissances, à objectiver les dépendances et les conflits.

R. Doron

Personnalisme

Philosophie morale et sociale inspirée par la valeur absolue de la personne*. E. Mounier en caractérise les rapports avec la psychologie en précisant :

1. qu'elle souhaite franchir les limites entre le subjectif et l'objectif ;
2. qu'elle récuse toute approche de la vie psychique qui ne serait qu'analytique et atomistique ;
3. qu'elle touche à l'éthique, en impliquant une affirmation et un engagement du sujet* ;
4. qu'elle travaille dans le sens de la psychologie des profondeurs*.

La personne n'est pas immobile : elle s'édifie dans l'histoire du sujet saisie dans son présent. Le personnalisme se rapproche donc des psychologies humanistes* qui cherchent à comprendre plus qu'à expliquer. Et il souligne aussi à quel point la personnalité et la culture du psychologue peuvent le conduire à des styles opposés : à une éthique de la croissance tout américaine d'un C. Rogers s'opposerait un pessimisme européen chez S. Freud. Le personnalisme concerne plus le destin de l'homme que sa connaissance.

C. Prévost

Personnalité

Il existe plus d'une cinquantaine de définitions de la personnalité ; l'intention d'y trouver une unité se heurte à la difficulté de faire l'unité de la psychologie elle-même, par-delà la diversité de ses paradigmes* et de ses méthodes*. C'est pourquoi M. Huteau y voit une notion générale et différentielle qu'on peut tenter de cerner sans référence à une idéologie ou à une épistémologie* particulière : elle est l'unité stable et individualisée d'ensembles de conduites*. Même si les psychologues paraissent céder à une illusion commune, il reste que le concept, s'il ne peut être univoque, garde cependant une valeur heuristique*.

L'analyse mathématique des réponses à un questionnaire* aboutit à des facteurs* (par ex. cyclothymie-schizophrénie chez R. Cattel) ou à des types (extraversion-introversion chez H. Eysenck) : la stabilité est ainsi soulignée. Mais la personnalité s'inscrit aussi au sein du développement* où elle apparaît comme la synthèse durable des actions* psychiques d'un sujet*.

Le terme de **personnologie** désigne parfois en psychologie clinique* la conceptualisation psychanalytique qui rend compte de l'autonomie partielle du sujet : traits prégénitaux « anaux », organisation génitale infantile (phase œdipienne), différenciation interne selon les trois instances* de la seconde topique* freudienne (moi, ça et surmoi). La psychologie de l'enfant montre, par ailleurs, que s'établissent progressivement d'une part une imitation des autres et d'autre part un contrôle de soi : la personnalité n'est pas une organisation d'instances ; elle est constitution d'attitudes* au sein des comportements*. Ainsi s'élabore l'image de soi* au travers des conflits de la socialisation* : la personnalité a donc trois fonctions psychologiques : le contrôle, l'identification*, l'investigation*. A la suite de W. Mischel, on a défendu l'existence d'une détermination situationnelle des comportements selon laquelle un individu se conduit de manière différente, voire opposée, en fonction des exigences de la situation*. Les travaux les plus récents, par des analyses génétiques et des synthèses conceptuelles, s'efforcent de spécifier ce qui relève plutôt de la psychologie que de la biologie. On trouve à la base une fonction de régulation organique innée, précocement soumise aux conditionnements* de l'attachement* et de ses avatars. D'un point de vue structuraliste, l'organisation des conduites suppose une hiérarchie d'intégrons qui, au sein du système nerveux, préparent des réponses unitaires à partir d'informations* partielles. D'un point de vue fonctionnaliste, on reconnaît que la cohérence de la personnalité se construit dans le temps grâce à des capacités et à des moyens. La psychologie aujourd'hui s'oriente soit dans une perspective psychodynamique qui privilégie les composantes motivationnelles, soit dans une perspective cognitive* qui met l'accent sur les modalités de traitement de l'information. La recherche d'une synthèse lui permettrait peut-être de retrouver son unité. Mais cette cohérence est problématique. *R. Doron*

Bases biologiques de la personnalité : la relative stabilité de l'ensemble des traits constitutifs des types ou des dimensions de la personnalité, déterminants des conduites individuelles, suggère l'existence de correspondances structurales et neurobiologiques. De nombreuses recherches tentent de révéler des bases génétiques des phénotypes que sont les traits adaptatifs mis en évidence par les psychologues de la personnalité et de corréler les traits à des variables psychologiques prédictives de ces traits. Cette démarche, laquelle remonte à Galien, est enrichie par des approches longitudinales qui permettent de suivre les données psychologiques et biologiques de la naissance à l'âge adulte. A titre d'exemple, la modalité adaptative révélée corrèle avec des variables endocriniennes, cardiaques, cérébrales stables, constituant une véritable structure psychobiologique qui perdure au cours du développement tandis que des modèles animaux — jusqu'au primate — suggèrent l'existence de déterminants génétiques, du moins en partie. *M. Le Moal*

Questionnaires de personnalité : les questionnaires de personnalité* sont utilisés pour décrire la personnalité afin de contribuer au diagnostic en psychologie clinique et pathologique et afin de prédire le comportement professionnel en psychologie du travail. Ces questionnaires peuvent être construits de trois façons différentes : rationnellement, comme application d'une théorie concernant un aspect de la personnalité ; empiriquement, les items étant élaborés et retenus en fonction de leur capacité à prédire un critère donné ; statistiquement, en fonction des données fournies par l'étude des corrélations entre items et des analyses factorielles. Les progrès récents de ces analyses factorielles, notamment les travaux de P. Costa et R. McCrae, de R. et J. Hogan, de L. Hough et de D. Ones ont permis de démontrer l'existence de cinq facteurs fondamentaux de personnalité, qui peuvent être déclinés en sous-facteurs plus nombreux. Ces cinq facteurs sont la stabilité émotionnelle, l'ouverture intellectuelle, l'extraversion, la convivialité et la fiabilité.

Les critiques faites aux questionnaires de personnalité soulignent leur imprécision, le fait que les réponses sont guidées par la désirabilité sociale*, surtout en situation* de sélection*, et l'absence de motivation des personnes qui répondent, ce qui conduit à des résultats peu cohérents. Pourtant, lorsque les critères de comportement mis en relation avec les résultats des questionnaires sont précis et spécifiques, la validité prédictive de ces questionnaires est appréciable et leur utilité démontrée.

C. Lévy-Leboyer

Troubles de la personnalité : traduction littérale du terme anglais *personality disorders* qui s'est imposé à la suite de la classification DSM III *(Manuel diagnostique et statistique des troubles mentaux)*. Il tend à remplacer l'expression plus classique de « personnalité pathologique » et en allemand le terme de *Psychopathisch Personnalität.*

Il existe différents critères, qui ne se recoupent pas tous, pour juger pathologique un trait ou un ensemble de traits de personnalité : présence constante et prépondérante d'un trait ou d'un ensemble de traits, déformation ou amplification de traits observables chez le sujet normal, psychorigidité, inadaptation sociale. On identifie un trouble de la personnalité par une configuration de traits retrouvée avec une fréquence suffisante pour que l'on puisse inférer qu'il existe une relation de dépendance entre ces différents traits. Cependant, il existe une grande diversité dans la description et la classification des personnalités pathologiques. En règle générale, on peut dire que si les formes cliniques qui ont été individualisées se distinguent du normal par leur fréquence de configuration et leur caractère caricatural, elles présentent une ressemblance avec des processus pathologiques dont elles semblent constituer soit le fondement constitutionnel, soit la forme asymptomatique. C'est ainsi que l'on décrira une personnalité paranoïaque par analogie avec les traits observés dans les délires systématisés chroniques de persécution ou une personnalité obsessionnelle* par analogie avec les traits observés dans les névroses obsessionnelles.

La classification DSM III *(Manuel diagnostique et statistique des troubles mentaux)* distingue trois groupes de troubles de la personnalité : les personnalités paranoïaque*, schizoïde* et schizotypique*, par analogie avec les processus psychotiques ; les personnalités antisociale, limite (état-limite* ou *borderline*), histrionique* et narcissique caractérisées par la dramatisation et l'excentricité des conduites ; les personnalités évitante*, dépendante*, obsessionnelle-compulsive* marquées par l'anxiété et la gêne sociale. Deux remarques s'imposent : cette classification n'a pas un caractère exclusif rigoureux et certaines formes peuvent être associées chez le même individu. Elle présente un caractère arbitraire indiscutable.

Il est impossible de citer toutes les formes de personnalité pathologique qui ont été décrites. Rappelons la classification psychanalytique en fonction des stades de développement de la vie libidinale (oral, anal, etc.), la description de formes en rapport avec un trait dominant (jalousie pathologique), les caractérologies du type extraversion-introversion, neuroticisme-psychoticisme, etc.

La part respective de facteurs génétiques et de facteurs acquis dans la détermination des personnalités pathologiques demeure un sujet de controverse en raison du peu de données dont nous disposons. *D. Widlöcher*

Personnalité autoritaire → Autoritarisme

Personnalité criminelle

La conception d'une personnalité criminelle relève des pratiques expertales et participe aux préoccupations de la criminologie* pour estimer la potentialité antisociale des individus. Elle s'inspire d'une tradition de psychologie médicale, de pratiques psychiatriques et psychanalytiques à des fins diagnostiques et thérapeutiques. Tout d'abord conçue dans une perspective organiciste et étiologique, l'étude de la personnalité criminelle a évolué vers une conception dimensionnelle, descriptive, structurale et psychodynamique. Comme toute problématique de personnologie appliquée, ses fondements rencontrent des choix d'option théorique (notamment celle d'un modèle implicite de personnalité* qui préfigure une approche de type psychopathique ou sociopathique*), mais aussi des choix de critères et de construction des objets d'analyse. Ceux-ci concernent entre autres la validité différentielle de la qualification criminelle de la conduite* incriminée, la prise en compte du processus criminel et des caractéristiques de la situation criminogène, le niveau de perturbation, le mode d'agression et les interactions entre histoire de vie, situation* et passage à l'acte* et surtout la signification réactionnelle, névrotique perverse ou psychopathique de l'agir. Compte tenu de la diversité des conduites criminelles d'une part et de celle des personnalités qui ont commis des actes antisociaux d'autre part, plutôt que de typer une personnalité criminelle, les psychologues traitent surtout de la personnalité d'un criminel ou même plus prudemment d'« attitudes criminelles » (D. Lagache) chez un sujet. Souvent, ils réservent cette expression aux structurations antisociales spécifiées par une intensité et une répétition des symptômes agis. La personnalité criminelle fait alors référence à la prévalence d'une conduite délictueuse (l'escroc, l'incendiaire, le voleur professionnel, le violeur) qui invite à rechercher une organisation dynamique particulière des transgressions* chez un individu. En criminologie, la répartition typologique des personnalités criminelles répond aux préoccupations d'ajuster un traitement* spécifique aux troubles des délinquants. L'entité personnalité criminelle n'apparaît pas dans la nosographie empirique du *Manuel diagnostique et statistique des troubles mentaux.* Elle est recouverte par le syndrome* générique des « désordres des conduites » au travers des manifestations pathologiques propres aux personnalités : narcissique, antisociale, limite et dépendante. *J. Selosse*

Personne

Le mot *persona* désignait à l'origine le masque du théâtre grec, le personnage. La notion contemporaine, construite dans le cadre de la philosophie mystique, renvoie à l'individualité morale, physique et juridique associée à une conscience de soi* et d'autrui. Les éléments descriptifs et objectifs qui caractérisent la personnalité cèdent ici le pas à des éléments normatifs et axiologiques : pour R. Perron, la personne est un système de représentations valorisées. En ce sens, elle n'est pas comparable à un objet : elle existe, c'est une phénoménologie de la communication avec les autres et avec soi qui la saisit ; la signification de notre image de nous-même et de nos relations interpersonnelles trace en même temps les limites psychiques de l'accès à notre intimité et la puissance de notre survie biologique. C'est pourquoi l'on distingue une psychologie en première personne (privilégiant la subjectivité) et en troisième personne (où l'individu est vu objectivement de l'extérieur). La psychologie en deuxième personne accorde, selon D. Lagache, la prééminence à l'être-pour-autrui.

C. Prévost

Personnologie → Personnalité

Perspective

Représentation* bidimensionnelle d'un espace* à trois dimensions (perspective aérienne), tel qu'il apparaît à l'œil d'un observateur dans une position donnée. La représentation en perspective, qui préoccupa les artistes de la Renaissance, soulève des problèmes centraux de perception* visuelle, notamment en relation avec la perception de la profondeur* et avec les constances* perceptives. Les procédés utilisés par les dessinateurs renvoient aux indices de construction de la troisième dimension auxquels a recours notre perception : convergence linéaire, taille familière des objets et personnages, gradient* de texture, interposition, réduction des contrastes, des détails, des saturations colorées, etc.

Dans un sens figuré, point de vue particulier sur un objet ou une idée, le mot perspective a été repris dans le vocabulaire technique de certaines écoles de psychologie cognitive*. Ainsi, on le rencontre dans le Langage de Représentation des Connaissances *(Knowledge Representation Language, KRL)* proposé en 1977 par D. G. Bobrow et J. Winograd, pour désigner les différents angles sous lesquels un concept* ou un événement peuvent être envisagés, avec, en chaque cas, un ensemble particulier d'informations pertinentes.

Perspective temporelle : V. Horizon temporel. *M. Richelle*

Persuasion

Acte communicationnel visant à modifier les opinions*, attitudes* et, à terme, le comportement d'un individu à travers une adoption de la position défendue et une intériorisation de celle-ci.

La problématique de la persuasion trouve son origine dans la Grèce antique. Toutefois les premiers travaux expérimentaux ont été initiés par C. V. Hovland et ses collaborateurs (École de Yale) après la Seconde Guerre mondiale. Dans une situation de persuasion, on distingue traditionnellement : la source du message, le message en lui-même, le canal (le support par lequel le message est transmis) et le récepteur du message. On a montré que chacun de ces éléments peut affecter la réception et l'acceptation du message persuasif.

Deux modèles* cognitifs ont tenté de synthétiser l'ensemble des données recueillies dans ces travaux: le modèle de la probabilité d'élaboration (R. E. Petty et J. T. Cacciopo) et le modèle heuristique-systématique (S. Chaiken). L'accent est mis sur le traitement du message à visée persuasive. Selon des variables contextuelles (motivation, humeur, charge mentale*) ou différentielles*, le traitement du message peut être superficiel ou approfondi. Dans le premier cas, l'attitude des individus est principalement déterminée par la présence d'indices permettant l'utilisation d'heuristiques* et peu influencée par l'argumentation ; dans le second cas, l'attitude est principalement déterminée par la force de l'argumentation. *F. Ric*

Perte sensorielle

Diminution des capacités fonctionnelles d'un système sensoriel (audition*, vision*, toucher*, goût*, odorat*, sens propriokinesthésique). De manière plus dynamique, la perte peut situer les capacités résiduelles conservées et en déterminer les marges de fonctionnement (les restes visuels ou auditifs, par ex.). Le niveau de perte sensorielle dépend des conditions et méthodes d'examen, et il est relatif aux mécanismes de suppléance* intrasensorielle, intersensorielle et cognitive (mémoire, imagination, etc.).

R. Génicot

Pervers

Adjectif ambigu qui correspond à deux substantifs renvoyant à des réalités cliniques et à des présupposés théoriques différents : la perversité et les perversions*. La psychiatrie dite classique avait distingué la **perversité,** considérée comme une constitution* innée, et les perversions instinctives ou anomalies des « instincts » sous la rubrique desquelles elle classait les perversions sexuelles à côté de troubles tels que l'alcoolisme, l'anorexie* ou la boulimie* (perversions des instincts alimentaires). Elle décrivait les pervers constitutionnels comme sujets exempts d'arriération* et de troubles névrotiques* ou psychotiques*, mais caractérisés par l'absence du sens moral, l'agressivité* poussée jusqu'à la malignité, l'instabilité affective et sociale, l'impulsivité et la tendance aux perversions instinctives (et donc, parmi elles, aux perversions sexuelles). La psychiatrie contemporaine décrit aujourd'hui de tels sujets sous les rubriques de la psychopathie*, de la personnalité antisociale* ou des « caractéropathies » (enfants dits « caractériels* »).

La psychologie et la sexologie contemporaines, à la suite de S. Freud, abordent autrement les perversions (ou déviations) sexuelles : mise en évidence de la présence, chez tout être humain, d'une **disposition perverse polymorphe,** insistance sur le rôle des événements de la première enfance (deuils, séductions, modalités du refoulement du complexe d'Œdipe*) dans l'actualisation chez certains sujets de cette disposition perverse. S. Freud a en outre introduit une classification rationnelle des déviations sexuelles en distinguant les déviations quant à l'objet* (homosexualité*, pédophilie*, zoophilie*, etc.) et les déviations quant au but* (fellation, pénétration anale, voyeurisme*, exhibitionnisme*, sadisme*, masochisme*, etc.).

J.-M. Petot

Perversion sexuelle → Paraphilie

Perversité → Pervers

Petit automatisme mental → Automatisme mental

Peur

Emotion* déclenchée par une stimulation ayant valeur de danger pour l'organisme. Elle se manifeste, chez l'animal et chez l'homme, par des réactions observables diverses selon les espèces et selon l'intensité de l'émotion : pilo-érection, abaissement des sourcils et des paupières, tremblement, etc., dont la fonction peut être recherchée dans un retrait par rapport au stimulus dangereux ou/et dans la réduction des stimulus signalant le sujet en danger à son prédateur*. Ces deux fonctions, en apparence contradictoires, se trouvent illustrées par les conduites opposées associées à la peur, tantôt de fuite, tantôt d'immobilité, cette dernière pouvant revêtir une valeur adaptative comparable à la première, notamment chez les espèces animales faisant appel au mimétisme* et au camouflage*. En l'absence de techniques aussi spécialisées d'échappement* au danger, les mammifères et particulièrement l'homme présenteront les deux formes de réaction selon l'histoire individuelle et selon le contexte situationnel : on distingue donc la peur où l'organisme fait activement face à la menace de perte de contrôle et celle où il réagit passivement, se résignant en quelque sorte à la perte de contrôle. Dans le premier cas, les corrélats physiologiques et neuroendocriniens mettraient en cause l'activation du système sympathique et médullo-surrénalien (augmentation de la production d'adrénaline* et de noradrénaline*, niveau de corticostérone inchangé) ; dans le second, l'activation* du système hypophyso-cortico-surrénalien (augmentation de l'ACTH* et de la corticostérone ; niveau inchangé de catécholamines). D'une manière plus générale, la peur s'accompagne d'une modification de la conductivité électrique cutanée, de la tension musculaire, du rythme cardiaque, du rythme respiratoire, de l'activité gastro-intestinale. Ces modifications peuvent prendre les deux directions, de l'augmentation ou de la diminution, selon l'intensité de l'émotion et, éventuellement, les caractéristiques individuelles.

La peur peut être provoquée par des déclencheurs* innés (par ex., silhouette du prédateur), ou par des stimulus nociceptifs* quelconques, ou encore, à la faveur d'un apprentissage* associatif, par des stimulus conditionnés*. Réaction émotionnelle éminemment adaptative par le rôle qu'elle joue dans la survie de l'organisme, la peur prend des formes pathologiques lorsque l'immobilité résignée prend le pas sur les conduites actives pourtant possibles (résignation acquise, *learned helplessness*), lorsque l'émotion se généralise exagérément à des stimulus anodins (phobie*) ou lorsqu'elle s'installe dans le temps bien au-delà du moment où l'organisme est effectivement exposé au danger, soit par anticipation, soit par persistance de l'état émotionnel (anxiété*, angoisse*). *M. Richelle*

Peur de vaincre

Attitude de sportifs qui présentent des comportements correspondant à une recherche de l'échec, alors qu'ils prétendent tendre vers la victoire et sont objectivement en mesure de l'obtenir. Cet état plus ou moins transitoire est la conséquence d'une relation affective trop intense avec un adversaire, de l'existence d'une barrière psychologique (un record « historique » à battre) ou encore de la crainte de sortir de l'anonymat.

M. Durand

PGO → Rêve

Phallique (Femme ou Mère —)

Bien que ce terme soit parfois utilisé dans le jargon psychologique pour désigner une femme masculine et, notamment, une mère qu'on soupçonne d'usurper certains aspects du rôle paternel, il désigne en psychanalyse une *imago** qui représente la mère pourvue d'un pénis (la mère au pénis). Cette *imago* s'enracine, selon S. Freud, dans l'une des théories sexuelles infantiles* des garçons qui n'imaginent pas que les femmes, et en particulier leur mère, puissent être dépourvues d'un organe aussi valorisé pour eux que le pénis. Cette théorie résiste à l'observation de la différence anatomique des sexes : le garçonnet croit que les fillettes n'ont pas encore de pénis et, quand il doit reconnaître l'absence de pénis chez les femmes, il l'interprète comme le résultat d'une castration*. La fixation* à une telle représentation de la femme au pénis va de pair avec une aversion pour la femme dépourvue de pénis, qui prédispose l'homme à l'homosexualité. Remettant en question la théorie freudienne selon laquelle les enfants de deux ou trois ans ignoreraient la différence des sexes, M. Klein a considéré la représentation de la mère au pénis comme une variante relativement tardive du fantasme des parents combinés*, forme archaïque de la scène primitive* dans laquelle le père et la mère se confondent. Dans cette perspective, la mère au pénis c'est toujours la mère qui a incorporé le pénis du père au cours du coït. Il s'agit donc, pour M. Klein, d'une *imago* angoissante (alors qu'elle est selon Freud une représentation rassurante) qui joue un rôle non seulement dans l'homosexualité masculine, mais aussi dans l'impuissance*.

J.-M. Petot

Phallus

La psychanalyse différencie le pénis, comme organe mâle dans sa réalité corporelle, et le phallus exprimant symboliquement sa valeur. Le stade phallique de l'évolution libidinale correspond au complexe de castration. Ainsi, pour la fille comme pour le garçon, il s'agit d'avoir le phallus (vagin ou pénis) ou d'être châtré. Pour certains (J. Lacan), le phallus est le « signifiant du désir » au sein du complexe d'Œdipe. En mythologie, le phallus en érection symbolise la puissance souveraine et magique et pas seulement la variété priapique du pouvoir mâle. *R. Doron*

Phase libidinale du développement

S. Freud et K. Abraham ont nommé phases ce qu'on traduit ordinairement par **stades du développement libidinal.** Ce glissement terminologique est fâcheux, compte tenu du sens que le terme stade* a reçu en psychologie sous l'influence des travaux de J. Piaget et qui est difficilement compatible avec l'insistance mise par S. Freud sur le fait que les phases du développement libidinal sont mal délimitées et peuvent se chevaucher voire être simultanées. Ces phases, découvertes par S. Freud entre 1905 et 1915, correspondent à des organisations successives de la pulsion* sexuelle sous le primat d'une zone érogène* : phase orale*, anale* ou sadique-anale*, génitale* infantile ou phallique*. Pendant la même époque, mais sans mettre en communication les deux séries, S. Freud dégageait les étapes qui conduisent de l'autoérotisme* au plein amour d'objet*, en passant par le narcissisme* et le choix d'objet narcissique*. K. Abraham en 1924 a complété la description des phases du développement libidinal en distinguant deux étapes à l'intérieur des deux premières phases et en insistant sur le lien entre le primat d'une zone érogène déterminée et une modalité spécifique de la relation d'objet* (V. Phase orale, cannibalique, anale, sadique-anale). Cette théorie holistique des stades a été remise en question par les travaux de M. Klein qui a substitué la notion de position* à celle de stade et, en France, par le mouvement de « retour à Freud » impulsé par J. Lacan.

J.-M. Petot

Phasique → Activation

Phatique (Fonction —) → Fonction du langage

Phénocopie

Terme créé, en 1934, par R. B. Goldschmidt pour désigner un processus purement phénotypique par lequel un organisme peut produire un type mutant. Piaget utilisera le même terme, en en changeant complètement le sens, pour désigner la copie par le génotype d'une modification phénotypique. Piaget voit dans ce processus un argument en faveur de l'hypothèse de l'hérédité de l'acquis, question qu'il a toujours voulu considérer comme ouverte. La majorité des biologistes rejettent la conception développée par J. Piaget. *P. Mengal*

Phénomène alpha → Apparent

Phénomène hallucinosique → Hallucinose

Phénomène phi → Apparent

Phénoménologie

La phénoménologie est l'étude descriptive des phénomènes dans l'espace et le temps sans référence à leurs lois ou à leur nature. Elle a sa source dans la philosophie allemande aux alentours de 1900 et s'ouvre avec une controverse entre F. Brentano et E. Husserl à propos du mot même qui doit désigner leur discipline : phénoménognosie pour le premier et phénoménologie pour le second.

Pour les psychologues, la distinction est capitale puisqu'elle souligne la spécificité de l'acte cognitif* : la conscience* porte sur un objet intentionnel et non sur des objets extérieurs ou des essences intemporelles.

La tentation de construire de nouveaux systèmes au lieu de décrire ce qu'on peut voir en regardant d'une autre manière a parfois prévalu en psychologie, mais la phénoménologie reste dans ce domaine un courant important. *R. Doron*

Phénotype

Expression particulière d'un gène* à différents niveaux d'organisation biologique (comportemental, physiologique, morphologique, neuronal, biochimique incluant la chaîne d'acides* aminés requise). Le phénotype désigne également un ensemble de traits associé à un génotype*. Tout phénotype résulte de l'effet d'un gène ou d'un ensemble de gènes agissant de manière additive ou interactive avec les environnements maternels (cytoplasmiques, prénataux, postnataux) ainsi qu'avec l'environnement général où est placée l'espèce. Un même phénotype peut résulter de l'effet de plusieurs gènes agissant de façon indépendante. *P.-L. Roubertoux*

Phéromone

Substance chimique libérée à l'extérieur de l'organisme ou déposée sur des supports de l'environnement, porteuse d'informations* destinées aux congénères de la même espèce. Caractéristiques d'un individu, d'un sexe, d'une caste ou d'un groupe social, les phéromones peuvent aussi déclencher l'alarme*, guider les déplacements sur des pistes, orienter la rencontre des sexes, indiquer les limites d'un territoire* ou dans certains cas inhiber chez les congénères certaines fonctions physiologiques (stérilité des ouvrières chez les insectes sociaux ou déterminisme des castes). Ce terme s'oppose à celui d'**allomones,** substances chimiques porteuses d'informations destinées aux sujets d'autres espèces.

R. Campan

Phobie

Peur d'un objet, d'un lieu (agoraphobie* et claustrophobie*) ou d'une situation sociale qui détermine électivement pour le sujet le surgissement d'une angoisse, perçue comme débordant ses possibilités de contrôle. Pour tenter de l'éviter, le sujet, en état d'alerte, conscient de l'irrationalité de sa peur à laquelle peuvent s'adjoindre aversion et dégoût, recourt à la présence d'un tiers (le compagnon contraphobique*), à la fuite en avant contraphobique, mais surtout à des évitements qui limitent son activité à des degrés divers.

Ce type de symptôme névrotique est surtout caractéristique de la névrose phobique que S. Freud, à partir de son analyse du petit Hans, a isolée sous la désignation d'hystérie d'angoisse pour souligner sa similitude structurale avec l'hystérie*. De cette façon, il distinguait la phobie de la névrose obsessionnelle* et de la névrose actuelle* par le fait que le déplacement* sur un objet phobique est secondaire au surgissement d'une angoisse libre, non liée à une représentation, et comme destin de la *libido** qui n'est pas convertie comme dans l'hystérie.

Le symptôme phobique suppose la projection* et le déplacement au service de la symbolisation* d'une représentation inconsciente en rapport avec les fantasmes inconscients. Elle a ainsi la structure biface typique du symptôme névrotique, et se distingue par là des peurs conditionnées et des pseudo-phobies qui ne sont que la rationalisation par un thème culturel banal d'une angoisse libre : la peur de l'orage ou de l'accident par exemple.

La phobie a pour fonction de localiser et de focaliser l'angoisse de sorte qu'un danger extérieur évitable se substitue au danger interne des fantasmes inconscients, de l'effraction du moi par les émergences pulsionnelles.

L'angoisse du huitième mois de la vie serait le prototype des phobies qui apparaissent normalement chez l'enfant de deux à cinq ou six ans et tendent alors à se transformer en phobies obsédantes puis en obsessions*. Le cadre nosographique des « phobies scolaires » désigne un tableau complexe comportant des conduites de refus, d'inhibition et des angoisses de séparation souvent très régressives.

Chez l'adulte, les phobies d'impulsion* entrent classiquement dans le cadre de la névrose obsessionnelle, les nosophobies dans celui de l'hypocondrie*. L'éreutophobie* ou peur de rougir est banale à l'adolescence. *B. Brusset*

Phobogène

Se dit d'un objet*, d'une situation, d'une relation ou d'une représentation susceptibles d'engendrer une phobie*. *R. Doron*

Phobotaxie → Taxie

Phone

Unité d'intensité sonore subjective correspondant à l'impression sonore produite par un son de 1 000 Hz dont la pression acoustique est de n dB au-dessus du niveau de référence 2.10^{-4} barye. Ainsi, un son de 1 000 Hz d'une valeur physique de 20 dB correspond à une valeur subjective de 20 phones. A partir de cette unité, on a tracé statistiquement et dans des conditions standard des courbes isosoniques, établies par comparaison d'un son d'une fréquence* différente, mais donnant la même impression d'intensité sonore que le son de référence sur 1 000 Hz. Les courbes isosoniques sont établies de 10 en 10 dB.

R. Génicot

Phonématique → Phonologie

Phonème

Plus petite unité dépourvue de signification* que l'on puisse délimiter dans la chaîne parlée : c'est donc l'unité de la deuxième articulation (V. Double articulation). Segment phonique, il constitue l'unité distinctive minimale et se définit, en référence à sa substance sonore, par des traits* pertinents (voisement, labialité, degré d'aperture, etc.). Les phonèmes (objets de la phonologie*) se distinguent des sons du langage* (objets de la phonétique*) : les premiers sont considérés du point de vue de leur fonction linguistique* dans le système de communication* tandis que les seconds le sont en tant que réalisations concrètes, indépendamment de toute fonction linguistique. Différents sons peuvent réaliser le même phonème : le « r grasseyé », le « r bourguignon », ou le « r parisien » constituent trois variantes ou « allophones » du même phonème [R]. *D. Peraya*

Phonétique

Etude des sons* vocaux dans toute l'étendue de leurs propriétés physiques, sans prise en considération de l'éventuelle fonction distinctive* qu'ils assument dans le système de la langue* (V. Phonologie). Il peut s'agir de suivre l'évolution des sons au cours de l'histoire d'une langue (phonétique historique), ou de les étudier à un moment donné de cette évolution (phonétique descriptive). Les différentes branches de la phonétique sont déterminées par la nature complexe des signaux* vocaux et par la diversité des méthodes permettant de les analyser. Les sons peuvent en effet être décrits et classés sur la base des mouvements articulatoires qui les produisent (phonétique articulatoire), sur la base de leur structure acoustique (phonétique acoustique), ou encore sur celle de leurs dimensions perceptives (phonétique perceptive).

M. Hupet

Phonologie

Alors que la phonétique* est une discipline très ancienne qui a pour objet la description physique et/ou physiologique des sons* des langues, la phonologie est une discipline plus récente (elle a été créée par N. Troubetzkoy entre 1926 et 1938) qui a pour objet la description des **faits sonores pertinents** dans le cadre d'une langue donnée. En français, le son [R] peut être prononcé de différentes manières (roulé, grasseyé, « français », etc.). Ces différences peuvent être décrites par la phonétique, mais elles n'ont aucune **fonction distinctive** dans le système : elles n'ont aucune incidence sur le sens* du mot dans lequel le son [R] apparaît. On affirmera dès lors que [R] est un phonème* du français, et que ses différentes prononciations possibles constituent autant de variantes. *J.-P. Bronckart*

Phonoréponse

Terme générique désignant, dans la description du comportement animal, une réponse sonore quelconque, dont la structure peut aller du plus simple, comme dans les cris*, au plus élaboré, comme dans le chant*. La phonoréponse peut être l'expression d'un état de l'organisme, une réaction à une stimulation extérieure et/ou un procédé de communication. *M. Richelle*

Phosphène

Sensation* visuelle due à une stimulation* de la rétine par un stimulus autre que la lumière. Il s'agit de perceptions* plus ou moins informes causées par un courant électrique, une compression mécanique du globe oculaire, la formation d'une déchirure rétinienne, parfois l'effet électromagnétique de rayons X. Une impression d'éclair ou d'éclat lumineux peut être un phosphène annonciateur d'un trouble ophtalmologique. *R. Génicot*

Phot

Unité d'éclairement en dehors du système international, mais néanmoins couramment utilisée en photographie. Un phot est égal à un lumen* par centimètre carré, soit 10 000 lux*. La seule différence avec le lux réside dans le rapport à la référence spatiale ; le centimètre carré est pris comme unité de mesure au lieu du mètre carré comme c'est le cas pour le lux. *R. Génicot*

Photokinèse → Cinèse

Photomètre

Appareil destiné à la mesure des grandeurs photométriques, les aspects quantitatifs de la lumière. Cet appareil possède une cellule photosensible aux radiations électromagnétiques ainsi qu'un dispositif optique destiné à prendre la mesure sous un angle solide déterminé. Des filtres sélectifs peuvent s'y ajouter et en faire un spectrophotomètre (analyse plus ou moins fine des bandes de fréquences). Les grandeurs mesurées en photométrie visuelle sont : la luminance* visuelle, l'éclairement* lumineux, l'intensité* lumineuse, le flux* lumineux. Ces unités sont possibles grâce à un correctif reposant sur la courbe d'efficacité* lumineuse relative appliqué aux mesures énergétiques physiques : luminance énergétique, éclairement énergétique, intensité énergétique, flux énergétique. *R. Génicot*

Photométrie

Branche de la physique qui traite des quantités et des grandeurs lumineuses. La photométrie visuelle repose sur l'effet du rayonnement énergétique lumineux sur un observateur de référence photométrique (V. Courbe d'efficacité lumineuse relative spectrale). La photométrie a établi des unités dont seule la candela* appartient au Système international. C'est l'unité d'intensité lumineuse de laquelle dérivent les autres unités, le flux lumineux, l'éclairement et la luminance. *R. Génicot*

Photopique (Vision —) → Vision

Photorécepteur → Vision

Phototropisme → Tropisme

Phrase

La phrase a reçu bien des définitions : prosodiques, sémantico-pragmatiques (« totalité de signification* »), syntaxiques (« unité indépendante constituée d'unités dépendantes », « SN + SV »), mais aucune ne recouvre exactement la pratique délimitative des linguistes. La notion répond à la nécessité de poser des unités syntagmatiques maximales, auxquelles l'analyse puisse être confinée. En pratique, on retient communément pour telles des sous-chaînes délimitées à l'écrit par la majuscule et le point. Par ce biais, se trouvent érigés en unités du système des êtres orthographiques traditionnels, produits d'un découpage normatif, approximatif et non consistant de la chaîne parlée. Conséquence : la notion de phrase n'est pas opératoire sur le plan du discours oral, et il reste à découvrir les unités fonctionnelles dont elle tient lieu.

A. Berrendonner

Phratrie → Fratrie

Phrénologie

C'est l'étude des caractéristiques psychologiques à partir de la conformation du crâne de l'individu. F. J. Gall et J. C. Spurzheim, des médecins allemands, fondèrent cette discipline en 1808 en affirmant que des régions spécifiques du cerveau sont responsables des manifestations objectives des facultés* et du caractère.

Gall formula quatre hypothèses qui se révélèrent toutes fausses : la forme du crâne reflète celle du cerveau ; l'esprit* peut être analysé en facultés ou fonctions distinctes ; celles-ci sont localisées dans des régions spécifiques ou « organes séparés » du cerveau ; les caractéristiques de la conduite peuvent être rapportées au développement des protubérances du cerveau et prédites par leur mesure.

Le mérite de la phrénologie fut d'affirmer pour la première fois que l'étude de l'esprit humain doit reposer sur la connaissance biologique du cerveau et d'amorcer une approche objective, fonctionnaliste* et pratique en psychologie. Le discrédit qui touche la phrénologie provient du développement, dans la seconde moitié du XIXe siècle, de diverses officines où l'on proposait d'évaluer les vocations professionnelles ou la compatibilité de deux futurs époux à partir des conformations crâniennes.

F. Parot

Phylogenèse

Ensemble des processus d'évolution* des êtres vivants, depuis les plus élémentaires jusqu'aux plus complexes. La phylogenèse s'appuie d'une part sur la taxonomie, classification des êtres vivants selon des caractères phénotypiques* communs, et d'autre part, sur les théories de l'évolution qui proposent de rendre compte et d'expliquer la généalogie des espèces. On distingue parfois la macroévolution pour parler de la formation ainsi que de la transformation des grands types structuraux et la microévolution pour nommer la diversification des formes à chaque niveau.

R. Campan

Pica

Ce terme, qui fait allusion à la voracité de la pie, désigne l'ingestion répétée et sans dégoût d'une substance non nutritive pendant au moins un mois. Typiquement, elle survient chez le petit enfant entre un an et deux ans, en cas de retard mental, de carences affectives et éducatives. Elle disparaît généralement au cours de la première enfance.

B. Brusset

Pick (Maladie de —)

Forme particulière et rare de démence* dégénérative présénile, caractérisée anatomiquement par une atrophie circonscrite, affectant habituellement les régions frontale et temporale et s'accompagnant de modifications neuronales spécifiques. Les troubles cliniques sont dominés par un syndrome frontal* souvent accompagné de désordre affectant les comportements alimentaires*.

J.-L. Signoret

Pictogramme

Forme particulière d'inscription dans le psychisme du nourrisson, engendrée par le processus de type originaire*. Conceptualisé par P. Castoriadis-Aulagnier en 1975 en tant qu'activité primitive de l'appareil* psychique, le pictogramme peut être positif, inscrivant le plaisir, ou négatif (rejet) inscrivant un blanc, un désir de non-désir. Le pictogramme demeure le « fond représentatif » de tout fonctionnement psychique ultérieur. Il n'est pas fantasme* mais empreinte dans la psyché, vécu brut fait d'éprouvés corporels, à partir duquel se développe la fantasmatisation* dans une évolution normale. Une inscription massive du pictogramme de rejet peut donner lieu à la haine, à la violence, à la mort, voire au silence psychique présents dans la psychose*.

A. Ruffiot

Piège

Dans une expérience, essai* destiné à déceler si le sujet répond sur base d'une stratégie qui soustrait ses réponses à la variable* indépendante mise en œuvre. Par exemple, on intercalera des essais vides, dans lesquels le stimulus auquel le sujet a été invité à réagir est absent. Dans un examen clinique ou un test*, épreuve ou item destiné à déceler un comportement simulateur, ou quelque autre attitude visant à déjouer le diagnostic ou l'évaluation recherchés (V. Leurre). *M. Richelle*

Pilotage éducationnel

Etymologiquement, l'idée de pilotage est inhérente à celle d'éducation (du latin *ducere :* conduire). De façon générale, le pilotage éducationnel peut se définir comme la prise de décisions au niveau macroscopique (c.-à-d. au niveau du système éducatif) ou microscopique (c.-à-d. au niveau d'un établissement, voire d'une seule classe), sur la base de constats aussi objectifs que possible, relatifs au fonctionnement ou aux produits du système. Plus concrètement, on distingue :

— Le pilotage administratif ou monitorage de conformité, qui veille au respect des dispositions réglementaires. Il s'agit notamment d'établir si les écoles atteignent un niveau d'exigence déterminé. Dans ce cas, l'unité d'analyse est généralement l'établissement ou le canton scolaire. Les questions posées sont du type : « Les enseignants possèdent-ils les titres requis ? Les curriculums* mis en œuvre correspondent-ils au projet pédagogique ? Les équipements sont-ils satisfaisants ? »

— Le pilotage formatif ou diagnostique est axé sur les individus. Par exemple, l'administration périodique de tests centrés sur les objectifs, couvrant l'essentiel d'un programme d'études, permet d'identifier les problèmes d'apprentissage qui peuvent se poser aux élèves, et d'en chercher la solution. Ce type de pilotage se fait principalement à l'aide d'épreuves critérielles*.

— Le pilotage du rendement scolaire. Jusqu'à ces derniers temps, il a été réalisé à l'aide de tests normatifs* informant de façon comparative sur ce que « produisent » les écoles ou les classes d'une entité administrative donnée. On assiste actuellement à de nombreuses tentatives d'évaluation critérielle*.

En fait, deux questions fondamentales se posent. D'une part, on peut désirer connaître ce que le système éducatif produit et donc quel capital humain* est disponible (macropilotage). D'autre part, l'interrogation peut porter sur la qualité des écoles considérées individuellement. Dans ce cas, c'est la valeur ajoutée dans chaque établissement qui offre le plus d'intérêt (micropilotage). *G. de Landsheere*

Placebo

Le terme *placebo* désigne une préparation pharmaceutique dépourvue de tout principe actif. L'administration de ce composé, dans un but thérapeutique, est responsable de l'**effet *placebo*** qui peut se définir comme une réponse de l'organisme à des facteurs non pharmacologiques. Il concerne également les médicaments pharmacologiquement actifs, expliquant ainsi une partie de leurs effets. Les *placebos* sont utilisés dans diverses situations pathologiques, dont la composante anorganique est prépondérante, ainsi que dans les essais cliniques de nouveaux médicaments. Dans ces essais, les patients sont répartis en deux groupes identiques, dont le premier reçoit le médicament à étudier et le deuxième le *placebo* ayant l'aspect du médicament. La répartition de ces substances entre les deux groupes se fait à l'insu des sujets (**simple aveugle**) ou également à l'insu du médecin lui-même (**double aveugle**). Le médicament testé est considéré comme actif si les effets, analysés par une tierce personne, sont significativement supérieurs à ceux du *placebo*. Parfois l'effet *placebo* est négatif : on parle alors d'effet ***nocebo*** qui est observé aussi bien avec des médicaments actifs (résistance au traitement, effets secondaires inhabituels) qu'avec des substances inertes. Si les manifestations de l'effet *placebo* sont assez bien connues, la nature intime de cet effet reste obscure. *U. Spampinato*

Plaisir

Affect* agréable qui intéresse la sensibilité physique (plaisir sexuel) et la sensibilité « morale » (plaisir de penser) et pose le problème de la sublimation (plaisir esthétique). Le plaisir serait la source nécessaire de l'activité : l'expérience de la satisfaction met fin à l'excitation*. Pour la psychanalyse*, le principe* de plaisir-déplaisir répond aux formes primitives de la conduite* (processus psychique primaire). Pour les psychologues comportementalistes*, le caractère subjectif de la notion de plaisir recommande d'y substituer les notions objectives de récompense* et de renforcement*, de stimulus* attractif et aversif*. *R. Doron et M. Richelle*

Plan

Un plan est une séquence d'opérations ou de sous-buts, construite avant son exécution, en vue d'atteindre un objectif. Cette notion renvoie donc à celle de programme* (notamment à celle de programme moteur*).

Un plan incorpore des procédures et des stratégies à différents niveaux de détail et autorise des réajustements plus ou moins importants en cours d'exécution, notamment par des mécanismes de *feed-back**. Ainsi un plan est une représentation schématique ou hiérarchisée, susceptible de guider l'activité du sujet. Au niveau des activités cognitives, un plan permet de raisonner à des niveaux d'abstraction plus ou moins élevés. Il a deux fonctions cognitives : l'anticipation et la schématisation. Le concept de plan a été introduit en psychologie notamment par G. A. Miller, E. Galanter et K. Pribram en 1960, dans la résolution de problèmes*. Pour eux, un plan est une stratégie* de résolution qui peut s'exprimer comme une organisation hiérarchisée de buts*. Cette approche d'une conduite intelligente expliquée par un processus explicite a été une des premières brèches dans le néobéhaviorisme* et a participé à la naissance du courant d'étude du traitement de l'information*.

En intelligence artificielle*, un plan associe à un but une suite d'actions à effectuer pour l'atteindre (V. *Tote unit*). *J. Mathieu*

Plan d'expérience

Description de l'organisation et du déroulement d'une expérience*, où sont précisées notamment les variables* indépendantes envisagées et leurs valeurs, la partition de l'échantillon* en groupes, les phases successives. Le plan d'expérience est conçu de telle sorte que les résultats se laissent traiter par les procédures statistiques appropriées et interpréter dans le sens d'une confirmation ou d'une infirmation de l'hypothèse*. Du cas le plus simple où les sujets constituant l'échantillon sont répartis au hasard* en un groupe contrôle et un groupe expérimental, ce dernier étant soumis à une variable indépendante ne prenant qu'un seul état, le psychologue passe très rapidement, en raison des hypothèses plus complexes qu'il est amené à formuler, à des plans impliquant des variables multiples pouvant prendre plusieurs états chacune, et susceptibles non seulement d'avoir leur effet propre sur la variable dépendante, mais des effets découlant de leurs interactions*. Le terme facteur* se substitue souvent, dans ce contexte, à celui de variable, et le terme modalité* à celui d'état. Les **plans factoriels** sont construits pour garantir que chacun des facteurs, et chacune de leurs modalités, soient pris en compte, en même temps que tous leurs croisements* possibles. Les résultats auxquels ils conduisent se prêtent à des analyses du type analyse de variance*, permettant de conclure quant à l'action de chaque facteur considéré et quant à l'effet éventuel de leurs interactions. Ils peuvent, à mesure que s'accroît le nombre de facteurs et de modalités, atteindre une complexité et une lourdeur d'exécution excessives. Des plans allégés permettent, dans certaines limites, de pallier cet inconvénient : ainsi, dans une expérience impliquant 3 facteurs à 3 modalités chacun, le **plan en carré latin** fait l'économie de 18 des 27 cases d'un plan factoriel complet par emboîtement* du croisement de deux des facteurs dans le troisième.

On distingue par ailleurs les plans à groupes indépendants, conçus pour des comparaisons intersujets ; les plans à mesures répétées, donnant lieu à des comparaisons intrasujets, les mêmes sujets étant soumis à des modalités différentes de la ou des variables indépendantes ; et les plans mixtes ou combinés. Les plans à mesures répétées exigent certaines précautions (contrebalancement*, rotation*) pour éviter des effets d'ordre.

Les **plans quasi expérimentaux** sacrifient certaines des exigences des plans factoriels en raison de contraintes pratiques ou éthiques rencontrées dans les recherches sur sujets humains, sans se départir de la rigueur d'interprétation coutumière en laboratoire : ils sont d'application, par exemple, lorsqu'il est inconcevable de priver une partie des sujets d'une intervention éducative ou thérapeutique bénéfique sous prétexte de constituer un plan factoriel complet.

Si les plans d'expérience traditionnels impliquent généralement des groupes de sujets, la notion de plan d'expérience sur cas unique s'est developpée, notamment dans le contexte d'une approche expérimentale de l'intervention éducative ou clinique. Un plan à cas unique comporte généralement des mesures répétées et alternées en situation de contrôle (ligne de base*) et sous l'action de la variable indépendante. Il suppose que les effets de cette dernière soient réversibles. *M Richelle*

Plan de texte

En psychologie du discours*, désigne la structuration d'un texte qui résulte des opérations de production* (en particulier des opérations de planification*) ; dans les études ayant trait à la compréhension* (ou lecture*), cette même structuration sera plutôt décrite en termes de schéma*. Stéréotypé et intériorisé (superstructure* d'un récit*), le plan de texte ordonne la mise en ordre hiérarchique des propositions* en paquets (macropropositions) et de ces dernières en séquences*. Si les étapes des modèles intériorisés n'ont guère besoin d'être marquées, celles d'une organisation moins conventionnelle sont généralement soulignées par toutes les ressources de démarcation graphique (paragraphes, ponctuation*, numérotation, intertitres, etc.) et autres marqueurs de division. *J.-M. Adam*

Plan Scanlon

Programme destiné à stimuler la créativité* et la motivation* au travail chez les employés et les ouvriers en les faisant participer aux décisions et aux bénéfices tirés des innovations. Son originalité vient de trois points :
1. ce sont des comités paritaires qui évaluent les suggestions et prennent les décisions destinées à les mettre en œuvre ;
2. les primes sont réparties entre tous les membres des groupes et équipes concernés par la suggestion ;
3. ces primes sont évaluées sur la base d'un calcul des coûts et profits liés à l'innovation. *C. Lévy-Leboyer*

Planification

La planification est le processus d'élaboration et de mise en œuvre de plans*. Elle a pour objectif d'établir une décision actuelle, un plan d'action, à partir de la prédiction de l'évolution d'une situation, ce qui conduit à fixer des buts* et des procédures* pour les atteindre. Une fonction de la planification est de permettre au sujet d'élever le niveau de contrôle de l'activité lorsque la situation devient trop complexe, en élaborant des plans schématiques ayant le statut d'hypothèses de travail (V. Programme). *J. Mathieu*

Planification de l'éducation

Comme l'économie de l'éducation*, cette discipline a pris un essor remarquable à partir des années 1960. La planification de l'éducation intervient d'une part lorsque des décisions prises à un niveau donné du système éducatif nécessitent des ajustements ou réadaptations internes à d'autres niveaux de ce système, d'autre part lorsque des faits d'ordre social, économique, politique, etc., forcent le système éducatif à répondre aux pressions externes. Il s'agira de prévoir, sur une période donnée, le nombre d'individus à scolariser, leur place dans le système scolaire, de définir les besoins en enseignants, en matériel scolaire, en bâtiments, etc. L'évaluation de ces besoins déterminera les ressources financières, leur répartition, les moyens et les stratégies à mettre en place pour atteindre les buts fixés. *P.-M. Dumont*

Planification verbale

Processus consistant à établir un mode d'organisation global des parties d'un texte*, selon des principes d'ordre et de hiérarchie, en vue d'assurer des objectifs communicatifs précis et de déterminer les moyens d'expression propres à les atteindre.

La plupart des auteurs font l'hypothèse que la production d'un texte est guidée par un plan destiné à disposer les différentes phases du texte. Ce guidage prend des formes distinctes plus ou moins contraignantes (et/ou plus ou moins conventionnelles) dépendantes des conditions de production : elles peuvent être « monogérées » ou être le résultat d'interactions* subtiles entre les interlocuteurs ; elles peuvent également adopter une structure ouverte (la situation de dialogue*, par ex.) ou fermée (les superstructures narratives). Les plans de texte qui en résultent ont donné lieu à diverses typologies.

Du point de vue ontogénétique, les recherches révèlent une dominance de la planification axée sur les contenus mobilisés et remplacée progressivement par une réorganisation de la séquence* en fonction de la prise en compte de contraintes de type social. *J. Dolz*

Plasticité

Capacité de réorganisation morphologique des réseaux* neuronaux survenant en réponse à des modifications du milieu intérieur ou extérieur. Toutefois, les réorganisations faisant partie des processus de développement* normal ne sont pas souvent incluses dans la notion de plasticité. Tandis que, dans le système nerveux périphérique*, l'existence de régénération* était reconnue depuis longtemps, le système nerveux central des mammifères était considéré, une fois achevé son développement ontogénétique, comme une structure figée sans aucune capacité de réorganisation morphologique. Cette vue a été infirmée par les résultats expérimentaux obtenus depuis le début des années 1970 qui montrent que les réseaux neuronaux peuvent se réorganiser dans diverses conditions, même chez le sujet adulte. Un premier groupe de phénomènes correspond à des réorganisations postlésionnelles. Ainsi, certains ensembles neuronaux sont capables de montrer un phénomène de régénération à la suite de la lésion de leur axone. Un second phénomène est celui du bourgeonnement. Il correspond à la réinnervation de la cible dénervée par des afférences provenant d'autres neurones* que ceux ayant été lésés. Certains systèmes neuronaux centraux, comme par exemple les neurones monoaminergiques, sont susceptibles plus que d'autres de montrer de tels phénomènes de plasticité, tandis que d'autres neurones n'ont pas de capacité de réorganisation. Les raisons de ces différences ainsi que les mécanismes précis des réorganisations (facteurs responsables de leur déclenchement, de leur direction) sont actuellement inconnus. L'intervention de ces neurones à neurotransmetteurs* dans les phénomènes de récupération* de fonction a été invoquée. Par ailleurs, des processus de réorganisation morphologique pourraient intervenir dans le fonctionnement normal du système nerveux : c'est le cas dans certains systèmes spéciaux (système olfactif* des mammifères, centres du chant* chez les oiseaux), qui ont une production continue de neurones, même chez l'animal adulte. Des modifications de connectivité pourraient également intervenir lors de l'apprentissage*. *J.-P. Herman*

Plurilinguisme

Capacité d'un individu ou d'une communauté à utiliser plus de deux langues différentes selon le type de communication* (avec la famille, dans les relations sociales et professionnelles, avec l'administration, etc.). Comme pour le bilinguisme*, il existe de nombreuses modalités de plurilinguisme selon les contextes historiques, sociologiques et politiques : par exemple, un plurilinguisme d'Etat, en Belgique et en Suisse, où plusieurs langues ont le statut de langue officielle. *D. Peraya*

Poétique → Fonction du langage

Point de vue économique → Économique

Pointage

Action de désigner par un geste de la main (généralement l'index tendu), le pointage apparaît comme une conduite* significative dans le développement* des habiletés* communicatives et langagières du jeune enfant dès la fin de la première année. Il s'inscrit dans les conduites d'exploration* visuelle attentive et les conduites d'interaction conversationnelle, et constitue l'accompagnement moteur des activités de dénomination* ou d'interrogation de l'entourage à propos des objets.

Dans l'étude expérimentale de la sensorimotricité*, geste orienté de la main, éventuellement prolongé par un dispositif mécanique qu'elle commande, par lequel le sujet signale la localisation d'une source stimulatoire ou d'une cible*. *M. Richelle*

Pointe PGO → Rêve

Pointillage

Epreuve psychomotrice consistant à placer, à l'aide d'un stylet ou d'un crayon, et le plus rapidement possible sans nuire à la précision, un point dans chaque case d'une grille quadrillée. *M. Richelle*

Polarisation

La tendance des opinions* et jugements* émis par un groupe à être plus extrêmes que ceux des individus qui le composent fut d'abord mise en évidence dans les seules situations de prise de risque : les groupes semblent plus enclins que les individus à adopter des solutions risquées.

L'effet de polarisation, dont on a par la suite montré qu'il constitue un phénomène général nullement limité à la prise de risque et qu'on oppose à celui de normalisation (convergence modératrice des opinions et jugements), se produirait dès l'instant où le degré d'implication et de conflit dans le groupe est élevé. *F. Askevis-Leherpeux*

En biologie cellulaire, le terme de polarisation a des implications très diverses. On se limitera ici à son sens usuel en électrophysiologie : existence d'une différence de potentiel* de part et d'autre de la membrane plasmique. Au repos, la face interne ou cytoplasmique de la membrane est polarisée négativement par rapport à l'extérieur, avec une valeur de l'ordre de – 70 mV, correspondant au potentiel de repos. Cette polarisation résulte de différence de concentration d'éléments portant des charges positives ou négatives, diffusibles ou non diffusibles de part et d'autre de la membrane cellulaire, c'est-à-dire dans le compartiment cytoplasmique ou dans l'espace extracellulaire. Outre les protéines non diffusibles, présentes en plus grande concentration dans le cytoplasme, les éléments essentiels sont les ions sodium (Na^+), calcium (Ca^{++}), potassium (K^+) et chlore (Cl^-), sachant que la concentration des deux premiers est plus importante dans le milieu extracellulaire alors que c'est l'inverse pour le potassium. L'équation de Nernst permet d'établir la valeur de potentiel résultant du rapport des concentrations extra- et intracellulaire pour un ion donné. Cette valeur est aussi appelée potentiel d'équilibre. L'écart entre le potentiel d'équilibre pour un ion donné et la valeur actuelle du potentiel de membrane correspond au gradient électrochimique pour cet ion, valeur qui informe sur la force et le sens avec lequel l'ion correspondant pourra traverser la membrane au moment de l'ouverture de canaux pour cet ion. Les variations de perméabilité pour les diverses espèces ioniques ou encore les changements d'activité de pompes ioniques membranaires se traduiront par une modification du potentiel de membrane soit vers des valeurs plus faibles soit plus fortes que le potentiel de repos en entraînant respectivement une **dépolarisation** ou une **hyperpolarisation.** Une dépolarisation rapprochera le potentiel de membrane du potentiel liminaire pour la genèse de potentiels d'action nerveux ou musculaire ou encore l'induction d'un processus de libération d'hormone, cependant qu'une hyperpolarisation aura l'effet inverse et diminuera l'excitabilité de la cellule. *J. Féger*

Polydipsie

Comportement d'absorption excessive de liquide induit par les facteurs d'environnement, la polydipsie a été décrite d'abord chez le rat en situation de conditionnement opérant* soumis à des programmes* de renforcement* alimentaire intermittent. Elle a été observée ensuite dans des situations ne faisant pas intervenir de réponse opérante mais bien la distribution intermittente de renforçateurs* alimentaires. Elle fait partie des conduites apparaissant comme des sous-produits des contingences* de renforcement, dites conduites induites par les contingences *(adjunctive behavior).*

La polydipsie peut se traduire par une ingestion, au cours d'une séance expérimentale limitée à trente ou soixante minutes, d'une quantité de liquide représentant plusieurs fois la quantité normalement absorbée en une journée. La polydipsie fournit ainsi un exemple frappant d'altération de régulations physiologiques par ailleurs très fines sous l'effet de facteurs environnementaux sans effets directs sur le niveau d'hydratation. *M. Richelle*

Polyéthisme

Terme réservé aux sociétés d'insectes qui définit la division du travail dans une colonie. Les facteurs associés au polyéthisme sont de trois ordres : le polymorphisme (différences morphologiques et physiologiques entre les individus), l'âge (le travail effectué par un individu de la colonie change au cours de sa vie) et la variabilité interindividuelle (individus de même âge, apparemment semblables mais réalisant des tâches différentes). Contrairement au point de vue ancien, les travaux actuels révèlent de très larges possibilités de régulation et de flexibilité sociales en raison de la diversification des ontogenèses* individuelles.

R. Campan

Polygamie

La polygamie est l'association d'un représentant d'un sexe avec plusieurs sujets du sexe opposé. La forme la moins fréquente est la polyandrie, qui voit une femelle choisir plusieurs mâles, qui s'occupent alors des soins à la progéniture qu'ils ont engendrée (gallinules, jacanas, rhynchée peinte chez les oiseaux). Chez les mammifères, la femelle est occupée par la gestation et la lactation de sorte que c'est la polygynie (un mâle et plusieurs femelles) qui est la plus courante. Le harem* en est une forme stable assez fréquente. Pendant la brève période où ils s'échouent sur les plages, les éléphants de mer s'associent en harems temporaires ; les mâles se battent pour un territoire* pendant que les femelles mettent bas ; les propriétaires s'approprient alors plusieurs femelles, le temps de les séduire et de les féconder. Chez les poissons (épinoches, cichlides et incubateurs buccaux), on a décrit des cas de polyandrie et de polygynie successives : les mâles sont cantonnés sur des territoires regroupés ; les femelles les visitent tour à tour ; les uns et les autres peuvent participer à plusieurs fécondations. L'espèce humaine à elle seule présente, au travers de ses différentes cultures, une diversité de structure familiale aussi grande que l'animal. *J.-C. Ruwet*

Polygone de fréquence → Fréquence

Polyphonie

Ce concept permet à Bakhtine, en 1929 (sous le nom de Volochinov), de décrire les textes littéraires dans lesquels plusieurs voix se mêlent et, plus largement, de développer une théorie du signe* comme unité sociale pluriaccentuée où s'entrecroisent les valeurs* liées à ses emplois discursifs antérieurs.

Plus linguistique, la théorie polyphonique de l'énonciation* formulée par O. Ducrot s'intéresse à la façon dont un locuteur* exprime, dans un même énoncé, plusieurs points de vue. Dans un énoncé ironique, par exemple, le locuteur met en scène un énonciateur* E1 qui prend en charge la lettre ou l'esprit de l'énoncé littéral et un énonciateur E2 qui ne pense pas du tout ce qui vient d'être asserté. La polyphonie réside dans le mouvement qui permet au locuteur de marquer son accord avec E2 tout en se distanciant de E1. *J.-M. Adam*

Polysémie

Une expression est polysémique lorsqu'elle a plusieurs sens* apparentés les uns aux autres ; ces acceptions rivales sont liées par des fonctions sémantiques* régulières, de nature hypo/hyperonymique, métaphorique*, métonymique* ou plus généralement inférentielle (ce qui distingue la polysémie de l'homonymie* accidentelle). La principale forme de polysémie tient au caractère flou des signifiés* lexicaux, dont la plupart des sèmes* ou composants différentiels, ayant un degré de pertinence indécis ou instable, peuvent être activés dans certains contextes* et suspendus dans d'autres. Une autre cause de polysémie résulte de la tendance qu'ont les inférences* implicites usuelles à se lexicaliser en signifiés conventionnels, entrant ainsi en concurrence avec le « sens littéral » dont elles procèdent (V. Figure). *A. Berrendonner*

Ponctuation

Système de marques diacritiques caractéristique de l'écrit. Ce système comporte un nombre fini de signes* dont on a pu montrer qu'ils s'ordonnaient tous de manière stricte sur une échelle traduisant le degré de liaison entre informations* successives : l'alinéa traduirait une coupure plus importante que celles exprimées par le point, le point d'interrogation, les deux points et les points de suspension ; ce groupe de marques aurait lui-même une valeur démarcative plus forte que le point-virgule, et celui-ci serait plus fort que la virgule. Un sous-ensemble de ces signes est susceptible de recevoir une interprétation supplémentaire : le point d'exclamation et le point d'interrogation par exemple constituent des indicateurs d'une transformation* opérée sur la phrase*. Le système de la ponctuation s'acquiert apparemment par différenciations successives à partir d'un signe unique de forme variable (point ou alinéa), et cela sans enseignement systématique. A 8 ans, seul le point est utilisé de manière pertinente. Il faut attendre 10-11 ans pour que la virgule devienne usuelle. *M. Fayol*

Ponto-géniculo-occipital → Rêve

Positif

Dans une discrimination* conditionnée, se dit du stimulus conditionné* auquel est associé régulièrement le stimulus inconditionnel*, par opposition au stimulus négatif qui n'est jamais renforcé.

Renforcement positif : dans la terminologie du conditionnement opérant*, renforcement* consistant à présenter après la réponse opérante un stimulus renforçateur à valeur appétitive*, qui entraîne un accroissement de la probabilité d'émission de la réponse. Cette procédure et les effets qui la caractérisent définissent l'une des quatre grandes catégories de contingences* de renforcement. *M. Richelle*

Position

Ce terme était, avant 1934, assez fréquent sous la plume de certains psychanalystes, dont S. Freud et M. Klein, pour désigner la place occupée par le sujet dans une certaine problématique ou dans un certain scénario fantasmatique. On parle ainsi de position œdipienne, directe ou inverse, de position active ou passive, masculine ou féminine, voire de position orale, anale, etc. En 1934, M. Klein, ayant constaté que les stades* décrits par K. Abraham se chevauchent à tel point que l'enfant oscille de l'un à l'autre plutôt qu'il ne passe de l'un à l'autre, choisit d'employer systématiquement le terme de position pour désigner les phases* infantiles du développement* dont elle vient de faire la découverte : la position paranoïde* et la position dépressive*. Cette terminologie permet de souligner le fait que les problématiques correspondantes ne sont jamais dépassées et que le sujet oscille de l'une à l'autre pendant toute sa vie. Dans la perspective kleinienne, les deux positions fondamentales sont constituées par l'association d'une situation anxiogène typique et de mécanismes de défense* également typiques : ainsi la position paranoïde-schizoïde se caractérise par l'utilisation des défenses schizoïdes pour lutter contre l'angoisse paranoïde, la position dépressive par l'utilisation des mécanismes de réparation* contre l'angoisse dépressive. *J.-M. Petot*

Position narcissique paradoxale

Décrite par J.-P. Caillot et G. Decherf en 1982, cette position se comprend comme une défense contre les angoisses* primitives par l'oscillation entre deux pôles narcissique et antinarcissique, procédant chacun d'Eros* et de Thanatos*. Antérieure à la position* schizo-paranoïde, elle est caractérisée par la circulation de fantasmes* archaïques tels que ceux de famille idéale unie (pôle narcissique) ou de démembrement familial (pôle antinarcissique).

C'est une position d'indécidabilité par excellence. Dans sa version mortifère, les auteurs la résument ainsi : « Vivre ensemble nous tue, nous séparer est mortel. »

A. Ruffiot et L. Knéra

Position sérielle (Effet de —) → Série, Sériel

Positionnelle (Stratégie —) → Stratégie

Positivisme

Terme utilisé déjà par C. Saint-Simon, puis repris par A. Comte. Le positivisme d'A. Comte se présente comme une philosophie des sciences dont l'objet* est l'étude des généralités des différentes sciences. Du point de vue épistémologique, il valorise le seul type de certitude fourni par les sciences expérimentales*. En outre, il exclut de la méthode scientifique toute recherche des causes*, au profit de celles des seules relations et lois* entre faits. Ces conceptions se retrouvent chez J. S. Mill, E. Littré, H. Spencer, E. Renan, H. Taine, et dans le courant dit empirisme logique*.

A. Comte est l'un des fondateurs de la sociologie moderne, mais il répudiait la possibilité de la psychologie*, du moins sous sa forme introspective. Le positivisme nous place devant une alternative : le psychologue peut-il se confier à une objectivité contestable ou bien doit-il mettre en question le sujet de la science, et comment ?

E. Jalley

Positivisme logique → Empirisme logique

Possessif

Ensemble d'unités linguistiques*, relevant de catégories grammaticales* diverses (adjectif, déterminant, pronom, etc.) qui traduisent la relation sémantique* d'appartenance ou de possession.

En psycholinguistique*, à la suite des travaux de R. Brown, certains auteurs ont émis l'hypothèse que certaines relations de possession étaient exprimées par l'enfant dès l'émergence des grammaires-pivot (entre 18 mois et deux ans) ; A. Karmiloff-Smith a démontré par ailleurs que l'usage adéquat des déterminants possessifs (par opposition aux articles définis) ne s'établissait qu'aux environs de 7 ans, et ne devenait pleinement efficace qu'à partir de 9 ans.

J.-P. Bronckart

Possible

Le possible est ce que le sujet peut envisager ou anticiper dans chaque contexte particulier de ses actions réelles ou de sa pensée. Il fournit au sujet les matériaux lui permettant de construire ses opérations*. L'ouverture sur les possibles est ainsi un processus privilégié de création cognitive. Dans une première étape, les possibles sont sous la dépendance directe des contextes successifs de l'action et limités par de pseudo-nécessités que le sujet attribue au réel. Dans une seconde étape, le sujet met en relation logique les possibles produits, qui deviennent alors des « copossibles ». C'est cette activité de mise en relation qui aboutit aux opérations de classification*, de sériation*, etc. En une dernière étape toutefois le possible est sous la dépendance des opérations formelles* qu'il a contribué à construire. *J.-J. Ducret*

Posturale (Fonction —)

Ensemble d'activités orienté à la fois vers le modelage, la mise en forme du corps propre, et le contact humain, la cohésion affective et gestuelle avec l'entourage. Stimulée par les sensibilités intéro*-proprioceptives*, et intégrant, par la voie du sens de l'équilibre, les automatismes de posture*, elle se réalise sous sa forme primitive, au niveau* du stade* émotionnel* (00-0,9 ou 1 an), en tant que système de l'automatisme tonique et affectif. Les rudiments sont représentés par les réflexes de défense et d'attitude, et les diverses formes de la contractilité tonique : spasmes musculaires, cris, gestes impulsifs. Sous l'effet de l'entourage, ce type de motricité s'élabore progressivement en réactions posturales et affectives différenciées : attitudes*, mimiques*, expressions* émotionnelles ; la fonction posturale met en jeu le registre de l'activité proprioceptive ou proprioplastique*, qui élabore l'impression organique interne en expression affective et sociale*. En tant que fonction* expressive, elle est génétiquement antérieure et s'oppose à la fonction sensori-motrice*, comme fonction de relation ou de réalisation, stimulée par les sensibilités extéroceptives* et mettant en jeu, au niveau du stade sensori-moteur (1-3 ans), le registre de l'activité proprioceptive, dirigée vers le monde des objets. Cependant, l'activité proprioplastique déborde aussi le cadre strict de l'automatisme tonique et affectif : la posture est mobilisée dans l'activité projective, le simulacre et l'imitation, l'accommodation motrice et mentale. *E. Jalley*

Posture

Au sens physiologique, la posture représente une suspension dynamique, active, du mouvement*, entretenue par la composante tonique* de l'activité musculaire. D'après H. Wallon, le substrat fonctionnel en est représenté par la fonction* tonico-posturale*. Dans l'état de dépendance totale où se trouve l'enfant à l'origine de la psychogenèse, la posture joue d'abord le rôle d'un mécanisme de participation sociale, sans les formes particulières de la mimique et de l'expression émotionnelle. Cependant, en dehors de la fonction expressive dirigée primitivement vers l'ambiance humaine, la posture intervient également dans les fonctions de relation proprement dites, c'est-à-dire dans l'activité intentionnelle* en son double registre sensori-moteur* et représentatif. De ce point de vue, les mécanismes de l'équilibre postural président tout d'abord, chez l'être humain, au contrôle de la station assise, puis debout, et interviennent alors au niveau* de la manipulation, et aussi du geste* imitatif en tant que source de la représentation*. Ainsi, la posture est à l'origine de la conscience* sous ses formes d'abord affective* puis objective. *E. Jalley*

Potentialisation

Facilitation de l'action d'un premier agent sur la réponse induite par un deuxième agent. Cette action renforçatrice est souvent observée en pharmacologie. Actuellement, le terme est souvent utilisé pour dénommer le processus de **potentialisation à long terme** (PLT). Ce phénomène neurophysiologique consiste en une activité neuronale accrue de façon prolongée (heures voire jours) en réponse à un stimulus test isolé, après induction du phénomène par une stimulation répétitive (qui peut être très brève) de la même entrée neuronale. La PLT a d'abord été observée au niveau du circuit hippocampique* puis retrouvée ailleurs dans le cerveau, en particulier au niveau cortical. Elle est considérée comme l'indice d'une modification de la transmission synaptique et donc comme un modèle de plasticité* synaptique. Le débat actuel porte sur la nature des mécanismes sous-jacents, modifications présynaptiques (en particulier accroissement de la libération du neuromédiateur*) ou postsynaptiques (notamment modifications du nombre des récepteurs*). Par ailleurs, le lien avec le phénomène de la potentialisation post-tétanique, connu depuis longtemps, reste mal précisé : celle-ci se caractérise essentiellement par la nature de la stimulation déclenchante (haute fréquence, ou stimulation tétanisante) et par la durée plus limitée du phénomène (en minutes), qui se traduit par un abaissement du seuil* de réponse à une stimulation afférente. L'importance du phénomène de PLT vient du fait qu'il pourrait signer le marquage des synapses* d'un réseau* de neurones, et être ainsi la manifestation initiale d'une plasticité à long terme constituant le support neurobiologique de la mémoire* à long terme : la mémorisation consisterait alors en l'individualisation d'un réseau spécifié de neurones résultant d'un marquage synaptique ou d'un frayage* des voies correspondant à une information* donnée. *B. Soumireu-Mourat*

Potentiel d'action

Dépolarisation* explosive de la membrane* liée à la présence sur la membrane axonale de canaux sodiques et potassiques dont l'ouverture ou la fermeture dépendent du voltage. La vitesse de conduction, qui peut varier entre 0,3 et 120 m/s, est proportionnelle au diamètre de l'axone* et dépend également de la présence ou non de myéline*. Pour les neurones myélinisés, la conduction saute d'un nœud de Ranvier à l'autre, d'où le terme de conduction saltatoire. Classiquement, l'information sous forme de potentiels d'action se propage unidirectionnellement des dendrites vers l'axone. La propagation est dirigée car une portion de membrane dépolarisée doit revenir à son état de base pour permettre à nouveau le passage du courant ; la dépolarisation se propage là où il n'y a pas encore de dépolarisation et est bloquée là où la membrane vient d'être activée. La naissance d'un potentiel d'action s'effectue selon la loi du tout ou rien (processus digital) : dès qu'un niveau de dépolarisation est atteint, le potentiel a sa valeur optimale immédiatement et s'autopropage comme tel. Une fibre neuronale produit toujours la même quantité de courant qui est fonction de la résistance, laquelle est inversement reliée au diamètre de la fibre.

M. Le Moal

Potentiel évoqué

Changement de l'activité électrique d'une population de neurones* en réponse à la sollicitation d'un organe sensoriel ou de la voie spécifique correspondante. Les potentiels évoqués enregistrés sur le scalp ne se distinguent pas de l'électroencéphalogramme* qui constitue le fond permanent de l'enregistrement : pour les visualiser, des méthodes de moyennage et d'extraction sont utilisées. On distingue les potentiels évoqués primaire et secondaire. Le potentiel évoqué primaire, hautement spécifique dans sa localisation, est observé sur le cortex primaire de réception de la modalité afférente considérée. De très courte latence, il est fait d'une succession d'ondes surface-positives et surface-négatives, durant au total plusieurs dizaines de millisecondes. Il traduit l'ensemble des phénomènes de dépolarisation suivis d'hyperpolarisation dans les neurones sous-jacents. La réponse évoquée secondaire est plus tardive et moins bien localisée. Les techniques modernes, sur ordinateur, de traitement des signaux électriques permettent de dresser des cartographies des potentiels évoqués et de préciser la contribution des territoires corticaux et des structures sous-corticales dans la morphologie des différentes ondes des potentiels évoqués.

B. Soumireu-Mourat

Potomanie

Comportement habituel d'ingestion excessive d'eau, ou à défaut de n'importe quel liquide de substitution, en dehors de toute physiopathologie rénale, endocrinienne ou posthypophysaire. Un diabète insipide d'entraînement peut compliquer une potomanie ancienne, et inversement un diabète insipide organique peut entraîner secondairement une potomanie.

Considérée classiquement comme un trouble instinctuel, la potomanie, qui survient généralement chez l'enfant ou l'adolescent, suggère une régression* au stade le plus précoce de l'alimentation, la première expérience du besoin étant pour le bébé la soif. Elle entre dans le cadre de la pathologie psychosomatique.

B. Brusset

Poursuite

Se dit d'une tâche motrice dans laquelle le sujet doit maintenir un objet tenu en main (par exemple un stylet métallique) en contact avec une cible en mouvement (par exemple un point sur un disque en rotation). Ce type de tâche a été largement utilisé dans l'étude des apprentissages* moteurs.

L'avènement des ordinateurs a conduit à des variantes de ces tâches, où le sujet doit poursuivre un stimulus visuel se déplaçant sur un écran à l'aide d'un pointeur dont les déplacements sur l'écran sont commandés par la manipulation d'une manette se déplaçant dans le plan horizontal ou pivotant sur une rotule. Ces tâches de poursuite de cibles* visuelles sont familières dans les jeux vidéo.

Dans la situation de poursuite visuomanuelle stricte, le sujet est appelé à reproduire, par des mouvements de la main et du bras, le trajet plus ou moins prévisible d'une cible visuelle en mouvement (par exemple une sinusoïde ou des déplacements non réguliers dans l'espace bidimensionnel).

M. Richelle

Poursuite visuelle

Activité du regard* poursuivant un objet en mouvement. L'observateur tente de maintenir la projection rétinienne d'un objet sur la fovéa*. La fixation peut être monoculaire ou binoculaire. Cette poursuite nécessite une synergie* oculomotrice précise en fonction de la qualité des informations visuelles. Les performances dans la poursuite oculaire ont leurs limites, liées au temps de réaction* et aux erreurs dans l'anticipation* des positions du stimulus en mouvement. Un déficit dans la poursuite oculaire peut être la conséquence d'un déficit d'acuité* visuelle, d'une insuffisance de réaction et de synergie des muscles extrinsèques du globe oculaire, dans le cas d'une paralysie oculomotrice, par exemple, d'un nystagmus, d'une fixation exagérée du regard, d'une hémianopsie, d'un scotome.

R. Génicot

Pouvoir

A un niveau général, désigne la capacité de l'individu de modifier intentionnellement l'environnement. En psychologie sociale*, le pouvoir (ou pouvoir social) est défini de deux manières :
1. en termes d'influence : capacité d'un individu de modifier intentionnellement les jugements*, attitudes* et comportements* d'autrui.
2. en termes de caractéristiques de relation : un individu (groupe social) a du pouvoir sur un autre individu (groupe) dans la mesure où il a un certain contrôle* sur les résultats des actions entreprises par celui-ci. On dit alors qu'il existe une relation d'interdépendance asymétrique entre individus (et/ou groupes).

F. Ric

Pragmatique (Stratégie —) → Stratégie

Pragmatique linguistique

Considéré comme système de signes*, le langage* appartient au domaine de la sémiotique* et renvoie donc à autre chose qu'à lui-même. D'une part, il est en relation avec ce que, pour faire simple, on peut appeler le monde et, d'autre part, avec ceux qui s'en servent. Cela a conduit C. W. Morris à distinguer trois dimensions dont chacune peut constituer un domaine d'étude propre : la syntactique ou syntaxe*, c'est-à-dire l'ensemble des relations que les objets-signes entretiennent entre eux ; la sémantique* qui est l'ensemble des relations entre les signes et ce pour quoi ils sont mis ; la pragmatique qui désigne l'ensemble des relations entre les signes et leurs usagers.

La pragmatique est ainsi liée à des interlocuteurs qui cherchent à agir les uns sur les autres au moyen du discours* et aux situations dans lesquelles ils se trouvent. Partant alors de la notion d'actes de parole*, J. L. Austin a mis en évidence le fait que chacun d'eux est triple :
1. c'est un acte **locutoire** par cela même qu'il y a parole ;
2. c'est un acte illocutoire* qui peut être simplement constatif *(« vous parlez »)*, interrogatif *(« parlez-vous ? »)* ou impératif *(« parlez ! »)*. Les deux derniers ont un caractère performatif* en ce sens que le locuteur* exerce une action sur son partenaire. En principe, en effet, il faut répondre à une question et obéir à un ordre ;
3. enfin c'est un acte **perlocutoire**, sorte de finalité seconde. En enjoignant à quelqu'un de parler, on peut chercher à l'embarrasser, à le mettre en valeur, etc. L'illocutoire offre l'intérêt considérable de bien mettre en évidence la dimension sociale du langage. Certains performatifs ne peuvent « fonctionner » que si le locuteur occupe une place spécifique dans le groupe. L'acte de parole *« la séance est ouverte »* n'ouvre réellement la séance que s'il émane du président.

On voit aussi que la dimension pragmatique est de nature à expliquer la différence entre le sens* (littéral) d'une expression et sa signification* en situation. Dire *« il est midi »* peut signifier qu'il est temps de partir. Cela va jusqu'à soulever la question de savoir s'il est possible d'étudier la sémantique (tout au moins celle du discours) indépendamment de toute pragmatique.

J.-B. Grize

Pragmatisme

Doctrine philosophique qui domine le monde anglo-saxon à la fin du XIXe siècle et qui entretient des liens étroits avec l'utilitarisme*. Selon cette doctrine, introduite par Charles S. Peirce en 1878, la signification* d'un concept* est constituée par ses effets pratiques ; le sens du concept de soleil par exemple, c'est donc la chaleur, la lumière et tous les effets connus du soleil. A partir de cette théorie de la signification, William James construit en 1904 une conception de la vérité : la vérité d'une proposition* (au sens logique) consiste dans le fait qu'elle est utile, qu'elle réussit, qu'elle donne satisfaction. La vérité est ici référée aux fonctions pratiques et à l'action ; le fonctionnalisme* s'inspira de cette conception.

F. Parot

Pratique mentale

Condition d'apprentissage* consistant à évoquer mentalement et de façon répétitive la réalisation d'une habileté motrice*. Cette pratique entraîne des progrès significatifs, notamment lorsqu'elle est associée à une pratique physique. Elle est surtout efficace chez les individus très imageants et qui ont un bon contrôle de leurs images mentales*. Cet apprentissage peut résulter d'un affinement au niveau de la composante cognitive de l'habileté motrice ou bien d'une intégration des *feed-back** issus des contractions musculaires infraliminaires associées à l'évocation* mentale du mouvement.

M. Durand

Pratique négative → Comportementale (Thérapie —)

Préapprentissage

Se dit d'une phase d'apprentissage* préalable à la mesure de la performance dans l'exécution d'une tâche.

Dans un autre sens, apprentissage réalisé préalablement à la mise en situation d'apprentissage proprement dit, par exemple par préexposition à des stimulus intervenant plus tard dans l'apprentissage. Cette notion est cependant assez vague, et on lui préférera généralement, selon les cas, une expression plus technique, telle que préconditionnement*, apprentissage incident*, apprentissage latent*, transfert* d'apprentissage.

M. Richelle

Préattentif

Dans certaines théories de l'attention*, se dit des processus* automatiques, de niveau perceptif, généralement tenus pour périphériques, intervenant dans le stade initial du traitement* de l'information*, par opposition aux processus contrôlés, plus lents, plus tardifs, et proprement attentionnels. Ainsi, dans la théorie du filtre* sélectif de Broadbent, où interviennent dans l'ordre les trois composants, système (ou mémoire) à court terme, filtre sélectif et canal* de traitement à capacité limitée, les processus préattentifs, ou **préattentionnels,** se situent dans la première étape du système à court terme. Le pré- indique ici clairement l'antériorité par rapport aux mécanismes attentionnels. Il peut aussi marquer plutôt une différence de niveau entre processus hiérarchisés, automatiques par contraste à contrôlés ; perceptifs par opposition à attentionnels. C'est le point de vue adopté par les conceptions, plus récentes, qui voient dans le traitement de l'information un processus dynamique au long duquel se conjuguent aspects automatiques et contrôlés, les aspects automatiques n'excluant d'ailleurs nullement des opérations de traitement complexes, ce qui interdit de les confiner dans un rôle périphérique.

M. Richelle

Précision

La notion de précision, dans des tests* mentaux ou psychomoteurs* ou dans des situations expérimentales, s'applique à une performance* dénuée ou peu entachée d'erreurs*. Lorsque la tâche comporte une consigne* de rapidité (implicite si le temps est limité), la précision peut varier en fonction inverse de la vitesse* ; cette relation n'est cependant ni générale ni simple, précision et vitesse pouvant être liées avant tout au degré de maîtrise de la tâche. Dans l'étude des processus attentionnels* à l'aide des procédures* dites de recherche* visuelle, les **tâches de précision** sont celles dans lesquelles les ensembles de stimulus à identifier ou à localiser et/ou de stimulus distracteurs* sont assez grands pour exposer le sujet à de nombreuses erreurs ; on les oppose aux tâches de temps de réaction* où les ensembles sont petits et autorisent peu d'erreurs.

M. Richelle

Préconditionnement

Dans les procédures pavloviennes*, le **préconditionnement sensoriel,** encore appelé **conditionnement* sensori-sensoriel,** consiste à associer un certain nombre de fois deux stimulus* neutres*, avant d'associer l'un d'eux seulement à un stimulus inconditionnel*, pour observer ensuite une réponse conditionnée* à l'autre stimulus, lequel n'a pourtant jamais été associé au stimulus inconditionné. Le phénomène ne se ramène pas à une simple généralisation* du stimulus, car il porte électivement sur le stimulus qui a fait l'objet de l'association préalable. Il doit être distingué du conditionnement de second ordre ou de second degré, où le transfert à un stimulus neutre qui n'a jamais été associé au stimulus inconditionnel se fait à partir d'un stimulus préalablement conditionné. A la différence du conditionnement ordinaire, que l'accroissement du nombre d'associations consolide, le préconditionnement s'établit de façon optimale après un nombre limité d'associations. Forme d'apprentissage* perceptif, qui se réaliserait sans renforcement*, le préconditionnement est à rapprocher de l'apprentissage latent* mis en évidence dans les situations d'apprentissage instrumental*.

M. Richelle

Préconscient

Système de l'appareil* psychique, dans la première topique* de S. Freud, par opposition au conscient et à l'inconscient. Dans la deuxième topique, entendu adjectivement, il qualifie des contenus échappant à la conscience* sans être inconscients au sens strict, qui appartiennent au système du moi et du surmoi.

Les contenus et les opérations psychiques du système préconscient, absents du champ actuel de la conscience, sont susceptibles de s'y trouver actualisés contrairement aux contenus de l'inconscient dont ils sont séparés par la censure*. Ils sont régis par les processus secondaires* et comportent les représentations de mots et de choses.

Actuellement, de nouvelles perspectives sur la nature et les fonctions du système préconscient* se dégagent de plusieurs directions de recherche : le langage et la parole, la relation d'objet et l'activité transitionnelle*, et certaines conceptions psychosomatiques*. Les défaillances du système psychique préconscient caractérisent un certain nombre de modes d'organisation non névrotiques qui requièrent des aménagements techniques particuliers dans la cure psychanalytique. *B. Brusset*

Prédateur

Tout animal qui se nourrit de proies. Les relations entre les prédateurs et leurs proies sont asymétriques (les premiers sont tueurs et consommateurs, les seconds sont mangés) et ont conduit au développement de stratégies de prédation* et de comportements de défense et de fuite, de stratégies antiprédatrices. Les populations des prédateurs occupent les positions terminales des chaînes alimentaires (V. Ecosystème) et atteignent de ce fait des densités et des biomasses bien plus faibles que celles des proies dont elles dépendent. Les populations des uns et des autres fluctuent en un équilibre dynamique : l'augmentation des proies permet celle des prédateurs ; l'augmentation de ceux-ci réduit l'abondance des proies et le succès des captures*, et partant l'efficacité des prédateurs, leur fécondité, le nombre de leurs jeunes par nichée ou portée ; cette augmentation conduit à l'émigration et contraint à un changement de la nature des proies. Certains prédateurs sont étroitement spécialisés dans la capture d'un seul type de proies ; d'autres sont éclectiques et opportunistes. Les populations des différentes espèces de prédateurs se spécialisent les unes par rapport aux autres dans leur mode de recherche et de capture et quant à leur préférence alimentaire, pour exploiter au mieux l'ensemble des populations de proies (V. Niche écologique). *J.-C. Ruwet*

Prédation

Désigne l'ensemble des relations, populationnelles et interindividuelles, liant un prédateur* et sa proie, et en particulier l'ensemble des conduites spécifiques de recherche, détection, capture* et consommation*, ainsi que les comportements d'éveil, de camouflage* et de fuite. Par sélection naturelle, les stratégies prédatrices et antiprédatrices ont atteint un degré élevé de complexité et de finesse (V. Echolocation). La prédation porte nécessairement sur les autres espèces, ce qui la distingue du cannibalisme* qui se manifeste dans des contextes particuliers de compétition sociale et sexuelle ou dans des situations exceptionnelles de surpopulation, bien qu'on connaisse le cas de goélands qui se spécialisent dans la consommation des œufs et poussins de leurs voisins de colonie. Elle implique que la proie est mangée, ce qui la distingue du parasitisme* qui est une autre forme d'exploitation des autres espèces. Le facteur motivant de la prédation est en premier lieu la faim. Les facteurs fluctuent selon un rythme circadien, et l'activité du prédateur est synchronisée à celle de ses proies. En période de reproduction, la prédation peut être déclenchée et entretenue par les stimulus émanant des jeunes à nourrir. L'intensité de la quémande* des jeunes et leur degré de développement déterminent non seulement le rythme de la prédation, mais aussi le choix de la nature et de la taille des proies. *J.-C. Ruwet*

Prédicat

En sémantique*, on considère généralement que toute phrase* repose en dernière analyse sur une structure profonde composée d'un pivot prédicatif (ou prédicat) et d'un ou plusieurs arguments*. Dans *« cette chanson irrite la France entière »*, *« irrite »* est l'unité lexicalisée correspondant au prédicat, et les autres unités correspondent aux arguments.

Dans la syllogistique aristotélicienne, les propositions* élémentaires sont toutes de la forme « *S* est *P* » : (1) *« Le ciel est bleu »*. *S* est le sujet, *P* le prédicat et *est* la copule. Le sujet *(« le ciel »)* est ce dont on dit quelque chose, le prédicat *(« bleu »)* ce que l'on en dit et la copule *(« est »)* marque la liaison entre les deux. Le prédicat désigne donc la compréhension* d'un concept*, ce qui pose un problème. Dans la proposition : (2) *« Les baleines sont des mammifères »*, on a affaire à deux concepts : *« être baleine »* et *« être mammifère »*, de sorte que rien n'empêche d'avoir la proposition *« certains mammifères sont des baleines »*. Il en découle que la différence entre sujet et prédicat est de nature fonctionnelle et non de nature intrinsèque. Il faut noter d'autre part que l'attribution du prédicat au sujet peut être affirmée ou niée : (3) *« Le ciel n'est pas bleu »*. La relation entre les propositions (1) et (3) est de contradiction* : si l'une est vraie, l'autre est fausse. Mais il est aussi possible de concevoir le prédicat « non bleu » et, sinon de dire tout au moins de penser : (4) *« Le ciel est non bleu »*. On est alors en présence d'une relation de contraire qui admet des intermédiaires : le ciel peut être gris. Cela conduit à introduire, parmi les notions primitives des couples prédicatifs de la forme <bleu, non bleu>.

En logique, le prédicat est un opérateur à *n* places qui, appliqué à *n* objets, engendre une proposition. Par exemple, si $x\ 1$ = le ciel et a = être bleu, appliquer a à $x\ 1$, ce qui est noté *ax1*, donne la proposition (1). Si $x\ 2$ = la terre, $x\ 3$ = le soleil et r = tourner autour, appliquer r à $x\ 2$ et à $x\ 3$, ce qui est noté *rx2x3*, donne la proposition *« La terre tourne autour du soleil »*. Au prédicat logique a correspond une propriété et à r une relation binaire. Il est évidemment possible de traiter de relations n-aires.

La logique des prédicats peut être considérée comme celle des propositions analysées. Prise comme un tout, la proposition (2) est vraie ou fausse. Mais, sitôt que *« être baleine »* et *« être mammifère »* sont explicités, cette proposition relève de la logique des prédicats. Elle s'énonce en clair : *« toutes les baleines sont quelques mammifères »*. C'est une question de quantification* et d'emboîtements de classes*.

J.-B. Grize

Prédisposition

Dans l'acception courante, ce concept est assez flou, incluant à la fois le rôle d'un facteur constitutionnel héréditaire, celui des influences pré- et néonatales, celui de la maturation* organique et nerveuse, celui enfin des circonstances historiques primitives de la petite enfance.

Dans son modèle des séries complémentaires, connu sous l'expression d'équation étiologique, S. Freud envisage la prédisposition en tant que point nodal des processus de fixation*, comme composée par la constitution sexuelle congénitale, par les expériences infantiles précoces, et aussi par certains antécédents transgénérationnels. Envisagée en elle-même, la constitution sexuelle résulte des différences individuelles dans le développement* des zones érogènes et des sources indirectes de l'excitation* sexuelle, mais aussi dans le fonctionnement des mécanismes de refoulement* et de sublimation*.

En psychologie expérimentale, le terme prédisposition peut désigner une orientation, induite expérimentalement ou due à des facteurs étrangers à la situation expérimentale, à percevoir, à comprendre ou à réagir d'une certaine façon, par exemple en présence d'une information* ambiguë*.

L'expression **prédisposition à apprendre** renvoie généralement aux contraintes spécifiques* définissant les limites aux apprentissages* possibles chez un organisme, tant quant à leur forme qu'à leur niveau de complexité (V. Constitution).

E. Jalley et M. Richelle

Préenquête → Enquête

Preferendum → Écologie

Préformisme → Innéisme

Prégénital

La constatation de plaisirs d'ordre sexuel procurés par la bouche ou l'anus a amené S. Freud à admettre que ces organes fonctionnent comme zones érogènes* avant les organes génitaux et à interpréter les manifestations d'oralité ou d'analité chez l'adolescent ou l'adulte comme des fixations* ou des régressions* à ces périodes infantiles du développement individuel. La prise en considération du caractère sexuel de ces formes d'érotisme oral*, anal* et urétral* a conduit les psychanalystes à élargir la définition de la sexualité*. K. Abraham et M. Klein ont souligné que les étapes prégénitales du développement* de la psychosexualité sont caractérisées, à l'inverse de l'étape génitale ultérieure, par la prédominance de l'ambivalence* et du sadisme*.

J.-M. Petot

Prégnance

Terme calqué sur l'allemand *Prägnanz*, introduit dans le vocabulaire psychologique par l'Ecole gestaltiste*. Il désigne la propriété d'une configuration* de s'imposer à la perception* avec force et stabilité, à la faveur de caractéristiques liées aux lois de la perception : bonne forme*, rapport figure-fond*, symétrie, etc. Par extension, on use parfois du terme, ou de l'adjectif

prégnant à propos de quelque chose qui fait saillie et s'impose à l'esprit.

M. Richelle

Préhension

Activité motrice de saisie qui peut se faire par la bouche et par les membres. Prendre un objet constitue un moment important dans l'évolution de l'enfant : il découvre le monde en manipulant. Le nouveau-né réussit à mettre son pouce dans sa bouche. Vers la fin du quatrième mois apparaît la motricité* intentionnelle : l'enfant s'empare de ce qu'il a vu. La coordination oculomotrice aboutit à une activité instrumentale qui situe l'objet par rapport au corps propre : les objets et les mouvements fournissent l'occasion du plaisir de l'action. Ce sont là les prémisses de la conscience de soi et la constitution de la zone intermédiaire qui sépare le subjectif de l'objectif (D. Winnicott).

Le développement ultérieur de la préhension est un exemple du passage de la motricité réflexe et automatique, guidée par les stimulations externes, à la motricité volontaire, gouvernée par une représentation interne du but et un programme de moyens. L'étude des métiers dits « manuels », l'analyse du travail, des apprentissages moteurs et des représentations de la tâche sont des exemples, chez l'adulte, de l'application de cette distinction d'abord faite chez l'enfant.

R. Doron

Préhistoire

Période de l'évolution* de l'espèce humaine précédant la période historique, laquelle débute avec l'invention de l'écriture et l'apparition de documents qu'elle autorise.

Science visant à reconstituer les étapes de l'homme au cours de cette période, à partir de traces matérielles (ossements, outils, vestiges d'habitats, dessins rupestres, etc.) qu'il a laissées. A la faveur notamment des progrès qu'elle connaît depuis les années 1950, la préhistoire intéresse de plus en plus, dans une perspective pluridisciplinaire, diverses branches de la psychologie préoccupées de la spécificité humaine par rapport aux espèces animales et par les conditions d'émergence du langage*, du raisonnement*, de la construction et la manipulation d'outils*, de l'expression artistique. Psychologie cognitive*, psycholinguistique*, psychologie comparée, notamment, convergent dans une nouvelle discipline frontière dénommée paléopsychologie*. Elle est fondée sur l'hypothèse d'une étroite liaison entre, d'une part, les caractéristiques comportementales et cognitives et, d'autre part, les caractéristiques anatomo-physiologiques à travers le processus d'hominisation*, qu'illustrent les vues de A. Leroi-Gourhan concernant ce qu'il appelle une paléontologie fonctionnelle. L'apparition de la locomotion* bipède, probablement 10 millions d'années avant notre ère, a entraîné une redistribution progressive des fonctions* au niveau des deux pôles du champ antérieur de relation : un membre antérieur spécialisé dans le geste* technique, une face courte liée à un développement cérébral important, assumant la fonction de communication*. L'outil pour la main et le langage pour la face sont les deux pôles d'un même dispositif, l'expression de la même propriété humaine, dans la mesure où ils sont neurologiquement liés dans l'hémisphère gauche.

E. Jalley et M. Richelle

Préjudice

Dans un sens général, un préjudice est toute atteinte portée au droit et aux intérêts d'autrui. L'analyse de cette notion invite à distinguer : l'auteur, celui qui fait du tort en ne respectant pas les droits d'autrui ; l'effet direct d'un acte qui provoque une perte matérielle et cause dommage ; l'effet indirect d'un préjudice qui entraîne un détriment et le non-respect d'une convention juridique qui crée une lésion. *J. Selosse*

Préjugé

Le terme préjugé, qui désigne à l'origine tout jugement *a priori* (tant favorable que défavorable) à l'égard d'autrui, qualifie habituellement les attitudes* négatives à l'égard d'un groupe particulier.

L'étude des préjugés fut d'abord abordée d'un point de vue socioculturel (les préjugés seraient le résultat d'apprentissages sociaux*) ou psychodynamique (ainsi pour T. W. Adorno, ethnocentrisme irait de pair avec personnalité autoritaire*). Depuis, l'accent est plutôt mis sur les composantes cognitives : les préjugés seraient le produit d'un processus de stéréotypie dit d'assimilation*, consistant à accentuer les ressemblances perçues entre objets appartenant à une même catégorie. *F. Askevis-Leherpeux*

Prélogique

La notion de prélogique ne prend sens qu'au sein de la théorie du développement* de l'intelligence* telle que J. Piaget l'a conçue. Elle est pratiquement identique à celle d'infralogique, en ce sens qu'elle est à la fois sous-jacente au stade* proprement logique et qu'elle le prépare. Il s'agit dans les deux cas d'une étape qui va conduire aux opérations hypothético-déductives. L'enfant est arrivé à la conservation* des objets individuels, mais il ne domine pas encore celle des classes* auxquelles l'objet appartient. On est en présence d'une construction intellectuelle prometteuse mais incomplète. Si l'on situe la prélogique au sein de la filiation des structures*, on se trouve avant les groupements* qui relèvent des opérations concrètes* et les groupes* qui sont de nature hypothético-déductive. Il s'agit de la manipulation d'opérations, certes intériorisées, mais pas encore d'une réflexion sur ces opérations, donc d'une attitude véritablement réflexive. *J.-B. Grize*

Prématuration

Terme employé par certains auteurs pour désigner, par une sorte de généralisation de la notion de néoténie*, l'inachèvement essentiel de la personne humaine, entraînant sa fragilité juvénile prolongée corrélative de sa plasticité. *M. Richelle.*

Prématuré

Etre vivant né avant le terme propre à son espèce, mais dont le développement* morphologique est achevé. Chez l'homme, est donc prématuré tout enfant né avant le terme normal de la grossesse ; l'appréciation de ce terme étant parfois difficile, on considère généralement comme prématuré tout enfant dont le poids à la naissance est inférieur à 2,5 kg. Certaines études montrent que la prématuration entraîne des séquelles graves chez au moins un quart des sujets (encéphalopathie, convulsions, arriération*, troubles caractériels).

Conduite prématurée : conduite émise en l'absence des conditions anatomophysiologiques ou cognitives qui permettent sa réalisation fonctionnelle complète (ex. : les jeux sexuels des jeunes enfants).

J.-P. Bronckart

Préoccupation maternelle primaire

D. Winnicott nomme ainsi l'état psychique dans lequel se trouve la mère suffisamment bonne* à la fin de la grossesse et au cours des semaines qui suivent l'accouchement. Il s'agit d'une « maladie normale », qui disparaît spontanément. Les mères s'en souviennent difficilement lorsqu'elles en sont remises. Cet état transitoire est caractérisé par une hypersensibilité qui permet à la mère de s'adapter aux tout premiers besoins du petit enfant avec délicatesse et sensibilité. La préoccupation maternelle primaire a pour condition l'identification* de la mère au bébé et c'est elle qui permet à la mère de fournir à l'enfant un « environnement initial de qualité suffisante », indispensable pour le premier développement du *self** du nouveau-né et notamment pour la formation d'un « sentiment continu d'exister ». *J.-M. Petot*

Préœdipien

Adjectif qui qualifie la période du développement psychosexuel antérieure à la constitution de l'organisation œdipienne. Contrairement à la notion de prégénitalité qui désigne le type d'activité sexuelle, ce terme désigne le mode prévalent de relation d'objet. Décrit chez la femme, par S. Freud en 1931, comme une période préalable du développement où règne la dimension inversée du complexe d'Œdipe, il est caractérisé, dans les deux sexes, par l'attachement à la mère, la relation duelle, la prédominance de l'opposition activité-passivité.

La théorie kleinienne d'un complexe d'Œdipe* archaïque semble mettre en question cette notion, mais on a objecté qu'il est préférable de parler de stade précoce du complexe d'Œdipe, ou de triangle préœdipien, dans la mesure où le père n'y est pas présent comme rival ni comme instance interdictrice, mais plutôt comme phallus* possédé par la mère ou objet de son désir.

B. Brusset

Préopération

Terme utilisé par J. Piaget pour désigner les préstructures caractéristiques de la pensée* préopératoire. Dans la première phase de son œuvre, J. Piaget a surtout mis l'accent sur les diverses formes de la précausalité, de 2 à 8 ans environ : finalisme*, artificialisme, animisme*, conduites magicophénoménistes. Le préconcept, le symbole* ludique et la transduction (2-4 ans) constituent les premières formes organisées de la pensée représentative. Les préinférences sont (dès 4 ans) des formations intermédiaires entre les structures* perceptives et les structures opératoires. Dès le même âge apparaissent les préclasses : collections figurales*, puis non figurales (entre 5 et 7 ans), les prérelations et les prénombres. Ultérieurement, J. Piaget décrit, entre 5, 6 et 7 ou 8 ans, les fonctions constituantes, ou covariations qualitatives binaires, de structure analogue à la pensée par couples* étudiée par H. Wallon. En rapport avec celles-ci apparaissent les identités* qualitatives concernant en particulier la représentation du corps. Sont décrites également l'abstraction* pseudo-empirique, les prénécessités et les pseudo-nécessités. Les structures de la pensée préopératoire demeurent voisines des structures perceptuelles et sont caractérisées par la fluctuation de leurs éléments. *E. Jalley*

Préparation psychologique

Ensemble des procédés dont l'objectif est d'instaurer un état psychologique favorable à la réalisation d'une performance* maximale lors d'une compétition*. Ils se surajoutent aux procédures d'entraînement* de base et ont des fonctions à court et long terme : régulation* de la motivation* et du stress* avant compétition, ajustement du niveau d'activation et gestion des ressources attentionnelles pendant l'épreuve, régulation des réactions émotionnelles consécutives au résultat, etc. Ces procédés, mis en œuvre par l'entraîneur ou un psychologue, vont des techniques classiques de la psychologie clinique à des pratiques plus personnelles et empiriques. *M. Durand*

Prépondérance

Prédominance, primauté, prévalence d'une fonction* mentale sur une autre, d'un type de processus psychique sur un autre. Dans son modèle d'alternance entre stades* centripètes subjectifs et stades centrifuges objectifs, H. Wallon envisage une succession de prépondérances fonctionnelles de l'affectivité* sur l'intelligence* et *vice versa.* Ce mécanisme dépend de celui de l'alternance fonctionnelle, lié à la maturation* des centres nerveux, et se subordonne lui-même à celui de l'intégration* fonctionnelle, où s'exprime le rôle du milieu* social. Dans sa perspective propre, A. Gesell utilise également ce principe de la prépondérance fonctionnelle. Cependant, certains stades se caractérisent par la prévalence temporaire de l'accommodation ; enfin, le modèle piagétien de parallélisme comporte une prépondérance de fait de la structure des conduites, générée par l'intelligence, sur leur énergétique, dont la source est l'affectivité. *E. Jalley*

Prépsychose

Désigne un état psychologique de l'enfant, qui présente un risque d'évolution vers la psychose*. L'aspect clinique est polymorphe et trompeur. Les caractéristiques cliniques associent une angoisse* massive, correspondant à l'échec des processus d'individuation, d'intériorisation* et d'identification*, à une vie libidinale et affective peu organisée, à des tendances agressives intenses et à une activité imaginaire incohérente et crue. Ces éléments correspondent à une absence de liaison des pulsions agressives et libidinales, contemporaine de l'accession à la relation d'objet* total. L'enfant reste tributaire d'un clivage* des objets, bons ou mauvais, sans possibilité d'ambivalence. Toutefois, à la différence de la psychose, ces traits n'envahissent pas toute la personnalité*, qui conserve une relative adaptation* de surface avec certains retards dans les apprentissages, qui contrastent avec des performances dans d'autres secteurs. Certains voient dans la prépsychose une préorganisation instable, d'autres une organisation assez stable et spécifique, d'autres enfin voient ces états proches d'états *borderline* ou états-limites*. Tous s'accordent sur l'intérêt d'un abord thérapeutique analytique des états prépsychotiques. *A. Braconnier*

Prérequis

Terme préféré au terme latin ***requisit,*** qui désigne ce qui est nécessairement requis pour un apprentissage* nouveau, pour la solution d'un problème ou pour la production d'un effet. Bien que d'une nécessité évidente, le contrôle systématique de l'existence du prérequis avant l'abord d'un apprentissage important reste rare dans l'enseignement. Cette carence s'explique en partie par les connaissances souvent très lacunaires à ce propos. Au cours de ces dernières décennies, ce sont les concepteurs de séquences d'apprentissage programmé* ou d'apprentissage assisté par ordinateur* qui ont le plus dénoncé cette lacune, car les programmes* bien construits comportent une rubrique précisant chaque fois les prérequis. *G. de Landsheere*

Presbyophrénie → Démence sénile

Presbytie → Accommodation visuelle

Présentation

En psychologie expérimentale, action de fournir au sujet le(s) stimulus* au(x)quel(s) il doit répondre, ou l'information* qu'il doit traiter. Elle varie selon la nature des données présentées et la méthode particulière employée. Ainsi, un stimulus peut être présenté de façon périodique ou irrégulière ; dans la mesure du seuil différentiel*, la présentation du stimulus étalon* et du stimulus de comparaison* pourra être simultanée ou successive (cette dernière entraînant une erreur* de position temporelle). Dans une présentation latéralisée, le stimulus est présenté d'un seul côté du corps (par ex., à la palpation de la main dans une épreuve d'identification d'objet). Des données verbales peuvent faire l'objet d'une présentation orale ou écrite ; des données visuelles d'une présentation tachistoscopique*.

En éthologie, le terme est parfois employé pour désigner les conduites de parade* ou d'invitation* sexuelle dans lesquelles l'animal exhibe à un ou des congénères des traits morphologiques, attitudes*, mouvements* ou productions sonores, traduisant son rôle dans une interaction sociale.

M. Richelle

Presselle → Levier-réponse

Prestance (Fonction de —)

Concerne, dans le vocabulaire d'H. Wallon, les changements d'attitude* produits chez le sujet par l'impression d'être regardé. Ces conduites* sont courantes chez le très jeune enfant, mais aussi chez l'arriéré, et même chez l'animal. Leur mécanisme consiste en un réflexe* postural* très primitif, un état de vigilance éveillé par la présence de l'autre. Vers 3 ans chez l'enfant normal, elles conduisent à des attitudes affectives plus diversifiées, la honte, la pudeur, la timidité.

E. Jalley

Présupposés de base

Concept proposé par W. Bion en 1961 pour qualifier les différents contenus possibles de la mentalité de groupe*. Il s'agit d'émotions* intenses, d'origine primitive, qui jouent un rôle fondamental dans l'organisation du groupe, la réalisation de sa tâche et la satisfaction des désirs de ses membres. Les présupposés de base (PB) sont inconscients, ils sont soumis au processus primaire ; ils expriment des fantasmes inconscients et sont utilisés dans le groupe comme des techniques magiques destinées à traiter ses difficultés, notamment à éviter la frustration inhérente à l'apprentissage par l'expérience. Les PB sont des réactions groupales défensives contre les angoisses psychotiques réactivées par la régression imposée à l'individu dans la situation de groupe.

Trois présupposés de base délimitent trois états émotionnels spécifiques : ils ne coexistent jamais, ils alternent et se maintiennent pendant un certain temps. Selon le PB dépendance, la conviction s'impose au groupe qu'il est réuni pour recevoir un objet externe (guide, maître, thérapeute, idée) dont dépend de manière absolue la sécurité du groupe et la satisfaction de tous les besoins et désirs de chacun. Selon le PB attaque-fuite, le groupe est convaincu qu'il existe un mauvais objet externe incarné par un ennemi (un membre du groupe, le thérapeute, la maladie) qu'il faut attaquer (détruire) ou fuir (éviter) ; le groupe qui fonctionne selon ce présupposé de base trouve son *leader* parmi les personnalités paranoïdes aptes à alimenter ce fantasme. Le PB couplage est soutenu par le fantasme collectif qu'un être ou un événement à venir résoudra tous les besoins du groupe ; l'espoir messianique est placé dans un couple dont l'enfant, non encore conçu, sauvera le groupe de ses sentiments de haine, de destruction ou de désespoir. *Basic assumption* a été aussi traduit en français par « hypothèse de base ».

R. Kaës

Présupposition

Cette notion d'origine logique sert à décrire tous les éléments de contenu qui, bien que signifiés par un énoncé, sont mis hors de portée de l'acte de langage* qui y est accompli. Ils se distinguent notamment par leur invariance lorsque la phrase est transformée en négative ou en interrogative : (1) *« le roi de France est chauve »* et (2) *« le roi de France n'est pas chauve »* présupposent toutes deux (3) *« la France a un roi »*. Contrairement aux implicites* inférentiels, suspendus dans certains contextes*, les présupposés sont permanents, si bien qu'on peut y voir des conditions d'appropriété sémantique* : l'usage des énoncés (1) et (2) n'est approprié que si l'information* (3) fait partie des connaissances publiques déjà validées et acceptées par les interlocuteurs. O. Ducrot a proposé de traiter les présuppositions comme des faits de polyphonie*.

A. Berrendonner

Preuve

Confirmation irréfutable d'une proposition soit par déduction* logique (preuve d'un théorème), soit par démonstration empirique (fait fourni par l'observation* ou l'expérimentation*). Cette dernière forme de preuve est commune à toutes les sciences empiriques, y compris la psychologie.

N'en déplaise au sens commun, enclin à accorder à la preuve une valeur absolue, la preuve, qu'elle soit logique ou empirique, est toujours relative, dans le premier cas aux axiomes* et prémisses de la démonstration déductive, dans le second au contexte théorique dans lequel s'inscrit l'hypothèse* et aux procédures* empiriques utilisées. C'est dans ces limites (importantes) que la preuve peut être dite irréfutable si elle est administrée correctement, c'est-à-dire dans le respect des règles logiques ou des principes méthodologiques. Pour la psychologie, la notion de preuve est étroitement liée aux principes de la méthode* expérimentale*. *M. Richelle*

Prévention

Terme polysémique qui ne prend sens que rapporté à un cadre théorique d'interventions variables selon la nature du problème traité. Prévenir, c'est agir de façon à abaisser la probabilité d'occurrence d'un événement et limiter ses conséquences humaines et sociales. En fonction de la nature de cet événement, l'action préventive peut se situer à divers moments de son évolution : soit en intervenant sur son incidence, en amont de sa manifestation ; soit en cherchant à diminuer sa prévalence et à réduire sa durée ; soit en limitant les effets de sa diffusion sur un territoire ou une population. La prévention conçue de façon protectrice peut s'appuyer également sur des actions de promotion d'attitudes et de pratiques techniques et sociales qui préconisent de nouveaux paradigmes d'adaptation*. Par exemple dans le domaine sanitaire, les recherches épidémiologiques et ergonomiques ont mis en évidence l'importance des facteurs de risques dont l'existence modifie la probabilité d'occurrence pour un état de santé donné. Ces résultats, qui précisent l'incidence d'un facteur de causalité, ont des conséquences en matière de prévention.

Prévention sociale : la prévention sociale distingue trois niveaux gradués d'interventions : la prévention primaire vise à réduire le taux d'incidence des troubles psychosociaux dans une population circonscrite en essayant de diminuer la probabilité d'apparition de ceux-ci par une action sur l'environnement, les situations, les ressources des individus par une stratégie d'actions écologiques proactives. La prévention secondaire vise à réduire le nombre de cas de troubles et de dysfonctions dans une population localisée. Elle intervient par dépistage et identification précoce, elle met en place un dispositif d'actions visant à diminuer la durée des perturbations et leur diffusion. La démarche est alors réactive. La prévention tertiaire comprend tous les actes destinés à diminuer la prévalence des troubles chroniques ou des récidives dans une population cible et à réduire les effets des désordres et des dysfonctions par des interventions de réadaptation. *J. Selosse*

Prévenu

Terme juridique qui s'applique à toute personne comparaissant devant un tribunal pénal en raison de faits répréhensibles qui lui sont reprochés. *J. Selosse*

Prévision

Anticipation fondée sur une quantité d'information* dont dispose un sujet à un instant donné pour apprécier la suite des événements. En termes comportementaux, les situations prévisibles sont habituellement préférées aux situations imprévisibles ou incertaines. Différentes théories ont été proposées pour rendre compte de ce phénomène : être capable de prévoir ce qui va arriver permet de se préparer à l'action*, de réduire l'incertitude*, de restreindre le danger à une période limitée dans le temps ou encore d'atténuer l'effet de surprise. Chez le sujet humain, les choses ne sont pas aussi simples et on peut distinguer deux catégories de personnes, celles qui recherchent l'information et celles qui, au contraire, préfèrent ne pas savoir. En termes physiologiques, les effets de la prévision ne sont pas toujours bénéfiques et l'activation* peut être plus importante, moins importante ou identique à celle observée en l'absence d'information. Ces contradictions sont habituellement expliquées par l'interaction entre la **prédiction** et le contrôle* psychobiologique (rien ne sert de prévoir un événement particulièrement nocif si le contrôle n'est pas possible) et les nécessités de la préparation à l'action (prévoir permet de focaliser les ressources disponibles pour faire face). *R. Dantzer*

Primaire

Qualifie, en psychanalyse, certains types de processus, de mécanismes de défense*, d'objet, d'identification*, d'idéalisation*, ou encore de modes d'organisation : hystérie primaire, analité primaire, etc. Les implications temporelles et génétiques de cette désignation d'un niveau de fonctionnement et d'organisation intrapsychique portent à faire équivaloir primaire, précoce et profond.

Dans beaucoup d'usages actuels, il tend à désigner l'irreprésentable, ou du moins ce qui, dans la cure psychanalytique, ne peut être remémoré mais seulement reconstruit dans la perspective génétique, celle du tout premier développement* psychique.

Contrairement à des traductions antérieures de S. Freud qui utilisent l'adjectif primaire, primordial ou primitif, pour des mots allemands commençant par le préfixe *Ur*, J. Laplanche et J.-B. Pontalis ont proposé de désigner comme « originaires » certaines notions, par exemple fantasmes originaires, scène originaire, refoulement originaire.

Pour S. Freud, les processus primaires s'opposent aux processus secondaires* et s'articulent dialectiquement avec eux en fonction des deux principes du cours des événements psychiques : le principe de plaisir*, qui tend à la décharge entière de la *libido** par les voies les plus courtes, le déplacement* et la condensation* (d'où la surdétermination* du symptôme névrotique), qui caractérise le système de l'inconscient de la première topique*. L'énergie psychique tend à réinvestir massivement les représentations en rapport avec des expériences de satisfaction* constitutives du désir, d'où la tendance à l'accomplissement hallucinatoire dans l'identité de perception par le rêve*, et par l'acte psychique inconscient de la jouissance endopsychique.

Les processus primaires rendent compte, avec la figuration, des mises en scène symboliques du rêve, mais aussi de la logique des mots d'esprit*, des lapsus* et des symptômes névrotiques. Dans la deuxième topique, les processus primaires caractérisent le mode de fonctionnement du ça.

Les processus primaires constituent une première élaboration des motions pulsionnelles et des excitations qui sollicitent le travail de l'appareil psychique, dont l'activité de liaison* de la sexualité psychique et de déliaison* de la pulsion de mort*. La réflexion psychanalytique sur les structures non névrotiques a conduit à postuler l'existence d'inscriptions psychiques antérieures aux représentations régies par les processus primaires (qui pourraient correspondre à ce que S. Freud a décrit comme représentation psychique de la pulsion en deçà de la différenciation de l'affect et de la représentation). C'est ainsi que J. Lacan a situé sa théorie du signifiant* et qu'on a décrit, par la suite, le pictogramme, les signifiants de démarcation, les signifiants formels. On a également rattaché, en référence au modèle freudien de la névrose actuelle*, certaines organisations psychosomatiques* aux défaillances de l'appareil psychique dans l'activité de liaison que supposent les processus primaires de l'inconscient.

B. Brusset

Primatologie

Domaine de recherche ayant pour objet d'étudier l'ordre des primates* ; il fait appel à un ensemble très vaste de disciplines scientifiques, où l'éthologie et la psychologie tiennent leur place à côté de l'anatomie, la génétique, la physiologie, etc. Chez les primates, animaux à la main préhensile regroupés en quatre sous-ordres (tarsiens, lémuriens, simiens et hominiens), culmine la tendance à la cérébralisation, caractéristique évolutive majeure des mammifères. Cette particularité, dont les implications évolutives sont évidentes, explique en partie le grand intérêt qu'ont suscité les primates dans les sciences du comportement et dans les neurosciences*. Dans le cadre des premières, ils ont fait l'objet de deux types d'approches. Les études éco-éthologiques*, comme celles d'une D. Fossey sur les gorilles, visent à définir les systèmes sociaux et d'adaptation* des diverses espèces observées dans leur milieu naturel, ainsi que l'ontogenèse* sociale et cognitive* de leurs membres. Les travaux de laboratoire ont, d'autre part, mis à profit la proximité zoologique avec l'homme pour explorer les caractéristiques et capacités psychologiques des singes, supérieurs et inférieurs, comme fit W. Köhler dans ses recherches sur l'intelligence* pratique des chimpanzés ; et cela pour éventuellement proposer, dans une perspective comparative, des modèles* animaux particulièrement pertinents, comme ceux de H. Harlow dans ses expériences sur la genèse de l'attachement* chez le macaque ; ou encore pour cerner avec plus de précision la ligne de démarcation définissant les spécificités de l'espèce humaine, préoccupation centrale dans les tentatives expérimentales d'inculquer le langage à de grands singes, illustrées depuis le milieu des années 1960 par les travaux des Gardner, de D. Premack, de D. M. Rumbaugh, de S. Terrace. Le recours fréquent aux primates dans tous les domaines de la biologie, et particulièrement dans les recherches médicales, soulève de façon aiguë le problème de la conservation des espèces concernées ; aussi la primatologie comporte-t-elle aujourd'hui une branche essentielle, spécialement consacrée à la conservation des organismes qui constituent son objet, branche où les approches comportementales tiennent une place majeure.

R. Campan

Primauté (Effet de —)

Un des effets, avec celui de récence*, liés à l'ordre de présentation des éléments d'une série d'items à mémoriser sur leur rétention*. L'effet de primauté se manifeste par le fait que les items occupant les premières positions dans la série sont mieux rappelés que les items occupant les positions centrales. Les items présentés en premier lieu seraient mieux retenus parce qu'ils ne subissent qu'une interférence* rétroactive liée à la présentation des éléments suivants. Les éléments médians sont soumis tant à une interférence rétroactive qu'à une interférence proactive.

S. Bredart

Primitive (Scène —) → Scène originaire

Principe d'économie → Économie

Principe d'identité → Identité

Principe de fertilité maximale → Économie

Principe de Nirvāna

Terme emprunté par S. Freud en 1920 à la psychanalyste britannique B. Low pour désigner le principe fondamental du fonctionnement de l'appareil* psychique consistant à ramener à zéro son niveau général d'excitation. Cette innovation terminologique s'imposait parce que S. Freud n'avait pas jusqu'alors différencié du principe de constance* proprement dit (qui tend au maintien d'un niveau optimal de la quantité d'excitation) le principe plus archaïque qui tend à la réduction à zéro, ou tout au moins à un minimum, de la somme globale d'excitations. Dans un fonctionnement régi par le principe de constance, toute modification brusque du niveau d'excitation devrait être déplaisante, quel que soit son sens. Dans un fonctionnement régi par le principe de Nirvāna, toute augmentation d'excitation devrait être déplaisante, toute diminution plaisante. S. Freud lui-même a fait remarquer que le principe de Nirvāna est, paradoxalement, à la fois le fondement énergétique de la forme la plus extrême du principe de plaisir* et l'expression la plus radicale de la pulsion de mort*.

J.-M. Petot

Principe de plaisir

Le principe de plaisir (ou principe de déplaisir, ou principe de déplaisir-plaisir) est, selon S. Freud, l'un des deux principes du cours des événements psychiques. Il l'énonce comme suit : les processus psychiques inconscients tendent à l'obtention du plaisir ; l'activité psychique se retire des opérations qui peuvent susciter du déplaisir. S. Freud l'oppose au principe de réalité* qui prédomine dans le système préconscient-conscient*. Le principe de déplaisir-plaisir n'est pas modifié dans sa formulation mais prend des significations très différentes selon que le déplaisir est défini comme augmentation de tension (conformément au principe de Nirvāna*) ou comme variation brusque du niveau énergétique (conformément au principe de constance*).

J.-M. Petot

Principe de réalité, Test de réalité

Le principe de réalité énoncé par S. Freud en 1911 est l'un des deux principes du cours des événements psychiques. Il apparaît postérieurement au principe de plaisir* dont il vient limiter la toute-puissance initiale, mais dont il n'est qu'un dérivé. Sous l'empire du principe de plaisir, l'appareil psychique* primitif tendait à l'identité de perception*, c'est-à-dire à la satisfaction hallucinatoire des désirs. C'est la déception due à la non-satisfaction par l'hallucination qui conduit l'appareil psychique à se représenter le réel tel qu'il est. S. Freud indique certaines conséquences de l'instauration du principe de réalité : accroissement de l'importance des sens, de la conscience, de l'attention, de la mémoire ; substitution au refoulement* de l'acte de jugement ; changement de la simple décharge motrice en praxie ; apparition de la pensée et du clivage* entre penser et fantasmer. L'ensemble de ces conséquences correspond à l'instauration du processus secondaire*, rendu possible par la liaison* de l'énergie psychique, et à une relative autonomie, par rapport à l'inconscient*, du système préconscient-conscient* qui cherche l'identité de pensée*. De même que cette dernière n'est qu'une façon plus évoluée et plus efficace d'obtenir une identité de perception qui ne soit pas hallucinatoire, de même le principe de réalité n'est qu'une forme plus efficace du principe de plaisir.

J.-M. Petot

Prise de conscience

L'étude de la prise de conscience trouve son origine dans la constatation faite au début du siècle que l'activité psychologique est pour une bonne part inconsciente. Face au béhaviorisme* naissant, certains auteurs, et principalement E. Claparède, se sont alors interrogés sur la fonction de la conscience*, celle-ci ne pouvant plus être conçue comme le centre même de la vie psychologique. Les recherches de Claparède l'ont conduit à concevoir la conscience comme intervenant en situation de désadaptation, lorsque le « réajustement automatique » échoue. La prise de conscience procède alors du plus nouvellement au plus anciennement acquis. De son côté, P. Janet définira la conscience comme l'ensemble des réactions de l'organisme à ses propres actions, réactions qui s'échelonnent selon divers degrés de complexité.

La question de la prise de conscience sera reposée lorsque J. Piaget et ses collaborateurs chercheront à résoudre le problème des liens entre la notion de cause et l'action propre du sujet (la causalité* physique paraissant être l'attribution aux objets des propriétés mathématiques des opérations* psychologiques). Ces nouvelles recherches vont montrer que l'activité de prise de conscience n'est pas un simple éclairage de ce qui était jusqu'alors laissé dans l'ombre par le sujet, mais que cette activité est une assimilation* de l'action propre et de ses propriétés à un cadre notionnel construit. Suite à l'apparition de la fonction sémiotique* et en relation avec le développement de la pensée, la prise de conscience devient une activité de conceptualisation* de l'action qui en reconstruit et en élargit sur un nouveau plan les acquis.

Les travaux rapportés ci-dessus concernent l'étude de la prise de conscience en général. D'autres recherches ont porté plus particulièrement sur la prise de conscience de soi. Déjà la méthode historico-critique avait montré que, sur le plan de la sociogenèse* des idées, cette prise de conscience a procédé par étapes. J. M. Baldwin, P. Janet, H. Wallon, R. Zazzo et d'autres ont montré qu'il en va de même dans la psychogenèse de l'individu.

J.-J. Ducret

Prismatique (Inversion —) → Inversion

Privation

Absence ou retrait d'un élément nécessaire à la vie d'un organisme, ou à son équilibre physique ou psychologique ; état de l'organisme résultant de cette absence ou de ce retrait. Le terme est d'abord couramment employé en psychologie expérimentale à propos des restrictions imposées par l'expérimentateur à la satisfaction libre des besoins* biologiques primaires : la privation alimentaire, exprimée en durée ou en réduction du poids de l'animal par rapport à son poids en alimentation *ad libitum,* garantit un niveau de motivation* suffisant pour réaliser un apprentissage*. La privation d'exercice* ou d'interaction avec l'environnement constitue une stratégie classique pour déterminer si tel comportement est strictement dépendant de la maturation* ou s'il est strictement instinctif*. Depuis les travaux de W. T. Heron et ses collaborateurs en 1957, l'étude de la **privation sensorielle** a mis en évidence les effets psychologiques perturbants de la réduction plus ou moins profonde des afférences* sensorielles, obtenue en isolant le sujet dans un milieu aussi pauvre que possible en stimulations. On parle de **privation perceptive** lorsque, faute de supprimer les informations sensorielles élémentaires, on les rend aussi homogènes et peu structurées que possible (par ex., verres translucides préservant la sensibilité aux intensités lumineuses, mais non la perception des formes). Il faut cependant préciser que dans certains cas de surcharge stimulatoire (liée par ex. au stress* de la vie moderne), la privation sensorielle limitée et soigneusement contrôlée peut constituer un outil psychothérapeutique*. La **privation sociale** révèle l'importance des congénères dans le fonctionnement normal de l'organisme. Une attention particulière a été donnée aussi bien par les expérimentateurs (H. Harlow) que par les cliniciens (R. Spitz, J. Bowlby) à la **privation de la mère,** ou de son substitut, dans le développement de l'attachement* comme dans celui des interactions harmonieuses avec le milieu physique et social. Privations sensorielle et sociale se révèlent particulièrement lourdes de conséquences si elles surviennent à certaines périodes* critiques du développement.

M. Richelle

Proactif

Caractérise tout effet psychologique qui se déploie d'amont en aval dans le cours du temps. Dans le domaine des apprentissages* ou de la mémoire*, les interférences* proactives désignent les effets (généralement négatifs) qu'exercent des apprentissages antérieurs sur un comportement déterminé, et le transfert proactif (V. Transfert d'apprentissage) a trait à l'effet positif d'un apprentissage sur un apprentissage ultérieur. Dans la psychologie piagétienne, on parle de régulation proactive* pour caractériser l'effet constructif et précorrectif (d'erreurs futures) de certains mécanismes de compensation*, au plan biologique aussi bien que cognitif. Dans le cadre des théories de l'action* enfin, les intentions* et buts* peuvent être définis comme des représentations proactives, en ce qu'elles anticipent sur les effets de l'action que déclenche un agent*. *J.-P. Bronckart*

Probabilité

Formalisation de la notion d'incertitude en termes de théorie de la mesure*. Il est d'usage de rapporter cette formalisation à l'axiomatisation de Kolmogorov en 1933.

Sur l'interprétation de cette notion de probabilité, on distingue deux tendances : celle qui assimile la probabilité à une fréquence limite d'un événement observable, et celle qui l'assimile à un degré de croyance. Les deux interprétations sont compatibles avec la même construction formelle ; en d'autres termes, elles donnent lieu au même calcul des probabilités mais en inférence* statistique elles conduisent à des procédures distinctes.

Dans le cadre d'interprétation fréquentiste, la probabilité est assimilée à une sorte de fréquence idéalisée (d'où l'appellation fréquentiste). Les hypothèses mises à l'épreuve s'expriment dans le cadre de modèles formalisant l'aléatoire*. Le raisonnement inductif repose sur la probabilité d'un événement observable sous une certaine hypothèse.

Dans le cadre d'interprétation **bayésien,** la probabilité est la formalisation d'une incertitude. Le raisonnement de l'inférence bayésienne, à la différence de celui de l'inférence fréquentiste, repose sur la probabilité d'une hypothèse conditionnellement à un événement observable (les données). *P. Bonnet et H. Rouanet*

Problème

Situations face auxquelles le sujet ne dispose pas de conduite adaptée instantanément mobilisable, les problèmes figurent depuis longtemps parmi les procédés mis en œuvre par les psychologues pour cerner les modes de fonctionnement de l'intelligence* ou pour en évaluer le niveau de performance. Le terme tient une place de choix en psychologie cognitive* contemporaine, où il est inséparable de l'expression **résolution de problèmes,** mettant l'accent sur les processus* ou stratégies* par lesquels le sujet parvient à la solution, plutôt que sur la réussite finale (dont il était exclusivement tenu compte, par ex., dans les tests* mentaux). Cette approche doit beaucoup au développement des programmes de résolution de problèmes sur ordinateur, développement qu'elle alimente d'ailleurs en retour dans la démarche propre aux recherches sur l'intelligence artificielle*. On peut, avec J. G. Greeno et H. Simon, distinguer d'une part des actions cognitives*, fondées sur des règles de production*, et d'autre part des représentations*, dans un espace* de problème *(problem space),* des objets* faisant partie de la situation, du but à atteindre, des actions et stratégies possibles, des contraintes dans lesquelles elles s'inscrivent. L'explicitation des étapes suivies se fonde, plutôt que sur l'observation des activités du sujet, peu révélatrices si les données du problème ne sont pas concrètes et manipulables, sur les verbalisations, fournies au cours de la résolution, des activités internes ; elle est souvent confrontée à une simulation* sur ordinateur au départ d'une formalisation des données recueillies. Les stratégies adoptées par les sujets sont fonction des types ou catégories de problèmes : problèmes bien spécifiés, quant au but ou aux procédures à mettre en œuvre, tels que la Tour de Hanoi* ou la démonstration d'un théorème de géométrie, problèmes non spécifiés exigeant un arrangement original, telle une partie d'échecs, ou encore problèmes faisant essentiellement appel à des procédures d'induction*. D'autre part, ces stratégies dépendent du degré de familiarité du sujet avec le domaine considéré, le mettant plus ou moins en mesure de recourir à des procédures automatisées, correspondant à l'opposition entre « experts » et « novices ». Diversité des situations et diversité des expériences individuelles ne peuvent cependant décourager la recherche de procédures fondamentales ou règles communes à un vaste ensemble de problèmes. C'est à quoi visait, par exemple, le *General Problem Solver (GPS)*, programme proposé en 1969 par G. W. Ernst et A. Newell.

En psychologie comparée, les capacités des animaux à résoudre des problèmes ont été explorées, depuis les conduites de détour* élémentaires jusqu'aux problèmes pratiques proposés par W. Köhler à ses chimpanzés ou aux problèmes logiques présentés à des singes par H. Harlow (V. Intelligence pratique). *M. Richelle*

Problème cryptarithmétique → Arithmétique

Procédé pédagogique

Elément ou étape d'une méthode pédagogique mise en œuvre dans la classe. S'il est vrai que n'importe quelle pratique pédagogique relève d'une méthode (traditionnelle*, magistrale), le procédé pédagogique renvoie à une méthode consciente, théorisée et mise en œuvre volontairement, dans le cadre de la recherche de médiations*, de situations favorables pour l'apprentissage* de connaissances*. Un procédé pédagogique, par là même, n'a pas de sens isolément, mais fait partie d'une stratégie d'ensemble. Il peut consister en l'utilisation d'un outil (calculatrice, diapositives, magnétophone, ordinateur), d'un dispositif (travail en groupe), d'une situation de classe (formulation collective d'hypothèses devant un fait expérimental), etc. *D. Manesse*

Procédural

Terme utilisé en psychologie cognitive et en intelligence artificielle* ; il qualifie d'une part un type de connaissance*, peu accessible à l'observation, et qui est de l'ordre du savoir-faire (quels sont les procédés qu'un joueur de football utilise, par ex., pour contourner un défenseur et inscrire un but ?). Il qualifie d'autre part le mode de représentation* des connaissances qui a les propriétés d'une procédure* (les connaissances sont organisées, enchâssées dans des structures de contrôle* conçues pour un traitement ou pour une action particulière).

Procédural s'oppose à déclaratif*, terme qui renvoie aux connaissances relatives aux propriétés des objets et des événements du monde (et donc accessibles), et à un mode de représentation à base prédicative ou propositionnelle. *M. Baron*

Procédure

Ensemble de règles qu'il faut appliquer strictement dans une situation déterminée. On parle aussi de **procédure cognitive** pour désigner les opérations de résolution de problèmes* par exemple. La notion de procédure (ou procédé) de calcul* renvoie à la notion d'algorithme*.

En informatique*, le mot procédure est généralement synonyme de sous-programme, c'est-à-dire désigne un ensemble ordonné d'instructions*, auquel sont associés un nom et des paramètres formels (d'entrée et de sortie). Une procédure peut être appelée, par son nom suivi d'arguments d'appel, depuis une autre procédure ou depuis elle-même, si le langage de programmation* utilisé le permet (V. Récursivité). *M. Baron*

Procédure expérimentale : manipulation expérimentale particulière incluant généralement le recours à un dispositif et les démarches de son utilisation : procédure de temps de réaction de choix*, procédure d'écoute dichotique*, etc. *M. Richelle*

Procédure de traitement

La psycholinguistique* a élaboré diverses techniques pour tester la compréhension* de phrases* simples et complexes chez l'enfant et chez l'adulte. Lorsque, pour un groupe d'âge déterminé, les réponses majoritaires attestent de l'utilisation d'un type d'indice précis (l'ordre des mots*, par ex.) et de l'application d'une règle d'interprétation* univoque (« le premier nom est l'agent »), on considérera qu'il s'agit là d'une procédure de traitement dominante à cet âge. Une procédure est qualifiée de stratégie* psycholinguistique lorsqu'elle est appliquée systématiquement par le même sujet dans l'interprétation de l'ensemble des phrases qui lui sont soumises. *J.-P. Bronckart*

Processeur central

Dans les modèles cognitifs (ou architectures cognitives*), on assigne parfois à un processeur (ou superviseur*) central le rôle de contrôle et de gestion des systèmes qui lui sont subordonnés. Dans la théorie de la modularité* de l'esprit* avancée par Fodor, les processeurs centraux ont statut de superstructures assurant des fonctions complexes, telles que les résolutions de problèmes* avec les diverses opérations qu'elles impliquent, non gérées au niveau des modules — dont le fonctionnement est par ailleurs déclaré « impénétrable » aux processeurs centraux. Parmi les multiples théories qui s'opposent dans le débat actuel sur la conscience*, certaines font appel à un processeur central comme lieu d'exercice des contrôles conscients, et qui échapperait en dernier ressort lui-même à toute explication scientifique. A ce niveau de spéculation, le processeur central apparaît comme l'héritier de l'homoncule* qui entraînait la psychologie de la conscience et de l'intention* dans une régression à l'infini.

M. Richelle

Processus

Terme aux usages multiples et déjà anciens dans la langue scientifique et technologique, processus est devenu depuis les années 1960 particulièrement fréquent dans le vocabulaire psychologique. S'il y désigne, comme dans les autres champs du savoir, des changements, des transformations, des développements, des évolutions, il s'y attache, sous l'influence de la psychologie cognitive*, un sens plus circonscrit renvoyant à des enchaînements d'opérations* internes, mentales*, notamment de traitement de l'information*. Sans doute cet usage spécifique draine-t-il les sens qu'ont, en anglais, le substantif *process* et le verbe *to process :* traiter, en transformant. Processus ajoute ainsi à mécanisme, qu'il a supplanté, un élément important en évoquant le sujet*, agent du traitement.

M. Richelle

Processus sociocognitifs

Notion avancée par des psychologues sociaux, principalement francophones, pour pallier certaines insuffisances de la théorie piagétienne du développement* opératoire ou de la perspective du traitement de l'information* en matière de cognition sociale*. Aussi recouvre-t-elle des significations variées dont les deux suivantes, particulièrement caractéristiques :

1. un processus sociocognitif est un processus par lequel le social intervient dans le cognitif, c'est-à-dire dans la connaissance de la nature des objets et de leurs relations. C'est le cas dans la théorie du conflit sociocognitif de W. Doise et G. Mugny. L'interaction sujet-objet et les processus de construction cognitive sont médiatisés par l'insertion sociale du sujet et par la relation qu'il a, à propos de l'objet, avec d'autres individus ;
2. un processus sociocognitif est un processus de connaissance spécifique portant sur la valeur des objets (plutôt que sur leur nature) et médiatisé par le rapport social à ces objets (plutôt que par l'interaction entre individus). Cette seconde conception repose sur une reconnaissance des altérités description/évaluation, science/idéologie. Ainsi J.-L. Beauvois, R. V. Joule et J.-M. Monteil ont-ils avancé la notion de cognition idéologique pour traduire la spécificité des processus sociocognitifs.

Ersoc

Processus stochastique → Stochastique

Production

Processus de **lexicalisation** et de linéarisation d'informations* (celles-ci n'ayant pas nécessairement une organisation linéaire : événements, dispositifs spatiaux, etc.), qui se traduit par l'émission d'un message* phonémique ou graphémique destiné à produire un effet (ou but : distraire, convaincre, questionner, etc.) sur une audience plus ou moins bien définie (V. Destinataire).

Pour des raisons essentiellement méthodologiques, la production du langage a été beaucoup moins étudiée que sa compréhension* (sauf chez le jeune enfant). De plus, les travaux disponibles portent majoritairement sur l'oral, l'approche de l'écrit étant plus récente. Quatre grandes catégories de méthode sont utilisées :

1. l'analyse des produits (lapsus*, erreurs, textes*), les processus étant inférés ;
2. l'étude du cours même de la production (méthodes *on-line*) ;
3. l'étude des pathologies ;
4. l'analyse de protocoles verbaux (commentaires à haute voix) recueillis soit en cours de production soit après coup (cette méthode n'est utilisée que pour la composition écrite).

L'étude de la production peut s'effectuer à plusieurs niveaux. Le premier a trait aux items lexicaux et est essentiellement abordé par l'analyse du phénomène du « mot sur le bout de la langue ». Il fait apparaître le rôle fondamental de la fréquence des mots. A un deuxième niveau, l'analyse de séquences monologiques (V. Monologue) orales ou écrites permet d'observer des cycles d'émission verbale interrompus par des pauses ou des hésitations. Ces dernières se manifestent essentiellement lors de l'introduction d'idées nouvelles. Toutefois, les unités syntaxiques déterminent aussi l'occurrence de pauses. On n'a pu jusqu'ici mettre clairement en évidence un impact des organisations textuelles sur la gestion temporelle de la production. Ces observations ont conduit à interpréter les pauses et les hésitations comme des périodes de planification*.

M. F. Garrett en 1982 a développé un modèle de production qui comporte quatre phases successives : élaboration d'une représentation* conceptuelle ; représentation de type prédicat*/argument* ; représentation positionnelle (les mots sont agencés selon leur séquence définitive) ; niveau phonétique*/articulatoire. Ce modèle paraît susceptible de rendre compte de l'essentiel des phénomènes observés, qu'ils soient normaux ou pathologiques. *M. Fayol*

Productive (Pensée —)

Expression introduite par M. Wertheimer et O. Selz en 1920 pour désigner l'activité créatrice conduisant à la résolution d'un problème*. M. Wertheimer s'est inspiré des travaux du philosophe F. Brentano dont il a principalement retenu l'analyse du concept aristotélicien d'« intellect productif » ou « intellect agent ». Cette perspective s'oppose à celle de l'apprentissage par essais et erreurs* et vise à remplacer cette démarche erratique par un processus piloté par l'intention*. Ce concept a été repris en 1980 par H. Maturana et F. Varela sous le nom d'autopoïèse* et en 1989 par F. Varela, sous le nom d'énaction*. *P. Mengal*

Profil

En psychométrie*, le **profil psychologique** est un procédé graphique : dans un ensemble complet de traits de personnalité*, en regard de la liste des traits mesurés, on porte sur un graphique le rang obtenu (ou le nombre de points) par un individu. En réunissant ces points, on obtient une ligne brisée dont la forme condense d'une manière intuitive le signalement psychologique d'un individu. Ce procédé est également utilisé dans les tests d'aptitude* et les bilans* de personnalité.

En statistique, dans un tableau de contingence* croisant deux variables* J et K, on appelle profil d'une modalité* j de la variable J la distribution des fréquences conditionnelles de j sur l'ensemble des modalités de la variable K. En échangeant le rôle des deux variables, on obtient le profil d'une modalité k de la variable K, comme distribution des fréquences conditionnelles de cette modalité sur l'ensemble des modalités de la variable J. Si, pour l'une ou l'autre des deux variables, on prend la distribution marginale des fréquences, on aura le profil moyen correspondant à chacune des deux variables.

A partir des distances entre profils, on peut représenter géométriquement l'ensemble des profils comme un nuage de points. A partir d'un tableau de contingence, on peut ainsi construire deux nuages de points ; celui représentant les modalités de la variable J avec son point moyen représentant le profil moyen de J et celui représentant les modalités de K avec également son point moyen. Pour chacun de ces nuages, on peut procéder à la recherche des directions principales. En analyse des correspondances*, on procède souvent à la représentation simultanée des deux nuages de points en faisant coïncider leurs points moyens ainsi que les droites principales des deux nuages. *P. Bonnet et H. Rouanet*

Programmation

En informatique*, on appelle programmation l'activité consistant à concevoir un programme* (ou programmer), généralement à partir de la description du traitement à effectuer sous forme d'un algorithme*. Elle a donné lieu aux métiers de programmeur et d'analyste-programmeur, qui ont évolué avec le développement des langages de programmation de haut niveau et la réalisation de systèmes logiciels importants. Aux différentes familles de langages de programmation correspondent différents types de programmation : impérative, fonctionnelle, orientée objets, logique par exemple. Plusieurs méthodes ont été développées dans les années 1970 pour guider le processus de conception des programmes et améliorer leur fiabilité (méthode Warnier, MERISE, programmation descendante, programmation structurée, méthode déductive, par ex.). *M. Baron*

Programmation motrice → Programme moteur

Programme

En informatique*, un programme est généralement un ensemble organisé d'instructions* destiné à être exécuté par un ordinateur, correspondant à l'écriture d'un algorithme* dans un langage de programmation* donné. Pour pouvoir être exécuté, un programme écrit dans un langage dit évolué doit d'abord être transformé en code machine par un programme spécial, appelé selon les cas interpréteur ou compilateur du langage utilisé. Un programme permet de traiter automatiquement une classe de problèmes ; pour un problème particulier de cette classe, on doit généralement fournir au programme les données propres au problème ; l'exécution du programme (ou exploitation) fournit les résultats. La conception modulaire d'un programme important amène à une organisation en sous-programmes ou procédures* correspondant au traitement de sous-problèmes. On utilise les termes « logiciel » pour désigner un programme ou un ensemble de programmes, « progiciel » pour un logiciel à usage professionnel et « didacticiel » pour un logiciel à usage d'enseignement.

M. Baron

Tel qu'il est employé aujourd'hui en psychologie cognitive, le terme doit beaucoup au(x) sens qu'il revêt en informatique et en intelligence artificielle*, les modèles* cognitifs* évoluant parallèlement aux progrès des programmes d'ordinateur, partis de séquences algorithmiques* d'exécution d'étapes prédéfinies vers des programmes ajoutant à la planification préalable la régulation* de l'action en cours, et jusqu'aux programmes se modifiant eux-mêmes par expérience des systèmes-experts*. La notion de programme est cependant bien antérieure dans les sciences du comportement à l'apparition de l'ordinateur. Sans remonter à des auteurs plus classiques, elle avait été mise en honneur déjà par K. Lashley, dès la fin des années 1920, pour rendre compte de la capacité d'un organisme de mener à bien une action même si les instruments moteurs initialement mis en œuvre pour l'exécuter ne sont plus utilisables (parcours d'un labyrinthe* correct, par des mouvements de reptation et de roulement, après endommagement par lésion des commandes de la musculature locomotrice ; dans un autre domaine, capacité de transposition de l'écriture manuelle à la dactylographie) : le programme désigne ici une structure d'action de niveau supérieur, indépendante des variantes relatives aux modalités d'exécution. Le même Lashley devait plus tard souligner la nécessité d'un programme à l'origine de toute action motrice organisée : la notion de programme moteur* devait fournir à la neurophysiologie de la psychomotricité l'un de ses concepts les plus féconds. La psychologie cognitive* reprit à son compte cet héritage pour le combiner aux métaphores empruntées à la terminologie de l'ordinateur, l'ouvrage fondateur de Miller, Galanter et Pribram *(Plans and the Structure of Behavior)* publié en 1960 constituant ici un jalon capital.

D'autre part, la notion de programme se retrouve en éthologie* pour désigner des séquences organisées de comportement spécifiques largement prédéfinies dans le patrimoine génétique de l'espèce, et actualisées à la faveur de mécanismes innés de déclenchement*. La conception de programme héréditaire a elle-même évolué de la rigidité jadis attachée à la notion d'instinct* à une flexibilité croissante s'imposant à l'observation fine de l'épigenèse*. K. Lorenz a proposé les expressions de **programme ouvert** et **programme fermé** pour opposer les espèces dont le répertoire* est susceptible de s'accroître amplement par apprentissage* à celles chez lesquelles l'apprentissage demeure limité. *M. Richelle*

Programme de renforcement

Dans la terminologie du conditionnement opérant* consacrée depuis C. B. Ferster et B. F. Skinner, modalité particulière de la relation réponse-renforcement. Les programmes de renforcement* peuvent se ranger dans les quatre grandes catégories qui définissent les contingences* de renforcement. On distingue les **programmes à renforcement positif,** dont le programme à renforcement continu où chaque réponse est renforcée *(continuous reinforcement, CRF)*, le **programme à proportion constante** *(fixed ratio, FR)* où le renforcement suit un nombre fixe de réponses, les **programmes à intervalle fixe** *(fixed interval, FI)* ou **à intervalle variable** *(variable interval, VI)*, où le renforcement suit la première réponse émise après qu'un intervalle de temps fixe ou variable se fut écoulé depuis la dernière réponse renforcée, les **programmes différentiels** *(differential reinforcement schedules)* qui renforcent une caractéristique particulière de la réponse (force, durée, forme, localisation) ou l'intervalle de temps qui sépare deux réponses successives (programme de débit de réponses lent, *differential reinforcement of low rate, DRL*). Par extension de sens, la distribution à intervalle fixe ou variable d'un morceau de nourriture indépendamment du comportement de l'animal a été désignée sous l'appellation de **programme à temps fixe** *(fixed time schedule, FT)* ou **programme à temps variable** *(variable time schedule, VT)*, bien que la nourriture ne soit pas un renforcement positif au sens strict puisque aucune réponse opérante n'est exigée. Le programme à temps fixe induit une périodicité dans le comportement et est apparenté à la procédure pavlovienne* de conditionnement au temps*.

Une seconde catégorie de programmes implique un contrôle aversif*. On y distingue le **programme d'évitement sans signal avertisseur** de M. Sidman où chaque réponse retarde la présentation d'un stimulus nociceptif* *(Sidman avoidance schedule)*, le **programme d'échappement** *(escape schedule)* où un organisme peut émettre une réponse pour se soustraire à un stimulus nocif et les conditions où un stimulus nocif inévitable est présenté à l'organisme, soit après un comportement déterminé (punition*), soit après un stimulus signal superposé au hasard sur un apprentissage opérant à renforcement positif. Dans le premier cas, on observe une réduction ou suppression du comportement puni (extinction*), dans le second, le développement d'une réaction émotionnelle conditionnée* *(conditioned emotional reaction, CER)* en présence du stimulus avertisseur.

Les programmes de renforcement peuvent aussi être classés en programmes simples (dont quelques-uns ont été décrits ci-dessus) et complexes, dont le programme multiple *(multiple schedule, MULT)* où deux ou plusieurs programmes simples alternent, chacun étant associé à un stimulus discriminatif*, et le programme concurrent* *(concurrent schedule, CONC)* où deux programmes simples sont simultanément en vigueur, associés chacun à un dispositif de réponse particulier. *H. Lejeune*

Programme moteur

Organisation anticipative, au niveau central, d'une séquence* de mouvements* finalisés. La notion de programme moteur a certainement inspiré pour une part importante la réflexion sur le concept de programme* familier à la psychologie contemporaine, tout en en fournissant une illustration exceptionnellement étayée d'observations empiriques. Elle se trouve déjà en germe dans la synergie* de C. Sherrington, mais a trouvé ses développements décisifs dans les apports de K. Lashley d'une part, de N. Bernstein d'autre part, complétés par les instruments conceptuels de la cybernétique*. Le premier, en insistant sur l'impossibilité de rendre compte d'un acte moteur quelque peu complexe selon un modèle* en chaîne stimulus-réponses (où chaque phase du mouvement serait le stimulus de la phase suivante), mettait le doigt sur deux propriétés essentielles des programmes moteurs : l'anticipation* séquentielle et le réglage temporel. Le second, cherchant à simplifier l'extrême complexité d'exécution d'un acte moteur si chaque élément (segments du corps, articulations, muscles en jeu) devait rester sous contrôle individualisé, mettait en évidence un autre caractère fondamental, à savoir l'organisation hiérarchique*, dans laquelle le choix opéré à chaque échelon du programme réduit les « degrés* de liberté » à l'intérieur desquels devra s'opérer le choix suivant. Le programme moteur constitue donc un plan central préalable à l'action*, assez rigoureux pour en assurer l'exécution jusqu'au but*, mais en même temps assez souple pour admettre, en cours de déroulement, des régulations* par boucles rétroactives* si l'ajustement* du mouvement l'exige ; plan tantôt assez strictement défini dans ses outils moteurs de réalisation pour garantir une véritable automatisation* du geste*, tantôt assez général dans la conception pour autoriser la transposition d'une modalité d'exécution à une autre, tout à fait différente, comme chez l'amputé des mains capable d'écrire ou de dessiner avec la bouche. *M. Richelle*

Projection

Terme très général en neurophysiologie et psychologie, désignant l'opération par laquelle un fait neurologique ou psychologique est déplacé et localisé à l'extérieur, soit en passant du centre à la périphérie, soit du sujet à l'objet.

La psychologie traditionnelle nomme projection le jugement d'extériorité par lequel une sensation du corps est attribuée à un phénomène qui se produit dans l'espace. Ce mécanisme sous-tend, par exemple, le principe des tests* projectifs, qui, constituant le mode de réponse d'un sujet face aux stimulus visuels en fonction de son état psychique, sont destinés à faire apparaître les traits essentiels de la personnalité* par l'extériorisation des tendances internes. La psychiatrie considère la projection comme un mécanisme par lequel un sujet se libère de certaines situations affectives intolérables en localisant au-dehors, sur autrui, ses propres sentiments. Dans certains états pathologiques (délire, schizophrénie, hallucinations), le malade identifie son langage intérieur à une influence ou une voix venue du dehors situant dans son corps un objet extérieur.

S. Freud, tout au long de son œuvre, a essayé de décrire la projection à partir de certains états psychiatriques. Celle d'abord découverte dans la paranoïa* où elle est décrite comme une défense primaire qui serait un mésusage d'un mécanisme normal, consistant à chercher à l'extérieur l'origine d'un déplaisir. Par la suite, S. Freud présente l'ensemble de la conduite phobique comme une véritable projection dans le réel du danger pulsionnel. Dans le cas de la jalousie projective, différente de la jalousie normale et de la jalousie délirante, le sujet se défend de ses propres désirs d'être infidèle en attribuant l'infidélité à son conjoint.

Selon S. Freud toujours, on retrouve le mécanisme de la projection dans des modes de pensée non pathologiques comme dans les phénomènes de superstition, d'animisme ou dans la mythologie.

La psychanalyse*, par laquelle le sujet expulse de soi et localise dans l'autre personne ou chose, des qualités, des sentiments, des désirs qu'il méconnaît ou refuse en lui, utilise en fait la projection qui représente alors un moyen de défense originaire et archaïque contre les excitations internes déplaisantes. Le sujet projette celles-ci à l'extérieur, ce qui lui permet de les tenir et de s'en protéger. La projection doit alors être couplée avec l'introjection introduisant ainsi l'opposition entre sujet-objet, moi-monde extérieur, dedans-dehors, et fondant la différenciation intérieur-extérieur.

Enfin, la projection est plus souvent décrite comme la déformation ou le mésusage d'un processus normal qui fait rechercher dans le monde extérieur la cause d'un déplaisir. Ce qui est toujours présupposé dans sa définition psychanalytique est, d'une part, une bipartition au sein de la personne* et, d'autre part, un rejet sur autrui de la partie de soi qui est refusée.

A. Braconnier

Prolog

Langage de programmation* conçu par A. Colmerauer en 1971, pour un problème de traitement de langage naturel*. L'étude de ses fondements théoriques le rattache à la logique des prédicats* du premier ordre et au « principe de résolution » ; cette méthode de démonstration de théorèmes par réfutation utilise l'unification* et est due aux travaux de J. Herbrand en logique, en 1931, et de J. A. Robinson en démonstration automatique de théorèmes, en 1965. Très lié au courant de programmation logique, Prolog est utilisé en bases de données* relationnelles et pour la réalisation de systèmes à base de connaissances ; il peut être combiné à LISP*, à un langage de *frames** ou à un langage orienté objets*, dans le cadre de langages ou de systèmes dits hybrides.

M. Baron

Propagation → Neurotransmission

Propédeutique

Formation préliminaire considérée soit comme une condition d'accès, soit comme une sorte d'avant-première, à un enseignement ou à une activité. A la différence de l'esprit des classes préparatoires françaises, par exemple, qui inscrit la pression des grands concours dans la règle du jeu, l'esprit propédeutique se définirait davantage par une imprégnation culturelle préalable à l'expérience en vraie grandeur. Peut-être s'expliquent par là le caractère séduisant de l'idée de propédeutique en même temps qu'une certaine mollesse de son concept.

D. Hameline

Prophétie autoréalisatrice

Phénomène selon lequel une personne possédant des attentes (même erronées) à l'égard d'un individu amène cet individu à adopter un comportement conforme à ces attentes. Initialement étudié dans le cadre des performances scolaires par R. Rosenthal (effet Pygmalion), il a été depuis étendu à l'ensemble des interactions sociales (attentes stéréotypées).

F. Ric

Proposition

La grammaire* traditionnelle distingue la phrase* simple (proposition indépendante) de la phrase complexe [proposition principale et proposition(s) subordonnée(s)]. Sémantiquement, il y a proposition chaque fois qu'un jugement (vrai ou faux) est énoncé. L'énoncé *« le chapeau, mal ajusté, s'envole »* comporte deux propositions ou affirmations : à propos du même individu (*« le chapeau »*), deux propriétés sont successivement posées (*« est mal ajusté »* et *« s'envole »*). Plus précisément, il y a deux propositions parce que ces deux propriétés constituent chacune un prédicat* dont *« le chapeau »* est l'argument*. Un prédicat peut aussi comporter plusieurs arguments-cas* (agent, patient, instrument, etc.). Ce type d'analyse propositionnelle s'inscrit dans une longue tradition qui remonte à Aristote et à laquelle on peut opposer une filiation kantienne assez bien représentée par les thèses de C. Bally en 1932. Le linguiste genevois définit la « pensée complète » comme composée d'un *dictum* (représentation* ou désignation* d'un état de choses) et d'un *modus* (réaction du sujet, modalisation* ou rapport de la proposition à son énonciateur*).

En dépit de la possibilité de découper les textes* (les discours*) en propositions logiquement simples, une proposition ne doit pas être considérée comme une unité isolée. En prenant en compte les rapports qui existent entre les propositions, on met l'accent sur la dimension textuelle et sur les types d'enchaînements propositionnels (ordre logique de causalité*, de disjonction/conjonction, d'exclusion/inclusion, ordre temporel, ordre spatial, etc.). *J.-M. Adam*

Proposition logique

Dans un langage logique L, une proposition est une expression de L qui est soit vraie, soit fausse. Dans les logiques modales, une proposition peut encore prendre d'autres valeurs. *J.-B. Grize*

Propriocepteur → Proprioception

Proprioception

Sens de la position, de la vitesse et de la force du mouvement* souvent appelé « sixième sens ». Les informations proprioceptives dans le contrôle musculaire et de la position des membres sont données par de multiples organes ou **propriocepteurs** (ou **mécanorécepteurs**) spécialisés : fuseaux musculaires, organe de Golgi dans les tendons, afférences tactiles, etc. Ces afférences sont à l'origine d'un nombre considérable de réflexes* intégrés au niveau de la moelle épinière et du bulbe, la sensation consciente étant traitée par le cortex* sensitif. Il est admis que de nombreux mouvements nécessitent des informations kinesthésiques* ou **propriokinesthésiques** pour ajuster les performances, notamment les mouvements réduits et limités ou lents. Les sensations kinesthésiques, en provenance des muscles, tendons, capsules et ligaments, participent à la perception de la position et du mouvement (récepteurs musculaires et des capsules), à l'acuité proprioceptive (articulation), à la perception de force, tension, poids, et de temporalité du mouvement (muscles, articulations, peau). *M. Le Moal*

Propriokinesthésique → Proprioception

Proprioplastique (Activité —)

Concept forgé par H. Wallon d'après S. Ferenczi et C. Sherrington à partir des trois modes de sensibilité : extéroceptive*, stimulée par des agents extérieurs à l'organisme ; proprioceptive*, stimulée par l'activité des muscles et de leurs annexes ; et intéroceptive*, liée aux processus de la vie végétative. Ces deux derniers registres organisent ce que H. Wallon dénomme le sens des attitudes et des postures*. D'après H. Wallon, la forme d'activité musculaire coordonnée aux sensibilités extéroceptives et orientée vers le monde extérieur fournit la base du développement* intellectuel, par opposition à l'activité proprioceptive, connectée aux sensibilités intéroproprioceptives et centrée sur le modelage, la mise en forme du corps propre (fonction posturale*), substrat du développement affectif. L'expression d'activité proprioplastique est une variante de celles de fonction tonicoposturale et d'activité proprioceptive. *E. Jalley*

Prosocial (Comportement —)

Acte intentionnel ayant une conséquence positive pour autrui. Sont considérées comme altruistes* les conduites prosociales ou **conduites d'aide** qui n'impliquent aucun bénéfice évident pour soi-même, alors que certaines conduites prosociales représentent également un bénéfice notamment moral pour l'individu.

Etudiées dans les années 1960 en relation avec la non-assistance à personne en danger, les conduites prosociales s'observent dans une grande variété de situations qui diffèrent notamment selon la nature de la demande (explicite et implicite), et selon le coût de l'aide requise. Par ailleurs, les formes d'assistance ou de générosité envers autrui peuvent être fort diverses. Cette disparité tant des situations que des comportements envisageables rend difficiles à la fois la comparaison des résultats d'expériences sur le terrain et le recours à une théorie englobant les différentes manifestations possibles.

L'altruisme a été considéré comme une valeur positive de la société par Auguste Comte, mais l'intériorisation des normes altruistes ne rend qu'imparfaitement compte des différents facteurs intervenant dans les comportements prosociaux. Les recherches ont montré l'importance des aspects tant situationnels que personnels d'une part, et cognitifs qu'affectifs d'autre part. Les explications avancées sont soit des théories générales du comportement* : apprentissage social*, théorie de l'équité*, de l'attribution* et de la comparaison sociale*, soit des théories plus spécifiques proposées dans le cadre des comportements prosociaux tels le modèle de prise de décision de B. Latané et J. M. Darley, ou la théorie des normes personnelles de S. H. Schwartz. *G. Moser*

Prosodie

Caractéristiques phoniques de la chaîne parlée, saisies dans leur dynamique : variations de hauteur, d'intensité ou de durée qui déterminent la mélodie, les tons, les pauses, les accents, le rythme, etc. Sur le plan perceptif, ces différents éléments sont intégrés par l'intonation*. Les traits prosodiques ou suprasegmentaux* n'appartiennent pas à la seconde articulation (V. Double articulation). De nombreuses langues ne connaissent qu'un usage limité des traits prosodiques : leur fonction est souvent réduite à une fonction expressive, non distinctive. *D. Peraya*

Prosopagnosie

Trouble affectant la reconnaissance de l'identité des visages connus et nouveaux, alors que la reconnaissance de l'identité des personnes correspondantes, à partir de toute autre information, est préservée. L'existence d'un tel trouble, qu'il soit interprété comme une agnosie* visuelle ou comme une amnésie* sélective, témoigne du statut modulaire de la connaissance des visages, même si le siège hémisphérique, droit ou bilatéral, de lésion temporo-limbique constante, est discuté. *J.-L. Signoret*

Prostitution

La prostitution en tant que phénomène social est à replacer dans l'ensemble des rapports hommes/femmes et adultes/jeunes et à situer dans l'exploitation économique du sexe. Le fait d'offrir son corps* à la confrontation de désirs sexuels de « clients » définit l'acte de prostitution. Cette conduite s'observe parfois à un âge précoce, à la suite de traumatismes homo- ou hétérosexuels infantiles. Elle peut être accessoire à une fugue* ; subie dans un contexte d'indigence, ne présenter qu'un caractère transitoire ou s'inscrire dans un style de vie*. Le rapport à l'argent participe au caractère paradoxal de la stigmatisation des prostitués. D'un point de vue clinique, les sujets installés dans la prostitution vénale présentent un manque de sécurité fondamentale qui entraîne une relation de dépendance à autrui. Sans contenant psychique, ils ne peuvent contrôler leurs pulsions, négocier la séparation et construire leurs limites. Ne sachant élaborer leurs échanges, ils vivent une distorsion du temps et de leur corps. Fonctionnant dans la répétition, leur temps est rythmé par les « passes ». Se sachant un objet de non-désir, ils usent de mécanismes projectifs* sur un registre persécutoire. Sur fond de dépression anaclitique* avec angoisse du vide, ces sujets présentent un corps morcelé, démantelé avec de nombreuses formes de clivage* défensif : corps actif de séduction et corps désinvesti, prêté au client ; corps exposé et sexe passif ; corps étranger à l'autre et à soi-même. L'usage de drogues ou d'alcool participe à l'entretien d'une confusion psychique entre intérieur et extérieur et la fréquentation du milieu de la prostitution procure l'illusion d'une protection contre l'angoisse dépressive. *J. Selosse*

Protanopie → Dichromatisme

Prothétique → *Continuum*

Protocole

Terme qui désigne classiquement la description minutieuse des conditions de recueil des observations. Dans l'emploi de ce terme en statistique*, on adjoint, à cette description des conditions de recueil, les observations elles-mêmes.

La matérialisation du protocole dépend du mode de traitement selon lequel les procédures statistiques seront concrètement mises en œuvre. De nos jours, le mode de traitement des données statistiques se fait sur ordinateur, le protocole sera donc enregistré sur support informatique. Mais pour la compréhension des procédures statistiques on pourra toujours se représenter mentalement le protocole sous forme d'un fichier manuel, typiquement sous forme d'un tableau de données, avec en face de chaque identificateur la modalité correspondante (V. Variable). *P. Bonnet et H. Rouanet*

Protocole multivarié → Contingence

Protoculture

Les critères d'émergence d'une culture* portent sur l'aptitude à innover, quant à l'usage d'instruments (V. Outil) par exemple, et à échanger des informations de telle sorte que s'installe une habitude* qui se répand dans un groupe, dont elle devient une caractéristique, et qui se transmet par voie non génétique d'une génération à une autre, formant une tradition. Il peut simplement s'agir de la modification d'une voie de passage ou de migration* ou d'une habitude alimentaire. C'est chez les primates et spécialement chez les macaques japonais qu'on trouve un faisceau de témoignages attestant l'apparition, dans certains groupes isolés des autres, de diverses traditions assimilables à un stade protoculturel : dans un groupe, des sujets ont pris l'habitude des bains de mer ; dans un autre, les singes se baignent dans des sources d'eau chaude ; dans un autre encore, les animaux ont pris l'habitude de déterrer des patates douces avec leurs mains dans les champs ; dans un groupe célèbre de l'île Koshima, une femelle de deux ans a appris à laver les patates douces avant de les consommer ; par imitation, cette innovation s'est répandue vers sa mère, vers les compagnes de celle-ci puis vers leurs petits ; l'habitude a plus difficilement atteint les sujets plus âgés ; dans ce même groupe et deux ans après sa première trouvaille, la même petite femelle a trouvé qu'elle pouvait séparer par flottaison les grains de riz des grains de sable auxquels ils étaient mélangés. Dans tous ces cas, ces habitudes nouvelles, transmises de génération en génération, sont devenues des traits distinctifs de ces groupes, des traditions locales. Celles-ci montrent à la fois le rôle dans l'innovation de certains individus particuliers, le rôle de la structure du groupe dans sa diffusion, enfin l'importance de l'aptitude au changement dans le succès du groupe. *J.-C. Ruwet*

Prototype

Point focal autour duquel une catégorie* d'objets naturels est définie et organisée.

La conception prototypique de la catégorisation*, développée notamment par E. Rosch en 1978, pose que l'appartenance à une catégorie naturelle est déterminée non par la possession d'un ensemble de traits nécessaires et suffisants (conception ensembliste qui vaut pour les objets abstraits) mais par celle d'une configuration d'attributions plus ou moins importantes et pouvant se compenser. Il en résulte que certains éléments d'une catégorie la représentent mieux que d'autres : celui (objet réel ou image abstraite) qui la représente le mieux est le prototype et le degré de typicalité* des autres, c'est-à-dire leur distance au prototype, qui dépend de l'importance (ou centralité*) des attributs qu'ils possèdent.

De nombreuses études de psychologie cognitive ont montré comment, dans les domaines de la perception*, de la mémoire* ou du langage*, les prototypes affectent le traitement de l'information* en servant de standards auxquels toute nouvelle donnée est confrontée. *F. Askevis-Leherpeux*

Provocation

Technique de la thérapie familiale systémique* qui consiste à provoquer délibérément une situation de crise dans la famille traitée. Il s'agit de provocation de la fonction homéostatique* de la famille et non de provocation de ses membres qui, au contraire, doivent être soutenus par les thérapeutes. Provoquer une crise dans cette optique devrait permettre une mobilisation thérapeutique ainsi qu'une tolérance de la famille aux paramètres indispensables à la création d'un nouvel équilibre préférable à l'ancien. *A. Ruffiot*

Proximité (Loi de —) → Forme (Psychologie de la —)

Prudhommeau → Dessin (Test de —)

Pseudo-acousie

Audition inversée du paysage sonore. Grâce à un dispositif expérimental, les informations sonores parvenant normalement à l'oreille droite sont transmises à l'oreille gauche et réciproquement. La pseudo-acousie est aussi un trouble auditif dans lequel le sujet entend sa propre voix altérée avec une hauteur* et un timbre* étranges. *R. Génicot*

Pseudo-conditionnement → Sensibilisation

Psychanalyse

S. Freud donne de la psychanalyse une définition qui est en réalité triple : procédé d'investigation spécifique des formations de pensées inconscientes (contenu latent) ; méthode thérapeutique des troubles névrotiques ; nouvelle discipline dans le champ de la psychologie.

En tant que procédé d'investigation, la psychanalyse se caractérise par la méthode des associations* libres qui permet au psychanalyste de faire des hypothèses sur ce qui, dans les formations de pensées conscientes (contenu manifeste), laisse infiltrer des informations inconscientes (lapsus, oubli, expressions symboliques, etc.).

En tant que méthode thérapeutique, elle repose sur la relation réelle et fantasmatique avec le psychanalyste (transfert*), dans laquelle sont réactivées les formations inconscientes impliquées dans le conflit névrotique. Grâce à cette relation, la communication de sens (interprétation) et la prise de conscience des formations de l'inconscient permettent une plus grande liberté de penser, une plus grande souplesse dans le jeu de l'activité mentale et un processus de changement de cette dernière.

En tant que science, elle est hétérogène : elle s'intéresse aussi bien à des données observables et à leur description qu'à des lois d'organisation du fonctionnement mental ou à des axiomes relevant d'une théorie de la subjectivité. La psychanalyse permet cependant d'établir de nouvelles conceptions psychologiques qui, à ce titre, constituent une nouvelle science. Parmi elles, citons le rôle de la sexualité infantile et le complexe d'Œdipe, le conflit intrapsychique entre formation de pensées incompatibles, la théorie de la pulsion, la différenciation de la psyché en instances, etc.

Depuis cette découverte de la théorisation de S. Freud, la psychanalyse a connu de nombreux développements. Si, sur le plan de la méthode d'investigation, l'accord reste total sur le sens à lui donner, sur le plan thérapeutique, l'application à tous les âges de la vie, à des pathologies non névrotiques, à des situations de groupe est à l'origine de transformations techniques, et par là même d'une grande incertitude sur les limites de la pratique psychanalytique *stricto sensu*. La fréquence des séances, la position allongée ou en face à face, les interventions individuelles ou collectives, sont des exemples concrets de questions techniques à l'origine de cette incertitude.

Enfin, quant à la psychanalyse comme science, de nouvelles conceptions et de nouvelles questions se sont développées. Pensons ici à quelques débats comme par exemple les rôles respectifs du transfert et du contre-transfert, l'importance accordée à la reconstruction dans l'analyse ou la construction par l'analyse, le rôle du symbolisme et celui des relations d'objets archaïques, les rapports de l'inconscient avec l'ordre symbolique du langage ou encore l'opposition entre métapsychologie* et science clinique. *A. Braconnier*

Psychasthénie

Terme proposé par P. Janet pour désigner une entité clinique qu'il opposait à l'hystérie* et qui englobait selon lui angoisse*, phobie*, obsession* ainsi que des signes d'accompagnement essentiellement subjectifs qui associent des sentiments morbides à type d'impression d'étrangeté du monde extérieur mais aussi de la personne du patient lui-même, des sentiments de dépersonnalisation et des sentiments divers d'incomplétude. On retrouve aussi des préoccupations fondées sur le doute, l'intérêt excessif porté à la santé, des idées de dévalorisation des scrupules et des sentiments de honte. L'inhibition* intellectuelle avec irrésolution, timidité excessive et phobie sociale s'associe souvent à des compulsions idéiques et obsessions idéatives de précaution, de vérification, de perfection, voire de conjuration. Ces manifestations sont le plus souvent augmentées par l'effort attentionnel et sont suspendues dans la distraction. En voie d'abandon, le terme se réfère à la notion centrale dans les conceptions de P. Janet de force psychologique, potentiel énergétique quantitatif, ainsi qu'à la notion de tension psychologique qui correspond à l'utilisation qualitative de l'énergie. Ce terme est rattaché actuellement au groupe des personnalités pathologiques de type compulsif, qui regroupe des traits associant à des degrés divers tendance aux scrupules, inhibition intellectuelle et affective, indécision, méticulosité, absence de spontanéité avec moralisme rigide et abstractionnisme. *J.-F. Allilaire*

Psychiatrie

Spécialité médicale consacrée à l'étude, au diagnostic et au traitement des troubles mentaux. Le nom de psychiatre s'est substitué à celui de médecin aliéniste qui se référait au concept d'aliénation* mentale, terme qui lui-même avait progressivement remplacé celui de folie*.

Durant longtemps, la psychiatrie fut liée à la neurologie, spécialité consacrée aux maladies relevant d'atteintes du système nerveux. C'est seulement dans les années 1960 que la psychiatrie trouva sa véritable autonomie au sein des disciplines médicales. Cette évolution ne fut pas sans rapport avec les progrès accomplis dans le domaine de la thérapeutique psychiatrique au cours de la décennie précédente : développement de la psychanalyse* et, à sa suite, d'autres formes de psychothérapie*, développement d'une psychiatrie médico-sociale considérant le cas individuel dans le cadre des structures sociales et, enfin, développements de médicaments efficaces. La psychiatrie contemporaine est dominée par ces trois grandes orientations.

La place de la psychiatrie au sein de la médecine demeure un sujet controversé. La position défendue par le courant antipsychiatrique* est de considérer que le concept de maladie mentale et la médicalisation de la prise en charge pervertissent le sens profond de la folie, comme altérité de la raison, et asservissent ceux qui en sont saisis à un conformisme social plus aliénant que la folie. La psychiatrie serait l'agent d'une nouvelle forme de répression de la folie. Une position beaucoup moins radicale est, sans contester l'utilité et le statut scientifique de la psychiatrie, de vouloir la dégager de l'emprise médicale et d'en faire une discipline à part entière ; bref, d'étendre à l'ensemble de la spécialité ce qui se fait déjà dans le domaine des psychothérapies où pratiquent de nombreux psychologues non médecins.

L'incertitude où nous sommes (et peut-être l'impossibilité radicale) de définir le trouble mental au sein de l'ensemble des variations et des anomalies des conduites* humaines pèse lourd dans ces débats éthiques et idéologiques, alors même que progressent les outils scientifiques et les moyens thérapeutiques. *D. Widlöcher*

Psychisme → Appareil psychique

Psychoacoustique

Branche de la psychophysique* ayant pour objet les relations entre les caractéristiques physiques des phénomènes sonores et les perceptions* qu'ils induisent. Les recherches en psychoacoustique portent traditionnellement sur :
1. les attributs perceptifs de sons* stables ou quasi stables (hauteur tonale, sonie*, timbre*, consonance, durée subjective, localisation) ;
2. les performances de détection* et de discrimination* du système auditif ;
3. les non-linéarités de ce système qui se manifestent entre autres par l'audibilité de sons de combinaison ;
4. les effets auditifs de masque, d'adaptation et de fatigue ; la perception des profils spectraux ;
5. l'organisation perceptive de stimulations sonores complexes (fusion de sons purs simultanés différant par la fréquence, ségrégation perceptive de flux sonores, perception du rythme) ;
6. l'identification des sons de parole (domaine de recherches qui relève à la fois de la psychoacoustique et de la psycholinguistique*). Les modèles explicatifs que construisent ou dont s'inspirent les psychoacousticiens reposent le plus souvent sur des données neurophysiologiques. Les travaux de H. Helmholtz, en 1863, marquent une date capitale dans l'avènement de la psychoacoustique moderne. Cependant, celle-ci a dû attendre l'essor de l'électronique pour se développer. Depuis les années 1980, les ordinateurs permettent la construction de stimulations sonores complexes et parfaitement contrôlées à un coût peu élevé, de sorte que le développement de la psychoacoustique n'est virtuellement plus entravé par des facteurs technologiques. *L. Demany et C. Semal*

Psychobiologie

Discipline au sein des neurosciences* ayant pour objet l'étude des relations comportement-cerveau en privilégiant le point de départ comportemental et plus généralement psychologique. Il est admis qu'à tout comportement, pensée incluse, à tout processus adaptatif*, correspond un patron biologique et neurobiologique. La démarche première du psychobiologiste est de bien connaître la conduite étudiée, de déterminer ses caractéristiques puis de chercher des corrélats biologiques et neurobiologiques (endocriniens, immunitaires, etc.) à ce comportement, à ce processus adaptatif, à ce mode particulier de réponse, etc. Il est admis par le psychobiologiste que le comportement est le moyen le plus sophistiqué qu'a trouvé un cerveau pour s'équilibrer lui-même et, partant, que le comportement est à la fois produit du fonctionnement cérébral en raison de l'action du monde sur lui et moteur du changement cérébral et donc de l'appréhension changeante du monde par le cerveau.

Le psychobiologiste est confronté avec le caractère changeant, contingent, historique et individuel de la relation comportement-cerveau, et donc avec la complexité de cette relation.

La psychobiologie du développement* tente de mettre en évidence les interactions précoces entre comportement et cerveau et les conséquences à long terme sur le cerveau des contingences environnementales, intra-utérines et postnatales.

La neurobiologie* du comportement est une discipline théoriquement complémentaire à la psychobiologie. *M. Le Moal*

Psychochirurgie

La psychochirurgie avait pour but d'obtenir l'amélioration de certains malades atteints de troubles mentaux. Elle a connu un essor juste après la Seconde Guerre mondiale. Les principales indications étaient : la névrose* obsessionnelle, la schizophrénie*, les délires* chroniques, la psychose* maniaco-dépressive, la psychopathie*. Selon Henry Ey, elle constituait un recours ultime lorsque les outils thérapeutiques avaient échoué mais il est impossible de savoir si elle a pu apporter quelques résultats favorables aux patients. Qui plus est, on l'a accusée d'entraîner des aggravations ou de favoriser des évolutions vers la détérioration intellectuelle. Les interventions proposées avaient pour finalité soit de dysconnecter le cortex frontal du reste de l'encéphale, autrement dit, de créer un syndrome frontal chirurgical en espérant obtenir ainsi du malade un désintérêt vis-à-vis de ses symptômes, soit d'interrompre les circuits impliqués dans les émotions et la mémoire. A la première catégorie se rattache la lobotomie frontale qui est en fait une leucotomie sectionnant dans un plan frontal les afférentes et les efférences du manteau cortical frontal qui est respecté ; à la seconde catégorie appartient la cingulectomie ou résection bilatérale des aires cingulaires uniquement dans leur moitié antérieure. On a proposé en outre des interventions stéréotaxiques et des résections localisées du cortex (topectomie). La psychochirurgie doit être distinguée des interventions neurochirurgicales qui visent à traiter une épilepsie pharmacorésistante. *B. Lechevalier et F. Eustache*

Psychodiagnostic → Rorschach

Psychodramatiste

Psychothérapeute ou formateur utilisant la technique du psychodrame* ; on dit encore **psychodramaturge.** Il y a pour J. Moreno deux catégories de psychodramatistes : le directeur du jeu est le thérapeute principal ; il assure la mise en train* des participants, propose un scénario, met en scène l'action dramatique, analyse les réactions des acteurs et du groupe ; il ne prend pas part aux jeux ; il se vit toutefois comme membre du groupe et peut bénéficier du déroulement des séances s'il reste lui aussi spontané. Les moi auxiliaires* sont des thérapeutes adjoints ; à l'initiative du directeur de jeu, ils prennent des rôles* complémentaires ou antagonistes de ceux qui ont été assignés aux patients ; ils aident ceux-ci à s'exprimer (par ex., en prenant un rôle de double) ; ils les provoquent à réagir (par ex., en prenant un rôle de miroir) ; ils les amènent à explorer une situation conflictuelle du point de vue de l'adversaire (par ex., par le renversement des rôles). A la limite, dans un groupe de psychodrame, chaque membre peut devenir un thérapeute auxiliaire pour un autre. Dans le psychodrame psychanalytique, il n'y a pas un thérapeute principal ; tous les thérapeutes peuvent participer aux jeux ; le choix des scénarios revient aux participants.

D. Anzieu

Psychodramaturge → Psychodramatiste

Psychodrame

Forme de psychothérapie individuelle et de groupe* inventée et nommée ainsi par J. Moreno en 1923, dans le cadre du Théâtre de la spontanéité* qu'il avait ouvert à Vienne et qui proposait, à des acteurs volontaires, d'improviser un fait divers lu dans la presse (technique du « journal vivant »). A l'origine, le psychodrame traite des conflits entre adultes dans le domaine de la vie privée (jalousie, incompatibilité de caractère, divorce). Il a été étendu aux enfants, aux groupes sociaux (sociodrames*), à l'entraînement aux rôles requis par la vie sociale et professionnelle (jeux de rôle*). La méthode consiste à faire jouer aux diverses personnes impliquées dans un conflit* des scènes anciennes, actuelles ou anticipées, en rapport avec ce conflit et avec l'histoire de chacune. L'improvisation dramatique de ces scènes requiert un espace de jeu, une mise en train*, une libération de la spontanéité* des acteurs, la réplique donnée par des moi auxiliaires* psychodramatistes*, la présence d'un public fonctionnant en caisse de résonance des affects vécus sur scène, le tout sous l'impulsion d'un directeur de jeu, metteur en scène et, s'il y a lieu, interprétant. L'efficacité thérapeutique du psychodrame repose sur la catharsis*, catharsis directe des acteurs, indirecte des spectateurs. Son efficacité formative repose sur une meilleure exploitation des rôles qui constituent la personnalité*. Le psychodrame est une méthode souple qui a engendré de nombreuses variantes selon les sujets, les problèmes posés, les théories des psychodramatistes. Le psychodrame analytique transpose les règles et les concepts de la psychanalyse aux jeux psychodramatiques qui se déroulent alors sans architecture scénique ni spectateurs. Il peut être individuel (un seul patient, généralement psychotique, avec plusieurs psychodramatistes selon la technique de S. Lebovici), ou groupal (avec alternance de séances de groupe-analyse et de séances de jeux, selon la technique d'A. Ancelin-Schutzenberger et de D. Anzieu). *D. Anzieu*

Psychodynamique

Ce terme qualifie, en psychologie clinique* et en psychopathologie*, des conceptions dérivées de S. Freud au sujet du fonctionnement psychique. C'est ainsi que la schizophrénie* a pu être décrite comme une « névrose narcissique » liée à une perturbation précoce des relations d'objet*.

Plus généralement, l'emploi de termes comme ceux de pulsions*, de conflit* ou de mécanismes de défense*, d'identification* projective, de clivage*, caractérise une conception psychodynamique. *R. Doron*

Psychogalvanique (Réflexe —)

Expression synonyme de réponse électrodermale*, qui lui est aujourd'hui préférée, parce que plus générale et englobant aussi bien les variations phasiques (les seules auxquelles s'applique légitimement le terme « galvanique ») et les changements à plus long terme (activité tonique) dans la conductance ou le potentiel électrique de la peau. *M. Richelle*

Psychogène

Qui se réfère à la psychogenèse*, dans la seconde acception du terme qui concerne son utilisation au sens étiologique, en opposition à celui d'endogène*. On parlera ainsi de dépression psychogène, pour désigner un épisode dont la survenue présente une intelligibilité selon les contraintes psychiques du sujet, en dehors de tout facteur biologique prédisposant. *R. Jouvent*

Psychogenèse

La notion de psychogenèse a un double sens. Dans le premier, qui tend à être moins utilisé, elle signifie la genèse de la psyché et à ce titre elle peut avoir paradoxalement une connotation biologique. C'est la bio-psychogenèse qui, en réaction aux courants spiritualistes, émerge au début du siècle sous l'influence de M. Dide. Il décrit ainsi, en 1926, sa théorie psychogénétique qui envisage, à chaque moment évolutif, l'interaction entre exogène et endogène avec une légère prépondérance de ce dernier.

Dans la seconde acception, la psychogenèse rassemble au contraire l'ensemble des événements et des facteurs psychiques qui contribuent à des formations psychopathologiques, symptômes ou syndromes. Dans cette acception, elle s'oppose à l'organogenèse, et le terme psychogène* est radicalement réduit à une opposition binaire avec l'endogène*.

A cause de cela, la psychogenèse est au cœur de débats théoriques, même si cette opposition caricaturale tend à s'estomper au profit d'approches multifactorielles de la psychopathologie, où les facteurs biologiques interagissent en proportions variables avec les événements et l'équipement psychique du sujet. Ce dernier se distingue de la seule notion de réaction en ce qu'il décrit une configuration de mécanismes individuels, les « programmes personnels » d'un sujet qui concourent à la genèse d'une pathologie. A ce titre, la psychogenèse présente une fausse synonymie avec la psychodynamique*. Celle-ci met l'accent sur le conflit, dans une perspective économique, qu'il s'agisse des sources énergétiques comme chez P. Janet ou d'une hypothèse pulsionnelle selon S. Freud. Au contraire, la psychogenèse est à concevoir dans une perspective plus structurale. *R. Jouvent*

Psychogramme (au test de Rorschach)

Le psychogramme constitue la synthèse quantitative des facteurs intervenus dans la production des réponses au test de Rorschach*. Après avoir été établies, les cotations sont récapitulées et regroupées selon un schéma précis qui distingue les différentes catégories de réponses tout en permettant une visualisation synthétique des facteurs : modes d'appréhension*, déterminants*, contenus peuvent ainsi être articulés en configurations originales. Les données sont indiquées en nombre absolu ou en pourcentage ou encore mises en rapport par des formules particulières. Le psychogramme sert de point de départ ou d'armature à l'étude d'un protocole. Il ne dispense en aucune manière de l'analyse qualitative, étape essentielle pour l'interprétation.

C. Chabert

Psycho-immunologie → Psychoneuro-immunologie

Psychokinèse → Parapsychologie

Psycholinguistique

Sous-discipline de la psychologie dont l'objet d'étude est le développement* et le fonctionnement des comportements verbaux. Elle se distingue de la **psychologie du langage** par son souci d'utiliser les modèles et les techniques de la linguistique* tant pour la formulation de ses hypothèses de recherche que pour l'interprétation des données.

La première école de psycholinguistique, créée en 1951 à l'initiative notamment de C. E. Osgood et de T. A. Sebeok, est née de la rencontre de trois courants : les théories de l'apprentissage*, la linguistique structurale et la théorie de l'information* ; elle se définissait alors comme l'étude des processus de codage* et de décodage* en tant qu'ils mettent en relation les états des messages* avec les états des interlocuteurs. Les nombreux travaux qu'elle a réalisés avaient trait au taux d'information fourni au récepteur* par les différentes unités linguistiques* et, plus généralement, aux incidences des caractéristiques du code* langagier sur les comportements d'identification*, d'anticipation*, de mémorisation, etc. L'essor de la grammaire générative* de N. Chomsky a donné naissance, au début des années 1960, à une deuxième école dont l'objectif était de valider le modèle élaboré par cet auteur en utilisant des données expérimentales relatives à la performance*. Dans ce contexte, l'acquisition du langage* par l'enfant a été décrite et interprétée en termes d'émergence* d'une compétence* grammaticale innée (V. *Language acquisition device*) ; par ailleurs, les processus à l'œuvre dans le traitement des phrases* par l'adulte (compréhension*, production* et rappel*) ont été interprétés en faisant appel uniquement aux niveaux de complexité de ces phrases, tels que les définissait le modèle chomskyen (plus le nombre de transformations* requis pour la génération d'une phrase est élevé, plus celle-ci sera difficile à produire, comprendre et mémoriser). Très critiquée pour son assujetissement à un modèle particulier (d'ailleurs abandonné par la linguistique elle-même), cette deuxième école a disparu au début des années 1970 pour faire place à plusieurs courants de recherche qui, sans récuser les apports de la linguistique, tendent à réinsérer leur problématique dans le cadre des différentes tendances de la psychologie contemporaine : la psycholinguistique de l'enfant s'intègre à la psychologie du développement, d'inspiration piagétienne ou vygotskyenne ; la psycholinguistique du discours* aborde les opérations de production et de compréhension des textes* en exploitant les propositions formulées en ce domaine par les diverses sciences du langage ; d'autres courants enfin, centrés sur l'accès au lexique* ou sur les mécanismes à l'œuvre dans la lecture*, s'inscrivent dans la problématique générale du cognitivisme* contemporain. La différence entre psychologie du langage et psycholinguistique tend en conséquence à se diluer, voire à disparaître.

J.-P. Bronckart

Psychologie

A l'origine, comme toutes les branches du savoir, la psychologie faisait partie de la philosophie, dont elle s'est dégagée au cours du XIXe siècle pour se constituer en discipline scientifique. C'est dans le contexte du mouvement scientifique allemand que l'on situe le mieux cette émancipation, qui se traduisit par les premières tentatives de soumettre à la méthode scientifique des phénomènes psychiques relevant jusque-là de la psychologie philosophique. La recherche des lois reliant l'univers physique à l'univers psychique des sensations* constitua l'une des premières péoccupations des fondateurs de la psychologie scientifique, de H. von Helmholtz et E. H. Weber à G.T. Fechner et W. Wundt. La jeune science devait se répandre rapidement à tous les pays européens et, avant la fin du siècle, aux Etats-Unis d'Amérique, où elle connaîtra un essor exceptionnel au cours du XXe siècle.

L'évolution de la psychologie a été marquée par des avatars épistémologiques et méthodologiques, d'ailleurs étroitement liés. Si elle avait rompu avec le discours purement verbal alimenté d'observations plus ou moins systématiques de la psychologie philosophique en recourant à la méthode expérimentale* et à la mesure*, la psychologie du XIXe siècle était dans l'ensemble restée fidèle à la tradition qui, d'une part, lui assignait pour objet, sinon l'âme, du moins le psychisme*, la conscience* ou l'esprit*, et d'autre part faisait confiance, dans le recueil des données empiriques, à l'introspection* du sujet. Celle-ci ne constitua pas un obstacle majeur aux premières conquêtes de la psychophysique* ni aux premières recherches sur des phénomènes élémentaires de psychomotricité* ou de perception*. Ses limites apparurent cependant dès que la psychologie scientifique aborda des phénomènes plus complexes, qu'elle tenta d'élucider les conduites pathologiques ou qu'elle eut l'ambition d'englober dans son champ l'étude des animaux. Une méthode objective, indépendante de l'introspection du sujet et de toute communication verbale, s'imposait. Cette préoccupation méthodologique, que l'on retrouve au tournant du siècle, explicite ou implicite, dans les travaux aussi bien d'un psychophysiologiste comme I. Pavlov que d'un psychopathologiste comme P. Janet, devait aboutir à une véritable révolution épistémologique, cristallisée dans les positions béhavioristes* proclamées par J. B. Watson en 1913, précédé de façon moins retentissante par H. Piéron dès 1907. La psychologie se voyait assigner un objet nouveau, le comportement*, passible d'une observation parfaitement objective.

Une nouvelle évolution devait s'amorcer vers le milieu du xxe siècle, à la faveur des progrès mêmes de la période précédente, des nouveaux outils conceptuels et techniques mis à disposition des psychologues par les autres sciences (notamment l'informatique) et de débats plus généraux qui ont agité la pensée scientifique et philosophique. Le courant cognitiviste* est revenu à la définition de la psychologie comme science de l'esprit, de la vie mentale*, du psychisme, sans cependant retourner à la précarité de la méthode introspective. L'effervescence théorique actuelle laisse à penser que cela ne sera pas le dernier avatar d'une science qui continue à éprouver certaines difficultés à se situer aussi bien par rapport aux autres sciences (disciplines biologiques, neurosciences*, sciences sociales) que par rapport aux approches non scientifiques de l'être humain (phénoménologie*, démarche « humaniste » au sens où les Américains entendent ce terme) dont l'influence dans certains domaines de la psychologie pratique est source évidente de tensions.

Quoi qu'il en soit de ces problèmes épistémologiques, le développement de la psychologie se traduit aujourd'hui par une extrême diversification des champs de spécialités comme par une extension de ses applications à de multiples domaines de la vie pratique. Recherche et enseignement correspondant relèvent, selon les lieux, de structures institutionnelles diverses, et échappent encore parfois au contrôle de l'université ou des sociétés scientifiques et professionnelles reconnues. Cette situation trahit les tiraillements entre pôles « sciences humaines » et « sciences biologiques », entre recherche fondamentale et applications, entre modèle* médical et modèle sociopsychologique, etc.

Les critères de classification des nombreuses branches de la psychologie moderne sont naturellement multiples. Un classement selon les méthodes distinguera la psychologie expérimentale*, la psychologie développementale* axée sur l'approche ontogénétique*, la psychométrie*, la psychologie différentielle*, la psychologie pathologique*, la psychologie comparée*. Encore qu'il soit difficile de dissocier le critère de méthode de celui de l'objet spécifique, la psychologie différentielle, la psychologie pathologique ou la psychologie développementale se définissant aussi bien par un intérêt pour un objet particulier que par la méthode qui les caractérise. Selon le découpage qui est fait d'un aspect particulier du réel, on distinguera, aux confins des disciplines biologiques, la psychobiologie* (ou biopsychologie), terme générique qui pourrait englober de nombreuses disciplines frontières (psychophysiologie*, psychopharmacologie*, psycho-endocrinologie*, psycho-immunologie*, génétique comportementale*, etc.) et, à l'autre extrême, aux confins des disciplines sociales, la psychosociologie*, en passant par toutes les étapes intermédiaires où les psychologies se définissent plus confortablement sur leur terrain propre. On y retrouvera des découpages selon des objets priviliégiés : psychologie de l'enfant*, psychologie animale*, psychologie de la personnalité*, psychologie de l'apprentissage*, de l'intelligence*, etc. Les champs de la psychologie appliquée se laissent subdiviser eux aussi tantôt selon le contexte particulier de l'intervention : psychologie scolaire*, psychologie du travail*, psychologie du sport*, etc., tantôt selon la finalité de l'intervention : éducationnelle*, psychothérapeutique* .

Le tableau se complique du fait que, dans bien des cas, l'adjectif que l'on accole à psychologie, quand bien même il renvoie à un domaine ou à une méthode, est contaminé de connotations théoriques. Cela est immédiatement apparent lorsqu'on parle de psychologie dynamique*, de psychologie analytique ou psychanalyse* ; mais l'expression psychologie cognitive* renvoie elle aussi à des positions théoriques, et même une expression à première vue neutre, comme psychologie de l'apprentissage, évoque presque inévitablement une partie de la psychologie liée à une période particulière, dominée par le courant behavioriste. *M. Richelle*

Psychologie analytique → Psychologie des profondeurs

Psychologie appliquée en Justice

Les interventions de la psychologie se sont développées depuis le début du XXe siècle dans les domaines du droit civil et pénal.

La **psychologie judiciaire** s'intéresse aux acteurs des procès (prévenu*, victime*, accusateur, témoin) et aux méthodes d'information, d'instruction et d'aveu*. Le jugement lui-même, le rôle des juges et des auxiliaires de justice, leur logique d'intervention ont fait l'objet d'analyses psychologiques. Les effets des changements législatifs sur les conceptions de la justice (criminalisation, répression, réparation*, prévention*) et leur retentissement sur les acteurs sont étudiés dans le cadre d'une **psychologie juridique.**

La **psychologie criminelle** analyse plus particulièrement les caractéristiques individuelles des délinquants, leur conduite spécifique et les processus criminogènes.

La **psychologie légale** se consacre aux significations et au contenu des concepts juridiques, pénaux et civils sur lesquels s'appuient les procédures pour rendre un jugement (culpabilité*, responsabilité*, dangerosité*, intérêt des parties, autorité légale) ainsi qu'aux fonctions expertales C'est dans le domaine de la protection judiciaire des mineurs* que l'influence de la psychologie a été la plus sensible. La spécificité de l'expertise psychologique dans l'examen médico-psychologique est de plus en plus reconnue par les juges d'instruction. *J. Selosse*

Psychologie cognitive → Cognitivisme

Psychologie criminelle → Psychologie appliquée en Justice

Psychologie de l'art

On considère généralement que la psychologie de l'art a été fondée par G. T. Fechner en 1876 lorsqu'il a défini les principes d'une nouvelle démarche scientifique qu'il a nommée esthétique expérimentale. D'autres grands noms de la psychologie, E. Mach, W. Wundt, H. von Helmholtz, ont participé au développement de cette esthétique d'en bas qui, s'opposant à l'esthétique d'en haut, d'essence philosophique, analyse l'expérience esthétique à travers une démarche empirique : l'observation des comportements de choix et de préférence. C'est donc à l'origine le problème du goût et du jugement* qui retient l'attention des psychologues. La majorité des recherches conduites alors reposent sur la perception de stimulus simples construits par l'expérimentateur et dans lesquels on fait varier les proportions et l'unité de la composition. La recherche du nombre d'or et, en particulier, les travaux de G. D. Birkhoff illustrent les préoccupations des chercheurs de cette époque.

Progressivement, les œuvres d'art sont elles-mêmes retenues comme objet d'expérience, mais les recherches restent dominées par une vision normative du jugement de goût. Les réponses sont considérées comme justes par référence à une valeur esthétique que l'on suppose inhérente à l'objet et qui, de ce fait, doit être universelle. H. Eysenck pense avoir démontré l'existence d'un facteur G d'appréciation artistique indépendant de l'expérience culturelle du sujet et qui dériverait directement de la nature du système nerveux.

La multiplication des observations et leur comparaison conduisent ensuite les chercheurs à prendre en compte le rôle déterminant des facteurs culturels et sociaux. D'une phase universaliste, on passe alors à une phase relativiste où l'on remet en question aussi bien l'idée d'une conception unique de la valeur esthétique que celle de l'innéité du facteur goût.

Le développement des recherches sur la perception visuelle et auditive a suscité au cours de ces dernières années une nouvelle réflexion sur l'effet hédonique des propriétés structurantes de l'œuvre d'art. Ces recherches, poursuivies en particulier en France par R. Francès en 1979 à propos de la musique et par F. Molnar à propos de la peinture, s'inscrivent dans le cadre théorique proposé par D. Berlyne en 1971 dont les travaux constituent un apport majeur à la psychologie de l'art.

Pour D. Berlyne, la perception esthétique procède d'une exploration diversive, c'est-à-dire non dirigée vers un but et au cours de laquelle l'intérêt est éveillé par des éléments de conflits perceptifs. La complexité, la nouveauté, l'incertitude, l'ambiguïté, sont des variables collatives dont la présence constitue un potentiel d'éveil. L'étude des processus de création artistique constitue également un objet de recherche développé récemment grâce aux méthodes de simulation par ordinateur. *Y. Bernard*

Psychologie de l'efficience → Efficience

Psychologie de l'espace → Espace

Psychologie de la musique → Musique (Psychologie de la —)

Psychologie des facultés → Facultés

Psychologie des profondeurs

Encore appelée **psychologie analytique** ou **dynamique.** S. Freud a introduit la notion de profondeur en psychologie en étudiant le premier les manifestations de l'inconscient de manière méthodique : on voit souvent en lui l'inventeur d'une psychologie « abyssale ». Mais l'expression même de psychologie des profondeurs fut utilisée après lui pour souligner deux caractères du psychisme inconscient : son inaccessibilité et sa force. A. Adler et C. Jung se détachèrent alors de la psychanalyse freudienne dans la mesure où la psychologie individuelle du premier et la psychologie analytique (ou complexe) du second se refusent à donner un rôle prépondérant à la sexualité dans l'étiologie des névroses*. C. Jung définit l'inspiration générale de la psychologie des profondeurs en notant que la véritable passion reste cachée et échappe à qui l'éprouve : la *libido** est une énergie* vitale, non nécessairement sexuelle, tournée soit vers le monde extérieur (extraversion), soit vers le monde intérieur (introversion), et elle ajoute à l'inconscient individuel la notion d'un inconscient collectif* structuré par des archétypes*. *R. Doron*

Psychologie du langage → Psycholinguistique

Psychologie environnementale

La psychologie environnementale étudie l'individu dans son contexte physique et social. L'approche psychologique du rapport homme-environnement* s'inscrit dans un modèle* transactionnel. Elle vise à dégager la logique des interrelations entre l'homme et son environnement en mettant en évidence les perceptions*, attitudes*, évaluations et représentations environnementales d'une part, et d'autre part, les comportements* et conduites* environnementales qui les accompagnent. Ce rapport est interprété à partir de deux pôles interdépendants, à savoir l'homme qui façonne et organise son environnement en fonction de plusieurs facteurs liés à l'éducation, aux normes sociales* et économiques et à ses propres particularités qui de cette manière s'inscrivent dans l'espace, et d'autre part, les différents aspects physiques et sociaux de l'environnement. Ce dernier exerce une influence indirecte sur l'homme à travers non seulement ses attributs physiques, mais également à travers les représentations* et les valeurs* que la société et/ou l'individu leur attachent. Ainsi, la psychologie environnementale s'intéresse-t-elle aussi bien aux effets des conditions environnementales sur les comportements et conduites de l'homme qu'à la manière dont l'individu perçoit ou agit sur l'environnement. Bien que les analyses puissent prendre comme point de départ aussi bien l'individu que l'environnement, elles débouchent le plus souvent sur une approche interrelationnelle et systémique.

La distinction entre environnement naturel et environnement construit renvoie au degré d'intervention de l'homme, celle entre micro- et macro-environnement, à l'échelle et les possibilités de contrôle* et de maîtrise. Importantes, individuelles et directes en ce qui concerne le micro-environnement (habitat, jardin particulier), les possibilités de contrôle et de maîtrise deviennent partagées dans des environnements de proximité, et ne s'exercent que de manière indirecte ou médiatisée quand il s'agit de macro-environnements (paysage, grandes agglomérations).

De par son objet, la psychologie environnementale accorde un rôle central aux notions d'espace* et de lieu. Des concepts comme « appropriation » ou « identité résidentielle » permettent de qualifier les relations à l'espace et occupent une place importante dans les recherches menées dans le cadre de la psychologie environnementale. De même, la psychologie environnementale est souvent amenée à se référer à la dimension temporelle, à travers « l'histoire résidentielle » ou à travers la capacité de l'individu à se projeter dans le futur. Les thématiques, fortement dépendantes d'une demande sociale importante, concernent les multiples problèmes engendrés par l'urbanisation et la métropolisation, et par la préservation d'un environnement de qualité dans le cadre du développement durable. Cette préoccupation se manifeste par des recherches sur les attitudes et comportements pro-environnementaux et sur les relations à la nature.

La psychologie environnementale, du fait de la complexité de son objet, s'est forgé des outils théoriques et méthodologiques originaux s'ajoutant à ceux empruntés aux différents domaines de la psychologie et notamment à la psychologie sociale. Les analyses en termes de *behaviour-setting* mettant l'accent sur les interrelations entre les aspects physiques et sociaux de l'environnement, ou la « transaction individu-environnement » sont des approches théoriques qui ont marqué et marquent encore la psychologie environnementale. *G. Moser*

Psychologie génétique → Psychologie développementale

Psychologie historique

Selon I. Meyerson qui l'a conçue et développée à partir de 1930, la psychologie historique étudie l'homme par ce qu'il fabrique, construit, institue pour édifier le monde humain qui est son milieu naturel. Il convient donc d'analyser les œuvres humaines, des outils aux religions et aux œuvres d'art, pour connaître la personne*. Convaincus que l'étude de l'individu indépendamment de son milieu culturel est incomplète, Meyerson a réuni autour de son projet entre les deux guerres un grand nombre de sociologues, d'historiens des religions, d'historiens des mentalités. *F. Parot*

Psychologie individuelle

Expression forgée par A. Adler après sa rupture avec Freud pour distinguer sa théorie de la psychanalyse proprement dite. La psychologie individuelle minimise le rôle de la pulsion sexuelle et explique la vie psychique par le sentiment d'infériorité, produit par l'état de dépendance du nouveau-né et surcompensé* ensuite par la volonté de puissance*. *C. Chabert*

Psychologie judiciaire → Psychologie appliquée en Justice

Psychologie légale → Psychologie appliquée en Justice

Psychologie sociale

La psychologie sociale traite des *comportements, jugements* et *affects* des êtres humains en tant qu'ils sont membres de collectifs sociaux. Discipline scientifique née avec le XXe siècle, elle relève des sciences descriptives psychologiques. Ses évolutions sont ainsi en rapport avec celles des autres disciplines psychologiques. Elle tient néanmoins sa spécificité épistémologique et historique :

— de ses objets : même les tenants les plus radicaux d'une intégration de la psychologie sociale dans ce qui serait « la psychologie » ont toujours dû utiliser l'attribut « sociaux » pour distinguer ou les stimulus ou les objets dont la psychologie sociale décrit l'efficacité (la psychologie sociale est la psychologie appliquée aux stimulus sociaux : comportementalisme) ou la connaissance (la psychologie sociale est la psychologie appliquée aux objets sociaux de connaissance : cognitivisme). Or, la « socialité » d'un stimulus ou d'un objet est un attribut ontologiquement hétérogène dans l'ensemble des propriétés des stimulus ou objets : un stimulus ou un objet n'est pas « social » comme il est fréquent, aversif, lumineux, complexe, saillant... On ne peut d'ailleurs manipuler la socialité des stimulus ou objets, ou répartir ces dernier en « sociaux » et « non sociaux ». L'attribut social implique ainsi un changement paradigmatique et *impose* au psychologue social des stimulus ou objets. Des heuristiques ont été avancées à cette fin. La plus connue en Europe est l'heuristique de l'articulation psychosociale selon laquelle une théorie psychosociale doit fonctionner à plusieurs niveaux d'élaboration conceptuelle : niveau intra-individuel (I), situationnel-relationnel (II), positionnel et structurel (III), normatif et idéologique (IV). Cette heuristique permet de distinguer les théories à partir des niveaux qu'elles mettent en œuvre ou du niveau dans lequel sont ancrés leurs concepts primitifs. Sur la base de ce qui vient d'être dit, une théorie qui n'est que de niveau I ne peut être dite psychosociale, pas plus qu'une théorie qui n'est que de niveau IV. Sur la même base, la psychologie sociale ne peut être condamnée, ni institutionnellement ni épistémologiquement, à rallier quelque autre discipline mieux famée mais paradigmatiquement rivée à l'un ou l'autre de ces niveaux ;

— d'une thématique longtemps liée à une demande sociale spécifique : une discipline scientifique naît rarement de demandes sociales explicites. Ces demandes ou attentes donnent néanmoins des allures et des directions aux théories. De grands thèmes de la psychologie sociale doivent ainsi être référés à quelques grandes attentes sociales qui se sont manifestées, notamment aux

Etats-Unis, durant le XXe siècle. Quatre registres de demandes explicites ont énormément sollicité les psychologues sociaux : 1) influence d'autrui sur la performance et performance collective (dès la fin du XIXe siècle), 2) comportement et intégration dans les groupes, les communautés et les organisations (principalement durant les années 30-40-50), 3) persuasion et propagande (demande saturée, dans les années 50, par l'ambiance de la guerre idéologique, mais venue également de la politique et du commerce), 4) relations entre groupes sociaux et stigmatisation sociale (grand problème américain des années 50-60). D'autres attentes, qui n'étaient pourtant pas mineures (par exemple concernant l'autorité et la soumission, l'agression, l'induction de comportements utiles), ont moins pesé sur la discipline que ces quatre-là, même lorsqu'elles ont donné lieu à des recherches célèbres comme celles de Stanley Milgram (obéissance) ou Leonard Berkowitz (agression). C'est parce qu'il y résonnait ces attentes et les enjeux sociaux qu'elles portaient que la psychologie sociale et le Sujet qu'elle décrivait comme un acteur socialement inséré ont souvent eu de l'écho dans les amphithéâtres et dans le public. Rappelons brièvement quelques grands thèmes classiques liés à ces quatre grands registres d'attentes. 1 : facilitation, inhibition et paresse sociale (Floyd Allport, Robert Zajonc), 2 : dynamique des groupes (Kurt Lewin, Robert Bales), influence sociale (Muzaref Sherif, Solomon Asch, Serge Moscovici), communication et cohésion (Léon Festinger, Stanley Schachter) ; comparaison sociale (Léon Festinger) 3 : structure et changement des attitudes (Carl Hovland, Milton Rosenberg, William McGuire), systèmes de croyances (Milton Rokeach), consistance cognitive (Charles Osgood, Léon Festinger, Fritz Heider) ; 4 : catégorisation sociale et identité sociale (Henri Tajfel), stéréotypie, favoritisme et discrimination (Gordon Allport, Muzaref Sherfi)... Il n'est pas aisé de repérer de telles demandes sociales explicites auxquelles pourrait être référée l'évolution de la psychologie sociale anglo-saxonne ces trente dernières années. Cette évolution s'est faite, dans la voie ouverte dès 1946 par Solomon Asch avec la formation des impressions, puis consolidée par Fritz Heider et les théories de l'attribution qu'il a inspirées (Edward Jones, Harold Kelley) vers plus de cognition (cognition sociale : traitement de l'information concernant les personnes et les groupes). Elle s'est faite également vers plus d'interpersonnel et moins de rapports sociaux (étude des relations intimes). Doit-on voir dans cette double évolution le résultat d'un mouvement paradigmatique qui affecte l'ensemble des sciences psychologiques, le résultat de suspicions éthiques venues limiter les possibilités expérimentales des psychologues sociaux, ou doit-on chercher la marque d'une demande sociale qui s'avère moins explicite et plus idéologique que ne l'étaient les demandes traditionnelles ?

— de son rapport à l'idéologique : comme la plupart des sciences, la psychologie sociale produit des savoirs qui entrent en concurrence avec des savoirs communs. Mais plus que les autres disciplines psychologiques, elle s'intéresse à l'acquisition et à l'élaboration par les gens (souvent dans des rapports sociaux) de ces savoirs communs. C'est la raison pour laquelle ce qui conduirait un autre à la seule polémique conduit aussi le psychologue social à la critique. De nombreux apports de la psychologie sociale apparaissent ainsi comme critiques à l'égard de noyaux importants de notre univers idéologique (ne pensons ici qu'à l'un des plus récurrents — de l'analyse ethno-cultutaliste des années 20 à l'étude expérimentale actuelle des catégorisations de genre et des attributions de traits —, à savoir l'apport critique de la psychologie sociale concernant nos savoirs communs sur la personne, la personnalité et les différences individuelles, notamment sur les différences « psychologiques » entre les sexes). Ce rapport particulièrement sensible à l'idéologie est distinctif de la psychologie sociale dans les sciences psychologiques. Aussi peut-on s'alarmer lorsque des psychologues sociaux, sous couvert d'*« ismes »* divers portés par les mouvements d'idées (pragmatisme, interactionnisme, constructionnisme...), assimilent des postulats des idéologies ambiantes pour les présenter comme autant d'options psychosociales ;

— de ses sources enfin : bien que solidement insérée dans les sciences psychologiques (elle diffère en cela de la psychologie) et tributaire des métathéories et métaphores qui ont modelé ces sciences (comportementalisme, gestalt, théorie de l'information, cognitivisme), la psychologie sociale s'est aussi bien constituée en pulsant à des sources hétérogènes. Elle leur doit quelques-uns de ses axiomes essentiels. Son corpus de base conserve ainsi des emprunts remaniés à la sociologie, tant française (concept de représentation sociale) qu'américaine (valeurs et attitudes), à l'ethnologie, notamment culturaliste (composantes collectives de la personne, statuts et rôles sociaux, identité), aux sciences du discours (pragmatisme de la communication, analyse conversationnelle), à l'économie et aux théories de la décision (échange social, stratégies et conflits)... Quelque peu engoncée aujourd'hui dans une évolution paradigmatique mais aussi idéologique qui la conduit à la mise en avant d'un *individu* (plutôt que d'un acteur social) caractérisé par ses buts et son appareil cognitif et dont la socialité se consume dans l'interpersonnel, la psychologie sociale devrait pouvoir se dégager, sans rien y perdre sur le plan scientifique, par un retour à ce patrimoine et par une réactivation de sa sensibilité aux enjeux sociaux. *J.-L. Beauvois*

Psychologisation

Mode d'appréhension et de catégorisation* de l'environnement social qui revient à focaliser son attention sur les caractéristiques psychologiques d'une personne (voire d'un groupe) dont le comportement (ou le discours) est en question. Présentée par certains auteurs comme un biais cognitif général suscité par un certain type de matériel ou impliqué par un certain type de rapports sociaux (biais pouvant rendre compte de phénomènes plus spécifiques comme l'erreur fondamentale d'attribution), elle est présentée par d'autres comme une stratégie collective de résistance aux influences minoritaires. Au plan sociocognitif, elle relève de l'ensemble des processus de naturalisation des utilités sociales (V. Internalisation). *Ersoc*

Psychométrie

Terme employé pour la première fois par l'Allemand C. Wolf en 1732, désignant l'ensemble des méthodes quantitatives utilisées en psychologie et faisant correspondre certaines propriétés des nombres avec certaines propriétés des faits psychiques. Il s'applique essentiellement aujourd'hui à la méthode des tests*. La psychométrie a été souvent critiquée, notamment pour son empirisme*. Certaines notions populaires (dont celle d'âge mental) ont en effet des fondements théoriques peu clairs. La réfutabilité des notions en psychométrie, l'accumulation des mises à l'épreuve de leur validité* ont contribué cependant à l'élucidation de nombreux construits* psychologiques (domaines de l'intelligence*, de la personnalité*, des attitudes*).

M. Bruchon-Schweitzer

Psychomotricité

Ensemble des régulations des fonctions motrices dépendant de l'activité mentale. Initialement, le terme « psychomoteur » s'appliquait à des régions de l'écorce cérébrale qui contrôlaient les aires proprement motrices. Le sens s'est élargi dans deux directions : d'une part, l'étude des fonctions et des troubles qui intéressent la motricité* dans ses rapports avec l'activité mentale, en référence particulièrement au développement de l'enfant ; d'autre part, une pratique rééducatrice, issue de l'éducation physique générale et destinée à prévenir et à corriger les retards de développement et les troubles acquis de ces fonctions. Si certains de ces troubles sont purement d'origine organique ou psychogène, la plupart semblent relever de l'intrication de différents facteurs.

Actuellement, le terme « psychomotricité » désigne donc un large champ qui est à la fois un domaine d'étude de la régulation des fonctions psychomotrices (étude du développement, construction d'échelles d'observation), un domaine des troubles psychomoteurs (instabilité, débilité psychomotrice, tics*, dyspraxies*, etc.) et les méthodes de rééducation. Le terme de **psychomotricien** est généralement utilisé pour définir le statut professionnel des spécialistes qui assurent les examens cliniques et la rééducation des troubles. *D. Widlöcher*

Psychoneuro-endocrinologie

Etude des interactions entre l'état psychique et le fonctionnement des systèmes neuro-endocriniens. L'état psychique est susceptible d'influencer les grands équilibres neuro-endocriniens et en particulier les systèmes qui répondent de façon non spécifique aux stimulations de l'environnement* (axe corticotrope et système sympathique). On peut distinguer les relations structurelles entre psychisme et caractéristiques neuro-endocriniennes et les interactions liées à la situation actuelle. Ainsi une hyperactivité de l'axe corticotrope, que l'on peut objectiver par le test à la dexaméthasone*, est associée à un mode de contrôle passif. Cette relation est exacerbée dans certaines formes de dépression*. L'hyperactivité sympathique correspond à un mode de contrôle actif, bien représenté par le « type A » de S. Friedman et D. Rosenman. Le « facteur testostérone » a été moins étudié et pourrait être corrélé avec la rigidité comportementale. L'activation neuro-endocrinienne est aussi contrôlée par les caractérisques psychologiques de la situation : degré de nouveauté* et d'incertitude*, possibilité de contrôle* comportemental, etc. L'impact émotionnel* des stimulations de l'environnement confère à la réponse neuroendocrinienne sa non-spécificité (théorie du stress*). L'activité psychique peut en retour être modulée par les hormones*. Ce concept, bien connu pour les hormones sexuelles, a été étendu aux hormones de l'axe corticotrope et aux catécholamines. Les relations psychoneuro-endocriniennes doivent donc être considérées de façon bidirectionnelle. *P. Mormède*

Psychoneuro-immunologie

Discipline qui étudie les processus reliant le système nerveux* et le système immunitaire. Selon les concepts utilisés, les voies d'approche ou les thèmes de recherche, on parlera de psycho-immunologie, psychoneuro-immunologie, neuro-immunologie, immunopsychiatrie, immunologie comportementale, etc. Le champ de recherche étudie les multiples interactions cellulaires et moléculaires entre les éléments du système immunitaire, du système endocrinien et neuro-endocrinien (hormones* et peptides*), du système nerveux périphérique et central (neuromodulateurs). Au total, cette nouvelle discipline est à la base de la connaissance scientifique d'une approche très intégrée de la physiologie et de la physiopathologie. Bien des observations médicales solides avaient établi le bien-fondé de ces interactions et le rôle de certaines dispositions ou états psychologiques, de certains dérèglements endocriniens et d'atteintes neurologiques sur tel ou tel élément du système immunitaire (allergie, maladies auto-immunes, modifications des défenses immunitaires, etc.). La mise en évidence de l'influence du système immunitaire, jadis considéré comme clos, indépendant, sur les autres grands systèmes résulte de recherches récentes. Avec ces recherches, peu à peu l'organisme se reconstitue dans sa totalité et surtout dans sa complexité.

M. Le Moal

Psychonévrose de défense

Terme utilisé par S. Freud pour rendre compte du rôle essentiel de la défense dans le conflit psychique, et pour esquisser une théorie psychologique de l'hystérie*, de la phobie* et de l'obsession*. L'exemple est la conversion* hystérique dans laquelle réside une aptitude à transposer de grandes sommes d'excitation par un mécanisme de transformation de cette excitation. Cette grande source d'excitation peut être ainsi transformée dans l'hystérie, déplacée dans la phobie, ou déconnectée d'une représentation inconciliable pour être connectée à une représentation plus conciliable dans l'obsession. Actuellement, cette notion de psychonévrose de défense est mise en cause par des classifications qui tentent de s'abstenir de tout préjugé pathogénique, en particulier psychanalytique. *A. Braconnier*

Psychonévrose de transfert → Transfert

Psychopathie

Terme du vocabulaire de la psychiatrie classique qui perd de plus en plus sa signification clinique, pour entrer dans le langage courant où il désigne toutes les formes d'affections psychopathologiques depuis le déséquilibre psychique jusqu'à l'aliénation mentale en passant par les troubles dépressifs. J. Koch emploie le premier le terme en isolant, en 1891-93, les infériorités psychopathiques qui deviendront dans le traité de K. Kraepelin de 1904 les personnalités* psychopathiques. Pourtant, c'est C. Prichard qui avait fait dès 1835 de la déficience du « sens moral » le trait central de la *moral insanity* dont l'aspect antisocial a été au centre de toutes les descriptions des personnalités psychopathiques. La tradition psychiatrique française s'attachera surtout au concept de déséquilibre psychopathique (E. Dupré) là où la littérature anglo-saxonne préférera rapidement les termes de personnalités psychopathiques, puis de sociopathie*, et enfin plus récemment de personnalité antisociale*.

La formulation qui a prévalu le plus longtemps est celle de K. Schneider qui a imposé une typologie caractérielle dans laquelle la psychopathie correspond à des personnalités telles que leur caractère anormal et amoral les fait pâtir ou fait pâtir la société. On parle aussi de névrose de caractère*.

Les classifications plus récentes des DSM *(Manuel diagnostique et statistique des troubles mentaux)* adoptent la notion de personnalité antisociale et asociale* dont le trait essentiel est un trouble de personnalité comportant une histoire de conduites* antisociales chroniques et continues avec violation des droits d'autrui, persistance à l'âge adulte d'un mode de conduite de même type survenu pendant l'enfance ou l'adolescence*, ce qui revient à utiliser l'étude catamnésique comme critère de diagnostic.

Force est de constater que c'est le critère de normativité de personnalité qui reste la référence de cette catégorie clinique dont des études devront prouver si elle peut rester scientifiquement fondée. *J.-F. Allilaire*

Psychopathologie

La psychopathologie a pour objet les conduites pathologiques et pour but d'en décrire le fonctionnement, la genèse et les processus en permettant le changement. En tant que branche de la psychologie, la psychopathologie s'appuie sur la connaissance du fonctionnement normal pour dégager, décrire et analyser ces comportements pathologiques. Les référents théoriques et les cadres méthodologiques utilisés pour rendre compte de ces conduites anormales sont donc divers, comme le sont les approches présidant à la description du fonctionnement normal. Il n'existe pas une psychopathologie mais des psychopathologies. Les modèles psychanalytique, béhavioriste, piagétien, cognitiviste sont autant de façons d'apporter une explication aux faits pathologiques. En retour, la modélisation des phénomènes psychiques pathologiques peut constituer un critère de validation des modèles de fonctionnement normal proposés par la psychologie. *M.-C. Hardy-Bayle*

Psychopédagogie

Terme dont l'apparition au début du xxe siècle ne peut étonner tant paraissait alors aller de soi le rapport privilégié de la pédagogie* avec la psychologie, censée renouveler la connaissance du sujet de l'éducation : l'enfant. A la fin du siècle, ce privilège est contesté. Les réalités de l'éducation relèvent autant, voire plus, d'une sociopédagogie dont l'absence à l'inventaire des sciences démontrerait la force de l'idéologie psychologiste. La psychopédagogie est l'une des approches possibles de la situation éducative, celle qui prend en compte ses composantes psychologiques : caractéristiques des individus et groupes en présence, relations maîtres-élèves, articulation des contenus et méthodes avec les processus individualisés d'apprentissage*, etc. *D. Hameline*

Psychopharmacologie

La psychopharmacologie débute en 1952 avec la découverte de la chlorpromazine (Largactil), premier neuroleptique*. Elle est devenue depuis une discipline à part entière aux confins de la neurochimie, de la neurophysiologie, de la pharmacologie et de la psychiatrie biologique. Elle comporte plusieurs branches, dont la psychopharmacologie animale qui étudie des modèles animaux d'effets des psychotropes* ; la psychopharmacologie prévisionnelle qui tente de prédire, à partir de constatations chez l'animal, les effets d'une substance chez l'homme normal ou atteint d'une pathologie psychiatrique ; la psychopharmacologie clinique qui étudie les substances chez l'homme, tant sur le plan des essais thérapeutiques que sur celui de la tolérance (pharmacovigilance). *R. Jouvent*

Psychophysiologie

Classiquement définie comme le domaine d'études associant la physiologie en tant que science analytique des fonctions* et la psychologie en tant que science du comportement global des organismes. Au sens étroit, qui est actuellement celui du terme anglo-saxon, il s'agit de l'étude des répercussions des activités cérébrales, dont les activités cognitives*, sur les fonctions périphériques et neuro-végétatives. De fait, la psychophysiologie, moins que le trait d'union entre les mécanismes physiologiques et les fonctions psychiques supérieures, est à la fois la science des intégrations nerveuses et celle de la biologie des comportements. Plusieurs dénominations sont assez indifféremment utilisées : psychobiologie*, neurosciences* ou neurobiologie* des comportements, neurobiologie intégrative. En un sens, l'évolution de ce domaine s'est faite en tendant à la fois à descendre au niveau le plus élémentaire du côté de la biologie et à aller vers les niveaux les plus intégrés du côté de la psychologie. A ce titre, la psychophysiologie fait appel à des disciplines et des techniques très variées et s'est ainsi beaucoup diversifiée. Un label plus représentatif de l'état actuel pourrait être celui de neurobiologie des systèmes intégrés ou celui de neurobiologie fonctionnelle, réservant au terme psychophysiologie l'acception plus étroite mentionnée plus haut.

Alors que le terme psychophysiologie tombe en désuétude, les nombreuses dénominations correspondant aux activités de recherche ayant pour but d'étudier les relations du cerveau et du comportement traduisent vraisemblablement un éclatement et l'émergence de nouvelles spécialisations dans ces champs de recherche, soit par le type d'approche, soit par les questions posées. La psychobiologie tend à étudier en premier lieu les activités comportementales et leurs corrélats neurobiologiques et physiologiques ; la neurobiologie du comportement part de modifications cérébrales ou nerveuses spontanées ou induites et en étudie les conséquences sur les capacités comportementales et neurophysiologiques.

B. Soumireu-Mourat

Psychophysique

Branche de la psychologie consacrée à l'étude des relations entre événements du monde physique et sensations*, événements mentaux*. Du moins est-ce ainsi que la concevaient, au XIXe siècle, les premiers expérimentateurs et plus particulièrement G. T. Fechner dont l'*Elemente der Psychophysik* en 1860 représente l'ouvrage fondateur de la discipline. L'histoire de celle-ci se confond pour ainsi dire, à ses origines, avec celle de la science psychologique naissante, dont elle n'est plus aujourd'hui qu'un champ de spécialité parmi beaucoup d'autres. Néanmoins, elle est restée un secteur de référence, non seulement par la perpétuelle amélioration de ses outils méthodologiques, souvent transposés dans d'autres domaines, et par l'élaboration de plus en plus poussée de ses modèles* mathématiques et sa fécondation constante de la théorie de la mesure*, mais parce qu'elle ne cesse d'être le lieu de débats fondamentaux en psychologie, où l'on retrouve notamment la question des rapports entre le monde physique, l'univers mental et l'appareil neuronal. Central pour Fechner, le problème de la nature de la sensation, et de sa liaison avec la conscience*, a peu à peu cédé la place à une redéfinition de la psychophysique comme étude de la relation entre stimulus physique et réponses : réponses de détection*, de discrimination*, d'estimation*. Le développement d'une psychophysique animale, qui combine les méthodes du conditionnement à celles de la psychophysique, dégagée du recours à l'introspection*, illustre particulièrement bien ce changement d'accent.

La psychophysique porte traditionnellement ses investigations sur trois thèmes : la détermination des seuils absolus*, la détermination des seuils différentiels* et la construction d'échelles* de sensation. Elle y applique des méthodes dont les principales avaient été mises au point par les psychophysiciens du siècle passé : méthodes des limites*, des stimulus constants*, d'ajustement*, de partition*, d'estimation de grandeur*, etc., avec leurs variantes respectives. En revanche, dans certains aspects de ses méthodes et surtout de ses modèles mathématiques, elle manifeste une évolution théorique considérable, depuis l'ambition sans doute assez naïve d'isoler la sensation comme un donné élémentaire du psychisme, ou de dégager des lois générales dont la plus célèbre fut la loi de Weber revue par Fechner, jusqu'à l'insertion des problèmes de psychophysique dans des conceptions plus générales du fonctionnement du sujet, impliquant des processus de décision* et des estimations des risques, dans des modèles probabilistes, telle la théorie de la détection du signal*.

Enfin, la psychophysique connaît de nombreux champs d'application, depuis le diagnostic des déficits sensoriels jusqu'à des problèmes d'ergonomie* où il importe de définir les conditions optimales de détection ou de discrimination de signaux critiques.

M. Richelle

Psychophysique (Parallélisme —)

→ Parallélisme psychophysiologique

Psychorigidité

Désigne une forme de résistance au changement* caractérisée par la persistance d'attitudes et de croyances en dépit des influences du milieu* et des événements extérieurs qui devraient conduire à leur modification. On l'observe sous des formes d'intensité variable comme un trait de caractère plus ou moins pathologique. Elle constitue de manière constante un des traits majeurs de la personnalité paranoïaque*, associée ou non à une pathologie délirante.

D. Widlöcher

Psychose

Terme introduit au milieu du XIXe siècle par le psychiatre allemand E. Feuchterleben pour définir l'ensemble des troubles mentaux graves qui affectent le sens de la réalité et dont le caractère morbide n'est pas reconnu par le malade. Il devait se substituer aux termes devenus péjoratifs de folie* et d'aliénation* mentale. Il a permis d'isoler des troubles mentaux qui, sous ces traits généraux communs, relèvent de causes et de mécanismes différents. Dans cette acception, on l'utilise encore pour désigner des troubles mentaux précis (par ex., psychose puerpérale* ou psychose carcérale*) ou dans un sens purement descriptif (classification DSM III, *Manuel diagnostique et statistique des troubles mentaux*).

Avec E. Kraepelin, au début du XXe siècle, il lui est conféré un sens plus précis s'appliquant à un cadre nosologique défini par des états chroniques dépendant d'un processus d'origine endogène*, sans lien direct avec la personnalité antérieure et regroupant la démence précoce* (devenue psychose schizophrénique* et psychoses délirantes* systématisées chroniques) et la psychose maniaco-dépressive*. Le regroupement de ces deux entités morbides sous ce terme, quoique encore largement utilisé, appelle de très nombreuses réserves en raison de leurs différences radicales d'origine et de mécanisme.

Sous l'influence de la psychanalyse (S. Freud, K. Abraham, P. Federn), et par opposition au cadre de la névrose*, le terme a pris un sens plus structural que nosologique, désignant un mode d'organisation de l'activité mentale caractérisé par un déni de la réalité, un repli narcissique de la *libido** et/ou des modes archaïques de relation d'objet* (symbiotique*, ambivalente*, orale*), une parcellisation des représentations d'objets fantasmatiques (position parano-schizoïde*) et des mécanismes spécifiques de défense contre les conflits intrapsychiques qui en dépendent (projection*, clivage*). Un tel mode de fonctionnement mental s'observe dans des états aigus ou chroniques qui s'inscrivent dans des cadres nosographiques divers, voire dans certains types de personnalité (schizoïde*, schizotypique*, état-limite*). Dans une schématisation sans doute excessive, on tend à opposer psychotique à névrotique comme deux modes fondamentaux du fonctionnement mental. *D. Widlöcher*

Psychose de Korsakoff → Korsakoff

Psychosociologie

Discipline descriptive et interprétative associée aux pratiques d'intervention sur les groupes*, les communautés*, les organisations* et les institutions*. Elle intègre à des savoirs issus de la pratique, des emprunts à la psychologie sociale*, à la sociologie, à la sémiologie, à la systémique, à la psychanalyse*, aux théories des organisations...

J.-L. Beauvois

Psychosomatique (Maladie —)

Concept qui date de la première moitié du XXe siècle ayant pour but de réduire la séparation entre maladies relevant du mental et maladies relevant du physique. Approche de la médecine et de certaines maladies caractérisée par la prise en compte à la fois des symptômes physiques, dont la réalité marque la séparation avec le monde des névroses*, et des états mentaux reflétant les événements vitaux* et les conflits dépendant de la biographie et de la personnalité* du patient : cette prise en compte apporterait une dimension étiologique et/ou pathogénique qui manque à la médecine pastorienne pour laquelle la cause est un agent physique indépendant du psychisme. L'acception varie selon chaque praticien en fonction de ce qui est entendu par psychique, de la relation entre psychique et somatique et de la part implicite du dualisme* dans l'approche du psychisme. L'approche moniste* matérialiste de la médecine affirme que toutes les maladies, maladies mentales incluses, sont en dernière instance somatiques dans la mesure où à tout événement mental correspond un événement cérébral.

Le fait que de nombreuses maladies apparaissent chez des sujets ayant certains types de personnalité ou/et ayant des difficultés à s'ajuster aux événements vitaux et au stress*, et/ou ayant peu de support* social, signifie que les réactions biologiques aux agressions diverses et leurs conséquences pathogéniques sont plus marquées chez ces sujets. En fait, la nécessité pour le médecin d'explorer tout autant la biographie du malade, les conflits, la personnalité, etc., que les symptômes physiques devrait être une règle triviale pour toute la médecine. Le contrôle ou la perte du contrôle de la situation relève de processus psychiques en partie inconscients, voire totalement non conscients pour ce qui concerne les déterminants hormonaux, sympathiques et somatiques. Les travaux de la seconde moitié du XXe siècle ont tenté de corréler certains traits de personnalité ou modalité de réaction avec des variables biologiques et une propension à développer certaines maladies : types A et B de la personnalité et maladies cardio-vasculaires, alexithymie* ou mode de pensée opératoire* et troubles respiratoires et digestifs, etc. Ces concepts intéressants sont plus des axes de recherche que des faits établis. Il est possible d'admettre, pour des raisons génétiques, épigénétiques ou environnementales, l'existence d'une vulnérabilité d'organe, repérable dès le premier âge, sur laquelle s'exercera les tensions adaptatives et où apparaîtront les premières défaillances.

Le concept reste donc vague et n'a pas apporté de données scientifiques permettant d'asseoir d'une manière autonome une nouvelle discipline médicale ou des conceptions étiologiques nouvelles. *M. Le Moal*

Psychostimulant

Substance produisant à des doses modérées un accroissement de la vigilance* et une réduction de la fatigue. Parmi les psychostimulants les plus répandus, on trouve la caféine (café), le théophyline (thé), la théobromine (chocolat), les amphétamines, la cocaïne* et diverses molécules ayant des propriétés anorexiantes. *M. Le Moal*

Psychothérapie

Méthode de traitement des souffrances psychiques par des moyens essentiellement psychologiques. Selon la démarche utilisée, la psychothérapie cherche soit à faire disparaître une inhibition* ou un symptôme gênant pour le patient, soit à remanier l'ensemble de son équilibre psychique. Les critères de guérison varient également selon le processus psychothérapique et la théorie qui le sous-tend : meilleure adaptation familiale et sociale, liberté intérieure et capacité d'être heureux plus grandes, connaissance plus fine de soi, de ses limites, de ses possibilités. Les méthodes utilisées reposent tantôt sur l'empirisme et l'intuition du thérapeute, tantôt sur une théorie qui garantit leur cohérence : théorie de l'apprentissage* (psychothérapie comportementale par déconditionnement et reconditionnement, psychanalyse corrective d'Alexander où le thérapeute prend l'attitude inverse de celle des parents du patient), conception psychodynamique de la personnalité (psychothérapie d'inspiration psychanalytique), théorie cognitiviste* et systémique* (injonction paradoxale). Le champ de la psychothérapie comprend les névroses, les troubles caractériels, les états-limites, les affections psychosomatiques, certaines psychoses et perversions. Diverses formes de psychothérapies s'adressent aux nourrissons, aux enfants, aux adolescents, aux adultes, aux personnes âgées, aux mourants. A côté des psychothérapies individuelles il y a des psychothérapies de groupe* et des psychothérapies familiales*. Selon leurs modes d'action, il y a lieu de distinguer : les psychothérapies qui reposent sur le prestige du thérapeute et sur la suggestion qu'il exerce (méthode Coué d'autopersuasion, direction morale, contre-suggestion* sous hypnose*, psychothérapies invigoratives) ; celles qui provoquent une catharsis* (hypnothérapie, subnarcose, cri primal*, psychodrame*) ; et enfin celles qui se servent du transfert* et du contre-transfert* pour rendre conscients les conflits* inconscients, modifier les mécanismes de défense* et faciliter les accomplissements pulsionnels (psychothérapies dites « en profondeur », psychanalyse*, psychothérapies d'inspiration psychanalytique). Les premières visent à modifier les représentations ; les secondes, les affects ; les troisièmes, les articulations entre affects et représentations. Du point de vue des attitudes et des techniques utilisées, le psychothérapeute peut être neutre (s'abstenant de directives, conseils, jugements) et interprétant (se laissant modeler par le transfert pour en dégager le contenu latent*) (psychanalyse). Il peut être seulement non directif* et renvoyer en miroir les attitudes et les sentiments du patient ou du groupe (psychothérapie rogerienne, groupe de rencontres*). Il peut intervenir activement en paroles et en gestes (relaxation*, psychodrame*), voire se montrer exclusivement encourageant (psychothérapie de soutien). Il peut recourir à la seule parole (la psychanalyse où le patient est allongé devant le thérapeute) ; à l'échange verbal libre renforcé par des communications non verbales spontanées (la psychothérapie en face à face) ; à des situations expérimentales programmées à l'avance (jeux de l'analyse transactionnelle*, thérapie comportementale*) ; à des contacts corporels plus ou moins accompagnés de verbalisation (relaxation*, bio-énergie*, enveloppement humide ou *« pack »,* massages mutuels californiens) ; à la confrontation du patient à sa propre image vidéo, à la concentration mentale (méditation transcendentale, rêve éveillé dirigé) ; à une privation ou à une surcharge d'excitations sensorielles destinées à provoquer un choc psychologique (électrothérapie, bains chauds et froids, massages) ; à une activité de type artistique (musicothérapie*, danse-thérapie, dessin libre, récit libre).

Du point de vue de la durée, une psychanalyse requiert des années, au rythme de plusieurs séances hebdomadaires. Les autres psychothérapies durent en général moins longtemps et ont un rythme d'une séance par semaine, voire par mois. Des psychothérapies intensives comportent une ou plusieurs séances par jour sur un court laps de temps. Des séances marathon* peuvent se dérouler en groupe sur tout un week-end. Les psychothérapies brèves comportent une dizaine de séances espacées avec un terme fixé à l'avance. Le travail psychique induit chez le patient varie de l'effort de pensée au laisser-aller régressif, d'un travail de perlaboration des résistances, des fantasmes, des identifications à une expérience choc, émotionnelle et interpersonnelle, susceptible de provoquer une modification, plus ou moins durable, des attitudes envers soi-même et envers autrui.

D. Anzieu

Psychothérapie brève

Développée il y a une trentaine d'années, en particulier par M. Balint et J. Malan, la psychothérapie brève est en très grande majorité d'inspiration psychanalytique, en reposant sur l'analyse de la relation transférentielle. Les premiers traitements de S. Freud avaient d'ailleurs été de courte durée et ce n'est qu'avec le développement de l'intérêt pour l'analyse des expériences infantiles les plus précoces que la cure type s'est trouvée allongée.

Les différentes variantes de psychothérapies psychanalytiques brèves ont en commun la définition préalable d'une durée déterminée et d'un objectif limité. La durée est fixée au début du traitement en accord avec le patient (trois mois à un an). Cette limitation temporelle amène une modification du cadre analytique dont les conséquences sont importantes : installés beaucoup plus vite dans un transfert*, les patients éprouvent souvent d'emblée une tension émotionnelle importante et se trouvent confrontés au double mouvement de l'attachement et de la perspective de l'achèvement du traitement. La problématique du deuil* est ainsi privilégiée. Le psychothérapeute est de son côté encouragé à se montrer plus actif et moins attentiste, en se guidant sur la focalisation. La focalisation consiste en une hypothèse sur un conflit intrapsychique qui expliquerait la majorité des difficultés actuelles du patient *(focus)*. Le *focus* initial va être progressivement redéfini et élaboré au cours de la thérapie, en fonction de l'analyse des processus inconscients qui se seront révélés prévalents.

Les indications dépendent de la capacité du patient à supporter la limitation du traitement et des aspects situationnels (notion de crise*, actualisation d'un conflit*). Les limites tiennent au facteur temps qui empêche la régression*. De plus, le caractère accéléré du traitement peut donner un climat d'illusion, d'enthousiasme qui masquent les résistances inconscientes au changement. Globalement cependant, des raisons économiques et les besoins de l'efficacité accrue en font une méthode actuellement en développement. *R. Jouvent*

Psychothérapie de groupe

L'usage a prévalu de désigner par psychothérapie de groupe une méthode de traitement des souffrances et des troubles psychiques pathologiques par l'action spécifique des processus de groupe sur les individus qui le composent. Il s'agit donc, *stricto sensu,* d'une psychothérapie en groupe ou par le moyen du groupe. Un dispositif approprié et orienté à cette fin permet l'utilisation des processus de groupe comme facteur thérapeutique. Cette méthode de psychothérapie est probablement la forme de soins psychiques et somatopsychiques la plus ancienne et la plus fréquente, quelles que soient les sociétés et les cultures. Bien que les théories, les pratiques et les objectifs varient considérablement, et que le terme même de psychothérapie de groupe soit récent (il est introduit par J.-L. Moreno vers 1930) tout comme la théorisation de ses modalités, de ses formes et de ses effets, il est possible de dégager les principaux traits communs à toutes les psychothérapies de groupe : le groupe constitue un étayage identificatoire puissant pour ses membres ; une scène d'externalisation, de dramatisation et de transformation dynamique des angoisses et des représentations pathogènes, ce qui définit des modalités de transferts spécifiques ; une réorganisation structurante de la psyché dans sa rencontre avec les interdits, la réalité objectale des autres et les énoncés fondateurs de la vie psychique et du lien intersubjectif ; un espace transitionnel générateur de créativité et de capacité symbolisantes, entre la réalité intrapsychique et corporelle et la réalité intersubjective et sociale. Quelles que soient les médiations utilisées pour mettre en œuvre ces processus (la parole, le corps, le cri, le jeu spontané ou psychodramatique, différents objets d'expression : dessin, modelage, peinture, musique, marionnettes), les différences fondamentales distinguent les orientations et les effets des psychothérapies psychosociologiques, comportementales, existentielles et psychanalytiques. Pour cette dernière, les effets thérapeutiques sont référés à la prise en considération des transferts dans l'agencement groupal des psychés, et à l'interprétation des processus et des formations groupales inconscientes. *R. Kaës*

Psychotrope

Définis par J. Delay comme l'ensemble des substances chimiques d'origine naturelle ou artificielle qui ont un tropisme psychologique, c'est-à-dire sont susceptibles de modifier l'activité mentale sans préjuger du type de cette modification. En réalité, tout effet psychotrope passe par un effet sur les systèmes neuronaux, c'est-à-dire un effet neurotrope. C'est à partir de la découverte de la chlorpromazine (Largactil) en 1952 où, dans la même décennie, ont été également découverts les antidépresseurs et les tranquillisants, que s'est produite une révolution thérapeutique.

S'inspirant du concept de tonus mental de P. Janet, où la vigilance (fonction noétique) est en interaction avec l'humeur, J. Delay et P. Deniker ont proposé une classification des psychotropes qui reste encore utilisée et qui distingue : les sédatifs ou psycholeptiques qui comprennent les neuroleptiques*, les hypnotiques et les tranquillisants* ; les psychoanaleptiques distinguant les stimulants de l'humeur ou thymoanaleptiques et les stimulants de la vigilance ou noanaleptiques ; les psychodysleptiques qui perturbent l'activité mentale.

Depuis cette classification, l'étude des psychotropes est devenue plus complexe. La découverte des effets préventifs du lithium a fait naître la notion de thymorégulateur*. Les progrès dans la connaissance de leurs mécanismes d'action ont tendance à généraliser les classifications fondées sur les effets sur les neuromédiateurs (agonistes ou antagonistes dopaminergiques, sérotoninergiques). *R. Jouvent*

Puberté

Au sens littéral, l'enfant pubère est « celui qui a des poils » ; ce caractère n'est cependant que l'un des aspects de la puberté, que l'on peut définir comme l'ensemble des transformations endocrino-somato-génitales observables chez l'être humain entre 10 et 18 ans environ. Le développement* pubertaire, qui marque le passage de l'état d'enfance* à celui d'adolescence*, comporte trois phases principales : la « prépuberté », période d'amorce du processus, souvent caractérisée par une forte croissance* staturale ; l'« éclosion pubertaire », marquée chez les filles par l'apparition des règles et chez les garçons par la capacité d'éjaculation ; la « maturité pubérale », phase d'achèvement du développement des caractères sexuels primaires (organes génitaux) et secondaires (pilosité, voix*, etc.).

J.-P. Bronckart

Puérilisme → Infantilisme

Puérocentrisme → Pédocentrisme

Puerpérale

Qualifie un type de psychose* survenant précocement après l'accouchement et présentant un état confusionnel (fluctuations du niveau de conscience*), des idées délirantes (sur le thème de la naissance) et des oscillations de l'humeur associées à une forte angoisse*.

Parmi les facteurs favorables au déclenchement d'une psychose puerpérale, on peut citer les modifications hormonales qui suivent l'accouchement, l'immaturité* de la malade, les complications obstétricales et les antécédents psychiatriques familiaux ou personnels. L'évolution de la psychose puerpérale traitée est variable : elle peut régresser plus ou moins rapidement, mais aussi récidiver lors de grossesses ultérieures. *R. Doron*

Pulsion

Introduit en psychologie par S. Freud, cette notion a été largement utilisée par les expérimentalistes intéressés aux mécanismes de l'apprentissage (C. L. Hull, N. E. Miller). Le concept soulève depuis longtemps de nombreuses controverses. Les éthologistes préfèrent la notion d'acte* instinctif, les béhavioristes se réfèrent plus volontiers à l'idée de comportement* d'appétence et de comportement consommatoire et les psychophysiologistes utilisent plus volontiers les termes de tension, de niveau de vigilance. Certains autres, enfin, continuent à voir dans le concept une variable intermédiaire explicative des comportements observables de faim et de soif, sexuels, etc.

En fait, il est actuellement surtout utilisé dans la théorie psychanalytique. Il se définit alors par une poussée exercée par le somatique qui s'impose ainsi à l'appareil psychique. Il s'agit donc d'une poussée qui fait tendre à l'action*. La pulsion a donc une source (somatopsychique), un but qui induit la satisfaction et la décharge d'énergie qui est investie et un objet par rapport auquel le but peut être atteint. Si l'objet n'est pas trouvé, et si le but n'est pas atteint, naissent la frustration* et un accroissement de la tension qui est ressentie comme un déplaisir. S. Freud a été constamment attaché à une conception dualiste des pulsions. Jusqu'en 1920, il a considéré qu'il y avait les pulsions sexuelles (orale, anale, etc.), et les pulsions du moi ou d'autoconservation (alimentation, activité musculaire, etc.). Mais dans les textes ultérieurs, en particulier à partir de *Au-delà du principe de plaisir,* il introduira un nouveau dualisme entre d'une part les **pulsions de vie** (qui recouvrent à la fois la pulsion sexuelle et la pulsion d'autoconservation) et d'autre part la **pulsion de mort** (pulsion d'agression, de destruction).

Depuis S. Freud, bien des débats se sont développés autour de la notion et peut-être plus particulièrement autour de la notion de pulsion de mort. Comme le rappellent J. Laplanche et J.-B. Pontalis, les critiques de la notion de pulsion de mort se situent à trois niveaux : le refus de faire de la réduction complète des tensions l'apanage d'un type spécifique de pulsions ; l'évocation possible d'autres hypothèses sur la genèse de l'agressivité et de la haine ; la critique de faire du principe de plaisir et de la contrainte à la répétition des succédanés au service de la pulsion de mort. Mais un débat encore plus récent est venu relancer l'intérêt porté à la notion de pulsion : peut-on avoir un point de vue psychanalytique en se passant de la notion de pulsion ? Cette discussion a en effet été suscitée par deux critiques : celle de confondre sur le même plan les objets que nous étudions et le principe qui les régule, celle du caractère pseudo-éducatif du concept. Pour cela, on peut proposer selon D. Widlöcher que la pulsion est inutile dès l'instant où tout acte, y compris tout acte de pensée, tend à sa réalisation. Ainsi, à une poussée s'exerçant sur un appareil psychique avec une source, un but et un objet, à une hypothétique énergie qui expliquerait la formation et l'intensité des actes de pensée, se substituent une activité mentale, un potentiel d'actions intentionnelles toujours en quête d'une situation dont il pourrait s'emparer pour lui donner sens et ainsi s'actualiser. Cette manière de voir pose évidemment la question de l'importance du point de vue génétique en particulier du rôle de l'infantile et du refoulé sur le psychisme et celle des mécanismes à l'origine des organisations psychopathologiques dans lesquelles le poids des facteurs topiques et économiques et donc pulsionnels ne peut pas être négligé. *A. Braconnier*

Pulsion du moi

Individualisées par S. Freud et assimilées aux pulsions* d'autoconservation, les pulsions du moi permettent de rendre compte de l'énergie psychique attachée à un groupe de représentations constituant l'instance psychique, le moi. Opposées aux pulsions sexuelles, elles sont particulièrement destinées à fonctionner selon le principe de réalité* et à rendre compte des pulsions de conservation de soi. Le terme de pulsion du moi disparaîtra progressivement lorsque S. Freud introduira le nouveau dualisme pulsionnel : pulsion de vie et pulsion de mort. *A. Braconnier*

Punition

En psychologie expérimentale, le terme punition désigne une procédure* expérimentale consistant à délivrer un stimulus aversif* à la suite d'une réponse donnée (par ex., un choc électrique sanctionne un appui sur le levier d'une cage de Skinner, ou le choix d'une des deux branches d'un labyrinthe en Y, ou l'entrée dans le compartiment sombre dans une situation d'évitement passif*). Les contingences punitives constituent l'une des quatre grandes catégories de contingences* de renforcement dans le cadre du conditionnement opérant*. La punition entraîne généralement la réduction de la probabilité d'émission de la réponse sanctionnée, éventuellement sa suppression. Il ne faut pas confondre punition et renforcement* négatif. *M. Richelle*

Pupille

Ce mot d'usage administratif est appliqué aux orphelins mineurs en tutelle, aux enfants privés de famille ou aux enfants dont les parents sont déchus de leur droit d'autorité parentale et qui sont pris en charge par l'Etat. L'emploi de ce vocabulaire en dehors de son contexte évoque les enfants secourus confiés à l'Aide sociale à l'enfance et livrés aux aléas de placements nourriciers, familiaux et institutionnels divers. *J. Selosse*

Pycnique → Constitution

Pyramidal

Qualificatif qui se rapporte à la fois au neurone pyramidal et au système pyramidal. Le neurone pyramidal, triangulaire à la coupe, s'observe dans le néocortex cérébral, mais aussi dans l'hippocampe* qui est un cortex* ancien très remanié. Le neurone pyramidal du néocortex s'observe dans la couche 3 et la couche 5, où il est de plus grande taille. Sa pointe, tournée vers la surface, comporte une dendrite apicale qui se termine dans la couche 1, la plus superficielle. L'axone part de sa base et quitte le cortex après avoir émis des collatérales et des branches récurrentes. Considérant le cortex moteur primaire en avant de la scissure de Rolando, on admettait que les axones des neurones pyramidaux les plus gros de la couche 5 (ou cellules géantes de Betz) constituaient le système pyramidal, ou voie corticospinale. En réalité, les cellules de Betz ne constituent qu'une partie des fibres pyramidales, les autres étant issues d'aires corticales sensorielles. Cette voie pyramidale est une voie longue, pour l'essentiel croisée, présentant une organisation somatotopique ; elle se termine au niveau spinal soit directement sur les motoneurones, soit par l'intermédiaire d'interneurones.

A partir du syndrome pyramidal chez l'homme (hémiplégie contralatérale, troubles des réflexes), on avait attribué au système pyramidal un rôle dans la commande des mouvements* fins, volontaires, contralatéraux et à prédominance distale. De fait, il existe des synergies* importantes entre le système pyramidal et les diverses voies extrapyramidales. *B. Soumireu-Mourat*

Q

Q sort

Technique d'observation originale créée par W. Stephenson, utilisée dans une grande variété de situations et pour divers types de conduites, permettant l'autoévaluation ou l'évaluation* d'autrui. Les items décrivant divers aspects de la conduite explorée sont écrits sur des cartes séparées. L'observateur doit distribuer ces items dans différentes piles (depuis décrit le plus à décrit le moins le sujet évalué), en affectant un nombre déterminé de cartes à chaque pile (selon une distribution normale forcée). Cette technique, très sensible, peu vulnérable aux tendances de réponse*, convient bien à la comparaison de données obtenues sur le même sujet (en différentes occasions). Elle fournit des données ipsatives.

M. Bruchon-Schweitzer

Quadranopsie → Hémianopsie

Qualification

Une proposition* logique *S* est *P* peut être envisagée sous le double aspect de sa qualité et de sa quantité, laquelle est une question de quantification*. La qualité concerne le caractère affirmatif ou négatif de la proposition. Il faut toutefois noter que la négation peut se présenter sous deux espèces, à chacune desquelles correspond une catégorie logique bien différente. Dans la première, la négation porte sur la proposition tout entière : *« cette remarque n'est pas pertinente ».* Cela revient à dire que le locuteur refuse la proposition : *« cette remarque est pertinente ».* On est en présence d'une dénégation ou encore d'une négation polémique. Dans la seconde, elle porte sur le seul prédicat* : *« cette remarque est non pertinente »* et la négation est en quelque sorte descriptive. La remarque est qualifiée de *« non pertinente »,* comme elle aurait pu l'être de judicieuse.

Il est possible d'élargir la qualification d'une proposition à son aspect modal et il convient, ici encore, de distinguer deux sortes d'opérateurs, selon qu'ils portent sur l'ensemble de la proposition ou sur son seul prédicat. On parle alors respectivement de modalité* *de dicto* et de modalité *de re.* Par exemple : *« il est certain que le temps va changer »* est *de dicto* et *« le temps va certainement changer »* est *de re.* Il faut cependant noter que la reconnaissance en surface de ces deux formes n'est pas toujours aisée, ne serait-ce qu'à la suite de certaines contraintes langagières. Un auteur peut se refuser à écrire : *« le temps va possiblement changer ».*

La négation polémique et les modalités *de dicto* ont en fait un caractère métalinguistique (V. Métalangage). Elles portent sur des propositions pour en « dire » quelque chose. Cela explique que les opérateurs *« il est vrai que »* et *« il est faux que »* soient parfois considérés comme des modalités. Elles sont dites impropres en logique et ne figurent pas parmi les oppositions* (contraires, subcontraires, contradictoires).

J.-B. Grize

Quantificateur → Quantification

Quantification

En logique mathématique, appliquer un prédicat* *a* à une variable* *x,* écrire donc *ax*, c'est engendrer une fonction propositionnelle. Une telle expression n'est ni vraie ni fausse, puisque *x* est indéterminée. En revanche, « Pour tout *x* , *ax* » et « Il y a un *x*, tel que *ax* » ont une valeur de vérité. Les opérateurs « Pour tout » et « Il y a » sont des quantificateurs. Le premier, universel, prend le prédicat *a* dans toute son extension* et le second, particulier, n'en considère qu'une partie.

Le problème fondamental de la construction des classes* et de leur organisation est celui du réglage du « tous » et du « quelques » (J. Piaget), ce que mettent clairement en évidence les difficultés que présentent l'inclusion* des classes et la proposition conditionnelle « si... alors ».

J.-B. Grize

Quantile

On appelle quantile supérieur d'ordre q d'une distribution* ordinale la valeur x_q, si elle existe, telle que la proportion des valeurs de la distribution supérieure à x_q est égale à q.

On définit de même le quantile inférieur d'ordre q. La médiane* est le quantile d'ordre 1/2 d'une distribution. Pour q = 1/4 et 3/4, on parle de **quartiles.** Pour q = 1/10, 2/10, etc., on parle de **déciles.** Pour 1/100, 2/100, etc., on parle de **centiles.** Pour une distribution numérique, les quantiles sont en général déterminés par interpolation.

P. Bonnet et H. Rouanet

Quantum

Par analogie avec l'usage du mot dans les sciences physiques (*quantum* d'énergie), désigne une quantité discrète caractéristique, constituant, à un niveau donné d'analyse, une unité de base irréductible. La notion a été appliquée aux échelles de sensation*, dont les échelons ont été assimilés à des *quanta,* ce qui revient à supposer que la sensation ne peut se ramener à une variable continue.

M. Richelle

Quantum d'affect

Décrit par S. Freud, le *quantum* d'affect désigne l'élément quantitatif de l'énergie psychique alors que l'élément qualitatif est défini par l'affect* proprement dit. Du fait du refoulement*, trois destins peuvent être envisagés pour ce facteur quantitatif : il peut être tout à fait réprimé de telle sorte qu'on n'en retrouve aucune trace (la belle indifférence des hystériques) ; il peut se manifester sous la forme d'une excitation liée à aucune représentation (la névrose d'angoisse*) ; ou, enfin, il est doté d'une coloration qualitative qui le transforme en un affect proprement dit (peur, joie, haine*, etc.).

A. Braconnier

Quartilage → Étalonnage

Quartile → Quantile

Quatre images (Test des —)

Le test des quatre images de D. J. Van Lennep, publié en 1939 et 1947, aurait été mis au point dès 1930, avant l'invention du TAT*. Il se distingue du TAT par le matériel et la consigne : les planches sont en couleur ; il y en a seulement quatre, que le sujet doit combiner en une seule histoire ; le sujet dispose d'une demi-heure pour écrire lui-même l'histoire. L'administration et l'interprétation sont en revanche identiques à celles du TAT. Les images sont présentées dans le même ordre et pendant un temps éventuellement limité, mais le sujet peut les enchaîner comme bon lui semble dans son histoire. La première représente deux personnes en tête à tête dans une pièce ; la seconde, une chambre à coucher vide ; la troisième, un individu seul dans une rue sous la pluie ; la quatrième, un court de tennis, avec deux joueurs, deux spectateurs et deux spectatrices. Le test existe en deux séries, une pour les hommes, une pour les femmes. L'obligation faite au sujet d'écrire l'histoire et de faire la synthèse des quatre images renforce chez lui les processus secondaires et le contrôle du moi*, au détriment des processus inconscients.

C. Chabert

Quémande alimentaire

Vocable désignant l'ensemble des conduites* par lesquelles un animal incite un autre à lui transmettre de la nourriture. Dans les sociétés d'insectes (abeilles, termites, fourmis), la quémande alimentaire par des attouchements antennaires et la transmission de nourriture (trophallaxie) contribuent au maintien de l'identité et de la cohésion du groupe. La quémande de harcèlement à l'égard d'un individu d'une autre espèce, l'incitant à abandonner sa proie, est une forme de parasitisme* (cleptobiose des skuas et des frégates aux dépens des oiseaux de mer). Les poussins de goélands quémandent leur pitance en se dressant vers la tête du parent et en tapotant la tache rouge située à l'extrémité de son bec jaune, ce qui entraîne la régurgitation. Les oisillons de passereaux tendent le cou, agitent les ailes, ouvrent tout grand le bec, poussent des cris stridents ; les commissures du bec, épaisses, et le fond du gosier, le palais, la langue sont vivement colorés ; l'ensemble détermine l'adulte à enfourner la becquée (V. Déclencheur). Chez l'oisillon fraîchement éclos, la quémande est déclenchée par des stimulus tactiles résultant du choc du parent nourricier sur le support ou le bord du nid ; après l'ouverture des yeux, les oisillons orientent le cou vers la tête de la mère ou vers toute reproduction, même grossière, qui en tient lieu. Dans la parade* nuptiale, la femelle de certains oiseaux (sternes) adopte un comportement infantile de quémande qui apaise l'agressivité* ; le mâle répond par une offrande* alimentaire réelle ou ritualisée*. *J.-C. Ruwet*

Questionnaire

Ensemble de questions rédigées et présentées selon un ordre précis soit oralement soit par écrit, servant à recueillir, dans une situation standardisée, les opinions*, sentiments, croyances et conduites des sujets. Le questionnaire peut constituer un test*, ou faire partie d'une enquête* : il s'agira alors de décrire une population ou de vérifier une (ou des) hypothèse(s), le questionnaire traduisant, par l'opérationnalisation, les variables de la recherche. Il peut en outre comporter des tâches spécifiques : comparer ou évaluer des objets, les ordonner ou les classer. On distingue différents types de questions selon leur forme : les questions ouvertes, permettant au sujet de formuler librement sa réponse, et les questions fermées, donnant différentes réponses possibles parmi lesquelles le sujet choisit une ou plusieurs options ou à propos desquelles il indique s'il est en accord ou en désaccord. *G. Moser*

Quotient d'efficience → Efficience

Quotient intellectuel (QI)

Notion introduite en 1912 par W. Stern. C'est le rapport entre l'âge mental* et l'âge réel* (multiplié par 100 afin d'éviter les décimales). Le QI mesure donc la vitesse relative du développement* intellectuel. Par définition, le QI moyen d'un groupe d'enfants de même âge réel est 100. Le degré de débilité* mentale est souvent caractérisé par le QI. Les difficultés de l'usage de la notion d'âge mental avec les adultes ont conduit D. Wechsler à proposer une définition toute différente du QI. Conventionnellement, les performances* à un test* des sujets d'un même groupe d'âge sont réparties sur une échelle normalisée de moyenne* 100 et d'écart-type* 15. On appelle QI la note obtenue par le sujet sur une telle échelle. Le QI de Wechsler est donc un rang et non un quotient.

M. Huteau

R

R → Corrélation

Raisonnement

Activité de pensée intentionnelle (V. Intentionnalité) qui, une fois mise en forme, se présente comme un enchaînement de propositions* qui permet de conclure à la valeur de vérité de la dernière (vraie, fausse, probable, etc.). On peut distinguer, de façon conventionnelle, deux types de raisonnements : les déductions* et les inférences*. Un type de raisonnement mérite une attention particulière : le **raisonnement par l'absurde**. Il consiste à supposer la négation de ce que l'on veut établir et à en déduire une contradiction*. Cette façon de faire est particulièrement significative, en ce qu'elle est hypothétique au sens le plus fort du terme : on s'appuie sur ce qui est le plus éloigné de ce que l'on estime vrai. Par ailleurs, ce raisonnement constitue une sorte d'entorse à la linéarité de la déduction.

L'activité* cognitive à l'œuvre dans le raisonnement (par ex., construction d'une preuve ou jugement* de validité d'un syllogisme) n'obéit pas à un déroulement d'opérations d'une élégance et d'une rigueur comparables à celles proposées par la logique, depuis les travaux fondateurs de G. Frege. Il apparaît au contraire que le sujet y déploie le même type de démarches, pour une part inductives, que dans d'autres formes de résolution de problèmes*. Si l'on excepte les sujets spécialement entraînés aux exercices de logique formelle, les jugements de validité de syllogismes sont souvent entachés d'erreurs liées tantôt aux représentations* des concepts* en cause, tantôt à la nature des outils linguistiques utilisés (dont le sens* courant peut interférer avec le sens logique), tantôt à la familiarité* et à la signification* du domaine concerné pour le sujet. On a également relevé d'importantes différences interindividuelles dans les stratégies adoptées.

J.-B. Grize et M. Richelle

Ralentissement psychomoteur

Désigne une propriété particulière de certaines actions, articulée à d'autres conduites caractéristiques, qui aboutissent à une attitude globale de figement du sujet* déprimé avec réduction et appauvrissement de la mimique, de la motricité*, de la gestuelle, de la posture*, de l'élocution et de l'idéation.

Cette attitude globale est d'autant plus remarquable qu'elle s'oppose point par point à l'hyperactivité* et à l'accélération gestuelle, mimique, verbale et idéique du maniaque. Elle correspond à une perte du lien et de l'articulation associative entre les actions successives, chaque acte s'allongeant du fait que rien ne vient le remplacer, ralentissement apparaissant comme secondaire à la diminution des incitations qui produisent habituellement une séquence d'activité.

Le ralentissement ne doit pas être confondu avec d'autres formes de lenteur observables en psychopathologie : un trouble intellectuel peut entraîner une autre forme d'aliénation figée de l'activité comme dans la confusion mentale ou les états démentiels.

De même on observe d'autres modifications du système d'activité dans la dissociation schizophrénique* ou les inhibitions* névrotiques.

On peut penser qu'il s'agit d'une forme active et intentionnelle de réponse à l'expression d'une perte, réponse émotionnelle qui conférerait à la dépression*, une signification analogue à celle de l'angoisse*. En tant que réponse adaptative, le ralentissement serait donc un système d'attitude et de riposte active dont l'expression maximale correspond à la stupeur mélancolique. *J.-F. Allilaire*

RAM

Abréviation de l'anglais *random access memory* qui signifie mémoire à accès aléatoire ou **mémoire vive**. Mémoire informatique à temps d'accès très court, adressable par octet ou groupe d'octets, appelée aussi mémoire vive. L'information peut y être inscrite et lue à chaque cycle de mémoire (s'oppose à *ROM**). Essentiellement à base de circuits intégrés, ce type de mémoire est utilisé pour réaliser la mémoire centrale des ordinateurs. *M. Baron*

Ramassage → Ramener

Ramener

Ce terme est utilisé pour désigner deux comportements distincts. Le **ramassage,** la récupération et le transport de jeunes qui se sont éloignés du nid, et que le parent saisit par le cou pour les y redéposer. En cas de dérangement, le parent, oiseau ou mammifère, peut transporter un à un tous les jeunes vers un gîte de remplacement. Ce comportement ne donne pas de signe de fléchissement sous la fatigue. Le **roulage** de l'œuf s'applique plus particulièrement à une conduite observée chez les oies, canards et goélands pour ramener dans le nid un œuf accidentellement ou volontairement placé sur son bord. Cette situation a été utilisée pour tester deux types de relations entre l'oiseau et son œuf. Chez l'oie cendrée, l'oiseau place le menton sur l'œuf et, par un mouvement de retrait, continuellement corrigé en fonction des irrégularités du sol, le ramène dans le nid ; si l'œuf est subtilisé après que le mouvement a été amorcé, l'oiseau continue le mouvement désormais sans objet, mais sous une forme fixe cette fois, en l'absence de toute information d'orientation*. Ce test a permis à K. Lorenz et N. Tinbergen de démontrer la dualité de la réponse instinctive*, comportant une composante fixe, série de contractions musculaires prédéterminées, et une composante d'orientation taxique*. Par ailleurs, en offrant à un goéland des choix successifs entre des paires d'œufs factices (V. Leurre) différant par un caractère (taille, forme, couleur), Tinbergen puis G. P. Baerends ont défini les caractéristiques de l'œuf qui déterminent l'adulte à lui accorder ses soins : l'œuf repris en premier est celui qui est préféré ; ils ont ainsi vérifié la loi de sommation hétérogène des stimulus et la possibilité de créer des combinaisons plus stimulantes que l'œuf naturel (stimulus supernormal). *J.-C. Ruwet*

Rameutage

Ensemble des réactions collectives agressives et d'avertissement par lesquelles un groupe occasionnel, mono- ou plurispécifique, harcèle un prédateur* potentiel. Des passereaux (corvidés, hirondelles, bergeronnettes, sansonnets) repérant un rapace en transit dans le ciel s'assemblent en un essaim serré qui évolue au plus près de ce dernier, le houspillant de leurs pseudoattaques jusqu'à ce qu'il ait quitté leur canton. Un passereau qui détecte un rapace au repos s'en rapproche en s'agitant et criant et rameute ses congénères et voisins ; ce harcèlement incessant incite fréquemment le prédateur potentiel à s'éloigner, poursuivi de loin en loin par de nouveaux rassemblements. Le caractère collectif de ce houspillage diminue les risques individuels de réaction agressive du rapace : l'effet de confusion de cette masse qui évolue tout autour et s'agite l'empêcherait de choisir une victime. Le rameutage bat le rappel des congénères en renfort en informant les arrivants de la localisation du danger et, peut-être, initie à ses caractéristiques les jeunes inexpérimentés ; il dissuade sans doute aussi le rapace en lui signalant qu'il est détecté. Des comportements analogues ont été observés chez des singes qui houspillent des carnivores, et chez des rongeurs qui harcèlent des serpents.

J.-C. Ruwet

Randomisation

Procédure* de présentation des différentes modalités d'une variable* indépendante au cours d'une expérience*, destinée à pallier les effets de l'apprentissage, par exemple, sur les résultats qu'induisent ces modalités. On présente au hasard (*random* en anglais signifie hasard) ces différentes modalités de façon à ce que le sujet ne puisse prévoir l'ordre de succession des items. Cette procédure est utilisée, entre autres, lorsque le contrebalancement* produirait un plan* d'expérience trop complexe. *F. Parot*

Rapide (Sommeil —) → Sommeil

Rappel

Par tâche de rappel, on entend une épreuve dont les consignes invitent à l'évocation, à la reproduction d'un matériel appris et font explicitement référence à la phase d'acquisition* de ce matériel. On distingue différents types de rappel. Dans une tâche de **rappel sériel,** le sujet doit rappeler un maximum d'éléments dans l'ordre de présentation. Dans une épreuve de **rappel libre**, cette contrainte, eu égard à l'ordre de présentation, n'existe pas. Dans une épreuve de **rappel indicé**, on fournit au sujet une information partielle (indice) afin de faciliter la récupération* du matériel. L'indice est souvent soit un fragment du stimulus à rappeler (ex., Mo pour Moïse) soit un mot sémantiquement lié (ex., arche pour Noé).

Les performances aux tests de rappel sont généralement moins bonnes qu'aux tests de reconnaissance*. Une exception notable est que le rappel indicé peut amener des performances meilleures qu'une épreuve de reconnaissance.

Si l'épreuve est administrée juste après la présentation du matériel, on parle de **rappel immédiat** ; si un délai est introduit, de **rappel différé**.

Désigne aussi l'activité elle-même qu'une tâche de rappel provoque. *S. Bredart*

Rapport (Échelle de —) → Échelle de mesure

Rapport de corrélation → Corrélation

Rapport signal/bruit → Bruit

Rationalisation

Mécanisme par lequel un sujet tente d'expliquer ses comportements ou ses sentiments en s'appuyant sur un raisonnement logique. E. Jones l'introduit en 1908 dans le langage psychanalytique. La rationalisation se distingue du rationalisme morbide où le raisonnement est pseudo-logique, c'est-à-dire ne suit pas les règles de cohérence couramment admises. Dans la rationalisation, la construction explicative suit les règles de la logique et se nourrit volontiers de l'idéologie en vigueur.

Par ce procédé, le sujet tente de justifier, c'est-à-dire de rendre rationnel et cohérent, donc admissible pour la raison, un comportement anormal ou dont les mécanismes inconscients (les véritables mobiles) lui échappent. Cette attitude permet au s masquer les diverses composantes tuelles qui le nourrissent. Bien qu sif, ce procédé ne peut être rangé parmi mécanismes de défense* dans la mesure où il opère tant vis-à-vis des motions pulsionnelles que vis-à-vis des mécanismes de défense mis en place par le sujet*. *M.-C. Hardy-Bayle*

Les psychologues sociaux utilisent le concept de rationalisation quand un sujet* ajuste après coup ses motivations*, attitudes* ou croyances* pour les rendre plus compatibles avec une action qu'on a obtenue de lui, notamment quand il est en position de soumission*. Cette dotation de valeur* à la conduite* nécessite que celle-ci ait été obtenue dans des conditions d'engagement* (libre choix, faibles justifications...). *J.-L. Beauvois*

Rationalisme

Doctrine philosophique qui affirme que toute chose existante possède sa raison d'être. Du point de vue scientifique, cette attitude conduit à prendre pour principe que tout élément d'expérience* peut être considéré comme exemple d'une théorie générale. Le rationalisme présuppose donc l'intelligibilité fondamentale du réel et la primauté dynamique de l'esprit* sur l'expérience. Cette primauté de l'esprit s'exprime dans l'activité préalable de théorisation qui détermine un cadre général dans lequel seront interprétées les données empiriques. En psychologie, cette conception philosophique s'est manifestée à la fois dans la façon de penser le développement* cognitif individuel mais aussi, de manière plus générale, sur le plan de la construction des théories psychologiques. Sur la question du développement cognitif, la position rationaliste (J. Piaget et N. Chomsky, par ex.) accorde une importance primordiale aux concepts* structuraux et considère les données de l'expérience du monde comme des illustrations de ces principes généraux ; alors que d'autres (comme les béhavioristes*) privilégient le rôle dynamique et organisateur de cette expérience sensible du monde. Cette opposition se retrouve au niveau de l'épistémologie de la psychologie et se traduit dans la manière de considérer les rapports entre l'activité de théorisation et les résultats de l'expérimentation.

P. Mengal

Réactance (Théorie de la —)

Mise en évidence par J. W. Brehm dans les processus d'influence d'autrui, la réactance est un état de motivation* négative faisant suite à une menace (supposée réelle) d'une restriction de la liberté individuelle et qui se traduit par une résistance à l'influence. La pression sociale peut ainsi déclencher des motivations en sens inverse du but recherché. Ces motivations peuvent être liées aux croyances du sujet, à son désir de conserver son indépendance, à ses valeurs ou aux engagements dans lesquels il est impliqué. Le comportement de réactance est fonction de l'importance que le sujet accorde au comportement menacé, et augmente d'autant plus que le sentiment de liberté diminue. *G. Moser*

Réaction

Activité* d'un organisme survenant en réponse à un facteur externe ou interne identifiable. Le terme est d'un usage très général dans les sciences du vivant. Pour ce qui intéresse le psychologue, il peut s'agir d'un réflexe* (par ex., réaction de retrait du membre à un stimulus nociceptif*), d'une réponse conditionnée* selon le modèle pavlovien* (laquelle peut prendre la forme d'un mouvement* mais aussi d'une sécrétion glandulaire, d'un phénomène électrophysiologique, etc.), d'une réponse émotionnelle*, avec ses concomitants hormonaux* et neuro-végétatifs* (ex. : réponse de stress* à un signal de danger, avec son accompagnement de décharge d'adrénaline*), d'une altération du système immunitaire en réponse à des facteurs affectifs, aussi bien que d'un état d'humeur dépressif suite à un deuil (dépression* réactionnelle), ou encore, dans le contexte de l'éthologie, de toute réponse à un stimulus déclencheur*.

La notion de réaction peut être opposée à celle d'action*, qui ne suppose pas de situation ou de stimulus la déclenchant de façon contraignante. On ne parlera donc pas de réaction à propos d'une réponse opérante*, non plus que de la mise en œuvre de conduites subordonnées à la poursuite d'un but*. Elle est cependant infiniment moins restrictive que la notion de réflexe, puisqu'elle s'applique à des modifications d'états ou d'activités qui peuvent n'être pas inscrites dans l'organisation physiologique précâblée, qui découlent de l'histoire particulière du sujet, et dont la complexité comme la persistance peuvent être sans commune mesure avec celles des réflexes. *M. Richelle*

Réaction (Temps de —)

Intervalle* temporel minimal (ce qui le distingue de la latence*) séparant un stimulus* dit impératif d'une réponse motrice volontaire*. Cette définition s'applique au **temps de réaction simple**, phénomène comportemental des plus élémentaires mais dont l'étude, entreprise dès les origines de la psychologie scientifique, ouvrit la voie à celle des processus cognitifs*. La procédure expérimentale qui en permet la mesure comprend un stimulus avertisseur*, destiné à mobiliser l'attention* du sujet au cours d'une période préparatoire (de durée variable et imprévisible de façon à éviter les anticipations*), suivie de la présentation du stimulus impératif, ou d'exécution, auquel le sujet a été, par consignes*, invité à répondre le plus rapidement possible en exécutant un geste simple clairement défini (généralement actionner une clé télégraphique ou un bouton poussoir). Le temps qui sépare le début du stimulus impératif de la réponse est enregistré en millisecondes. Le temps de réaction simple varie en fonction d'une multiplicité de facteurs, dont l'intensité* du stimulus, la fréquence de présentation, l'exercice* ou la fatigue*, etc. H. von Helmholtz avait eu l'idée de comparer le temps de réaction à deux stimulus tactiles identiques mais appliqués à des distances différentes de la tête (à la fois point d'arrivée des fibres afférentes et lieu de la réponse de morsure utilisée) pour mesurer la vitesse de l'influx nerveux.

Dans le **temps de réaction discriminatif** ou **de choix*,** le sujet est confronté à plusieurs stimulus, soit qu'il ait à répondre à un seul d'entre eux (c'est généralement à ce cas que l'on réserve l'expression TR discriminatif, en anglais *go/no-go task*), soit qu'il ait à choisir parmi plusieurs réponses celle qui correspond au stimulus présenté (TR de choix). Toutes choses égales par ailleurs, ces temps de réaction seront toujours plus longs que les temps de réaction simples. Ils impliquent en effet non seulement un temps de conduction de l'information sensorielle et de la commande motrice, mais un délai d'identification du stimulus et, pour ce qui est du TR de choix, de choix de la réponse (temps de décision*). F. C. Donders en 1868 conçut l'idée d'exploiter les divers types de temps de réaction, en les comparant, pour évaluer la durée des différentes phases des processus en jeu, faisant du TR une voie d'accès inattendue aux processus mentaux qu'exploite encore avec succès la psychologie contemporaine (V. Chronométrie mentale). *M. Richelle*

Réaction circulaire

Par ce terme, emprunté à J. M. Baldwin, J. Piaget et H. Wallon désignent la répétition par le bébé d'un cycle moteur acquis ou en cours d'acquisition. Dans la perspective piagétienne, cette répétition est destinée ou à maintenir une sensation agréable (réaction circulaire primaire centrée sur le corps propre ; ex., la succion du pouce), ou à faire durer un spectacle intéressant dans lequel sont impliqués un ou des objets extérieurs au sujet (réaction circulaire secondaire ; ex., agitation d'un hochet), ou encore à explorer les effets de la variation d'actions sur un même objet (réaction circulaire tertiaire ; ex., variation systématique de la façon de lancer un objet). Les réactions circulaires primaires puis secondaires apparaissent dans les six premiers mois de la vie, la réaction circulaire tertiaire vers 1 an. Vers 8 mois apparaît une réaction circulaire originale (la réaction circulaire différée) attestant d'un début de maîtrise de la permanence* de l'objet et qui se manifeste par la reprise d'activités momentanément interrompues par des événements extérieurs. *J.-E. Gombert*

Réaction d'alerte → Alerte

Réaction de sursaut

Réaction d'alerte* réflexe et globale d'un organisme en réponse à un stimulus bref et intense, le plus souvent auditif. La réaction de sursaut survient généralement au cours d'un changement d'état de vigilance* et elle permet une activation motrice, neurovégétative et cardiaque préparatoire à l'action*. La réaction est susceptible à la fois d'habituation* et de conditionnement* et, dans ce cas, elle a été utilisée comme modèle* de peur conditionnée. Les régions du système nerveux impliquées sont situées dans le mésencéphale*, le rhombencéphale et la formation réticulée*. *M. Le Moal*

Réaction émotionnelle conditionnée

Dans la terminologie du conditionnement*, on réserve cette expression, qui peut par ailleurs légitimement s'appliquer à n'importe quelle réponse conditionnée à composante émotionnelle, à la réduction ou la suppression* des réponses opérantes* émises dans un programme* de renforcement en cours, lorsque l'on présente un stimulus avertisseur* d'une certaine durée, dont la fin coïncide avec un stimulus aversif* inévitable. L'effet a été décrit et étiqueté en 1941 par J. Estes et B. F. Skinner, qui ont montré chez le rat la suppression des réponses en présence d'un signal auditif précédant une choc électrique. Il a été depuis lors souvent utilisé comme une mesure de l'anxiété* en psychophysiologie* et en psychopharmacologie*, et comme moyen d'apprécier la force de l'association entre événements dans les recherches d'orientation cognitiviste* sur l'apprentissage animal. L'abréviation CER empruntée à l'anglais est couramment employée. *M. Richelle*

Réaction thérapeutique négative

Phénomène paradoxal survenant au cours de certaines psychanalyses et caractérisé par le fait que le patient réagit négativement, c'est-à-dire par une aggravation de ses souffrances, à une avancée importante de l'analyse, marquée par la perlaboration* apparente d'interprétations* exactes et opportunes. Il est couramment admis, à la suite de S. Freud, que la réaction thérapeutique négative trouve sa source dans un sentiment inconscient de culpabilité* particulièrement intense et/ou dans des tendances masochistes* qui rendent le sujet incapable de renoncer à la satisfaction inconsciente qu'il tire de ses souffrances. M. Klein* a souligné le rôle que joue, dans la réaction thérapeutique négative, le désir de décevoir et de disqualifier l'analyste auquel s'adresse, dans le transfert*, une envie* insurmontable de sa « bonté » et de sa normalité supposées. *J.-M. Petot*

Réactionnel

E. Kretschmer a décrit le délire* de relation des sensitifs dans un chapitre sur les réactions de la personnalité*. La psychopathologie française a gardé le terme de réactionnel pour insister sur le rôle étiologique des événements dans l'émergence de certains syndromes pathologiques, en opposition à d'autres qui seraient d'origine endogène*. De cette manière, on a pu opposer les dépressions* endogènes aux dépressions réactionnelles.

Cependant, à la suite de H. Ey qui critiquait l'idée d'une pathologie exclusivement réactionnelle sans participation de l'endogène, un consensus se fait autour de l'idée d'une intrication constante, à des degrés variables, entre facteurs externes et internes. De plus, la discussion étiologique semble perdre de l'intérêt au fur et à mesure que les moyens thérapeutiques s'en détachent.

Le terme de réactionnel reste utilisé pour insister sur l'existence d'un événement traumatique peu de temps avant l'éclosion pathologique et sur sa compréhensibilité.

R. Jouvent

Réadaptation

A l'instar de la notion d'adaptation*, ce terme désigne un processus fonctionnel d'équilibration* des échanges entre un vivant et son milieu*, quand le rapport a été plus ou moins perturbé. La psychologie commune n'exprime pas autre chose que cette idée quand elle dit d'une personne qu'elle s'est bien réadaptée. Il reste que le terme réadaptation est apparu pour désigner la ségrégation* des écoliers en difficulté, en vue de leur éventuelle réinsertion. Autant qu'un processus biopsychique, la réadaptation est une institution sociale. Des élèves inadaptés, H. Piéron ne disait pas qu'ils fonctionnent mal mais qu'ils « ne peuvent pas suivre ». Cette dernière métaphore énonce le parcours imposé et laisse entendre la fabrication sociale du cycle adaptation - inadaptation* - réadaptation.

D. Hameline

Réafférence

De manière générale, ce terme désigne les processus de rétroaction* exercés par les effecteurs* d'un système sur les mécanismes centraux qui les commandent. Dans l'activité motrice*, la réafférence est le processus de transmission des informations* issues des récepteurs sensoriels du muscle (propriocepteurs*), lorsque les effecteurs sont activés par une commande des centres nerveux supérieurs ; ces informations contribuent à la régulation* de la contraction musculaire. Sur le plan comportemental, la réafférence a trait à la modification des informations fournies par le milieu sous l'effet des informations issues des mouvements* du corps propre. On qualifie aussi parfois de « réafférence sensorielle » le processus inverse de modification de l'activité motrice du corps par les informations issues du milieu (informations sensorielles « ex-afférentes »).

Principe de réafférence : E. von Holst et P. Mittelstaedt ont désigné sous ce terme un ensemble de modèles théoriques qui rendent compte des interactions entre les informations sensorielles et les rétroactions consécutives aux comportements moteurs déclenchés par ces informations.

J.-P. Bronckart

Réalisation → Moi, Soi, Niveau d'aspiration

Réalisme enfantin

Terme utilisé en psychologie* selon des acceptions spécifiques par G. Luquet et J. Piaget. Dans l'évolution du dessin* chez l'enfant, G. Luquet distingue quatre niveaux successifs de réalisme :

1. succédant au gribouillage (1-2 ans), le réalisme fortuit (2-3 ans) ;
2. le réalisme manqué (3-4 ans) ;
3. le réalisme intellectuel (4-10 ou 12 ans), avec procédés de transparence, de rabattement et de schématisation ;
4. le réalisme visuel (dès 8 ou 9 ans).

J. Piaget décrit le réalisme intellectuel de l'enfant (de 4-7 ou 8 ans) comme une tendance spontanée à confondre le signe* et le signifié*, l'interne et l'externe ainsi que le psychique et le physique. Il exprime l'égocentrisme* dans la représentation du monde, et se manifeste par l'animisme* et l'artificialisme. Il s'accompagne, sur le plan social, du réalisme moral, marqué par le respect unilatéral, l'obéissance littérale à la règle, et une conception objective de la responsabilité.

E. Jalley

Réalité psychique

Notion psychanalytique dans laquelle « réalité » doit être entendu comme ce qui s'oppose aux apparences et se cache derrière elles. La notion de réalité psychique présente deux aspects. D'une part, elle est destinée à souligner que l'activité psychique, et notamment le fantasme*, produisent des effets psychiques qui ne sont pas moins réels que ceux des événements ou des expériences du monde extérieur. Prise au pied de la lettre, cette thèse peut justifier chez certains psychanalystes une relative indifférence pour la reconstruction du passé de leurs analysants. D'autre part, la notion de réalité psychique s'applique à ce qui apparaît comme le plus réel dans le psychique : les désirs* inconscients. Melanie Klein a insisté sur le fait que la réalité psychique peut faire l'objet d'une reconnaissance *(insight** ou *realization)* ou au contraire d'un déni*.

J.-M. Petot

Réalité virtuelle

Expression paradoxale qui désigne depuis 1990 environ un ensemble de techniques de simulation, issues de l'informatique* et de la robotique, visant à immerger un individu dans un environnement virtuel, que celui-ci perçoit et avec lequel il peut interagir grâce à des dispositifs d'interface s'adressant à plusieurs modalités* sensorielles (vue, ouïe, toucher). Par exemple, un visiocasque permet à l'opérateur de recevoir les images et les sons du monde simulé sur ordinateur, en fonction de son point de vue. D'autres dispositifs (gant ou combinaison de données, exosquelette) peuvent capter ses gestes et lui permettre d'agir virtuellement dans ce monde, de s'y déplacer ou d'en manipuler des objets, avec des sensations haptiques* partielles en retour. La conception architecturale et industrielle, la formation, les loisirs (jeux vidéo, musées virtuels par ex.) et la coopération à distance sont des domaines d'application de ces techniques. *M. Baron*

Rebirth → Respir (Stade du —)

Récapitulation (Loi de —) → Biogénétique (Loi —)

Récence (Effet de —)

Effet lié, comme celui de primauté*, à l'ordre de présentation des éléments d'une série d'items à mémoriser sur leur rétention* : les items occupant les dernières positions de la série sont mieux retenus que les items occupant les positions médianes. Pour certains auteurs, les items présentés en dernier lieu seraient mieux rappelés en raison de leur plus grande probabilité de maintien en mémoire à court terme* lors du rappel. Pour d'autres, l'effet de récence reflète plutôt la mise en œuvre de stratégies* de récupération* fondées sur des indices temporels ou contextuels.

S. Bredart

Récepteur

Pour les théories classiques de l'information*, le récepteur est simplement l'appareil qui reçoit le signal* émis par l'appareil émetteur* et qui le (re)code en message* pour le destinataire*. Dans cette perspective, l'exemple du fonctionnement humain aboutirait à considérer le décodage* des ondes électriques par l'oreille externe, le tympan, les osselets, l'oreille interne et le nerf auditif comme le travail d'un récepteur responsable ensuite de leur transformation en message pour le cortex du destinataire. Cette conception passive de la prise d'information, qui ne rend pas compte du travail du sujet interprétant, est aujourd'hui abandonnée par la plupart des théories de la communication*. *J.-M. Adam*

Récepteur cellulaire

Structure protéique située sur la face externe de la membrane ou à l'intérieur de la cellule, destinée à s'associer de façon stéréospécifique, plus ou moins temporairement, à un ligand donné (hormone*, transmetteur, molécule thérapeutique) et à déclencher une réponse cellulaire appropriée (effet biologique). La notion de récepteur fut introduite par J. N. Langley en 1878. La liaison ligand-récepteur est le plus souvent réversible, non covalente et elle produit des modifications dans le fonctionnement cellulaire selon des modalités variables. Ainsi, les neuromédiateurs* et certaines hormones, agissant sur un récepteur membranaire, modifient l'activité d'un système enzymatique, couplé au récepteur (adénylate cyclase, phosphatydilinositol), ce qui entraîne la synthèse d'un second messager intracellulaire, responsable des réactions en chaîne à l'origine de l'effet biologique. Dans d'autres cas, ils provoquent l'ouverture ou la fermeture des canaux ionophores associés au récepteur, d'où des mouvements ioniques rapides transmembranaires, générateurs d'un nouveau potentiel* d'action. Les hormones stéroïdes forment avec un récepteur intracytoplasmique un couple, lequel, migrant dans le noyau, y déclenche la synthèse d'un ARN messager, puis d'une protéine. Au niveau du système nerveux, des études basées sur la mesure de la liaison spécifique des molécules radioactives (agonistes*, antagonistes*, neurotransmetteurs* eux-mêmes) à des membranes cellulaires, ont permis d'identifier les récepteurs des neuromédiateurs connus, d'en étudier les propriétés (types et sous-classes, affinité pour le médiateur, modulation de leur nombre par des phénomènes d'hypo- ou d'hypersensibilité), mais aussi de découvrir le site d'action des médicaments ou drogues psychotropes. *U. Spampinato*

Récepteur sensoriel

Capteur des informations* de l'environnement et voie d'entrée dans le système nerveux* central. Ce sont des transducteurs qui transforment l'énergie reçue en courant électrique. Ils sont connectés au système nerveux par des nerfs périphériques, sensitifs, pénètrent la moelle épinière* par les racines et cornes dorsales ou sensorielles ou constituent les nerfs crâniens qui entrent dans le cerveau dans les régions bulbopontiques. Ces nerfs rassemblent l'ensemble des afférences* du système nerveux de la vie de relation alors que les organes internes sont également pourvus de capteurs sensoriels relevant du système nerveux sympathique*. A la partie afférente des entrées répond la partie efférente, motrice, commandant la réponse de l'organisme. Ainsi, les récepteurs sont caractérisés en fonction de la nature des informations qu'ils transmettent ; extérorécepteurs pour les informations du monde extérieur, intérorécepteurs pour les informations en provenance du corps (tendons, muscles, par ex. fuseau neuromusculaire, articulations, canal alimentaire, vessie, etc.). Ils diffèrent selon leur mode de fonctionnement : certains sont silencieux jusqu'au changement provoquant la sensation (dans la peau, pour la pression et le toucher, l'étirement), d'autres sont dans un état de fonctionnement basal et enregistrent les modifications de cet état (thermorécepteur pour froid et chaud). Ils sont également caractérisés selon les informations : nocicepteurs* (informent sur toute atteinte nociceptive du corps), chémorécepteurs (dans le canal alimentaire), thermorécepteurs. Enfin ils ont une adaptation* plus ou moins rapide.

Leur structure est très variable et souvent fort complexe allant de la terminaison nerveuse simple, comme dans la peau où l'on trouve des fibres nues, à des éléments nerveux entourés de cellules spécialisées en capsules, enfin à de véritables organes, comme les organes des sens*. Parmi ces derniers, il faut noter l'œil et l'oreille interne, localisés et bilatéraux permettant de repérer des informations à distance.

La transduction* est un phénomène complexe dépendant de la cellule ou des organes récepteurs équipés pour capter un type d'énergie donné et transformer cette énergie en processus membranaires et subcellulaires générateurs d'énergie nerveuse, potentiels* générateurs ou transducteurs ; ces potentiels sont à l'origine de potentiels d'action*. Tout ce qu'un récepteur reçoit n'est pas nécessairement adressé aux plus hauts niveaux du système nerveux en particulier à la conscience* : le traitement de l'information s'effectue dès les organes des sens et se poursuit aux différents niveaux et relais des voies sensorielles ; inversement, le système nerveux exerce des contrôles sur les entrées, avec des mécanismes de facilitation et d'inhibition. L'organisme ne peut traiter qu'un nombre limité d'informations de l'environnement, y porter attention et y répondre, ce qui ne veut pas dire que ces informations ne sont pas traitées par le système nerveux, comme l'attestent les réactions neuro-végétatives à des stimulus apparemment non perçus. *M. Le Moal*

Recherche en mémoire

Terme générique désignant les processus susceptibles de conduire à la récupération* d'informations stockées en mémoire. La nature de ces processus varie selon le modèle de la mémoire auquel on se réfère. La recherche en mémoire est le plus souvent automatique* mais peut aussi être une activité contrôlée, consciente, impliquant la mise en œuvre de stratégies complexes de recollection*. *S. Bredart*

Recherche-action

Type de recherche dont les objectifs et la méthodologie font l'objet d'une négociation permanente entre les chercheurs, les commanditaires de la recherche, et les individus ou groupes sur lesquels porte la recherche. De monologique, comme c'est le cas dans la méthode expérimentale*, la recherche se fait dialogique. Une telle démarche est indispensable dès lors que les résultats d'une recherche sont destinés à faire système avec les effets d'une action, comme dans de nombreux cas d'innovation pédagogique* . *D. Hameline*

Recherche active → Active

Récidive

En médecine, la récidive caractérise la réapparition d'une maladie après le rétablissement de la santé. En droit, la récidive qualifie une nouvelle infraction commise après qu'un jugement eut sanctionné un premier délit* ou crime*. Le mot récidive a une connotation négative de rechute qui évoque l'inefficacité d'un traitement* ou d'une mesure pénale appliquée à un organisme ou à un sujet* opposant. Ce terme est à distinguer de la répétition et de la réitération, dans la mesure où il fait référence à l'échec d'une intervention.

J. Selosse

Réciproque → Groupe mathématique

Récit

Type de discours*, qui résulte de la mise en texte* d'une histoire*, par un acte de narration*. Le récit se distingue de la description* ou de l'argumentation*, même s'il n'existe pas de récit sans description minimale et même si un récit peut servir à argumenter. En dépit de différences évidentes, récit historique et récit fictionnel comportent une structure narrative commune qui nous autorise à considérer le récit comme un mode homogène de mise en texte.

Pour qu'il y ait récit, les éléments suivants doivent être réunis : un acteur constant (A), personnage central individuel ou collectif ; des prédicats* p et q définissant A dans une situation initiale puis dans une situation finale ; un déroulement temporel minimal menant de l'une à l'autre ; une transformation des prédicats p (initial) et q (final) par un procès ; une logique singulière où ce qui vient après apparaît comme causé par (loi classique du *post hoc, ergo propter hoc*) ; une fin sous forme de morale, évaluation globale explicite ou à dériver par le lecteur.

La superstructure* narrative est constituée de macropropositions qui sont aujourd'hui diversement désignées : le « résumé » ou « entrée-préface » qui introduit facultativement le récit et, symétriquement, la « chute » (ou « coda », parfois simple morale donnée à la suite du récit), l'« orientation » ou « situation initiale », la « complication » ou déclencheur du récit, l'« action centrale » qui en résulte (description d'actions parfois remplacée par une simple évaluation de la situation nouvelle), la « résolution » qui permet au récit de s'achever sur une « situation finale ». La séquence narrative élémentaire correspond au découpage de tout procès en cinq moments : avant, début, pendant, fin, après. Le récit comme texte narratif apparaît comme le résultat de la combinaison de séquences* élémentaires. *J.-M. Adam*

Recognition

En philosophie kantienne, désigne l'acte par lequel un objet perçu est compris sous un concept*. En psychologie, la recognition s'entend dans deux sens, dont le premier est proche de la notion philosophique. On parle d'abord de recognition dans les cas où un objet (ou une scène) est assimilé à un schème* d'action ou à un schème notionnel (par ex., le bébé qui reconnaît tel objet comme étant à balancer). Reconnaître revient à classer un objet considéré alors comme connu. En son second sens, l'acte de recognition est lié à la mémoire* au sens où référence est faite par le sujet à son passé. Précédant les activités de reconstitution et d'évocation* du passé, la recognition apparaît comme la forme la plus élémentaire de mémoire au sens strict, le sujet retrouvant dans tel objet perçu un objet déjà vu. *J.-J. Ducret*

Recollection

Désigne habituellement la récupération* non automatique d'informations* en mémoire. Cette recollection (ou **remémoration**) est vue comme une véritable résolution de problème* dont l'étude des stratégies* est relativement récente. Cet aspect de la récupération, assez négligé avant 1970, fait l'objet de nombreuses études suite à l'émergence de l'approche écologique de la mémoire (à savoir l'étude de l'utilisation de la mémoire dans des contextes proches de la vie quotidienne). L'analyse de protocoles verbaux, recueillis lors du rappel de faits autobiographiques (par ex., se rappeler le nom de son instituteur de première année ou encore se rappeler de ce qu'on faisait le 23 décembre 1985), a permis de décrire des stratégies de recherche d'informations consistant à rechercher d'abord des informations autres que l'information demandée ; ces informations, une fois retrouvées, sont utilisées par les sujets en tant qu'indices pour rechercher l'information cible. Ce travail de recollection comprend aussi une évaluation de la pertinence des informations partielles récupérées eu égard à la réussite de l'entreprise de recherche, évaluation comparée à l'épreuve d'hypothèses en résolution de problème. *S. Bredart*

Récompense

Stimulus renforçateur* appétitif, octroyé à la suite de l'émission d'une réponse donnée dans une procédure expérimentale à renforcement* positif*. Le terme, marqué des connotations affectives et subjectives qu'il a dans la langue courante, reste d'un emploi relativement répandu en psychologie, tantôt à la place de renforçateur, tantôt à la place de renforcement positif. Ainsi parle-t-on de la récompense (stimulus renforçateur alimentaire) que l'animal trouve au terme du parcours d'un labyrinthe*, ou de la récompense monétaire accordée au sujet humain dans une expérience d'apprentissage verbal. *M. Richelle*

Reconnaissance

Processus par lequel un organisme reconnaît un objet ou un événement comme appartenant à une classe*, ou par lequel il assimile un élément à un schème* ; en psychologie cognitive, on préfère généralement à ce terme celui d'identification*. Sous l'expression de « reconnaissance individuelle » on désigne, en éthologie* animale, la capacité d'un animal à distinguer un congénère particulier d'un ou de plusieurs autres membres du groupe.

J.-P. Bronckart

Reconnaissance des formes

Thématique de recherche qui s'est particulièrement développée en psychologie à la fin des années 1950. Elle a d'abord concerné les processus de reconnaissance* des mots* (modèle des « logogènes »), puis les processus de reconnaissance des objets (modèle des « pictogènes »). Les courants cognitivistes*, puis connexionnistes* ont en particulier abordé l'étude des mécanismes de reconnaissance du visage humain.

Divers modèles informatiques* ont eu pour objet, depuis 1950, de simuler le traitement automatique de formes* visuelles ou sonores : la reconnaissance d'images, de la parole, l'interprétation de signaux, la classification automatique de données. La reconnaissance des formes se heurte à une grande complexité de calcul* et nécessite des ordinateurs puissants. Parmi les applications, on peut citer les traitements d'informations saisies par des capteurs, en robotique par exemple, la reconnaissance de caractères d'imprimerie, d'écritures manuscrites, ainsi que le dialogue oral homme-machine.

M. Baron

Reconstruction (Méthode de —)

La méthode de reconstruction (ou de reproduction) vise à évaluer le taux de rétention* d'un matériel préalablement appris en invitant le sujet à reproduire, oralement ou par écrit, les éléments du matériel dans l'ordre où ils ont été présentés.

S. Bredart

Recrutement

En psychoacoustique*, le terme désigne, chez des personnes atteintes de surdité partielle, un phénomène d'accroissement, beaucoup plus rapide que pour l'oreille normale, de l'intensité* de la sensation*, à partir du seuil absolu*, et malgré l'élévation marquée de celui-ci. On peut même assister à un hyperrecrutement, la sensibilité* pour des pressions sonores élevées audibles au sujet semblant meilleure que chez le sujet normal.

En neurophysiologie, extension du nombre de neurones* excités à la suite de l'accroissement d'intensité* ou du prolongement de la stimulation.

M. Richelle

Récupération

Fait de retrouver une information en mémoire*. La difficulté de récupération d'une information stockée est considérée comme une cause essentielle de l'oubli*. L'incapacité de récupérer une information donnée peut être liée à une interférence* due soit à l'acquisition antérieure d'un autre matériel (interférence proactive), soit à la présentation d'un matériel nouveau (interférence rétroactive). Indépendamment de l'interférence, la possibilité de récupérer une information est fortement liée à la présence d'indices contextuels déjà présents lors de l'encodage* de cette information.

La récupération n'est pas un phénomène en tout ou rien. Par exemple, dans la situation fréquente du « mot sur le bout de la langue », le sujet, quoique incapable de retrouver le mot recherché, peut souvent indiquer la première lettre du mot ou le nombre de syllabes qu'il comporte. La récupération de l'information en mémoire à long terme* est de plus en plus considérée comme une véritable résolution de problème* ; d'où l'intérêt croissant pour l'étude des stratégies de récupération que les individus mettent en place en situation de rappel* principalement. Ces stratégies impliquent souvent la recherche d'autres informations que celle qui est demandée, informations que le sujet utilise comme indices afin de retrouver l'information cible.

S. Bredart

Récupération de fonction

Problème central de la neurologie et de la neuropsychologie cliniques et expérimentales. Les récupérations de fonctions sont relativement fréquentes après une lésion des nerfs périphériques et peuvent être expliquées par des phénomènes de régénération*. Après des lésions du système nerveux central, des récupérations fonctionnelles existent également mais avec une fréquence très inférieure.

Différentes hypothèses ont été avancées pour essayer de rendre compte de ces récupérations. Une première fait intervenir des phénomènes de réorganisations morphologiques ou de plasticité* découverts depuis

1970 : régénération, bourgeonnement. Des récupérations de fonctions pourraient également apparaître à la suite de réajustements du fonctionnement de systèmes neuronaux et elles apparaissent comme des phénomènes secondaires à la dénervation* : hypersensibilité de dénervation ou encore hyperactivité de neurones épargnés par la lésion. Finalement, des théories plus anciennes et dont les bases neurobiologiques sont mal connues sont également invoquées pour expliquer certaines récupérations : l'une de celles-ci est la théorie de la vicariance, selon laquelle la fonction du système lésé pourrait être reprise par un autre système neuronal. La théorie de diaschisis, établie au début du XXe siècle par von Monakow, explique les pertes transitoires de fonction par l'inhibition de systèmes distants non directement touchés par la lésion ; l'inhibition (ou choc neuronal) provoquée par la lésion disparaissant graduellement, les fonctions perdues pourraient réapparaître (V. Jacksonisme).

Il faut noter toutefois que toutes ces explications sont encore hypothétiques et qu'aucune récupération de fonction n'a pu être reliée de façon indiscutable à l'un de ces mécanismes. Cette mauvaise compréhension rend compte du fait qu'actuellement il est difficile de prédire si une fonction perdue à la suite d'une lésion pourra ou non être récupérée par la suite. Il semble que certaines conditions favorisent la récupération : jeune âge du sujet, lésions séquentielles (une lésion survenant graduellement ou en plusieurs étapes aura moins de conséquences fonctionnelles que lorsqu'elle arrive d'un seul tenant), enrichissement de l'environnement. Diverses stratégies sont actuellement explorées pour aider les récupérations de fonction : greffes neuronales, utilisation de facteurs neurotrophiques*, etc. *J.-P. Herman*

Récupération spontanée

Dans le conditionnement*, réapparition de la réponse conditionnée*, qui avait fait pourtant antérieurement l'objet d'une extinction* complète, lorsque, après un certain laps de temps, le sujet est replacé dans la situation expérimentale. Le phénomène de récupération spontanée fournit à I. Pavlov un argument majeur en faveur de la thèse de l'inhibition* interne : il atteste en effet que les réponses conditionnées n'ont pas été effacées par l'extinction, mais seulement suspendues. *M. Richelle*

Récurrence

Caractère de ce qui se répète. Dans le cadre des fonctions sur les entiers naturels, une définition par récurrence est un cas particulier de définition récursive* ; elle consiste à définir la valeur de la fonction en n à l'aide des valeurs prises en un nombre fini d'entiers inférieurs à n (généralement en n–1), et à donner la valeur sur les premiers entiers (généralement en 0). Un exemple classique concerne la fonction factorielle, pour n entier positif :

f(n) : si n = 0 alors 1 sinon n * f(n–1).

Une démonstration par récurrence (ou par induction*) d'une propriété P sur les entiers naturels consiste à montrer P (0) d'une part et à montrer que P (n) implique P (n + 1) d'autre part. *M. Baron*

Récurrente (Formation —) → Continue (Formation —)

Récursivité

Une opération est récursive quand sa définition mentionne l'opération elle-même.

La notion théorique de fonction récursive est à la base de la notion de calculabilité* ; plusieurs définitions équivalentes en ont été proposées entre 1920 et 1940 et il semble que toutes les fonctions calculables en un sens intuitif soient des fonctions récursives (thèse d'A. Church en 1936). En informatique*, une procédure* récursive est une procédure qui se rappelle elle-même. Un cas particulier de définition récursive est une définition par récurrence*. Une structure peut aussi être définie récursivement ; par exemple, un arbre binaire est soit vide, soit constitué d'une racine et de deux sous-arbres gauche et droit qui sont des arbres binaires. *M. Baron*

Recyclage → Formation continue

RED → Réponse électrodermale, Rêve éveillé dirigé

Redéfinition

Technique utilisée par la thérapie familiale systémique*, qui consiste à définir, à l'aide de prescriptions, une nouvelle relation au sein du système familial et entre la famille et les thérapeutes. Cette nouvelle définition de la relation n'est opérante que si la relation est clairement définie dans ses règles de comportement. Il s'agit de confirmer, dans un premier temps, la tendance homéostatique de la famille pour déboucher paradoxalement sur la capacité de transformation. *A. Ruffiot*

Redirigé → Activité redirigée

Redondance

Désigne, dans un message*, le caractère superflu d'une information*, du fait qu'elle a déjà été fournie, sous une forme identique (répétition) ou différente. Une partie d'un message redondant peut donc être éliminée sans qu'il y ait perte d'information.

En théorie de l'information, on peut exprimer la redondance R (X) d'un phénomène aléatoire X par R (X) = 1 – I/Imax où I et Imax sont respectivement les incertitudes* réelle et maximale du phénomène en question. Ce coefficient varie entre 0 et 1 : quand l'incertitude réelle (I) d'un phénomène aléatoire* est très élevée, le phénomène est très imprévisible, sa redondance sera alors très faible, à la limite nulle. Mais quand l'incertitude réelle est très faible, les événements sont, en moyenne, fort prévisibles, la redondance est alors proche de l'unité, sa valeur maximale.

Si le souci d'économie incite à éliminer la redondance, celle-ci constitue pourtant un facteur de sécurité dans la transmission d'un message, une garantie contre l'effet dégradant du bruit* ou des imperfections du récepteur*. Dans les langues vivantes, par exemple, la redondance est la meilleure garantie pour transmettre ou rétablir l'information exacte en dépit des déformations du canal de transmission. *A. El Ahmadi*

Réduction du besoin → Besoin

Réductionnisme

Tendance à rendre compte des phénomènes relevant d'un certain niveau de réalité en faisant appel à des concepts ou à des lois relevant d'un niveau supposé plus élémentaire.

Cette attitude, qui est systématisée au début du XXe siècle dans les rapports entre physique et chimie par exemple, devient rapidement un reproche formulé à l'égard des théories inspirées du mécanisme*. En effet, le réductionnisme suppose, dans un premier temps, une conception hiérarchique, en niveaux successifs, des phénomènes ; dans un second temps, il suppose que l'un des niveaux peut s'étudier en « démontant » les phénomènes qui le constituent et dont le fonctionnement est décrit au niveau inférieur. Cette épistémologie* adhère à la croyance en une réalité ultime de la matière à partir de laquelle on pourrait reconstituer tous les niveaux supérieurs d'organisation : par exemple, le réductionnisme en biologie consiste à affirmer que toutes les caractéristiques des organismes vivants sont d'ordre physico-chimique et peuvent donc être complètement décrites grâce à des concepts de la physique et de la chimie ; cette thèse, le plus souvent apparentée au mécanisme, est contestée par le vitalisme* qui affirme l'autonomie des concepts et des phénomènes biologiques. De manière générale, l'antiréductionnisme soutient qu'à chaque niveau, les composants simples d'un phénomène se combinent pour produire une émergence*, c'est-à-dire un phénomène de nature différente. Ainsi, lorsque des composants physico-chimiques se combinent, la vie émerge.

On considère généralement que le réductionnisme peut se manifester selon deux modes différents : dans la conception de la réalité et des rapports des phénomènes entre eux (réductionnisme métaphysique ou ontologique) ou dans le travail théorique et conceptuel, dans le discours tenu sur les phénomènes (réductionnisme épistémologique). Le premier mode est le plus souvent implicite et reproché ; le second quelquefois exprimé et revendiqué à titre de démarche méthodologique : ainsi les approches physico-chimiques de la vie ont-elles produit des recherches fructueuses en biophysique et en biochimie.

En psychologie, la question du réductionnisme se pose dans le cadre des conceptions du rapport du corps et de l'esprit*. Le monisme* matérialiste consiste à affirmer que tous les phénomènes psychiques sont fondamentalement de nature biologique ou physico-chimique. Ainsi, selon Hempel, par exemple, la définition réductrice d'un terme psychologique exigerait la spécification des conditions biologiques ou physicochimiques qui sont à la fois nécessaires et suffisantes pour qu'apparaissent les caractéristiques, états ou processus mentaux que le terme représente.

C'est à J. Loeb qu'est pour la première fois adressé le reproche de réductionnisme, à la suite de ses travaux sur les tropismes* en 1899, dans lesquels il soutient que le comportement des organismes supérieurs peut être expliqué par les mécanismes qui gouvernent celui des organismes inférieurs (la paramécie, par ex.). Depuis, le recours au modèle* animal en psychologie a souvent été considéré comme une forme de réductionnnisme.

Par ailleurs, le béhaviorisme* se voit reproché, dans le cadre de ses polémiques avec le mentalisme*, de vouloir réduire l'étude des phénomènes psychiques à celle des phénomènes comportementaux.

Le plus généralement cependant, on considère que la psychologie est menacée d'être réduite par la neurophysiologie* : puisque l'organe de la pensée* est le cerveau, on peut, en démontant pièce à pièce cet organe, exhiber et comprendre son produit : la pensée. Toujours affirmée dans le cadre du matérialisme, cette thèse identifie les événements mentaux à des événements physiques ; pour Changeux, par exemple, l'identité entre états mentaux et états physiologiques ou physico-chimiques du cerveau s'impose en toute légitimité.

En sociologie enfin, les concepts de la psychologie peuvent être des instruments de réduction : on décrit, on analyse et on explique alors les phénomènes sociaux en les rapportant aux individus qui y sont impliqués et aux lois et théories qui rendent compte de leurs comportements. *F. Parot*

Rééducation

Terme dont le sens est actuellement fixé en deux positions extrêmes de l'extension de la notion :
1. apprendre à recouvrer l'usage de fonctions spécifiques et, particulièrement, physiques ;
2. apprendre, sous la contrainte et à titre de châtiment, à se départir des représentations*, *habitus** et habitudes à travers lesquels on s'était construit une signification* de soi, de la société et du monde. Couramment employé encore au milieu du XXe siècle pour désigner la prise en charge des enfants anormaux ou inadaptés, le terme, du fait de sa charge corrective et intimidante, a été effacé au profit de formulations plus euphémiques : éducation spéciale*, pédagogie curative, etc. *D. Hameline*

Rééducation du langage → Orthophonie

Référence

Ce terme désigne génériquement tout rapport établi entre les mots et les choses. La plupart des sémantiques* reposent en effet sur l'idée triviale que le langage* a pour fonction de nommer ou de désigner un monde extralinguistique formé d'objets et d'états de choses. Qu'on puisse parler de licornes et de cercles carrés montre au demeurant que ces référents* ne sont pas des entités du monde « réel », mais plutôt des connaissances* culturelles et situationnelles implicites, tenues pour acquises à un moment donné par celui qui parle. Ces représentations* constituent des mondes possibles*. En toute rigueur, il n'y a qu'aux occurrences particulières de certaines expressions (noms propres, descriptions définies, déictiques*) que l'on peut assigner un référent, qui est alors repéré dans le cadre du processus même d'énonciation* (référence actuelle). En dehors de son emploi dans le discours*, une unité linguistique* X n'a tout au plus qu'une référence virtuelle : on entend par là l'ensemble des objets qui pourraient être désignés par l'une ou l'autre de ses occurrences (classe* de dénotation*). Les propriétés communes aux éléments de cet ensemble, c'est-à-dire les conditions qu'ils doivent remplir pour appartenir à cette classe, constituent le sens* de X. Cette distinction traditionnelle du sens et de la référence (*Sinn* ou *Bedeutung*, signifié* ou dénoté) a quelque chose de tautologique, la référence se définissant comme projection extensionnelle du sens, et le sens comme ensemble de traits distinctifs* induits par la référence. Cette sémantique échoue en fait à théoriser le sens, et se trouve démunie face à tout ce qui ne réfère pas (prédicats*, expressions indéfinies). En outre, ne connaissant que des concepts* et des objets, il lui manque sans doute la reconnaissance d'un troisième statut, celui de (proto)type* : entités mixtes, à la fois individus exemplaires et notions idéales, ceux-ci semblent jouer un rôle fondamental dans l'inférence* par abduction. *A. Berrendonner*

Référence (Idées de —)

En psychopathologie, quand un sujet attribue une signification* personnelle à une remarque, à des événements ne le concernant pas directement, on dit qu'il présente des idées de référence. Ces idées de référence sont considérées comme intégrées au processus de projection* dans lequel les idées que le sujet inspire lui-même sont attribuées à d'autres ou au monde extérieur. Les idées de référence se rencontrent dans la psychose*, en particulier dans les psychoses paranoïaques*, mais elles peuvent *a minima* être une composante des troubles sensitifs de la personnalité. *A. Braconnier*

Référent

Si une unité de discours* X sert à nommer ou désigner une quelconque « réalité » extralinguistique R, R est appelé le référent (ou dénoté ou encore *denotatum)* de X. La notion de référent relève donc d'une sémantique* extensionnelle, qui postule une correspondance entre les signifiés* et des éléments du « réel » (V. Référence). Son principal défaut tient à l'existence de nombreux X auxquels il semble contestable, voire impossible, d'attribuer un référent, soit qu'ils n'aient pas pour fonction de désigner des objets (le prédicat « être », par ex.), soit qu'ils posent un terme indéfini, non identifiable à un élément du réel *(« nul n'ignore », « qui est venu ? », « un chat quelconque »).* *A. Berrendonner*

Référentiel spatial

Dans l'étude de l'organisation psychomotrice, les référentiels spatiaux définissent les systèmes de coordonnées dans lesquels s'inscrivent les mouvements du corps et ses déplacements. On distingue les référentiels égocentrés, où l'espace environnant s'organise par rapport au corps propre, et les référentiels exocentrés, où l'espace de déplacement du corps s'organise par rapport aux repères stables du milieu. Les premiers intègrent notamment les réglages posturaux eux-mêmes dépendants de la gravité, les réglages de la position de la tête, l'oculomotricité*, les coordinations visuomotrices dans l'espace proche, la construction de l'espace tactile. Les seconds se construisent au départ des informations visuelles à distance et des activités locomotrices. *M. Richelle*

Référentielle (Fonction —) → Fonction du langage

Réflexe

Réaction* automatique d'un effecteur (ou groupe d'effecteurs) musculaire ou glandulaire à la stimulation de certain(s) récepteur(s)*. Le réflexe, dont la notion remonte à Descartes, la dénomination à T. Willis en 1682, la première description expérimentale à R. Whytt en 1752, représente, du moins dans ses formes les plus simples (tel le réflexe patellaire, mouvement brusque de la jambe en avant par percussion du tendon patellaire), l'unité fonctionnelle élémentaire de l'activité nerveuse. L'étude minutieuse des réflexes, entreprise notamment par C. Sherrington à l'aube du XXe siècle, révèle cependant l'intégration* de ces unités dans des organisations fonctionnelles plus larges, où l'automaticité est nuancée par des processus modulateurs et régulateurs d'une grande finesse. Ceux-ci ne sont pas moins à l'œuvre dans le contrôle réflexe des grandes fonctions végétatives (cardiovasculaire, digestive, respiratoire) que dans la gestion des postures* et mouvements* de la musculature striée. D'autre part, dans l'analyse des mouvements automatiques complexes, la notion de programme moteur* central s'est souvent substituée à celle d'un enchaînement de réflexes de proche en proche.

Le réflexe a fourni à la psychologie un modèle associationniste stimulus-réponse sans doute utile à l'analyse, mais simplificateur, non parce qu'il réduirait le psychologique au physiologique, mais parce que la description physiologique même de l'activité réflexe n'autorise plus une telle conception, comme il vient d'être signalé ci-dessus.

Parmi les très nombreux réflexes décrits par les physiologistes, et dont les traités et dictionnaires spécialisés fournissent la nomenclature, certains intéressent le psychologue, tantôt parce qu'ils offrent un indice commode dans l'expérimentation (réflexe de flexion de la patte à un stimulus nociceptif utilisé comme réaction inconditionnelle* dans le conditionnement*), tantôt parce qu'ils interviennent de façon significative dans les fonctions étudiées (réflexe pupillaire à la modification d'intensité lumineuse), tantôt parce qu'ils sont révélateurs de certaines étapes du développement (réflexes de Moro, de Rossolimo chez le nourrisson) ou d'atteintes neurologiques (signe de Babinski).

Réflexe conditionné ou conditionnel : expression équivalente à réaction ou réponse conditionnée*, préférées aujourd'hui (V. Conditionnement, Agrippement, Orientation, Psychogalvanique, Réflexologie). *M. Richelle*

Arc réflexe : l'organisation réflexe la plus élémentaire est constituée au niveau spinal par la connexion de deux voies, une voie afférente sensorielle et une voie efférente motrice, configuration monosynaptique dont le modèle est celle du réflexe myotatique. Il comprend : – un récepteur localisé dans le fuseau neuromusculaire, – une voie sensorielle constituée par des neurones aboutissant à la moelle épinière* et donnant des ramifications qui s'achèvent dans la corne antérieure ipsilatérale et établissent des synapses excitatrices avec des motoneurones, – une voie motrice issue de ces motoneurones dont les axones* sont en relation avec les fibres contractiles du muscle homonyme. L'extension brusque du tendon de ce muscle ou la contraction des fibres musculaires de l'appareil fusorial à la suite de l'activation des motoneurones gamma entraîne l'activation des motoneurones alpha en produisant une contraction du muscle. Celle-ci s'oppose à l'étirement imposé ou ajuste la longueur du muscle à celle qui est adoptée par les fuseaux neuromusculaires. L'organisation de la motricité* comporte de nombreux circuits réflexes monosynaptiques et polysynaptiques. Les plus simples de ces derniers ne comportent que l'interposition d'un interneurones dans les circuits spinaux. Des organisations polysynaptiques plus complexes sont constituées par des réseaux de neurones* excitateurs et inhibiteurs. Ils permettent une intégration coordonnée de réponses motrices comme celles qui assurent le contrôle des mouvements d'orientation de la tête et des globes oculaires. La notion d'arc réflexe aboutit alors à celle d'acte réflexe. *J. Féger*

Réflexe de défense → Défense

Réflexe palpébral → Palpébral

Réflexif

Le rationalisme* définit comme réflexifs les actes de connaissance qui accèdent aux vérités nécessaires. La psychologie réflexive analyse les conditions de la pensée au moyen de la méthode d'observation intérieure qui les rattache à l'activité du sujet*. La psychologie de l'intelligence*, avec J. Piaget, distingue l'abstraction réfléchissante* de l'abstraction empirique* : la première opère à partir du résultat des actions du sujet sur l'objet et la seconde à partir des propriétés de l'objet. Le caractère réfléchissant implique :
1. la projection des données antérieures sur un nouveau palier ;
2. la réflexion qui les y reconstruit sous forme de structures plus riches. En un sens plus extensif, la pensée formelle (dès 11 ou 12 ans) comporte un caractère réflexif, puisqu'elle est la représentation d'une représentation d'actions possibles. *E. Jalley*

Réflexologie

Le terme est créé en 1917 par V. M. Bechterev pour désigner l'étude objective des phénomènes psychologiques fondée sur la conviction que la vie mentale comme la conduite peuvent être analysées en termes de réflexes* conditionnés, d'extinction* et d'inhibition*. Héritée de la tradition cartésienne et de la physiologie allemande, la réflexologie repose sur l'affirmation matérialiste des médecins russes comme I. Sechenov puis surtout I. Pavlov qu'il convient de rendre compte de l'esprit* en termes physiologiques. C'est la raison pour laquelle cette école recevra le soutien des révolutionnaires russes et se développera rapidement en Union soviétique, en s'étendant à la pathologie avec l'étude des névroses* et à la psychologie des différences individuelles.

La réflexologie est quelquefois appelée **psychologie de réaction :** en effet Sechenov, par exemple, utilisait le terme réflexe dans le sens très général de réaction d'un muscle à un événement qui la précède immédiatement. *F. Parot*

Refoulé → Refoulement

Refoulement

Mécanisme de défense* fondamental d'abord décrit par S. Freud dans l'hystérie* en rapport avec sa théorie de la séduction*, c'est l'opération par laquelle le sujet repousse ou maintient dans l'inconscient des pensées, images ou souvenirs liés à la sexualité. Pour S. Freud, son essence ne consiste que dans le fait d'écarter et de maintenir à distance du conscient des représentations et non des affects qui ne peuvent être que réprimés.

Du point de vue topique*, ces représentations, qui constituent le **refoulé,** sont attirées par d'autres représentations préexistantes, sorte de noyaux inconscients que S. Freud a été amené à considérer comme le refoulé originaire, supposant par conséquent une première étape hypothétique, le refoulement originaire. Par rapport à celuici, le refoulement proprement dit est un refoulement après coup. (Le refoulement au sens étroit n'est que le deuxième temps du refoulement au sens large qui en comporte un troisième, le retour du refoulé sous forme de symptômes*, rêves*, actes manqués*, etc.)

Lors de la première phase du refoulement qui n'est connaissable que par ses effets, l'accès au conscient est refusé à l'incarnation de la pulsion. D'où une fixation* : la pulsion lui demeure liée, comme incarnation inaltérée.

Ce premier refoulement, qui pourrait être dû à de trop grandes quantités d'excitation et à l'effraction du pare-excitation*, est constitué et maintenu par le seul contre-investissement*, alors que s'y ajoute le retrait de l'investissement préconscient* dans le refoulement après coup.

Le refoulement doit, en effet, être maintenu par des contre-investissements* toujours susceptibles d'être réenvahis par les éléments pulsionnels refoulés, d'où le rapport étroit entre refoulement et retour du refoulé, et le jeu complexe des désinvestissements*, réinvestissements* et contre-investissements.

Du point de vue dynamique, l'aspiration de la pulsion* à la satisfaction, loin d'engendrer le plaisir, suscite le déplaisir et l'angoisse* dans la mesure où elle menace le moi, déterminant de ce fait la défense, dont éminemment le refoulement.

B. Brusset

Regard

Terme utilisé en de nombreux sens et toujours relatif à la mobilité oculaire. Deux grandes acceptions se dégagent :
1. activité des yeux fixant et explorant le champ de vision : c'est le regard-vision ;
2. expression des yeux et de la région péri-orbitaire de celui qui regarde : c'est le regard-relation et regard-interprétation.
Dans son premier sens, regard fait référence à la dynamique oculomotrice et à ses ajustements successifs selon le type de scène visuelle, les capacités cognitives du sujet explorant un texte de lecture*, par exemple, et les intentions ou motivations du sujet. Les techniques récentes d'observation et d'enregistrement automatique des mouvements oculaires* et d'analyse des résultats ont donné lieu à d'importants développements. Dans son second sens, le regard fait l'objet de recherches s'inscrivant dans le cadre plus large de l'étude des aspects non verbaux de l'interaction sociale.

R. Génicot

Régénération

Capacité de reconstruction du neurone* ou d'une partie de celui-ci après lésion, traumatisme ou régression pour des raisons fonctionnelles. La régénération neuronale après lésion est possible dans le système nerveux* périphérique adulte, à la condition que le corps cellulaire ne dégénère pas lui-même. Cette régénération implique, dans le cas des nerfs myélinisés, une interaction avec les cellules de Schwann par le biais de facteurs neurotrophiques* et d'adhésion. Dans le système nerveux central adulte, la régénération est, de façon générale, pratiquement inexistante, bien que quelques systèmes neuronaux particuliers, tels les systèmes monoaminergiques, soient capables d'une régénération limitée. Cette absence de régénération ne semble pas s'expliquer par des propriétés spécifiques des neurones centraux eux-mêmes. En effet, ceux-ci sont capables de régénérer dans certaines conditions spéciales. Ainsi, lors de la présentation, sous forme de greffes intracérébrales, de gaines de nerfs périphériques, les axones coupés lors de l'implantation peuvent pénétrer à l'intérieur de cette gaine et y pousser. L'absence de régénération dans le système nerveux central adulte serait donc en relation avec un environnement non permissif. Différents facteurs peuvent rendre compte de cette non-permissivité : par exemple, l'apparition, lors d'une lésion centrale, d'une réaction gliale* formant un tissu cicatriciel impénétrable à des axones en régénération. Un autre facteur est la modification des propriétés des cellules gliales au cours de l'ontogenèse*. Ces cellules, qui stimulent et dirigent la croissance des neurites lors du développement*, perdent cette propriété une fois le développement du système nerveux achevé et elles peuvent même acquérir des propriétés agissant dans le sens opposé, par exemple par des molécules de surface sur des oligodendrocytes. Le caractère non permissif de la matrice extracellulaire, notamment l'absence de molécules présentes lors de l'ontogenèse, serait également impliqué dans l'absence de régénération.

J.-P. Herman

Registre de langage

Selon un corrélationnisme sociodialectal naïf professé surtout dans les manuels scolaires (mise en correspondance directe entre le statut social du locuteur* et son « niveau de langue »), toutes les variantes de la langue s'ordonneraient sur une unique échelle dont les degrés, nommés en termes axiologiques (populaire, familier, standard ou courant, soutenu), constitueraient chacun un sous-code homogène, appelé registre. Chaque registre serait approprié à une classe de situations de parole, voire à un statut précis dans la hiérarchie sociale, qui en imposeraient l'emploi. Cette mise en correspondance normative et simpliste est continuellement démentie par la co-occurrence de variantes hétérogènes dans un même discours*, et par le fait que bien des variantes ne comportent aucune connotation sociologique (V. Variation polylectale et Usage).

A. Berrendonner

Registre visuospatial → Travail (Mémoire de —)

Règle d'abstinence → Règle fondamentale

Règle de non-omission → Règle fondamentale

Règle de production

Structure générale de forme « membre gauche —> membre droit », qui est utilisée dans les grammaires* formelles pour représenter des transformations de chaînes de caractères. En psychologie, elle est utilisée dans certains modèles de représentation* des connaissances*, où elle est présentée de la façon suivante : SI <conditions> ALORS <conclusions>. Une telle règle peut être appliquée (« en avant ») si sa partie <conditions> est vérifiée ; elle peut être utilisée (« en arrière ») en cas de recherche d'un but correspondant à sa partie <conclusions>, pour déterminer de nouveaux sous-buts correspondant à la vérification de sa partie <conclusions>. *M. Baron*

Règle de restitution

Souvent considérée comme l'une des trois règles fondamentales du travail psychanalytique en situation de groupe. Toutefois, il importe de souligner que seules les deux premières règles (règle de libre association* et règle d'abstinence*), communes à la psychanalyse individuelle et groupale, sont fondamentales et organisent la situation psychanalytique sur la dimension du transfert*. La règle de restitution, spécifique de la situation de groupe, vise à ramener dans le champ des séances les échanges que les participants ont entre eux, hors séance, quand ces échanges concernent leurs relations au groupe. *R. Kaës*

Règle fondamentale

La règle fondamentale qui instaure la situation psychanalytique (« Parlez ») comprend deux aspects : la règle de libre association* des idées : « Parlez librement », et la règle d'abstinence* : « Dans vos rapports avec le psychanalyste, vous ne pouvez que parler. » Symétriquement à cette double règle assignée au patient, une double règle concerne le psychanalyste : attention également flottante qui répond au premier aspect ; neutralité bienveillante qui répond au second. Le premier système d'interaction entre le patient et le psychanalyste (associations libres, attention flottante) organise la recherche et la communication des significations inconscientes. Le second (abstinence, neutralité) est un système de pare-excitation*. En suspendant la décharge par des actes, il protège chacun des deux interlocuteurs des passages à l'acte éventuels de l'autre, et il détourne vers la pensée verbale la poussée pulsionnelle activée par la libre expression des pensées, des sentiments, des désirs. La règle de libre association se formule généralement : « Dites ce qui se présente au fur et à mesure à votre esprit » (et non pas « Dites ce qui vous passe par la tête »). Son caractère paradoxal (« Vous devez parler librement ») a été souligné. La **règle de non-omission** en est une variante énoncée sur le mode négatif : « Parlez de tout ce qui se présente à vous sans rien omettre, quels que soient vos motifs rationnels, moraux ou esthétiques pour le taire. » Cette règle est évidemment impossible à respecter à la lettre ; elle indique une attitude d'esprit. La règle d'abstinence est parfois comprise sous forme d'interdictions particulières selon les types de patients et les moments de la cure ; le psychanalyste invitant le patient à s'abstenir par exemple de le rencontrer en dehors des séances, ou de multiplier les lectures d'ouvrages psychanalytiques, ou de prendre des décisions importantes tant que sa psychanalyse n'est pas assez avancée ; ou d'abuser de médicaments, de drogues, etc., nuisibles à l'authenticité des associations libres. Ce sont là des pis-aller, auxquels le psychanalyste ne recourt que faute d'une interprétation réussie de la résistance sous-jacente du patient. La règle d'abstinence instaure la frustration* nécessaire au développement du processus psychanalytique. *D. Anzieu*

Règle linguistique

Enoncé métalinguistique (V. Métalangage) exprimant, sous une modalité généralement équivoque, mi-constative, mi-déontique, un fait de grammaire*, d'orthographe, d'usage*, etc., supposé général et donc plus ou moins contraignant.

Grammairiens et philosophes du langage se sont longtemps divisés en anomalistes et analogistes ; les uns voyant dans les langues naturelles* des ramassis de cas particuliers dépourvus de rationalité commune et défiant toute systématisation ; les autres pensant au contraire qu'elles sont des systèmes consistants, composés de régularités immanentes. La linguistique* structurale du

XXe siècle a assigné une place à chaque point de vue, en séparant langue et parole* : dans la langue, sont rassemblées les régularités supposées stables et communes à tous, qui font système et peuvent être prises pour objet de modélisation ; dans la parole, sont rejetés les anomalies empiriques, exceptions et écarts individuels, traités comme des déviances pathologiques ou accidents de performance*, et réputés inexplicables. Cette partition idéale et quelque peu normative se heurte à un constat de diversité empirique : les règles qui sont réellement communes se réduisent à peu de chose, au regard des dissensions entre locuteurs*, et à considérer les hésitations que présente le discours* de chacun, il semble exclu d'y voir le produit d'un système de règles absolues. La reconnaissance des variations polylectales* laisse ainsi penser qu'à côté de règles strictes (ex. : *« en français, l'article précède le nom »*), il existe aussi dans les langues naturelles des non-règles (opérations indéterminées que les sujets encodeurs doivent, au moment de les utiliser, spécifier par paramétrage, engendrant ainsi de multiples variantes libres) et des métarègles (stratégies d'emploi en contexte* qui imposent à chaque variante des conditions d'occurrence pragmatiquement finalisées).

A. Berrendonner

Régression

Dans son sens général, fréquemment adopté par les sciences sociales, ce terme désigne un recul, un retour en arrière, et s'oppose à celui de progression.

En biologie, la régression (ontogénétique ou phylétique) est un processus de retour, par atrophie, à une forme semblable en apparence à celle d'un état antérieur du développement*. La régression d'un organe, par dégénérescence* ou mort cellulaire, constitue dans certains cas une phase normale du développement, les organes atrophiés laissant la place à des organes plus évolués.

En psychanalyse*, le terme de régression désigne un type de mécanisme de défense*, et est utilisé dans le cadre de l'interprétation* d'une grande variété de symptômes* psychopathologiques. S. Freud évoque notamment la régression de la *libido**, la régression de l'*ego,* et la régression objectale. Dans *L'interprétation des rêves,* ce même auteur propose un classement distinguant trois formes générales : la **régression topique,** caractéristique du rêve* ou de l'hallucination*, qui déplace le fonctionnement de la vie psychique du monde des activités conscientes à un monde imaginaire, et qui soumet en conséquence les représentations psychiques aux lois de l'inconscient* ; la **régression formelle,** corrélative de la première, qui désigne les modifications de structure des représentations* par l'effet de ce déplacement (perte de la cohérence temporelle et logique) ; la **régression temporelle,** ou retour à un mode de fonctionnement psychique plus simple, caractéristique d'un état antérieur du développement psychologique (répétition* des conduites de succion, énurésie*, etc.). C'est sur la base de la définition de cette dernière forme que le terme de régression est généralement (et abusivement) utilisé dans le langage vulgarisé de la psychologie (« retomber en enfance »).

Dans d'autres courants de la psychologie, ce terme est utilisé plus librement pour désigner l'émergence de diverses formes de comportements « nouveaux », notamment sous l'effet d'une émotion* forte ou d'un traumatisme. Selon la proposition de K. Lewin, la modification est qualifiée de **rétrogression** lorsque ce comportement nouveau est certes caractéristique d'un stade* de développement antérieur de l'individu, mais ne peut être considéré comme plus primitif ou moins adapté (la rétrogression est généralement passagère) ; elle est qualifiée de régression lorsque le comportement nouveau, qu'il ait ou non été produit dans l'histoire antérieure de l'individu, est l'indice d'une organisation comportementale plus primitive et moins adaptée.

Loi de régression : désigne, en psychologie cognitive, le processus par lequel les souvenirs stockés en mémoire* sont perdus dans un ordre inverse à celui de leur acquisition.

J.-P. Bronckart

En statistique, ce terme est dû à F. Galton qui, étudiant la relation entre la taille des enfants et la taille de leurs parents, voulait voir dans quelle mesure la taille des enfants marquait un retour, une régression vers la taille moyenne de la « race » lorsque celle des parents s'en écarte. Etant donné deux variables x et y, on appelle courbe de régression de y par rapport à x le lieu des moyennes des distributions partielles de y à x constant. Cette courbe matérialise, en moyenne, la dépendance de la variable y en fonction de la variable x. La régression est dite linéaire lorsque la courbe de régression est une droite. Cette droite de régression a pour équation $y = a + bx$ et les coefficients a et b sont obtenus par la méthode des moindres carrés*. L'analyse de régression est l'étude des régressions de certaines variables ou groupes de variables sur d'autres variables ou groupes de variables. Les premières sont appelées variables à expliquer, les secondes variables explicatives. *P. Bonnet et H. Rouanet*

Régulateur → Médiateur

Régulation

La régulation est, à côté de la finalité* ou téléonomie*, l'une des catégories caractéristiques des machines cybernétiques* (on ne saurait à cet égard l'identifier à la seule notion de causalité circulaire). L'activité de régulation n'a en effet de sens que par rapport à une valeur cible inscrite naturellement ou artificiellement dans la structure de ces machines. Cette activité comporte deux dispositifs : un comparateur-évaluateur qui évalue l'écart entre l'état actuel du système cybernétique et la valeur cible et un appareillage permettant de réduire ou d'annuler cet écart.

La notion de régulation est passée de la technologie mécanique à la physiologie à la fin du XIXe siècle (avec C. Bernard pour qui la vie d'un organisme résulte d'une « continuelle et délicate compensation établie comme par la plus sensible des balances »). L'essor des théories de l'information* et de la communication, l'invention de la cybernétique comme discipline transdisciplinaire lui ont donné sa portée générale.

En psychologie, la notion de régulation a été employée par P. Janet pour caractériser les sentiments comme accélérateurs ou comme freins de l'action. On la trouve également dans l'Ecole de Palo Alto (thérapie systémique*). Pour J. Piaget, les régulations cognitives, prolongement sur le plan psychologique des régulations biologiques, sont conçues comme un des mécanismes centraux par lesquels les systèmes cognitifs se construisent et se conservent en tant que totalité équilibrée. Sur ce plan, la valeur cible est la conservation mutuelle des totalités (schème* ou regroupement de schèmes d'action) et de leurs parties ainsi que l'équilibre entre assimilation* et accommodation* dans la relation sujet-objet. Les opérations psychologiques logico-mathématiques sont de ce point de vue considérées comme des régulations parfaites dans la mesure où leur effet peut être annulé au moyen de l'opération inverse. *J.-J. Ducret*

Régulation (Séance de —)

Un séminaire de formation psychologique comprend généralement plusieurs activités en petit groupe* : group T.*, jeux psychodramatiques*, ateliers portant sur des problèmes humains concrets. Les séances de régulation rassemblent les animateurs, les observateurs, les participants en un grand groupe afin de confronter les expériences des différents petits groupes et de mettre en commun les sentiments et les problèmes vécus dans le séminaire. La philosophie sous-jacente dérive de la cybernétique* : le séminaire est censé s'autoréguler en suscitant au fur et à mesure un *feed-back** suffisant sur son fonctionnement. Dans une conception plus psychanalytique de ces séminaires, les séances de régulation deviennent des séances de groupe large, où les participants vivent une régression plus importante que dans le reste du séminaire et où les fantasmes de casse* trouvent à s'extérioriser en contrepartie de l'illusion groupale* cherchée dans les petits groupes. *D. Anzieu*

Régulation proactive

Piaget a introduit le terme de « proactif » pour caractériser, sur les plans des régulations* biologiques et cognitives, l'aspect non seulement stabilisateur de certaines compensations correctrices des erreurs ou des écarts par rapport à la valeur cible, mais également leur aspect constructif et de précorrections d'erreurs ou insuffisances au cours du déroulement du cycle organique ou du cycle de l'action. Sur le terrain des régulations cognitives, cela se traduit par le fait que le sujet, anticipant les failles de son action, réorganise celle-ci, la différencie, la coordonne à d'autres actions, ou l'intègre dans un nouveau système d'actions (ou d'opérations) de telle sorte que la perturbation pressentie sera d'avance annulée. *J.-J. Ducret*

Régulation rétroactive

Pour J. Piaget, les régulations* non automatiques se distinguent du mécanisme de correction (que l'on trouve, par ex., dans le régulateur de Watt) par leur caractère actif et possiblement réorganisateur et constructif du système d'ensemble, biologique ou cognitif. Dans les termes de l'auteur et à s'en tenir au plan psychologique, de telles régulations comportent dès lors un aspect rétroactif (retour sur l'action passée) et un aspect proactif* (modification de cette action en vue d'atteindre le but visé). Le mouvement rétroactif de la régulation consiste donc en cette reprise de l'action passée en vue de sa modification ou même en vue de son intégration conservatrice dans le système nouvellement élargi.

J.-J. Ducret

Régulation sociale

Toutes les interactions humaines s'inscrivent dans un contexte social qui les soumet à des principes normatifs et à des codes, chargés d'en contenir les réalisations dans le cadre d'un système ou d'une organisation structurée et finalisée. L'existence de règles conventionnelles et fonctionnelles de nature socioculturelle assure la régularité des comportements et influence les stratégies adaptatives des acteurs sociaux. Ceux-ci sont conduits à inscrire leur relation, leur participation et leur communication* dans des rituels de rapports sociaux convenus au travers de jeux de rôles* institués. Leur respect facilite l'appartenance à toute organisation. Toute dérogation entraîne des réactions, variables selon la nature des règles non observées, qui peuvent aller de la réprobation à l'exclusion. La régulation des conduites renvoie initialement à l'exercice du contrôle éducatif sur les processus de socialisation* chargés de l'intégration des individus. Il concerne l'influence morale régulatrice (A. Comte) et participe à l'obligation mais aussi à la désirabilité des objectifs préconisés (E. Durkheim) par les groupes* primaires et les institutions normatives. La régulation des conduites résulte de la force des liens unissant l'individu à la société au travers des relations interpersonnelles qui contribuent à l'élaboration de son identité sociale* valorisée. Dans un modèle opératoire, on considère que le respect des règles de socialisation varie avec l'intensité de quatre dimensions du lien social : l'attachement, l'engagement, l'investissement et la croyance. D'un point de vue psychodynamique*, la régulation des conduites sociales passe par la négociation et la transaction des modalités d'échanges et de réciprocité ainsi que par la reconnaissance de choix, de droits, de pouvoir et d'initiatives personnelles qui influencent et changent les systèmes de régularités en renouvelant les enjeux sociaux.

J. Selosse

Réinvestissement → Investissement

Rejet

Dans les procédures expérimentales liées à la théorie de la détection du signal*, le **rejet correct** désigne la réponse par laquelle le sujet rapporte n'avoir détecté aucun signal lorsque, en effet, aucun signal n'a été présenté.

En statistique, on parle de rejet de l'hypothèse nulle* lorsque le test de signification* permet de conclure que les valeurs obtenues ou les différences observées ne peuvent résulter du hasard*.

Dans les relations interindividuelles, le rejet désigne une réaction négative, d'indifférence, d'abandon ou d'hostilité à l'égard d'un congénère qui ferait normalement l'objet d'une relation positive. Ainsi observe-t-on parfois le **rejet parental**, ou rejet d'un jeune, chez les mammifères, y compris l'être humain.

M. Richelle

Relatif

Par opposition à absolu* ou à intrinsèque, se dit d'une valeur exprimée par comparaison avec une donnée de référence : le seuil différentiel* ne correspond pas à une grandeur absolue, mais à une grandeur relative, une fraction ou proportion de la valeur de l'étalon*.

Fréquence relative : fréquence* exprimée par une proportion, un pourcentage de l'effectif total, par opposition à fréquence absolue.

M. Richelle

Relation amicale

Les relations amicales sont des relations personnelles* librement consenties caractérisées par une implication affective et une indifférence sexuelle. L'amitié* est un prolongement sélectif de la sociabilité* accompagné d'une plus ou moins grande intimité. Elle peut prendre des formes variées en fonction du degré d'intimité qui unit les deux protagonistes et qui se reflète dans le nombre et la diversité des amitiés. L'amitié est une source importante de support social et émotionnel. Les relations amicales sont essentiellement basées sur la loyauté. Dans la mesure où l'amitié ne fait pas l'objet de prescriptions contraignantes, ce type de relation jouit d'une certaine liberté. Les amitiés masculines se caractérisent essentiellement par le partage d'activités, alors que dans les amitiés féminines les échanges verbaux et le soutien émotionnel sont prédominants. L'intimité est par ailleurs davantage valorisée par les femmes.

G. Moser

Relation amoureuse

Relation entre deux personnes qui se considèrent comme partenaires sexuels effectifs ou potentiels caractérisées par une implication affective importante et par une exigence d'exclusivité de la relation. La sexualité* est une composante essentielle de la relation amoureuse. L'intimité, le fait d'être concerné par le bonheur de son partenaire et le besoin d'être en sa compagnie sont les manifestations les plus importantes de l'attachement affectif caractéristique du lien amoureux.

Les relations amoureuses peuvent se manifester sous une forme passionnelle définie comme un état d'intense absorption mutuelle dans lequel les partenaires ressentent une forte excitation physiologique. La théorie des deux composantes de l'émotion de Schachter explique l'émergence de l'amour passionnel par l'attribution d'une excitation physiologique à la présence opportune d'un partenaire potentiel.

G. Moser

Relation d'objet

Terme psychanalytique qui désigne les liens interhumains, c'est-à-dire les rapports du sujet avec les personnes aimées ou haïes avec lesquelles il est en interrelation. Cette notion globale et totalisante, qui apparaît comme une donnée immédiate de la clinique, s'avère d'analyse complexe dans la mesure où les relations d'objet observables résultent de toute une organisation dont seule la métapsychologie* peut rendre compte : théorie des pulsions*, du fantasme*, de la conflictualité intrapsychique, des instances* de la personnalité psychique.

La référence à la psychopathologie d'une part, à la théorie psychanalytique des stades* du développement libidinal d'autre part, permet la description du type de relation d'objet : relation d'objet obsessionnelle, mélancolique, orale, anale, etc. Très peu fréquente sous la plume de S. Freud, la notion de relation d'objet a été utilisée de manière croissante selon des accentuations différentes dans les divers courants de la psychanalyse. Certains psychanalystes anglais, parfois considérés comme représentant l'école dite de la théorie objectale (M. Balint, W. Fairbairn, M. Gunthrip, M. Brierley, C. Rycroft et dans une certaine mesure D. Winnicott), ont mis l'accent sur la double référence à la réalité psychique et à la réalité externe, tandis que M. Klein et les auteurs kleiniens ont centré la théorie sur les relations d'objet fantasmatiques dans le monde interne. Cette différence, qui illustre l'ambiguïté de la notion de relation d'objet, est significative de la double dimension du concept d'objet en psychanalyse : l'objet du ça et l'objet du moi.

B. Brusset

Relation médecin-malade

A côté de sa compétence professionnelle, les attitudes personnelles du médecin envers le malade et ses réactions aux attitudes de celui-ci jouent un rôle important pour l'aider (ou l'aveugler) dans son diagnostic et pour induire une confiance dans le traitement. Il apparaît souhaitable que le médecin généraliste s'intéresse non pas seulement à la maladie mais tienne compte du malade en tant que personne. L'apprentissage de la psychologie médicale étant très limité et peu efficace au cours des études médicales, le psychanalyste anglais M. Balint a instauré des groupes, dits groupes Balint*, pour sensibiliser les médecins généralistes à leurs propres problèmes psychologiques et à ceux de leurs patients.

D. Anzieu

Relations humaines

Selon l'Ecole des relations humaines, issue des études menées par E. Mayo à l'usine Hawthorne de la Western Electric Compagny entre 1920 et 1940, les relations humaines (en particulier intragroupes, intergroupes et hiérarchiques) sont des déterminants importants de la performance et de la satisfaction au travail*, l'individu au travail agissant avant tout en tant que membre d'un groupe (avec ses propres normes de comportement, de solidarité, de *leadership**). Si cette école constitue un des fondements des théories organisationnelles, elle a été très critiquée au plan méthodologique et déontologique, notamment par le courant des néorelations humaines qui a mis l'accent sur la reconnaissance par l'organisation des besoins individuels d'appartenance*, de réalisation* et d'estime de soi*.

P. Lidvan

Relations intergroupes

Longtemps limitée à l'étude de la discrimination par l'analyse de stéréotypes* que les membres d'un groupe peuvent avoir au sujet d'un autre groupe (stéréotypes intersexes, par ex.), la recherche sur les rapports entre groupes sociaux s'est renouvelée, après 1950, dans quatre directions :

1. on s'est d'abord interrogé sur la possibilité de réduire les discriminations intergroupes par une mise en contact des membres des différents groupes susceptibles d'améliorer les relations et de diminuer les préjugés ;
2. la prise en considération des situations de compétition* ou de coopération* intergroupes a amené M. Sherif en 1966 à avancer que les comportements de discrimination étaient liés à des conflits d'intérêts, et que la discrimination et l'hostilité qui en résultent pouvaient être réduites par la mise en avant d'objectifs communs ;
3. les théoriciens de la catégorisation sociale* ont par ailleurs insisté sur les processus cognitifs* (conséquence de l'activité de catégorisation) et motivationnels (construction d'une identité positive) qui gouvernent les rapports intergroupes (discrimination à l'égard du hors-groupe*, favoritisme à l'égard de l'intragroupe*). Plus récemment, les psychologues sociaux se sont engagés dans l'étude des conséquences de l'asymétrie dans les relations intergroupes (rapport de domination intergroupe). Dans tous les cas, l'étude peut porter à trois niveaux interdépendants : les comportements*, les représentations*, les évaluations ;
4. enfin, certains théoriciens de la cognition sociale* se sont attachés à montrer que le phénomène de stéréotypie pouvait relever du processus cognitif plus général de corrélation illusoire établie entre des traits ou comportements minoritaires et des caractéristiques sociales ou idéologiques minoritaires.

Ersoc

Relations interhémisphériques

Les hémisphères* cérébraux sont reliés réciproquement entre eux par des fibres d'association dites commissurales prenant naissance et se projetant au niveau du cortex* ; chaque région cérébrale est ainsi connectée avec son homologue contralatéral. Ces fibres d'association sont regroupées au niveau d'une volumineuse structure anatomique : le corps calleux, et au niveau d'une formation beaucoup plus modeste : la commissure* blanche antérieure. Il existe aussi une interconnexion entre les parties postérieures des deux hippocampes. Le concept de relations interhémisphériques peut cependant être utilisé en dehors de toute référence anatomique pour rendre compte du partage fonctionnel, et du transfert, de processus répartis entre chaque hémisphère cérébral.

J.-L. Signoret

Relations interpersonnelles

Ensemble des liens entre individus librement consentis et plus ou moins stables dans le temps, englobant les relations amicales* et les relations amoureuses*. Les relations interpersonnelles résultent d'une attitude positive envers autrui impliquant une dimension cognitive*, affective* et conative*, s'accompagnant d'un vécu gratifiant pour les deux protagonistes. Elles constituent, conjointement avec les relations de parenté, une importante source de support social pour l'individu.

Les relations interpersonnelles se distinguent des relations formelles par la nature et le contenu des interactions* qui y sont déployées et par le fait que les interactions sont spécifiques aux protagonistes de la relation. Elles s'inscrivent dans une continuité et de ce fait impliquent une dimension historique dans la mesure où elles se réfèrent aux interactions passées et une projection dans le futur en faisant référence aux échanges qui pourraient avoir lieu avec le partenaire en question.

Le côtoiement conditionne l'engagement dans une relation interpersonnelle particulière qui dépend tout d'abord de facteurs de proximité socioculturels. La relation est ensuite consolidée par la découverte progressive d'intérêts, d'attitudes et de valeurs communes à travers l'autorévélation réciproque.

Les relations interpersonnelles amoureuses ou amicales sont chacune soumises à des prescriptions spécifiques qui règlent les comportements* réciproques et dont la non-observance entraîne une rupture de la relation.

G. Moser

Relativisme linguistique

Notion qui renvoie à l'hypothèse selon laquelle les structures (syntaxiques ou sémantiques*) d'une langue exerceraient un effet sur l'organisation et le fonctionnement cognitifs des sujets qui la parlent ; chaque langue ayant, à côté de certains traits universels (V. Universaux du langage), un ensemble de propriétés spécifiques, l'organisation cognitive des sujets serait relative à (dépendante de) ces propriétés spécifiques.

Dans la tradition occidentale, l'organisation de la langue a d'abord été conçue comme un reflet de l'organisation du monde (Aristote), puis comme une manifestation directe des opérations logiques de la pensée (Port-Royal). Dès le XIXe siècle cependant, des auteurs comme W. von Humboldt et A. Schleicher avaient signalé l'existence de correspondances entre caractéristiques des langues et « qualités » mentales et culturelles des peuples qui les parlent. Au début du XXe siècle, cette analyse sera reprise et développée par E. Sapir en 1921 et B. L. Whorf en 1956, qui formuleront l'hypothèse du relativisme linguistique (« hypothèse Sapir-Whorf »). Comme l'avaient montré les études comparatives des langues amérindiennes et européennes, l'organisation syntaxique et sémantique des langues est beaucoup plus diverse qu'on ne le pensait jusqu'alors ; en outre, comme le montrait l'anthropologie* naissante, les systèmes culturels sont eux-mêmes variables et relatifs. Se posait dès lors le problème des relations entre organisation linguistique, organisation culturelle et organisation cognitive.

Pour E. Sapir, le langage est une institution socioculturelle ; il reflète nécessairement certains des aspects de la culture du groupe, et cette dépendance se manifeste essentiellement sur le plan du lexique*. Ces particularités lexicales exercent à leur tour une influence sur certaines opérations cognitives, en particulier sur la perception* et la mémoire*. La position de B. L. Whorf est plus radicale ; elle postule un véritable **déterminisme linguistique.** Pour cet auteur, le langage est premier, et l'environnement physique et culturel ne serait que chaos sans son intervention ; ce sont les caractéristiques lexicales et syntaxiques de la langue qui façonnent les idées, qui orientent la perception et les autres activités mentales et qui déterminent, au sens strict du terme, notre vision du monde.

Les vérifications expérimentales de cette hypothèse restent peu nombreuses et difficilement interprétables. Il n'existe pas de démonstration claire d'une influence de l'organisation syntaxique ; quant au lexique, il semble qu'il puisse exercer une influence sur des tâches de mémorisation (V. Mémoire sémantique), mais non sur des tâches de perception*. *J.-P. Bronckart*

Relaxation

Différentes méthodes de détente musculaire sont utilisées pour éprouver un bien-être psychique et pour réduire certains symptômes psychopathologiques ou psychosomatiques comme l'angoisse*. Le ***training* autogène,** inventé par J. Schulz à Berlin, inspiré du yoga, est une forme d'autohypnose*. Le sujet, allongé, yeux fermés, apprend à se décontracter, membre après membre, de la périphérie vers le centre, en se concentrant successivement sur les impressions de pesanteur, de chaleur, de régularité du rythme cardiaque, puis respiratoire, jusqu'à ce qu'avec l'exercice il parvienne à une détente corporelle complète, même en position assise ou debout. Après la concentration sur les sensations d'origine corporelle, on peut passer, mais c'est plus rare, à la concentration sur des images mentales* puis sur des notions abstraites. L'**eutonie** de G. Alexander vise le contrôle et l'harmonisation du tonus*. Elle comprend l'inventaire du corps, le contact avec l'environnement, le mouvement volontaire, l'étirement spontané et des positions de contrôle. *D. Anzieu*

Remémoration → Recollection

Réminiscence

Peut désigner, comme dans la langue courante, le surgissement spontané ou provoqué de souvenirs* à la conscience.

Plus techniquement, désigne un phénomène hypothétique se manifestant par un taux* de rétention plus élevé en rappel* différé qu'en rappel immédiat chez des sujets testés dans les deux tâches de rappel. Cette observation va apparemment à l'encontre de ce que prédisent les courbes de rétention* en fonction du temps. Ce phénomène, décrit par J. Ballard dès 1913, fut considéré comme un argument fort contre la généralité de l'allure des courbes d'oubli*. Il semblerait cependant que ce résultat soit explicable par le fait que le test en rappel immédiat joue un rôle d'essai supplémentaire pour les sujets. Si l'on compare un groupe de sujets testés uniquement en rappel immédiat à un groupe de sujets testés uniquement en rappel différé, on obtient des résultats concordant avec l'allure générale des courbes de rétention. *S. Bredart*

Rencontre

Désigne, en physiologie et en physique, les phénomènes de correspondance* ponctuelle entre un des éléments d'une stimulation externe et un des éléments d'un organe ou d'un appareil récepteur (l'impression d'une plaque photographique résulte, par ex., de la rencontre entre les photons projetés sur la plaque et les particules de sel d'argent dont celle-ci est composée).

En psychologie, J. Piaget a utilisé cette notion dans le cadre de son modèle probabiliste d'explication des illusions* perceptives primaires. La rencontre y désigne les points de correspondance (ou d'interférence*) qui s'établissent entre un élément de l'objet perçu et un élément de l'organe récepteur (unité cellulaire de la rétine, zone corticale correspondante, unité de transmission nerveuse, ou encore mouvement oculaire*). Dans une tâche d'estimation* de la grandeur d'un objet, les centrations* successives (et aléatoires) du regard sur ses différentes parties provoquent un accroissement exponentiel des rencontres, qui explique notamment le phénomène de surestimation* absolue. Dans une tâche de comparaison de grandeurs entre deux objets, la probabilité que le couplage* des rencontres soit complet (c'est-à-dire que la densité des rencontres sur l'objet 1 soit égale à celle des rencontres sur l'objet 2 pour une même durée) est extrêmement faible, ce qui explique le phénomène de surestimation relative ou d'illusion perceptive proprement dite.

Dans les courants d'inspiration phénoménologique, ce terme désigne l'acte* d'entrée en contact intentionnelle d'un sujet avec un événement significatif de son milieu ; il y est utilisé pour signifier que les comportements, qu'ils soient de niveau physiologique, psychologique ou social, constituent toujours une activité intentionnelle de sollicitation du milieu. Dans les études du comportement social de l'animal, on distingue différents types de rencontres, définies par les modalités d'attraction* réciproques (naso-anal, naso-génital, etc.). Chez l'homme, on distingue la rencontre anonyme de la rencontre authentique. Cette dernière, qui se définit comme la saisie d'autrui en tant qu'historicité individuelle, serait la condition même de l'instauration de l'intersubjectivité* véritable.

Groupe de rencontre : groupe à orientation thérapeutique, créé par C. R. Rogers, qui met l'accent sur l'évolution personnelle des participants, ainsi que sur le développement des communications et des relations interpersonnelles. *J.-P. Bronckart*

Rendement scolaire

Evaluation* collective des résultats de l'apprentissage* scolaire, par opposition à l'évaluation individuelle des performances*. Le principe fondamental de l'évaluation du rendement scolaire est celui de la cohérence entre les objectifs, l'enseignement et les modalités de l'évaluation.

Une simple mesure entrée-sortie peut être aberrante, car elle fait abstraction des processus éducatifs qui ont conduit au résultat observé. Par ailleurs, la réflexion sur la diversité des niveaux cognitifs, affectifs et psychomoteurs des objectifs (taxonomies*) a beaucoup contribué à faire prendre conscience du peu de valeur des évaluations privilégiant les processus inférieurs (pure mémoire, applications stéréotypées). Les grandes évaluations du rendement scolaire sont faites par des enquêtes normatives ; elles servent de plus en plus au pilotage* des systèmes éducatifs*. *G. de Landsheere*

Renforçateur

Tout stimulus* ou événement qui, utilisé dans une procédure de renforcement*, entraîne un conditionnement*. Le terme est généralement réservé au domaine du conditionnement opérant* ou de l'apprentissage instrumental*, la terminologie pavlovienne* s'en tenant à stimulus inconditionnel*. Le renforçateur est dit positif lorsque, octroyé à la suite d'une réponse donnée, il entraîne un accroissement de la probabilité d'émission de celle-ci ; il est dit négatif s'il entraîne un accroissement de probabilité d'émission de la réponse qui permet d'y mettre fin ou de s'y soustraire anticipativement (échappement*, évitement*). Les renforçateurs positifs les plus efficaces et les plus utilisés sont ceux qui satisfont les besoins* primaires : nourriture, boisson, accès au partenaire sexuel ; il faut y ajouter certaines propriétés des stimulus ayant une valeur renforçante intrinsèque (certaines saveurs), les stimulations venant compenser la privation sensorielle*, l'accès au mouvement, l'autostimulation* intracérébrale. Un stimulus quelconque peut par ailleurs acquérir valeur de renforçateur secondaire* par association avec un renforçateur primaire. Tout stimulus provoquant naturellement ou par association une réaction de retrait peut normalement être utilisé comme renforçateur négatif. Le terme renforcement est parfois utilisé en lieu et place de renforçateur, mais en toute rigueur il y a lieu de les distinguer. *M. Richelle*

Renforcement

Dans la procédure pavlovienne*, opération consistant à présenter le stimulus inconditionnel* à la suite du stimulus conditionnel*, de manière à en renforcer, à en consolider l'association.

Dans la procédure opérante*, opération consistant à présenter un renforçateur* dans une relation particulière avec la réponse opérante, relation définie par les contingences* de renforcement. Le renforcement positif* consiste à présenter un agent renforçateur positif à la suite d'une réponse*, dont, en conséquence, la probabilité d'émission augmente. Dans le renforcement négatif*, une stimulation aversive* est présentée à laquelle la réponse opérante permet de mettre fin (échappement*), ou seulement si la réponse opérante, dite alors d'évitement*, n'a pas été fournie. Dans l'un et l'autre cas, la probabilité d'émission de la réponse opérante augmente.

La relation entre réponse et renforcement peut être variée selon les programmes* de renforcement. Le renforcement est dit continu* lorsque chaque réponse (ou, dans le conditionnement pavlovien, chaque stimulus conditionnel) fait l'objet du renforcement **intermittent** ou **partiel** lorsque certaines réponses seulement (ou certains stimulus conditionnels) sont renforcées, sur base de critères de quantité de réponse, de débit*, ou de temps* (auquel cas il peut être ou non **périodique***). Le renforcement est dit **primaire** s'il met en jeu un renforçateur naturellement appétitif* ou aversif, **secondaire** s'il s'agit d'un renforçateur qui a acquis l'une de ces propriétés par association avec un renforcement primaire. D'une manière un peu illogique, on parle de **renforcement non contingent** lorsqu'un renforçateur est octroyé selon des règles quelconques, mais indépendamment des réponses produites.

Renforcement intrinsèque : renforcement inhérent à l'activité opérante elle-même. B. F. Skinner a ainsi désigné le renforcement supposé à l'œuvre dans les activités intellectuelles ou artistiques qui, après avoir peut-être été amorcées à la faveur de renforcements extérieurs, semblent ensuite s'autoentretenir. La notion est à rapprocher de celle de besoin* de stimulation et d'activité*. *M. Richelle*

Renforcement continu → Continu

Renforcement dépendant → Dépendant

Renforcement différé → Différé

Renforcement différentiel → Différentiel

Renforcement négatif → Négatif

Renforcement positif → Positif

Renversabilité

Notion psycholinguistique* introduite en 1970 par H. Sinclair et E. Ferreiro pour qualifier certaines phrases* transitives simples proposées aux enfants dans des épreuves de compréhension*. Dans une phrase renversable *(« le garçon suit le chien »)*, les protagonistes représentés par les noms sont l'un et l'autre susceptibles d'effectuer l'action exprimée par le verbe. Dans une phrase non renversable *(« le garçon casse la bouteille »)*, un seul protagoniste peut effectuer l'action exprimée par le verbe. Dans la mesure où toute phrase est syntaxiquement renversable (*« la bouteille casse le garçon »* est une phrase grammaticale), la notion de renversabilité a trait en réalité à l'événement représenté par la phrase, et à ses caractéristiques pragmatiques*.

Chez Piaget par ailleurs on parle, dans les périodes sensori-motrice* et préopératoire, de renversabilité ou retour empirique (par opposition à la réversibilité* opératoire) lorsque le sujet n'a pas conscience de l'identité de l'action exécutée dans les deux sens. *J.-P. Bronckart*

Renversement dans le contraire

L'un des quatre destins de pulsion* décrits par S. Freud en 1915, avec le refoulement*, la sublimation* et le retournement sur la personne propre*, auquel il est étroitement lié : le retournement concerne l'objet, le renversement dans le contraire concerne le but. Les couples sadisme-masochisme, voyeurisme-exhibitionnisme, activité-passivité illustrent un tel lien. *D. Anzieu*

Réparation

Mécanisme décrit par M. Klein comme spécifique, avec les défenses maniaques*, de la position dépressive* dont le but est l'introjection* de l'objet total, complet, unifié, à la fois bon et mauvais, aimé et haï.

Plus qu'un mécanisme étroitement défini, il s'agit d'un ensemble d'attitudes et de fantasmes* qui s'opposent aux effets, sur l'objet, des fantasmes de destruction et d'attaque du corps de la mère. Par les attitudes et les actions fantasmatiques de réparation vis-à-vis de l'objet maternel interne et externe, l'enfant surmonte la culpabilité et les angoisses qui résultent de ses fantasmes destructeurs. Il cherche à préserver l'intégrité du corps maternel, à en rassembler les fragments dispersés, à redonner vie à ce qui a été détruit. Les fantasmes de réparation permettent la possession d'un objet bon et stable dont l'introjection renforce le moi et, de ce fait, le développement de celui-ci.

La réparation joue ainsi un rôle dans le développement de la créativité, de la sublimation*, comme dans la confiance dans ses possibilités, le travail de deuil* et la symbolisation* proprement dite. Parmi ses avatars, outre le déni* omnipotent des défenses maniaques, les répétitions compulsives des actions de réparation dans les symptômes obsessionnels signifient la persistance d'un conflit d'ambivalence* inélaborable*. Dans ce cas la réparation se ramène à des formations réactionnelles* plus ou moins contraignantes. *B. Brusset*

Répartie (Fonction —) → Fonction distribuée

Repères identificatoires

Cette notion d'origine anthropologique décrit les moyens dont disposent les individus pour se reconnaître les uns et les autres à l'intérieur d'une société. Les repères identificatoires physiques et symboliques sont des traits distinctifs qui singularisent un individu (son nom, son sexe, son comportement, son vêtement, son statut social), l'identifient comme étant tel ou tel, le distinguent des autres. Ils servent à identifier un individu par rapport à sa communauté d'origine (familiale, locale, linguistique et culturelle), c'est-à-dire par son lien aux autres. Utilisée par les psychanalystes, cette notion inscrit les identifications* du sujet dans une tension entre la place assignée à l'enfant dans le désir inconscient des parents et la place occupée par lui. Elle situe l'identification dans la référence à l'origine de la communauté. *R. Kaës*

Répertoire

Dans l'étude du comportement animal, le terme désigne l'ensemble des réponses susceptibles de s'exprimer chez un individu ou une espèce. Selon qu'on en use dans un contexte éthologique ou dans celui de la psychologie de l'apprentissage*, la notion de répertoire renvoie plus particulièrement aux conduites propres à l'espèce ou aux comportements acquis. Elle implique que, dans l'un et l'autre cas, les éléments constitutifs du répertoire ont été, ou pourraient être en principe, inventoriés. Ce concept de réserve d'unités comportementales potentiellement actualisables n'est pas sans analogie avec la distinction entre compétence* et performance*. *M. Richelle*

Répétition

Par l'expression de compulsion* de répétition (« principe de répétition » ou encore « automatisme de répétition »), Freud désigne un mécanisme de reproduction inconsciente d'états ou d'expériences psychiques antérieures, souvent chargés d'affects* négatifs. C'est la fréquence de ces répétitions incoercibles dans les névroses traumatiques* ou dans la cure analytique qui l'a conduit à postuler l'existence d'une pulsion* de mort, qui constitue, avec la pulsion de vie (principe de plaisir*) à laquelle elle s'oppose, un des principes directeurs des processus psychiques.

Par ailleurs, la répétition (de mots ou d'énoncés) constitue, avec la compréhension* et la production*, une des techniques majeures de la psycholinguistique* de l'enfant. *J.-P. Bronckart*

Répondant → Pavlovien

Réponse

L'un des plus fréquents dans le vocabulaire des psychologues, le terme renvoie d'abord, dans un sens technique descriptif, à une unité* de comportement* bien définie qu'un sujet d'expérience est invité ou amené à produire dans la situation expérimentale : réponse motrice d'appui sur un bouton-poussoir dans une expérience de temps* de réaction, par exemple. Assorti d'une qualification, le mot « réponse » désigne une catégorie de comportements à un niveau descriptif (réponse émotionnelle, vocale) ou fonctionnel (réponse attentionnelle, opérante).

Dans un contexte plus chargé d'implications théoriques, le terme est souvent lié aux conceptions mécanicistes du fonctionnement psychologique, que résume la formule « stimulus-réponse » (S-R). S'y trouve soulignée la liaison directe du stimulus à la réponse qu'il provoque, dans une relation causale simple. La notion de réponse est alors proche de celle de comportement observable, objet de la psychologie selon le béhaviorisme* classique, à distinguer des processus internes inférés (variables intermédiaires du néobéhaviorisme, processus mentaux de traitement de l'information dans le cognitivisme*) qui s'intercalent entre le stimulus et la réponse (V. Réaction, Réflexe, Action, Conduite). *M. Richelle*

Réponse anticipée → Anticipation

Réponse électrodermale (RED)

Réaction végétative enregistrée au niveau de la face dorsale de l'avant-bras et de la main, encore appelée réflexe psychogalvanique*, correspondant à la fois à une diminution de la résistance cutanée (effet Féré) et à une variation de potentiel (effet Tarchanoff). Ces phénomènes, qui traduisent l'activité végétative (système sympathique*) périphérique et centrale, sont liés à la présence de sueur par décharge des glandes sudoripares. Il en a été fait un indicateur des niveaux d'activation* centrale et de l'état affectif du sujet. Lors de l'endormissement, il y a une augmentation de la résistance cutanée et, inversement, une baisse lors du réveil. Chez le sujet éveillé et au repos, il y a élévation, et peu d'activité électrodermale ; lors de manifestations d'attention* (opérations mentales, par ex.), il y a baisse de la résistance et décharges électrodermales. La RED fait partie de la panoplie des enregistrements polygraphiques (électroencéphalogramme, électrocardiogramme). *B. Soumireu-Mourat*

Représentant de la pulsion

Pour S. Freud, la pulsion (libidinale et, par la suite, agressive), considérée comme de nature endogène somatique, s'exprime psychiquement par deux formations distinctes, l'affect* et la représentation*. Cette distinction repose sur la clinique qui montre, en particulier dans les états névrotiques, la disjonction possible entre ces deux formations. La représentation, c'est-à-dire le contenu thématique, peut être isolé de l'affect correspondant, ce dernier pouvant être perçu indépendamment de la représentation qui devrait lui être liée et qui est l'objet d'un refoulement. Si le terme d'affect est toujours utilisé sans référence à sa fonction de représentant de la pulsion, celui de représentation est souvent associé à sa fonction sous la forme composée de « représentant représentation » qui associe, en allemand, deux substantifs différents (*Vorstellungsrepräsentans* ou *Vorstellungsrepräsentant*) et qui définit clairement, d'une part, l'acte et le contenu de la représentation, d'autre part sa fonction de représentant de la pulsion d'origine somatique.

D. Widlöcher

Représentants de transformation
→ Signifiants formels

Représentation

Notion très générale qui, dans l'usage courant, renvoie à deux phénomènes distincts. Elle désigne d'une part le processus de mise en correspondance entre deux éléments qui aboutit à ce que l'un (le « représentant ») répète, remplace ou « présente autrement » l'autre (le « représenté »). Elle désigne d'autre part un aspect du résultat de ce processus, en l'occurrence le seul élément représentant, de quelque nature qu'il soit. Dans une acception plus restreinte, qu'illustre notamment l'expression de « représentation nationale », ce terme peut impliquer que le représentant est constitué par un exemplaire* qualifié de l'ensemble des représentés.

La représentation constitue l'un des thèmes majeurs de la philosophie ; sous l'angle du processus, elle s'y définit généralement comme l'acte* par lequel un matériel concret est organisé en catégories* ou « objets de pensée » ; sous l'angle du produit, elle y désigne les contenus de l'acte de pensée*, qu'ils soient conscients ou non. Inspiré par R. Descartes, le courant de « philosophie de la représentation » met l'accent sur le représentant, qui est analysé comme une image mentale* reproduisant une perception antérieure, en l'absence de toute activité sensorielle actuelle. La « philosophie de la réflexion », qui s'origine chez F. Hegel, met l'accent sur la dynamique du processus, sur la continuelle dialectique (V. Interaction) entre l'activité rationnelle et les multiples propriétés des objets du monde, dont le produit ne consiste pas en abstractions figuratives figées, mais en constructions mentales actives, perpétuellement investies de nouvelles significations*. Cette conception de l'activité représentative a notamment été développée dans le cadre de la théorie de l'acte intentionnel de E. Husserl (V. Intentionnalité).

« Le monde est ma représentation » ; cette formule célèbre d'A. Schopenhauer illustre le postulat philosophique plus général selon lequel, pour un organisme vivant (et donc pour l'homme), toute expérience possible et imaginable, de même que toute connaissance*, empirique ou rationnelle, relève de la représentation. Quelque discutable qu'il soit, ce postulat constitue le substrat même de la distinction « moderne » entre ordre de l'objet* et ordre du sujet* : relève de l'objet la pluralité des entités du monde auxquelles s'applique l'activité représentative (ce qui inclut le corps propre* et plus généralement l'organisme connaissant), et relève du sujet l'*épistémê* elle-même, c'est-à-dire l'instance théorique d'où émane le processus de représentation (instance que J. Piaget qualifiera plus tard de « sujet épistémique »). En psychologie, même si divers courants proposent une explication du comportement* qui relève d'une autre dialectique (celle de l'organisme et du milieu*) et qui tente parfois de récuser toute perspective mentaliste*, la plupart des tentatives contemporaines d'explication de la genèse et de l'organisation des connaissances s'inscrivent dans la perspective ouverte par A. Schopenhauer et se donnent en conséquence la représentation comme objet d'étude majeur.

En psychologie développementale*, coexistent une conception restreinte et une conception plus large de la représentation. La première, défendue notamment par J. Piaget en 1946, conçoit celle-ci comme un système coordonné d'actions* intériorisées qui rend notamment possible le processus d'évocation* ; dans cette optique, la genèse* de la représentation est solidaire du développement* de la fonction sémiotique* et elle est en conséquence relativement tardive. De la naissance à 18 mois, les interactions entre l'organisme humain et le milieu* sont tout entières réglées par les schèmes* sensori-moteurs* ; l'activité représentative se développe ensuite sous l'effet de la différenciation* et de l'intériorisation* progressives de ces schèmes. Sur le versant de l'accommodation*, les premiers signifiants différenciés (représentants) sont fournis par l'imitation* et par l'image mentale ; sur le versant de l'assimilation*, les premiers signifiés (représentés) s'élaborent dans le jeu symbolique*. La représentation émerge lorsque s'établit l'équilibre entre les deux processus, et que les signifiants et les signifiés qu'ils ont produits peuvent être coordonnés au plan mental. Cette capacité nouvelle présentera longtemps un caractère intuitif et imagé, et se transformera en véritable pensée* représentative avec l'accès au stade* des opérations concrètes* puis formelles*. Bien qu'elle attribue un rôle plus important aux interactions sociales* et aux significations verbales qui s'y transmettent (et qu'elle adopte dès lors une vision moins continuiste du développement de l'enfant), l'analyse proposée par H. Wallon ou par L. S. Vygotsky n'est pas fondamentalement différente de celle de J. Piaget. Il n'en va pas de même pour les tenants de la conception « large », qui, à la suite de J. Bruner en 1973, définissent la représentation comme tout système de règles au moyen desquelles un organisme conserve, sous une forme opérationnalisable, les caractéristiques récurrentes de son environnement. Dans cette optique, les processus d'identification* à l'œuvre dès la naissance relèveraient déjà de la représentation. J. Bruner décrit en conséquence le développement de l'enfant comme une succession de trois stades correspondant à l'émergence de trois systèmes de représentation différents : **la représentation énactive** (sensori-moteur), **la représentation iconique** (à partir de la fonction sémiotique) et la **représentation symbolique** (à partir des opérations concrètes).

En psychologie expérimentale, l'associationnisme* classique postule que la représentation dérive d'une réalité simple et unique, l'image, elle-même dérivée de la sensation. Dans une perspective voisine, certains courants béhavioristes* introduisent cette notion pour rendre compte du fait que les comportements peuvent être contrôlés par des stimulus* qui ne sont pas physiquement présents (phénomène de délai*), et que la nature du contrôle* exercé par les stimulus ne relève pas directement de leurs seules propriétés extéroceptives (sélection, différenciation et généralisation du stimulus). Après voir expliqué ces phénomènes en faisant appel à des facteurs intra-organiques substitutifs, ou à des stimulations verbales internes (V. Médiation), le béhaviorisme invoque aujourd'hui l'existence de systèmes de représentation qui constitueraient l'un des « antécédants » majeurs du comportement.

C'est dans le cadre du cognitivisme*, en particulier des travaux portant sur la mémoire*, la résolution de problèmes* et le contrôle de l'action, que ces systèmes de représentation ont fait l'objet de descriptions détaillées. Comme l'indiquent D. E. Rumelhart et D. A. Norman en 1988, l'approche cognitiviste de la représentation implique la prise en compte de trois éléments : l'environnement physique (« monde représenté »), l'état physique du cerveau et l'état de la connaissance du sujet (qui sont deux aspects du « monde représentant »). Sa problématique n'a trait qu'accessoirement à la manière dont s'établissent les correspondances entre ces deux mondes ; elle vise surtout à élaborer des modèles* susceptibles de rendre compte (donc de « représenter ») des caractéristiques structurales et fonctionnelles des deux entités du « monde représentant » (V. Métacognition). Dans les premiers modèles, les éléments représentants étaient conçus comme des unités de signification (V. Mémoire sémantique), leur structure était formalisée en termes de logique des prédicats* et les

opérations effectuées sur les unités relevaient des règles d'inférence*. Les modèles de représentation élaborés ensuite se distribuent en quatre catégories majeures :
a. les « modèles à base propositionnelle » sont de loin les plus nombreux ; leur caractéristique commune est que la connaissance y est représentée par une suite de symboles*, organisée en propositions* dont la valeur de vérité peut être testée par une procédure de contrôle impliquant le « monde représenté ». Dans certains modèles, les symboles sont simplement organisés en arbres ou en réseaux* ; dans d'autres, ils constituent des configurations fortement structurées (schéma*, *frame**, script*, plan*, etc.), auxquelles sont associées des procédures complexes d'interprétation ;
b. les « modèles analogiques » se caractérisent par le fait que les propriétés du « monde représentant » y reproduisent, de manière aussi directe que possible, les propriétés du « monde représenté » (correspondance tendant à l'isomorphisme*). Conçus pour formaliser les modalités de représentation d'entités continues (espace géographique représenté par une carte mentale*) ou en mouvement (écoulement de fluides représenté par des variations de voltage), ces modèles sont également utilisés, par R. N. Shepard notamment, pour rendre compte des processus de représentation à l'œuvre dans toute tâche cognitive : dans l'anticipation* du mouvement* d'un objet, par exemple, les transformations continues d'images reproduiraient, de manière analogique*, les modifications de l'objet. Cette conception a trouvé un prolongement dans la théorie des modèles mentaux* (structure mentale qui permet de résoudre un problème en simulant une activité) ;
c. les « modèles procéduraux » ont comme premier objectif de représenter les savoir-faire pratiques (les mécanismes qu'un sujet met en œuvre, par ex., pour prononcer le mot « métaphysique ») ; ils ont trait à cette forme de connaissance « inaccessible » ou procédurale* (par opposition à la connaissance déclarative* ou savoir « accessible » relatif aux propriétés du monde) et visent à la simuler efficacement. Ils visent souvent à rendre compte en outre des procédures par lesquelles nous agissons sur nos représentations. Le *General Problem Solver* de A. Newell et H. A. Simon constitue le premier d'une génération de modèles procéduraux (appelés aussi « systèmes de production ») qui comportent les composants suivants : un appareil sensoriel (enregistrement des informations), un système moteur (capable d'agir sur l'environnement), une mémoire de travail ou base de données* (stockage des informations sous forme déclarative) et un « interpréteur », système apte à traiter et à interpréter les informations (stockées ou nouvelles) et à déterminer le type de réponse à générer. Dans la mesure où l'interpréteur doit à la fois traiter les données de la mémoire (symboles déclaratifs) et générer des actions (symboles procéduraux), ces modèles tendent à utiliser un langage de programmation (le LISP*, notamment) susceptible d'intégrer et d'opérer sur ces deux types de symboles ;
d. dans les « modèles à connaissance distribuée » enfin, la connaissance n'est pas représentée sous forme discrète en mémoire, mais distribuée dans des unités représentatives superordonnées. Ces derniers modèles posent le problème de la nature catégorielle des représentations, qui est abordé par ailleurs dans la théorie des types* et des prototypes* (V. Catégorisation).

En psychanalyse*, la représentation a d'abord été définie par S. Freud comme le processus par lequel l'état organique fondamental qui caractérise la pulsion* est transformé en expression* psychique. Dans les textes ultérieurs du même auteur, ce terme désigne les éléments matériels observables auxquels la pulsion (concept psychique abstrait) se fixe dès que l'appareil psychique* se divise, sous l'effet du refoulement* originaire, en conscient, préconscient et inconscient*. Dans la théorie lacanienne, cette fixation* de la pulsion à ses représentations (représentants) est corrélative de l'insertion du sujet dans le réseau des significations véhiculées par le langage*.

En linguistique*, dans le cadre de la morphophonologie*, ce terme s'applique aux unités linguistiques* observables au niveau du discours*, en tant qu'elles constituent le produit de transformations* opérées sur les morphèmes* des structures de base (ou « profondes ») (V. Grammaire générative).

Représentation collective : concept introduit par E. Durkheim pour spécifier que les faits sociaux, objet de la sociologie, sont de nature représentative. A la différence des représentations individuelles (objet de la psychologie) qui sont internes (elles sont gérées par le cerveau d'un individu), ces représentations sont externes et participent de la conscience* collective. Générales, anonymes et permanentes, elles exerceraient un véritable pouvoir de coercition sur le fonctionnement cognitif des individus. Introduit également par E. Durkheim et réexhumé par S. Moscovici en 1961, le concept de **représentation sociale** désigne un domaine particulier des activités de représentation collective, en l'occurrence à la fois les processus dynamiques par lesquels s'élaborent les savoirs de sens commun et les produits que constituent ces savoirs.

Ce concept constitue aujourd'hui l'un des thèmes majeurs qui oriente la recherche en psychologie sociale. Les représentations sociales s'y définissent comme des modalités de pensée pratique, orientées vers la communication*, la compréhension et la maîtrise de l'environnement, modalités qui relèvent à la fois de processus cognitifs généraux et de processus fonctionnels socialement marqués. Ces derniers processus ont trait d'une part au traitement des stimulus sociaux et plus généralement des faits d'interaction sociale ; ils ont trait d'autre part aux effets de l'appartenance sociale du sujet (valeurs, modèles et idéologies véhiculées dans son groupe).

J.-P. Bronckart

Répression → Surmoi

Reproducteur (Comportement —)

Le comportement reproducteur, chez les animaux se reproduisant par voie de sexualité, regroupe toutes les conduites assurant la production de gamètes, puis la rencontre des cellules sexuelles mâles et femelles jusqu'à la fécondation, c'est-à-dire la formation d'un œuf par fusion de celles-ci. Commence alors le comportement parental*. Le comportement reproducteur débute par l'accumulation de réserves alimentaires nécessaires à la relance de la gamétogenèse. Celle-ci est d'abord sous l'influence de rythmes circadiens endogènes, mais est aussi soumise à la stimulation des variations saisonnières du milieu, notamment l'allongement printanier de la durée de l'éclairement journalier. Les stimulations environnementales (lumière accrue, transformation de l'habitat, relèvement de la température, nourriture plus abondante) touchant pareillement toute la population d'une région, les différents individus mâles et femelles de celle-ci progressent pareillement dans la relance, sous réserve des différences individuelles intrinsèques de leur rythme biologique et de leur sensibilité aux variations biotiques et abiotiques du milieu. Celles-ci stimulent, par voie cérébrale, l'axe hypothalamo-hypophyso-gonadal : les gonadolibérines cérébrales et les gonadostimulines hypophysaires activent la gamétogenèse et la fabrication gonadale des hormones sexuelles, qui modifient l'apparence des individus, accentuent le dimorphisme sexuel, augmentent la sensibilité aux informations du milieu, notamment aux partenaires potentiels. La rencontre entre ces derniers implique l'existence de systèmes de communication spécifiques, qui assurent à la fois l'isolement reproducteur des espèces et le rapprochement des sexes ; des messages chimiques (attractifs odorants, phéromones sexuelles), sonores (chants* et productions mécaniques) et gestuels (parades*) y contribuent en même temps qu'ils affinent la synchronisation des partenaires potentiels.

J.-C. Ruwet

Reproduction

Mécanisme par lequel les organismes vivants produisent de nouveaux individus et assurent ainsi la continuité de l'espèce. La reproduction peut être asexuée (par scissiparité ou bourgeonnement) ou sexuée (production de gamètes de deux types qui s'unissent pour former un œuf, point de départ du nouvel individu).

En psychologie de la mémoire*, ce terme désigne soit le processus d'évocation* d'images mentales* préalablement constituées, soit une méthode de recherche.
Méthode de reproduction : expression parfois utilisée pour désigner la méthode d'ajustement*.

J.-P. Bronckart

Requisit → Prérequis

Réseau

Forme d'organisation d'entités entre lesquelles existent des connexions*, représentable par un graphe* : les nœuds correspondent aux entités, les arcs aux liaisons ; par exemple, réseau familial, réseau neuronal, réseau sémantique.

De telles architectures se sont développées en informatique : les **réseaux d'ordinateurs** permettent à un utilisateur d'avoir accès aux ressources du réseau et de communiquer avec tous les autres utilisateurs par l'intermédiaire de messageries électroniques. Le fonctionnement d'un tel réseau est régi par des protocoles de communication.

M. Baron

Réseau d'affinités

L'étude des réseaux d'affinités, c'est-à-dire des attraits et rejets existant entre les membres d'un groupe, débute vers 1930 avec les travaux de D. L. Moreno. Celui-ci met au point un ensemble de techniques sociométriques* permettant de mesurer les affinités au sein d'un groupe et de les représenter par un graphe* : ainsi, un noyau correspond à un ensemble de choix mutuels, une chaîne à une série de sélections se transmettant de proche à proche et une clique* à un sous-groupe, le plus souvent centré autour d'un *leader** et résultant d'un clivage au sein du groupe. Plus tard, R. Tagiuri développe une nouvelle procédure, l'analyse relationnelle, qui tient compte non seulement des affinités affectives mais aussi des choix attendus et permet d'établir, entre autres, un diagnostic individuel de sociabilité.

F. Askevis-Leherpeux

Réseau de communication

Un réseau de communication désigne l'ensemble des moyens, ou canaux, de communication existant au sein d'un groupe tandis que le terme de structure qualifie l'ensemble des communications réellement échangées. Les premières études ont porté sur les propriétés géométriques des réseaux et défini différents types tels que réseaux en cercle, en chaîne ou en roue. On a par la suite montré que ces propriétés influent sur la **structure de communication** et par là même sur la performance, la cohésion et la satisfaction du groupe. Ainsi le réseau en cercle est-il peu performant mais apprécié de ses membres tandis que le réseau en roue, moins actif, est centralisé autour d'un *leader**, facilite la performance mais diminue la satisfaction. *F. Askevis-Leherpeux*

Réseau neuronal

Organisation fondamentale du tissu nerveux. La cellule nerveuse est en elle-même un réseau complexe comprenant divers types de récepteurs, canaux, voies de transductions, connectées par plusieurs milliers d'afférences, traitant l'information* soit en inhibant, soit en excitant, donc en intégrant et communiquant l'information aux autres neurones* à la manière d'un opérateur logique binaire et selon des trains de potentiels* d'action dont les propriétés spatio-temporelles représentent une part essentielle du codage* de l'information.

La manière dont les neurones s'articulent et la logique qui préside à l'établissement du réseau interneuronal pour accomplir des fonctions biologiques uniques restent encore mal comprises. Les travaux accomplis au niveau des petits assemblages où sont retrouvées l'excitation*, l'inhibition* latérale et récurrente, l'émission rythmique de potentiels, notamment chez les invertébrés, pour accomplir des fonctions précises fournissent des données qui permettront des modélisations mathématiques et informatiques. Les réseaux complexes résultant de la connexion de grands nombres de cellules, qu'ils soient organisés en série, en parallèle ou en réticules enchevêtrés, ont un fonctionnement spatio-temporel encore mystérieux. Les mécanismes permettant de saisir les fonctions complexes qui émergent du réseau, champ de recherche d'une certaine approche de l'intelligence artificielle*, ne seront probablement pas accessibles hors d'un contexte biologique. Des réseaux de neurones naturels aux réseaux de neurones formels* il n'y a qu'un pas franchi au début des années 1980 dans le but d'établir des liens entre les sciences cognitives* et les sciences physiques et plus généralement d'établir des modèles* du fonctionnement du cerveau.

En pratique, bien que le neurone naturel soit lent dans son fonctionnement comparé aux systèmes physiques et à l'ordinateur, le fonctionnement du réseau et du cerveau est bien plus rapide que l'ordinateur le plus puissant, du moins pour certaines tâches cognitives complexes, en raison du parallélisme massif à la base du fonctionnement du cerveau. *M. Le Moal*

Réseau sémantique

Structure proposée par R. Quillian en 1966 pour représenter l'organisation du sens* des mots* (V. Sémantique). Un réseau sémantique a la forme d'un graphe dont les nœuds correspondent à des concepts* (ou entités) et les arcs à des relations entre les concepts (par ex., arc « sorte de », correspondant à l'inclusion* entre sous-classe et classe*, arc « est-un » correspondant à l'appartenance d'un individu à une classe). Les procédures de raisonnement* sur ces structures sont fondées sur la méthode de propagation* d'activation* et permettent d'expliciter les liens entre deux concepts reliés par un chemin. Ce type de structure de représentation* de connaissances*, utilisé en psychologie et en intelligence artificielle*, a été présenté comme un modèle de la mémoire associative* humaine ; des tests psychologiques, réalisés par R. Quillian et A. Collins en 1969, ont porté sur les temps de réponse à des questions concernant des propriétés d'éléments appartenant à des classifications* (par ex., les canaris sont des oiseaux) : l'hypothèse d'organisation hiérarchique, avec attachement de propriétés aux différents niveaux, a été confirmée par la mesure de temps de réponse plus courts si la question porte sur une propriété spécifique (un canari est-il jaune ?) que si elle porte sur une propriété plus générale (un canari a-t-il des plumes ?).

Les premiers systèmes informatiques* utilisant la notion de réseau sémantique ont été développés à la fin des années 1960, pour des problèmes de traitement de langage naturel (le *Teachable Language Comprehender* de R. Quillian, par ex.). Divers formalismes et langages de représentation de connaissances, dont les *frames**, ont été développés sur la base de description par des attributs d'entités organisées hiérarchiquement en classes et sous-classes, avec un mécanisme d'héritage de propriétés.

M. Baron

Résignation apprise

Inhibition* psychomotrice et déficits dans des tâches d'apprentissage* défensif ou appétitif survenant après exposition à des chocs électriques auxquels le sujet ne peut se soustraire. Ces perturbations n'apparaissent pas chez des animaux soumis aux mêmes agressions* s'ils peuvent en contrôler l'apparition par leur comportement. Ce phénomène, qui se laisse ranger dans le cadre plus ancien des névroses* expérimentales, a été décrit d'abord chez le chien. Il a été attribué à un triple déficit cognitif*, motivationnel* et émotionnel*, qui résulterait de l'apprentissage de l'inefficacité de l'action au moment de la confrontation avec des événements incontrôlables.

La résignation apprise a été proposée comme modèle* animal de la dépression*, dans une perspective qui met l'accent sur l'élément cognitif. En dépit du fait que le syndrome observé chez l'animal s'atténue sous l'action élective de certains antidépresseurs*, la validité de ce modèle demeure très controversée. Il néglige la dimension de vulnérabilité individuelle, essentielle dans la dépression* humaine. Il ne tient pas compte du fait que la dépression, à la différence de la résignation apprise chez l'animal, ne découle pas nécessairement d'agressions très intenses, ni objectivement incontrôlables. Enfin, chez le sujet humain, la confrontation à des problèmes insolubles n'entraîne un déficit ultérieur que si la personne a tendance à attribuer les difficultés rencontrées à ses propres limitations plutôt qu'à la complexité du problème (V. Lieu de contrôle).

L'expression résignation apprise a été choisie pour traduire *learned helplesness*, plutôt qu'**impuissance apprise**, qui peut prêter à confusion avec le domaine sexologique, ou **détresse apprise** trop proche de désespoir* appris qui désigne un modèle utilisé en pharmacologie où l'animal subit sans contrôle une situation stressante.

R. Dantzer et O. Fontaine

Résistance

Ce qui s'oppose dans la cure analytique à la libre association* et au progrès de cette cure. La résistance est un phénomène essentiellement intrapsychique, empêchant ou interrompant le travail psychanalytique ou contrecarrant ses buts ou objectifs fondamentaux. Elle est donc définie comme l'ensemble des actions* ou des paroles de l'analysé qui s'opposent à l'accès de ce dernier à son inconscient. Véritable obstacle à l'élucidation des symptômes, elle est tout ce qui entrave le travail thérapeutique.

Initialement décrite par S. Freud comme une manifestation propre au traitement et à la remémoration qu'il exige, la résistance implique en fait les mêmes forces que celles à l'œuvre dans le refoulement*. S. Freud considérait que la résistance est la résistance par et dans le transfert*. Ainsi l'interprétation des résistances (avec celle du transfert) demeure une caractéristique spécifique de la technique analytique, le transfert étant lui-même tenu partiellement pour une résistance dans la mesure où la répétition agie se substitue à la remémoration parlée. C'est un phénomène apparaissant à l'observateur, le patient résistant à la guérison, elle-même considérée par le moi comme un nouveau danger.

S. Freud distinguait cinq formes de résistance : trois qui sont rattachées au moi : refoulement, résistance de transfert, bénéfices secondaires de la maladie ; la résistance du ça, force de compulsion de répétition, et la résistance du surmoi, décrivant la culpabilité inconsciente.

Plus récemment, les analystes distinguent : la résistance tactique, c'est-à-dire la résistance à un mode de pensée (à savoir la libre association). C'est la résistance au processus analytique lui-même. La résistance au transfert et le refoulement sont des résistances tactiques ; la résistance stratégique, à laquelle correspondent les bénéfices secondaires et les résistances du surmoi et du ça, qui est la résistance au changement thérapeutique s'exprimant par la compulsion* de répétition. Une autre acception (but historique) du terme désigne l'hostilité manifestée aux théories psychanalytiques : résistance à l'inconscient et à la sexualité.

A. Braconnier

Résistance à l'extinction

Dans les conditionnements* et les apprentissages*, persistance de la réponse* acquise alors que la procédure d'extinction* (qui consiste à ne plus procéder au renforcement) est en cours. La résistance à l'extinction se mesure au nombre d'essais* ou au temps nécessaire jusqu'à disparition complète de la réponse. Elle est fonction de nombreux facteurs en jeu au cours de l'acquisition et/ou de l'extinction elle-même, notamment le nombre d'essais ou la durée totale de l'apprentissage, la valeur du renforcement, le niveau de motivation*. Toutes choses égales par ailleurs, plus la résistance à l'extinction aura été marquée, plus sera marquée la récupération spontanée*. On parle, symétriquement, de **résistance au renforcement** à propos de la difficulté de susciter des réponses en présence d'un stimulus conditionnel* ou discriminatif* que l'on renforce positivement alors qu'il avait jusque-là fait l'objet d'une inhibition* (stimulus négatif*). *M. Richelle*

Résolution de problème → Problème

Résonance fantasmatique

La notion de résonance décrit empiriquement un processus psychique primaire de l'intersubjectivité constitué dans la relation symbiotique de l'enfant et de sa mère. S. Foulkes en 1948 a défini la résonance inconsciente comme l'ensemble des réponses émotionnelles et comportementales inconscientes de l'individu à la présence et à la communication d'un autre individu ; H. Ezriel l'a spécifiée comme résonance fantasmatique ; celle-ci, dans les groupes, est un agent de la tension commune et du dénominateur commun du groupe : le fantasme* d'un participant éveille et mobilise d'autres formations fantasmatiques chez d'autres membres du groupe en relation de résonance avec le premier. L'école française de psychanalyse groupale fonde la résonance fantasmatique sur la structure des groupes internes* et la constitue comme un des processus des organisateurs psychiques* inconscients du groupe. *R. Kaës*

Résonance intime (Type de — au Rorschach)

Le type de résonance intime est une formule mise au point par H. Rorschach*, permettant d'établir la proportion des tendances introversives* et extratensives* du sujet. Elle est constituée par la somme des réponses kinesthésiques* comparée à la somme pondérée des réponses couleur* et rend compte de la prévalence accordée par le sujet à un mode de fonctionnement dominé par le recours soit aux représentations et à la projection, soit à une sensibilité sensorielle et affective. On distingue quatre types de résonance intime : introversif (dominante kinesthésique), extratensif (dominante sensorielle), **ambiéqual** (à la fois kinesthésique et sensoriel), **coarté** (inhibition kinesthésique et sensorielle).

C. Chabert

Résonateur

Dispositif acoustique doté d'une résonance à une fréquence sonore déterminée, utilisé jadis dans les expériences de psychophysique* acoustique, aujourd'hui remplacé par le générateur de son électronique, incomparablement plus précis et plus maniable.

M. Richelle

Responsabilité pénale

L'appréciation de la responsabilité pénale pose le problème de la liberté individuelle dont l'exercice et la jouissance sont limités par la loi qui oblige les individus à tenir compte des intentions et des conséquences de leurs actes. C'est pourquoi la justice s'intéresse aux conditions de la disparition ou de l'atténuation de la responsabilité qui supprime ou modifie « le libre arbitre » et « l'autonomie de la volonté » pour sanctionner ce qui est défendu. Le prévenu* dont le discernement était perturbé au moment de l'acte ne peut être puni. L'appréciation de la responsabilité soulève des controverses entre ceux qui postulent l'existence d'une liberté morale et ceux qui la contestent en raison de déterminations biologiques et sociales. *J. Selosse*

Ressentiment

Associé au souvenir d'une humiliation, d'une blessure narcissique, d'une injustice subie, le ressentiment induit un désir de vengeance, de punition d'une offense ; il peut s'exprimer de façon explicite plus ou moins hostile et malveillante, se dissimuler derrière la rancune ou organiser des stratégies sadiques à orientation psychopathique ou perverse. Sa rumination peut alimenter des symptômes divers selon la structure des personnalités*. *J. Selosse*

Ressources physiques

Ensemble des attributs individuels sollicités ou susceptibles de l'être lors de la réalisation d'une tâche motrice*. Bien qu'il s'agisse d'un ensemble très vaste allant des traits de personnalité* aux particularités morphologiques des sujets, on admet que la performance* motrice dépend essentiellement des attributs d'ordre bioénergétique et bio-informationnel : les premiers concernent la transformation et la resynthèse de l'énergie musculaire, les secondes la saisie, la transformation et le stockage de l'information*. Chaque tâche sollicite un profil particulier d'attributs dont la relative stabilité chez un individu permet de prédire sa performance dans la tâche. Cependant, la possibilité d'améliorer ces attributs par l'entraînement*, ou de compenser l'absence ou la défaillance de l'un d'eux, rendent parfois problématique cette prédiction.

M. Durand

Reste diurne

Il s'agit, dans la théorie psychanalytique du rêve*, des éléments des pensées latentes qui sont des souvenirs de ce que le rêveur a vécu au cours de la journée précédente. S. Freud souligne :
1. que ces souvenirs sont toujours ceux de la journée qui a précédé immédiatement le rêve ;
2. que le lien à des préoccupations de la vie éveillée est toujours présent dans un rêve ;
3. qu'il n'y a aucune relation entre l'importance accordée à ces préoccupations par le sujet à l'état vigile et celle qu'il leur accorde dans le rêve ;
4. que les restes diurnes ne peuvent à eux seuls produire un rêve. Le rêve proprement dit, avec ses caractéristiques qui portent la marque du processus primaire*, ne peut se former que si un désir* inconscient vient renforcer les restes diurnes et se dissimuler derrière eux. J. Guillaumin a désigné par **reste nocturne** les sensations qui continuent de parvenir à la conscience pendant le sommeil* et qui sont aussi utilisées par le dormeur pour la formation du rêve.

J.-M. Petot

Reste nocturne → Reste diurne

Restitution → Rappel

Résumé

Le résumé est un cas particulier de paraphrase sélective. Il consiste, en fonction d'un objectif, à extraire les informations* essentielles d'un texte* ou d'une séquence d'images et à procéder à une reformulation de celles-ci en introduisant, entre éléments sélectionnés, les relations jugées importantes. La capacité à résumer paraît dépendre d'au moins trois facteurs. Il faut, d'une part, admettre la « paraphrasibilité » d'une série d'informations ; d'autre part, disposer de critères de sélection des points essentiels (ce qui semble facile pour les « experts » d'un domaine) ; enfin, être en mesure de construire un texte renvoyant à un « modèle mental » cohérent (V. Cohérence).

M. Fayol

Retard d'organisation du raisonnement

Le retard d'organisation du raisonnement ou ROR est un trouble de l'intelligence* décrit en 1984 par B. Gibello. Ce syndrome se caractérise par un décalage entre le niveau intellectuel qui est normal et un mode archaïque d'organisation du raisonnement* qui est celui qu'on trouve en principe chez les débiles légers. Le diagnostic de ROR doit être envisagé lorsque le raisonnement est sensori-moteur après 5 ans, préopératoire après 9 ans, concret A après 13 ans et concret B après 15 ans. Le ROR constitue, avec la dysharmonie cognitive* pathologique, le groupe des troubles de l'intelligence par anomalie des contenants* de pensée.

J.-M. Petot

Retard scolaire

Décalage éventuel entre l'âge d'un élève parvenu à un niveau scolaire* donné et l'âge théorique qu'il devrait avoir s'il avait suivi une scolarité* normale. L'âge légal d'entrée à l'école étant le même pour tous les enfants (6 ou 7 ans selon les pays), et le cursus de base devant être accompli par tous au même rythme, le retard scolaire mesure donc le nombre d'années redoublées dans la scolarité passée. Il est par là un indicateur d'échec scolaire*, et est fréquemment invoqué pour justifier une mesure d'orientation*. A l'opposé des élèves « en retard », on trouve les élèves « en avance », qu'ils aient commencé l'école plus tôt ou sauté une ou plusieurs classes du cursus normal.

D. Manesse

Rétention

Désigne le fait qu'une information* présentée soit maintenue en mémoire*. On distingue les indicateurs explicites de la rétention des indicateurs implicites. Les indicateurs explicites sont obtenus à partir de tâches dont la consigne impose au sujet de se référer à la phase d'acquisition du matériel (ex. : taux de rappel* ou de reconnaissance*). Les indicateurs implicites de la rétention sont estimés à partir de tâches n'impliquant pas cette référence à la récupération* d'un matériel préalablement présenté. Le taux d'économie au réapprentissage est un indice implicite classique.

Par **intervalle de rétention,** on entend le temps écoulé entre la phase d'acquisition d'un matériel et l'épreuve évaluant la rétention.

La **courbe de rétention** en fonction du temps présente une allure caractéristique : une décroissance rapide jusqu'à son point d'inflexion et lente après ce point.

S. Bredart

Réticulaire → Formation réticulée

Réticulée → Formation réticulée

Rétine → Vision

Rétinex

Terme contracté de rétine et de cortex, introduit par Edwin Land à la fin des années 1960. Ce terme désigne une théorie originale, reposant sur l'usage des filtres* soustractifs et de lumières additives en vue d'expliquer la constance* de la couleur sous diverses conditions d'éclairement. Le processus mis en évidence est l'intégration pondérée par le système visuel des caractéristiques de réflectance de plages colorées par rapport aux conditions générales d'éclairement. Le système œil-cortex se comporterait de manière relative en comparant, pour chaque coloration, la nature de la lumière incidente à celle de la lumière réfléchie, et garantirait ainsi à la perception une certaine permanence de la couleur, quelles que soient les conditions d'éclairement. Le doute subsiste néanmoins sur la participation ou non du cortex visuel dans ce phénomène, l'intégration rétinienne et sous-corticale suffisant peut-être au traitement du mécanisme. *R. Génicot*

Retour du refoulé

Phénomène qui témoigne de l'échec du refoulement* et qui constitue le point de départ de la formation du symptôme* névrotique. S. Freud souligne que le refoulement n'est pas en lui-même pathologique s'il est réussi. Mais comme les contenus refoulés sont animés d'une énergie qui les pousse sans cesse à devenir conscients, le refoulement ne peut être maintenu qu'au prix d'une dépense énergétique constante. La formation du symptôme apparaît comme une solution économiquement plus facile puisqu'elle réalise le compromis* entre les exigences pulsionnelles refoulées, qui y trouvent une satisfaction substitutive* et donc déguisée, et les forces refoulantes du moi*, qui obtiennent le maintien du refoulement du but* et/ou de l'objet* pulsionnel primitif. *J.-M. Petot*

Retournement sur la personne propre

L'un des quatre destins de pulsion* décrits par S. Freud en 1915. Il consiste dans le remplacement de l'objet antérieur d'une pulsion par le sujet lui-même. Les exemples les plus typiques en sont le masochisme* et l'exhibitionnisme* que S. Freud considère respectivement comme retournement sur soi-même d'une impulsion sadique et comme retournement sur soi d'une tendance voyeuriste. Dans la réalité clinique, le retournement sur la personne propre est pratiquement indissociable du renversement dans le contraire* qui concerne le but* pulsionnel. S. Freud a souligné que ces deux destins de pulsion dépendent de l'organisation narcissique* du moi* et en portent la marque, et qu'ils sont des tentatives pour assurer la défense* du moi qui, à des stades* supérieurs du développement*, est assurée par d'autres moyens.

J.-M. Petot

Retrait → Conservation-retrait

Rétroactif

Dont les effets se font sentir sur des comportements mis en place antérieurement. L'**inhibition rétroactive** désigne une atteinte à la rétention* d'un comportement ou de données en mémoire* à la suite de l'exécution d'une tâche interférente*. On la met aisément en évidence en soumettant des sujets, après une première acquisition*, à une acquisition de données de même type, suivie d'une restitution* des données du premier apprentissage. La similitude entre les deux tâches favorise l'inhibition rétroactive. La **facilitation rétroactive** désigne une amélioration des performances à la faveur d'une tâche interférente.

Dans le cas d'amnésie* due à une atteinte cérébrale, et portant sur les souvenirs installés antérieurement à la lésion, on parle d'amnésie rétrograde* plutôt que rétroactive.

Boucle rétroactive ou de **rétroaction :** V. Boucle, *Feed-back,* Rétroaction.

M. Richelle

Rétroaction

En cybernétique*, une rétroaction (ou *feedback**) intervient dans un système bouclé pour modifier les grandeurs d'entrée dans le système selon les valeurs de sortie. Une boucle* de rétroaction est positive si l'augmentation de la grandeur de sortie entraîne l'augmentation de la grandeur d'entrée du système. Elle est dite négative si la variation de la grandeur de sortie entraîne une variation inverse de la grandeur d'entrée, ce qui tend à maintenir un niveau constant dans le système (par ex., un thermostat). Les théories du contrôle* moteur reposent sur une boucle rétroactive négative. Après une phase d'initialisation, la régulation du mouvement se fait par comparaison entre une valeur de référence (position attendue) et la position actuelle. La boucle de rétroaction assure l'ajustement*. *J. Mathieu*

Rétroaction (Boucle de —) → Boucle

Rétrograde

Qualifie une forme d'amnésie* caractérisée par l'oubli* des événements qui précèdent le traumatisme responsable de celle-ci. Cette forme d'amnésie peut résulter de traumas cérébraux accidentels ou de l'administration de chocs électriques (par ex., l'électrochoc*) ou encore de lésions consécutives à l'absorption prolongée d'alcool couplée à une carence nutritionnelle. Il existe toujours un débat quant à savoir si l'amnésie résulte surtout d'une difficulté d'enregistrement de l'information ou plutôt d'une difficulté de la récupérer. L'idée courante selon laquelle la récupération* éventuelle des événements oubliés commence par les souvenirs les plus anciens est abandonnée. On a décrit de nombreux cas d'amnésiques manifestant moins de problèmes pour des souvenirs relativement anciens que pour des souvenirs plus récents.

S. Bredart

Rétrogression → Régression

Rétrospectif → Longitudinale (Méthode —)

Réussite professionnelle → Critères de succès professionnel

Rêve

Activité mentale se déroulant pendant le sommeil* ; le rêve se définit par son mode de survenue au cours de certaines périodes caractéristiques du sommeil, par les contenus particuliers de cette activité mentale et par l'utilisation de son récit dans un but thérapeutique en psychiatrie et en psychanalyse*.

L'étude électrophysiologique du dormeur a identifié un certain type de sommeil, appelé sommeil paradoxal, qui survient chaque nuit à quatre ou cinq reprises et au cours desquelles le sujet réveillé dans son sommeil est capable de rapporter avec facilité un récit constitué de scènes imagées avec un télescopage de souvenirs oubliés ou non, de personnages connus ou inconnus, d'événements réalistes ou totalement invraisemblables et dont la pensée abstraite ou conceptuelle est quasiment absente. Cette activité onirique nocturne ne semble cependant pas totalement recouvrir les phases de sommeil paradoxal.

Les hypothèses sur la fonction de cette activité ont parcouru l'histoire de l'humanité. S. Freud a incontestablement été celui qui a tenté le mieux de pénétrer les fonctions du rêve : les rêves ont, pour le fondateur de la psychanalyse, fonction de préserver le sommeil en représentant un désir comme s'il était accompli. Le rêve est ainsi l'accomplissement d'un désir, accompli sous forme hallucinatoire, désir inacceptable au moi et à l'état vigile. Pour S. Freud, le rêve a donc schématiquement deux fonctions : celle d'être un gardien du sommeil ; celle de permettre la réalisation d'un désir inconscient qui, soumis au refoulement* de la censure*, et grâce au travail d'élaboration du rêveur, apparaîtra de façon déguisée dans le contenu manifeste* du récit du rêveur (à ne pas confondre avec le rêve proprement dit) à plus ou moins grande distance de l'expérience onirique. Les transformations du récit constituent le **travail du rêve** qui met en jeu différents types de mécanismes : la dramatisation*, le déplacement*, la condensation*, la symbolisation*.

Les analystes contemporains attribuent au rêve deux fonctions, plus générales que celle de gardien du sommeil : celle d'engrammer* à long terme les bonnes représentations et celle d'élaborer l'angoisse psychique en tentant de substituer aux mauvaises représentations les bonnes représentations. *A. Braconnier*

Le **sommeil paradoxal** est défini en neurophysiologie comme la coexistence d'une activité corticale rapide et de bas voltage, semblable à celle de l'éveil*, d'une activité de pointes phasiques dites « **ponto-géniculo-occipitales** » ou « **PGO** » issues du tronc cérébral, d'une atonie des muscles antigravitaires accompagnée pourtant d'une activité des muscles oculomoteurs (mouvements oculaires rapides) et des muscles de l'oreille interne, enfin de variations cardiorespiratoires. Cette conjonction d'une intense activité cérébrale et d'un blocage de l'expression motrice a été à la source de nombreux travaux. Grâce à ceux de M. Jouvet, par exemple, on sait que la destruction du *locus cœruleus,* responsable de l'inhibition du tonus musculaire, suscite l'apparition de comportements oniriques ; chez le chat, le répertoire de base de ces comportements est constitué de : sursaut, poursuite, affût, léchage, jeu, attaque, peur, rage, menace (aucun comportement sexuel n'a été observé). Ces comportements pourraient traduire un processus de « reprogrammation » interne de la circuiterie cérébrale, reprogrammation des comportements de base de l'espèce ou des particularités individuelles. En effet, la suppression du sommeil paradoxal chez des souches de souris consanguines ayant des performances différentes dans un apprentissage donné rapproche ces performances.

Les travaux sur l'ontogenèse du sommeil paradoxal ont montré qu'il est maximal avant et après la naissance, et décroît ensuite. Il est donc relié à la maturation* cérébrale et à la programmation des circuits neuronaux. Par ailleurs, l'étude comparative a montré que les animaux qui naissent avec un cerveau déjà arrivé à maturation ont un sommeil paradoxal de moins longue durée. On peut donc penser que la fonction programmatrice du rêve se transformerait, à l'âge adulte, en fonction reprogrammatrice. Le rêve serait alors le gardien de l'individuation du cerveau.

Sur le plan phylogénétique, on sait que le sommeil paradoxal apparaît, chez les oiseaux, avec l'homéothermie. En étudiant la relation entre ce dernier facteur et le sommeil paradoxal, M. Jouvet a montré que lorsque les mécanismes de thermorégulation, gouvernés par l'hypothalamus* (dont le rôle sur les états de vigilance* est connu), sont mis hors jeu, que la température corporelle est abaissée, le temps de sommeil paradoxal augmente considérablement. Ce type de sommeil (et l'activité onirique) pourrait alors être l'instrument d'une thermorégulation élémentaire relié à un certain degré de poïkilothermie.

Le sommeil paradoxal est vraisemblablement lié à plusieurs fonctions neurophysiologiques. *C. Debru*

Rêve éveillé dirigé (RED)

Technique psychothérapique mise au point en France par R. Desoille. Elle consiste à proposer au sujet éveillé de diriger une activité imaginative visuelle à sa convenance et d'en rapporter oralement le contenu au psychothérapeute. Initialement, le psychothérapeute guidait cette activité en suggérant, à partir du contenu exprimé, des directions jugées favorables à l'épanouissement du sujet, orientation vers des thèmes jugés positifs, exploration de thèmes supposés conflictuels ou simple élargissement du champ des possibilités de l'imaginaire.

Actuellement, plusieurs tendances se partagent l'utilisation de la méthode. Certaines conservent le caractère directif initial, d'autres, se réclamant de la non-directivité, utilisent seulement l'activité spontanée dans un but cathartique, d'autres, enfin, utilisent ce mode d'expression dans une perspective psychanalytique. Les indications du RED reposent plus sur des critères tenant à la personnalité du sujet et à leurs composantes psychodynamiques que sur des critères nosologiques. *D. Widlöcher*

Rêverie

Terme proposé par S. Freud pour désigner des productions mentales imaginées à l'état de veille mais qui présentent certaines similitudes avec les rêves* nocturnes : comme eux, les rêveries diurnes visent la satisfaction de désirs. Les opérations psychiques qui les constituent sont analogues à celles mobilisées dans le travail du rêve : la condensation*, le déplacement*, la figuration* y sont repérables mais l'élaboration secondaire y assure une fonction dominante dans la mise en place de la « façade du rêve » imposée par la censure*. Pour S. Freud, la rêverie éveillée est un des facteurs de la création littéraire. D. Winnicott a décrit l'activité maternelle de rêverie au sujet de son enfant comme structurante pour celui-ci. D. Lagache a proposé l'expression de **rêverie imageante** pour définir l'activité psychique qui produit de telles fantaisies et en a montré l'importance en situation projective. *C. Chabert*

Rêverie imageante → Rêverie

Réversibilité

Toute action concrète se déroule dans le temps, ce qui empêche de composer librement entre elles des actions, fussent-elles de la même nature. D'autre part, un système n'est équilibré que s'il est possible de compenser toute transformation par une autre qui est son inverse.

Un des problèmes majeurs du développement* de l'intelligence* est ainsi celui du passage de l'irréversibilité à la réversibilité, celui des actions concrètes aux opérations formelles*. J. Piaget y distingue quatre étapes :

1. celle, prélangagière, du groupe des déplacements* ;
2. celle d'une pensée préopératoire qui ne connaît pas encore de véritables invariants* ;
3. celle des opérations concrètes* avec leurs limitations propres ;
4. celle des structures proprement opératoires* du type du groupe INRC* et de la logique propositionnelle. *J.-B. Grize*

Rey-Osterrieth → Dessin (Test de —)

Rhème

Dans la perspective d'analyse fonctionnelle de la phrase* développée par l'Ecole de Prague, le rhème est chargé de la progression textuelle. La dynamique thème*-transition-rhème correspond, de gauche à droite, à des places chargées d'une valeur informationnelle de plus en plus grande. La distinction du thème et du rhème rend compte du mouvement de cohésion*-progression qui préside à l'enchaînement textuel des phrases : reprise du thème de la phrase précédente (progression à thème continu), développement d'un sous-thème (fréquent dans la description*), thématisation de l'élément verbal de transition (nominalisation), thématisation du rhème (la fin d'une phrase devenant la matière du début de la suivante). *J.-M. Adam*

Rhéokinèse → Cinèse

Rhéotaxie → Taxie

Rhétorique

Art de persuader par le discours*. Nés avec la démocratie grecque, son enseignement et sa théorie tombent en désuétude à la fin du XIXe siècle. La rhétorique comprend les genres judiciaire, délibératif et épidictique. Ses parties sont : l'*inventio* ou recherche des idées (avec la topique), la *dispositio* ou mise en ordre des arguments* et parties du discours (exorde, narration* ou exposition, argumentation* ou démonstration, confirmation, digression, péroraison), l'*elocutio* ou mise en style (avec le domaine mieux connu de la rhétorique des figures*). A ces grandes parties viennent s'ajouter la mémorisation et la mise en voix et en gestes du discours. *J.-M. Adam*

Rhinencéphale

Etymologiquement, cerveau olfactif* : ce terme, souvent assimilé à celui de système limbique*, plus actuel et plus large conceptuellement, a été introduit il y a plus d'un siècle pour caractériser l'ensemble des structures anatomiques reliées à l'olfaction. Issu de l'archipallium et du paléopallium primitifs, le rhinencéphale inclut le système olfactif proprement dit (bulbe et bandelettes olfactifs, aire olfactive et cortex prépiriforme), la région du septum, l'amygdale*, la circonvolution parahippocampique et la formation hippocampique*. Sa fonction de base, l'olfaction, a beaucoup régressé au cours de la phylogenèse, expliquant ainsi l'involution du cortex* spécifique correspondant depuis les mammifères macrosmatiques ; dans l'espèce humaine, ce cortex se limite au cortex prépiriforme (cortex primaire) et au cortex entorhinal (cortex secondaire). Au-delà de l'analyse des odeurs et de leur mémorisation, le rhinencéphale est concerné par des régulations comportementales complexes témoignant de l'importance de l'olfaction dans les conduites fondamentales (surtout chez les espèces inférieures de mammifères) indispensables à la survie du sujet (recherche de la nourriture ; conduites émotionnelles et agressives) et à la survie de l'espèce (rôle de l'olfaction dans le comportement sexuel). Cela est sous-tendu par la richesse des connexions du système olfactif proprement dit avec les autres structures limbiques (septum, amygdale), expliquant ainsi les effets comportementaux de la lésion du bulbe olfactif chez l'animal : hyperactivité*, réactions émotionnelles* accrues, agressivité* augmentée.

B. Soumireu-Mourat

Ribonucléique → Acide nucléique

Rigidité → Flexibilité

Risque (Prise de —)

La prise de risque désigne le fait de s'engager dans un comportement (ou de prendre une décision) à risque. On entend par « comportement à risque » une action (ou une absence d'action) associée à une probabilité non nulle, et inférieure à 1, d'événements non souhaités. La prise de risque implique de la part de l'acteur une perception consciente (même inexacte) des probabilités d'événements non souhaités (pertes) associées au comportement à risque ainsi qu'une estimation de la gravité de ces événements.

La prise de risque survient lorsque la désirabilité de l'alternative risquée (le bénéfice espéré) est supérieure au coût de ce comportement (lui-même étant fonction de la probabilité de pertes et de la gravité des pertes). Dans ce cadre, la prise de risque peut être due à divers facteurs jouant sur la désirabilité* du comportement risqué, comme l'influence de pressions normatives dans un groupe social donné. Elle peut être aussi due à une sous-estimation des probabilités de pertes. Notamment, on peut considérer que les limites du système cognitif* ne permettent pas une estimation exacte des probabilités et que les heuristiques* utilisées conduisent à des jugements erronés, ou que l'être humain sous-estime les probabilités d'être confronté à des événements non souhaités (optimisme irréaliste), ou encore qu'il surestime ses propres capacités à maîtriser l'environnement* (illusion de contrôle).

F. Ric

La prise de risque associée aux comportements délictueux est étudiée en France depuis une vingtaine d'années. Son abord postule l'existence d'une transgression* « normale » lors de l'adolescence* et de sa possible régulation en termes de prise de risque qui résulterait d'une estimation des probabilités de sanctions et de gains, et des craintes et motivations* qui leur seraient associées. La notion de risque est complexe ; il faut y distinguer à la fois la probabilité d'occurrence de la conséquence (la sanction ou le gain) et la nature de cette conséquence. Tout passage à l'acte* est susceptible d'entraîner une sanction* mais peut également apporter un bénéfice, un profit qui motive justement la mise en acte. La sanction peut être expiatoire ou réciproque. Sans relation directe à la nature de l'acte, elle est dans le premier cas une expression des autorités dans le but de sensibiliser l'individu coupable d'avoir enfreint les règles, constituant en quelque sorte le tribut versé pour s'acquitter de ses fautes. Réciproque, elle vise plutôt à retisser le lien social et à rétablir un état d'équilibre, compensant en quelque sorte l'infraction. La sanction peut également être conditionnelle. Dans le cas des violences scolaires, par exemple, si l'infraction est connue, si l'auteur est identifié, l'enseignant ou l'élève qui en sont victimes peuvent ou non en référer au chef d'établissement, qui peut lui-même avertir ou non les parents, voire transmettre l'affaire aux autorités (inspection académique, police, justice, etc.). Le gain peut être d'ordre économique (argent, objets obtenus par le vol, etc.) ou physique (confort associé à la paresse, jouissance « esthétique » associée au vandalisme, etc.) mais surtout psychologique. Il concerne alors l'identité* du sujet, le prestige rencontré chez ses pairs, ses affects* (la haine, la vengeance, etc.). Etudier les risques estimés par les adolescents à propos d'éventuels passages à l'acte, les sanctions perçues, les profits escomptés permet de mieux comprendre leurs mises en acte ; certains individus ne passeraient pas à l'acte à cause du risque de sanction ; d'autres prendraient le risque de comportements prohibés, soit qu'ils ne perçoivent pas la punition conséquente, soit que le gain escompté paraisse tel qu'il compense ou fait oublier la punition. Deux perspectives peuvent alors être envisagées pour analyser les prises de risque. L'une se fonde sur l'hypothèse que l'individu analyse difficilement la situation*, que ses estimations sont biaisées et qu'il agit en ne maîtrisant pas toutes les données du problème. Elle vise alors principalement l'étude des occurrences estimées des sanctions résultant du passage à l'acte. L'autre pose au contraire l'hypothèse qu'il analyse « correctement » la situation et que sa mise en acte résulte d'une rupture d'équilibre modulée par son sens moral entre le bénéfice escompté et la crainte de la sanction.

P. G. Coslin

La compréhension d'une conduite de risque dans un contexte biopsychopathologique oblige à considérer tout à la fois la prise effective d'un risque — vital très souvent — et la sensation éprouvée et recherchée liée à cette prise de risque. Il faut, en ce sens, bien démarquer ce qui revient au processus en cause et ce qui relève des modalités d'expression du risque. Dans la première acception, il convient d'analyser et de comprendre une structure biopsychopathologique décrite depuis l'aube de l'humanité caractérisant certains sujets ; dans le second il est fait référence aux moyens donnés par une société donnée pour manifester ce risque, et il a été corollairement suggéré que dans les sociétés « sans risque » ou n'ayant de cesse d'institutionnaliser « la réduction des risques » les conduites de risques, nouvelles formes d'héroïsme, s'y révèlent d'autant plus. En d'autres termes, certaines époques, certaines sociétés, les guerres, les migrations, normalisent les conduites à risque et les sujets qui s'y adonnent.

La conduite de risque implique un danger vital objectif, la recherche répétitive d'un état émotionnel intense lié à ce risque, la manifestation d'un besoin et l'accentuation progressive des prises de risques en raison de l'apparition d'un état de tolérance progressif. Ces aspects cliniques ont amené certains auteurs à proposer le regroupement des conduites à risque dans l'ensemble des pathologies addictives*, rapprochements faisant l'objet de recherches. La recherche de sensations, avec ses quatre symptômes fondamentaux (intolérance à l'ennui, besoin d'expériences nouvelles, désinhibition, recherche de danger ou d'aventure), relèverait d'une structure biopsychologique caractérisant une typologie à laquelle seraient associés des traits biologiques et neurobiologiques particuliers qui font également l'objet d'investigations chez l'animal. Deux hypothèses sont actuellement éprouvées, l'une selon laquelle certains sujets ont besoin de se trouver dans des états d'activations fortes pour atteindre des sensations plaisantes qui leur sont normalement interdites en raison du dysfonctionnement des systèmes neurobiologiques, l'autre selon laquelle les sujets, du fait du dérèglement des dispositifs centraux du plaisir-déplaisir et de leur non-contrôle, atteignent aisément et à la demande des états difficilement obtenus chez le sujet normal. Les recherches biologiques sont orientées vers l'axe du stress* et les corticoïdes surrénaliens d'une part, les circuits dopaminergiques centraux de renforcement d'autre part.

M. Le Moal

Risque (Méthode du —)

Méthode consistant, à partir d'une population de sujets (appelée en génétique épidémiologique cas index), à rechercher le risque de morbidité (proportion de sujets atteints d'un trouble donné) pour un degré d'apparentement. Ce risque est comparé à celui qui est observé pour d'autres degrés d'apparentement, incluant le degré d'apparentement zéro (fréquence du trouble dans la population générale). La méthode du risque ne fournit aucune information sur l'origine (génétique et/ou environnementale) de l'accroissement de la concentration de sujets atteints dans les familles de malades.

M. Carlier et C. Desforges

Rite

Le rite institue, par des techniques symboliques impliquant l'adhésion indiscutée aux significations qu'il mobilise, la maîtrise d'objets collectifs et individuels affectivement surinvestis, prêtant à la sacralisation. Objets de désir dont il assure la jouissance en la régulant : enjeux d'affects*, d'identification*, valeurs*. Ou objets de crainte dont il maîtrise les aspects anxiogènes, liés à l'indéterminé, l'imprévisible, l'inaccessible, aux situations critiques inter- et intrasubjectives. Quant aux objets surinvestis par le groupe, le rite renforce le lien social, en réactualisant les symboles fondateurs et l'ordonnancement collectif, dont il réaffirme les aspects. Il use d'un code qui se veut immuable, dont le respect scrupuleux passe pour la condition de base de son efficacité.

C. Camilleri

Ritualisation

Processus phylogénétique de cristallisation de conduites* à forte valeur expressive et à fonction de communication*. Les comportements* qui prennent place dans les situations variées des rencontres entre partenaires sociaux, et qui sont sous-tendus par des émotions* et combinaisons d'émotions (agressivité, peur, sexualité), peuvent être extrêmement souples et modulables et prendre la forme d'une gamme de réponses mêlées, où les diverses tendances activées se manifestent plus ou moins complètement, ensemble ou successivement (ambivalence simultanée ou successive) ; en cas de conflit de tendances*, surgissent des activités de déplacement* ou de substitution ou encore de redirection sur des objets de remplacement ; certaines réponses ne sont qu'ébauchées (mouvement d'intention) alors que d'autres sont plus ou moins complètes. Toutes ces réponses sont chargées d'informations renseignant à tout instant le partenaire ou le rival sur les dispositions de

l'acteur. Au cours de l'évolution, la sélection peut avoir retenu certaines de ces combinaisons pour leur valeur expressive et les avoir intégrées sous une forme exagérée et formalisée dans une séquence à fonction de communication. Selon J. S. Huxley, qui a défini le concept, la ritualisation implique trois conditions :
1. le comportement est cristallisé dans une forme, une vitesse d'exécution, une amplitude, une intensité toujours identiques (intensité type) ; il devient non ambigu ; le message est clair ;
2. le mouvement ritualisé est modifié par rapport au comportement d'origine ; il est exagéré, amplifié, adapté à sa fonction de signal. Il peut se faire que le comportement ritualisé soit devenu tellement symbolique qu'il est difficile de retrouver en lui les comportements souples et modulables de la combinaison d'émotions d'origine ;
3. le comportement ritualisé devient indépendant des conflits d'émotion d'origine et relève de son propre système de contrôle et de déclenchement ; il est intégré dans un nouveau contexte. *J.-C. Ruwet*

Rituel

Conduite rencontrée dans la névrose obsessionnelle* caractérisée par l'obligation d'accomplissement stéréotypé et répété d'actes plus ou moins complexes et correspondant, dans le domaine de l'action, à l'obsession* dans le domaine de la pensée. Il existe des rituels ou rites de différents « types » : on retrouve des rituels de lavage, d'habillage, de coucher, de repas, etc.

Les rituels peuvent prendre la forme de gestes magiques compliqués (toucher tant de fois un objet ou une partie du corps, par ex.), voire de scénarios encore plus complexes. Ces rituels envahissent parfois la vie quotidienne au point de paralyser à l'extrême toute vie sociale ; ayant une valeur défensive en s'opposant à toutes les obsessions et compulsions* au point souvent de se substituer à elles en les éliminant de la conscience, ces rituels défensifs ont un sens d'évitement vis-à-vis du symptôme obsessionnel. Sous une forme de plus en plus complexe, ils prennent une dimension conjuratoire, renforçant la défense « pour le cas où la chose redoutée pourrait arriver », étant entendu « qu'il ne peut arriver que malheur », si l'on ne prend pas la précaution de faire cela, ou d'éviter ceci. L'angoisse surgit si le rituel ne peut être exécuté.

Les rituels sont souvent des conduites en partie dissimulées par le patient obsédé qui vit dans un monde de comportements contraignants, auxquels il s'affronte, tout en ressentant leur absurdité.

Chez l'enfant normal, les rituels peuvent exister ; il s'agit des formations temporaires recouvrant l'angoisse liée à certaines périodes conflictuelles du développement*, ayant même fonction défensive que les phobies* passagères classiques (rituels du coucher, rituel d'endormissement comprenant la peur de l'obscurité). *A. Braconnier*

Du point de vue éthologique, le « terme rituel » s'applique à des manifestations comportementales formalisées qui se répètent sans altération et sont porteuses, dans leur ostentation comme dans leur stéréotypie*, d'une information utile aux relations sociales. On parle du rituel des parades* agonistiques* à une frontière territoriale*, du rituel des parades nuptiales lors de la formation du couple et de la copulation (V. Pariade). Ces rituels ont pour avantage d'être non équivoques. Ils peuvent se mettre en place progressivement, en une lente finalisation, comme certains chants d'oiseaux qui, parfaitement reconnaissables et répétitifs lorsqu'ils sont achevés, exigent une élaboration mettant en jeu la mémorisation* d'un modèle, la production vocale, l'audition des sons produits et leur ajustement au modèle. A côté des rituels qui sont ainsi le fruit de l'éthogenèse*, il en existe qui sont devenus des caractères spécifiques aussi stables que les structures morphologiques et qui sont le fruit d'un processus de formalisation phylogénétique, la ritualisation*. Chacun de ces comportements peut s'intégrer dans une séquence donnant lieu à de longues cérémonies dont la mise en place et l'exécution complète exigent toutefois la maturation physiologique de l'acteur. Processus phylogénétique et éthogénétique sont ainsi complémentaires. *J.-C. Ruwet*

Rival

Un rival est celui qui se place ou est placé en concurrence, qui défie un rapport interpersonnel établi, qui envie la jouissance d'un avantage et qui tente de supplanter un adversaire. Dans une situation de compétition, les rivaux vont mobiliser leurs ressources instrumentales et de séduction*, ils vont ajuster des stratégies légitimes ou illégitimes afin de manifester leur supériorité ou d'être préféré à autrui. En revanche, dans une situation antagoniste, le rival cherche, à l'aide de processus de coercition et de contrôle, à dominer son adversaire. Lorsqu'il s'agit d'occuper une position incompatible avec les intérêts d'autrui, le rival vise à neutraliser son influence, voire même à l'éliminer. Dans des conflits interpersonnels, les sujets rivaux utilisent des représentations dévalorisantes et des stéréotypes négatifs dans des stratégies d'opposition. *J. Selosse*

Rivalité

Il faut distinguer entre la rivalité d'émulation qui, dans une situation de comparaison, entraîne chez les concurrents une mobilisation des capacités en vue d'améliorer une position, une représentation de soi ou un certain prestige, et la rivalité d'opposition. Cette dernière peut structurer une interaction conflictuelle entre deux ou plusieurs adversaires, ce qui a pour effet de susciter l'hostilité, la suspicion, la recherche d'incomparabilité et d'induire des stéréotypes négatifs entre eux. En situation naturelle, la psychologie s'intéresse à des formes typiques de rivalité, telles la rivalité fraternelle ou amoureuse, qui vise à supplanter l'autre dans des choix affectifs préférentiels. *J. Selosse*

Rivalité binoculaire → Conflit perceptif

Rivalité fraternelle → Fratrie

Rôle

Le rôle, qui selon A. M. Rocheblave Spenlé est un modèle organisé de conduites relatif à une certaine position de l'individu dans un ensemble interactionnel, peut être considéré à différents niveaux de la réalité sociale. Le rôle social, tel qu'il est défini par R. Linton, constitue un modèle normatif composé de l'ensemble des actions qu'un groupe ou une société attend d'un individu en fonction du statut* qu'il y occupe. L'approche psychologique envisage la conduite et l'apprentissage des rôles : pouvoir jouer un rôle suppose de connaître le rôle réciproque, et l'intériorisation des rôles appris constitue la base de l'identification* et du surmoi*. Le niveau psychosocial, enfin, souligne l'importance du contexte interactif dans lequel le rôle prescrit est actualisé. Ainsi, s'il est vrai que les rôles tenus par les individus peuvent faciliter la communication au sein d'un groupe, il se peut qu'à l'inverse celle-ci soit gênée, soit par un désaccord quant aux attentes relatives à un rôle donné, soit par des conflits individuels naissant de la nécessité de concilier les rôles correspondant à des statuts différents. C'est sur ces éléments que s'appuie la technique psychodramatique dite du jeu de rôle*. *F. Askevis-Leherpeux*

ROM

Abréviation de l'anglais *read only memory* qui signifie **mémoire morte** ou mémoire fixe. Mémoire informatique* pour laquelle le seul mode d'accès possible est la lecture. Les informations* qui y sont enregistrées ne sont donc pas modifiables par un programme*. Il s'agit essentiellement de mémoires à circuits intégrés, dont le contenu est fixé à la construction de façon plus ou moins irréversible : on distingue les *ROM,* les *PROM* (*ROM* programmables à l'aide d'un matériel spécial) et les *REPROM* (*PROM* reprogrammables). *M. Baron*

Roman familial

Expression forgée par S. Freud en 1909. Le roman familial est une série de productions fantasmatiques élaborées par l'enfant lui permettant de se détacher de ses parents en leur en substituant d'autres, souvent idéalisés. Ce fantasme* de filiation prestigieuse met en jeu chez l'enfant des sentiments d'envie, de vengeance, d'hostilité envers ses parents réels et a une valeur défensive, renarcissisante, qui lui permet de se constituer comme sujet. Le roman familial fait défaut chez les malades psychotiques du fait de leur incapacité à différencier parents imaginaires et parents réels. La thérapie familiale psychanalytique* offre aux familles psychotiques la possibilité de construire un roman familial de type névrotique, dans un cadre facilitant la recréation de leur histoire, non représentée en raison d'angoisses intolérables. *A. Ruffiot*

Rorschach (Test de —)

Epreuve projective* créée par H. Rorschach en 1921. Ce test des « taches d'encre » est largement utilisé en psychologie clinique et pathologique pour l'évaluation du fonctionnement psychique. Il comprend dix planches présentées dans un ordre précis, le sujet étant invité à dire « tout ce à quoi les planches lui font penser ». La passation se déroule en deux séquences, l'une dite « spontanée », l'autre appelée « enquête », au cours de laquelle le sujet précise ou développe ses réponses. L'analyse d'un protocole requiert d'abord la cotation des réponses en référence au système mis au point par H. Rorschach. Les données sont ensuite regroupées quantitativement puis soumises à une analyse qualitative permettant d'argumenter l'interprétation. L'intérêt du test relève de l'interprétation approfondie des facteurs en termes de conduites psychiques : il s'agit, en effet, de saisir les modalités de fonctionnement dont dispose le sujet, aussi bien dans les registres conflictuels qui le structurent que dans l'organisation défensive qui le caractérise. Le Rorschach, dans la mesure où il induit (de par sa facture non figurative) des mouvements régressifs importants, peut être considéré d'abord comme une épreuve des limites (entre dedans et dehors, entre sujet et objet), testant les fondements narcissiques de la personnalité*. Par ailleurs, les sollicitations pulsionnelles inhérentes au stimulus entraînent le surgissement et/ou l'élaboration de représentations de relations significatives des modalités d'investissement objectal de chaque sujet. *C. Chabert*

Rotation → Contrebalancement

Rotation mentale

Transformation opérée sur une image* mentale. L'expression est due à R. N. Shepard qui, avec ses collaborateurs et notamment L. A. Cooper, a, dans les années 1970, démontré le phénomène par une expérience élégante, devenue classique. On montre au sujet, en présentation* simultanée sur écran d'ordinateur, deux formes tridimensionnelles constituées de cubes assemblés, et on lui demande si la seconde est identique à la première, qui aurait simplement subi une rotation sur l'un des trois axes, ou si elle est différente (il s'agit alors d'une image en miroir de la première, ayant elle-même subi une rotation). On observe que le temps de réaction est une fonction linéaire de l'amplitude, en degrés d'angle, de la rotation à laquelle l'objet a été soumis. Tout se passe donc comme si le sujet opérait mentalement une transformation dans l'espace*, analogue à celle que subirait l'objet physique correspondant dans l'espace extérieur. Shepard a défendu l'idée d'un processus* analogique*, contre les partisans d'un processus propositionnel*. La rotation mentale a été démontrée chez le pigeon par J. Delius. J. Piaget et B. Inhelder avaient déjà, dès le début des années 1960, dans leurs études sur les images mentales, eu l'idée de demander à l'enfant d'anticiper mentalement la rotation d'une tige, et tiré de leurs résultats des arguments en faveur de la distinction entre figuratif* et opératif*.

M. Richelle

Roue à activité

Dispositif d'actométrie*, constitué d'un cylindre creux pouvant tourner librement sur son axe placé dans le plan horizontal. Il est mis et maintenu en mouvement par l'activité locomotrice de l'animal qui s'y trouve, qui entraîne la paroi sous ses pattes sans se déplacer vraiment. Un compteur de tours permet d'enregistrer l'activité du sujet. Celui-ci peut être confiné à la roue pour la durée de l'expérience, ou y avoir accès librement à partir d'une cage d'habitat peu spacieuse. Ce type d'actomètre, très commode pour les petits rongeurs de laboratoire, est notamment, depuis les travaux de C. Richter, utilisé pour l'analyse des rythmes circadiens* d'activité. *M. Richelle*

Roulage → Ramener

Routine

Repris au sens courant du terme, routine désigne en psychologie toute activité adaptative ou habileté* motrice ou mentale, ayant acquis un haut degré d'automatisation ; à distinguer de stéréotypie*.

En informatique*, routine est un anglicisme qui désigne une suite d'instructions* (procédure*, sous-programme) permettant d'effectuer une opération qui peut être répétée ou utilisée fréquemment dans des programmes*. On parle par exemple de routines d'entrée-sortie, ou de routines de diagnostic d'erreurs. *M. Baron*

Rumeur

Nouvelle non contrôlée surgissant en l'absence d'informations* précises sur un événement important et dont la transmission orale est caractérisée par trois tendances :

1. la réduction : plus la rumeur se propage, plus elle devient concise et facile à transmettre ;
2. l'accentuation : certains détails sont amplifiés par un effet de contraste ;
3. l'assimilation : les détails conservés sont restructurés de telle façon que l'ensemble possède l'unité et la prégnance d'une bonne forme* reflétant l'idéologie, les désirs et les intérêts de ceux qui propagent la rumeur.

Les rumeurs ont pour fonction essentielle de soulager, en les expliquant et les justifiant, les tensions émotionnelles, le plus souvent hostiles, qui les suscitent.

F. Askevis-Leherpeux

Rupture

Etablissant une discontinuité* dans le temps et un changement de référent, la rupture marque une cassure d'avec un environnement* et révèle une crise* d'intégration d'un passé chez un sujet*. Liée à la problématique de la séparation, elle peut s'exprimer de diverses façons (fuite effective ou symbolique) mais elle traduit toujours une pathologie mentale et relationnelle du lien et de l'unité de soi. La rupture est une fracture et une fragmentation. Au plan clinique, la rupture exprime un ensemble de symptômes psychiques et comportementaux révélateurs de la dépression*, de l'aliénation et de l'angoisse*. Surtout manifeste chez les adolescents*, la rupture affective marque un changement* radical des modalités relationnelles et des investissements de nouveaux objets lié à la réactivation d'effets traumatiques au cours du réaménagement libidinal. Les comportements de rupture sont généralement des conduites* défensives face au changement intérieur et face à la violence* de certaines situations environnementales. Ils peuvent prendre des formes pathologiques variées, imaginaires ou agies, telles schizophrénie, toxicomanies, déviances, autolyse.

J. Selosse

Rythme biologique

Désigne d'une manière générale la récurrence régulière de très nombreux phénomènes biologiques. Ils sont décrits par leur période, leur caractère monophasique ou plus ou moins polyphasique, le moment et l'amplitude de leur manifestation maximale (acrophase). Ils peuvent être endogènes, dépendants de l'activité d'un oscillateur interne d'une période déterminée, ou exogènes, c'est-à-dire déterminés par l'alternance de facteurs externes comme la lumière et la température. Les rythmes **circadiens** endogènes, dont la période est proche de 24 h, sont généralement synchronisés par l'alternance lumière-obscurité ; ils dérivent alors en condition d'éclairement ou d'obscurité continue (libre cours). Les rythmes sont dits **ultradiens** s'ils ont une période inférieure à 24 h et **infradiens** dans le cas contraire.

R. Campan

Rythmeur → Synchroniseur

S

Saccade oculaire

Lors d'une activité d'exploration visuelle, la lecture* par exemple, le regard* est animé de mouvements* rapides de version qui surviennent lorsque l'œil passe de la fixation d'un objet à celle d'un autre. On appelle ces mouvements saccades pour les différencier des autres mouvements oculaires. Les saccades ont un temps de latence* de 200 millisecondes environ. Elles sont très rapides, avec une vitesse minimale de 100° d'angle par seconde, et qui peut atteindre 800° si l'objet est éloigné. Durant le mouvement déplaçant la fixation d'un objet à l'autre, il y a une élévation du seuil* de perception (suppression* ou inhibition* saccadique) qui évite de voir l'environnement en perpétuel mouvement. *R. Génicot*

Sadisme

Introduit en 1834 dans le *Dictionnaire de langue* de Boiste pour désigner l'ensemble du système de « débauche » sexuelle présenté dans l'œuvre du marquis de Sade, c'est en 1890 que R. Krafft-Ebing reprend le terme pour désigner une forme de perversion sexuelle fondée sur la domination violente exercée sur le partenaire. S. Freud a rapproché le sadisme du masochisme* pour en faire l'un des deux versants (actif et passif) d'une même disposition perverse. Le sadisme peut s'exprimer par une perversion en acte ou par des fantasmes conscients ou inconscients. Plus généralement, on tend à l'appliquer à un mode de relation à autrui caractérisé par le besoin de dominer sans connotation sexuelle. *D. Widlöcher*

Saillance du stimulus

Propriété d'un stimulus* qui lui confère une capacité particulière de déclencher une réaction* du sujet, de mobiliser son attention*. Entendue au sens strict, la saillance est liée soit à l'intensité* du stimulus, soit à une signification vitale qu'il revêt pour l'espèce (comme c'est le cas pour les stimulus déclencheurs* décrits par l'éthologie*), soit à sa position privilégiée dans ses rapports à une configuration d'ensemble (tels que la psychologie de la forme* les a mis en évidence). Appliquée de façon plus lâche, la notion de saillance renvoie inévitablement aux conduites discriminatives et attentionnelles du sujet, et résulte de ses activités perceptives antérieures et de la signification prise par les stimulus ou leurs attributs au cours de son histoire. La saillance n'est plus, dans ce cas, propriété intrinsèque du stimulus, mais discriminabilité acquise.

Le terme saillance s'emploie, par extension, en psychologie cognitive* pour désigner le relief que peut prendre, dans les représentations* du sujet, tel attribut d'un objet ou d'une catégorie. *M. Richelle*

Sanction

La sanction sous forme de récompense ou de punition est une évaluation concrète des comportements. Dans une perspective éducative, elle attire l'attention sur les conséquences des actes et invite l'acteur à élargir le champ de représentation de ses activités au-delà de la satisfaction de ses propres besoins. Les sanctions encouragent ou inhibent, neutralisent ou aiguillonnent les tentations. L'intériorisation du sens des sanctions varie selon les liens entre l'acteur et l'attributeur, l'expression de l'autorité, les circonstances et l'intention de l'acte, la nature et la forme des sanctions appliquées, l'âge et le sexe du sujet sanctionné. D'un point de vue clinique, le retentissement des sanctions s'articule sur l'affectivité et ses intrications complexes entre identification* et estime de soi, culpabilité* et honte.

Sanction pénale : à la différence d'une punition qui s'exerce dans un cadre conventionnel et qui est appréciée par des personnes disposant d'une autorité parentale ou éducative, la sanction pénale relève d'un acte juridique. Elle ne peut être appliquée qu'à l'auteur d'une infraction légale reconnue coupable et responsable. Sa nature et son barème sont définis par rapport à un code et sa décision est publique. Elle est prononcée après un jugement. Le Code pénal définit des peines de police pour les contraventions, des peines correctionnelles pour les délits, des peines afflictives et infamantes pour les crimes. Les justifications rationnelles de la sanction pénale font référence à la protection des biens et des personnes, au maintien de l'ordre, aux châtiments et à la mise à l'écart temporaire des délinquants. Les fonctions symboliques de la sanction satisfont en fait des mobiles complexes où s'entremêlent la vengeance, le sacrifice, la violence, la réparation, la rédemption. *J. Selosse*

Satiété → Alimentaire (Comportement —)

Satisfaction (Expérience de —)

Expérience originaire, décisive dans la constitution du fantasme*, que S. Freud a postulée pour rendre compte de la logique de celui-ci et qui tend à la réalisation hallucinatoire de la satisfaction*. Les traces* mnésiques laissées par cette expérience sont toujours susceptibles d'être réinvesties en l'absence de l'objet, au service des autoérotismes*, et guident la recherche de celui-ci dans le monde extérieur.

La réalisation hallucinatoire de la satisfaction serait le premier temps hypothétique précédant la recherche de l'accomplissement hallucinatoire du désir, qui suppose l'actualisation des premières inscriptions signifiantes de l'objet dans la visée caractéristique des processus primaires* de l'inconscient, du ça. *B. Brusset*

Satisfaction professionnelle

Réactions affectives concernant l'activité professionnelle et qui peuvent être dues au plaisir lié à l'activité elle-même, ou liées aux rôles joués dans la vie professionnelle, ou encore à la valeur attribuée par chacun à ce qu'il reçoit en échange de son travail. Plus précisément, la satisfaction ressentie résulte d'une comparaison implicite entre ce que le travail apporte à l'individu et ce qu'il s'attend à en retirer. Les sources de satisfaction* varient donc selon les individus. Les conséquences comportementales de la satisfaction restent discutées.

C. Lévy-Leboyer

Saturation

Sensation chromatique visuelle liée à la pureté d'une couleur. Le pourcentage de pureté de celle-ci sera mesuré par l'inverse de la proportion de blanc qu'elle contient. Une couleur rouge de plus ou moins 630 nanomètres sera dite peu saturée lorsque la quantité de rouge sera « lavée de blanc » (aspect rouge pâle), et fortement saturée lorsque la quantité de rouge sera importante au point de rendre tout à fait négligeable la proportion de blanc (couleur rouge profond ou très concentrée : le rouge est, dans ce cas, pur). La pureté d'une couleur peut être appréciée subjectivement en la comparant à un échantillon d'une même couleur dont on connaît la pureté et dans des conditions d'observation bien définies (situation éclairée par des illuminants aux meilleurs indices de rendu de couleur, adaptation de l'œil, environnement visuel neutre, etc.). La mesure précise de la saturation (pureté) s'effectue à l'aide de spectrophotomètres. La saturation est un des trois paramètres spécifiant une couleur, à côté de la teinte* ou tonalité*, liée à la longueur d'onde, et de la luminance* ou luminosité, liée à la quantité de lumière. La saturation associée à la tonalité constitue la chromie*.

Par ailleurs, dans l'analyse factorielle*, on appelle saturation la corrélation* entre une variable* et un facteur*. *R. Génicot*

Sauvage (Psychanalyse —)

Expression forgée par S. Freud en 1910. Elle désigne la communication imprudente d'interprétations* psychanalytiques en dehors de la situation psychanalytique ou sans tenir compte des règles de la technique psychanalytique. L'interprétation sauvage n'est pas forcément inexacte, mais elle est inopportune ; elle ne tient pas compte des deux principales conditions d'efficacité de l'interprétation énoncées par S. Freud :

1. grâce à un travail préparatoire, les matériaux refoulés doivent se trouver très rapprochés des pensées du patient ;
2. l'attachement du patient au médecin (transfert*) doit être assez fort pour que ce lien affectif lui interdise une nouvelle fuite.

L'interprétation sauvage est inopérante parce qu'elle se heurte aux résistances* du patient. Elle est dangereuse parce que la confrontation brutale à des désirs refoulés risque de susciter chez le sujet qui en est la victime un puissant développement d'angoisse* et de créer le risque d'une décompensation*. *J.-M. Petot*

Scénario

Description d'un épisode comportemental* comportant une séquence plus ou moins longue d'actions* ou d'événements*. Le scénario se différencie des autres structures de connaissance (scripts* et schémas*) en ce qu'il renvoie à l'interprétation par un individu donné d'une série spécifique d'actions et d'événements. Cette interprétation implique que le sujet a catégorisé les acteurs, identifié les actions et les a mises en relation par le biais d'une organisation chronologico-causale comportant (au moins) un but* et un plan. L'étude des scénarios permet d'analyser comment les sujets utilisent leurs connaissances et effectuent des inférences pour expliquer les faits dont ils sont témoins ou acteurs. *M. Fayol*

Scène originaire

Après avoir utilisé ce terme pour désigner toutes les scènes, quelle qu'en soit la nature, qui étaient à l'origine de symptômes hystériques*, S. Freud l'utilise à partir de 1914 pour désigner l'observation réelle ou fantasmée par l'enfant des rapports sexuels des parents. Ce qui fait l'importance de la scène originaire ou **primitive,** c'est que les éléments de réalité y sont interprétés voire réarrangés en fonction des ignorances (selon S. Freud) et des théories sexuelles infantiles* préexistantes, mais aussi des désirs* et des craintes de l'enfant. Les éléments constitutifs de la scène primitive comprennent donc :

1. des traces* mnésiques de perceptions réelles (le plus souvent acoustiques et visuelles) de l'observation des rapports sexuels des parents ;
2. une signification plaquée sur ces perceptions en fonction de facteurs internes. On a pu invoquer l'ignorance de l'enfant, qui le conduit à méconnaître la signification érotique génitale de la scène observée et à l'interpréter comme une scène de violence ; telle est l'explication que propose S. Freud en 1908 de la formation de la théorie sexuelle infantile dite conception sadique* du coït. S. Freud a également admis l'intervention des scénarios préformés phylogénétiquement et innés des fantasmes originaires qui pousse le sujet à reconstruire la scène typique à partir d'observations fragmentaires. M. Klein a, en 1935, également invoqué, d'un point de vue ontogénétique, l'influence de puissants mobiles affectifs ; dans cette perspective, la jalousie œdipienne* de l'enfant le pousse à dénier la jouissance partagée par ses parents, dont il est exclu, et à interpréter la scène observée comme une scène de violence ; de même l'envie le pousse à souhaiter que le coït soit destructeur et à attaquer dans ses fantasmes omnipotents le couple (V. Parents combinés). D'où un ensemble de réactions affectives consécutives à ces mouvements agressifs : angoisse de persécution* suscitée par la peur du talion et qui pousse à de nouvelles attaques imaginaires ; sentiments de culpabilité* suscités par la conscience d'avoir mis les parents en danger par ces attaques fantasmatiques et qui poussent à des tentatives de réparation* mais aussi à des conduites d'autopunition. *J.-M. Petot*

Schéma

Comme un cadre*, un schéma est une structure cognitive qui spécifie les propriétés générales d'un objet ou d'un événement, et abandonne tout aspect spécifique ou contingent. Il permet à des objets d'être rattachés à des catégories générales, et, par suite, d'en hériter les propriétés. Comme un cadre, il suscite et dirige des attentes dans les processus de mémorisation*, de compréhension* et de résolution de problèmes*. Le script* est un exemple de schéma. Les deux fonctions d'un schéma, abstraction et anticipation, ont été introduites dès l'origine : ainsi O. Selz introduisit le terme d'anticipation schématique pour désigner un réseau de concepts qui guident les processus de la pensée, dans des tâches de résolution de problèmes. F. Bartlett, en 1930, désigne par ce terme des configurations de connaissances en mémoire à long terme*, qui imposent une organisation sur la compréhension et le rappel de textes (des contes folkloriques) pour le rendre conforme à des normes culturelles (cohérence, organisation). *J. Mathieu*

Schéma actantiel → Actant

Schéma corporel

Proposé par P. Schilder en 1923, ce terme désigne « l'image tridimensionnelle que chacun a de soi-même ». Il est à peu près synonyme de ceux d'image du corps et de modèle postural. Toutefois, la notion de schéma (ou schème) souligne, par rapport à celle d'image, qu'il ne s'agit pas seulement d'une accumulation de données perceptives ou de productions imaginatives, mais bien sûr d'une structure qui intègre un ensemble d'informations en assurant l'unité d'une forme *(Gestalt)* permanente. Si le modèle postural joue un rôle important, le concept de schéma corporel revêt un sens plus large intégrant d'autres données sensorielles et tenant compte du corps en mouvement dans les interactions physiques et sociales avec l'environnement.

Les informations qui contribuent à la construction du schéma corporel proviennent donc de sources multiples : sensations tactiles, thermiques et douloureuses, sensations visuelles et vestibulaires, musculaires et viscérales. Un principe organisateur assure non seulement l'intégration de ces sensations, mais crée le sentiment de l'unité et de l'individualité du corps propre. Selon P. Schilder, ce principe ne relève pas seulement des processus d'intégration cognitive, de nature neurophysiologique, mais d'une disposition affective qui tiendrait à l'investissement de la *libido* sur le corps, c'est-à-dire d'un investissement narcissique.

Ces dernières explications montrent bien l'originalité de la démarche de P. Schilder, qui prend en considération aussi bien les données psychanalytiques que neurophysiologiques. Les données cliniques sur lesquelles il s'est appuyé pour justifier le concept confirment cette approche pluridisciplinaire : membre fantôme* des amputés, agnosies* et apraxies*, sentiments de dépersonnalisation*, hypocondrie, neurasthénie, etc.

La complexité des mécanismes et l'hétérogénéité des troubles ont fait s'interroger sur le bien-fondé d'un concept si général et sur sa portée explicative. Pour P. Schilder, il s'agissait d'ailleurs moins d'un principe explicatif que d'un domaine de recherches intéressant la neuropsychologie, la psychiatrie, la phénoménologie et la psychanalyse.

Comme on pouvait le prévoir, les travaux poursuivis ultérieurement par d'autres chercheurs ont porté exclusivement sur l'un ou l'autre de ces domaines. En neuropsychologie, le concept a été saisi de manière plus limitative sous le terme de **somatognosie**, ou décomposé dans un ensemble de régulations portant sur des processus de localisation spatiale, corporelle et péricorporelle, et de contrôle moteur et postural (J. Paillard). En psychiatrie, c'est de manière très extensive que le concept de schéma corporel a permis de décrire une psychopathologie du corporel intéressant l'ensemble de la pathologie. Reprenant certains développements de P. Schilder, inspirés de Husserl et de la psychologie de la forme, d'importantes réflexions sur le « corps-vécu » ont nourri la réflexion phénoménologique. C'est peut-être dans le domaine de la psychanalyse que le concept de schéma corporel a inspiré le plus de réserves, à l'avantage de concepts moins larges comme ceux de moi-corporel, de soi-corporel ou de moi-peau*.

D. Widlöcher

Schéma de la communication → Fonction du langage

Schématisation

Lorsqu'un locuteur* A parle à un interlocuteur B, il lui propose une représentation* de ce dont il s'agit. Il construit devant lui et pour lui une certaine forme d'organisation discursive du thème* traité. C'est ce mode d'organisation du thème en discours* que l'on qualifie de schématisation. Dire « devant lui » implique que B doit interpréter ce qui lui est donné et reconstruire la schématisation. Dire « pour lui » conduit à attribuer une dimension d'argumentation* au processus tout entier. Construction et reconstruction sont fonction de divers paramètres :

1. la situation d'interlocution qui est évidente à l'oral mais non moins importante à l'écrit ;
2. la finalité de chacun des partenaires : on ne parle ni n'écoute que pour certaines raisons ;
3. les représentations que se font A et B de soi-même, de l'autre, et de ce dont il est question ;
4. les préconstruits culturels dont un minimum doit être partagé pour que la communication* soit possible, mais dont d'autres sont propres à chacun, ce qui pose la question de l'isomorphisme* entre la construction et sa reconstruction.

J.-B. Grize

Schème

Pour J. Piaget, la pensée* procède de l'action*. Les premières actions, sous la dépendance de l'activité réflexe*, se coordonnent progressivement en des schèmes sensori-moteurs qui sont des organisations sous-tendant les actions et permettant à la fois la répétition de ces actions dans des situations analogues, leur généralisation* par application à des objets de plus en plus variés et la structuration des connaissances* par attribution de significations* fonctionnelles aux objets manipulés (par ex., les objets à sucer). Ce processus de formation de schèmes se retrouve à tous les niveaux du développement* cognitif. Apparaissent ainsi successivement les schèmes sensori-moteurs, perceptifs, pratiques (ou d'habitude), symboliques, intuitifs, opératoires concrets puis opératoires formels. Le schème n'est pas le comportement lui-même ; il est le correspondant cognitif du comportement, sorte de canevas formel, de savoir-faire psychologique, non observable mais dont l'existence peut être inférée à partir de l'observation des comportements.

J.-E. Gombert

Schizo-affectif

Les troubles schizo-affectifs sont définis par un mélange d'une symptomatologie thymique et d'une symptomatologie schizophrénique. La place du groupe des patients schizo-affectifs parmi les deux grandes entités syndromiques thymique et schizophrénique oscille schématiquement entre trois positions principales : selon les partisans du modèle dichotomique, hérité de Kraepelin, la maladie maniaco-dépressive et la schizophrénie sont étiologiquement totalement indépendantes ; la schizophrénie affective est alors soit une troisième entité séparée, soit l'expression concomitante chez un même sujet des syndromes affectif et schizophrénique. Selon les partisans d'un modèle du continuum, les troubles affectifs et schizophréniques ont une étiologie commune et ne sont que deux expressions de la même psychose, aux extrêmes d'un unique continuum au milieu duquel la schizophrénie affective trouve naturellement sa place. La constatation, dès les années 80, d'une grande difficulté à déterminer la frontière entre les catégories schizophrénique et thymique lorsque sont pris en compte les troubles schizo-affectifs a joué un rôle dans la solution adoptée dans la plupart des classifications de réserver un cadre indépendant aux patients présentant ce type de troubles. Les systèmes diagnostiques les plus récents (RDC, CIM 10, DSM IV ainsi que les critères de Vienne) proposent tous une définition opérationnelle de la schizophrénie affective.

Les études de validation de cette catégorie demeurent cependant controversées. Sur la base de ces données, certains auteurs ont suggéré de subdiviser cette catégorie selon l'évolution symptomatique : une forme aiguë pourrait être considérée comme une sorte de trouble de l'humeur atypique, tandis qu'une forme chronique pourrait plus volontiers être rattachée à la schizophrénie. D'autres auteurs ont proposé d'accentuer les différences entre les deux sous-groupes ainsi constitués en opposant un sous-groupe « troubles thymiques avec caractéristiques psychotiques non congruentes à l'humeur » et un sous-groupe « schizo-affectif, sous type schizophrénie ». Cette distinction est maintenue dans les classifications les plus récentes (DSM IV et CIM 10) sous forme de directives diagnostiques sans critères opérationnels.

Malgré ces efforts descriptifs, le problème de l'interprétation du trouble schizo-affectif et de ses liens avec les deux grandes entités, thymique et schizophrénique, reste entier.

M.-C. Hardy-Bayle

Schizoïde (Personnalité —)

H. Claude et E. Minkowski décrivent, au début du xxe siècle, la constitution schizoïde, reprise par E. Kretschmer en 1930 qui la définit comme une personnalité* anormale oscillant entre la maladie et la santé et reflétant à un degré atténué les symptômes psychologiques fondamentaux des psychoses schizophréniques. Etaient considérées caractéristiques de cette personnalité la froideur du contact et la difficulté de nouer des relations sociales d'une part, la bizarrerie du comportement avec tendance à l'ésotérisme et aux croyances magiques d'autre part. Plus récemment, le groupe des personnalités schizoïdes a été démembré en deux types de personnalités jugées distinctes : la personnalité schizoïde d'une part, considérée comme un aménagement stable de la personnalité marquée par une incapacité à établir des liens affectifs normaux avec indifférence à l'égard d'autrui mais sans bizarrerie du comportement, et la personnalité schizotypique* plus proche des états schizophréniques.

M.-C. Hardy-Bayle

Schizophasie → Glossolalie

Schizophrénie

E. Kraepelin, au début du xxe siècle, décrit dans le champ des psychoses* endogènes une maladie, la **démence précoce**, dont il affirme ne pas connaître de critères symptomatiques pathognomoniques mais dont l'évolution constitue le critère diagnostique fondamental, l'opposant, en outre, à la folie maniaco-dépressive*, autre maladie incluse dans le groupe des psychoses endogènes. Pour lui, la démence précoce est une maladie chronique débutant chez le sujet jeune et aboutissant à un affaiblissement pseudodémentiel (état terminal) associant une pauvreté de la pensée, une perte du jugement avec incohérence, un détachement affectif de toute chose et une absence de volonté. Pour E. Bleuler, c'est au contraire la symptomatologie qui sera l'élément diagnostique fondamental de ce trouble. Il décrit, à la même époque, ce qu'il pense être le processus étiopathogénique unique et pathognomonique de ce qu'il nomme la schizophrénie : la dissociation*. Les expressions symptomatiques de ce processus hypothétique sont ce que décrit au même moment, en France, P. Chaslin, par le terme de discordance*. Au premier rang de ces symptômes, ces auteurs décrivent le trouble des associations de pensée, de l'affectivité* (ambivalence, émoussement* des affects), l'ambitendance et d'autres troubles de la volonté*.

Plus récemment, deux ordres de critiques ont remis en cause ces descriptions classiques. La première critique a porté sur le statut de la dissociation. Pour beaucoup d'auteurs, ce phénomène, dont les expressions symptomatiques ont une définition peu opérationnelle rendant leur reconnaissance clinique difficile, ne peut plus être considéré comme pathognomonique de la schizophrénie. Il se rencontre en effet dans d'autres troubles, notamment certains troubles thymiques. C'est pourquoi, aux Etats-Unis où la critique a été la plus radicale, les critères symptomatiques bleuleriens ont été abandonnés au profit de critères évolutifs (pour porter le diagnostic de schizophrénie, il faut que les troubles durent depuis plus de six mois et soient apparus avant l'âge de 45 ans et qu'il y ait une détérioration par rapport au niveau de fonctionnement antérieur) et d'autres critères symptomatiques centrés autour d'anomalies des perceptions et des sensations. En France, au contraire, le diagnostic repose encore souvent sur le concept bleulerien de dissociation.

La deuxième critique a porté sur l'homogénéité de la maladie schizophrénique et a conduit à proposer un démembrement du groupe des schizophrénies, en mettant l'accent sur les différences symptomatiques, évolutives, de réactivité au traitement et sur les antécédents familiaux de deux groupes de malades :
a. ceux qui présentent une symptomatologie dite négative ou déficitaire (pauvreté de la pensée, du discours, des affects, perte des initiatives, anhédonie, troubles de l'attention), des antécédents familiaux fréquents, une mauvaise réponse au traitement et une évolution chronique ;
b. ceux qui présentent une symptomatologie dite positive ou productive (délire, hallucinations), des antécédents familiaux moins fréquents, une bonne réponse au traitement et une évolution plutôt périodique. Cependant, l'existence d'un groupe mixte, dans lequel les symptomatologies négatives et positives s'associent, compromet l'hypothèse de deux maladies distinctes et nécessite d'autres recherches.

Différentes hypothèses, nées de cadres théoriques différents, ont été avancées pour rendre compte de l'étiopathogénie de cette maladie. L'existence maintenant confirmée d'anomalies biologiques concomitantes du trouble schizophrénique a nourri divers modèles biologiques de cette maladie. La plupart des données plaident en faveur d'une altération du système dopaminergique de neurotransmetteurs*.

M.-C. Hardy-Bayle

Schizothyme → Constitution

Schizotypique

L'individualisation récente de ce cadre diagnostique du groupe des personnalités* schizoïdes* repose sur l'idée d'une distinction clinique et étiopathogénique de ces deux types de troubles. Les personnalités schizotypiques présenteraient, à l'inverse des personnalités schizoïdes, des anomalies du comportement* également observées à des périodes peu actives de certaines formes de schizophrénie : bizarrerie de la pensée (croyance inhabituelle dans la télépathie, la voyance, les phénomènes magiques), du discours (utilisation inadéquate de mots ou confusion dans les concepts) et des perceptions (phénomènes d'illusion). L'existence d'un lien entre ce type de personnalité et une histoire familiale de schizophrénie a conduit à proposer l'hypothèse d'un spectre génétique de schizophrénie allant de la maladie symptomatique à des formes atténuées, sans symptômes caractéristiques, dont rend compte la description de la personnalité schizotypique.

M.-C. Hardy-Bayle

Sciences cognitives

Souvent qualifiées de « sciences de l'intelligence », les sciences cognitives ou sciences de la cognition* regroupent l'ensemble des programmes de recherches qui, au sein de diverses disciplines, ont pour objet commun l'étude des processus mis en œuvre par les systèmes de traitement de l'information* (non seulement naturels, comme le cerveau humain ou animal, mais aussi artificiels comme l'ordinateur*) pour prendre connaissance de leur environnement* et le modifier. Perception*, langage*, apprentissage*, raisonnement*, mémoire* et action* constituent les principaux thèmes fédérateurs du projet des sciences cognitives. Collaborent à celui-ci, en totalité ou partiellement, la psychologie, la psycholinguistique*, la linguistique*, l'anthropologie, l'ergonomie*, les neurosciences*, l'informatique* (d'où provient le concept d'intelligence artificielle*) et la robotique, tandis que la philosophie, l'épistémologie*, la logique, les mathématiques et la physique y contribuent en apportant outils conceptuels et modèles* théoriques.

Les raisons stratégiques (l'apparition du néologisme **cognisciences,** dont la motivation est analogue à celle de « neurosciences », est significative à cet égard) d'un tel regroupement ne doivent cependant pas conduire à ignorer les justifications épistémologiques profondes d'une réelle convergence transdisciplinaire. L'hypothèse d'un isomorphisme de structures et d'une communauté de principes et de règles de fonctionnement des systèmes cognitifs trouve ses fondements théoriques dans le développement du courant cognitiviste* : un système cognitif effectue des opérations de transformation portant sur des représentations* symboliques qui constituent les énoncés* d'un langage formel engendré par des règles d'inférence* ; le caractère représentationnel des symboles ou des états internes du système (leur sens) émerge des interactions que ce système entretient avec son environnement.

Autour du concept clé de représentation, adopté par toutes ces disciplines, dans des acceptions diverses, s'organisent la plupart des débats qui traversent les sciences cognitives et confèrent une dynamique nouvelle à chacune de leurs composantes. Il s'agit, d'une part, de débats sur les relations entre les représentations qui définissent les états mentaux et celles qui constituent les états cérébraux : stricte identité dans le cadre d'un réductionnisme* neurobiologique maximaliste, identité occasionnelle dans le cadre du fonctionnalisme* cognitiviste ; il s'agit, d'autre part, de débats sur l'assimilation du cerveau à un ordinateur sur le plan fonctionnel, classiquement récusée mais tolérée sous une forme métaphorique et aujourd'hui revendiquée à travers les ambitions avouées de l'intelligence artificielle ; il s'agit enfin de débats sur la nature des représentations, symboliques et locales dans les modèles cognitivistes, non ou infrasymboliques et « distribuées » dans les modèles néoconnexionnistes*, inspirés de l'organisation neuronale qui remplacent de plus en plus les architectures cognitives classiques.

J. Requin

Sciences de l'éducation → Pédagogie

Sciences sociales

Les sciences sociales proposent divers modes d'approche de la réalité sociale à l'aide de certaines méthodes et de modèles conceptuels et théoriques. Elles abordent l'étude de phénomènes sociaux à partir de perspectives différentes qui s'élaborent au sein de l'histoire en fonction de l'évolution des sociétés. Les questions qu'elles se posent sont celles de la connaissance et de l'explication de l'organisation du fonctionnement et du changement social à travers l'observation et l'analyse des aspects objectifs mais aussi symboliques des manifestations de la vie collective humaine. Parmi les principales sciences sociales, l'ethnologie s'intéresse de façon comparative aux civilisations traditionnelles observables actuellement et notamment aux processus d'intégration de la vie sociale et culturelle qui accordent aux mythes, aux rites et au surnaturel leur place. Sa démarche privilégie l'observation en situation concrète sur le terrain. L'anthropologie sociale étudie les principes et les structures d'organisation des sociétés. Sa méthodologie consiste à passer de la description (classification et typologie) aux explications en construisant des modèles et en proposant des théories, telles que : le diffusionnisme, l'évolutionnisme, le fonctionnalisme, le structuralisme, l'analyse systémique. La sociologie se présente à la fois comme une science générale et appliquée (une sociologie de, dans et pour). Elle étudie la spécificité des faits sociaux, leur morphologie et leur écologie, les appareils institutionnels et les productions collectives, les mécanismes et les agents de la socialisation*, le fonctionnement et l'organisation des systèmes sociaux, les facteurs et les conditions du changement social. La psychologie sociale* intègre les résultats de ces sciences, notamment dans ses études sur les interactions dans le champ des rapports individuels et sociaux et l'élaboration du lien social. *J. Selosse*

Scintillement

Petites variations rapides de la luminance* d'une source lumineuse ponctuelle (étoile, par ex.) ou d'une surface agitée par de menus reflets. Elles peuvent entraîner perceptivement un effet de papillotement*.

R. Génicot

Scolarité

Le droit, pour certaines administrations, d'exiger un certificat de scolarité témoigne déjà que la signification de ce dernier mot ne saurait être épuisée par la définition aujourd'hui usuelle : « durée d'un cours régulier d'études », sauf à jouer sur le qualificatif « régulier ». Celui-ci énonce la permanence dans le temps, mais on peut, tout aussi bien, lui faire dire l'obligation. La scolarité est chose obligatoire (V. Fréquentation scolaire, Obligation scolaire). On peut donc rappeler opportunément ici le sens médiéval de *scholaritas* : le statut juridico-social de qui étudie. Elargi aux composantes psychologiques et culturelles de ce statut, ce rappel permet d'évoquer la portée du processus continu de prolongation de la scolarité.

D. Hameline

Scolastique

Par analogie à la période de décadence de la philosophie aristotélico-thomiste médiévale (l'Ecole), et sous la forme du substantif féminin (une scolastique, la scolastique marxiste, etc.) ou du qualificatif (un enseignement scolastique, une approche scolastique), le terme est d'usage péjoratif. Il transpire aussi le mépris pour le scolaire. Le *topos* de cet usage est une conviction d'évidence : énoncer officiellement et enseigner systématiquement de manière durable quelque doctrine que ce soit ne peut que conduire la pensée* au formalisme, à la répétition mortifère, à une orthodoxie célébrative fonction inverse de la lucidité critique. P. Foulquié cite Alain parmi les rares modernes qui ont pris ce terme dans une acception laudative.

D. Hameline

Scopogramme

Représentation graphique des mouvements du regard* lors de la lecture* d'une ligne de texte. Le terme est rarement utilisé, les enregistrements et tracés des mouvements oculaires* se présentant sous des formes diverses selon la méthode employée.

M. Richelle

Score → Note

Scotopique (Vision —) → Vision

Script

Type particulier de schéma*. Il s'agit donc d'une organisation mémorielle hypothétique qui, en plus des informations* inhérentes au schéma, encode le déroulement séquentiel d'une catégorie particulière de situations fréquentes et familières (aller au restaurant ; se lever le matin ; conduire une automobile). Il comporte une double organisation, séquentielle et hiérarchique. Les scripts permettent de comprendre et de produire soit des séquences de comportements soit des représentations* (verbales ou autres) de celles-ci. Ils permettent de rétablir les informations manquantes et de corriger les erreurs de manière quasi automatique. Certains scripts (notamment ceux qui concernent les récits*) sont acquis et utilisés très tôt par l'enfant.

M. Fayol

Sculpture de la famille

Technique de la psychothérapie familiale systémique*, inspirée du psychodrame* et mise au point par V. Satir pour représenter l'interaction familiale. Un membre de la famille prend le rôle du « sculpteur » et demande aux autres membres de se disposer dans des places, des postures et des mimiques qui furent les leurs au cours de l'épisode qu'il veut illustrer. Le thérapeute cherche à mettre en évidence les émotions ressenties par les sujets, la différence d'appréciation d'une même situation selon le « sculpteur », le sens métaphorique du jeu par rapport aux difficultés de la famille.

D. Anzieu

Secondaire

Se dit, par opposition aux besoins* primaires*, correspondant à des exigences fondamentales pour la survie des organismes, des besoins dérivés d'eux, ou acquis*. Se dit aussi d'un renforçateur* ou renforcement* qui ne doit sa valeur renforçante qu'à son association avec un renforcement primaire, c'est-à-dire apportant naturellement la satisfaction d'un besoin primaire. Ainsi, dans un programme* de renforcement opérant*, l'animal produira des réponses pour obtenir la présentation d'un stimulus coloré si celui-ci sert de stimulus discriminatif* signalant la mise en vigueur d'une phase du programme où les réponses seront renforcées par de la nourriture ; le stimulus coloré aura acquis valeur de renforcement secondaire.

M. Richelle

Par ailleurs, S. Freud a distingué deux types fondamentaux de processus du fonctionnement psychique : les processus secondaires visant à l'identité de pensée en fonction du principe de réalité*, et les processus primaires*, caractéristiques de l'inconscient, dont le but est l'accomplissement hallucinatoire du désir en fonction du principe de plaisir*.

Les premiers s'opposent aux seconds dont ils constituent une modification. Ils s'articulent dialectiquement avec eux pour les inhiber, les réguler, permettant les détours et les relais qui diffèrent la satisfaction. Les moyens deviennent des buts, de sorte que, dans cette perspective, l'activité psychique se développe à partir des fantasmes* inconscients, tout en instaurant les fonctions d'attention, de jugement, de raisonnement, d'action contrôlée. Liés au langage et à la parole, les processus secondaires sont au service du moi* et du surmoi* dans les instances* de la deuxième topique*, mais ceux-ci sont également tributaires des processus primaires.

Les identifications* secondaires sont en rapport avec le complexe d'Œdipe* et s'opposent à l'identification primaire dite aussi fusionnelle qui entraîne l'abolition de la différence soi-objet.

L'élaboration* secondaire est la mise en forme, à des fins de cohérence, de rationalité, donc d'intégration, d'une expérience de rêve*, de crise*, de rupture*, de dissociation* ou de délire*. Au cours de la cure psychanalytique, l'élaboration psychique est distinguée de la rationalisation et de l'intellectualisation : le néologisme proposé par J. Laplanche et J.-B. Pontalis de perlaboration* traduit le mot allemand de *Durcharbeitung*.

B. Brusset

Sécurité de base

S. Freud a rattaché la confiance dans la vie (dans sa bonne étoile) à l'amour porté par une jeune mère à son fils premier-né. La clinique a montré depuis que cet amour peut concerner un enfant de sexe ou de rang différents. S. Freud n'a pas utilisé l'expression sécurité de base, qui est maintenant devenue courante en psychologie clinique. La sécurité de base d'un être humain comprend le sentiment de son existence et celui de son identité*, sa croyance en l'existence du monde extérieur, sa confiance dans son fonctionnement psychique et dans ses relations avec ce monde extérieur. Elle se traduit par un investissement narcissique du corps et de la psyché suffisant pour trouver satisfaction à vivre. D. Winnicott a décrit plusieurs facteurs liés à l'environnement maternant* et propices à l'acquisition de cette sécurité de base : la préoccupation maternelle primaire, le maintien*, le maniement*, l'aire transitionnelle*.

D. Anzieu

Séduction

La séduction est, selon S. Freud, l'un des trois fantasmes* originaires : séduction, castration*, scène originaire*. S. Freud a donné un sens technique à la séduction dès ses premières investigations psychologiques : dans la séduction infantile, le sujet subit passivement l'agression sexuelle d'un adulte pervers. Partant de ce fait, S. Freud construit une nouvelle psychopathologie fondée sur les théories du refoulement* et de l'après-coup* : le traumatisme initial acquiert sa signification sexuelle après la puberté lorsqu'un nouvel événement en évoque le souvenir. Ses recherches ultérieures l'ayant amené à douter, dans certains cas, de la réalité historique de la séduction infantile, la notion de fantasme (réalité psychique d'une scène désirée mais interdite) lui fait donner un autre sens à la séduction ; pour lui la séduction conserve cependant un rôle dans l'histoire infantile (éveil de la sexualité* lors des soins corporels). Par ailleurs, l'élaboration de l'« originaire » chez S. Freud le conduit à voir dans le fantasme de séduction la figuration du surgissement de la sexualité. Les psychologues ont étudié la séduction comme une conduite sociale, ainsi les rituels amoureux des adolescents : l'approche séductrice respecte un certain nombre d'étapes conforme à des codes culturels (anthropologie de la gestualité*).

R. Doron

Segmentation

Dans le domaine de la perception auditive, segmentation désigne le découpage qu'opère spontanément le sujet au sein du flux d'événements auditifs. La segmentation auditive apparaît comme l'équivalent des groupements* survenant dans le domaine visuel, et mis en évidence par la psychologie de la forme*. Cette parenté a été démontrée dans la perception de la musique*.

Dans la perception de la parole, opération spontanée de découpage de la part de l'auditeur dans le flux oral, répondant à des règles caractérisant la langue naturelle en cause. La segmentation de la parole obéit à des critères phonologiques, syntaxiques et sémantiques contraignants. Si l'auditeur est invité à localiser un stimulus bref, étranger à la parole, et survenant objectivement à un moment autre qu'un point de segmentation linguistique, il le déplacera généralement vers un tel point. *M. Richelle*

Ségrégation scolaire

La mise à part est une pratique éducative ancestrale, soit d'ordre fonctionnel (isoler les perturbateurs), soit d'ordre culturel (séparer les sexes). Le phénomène devient ségrégation quand trois conditions sont remplies :

1. la mise à part est réglementée et généralisée ;
2. elle est argumentée ;
3. elle est contestée.

L'éducation des enfants handicapés dans des établissements qui les regroupent entre eux n'est perçue comme une ségrégation que lorsqu'un courant d'opinion revendique, contre la règle en vigueur, ils soient intégrés au régime général. La mixité a été perçue en son temps comme la fin de la ségrégation des filles dans des établissements où leur était refusé l'enseignement préparant aux carrières réputées masculines.

D. Hameline

Sein → Objet partiel

Sélection naturelle → Évolution

Sélection organique

Ce terme fut proposé par J. M. Baldwin dans les années 1896-97, mais l'idée fut également et indépendamment formulée par C. Lloyd Morgan et H. F. Osborn, pour désigner le processus par lequel un individu peut exprimer de nouvelles possibilités physiques ou mentales dans un environnement nouveau. Cette conception considère que les aspects physiques et mentaux d'un organisme constituent une totalité sur laquelle opère la sélection naturelle. Ce processus est de type accommodateur* et apparaît conforme à la théorie darwinienne. Il sera évoqué et critiqué par C. Waddington et J. Piaget. En particulier, J. Piaget lui opposera le concept de phénocopie*. *P. Mengal*

Sélection professionnelle

La sélection professionnelle est un processus d'évaluation* des candidats à un emploi qui aboutit ou non à une décision d'embauche. Elle s'inscrit dans le projet global de gestion des ressources humaines de l'organisation*. L'étude du poste de travail consiste à établir (d'après des observations menées en situation ou d'après des recherches théoriques) un profil de caractéristiques pertinentes (expérience, formation, conduites, construits). Les techniques d'évaluation sont alors choisies d'après leur relation à ces caractéristiques (V. Validité). Certaines techniques se sont révélées valides (tests d'aptitudes* générales ou spécifiques, centres d'évaluation), d'autres non (entretiens* classiques, graphologie*).

M. Bruchon-Schweitzer

Sélection scolaire

A l'image du sens qu'il a en psychologie sociale, le terme de sélection signifie, dans l'univers scolaire, le processus par lequel l'école* choisit, parmi les élèves, ceux qu'elle considère les plus aptes. C'est par le biais de l'orientation* scolaire, donc sur la base des performances*, des aptitudes* et des goûts des élèves, que l'école devrait opérer ces choix. Face à celle d'orientation, la notion de sélection a un usage essentiellement critique : elle désigne les effets de l'orientation, par exemple l'élimination massive de certaines catégories sociales dans la plupart des filières d'excellence du secondaire ou de l'Université. On l'évoque aussi pour désigner les mécanismes diffus, jamais explicitement formulés, par lesquels sont écartés les élèves de ces filières : par exemple, l'utilisation contestable dans les classes de tous les niveaux d'une « langue scolaire » très inégalement maîtrisée selon les milieux sociaux ; le rôle prépondérant que jouent certaines matières d'enseignement dans l'orientation, sans rapport avec leur utilité dans la vie professionnelle future, comme les langues mortes autrefois, les mathématiques aujourd'hui.

D. Manesse

Sélectionnisme

Dans le cadre de la théorie de l'évolution*, sélectionnisme renvoie à l'explication de la formation d'espèces nouvelles par le mécanisme de la sélection naturelle. Dans la mesure où l'éthologie* s'est préoccupée prioritairement de la phylogenèse* des comportements, elle a eu recours au sélectionnisme pour rendre compte des conduites propres à chaque espèce animale. Par extension, le modèle sélectionniste a été appliqué à d'autres niveaux d'analyse : niveau de l'ontogenèse* d'une part, niveau de l'évolution des productions culturelles d'autre part. Dans le premier cas, on l'invoque pour rendre compte, en neurobiologie, de la structuration des réseaux neuronaux (Changeux, Edelman), ou, en psychologie, de la construction des structures cognitives (Piaget) ou encore des apprentissages* individuels (Skinner). Dans le second cas, on y fait appel pour expliquer l'origine et la persistance des traits culturels en anthropologie (Harris), ou la genèse et l'abandon des hypothèses dans l'histoire des sciences (Popper). *M. Richelle*

Self → Soi

Sémantique

Dans une première acception, désigne le domaine d'étude constitué par les signifiés*, des signes* et leur organisation dans le système de la langue. S'applique aussi, par extension, à l'ensemble des faits de dénotation*, de sens* et de signification*. Dans une seconde acception, désigne la discipline qui aborde ce domaine d'étude.

Cette discipline naît avec M. Bréal à la fin du XIXe siècle. Essentiellement diachronique chez ce dernier, elle est devenue structurale avec B. Pottier en 1964 et A.-J. Greimas en 1966, générative avec N. Chomsky et J. J. Katz au début des années 1970, sans cesser d'appartenir aux domaines de la logique et de la philosophie du langage. La division classique des domaines sémiotiques* en syntaxe*, sémantique et pragmatique* a abouti à un cloisonnement aujourd'hui contesté par la plupart des recherches linguistiques. La sémantique déborde, en effet, largement sur la morphosyntaxe et certains aspects de la pragmatique ne peuvent pas ne pas être intégrés à l'approche sémantique des faits de langue : il ne saurait, de plus, y avoir entre ces recherches le moindre principe de succession linéaire. Devenue classique en logique, cette tripartition ne correspond guère à la réalité des langues naturelles*.

En distinguant deux ordres de signifiance* dans le langage*, l'ordre « sémiotique » lié au seul système et l'ordre « sémantique » relatif à la mise en discours*, E. Benveniste a mis l'accent sur la nécessité de prendre résolument en compte l'activité énonciative du sujet parlant, et suivi en cela L. Wittgenstein : éliminez du langage l'élément de l'intention, c'est sa fonction tout entière qui s'écroule. Le sens d'un mot ne se calcule pas plus en conditions de vérité qu'il ne s'isole et se découpe simplement en une hiérarchie de sèmes* (plan « sémiotique »). La polysémie*, l'ambiguïté et le flou sémantiques sont des phénomènes inhérents au sens lexical.

J.-M. Adam

Sème

Pour la sémantique*, le mot* (plus précisément le **monème**) ne constitue pas une unité minimale ; son sens* peut, sur le modèle de la phonologie*, être décomposé en unités purement différentielles : les sèmes ou traits* sémantiques. Ainsi : /avec quatre pieds/, /pour une seule personne/, /pour s'asseoir/ sont des traits communs à *« chaise »* et à *« tabouret »,* mots qui se distinguent par la possession ou non du sème /avec dossier/ ; le sème /avec bras/ permet d'opposer *« fauteuil »* à *« chaise »* et *« tabouret »*. On oppose généralement aujourd'hui les sèmes inhérents, codifiés en langue et en principe invariants, aux sèmes afférents, dits parfois connotatifs* ou virtuels, liés à la mise en discours* dans un cotexte* ou un contexte* donné.

J.-M. Adam

Semi-directif → Entretien

Semi-liberté → Liberté surveillée

Sémiologie → Sémiotique

Sémiotique

La sémiotique ou **sémiologie** (la distinction entre les deux termes est rarement pertinente) est la science qui étudie les principes généraux régissant le fonctionnement des systèmes de signes. En un sens large, elle a pour objet l'ensemble des faits sociaux de communication* ; en un sens plus restreint, celui des seuls faits intentionnels. Dans les deux acceptions, le langage* est de son domaine, soit qu'on le considère comme un système parmi d'autres (F. de Saussure), soit qu'on y voie le système par excellence dans lequel tous les autres peuvent être exprimés (R. Barthes).

Un signe* est un objet perceptible qui représente un autre objet de nature quelconque. C. S. Peirce a distingué trois sortes de signes : les symboles* qui sont de nature conventionnelle (« + » est symbole de l'opération d'addition), les indices* qui ont un rapport direct avec ce à quoi ils renvoient (la fumée est indice du feu) et les icônes* qui ont quelque ressemblance avec l'objet représenté (« L'homme à l'oreille coupée » est une icône de V. Van Gogh). Il faut toutefois noter que certains auteurs utilisent ces termes en des sens un peu différents.

La nature des signes a été appréciée de diverses façons. F. de Saussure en fait un objet à deux faces : le signifiant* qui est une image mentale* et le signifié* qui est un concept*. G. Frege y voit aussi deux dimensions, mais un peu différentes : le sens* *(Sinn)* qui est la manière dont le signe est donné et la désignation* *(Bedeutung)* qui est l'objet auquel il renvoie. C. S. Peirce y distingue trois composantes : le *« representamen »* qui est pratiquement l'objet-signe, son « objet » qui est la chose pour laquelle il est mis et l'« interprétant » qui est son effet mental ou pensée. L'important, chez lui, est que la relation entre le *representamen* et l'objet est indirecte, elle passe nécessairement par l'interprétant. Cette conception a donné lieu à la trichotomie de C. Morris entre syntaxe*, sémantique* et pragmatique*.

En psychologie, J. Piaget a parlé indifféremment de fonction sémiotique et de fonction symbolique*. Selon son degré d'élaboration, cette fonction recouvre le jeu symbolique*, l'imitation* différée, le dessin et le langage. *J.-B. Grize*

Sémiotique (Fonction —) → Fonction symbolique

Sens

Synonyme parfois de signification* et de signifié*, le sens (d'un signe*, ou d'une autre unité d'un système de communication*) est l'objet majeur de la sémantique*. Pour constituer cette discipline sans séparer les faits de sens de l'activité de référenciation (V. Référence) et en laissant la question de la vérité à la logique et à la philosophie du langage, il faut tenir compte de la distinction des deux modes de signifiance* de la langue formulée par E. Benveniste en 1974 : le mode de signifiance « sémiotique » est propre au signe* et au système, alors que le mode de signifiance « sémantique » est propre au discours* et constitue le produit de l'activité énonciative du sujet parlant. Le signe, unité « sémiotique », ne demande qu'à être identifié comme appartenant ou non au code*. Le mot*, unité « sémantique » correspondant à une énonciation* singulière et à l'activité référentielle du sujet parlant, demande, lui, à être interprété, compris.

Ces deux ordres de signifiance correspondent à ce qu'on appelle volontiers aujourd'hui le sens (donnée « sémiotique ») et la signification (donnée « sémantique »). La distinction entre sèmes* inhérents et sèmes afférents traduit elle aussi, au niveau des unités minimales, cette complémentarité plus générale entre contenu invariant quel que soit le contexte* (sens), et contenu produit par l'interprétation toujours contextuelle d'une unité (signification). Il existe nombre de textes théoriques qui inversent l'acception de sens et de signification, comme l'atteste la traduction suivante d'un chapitre de *Pensée et langage* de Vygotsky : « Cet enrichissement des mots par le sens qu'ils tirent du contexte (signifi-cation) est la loi fondamentale de la dynamique des significations (sens) des mots. »

J.-M. Adam

Sensation

L'un des plus courants du vocabulaire psychologique, le terme sensation est aussi l'un des plus lourds de passé philosophique et l'un des plus difficiles à définir d'une manière qui emporte l'adhésion générale, tant ses diverses acceptions sont marquées d'implications théoriques.

1. Unité élémentaire, fournie par les sens, dont serait construit la connaissance* ou le psychisme, comme un bâtiment est construit de briques (V. Sensualisme).
2. Donnée sensorielle la plus simple telle que captée par les récepteurs* (par ex., intensité et hauteur tonale d'un son) ; ainsi entendues, les sensations seraient les éléments qui, combinés entre eux, fourniraient les perceptions* ; cette distinction entre sensation et perception s'accorde mal avec les conceptions modernes de l'activité perceptive, dans laquelle il apparaît difficile d'isoler une étape initiale ou primaire correspondant à la sensation.
3. Donnée sensorielle élémentaire dont témoignent physiologiquement l'excitation* d'un récepteur et l'acheminement du message nerveux dans les centres de projection* primaire (avec apparition d'un potentiel* évoqué). Cette définition objective, mais pour laquelle les expressions **donnée** ou **information sensorielle** sont moins ambiguës, élimine les connotations propres au sens.
4. Impression subjective provoquée par l'excitation d'un récepteur ; dans cette acception, la sensation suppose une prise de conscience*.

5. Action de sentir ; cette acception est proche de la précédente, qui renvoie au contenu de la sensation (sorte d'équivalent ou de réplique de l'excitation sensorielle) plutôt qu'à une activité (ou un état) du sujet (V. Echelle de sensation, Psychophysique).

M. Richelle

Recherche de sensation : l'étude des fondements biologiques de la personnalité* et des tempéraments a progressé ces dernières décennies. Entre l'universalité de la nature humaine et l'unicité de l'individu, des recherches ont identifié des traits ou facteurs considérés comme des composants significatifs de la personnalité. Ils sont plus ou moins présents chez un individu et leur combinatoire constitue la personnalité. L'une de ces dimensions, la recherche de sensation, caractérise une modalité d'interaction de certains sujets avec l'environnement, un besoin de sensations et d'expériences variées, nouvelles, complexes, intenses et une nécessité de choisir des stimulations physiques ou des situations sociales à haut risque. Considérant l'échelle qui va du retrait, l'extrême timidité, à l'exploration et l'investissement compulsif de l'environnement, la recherche de sensation se situe à un point extrême. Une base génétique a été proposée ; de même ce trait représenterait une stratégie biologique pour une espèce donnée. *M. Le Moal*

Sensibilisation

Accroissement de la fréquence ou de l'amplitude d'une réponse* suite à la répétition* du stimulus* qui la déclenche. La sensibilisation constitue une forme élémentaire d'apprentissage* non associatif, que l'on peut rapprocher du mécanisme de sens opposé qu'est l'habituation*. Elle est cependant beaucoup moins générale que cette dernière et plus difficile à mettre en évidence empiriquement.

On observe aussi une sensibilisation lorsque la réponse normale à un stimulus se trouve exacerbée par préexposition à un autre stimulus, généralement nociceptif*, ou encore lorsque des réponses apparaissent à des stimulus neutres* après exposition à des stimulus aversifs* sévères. On parle parfois, à propos de ces cas, de sensibilisation associative, mais l'expression prête à malentendu, car elle rapproche indûment les phénomènes observés, décrits aussi sous les termes **conditionnement alpha** et **pseudo-conditionnement**, du conditionnement* proprement dit, auquel est réservée la qualification d'apprentissage associatif. A la différence de ce dernier, qui peut être bidirectionnel (c'est-à-dire se traduire aussi bien par une diminution que par une augmentation de la réponse, ou se manifester aussi bien en association à un stimulus faible que fort), la sensibilisation va toujours dans la direction de l'augmentation.

On peut obtenir la sensibilisation d'une réponse à un stimulus* en couplant ce dernier à un autre stimulus, généralement nociceptif. On assiste alors à une augmentation immédiate de l'amplitude de la réponse. La modification acquise peut être conservée pendant plusieurs heures, de même plusieurs jours voire plusieurs mois.

La sensibilisation du réflexe de retrait de la branchie chez l'aplysie a été particulièrement utilisée comme modèle* pour étudier les mécanismes cellulaires et synaptiques impliqués dans cette forme élémentaire d'acquisition*.

Par ailleurs, dans un sens commun avec le langage courant contemporain, la psychologie, notamment la psychologie sociale, use du mot sensibilisation pour désigner une modification induite des attitudes* ou de l'opinion dans le sens d'une réceptivité à des idées, des situations ou des personnes qui eussent, jusque-là, laissé indifférent.

M. Le Moal et M. Moulins

La sensibilisation est un processus évoqué pour expliquer le mode d'action des drogues. Ces substances auraient la propriété d'accroître, avec la répétition des prises, le fonctionnement des neurones cibles, en particulier des neurones à dopamine. L'absorption répétée entraîne une disponibilité accrue des neurotransmetteurs, corrélée à un besoin de plus en plus compulsif. A l'inverse, la tolérance* implique que le sujet doit absorber des quantités de plus en plus importantes pour obtenir un même effet. *M. Le Moal*

Sensibilité

1. Modalité* sensorielle, domaine de sensation : sensibilité cutanée, visuelle, proprioceptive.
2. Capacité à réagir à une stimulation* d'un récepteur* sensoriel : l'être humain accuse une sensibilité aux fréquences sonores s'échelonnant de 20 à 20 000 Hz.
3. **Sensibilité différentielle** : capacité à discriminer entre stimulus dans une modalité sensorielle donnée.
4. Susceptibilité aux réactions émotionnelles. *M. Richelle*

tion un rôle prépondérant et à en faire le fondement de leur conception de la société.

P. Mengal

Sentiment

Le sentiment peut concerner des objets internes (le moi) ou externes (la nature) ; d'où un paradoxe : l'expérience du sujet, aussi intime qu'elle soit, le relie à des sources personnelles et à des situations étrangères toutes deux mal connues. La définition du sentiment inclut nécessairement la subjectivité mais elle n'a de sens qu'en précisant la relation du sujet avec lui-même dans des circonstances particulières : lorsqu'il marque de son sceau la perception, la sensation ou l'action. Les sentiments sont les modes d'insertion des sujets dans l'existence. Dès lors, ils peuvent être décrits selon leurs fonctions et selon leurs dimensions. Dans le premier cas, on distingue des sentiments régulateurs de l'action : leur stabilité assure les conduites sociales, comme la « cristallisation » dans l'amour ; et des sentiments déréglants, lorsque le sujet devient étranger aux stimulations des circonstances. Dans le second cas, on distingue ceux qui se réfèrent surtout à l'expérience intérieure : l'angoisse, la tristesse, la joie, le narcissisme ; et ceux qui la rapportent à des objets extérieurs : l'amour, la haine, la jalousie. Le sentiment nous fait accéder au monde des valeurs qui peut être étudié scientifiquement selon D. Lagache, mais il ne se réduit pas à la connaissance qu'on en a : F. Alquié note qu'il est un monde commun où s'effectuent nos mouvements, qu'aucun monde objectif ne contient nos douleurs.

R. Doron

Sentiment d'étrangeté → Étrangeté

Sentiment de compétence → Compétence perçue

Sentiment de déjà-vu → Déjà-vu

Séparation

Le terme de séparation renvoie généralement à une situation réelle dont la composante intrapsychique se représente souvent pour le sujet sous la forme d'une perte d'amour de l'objet. L'angoisse de séparation correspond aux manifestations anxieuses observées dans les situations de séparation. Cette angoisse de séparation peut prendre une forme pathologique en raison de son intensité. Le traumatisme de la naissance, c'est-à-dire de la séparation d'avec la mère, est pour S. Freud le prototype de toutes les angoisses ultérieures qui ne sont que la répétition d'une décharge anarchique de *libido** accumulée en raison de la privation de l'objet. La notion de séparation est reprise par J. Bowlby en 1960 quand il décrit les trois phases de protestation, de désespoir et de détachement qu'il observe dans les réactions du jeune enfant à la séparation d'avec sa mère. Ainsi naîtra l'hypothèse de la relation entre carence de soins maternels et effets pathogènes.

M. Malher a décrit, grâce à l'observation psychanalytique des premiers développements de l'enfant, une phase qu'elle appelle phase de séparation-individuation débutant en milieu de la première année de la vie et s'achevant normalement vers l'âge de 3 ans. Il s'agit de l'émergence de la fusion symbiotique pour passer à l'investissement progressif de la mère, et également l'investissement des fonctions du moi en particulier celui de l'établissement d'une représentation constante du *self** lié à celle de l'objet. Les avatars, les fixations ou la régression à cette phase sont considérés par certains comme l'origine des états-limites* de l'adolescent et de l'adulte.

A. Braconnier

Septum → Hippocampe

Séquence

Ensemble d'éléments se présentant en succession, et généralement présumé non aléatoire, mais recélant des structures* d'ordre plus ou moins apparentes. La psychologie s'intéresse aux séquences à un double niveau.

1. D'une part, le comportement* se présente typiquement comme un flux continu que l'observateur est amené à fragmenter en éléments ou unités* formant des séquences, dont il s'agit ensuite de repérer les *patterns** ou les règles*, et la signification fonctionnelle. C'est à ce matériau, recueilli sous forme d'éthogramme* ou de données codées à l'aide d'échelles d'observation*, que s'applique l'**analyse séquentielle**, qui vise à dégager les dépendances entre éléments en recourant à des procédures mathématiques plus ou moins élaborées, fondées essentiellement sur les probabilités transitionnelles et les modélisations qui s'y rattachent (analyse markovienne, programme LISREL, etc.). Si le caractère séquentiel des comportements observables ne fait pas de doute, il n'en va pas de même pour les

processus internes de traitement de l'information* et de résolution de problèmes* inférés par la psychologie cognitive*. La fragmentation en étapes successives, compatibles avec certains modèles d'intelligence artificielle*, ne s'accorde pas avec les contraintes neurobiologiques (notamment les contraintes d'ordre temporel), et a conduit l'école connexionniste* à rechercher des modèles non séquentiels, dit distribués* ou, par analogie avec un circuit électrique, « en parallèle » (séquentiel étant ici synonyme de « en série »).
2. D'autre part, le caractère séquentiel peut se situer dans les données ou les informations que l'organisme est amené à traiter ou à mémoriser. L'expression **apprentissage séquentiel** s'applique tantôt à l'acquisition* ou la mémorisation* d'une série d'éléments, constituant une séquence, tantôt à l'anticipation* de l'élément suivant dans une séquence obéissant à une règle inférable à partir des éléments déjà connus, anticipation supposant une activité d'induction*. *M. Richelle*

Séquence linguistique

Dans les sciences du langage*, la séquence est définie comme l'unité constituante du texte*, unité elle-même constituée d'un certain nombre de propositions* (macropropositions constituées elles-mêmes de paquets de micropropositions élémentaires). Les types d'arrangements des micropropositions en paquets macrostructurels définissent les types de séquences élémentaires.

Il existe de nombreuses typologies de textes, mais dans l'état actuel des connaissances l'accord semble se faire pour distinguer moins des types purs de textualité (le récit*, la description*, l'argumentation*, l'explication, le dialogue*-conversation*, l'injonction-instruction, etc.) que des types d'arrangements séquentiels de propositions. Ainsi, le lien chronologique et causal signalé par les anciens *(post hoc, ergo propter hoc)* semble bien à la base du récit ; le rapport d'expansion qui consiste à développer les parties et/ou les propriétés d'un tout correspond au principe de base de la description ; l'enchaînement argument*-conclusion semble bien définir un type d'arrangement argumentatif* des propositions ; le fait de poser un problème sous forme de question puis d'y répondre en évaluant enfin cette réponse serait caractéristique de la plupart des textes explicatifs ; la catégorie de l'injonction-instruction semble caractérisée par le fait qu'une série d'actes ordonnés linéairement permet de passer d'un état initial (épars, cru, etc.) à un état final (assemblé, cuit, etc.) ; enfin, le dialogue-conversation se présente comme une structure hiérarchisée d'échanges constitués d'interventions.

La notion de séquence ne doit pas être confondue avec la segmentation du texte en paragraphes et autres blocs typographiques (V. Plan de texte). *J.-M. Adam*

Séquentiel → Séquence

Sérendipité

Terme transposé de l'anglais *serendipity*, qui trouve son origine au XVIIIe siècle dans la *Correspondance* de l'écrivain anglais Walpole. Il désigne aujourd'hui, chez le chercheur scientifique, une sorte de réceptivité à l'inattendu, à l'insolite, à l'accidentel, et qui, pris en compte, se révèle au point de départ d'une découverte empirique ou d'une intuition théorique nouvelle. Les exemples ne manquent pas du rôle de la sérendipité dans l'histoire de la psychologie, depuis l'attention prêtée par I. Pavlov à la salivation anticipée des chiens qu'il utilisait dans ses travaux sur la digestion, et qui entraîna une réorientation de ses recherches vers l'étude des réactions conditionnées, jusqu'à la découverte de l'autostimulation par J. Olds et G. A. Milner à la suite d'une erreur technique. On fait à juste titre de la sérendipité une attitude complémentaire de la rigueur. *M. Richelle*

Sériation

L'opération* ou le schème* opératoire* de sériation consiste à additionner des différences (ou les soustraire). Sérier des objets selon une relation asymétrique abstraite (la hauteur, par ex.) revient à grouper au moyen de cette addition l'ensemble des relations de l'espèce considérée (la hauteur) entre ces objets. L'enfant qui série des bâtons et qui, pour ce faire, les place sur une base commune, extrait le plus grand, le plus grand des restants, etc., démontre par son activité qu'il sait que le plus grand, puis le plus grand des restants, etc., s'obtient par l'addition de sa différence d'avec l'élément qui le précédera dans la série finale. Ce savoir-faire et ce savoir sont précédés de conduites dans lesquelles l'enfant compose seulement partiellement et au coup par coup les relations asymétriques entre objets.

J.-J. Ducret

Sériel

Qualifie des processus de traitement de l'information* se déroulant en série, l'initiation d'un processus exigeant l'aboutissement du ou des processus qui le précède(nt) dans la chaîne de traitement.

Peut aussi qualifier une tâche de rappel* dont la consigne invite le sujet à restituer un maximum d'éléments d'un matériel dans l'ordre où ils lui avaient été antérieurement présentés.

Effet de position sérielle : effet de l'ordre de présentation des items d'une série sur le taux* de rétention de ces items. La courbe de position sérielle classique prend la forme d'un U asymétrique dont la partie verticale droite monte plus haut que la partie verticale gauche. Cette courbe traduit le fait que les items occupant les premières positions dans la série (effet de primauté*) et les items présentés en dernier lieu (effet de récence*) sont mieux retenus que les items occupant les positions centrales. *S. Bredart*

Sériel (Rappel —) → Rappel

Sérotonine

Amine* biogène du groupe des indolamines, la sérotonine (5-hydroxytryptamine, 5-HT) ou **entéramine** est présente dans le tractus digestif (cellules entérochromaffines), le sang (trombocytes et mastocytes) et le système nerveux central. Les neurones sérotoninergiques sont groupés en noyaux dans le tronc cérébral et projettent de façon diffuse vers les hémisphères cérébraux et la moelle épinière. La 5-HT agit comme neuromédiateur* en se fixant sur des récepteurs* spécifiques, dont il semble exister plusieurs classes. Elle participe à la régulation du processus de veille* et de sommeil*, de thermogenèse, de l'axe neuroendocrinien ; elle est aussi impliquée dans la modulation de la nociception* et de la motricité*, dans la régulation thymique (dépression*). En dehors du système nerveux, elle participe à la régulation du fonctionnement gastro-intestinal, des appareils cardio-circulatoire et rénal, de la coagulation sanguine et de la fonction sexuelle ; elle est impliquée également dans les réactions allergiques. La connaissance de ces différentes actions a conduit à rechercher et à utiliser en thérapeutique de nombreuses molécules interférant avec le métabolisme de la 5-HT ou avec le fonctionnement de la transmission, comme les agonistes* ou les antagonistes* de la 5-HT ou du tryptophane. *U. Spampinato*

Set

De la centaine d'acceptions du mot anglais *set*, quelques-unes font partie du vocabulaire de la psychologie, dont une traduction satisfaisante en français n'a pas toujours été proposée, ou n'a pas réussi à supplanter l'importation d'un terme dont la brièveté fait le succès.

Dans son sens technique le plus usité, *set* désigne un ensemble de (pré)dispositions* ou d'attitudes* qu'un sujet apporte dans une situation ou une tâche en fonction de son histoire personnelle et de ses caractéristiques individuelles, ou en fonction d'un contexte par lequel on l'a induit. Ainsi, un *set* perceptif *(perceptual set)* lié à l'appartenance à une classe socio-économique entraînera une sous-estimation ou une surestimation de la taille d'une pièce de monnaie ; un *set* perceptif induit expérimentalement par une exposition à des stimulus soit « visages » soit « bouteilles » déterminera, dans le sens de l'une ou l'autre de ces interprétations, la perception de figures ambiguës à mi-chemin entre les deux configurations. Le même phénomène de *set* se retrouve dans les récupérations* en mémoire ou encore dans la résolution de problèmes*. Comme le montrait Luchins dans des expériences classiques, le sujet qui a appliqué avec succès une stratégie de résolution à une série de problèmes continuera de l'appliquer à d'autres problèmes de même structure, mais passibles d'une solution différente et plus simple. Il peut arriver que le *set* cognitif fasse obstacle à la découverte de la solution d'un problème, en mettant rigidement en œuvre une stratégie inadaptée.

La notion de *set* est parente de celle de biais* et entretient des rapports avec celle de contexte. *M. Richelle*

Seuil

Valeur limite, sur un *continuum** physique donné, en dessous de laquelle un stimulus* n'est pas perçu (seuil absolu*), ou valeur limite d'une différence par rapport à un stimulus en dessous de laquelle cette différence n'est pas perçue (seuil différentiel*). La détermination de ces seuils sensoriels ou perceptifs pour les différentes modalités* sensorielles et les différentes dimensions* des stimulus est l'un des objets de la psychophysique*. La notion de seuil traduit le fait que les récepteurs des organismes vivants ne sont sensibles qu'à certains niveaux de stimulation. Dans certaines modalités et pour certaines dimensions, comme la vision colorée et la perception des hauteurs tonales, le spectre sensible est limité tant vers le haut que vers le bas, de telle sorte que l'on doit envisager un seuil inférieur ou minimal et un seuil supérieur ou maximal, ce dernier correspondant à la valeur limite au-delà de laquelle le stimulus n'est plus perceptible. Une valeur correspondant au seuil est dite liminaire (du latin *limen,* seuil) ; une valeur supérieure au seuil est dite supraliminaire*, une valeur inférieure infraliminaire*, le terme subliminaire* étant généralement réservé à des valeurs infraliminaires toutes proches du seuil. Le **seuil de douleur*** désigne non seulement le seuil de la sensibilité nociceptive*, mais le passage à une sensation douloureuse sur diverses dimensions des stimulus s'adressant à d'autres modalités sensorielles, telle l'intensité du stimulus auditif ou thermique.

Par extension de la définition adoptée en psychophysique, le terme seuil s'applique à de nombreuses autres situations : en neurophysiologie, le **seuil d'excitabilité** correspond au niveau de stimulation nécessaire pour provoquer l'activité d'un neurone* ; en psychologie du langage*, le **seuil de détectabilité*** ou de **perceptibilité** correspond au niveau sonore (ou au rapport signal/bruit*) permettant de reconnaître la stimulation auditive comme étant constituée de paroles, alors que le **seuil d'intelligibilité*** correspond au niveau autorisant la compréhension. Dans des situations mettant en jeu la présentation* tachistoscopique* d'éléments figuraux ou verbaux, on parle de **seuil d'identification** à propos des durées de présentation permettant la reconnaissance des formes ou objets, ou la lecture des mots ou énoncés. *M. Richelle*

Seuil absolu → Absolu

Seuil de signification → Signification

Seuil différentiel → Différentiel

Sevrage

Lié à une accoutumance du système nerveux aux toxiques utilisés de façon excessive par le sujet, le sevrage se manifeste par une série de symptômes psychiques et physiques : anxiété, agitation, asthénie, insomnie, anorexie, nausées, vomissements, sueurs, tremblements, vertiges, céphalées, contractures musculaires, douleurs musculaires. Ce syndrome de sevrage varie selon les produits utilisés : risque par exemple de convulsions lors d'un sevrage de barbituriques mais aussi de benzodiazépines, d'illusions perceptives ou d'hallucinations* au sevrage par l'alcool*, de troubles mnésiques et de dépression au sevrage par les benzodiazépines, de dépression franche au sevrage des opiacés*. Ces manifestations différentes représentent l'aspect apparent de mécanismes biologiques, et sans doute aussi psychologiques, variant d'une substance à l'autre au moment de l'interruption brusque du produit dont le sujet est dépendant. Contrairement à ce qu'il est parfois cru ou demandé par le sujet dépendant ou son environnement, le sevrage ne constitue, lorsqu'il est réalisé sous la forme d'une cure, qu'un des aspects du traitement général des problèmes de dépendance* aux produits psychotropes*. En fait, le sevrage fait référence aux manifestations essentiellement somatiques liées à l'arrêt du produit dont le sujet est dépendant ; il n'intègre pas dans sa définition tout le problème de la disparition de la dépendance psychologique (V. Syndrome d'abstinence). *A. Braconnier*

Sexologie

Discipline qui traite de la sexualité* dans ses différentes dimensions : biologique, psychologique, socioculturelle, juridique et éthique. Contrairement aux autres techniques thérapeutiques, la sexologie se définit par l'objet d'investigation (la sexualité) plutôt que par le mode d'intervention. *A priori*, toutes les techniques d'interventions médico-psychologiques peuvent être indiquées et la compétence du pédagogue et du clinicien est plus liée à la capacité de choisir une intervention « sur mesure » qu'à celle d'être spécialiste d'une seule discipline. La sexologie ne consitue cependant pas une spécialité médicale reconnue, comme par exemple la gynécologie ou l'urologie.

Selon l'Organisation mondiale de la santé (OMS) qui a défini en 1974 la santé sexuelle, la sexologie comporte trois paliers :

1. L'information sexuelle. Celle-ci devrait être l'apanage de tous les professionnels concernés, infirmiers, services sociaux et éducatifs, mais aussi policiers, magistrats et personnalités religieuses confrontés aux avatars de la sexualité.
2. Le *councelling* ou relation d'aide. Plus que d'information, il s'agit ici de sensibilisation, d'accompagnement de la personne à saisir les motivations sexuelles qui accompagnent une consultation de planning familial ou de conflit conjugal. Ce territoire est

l'apanage des psychologues cliniciens et des conseillers conjugaux.
3. Les sexothérapies. Il s'agit d'interventions spécialisées médico-chirurgicales ou psychothérapiques qui requièrent une formation spécialisée et une compétence professionnelle *ad hoc*. *W. Pasini*

Sexualité

Contrairement à la reproduction*, la sexualité est une fonction strictement humaine puisqu'elle investit les comportements de recherche du plaisir* sexuel de contenus culturels et symboliques. Dans toutes les sociétés humaines, la satisfaction du désir* s'exerce dans le cadre d'interdits* plus ou moins variables, indispensables pour canaliser l'énergie sexuelle capable d'échapper au contrôle et pour la concilier avec la nécessaire cohésion du groupe et lui permettre d'assurer la filiation.

Les interdits, fondateurs des sociétés humaines, structurent la personne pour lui permettre en réalité d'exercer librement, dans l'intimité de sa sphère privée, cette fonction. La normalité ou la déviance des comportements sexuels ne peuvent être envisagées par le psychologue sous le seul angle statistique ou médical mais doivent être étudiées en référence aux interdits intériorisés et partagés par les membres du groupe. *F. Parot*

S. Freud, qui a élargi l'extension usuelle de ce terme, a souligné que la définition juridique de la sexualité dans le droit pénal de son temps (crimes et délits dits sexuels) était beaucoup plus vaste que sa définition psychologique et médicale habituelle : c'est ainsi le champ des perversions* sexuelles (et de leur répression) qui met en évidence le consensus effectif de la société sur une définition large de la sexualité qui englobe toutes les déviations de la pulsion* sexuelle quant au but et/ou quant à l'objet. Mais s'il en est ainsi, l'unité des manifestations si diverses de la sexualité ne peut être trouvée que dans un plaisir* spécifique et dans la poussée d'une énergie pulsionnelle spécifique : la *libido**. La voie est ainsi ouverte à l'étude des transformations de la *libido,* de ses placements, déplacements* et sublimations*. La psychanalyse est amenée à affirmer la contribution des pulsions sexuelles à toutes sortes d'activités (allant de la prière à l'exercice d'une profession en passant par le sport ou par les apprentissages scolaires) n'ayant aucun lien conscient et direct avec le comportement sexuel génital, ce pourquoi son pansexualisme* lui a souvent été reproché. Ce reproche renaît en permanence du fait des résistances* à l'inconscient présentes chez chacun. C'est pourquoi il faut rappeler :
1. que l'investissement libidinal de processus apparemment non sexuels est un processus inconscient ;
2. que la *libido* revêt deux formes, selon qu'elle est objectale ou narcissique* ;
3. que la psychanalyse n'explique pas tout par la *libido* mais par le conflit* de la *libido* avec les pulsions d'autoconservation* (première théorie des pulsions) et, depuis la deuxième théorie des pulsions, par le conflit entre les pulsions de vie* (englobant la *libido* et les pulsions d'autoconservation) et les pulsions de mort* ou de destruction.

Période de latence : de la 5e ou 6e année (déclin du complexe d'Œdipe*) jusqu'au début de la puberté, la sexualité subit un renforcement* intense favorable à la sublimation*. *J.-M. Petot*

Sexualité précoce infantile

Au sens le plus large, la notion de sexualité précoce infantile s'applique à toutes les manifestations de la sexualité infantile découverte par S. Freud, depuis le plaisir oral* de la succion* jusqu'aux manifestations masturbatoires de la période de latence*. Mais, dans un sens beaucoup plus précis, S. Freud en 1905 emploie l'expression sexualité infantile précoce pour désigner les manifestations de la sexualité au cours de la période d'épanouissement ou de « floraison » précoce de la sexualité infantile, c'est-à-dire de la deuxième à la cinquième année et tout spécialement vers la troisième ou quatrième année. Cette période, marquée par la seconde phase de la masturbation infantile (la première correspondait à l'onanisme du nourrisson), correspond à une sorte de « réveil » provisoire de la pulsion sexuelle de la zone génitale avant qu'elle n'entre en latence et ne succombe au refoulement*. C'est au cours de cette période que la disposition perverse polymorphe* peut être actualisée par le détournement sexuel par l'adulte ou par un autre enfant, que les pulsions* partielles sont au premier plan, que la pulsion de savoir conduit à l'élaboration des théories sexuelles infantiles*. Cette période d'épanouissement précoce de la sexualité infantile est aussi et avant tout la période du complexe d'Œdipe*. *J.-M. Petot*

Sexuel (Comportement —)

Il existe deux comportements sexuels, masculin et féminin, lesquels sont, chez les mammifères, sous la dépendance des hormones* testiculaires ou androgènes* (testostérone) et ovariennes (œstrogène et progestérone). Ces hormones exercent leur action tant à la périphérie au niveau des organes sexuels qu'au niveau central, dans des régions où sont localisés les récepteurs aux œstrogènes et aux androgènes et supposés intégrer et organiser le comportement sexuel. Ces régions sont l'hypothalamus*, dont la région préoptique, l'amygdale*, le septum, l'hippocampe*. La lésion de ces régions n'a pas apporté de données d'ensemble ; toutefois la lésion de la région préoptique abolit tous les composants du comportement sexuel (sauf la masturbation) tandis que la stimulation provoque le comportement sexuel chez le mâle. Les neurones situés à la base de la partie médiane de l'hypothalamus sont essentiels pour l'expression du comportement sexuel de la femelle (V. Sexualité). *M. Le Moal*

Shaping

Terme anglais, signifiant « façonnement », parfois rendu par ce mot, ou encore par mise en forme de la réponse, **dressage**, ou modelage* (cette dernière traduction prêtant à confusion en raison de son emploi également pour traduire l'anglais *modeling*. Introduit dans le vocabulaire du conditionnement opérant*, il désigne la procédure d'installation de la réponse opérante requise, par intervention de l'expérimentateur. Le *shaping* consiste à renforcer systématiquement, sur base de l'observation directe du sujet, les comportements qui se rapprochent peu à peu de la réponse à obtenir, par exemple l'appui sur le levier. Par approximations successives, l'action sélective du renforcement entraîne une différenciation* de la réponse. Ce qui apparaît comme un dressage révèle en fait la dialectique entre variabilité* comportementale et action sélective du milieu, dialectique qui est au centre de la notion même de conditionnement opérant. *M. Richelle*

Siemens → Conductance

Signal

Evénement, ou stimulus* en annonçant un autre. Dans la procédure de conditionnement pavlovien*, le stimulus conditionné* a valeur de signal du stimulus inconditionnel*. Cette notion de signal se trouve soulignée sur le plan théorique par la distinction faite par I. Pavlov entre premier et second systèmes de signalisation*.

Est pareillement signal tout stimulus avertisseur, que ce soit dans une expérience de temps de réaction* ou dans un conditionnement d'évitement* ou toute autre procédure expérimentale.

Dans une acception différente, le terme signal désigne un stimulus ou une information* propres à être détectés par un organisme récepteur. Le signal pourra se détacher sur fond de bruit*, le rapport signal-bruit constituant une condition importante de sa détectabilité* (V. Détection du signal).

Dans le cadre des modèles* de la communication* ou de la transmission de l'information, un signal est l'occurrence d'un élément quelconque du code permettant la composition des messages*.

Dans les communications animales, on parle de signal à propos de tout comportement (sonore ou autre) déclenché chez un membre du groupe par un stimulus dangereux (typiquement la détection d'un prédateur) et déclenchant une réaction (fuite, immobilité, disparition dans les terriers, etc.) chez les congénères. Le signal n'implique ni n'exclut l'intentionnalité*.

D'une manière générale, le signal peut être considéré comme un premier pas vers les substituts représentatifs, plus primitif que l'indice*, le symbole* et enfin le signe*. *M. Richelle*

Signalisation

Mise en place de signaux. Le terme apparaît notamment dans la théorie pavlovienne* dans les expressions **premier** et **second systèmes de signalisation**. Considérant les stimulus conditionnés* comme des signaux, I. Pavlov distinguait le domaine des stimulus sensoriels, externes ou internes, dont les associations avec les stimulus inconditionnels* constituent le premier système de signalisation, et le domaine des signaux verbaux, substituables chez l'être humain aux signaux du premier système, et dont les associations constituent le second système de signalisation. L'attention portée par I. Pavlov à ce dernier, à travers notamment des expériences de substitution d'un système à l'autre, ou encore des recherches concernant les aspects phonétiques ou sémantiques des éléments verbaux, attestent de son intérêt pour le langage et sa spécificité humaine. *M. Richelle*

Signe

Dans le langage courant comme dans le langage scientifique, le terme de signe (comme celui de signal* ou de symbole*) désigne des phénomènes de nature parfois très différente. Le dénominateur commun à l'ensemble de ces phénomènes est le fait qu'une entité perceptible peut être porteuse d'une « indication » sur autre chose qu'elle-même. Depuis les stoïciens, on admet que toute analyse du signe requiert la prise en compte de trois éléments : l'entité perceptible elle-même, l'« objet » extérieur à laquelle elle renvoie et l'indication fournie par l'entité perceptible à propos de l'objet. Ces trois éléments ont été conceptualisés en des termes extrêmement varié ; en nous inspirant de C. S. Peirce, nous appellerons pour notre part le premier le « représentant », le deuxième le « représenté » et le troisième le « référent* ».

Dans l'usage courant, le terme de signe désigne le seul élément représentant, comme l'attestent des expressions du type *« ce comportement est un signe de faiblesse ».* Cette première acception a été adoptée par le courant de « sémiologie de la signification », ainsi que par plusieurs écoles de psychologie. Pour J. Piaget par exemple, avec l'émergence de la capacité cognitive de représentation*, tout élément perçu et traité par les schèmes* opératoires se voit attribuer une signification*, et constitue dès lors un signe. Dans cette optique très large, pour autant qu'un organisme soit doté de représentation, toute entité du monde constitue un signe potentiel.

Dans une deuxième acception, qui est celle qu'ont adoptée la plupart des sémiologues, le terme de signe (qui est ici synonyme de signal) est défini comme la combinaison du représentant et du représenté ; il constitue l'unité de base de tout code* de communication*. On parlera de code lorsque, dans un groupe déterminé, une convention définit de manière stable des règles de correspondance entre représentant et représenté. Selon cette deuxième définition, tous les signes sont conventionnels, mais ils se différencient, d'une part, en fonction des caractéristiques matérielles du représentant (objets, gestes, dessins, sons, etc.), d'autre part en fonction du statut de la relation posée entre représentant et représenté (relation motivée de type analogique, causal ou symbolique ou au contraire relation arbitraire*). Sur la base de ce dernier critère, plusieurs classements ont été établis, les plus répandus distinguant les icônes*, les indices* (ou index*), les symboles* et les signes verbaux proprement dits.

A la suite de F. de Saussure, certains linguistes n'attribuent le statut de signe qu'aux unités constitutives des codes particuliers que sont les langues naturelles* humaines. Dans cette troisième acception, le signe est défini comme la combinaison d'un signifiant* et d'un signifié*. L'analyse du signe linguistique requiert la distinction de trois niveaux. Le premier concerne ses aspects physiques ou concrets (la « substance » chez Saussure) : l'entité sonore ou graphique matérielle qui matérialise le représentant d'une part, l'événement matériel (ou référent) auquel renvoie ce représentant d'autre part. Le deuxième niveau a trait au traitement cognitif de la substance : sur le versant du matériau sonore, ce traitement produit des représentations de sons (ou « images acoustiques »), et sur le versant du référent, il produit des représentations de sens (ou « concepts »). Ces deux constructions mentales *a priori* indépendantes sont mises en correspondance dans le cadre d'une convention sociohistorique spécifique, qui définit le troisième niveau. Alors que les représentations du monde sont potentiellement illimitées, les « images acoustiques » sélectionnées par une langue naturelle présentent, elles, un caractère fini. Chaque langue doit donc procéder à une organisation spécifique des représentations de sens qu'elle attribue aux mots dont elle dispose. Par ailleurs, les procédés de constitution des images acoustiques varient aussi selon les langues. Sur les deux faces du signe, les représentations psychologiques font donc l'objet d'une réorganisation spécifique, et c'est le produit de cette réorganisation qui, sur le versant du représentant, est qualifié de signifiant, et sur celui du représenté, est qualifié de signifié.

J.-P. Bronckart

Signe de Babinski → Hémiplégie

Signifiance

Propriété de signifier que possède tout système de communication*. A la suite d'E. Benveniste, on distingue un mode de signifiance sémantique* et un mode de signifiance sémiotique*. Dans le premier cas, la signifiance procède de la totalité du message* produit ; l'œuvre d'art, par exemple, est porteuse d'une signification* globale mais on ne peut y distinguer des unités minimales porteuses d'un sens* conventionnel. Dans le second cas, la signifiance procède au contraire des seules unités minimales ; les signaux* du code de la route, par exemple, ont un sens univoque, et l'interprétation d'un panneau complexe s'effectue par simple addition du sens de chacun des signaux. Selon E. Benveniste, le langage* humain serait le seul système combinant ces deux modes de signifiance ; d'une part, il repose sur un système de signes* dont le sens peut être reconnu (mode sémiotique) ; d'autre part, il se réalise sous forme de discours* qui doivent être interprétés en tenant compte du cotexte* et du contexte*, et dont la signification ne peut donc être réduite à la somme des sens des signes qui le composent (mode sémantique).

Pour J. Kristeva, ce terme désigne les processus complexes et permanents de construction (et de déconstruction) des significations qui caractérisent l'activité discursive ; ces processus relèvent du système de la langue, des formations discursives, du contexte et de l'ensemble des pratiques signifiantes des sujets. *J.-P. Bronckart*

Signifiant

Terme introduit par F. de Saussure pour désigner l'une des deux faces du signe linguistique* : l'entité expressive à laquelle est associé un concept (ou signifié*). Ce terme ne doit pas être confondu avec celui d'« image acoustique », introduit par le même auteur. L'image acoustique est la représentation psychologique des sons, alors que le signifiant est le produit d'une réorganisation de ces représentations sonores, dans le cadre de la structure morphophonologique d'une langue naturelle*. Par extension, le terme de signifiant est souvent utilisé pour désigner la face expressive de toute unité sémiotique (indice*, signal*, symbole*, etc.). *J.-P. Bronckart*

Signifiants formels

Expression, due à D. Anzieu, qui désigne des représentations préconscientes de l'espace et des formes, intermédiaires entre les représentations de choses et les représentations de mots. G. Rosolato les a appelés **signifiants de démarcation ;** B. Gibello, **représentants de transformation.** Ils sont en rapport avec les expériences de transformation que l'enfant fait dans l'espace et sur les objets avant l'acquisition du langage. Ils peuvent être structurants ou pathologiques selon la qualité de la transformation (par ex., le fantasme d'avoir une peau qui se rétracte et qui est engloutie par le nombril). *D. Anzieu*

Signification

Dans le langage courant, ce terme très général renvoie à l'attribution d'une propriété à un objet ou à un événement, ou encore à l'interprétation du statut d'un comportement*.

Il est défini de manière plus précise dans le cadre de certaines théories psychologiques. La signification d'un objet (ou d'un événement) est le statut que prend la représentation* de ce dernier dans le cadre des structures de connaissance* élaborées par un sujet. Pour J. Piaget par exemple, l'attribution* d'une signification de « cause » à un objet dépend de la structure opératoire* dans laquelle se forme la représentation de l'événement, par le jeu de l'assimilation* et de l'accommodation*. Chez les psychologues d'orientation phénoménologique, cette même expression désigne les propriétés de l'objet qui engagent l'intentionnalité* du sujet et de ses actes. En psychologie animale, la notion de signification a été introduite par J. von Uexkühl, dès 1909, pour indiquer qu'un stimulus* donné ne prend une valeur que dans le cadre du type d'activité engagé par un animal : la perception d'un mouvement donné d'un congénère pourra n'avoir aucune signification si le récepteur est engagé dans une activité de chasse ; il prendra au contraire une signification d'agression* si celui-ci est engagé dans une activité de défense* de son territoire*, ou une autre encore s'il est engagé dans une activité de reproduction*.

Dans les sciences du langage*, ce terme est souvent utilisé comme synonyme de dénotation*, de signifié* ou de sens*, mais il a reçu également deux définitions plus précises. Dans une première acception, issue de l'analyse classique du signe*, on distingue deux formes de relation :
a. la relation de dénotation*, ou rapport externe que le signe entretient avec les référents* (objets ou événements du monde) ;
b. la relation de signification, ou rapport interne qui lie le signifiant* au signifié.

Dans une acception plus large, la signification a trait aux processus d'interprétation sémantique* d'un signe, d'un énoncé ou d'un discours*. Pour la plupart des auteurs, le signe a un sens, qui peut être défini comme sa valeur sémantique moyenne dans le cadre du système* de la langue (valeur explicitable par une définition de dictionnaire) ; il a également une signification, que l'on peut définir comme la valeur particulière qui lui sera attribuée par l'émetteur* ou le récepteur* dans le cadre d'une situation de communication* précise. La signification d'un signe est la modulation de son sens, sous l'effet de facteurs du cotexte*, du contexte*, et plus généralement de l'usage* des partenaires d'un échange verbal. La signification d'un énoncé ou d'un discours est le produit de la combinaison de la signification des signes qu'ils comportent. Certains auteurs, et notamment L. S. Vygotsky, ont cependant formulé une analyse différente, donnant au terme de « sens » la définition que nous avons proposée pour « signification », et *vice versa*.

J.-P. Bronckart

Signification (Test de —) → Test d'hypothèse

Signifié

Terme introduit par F. de Saussure pour désigner l'une des deux faces du signe linguistique* : l'entité de sens associée au signifiant*. Ce terme ne doit pas être confondu avec celui de « concept », qui a trait, chez Saussure, aux représentations psychologiques du référent*. Le signifié est le produit d'une réorganisation de ces représentations, qui est imposée par l'organisation lexicale spécifique d'une langue naturelle*. Par extension, le terme de signifié est souvent utilisé pour désigner l'entité de sens véhiculée par toute unité sémiotique (indice*, signal*, symbole*, etc.).

J.-P. Bronckart

Similarité (Loi de —) → Forme (Psychologie de la —)

Simple aveugle → Placebo

Simple exposition (Effet de —)

Effet mis en évidence par R. B. Zajonc et selon lequel la simple exposition répétée à un objet (ou une personne) suffit à rendre plus favorable l'attitude* d'un individu à l'égard de cet objet (ou personne). *F. Ric*

Simulateur (Dispositif —)

Dispositif constitué de composants matériels ou logiciels visant à reproduire certains aspects d'une situation, d'un phénomène ou d'un dispositif réel. Il peut en permettre l'étude, à travers les modèles* mis en œuvre, ou le test de scénarios de fonctionnement, en faisant varier les paramètres accessibles.

Des simulateurs d'entraînement sont utilisés pour former des individus à la conduite de systèmes complexes, à la prise de décision ou au diagnostic, en particulier lorsqu'il peut être coûteux ou dangereux de le faire en situation réelle (simulateur de vol pour les pilotes d'avion, simulateur de conduite automobile, ou simulateur de réseau électrique par exemple).

La reproduction de la réalité et les capacités du simulateur à réagir aux actions humaines doivent être plus ou moins réalistes ou fidèles, selon l'objectif d'utilisation. Les techniques les plus récentes sont liées à la réalité virtuelle*. *M. Baron*

Simulation

Conduite* caractérisée par la production et la présentation volontaire et délibérée par un sujet de symptômes physiques ou psychiques inauthentiques ou grossièrement exagérés.

L'intention de ce type de conduite peut le plus souvent être identifiée par la connaissance du contexte plutôt que par le type de fonctionnement psychologique du sujet. Il s'agit dans certains cas d'une conduite adaptée (contexte médico-légal ou judiciaire). La production délibérée de symptômes est le plus souvent facile à distinguer du trouble somatoforme et de la conversion du fait de l'absence de contexte de conflit affectif, d'une moindre valeur symbolique des symptômes allégués, de leur stabilité sous l'effet de la suggestion ou l'hypnose. Enfin, il est habituel d'insister sur le manque de coopération au cours de l'investigation et la discordance entre l'incapacité ou la souffrance alléguées et les résultats objectivés par l'examen. *J.-F. Allilaire*

Simulation mentale → Mental

Situation

En psychologie expérimentale*, le terme situation réfère à un ensemble complexe de stimulus* définissant de façon générale le milieu* auquel est exposé le sujet au cours de l'expérience. Le terme est donc beaucoup plus large que stimulus, qui désignerait dans ce cas des éléments précis du milieu définissant des variables indépendantes systématiquement manipulées par l'expérimentateur. Il n'y a pas, cependant, de ligne de démarcation qui permette de circonscrire la situation sur le *continuum** allant du stimulus particulier à l'environnement*. En dehors même du laboratoire, on parle souvent de situation à propos du contexte particulier dans lequel est délibérément placée la personne soumise à une intervention psychologique quelconque : situation analytique, situation groupale.

Dans d'autres cas, les psychologues usent du terme situation lorsqu'ils placent un sujet dans son milieu de vie réel ou dans un contexte qui prétend s'en rapprocher. Ainsi, un test* en situation pour pilote d'avion consistera à effectuer une mesure de comportement en exercice de pilotage réel.

M. Richelle

Situationnel → Entretien

Sociabilité

Au sens courant, qualité de l'individu qui aime, recherche et noue facilement des contacts sociaux. En un sens plus extensif, le terme désigne l'ensemble des capacités innées à développer des formes précoces d'interaction* et de communication* interindividuelles. Dans le cadre de la psychologie génétique, H. Wallon, A. Gesell et L. S. Vygotsky ont mis un accent insistant sur la sociabilité précoce de l'enfant, comme cadre fonctionnel du développement* progressif des processus d'individualisation*. A cet égard, H. Wallon décrit une période de sociabilité syncrétique (0-1 an) et une période de sociabilité différenciée (1-3 ans), inaugurée par les sentiments de jalousie* et de sympathie*, et qui aboutit, vers la crise* de 3 ans, à la prise de conscience explicite de soi* et d'autrui, en rapport avec la genèse de l'image du corps*. D'après C. Bühler et H. Wallon, les rapports sociaux entre nourrissons sont très précoces (0,6-1 an). Plus récemment, H. Montagner a décrit des codes* mimicogestuels de communication fort complexes chez les enfants de 1,6 à 3 ans. Dans le domaine de la psychanalyse du jeune enfant, certains auteurs ont particulièrement mis en valeur les modes primitifs de la sociabilité génétique propre à l'être humain (V. Socialisation).

E. Jalley

Social

Terme employé pour qualifier les interactions interpersonnelles effectuées dans un contexte relationnel pour en souligner la spécificité par rapport aux manifestations naturelles, biologiques ou physiques. La psychologie appréhende les caractéristiques multidimensionnelles du social dans ses sous-disciplines. Les psychologues de l'enfance considèrent que le social est consubstantiel à l'être humain (H. Wallon), ce qui fait de l'attachement* (J. Bowlby, R. Zazzo) une base essentielle du développement des liens interhumains. Comme la structure et les fonctions sociales préexistent aux individus, elles modèlent le procès d'hominisation* (J. Château) et la dimension historique intervient sur la construction des conduites, la conception de la réalité et la signification sociale de l'identité (P. Malrieu) ; la psychologie écologique étudie l'influence des champs sociaux (K. Lewin) dont les forces et les tensions sont localisées dans des espaces de vie ; les comportements spécifiques des individus pouvant être répertoriés dans une cartographie sociale. La psychologie sociale* s'intéresse à l'élaboration et aux significations du lien social, à son rôle fondamental dans le fonctionnement psychique individuel et comme facteur d'infléchissement des phénomènes sociaux (S. Moscovici). L'interactionnisme symbolique considère que la construction du sujet social passe par l'édification dialectique de l'image et de la conscience du soi au travers de l'évolution des communications intersubjectives entre le moi, le je et autrui. Alors que la psychologie clinique s'intéresse aux processus d'intériorisation du social dans le soi et le moi des individus en se référant aux notions psychanalytiques d'identification, d'introjection, de projection, de transfert et de surmoi.

J. Selosse

Socialisation (Troubles de la —)

Les problèmes d'intégration* sociale, les difficultés d'adaptation* relationnelles et institutionnelles peuvent être considérés comme des troubles du processus de socialisation. Ces troubles, fréquents à l'adolescence*, peuvent être associés à des facteurs internes ou externes mais émergent le plus souvent de l'articulation de ces diverses causes et concomitances. Internes, ces facteurs tiennent de la psychologie, voire de la psychopathologie individuelle : remaniement des pulsions* et des défenses*, peur de la passivité qui, renvoyant à l'enfance et à ses soumissions, conduit à la nier par la mise en acte, par exemple. Certains sont développementaux et environnementaux, tels le passage de l'enfance à l'âge adulte, la nature du statut d'adolescent, le changement de milieu de vie, les stéréotypes sociaux, les comportements rigides de l'entourage, etc. A la diversité des influences, répond celle des formes de mises en acte : colères, vols*, agressions*, fugues*, suicides*, toxicomanies, etc. Il est dès lors difficile de distinguer la limite où commencent les troubles chez les adolescents, la difficulté s'avérant plus grande du fait qu'il s'agit d'êtres jeunes, en devenir et en situation de passage. Les facteurs externes peuvent être sociaux et culturels. Le développement économique et ses diverses incidences — mobilités géographique, professionnelle, technique et sociale —, mais aussi le malaise de la société contemporaine, portent atteinte à la stabilité des groupes de vie, influençant la cohésion des familles et perturbant l'insertion de l'enfant dans la vie et le travail scolaires. La société de consommation véhicule des valeurs provoquant une généralisation des besoins individuels accentués par les médias. La complexification de la vie active et l'élévation des seuils d'adaptation entraînent l'augmentation du nombre de ceux qui, s'avérant incapables d'atteindre le niveau requis, se voient alors rejeter et développent des sentiments d'injustice vecteurs de passages à l'acte*. Ces difficultés sont accentuées chez ceux qui se trouvent à la marge de deux cultures* sans appartenir pleinement à l'une ou à l'autre, et sont à la frontière de plusieurs systèmes de référence, dont normes et valeurs diffèrent sensiblement. La consommation des drogues illicites et l'abus des boissons alcoolisées manifestent enfin l'existence d'un mal de vivre de plus en plus fréquent. L'accroissement notable de la consommation régulière de boissons alcoolisées par les adolescents, l'augmentation du nombre annuel de leurs ivresses, sont également à relever, ces jeunes présentant une alcoolisation de deux types : l'un relativement traditionnel, l'autre, plus inquiétant, concernant des prises sporadiques, où l'alcool est utilisé en tant que produit permettant de parvenir à l'ivresse, l'ébriété n'étant plus fortuite mais recherchée pour ce qu'elle permet de faire ou illusoirement d'être. *P. G. Coslin*

Sociobiologie

La sociobiologie est une orientation relativement récente de l'éthologie*, née des progrès réalisés depuis 1950 dans les domaines de la dynamique et de la génétique des populations. Elle vise à donner des explications biologiques à l'origine, à la structure et à l'évolution des sociétés et des comportements sociaux, animaux et humains. C'est une biologie évolutive appliquée aux sociétés ; elle se trouve au carrefour de l'écologie*, de l'éthologie (V. Ecoéthologie) et de la génétique. Elle a eu le mérite d'attirer l'attention sur la société ou le groupe social en tant qu'entité où prennent place les activités conduisant au succès ou non des individus, notamment à la reproduction ; toutefois, elle ne s'intéresse pas aux facteurs immédiats de causalité* des comportements sociaux, et se concentre sur les effets à long terme de ceux-ci, et par conséquent sur les conditions de leur sélection. Elle a ainsi pu fournir une explication logique à des comportements en contradiction apparente avec la théorie néodarwinienne de la sélection, qui veut que l'individu le plus fort survive et se reproduise ; or, des observations de plus en plus nombreuses font état de comportements altruistes* où un individu prend des risques ou s'investit au bénéfice de tiers ; selon la sociobiologie, ces partenaires seraient unis par des liens de parenté et l'altruisme serait au service de la propagation de gènes communs (sélection de parentèle). La sociobiologie a été l'objet de vives controverses en raison en partie des *a priori* idéologiques de ses promoteurs, tel E. O. Wilson, comme de ses détracteurs, les premiers privilégiant les déterminants génétiques, les seconds les niant ou les minimisant. *J.-C. Ruwet*

Sociocentrisme

Troisième terme d'une sorte de « lois des trois états » proposée par J. Vial (V. Pédocentrisme) pour caractériser l'évolution de l'éducation* scolaire au cours du siècle écoulé. Alors que l'école traditionnelle aurait été centrée sur l'enseignant et la transmission des savoirs, l'Education nouvelle* se serait recentrée sur l'enfant et la psychopédagogie* de ses acquisitions. Dans un troisième temps, les insuffisances de cette centration seraient apparues avec la prise de conscience polémique des enjeux sociaux de l'éducation. Comprendre l'enfant serait une démarche entachée de « psychologisme » si l'on prétend par là saisir la réalité de l'élève. L'école serait d'abord le lieu de la production des sujets sociaux, assurant ainsi la régulation* de la société moderne par elle-même. Au cours de la période d'intense critique du système scolaire* qui a suivi l'ébranlement de 1968, ce constat sociologique s'est souvent mué en une dénonciation politique de l'école bourgeoise. Il manifeste, en tout état de cause, le paradoxe de l'école progressiste appelée à reproduire la stratification sociale et ses inégalités dans le temps même où on la célèbre comme le creuset de la démocratisation et de l'égalité des chances*.

D. Hameline

Sociocognition → Cognition sociale

Sociodrame

J. Moreno distingue le psychodrame*, qui traite par l'improvisation dramatique les conflits* interpersonnels surgissant dans la vie privée, et le sociodrame, qui traite par la même démarche les conflits entre groupes ou sous-groupes surgissant dans la vie sociale et professionnelle. Il définit le sociodrame comme une méthode de recherche active* portant sur les idéologies collectives. En fait, l'intervention psychodramatique pour résoudre les difficultés de fonctionnement d'une institution éducative ou soignante conjoint les deux aspects du psychodrame et du sociodrame. *D. Anzieu*

Socio-écologie

Discipline qui fait dépendre les structures et organisations sociales des facteurs écologiques, au-delà de caractéristiques spécifiques de l'espèce. La taille des groupes sociaux, leur organisation en structures lâches ou hiérarchisées, leurs stratégies collectives, alimentaires, reproductrices et antiprédatrices, varieraient en fonction de la distribution des sources trophiques, de la densité et la distribution du couvert végétal, de l'entropisation du milieu, etc.

R. Campan

Sociogenèse

Par analogie avec psychogenèse*, ce terme désigne une approche des mécanismes de développement* centrée sur l'analyse du rôle qu'y jouent les facteurs sociaux. Il est également utilisé pour qualifier les modes d'explication* des comportements, individuels ou collectifs, normaux ou pathologiques, qui mettent en évidence l'effet des paramètres sociaux. *J.-P. Bronckart*

Sociogramme

Représentation graphique des choix effectués au questionnaire sociométrique* par les membres d'un groupe ou d'une collectivité en fonction d'un critère donné (avec quels autres membres chacun aimerait-il partager le travail, ou les loisirs, ou l'habitation ?). Les étoiles et les *leaders* sont représentés au centre, les autres membres sont disposés autour en faisant apparaître les configurations particulières : paire, triade, chaîne, isolé, rejeté. Les hommes sont figurés par un triangle, les femmes par un cercle. Les rapports entre les individus (choix, rejet, réciprocité) sont dessinés sous forme de flèches entre ces triangles et ces cercles. *D. Anzieu*

Sociométrie

Méthode de mesure, inventée par J. Moreno, des relations d'affinités (attraction, rejet, indifférence) entre les membres d'un groupe* ou d'une collectivité. Elle permet d'évaluer le climat et le moral de ce groupe ou de cette collectivité. Les deux principales techniques utilisées sont l'observation des comportements et le questionnaire sociométrique. Ce dernier demande à chaque membre de désigner confidentiellement par écrit parmi les autres ceux qu'il désirerait avoir pour compagnons dans une activité précise : travail, loisirs, tâche difficile ou dangereuse, et ceux dont il ne voudrait pas. Le dépouillement met en évidence les conflits* entre la position qu'un individu croit avoir dans le groupe et la position que les autres lui attribuent, le statut élevé, moyen ou faible de chaque membre, l'existence d'éventuels sous-groupes. Les résultats sont reportés sur un graphique, le sociogramme*, qui permet de signaliser des aspects importants de la dynamique de groupe. Le questionnaire sociométrique peut constituer le début d'une intervention psychologique dans le groupe ou la collectivité. *D. Anzieu*

Sociopathie

Employé pour définir une pathologie d'origine sociale et culturelle, ce concept est utilisé dans des perspectives différentes. On peut distinguer :

1. une signification psychosociale caractérisant les effets pathogènes d'un milieu ou d'un environnement* destructuré qui perturbent le développement* et l'adaptation* des individus et entraînent leur vulnérabilité* sociale ;
2. un type spécifique d'interactions caractérisées par des effets d'attributions* discriminatoires ou/et de projections* stigmatisantes sur des populations ou des individus différenciés négativement du point de vue social ou culturel ;
3. une pathologie de la relation et du lien social alimentée par l'escalade d'une aliénation bilatérale entre le déviant* et son rejet par autrui et qui peut s'exprimer de

façon polymorphe aussi bien par des troubles psychotiques que par de l'asocialité ;
4. une réalité nosographique qui en fait une figure distincte opposée à la psychopathie et caractérisée par le refus des contraintes sociales, le rejet des règles, des normes* et des valeurs* dominantes, l'impossibilité de passer contrat avec autrui. Le concept de sociopathie employé par H. Cleckley en 1941 pour caractériser des troubles d'apprentissage* est appliqué par l'*American Psychiatric Association* aux individus antisociaux chroniques qui ont toujours des problèmes, ne profitant jamais de l'expérience ni de la sanction et ne conservant aucune relation suivie avec autrui ;
5. une réalité épidémiologique identifiant un ensemble de comportements susceptibles d'amoindrir la créativité et la dynamique des individus, d'entraîner des modifications de la conscience et de perturber gravement les relations avec autrui. Ces diverses lectures révèlent le caractère d'organisation intermédiaire et psychodynamique de ce concept. Les prédispositions* individuelles ne sont pas considérées comme suffisantes pour produire des sociopathies ; encore faut-il que l'environnement soit défaillant et entraîne une pathologie de la relation. La clinique des manifestations sociopathiques distingue des organisations différentes de type « narcissique/parasite », recherchant des gratifications par l'exploitation d'autrui, sans pour autant être violent et de type « instrumental/narcissique », orienté davantage vers la revendication et la destruction. *J. Selosse*

Sociotechnique (Système —)

Théorie de la contingence* selon laquelle les caractéristiques sociales et techniques des organisations sont étroitement liées entre elles sous la forme d'un système. Le terme et la notion ont leur origine dans les recherches réalisées par E. L. Trist et K. W. Bamforth pour analyser les conséquences sociales des changements technologiques des processus d'exploitation des mines de charbon en Angleterre. Ces recherches ont montré que tout changement technologique entraîne des changements sociaux et qu'il doit donc être accompagné d'un effort systématique pour intégrer de nouveaux processus sociaux adaptés à la fois à la nouvelle technologie et aux besoins du personnel concerné. *C. Lévy-Leboyer*

Socius

Ce terme créé par P. Janet a été réinterprété par H. Wallon. L'individu est social par suite d'une nécessité génétique. L'impéritie du nouveau-né est telle que le social chez l'homme est consubstantiel à l'organisme. C'est pourquoi, achevant l'analyse des processus qui construisent le moi (l'émotion*, la motricité* et l'imitation*), H. Wallon développe une théorie du *socius* avec lequel l'individu instaure un partenariat, une autosubstitution, un dédoublement, une dualité, au travers d'émotions, de symbiose* affective, d'expressions et d'alternance de pensées dans un rapport intime avec cet autre que chacun porte en soi. L'existence latente de ce *socius* dans le moi peut se manifester au travers de diverses péripéties de l'état de conscience*, normal ou pathologique. *J. Selosse*

Sodomie → Homosexualité

Soi

Dans son acception de substantif, désigne de manière très générale ce qui définit la personne dans son individualité. Le terme ne figure pas explicitement dans le vocabulaire métapsychologique de S. Freud. Il s'est développé dans l'école psychanalytique sous l'influence conjointe de l'école anglaise (H. Guntrip, D. Winnicott) et de l'*ego-psychology* américaine, avec des significations fort différentes. Mais, dans les deux cas, le fait d'individualiser ce concept tient au souci de le distinguer du concept psychanalytique de moi* qui, en psychanalyse, revêt depuis S. Freud un sens beaucoup plus étroit que celui qui lui est généralement donné, tant dans la langue commune que dans la tradition psychologique.

Dans l'esprit de l'école anglaise, le soi représente la personne en tant que lieu de l'activité psychique dans sa totalité. Il est le produit des processus dynamiques qui assurent l'unité et la continuité de la personne. En pathologie, on se réfèrera au soi pour l'étude de ses altérations dans les états psychotiques, alors que le moi constitue une instance partielle dont la conflictualité avec les autres instances* (ça, surmoi, et ajoutons la réalité extérieure) explique la formation du conflit névrotique.

Dans l'autre perspective, issue de l'*ego-psychology* américaine, le soi est assimilé à l'objet de l'investissement narcissique. On peut dire que la représentation de soi est une construction du moi. C'est dire que beaucoup d'auteurs qui s'inspirent de cette tendance préfèrent parler de représentation de soi plutôt que d'un soi autonome.

Se fondant sur les pathologies limites (états-limites* et surtout trouble narcissique* grave de la personnalité), certains auteurs ont repris et popularisé le concept de soi. O. Kernberg insiste sur l'articulation entre représentations de soi et représentations d'objets dont l'intégration définit la normalité, et le clivage* la pathologie « limite » et psychotique. Mais c'est dans l'œuvre de H. Kohut que l'on trouve la référence la plus appuyée au concept de soi, au point que l'Ecole qui s'en inspire a pu être dénommée l'école de la psychanalyse du soi *(psychoanalysis of the self)*. Se fondant sur le traitement psychanalytique des personnalités narcissiques graves et des états-limites, H. Kohut définit le soi comme un contenu de l'appareil mental qui se révèle au cours de la cure comme une entité de niveau moins abstrait que les instances structurales classiques, bien que n'étant pas directement accessible à l'auto-observation. Ce modèle structural recouvre les autres instances en lesquelles certains de ses aspects cliniques coïncident dans un cadre théorique plus abstrait. Le soi s'exprime comme un ensemble de représentations investies sur un mode narcissique, sous la forme d'un transfert en miroir dans lequel le psychanalyste est idéalisé comme un reflet du soi grandiose* qui caractérise ce type de personnalité. Ce qui marque surtout l'originalité de la démarche de H. Kohut est la considération que le narcissisme suit une ligne indépendante du développement de la personnalité marquée au début par une indifférenciation entre le soi et autrui (soi-objet) qui évolue parallèlement à la ligne de développement de la relation d'objet*. Les vicissitudes de cette ligne de développement joueraient un rôle majeur dans la formation des psychoses, des états-limites et des troubles narcissiques ; la cure de ces derniers états se fondant certes sur l'analyse du transfert, mais plus dans un but de réparation des vicissitudes archaïques du narcissisme que dans l'analyse des conflits.

Pour conclure, on soulignera que le concept de soi (ou de ***self***) a pris toute son importance en psychanalyse en raison de l'élargissement de son champ d'application hors du domaine des états névrotiques. Les critiques souvent portées contre l'individualisation du concept tiennent moins aux perspectives psychopathologiques et thérapeutiques qui en découlent qu'au caractère jugé trop imprécis de sa définition prêtant le flanc à sa banalisation et à son trop grand degré de généralité. *D. Widlöcher*

Soi grandiose

Forme pathologique du soi* dans la théorie de H. Kohut, caractérisée par une image grandiose et exhibitionniste de soi. Celle-ci trouve son origine dans la vision solipsiste du monde qu'a l'enfant et s'observe dans de nombreux états pathologiques (en particulier dans les délires paranoïaques et les perversions sexuelles). C'est toutefois dans les troubles narcissiques* graves de la personnalité qu'il occupe une place centrale, pour H. Kohut, dans la mesure où il demeure refoulé, s'extériorisant en clinique par une dévalorisation affirmée de soi et par un transfert en miroir dans lequel le soi grandiose est projeté sur la personne idéalisée du thérapeute. *D. Widlöcher*

Soif → Dipsique (Comportement —)

Sollicitation latente → Contenu latent

Somatique (Système nerveux —) → Système nerveux

Somatisation

Plainte somatique, estimée par le clinicien comme un symptôme inexplicable par un trouble ou une lésion physique et ne constituant pas un effet secondaire lié à la prise de médicaments, d'alcool ou de drogue. Il peut s'agir de symptômes pseudoneurologiques (faiblesse musculaire ou paralysie, aphonie, diplopie, etc.), de symptômes gastro-intestinaux (douleurs abdominales, nausées, vomissements), de symptômes gynécologiques (règles douloureuses, vomissements durant la grossesse), de symptômes psychosexuels (absence de plaisir, douleurs pendant les rapports sexuels), de douleurs plus ou moins étendues (douleurs dorsales, douleurs urinaires), de symptômes cardio-vasculaires (respiration courte, douleurs dans la poitrine). Faisant partie de l'ensemble des troubles désignés maintenant sous la forme de troubles somatoformes*, la somatisation doit être différenciée des troubles de conversion*, des douleurs pathogènes isolées, de l'hypocondrie*, des troubles factices avec symptômes physiques dans lesquels le sujet contrôle volontairement ses symptômes. Les somatisations doivent être également différenciées de symptômes somatiques vagues, multiples et déroutants, pouvant se rencontrer par exemple dans la schizophrénie* avec idées délirantes somatiques multiples, dans

rier). Les césures de ces formants sur l'axe de déroulement marquent les pauses et transitions phonétiques en fonction du temps. *R. Génicot*

Sonographe

Appareil utilisé pour l'analyse des sons vocaux de l'homme ou de l'animal, notamment le chant* des oiseaux. Il permet la décomposition fréquentielle (fondamentale et harmonique) relativement à l'amplitude des sons, et fournit une représentation graphique (sonogramme*) des structures acoustiques en fonction du temps. Les versions anciennes des sonographes se présentent sous forme de tambour en rotation sur lequel s'inscrivent les oscillations d'un stylet mû par les pressions acoustiques successives. Les analyseurs fréquentiels actuels affichent les résultats sur écran de visualisation ou imprimante après traitement informatique. *R. Génicot*

Sonomètre

Instrument de mesure de l'intensité des sons (sons purs ou sons complexes, bruits) composé d'un microphone directionnel ou d'ambiance, d'un amplificateur, d'un voltmètre gradué en décibels et éventuellement de filtres* passe-bande, généralement par octaves ou par fractions d'octave. Les versions les plus évoluées comprennent des réglages de sensibilité, des niveaux maximaux et minimaux, des affichages digitaux de sons impulsionnels, enregistrés sur une fraction de seconde, jusqu'à des moyennes d'intensités* sonores sur des durées plus ou moins longues. *R. Génicot*

Sonométrie

Ensemble de techniques qui se proposent de capter, enregistrer et analyser les sons simples et complexes, tels la voix, les bruits, selon les paramètres d'intensité* sonore, de pression acoustique, de fréquence, d'analyse harmonique, etc. L'électroacoustique a permis de faire des progrès importants dans les analyses sonométriques actuelles, et notamment dans l'étude de l'efficacité des parois absorbantes lors de l'insonorisation des salles, par exemple. *R. Génicot*

Sonore (Flux —) → Flux

Soufflage (Méthode du —)

Méthode utilisée dans l'étude de la mémoire*. Elle consiste à présenter, généralement verbalement, un matériel (une série de mots ou de chiffres) ; après cette présentation, les sujets sont invités à rappeler le plus grand nombre possible d'éléments de ce matériel. Après chaque essai de rappel, on fournit sélectivement au sujet les items qu'il n'est pas parvenu à rappeler au cours de cet essai. L'évolution, au cours des essais, du pourcentage d'items manquants fournit une mesure du progrès de l'acquisition. *S. Bredart*

Souffrance

Etat mental que ressent tout individu qui éprouve une douleur* physique ou mentale prolongée. Longtemps considérée comme l'apanage de l'homme, elle existe également chez l'animal. Elle peut être appréciée par des critères objectifs prenant en compte l'état de santé, la physiologie et le comportement. Cela fournit une base rationnelle à des questions éthiques telles que l'expérimentation animale ou l'élevage industriel. *R. Dantzer*

Soumission

La soumission est l'état caractérisant la position faible d'une relation sociale dissymétrique, état conduisant ceux qui occupent cette position à se comporter (obéissance) à des fins dont la légitimité est détenue ou représentée par celui ou celle qui occupe l'autre position et qui exerce la discipline ou le commandement (soumission au parent, au maître, au chef...). La soumission est donc la réciproque du pouvoir. *J.-L. Beauvois*

La soumission désigne l'état d'un animal qui, dans une relation sociale, en évite un autre qui lui est dominant*. Cette relation dyadique s'est installée à la suite d'un affrontement, devenu rapidement un échange symbolisé de menaces et d'attitudes d'apaisement dès que la primauté de l'un a été admise par l'autre. Une attitude de soumission a pour effet d'inhiber l'agression*. Un dominant a en toute occasion une attitude de prestance ; un dominé a une attitude effacée. La limite n'est pas nette entre attitude d'apaisement et attitude de soumission. La première prend plutôt place dans les affrontements entre deux rivaux à leurs frontières territoriales ; elle s'inscrit dans un jeu subtil d'attitudes mêlées où se reconnaissent des composantes de menace et des composantes d'évitement* ; ce jeu d'attitudes dissuade et apaise le rival, chacun demeurant chez soi. La seconde survient dans les relations hiérarchiques* de dominance-subordination. Elles ont en commun le fait que les stimulus évoquant l'agressivité* (structures et couleurs) sont dissimulés ou détournés. Elle comporte aussi la résurgence de comportements infantiles (quémande* alimentaire) ou rappelant le jeu (chien se roulant sur le dos). Chez les babouins, l'animal qui apaise et exprime sa soumission se présente au dominant dans l'attitude par laquelle la femelle sollicite la monte. En cas d'affrontement véritable, l'animal qui se soumet s'immobilise, se couche, s'offre en quelque sorte à l'agresseur, toutes armes détournées et cachées (griffes, bec, dents, bois ou cornes) ; il stoppe ainsi net l'attaque.

J.-C. Ruwet

Souplesse

Aptitude* physique à réaliser des mouvements d'une grande amplitude : on parle de souplesse statique si le déplacement est lent et de souplesse dynamique s'il est rapide. La souplesse dépend de facteurs périphériques et centraux. Les premiers, d'ordre biomécanique, sont les propriétés des ligaments ou de la capsule articulaire et l'élasticité du muscle. Les seconds, d'ordre psychophysiologique, sont le degré de tension musculaire, fonction du niveau général d'activation de l'individu et de son état émotionnel, ainsi que l'intégration du travail des muscles agonistes et antagonistes dans le mouvement, fonction du niveau d'habileté*.

M. Durand

Sourire

Expression faciale d'un état de satisfaction. Cette mimique* prend précocement une signification sociale. R. Spitz caractérise, chez le nourrisson humain de 3 semaines, le stade de l'objet précurseur, où le sourire répond au *gestalt*-signal qu'est le haut du visage adulte : c'est la relation préobjectale liée à la nourriture et à la protection. Pour T. Bower, chaque couple mère-enfant a son style particulier de communication : à 7 mois, lorsque apparaît l'angoisse de séparation, ce sont les adultes socialement les plus attentifs au bébé qui le suscitent plutôt que ceux qui veillent à son bien-être physique. Le sourire est le signe d'un attachement* social critique. Il peut laisser des traces profondes : le souvenir archaïque de Léonard de Vinci dans le sourire de sainte Anne.

R. Doron

Sous-culture

Caractérise le pluralisme culturel des mentalités en œuvre dans une société en évolution qui démultiplie des ensembles de systèmes fonctionnels et symboliques. Une sous-culture définit les modes de penser, d'agir et de communiquer appris et partagés par une collectivité particulière et qui la distinguent à l'intérieur d'une société (sous-culture de classe, d'âge, de milieu professionnel). Elle s'applique également à la différenciation des spécificités culturelles dans une société pluriethnique. Les sous-cultures marginales sont des systèmes de croyance*, de valeurs*, de normes* et de solidarités qui soutiennent des modes d'activités minoritaires ou parasites par rapport à la société conventionnelle. Les sous-cultures de la marge sont solidaires de groupements d'individus originaux ou démunis, incapables ou ne désirant pas satisfaire aux modes de participation* sociale définis par les normes de la société. Elles préconisent des solutions collectives en fonction d'objectifs accessibles qui peuvent être soit délibérément déviants (sous-culture délinquante), soit d'expériences alternatives (communautés). Les sous-cultures marginales offrent ainsi des statuts* de remplacement et une solidarité défensive vis-à-vis de l'extérieur, mais surtout elles influencent les actions et les options idéologiques dominantes en interpellant l'ordre convenu et le pouvoir en place.

J. Selosse

Sous-estimation

Jugement* situant l'objet ou la qualité jugée en dessous de sa valeur réelle. En psychophysique* et en psychologie de la perception, les sous-estimations résultent tantôt des conditions expérimentales (biais* liés à l'ordre de présentation des stimulus, par ex.), tantôt des caractéristiques des configurations* perceptives (comme dans certaines illusions*, où la sous-estimation de la grandeur d'une forme dépend de son contexte), tantôt de facteurs extraperceptifs (motivationnels, d'expérience antérieure, etc.). La sous-estimation se rencontre également dans les interactions sociales, où elle s'inscrit souvent dans des conduites de dévalorisation d'autrui, et dans la psychologie de la personnalité, où la sous-estimation de soi peut caractériser la dynamique individuelle.

M. Richelle

Soustractive (Méthode —) ou Soustraction → Chronométrie mentale

Soutien social

Dans une espèce sociale, face à une agression*, l'individu n'est pas isolé mais peut compter sur les ressources offertes par le groupe social auquel il appartient. L'absence de soutien ou **support social** aggrave l'impact des événements vitaux* sur la sphère psychique et somatique. De ce fait, les épidémiologistes la prennent en compte en tant que facteur de risque et différentes échelles ont été proposées à cet effet. Les mécanismes par lesquels le soutien social est efficace ne sont pas connus. Les travaux expérimentaux ont surtout cherché à mettre en évidence son influence sur la réaction de stress* soit chez le jeune animal, en fonction de la présence de la mère ou de congénères du même âge, soit chez l'adulte, suivant les compagnons disponibles dans l'environnement immédiat. *R. Dantzer*

Souvenir

A côté de ses sens plus littéraires de mémoire* ou d'acte de rappel*, ce terme du langage courant désigne tout élément conservé en mémoire, ou évoqué. Il est utilisé assez fréquemment en psychologie mais sans que les spécialistes de la mémoire lui aient assigné une définition nette, qui en délimiterait clairement l'emploi par rapport à des termes d'apparence plus technique et plus récents, tels que représentation* ou information* en mémoire, récollection*, trace mnésique*. Il est cependant généralement réservé à des manifestations conscientes, ou pouvant le devenir, relevant de la mémoire déclarative* plutôt que de la mémoire procédurale*, de la mémoire explicite plutôt qu'implicite*, du mental* et du représentatif* plutôt que du moteur. On ne le trouvera guère dans le contexte de la mémoire et de l'apprentissage* chez l'animal.

Le statut des souvenirs et leurs fonctions dans l'économie de la personne sont loin d'être entièrement élucidés. A la suite des élaborations de S. Freud sur les notions de souvenir infantile et de souvenir-écran, qui l'ont conduit à décrire l'amnésie* infantile, les mécanismes de refoulement* et de déplacement*, on peut se demander si le souvenir émerge vraiment du passé ou s'il se rapporte au passé, s'il est trace ou copie* emmagasinée dans l'esprit ou construction sans cesse remaniée au gré du développement, comme J. Piaget le soutenait.

Le rapport du souvenir à la réalité historique est par ailleurs l'objet de recherches psychologiques sur la validité du témoignage, recherches qui s'alimentent aujourd'hui des théories de la perception* et de la mémoire et des travaux de la psychologie sociale sur les attitudes*, attentes*, attributions*, etc. *C. Prévost et M. Richelle*

Souvenir-couverture → Souvenir-écran

Souvenir-écran

Expression forgée par S. Freud en 1898. Le souvenir-écran ou **souvenir-couverture** est un souvenir d'enfance remontant à la période précédant l'amnésie* infantile et très remanié par la suite. Il s'agit d'un produit psychique composite qui assemble des traces mnésiques* remontant à la plus petite enfance et un scénario plus récent, généralement ajouté lors de l'adolescence du sujet. Les souvenirs authentiques forment ainsi le matériau d'une reconstruction qui les agence autrement, un peu comme l'élaboration secondaire* réorganise les produits du travail du rêve*. Du point de vue du sujet, rien ne lui indique que les souvenirs-écrans ne sont pas d'authentiques souvenirs. *J.-M. Petot*

Span of control → Capacité de contrôle

Spatial

Relatif à l'espace*, à sa perception*, son organisation, sa maîtrise motrice ou sa représentation*. Le terme se rencontre dans des contextes très divers : au niveau le plus fin de la discrimination* visuelle ou tactile entre deux points (seuil* spatial) comme au niveau macroscopique de l'orientation* spatiale dans le territoire* ; il qualifie un facteur* saturant les batteries de tests* mentaux, déjà dégagé par J. L. Thurstone, comme une mémoire* des relations topologiques ou une mémoire qui a recours à des rangements dans un espace imaginaire pour assurer la rétention* des données les plus abstraites. Parallèlement au mot espace, le terme spatial s'applique tantôt à l'univers tridimensionnel dans lequel les organismes évoluent, et à la perception et à la représentation perceptivo-motrice qu'ils en ont, tantôt au domaine récent de l'adaptation à l'espace astronautique, tantôt enfin, dans un sens métaphorique ou formel, à l'organisa-

tion des éléments dans un « espace » mental. L'expression **représentations spatiales** peut ainsi revêtir deux sens très différents : l'un renvoie aux représentations mentales ou en mémoire des propriétés de l'espace perceptivo-moteur (carte cognitive*) ; l'autre à une description en termes géométriques, dans un espace à *n* dimensions, des champs sémantiques et conceptuels.
Fréquence* spatiale : nombre de cycles par degré d'angle visuel* définissant un *pattern** visuel en grille aux alternances abruptes ou dégradées entre noir et blanc, utilisés dans les mires* permettant une mesure de l'acuité* visuelle et de la sensibilité aux contrastes*. *M. Richelle*

Spécialisation → Particularisation

Spectre → Tonalité

Spéculaire (Image —) → Stade du miroir

Sphénoïdal → Temporal

Spirale transactionnelle

Selon S. Lebovici, le système des communications intrafamiliales (conscientes et inconscientes, psychologiques et physiologiques) assurant le développement de l'enfant : dans la genèse de la relation objectale, l'objet, à son tour, structure le sujet. *R. Doron*

Spiritualisme → Matérialisme

Split-half

Lorsqu'on doit administrer une seule forme d'un test* une seule fois, on peut quand même estimer un type particulier de fidélité*, soit l'homogénéité des deux moitiés de ce test. Le test est divisé en deux parties aussi équivalentes que possible (nombre d'items, niveau de difficulté, caractéristiques psychologiques concernées). On obtient alors, à partir d'une bipartition du test (première et deuxième moitié, items pairs et impairs), deux séries de demi-scores pour un groupe donné entre lesquelles on calcule une corrélation. Celle-ci permet d'estimer la proportion de variance* vraie des scores (part de variance non imputable aux erreurs d'échantillonnage du contenu). *M. Bruchon-Schweitzer*

Spontanéité

Selon J. Moreno, c'est la meilleure réponse d'un individu ou d'un groupe à une situation nouvelle et difficile car elle augmente la créativité et diminue l'angoisse*. La spontanéité apporte des solutions originales là où une adaptation rigide se contente de se conformer aux « conserves culturelles ». Toujours selon Moreno, le premier acte spontané est la naissance. La spontanéité est ensuite le lieu de naissance du « Je », puis la matrice de toute rencontre authentique avec autrui. Elle est activée par le psychodrame*. J. Moreno et ses continuateurs ont proposé des épreuves (non standardisées) permettant d'évaluer la spontanéité des personnes. *D. Anzieu*

Sport

Activités codifiées et régies institutionnellement correspondant à la pratique de différentes formes de compétition* motrice entre deux ou plusieurs protagonistes. Dans une acception plus large, désigne la pratique des activités physiques de loisir, à caractère plus ou moins spontané et compétitif. L'origine du sport se situe dans les jeux traditionnels et les grands mythes fondateurs de la civilisation occidentale, mais son essor actuel tient à ce qu'il véhicule des valeurs très modernes et procède des modes de vie contemporains.

Le sport de compétition est essentiellement une occasion d'évaluer et de repousser les limites des possibilités humaines en matière de performance motrice*, à la suite d'un entraînement* systématique et quelquefois aussi de l'usage de procédés artificiels tels que le dopage. Le sport de loisir consiste davantage en une quête de sensations agréables nées du mouvement, d'un bien-être corporel, de la santé ou d'un bon équilibre de vie, et une recherche de relations conviviales. Si le nombre des pratiquants augmente de manière régulière, ce phénomène de masse se révèle très différencié et le choix des activités obéit à une logique de la distinction sociale marquée par les *habitus** de classe.

Depuis une vingtaine d'années, on assiste à un développement considérable de recherches en **psychologie du sport** ; celles-ci portent sur les motivations* de la pratique d'un sport, les capacités motrices, cognitives ou affectives qu'elle requiert, les conditions de son apprentissage, etc. *M. Durand*

Squiggle game

Technique de jeu créée par D. Winnicott dans la conduite des consultations thérapeutiques d'enfants. Il s'agit d'entrer en contact avec l'enfant en lui proposant un jeu qui ne comporte aucune règle et nécessite seulement deux crayons et du papier. D. Winnicott dit à l'enfant : « Je ferme les yeux et je laisse courir mon *squiggle* (**gribouillage**), tu en fais quelque chose d'autre, puis c'est à toi de jouer, tu fais un *squiggle* et c'est moi qui le transforme. » Ce qui se passe au cours du jeu et de l'entretien* dépend de l'utilisation qui est faite de l'expérience de l'enfant et du matériel qu'il apporte. On peut comprendre la portée du *squiggle game* seulement si l'on se réfère à la théorie winnicottienne de l'objet transitionnel*. Le *squiggle game* constitue une proposition d'expérimentation des capacités d'un enfant à nouer une relation d'ordre transitionnel, puisqu'il s'agit de créer un objet d'échange qui appartient à la fois à l'enfant et au clinicien. *C. Chabert*

Stabilisation sélective

Concept théorique élaboré dans le contexte de la neurobiologie du développement* pour rendre compte principalement des bases biologiques de l'apprentissage* considéré comme une modification temporelle du système* (éléments structuraux, neurones*, dendrites, axones*) par la fonction* (propriétés fonctionnelles résultant de l'organisation structurale) et cela en termes d'événements synaptiques, donc au niveau des réseaux* élémentaires. Il est admis que l'acte d'apprendre suppose une variabilité structurale dans le réseau, laquelle est naturellement importante lors de la croissance, et la constitution de synapses* labiles, de choix dans certains circuits de neurones et, avec le temps et le degré d'activité, la stabilisation ou la disparition de ces neurones et synapses. *M. Le Moal*

Stade

L'emploi de la notion de stade en psychologie n'a de sens que dans le cadre de conceptions développementales trouvant leur source dans l'embryologie ou dans la biologie de l'évolution* des espèces et dans la taxonomie qui s'y rattache. W. Preyer puis J. M. Baldwin sont certainement les premiers psychologues à avoir systématiquement considéré le développement mental de l'enfant comme passant par une série d'étapes. S. Freud a également conçu de la même manière la sexualité humaine. Chez ces auteurs, la notion de stade est liée aux transformations qualitatives que l'on peut constater dans les comportements ou dans la pensée humaine.

L'étude structurale de la genèse des opérations cognitives* a toutefois conduit à une notion plus serrée. B. Inhelder, en 1953, puis J. Piaget, en 1955, ont proposé les critères suivants de classification des conduites en stade :

1. chaque stade doit correspondre à l'existence d'une compétence* structurale (c'est-à-dire d'un groupement* possible d'actions réelles ou en pensée, groupement obéissant à des lois de structure) ;
2. l'ordre de succession des stades détectés doit être constant ;
3. la succession d'un stade au suivant doit montrer une intégration du dépassé dans le dépassant.

La notion plus stricte de stade qui est issue de la psychologie génétique de l'intelligence*, satisfaisante dans l'abstrait, soulève pourtant des problèmes dans son emploi effectif. En effet, contrairement à ce que l'on a pu croire dans les années 1960, il n'existe pas de compétences pures, complètement indépendantes de leur champ d'application (et ce même dans le cas de la pensée hypothético-déductive). A la suite de cette découverte, l'utilité et la réalité de cette notion ont été mises en doute par plusieurs auteurs. D'autres ont au contraire poursuivi l'effort de définition d'Inhelder et Piaget en proposant des critères encore plus abstraits et de portée plus générale, par exemple en cherchant à caractériser formellement la relation de dépassé à dépassant trouvée dans les diverses tâches que doit résoudre le sujet et dans leurs solutions.

J.-J. Ducret

Stade du développement libidinal

→ Phase du développement libidinal

Stade du miroir

Phase décrite par A. Gesell aux Etats-Unis et H. Wallon en France où l'enfant se reconnaît dans le miroir alors qu'il prenait jusque-là son **image spéculaire** pour un autre enfant. J. Lacan, en 1936, a repris cette observation en insistant sur les caractères d'assomption triomphante, de mimique jubilatoire et de complaisance ludique, qu'il interprète comme des manifestations de l'identification* narcissique à l'œuvre. Cette identification est jubilatoire car elle apporte à l'enfant la preuve de son unité corporelle et elle signe son triomphe sur ses angoisses primitives de morcellement. Mais elle est en même temps aliénante, le moi* se constituant dans une tension agressive comme étant un autre. La reconnaissance de son image spéculaire fonderait, toujours selon J. Lacan, la relation duelle*, la dimension de l'imaginaire* et le moi idéal*. D. Winnicott a donné une extension plus générale et un rôle plus positif à cette expérience : la mère et l'environnement maternant primaire renvoient en miroir (ou ne renvoient pas) à l'enfant une image de lui à laquelle il peut (ou ne peut pas) s'identifier. *D. Anzieu*

Stade du respir

Expression inventée par J. Tristani en 1978 pour désigner un début d'organisation du narcissisme* secondaire, antérieur au stade oral*. Le stade du respir concerne les premiers échanges respiratoires du bébé en relation avec la mère et assure l'étayage des pulsions de vie* et de mort* respectivement sur l'inspiration et sur l'expiration. La *rebirth* (nouvelle naissance) consiste en des exercices d'hyperventilation qui amènent le sujet à des états de régression* psychique favorisant la reviviscence de traumatismes précoces et d'un matériel habituellement rangé dans la catégorie de l'irreprésentable. Le psychothérapeute se définit comme un accompagnateur de l'expérience et comme une aide à la verbalisation et à l'élaboration psychique* de celle-ci. *D. Anzieu*

Standard → Étalon

Stase libidinale

Etat de blocage de la *libido** qui n'est pas déchargée. Selon S. Freud, c'est l'effet soit d'un mode de satisfaction inadéquat et/ou insuffisant, soit du refoulement* de certaines motions pulsionnelles*. Cette stase a pour effet l'augmentation de la quantité d'excitation* accumulée qui, au-delà d'un certain seuil, se transforme en état de tension* psychique. Cet état, s'il n'est pas déchargé par une action spécifique* propre à apporter la satisfaction (et donc la détente) ou s'il ne fait pas l'objet d'une élaboration psychique*, se transforme automatiquement en angoisse*. Ce processus est le mécanisme de base de la formation des névroses actuelles*, mais se retrouve à tous les niveaux de la vie psychique normale et pathologique. En particulier, il permet de comprendre le fait que l'accumulation sur le moi de *libido* narcissique* est déplaisante au-delà d'un certain seuil et que le sujet psychotique est contraint de tenter un réinvestissement des objets extérieurs. *J.-M. Petot*

Statesthésique

Qui concerne la sensibilité posturale, ou plus strictement les informations principalement d'origine labyrinthique relative à la statique (V. Kinesthésie). *M. Richelle*

Statistique

En français, on appelle tout d'abord statistique un ensemble de procédures qui soit conduisent à une description condensée des observations, sans référence explicite à un modèle d'inférence* statistique ; on parle alors de statistique descriptive ; soit sont expressément conçues pour apporter une réponse à la visée inductive, ou généralisante ; on parle alors de statistique inductive ou d'inférence statistique.

Par ailleurs, on appelle statistique (terme technique : de l'anglais *statistic*) une fonction des observations, souvent à valeurs numériques. Exemples fondamentaux : effectifs* et fréquences*.

Une statistique est descriptive si elle peut s'obtenir à partir de la seule distribution de fréquences ; exemple : la moyenne. En inférence statistique, on considère des statistiques qui servent à estimer des paramètres* (estimation*) ; et des statistiques de test, qui servent à effectuer des tests d'hypothèse*. *P. Bonnet et H. Rouanet*

Statut social

J. Stoetzel définit le statut d'un individu comme l'ensemble des comportements auxquels il peut s'attendre légitimement de la part des autres, par opposition à son rôle*, ou ensemble des comportements auxquels les autres s'attendent légitimement de sa part. Cette définition diffère de celle de R. Linton, qui y voyait la position globale de l'individu par rapport à la société en tant que tout. On peut les accorder en distinguant les statuts particuliers, configurations limitées de gratifications auxquelles le sujet peut légitimement s'attendre en tant que situé diversement dans la catégorisation* sociale (père, jeune, juge) et le statut général, configuration globale des gratifications de l'ensemble des statuts particuliers et déterminant sa place dans l'échelle sociale. *C. Camilleri*

Stéradian

Unité d'angle solide adoptée par le Système international. L'angle solide est à l'espace ce que l'angle est au plan. Il correspond à l'angle solide qui, ayant son sommet au centre d'une sphère, découpe, sur la surface de cette sphère, une aire égale à celle d'un carré ayant pour côté le rayon de la sphère. Cette notion est à la base des mesures photométriques et correspond plus ou moins à la notion de cône de lumière. *R. Génicot*

Stéréoacousie

Effets de localisation* spatiale de stimulus* sonores grâce à l'audition* binauriculaire, fondés sur les différences de réception en fonction de l'écart interauriculaire. On peut augmenter ces effets en augmentant artificiellement l'écart de réception au moyen de dispositifs récepteurs en connexion avec les oreilles, en particulier dans le but d'un repérage en aéronautique ou en artillerie, par exemple. *R. Génicot*

Stéréognosie

Capacité de perception et d'identification des objets par le toucher, généralement par palpation manuelle, mais aussi par toute autre région cutanée, comme dans les épreuves de reconnaissance de formes ou de lettres appliquées sur la peau du dos. La **stéréoagnosie** ou **astéréognosie** est la perte de cette capacité à la suite d'une atteinte neurologique. *M. Richelle*

Stéréogramme

Paire de photographies ou de dessins similaires vue grâce à un stéréoscope* et donnant la sensation de relief. Les images droite et gauche présentent une disparité* rétinienne produisant l'effet stéréoscopique. Il existe plusieurs types de stéréogrammes : disparité par simple déplacement latéral de couleur complémentaire, par image polarisée, par délai de présentation, etc. B. Julez a étudié de nombreux exemples de stéréogrammes et de fusion* binoculaire dans ce qu'il a appelé la vision cyclopéenne. *R. Génicot*

Stéréomètre

Dispositif destiné à apprécier la perception de la profondeur par alignement précis sur un plan frontal de deux éléments indépendants et situés à des distances variées de l'observateur. L'écart en centimètres entre les deux éléments constitue la mesure de l'erreur de profondeur. *R. Génicot*

Stéréopsie

Perception visuelle en trois dimensions, habituellement appelée perception de la profondeur ou de la troisième dimension. Cette sensation résulte d'abord de la disparité* des informations rétiniennes, mais d'autres indices également, qui expliquent qu'elle ne soit pas absolue en vision monoculaire. Elle se produit sur objet réel ou sur objet plan (perspective*). Cette sensation permet notamment de situer les objets les uns par rapport aux autres sur l'axe de leur distance depuis un lieu d'observation. *R. Génicot*

Stéréoscope

Appareil servant à donner la sensation de relief. Des dessins ou images (stéréogrammes*) sont présentés indépendamment à chaque œil grâce à un dispositif tel que jumelles, miroirs ou cloisons. Le relief apparaît pour un certain degré de disparité* rétinienne du stéréogramme. L'**haploscope** est une version ancienne de stéréoscope. *R. Génicot*

Stéréotropisme → Tropisme

Stéréotype

En psychologie sociale, croyance* ou représentation* rigide et simplificatrice, généralement partagée par un groupe plus ou moins large (éventuellement les membres d'une société entière) relative à des institutions, des personnes ou des groupes. Le stéréotype relève souvent du préjugé*, il est caricatural et unificateur, les traits* attribués étant isolés d'un complexe de traits et les différences et nuances étant ignorées. Les caractères nationaux, ethniques ou raciaux (tels que représentés dans les opinions populaires) sont des exemples de stéréotypes.

Dans la terminologie pavlovienne, un **stéréotype dynamique** est un complexe de stimulus conditionnés* dont les caractéristiques spatio-temporelles sont déterminantes dans la manifestation des réponses* conditionnées, et dont la modification brutale entraîne une perturbation de ces dernières. Ainsi, si plusieurs stimulus conditionnés positifs se sont régulièrement succédé dans un ordre donné, cet ordre leur confère une valeur de stéréotype dynamique, laquelle domine la valeur de chaque stimulus en particulier : leur présentation* en ordre inversé entraîne une détérioration marquée du conditionnement. *M. Richelle*

Stéréotypie

Activités répétées et fragmentaires dont la forme et l'orientation sont relativement constantes et qui n'ont pas de but apparent. Elles sont fréquentes dans certaines maladies : schizophrénie*, autisme* infantile, oligophrénies et aussi chez les enfants aveugles à la naissance. Elles existent également chez l'animal soit dans des conditions de frustration* ou de restriction des comportements élémentaires (zoos, élevages industriels), soit sous l'effet de l'injection de substances chimiques comme les psychostimulants*. *R. Dantzer*

Stéroïde → Hormone

Stigmate

Trace d'une maladie, cicatrice d'une blessure, d'une plaie qui constituent des signes* cliniques* ou marque corporelle qui peut entraîner une perception discriminante ou encore empreinte symbolique d'une épreuve initiatique. En psychologie pathologique, un stigmate est un signe objectif d'un état morbide ou d'une affection contribuant à un diagnostic. En psychologie sociale*, un stigmate résulte d'une détermination dépréciative par autrui qui participe à la construction d'une image négative, dévalorisée et dévalorisante, d'un sujet* perçu comme différent. Cette discrimination* entraîne une limitation des capacités d'expression et de réalisation de soi et invite le stigmatisé à se rendre conforme au portrait attribué. Le stigmate contribue à la structuration d'un stéréotype*. *J. Selosse*

Stigmatisation

La stigmatisation est un processus de détermination par autrui d'attributs négatifs imposés à un individu contraint de se conformer à l'image stéréotypée, dans laquelle on l'inscrit (la prostituée). Le stigmatisé reprenant à son compte la discrimination dévalorisante cesse d'avoir une identité personnelle, il devient un archétype, le prototype des sujets méprisés, rejetés, vilipendés. La stigmatisation peut être un mode d'expression du ressentiment mais c'est davantage un mécanisme de projection et de transfert de l'agressivité* et des désirs interdits sur un ou des boucs émissaires*.

J. Selosse

Stimulation

Application ou présentation d'un stimulus*. Excitation* d'un récepteur*, d'une fibre nerveuse ou d'un site par application, directe ou indirecte, d'un stimulus, au sens large : stimulation mécanique du nerf sciatique, stimulation chimique du *locus cæruleus,* stimulation électrique intracérébrale, etc.

Activation : stimulation de l'activité intellectuelle par accroissement de motivation extrinsèque, ou par administration d'une substance stimulante*.

Synonyme de stimulus*. *M. Richelle*

Stimulus

Le terme stimulus désigne d'abord en psychologie tout événement du monde physique pouvant exciter l'un des appareils récepteurs* de l'organisme, et être par là à l'origine d'une réponse*. La gamme, ou le spectre des stimulus potentiels se trouve donc défini par les capacités caractéristiques des systèmes récepteurs dont l'organisme est doté. Ainsi, l'oreille humaine étant sensible aux fréquences sonores dans les limites de 20 à 20 000 Hz, les fréquences très basses ou supérieures (ultrasons), bien que se produisant dans l'univers physique, ne peuvent avoir, pour l'homme, statut de stimulus. L'étude détaillée des dimensions des stimulus auxquelles sont sensibles les organes récepteurs et des capacités de résolution de ceux-ci a été l'une des préoccupations majeures de la psychophysique*.

L'usage que la psychologie fait du mot stimulus, dans ce sens premier et strict, est voisin de celui de la physiologie, où il désigne, classiquement, l'événement qui déclenche un réflexe*. Une causalité simple paraît, du moins à première vue, relier dans ce cas le stimulus à la réaction ou réponse, cette dernière pouvant être prédite dès que le stimulus est connu. C'est à ce schéma élémentaire que renvoient les psychologies stimulus-réponse (S-R), qui se donnent pour but de décrire et d'expliquer les conduites des organismes par une mise en relation des stimulus et des réponses. Ces théories ont cependant négligé une évidence, que les études aussi bien physiologiques que psychologiques des mécanismes perceptifs n'ont pas tardé à faire apparaître, à savoir que la réception même du stimulus, au niveau le plus simple, ne se ramène pas à un enregistrement passif de l'événement, mais implique des processus attentionnels* actifs. En outre, entre le filtrage* du stimulus à l'entrée et la production d'une réponse, il se passe, pour peu que l'on dépasse le niveau du réflexe élémentaire au demeurant de peu d'intérêt pour la psychologie, des opérations plus ou moins complexes de traitement et d'intégration du stimulus dans un programme* d'action qui rendent caduque l'idée que l'identification du stimulus permettrait à elle seule de prédire la réponse de manière univoque. C'est pour rendre compte de ces opérations qu'aux théories S-R se sont substituées des psychologies centrées sur le traitement de l'information*, caractéristiques du courant cognitiviste* contemporain. Au couple S-R se substitue le couple *input-output** (entrée-sortie) d'où est exclue la notion d'une relation causale simple du premier au second terme, au profit de mécanismes intermédiaires (traitement de l'information, prise de décision*). Poussant à l'extrême dans cette voie, certaines théories cognitivistes récentes ont abandonné le terme de stimulus, et sa classique abréviation S pour lui substituer E pour Evénement.

Le terme stimulus n'en reste pas moins d'un usage très courant dans les champs les plus divers de la psychologie, et il s'applique non seulement aux agents physiques propres à exciter les organes sensoriels, mais par extension à toute configuration* perceptive complexe, à toute information*, voire à toute situation* à laquelle un sujet se trouve confronté et en présence de laquelle il manifeste des conduites caractéristiques. On parle couramment de **stimulus verbal**, de **stimulus social**.

On qualifie les stimulus selon la modalité sensorielle concernée (stimulus visuel, auditif, olfactif, tactile, thermique, etc.). On distingue d'autre part les stimulus extéroceptifs*, situés dans l'univers extérieur à l'organisme, des stimulus internes, intéroceptifs* (sensibilité viscérale) ou proprioceptifs* (sensibilité de la musculature striée).

Par ailleurs, les stimulus ont fait l'objet d'études et de classifications plus proprement fonctionnelles et psychologiques. Ils sont alors abordés, non plus dans leurs rapports aux systèmes récepteurs qui les captent, mais dans la dynamique des comportements du sujet à travers le temps, ou dans la fonction particulière qui leur est assignée dans une manipulation expérimentale précise. C'est dans l'un de ces cadres, ou les deux à la fois, que s'inscrivent les acceptions suivantes.

Stimulus avertisseur : dans une expérience de temps de réaction*, stimulus qui précède d'un intervalle temporel variable la présentation du stimulus impératif* ; dans une expérience d'apprentissage ou de conditionnement d'évitement*, stimulus qui précède et annonce le stimulus aversif* (synonyme : signal*) auquel le sujet peut se soustraire anticipativement par une réponse appropriée.

Stimulus impératif : dans une expérience de temps de réaction, le stimulus auquel le sujet a consigne de réagir le plus rapidement possible en fournissant la réponse requise.

Stimulus neutre : dans la terminologie adoptée depuis Pavlov, stimulus n'ayant pas la propriété de provoquer par lui-même une réaction inconditionnelle définie, et propre, dès lors, à devenir, par association conditionnée, stimulus conditionné*.

Stimulus conditionnel ou **conditionné :** stimulus qui, d'abord neutre, provoque, par association avec un stimulus inconditionnel*, une réaction ou réponse conditionnelle ou conditionnée, semblable à la réaction inconditionnelle.

Stimulus discriminatif : stimulus faisant l'objet d'une réponse différente de celle qu'appelle un autre stimulus, dans une expérience impliquant une discrimination* perceptive ; dans la terminologie du conditionnement opérant*, stimulus signalant au sujet que certaines contingences de renforcement* sont en vigueur ou stimulus dont la présence module, en raison des conditions et de l'histoire expérimentale du sujet, la probabilité d'émission de ses réponses opérantes*.

Stimulus composite : stimulus combinant plusieurs composants, appartenant éventuellement à des modalités* sensorielles différentes, et ne présentant aucune organisation ou structure particulière (V. Blocage, Masquage).

Stimulus étalon : dans une expérience de psychophysique* visant à déterminer un seuil différentiel*, stimulus de valeur fixe par rapport auquel le sujet est appelé à juger le stimulus de comparaison.

Stimulus de comparaison : dans une expérience de psychophysique visant à déterminer un seuil différentiel, stimulus que le sujet est appelé à juger par rapport au stimulus étalon.

Stimulus déclencheur : V. Déclencheur.

Stimulus renforçateur : dans la terminologie du conditionnement opérant, stimulus présenté à la suite d'une réponse opérante et entraînant, par cette association, un accroissement de la probabilité d'émission de cette réponse (V. Renforçateur, Renforcement).

V. Aversif, Appétitif, Inhibiteur, Subliminal, Constant(s), Erreur, Généralisation, Contrôle. *M. Richelle*

Stimulus négatif → Négatif

Stochastique

Se dit de phénomènes dont on ne peut pas prédire l'issue avec certitude, soit parce qu'ils échappent à toute loi, soit parce que leurs causes sont trop complexes.

En théorie des probabilités*, on appelle **processus stochastique** une famille de variables aléatoires* X_t indicées par le temps. Ces séries déjà considérées sous une forme simplifiée aux XVIIe et XVIIIe siècles par P. S. Laplace, J. Bernoulli et A. de Moivre permettent de formaliser des phénomènes évolutifs du type propagation d'épidémies, apprentissages, files d'attente. En psychologie, ils permettent entre autres de représenter des processus d'apprentissage*; dans ces modèles, la probabilité de trouver une bonne réponse (association* correcte d'un stimulus et d'une réponse, par ex.) évolue progressivement au cours d'essais successifs en fonction des réponses données et des renforcements* reçus. Un des cas particuliers les plus connus de processus stochastique est la **chaîne de Markov,** largement utilisée en psychologie. Il s'agit essentiellement d'une suite de variables aléatoires dont le comportement à l'instant n est uniquement fonction des valeurs prises à l'instant n–1. Toute la mémoire du processus est en quelque sorte contenue dans le dernier état connu. *D. Defays*

Stock phonologique → Travail (Mémoire de —)

Stockage

Terme métaphorique désignant la mise en mémoire* d'informations récupérables ultérieurement. Le mot, devenu courant dans le vocabulaire de la psychologie cognitive*, suggère une sorte d'emmagasinage d'éléments bruts, qui évoque la théorie des copies*. En réalité, la plupart des modèles* de la mise en mémoire impliquent des processus d'organisation des informations, qu'elles soient perceptives (images mentales*) ou verbales* et conceptuelles*.

M. Richelle

Stratégie

Les stratégies sont des activités par lesquelles le sujet choisit, organise et gère ses actions en vue d'accomplir une tâche ou d'atteindre un but. Les raisons de leur étude sont d'orientation contraire en psychologie anglo-américaine et en psychologie francophone. Dans les années 1950, les stratégies se sont imposées comme objet d'étude de la psychologie américaine, qui, en réaction au béhaviorisme*, y voyait une façon d'aborder les conduites intellectuelles, voire rationnelles, par opposition aux comportements empiriques. J. Bruner a, par exemple, analysé les approches variées que les sujets adoptent dans des tâches de formation de concepts*. Ces stratégies dépendent de facteurs comme la maximalisation du nombre d'informations* pertinentes tirées du milieu, le problème de la conservation des informations, ou la part laissée au risque dans la découverte d'une solution.

A l'inverse, l'étude des stratégies en psychologie génétique marque un relatif désintérêt des travaux sur les formes générales de la connaissance au bénéfice de l'analyse des actions particulières d'un sujet confronté à des tâches de résolution de problèmes* pratiques, analyse susceptible de jeter une lumière partielle sur la constitution des structures opératoires*. Alors que, à quelques exceptions, la psychologie génétique classique avait surtout en vue le sujet épistémique*, cette étude explore l'activité d'un sujet face à des problèmes qu'on lui pose pour prendre connaissance non plus de ses compétences structurales, mais de ses enchaînements de savoir-faire et de savoirs inventés et déployés pour atteindre une solution. Outre la dialectique de ces savoirs à l'œuvre dans l'organisation des actions du sujet, les nouvelles recherches mettent en lumière les balancements constants que l'on trouve entre réussir et comprendre, processus « gouvernés par les faits » et « gouvernés par la théorie », assimilation* et accommodation*, structure et procédure, etc. Notons enfin qu'en l'absence de caractère intégratif, il est difficile de parler de genèse des formes procédurales ou des stratégies, sauf à considérer en elles ce qui provient du progrès structural.

J.-J. Ducret

Stratégie de décision

Ensemble des choix réalisés par un individu cherchant à optimiser sa performance dans une situation contraignante. La nécessité d'opérer ces choix résulte du caractère contradictoire des contraintes* de la tâche* (par ex., agir rapidement et avec précision). Ils se fondent sur une évaluation partielle du coût et du bénéfice* associé à chaque option et aboutissent à l'adoption de la solution de compromis la plus immédiatement acceptable. *M. Durand*

Stratégie psycholinguistique

La psycholinguistique* a mis en évidence, à partir de 1970, un ensemble de stratégies* de compréhension*, c'est-à-dire de procédures de traitement* systématiquement utilisées par les enfants d'un âge donné pour interpréter des phrases simples ou complexes.

Un premier ensemble de recherches (utilisant généralement la technique du « mime » d'énoncé) a porté sur les procédures d'identification des rôles d'agent et de patient dans des phrases simples du type a) *« la voiture est renversée par un piéton »* ou b) *« c'est par la fille que le garçon est poussé »*. Pour traiter de tels énoncés, le sujet doit d'abord comprendre le sens de chaque lexème (voiture, piéton, renverser, etc.) ; il dispose dans ce cas de x représentations qu'il doit combiner d'une manière déterminée pour construire l'interprétation de l'énoncé. Les enfants les plus jeunes (jusqu'à 5 ans environ) adoptent fréquemment une **stratégie pragmatique** (ou sémantico-pragmatique) qui consiste à attribuer les rôles d'agent et de patient de l'action en se fondant sur des indices extralinguistiques (la plus ou moins grande plausibilité d'un événement), sans tenir compte ni de l'ordre des unités, ni des marques morphosyntaxiques ; dans ce cas, ils interprètent la phrase a comme *« la voiture renverse le piéton »*. Les enfants plus âgés (autour de 6 ans) adoptent fréquemment une **stratégie positionnelle,** qui consiste à attribuer les rôles d'agent et de patient en se fondant sur la position des noms (ex. : N1 = agent et N2 = patient), sans tenir compte des marques morphosyntaxiques ; dans ce cas, ils interprètent la phrase b comme *« la fille pousse le garçon »*. A partir de 6 ans, les enfants adoptent une **stratégie morphosyntaxique,** c'est-à-dire qu'ils interprètent correctement les marques spécifiques de chaque phrase [marques du passif en a ; marques de l'emphase et du passif en b]. L'émergence de cette dernière stratégie varie avec la complexité syntaxique de la phrase.

Un second ensemble de recherches (utilisant la même technique de « mime ») a porté sur l'interprétation des pronoms dans le cadre de phrases complexes du type c : *« le garçon que la fille a frappé rentre à la maison »*. La stratégie la plus fréquemment mise en évidence chez les jeunes enfants est celle des **fonctions parallèles** (ou stratégie de non-changement de rôle) ; elle consiste à attribuer au pronom relatif la même fonction (le même rôle) que celle de son antécédent. L'application de cette stratégie conduit les enfants à interpréter la phrase c comme *« le garçon qui a frappé la fille rentre à la maison »*. *J.-P. Bronckart*

Stress

Notion empruntée à la physique qui désigne la contrainte excessive subie par un matériau. En biologie, cette notion désigne à la fois les agressions* s'exerçant sur l'organisme (les agents stresseurs) et la réaction de l'organisme aux agressions. Cette réaction est non spécifique, c'est-à-dire qu'elle ne dépend pas de l'agent agresseur ou stresseur.

Les physiologistes se sont surtout intéressés aux systèmes hormonaux* impliqués dans la réaction de stress, qu'il s'agisse du système sympathique et médullosurrénalien intervenant dans la réaction d'urgence décrite par W. B. Cannon en 1935 ou du système hypophyso-corticosurrénalien responsable du syndrome général d'adaptation* décrit par H. Selye en 1950. Toutefois, le stress ne consiste pas uniquement en une libération de catécholamines et de glucocorticoïdes. D'autres hormones sont également affectées, comme les hormones sexuelles* et l'hormone de croissance dont la sécrétion est diminuée et les endorphines* (ou morphines endogènes) dont la libération est accrue. La réaction de stress est accompagnée d'une atténuation de la sensibilité à la douleur* (analgésie* induite par le stress) qui permet à l'organisme de focaliser ses ressources sur les moyens de faire face à l'agression.

En psychologie, le terme de stress est utilisé pour évoquer les multiples difficultés auxquelles l'individu a du mal à faire face (les événements stressants de la vie, encore appelés événements vitaux*) et les moyens dont il dispose pour gérer ces problèmes (les stratégies d'ajustement*). On parle quelquefois d'**eustress** pour désigner l'état dans lequel se trouve un individu contrôlant parfaitement la situation. On oppose l'eustress à la détresse* qui fait référence aux réactions négatives apparaissant lorsque la situation est difficilement contrôlable. Ces termes très descriptifs sont cependant tombés en désuétude au profit de la notion de contrôle*, plus facile à définir opérationnellement. Il n'y a pas de discontinuité entre les aspects physiologiques et psychologiques du stress. Les réactions hormonales aux agressions dépendent de facteurs psychiques tels que la nouveauté* et l'incertitude* contenues dans la situation provocatrice et la capacité d'agir pour modifier celle-ci. La perception de la situation et les moyens d'y faire face sont eux-mêmes influencés par l'activité hormonale. La principale conséquence de ces interactions étroites entre hormones et comportement dans la réaction de stress est qu'il n'y a pas une seule façon de réagir à l'agression, mais plusieurs modalités réactionnelles, suivant les possibilités d'initiative du sujet et la gravité des problèmes auxquels il est confronté. On peut distinguer ainsi deux modes élémentaires de réaction, un mode actif associé à une activation sympathique, et un mode passif, associé à une activation du système hypophyso-corticosurrénalien (conservation-retrait*). Les recherches actuelles portent sur la caractérisation de ces patrons réactionnels, leur dépendance vis-à-vis de l'expérience antérieure ou des facteurs génétiques et les risques pathologiques qui leur sont associés. *R. Dantzer*

Stress environnementaux

Ensemble de conditions généralement attribuées à la vie urbaine et auxquelles le sujet doit faire face : bruit, pollution de l'air, densité, etc. La présence de cette multitude de stimulations, souvent résumée dans le concept de **surcharge environnementale***, exige de l'individu une énergie psychologique accrue due à un effort d'adaptation* dont le coût peut être aussi bien immédiat qu'à long terme. Les stress ont une influence sur le comportement social du sujet (agression*, altruisme*, relations sociales en général). La prise en compte des réponses psychologiques met l'accent sur les processus cognitifs* médiateurs entre le stimulus stressant et les stratégies adaptatives du sujet. Parmi les stress environnementaux, le bruit occupe une place prépondérante en affectant aussi bien la performance immédiate dans les tâches complexes que la fatigue physique consécutive à l'effort consenti par le sujet pour maintenir sa performance. *G. Moser*

Stroboscope

Dispositif, précurseur du procédé cinématographique, mis au point dès 1832 par J. Stumpfer d'une part, par J. Plateau d'autre part, permettant d'obtenir une perception de mouvement à partir d'une succession d'images statiques intermittentes. L'expression **perception stroboscopique** s'applique à la fusion* des impressions lumineuses malgré leur intermittence*, caractérisant le **mouvement stroboscopique**, forme la plus courante de mouvement apparent*. *M. Richelle*

Stroboscopique → Stroboscope

Stroop (Effet —) → Interférence

Structuralisme

Désignation donnée au cours du XXe siècle à divers courants artistiques, littéraires et scientifiques. Dans le domaine scientifique, cette appellation caractérise des théories psychologiques mais aussi des conceptions mathématiques, linguistiques et anthropologiques. Une des premières manifestations du structuralisme peut être trouvée, dans le domaine mathématique, dans le « Programme d'Erlangen » proposé en 1872 par F. Klein. Ce programme mettait à l'avant-plan la structure* de groupe* dont on sait l'importance qu'elle revêtit par la suite. C'est à cette influence mathématique que l'on peut encore rattacher l'apparition en psychologie du concept d'isomorphisme* qui remplaça peu à peu le terme contesté d'analogie*. On peut aussi invoquer l'influence considérable de la philosophie de la nature qui développa un concept d'organisme* conçu comme structure, comme totalité. L'organisme est dans ce cas analogue au système* dont L. von Bertalanffy proposera plus tard la théorie générale. L'idée de structure, de laquelle sont d'ailleurs souvent synonymes les concepts de figure*, de forme* et de système, ne repose pas sur une opposition à l'idée de fonction* mais place au premier rang la notion de totalité : la totalité prime les parties et n'apparaît pas comme l'assemblage de plusieurs éléments. On retrouve là un des thèmes dominants de la psychologie de la forme*. J. Piaget reprit l'essentiel de cette conception et chercha à formaliser les structures opératoires* par le moyen de la théorie mathématique des groupes.

En parallèle, le structuralisme linguistique (le Cercle de Prague, par ex.) influença certains courants psychologiques et psychanalytiques (Lacan, par ex.).

L'appellation de structuralisme fut également revendiquée par E. Titchener pour caractériser sa position face au fonctionnalisme* de W. James sur la question de l'analyse des états de conscience*. Le structuralisme de Titchener l'a conduit à s'intéresser, par le moyen de l'introspection*, à la nature de la conscience et aux différents éléments qui la composent. James a privilégié de son côté l'approche fonctionnaliste et en a dégagé le projet d'une psychologie pratique à laquelle Titchener se montrait réticent. *P. Mengal*

Structuration

La structuration est le processus constitutif des structures psychologiques. Elle peut être conçue soit comme le résultat d'une maturation* biologique, soit comme une association de composantes réglée par une norme extérieure (règles sociales, régularités du milieu, etc.), soit comme une émergence* soudaine d'une totalité à partir de l'assemblage de ce qui devient alors ses composantes (les formes* perceptives selon la théorie de la *Gestalt**), soit enfin comme une auto-organisation dans laquelle interviennent des actions psychologiques de régulation*, d'équilibration*, de réorganisation, etc. Les processus de structuration peuvent en outre être distingués selon qu'ils procèdent à partir de composantes non préalablement organisées, ou que leurs points de départ sont des systèmes structurés préalablement constitués. *J.-J. Ducret*

Structure

Ensemble d'éléments organisés selon certaines relations. L'emploi très large du terme dans tous les champs du savoir et dans la langue courante n'en autorise pas une définition univoque. L'usage classique, en anatomophysiologie et plus généralement en biologie oppose, tout en les articulant étroitement l'une à l'autre, la structure (groupe d'éléments dont les relations ont été repérées et décrites) à la fonction*, ou activité physiologique assurée par la structure. Dans le prolongement de cette distinction, le terme désigne, en psychologie, des systèmes organisés qui sous-tendraient les comportements : structures de l'intelligence*, de la personnalité*. A la différence des structures anatomiques, les structures de la psychologie sont inférées, elles relèvent du *construct**, et il n'est pas facile de les décrire indépendamment de leur fonction : l'appareil psychique* de la psychologie dynamique* illustre bien cette ambiguïté. Le type d'organisation caractérisant une structure psychologique est tantôt hiérarchique*, tantôt modulaire*, notions elles aussi empruntées aux conceptions neuroanatomiques.

Il n'est pas douteux que les structures invoquées par les psychologues visent à rendre compte de la relative stabilité dans le temps des conduites caractérisant un individu, la notion de structure impliquant une sorte de permanence, et s'opposant, selon un axe différent de la distinction structure/ fonction, à la dynamique du changement. Les structures se trouveront dès lors privilégiées dans une perspective synchronique, par contraste avec la perspective diachronique, à laquelle elles apporteront les éléments de continuité. La notion de structure psychologique se rapproche ici de la tendance*, de la « faculté* » ou de l'« aptitude* » au sens de potentialité*, de prédisposition*.

Les structures auxquelles s'intéresse la psychologie peuvent aussi caractériser les stimulus*. Un stimulus complexe est généralement composé d'éléments entretenant entre eux certaines relations : un arrangement musical de sons, une émission sonore langagière se distinguent clairement, quant à leur degré d'organisation, d'un bruit blanc*. Les relations qui caractérisent ce genre de structure peuvent même revêtir une importance plus grande que les éléments qu'elles relient, comme le montre bien la constance de l'effet après transposition d'une mélodie, ou celle du sens d'un énoncé indépendamment du registre de la voix, féminine ou masculine, qui le prononce.

Les structures [configurations*, (bonnes) formes*, *Gestalt**] reconnues dans les stimulus ont fourni à la psychologie de la forme le point de départ d'une théorie de la perception qui a mis l'accent sur les relations entre éléments plutôt que sur les éléments eux-mêmes. Très vite se pose pourtant le problème de la part que joue le sujet dans la structuration du réel, par rapport à la structure inhérente à celui-ci. Le gestaltisme s'en est tenu à la notion d'isomorphisme* entre structures du réel et structures de l'esprit*. Confronté à un problème analogue s'agissant des structures logiques, J. Piaget a adopté une explication constructiviste*. On voit que l'attention portée à la structure du stimulus débouche inévitablement sur la question des structures psychologiques du sujet.

Au cours de l'histoire de la psychologie, diverses écoles de pensée ont centré leur analyse théorique sur la notion de structure (V. Structuralisme). *M. Richelle*

Structure cognitive : J. Piaget définit chacun des stades* du développement* cognitif par une structure qui est une organisation de l'ensemble des schèmes* ou des opérations* disponibles au stade considéré. En d'autres termes, il s'agit d'une organisation, spécifique à chaque stade, de l'expérience du sujet, organisation envisagée du seul point de vue de la forme et non pas des contenus. Grâce au processus d'équilibration* (majorante), la structure contient en elle-même sa propre possibilité d'évolution. J. Piaget décrit de façon formelle la structure caractéristique de chacun des stades : celle du stade sensori-moteur par le groupe des déplacements* ; celle du stade préopératoire en termes de dépendance fonctionnelle entre les actions et les objets et entre les objets eux-mêmes ; celle du stade opératoire concret par les groupements* opératoires ; enfin celle du stade opératoire formel par le groupe INRC*. La structure d'un niveau opératoire donné ne définit pas les performances observables chez chacun des sujets mais celles, attestées ou non chez tel ou tel individu, qui relèvent d'un même ensemble organisé de compétences*. *J.-E. Gombert*

Structure de groupe : divers critères permettent de définir la structure informelle d'un groupe. Les plus courants sont la différenciation des statuts* (ou des rôles*) et le système des relations. En termes de statuts, après qu'on eut renoncé à l'hypothèse d'un ordre unidimensionnel chapeauté par un *leader**, on en est venu à l'hypothèse de rôles* complémentaires impliquant des statuts situés sur des dimensions différentes (tâches, idées, relations). En termes de relations, appréciées, par exemple, par un sociogramme*, les structures de groupe renvoient aux affinités, aux rejets. Souvent représentée sous forme de graphe*, la structure permet alors des calculs variés (équilibre de la structure, connexité). *Ersoc*

Structure coordinatrice → Synergie

Structure de communication → Réseaux de communication

Student → T de Student

Stupeur

Caractérise un état de sidération cognitive, thymique, et comportementale, partielle ou complète avec aboulie. Toute activité motrice*, gestuelle* ou mimique est suspendue, le sujet est totalement immobile, figé, mutique, refusant toute interaction. Elle s'observe le plus souvent dans certains états mélancoliques sévères où elle correspond au degré maximal du ralentissement* psychomoteur avec figement de l'idéation et de toute expression comportementale.

Elle peut aussi survenir lors de syndromes catatoniques ou d'épisodes de confusion mentale. *J.-F. Allilaire*

Style cognitif

Dans un sens large, l'expression désigne tout phénomène de variabilité interindividuelle relativement stable dans la forme de l'activité cognitive. Dans un sens plus restreint, qui est apparu dans les années 1950, les styles cognitifs sont des dimensions* qui décrivent des modalités du fonctionnement cognitif et qui permettent de comprendre la cohérence entre certaines conduites cognitives et socio-affectives, c'est-à-dire certains aspects de la personnalité*. Les styles cognitifs se distinguent des aptitudes* dans la mesure où ils concernent davantage la forme de l'activité que son efficience. Les styles cognitifs les plus étudiés sont la dépendance-indépendance du champ* et la réflexion-impulsivité.

M. Huteau

Style d'apprentissage

Caractéristiques individuelles qui concernent la manière préférée de traiter les informations. Ces préférences sont reliées aux styles cognitifs* individuels dont ils constituent une application. Ils peuvent faire l'objet d'un diagnostic utilisable pour adapter les méthodes et les moyens d'enseignement aux styles individuels et rendre ainsi l'apprentissage* aussi efficace que possible. Parmi les typologies de styles d'apprentissage, on peut citer le modèle de Kolb qui distingue deux manières de percevoir l'information (concrète ou abstraite) et deux manières de la traiter (active ou passive). En combinant les modes préférés de perception et les modes préférés de traitement de l'information, Kolb a défini quatre styles différents et décrit les modes d'apprentissage qui conviennent le mieux à chacun d'eux. *C. Lévy-Leboyer*

Style de commandement

Mode de relations interpersonnelles et d'exercice de l'autorité* dans les activités des cadres ayant des fonctions de responsabilité directe. Plusieurs classifications des styles de commandement, avec un modèle destiné à évaluer leur efficacité, ont été proposées : notamment, les chercheurs de l'université de l'Ohio définissent quatre styles selon le niveau de considération* et de structure d'initiative* ; G. Yukl propose une taxonomie beaucoup plus détaillée puisqu'elle comporte vingt-trois dimensions distinctes ; V. Vroom défend l'idée que le style de *management* doit être adapté aux situations spécifiques et définit cinq éventualités allant de l'autocratie à la participation. *C. Lévy-Leboyer*

Style de vie

Expression utilisée pour traduire l'unité de la personnalité* psychique organisée à partir d'un choix de valeurs qui contribue à la cohésion de l'image de soi dans le monde extérieur. *J. Selosse*

Subception

Phénomène de perception* subliminale*, décrit par R. S. Lazarus et R. A. McCleary en 1951. Il s'agit plus exactement de perception n'atteignant pas le seuil* de la conscience*, mais dont la détection* est attestée par une réponse à un autre niveau, tels la réponse électrodermale* ou, plus simplement, le potentiel évoqué* cérébral. La défense* perceptive, où des mots à connotation affective en présentation tachistoscopique* ne sont pas identifiés mais donnent néanmoins lieu à une réaction psychogalvanique*, implique la subception. Mais celle-ci ne met pas nécessairement en cause des stimulus à valeur émotionnelle : des stimulus verbaux, présentés en écoute dichotique* à une oreille pendant que l'autre reçoit une pièce musicale, déterminent le contenu de l'imagerie* mentale associée à la musique, sans que le sujet ait pris conscience de leur présence. Le phénomène n'est intrigant, comme l'a bien montré N. F. Dixon, que si l'on confond les fonctions de détection et de traitement de l'information* perceptive et les mécanismes de la prise de conscience, une confusion courante du sens commun, et dont beaucoup de psychologues ne parviennent pas à se détacher, mais que de nombreuses données expérimentales ne permettent plus de faire. *M. Richelle*

Subconscient

Souvent employé comme synonyme d'inconscient*, ce terme implique une différence de degré et non une différence de nature avec l'état conscient. On a pu le définir comme un état de faible conscience*. C'est sans doute dans l'œuvre de P. Janet que ce concept a trouvé son usage le plus rigoureux dans la mesure où, pour cet auteur, la prise de conscience s'applique à tous les actes de la vie mentale, des plus élémentaires aux plus complexes. Au contraire, l'inconscient au sens freudien est caractérisé par une inaccessibilité radicale à toute prise de conscience immédiate. Chez P. Janet, le subconscient est donc lié à la conception hiérarchique des conduites.

Plus récemment, on a parfois utilisé le terme pour définir des opérations subliminales de traitement de l'information*, coïncidant alors avec la notion d'inconscient cognitif. *D. Widlöcher*

Subiculum → Hippocampe

Sublimation

Processus de dérivation des pulsions* sexuelles et agressives vers des buts et des objets socialement valorisés, en particulier l'investigation intellectuelle et la créativité* culturelle. Il met en œuvre un mécanisme de neutralisation de l'énergie pulsionnelle, et ne mobilise pas de contre-investissement*. C'est pourquoi il occupe une place à part à l'égard des autres mécanismes de défense*. Il porte électivement sur les pulsions partielles qui ne seront pas retenues dans l'organisation génitale définitive. Sa mise en place présuppose un degré suffisant de cohérence du moi* et la formation du surmoi*. Le mécanisme de sublimation joue un rôle particulièrement important lors de la résolution du complexe d'Œdipe*, au début de la période de latence*. Il permet à l'enfant une modification structurale de sa vie pulsionnelle, qui l'oriente vers les apprentissages* scolaires, l'activité culturelle, les jeux* sociaux, et l'établissement de nouvelles relations humaines. Dans la famille, se développent les sentiments de tendresse, de dévotion et de respect.

E. Jalley

Subliminal

Se dit d'un stimulus* qui se situe en dessous du seuil absolu*, ou, à propos d'un écart entre deux stimulus, d'une différence n'atteignant pas le seuil différentiel*. Se dit, de même, de quelque événement situé en deçà d'un seuil quelconque. On dit aussi **subliminaire** et infraliminaire* ; certains réservent subliminal et subliminaire à ce qui se situe en dessous mais encore à proximité du seuil, mais cet usage n'a rien de contraignant.

Perception subliminale : V. Subception.

M. Richelle

Substance blanche → Tronc cérébral

Substance grise → Tronc cérébral

Substitution (Activité de —) → Déplacement (Activité de —)

Subvocal (Langage —)

Peut se décrire comme une parole* intérieure, muette. Se distingue du langage* parlé par l'absence d'émission vocale ; cependant la subvocalisation met en jeu la musculature des organes phonatoires (dont l'activité peut être mise en évidence par enregistrement électromyographique). Ces manifestations de langage subvocal s'observent parfois lors de la lecture* silencieuse (à ne pas confondre avec le transcodage graphophonémique). *D. Zagar*

Succès professionnel → Critères de succès professionnel

Succion

Chez le bébé, l'alimentation se fait initialement par absorption du lait tiré des glandes mamellaires (ou de substituts) au moyen de la bouche qui fonctionne comme une pompe aspirante. La succion est d'abord un comportement inné, activé soit spontanément, soit par pression sur la bouche ou les parties voisines. Elle est coordonnée à des comportements de rotation de la tête et dépend du goût des objets tétés ou des aliments. Mais la succion n'est pas seulement dépendante de facteurs biologiquement déterminés. Le réglage de ses paramètres s'affine lors de son exercice. Surtout, elle devient très tôt un centre d'intérêt où l'activité cognitive et affective prend son autonomie par rapport au besoin biologique. Nombre d'objets sont connus à travers leur assimilation* à un schème* qui se généralise et se différencie. Le besoin* se métamorphose en pulsion* sexuelle.

J.-J. Ducret

Succion non nutritive : à côté de la succion alimentaire, le nourrisson produit des activités de succion dite non nutritive, au rythme plus rapide que la première et entrecoupé de pauses plus brèves, et à laquelle la satiété ne met pas fin. Elle revêt sans doute, entre autres, une fonction exploratoire de prise d'information des objets dans l'espace buccal.

Son interruption par la présentation d'un stimulus visuel ou auditif est une composante, chez le nourrisson, de la réaction d'alerte*, passible d'habituation* si le stimulus est répété, et de déshabituation* si survient un stimulus différent, discriminé par l'enfant. Cette propriété a conduit à faire de la succion non nutritive une méthode de choix pour mettre en évidence les capacités perceptives et cognitives précoces des nourrissons. La succion non nutritive a également été placée sous contrôle opérant*. *M. Richelle*

Suggestibilité

Disposition mentale particulière qui donne à certains sujets une réceptivité et une soumission excessives aux différentes influences susceptibles de s'exercer sur eux.

Ce terme revêt en fait des significations variées, désignant soit la plasticité et la labilité des rôles et attitudes, soit la sensibilité particulière à la suggestion* utilisée comme moyen thérapeutique. Certains auteurs considèrent le sujet hystérique* comme le moins suggestible des sujets névrotiques* alors que d'autres tendent au contraire à faire de la suggestibilité un trait central susceptible de rendre compte de la pathogénie des troubles aussi bien dissociatifs que somatoformes qui correspondent à l'ancien concept d'hystérie. *J.-F. Allilaire*

Suggestion

Processus d'influence sociale* par lequel l'intention* d'autrui provoque de manière immédiate son accomplissement chez le sujet*. Le caractère immédiat signifie que la transmission ne se réalise pas par un processus d'argumentation ou d'apprentissage, mais résulte d'une identification* immédiate à la croyance ou à la réalisation du désir d'autrui. Le pouvoir de suggestion tient à des facteurs sociaux et circonstanciels. La **suggestibilité** dépend de facteurs sociaux, personnels et circonstanciels. S. Freud a souligné le rôle d'un attachement libidinal à l'agent inducteur et le désir d'identification chez le sujet suggestionné.

La suggestion joue un rôle important dans certaines circonstances de la vie sociale, en particulier quand elle s'exerce sur des groupes. Elle a ainsi fourni un cadre conceptuel à un premier courant de psychologie sociale (G. Le Bon, G. Tarde). En clinique, des échelles de suggestibilité ont été construites pour mesurer la capacité du sujet, en particulier dans les expériences d'hypnose* où l'obéissance à la suggestion hypnotique doit être distinguée d'une simulation* passive.

L'**autosuggestion**, ou capacité de se persuader soi-même, pose des problèmes de nature assez différente. Il s'agit en effet d'expliquer comment le sujet lui-même peut se persuader de changer ses propres croyances ou intentions sous la seule pression d'une attitude contraire, maintenue de manière contrôlée. L'autohypnose spontanée, et plus généralement les symptômes hystériques, semblent obéir à ce mécanisme, encore que notre ignorance de la procédure utilisée rende cette explication de faible portée. *D. Widlöcher*

Suicide

Classiquement, le suicide est le meurtre de soi-même. E. Durkheim, en 1897, appelle suicide tout cas de mort qui résulte d'un acte accompli par la victime elle-même et qu'elle savait devoir produire ce résultat. Actuellement, on tend à envisager dans un vaste ensemble le suicide proprement dit, la tentative de suicide, le chantage au suicide, les équivalents suicidaires. D'un point de vue épidémiologique, le nombre de suicides est difficilement appréciable (suicide non déclaré, non-reconnaissance du suicide à l'origine de la mort). Cependant, une étude sur l'année 1971 dénombrait en France 14 200 suicides (seconde cause de décès par mort violente). Les moyens utilisés sont variés : par ordre de fréquence on note, en France, la pendaison, la noyade, le gaz, les armes à feu, les toxiques médicamenteux, les armes blanches.

Différents facteurs suicidogènes ont été repris : on dit par exemple que le suicide est plus fréquent en milieu rural et les tentatives de suicide plus fréquentes en milieu citadin ; on évoque le rôle des conditions atmosphériques, de facteurs actuellement retenus comme favorisants : l'absence d'insertion sociale réelle, la rupture professionnelle, l'appartenance à certaines catégories socioprofessionnelles (étudiant, militaire, appelé, détenu, prostituée, personnel médical et paramédical) ; enfin l'âge : la tentative de suicide est surtout le fait de sujets jeunes (adolescents) ; au contraire, la fréquence du « suicide réussi » est plus grande chez les personnes âgées. Les femmes font plus de tentatives de suicide (cinq femmes pour deux hommes) mais le rapport s'inverse pour le suicide.

S'il n'existe pas de profil* psychologique du suicidant, toute affection mentale est peu ou prou suicidogène, surtout la mélancolie* où le risque est majeur. Dans la dépression* névrotique, le passage à l'acte paraît fonction de la structuration des défenses. Le suicide est rare au cours des délires chroniques tandis que les tentatives de suicide du schizophrène sont énigmatiques et bizarres.

Le sens des conduites suicidaires n'est pas univoque : ce peut être une volonté destructrice dans laquelle l'autoagressivité est très présente ; les psychanalystes envisagent soit un retournement contre soi de l'agressivité initialement dirigée contre l'autre, soit l'expression privilégiée de l'instinct de mort s'actualisant dans le geste suicidaire. La dimension hétéroagressive souvent inconsciente est indéniable, stigmatisant l'entourage familial. La fonction de chantage est parfois présente, n'en mettant pas moins gravement en danger le patient dans cette quête de communication avec autrui. La question du passage à l'acte suicidaire est toujours très discutée, et ce d'autant que le risque mortel est très mal apprécié le plus souvent par le suicidaire. Actuellement, certains travaux neurobiologiques émettent l'hypothèse d'une vulnérabilité au passage à l'acte quel qu'il soit liée à un dysfonctionnement sérotoninergique.

Enfin, la récidive pose un problème grave du point de vue préventif : 10 à 15 % des suicidants (sujets ayant commis une ou plusieurs tentatives de suicide) finissent par se tuer. *A. Braconnier*

Sujet

Le sujet est un être individuel (homme ou animal) soumis à l'observation* ou à l'expérimentation* ; il peut être aussi le sujet de la connaissance*, qui porte elle-même sur des objets ; il est enfin l'un des termes des énoncés du langage humain, l'autre étant le prédicat*. Ces trois significations principales ont leurs sources communes dans le fait fondamental de l'intersubjectivité* : ce sont la projection de ma vie mentale et corporelle sur mon semblable, et celle de la sienne sur moi, qui nous conduisent à nous constituer en sujets. La psychologie de l'intelligence de J. Piaget s'insère dans le projet plus vaste d'une épistémologie génétique*. Celle-ci concerne le rapport des diverses formes de l'objet scientifique au **sujet épistémique,** défini comme sujet quelconque, centre de fonctionnement, organe de liaison, noyau cognitif commun à tous les sujets d'un même niveau de développement*. Ce sujet épistémique, actif, coordinateur et décentré, se présente en même temps comme un inconscient cognitif, comportant aussi une dimension collective et historique qui interdit de le confondre avec le sujet concret. En raison de cette présupposition réciproque du sujet et de l'objet, une science qui serait une description objective d'un monde sans sujets serait contradictoire. La psychologie de l'enfant et la psychologie clinique s'efforcent de maintenir le concept de sujet dans le cadre de la psychologie scientifique. La première en affirme la nécessité quel que soit l'objet à atteindre, selon R. Zazzo. Elle se fonde en particulier sur la précocité des capacités perceptives et d'orientation vers autrui du nourrisson. La seconde, avec S. Freud, H. Wallon et leurs disciples, souligne le rôle des relations intersubjectives dans la structuration de la personnalité*. Par l'intériorisation de ses relations, le sujet apprend à se traiter comme un objet. Or, de façon paradoxale, comme le note D. Lagache, le sujet existe avant tout dans son intentionnalité, sans s'apercevoir comme tel. L'anthropomorphisme* est sans doute une erreur à éviter, mais il est aussi un ressort à ne pas méconnaître : la conscience se prend pour quelqu'un. Dès l'Antiquité, les religions et les philosophies morales, en donnant du relief au souci de soi, ont enrichi la psychologie du sujet.

R. Doron et E. Jalley

Superstition

Croyance* non fondée quant à la nature ou la cause d'un phénomène ; comportement* individuel ou social attestant de cette croyance.

Par analogie avec ce type de conduite d'un grand intérêt pour la psychologie sociale, B. F. Skinner a, en 1948, décrit chez l'animal un « comportement superstitieux » résultant de l'association fortuite entre un comportement quelconque émis par un pigeon au cours de son activité spontanée (par ex., un battement d'ailes, ou un déplacement circulaire dans la cage) et un stimulus renforçateur* alimentaire délivré au hasard par l'expérimentateur (V. Collatéral, Induit).

M. Richelle

Superstructure narrative

Notion qui désigne des genres ou types de structures globales d'un texte* ; elle doit être distinguée de celle de macrostructure* ou thème*-topic du discours. Tandis qu'à chaque texte correspond une et généralement une seule macrostructure, les textes, en dépit de leurs différences, semblent pouvoir être ramenés à la combinaison d'un nombre limité de séquences* de base. Ces types de séquences élémentaires, ou superstructures, combinent hiérarchiquement des macropropositions qui sont des paquets de propositions* élémentaires. Les superstructures les plus connues sont les schémas* ou plans de textes* narratif, argumentatif, explicatif et descriptif.

J.-M. Adam

Superviseur

Structure de contrôle invoquée dans certains modèles* du fonctionnement psychologique, assurant la gestion soit de l'ensemble des structures subordonnées, soit d'un sous-ensemble — auquel cas plusieurs superviseurs sont invoqués. Ainsi, dans un modèle proposé par Paillard, les traitements sensori-moteurs* relèveraient d'un superviseur autonome assurant automatiquement les adaptations les plus directement requises par les sollicitations du milieu, alors que les traitements cognitifs*, liés aux représentations*, seraient passibles du contrôle d'un superviseur conscient faisant intervenir les processus attentionnels et intentionnels (V. Processur central).

M. Richelle

Superviseur central → Travail (Mémoire de —)

Suppléance sensorielle

Capacité de l'organisme à suppléer une déformation (naturelle comme celle que provoque le vol en haute altitude ou la plongée en grande profondeur ; artificielle comme celle qui résulte de l'usage de prismes inverseurs du champ visuel) ou une déficience sensorielle (handicap sensoriel : cécité, surdité, etc.) par une activité compensatrice restauratrice de la fonction perturbée. La suppléance résulte de l'entraînement ou du développement de montages sensori-moteurs et cognitifs à même de restaurer, au moins partiellement, la fonction altérée. Il s'agit d'un réajustement adaptatif aux conditions modifiées des relations de l'organisme à son milieu. Les processus immédiats d'adaptation (caractérisés par un moindre coût et une efficacité optimale) sont remplacés par des processus médiats, au moins dans un premier temps (nécessitant un temps d'habituation et le développement de stratégies nouvelles :

exploitation de nouveaux indices, séquences* différentes, seuils* différents). La suppléance est intramodale lorsqu'elle a lieu au sein d'une même modalité* (acuité visuelle très faible compensée par une meilleure analyse des contrastes visuels). Elle est intermodale lorsque l'attitude compensatoire se développe dans un autre domaine que celui de la déficience (discrimination tactile meilleure et plus alertée débouchant sur la lecture braille lorsque la lecture visuelle n'est plus possible). La suppléance sensorielle est d'autant meilleure que les capacités adaptatives générales sont intactes chez le sujet jeune, par exemple, ou lorsque l'apprentissage se fait progressivement. La suppléance sensorielle est l'actualisation de potentialités existant au préalable mais non immédiatement utilisées sans nécessité car de coût plus élevé (apprentissage plus long et plus discriminatif) (V. Transfert intermodal). *R. Génicot*

Support social → Soutien social

Suppression

Dans le domaine du conditionnement*, réduction, partielle ou totale, du débit* de réponses opérantes* obtenue en présence d'un stimulus avertisseur* d'un événement aversif* inévitable (réaction* émotionnelle conditionnée) ou en présence d'un stimulus préalablement associé, dans une phase distincte de l'expérience, à un événement aversif inévitable. Le stimulus suppresseur peut être superposé à n'importe quel programme de renforcement*, mais généralement il est présenté au cours d'un programme de renforcement intermittent* à intervalle* variable, générant un débit de réponse régulier sur lequel l'effet suppresseur est aisé à estimer. Cette estimation peut encore être affinée par le recours à un **indice** ou **coefficient de suppression** fondé sur le rapport entre le débit en présence du signal et le débit observé au cours d'une période équivalente le précédant immédiatement. La procédure de suppression conditionnée a été largement utilisée dans les recherches sur l'apprentissage* animal réalisées dans une perspective cognitiviste*.

En psychophysique* et en psychologie de la perception*, altération de la détectabilité* d'un stimulus produite par un effet de masque*.

Négligence de certaines parties ou de certains aspects des informations atteignant pourtant les organes récepteurs : la **suppression d'écho** est la capacité de notre système auditif à ignorer les réverbérations sonores présentes dans les situations habituelles et survenant dans les 50 à 100 ms suivant le son initial. *M. Richelle*

Supraliminaire

Se dit d'un stimulus qui se situe au-dessus du seuil absolu*, ou d'un écart entre deux stimulus qui se situe au-dessus du seuil différentiel*. *M. Richelle*

Surapprentissage

Apprentissage* poursuivi au-delà du point où l'acquisition* peut être considérée comme réalisée. La notion est toute relative. En effet, s'il est facile d'établir un critère de performance pour la mémorisation* d'une liste de mots ou le parcours d'un labyrinthe*, il n'en va pas de même dans la plupart des situations d'apprentissage, qu'il s'agisse de conditionnements pavloviens*, où la performance s'exprime en gouttes de salive, ou d'apprentissage d'habiletés motrices, où l'on peut toujours attendre une amélioration de la performance. Le critère ne peut alors être défini que par convention. Le surapprentissage se trouve attesté par le niveau de performance observé après une interruption (récupération* ou restauration spontanée), par l'économie* réalisée lors d'un réapprentissage, par les meilleurs rendements à un test de restitution* différée (décours moins rapide de l'oubli), par une plus grande résistance à l'extinction*. *M. Richelle*

Surcharge → Charge

Surcharge environnementale → Stress environnemental

Surcompensation

Procédé décrit par S. Freud consistant à prendre dans la conscience le contre-pied de la représentation ou de l'affect* inconscients : ainsi, dans le rêve* de l'Homme aux loups*, les longues queues des animaux sont une surcompensation de la castration* présente dans les pensées latentes* ; le souci exagéré pour la vie ou la santé d'une personne aimée est une surcompensation du désir de mort* à son encontre, etc. La surcompensation est la manifestation du processus de contre-investissement* et ce concept est proche de ceux de formation réactionnelle* et de réparation*. A. Adler a fondé une bonne partie de sa psychologie individuelle* sur la théorie selon laquelle l'une des motivations importantes du psychisme est la tendance à compenser des infériorités organiques. *J.-M. Petot*

Surconstance

Se dit de cas observés occasionnellement où les mécanismes d'ajustement à la base des constances* perceptives semblent jouer avec excès. Ainsi, dans le domaine de la taille des objets, la mesure de la constance fournira une valeur, non pas intermédiaire entre la grandeur de l'image rétinienne et la grandeur — comme c'est généralement le cas —, ni même égale à cette dernière, mais une valeur plus élevée (le rapport de Brunswik est supérieur à l'unité).

M. Richelle

Surdétermination

Dans la théorie psychanalytique du rêve* et des productions psychiques qui lui sont comparables (lapsus, actes manqués, symptômes névrotiques, etc.), la surdétermination désigne le fait qu'un élément du contenu manifeste* se rapporte à plusieurs pensées latentes* du rêve. Sa présence dans le contenu manifeste est déterminée par plusieurs courants psychiques à l'origine du rêve. La notion de surdétermination est étroitement liée à celle de compression ou condensation*. La surdétermination a pour corollaire :

1. la pluralité de significations de l'élément surdéterminé et, de ce fait, de l'ensemble du rêve (ou de la production psychique analogue) ;
2. la nécessité pour l'interprétation* de ne pas s'en tenir à la première signification qui est apparue. *J.-M. Petot*

Surdi-mutité

Surdité congénitale ou précoce empêchant l'acquisition* normale du langage*. Grâce à une pédagogie* spéciale, les sourds-muets peuvent acquérir, à partir de 5 ou 6 ans, un langage gestuel qu'ils utilisent entre eux, et aussi employer en partie la langue orale. Les enfants sourds-muets connaissent moins de mots que les enfants entendants du même âge. Jusqu'à l'âge de 6 mois, leurs vocalisations* ne se différencient guère de celles des entendants. Ces enfants réussissent moins bien que les entendants dans les expériences sur la perception de figures complexes impliquant des étiquettes verbales, dans celles aussi sur l'extension des concepts*. Cependant, la pensée opératoire* se développe chez eux avec moins de retard que chez les aveugles. J. Piaget, en raison de son opinion sur le caractère subordonné du langage dans le développement opératoire, tend à mettre l'accent sur les résultats qui minimisent ce retard. Les observations récentes contribueraient à lui donner une importance plus marquée. Enfin, il convient de souligner que le langage des sourds-muets utilisé aux Etats-Unis (*ASL, Ameslan* ou *American Sign Language*) a pu être enseigné avec un certain succès à des chimpanzés. *E. Jalley*

Surdité verbale → Aphasie

Surestimation

Jugement* conférant à un objet ou une qualité quelconque une valeur supérieure à sa valeur réelle. Les effets de surestimation se rencontrent en psychophysique* et en psychologie de la perception* soit à la faveur de particularités des conditions expérimentales (surestimation de l'étalon*, par ex.), soit en raison de caractéristiques propres aux configurations* à estimer (voir certaines illusions* perceptives, dans lesquelles une figure se trouve surestimée à cause du voisinage de figures lui faisant contraste), soit encore par intervention de facteurs extraperceptifs (surestimation motivationnelle de la taille d'une pièce de monnaie chez des sujets de milieu pauvre).

M. Richelle

Surextension → Surgénéralisation

Surgénéralisation

Terme utilisé dans les études sur l'acquisition du langage* pour désigner le processus en vertu duquel un enfant étend l'usage d'un trait grammatical à des contextes* plus étendus que ceux auxquels un adulte limite l'usage de ce même trait. On dira, par exemple, d'un enfant francophone qu'il surgénéralise la forme régulière du pluriel en disant *« des chevals »*, ou d'un petit anglophone qu'il surgénéralise la forme régulière du passé simple en disant *« goed »*. Le terme est parfois confondu avec celui de **surextension** normalement utilisé pour indiquer que l'enfant étend l'usage d'un signifiant* à un ensemble de référents* plus large que l'ensemble des référents auquel renvoie ce même signifiant chez l'adulte (par ex., *« Papa »* utilisé par un enfant pour désigner le père, mais aussi toute personne adulte de sexe masculin).

M. Hupet

Surinvestissement

Investissement supplémentaire s'appliquant à une représentation déjà investie. Pour S. Freud, au départ, ce mécanisme joue un rôle essentiel dans le processus d'attention consciente. Une représentation peut être investie par la seule exigence pulsionnelle. Pour être perçue consciemment, elle doit être l'objet d'un investissement complémentaire d'attention. Cela s'applique aussi bien à la réalité externe qu'à la réalité psychique.

Dans un sens plus général, on peut parler de surinvestissement pour toute forme d'énergie venant activer une représentation, en particulier en référence à la théorie des pulsions*. *D. Widlöcher*

Surjustification

Processus par lequel un comportement provoqué par une cause interne est perçu comme surdéterminé lorsqu'une cause externe vient s'ajouter à la précédente. L'individu a alors tendance à soustraire la cause interne, la moins prégnante, pour ne considérer que la cause externe qui devient la seule justification de son comportement. Ce processus peut expliquer la détérioration de la motivation* intrinsèque observée lorsqu'on offre une récompense pour réaliser une tâche attrayante. *M. Durand*

Surmoi

Directement empruntée à la théorie psychanalytique, la notion de surmoi appartient à la deuxième topique* freudienne. Son rôle est assimilable à celui d'un juge ou d'une censure morale à l'égard du moi*. Dans l'évolution de la pensée de censure*, le terme de surmoi apparaît pour la première fois chez S. Freud dans *Le moi et le ça* en 1923, venant compléter dans la deuxième topique la théorie d'une structure tripartite du sujet. Il décrit alors cette nouvelle instance* comme un système comprenant lui-même deux structures partielles : l'idéal du moi* proprement dit et une instance critique, d'interdiction. Mais avant de le désigner et de le différencier ainsi, la clinique et la théorie psychanalytiques avaient reconnu la part prise dans le conflit psychique par la fonction qui vise à interdire l'accomplissement et la prise de conscience des désirs.

Classiquement, sa formation est définie comme corrélative du déclin du complexe d'Œdipe : l'enfant, renonçant à la satisfaction de ses désirs œdipiens frappés d'interdit, renonce aux investissements libidinaux sur les parents, les transformant en identification aux parents, intériorisant les interdits parentaux, surtout sous forme de représentations verbales. Le renoncement aux désirs œdipiens amoureux et hostiles est enrichi par les apports ultérieurs des exigences sociales et culturelles.

Certains psychanalystes insistent sur le fait que l'intériorisation des interdits est bien antérieure au déclin de l'Œdipe, en voyant cette instance à l'œuvre dès les stades préœdipiens ou du moins en cherchant des comportements et des mécanismes psychologiques très précoces, qui constitueraient des précurseurs du surmoi.

A. Braconnier

Sursaut → Réaction de sursaut

Syllabation → Syllabe

Syllabe

Il s'agit d'une unité de la chaîne parlée constituée par un regroupement de phonèmes* eux-mêmes divisés en voyelles et consonnes. La **syllabation** (qui est l'opération consistant à décomposer en syllabes) met en évidence l'existence de deux structures syllabiques : la syllabe ouverte terminée par une voyelle prononcée [ma-ri] et la syllabe fermée terminée par une ou plusieurs consonne(s) prononcée(s) [trak-toer]. La forme syllabique du français est essentiellement fondée sur l'alternance consonne-voyelle/consonne-voyelle et il semble que la syllabe vocalique existe dans toutes les langues. On peut procéder à une syllabation de la langue écrite qui ne recouvre pas la syllabation phonique. Il existe en linguistique* un débat sur la réalité physique de l'existence de la syllabe, débat qui n'est pas sans conséquence sur les problèmes d'apprentissage* de la lecture* en particulier. *J.-L. Chiss*

Symbiose → Symbiotique

Symbiotique

Désigne à la fois une forme particulière de psychose infantile*, opposée aux psychoses autistiques*, et, dans le modèle génétique décrit par M. Malher, la phase normale du développement du petit enfant de trois à dix mois. Cet auteur en est venu secondairement à qualifier de symbiotique et d'autistique les deux polarités fondamentales des psychoses infantiles, souvent associées à des degrés divers.

Ce terme, emprunté à la biologie végétale, désigne les divers modes de composition de l'association de deux plantes de nature différente pour constituer un seul organisme. Le petit enfant constitue avec sa mère, au sortir de la phase autistique normale et avant les processus de séparation-individuation*, une « unité duelle ».

Le concept de **symbiose** indique la fusion, l'indifférenciation, telles que l'enfant perçoit sa mère comme en lui et partie de lui, et la mère, réciproquement, l'enfant comme partie d'elle-même : d'où le vécu de toute-puissance et d'accomplissement à la fois narcissique et objectal. Le destin de cette phase dépend des attitudes de la mère en trop ou en pas assez, ou selon des modalités contradictoires qui seraient d'autant plus pathogènes.

Cette notion trouve sa pertinence dans la clinique et dans l'observation du bébé : il est plus difficile de lui donner un statut métapsychologique précis. Il est clair cependant qu'elle évoque le compagnon contraphobique (V. Phobie) opposé à l'objet ou à la situation phobogènes*, et qu'elle recoupe le modèle kleinien de la relation d'objet idéalisé* opposée à la relation d'objet persécutoire*. Mais, comme certains auteurs l'ont souligné, l'objet n'y est pas constitué comme tel. Est caractéristique l'absence d'organisation psychique susceptible de permettre à l'enfant de faire face à l'expérience de séparation d'avec la mère. La mère est une sorte de moi auxiliaire qui assure, par le maintien*, le rôle d'organisateur symbiotique.

On a parlé de préobjet, de relation bi- et non pas tridimensionnelle, d'identification adhésive* (antérieure à l'identification projective*), qui ont fonction de défense par rapport aux angoisses de morcellement ou de démantèlement, au trou noir, etc.

Dans une autre perspective, W. Bion, pour rendre compte des différents types d'utilisation narcissique de l'autre, a proposé de distinguer différents types d'identification projective* : symbiotique, parasitique et commensale. J. Bléger a décrit le transfert* sur le cadre psychanalytique de la partie psychotique de la personnalité définie comme partie indifférenciée, non résolue des liens symbiotiques primitifs, de la fusion avec le corps de la mère qui résulte de la symbiose originaire. *B. Brusset*

Symbole

Le terme de symbole recouvre plusieurs ensembles de significations nettement distinctes. Comme le signe*, il désigne dans l'usage courant toute forme d'union d'un « représentant » sensible et d'un « représenté » psychique ; est donc symbole « tout ce qui fait sens », c'est-à-dire toute entité à laquelle s'applique l'activité cognitive de représentation. A la suite d'E. Cassirer en 1923, on introduira cependant une première restriction : le symbole est une production culturelle, inscrite dans le cadre des systèmes d'expression* et d'interprétation propres à l'espèce humaine.

Dans diverses disciplines formelles, on qualifie de symboles les notations qui renvoient soit à une entité déterminée (une grandeur, par ex.), soit à une opération précise sur ces entités. Dans la formule [x = (a + b)], x, a et b sont des symboles d'entités, = et + des symboles d'opérations. Le symbole est ici une unité d'écriture, conventionnelle et arbitraire* ; son emploi suppose l'existence d'un algorithme*, c'est-à-dire d'un ensemble de règles opératoires propres à un calcul, qui rendent sa signification univoque.

La sémiologie utilise le terme de symbole dans une acception très différente. Alors que le terme de signal* désigne l'unité « biface » de tout code* de communication*, le terme de symbole désigne un sous-ensemble d'unités, qui peut être large ou restreint. Dans la conception large, est symbole toute unité dont la face « représentant » entretient un rapport motivé avec la face « représenté ». Dès lors, un signal peut être soit un signe (rapport immotivé ou arbitraire), soit un symbole. Dans la conception restreinte, inspirée de C. S. Peirce, on parlera d'icône* lorsque la relation motivée est de type analogique (le plan d'une maison), d'indice* (ou index*) lorsque cette relation est de type causal (la fumée, indice du feu), et l'on réservera le terme de symbole pour désigner les unités dont le rapport de motivation est d'ordre historico-culturel (la balance, symbole de la justice).

Cette dernière acception du terme est solidaire d'une troisième signification, à caractère plus fonctionnel que structural, qui renvoie à l'ordre du **symbolique** et aux mécanismes de **symbolisation.** La symbolisation est un processus de mise en relation de deux ou plusieurs unités sémiotiques, de même niveau (le signifiant « lion » qui renvoie au signifiant « courage ») ou de niveau différent. Sous-tendu par un système d'associations plus ou moins stables, ce processus est susceptible de réinterpréter tout type d'unité sémiotique (par déplacement*, condensation*, figuration*, etc.), et d'en faire le symbole de « quelque chose d'autre », dont le caractère reste caché. Ce troisième type de symbole doit dès lors faire l'objet d'une interprétation* ; celle-ci visera, sinon à établir sa signification ultime, du moins à démêler l'écheveau des associations sur lesquelles il repose. En linguistique, on distingue ainsi le signifié* d'un signe (ou « sens premier »), qui est appréhendable dans le cadre du système formel de la langue, de sa connotation*, c'est-à-dire d'éventuels « sens seconds » d'ordre symbolique. Le sens second peut résulter d'associations établies dans la classe d'unités renvoyant au même référent (la métaphore* en constitue un ex.), ou elle peut résulter d'associations plus libres, interprétant les choix lexicaux ou syntaxiques effectués lors de la mise en discours ; l'énoncé *« T'as de beaux yeux, tu sais »* constitue ainsi un symbole renvoyant à la fois au langage familier et au cinéma.

En psychanalyse, on admet généralement que le rêve* ou le symptôme* constituent l'expression symbolique d'un désir ou d'un conflit, en ce sens qu'ils renvoient, de manière indirecte, à cet événement premier. A la suite de S. Freud, il convient cependant de considérer ces symboles à la fois comme le produit d'un « déterminisme associatif » qui relie le rêve ou le symptôme à l'événement premier (l'hystérie comme « symbole mnésique » d'un traumatisme pathogène), et d'un « déterminisme symbolique » qui injecte dans le réseau d'associations des éléments de signification issus de l'histoire du patient et/ou d'un « matériel symbolique » universel. Au sens strict, le symbole psychanalytique est le produit de cette seconde détermination. Il apparaît comme un élément « muet » ou inconscient (le sujet est incapable de formuler des associations à son propos), qui renvoie à un « champ du symbolisé » très restreint, celui des fantasmes* originaires (sexualité, parenté, mort, etc.), selon l'expression de S. Freud, celui des archétypes* de l'inconscient collectif, dans la conception de C. G. Jung. Si toute entité (un arbre, un glaive, un nombre) peut matérialiser un symbole, la valeur que celui-ci prend dans son rapport au symbolisé est constante, ce qui a conduit divers auteurs à parler d'un langage symbolique fondamental, propre à l'humanité. Cette langue de l'« imaginaire » constituerait un système de modèles symboliques préformés, susceptible d'engendrer une structuration de second ordre non seulement de la vie psychique, mais aussi des mythes* et de l'ensemble des systèmes d'action humaine, et d'en faire ainsi des « systèmes symboliques », au sens de C. Lévi-Strauss. *J.-P. Bronckart.*

Symbolique → Symbole

Symbolisation → Symbole

Symbolisme

Dans une première acception, le symbolisme désigne la propriété qu'ont certains objets (ou certains événements) de pouvoir fonctionner comme symboles*, au deuxième sens de ce terme, c'est-à-dire de pouvoir être institués en unités sémiotiques dont la face « représentant » entretient un rapport motivé, d'ordre historico-culturel, avec la face « représenté ».

Ce terme désigne aussi tout type de système symbolique, ainsi que ses conditions d'emploi.

Dans une troisième acception, ce terme est appliqué aux méthodes (principalement historiques) qui interprètent les systèmes de croyances, les mythes, les rites, etc., dans une perspective symbolique* (troisième sens du terme symbole), c'est-à-dire en leur attribuant une signification relative à un système (psychique ou social) d'un autre niveau, « caché » ou inconscient.

J.-P. Bronckart

Symétrie (Loi de —) → Forme (Psychologie de la —)

Sympathie

Phénomène qui reproduit chez un être les modifications subies par un autre être et intéresse la vie des sentiments et la communication des émotions*. H. Wallon décrit l'apparition de la sympathie chez l'enfant* (1 ; 2 an) comme postérieure à celle de la jalousie* (0 ; 9 an). Ces deux formes originaires du sentiment social présupposent et élaborent le développement* antérieur des émotions (0 ; 6-0 ; 9 ou 1 an). Elles se forment à partir du couple comtemplation-parade, et, pour ce qui est de la sympathie, aussi à partir du mimétisme* affectif. La sympathie et la jalousie impliquent, à leurs niveaux hiérarchiques respectifs, à la fois confusion et différenciation dans le rapport affectif à l'autre. A. Gesell indique les premières manifestations de jalousie et de sympathie à peu près à la même date (0 ; 11 an). J. Piaget envisage la sympathie et l'antipathie, à partir de 2 ans, comme les premiers sentiments interindividuels, à fonction d'hétérovalorisation, succédant à la période des sentiments intra-individuels.

En marge de la doctrine proprement dite des pulsions*, S. Freud a envisagé la sympathie et en général l'empathie* en tant que mécanismes d'identification à l'origine de la formation des groupes. *E. Jalley*

Sympathique (Système nerveux —)

→ Système nerveux

Symptôme

Ce terme, qui appartient à l'origine au vocabulaire médical, implique une relation entre quelque chose qui se montre (le signe*) et ce à quoi il renvoie (en médecine, par ex., le trouble organique non visible). En médecine, le symptôme est l'anomalie qui se dévoile et se décrit en référence à un normal. Il en est l'absence, la distorsion ou l'inattendu.

Le symptôme ne prend sa valeur que dans la logique médicale dans laquelle il s'inscrit. Le relevé des différents symptômes présentés par un sujet constitue la première étape de cette démarche médicale.

Pour être pertinent en regard de cette démarche, le symptôme doit :
a. constituer un invariant : invariant clinique, observable à un moment donné d'un clinicien à l'autre, et invariant temporel, observable d'un moment à l'autre pour toute la durée de la « maladie » ;
b. posséder un certain pouvoir discriminatif : soit lorsqu'il apparaît seul (symptôme pathognomonique d'une maladie), soit lorsqu'il est associé à d'autres symptômes qui lui confèrent son caractère différentiel.
Le plus souvent le symptôme, en clinique, s'avère polysémique, apparaissant dans différentes maladies. L'apparition conjointe de différents symptômes, ou **syndrome**, réduit cette polysémie et permet une meilleure indication sur la maladie en cause.

Le symptôme est supposé être le témoin de la maladie que l'approche médicale tente d'authentifier. En cela, il renvoie à quelque chose de caché, le processus morbide lui-même, qu'il exprime tout en étant d'une autre nature que lui. Dans d'autres domaines, d'autres termes comme celui de « signe » sont souvent préférés au mot « symptôme », volontiers réservé au champ médical. Cependant, au sens large, il peut être utilisé, dans d'autres disciplines, pour qualifier un observable renvoyant à une donnée cachée dont il témoigne.

En psychanalyse*, le symptôme, outre sa signification habituelle, prend un sens particulier dans le cadre de la névrose. Le symptôme névrotique apparaît en effet comme un compromis entre l'expression d'un désir et les mécanismes de défense qui maintiennent inconscient ce désir. Dans cette perspective, on en rapprochera les actes-symptômes, ou parapraxis, qui relèvent de la psychopathologie de la vie quotidienne. *M.-C. Hardy-Bayle*

Synaesthésie

Les synaesthésies (du grec *syn*, union, et *aesthesis*, sensation) sont des phénomènes psychosensoriels rares qui peuvent être définis comme le déclenchement par un stimulus* présenté dans une modalité sensorielle d'une perception* dans une autre modalité. Les synaesthésies les plus fréquentes sont « l'audition colorée » dont deux compositeurs célèbres, Scriabine et Messiaen, ont rapporté leur propre expérience. Il faut distinguer les synaesthésies vraies ou genuines, qui ont des caractéristiques précises, des descriptions métaphoriques de style poétique comme le célèbre sonnet des voyelles de Rimbaud. Les sujets atteints de synaesthésies vraies ou synaesthètes les ont perçues généralement depuis l'enfance ou l'adolescence toujours de la même façon. L'audition de certains mots, commençant généralement par la même lettre ou par deux ou trois lettres différentes, déclenche la vision hallucinatoire du mot, en lettres colorées, généralement jaunes, brillantes et ceci pendant une durée de quelques secondes. Ce type de synaesthésie n'est pas déclenché par la lecture à haute voix ou en subvocalisation. En revanche la simple pensée d'un mot qui les évoque habituellement peut les faire apparaître. La tomographie* par émission de positons a mis en évidence, pendant des synaesthésies à type de vision de mots colorés, chez des synaesthètes sans pathologie particulière, des élévations du débit sanguin cérébral (ou activations corticales) dans les aires postéro-temporale inférieure gauche et frontale droite. En revanche, les aires visuelles primaires n'étaient pas activées. A ce jour, il n'a pas été publié de cas de phénomène de vision colorée de mots acquis en rapport avec une lésion cérébrale.

B. Lechevalier et F. Eustache

Synapse

Jonction entre neurones* ou entre neurones et effecteurs qui représente une solution de continuité de l'ordre de 200 nanomètres. Le plus souvent la communication s'effectue par l'intermédiaire de substances chimiques ou substances transmettrices ou messagers* chimiques (neurotransmetteurs*, neurorégulateurs*, neuromodulateurs*). Le neurotransmetteur agoniste naturel ou premier messager, libéré dans la synapse par le neurone en amont au niveau de la portion présynaptique, interagit avec la membrane du neurone en aval, ou postsynaptique et en particulier avec des récepteurs* membranaires. Cette interaction déclenche une cascade de processus chimiques membranaires mettant en jeu une série de messagers intracellulaires qui seront à l'origine de la communication intercellulaire, de sa spécificité selon les récepteurs et les voies chimiques en cause, des potentiels propageant l'information. Les contacts synaptiques s'effectuent au niveau du corps cellulaire et de dendrites et près de l'origine de l'axone* ou segment initial et aussi le long de l'axone dans certains cas. Chez l'homme, tous les neurones sont présents à la naissance et ils croissent par la suite. Il y aurait approximativement 10^{10} neurones et 10^{14} synapses dans le système nerveux central. *J.-P. Herman et M. Le Moal*

Synchronicité

Concept élaboré par C. Jung et W. Pauli aux confins de la physique et de la psychologie en 1930 : principe de connexion acausale, de coïncidence significative, événements reliés par hasard d'une manière significative.

De nos jours*, son emploi n'est plus seulement épistémologique*, il est aussi psychologique* : certains événements sont inexplicables par cause et effets mais ont un « sens »*. C'est le domaine de la gestion de l'information* : au niveau perceptivo-sensoriel, les significations sont appréhendées instantanément grâce à une sorte de proximité immédiate de l'objet et du sujet, mais il faut en répartir les éléments dans le cadre spatio-temporel pour en construire une représentation explicative. Les psychologues étudient alors la genèse de ces schémas d'actes comportementaux (écholalies*, échopraxies*) et ils définissent le rôle des « signifiants formels »* et des « contenants psychiques »* : D. Anzieu estime que ce sont eux qui donnent « sens » à la communication non verbale. *R. Doron*

Synchronie

Terme introduit par F. de Saussure pour caractériser une démarche d'analyse de la langue qui s'oppose à la perspective historique ou diachronique*. La linguistique synchronique étudie la langue en faisant abstraction de l'effet que le temps exerce sur elle. Se situant sur l'axe des simultanéités, elle ne prend en considération que l'état du système*, à un moment donné de son évolution, et elle traite les rapports psychologiques qui relient les termes coexistant dans le système, tels qu'ils sont aperçus par la même conscience* collective. *J.-P. Bronckart*

Synchroniseur

Facteur de l'environnement variant de façon cyclique et qui influence l'amplitude, la phase, la période ou le niveau moyen d'un rythme* biologique (**rythmeur** est un synonyme peu utilisé). L'alternance de la lumière et de l'obscurité, qui dépend de la rotation de la terre autour de son axe, est un synchroniseur majeur de l'activité des organismes vivants. Ce synchroniseur peut exercer son influence par l'intermédiaire de l'intensité lumineuse, du nombre d'heures de luminosité par période de 24 heures (photopériode), de l'augmentation de la luminosité à l'aube et de sa diminution au crépuscule. L'activité peut aussi être synchronisée par la température, les stimulus auditifs, la disponibilité des ressources alimentaires ou le taux de salinité du milieu aquatique pour les organismes marins. Les synchroniseurs sociaux revêtent une importance certaine chez l'animal et surtout chez l'être humain. Les synchroniseurs ne créent pas les rythmes biologiques qu'ils entraînent. En conditions constantes (c'est-à-dire en l'absence de tout synchroniseur), les rythmes biologiques ne disparaissent pas mais dérivent en libre cours avec une période plus courte ou plus longue que celle du synchroniseur habituel. *H. Lejeune*

Syncinésie

Mouvement parasite associé à un mouvement volontaire*. Les syncinésies peuvent être symétriques, contralatérales* — mouvement analogue de l'autre main lorsque l'une exerce une pression sur un objet — ou concerner d'autres segments musculaires — protrusion de la langue lors d'une activité manuelle précise, mouvements des jambes en cours d'une activité volontaire des membres supérieurs.

Les syncinésies se manifestent normalement et fréquemment chez le jeune enfant, pour s'atténuer progressivement en cours de croissance, à la faveur de la maturation* et de la différenciation des schèmes* moteurs. Elles sont plus ou moins accusées selon l'effort produit, ou la concentration et l'attention* exigées par l'action volontaire. Elles peuvent subsister à l'état résiduel chez l'adulte en certaines circonstances, ou encore se perpétuer ou apparaître dans certains troubles psychomoteurs. *M. Richelle*

Syncrétisme

H. Wallon applique la notion de syncrétisme au domaine affectif et social, au domaine intellectuel, et il parle aussi d'un syncrétisme de la personne. Le syncrétisme désigne un état encore global, confus, indifférencié, fusionnel, des conduites et des processus psychiques. La première année du développement* est marquée par la sociabilité* syncrétique. La deuxième année amorce une différenciation du syncrétisme affectif sous l'effet de la jalousie* (0 ; 9 an) et de la sympathie* (1 ; 2 an). Le stade du personnalisme* (3-6 ans) marque l'achèvement de la sociabilité différenciée, mais aussi l'apogée simultané du syncrétisme de l'intelligence et du syncrétisme de la personne. Sur le plan intellectuel, le syncrétisme spécifie le fonctionnement de la pensée par couples*, incapable à la fois d'analyse et de synthèse. La période précatégorielle (6-10 ans) est caractérisée par une résorption progressive du syncrétisme, grâce à l'apparition de ce pouvoir d'analyse et de synthèse, et aussi d'une personne polyvalente. *E. Jalley*

Syndrome → Symptôme

Syndrome amnésique → Amnésie

Syndrome d'Abel → Victimologie

Syndrome d'isolement → Maternel (Comportement —)

Syndrome de Gerstmann → Asomatognosie

Syndrome de Klüver et Bucy → Klüver et Bucy

Syndrome de Korsakoff → Korsakoff

Syndrome psychomoteur

Ensemble fonctionnel de troubles de la motricité* des conduites affectives, sociales, et du caractère*. Ils sont décrits chez l'enfant (débilité et instabilité psychomotrices, infantilisme moteur, etc.) et chez l'adulte (inhibition et excitation psychomotrices, manifestations hystériques, catatonie, effets secondaires des neuroleptiques). H. Wallon en élabora le concept ; pour lui, le mouvement* est beaucoup plus qu'un mécanisme d'exécution, il structure la vie psychique. Malgré sa tentative, ces troubles ne purent jamais être rattachés à des facteurs neuroanatomiques précis. En revanche, les recherches ultérieures ont confirmé l'importance qu'il avait donnée à l'émotion*, comme moyen d'expression d'origine posturale (tonus* musculaire). De nos jours, en effet, l'affectivité* semble bien jouer un rôle chez l'enfant dans l'énurésie*, les tics*, le bégaiement*, la maladresse et la gaucherie*. Chez l'adulte, l'« inhibition » des dépressifs est étudiée comme un ralentissement assimilable à un pont entre la psychologie et la biologie de la dépression. C'est ainsi que les entretiens cliniques permettent de caractériser le syndrome de ralentissement dépressif (SRD) par sa participation aux secteurs moteur, idéique et subjectif. En un sens, se trouve ainsi évoquée, selon D. Widlöcher, la dimension typologique du syndrome psychomoteur : le ralentissement n'est pas un signe de la dépression. Celle-ci emprisonne le malade dans un système d'actions, de pensées et de paroles caractérisées par le ralentissement.

R. Doron et E. Jalley

Synecdoque → Figure de style, Métonymie

Synécologie → Écologie

Synergie

Actions coordonnées, opérant dans le même sens. En (psycho)pharmacologie, **synergie médicamenteuse** se dit de substances agissant dans le même sens, cumulant ou potentialisant réciproquement leurs effets.

En physiologie de la motricité, synergie désigne la coordination fortement intégrée de groupes de muscles dans des activités* réflexes* ou dans des programmes* moteurs complexes. C. Sherrington proposa la notion de synergie pour rendre compte des ajustements* réflexes conjuguant dans une dynamique spatio-temporelle des groupes musculaires anatomiquement bien définis. Le physiologiste soviétique N. Berstein, en 1967, reprit le terme et élargit la notion à des unités motrices fonctionnelles constitutives des mouvements se déroulant sous le contrôle d'un programme moteur. Des auteurs plus récents usent plus volontiers de l'expression **structure coordinatrice**.

M. Richelle

Syntagme

La linguistique structurale définit la phrase* comme l'unité linguistique de rang supérieur, et le morphème* (« plus petite unité porteuse de sens ») comme l'unité de rang inférieur. Le syntagme constitue une unité de rang intermédiaire ; c'est un groupe composé d'au moins deux morphèmes qui se succèdent dans la chaîne verbale et entre lesquels existe une relation de dépendance. Le syntagme est une structure dans laquelle on distingue parfois un constituant « noyau » et des constituants secondaires, ces derniers pouvant eux-mêmes être des syntagmes. Dans le syntagme nominal *« Le chapeau de mon frère »*, le nom *« chapeau »* est le constituant noyau, et *« de mon frère »* est un syntagme prépositionnel constituant secondaire.

J.-P. Bronckart

Syntaxe

Traditionnellement, la syntaxe étudie la combinatoire* des signes* dans le discours*. Elle rencontre ainsi le problème des rapports entre son et sens* dans l'énoncé : vu l'absence d'isomorphisme* entre le plan des signifiants* et celui des signifiés*, qui ont chacun leur combinatoire propre, selon quelles régularités s'établit la correspondance entre les deux ? On convient aujourd'hui de la figurer comme médiate, en postulant divers niveaux de représentation intermédiaires, structures plus ou moins « profondes » entre lesquelles le passage s'opère par transduction. La syntaxe, à qui revient la tâche de connecter et d'intégrer les diverses composantes logique, sémantique*, lexicale, morpho-phonologique, etc., joue ainsi en linguistique* le rôle de discipline faîtière. En droit, son domaine s'étend du morphème* au texte*, couvrant les unités significatives de toutes dimensions. En pratique, on la confine souvent entre le mot* et la phrase*, l'en-deçà étant réputé affaire de morphologie, et au-delà régnant la grammaire de texte. Partition traditionnelle, mais théoriquement injustifiable, qui fait obstacle à de nombreuses généralisations (en matière d'anaphores* et de connecteurs*, notamment). Au prix d'une fusion de la morphosyntaxe et de la grammaire de texte, pourrait être déterminée précisément la limite entre deux ordres fondamentaux de la combinatoire : la syntaxe de rection (atomes : segments de signifiant ; relations : ordre séquentiel, accord, dépendance ; configurations possibles : un nombre limité de schémas de syntagmes*) et la syntaxe de composition (termes : conduites* verbales élémentaires intégrant une prosodie et une mimogestualité ; relation unique : appropriété sémantique ou présupposition* ; configurations engendrables en nombre illimité).

A. Berrendonner

Syntonie → Hypersyntonie

Systématisé

Un délire* est dit systématisé lorsqu'il est organisé autour d'un thème central ou d'une conviction fondamentale qui forme le point de départ de développements inférentiels, interprétatifs ou d'enrichissements secondaires cohérents avec le thème de départ.

La systématisation est maximale dans les délires paranoïaques*. Elle est de moins en moins marquée suivant que l'on parcourt les différents types de délires chroniques ou systèmes délirants persistants de la psychose hallucinatoire, la paraphrénie, jusqu'au groupe des schizophrénies.

L'évolution des systèmes délirants persistants sera dite systématique plutôt que systématisée, en référence au délire chronique d'évolution systématique de J. Magnan qui passe par quatre phases successives marquées par les interprétations, les hallucinations, les idées de grandeur et la démence*.

J.-F. Allilaire

Système

Ensemble d'éléments ou de parties interdépendantes constituant une totalité organisée. Dans le domaine de la psychologie, ce terme est souvent synonyme de ceux de structure* ou de forme*. Sous l'impulsion de L. von Bertalanffy, une « théorie générale des systèmes » s'est développée dans le but de modéliser divers domaines de l'activité au moyen de la notion de système formel. Cette méthode est connue sous l'appellation de pensée systémique*.

P. Mengal

Système à base de connaissances
→ Système-expert

Système de production

Cette notion, introduite par E. Post en 1943, est proche de celle de système formel* ; il s'agit d'un système déductif, de la famille des systèmes-experts*. Il comprend trois composantes : des règles de production*, une mémoire de travail, un interpréteur appelé également moteur d'inférence.

Une règle de production s'écrit sous la forme « Si condition alors action », où condition est une conjonction de propriétés qui décrit les situations d'utilisation de la partie action. La mémoire de travail comprend les propriétés qui sont connues du système comme étant vraies, par suite des données du problème ou des déductions précédentes. L'interpréteur comprend un algorithme* qui contrôle les déductions en appariant la partie condition de chaque règle avec le contenu de la mémoire de travail. Si plusieurs règles ont leurs conditions vérifiées, le choix se fait à partir soit d'une recherche exhaustive, soit par évaluation, soit par métaconnaissance.

Le fonctionnement d'un système de production est une suite de cycles. A chaque cycle, le système détermine quelles sont les règles applicables, il en choisit une, puis cette règle est appliquée, ce qui modifie la mémoire de travail, et un nouveau cycle est déclenché.

Les systèmes de production ont été utilisés en psychologie essentiellement pour formaliser les processus d'acquisition de connaissances* et pour modéliser les processus de résolution de problèmes*.

J. Mathieu

Système de signalisation → Signalisation

Système éducatif

Le « Rapport sur l'instruction publique » de C.-M. Talleyrand en 1791 présente l'une des premières utilisations argumentées de la notion de système pour désigner l'organisation de l'instruction à l'échelle de la nation. On y trouve trois notations susceptibles d'entrer aujourd'hui encore dans la notion de système éducatif :

1. le problème central de l'économie d'une société est de parvenir à la meilleure distribution des hommes ;
2. toute société humaine produit des moyens d'instruction qui permettent à chacun d'accéder à une place ;
3. mais ces moyens ne peuvent donner leur plein effet économique et humain que s'ils sont réunis, combinés et dirigés, formant, dès lors, un vrai système d'instruction.

Il est ainsi posé que des ressources éducatives se développent spontanément dans les sociétés humaines. Mais elles n'atteignent pas un rendement optimal sans la direction imposée par un pouvoir central. La notion de système éducatif appelle comme corollaires celles de dirigisme et de planification. A ce point, la notion de système peut bientôt n'être plus que la traduction approximative des organigrammes des ministères de l'Education.

Changer d'intitulé, et passer de l'« Instruction publique » à l'« Education »*, c'est prendre acte déjà d'une complexité interne où font effectivement système des composantes apparemment aussi hétérogènes que les revenus des ménages, l'apprentissage* des mathématiques et la précocité sexuelle. C'est inscrire aussi l'instruction organisée, à titre de sous-système, dans le système hypercomplexe des réseaux de l'interdépendance sociale. Mais, en même temps, on peut y pressentir le renforcement de l'emprise bureaucratique sur les institutions et le déni des initiatives multilocalisées, informelles, privées ou parallèles. La notion de système éducatif est donc susceptible d'une acception restreinte à l'appareil d'Etat, ou d'une acception large qui l'ouvre sur ses contextes. Cette alternative, comme on le voit, n'est pas simplement notionnelle, elle est politique.

D. Hameline

Système-expert

Encore appelé **système à base de connaissances.** Logiciels développés en intelligence artificielle* à partir des années 1970, avec pour objectif d'imiter le raisonnement* d'un expert humain dans un certain domaine. Leur développement est dû en partie aux difficultés de concevoir et de maintenir de gros programmes* qui nécessitent le codage de grandes quantités de connaissances spécialisées, sous une forme peu lisible pour un non-informaticien et dans une organisation algorithmique stricte conçue pour un traitement particulier. D'autre part, la prise en compte du mode de raisonnement des experts permet une meilleure interactivité (communication homme-machine), tant à la conception qu'à l'utilisation du système.

Le principe fondamental est celui de la séparation de l'expression de connaissances d'un domaine d'expertise (base de connaissances) et de la mise en œuvre de ces connaissances par des mécanismes de raisonnement (moteur d'inférence*, par ex.), pour traiter un problème décrit généralement sous la forme d'un ensemble de faits. Un système-expert célèbre est MYCIN, conçu par E. Shortliffe en 1974 pour l'aide au diagnostic de maladies infectieuses du sang et à la prescription d'antibiotiques.

Un système-expert essentiel, ou **générateur de systèmes-experts,** est un ensemble logiciel comprenant un langage de représentation de connaissances*, des mécanismes de raisonnement associés et des structures informatiques d'accueil pour les connaissances ; il permet de réaliser des systèmes-experts particuliers, qui résultent de la conception de bases de connaissances. Un grand nombre de générateurs ont pour base un langage de règles de production*.

M. Baron

Système formel

Conçu pour formaliser et étudier des théories de façon abstraite en les ramenant à une manipulation de symboles, un système formel présente généralement trois aspects : morphologique, syntaxique, sémantique ; les deux premiers aspects définissent le système formel au sens strict. L'aspect morphologique concerne le langage formel du système, c'est-à-dire la donnée d'un alphabet ou vocabulaire (ensemble de symboles de base) et de règles de formation de mots ou « formules bien formées ». L'aspect syntaxique ou axiomatique* concerne l'opération de dérivation (ou déduction) et repose sur la donnée d'un ensemble d'axiomes et de règles de dérivation, qui permettent de déduire, à partir des axiomes*, les théorèmes du système ; c'est dans ce cadre qu'est définie la notion de démonstration (ou preuve). L'aspect sémantique est fondé sur la notion d'interprétation des symboles (ou réalisation) et concerne la mise en relation du système formel avec un ou plusieurs univers (ou théories) qu'il formalise. Les logiques* formelles sont des exemples de systèmes formels, où l'étude de l'aspect sémantique est appelée « théorie des modèles ». Des propriétés importantes pour un système formel logique sont la consistance, la décidabilité* et la complétude.

M. Baron

Sytème interactif d'aide à la décision

→ Décision

Système multiagents

En intelligence artificielle distribuée*, un système multiagents est constitué d'une société d'agents*, qui peuvent être situés dans un environnement comportant aussi des objets (univers de robots par ex.) et qui interagissent pour accomplir des tâches. Cette approche, inspirée par des métaphores sociologiques et biologiques, étudie des modèles mettant en œuvre différents types d'agents (réactifs, cognitifs, rationnels par ex.) et différentes formes d'interaction entre les agents (coopération, conflit ou concurrence) ; elle étudie particulièrement les phénomènes d'émergence de comportement collectif et d'organisation qui en résultent, au moyen de simulations. Elle a été utilisée par exemple pour étudier des modèles de sociétés de fourmis, en éthologie.

M. Baron

Système nerveux

Organe qui commande la vie de relation et les régulations* organo-végétatives. Il est essentiellement constitué de cellules nerveuses appelées neurones*. On peut décrire le système nerveux sur différents plans :
1. sur le plan anatomique, on distingue :
a. le **système nerveux périphérique**, constitué des ganglions répartis dans l'organisme, des organes récepteurs* et des fibres captant et véhiculant les messages sensoriels, des fibres et terminaisons nerveuses assurant les commandes musculaires ;
b. le **système nerveux central** (encore appelé **névraxe** ou **axe cérébro-spinal**), constitué de la moelle épinière*, centre réflexe important, où pénètrent, par les cornes dorsales, la plupart des afférences* sensorielles et d'où sortent, par les cornes ventrales, les efférences motrices, et de l'encéphale*, qui est relié à la moelle par le tronc cérébral*. L'encéphale (situé dans la boîte crânienne) est lui-même constitué, d'une part, du cervelet* (auquel est dévolue la coordination sensori-motrice) et, d'autre part, du prosenséphale*, qui comprend le diencéphale* (avec entre autres le thalamus*, l'hypothalamus* et l'hypophyse*) et les hémisphères cérébraux* (ou télencéphale*) sur lesquels on trouve le cortex*, creusé de scissures qui délimitent des circonvolutions et des lobes*.
2. sur le plan fonctionnel, on distingue, d'une part, le **système nerveux de la vie de relation** (appelé parfois **système ner-**

veux somatique) qui comporte les systèmes sensoriels (depuis la prise d'information* par les récepteurs jusqu'à l'intégration centrale dans les aires de projection puis d'association) et le système neuromusculaire qui contrôle l'activité de la musculature striée squelettique (depuis le niveau de l'arc réflexe* élémentaire jusqu'à celui des programmes moteurs* les plus élaborés) ; d'autre part, le **système nerveux autonome** (ou **végétatif**, **neuro-végétatif** ou encore **viscéral**) qui innerve les glandes endocrines et exocrines et les viscères ; il est composé de deux sous-systèmes qui modulent l'activité des organes effecteurs en sens opposés : le **système sympathique**, situé dans les régions lombaires ou thoraciques, qui intervient dans les réactions aux agressions* et au stress* en accélérant le rythme cardiaque, en augmentant la pression artérielle, en mobilisant les ressources énergétiques, en préparant donc à l'action* ; le **système parasympathique**, situé dans les régions du tronc cérébral et sacré, qui intervient pour conserver les ressources de l'organisme et restaurer l'homéostasie*. De nombreux médiateurs* (adrénaline*, noradrénaline*, sérotonine*, dopamine*, etc.) modulent le fonctionnement du système nerveux autonome.

M. Le Moal, F. Parot, M. Richelle

La neurobiologie cellulaire étudie le mode de fonctionnement du système nerveux en général, et en particulier la communication à l'intérieur de ce système ; le concept de communication entre deux cellules nerveuses par l'intermédiaire d'une substance chimique a été introduit par A. Elliott en 1904, et établi par les travaux de O. Loewi en 1921 et W. B. Cannon en 1937, portant sur les effets de l'excitation des nerfs sympathiques et parasympathiques sur l'activité d'un cœur perfusé. Les neurones organisés en un réseau* de communication complexe sont articulés entre eux, d'axone* à corps cellulaire ou à dendrite, et conservent leur individualité, car leurs points de contact ou synapses* ne représentent que des niveaux de contiguïté sans aucune continuité cytoplasmique. La neurotransmission, qui s'effectue au niveau synaptique, utilise comme signaux de communication les divers médiateurs ou neurotransmetteurs spécifiques de chaque système neuronal qui en assure la synthèse. Libérés dans l'espace synaptique, ils vont interagir avec des récepteurs spécifiques et ainsi permettre le passage de l'information d'une cellule à une autre. Les modifications membranaires déclenchées par l'association du récepteur et de l'agoniste* vont provoquer des modifications énergétiques et électriques, des potentiels gradués puis des potentiels d'action. La communication intercellulaire par l'intermédiaire de signaux spécifiques est en fait applicable à l'ensemble des systèmes fonctionnels de l'organisme (hormones, médiateurs de l'inflammation, de l'immunité).

U. Spampinato

Le développement du système nerveux chez l'embryon, qui en « récapitule » en quelque sorte le développement phylogénétique, commence lors de la **neurulation**, étape suivant la formation des trois feuillets primitifs : l'endoderme, le mésoderme et l'ectoderme. C'est l'invagination et la fermeture de la partie dorsale de ce dernier le long de l'axe antéropostérieur de l'embryon qui formera le tube neural, donnant naissance au système nerveux central. Par ailleurs, des cellules s'échappant du tube nerveux lors de sa fermeture et formant les crêtes neurales donneront naissance aux éléments du système nerveux périphérique : ganglions orthosympathiques, parasympathiques et sensoriels, cellules de Schwann ainsi que cellules pigmentées et cellules chromaffines de la surrénale. Le tube nerveux forme plusieurs vésicules à partir desquelles se développeront les différentes grandes divisions du système nerveux central : outre la moelle épinière, le rhombencéphale, le mésencéphale, le diencéphale et le télencéphale. Les éléments cellulaires du système nerveux central (neurones et cellules gliales) naissent dans la couche germinative périventriculaire et — en moindre partie — subpiale. C'est à partir de la couche germinative que vont migrer, après leur dernière division, les jeunes neurones non différenciés vers leurs sites définitifs. Cette migration est dirigée en partie par des cellules de glie radiale qui rattachent les surfaces ventriculaires et piales du tube nerveux. Toutefois d'autres facteurs, encore moins bien caractérisés et impliqués également dans l'établissement des connexions* nerveuses spécifiques, jouent vraisemblablement aussi un rôle important dans cette migration. C'est après l'arrivée des jeunes neurones à leur localisation définitive que commence leur différenciation et la spécification des connexions nerveuses : développement d'abord de l'axone puis des dendrites, croissance des axones, synaptogenèse, acquisition du phénotype* neuronal définitif. Une partie de ces processus peut, chez certains mammifères et selon les structures considérées, se faire après la naissance. La pousse des neurites ainsi que la formation des connexions nerveuses se réalisent avec une très grande spécificité. Les mécanismes déterminant cette spécificité sont multiples et imparfaitement connus. Ainsi, certains conduisent à l'établissement d'un milieu permissif à la croissance axonale, fournissant des informations directionnelles générales : libération, par le cône de croissance, de protéases créant l'espace nécessaire à son élongation, interactions entre molécules d'adhésion cellulaire situées sur les membranes cellulaires externes et conduisant à l'adhésion sélective de l'axone en croissance à certains groupes de cellules ou d'autres axones, interactions des neurites avec des molécules de la matrice extracellulaire. La modulation spatiale et temporelle de l'expression de ces molécules pourra rendre compte de la stimulation ou de l'inhibition de la croissance du neurite dans telle ou telle direction, de son association avec tel ou tel autre neurite ou cellule. Des mécanismes différents, de chémotropisme, fournissent des informations orientant de façon plus spécifique la pousse neuritique : il s'agit de facteurs diffusibles ou facteurs neurotrophiques*, produits par la cible de l'axone. Finalement, des marqueurs complémentaires spécifiques, existant sur l'axone et sa cible, pourraient déterminer la formation de synapses sur une cible neuronale donnée dans la structure cible.

Parallèlement à ces processus constructifs, des processus de dégénérescence* entrent également dans la formation du système nerveux sous la forme d'élimination de neurones et de contacts synaptiques surnuméraires. Ces phénomènes résultent en une stabilisation* sélective des synapses. En effet, autant le nombre de neurones formés initialement que celui des synapses arrivant sur une même cible excèdent largement le nombre final, parfois dans une proportion de 1 à 10. L'élimination de ces éléments surnuméraires passe vraisemblablement par des processus de compétition.

J.-P. Herman

Système nerveux conceptuel → Conceptuel

Système neuro-endocrinien diffus

Sous le terme de **système APUD** (de l'anglais : *amine precursor uptake and decarboxylation*) ont été regroupés divers types cellulaires à activité endocrine, présentant certaines caractéristiques communes cytochimiques et ultrastructurelles et capables de produire à la fois des peptides* et des amines* biogènes (catécholamines, sérotonine). Ce système neuro-endocrinien diffus regroupe aujourd'hui plus de 40 types cellulaires, répartis dans tout l'organisme et en particulier dans le tractus gastro-intestinal et le pancréas. Cependant la coexistence amine-peptide est une réalité banale dans tout le système nerveux* central et périphérique, et elle est tout aussi fréquente pour d'autres neurotransmetteurs* comme l'acétylcholine. Les cellules du système neuro-endocrinien diffus apparaissent donc comme une variété endocrinienne de neurone, encore appelée **paraneurone**.

P. Mormède

Système vestibulaire

Système sensoriel participant au sens du mouvement* et de la gravité et qui apparaît dans l'ontogenèse après la somesthésie et avant l'audition*. Il faut noter que la vision* participe également à la sensation du mouvement. Les récepteurs spécifiques, les **labyrinthes**, localisés dans l'oreille interne, sont constitués de trois canaux semi-circulaires et des otolithes avec, en communication, les ampoules, l'utricule et le saccule. Les canaux sont très approximativement orientés selon les trois plans orthogonaux de l'espace ; ils sont remplis d'un liquide, l'endolymphe ; dans chaque canal se trouve une cupule avec des cellules ciliées stimulées par les masses gélatineuses qui les entourent durant les accélérations angulaires. L'utricule a une orientation horizontale, le saccule, verticale ; ils contiennent des cellules ciliées sur lesquelles reposent des masses de cristaux de carbonate de calcium qui se déplacent lors de chaque accélération linéaire, stimulant les cellules ciliées. Les cellules ciliées du système vestibulaire sont donc des transducteurs mécano-électriques. Stimulés, ils créent un potentiel récepteur, fonction de la stimulation, convoyé par la voie vestibulaire, partie du nerf auditif, qui fait relais dans les noyaux vestibulaires, puis, après synapse dans le thalamus, aboutit au cortex. Des neurones vont vers les noyaux oculomoteurs et d'autres vers la moelle épinière. La projection oculomotrice permet la stabilisation harmonieuse du regard dans l'espace durant les mouvements du corps et de la tête. Chaque mouvement de plus de trente degrés entraîne un **nystagmus**. Le nystagmus est donc un réflexe, un mouvement involontaire des yeux avec une alternance caractéristique de mouvements lents et rapides (qui le définit) et dont la fonction est de stabiliser la vision. La posture* est stabilisée grâce aux projections spinales. Le mal des transports est une manifestation non pathologique et commune, résultant d'une combinaison non prévue de diverses stimulations vestibulaires et autres. La maladie ou vertige de Menière est causée par l'atteinte des labyrinthes. *M. Le Moal*

Systémique

Ensemble de théories qui considèrent l'individu comme partie d'un groupe* structuré comme unité originale, régie par des règles particulières propres à ce système* et dont le but est d'en préserver l'homéostasie*. Le tout y est différent de la somme des parties. On parle d'unité systémique pour désigner tout groupe naturel, tel que la famille, structurée progressivement dans le temps à travers une histoire permettant l'expérimentation par essais et erreurs de transactions et rétroactions correctives.

La théorie générale des systèmes insiste sur les deux fonctions inverses qui caractérisent tout système vivant : la capacité de transformation et la tendance au maintien de l'équilibre. Dans une visée thérapeutique, point de vue qui permet de découvrir des solutions pour lever les relations de double lien* à l'intérieur d'un système familial et redéfinir ainsi son homéostasie en faisant le cas échéant l'économie de certains troubles mentaux chez l'un de ses membres. *J.-F. Allilaire*

Szondi (Test de —)

Ce test consiste à présenter au sujet des séries de photographies de malades mentaux et à lui demander de choisir celles qui lui sont le plus sympathiques et le plus antipathiques. La cotation et l'interprétation en sont complexes et la validité du test reste discutée. Selon L. Szondi, son test permettrait d'explorer les « pulsions profondes » de la personnalité* et atteindrait un plan intermédiaire entre l'inconscient* tel qu'il est élaboré par la théorie psychanalytique et l'inconscient collectif* de C. Jung. Le choix exprime la destinée personnelle : le choix amoureux, le choix du métier, le choix des traits de caractère et des symptômes morbides sont, pour L. Szondi, déterminés par les besoins pulsionnels fondamentaux de l'individu, dont les effets dynamiques produisent l'histoire d'une vie. L'épreuve du choix de photographies introduirait donc à la « science de la destinée ». *C. Chabert*

T

T de Student

Test de signification* mis au point par Student (pseudonyme de Gosset) en 1908, servant à comparer une moyenne* à une valeur donnée, et par extension deux moyennes. La statistique* de Student peut être obtenue en divisant l'écart entre la moyenne observée (m) et la valeur donnée (μ) par l'estimation* de l'écart-type* $s / \sqrt{n}$. Par la suite R. A. Fisher, pour des raisons de commodité de construction de tables, a proposé la formule actuellement utilisée :

$$t = \frac{m - \mu}{s/\sqrt{n}}$$

P. Bonnet et H. Rouanet

T. Group → Groupe T.

Tabagisme

Ensemble des manifestations en rapport avec l'usage excessif du tabac. On définit le mode de consommation pathologique de cette substance comme une intoxication* continue avec : — impossibilité de réduire ou d'arrêter la consommation, — des efforts répétés pour contrôler la consommation pendant les périodes d'abstinence temporaire ou des restrictions de consommation à certains moments de la journée, — une poursuite de la consommation en dépit des désordres physiques qui en résultent, enfin — un besoin de consommation quotidienne pour obtenir un fonctionnement adéquat.

A l'heure actuelle, la dépendance du tabac la plus habituelle résulte de l'inhalation de la fumée de cigarette ; le cigare, la pipe, la prise ou la chique sont moins susceptibles d'entraîner une dépendance, de même que des complications graves pour la santé (telles que bronchite, emphysème, maladies coronariennes, maladies vasculaires périphériques, et nombre de cancers).

Le syndrome de sevrage lié à la cessation ou à la réduction récente de la consommation intense de tabac comporte irritabilité, anxiété, difficultés de concentration, céphalées, somnolence et troubles gastro-intestinaux.

Ce syndrome ne survient pas chez tous les fumeurs, et dans tous les cas, il est difficile de distinguer les effets du sevrage de l'émergence de traits physiologiques qui étaient supprimés, contrôlés ou modifiés par les effets de la nicotine. *J.-F. Allilaire*

Tabou

Introduit en anglais par Cook au XVIIIe siècle, pour rendre le polynésien *tapu,* le terme *taboo* a été repris et adapté dans nos diverses langues, où il correspond à un concept majeur de l'ethnologie, et par extension des sciences sociales et de la psychologie. Dans son contexte d'origine, il désigne quelque chose — objet ou acte — d'interdit, impliquant un danger surnaturel pour soi-même ou pour les autres. Il s'applique en anthropologie à tout acte ou objet frappé d'un interdit sacré ou rituel, qu'il soit ou non codifié dans des prescriptions religieuses ou légales : un aliment, un certain type de relation entre castes, une certaine activité lors de jours sacrés, l'accès à telle partie d'un temple, etc., peuvent être frappés de tabou.

Le tabou constitue un élément important dans les régulations culturellement déterminées des conduites. Il est aussi instrument de pouvoir, dans la mesure où, souvent, il ne concerne pas également tous les membres d'une société. *M. Richelle*

S. Freud a été frappé par la ressemblance entre les interdits compulsifs de la névrose de contrainte* (ou névrose obsessionnelle) et les tabous. Il souligne que, dans le tabou comme dans l'interdit de la névrose de contrainte, la prohibition s'impose d'elle-même, sans aucune motivation, mais que, dans les deux cas, le noyau de l'interdit consiste dans l'interdit du toucher, entendu au sens propre du contact physique comme au sens figuré de la relation sociale. Le tabou comme l'interdit compulsif sont dirigés contre des désirs refoulés*, donc devenus inconscients : désirs incestueux et souhaits de mort à l'encontre des personnes aimées. Ce qui explique le caractère contagieux du tabou et donc la nécessité de l'interdit de contact avec l'objet tabou ou avec celui qui a transgressé le tabou, c'est la tentation inconsciente de tout être humain de violer le tabou, c'est-à-dire de réaliser ses désirs refoulés d'inceste et de parricide. La condition du tabou est donc l'ambivalence* des sentiments et le tabou sert à surcompenser* les tendances refoulées. Mais, comme dans la névrose de contrainte, les mesures de protection contre la transgression finissent par se mettre au service des motions pulsionnelles refoulées et à servir au retour du refoulé*. *J.-M. Petot*

Tableau de contingence multiple

→ Contingence

Tâche de précision → Précision

Tâche motrice

Ensemble des consignes qui définissent un but susceptible d'être atteint par la réalisation d'une performance motrice*, ainsi que les conditions d'atteinte de ce but (particulièrement l'environnement humain et physique) et les actions à exécuter. Ces consignes constituent des contraintes* déterminant pour une large part les modalités de mobilisation des ressources* du sujet. En sport* et en éducation physique*, elles émanent du règlement de l'activité et des directives de l'éducateur. Le sujet a la possibilité de redéfinir ces contraintes en fonction de leur degré de spécification initiale. Cette redéfinition est influencée par ses représentations liées à son niveau de compétence et de motivation. *M. Durand*

Tachistoscope

Instrument de laboratoire conçu pour présenter des stimulus* visuels pour une durée très brève et rigoureusement contrôlée. Il en a été construit de nombreux modèles, dont le premier est dû à W. Wundt, exploitant ingénieusement des combinaisons mécaniques pour assurer d'une part le contrôle de la durée et d'autre part celui de l'éclairement* — une condition essentielle, étant donné les latences* d'adaptation de l'appareil oculaire aux changements brusque d'intensité* lumineuse. Les techniques électroniques et informatiques modernes ont pris la place des anciens dispositifs. Le recours à la présentation tachistoscopique tient une place de choix dans la psychologie cognitive*, où elle est souvent liée à la chronométrie mentale*. En neuropsychologie*, la **présentation tachistoscopique latéralisée** consiste à présenter un stimulus dans un seul hémichamp* visuel, en vue, notamment, de mettre en évidence la spécialisation des hémisphères. Elle a été appliquée dans l'étude des sujets au cerveau dédoublé*. *M. Richelle*

Tachyphylaxis → Tolérance

Tachypsychie → Fuite des idées

Tactile → Sensibilité cutanée

Talion

Fondée sur un principe de réciprocité, la loi du talion rend le mal pour le mal. Il s'agit de faire souffrir équitablement celui qui fait souffrir. Cette référence à la loi du talion est implicitement incluse dans les principes de justice rétributive, invoquée au stade du jugement moral préconventionnel.

J. Selosse

Tapping

Terme anglais désignant une tâche ou épreuve psychomotrice de frappe non ciblée la plus rapide possible. Cette épreuve vise à mesurer la vitesse* d'un mouvement de la main sans égard à la précision*. Elle s'effectue généralement à l'aide d'un stylet sur une surface métallique, ce qui permet l'enregistrement automatique des frappes.

M. Richelle

Tartran → Damier

TAT (Test d'aperception thématique)

Epreuve projective* créée par H. Murray en 1938. La consigne consiste à présenter successivement une série de planches en demandant au sujet de raconter « une histoire en rapport avec les images ». Initialement, la passation était programmée en deux séances de 10 planches chacune. Actuellement, les modalités de passation et d'interprétation ont été largement remaniées par la méthode mise au point par V. Shentoub dont les travaux sur le TAT commencèrent en 1954 : seules les planches les plus significatives sont proposées en une seule séance. V. Shentoub a mis en évidence, pour chacune de ces planches, un contenu* manifeste et un contenu latent, révélant le registre conflictuel prévalent auquel renvoie le matériel : problématique de séparation et de deuil, angoisse de castration, conflit œdipien, relations aux *imagos* parentales, problématique sexuelle et agressive.

La feuille de dépouillement est une grille de cotations qui permet d'analyser les récits fournis au TAT en étudiant les procédés d'élaboration du discours sous-jacents à la construction de l'histoire. La fiche de dépouillement du TAT a été proposée par Vica Shentoub en 1958 dans la perspective d'une interprétation dynamique de ce test projectif*, différente de celle de H. Murray puisqu'elle s'attache autant à la forme des récits qu'à leur contenu. La fiche de dépouillement du TAT détermine et regroupe les principales catégories de procédés en référence à des modalités de fonctionnement psychique diverses : conduites rigides, labiles, inhibition, recours au comportement, émergence de processus primaires. La synthèse des facteurs permet d'établir, par l'articulation des mécanismes de défense* et de la problématique, une évaluation diagnostique et pronostique, prenant en compte les différentes composantes du fonctionnement psychique. *C. Chabert*

Tau (Effet —)

Effet de l'intervalle* temporel compris entre deux stimulus sur la distance spatiale perçue entre eux : la distance subjective croît avec la durée* objective. Si l'on applique successivement des stimulus tactiles identiques en trois points équidistants A, B et C, l'espace compris entre A et B sera jugé plus petit que celui compris entre B et C si le délai A-B est inférieur au délai B-C. Le même effet est observé dans les modalités* visuelle et tactile, et pour les mouvements* continus. L'effet inverse est l'effet kappa*. *F. Macar*

Taux de rétention

Indice fréquemment utilisé en psychologie de la mémoire* qui peut se calculer à partir d'indicateurs explicites de la rétention*, tel le taux de rappel* qui équivaut souvent au pourcentage d'items correctement rappelés. Il peut aussi se mesurer à partir d'indicateurs implicites telle la classique économie lors du réapprentissage : si T1 est le temps et R1 le nombre de répétitions nécessaires pour réapprendre un matériel après en avoir oublié tous les éléments ou une partie, si T2 est le temps et R2 le nombre de répétitions requis pour apprendre un matériel similaire pour la première fois, le résultat du quotient (R2-R1)/R2 ou (T2-T1)/T2 est souvent utilisé pour exprimer le taux de rétention. *S. Bredart*

Taxie

Mouvement ou réaction d'orientation, par rapport à une source stimulante ou un champ gradient stimulant, eux-mêmes orientés, des animaux se déplaçant librement dans l'espace. Comme pour les tropismes*, les préfixes photo-, géo-, chimio-, phono-, anémo-, hygro-, rhéo-, magnéto-, galvano- ou électro-, font référence à la nature de la source stimulante, respectivement la lumière, la pesanteur, un agent chimique, le son, le vent, le degré d'humidité, un courant d'eau, le champ magnétique, le courant électrique. La taxie est dite positive ou négative selon que l'animal se rapproche ou s'éloigne de l'agent stimulant. D'autres préfixes font référence à la nature du mécanisme en jeu : la **télotaxie** est un déplacement rectiligne pouvant être maintenu par un seul organe récepteur, mais plus fréquemment par la comparaison des perceptions ressenties de manière égale par deux récepteurs disposés symétriquement par rapport à la source. On parle de **tropotaxie** quand les sensations perçues par ceux-ci sont inégales : l'animal ramène l'équilibre par des pivotements du corps et reprend son chemin en ligne droite. Dans la **clinotaxie**, des mouvements d'oscillation du corps permettent, à l'aide d'un seul organe récepteur, de comparer des perceptions successives d'une même source de stimulation sous différents angles et d'en déduire une information directionnelle ; ainsi, en vue de la pupaison, les asticots ont une réaction photoclinotactique négative. On appelle **ménotaxie** une orientation transverse selon un angle défini par rapport à la stimulation. La **géophotoménotaxie** est un déplacement selon un certain angle avec l'horizontale par référence à la lumière et à la pesanteur. Tous les cas cités ci-dessus relèvent de la **topotaxie** où la source stimulante est bien localisée. Dans la **pho-**

botaxie en revanche, l'animal a une réaction phobique chaque fois qu'il rencontre un stimulus répulsif et apprend par essais et erreurs à se tenir en dehors d'un champ nocif, sans aucune indication de direction. C'est sur la base de l'observation de tels comportements chez les paramécies que H. S. Jennings avait contesté la généralité de la théorie de J. Loeb sur les mouvements orientés obligatoires. *J.-C. Ruwet*

Taxinomie → Taxonomie

Taxonomie

Classification* systématique, particulièrement des formes vivantes. Théorie de ce type de classification scientifique. Les taxonomies (ou **taxinomies**) zoologiques, traditionnellement fondées sur les traits morphologiques, se sont enrichies, avec l'éthologie*, de traits comportementaux, qui sont même parfois utilisés comme critère de distinction entre deux espèces voisines.

Par extension, le terme s'applique à toute classification systématique, justifiée par des arguments scientifiques : taxonomie des symptômes psychopathologiques, des unités linguistiques, etc. Les spécialistes des sciences de l'éducation en usent volontiers à propos de classification des divers types et niveaux des comportements d'apprentissage scolaire : taxonomie de Bloom.

M. Richelle

Taxonomie des objectifs

La taxonomie des objectifs cognitifs de l'éducation, proposée par B. S. Bloom en 1963, repose sur le principe de la complexité croissante. Depuis 1956, de nombreuses taxonomies des objectifs éducationnels ont vu le jour ; elles concernent les domaines cognitif, affectif et psychomoteur. Cet essor s'explique par des raisons politiques (expliciter les intentions), pédagogiques (mieux cibler et évaluer les actions éducatives) et technologiques (sans définition opératoire des objectifs, la mise au point de logiciels éducatifs est impossible).

G. de Landsheere

Technique active → Active

Technique audiovisuelle → Méthode audiovisuelle

Technique projective → Test projectif

Technologie de l'éducation

Au sens large, application méthodique de principes scientifiques à la solution des problèmes que pose l'éducation*. Désigne plus particulièrement l'analyse, le développement, l'application et l'évaluation* de techniques et de ressources matérielles en vue d'améliorer l'apprentissage* humain.

Concept récent, la technologie de l'éducation a deux sources originales : les techniques audiovisuelles* (photographie, cinéma, radio, enregistrement sonore, télévision, vidéo, vidéo-disque, etc.) et l'enseignement programmé*. Alors que le premier grand essor de ce dernier est indissociable de la théorie skinnérienne du conditionnement opérant*, l'utilisation de techniques audiovisuelles en éducation est restée longtemps sans s'appuyer sur une théorie quelque peu élaborée ; on voulait simplement mobiliser simultanément plusieurs organes des sens et concrétiser au maximum l'enseignement. Tout comme l'enseignement assisté par ordinateur* a relégué l'enseignement programmé à une place très modeste, les nouvelles technologies de l'éducation (à forte composante informatique) occuperont une place croissante dans l'enseignement.

G. de Landsheere

Teinte → Tonalité

Télencéphale

Structure antérieure de l'encéphale* développée à partir de la structure embryonnaire du même nom. Il est, avec le diencéphale*, l'une des deux vésicules du prosencéphale, et se divise lui-même en deux vésicules latérales dont la croissance différentielle aboutit aux hémisphères* cérébraux, la partie médiane se développant peu au niveau de la région antérieure du 3e ventricule.

R. Decombe et M. Le Moal

Téléologie → Téléonomie

Téléonomie

Dans les sciences de la vie, y compris la psychologie, activité*, conduite* ou processus s'orientant à l'évidence vers un but*, une finalité*. L'opposition entre téléonomie et **téléologie**, appliquée à l'évolution biologique, est due à C. S. Pittendrigh en 1958. A la différence de la téléologie, notion finaliste*, qui considère le but comme une cause* (finale), comme l'illustrent les anciennes conceptions de l'instinct*, dans la démarche téléonomique la cause émane d'un programme*, d'un plan*, qui existe antérieurement à l'activité qu'il gère. Une telle distinction doit beaucoup à la cybernétique* qui a montré qu'il est possible de concevoir des machines à servomécanisme possédant une finalité sans que celle-ci ne constitue la cause de l'opération réalisée par ces machines. En fait, la causalité* téléonomique n'est qu'une forme de déterminisme* tel qu'on le pratique dans la plupart des sciences. A travers l'évolution*, le programme, qui est surtout génétique*, est continûment réajusté par les adaptations* que procure à l'espèce l'aboutissement des conduites téléonomiques. L'étude de la signification adaptative et de l'histoire évolutive d'un comportement passe par la recherche des causes fonctionnelles (ou distales, ou évolutives), tandis que l'étude du fonctionnement, des mécanismes moléculaires, organiques ou psychiques, ainsi que de l'ontogenèse, de ce même comportement ressortit à la causalité immédiate ou proximale. Un des concepts centraux de la psychologie cognitive*, la représentation*, ressortit à la téléonomie, car il s'agit de savoir comment le système étudié représente les buts (futurs) à atteindre, et comment ils sont sélectionnés. Ceux-ci précèdent causalement celui-là. Certains auteurs, tels F. J. Ayala ou A. Woodfield, usent de la distinction entre téléologie interne, correspondant à téléonomie telle qu'elle vient d'être définie, et téléologie externe, ou extrinsèque, correspondant à la notion finaliste. L'emploi des deux termes téléonomie et téléologie est à préférer, si l'on veut éviter les confusions. *E. Tirelli*

Télépathie → Parapsychologie

Télopsie → Macropsie

Télotaxie → Clinotaxie

Témébilité

Terme employé en criminologie* pour caractériser la capacité criminelle d'un sujet à risque élevé de dangerosité. *J. Selosse*

Témoignage

L'étude des témoignages, c'est-à-dire des récits que donnent les personnes de faits dont elles ont eu directement connaissance, montre qu'ils ne sont qu'exceptionnellement exacts et que le taux d'erreurs croît avec le temps. Les distorsions qu'ils subissent tiennent, comme dans le cas des rumeurs*, à des facteurs à la fois perceptifs, mnémoniques et cognitifs. De plus, des recherches récentes, menées dans le domaine de la pragmatique* linguistique, montre que le type de question posée au moment de la déposition peut induire des fausses présuppositions et entraîner des erreurs d'évaluation aussi bien que des fausses reconnaissances.

F. Askevis-Leherpeux

Tempérament

Notion très ancienne à l'origine des premières typologies*, en particulier celle d'Hippocrate. Le sens du mot tempérament s'est étendu depuis dans des domaines très variés. Le Grand Robert parle d'« un type d'organisme considéré dans les caractères congénitaux de son fonctionnement, un ensemble de caractères innés chez une personne, un complexe psychophysiologique qui détermine ses comportements ». Le tempérament représente ainsi la contrainte biologique, variable constitutionnelle, constance et immuable, en amont des influences de l'environnement.

Les traits de tempérament se révèlent dans des différences de comportement relativement stables, présentes dès la première enfance. On peut en retrouver chez l'animal. Elles se réfèrent aux caractéristiques formelles du comportement, à ses aspects stylistiques, le *« how »* du comportement et non le *« what »* (son contenu) ni le *« why »* (sa motivation). Ce « comment » concerne plus concrètement la vitesse, l'aisance, le contingent émotionnel, le style cognitif avec lesquels les individus interagissent avec le monde.

C'est cette dernière perspective qui fait l'intérêt des théories du tempérament : on ne définit plus des étiologies spécifiques mais on recherche des *patterns* biologiques, en amont de la diversité phénotypique, qui seraient communs à des destins comportementaux très variés. L'idée est que le toxicomane et le deltaplaniste ont le même tempérament (biologique), mais en fonction de facteurs environnementaux chacun a pu acquérir une spécificité de comportement.

Ainsi et presque paradoxalement, la notion de tempérament, d'inspiration plus biologique que celle de la personnalité*, a par rapport à celle-ci l'intérêt de comporter une double connotation dynamique et développementale au plus près de la réalité des interactions entre un sujet et son environnement.

Le *« goodness of fit »* de Talwar, Thomas et Chess porte l'intérêt sur le phénomène d'ajustage réciproque. Les adultes essaient d'adapter leur comportement à celui de l'enfant. Un trait de tempérament ne devient un facteur de comportement pathologique que si la *« goodness of fit »* n'est pas atteinte, en d'autres termes si un trait se combine avec un mauvais ajustage entre les capacités d'adaptation et les conditions de l'environnement.

Il existe des échelles d'évaluation du tempérament, ou plutôt de certains traits de tempérament. Les plus connues sont « l'échelle de recherche de sensation » de Zuckerman et le *Tridimensional, Personality Questionary* (« TPQ ») de Cloninger, qui met l'accent sur trois dimensions de tempérament : recherche de nouveauté, évitement de la souffrance et dépendance au renforcement. Ces différentes échelles évaluent strictement des traits de tempérament et sont à distinguer des outils de mesure de la personnalité*, qui eux s'intéressent à définir des typologies* ou *« clusters »*.

R. Jouvent

Température de couleur

Température absolue du radiateur de Planck (corps noir) dont le rayonnement a la même chromaticité que celle d'un stimulus* donné (source lumineuse, par ex.). Il s'agit de décrire la couleur d'une source en la comparant à celle d'un corps noir chauffé généralement entre 2 000 et 10 000 degrés Kelvin (K). Cette température n'est pas celle de la source à définir, celle-ci a seulement une apparence colorée qui ressemble au corps noir chauffé : 2 500 K correspondent à une lumière dite chaude (en fait de faible température de couleur) ; 6 500 K correspondent à une lumière dite froide ou lumière de jour (en fait haute température de couleur). *R. Génicot*

Tempo

Désigne la vitesse* de débit d'une séquence musicale calculée d'après les intervalles temporels entre les battues métriques. Depuis l'invention du métronome par J. N. Maelzel, en 1806, le tempo est précisé par l'indication de la subdivision de la minute en un nombre de battues. Toutefois, une attitude aussi mécaniste ne peut être maintenue dans l'interprétation. Toute exécution vivante introduit des fluctuations. Une des préoccupations du psychologue est l'étude des tolérances admissibles pour le maintien d'une catégorisation* correcte. Par extension, tempo s'applique aussi au rythme des signaux visuels, du débit vocal et des actions de la vie courante. *I. Deliège*

Temporal (Lobe —)

Lobe cérébral situé au-dessous de la scissure de Sylvius. A longtemps été désigné, jusqu'à la fin du XIXe siècle, sous le nom de **lobe sphénoïdal**. La partie dorsale de la première circonvolution temporale contient le gyrus de Heschl (aires 41 et 42), zone primaire auditive ; en arrière, est situé le *planum temporale*, région triangulaire macroscopiquement plus développée à gauche chez la majorité des sujets droitiers. La partie postérieure de la première circonvolution temporale constitue la zone ou l'aire de Wernicke. La partie antérieure ou pointe *(uncus)* du lobe temporal contient l'amygdale ou noyau amygdalien. La région temporale appartient aussi au système limbique* par ses structures de la face interne : formation hippocampique et gyrus parahippocampique. Sous le nom d'épilepsie* temporale, on désigne des crises d'épilepsie partielle, complexe associant à des manifestations sensorielles des troubles de conscience* et prenant origine au niveau des structures temporales. *J.-L. Signoret*

Temporel

Qui se rapporte au temps*.

Erreur* (de position) temporelle : biais* de jugement* découlant de la position d'ordre temporel des stimulus ; elle est positive si elle correspond à une surestimation* ou une préférence du stimulus présenté d'abord, négative dans le cas inverse.

Horizon temporel : expression métaphorique utilisée par P. Fraisse en 1957 pour désigner les représentations* que se fait le sujet de l'insertion de ses conduites dans le temps, et plus particulièrement de ses projets dans l'avenir. L'expression est voisine de **perspective temporelle**.

Programme temporel ou **à composante temporelle :** dans la terminologie du conditionnement opérant*, programme de renforcement* dont la définition comporte à titre essentiel un paramètre temporel. Les plus classiques sont le programme de renforcement de débit de réponse lent*, où le respect d'un délai* minimal entre les réponses est la condition du renforcement ; le programme à intervalle fixe* où le renforcement n'est disponible qu'au terme d'un

délai constant, à partir de la réponse renforcée précédente ; le programme à intervalle variable* comparable au précédent, à ceci près que le délai entre disponibilités du renforcement y varie de façon imprévisible.
Régulations temporelles acquises : expression utilisée par M. Richelle en 1962 pour désigner les *patterns** de comportement caractéristiques engendrés par les programmes temporels ou par d'autres programmes à la faveur d'un paramètre temporel régulier (tel le programme d'évitement* de M. Sidman). Ces régulations témoignent, chez l'animal, d'une capacité à estimer la durée et à contrôler la production des conduites motrices en fonction du temps. Elles se traduisent par un ajustement des comportements opérants à la valeur du paramètre temporel utilisée, que cet ajustement soit ou non requis pour obtenir le renforcement — la périodicité inscrite dans le programme à intervalle fixe, par exemple, suffisant à induire la régulation temporelle. On peut opposer les régulations temporelles aux conduites de discrimination* ou d'estimation* de la durée de stimulus externes, ou au contraire considérer ces dernières comme une forme de régulations temporelles. *M. Richelle*

Temps

Le temps, qui marque inéluctablement tous les phénomènes du vivant, est omniprésent en psychologie. Il est cependant commode de distinguer le **temps psychologique**, dont s'occupe la psychologie du temps, de l'utilisation du temps (d'une réponse, d'un processus, etc.) comme procédé méthodologique dans l'étude d'un phénomène ou mécanisme psychologique quelconque.

1. L'étude du temps psychologique couvre un champ très vaste, allant des aspects comportementaux des rythmes biologiques* (rythmes d'activité locomotrice), dans le cadre de la chronobiologie*, jusqu'aux représentations anticipées du futur qui constituent chez l'homme l'horizon temporel*, en passant par les conditionnements* à la durée* et les régulations temporelles* acquises, l'imitation et la production de rythmes (actes répétitifs stéréotypés de l'arriéré ou constructions esthétiques raffinées du musicien ou du danseur), les estimations* du temps étudiées par la psychophysique*, la formation du concept* de temps au cours du développement* cognitif*, la maîtrise des relations temporelles dans le langage*, l'organisation temporelle des souvenirs en mémoire*, sans oublier l'analyse du décours temporel des activités* motrices ou mentales*. Le lien entre ces aspects fort différents du temps psychologique reste matière à spéculation.

Il ne paraît cependant pas douteux qu'à la base des ajustements comportementaux et des estimations du temps se trouve(nt) un ou des mécanismes qui, à l'instar de l'horloge* biologique postulée par la chronobiologie, fournit la base de temps de référence. C'est d'elle que serait redevable l'expérience immédiate de la durée, à laquelle se superposeraient les élaborations plus complexes, tels les concepts de temps au niveau cognitif, mettant en jeu des relations entre distance, vitesse* et durée, ou entre estimation de la durée et nature de ses contenus (richesse de changements, activité plus ou moins motivante, etc.).

Le temps psychologique est devenu un centre d'intérêt en psychologie appliquée, notamment dans le contexte de situations impliquant des perturbations des rythmes par modification ou suppression des synchroniseurs* (horaires de travail décalés, franchissement de fuseaux horaires, séjours prolongés dans l'espace ou dans des habitacles isolés, etc.), perturbations qui se répercutent sur les performances et les états d'humeur, ou dans la perspective de la gestion du temps, qui fait écho aux recherches sur l'allocation* temporelle des activités chez l'animal.

2. Le paramètre temps est l'un de ceux auxquels le psychologue a fréquemment recours pour en tirer des hypothèses sur les caractéristiques des phénomènes mesurés ou des mécanismes qui les commandent, ou, plus simplement, pour évaluer et comparer des performances individuelles. Ainsi, une passation en temps limité d'un test* mental fournira des résultats plus discriminatifs*, où il restera cependant à interpréter le poids ainsi donné à la rapidité d'exécution. Le temps nécessaire à la prise et au traitement de l'information* sert de fondement à beaucoup d'inférences sur la complexité et la nature des processus en jeu en psychologie cognitive*, et pas seulement dans le cadre de la chronométrie* mentale au sens strict (V. Temps de réaction).

M. Richelle

Temps de latence → Latence

Temps de réaction → Réaction

Temps grammatical

Ce terme très général a trait aux modalités d'expression des relations temporelles dans une langue naturelle* ; il concerne à la fois les unités linguistiques* qui contribuent à cette expression (système) et la nature des relations (ou fonctions) exprimées. Contrairement à une idée répandue, le temps grammatical n'est pas une catégorie* universelle ; certaines langues n'expriment pas de relation temporelle, et les langues qui l'expriment diffèrent entre elles dans l'organisation du système d'expression comme dans celle des fonctions temporelles.

Le système d'expression de la langue française comporte les désinences verbales (« chant-*era* »), les auxiliaires, ainsi que certains adverbes *(« hier »)*, certains groupes prépositionnels *(« après une semaine »)* et certaines conjonctions *(« avant que »)*.

Dans les approches issues de l'Antiquité, les fonctions temporelles sont définies par deux types de relation. Les relations « primaires », posées entre le moment de la parole (ou d'énonciation*) et le moment de l'événement exprimé dans la phrase* ; soit ce dernier moment précède le moment d'énonciation (relation d'antériorité ou passé), soit il le suit (postériorité ou futur), soit encore il coïncide avec lui (simultanéité ou présent). Les relations « secondaires », posées entre les moments de deux événements (antériorité ou postériorité par rapport à un événement passé ou par rapport à un événement futur). Ce modèle interprétatif, limité à sept relations temporelles, est insuffisant pour rendre compte de la multiplicité des unités d'expression dans une langue (notamment de l'existence de seize désinences verbales en français) ; il a, en conséquence, été amendé dans deux directions. Dans le cadre de l'analyse des phrases tout d'abord en identifiant d'autres fonctions assumées par les unités du système (aspect et modalisation*), et en démontrant, à partir des travaux de H. Reichenbach, que le temps linguistique est le produit de relations complexes posées entre trois termes, aux moments de l'énonciation et de l'événement s'ajoutant un « moment de référence » (dans : *« cette année, je donne un cours de psychanalyse lacanienne », « cette année »* exprime le moment de référence). Dans le cadre de l'analyse des discours* ensuite, en mettant en évidence les déterminations complexes (liées au type de texte*, à sa planification*, à la distinction figure-fond, etc.) qui modulent les relations temporelles primaires ou secondaires. *J.-P. Bronckart*

Tendance

Elle est un mouvement* à l'état naissant. Plus généralement, c'est la disposition interne d'un organisme à effectuer certaines actions* ou à en faciliter l'exécution. Cette présence dynamique se traduit par un manque ou une tension. Ainsi, les tendances sont le substrat des conduites. Pour P. Janet, le nouveau-né ne sait faire que des mouvements désordonnés et dépourvus de signification : certains d'entre eux réussissent par hasard et modifient la réalité (qu'ils constituent du même coup comme telle) en provoquant la résolution d'un problème implicite (alimentation), l'abréaction et le plaisir*. Cette expérience ébauche un stockage d'énergie qui vise la répétition : la tendance, c'est cette énergie stockée ; elle augmente en complexité quand le sujet intègre ensuite les exigences de la société : d'où la distinction de tendances inférieures, moyennes ou supérieures. A. Burloud, en montrant le double caractère formel et intentionnel de la tendance, la relie à l'initiative du sujet sans se limiter pour autant à l'introspection* et affirme que la direction de la conscience vers un but non encore conscient constitue justement l'acte intentionnel qui le révélera. *C. Prévost*

Tendance de réponse

Il s'agit de distorsions plus ou moins délibérée, affectant les réponses autoévaluatives (questionnaires* notamment). Les plus connues sont la tendance à l'acquiescement*, la désirabilité sociale*, l'insincérité. Considérées tantôt comme de simples erreurs, tantôt comme de véritables styles de réponse (liés à divers facteurs de rôle*, aux motivations*, à la perception de soi*, à l'anxiété des sujets), ces tendances varient selon la formulation des items, leur transparence, les consignes et l'objectif de l'examen psychologique. Elles peuvent être minimisées (items équilibrés ou neutres, subtils, anonymat des sujets). On peut les contrôler par des échelles de correction (échelles de validité du MMPI, Minnesota Multiphasic Personality Inventory, par ex.). *M. Bruchon-Schweitzer*

Tendresse

La tendresse correspond au plus ancien des courants de la *libido** : le choix d'objet* infantile primaire. Elle tisse un lien affectueux précoce entre l'enfant, sa famille et les personnes qui lui donnent des soins. S. Ferenczi, du point de vue thérapeutique, en concluait que, dans les cas de régression* profonde à cet état, le psychanalyste doit remplacer son interprétation par une action. La psychologie génétique et l'éthologie ont montré que la tendresse intègre le bébé dans un réseau de relations plus vastes que celles de l'empreinte* et de l'attachement*. En précisant les facteurs et les conditions de l'attachement social critique, elles complètent la méthode clinique et permettent de comprendre quand et comment l'enfant ne communique plus, quand et comment il peut à nouveau communiquer. *R. Doron*

Tension (Sentiment de —)

S. Freud considérait le sentiment de tension comme le mode de perception interne de l'élévation du niveau global des excitations dans l'appareil psychique*. La forme la plus typique en est l'état de tension sexuelle, qui correspond à un accroissement d'excitation libidinale*, mais qui est agréable, ce qui semble contredire la théorie freudienne selon laquelle toute augmentation de la quantité d'excitation produit du déplaisir. La réflexion sur cette question a amené S. Freud à préciser, en 1924, que le principe de plaisir* a partie liée avec le principe de constance* plus qu'avec le principe de Nirvāna*, et à supposer que plaisir et déplaisir correspondent non à des modifications quantitatives (accroissement ou diminution de la tension d'excitation) mais à des aspects qualitatifs de ces modifications (tels que, par exemple, le rythme des augmentations ou diminutions).

J.-M. Petot

Territoire

Le territoire est une portion du domaine vital dont un individu, un couple ou un groupe se réservent l'usage : ils le délimitent, en marquent et en surveillent les frontières et le défendent contre les individus de même espèce. L'étendue et les usages du territoire, ses fonctions, sont extrêmement variables selon les espèces ; les modalités en sont si variées qu'une définition valable pour tous les cas devrait se limiter à « un espace défendu ». Cela le distingue fondamentalement du domaine vital, qui peut être parcouru successivement par des congénères par ailleurs cantonnés, et qui y exploitent à tour de rôle des ressources communes. L'étendue du territoire varie selon ses fonctions. Il en existe qui sont stables pendant toute l'année, et qui couvrent tous les besoins des propriétaires, se confondant quasi avec le domaine vital ; la plupart servent à la reproduction, soit à l'appariement seulement, comme les petits territoires en grappe des tétras et des cobs parmi lesquels la femelle fait son choix, soit à l'élevage des jeunes ; chez les oiseaux de mer, qui trouvent des ressources illimitées dans l'océan, le territoire se limite à l'espace que la couveuse peut atteindre par l'extension maximale du cou ! Les colibris et les nectarins défendent des fleurs ; les bergeronnettes se réservent un territoire d'alimentation hivernal le long des berges. Les territoires sont en général très stables et les animaux y demeurent attachés, de telle sorte que d'une année à l'autre, dans une population équilibrée, le parcellaire territorial demeure inchangé. En cas de décès d'un propriétaire, un animal non cantonné occupe sans tarder les lieux et adopte les frontières du disparu. De grands bouleversements peuvent s'observer en cas de forte mortalité et de renouvellement de la structure d'âge de la population. L'espacement des animaux les plus aptes à se cantonner et à se défendre assure une répartition équitable des ressources de l'habitat* entre les sujets les plus performants. *J.-C. Ruwet*

Territorialité

Phénomène, très répandu dans le monde animal, de délimitation, défense et utilisation d'un territoire*. La territorialité est, avec la hiérarchie*, un des principes de base de la structuration des sociétés animales. Elle est attestée chez des crabes, araignées et libellules, chez certains poissons, anoures et lézards, chez de nombreux oiseaux et maints mammifères. L'usage exclusif, pour la nourriture ou la reproduction, d'un espace dont sont exclus les congénères rivaux implique que le candidat propriétaire le délimite, le surveille, le défende. L'avantage va généralement au premier occupant, qui est le premier arrivant, ou qui remplace un manquant ; il connaît en effet mieux que quiconque les possibilités de son canton et y est dominant* sur tous les autres, à condition de ne pas en sortir, auquel cas la situation s'inverse. Sur un territoire de reproduction, le mâle doit affirmer sa présence, à la fois pour repousser les rivaux et attirer les femelles ; son comportement est ainsi un mélange d'ébauches d'attaques, de défenses et d'invites sexuelles. Les poissons et lézards s'affichent en exhibant des colorations brillantes ; les oiseaux proclament leur chant* territorial, du sol, d'un perchoir ou en vol selon les milieux ; les mammifères déposent des signaux odorants : sécrétions glandulaires, urine, fèces. L'animal territorial est affairé et exhibitionniste ; il se dépense sans compter. Maître chez lui, il jouit des avantages de la territorialité. Mais l'entreprise a ses inconvénients et ses risques : il est guetté par le stress et s'expose aux prédateurs*. Entre voisins s'installe progressivement une paix des propriétaires, mais l'apparition d'intrus entraîne une recrudescence de la rivalité. En cas de forte pression de population, la mortalité peut être forte et le taux de remplacement important. La territorialité s'inscrit dans la compétition intraspécifique ; il est aussi des cas où des espèces différentes s'excluent de leur territoire respectif. *J.-C. Ruwet*

Test à la dexaméthasone → Glucocorticoïde

Test cognitif

Epreuve standardisée utilisée pour caractériser les individus, le plus souvent relativement à la moyenne* d'un groupe, selon divers aspects de leur fonctionnement cognitif, en général l'efficience*. Ces tests sont d'une très grande diversité dans leur présentation, dans leur mode de construction et dans les critères de validation* qu'ils privilégient (critères externes, internes ou théoriques). Beaucoup d'entre eux ont été construits pour être appliqués à des populations particulières (définies par l'âge, le statut professionnel, la culture, etc.) en vue d'objectifs également particuliers (diagnostic, pronostic d'évolution, pronostic d'adaptation). Parmi les tests cognitifs, on distingue classiquement les tests d'intelligence*, les tests d'aptitudes* et les tests de connaissances*. La distinction entre tests d'intelligence, censés évaluer des compétences* générales (échelles* d'intelligence, tests de facteur* g), et tests d'aptitudes, censés évaluer des compétences ayant un champ d'application plus restreint, est relative. En fait, la plupart des tests d'intelligence ou d'aptitudes permettent d'appréhender des formes différentes d'intelligence : tests de raisonnement*, de créativité*, verbaux*, d'intelligence pratique, d'intelligence sociale, perceptifs ou spatiaux, de mémoire*. Les tests d'intelligence les plus récents se proposent de caractériser les sujets quant à l'efficience des opérations élémentaires qu'ils mettent en œuvre et quant aux stratégies* qu'ils évoquent préférentiellement. La plupart des tests de connaissances (connaissances de faits et de méthodes) sont relatifs aux domaines scolaire et professionnel. *M. Huteau*

Test d'aperception thématique → TAT

Test d'hypothèse

Encore appelé **test de signification.** Méthode d'inférence* statistique consistant à mettre à l'épreuve, sous un modèle statistique, une hypothèse* nulle, dont on se demande si elle est compatible avec les observations.

Un test de signification s'effectue à l'aide d'une statistique* de test. Un test d'hypothèse au seuil repère α est défini par une région critique, telle que si l'hypothèse nulle est vraie, la probabilité* que la statistique de test tombe dans cette région est bornée par la valeur α. Si la valeur de la statistique de test tombe dans la région critique, on conclut que l'hypothèse nulle n'est pas compatible avec les observations, au seuil α.

Parmi les tests d'hypothèse usuels, on mentionnera :

1. le test du khi-deux*, qui sert à tester l'homogénéité* de fréquences*, en particulier l'indépendance dans un tableau de contingence* ;
2. le test T de Student*, pour la comparaison de moyennes*. *P. Bonnet et H. Rouanet*

Test d'indépendance → Homogénéité (Test d'—)

Test de closure → Lisibilité

Test de signification → Test d'hypothèse

Test projectif

Test dont le but est de saisir la dynamique psychique d'une personne* en tant que totalité en évolution et dont les éléments constitutifs sont en interaction. Le moyen consiste à demander au sujet de structurer un matériel flou, ambigu, incomplet, verbal ou non : le sujet peut ainsi « projeter » à l'extérieur certaines des structures internes de sa personnalité*. Les tests projectifs ne diffèrent pas seulement des tests d'aptitude* et des questionnaires* de personnalité par leur matériel. Une grande liberté de perception et d'imagination est laissée au sujet (il n'y a pas de bonne réponse établie d'avance) : une enquête est menée auprès du sujet pour savoir ce qui a déterminé ses réponses ; le testeur procède à une double analyse qualitative et quantitative de la forme et du contenu ; enfin ses interprétations du protocole reposent sur une théorie, sinon psychanalytique du moins psychodynamique. Ces tests diffèrent également par leur moindre rigueur psychométrique* dans la standardisation* et l'étalonnage* et par la difficulté d'estimer leur sensibilité*, leur fidélité*, leur validité*. C'est pourquoi beaucoup d'auteurs préfèrent les dénommer **méthodes** ou **techniques projectives**, plutôt que tests au sens strict du terme. Le terme de méthode projective a été utilisé pour la première fois par le psychologue américain L. Frank (1939) pour rendre compte de la parenté existant entre différentes épreuves psychologiques telles que le test d'association de mots* de C. Jung, le psychodiagnostic* de H. Rorschach et le test d'aperception thématique* de H. Murray. L. Frank a proposé la classification suivante : a. dans les techniques constitutives, le sujet structure un matériel non structuré (ex. : le test des taches d'encre de Rorschach) ; b. dans les techniques constructives, il part d'un matériel défini et construit des structures plus larges (ex. : le test de mosaïque de formes et de couleurs, le test du village, le MAPS) ; c. dans les techniques interprétatives, il interprète un matériel ayant une signification affective (ex. : le TAT) ; d. dans les techniques cathartiques, le sujet extériorise une réaction émotionnelle sous l'effet du stimulus (ex. : dessin libre, peinture au doigt, marionnettes, jeu dramatique improvisé) ; e. dans les techniques réfractives, il fait subir des distorsions à une activité de communication courante (ex. : graphologie, test myokinétique de Mira y Lopez). En pratique, les psychologues cliniciens usent de la distinction suivante : les tests projectifs thématiques (improvisation de jeux, de récits, de dessins à partir d'éléments faiblement structurés) renseignent plutôt sur la nature des conflits psychiques et sur la qualité des interactions avec l'entourage ; les tests projectifs structuraux (dont le Rorschach est le prototype) provoquent en général une régression plus poussée et mettent plutôt en évidence les images primitives du corps et les failles narcissiques dans la construction du moi*. Aussi est-il souhaitable que l'examen psychologique d'une personne comprenne non pas un seul test projectif mais au moins un thématique et un structural.

D. Anzieu

Test sur ordinateur

Tous les tests et questionnaires* peuvent être passés, corrigés et même interprétés à l'aide d'un ordinateur. L'utilisation des ressources de l'informatique* permet d'aller plus loin et de construire des tests sur mesure dans lesquels chaque nouvel item est choisi en fonction des réponses données précédemment par le sujet. Cette procédure suppose qu'on dispose de banques de données comportant des listes extensives d'items, avec des informations sur leur difficulté, leur fidélité et leur pouvoir discriminant. Chaque nouvel item est choisi en fonction de l'information supplémentaire qu'il va apporter et du degré de précision recherchée.

C. Lévy-Leboyer

Testostérone → Androgène

Tétrachorique → Corrélation

Texte

Pas plus que le discours*, le texte n'est l'objet empirique sous la forme duquel la langue se manifeste (énoncé). Oral ou écrit, le texte peut être réduit à un seul mot ou former un ouvrage de plusieurs volumes. Monologal et/ou dialogal, il comporte, à l'écrit, un paratexte plus ou moins important (titre, sous-titre, intertitres, nom d'un auteur, d'un éditeur, d'une collection, dédicace, avant-propos, etc.). Une suite de mots ne forme un texte que si elle réalise un équilibre entre une redondance* nécessaire (anaphores*, coréférence* et reprises lexicales, ellipse, isotopie*, etc.) et un apport progressif d'information* (rhèmes* successifs, reformulations, etc.). Le non-respect de cette condition de progression débouche sur un rabâchage aussi insupportable que l'absence d'un minimum de continuité-répétition (non-respect de la condition de cohésion*) qui dissout la textualité dans le coq-à-l'âne.

Parmi les mécanismes constitutifs du texte, on distingue généralement la connexité (enchaînements locaux des unités linguistiques), la cohésion-progression (sémantique) et la cohérence*-pertinence (énonciative et pragmatique*). C'est dire qu'un texte n'est pas une simple suite linéaire d'unités linguistiques* (signes*, phrases*, propositions*, actes de langage*, séquences*), mais un tout sémantiquement et pragmatiquement unifié. Comprendre un texte ce n'est donc pas additionner le sens* des unités qui le composent, mais passer d'une succession à un sens global (orientation argumentative*). L'opération syntaxique de décomposition phrastique est, dans ces conditions, aussi peu opératoire que l'analyse de la valeur locale de vérité des propositions isolées.

La prise en compte de la diversité des modes de réalisation textuels amène certains linguistes à développer une typologie des bases élémentaires de textes ou des formes de mise en séquence en distinguant des ensembles narratifs, descriptifs, argumentatifs, explicatifs, conversationnels, etc.

J.-M. Adam

Textuelle (Fonction —) → Fonction du langage

Thalamus

Le thalamus est une importante masse neuronale située à la partie dorsale du diencéphale* et constituée de plusieurs noyaux fonctionnellement très différents. Il est relié avec toutes les formations du système nerveux* central et particulièrement les modules sensoriels et le cortex* dont les aires sont définies en fonction de ses zones de projections. Il intervient dans les fonctions sensorielles et motrices, dans la coordination motrice volontaire, dans les fonctions sensitivo-sensorielles ; il sert pratiquement de relais pour toutes les afférences aussi bien que dans les fonctions végétatives, d'intégration et d'association et les fonctions de contrôle de la vigilance.

R. Decombe et M. Le Moal

Thanatos

Ce terme, qui signifie mort en grec ancien, n'a pas été utilisé par S. Freud lui-même et semble avoir été introduit par P. Federn. Il est cependant d'un usage fréquent en psychanalyse pour désigner la pulsion de mort*, de même qu'Eros* désigne, dans les écrits de S. Freud, l'ensemble des pulsions de vie* : le but de l'Eros est d'établir de toujours plus grandes unités, donc de conserver : c'est la liaison*. La pulsion de mort vise, au contraire, à briser tous les rapports, donc à détruire les choses ; son but final est de ramener ce qui vit à l'état inorganique.

J.-M. Petot

Théâtrothérapie

Forme de sociothérapie pour malades mentaux auxquels on fait préparer et produire des représentations théâtrales. A la différence du psychodrame*, les rôles* sont appris d'avance. Toutefois, l'expression scénique est laissée libre. La paternité en reviendrait au marquis de Sade qui, au début du XIXe siècle, organisa de telles activités avec ses compagnons d'internement à l'hospice de Charenton.

D. Anzieu

Thème

Objet du discours* (ce dont on parle), il est classiquement distingué du propos (anglais *comment*) ou rhème*. La question à laquelle l'énoncé est supposé répondre permet de déterminer le thème ou **topic**. Dans l'énoncé *« la commission a rendu son rapport »*, le thème est déterminé par la question *« qu'a fait la commission ? »*, le propos étant la réponse *« elle a rendu son rapport »*. Le thème pourrait ne pas être explicitement donné et, à la question *« que s'est-il passé ? »*, l'ensemble de l'énoncé précédent viendrait répondre et constituer le propos, le thème étant alors *« il se passe quelque chose »*.

Etendu à un niveau textuel, le sens du terme thème doit être distingué de celui d'isotopie* (parcours d'interprétation déclenché par la reconnaissance d'un thème). Afin d'éviter la confusion entre analyse locale et analyse globale, on parlera plutôt de macrostructure*.

J.-M. Adam

Théorie cloacale

Théorie sexuelle infantile* fondée sur l'ignorance (selon S. Freud) ou sur la négation (selon beaucoup de ses successeurs) du vagin et selon laquelle l'anus remplit les fonctions sexuelles du vagin. Selon cette théorie, le coït est une pénétration anale et la naissance est un processus comparable à l'évacuation des fèces. Pour S. Freud, cette théorie comporte une part de vérité : biologiquement (des deux points de vue phylogénétique et ontogénétique) et psychologiquement, le vagin est le successeur de l'anus. Même les auteurs qui, comme M. Klein, soutiennent l'idée d'une connaissance précoce (voire innée) du vagin n'en admettent pas moins l'idée que les divers orifices corporels sont, au début, mis en équivalence symbolique*, et notamment que la naissance des enfants est d'abord représentée à l'image de la défécation.

J.-M. Petot

Théorie de l'esprit → Esprit

Théorie de l'évolution → Évolution

Théorie de l'information → Information

Théorie de la détection du signal → Détection du signal

Théorie des jeux → Jeux

Théorie du but

Connue aussi sous le nom de « effet du but difficile » *(hard goal effect),* la théorie du but a été développée par Locke, Latham et Erez. Les résultats de nombreuses recherches de laboratoire et de terrain ont clairement démontré que le but est une source importante de motivation*, et ceci d'autant plus qu'il s'agit d'un but difficile, qui constitue un défi pour l'individu concerné. Cet effet du but n'est observé que si le but est décrit de manière concrète et spécifique, et il est inexistant dans le cas où le but est défini sous la forme d'un encouragement vague à mieux faire. L'acceptation du but est une condition *sine qua non* de l'effet de but. La participation facilite cette acceptation mais elle n'a pas d'action sur la motivation* elle-même. Par contre, le fait de donner régulièrement des informations* sur la performance* réalisée et de situer ces résultats par rapport au but poursuivi renforce l'effet motivant du but lui-même.

C. Lévy-Leboyer

Théorie du filtre → Filtre

Théorie duplex → Localisation perceptive

Théories implicites de la personnalité

Présupposés qu'ont les gens (et souvent les psychologues) quant aux co-occurrences entre les comportements (quelqu'un qui fait ceci fait aussi cela) et entre les traits de personnalité* (quelqu'un qui est ceci est aussi cela). Le problème essentiel posé par cette sorte de caractérologie naïve est celui de ses fondements, et, *a fortiori,* de sa validité descriptive : les données actuelles laissent à penser que les théories implicites de la personnalité trouvent leur origine dans la signification des mots plutôt que dans l'observation de la réalité comportementale.

La théorie de la distorsion systématique avance sur cette base que la cohérence des « syndromes »* qui apparaissent dans les descriptions psychologiques courantes relève davantage de nos conceptions que de l'observation d'une cohérence comportementale de fait. D'ailleurs, les théories implicites de la personnalité* semblent plus aptes à communiquer la valeur des gens qu'à permettre des énoncés descriptifs sur leur personnalité. Leur structuration est principalement évaluative, les dimensions dégagées ressemblant de façon récurrente à celles de la connotation des mots.

Ersoc

Thérapie cognitive → Comportementale (Thérapie —)

Thérapie implosive → Immersion

Thérapie familiale psychanalytique

Thérapie verbale du groupe familial*, fondée sur la théorie psychanalytique des groupes. Elle vise une autonomisation des psychismes individuels de chacun des membres de la famille, par le biais d'un rétablissement de la circulation fantasmatique intrafamiliale. Elle s'adresse aux familles dont un ou plusieurs membres présentent une symptomatologie psychotique, anorexique, psychosomatique, psychopathique ou parfois névrotique. Elle vise le traitement de l'appareil psychique familial*, duquel émanent les discours individuels ; ceux-ci sont l'objet d'une écoute et d'une interprétation groupales. Trois règles sont énoncées dès la première séance : règle de présence bi- ou multigénérationnelle, règle d'association libre*, règle d'abstinence*. Le fantasme inconscient sous-jacent au discours familial est saisi à travers l'écoute de « ce qui se pense » ou de « ce qui se rêve » en famille. Les interprétations portent essentiellement sur le matériel onirique, caractéristique d'une fusion des psychismes individuels.

A. Ruffiot

Thérapie familiale systémique

Approche thérapeutique du groupe familial, sous-tendue par une théorie béhavioriste* de la communication* et une méthode pragmatique*. Cette théorie et cette méthode, inspirées de la philosophie pragmatiste* de W. James, sont la base des travaux de l'Ecole de Palo Alto (G. Bateson, P. Watzlawick, etc.) diffusés à partir des années 1960. Contrairement à la méthodologie psychanalytique, cette approche privilégie l'observation, au sein de la famille, des conduites interactives et des échanges comportementaux manifestes dont elle tend à dénoncer les effets pathogènes. La communication paradoxale* est, selon cette conception, un des principaux agents pathogènes dans la schizophrénie*. La thérapie systémique possède ses propres techniques (contre-paradoxe, connotation positive*, disqualification*, redéfinition*, recadrage, provocation*) pour clarifier la communication perturbée dans le système familial.

A. Ruffiot

Thermo-esthésimètre → Esthésimètre

Thymique

La thymie décrit l'état global de l'humeur*, qui correspond à des combinaisons entre plusieurs dimensions émotionnelles. La psychopathologie en offre des configurations particulières comme l'hyperthymie douloureuse du mélancolique. Est thymique ce qui décrit un niveau d'humeur globale (« amélioration thymique »). Ce gradient thymique est évalué selon un dipôle allant de la thymie dépressive à l'élation maniaque et centré par un axe normothymique.

On utilise également l'adjectif « thymique » dans un sens plus général, pour désigner ce qui revient aux désordres affectifs : états dysthymiques*, thymorégulateur*.

R. Jouvent

Thymoanaleptique → Antidépresseur

Thymorégulateur

L'efficacité très significative du **lithium** dans la prévention des rechutes de la psychose maniaco-dépressive* bipolaire a amené l'introduction d'un nouveau concept au sein des classifications de psychotropes*. En effet les thymorégulateurs se définissent par leur action diachronique, stabilisante sur les variations thymiques* sans qu'ils aient nécessairement une efficacité thérapeutique sur les accès dépressifs déjà installés. La notion de thymorégulation introduit l'idée d'une meilleure gestion des événements internes et externes, c'est-à-dire d'une réduction d'amplitude des oscillateurs internes en même temps qu'une moindre sensibilité vis-à-vis de l'environnement.

Le lithium a été et reste encore le principal thymorégulateur. Il est administré en permanence tout au long de l'année, au prix d'une surveillance régulière de son taux sanguin pour éviter les complications de surdosage (cardio-vasculaires, neurologiques, rénales). D'autres thymorégulateurs ont été proposés, en particulier la carbamazépine (Tegretol). Ce dernier présente un double intérêt théorique et pratique. Ses propriétés anticomitiales sont à l'origine du modèle animal de *kindling* qui met en relation la pathologie des troubles affectifs avec celle de l'épilepsie. Sur le plan thérapeutique, il aurait une efficacité particulière chez les patients bipolaires à cycles rapides ou *rapid mood cyclers* chez qui le lithium est justement de peu d'efficacité.

Le valproate (Dépamide), issu d'une autre famille d'anticomitiaux, a aussi été proposé.

R. Jouvent

Thyroïdienne → Hormone

Tic

Mouvements involontaires, brusques, rapides et répétés impliquant un ensemble de muscles en liaison fonctionnelle. Il s'agit d'une anomalie de la commande motrice qui doit être radicalement distinguée des autres formes de mouvement anormal de nature neurologique (myoclonie, tremblement, chorée). Une certaine contrainte volontaire peut en effet retarder l'irruption du tic. En revanche, on évitera de nommer tic des habitudes comportementales qui revêtent un caractère compulsif. Les tics peuvent être transitoires ou permanents. Dans leur forme chronique et diffuse, ils réalisent la maladie de Gilles de la Tourette dans laquelle ils sont associés à d'autres troubles compulsifs (coprolalie ou compulsion à prononcer des injures obscènes, échomimie*, écholalie*). *D. Widlöcher*

Timbre

Sensation* donnée par la qualité du son. Cette définition admise par l'acoustique classique et le sens commun répond à la capacité de distinguer les sonorités des instruments et des voix. Depuis H. von Helmholtz, en 1863, nous savons que le timbre est lié à la présence des partiels qui accompagnent un son fondamental et à la forme de l'onde. La résistance qu'on allait rencontrer plus tard dans la pratique du son de synthèse et la perception visuelle du spectre sonore devaient apprendre qu'il fallait compter avec bien d'autres facteurs, les uns temporels (les transitoires et les relations de phases), les autres spatiaux (partiels harmoniques et inharmoniques). Le timbre n'est pas encore quantifiable aujourd'hui, mais on progresse vers la précision de sa mesure.

I. Deliège

Timidité

Terme banal qui renvoie à ce niveau à un trait de caractère* : c'est l'incapacité de passer à l'acte dans les conduites verbales, professionnelles ou sexuelles de quelque importance. On a expliqué la timidité en considérant l'entourage des personnes ou bien leur intériorité. Dans le premier cas, P. Janet y voit une maladie des conduites* sociales liée à la hiérarchie* inhérente au groupement. H. Wallon distingue la timidité-inhibition et la timidité-colère : il s'agit toujours d'une sensibilité excessive à la présence d'autrui ; selon lui, il n'y a personne à qui le contact d'un autre ne donne le sentiment de sa propre prestance. Dans le second cas, les psychanalystes pensent que l'angoisse des enfants à l'égard de certaines personnes se généralise souvent en timidité : leur « sagesse » s'accompagne d'une inhibition des pulsions à connaître. Chez l'adulte névrosé, la timidité peut résulter d'une difficulté à concilier les valeurs et les contre-valeurs, c'est-à-dire, selon D. Lagache, à résoudre le conflit intrasystémique de l'idéal du moi et du moi idéal. De façon générale, la timidité est donc une dimension polémique de l'image de soi et du narcissisme. *C. Prévost*

Toilettage → *Grooming*

Toilette → *Grooming*

Tolérance

Dans une perspective éducative, la tolérance manifeste l'acceptation par une autorité d'une dérogation* à un règlement ou à une loi qui devrait normalement être réprimée. Cette acceptation peut être soit passive ou démissive et déboucher sur le laisser-faire, soit compréhensive et positive et exprimer un souci de justice* en raison du caractère particulier des circonstances ou de la personnalité* de l'auteur de la dérogation. Sur un plan personnel, la tolérance qualifie également l'attitude* qui consiste à reconnaître à autrui le droit de se comporter et de penser différemment de soi ; celle-ci dépend de l'existence d'affinités qui élève le niveau d'acceptation de la marge, de l'originalité, de la dérogation, voire même de la transgression*. En psychologie sociale*, la marge de tolérance se situe entre les limites de la variance sociale comprise entre l'acceptation passive d'une situation ou d'une conduite* anormale ou irrégulière et la mise en œuvre de réactions réprobatrices, défensives et normatives. En psychologie clinique*, la tolérance est la propriété, variable selon les individus, de supporter un certain degré d'exposition à des excitations ou des stimulations sans qu'apparaissent des réactions inappropriées ou des symptômes pathologiques.

J. Selosse

Seuil de tolérance : la durée de la tolérance varie avec la constitution, la situation, le psychisme, la culture* des individus et selon la nature et l'intensité des stimulations. La notion de seuil de tolérance est parfois utilisée pour évoquer une limite critique à partir de laquelle, dans une communauté l'équilibre, la sécurité et les privilèges seraient menacés. Les paramètres d'appréciation de ce seuil sont variables selon les groupes*, les milieux et le statut* des individus et dépendent des représentations intersubjectives alimentées par des rumeurs et des stéréotypes bien plus que par des critères objectivés. Dans un groupe, le seuil critique est atteint lorsqu'une majorité n'accepte plus la différence ou la déviance d'un de ses membres ou d'une minorité et les rejette. Cette réaction est précédée par des changements dans la fréquence et la nature des communications*, la fréquentation et les représentations des sujets non conformes. Elle survient d'autant plus vite que le groupe estime sa cohésion menacée. *C. Prévost et J. Selosse*

Par ailleurs, le terme tolérance désigne l'accoutumance* de l'organisme aux effets de la consommation chronique d'une drogue*, ce qui implique que des doses de plus en plus élevées de toxique doivent être consommées. La tolérance peut être totale (mithridatisation) ; elle a tendance à s'estomper quand l'intervalle entre deux prises s'accroît ; elle peut concerner inégalement l'un ou l'autre des nombreux effets de la drogue.

Ce processus d'une extrême complexité relève de facteurs psychologiques, comportementaux, pharmacologiques, physiologiques, génétiques. C'est dire la grande variabilité de la tolérance observée chez l'homme (observée communément pour la caféine ou l'alcool). La **tachyphylaxis** ou tolérance aiguë est un cas particulier survenant lorsque deux prises successives sont séparées par un intervalle relativement court (1 ou 2 heures) alors que l'accumulation de toxique dans le cerveau survient à une période où l'organe vient de l'éliminer. La tolérance observée pour une drogue peut produire un effet réduit pour une autre drogue ayant des effets comportementaux similaires : on parle alors de tolérance croisée. La tolérance n'est pas le seul phénomène observé : dans certaines conditions l'effet comportemental obtenu après la seconde prise est plus élevé que lors de la première. Ce phénomène est appelé sensibilisation ou tolérance inverse.

La tolérance relève de nombreux facteurs :

a. tolérance métabolique : accroissement du métabolisme du toxique dans l'organisme par augmentation de la synthèse des enzymes de dégradation ;

b. tolérance physiologique ou pharmacodynamique : résulte des ajustements homéostatiques au niveau des systèmes physiologiques et des synapses, par exemple, ou par l'augmentation compensatoire du nombre des récepteurs membranaires ou par l'augmentation de la libération du neuromédiateur ;

c. tolérance comportementale : qui se développe par son association avec des stimulus de l'environnement et la mise en jeu de conditionnements* de type opérant ou pavlovien. Dans le premier cas, l'organisme apprend à changer le comportement pour compenser les effets du toxique. Dans le second cas, l'environnement (situation ou stimulus) associé avec la prise du toxique tend à déclencher des réponses physiologiques opposées aux effets de la drogue (réponses parfois appelées compensatoires) ; ces changements préparent le sujet à la prise de drogue, diminuent ses effets et créent donc une tolérance. La tolérance à une drogue peut se développer sans qu'apparaisse un état de dépendance, mais les symptômes d'abstinence* ne sont jamais observés en l'absence d'une tolérance.

M. Le Moal

Tomographie par émission de positons

La tomographie par émission de positons (TEP) permet, après administration d'une substance faiblement radioactive, d'avoir accès *in vivo* au métabolisme cérébral et de visualiser l'activité fonctionnelle des structures cérébrales. Cette technique est fondée sur l'émission de positons obtenue par désintégration de radioéléments. Ces particules porteuses de charge positive percutent un électron après un bref parcours dans la matière biologique. Le couple particule-antiparticule s'annihile et donne naissance à deux photons *gamma* émis simultanément en sens opposé. Ceux-ci traversent le corps en ligne droite et viennent frapper deux des détecteurs disposés en couronne autour du patient. Le principe de la TEP est de détecter ces photons émis en coïncidence, d'identifier leur parcours et de reconstruire, sous forme d'images, la distribution de la radioactivité dans l'organe étudié et notamment le cerveau. En neuropsychologie* et en sciences cognitives*, les paramètres physiologiques les plus souvent utilisés sont le débit sanguin cérébral régional (DSCr), la consommation d'oxygène ($CMRO_2$) et la consommation de glucose (CMRglu). Ils sont mesurés soit au repos lorsque le sujet ne se livre à aucune activité particulière, soit en activation, c'est-à-dire pendant la réalisation d'une tâche. Les mesures de la $CMRO_2$ et de la CMRglu sont privilégiées dans les mesures au repos notamment dans les études de différentes affections cérébrales. Elles ont comme grand intérêt de mettre en relation les troubles cognitifs des patients et leurs déficits métaboliques. Cette approche est particulièrement intéressante dans les pathologies exemptes de lésion morphologique visible. La mesure du DSCr par injection d'eau marquée à l'oxygène 15 ($H_2{}^{15}O$) est privilégiée dans les études d'activation. En effet, la courte durée de la mesure (90 secondes) conjuguée à la courte durée de la demi-vie du marqueur (125 secondes) permet d'effectuer plusieurs mesures répétées chez un même sujet (sain ou malade) pendant qu'il réalise différentes tâches. Certaines sont considérées comme des tâches de référence, d'autres comme des tâches activantes. Par hypothèse, un seul traitement cognitif diffère entre la tâche activante et la tâche de référence. Les indices recueillis lors de ces deux mesures sont comparés. Les valeurs métaboliques régionales recueillies lors de la tâche activante permettent d'identifier les aires cérébrales impliquées dans un traitement particulier. Ce type d'étude exige de multiples précautions méthodologiques ayant trait à la localisation des différentes structures cérébrales, à la reconstruction des images, à la normalisation des données et aux procédures statistiques. De plus, la mise au point de tels protocoles nécessite une préexpérimentation qui vise à égaliser la complexité des tâches et à cerner au mieux les différentes opérations impliquées dans celles-ci. L'objet de l'expérience d'anatomie fonctionnelle cérébrale proprement dite est ensuite de déterminer les supports neuronaux sous-tendant un processus ou un ensemble de processus. Ces paradigmes ont permis l'obtention de nombreux résultats. D'autre part, ceux-ci permettent de confronter ou de réinterroger des connaissances issues de la psychologie cognitive et de la neuropsychologie pour différentes grandes fonctions mentales : le langage, la mémoire, l'imagerie mentale... Ce courant de recherche apporte donc une source d'inférence supplémentaire par rapport à des méthodes antérieures comme la chronométrie mentale, les dissociations neuropsychologiques observées chez les patients ou l'expérimentation animale. D'autre part, appliquées à des patients, ces méthodes permettent de mieux comprendre la physiopathologie de différentes affections ainsi que les supports neurobiologiques des troubles cognitifs et des processus de réorganisation après lésion cérébrale.

F. Eustache et B. Lechevalier

Ton

Qualité d'une émission sonore — son accentuation, sa hauteur (aigu/grave, langue à tons), sa justesse, son style, etc., ou d'une teinte pour désigner le mélange de couleurs primaires. En musique, s'emploie pour l'évaluation des intervalles* (nombre de tons et de fractions de tons). Le terme anglais *tone* désigne indifféremment les notions de son ou de ton, d'où certaines méprises dans les textes traduits. *I. Deliège*

Tonalité

Système grammatical qui s'est constitué en musique à partir du XVIIe siècle et fixé au XVIIIe. Il est basé sur une hiérarchie de degrés internes à l'échelle diatonique (la gamme de 7 sons) et sur l'équivalence entre ces échelles à l'intérieur de la division en douze parties égales de l'octave considérée comme modulo (tempérament égal), donc d'une échelle chromatique sous-jacente. Cette théorie a été explicitée par J.-P. Rameau, en 1722, dans son *Traité de l'harmonie* et, plus tard, principalement par Riemann et H. Schenker. Elle est au cœur d'un ensemble de recherches en matière de psychologie de la musique* depuis une trentaine d'années. Dès 1958, R. Francès l'a située au centre de ses perspectives. Plus récemment, en 1983, F. Lerdahl et R. Jackendoff en ont tenté une grammaire générative* qui apparaît comme une véritable théorie de la perception musicale.

Par ailleurs, on parle de **tonalité chromatique,** ou de **teinte,** pour désigner la qualité de couleur de la sensation* visuelle, qui se manifeste par la discrimination* de radiations du **spectre** provoquant des sensations de même intensité (en phanie* ou leucie*). La tonalité et la saturation* constituent la **chryomie.** *I. Deliège*

Tonème

Terme forgé sur le modèle de phonème, parfois employé pour désigner, chez les mammifères marins, les émissions sonores ayant valeur d'éléments d'un véritable code* de communication, et dont la hauteur* tonale serait le principal critère déterminant de la signification*. *M. Richelle*

Tonie

Terme en usage en psychoacoustique* et en psychophysiologie* de l'audition* pour désigner la hauteur du son en tant que grandeur sensorielle. Il s'agit donc d'une sensation* subjective de la hauteur, laquelle peut être influencée par d'autres données acoustiques. Ainsi des fréquences* élevées peuvent donner une impression encore plus aiguë et, de même, les sons graves paraissent plus graves dans des conditions de forte intensité. *I. Deliège*

Tonique → Activation

Tonus → Motricité

Top/down → Ascendant/descendant

Topic → Thème

Topique

Désignant la classique théorie des lieux, le mot topique est lié, en psychanalyse, à la théorie de l'appareil psychique*. Celui-ci comporte plusieurs lieux psychiques de fonctionnement différents et ordonnés les uns par rapport aux autres, impliquant par conséquent des modèles spatiaux.

Dans l'œuvre de S. Freud, la première topique distingue l'inconscient, le préconscient et le conscient, et la seconde topique distingue le ça, le moi et le surmoi. Chacun des lieux psychiques séparés de la première topique est spécifié par des groupes de représentations dont l'énergie d'investissement, les processus et la fonction sont différents. Les censures* inhibent et contrôlent le passage de l'un à l'autre. La théorie des localisations cérébrales, les données de la psychopathologie, en particulier les phénomènes hypnotiques et de double personnalité, et le rêve ont été à l'origine de la théorie freudienne et en demeurent une excellente illustration.

La prise en considération de la nature inconsciente des défenses a conduit Freud à décrire le moi en le distinguant du système conscient-préconscient, mais la deuxième topique a également introduit un remaniement d'ensemble par la description des relations intrapsychiques sur le modèle des relations intersubjectives, donnant ainsi une place centrale aux identifications*. Celles-ci constituent des formations permanentes au sein de la personnalité* qui peuvent être elles-mêmes différenciées en formations plus spécifiques : surmoi, moi idéal, idéal du moi, par ex. On parle de différenciations intrasystémiques par comparaison avec les différenciations intersystémiques.

La deuxième topique comporte également une redéfinition de l'inconscient en référence à un modèle biologique repris de G. Groddeck, le ça. Ce pôle pulsionnel de la personnalité est considéré comme premier, d'où la perspective génétique* des différenciations successives à partir de lui.

Depuis quelques décennies, plusieurs courants de la psychanalyse aux Etats-Unis ont recentré la théorie sur les interrelations du *self** et de l'objet* dans ce qu'on a pu appeler une troisième topique. *B. Brusset*

Topocinèse → Habileté motrice

Topotaxie → Taxie

TOTE Unit

Expression anglaise proposée en 1960 par G. A. Miller, E. Galanter et K. Pribram, et dont le premier membre est l'abréviation des mots *Test-Operate-Test-Exit*. Dans la réflexion de ces auteurs (qui marque un jalon dans les origines de la psychologie cognitive* moderne) sur le concept de plan* dans la structuration du comportement, l'unité TOTE constitue une boucle en *feed-back**, impliquant une fonction d'évaluation*, le résultat de l'opération en cours étant confronté, par l'intermédiaire d'un comparateur*, à une valeur de référence (but* à atteindre, état d'équilibre à établir). Le schéma TOTE s'applique aussi bien aux niveaux de fonctionnement les plus élémentaires, tel le réflexe*, qu'aux actions* motrices finalisées, aux conduites assurant le retour à l'équilibre homéostatique ou aux plans d'action sous contrôle verbal. Il représente à un double titre un dépassement du schéma S-R, dérivé de l'arc réflexe* : d'une part, il introduit la notion unificatrice de rétroaction* et d'évaluation du résultat, dès le niveau le plus élémentaire et jusqu'aux niveaux les plus complexes ; d'autre part, il s'accommode d'une analyse en termes de transfert d'information* et de fonction de contrôle aussi bien qu'en termes de transport d'énergie*. *M. Richelle*

Toucher → Sensibilité cutanée

Tour de Hanoi

Type de problème* abondamment étudié notamment par l'équipe de H. Simon, dans leur recherche des représentations* et des procédures* de résolution utilisées par les sujets. Une tour d'un certain nombre d'étages, faite de disques amovibles de grandeur décroissante de la base vers le sommet, est placée sur un socle. Deux autres socles semblables sont libres. Le sujet doit reconstituer la tour sur l'un de ces deux socles, mais en respectant certaines contraintes : un seul disque (étage) peut être déplacé à la fois ; un disque ne peut être déplacé sur un disque plus petit. Cette situation constitue un problème spécifique, dont la solution à trouver est clairement prescrite, mais dont le domaine* n'est normalement pas familier aux sujets. Ceux-ci s'adonnent généralement à des tâtonnements et à des manœuvres superflues, alors que les translations requises peuvent se ramener à un algorithme*, et se simuler à l'aide d'un programme d'ordinateur répondant à la définition du *General Problem Solver*.

M. Richelle

Toxicomanie

Trouble comportemental caractérisé par le désir ou besoin* compulsif de se procurer un toxique, en partie pour ses effets bénéfiques, en partie par nécessité de supprimer les effets désagréables physiques du sevrage. La durée d'action d'une drogue* rythme la recherche du toxique et son absorption ; de la nécessité de se procurer le toxique, il résulte des conduites sociales perturbées. Il faut distinguer les facteurs qui poussent un sujet, à l'issue de sa première rencontre avec une substance potentiellement toxicomanogène, à désirer consommer à nouveau la substance (acquisition) et les conséquences de l'usage chronique de drogues entraînant des états de dépendance* et le plus souvent de tolérance*. Toute substance entraînant une toxicomanie agit en raison de son impact sur des neurotransmissions* et/ou récepteurs* identifiés dans le cerveau.

Les drogues sont des toxiques en raison de leurs effets délétères sur l'organisme et en raison des troubles psychologiques secondaires qu'ils provoquent, ces derniers résultant de leur impact neurobiologique. Tout produit toxique n'entraîne pas une toxicomanie.

Le développement d'une toxicomanie (tant pour ce qui concerne son acquisition que pour les effets de son usage chronique) est sujet à de grandes différences individuelles encore mal connues où entrent vraisemblablement en jeu des facteurs génétiques et épigénétiques, ou un déséquilibre homéostatique parfois passager que la drogue rétablit à un niveau plus tolérable pour le sujet.

Les recherches sur les toxicomanies s'exercent dans deux grands domaines : sociologiques et psychopathologiques d'une part, neurobiologiques d'autre part. Le premier axe est le plus représenté en France alors que des progrès considérables ont été effectués dans les pays anglo-saxons pour ce qui concerne la compréhension du mécanisme d'action des drogues et des processus psychobiologiques qui sous-tendent la tolérance et la dépendance. En l'état des recherches, les traitements médicaux sont les plus efficaces. La mise en place d'organismes permettant d'intégrer d'une manière pluridisciplinaire l'ensemble des recherches, tel le NIDA (*National Institute of Drug Abuse*, Etats-Unis), est la seule attitude qui permette de faire face aux problèmes complexes que posent les toxicomanies. *M. Le Moal*

Trace

De manière générale, désigne le produit objectivable d'opérations psychologiques ou de processus de niveaux divers (physiologique, biologique). C'est dans ce sens que ce terme est utilisé dans certains courants théoriques contemporains : en linguistique notamment, on analysera parfois une unité donnée (l'article, par ex.) comme la trace d'un complexe d'opérations langagières sous-jacentes (détermination*, définitivisation, quantification, etc.).

Trace mnésique (V. Engramme) : empreinte laissée par une information* dans le système nerveux* central ; elle peut être permanente (support biochimique) ou temporaire (support électrique). Chez S. Freud, ce terme désigne le mode d'inscription des images perceptives dans le psychisme. Les traces mnésiques n'entrent dans l'appareil* psychique que par association*, et elles restent unies les unes aux autres dans la mémoire*.

Réponse conditionnelle de trace : V. Conditionnement de trace. *J.-P. Bronckart*

Traductibilité

Caractéristique d'une langue naturelle* qui, selon le linguiste L. Hjelmslev, permet de la distinguer de tout autre type de système sémiotique*. Une langue est un système dans lequel tous les autres codes* peuvent être traduits ; on peut en effet interpréter verbalement non seulement les autres langues naturelles, mais aussi le code de la route, les systèmes de communication animaux, les langages formels, etc. Cette caractéristique résulte du fait que les langues naturelles et elles seules sont aptes à exprimer n'importe quelle signification* : elles peuvent « s'occuper de l'inexprimable jusqu'à ce qu'il soit exprimé ».

J.-P. Bronckart

Training autogène → Relaxation

Trait d'esprit → Esprit

Trait distinctif

Le phonème* est défini comme l'unité minimale de la langue ; il a une fonction distinctive (il contribue au sens) mais, sur l'axe de la successivité, il ne peut être décomposé en unités plus petites. Sur l'axe de la simultanéité en revanche, on peut identifier les caractères qui le définissent et qui l'opposent à d'autres phonèmes : le /t/ du français, par exemple, est oral, sonore et dental. Ce sont ces caractères que l'on qualifie de traits distinctifs, de traits pertinents ou encore de mérismes (E. Benveniste). Une langue ne possède qu'une dizaine de traits distinctifs qui se combinent de différentes manières pour former une trentaine de phonèmes. *J.-P. Bronckart*

Trait idéal → Modal

Trait suprasegmental

En lingusitique, on distingue, selon la terminologie d'A. Martinet et de l'école phonologique, les éléments phonématiques et prosodiques*, ou, selon la terminologie américaine, les éléments segmentaux et suprasegmentaux. Ces derniers n'appartiennent pas à la seconde articulation (V. Double articulation) : continus (non discrets) et donc difficilement segmentables, ils portent sur des éléments plus petits que le phonème* ou plus grands que celui-ci : plusieurs phonèmes, la syllabe, le mot*, le syntagme*, la phrase*. La fonction linguistique de ces traits peut varier selon les langues mais seuls les tons, dans les langues à tons, sont considérés comme des unités discrètes, au même titre que les phonèmes. *D. Peraya*

Traitement

C'est la manière d'agir avec quelqu'un, en particulier pour soulager sa souffrance ou guérir sa maladie. Ainsi, en psychothérapie*, la conduite d'une cure peut être réalisée de diverses manières, en tête à tête, en groupe ou en institution, en fonction de la nature, de l'intensité, de la fréquence mais aussi de la dangerosité des troubles et selon qu'on fait appel à un cadre pour étayer l'accompagnement thérapeutique et utiliser le support de méthodes d'appoint (relaxation, ergothérapie, etc.). Lorsqu'il s'agit de traiter des troubles de la conduite* (alcoolisme, toxicomanie, délinquance), les formes d'intervention tendent de plus en plus à prendre un caractère ambulatoire et à s'inscrire dans un travail d'équipe pluridisciplinaire qui intervient non seulement sur le patient mais également sur son environnement familial et social. La programmation d'un traitement dépend de l'origine et de la nature des perturbations observées, des références théoriques et des pratiques des intervenants, mais aussi de leur compréhension et de leurs motivations à s'intéresser à un symptôme particulier ou à exercer dans une institution spécifique (hôpital psychiatrique, prison, consultation).

J. Selosse

Traitement de l'information → Information

Tranquillisant

Dans la terminologie française, le terme de tranquillisants représente l'une des principales classes de psychotropes*. Il est progressivement remplacé par son synonyme anxiolytiques*. Une autre acception concerne les travaux américains qui ont tenté de remplacer le terme français de neuroleptique* par celui de *« major tranquillizers »*.

R. Jouvent

Transaction → Analyse transactionnelle

Transculturation → Acculturation

Transduction

Terme d'origine anglo-saxonne de plus en plus utilisé pour désigner les mécanismes de transmission d'un signal à travers la membrane cellulaire vers l'espace intracellulaire en permettant à une cellule d'exploiter un message* provenant de son environnement. Ce terme peut s'appliquer à une transduction physico-chimique pour un message de nature physique variable provenant du monde extérieur : lumière, énergie mécanique de caractère continu ou vibratoire, qui est capté par des récepteurs sensoriels. Il s'applique aussi très couramment lorsque le signal correspond à la présence de molécules en concentration suffisante pour agir sur les sites adéquats d'un récepteur sensoriel : molécules odorantes ou sapides, ou sur le site de liaison d'un récepteur membranaire : neurotransmetteurs*, hormones*. Les mécanismes de transduction diffèrent selon le type de récepteur. Pour un récepteur ionotropique ou encore récepteur-canal, il y a intégration du site de liaison, du mécanisme de couplage et de l'effecteur, le canal ionique transmembranaire, dans un assemblage de cinq sous-unités protéiques dont l'un des quatre ou cinq segments transmembranaires de chacune définit la paroi du canal. Le délai de réponse est de l'ordre de la milliseconde et se traduit par une modification de conductance* membranaire. Cette intégration peut être encore présente pour certains récepteurs métabotropiques constitué par une seule molécule protéique ne comportant qu'un seul segment transmembranaire avec un site récepteur du côté extracellulaire et une activité tyrosine kinase dans la partie intracellulaire. Pour d'autres, il y a dissociation entre trois ensembles : une molécule à sept segments transmembranaires comportant le site de liaison, un complexe sous-membranaire de trois sous-unités qui assure le couplage avec une troisième molécule membranaire : l'effecteur. Ce dernier est le plus souvent une molécule enzymatique qui assure la formation de seconds messagers à partir de précurseurs cytoplasmique ou membranaire. Il peut aussi s'agir d'un canal ionique. Dans tous les cas, le délai de réponse est au minimum de quelques centaines de millisecondes. Le processus de transduction d'un récepteur métabotropique est conditionné par la nature des effecteurs et celle des substrats pour les seconds messagers présents dans la cellule. Des mécanismes de transduction différents peuvent opérer en synergie lorsque des récepteurs ionotropiques et métabotropiques pour le même neurotransmetteur sont associés au niveau d'une synapse*.

J. Féger

Transfert

Désigne, en psychanalyse, le processus par lequel des fantasmes* inconscients s'actualisent au cours de la cure et s'extériorisent dans la relation avec le psychanalyste.

Cette définition volontairement, et peut-être excessivement, restrictive aux yeux de certains témoigne du souci d'écarter les risques de banalisation qu'entraînent des définitions trop générales. Elle ne prend pas en compte la totalité des sentiments*, des désirs ou des craintes qui peuvent concerner la personne* du psychanalyste, mais la part de ceux-ci qui consiste en l'activation de *patterns* déjà existants, généralement en rapport avec l'histoire infantile du sujet*. En ce sens, le transfert est un processus de répétition. Ces *patterns* ne sont pas de simples habitudes mais subsistent sous la forme de fantasmes inconscients. Il y a déplacement de la charge d'investissement de la formation inconsciente vers une relation pensée ou agie à l'analyste. Les deux concepts de répétition* et d'extériorisation par déplacement* semblent indispensables pour une définition précise du transfert.

S'il paraît légitime de parler de transfert au singulier pour définir le processus dans sa généralité, il faut garder présent à l'esprit que ce processus s'applique à des contenus divers au cours d'une cure. L'opposition entre transfert positif (marqué par des sentiments qui peuvent aller de la tendresse* au désir* érotique) et transfert négatif (marqué par toutes les nuances de l'agressivité et de la peur) ne fait que résumer les grandes tendances observables, isolées, associées (ambivalence*) ou alternantes qui marquent l'ensemble de la relation avec le psychanalyste. On parlera de transferts, au pluriel, quand il s'agit de préciser la qualité exacte de la relation qui est en rapport avec une thématique fantasmatique (ou relation d'objet*) particulière.

On peut également spécifier le transfert en fonction de la pathologie sous-jacente. Initialement, le transfert a été décrit par S. Freud en rapport avec la pathologie névrotique. Il a même utilisé à un moment le terme de **psychonévrose de transfert** pour désigner les névroses qui résultent de conflits liés à un investissement libidinal d'objets (en opposition aux névroses narcissiques, terme proposé pour désigner les états psychotiques, dans lesquelles l'investissement est fixé sur le moi). Leur accessibilité à la cure psychanalytique dépendrait précisément de la capacité à établir un transfert. Plus tard, le terme de **névrose de transfert** a pris une tout autre signification. Dans le processus thérapeutique de la cure psychanalytique d'une névrose, le déplacement des investissements libidinaux des formations de l'inconscient vers la relation avec le psychanalyste entraîne également un déplacement et une extériorisation du conflit* lié à ces formations. Il en résulte un affaiblissement progressif de la symptomatologie de la névrose clinique au « profit » d'une névrose « artificielle ». Tantôt, il est vrai, le terme de névrose de transfert est utilisé pour définir simplement ce processus de déplacement, tantôt pour en marquer les formes extrêmes qui résistent à leur tour à toute résolution.

Si, au départ, le transfert est considéré comme une résistance* au travail de remémoration et au processus associatif, il a été très vite considéré comme un agent du processus thérapeutique. L'investigation et l'interprétation de la névrose de transfert, en référence à l'histoire infantile, viennent en principe assurer la résolution de cette névrose « artificielle ».

L'application de la psychanalyse à d'autres pathologies que les névroses est fonction de l'aptitude à la production de transferts. On parle alors de transferts psychotiques pour en discuter le caractère analysable. Dans les états narcissiques graves de la personnalité, on a décrit un **transfert en miroir** ou **transfert idéalisant** en rapport avec le soi grandiose*.

Les développements de méthodes de psychothérapie, individuelle ou de groupe, d'inspiration psychanalytique ont permis d'élargir le champ du transfert et d'en décrire d'autres modalités en fonction de ces aménagements techniques. *D. Widlöcher*

Transfert d'apprentissage

Effet positif d'un apprentissage* ou d'une activité* sur un apprentissage, ou une activité, ultérieur plus ou moins différent. Les phénomènes de généralisation* de la réponse* et du stimulus*, décrits dans l'étude de l'apprentissage animal, constituent des formes élémentaires de transfert. Le transfert s'observe aussi bien dans des apprentissages mnésiques ou des apprentissages de résolution de problèmes* chez l'homme (d'où l'expression souvent préférée aujourd'hui dans ce contexte de **transfert de connaissance**). Il est fonction, entre autres, du degré de similitude entre les données dans les deux situations. Mais il peut mettre en jeu, plutôt que des ressemblances facilitatrices dans le matériel à apprendre ou à traiter, une véritable transposition des règles ou stratégies appliquées. Le bénéfice observé au second apprentissage peut également résulter d'un transfert des attitudes générales, attentionnelles par exemple, devant la tâche. L'effet de l'apprentissage initial peut aussi être négatif. On parle alors de transfert négatif, ou, plus couramment, d'inhibition proactive* ou d'interférence*. Le transfert négatif peut être particulièrement spectaculaire dans le cas des apprentissages moteurs (comme dans le passage de la conduite automobile à droite à la conduite à gauche), mais il est non moins remarquable que l'effet négatif ne soit généralement que transitoire. La mesure du transfert peut mettre l'accent soit sur l'économie d'apprentissage, en termes de temps ou d'essais*, soit sur la qualité de la performance initiale au second apprentissage. Une combinaison des deux mesures, tenant compte d'une évaluation de leur coût, s'impose généralement dans les applications pratiques, par exemple en psychologie du travail, lorsqu'il s'agit d'apprécier l'intérêt d'un entraînement sur simulateur avant d'aborder une tâche en situation réelle. Le problème du transfert des apprentissages est aussi un problème central en éducation, où continuent de s'opposer les partisans d'acquisitions fondamentales (tels le latin, les mathématiques) théoriquement transférables, et ceux qui, sceptiques quant aux possibilités de transfert, conseillent de s'en tenir à des acquisitions exploitables directement. L'idée que le transfert porte moins sur le matériel à acquérir que sur les stratégies cognitives et les attitudes attentionnelles mises en œuvre pour l'apprendre sous-tend une pédagogie visant à apprendre à apprendre. *M. Richelle*

Transfert intermodal

L'expression transfert intermodal peut désigner une forme particulière de transfert d'apprentissage*, dans laquelle l'apprentissage, réalisé dans une modalité* sensorielle (par ex., la vision*), répercute ses effets positifs ou négatifs sur un apprentissage similaire mais dans une autre modalité (par ex., l'audition*). Dans un sens plus large, l'expression transfert intermodal est voisine de **transmodalité,** ou d'**intégration intermodale**, et réfère à un transfert, n'impliquant pas nécessairement d'apprentissage, d'une information sensorielle d'une modalité à une autre. L'expérience perceptive courante nous apprend que les objets du monde physique présentent des propriétés qui peuvent être captées par des récepteurs* sensoriels différents : la forme* est saisie par l'œil, mais aussi par les sens cutanés* si l'objet est palpé ou vient au contact du corps ; certains objets sont identifiables par l'ouïe aussi bien que par la vue, par l'odeur aussi bien que par le toucher. Phénomène encore mal connu, le transfert intermodal tient une place importante dans l'organisation perceptive chez l'homme, où il passe sans doute, pour une part non négligeable, par la médiation* du langage*. Il existe cependant des démonstrations empiriques d'une transmodalité précoce, bien antérieure au langage, qui infirmeraient l'idée selon laquelle l'intégration intermodale se construirait au cours du développement*, à partir d'une séparation complète entre informations en provenance des différents sens. Cette transmodalité précoce demeure cependant circonscrite à des configurations* stimulatoires particulières, et ne suffit pas à fonder comme générale la thèse inverse d'une différenciation progressive des modalités.

Nos connaissances sur le transfert intermodal doivent beaucoup aux cas d'aveugles de naissance ayant recouvré la vue grâce à une intervention chirurgicale (cas dont d'anciens auteurs comme Descartes, Locke ou Diderot avaient déjà imaginé les enseignements à tirer). Plus éclairants que les cas de cataractes congénitales traitées chirurgicalement, depuis l'adolescent guéri au XVIIIe siècle par W. Cheselden, sont les cas de greffe de la cornée, et notamment celui étudié par R. Gregory et J. G. Wallace dans un rapport de 1963. Ce patient de 52 ans révéla une remarquable capacité à identifier les objets dont il avait acquis une expérience tactile : par exemple, des lettres majuscules qu'il avait pris l'habitude de reconnaître à la palpation, alors qu'il lui fallut apprendre les lettres minuscules dont il n'avait aucune expérience. *M. Richelle*

Transfert matriciel

Concept emprunté à S. H. Foulkes et proposé par A. Ruffiot et A. Ciavaldini pour désigner une modalité de transfert très archaïque sur le groupe des thérapeutes, constituant le fond du processus thérapeutique familial. Grâce à cette régression* fusionnelle, transférentielle, des psychismes individuels aux parties les plus primitives et indifférenciées de la personnalité, l'appareil psychique familial* est reconstitué dans sa fonction de matrice et de contenance, d'où réémergent progressivement des psychés différenciées.

Cet appareil psychique familial « s'introjecte »* alors comme espace transitionnel, espace de création de la mythopoïèse familiale*. *A. Ruffiot et L. Knéra*

Transformation linguistique

Pour l'Ecole de linguistique transformationnelle (V. Grammaire générative), opération qui s'applique à une suite (ou à plusieurs suites) dotée d'une structure syntagmatique, et qui la transforme en une suite nouvelle dotée d'une structure syntagmatique dite dérivée. Cette opération peut consister en addition, suppression, permutation ou substitution d'un ou de plusieurs éléments de la ou des suites auxquelles l'opération s'applique. Une transformation peut être simple (on dit aussi singulière) ou généralisée selon qu'elle s'applique à une seule suite (par ex., la transformation de passivation) ou à plusieurs suites (par ex., la transformation de relativisation) ; parmi les transformations généralisées, on distingue les transformations par coordination (et) des transformations par enchâssement* (relative, complétive). Pour définir une transformation, il faut considérer : a. l'analyse structurale de l'ensemble des suites auxquelles la transformation peut s'appliquer et qui constituent le domaine de la transformation ; b. le changement structural que la transformation fait subir aux suites auxquelles elle est appliquée ; et c. la structure syntagmatique dérivée de la suite qui en résulte, c'est-à-dire son « indicateur syntagmatique dérivé ». Ces trois éléments de la définition d'une transformation sont formalisés sous forme de règles* de transformation. En linguistique générative transformationnelle, ces règles assurent la conversion d'une structure profonde en une structure de surface sans, en principe, en modifier le sens*. *M. Hupet*

Transgénérationnelle → Transmission intergénérationnelle

Transgression

Dans une perspective psychodynamique, la transgression constitue une expérience spécifiquement humaine, réalisée par un sujet* désirant qui, par le dépassement des limites, rencontre l'énoncé de l'interdit*. Comme les interdits délimitent le désirable et réduisent le possible au permis, passer outre et aller au-delà c'est essayer de déplacer les limites posées à l'accès de la connaissance et de la jouissance. Epreuve de dépassement, mais aussi de négation des principes liés aux effets de séparation et de différenciation à l'origine de la castration et de l'interdiction de l'inceste, la transgression est une expérience impossible en vue de retrouver l'état originel perdu de la réplétion et de l'unification. *J. Selosse*

Transformation (Représentants de —) → Signifiants formels

Transformisme → Évolution

Transitionnel

Adjectif introduit par D. W. Winnicott pour désigner une zone d'expérience du nourrisson, zone de « l'illusion », qui sert de base à l'appréhension de la réalité extérieure, et qui préfigure la vie imaginative et créatrice. D. W. Winnicott repère cette expérience dans le comportement qu'a le nourrisson entre 4 et 12 mois, lorsqu'il semble attaché à un objet particulier qui s'avère indispensable au moment de l'endormissement. Par ce comportement, l'enfant tirerait l'illusion qu'il existe une réalité extérieure qui correspond à sa capacité personnelle de créer. Cette zone intermédiaire de l'expérience, qu'occupe l'objet transitionnel*, reste marquée par un paradoxe de n'appartenir ni à la réalité intérieure ni à la réalité extérieure. Elle se poursuit dans la vie imaginative de l'individu, dans les arts, la culture et la création. *A. Braconnier*

Transitionnelle (Analyse —)

L'analyse transitionnelle est une méthode d'investigation et d'élaboration des effets psychiques des expériences de discontinuité, de crise et de rupture dans l'appareil psychique*, individuel et groupal. Elle vise le rétablissement de nouvelles continuités et la réorganisation du champ intrapsychique dans ses corrélations intersubjectives, à travers la formation d'une aire transitionnelle génératrice d'illusion*, de créativité et de symbolisation.

Ce concept a été proposé par R. Kaës à la suite des travaux de D. Winnicott sur les phénomènes, l'objet et l'espace transitionnels, de W. Bion sur la fonction alpha* et l'angoisse catastrophique, de J. Bleger sur le cadre psychanalytique. En effet, le travail de l'analyse transitionnelle a pour objectifs : l'instauration de processus et d'espaces intermédiaires entre la réalité psychique et l'environnement physique et social, sur le modèle primitif de la médiation qu'établit la mère entre les besoins corporels et psychiques de l'enfant et le milieu ambiant ; l'instauration d'un cadre, à la fois ferme et malléable, propre à rétablir les fonctions de conteneur, de liaison de pensée et de jeu interprétatif nécessaires à l'élaboration du vécu de crise et de rupture ; l'expérience transitoire de l'illusion créatrice. Ce triple objectif est à moduler selon les particularités des sujets singuliers et des groupes.

La méthode de l'analyse transitionnelle a été appliquée par D. Anzieu en psychanalyse individuelle dans les situations où sont requis des aménagements particuliers du cadre psychanalytique, de l'attitude intérieure du psychanalyste et de la stratégie de ses interventions. Elle a trouvé un terrain électif dans l'analyse des groupes et des institutions lorsque prédominent les intrications conflictuelles des relations intrapsychiques, intragroupales et intergroupales. Elle a été utilisée comme méthode d'analyse et d'élaboration des situations critiques de l'adolescence, du milieu de la vie et de l'entrée dans la vieillesse. Elle trouve également son application dans les crises, ruptures et traumatismes provoqués par les expériences de migration, de transculturation ou de catastrophiques naturelles ou sociales. *R. Kaës*

Transitivisme

Ensemble de phénomènes pour lesquels la distinction entre pensée personnelle et pensée d'autrui, corps propre et espace ambiant, moi et monde extérieur viennent à s'altérer voire à disparaître pour aboutir à un processus d'attribution erronée d'une sensation ou d'un sentiment à un objet du monde extérieur. En général, précède ou suit la perte de l'espace vécu et de sa structure d'organisation. Le transitivisme s'exprime en clinique lors d'ébranlements émotionnels brusques et intenses ou dans certains troubles psychotiques durables à travers des sentiments d'action extérieure, ou d'influence, tandis que le sujet éprouve comme venant de lui les actions ou les sentiments des autres.

Dans le domaine perceptif, se marque de façon fondamentale dans l'activité hallucinatoire. *J.-F. Allilaire*

Transitivité linguistique

Il s'agit à l'origine d'une notion sémantique* s'appliquant au « passage » de l'action accomplie par le sujet sur le complément d'objet, et ce par l'intermédiaire d'un verbe dit verbe transitif. En termes de description syntaxique, on définira la transitivité comme la propriété, possédée par une classe de verbes, d'être suivie d'un syntagme* nominal complément d'objet. Alors qu'une petite sous-classe de verbes transitifs implique obligatoirement la présence de ce complément *(« Pierre fait son travail »)*, les autres verbes transitifs admettent une double construction (« Pierre mange ». « Pierre mange une pomme »). Certains grammairiens désignent sous le nom de transitifs indirects les verbes suivis d'un syntagme prépositionnel complément d'objet *(« Pierre se souvient de ses vacances »)* alors même qu'ils ne possèdent pas les mêmes propriétés que les transitifs directs comme le révèle la transformation passive, par exemple). Les verbes excluant la présence d'un complément d'objet sont dits intransitifs.

J.-L. Chiss

Transmetteur → Médiateur

Transmission intergénérationnelle

Ce qui est transmis au sein d'une lignée familiale est saisi au travers de représentations d'ancêtres, de grands-parents, de parents directs ou collatéraux. Sources de fantasmes et de mythes, ces parents sont objets d'investissement* et d'identification*. Ces représentations peuvent avoir un rôle structurant pour le groupe familial ou avoir un effet désorganisateur, comme l'ont montré en 1975 N. Abraham et M. Torok : le fantôme*, pour reprendre leur expression, représente un ancêtre dont l'acte est inavouable ; il peut expliquer un comportement pathologique chez un descendant. I. Boszormenyi-Nagi voit, dans le cas de la dette transmise envers les morts, un enchaînement des vivants par ces fantômes mystérieux. Pour A. de Mijolla, l'identification à des aïeux est possible, ceux-ci étant conservés à l'abri de la mémoire familiale. La thérapie familiale psychanalytique* est le lieu privilégié d'écoute de la transmission de ces fantasmes, mythes et représentations d'objets intergénérationnels ou transgénérationnels. *A. Ruffiot*

Transmodal → Transfert intermodal

Transmodalité → Transfert intermodal

Transnosographique

A la suite du développement des psychotropes* et des travaux nord-américains, le courant de la psychiatrie biologique s'est développé sur un modèle nosographique*, où les entités psychopathologiques étaient appréhendées comme des maladies. L'échec de cette approche amène les chercheurs à repenser les confrontations entre le psychopathologique et le biologique, et à chercher des systèmes comportementaux qui covarient avec des variables biologiques ou des actions pharmacologiques. Dans cette perspective, le terme de modèle transnosographique semble justifié pour décrire l'étude de la persistance d'une relation de dépendance entre deux variables intermédiaires à travers des entités nosographiques différentes.

Par exemple, si la stimulation dopaminergique réduit l'émoussement affectif aussi bien chez un déprimé, un parkinsonien qu'un schizophrène, alors cet effet pharmacologique est validé de façon transnosographique. Le terme transnosographique est ainsi à distinguer : de celui de syndromique qui décrit seulement un regroupement de symptômes ; de celui d'**anosographique** qui concerne l'étude symptomatique, simple, des effets cliniques d'un médicament hors de l'*a priori* nosographique.

R. Jouvent

Transsexualité → Homosexualité

Transversale (Méthode —)

Méthode* consistant, pour mettre en évidence l'évolution* d'un phénomène au cours du développement*, à l'observer et à le mesurer sur des échantillons* choisis à différentes étapes de la phase du développement que l'on souhaite couvrir, puis à relier les observations et mesures ainsi obtenues en faisant l'hypothèse que les échantillons, étudiés au même moment, sont représentatifs d'une population unique que l'on aurait observée à des moments successifs de son développement, par la méthode longitudinale*, si l'on avait pu se payer le luxe de l'appliquer. La méthode transversale est évidemment la seule manière de fournir une description développementale sans attendre que le développement se déroule en temps réel. Elle reste la méthode la plus courante, parce que économique, de la psychologie développementale. Il importe seulement d'en connaître les biais*, dont le plus important est l'**effet de cohorte** : certaines tranches d'âge peuvent avoir été soumises à des conditions particulières (conditions éducatives, par ex.) qui n'autorisent pas à les comparer sans correction aux autres tranches d'âges utilisées.

M. Richelle

Transvestisme → Homosexualité

Traumatisme psychique

Le traumatisme psychique, notion très ancienne dont on peut trouver les précurseurs dès l'Antiquité, s'est toujours trouvé écartelé entre trois objets de référence principaux : la blessure corporelle et surtout crâniofaciale, les émotions générales parmi lesquelles l'angoisse de mort, les contextes psychosociaux du ou des facteurs déclenchant le trouble. Le terme de névrose traumatique désigne depuis la fin du XIXe siècle un groupe de troubles psychiques généralement caractérisé par un syndrome de répétition avec cauchemars et terreurs nocturnes qui surgit après un temps de latence plus ou moins long au décours d'un choc affectif très intense. S. Freud utilise initialement le terme de traumatisme dans une conception économique et le définit alors comme un accroissement d'excitation non gérable par les moyens habituels de l'appareil psychique. Le traumatisme qualifie également l'événement* vital dans l'histoire du sujet qui peut constituer l'amorce d'une névrose. L'abréaction* et l'élaboration* psychique de l'expérience traumatique passée sont alors recherchées dans la cure psychanalytique. Pour S. Freud, le traumatisme est essentiellement sexuel et son origine se situe dans la vie prépubertaire sous la forme d'une scène de séduction* subie par l'enfant, scène qui fait naître chez lui une excitation sexuelle ingérable. Par une association de sens, une deuxième scène dans la vie pubertaire ou postpubertaire réactivera l'afflux d'excitation sexuelle provoquée antérieurement. Ce n'est donc que dans l'après-coup que le traumatisme prend toute sa valeur. Plus tard, S. Freud relativisera l'importance du traumatisme dans l'origine de la névrose et n'accordera surtout plus une valeur aussi grande à la réalité d'un événement de l'enfance. En revanche, la notion de névrose traumatique, conservée par cet auteur et par ses successeurs, permet de maintenir l'idée originelle de l'effet névrotique d'un traumatisme réel dont la répétition dans la vie psychique montre bien l'impossibilité de l'élaboration de l'excitation psychique qui l'a engendrée.

A. Braconnier

Traumatisme de la naissance

S. Freud a le premier supposé que les concomitants physiologiques et certaines des manifestations subjectives de l'angoisse* sont similaires à ce que le nouveau-né éprouve pendant et immédiatement après l'accouchement. Le passage brutal de la vie intra-utérine parasitaire et pauvre en stimulations à un afflux d'excitations lors du travail, de la première respiration et de la rencontre avec les stimulus visuels réaliserait toutes les conditions économiques d'un traumatisme*. Les manifestations viscérales et somesthésiques de l'angoisse seraient donc la répétition de ce qui est éprouvé lors de ce traumatisme initial. O. Rank en a inféré (sans que S. Freud le suive sur ce point) que toutes les autres manifestations d'angoisse dans la vie ultérieure sont des tentatives d'abréagir* le traumatisme de la naissance et que, par conséquent, les diverses situations anxiogènes (perte d'amour, castration) ne sont que des symboles* de ce traumatisme.

C'est dans le but d'atténuer pour le nouveau-né les effets de ce traumatisme que l'obstétricien F. Leboyer a mis au point une méthode dite de **naissance sans violence,** caractérisée par le fait que l'accouchement se déroule dans une pièce peu éclairée et que le nouveau-né est placé quelque temps sur le ventre de sa mère pour un premier contact peau à peau, avant que n'interviennent les soins médicaux. Des travaux récents ayant montré que c'est en partie le fœtus qui donne le signal hormonal de la naissance et qui dirige le travail de l'accouchement, on ne sait pas dans quelle mesure la naissance est effectivement un traumatisme pour l'enfant. Le choix de la méthode Leboyer n'en demeure pas moins une précaution utile et les observations de T. Brazelton ont montré que cette méthode favorise l'attachement* de la mère au nouveau-né. *J.-M. Petot*

Travail (Mémoire de —)

Par analogie avec le fonctionnement des ordinateurs*, désigne un ensemble de deux systèmes de stockage* temporaires séparés et coordonnés par un **superviseur central.** Le superviseur est supposé fonctionner comme un système attentionnel à capacité limitée. Il assure la sélection et la mise en œuvre de processus de contrôle utiles au maintien de l'information* dans les systèmes de stockage et à son transfert éventuel vers la mémoire à long terme*. Deux systèmes « esclaves » sont associés au superviseur : la **boucle articulatoire,** spécialisée dans le traitement du matériel verbal, et le **registre visuospatial**, spécialisé dans le traitement du matériel spatial. La boucle articulatoire comprend deux composants, un magasin* **(stock phonologique)** stockant l'*input** sous forme phonologique et un processus d'autorépétition subvocale du matériel. Ce dernier assure le transcodage des items visuels sous forme phonologique et le maintien des traces* mnésiques dans le stock phonologique. Analogiquement, le registre visuospatial comprend un magasin stockant l'*input* et un processus permettant de maintenir une image du stimulus. Le concept de mémoire de travail connaît une application particulièrement utile en neuropsychologie*. *S. Bredart*

Travail du deuil

Terme forgé par S. Freud pour désigner le processus d'élaboration psychique* qui s'effectue normalement dans l'appareil psychique* après la perte d'objet*. Par objet, il faut entendre non seulement une personne aimée, mais tout aussi bien une abstraction, un idéal. La tristesse, l'inhibition, le repli sur soi de la personne gravement endeuillée, la perte d'intérêt pour tout ce qui ne se rapporte pas à l'objet perdu, la perte du goût de vivre et de choisir de nouveaux objets d'amour apparaissent comme la conséquence économique de la mobilisation de toute l'énergie psychique disponible pour accomplir l'épreuve de réalité* relativement à la perte d'objet, qui est déniée* dans les couches profondes de l'inconscient*. Il s'agit en somme de lutter contre la tentation d'une psychose hallucinatoire de désir* et de retirer l'investissement libidinal à l'objet. Cette tâche implique un investissement important tandis que l'existence de l'objet perdu est psychiquement maintenue. La durée du déroulement complet du travail du deuil normal est de l'ordre de plusieurs mois. M. Klein* a complété les conceptions freudiennes en montrant que le deuil remet en question la relation du sujet à ses objets internes* et que le travail de deuil, qu'il soit normal ou pathologique, est la reproduction de la manière dont a été abordée et résolue une étape normale du développement de la première enfance, la position dépressive*. *J.-M. Petot*

Travail du rêve → Rêve

Travail psychique

La notion de travail psychique correspond à une exigence de transformation qualitative imposée à l'appareil* psychique du fait de ses liens avec le corporel et l'intersubjectivité et en raison de son fonctionnement interne : le travail de la pulsion*, le travail du rêve* et le travail du deuil* en sont les prototypes dégagés par S. Freud.

Le travail psychique dans les groupes concerne les transformations effectuées par les membres du groupe pour constituer un groupe (identifications imaginaires, refoulement, production de symptômes et de signifiants communs, contribution à l'idéal partagé), pour se dégager des alliances inconscientes et accéder à une subjectivité individuante. Le travail psychique individuel s'effectue à travers le travail psychique de l'intersubjectivité dans le cadre du groupe : le concept d'appareil psychique groupal* rend compte de cette corrélation.

R. Kaës

Travail psychique créateur

S. Freud a analysé le travail psychique du rêve* et celui du deuil* mais il n'a fait qu'ébaucher l'étude du travail psychique de création, notamment au cours de son auto-analyse*. D. Anzieu a synthétisé les recherches effectuées sur cette question en distinguant cinq phases :

1. plongée régressive dans l'inconscient, notamment par le truchement des rêves et des souvenirs d'enfance ;
2. saisie par la conscience de l'intuition directrice de l'œuvre à venir et dont la valeur est reconnue par un interlocuteur qui lui fait écho ;
3. construction consciente et volontaire d'une théorie, d'une œuvre, d'une logique systématisant cette intuition ;
4. travail patient, acharné, souvent remis en question, de composition de l'œuvre sous la stimulation et le contrôle du surmoi* ;
5. enfin décision de considérer l'œuvre comme achevée et de la soumettre à l'appréciation du public, au risque d'une blessure narcissique pour l'auteur et au prix du renoncement à maîtriser le destin de l'œuvre. Une création particulière ne parcourt pas nécessairement toutes ces phases, ni ne suit l'ordre ci-dessus indiqué. Des séquences de plusieurs phases peuvent se répéter ou s'inverser au cours du travail créateur.

D. Anzieu

Travestisme → Homosexualité

Trémomètre

Dispositif destiné à mesurer l'amplitude du tremblement (généralement manuel). Il en existe divers modèles, la tâche du sujet consistant par exemple à introduire un stylet dans des orifices circulaires de diamètre décroissant, ou à déplacer aussi loin que possible un stylet entre deux arêtes convergentes sans les heurter.

M. Richelle

Tremplin de Lashley

Dispositif, mis au point et abondamment utilisé par le psychophysiologiste américain K. Lashley, destiné à l'étude des apprentissages* discriminatifs chez le rat. L'animal est placé sur une plate-forme face à deux panneaux verticaux sur lesquels figurent les stimulus visuels à discriminer (une forme ronde et une forme carrée, par ex.). Un vide sépare la plate-forme des panneaux. Si l'animal s'élance vers le panneau porteur du stimulus positif*, le panneau s'ouvre et donne accès à une récompense alimentaire. S'il saute vers le panneau porteur du stimulus négatif, il s'y heurte et tombe dans le vide (où il est recueilli dans un filet). La position des stimulus positif et négatif est modifiée au hasard. Lashley s'est servi de ce dispositif pour étudier, par la méthode lésionnelle, les substrats neurophysiologiques des apprentissages, pour conclure à la notion d'action de masse*.

M. Richelle

Triangulation

Selon la psychanalyse, la triangulation amène l'enfant à sortir de la relation duelle* à sa mère et à réorganiser ses relations d'objet* en une structure à trois personnes (complexe d'Œdipe*). L'enfant se vit en tiers exclu du commerce amoureux des parents. L'amour pour le parent de l'autre sexe se heurte à l'interdit de l'inceste*. L'ambivalence envers le parent rival du même sexe éveille des craintes de châtiments sur l'intégrité des zones érogènes du corps. Le surmoi* sadique précoce laisse la place à un surmoi régulateur. La symbolisation* effectue alors des progrès décisifs. Selon la psychothérapie familiale systémique*, la triangulation se manifeste par la constitution de triades ou triangles quand chaque parent demande à l'enfant de prendre parti pour lui contre l'autre et que l'enfant (qui devient alors le malade désigné*) est paralysé car toute activité de sa part est ressentie comme une attaque contre l'un des parents.

Plus généralement la triade, en psychologie sociale, est la coalition de deux personnes contre une troisième. *D. Anzieu*

Tricyclique → Antidépresseur

Trigone → Commissure

Trigramme

Ensemble de trois lettres, généralement sans signification, utilisé comme élément de matériel dans des expériences consacrées à la mémorisation* et à la rétention*. Le trigramme est souvent monosyllabique et composé selon une structure consonne-voyelle-consonne. Il est surtout utilisé lorsqu'on veut étudier la mémorisation en essayant d'éliminer l'influence des connaissances antérieures des sujets. Cette élimination n'est cependant que relative. On sait en effet que les sujets peuvent mettre en œuvre des stratégies de mémorisation consistant à rapprocher les trigrammes présentés de mots de la langue. *S. Bredart*

Trisomie

Le patrimoine génétique de l'être humain est constitué par 22 paires de chromosomes* numérotés de 1 à 22 auxquelles il faut ajouter deux chromosomes sexuels. Les trisomies constituent une aberration chromosomique, due à des accidents, au cours de la méiose ou pendant les premières divisions du zygote. Plus précisément, chez les trisomiques on peut détecter un chromosome surnuméraire à certaines places du caryotype. Jusqu'à présent, on a pu observer un troisième chromosome aux places 13, 18 ou 21. Ces trois aberrations génétiques s'accompagnent toujours d'une arriération mentale profonde. Les trisomies 13 et 18 sont rares, sûrement parce qu'elles présentent un grand risque de mortalité néonatale, voire même embryonnaire. La trisomie 21 ou **mongolisme** est la plus fréquente (1 pour 650 ou 700 naissances). Le vieillissement maternel est le seul facteur étiologique connu à ce jour.

L'enfant trisomique est facilement reconnaissable par sa morphologie particulière : petite taille, brachycéphale au faciès aplati, la langue grosse et fissurée. Par ailleurs, il présente un retard psychomoteur global avec apathie et indifférence ; plus tard, le retard mental devient évident. Le développement des approches psycho-éducatives a permis de montrer les possibilités d'une évolution, en particulier affective, de ces enfants beaucoup moins défavorables qu'on ne le croyait antérieurement. *A. Braconnier*

Tritanopie → Dichromatisme

Triune brain

Cette expression anglaise renvoie à une conception de l'organisation du système nerveux* à la fois phylogénétique, structurale et fonctionnelle proposée par P. MacLean. Le cerveau actuel des mammifères résulterait de l'adjonction successive de trois masses cérébrales : le cerveau dit protoreptilien (tronc cérébral*, ganglions de la base) entouré par la suite du cerveau dit paléomammalien (système limbique) et coiffé par le néocortex. Parallèlement, à chaque étape de l'évolution*, apparaissent des capacités fonctionnelles nouvelles contrôlant les précédentes. *M. Le Moal*

Trois personnages (Test des —)

Epreuve projective doublement verbale (par le stimulus et par la consigne), créée par M. Backès-Thomas entre 1962 et 1969. La consigne est de raconter (sans aucun support graphique) une histoire mettant en scène trois personnages. Vingt et une questions guident le sujet dans l'élaboration de son récit. L'application peut être individuelle ou collective (avec des petits groupes de sujets). Epreuve généralement ressentie comme intéressante et agréable par les sujets, surtout dans la forme individuelle, le test des trois personnages permet d'établir un bon contact. Il s'est par ailleurs révélé particulièrement fécond dans les études de psychologie clinique sociale, grâce à sa commodité d'application collective et grâce à sa grande facilité d'adaptation (l'adaptation se limite à une traduction), dans les études interculturelles. *J.-M. Petot*

Tronc cérébral

Le tronc cérébral est une structure encéphalique qui fait suite à la moelle épinière*. Elle est raccordée aux hémisphères* cérébraux par les pédoncules cérébraux et au cervelet par les pédoncules cérébelleux moyens. Ces deux étages surmontent l'étage bulbaire ou **bulbe**. La **substance grise** du tronc cérébral est constituée des noyaux des nerfs crâniens, des noyaux propres du tronc cérébral, de la formation réticulée*, soit plus de cent noyaux identifiés. Elle joue un rôle majeur, en particulier dans la régulation et le maintien des fonctions vitales de l'organisme. La **substance**

blanche est constituée des faisceaux de fibres de projection correspondant aux voies ascendantes et descendantes homologues à celles de la moelle épinière et dont certaines croisent au niveau bulbaire.

R. Decombe et M. le Moal

Tronc commun

Dans le cadre du prolongement de la scolarité obligatoire (V. Obligation scolaire), le tronc commun désigne un cycle de l'enseignement secondaire au cours duquel une même formation générale est dispensée à tous les élèves. Des classes d'âge dans leur totalité reçoivent donc le même enseignement*, comme dans l'enseignement primaire. L'instauration d'un tronc commun est le produit de la volonté de démocratisation de l'enseignement, et s'oppose à l'existence de filières d'excellence dès le début du secondaire, ainsi qu'à l'orientation* précoce dans les filières préprofessionnelles des élèves les moins performants. Partout où il est mis en place, le tronc commun a fait naître des difficultés liées à la nécessité d'enseigner simultanément à des élèves de niveau* très hétérogène. Les solutions passent notamment par le développement de la pédagogie différenciée*, adaptée aux différents types d'élèves et propres à faire atteindre à tous les objectifs du cycle par des cheminements différents. *D. Manesse*

Trope → Figure de style

Trophallaxie

Echange de nourriture stomodéale (bouche à bouche) ou proctodéale (par l'anus) entre deux individus chez les insectes sociaux, déclenché à la suite d'une séquence de communication* interactive antennaire. Si la fonction essentielle de la trophallaxie est d'assurer l'alimentation des membres d'une colonie, même ceux qui ne récoltent pas, des phéromones* transmises en même temps contribuent aussi au maintien de la cohésion sociale. *R. Campan*

Tropisme

Croissance orientée dans l'espace, chez les végétaux et les animaux sessiles (bryozoaires, ascidies, octocoralliaires) sous l'influence d'une source stimulante ou d'un champ gradient stimulant eux-mêmes orientés. Un haricot, maintenu à la surface de l'eau, dans un verre placé près d'une fenêtre, germe et développe une tige qui pousse vers le haut et s'incurve vers la lumière (**phototropisme** positif et **géotropisme** négatif) tandis qu'une racine pousse vers le bas et s'écarte de la fenêtre (phototropisme négatif et géotropisme positif). L'observation de ces mouvements forcés, auxquels la plante ne peut se soustraire, avait conduit J. Loeb, renouant avec la théorie cartésienne de l'animal-machine, à formuler une théorie des tropismes selon laquelle tous les comportements sont des mouvements orientés forcés, c'est-à-dire des tropismes assimilables à des sommes de réflexes*. La généralité abusive de cette théorie ne doit pas masquer que la plupart des mouvements et des conduites comprennent des composantes d'orientation* répondant à des informations directionnelles (V. Taxie et Cinèse). *J.-C. Ruwet*

Tropomètre

Appareil ancien destiné à la mesure des angles de rotation de l'œil dans la détermination du champ du regard. Les techniques plus récentes, plus fines et plus précises utilisent les différences de potentiel oculaire pour tracer un électro-oculogramme des mouvements* oculaires (orientation et amplitude des points de fixation oculaire). Par ailleurs, on utilise également le diagramme des reflets cornéens d'une source de lumière ponctuelle, fixe sur l'œil en mouvement. *R. Génicot*

Tropotaxie → Clinotoxie

Trouble de la conduite

Expression utilisée de façon habituelle par les enseignants et les parents indisposés par les manifestations perturbantes qu'ils rencontrent dans leur projet éducatif. Les psychologues scolaires et ceux des centres médico-psycho-pédagogiques sont confrontés à l'examen des dimensions multiples et interactives de tels troubles qui généralement révèlent : des déséquilibres du terrain constitutionnel, des perturbations instinctives avec variations d'humeur, des dysfonctionnements et des dysharmonies cognitifs, des arriérations affectives, des conflits* relationnels dont l'expression est plus ou moins organisée autour de thèmes hétéro- ou autoagressifs, variables au cours du développement*. Les troubles de la conduite et du comportement polymorphes des adolescents* posent des problèmes spécifiques en raison de l'importance des conflits transitoires, des mises en acte*, des prises de risques* et de la tendance à la somatisation*. Ils doivent être rapportés à une pathologie conflictuelle (actualisation du conflit œdipien*, problématique narcissique* ou développementale). L'intrication et les interactions des facteurs biologiques, psychiques, relationnels invitent à apprécier l'influence des déterminismes génétiques dans une analyse synchronique ; leur articulation s'effectue autour des conduites symptomatiques dans leur rapport avec les conflits intrapsychiques et les significations subjectives et objectives qu'ils prennent dans l'entourage du sujet. *J. Selosse*

Trouble de la conscience → Conscience

Tubercules mamillaires → Mamillaires

Turing

Machine de Turing : machine à calculer idéalisée imaginée par Alan Turing en 1936 permettant de formaliser la notion d'algorithme* et de formaliser le concept de complexité. Elle se caractérise par une unité de contrôle qui peut prendre un nombre fini d'états, une bande illimitée dans les deux sens composée d'une succession de champs pouvant contenir chacun au plus un symbole appartenant à un alphabet fini, une unité d'entrée/sortie qui parcourt séquentiellement la bande pour y lire ou y écrire des informations (dans un seul champ à la fois).

Test de Turing : en 1950, A. Turing proposa de remplacer la question : « les machines peuvent-elles penser ? » par un test se ramenant essentiellement à une tentative d'identification d'un interlocuteur invisible et inconnu (homme ou machine) à travers un simple échange de questions et de réponses. Si l'interlocuteur est en réalité une machine et qu'il réussit à se faire passer pour une personne, on peut dire, au sens de Turing, qu'il est capable de penser. *D. Defays*

Tutorat

Institution dont l'objet est d'assurer auprès des élèves des tâches* qui ne relèvent pas directement de l'enseignement : le professeur-tuteur s'adresse de manière périodique à un petit groupe d'élèves et analyse avec eux leurs démarches d'apprentissage*, les obstacles qu'ils rencontrent, il les aide à gérer leurs rapports avec le reste de la communauté scolaire et assure le lien entre l'école et les parents. C'est une institution fort ancienne dans les universités anglaises, où elle est née, ou américaines ; mais son introduction plus récente dans l'enseignement secondaire a déclenché des polémiques, s'inscrivant en fait dans le débat ancien sur le rôle de l'école : l'école doit-elle se limiter à instruire, ou son rôle est-il aussi d'éducation* ? Ceux qui préconisent le tutorat estiment qu'il est un dispositif essentiel pour la réussite de l'enseignement secondaire de masse. *D. Manesse*

Types de textes

En dépit de l'extrême hétérogénéité et de la complexité des textes*, de nombreuses typologies ont été proposées. Aux types narratif, argumentatif, explicatif et descriptif, assez unanimement admis, Werlich, par exemple, ajoute l'instruction (que l'on appelle parfois texte procédural). Mortara Garavelli parle quant à elle d'un type optatif qui correspond aux souhaits, malédictions, conjurations, formules magiques, incantations et prières. La notion même de types de textes présuppose que, malgré leur infinie diversité, les manifestations discursives se rangent globalement et uniment dans l'une ou l'autre de ces catégories de base. Considérant abusivement les textes dans leur globalité, ces typologies négligent une complexité que l'on n'atteint qu'en croisant deux typologies. Une typologie séquentielle* attentive aux unités entrant dans la structure compositionnelle des textes, et une typologie des genres de discours*, qui part, elle, de plus loin. *J.-M. Adam*

Type II (Conditionnement de —) → Conditionnement

Typicalité

Terme introduit par E. Rosch en 1973 pour signifier que les différents membres d'une catégorie* naturelle la représentent subjectivement plus ou moins bien. Par exemple, le moineau sera jugé plus typique que le dindon pour la catégorie « oiseau ». La typicalité constitue une variable* qui exerce une influence sur la presque totalité des variables dépendantes concernant le langage* et les processus symboliques* (facilité d'acquisition des concepts*, temps de réaction*, transfert d'apprentissage*, etc.). Lorsqu'un membre d'une catégorie est clairement le meilleur exemplaire d'une catégorie on l'appelle le prototype*. On admet généralement que la typicalité d'un concept est corrélée positivement avec le nombre d'attributs que ce concept possède en commun avec les autres membres de sa catégorie. *H. Abdi*

Typique (Valeur —)

Modalité de la variable* susceptible de représenter au mieux une distribution* tout entière. Un individu, ou une observation, correspondant à une valeur typique sont également qualifiés de typiques.

Pour une distribution ordinale, la valeur typique peut être soit une valeur centrale, soit une valeur modale, les deux ne coïncidant pas toujours. *P. Bonnet et H. Rouanet*

Typologie

Classification des conduites* humaines selon des types, généralement à partir de caractéristiques biologiques ou de personnalité*. La plus ancienne est celle d'Hippocrate qui décrivit quatre types ou tempéraments : sanguin, colérique, mélancolique et flegmatique. Cette typologie fut reprise par différents auteurs. Galien relia d'une manière causale chaque type à une humeur interne : ainsi, le mélancolique doit sa tristesse à la bile noire, le colérique son irritabilité à la bile jaune. E. Kant encore considérait ces entités typologiques comme indépendantes et innées. W. Wundt s'opposera à cette classification catégorielle en classes indépendantes en faveur de dimensions* fonctionnelles telles que la force de la réactivité affective et la vitesse du changement des sentiments, permettant des combinaisons multiples à partir des quatre tempéraments. Ces typologies demeurent essentiellement descriptives.

Au XXe siècle, de nouvelles typologies ont été proposées qui tentent d'établir des liens de causalité* entre les types et des fonctions de l'organisme. Les plus connues sont celles de F. Gross qui relie les types qu'il décrit sur un mode dimensionnel à des fonctions neurophysiologiques hypothétiques ; de I. Pavlov qui construisit une typologie à partir de ses travaux sur les réflexes conditionnés* (type fort, type faible, mobilité) et en fournit une explication à partir de processus d'excitation* et d'inhibition* du système nerveux central ; de C. Jung qui fonda les différences typologiques sur des tendances de l'énergie* libidinale* à s'exprimer vers l'extérieur (extraversion*) ou vers l'intérieur (introversion*) ; de E. Kretschmer pour qui toutes les conduites humaines normales et pathologiques se répartissent entre les deux extrêmes que sont la schizophrénie* et la psychose maniaco-dépressive*, selon deux dimensions : la schizothymie* et la cyclothymie* ; de W. R. Sheldon qui insiste sur la relation de la morphologie de l'individu avec son caractère (mésomorphe-dominant, endomorphe-timide, ectomorphe-sociable).

Toutes ces typologies n'ont guère fait progresser l'analyse scientifique de la personnalité, et sont plus souvent fondées sur l'intuition clinique que sur l'expérimentation. Les quelques recherches expérimentales qui y ont été consacrées n'ont jamais jusqu'à présent été concluantes.

L'introduction de l'analyse factorielle* en psychologie par C. Spearman a orienté, surtout après la Seconde Guerre mondiale, les recherches vers l'analyse de facteurs* ou de traits* de personnalité avec les travaux de J. P. Guilford, G. W. Allport, R. B. Cattell et H. J. Eysenck, notamment.

O. Fontaine

U

Ultradien → Rythme biologique

Ultrason

Vibration* sonore dont la fréquence* est supérieure à 20 000 Hz, et qui constitue le domaine des sons inaudibles pour l'oreille humaine ; les **infrasons** constituent l'autre domaine en dehors du champ d'audibilité humaine et dont les fréquences sont inférieures à 16 Hz. Etant donné le caractère très réfléchissant des ondes ultrasoniques, elles sont utilisées dans les systèmes de localisation par écho (écholocation* tel le sonar). Certaines espèces animales, comme la chauve-souris, le dauphin, équipées de récepteurs appropriés, s'en servent comme moyen privilégié, voire exclusif, d'orientation* pour leurs déplacements. *R. Génicot*

Umwelt

Introduit par von Uexküll en 1919 pour dénommer le monde subjectif d'un animal composé de boucles fonctionnelles dans lesquelles un sujet d'une espèce donnée est couplé à son environnement par un monde d'actions *(Merkwelt)*, un monde sensible (*Wirkwelt*) et un univers intérieur. Ce concept fonde les définitions modernes du comportement en termes d'interactions.

R. Campan

Unifactoriel → Analyse multivariée

Unification

Dans un langage formel comportant des symboles de variables, l'unification est une opération de mise en correspondance d'expressions bien formées. Deux expressions sont dites unifiables si elles peuvent coïncider, moyennant le remplacement de symboles de variables par des termes du langage, c'est-à-dire à une substitution près. Cette opération est fondamentale en démonstration de théorèmes et en PROLOG*. Exemple : les deux expressions f (g(x, b), f (a,y)) et f (g(z, y), z), où x, y, z sont des symboles de variables et f, g des symboles de fonctions, sont unifiables, ce que l'on peut constater en remplaçant partout x et z par f (a, b), et y par b.

La semi-unification ou **filtrage,** opération analogue où le remplacement de variables n'est autorisé que dans l'une des deux expressions à mettre en coïncidence, est utilisée pour l'application de règles de réécriture ou de règles de production*.

M. Baron

Union → Intrication

Unité linguistique

La détermination des unités repose en linguistique* sur deux principes :

1. la langue est une forme et non une substance ;
2. la langue est un instrument de communication*.

De (1), il résulte que les unités de la langue, à tous niveaux, doivent être envisagées comme de pures valeurs* différentielles : l'identité de chaque terme est faite de ses rapports aux autres, et non de ses caractéristiques matérielles propres. En vertu de (2), ces valeurs sont en outre induites par une seule et unique fonction : signifier ; la seule pertinence reconnue est alors de transmettre du sens* identiquement pour tous les locuteurs*, de façon à permettre l'intercompréhension. On fonde ainsi une méthode d'analyse à peu près rigoureuse, apte à établir des unités formellement définies. Cette méthode a cependant des limites. D'une part, le principe de pertinence (2) ne prévoit pas d'autres fonctions que le marquage du sens. Or, il y a bien d'autres façons, pour une unité, d'être utile à la communication : balisage de la chaîne (morphèmes* vides *« que », « eh bien »*), économie perceptive ou mémorielle, saillance expressive, etc. Ces fonctions pragmatiques* étant le plus souvent remplies par des variantes (formes de même sens, mais entrant néanmoins en opposition), les négliger revient à s'interdire la description des structures variationnelles, considérées comme non fonctionnelles et rejetées hors du système. D'autre part, si l'analyse structurale atteint les unités d'un système « langue » anonyme et abstrait, elle ne rend pas compte des objets effectivement manipulés par les locuteurs, unités de catégorisation pratique (mot*, phrase*) qui ne correspondent qu'approximativement aux unités fonctionnelles, et dont l'identité repose sur des propriétés d'usage* floues et déformables. *A. Berrendonner*

Unité motrice

Dans son acception neurophysiologique rigoureuse, l'unité motrice est le plus petit élément d'un muscle soumis à l'innervation distincte d'une seule fibre nerveuse. Elle implique donc la commande d'un motoneurone*, dont la terminaison axonale* provoque la contraction de fibres musculaires, elles-mêmes associées à des récepteurs* proprioceptifs* (fuseaux neuromusculaires). La quantité d'unités motrices constitutives varie selon les muscles, comme la quantité de fibres selon les unités motrices : les unités motrices impliquées dans des activités musculaires d'une grande finesse seront généralement composées d'un nombre réduit de fibres. Si les techniques anatomiques et électrophysiologiques permettent d'identifier aisément les unités motrices, celles-ci ne sont pratiquement jamais sollicitées isolément dans le fonctionnement normal du système moteur. Le contrôle d'une unité motrice isolée est cependant réalisable, comme l'a montré J. V. Basmajian en 1978, si le sujet dispose d'un *feedback** auditif amplifié de la contraction, suppléant à l'insuffisance de l'information proprioceptive.

On parle aussi d'unités motrices fonctionnelles plus larges à propos des synergies* ou des structures coordinatrices intervenant dans les programmes* moteurs. Il importe alors que le contexte élimine toute confusion avec le sens précisé ci-dessus.

M. Richelle

Univers perceptif → Champ

Univers perceptif actif → Champ

Universaux de langage

Expression qui désigne les caractéristiques communes à l'ensemble des langues naturelles*.

Depuis l'Antiquité, les catégories grammaticales* étaient analysées comme des modalités de traduction verbale de catégorisations* à caractère logique (le nom exprime la substance, le verbe exprime une relation d'état ou d'action, l'adjectif traduit l'attribution d'une propriété, etc.). Dans ce contexte, ces catégories étaient en conséquence considérées comme des propriétés communes à l'ensemble des langues. Dans une perspective voisine, N. Chomsky a émis l'hypothèse que les catégories qu'il utilisait dans sa description des structures profondes (V. Grammaire générative), de même que les règles (réécriture et transformation*) présidant à l'organisation de ces unités en structures de surface (phrases* concrètes), constituaient des universaux de langage.

Ce type de position est aujourd'hui fortement contesté. Sur la base de l'analyse saussurienne de l'arbitrarité* radicale des unités linguistiques*, l'Ecole de Prague a notamment démontré que chaque langue utilise un système phonologique* spécifique, et qu'il n'existe donc pas d'universalité des produits que constituent les phonèmes* quand bien même on peut décrire les processus universaux qui sous-tendent la constitution de ces unités dans un système donné (V. Fonction distinctive). Il en va de même sur le plan des unités lexicales, morphologiques et syntaxiques ; il est sans doute légitime de postuler l'existence d'opérations générales qui sous-tendent la recatégorisation des représentations* non verbales requise par la structure du lexique* et de la morphosyntaxe d'une langue, et qui sous-tendent également l'organisation des unités dans le cadre du fonctionnement des discours*, mais les modes de réalisation de ces opérations ou fonctions à caractère universel restent fondamentalement particuliers. La même opération de détermination pourra être réalisée par un article dans une langue, par une désinence nominale dans une autre ; la relation temporelle d'antériorié pourra tantôt être réalisée par une désinence verbale, tantôt par un préfixe, tantôt par une forme adverbiale. A une recherche des universaux de langage centrée des isomorphismes* de structure a donc succédé une démarche centrée sur l'identification d'universaux fonctionnels, qui intègre cette donnée fondamentale que constitue la diversité objective des systèmes de langue. *J.-P. Bronckart*

Urétral

L'érotisme urinaire ou urétral, caractérisé par la recherche et l'obtention d'un plaisir sexuel autoérotique lors de la miction, est essentiellement une manifestation de la période de sexualité infantile précoce* et tout spécialement du stade phallique* (ou génital infantile) au cours duquel il accompagne la seconde phase de la masturbation infantile. On y voit parfois un élément de transition entre l'intérêt pour les excréments, typique du stade anal*, et l'intérêt pour les organes génitaux, typique de la phase phallique*. C'est souvent dans un contexte urinaire que l'enfant appréhende la différence des sexes (uriner debout ou accroupi) et les rapports sexuels (l'homme urine dans la femme). L'érotisme urinaire a de ce fait partie liée avec le complexe de castration*. S. Freud a par ailleurs montré que l'énurésie* est une des modalités du retour de l'érotisme urétral refoulé et que l'érotisme urétral est à l'origine de l'ambition démesurée et brûlante de certains sujets, constatant ainsi le lien entre l'urine, le feu et l'ambition. M. Klein a tenté de rattacher ce lien aux sensations de brûlure éprouvées lors de la miction, ce qui va de pair avec son insistance sur les fantasmes sadiques urétraux, dans lesquels l'urine est une arme dangereuse parce qu'elle est corrosive et brûlante. O. Fenichel a rapporté l'ambition démesurée au besoin de surcompenser* la honte*, liée selon lui à l'incontinence urinaire beaucoup plus qu'à l'incontinence fécale. *J.-M. Petot*

Usage linguistique

Ce terme n'a pas vraiment d'acception technique. En linguistique* contemporaine, il s'oppose parfois à celui de système, et désigne alors la mise en fonctionnement de la langue, envisagée non plus comme inventaire immanent de signes*, mais comme instrument de communication* qu'un locuteur* s'approprie et applique à des situations particulières (V. Actualisation, Performance linguistique, Pragmatique).

Dans la grammaire normative de l'âge classique, le terme d'usage nomme une notion centrale, mais extrêmement polymorphe, dont le seul trait permanent semble être de désigner une instance investie d'autorité. Les usages, ce sont les façons de parler attestées, et donc autorisées par l'habitude. L'Usage, avec majuscule, est « le maître et souverain des langues » (Vaugelas, 1647), c'est-à-dire une sorte de source, supposée unique et arbitraire, de toutes les contraintes linguistiques. Parfois douteux, il demande à être éclairci. La tâche du grammairien est alors de discriminer le bon usage des mauvais, ce qu'il fait en se fondant sur l'analogie. La notion apparaît clairement comme le véhicule d'une conception monolithique, antivariationnelle et unitaire de la langue.

A. Berrendonner

Utilitarisme

Doctrine morale et politique, systématisée par Jeremy Bentham dès 1781, qui fait de l'utilité* le critère de tout jugement moral. Selon cette doctrine, les actions des individus ne peuvent être jugées bonnes que si elles sont utiles au bonheur de la communauté, c'est-à-dire si elles tendent à augmenter le plaisir général et à diminuer la douleur. Cette doctrine, largement influencée par l'empirisme* et l'hédonisme*, suppose une forme de psychologie qui permette non seulement d'évaluer les plaisirs et les peines mais aussi de déterminer les motifs* des actions. Par ailleurs, elle suppose également que l'Etat intervient pour établir une législation qui soumet l'intérêt* individuel à l'intérêt général. Les « utilitaires » constituèrent un mouvement très influent en Grande-Bretagne et inspirèrent le pragmatisme*. *F. Parot*

Utilité

Emprunté au vocabulaire des modèles économiques utilitaristes* développés au XIXe siècle, le terme utilité sert à désigner la différence entre les gains et les coûts attachés à une conduite*.

Ces modèles, conduisant à définir la rationalité comme la maximisation des utilités, sont à l'origine de deux approches fondamentales des relations interpersonnelles :

1. la théorie des jeux*, directement dérivée de ces modèles et appliquée, par exemple par M. Deutsch, à l'étude des situations de conflit ;
2. la théorie de l'interdépendance, formulée par J. W. Thibault et H. H. Kelley, qui introduit la notion de contrôle social* pour rendre compte du fait que les gains et les coûts, pour un individu, ne sont pas des

valeurs fixes mais peuvent être affectés par le comportement de celui avec qui il interagit. *F. Askevis-Leherpeux*

Utopie

L'utopie peut se définir sur trois principales dimensions : comme genre littéraire (depuis T. More, *Utopia*), comme projet de transformation radicale d'un segment de la réalité ou de sa totalité (utopies sociales, architecturales, pédagogiques, sexuelles) et comme système de représentations observable dans les groupes et mettant électivement en jeu certains processus psychiques. De ce dernier point de vue, un vécu de catastrophe* et de persécution accompagne ou conclut la mentalisation* paradoxale de l'utopie : celle-ci est élaborée soit comme un espace potentiel où son projet, ludique, n'a pas à être contesté dans sa fonction d'illusion créative ; soit comme la mise en représentation d'un désir en ce qu'il ne peut être satisfait et se trouve par là même marqué par l'absolu et l'impossible ; soit comme la réalisation d'un désir d'accomplissement définitif du désir. La loi qui s'impose alors est celle d'un ordre pervers ou paranoïaque. Dans ces conditions, l'utopie accomplit la catastrophe contre laquelle elle se défend. *R. Kaës*

V-Z

Vaginisme → Frigidité

Valence

Concept utilisé par K. Lewin pour désigner la force d'attraction (valence positive) ou de répulsion (valence négative) exercée sur une personne par les différentes régions de son espace de vie*, c'est-à-dire par les différents éléments de son champ* psychologique : besoins*, motivations*, idéaux, normes*, rôles*, statuts*, etc. La distribution des forces dans l'ensemble du champ détermine l'orientation de la conduite : ainsi y a-t-il conflit si les différentes forces en présence sont de directions opposées et à peu près égales en puissance et ce n'est qu'en déstabilisant un champ de forces qu'on peut modifier un comportement.

En psychologie du travail*, la valence est également une des composantes de la théorie de l'instrumentalité*. Valeur subjective (positive ou négative) de tout objet présent dans l'environnement. Les valences des différents objets sont différentes selon les individus et peuvent changer en fonction de ses besoins du moment. *F. Askevis-Leherpeux*

Valeur

Il existe au moins trois sens différents de cette notion fondamentale de la psychologie sociale :

1. référée à la motivation*, la valeur est proche de la valence* et renvoie à tout ce que recherche ou évite un individu particulier. On dira ainsi que pour lui, tel ou tel état de la nature, tel ou tel objet a une valeur positive ou une valeur négative. On insiste ici sur la signification motivationnelle des concepts ou catégories cognitives ;
2. référée aux fonctionnements sociaux et organisationnels, la valeur est équivalente à l'utilité* sociale. Elle s'applique aussi bien aux individus qu'aux comportements et renvoie aux pratiques évaluatives dont la fonction est le repérage de l'utilité sociale des conduites et, par internalisation*, des individus ;
3. référée à l'idéologie, une valeur est proche d'une fin (la liberté, la solidarité, le savoir), peut s'appliquer à des groupes (les valeurs paysannes) et conduit à insister sur la signification des praxis ou pratiques sociales.

Les auteurs confondent fréquemment le sens 1 et le sens 2 en assimilant affectif et évaluatif. Les méthodes (le différenciateur sémantique*, par ex.) entretiennent cette confusion. C'est d'autant plus dommage que l'étude de la cognition sociale* (représentation* des situations sociales, théories implicites de la personnalité*) dégage systématiquement des dimensions massives de nature évaluative dont le statut n'est pas explicité. *Ersoc*

Valeur linguistique

Terme introduit par F. de Saussure en 1916 pour caractériser le statut sémantique* du signe linguistique* dans le cadre du système* formel que constitue la langue*. Pour Saussure, les différents mots d'une langue constituent les « termes » d'un système global ; ils peuvent être regroupés en paradigmes*, c'est-à-dire en ensembles d'unités renvoyant à un même référent* (*« bizarre », « étonnant », « étrange »,* etc., constituent un paradigme de termes renvoyant au référent *« événement qui sort du commun »*). Dans le cadre du système, chaque terme peut être considéré comme une valeur, et ceci d'un double point de vue. D'une part, un terme renvoie à un ensemble délimité de représentations* du référent ; il est une « valeur d'échange » de cet ensemble. Sous cet aspect, le terme de valeur est synonyme de celui de sens*. D'autre part, l'ensemble de représentations auxquelles renvoie un terme dépend du nombre de termes disponibles dans le paradigme. Si, pour un référent donné, une langue ne dispose que d'un terme (le mot *« bœuf »* français), celui-ci aura une valeur correspondant à l'ensemble des représentations possibles du référent ; si elle dispose de deux termes (*ox* et *beef* en anglais), la valeur de chaque terme correspondra à l'un des deux sous-ensembles de représentations possibles. Sous cet aspect, la valeur d'un terme ne peut être caractérisée que de manière négative, c'est-à-dire par opposition aux autres termes du paradigme dans lequel il s'insère. *J.-P. Bronckart*

Validation

Au sens épistémologique, opération par laquelle on reconnaît la validité d'une proposition*. Une proposition est valide lorsque des critères logiques permettent de déterminer la valeur de vérité de cette proposition.

Plus généralement, on parlera de procédure de validation comme d'un dispositif expérimental ou d'un système théorique permettant d'inférer ou d'accepter une hypothèse donnée.

Dans le domaine de la psychométrie*, la validation est le procédé par lequel on s'assure de la validité* d'un test*.

P. Mengal

Validité

Un test* est valide s'il mesure bien ce qu'il prétend mesurer. La validité d'un test (ou d'un instrument d'observation psychologique quelconque) est le résultat final d'un ensemble de procédures de validation* établissant la correspondance entre les réponses d'individus à ce test et les caractéristiques psychologiques (observables ou hypothétiques) inférées à partir de ces réponses. Selon les standards américains récents, on regroupe ces procédures en trois types en fonction de la correspondance recherchée avec des contenus, des critères ou des concepts.

La validité de contenu* vise à s'assurer que les items choisis constituent un échantillon représentatif de l'univers des conduites que le test prétend couvrir. Cet échantillonnage des variables, initialement opéré pour les tests de connaissances ou d'aptitudes*, est aujourd'hui pris en compte pour des épreuves de diverse nature.

La validité liée aux critères est le degré de liaison entre ce que mesure un test et des mesures indépendantes (critères), effectuées sur les conduites des mêmes individus évaluées dans diverses situations de la vie supposées solliciter les mêmes caractéristiques que le test. Ces critères (souvent scolaires ou professionnels) sont recueillis simultanément (validité concourante) ou ultérieurement (validité prédictive), la liaison test-critères étant estimée généralement par un coefficient de corrélation (simple ou non). Le choix de critères pertinents, variés et fidèles est essentiel.

La validité théorique ou hypothético-déductive est définie comme un ensemble de procédures permettant d'élucider la définition opérationnelle et théorique des caractéristiques visées par un test ; elle englobe donc les autres types de validité. Son objectif est d'établir, à partir des conduites évaluées par le test, des réseaux de relations internes (structure des réponses) et externes (relation à d'autres variables). Ainsi, les notions initiales seront-elles peu à peu précisées, modifiées, enrichies par des contenus additionnels pour devenir des concepts théoriques ou construits, selon une démarche évoluant de la description des réponses à l'explication des processus contribuant à l'élaboration des réponses.

M. Bruchon-Schweitzer

Valse → Danse

Vandalisme

Conduites agressives* contre l'environnement physique, visant à le détruire, le défigurer ou le mettre hors d'état de fonctionner. Le vandalisme obéit à des motivations très variées ce qui a conduit à distinguer différentes catégories selon qu'il s'agit de vandalisme rituel (approuvé par la société et les traditions), de vandalisme ludique (survenant à l'occasion d'un jeu et sans intention de détruire), de graffiti (motivés par le désir de laisser sa marque et/ou de rendre visible une idée), de vandalisme idéologique et symbolique (où la destruction vise des objets qui représentent un système ou une institution), et de sabotage (vandalisme tactique, destiné à rendre le travail impossible). En outre, il existe un vandalisme d'acquisition, où la destruction est essentiellement le moyen de s'emparer d'un bien qu'on souhaite posséder, et un vandalisme criminel dicté par l'intention de nuire à une personne précise.

C. Lévy-Leboyer

Variabilité

Dans la mesure* d'un phénomène, la variabilité désigne les fluctuations enregistrées à travers des mesures successives. En psychologie, si les mesures portent sur un même sujet, la variabilité intra-individuelle traduira ces fluctuations ; si elles portent sur un même phénomène mesuré chez des sujet différents, il s'agira de variabilité interindividuelle. Dans les deux cas, les indices de dispersion* caractérisant la distribution statistique des mesures obtenues exprimeront la variabilité. Un problème capital surgit quant au statut de cette variabilité, qu'elle soit intra- ou interindividuelle. Elle a souvent été traitée comme un aspect indésirable, même s'il est inévitable, de l'analyse des phénomènes, traduisant soit les imperfections des instruments d'observation, soit les imperfections de l'organisme ou du système étudié, ses écarts par rapport à une norme idéale. D'où le souci méthodologique, parfois obsessionnel, de l'éliminer ou de la neutraliser, pour atteindre à la loi générale, laquelle, pour reprendre le mot de Claude Bernard, ne souffre pas d'exception. D'où un manque d'intérêt des psychologues soucieux de lois générales pour la psychologie différentielle*, abandonnée à des praticiens qui, à des fins purement pratiques, sont contraints de tenir compte de la variabilité interindividuelle. Une perspective radicalement différente, mais encore peu adoptée, voit dans la variabilité comportementale, aussi bien intra- qu'interindividuelle, une propriété inhérente au réel qui intéresse le psychologue, et qui requiert comme telle son attention. Les variations sont alors considérées comme des éléments capitaux dans la dynamique du comportement, depuis les apprentissages* les plus élémentaires jusqu'aux conduites créatives, d'une façon analogique à la place qui leur est donnée dans la dynamique de l'évolution* biologique.

M. Richelle

Variable

Grandeur susceptible de varier, de présenter des modalités* différentes. Le terme renvoie à deux notions : celle de domaine de définition de la variable et celle de domaine de variation qui constituent les domaines pertinents de la variable. Ainsi, parler d'une attitude par exemple comme d'une variable suppose qu'on puisse d'une part spécifier un ensemble d'états possibles que peut prendre cette variable qu'on appelle **modalités** (domaine de variation), d'autre part qu'on puisse spécifier, ou au moins concevoir, un ensemble d'individus susceptibles de présenter ces différentes modalités (domaine de définition). Il faut ensuite pouvoir préciser comment, à chaque individu, on peut faire correspondre une modalité et une seule.

P. Bonnet et H. Rouanet

Variable dépendante, variable indépendante : dans la démarche expérimentale, la variable dépendante est la variable dont l'expérimentateur cherche à observer les éventuelles variations en fonction des variables indépendantes qu'il tient sous son contrôle. Pour le psychologue, la variable dépendante consiste en une dimension spécifiée des comportements, passible de mesure* ; les variables indépendantes peuvent être des aspects de l'environnement* physique ou social, ou des caractéristiques propres aux sujets eux-mêmes (l'âge, par ex.) dont le chercheur est en mesure de manipuler ou au moins de maîtriser divers états. Dans le contexte des plans d'expérience*, et plus particulièrement des plans dits factoriels, le terme facteur* est couramment utilisé comme équivalent de variable indépendante et le terme modalité pour désigner les valeurs ou états qu'elle peut prendre.

M. Richelle

Variable aléatoire → Aléatoire

Variable principale → Analyse multivariée

Variance

C'est la moyenne* des carrés des écarts à la moyenne. Plus généralement, dans le cas d'un nuage de points dans un espace euclidien, on appelle variance la moyenne des carrés des distances des points du nuage au point moyen. La variance est un indice de dispersion*. Si le protocole* est constant la variance est nulle. C'est un indice commode grâce aux propriétés de décomposition de la variance.

Si on a un plan* S<G>, on peut décomposer la variance totale en la somme de la variance intra et de la variance inter, propriété qui est à la base de l'analyse de la variance.

De même en analyse multivariée* on peut décomposer la variance selon des directions orthogonales. La variance du nuage est la somme des variances projetées. Cette idée est à la base de l'analyse* en composantes principales* et de ses variantes, notamment l'analyse des correspondances*. En particulier, on peut définir le premier axe de l'analyse en composantes principales comme celui selon lequel la variance du nuage projeté est maximale. Le rapport de la variance du nuage projeté à la variance du nuage total est appelé contribution du premier axe à la variance totale ou inertie totale. *P. Bonnet et H. Rouanet*

Variation → Variabilité

Variation contingente négative (VCN)

Potentiel lent cortical apparaissant dans des situations de couplage de stimulus* avec consignes* motrices. En règle générale, un premier stimulus dit annonciateur est suivi, après un intervalle bref, d'un deuxième stimulus dit impératif, après lequel le sujet doit émettre la réponse. La VCN est une variation électrocorticale lente négative qui suit le potentiel évoqué* par le premier stimulus et qui occupe l'intervalle jusqu'au potentiel évoqué par le deuxième stimulus. Ce potentiel événementiel a été pris comme indice de processus cognitifs* ; il n'est pas lié à l'existence de l'exécution de la réponse motrice. Observée dans les protocoles indiqués ci-dessus, on retrouve la VCN durant le sommeil paradoxal*. *B. Soumireu-Mourat*

Variation polylectale

La notion structuraliste de langue comme système commun (identique pour tous ses sujets parlants), homogène et clos (strictement délimitable) n'est qu'une idéalisation fortement simplificatrice. Dans la réalité langagière alternent en effet une quantité de variantes « libres », concurrentes, qui ne sont pas le propre de sous-groupes définis et ne se ramènent donc pas à des « dialectes » juxtaposés. On doit alors supposer que toute langue naturelle* est un système flou* et sous-spécifié, comprenant des zones de jeu structurel qui donnent lieu à paramétrages multiples. C'est ce mode d'organisation, exploité par les locuteurs* à des fins d'optimisation pragmatique*, que désigne le terme de variation polylectale, néologisme qui n'est pas unanimement reçu.

A. Berrendonner

VCN → Variation contingente négative

Vécu

Le vécu désigne l'ensemble des événements inscrits dans le flux de l'existence, en tant qu'ils sont immédiatement saisis et intégrés par la conscience* subjective. L'immédiateté, caractère sans doute essentiel de l'expérience vécue, signifie la coïncidence de l'objet et de la conscience, à l'exclusion de toute construction conceptuelle et de toute évaluation axiologique. La charge affective de l'expérience vécue est souvent importante ; elle a la valeur d'un signal. Le terme de vécu est généralement employé par les psychologues à orientation philosophique lorsqu'ils s'opposent à un rationalisme du concept abstrait et qu'ils en appellent à un champ d'immédiateté fluide souvent porteur d'angoisse. La phénoménologie de E. Husserl a systématisé la réduction à l'expérience vécue, son immédiateté excluant le doute, comme source de toute élaboration de la connaissance vraie. La rencontre des vécus en tant que portés par des personnalités distinctes fonde la psychiatrie phénoménologique (E. Minkowski) où la saisie du vécu du patient est la tâche majeure. Elle se développe, en psychologie sociale, à travers les termes de sympathie* et d'empathie*. La notion de vécu a souvent été disposée dans un champ conflictuel de la psychologie, les partisans de l'argumentation scientifique jugeant que la notion relève de l'obscurantisme, ceux qui, à l'encontre, évoquent le vécu affirmant sans preuve ou sans soumettre l'affirmation à la moindre critique. Il demeure cependant difficile de concevoir une construction intellectuelle et par exemple scientifique sans se référer à l'expérience et au niveau profond (et absolu) de celle-ci, dont la notion de vécu est le résumé classique. J. Château estime qu'à moins de réduire notre psychologie nous devons admettre des qualités et des êtres non quantifiables. C'est ainsi que l'amour* ne peut entrer dans une banque de données destinées aux ordinateurs.

C. Prévost

Végétatif (Système —) → Système nerveux

Veille → Vigilance

Vengeance

Conduite complexe dont les motivations* répondent à des objectifs différents : soit pour obtenir une réparation, un dédommagement, soit pour punir et châtier un offenseur, soit pour apaiser un ressentiment, soit encore pour avoir valeur de représailles. La vengeance peut satisfaire un instinct de défense et être contenue dans les limites d'une justice distributive ou devenir une excuse pour libérer une agressivité* justicière. Dans un groupe, elle peut alimenter de proche en proche des vengeances réciproques et, après accord des membres, s'appliquer à des victimes émissaires.

J. Selosse

Verbal

Au sens communicationnel, désigne tout ce qui concerne la réalisation acoustique ou phonique du langage*. C'est dans ce sens que l'on a pu assimiler le langage à la communication* verbale pour l'opposer aux formes de communication non verbale*, considérées longtemps comme secondaires et substitutives : gestes, mimiques*, formes d'expression iconiques et graphiques, etc.

Au sens grammatical, désigne tout élément qui appartient à la catégorie du verbe : le syntagme* verbal, les noms verbaux (formes adjectives et nominales du verbe, participes et infinitifs), et le radical verbal qui sert de base à la flexion d'un verbe.

D. Peraya

Vestibulaire → Système vestibulaire

Vibration

Mouvement périodique*, autour d'un point d'équilibre, des particules dans un milieu élastique ou d'un système doté d'élasticité. Chaque oscillation complète constitue un cycle*. La vibration se définit par sa fréquence*, ou nombre de cycles par seconde, exprimée en Herz (Hz). Les vibrations de l'air, ou vibrations acoustiques, constituent le stimulus de l'audition*, l'oreille humaine étant apte à capter les fréquences de 20 Hz à 20 000 Hz, se traduisant psychologiquement par des sensations* allant du grave à l'aigu. Les mécanorécepteurs de la peau sont, de leur côté, électivement excités par les stimulations vibratoires, couvrant, toutes catégories de récepteurs réunis, un spectre allant de moins de 20 Hz à plus de 1 500 Hz, chaque catégorie de récepteurs étant sensible à une partie de ce spectre. C'est généralement aujourd'hui le stimulus vibratoire qui est utilisé dans les recherches esthésiométriques. *M. Richelle*

Vibratoire → Vibration

Vicariant (Apprentissage —)

Apprentissage résultant de l'observation*, simultanée ou antérieure, d'un modèle*, c'est-à-dire d'un congénère exécutant le comportement à acquérir. Il s'agit d'un apprentissage par imitation*, mais l'expression est souvent réservée à des situations où l'observateur demeure passif pendant l'observation du modèle. Le phénomène a été décrit chez l'animal, et distingué de la facilitation* sociale, qui est un simple effet d'entraînement par le groupe. Chez l'être humain, ce mode d'apprentissage prend une place très importante, mais son étude s'inscrit généralement dans le cadre plus large de celle de l'imitation. Il a fait l'objet de développements théoriques et d'applications thérapeutiques ou éducatives (technique du modelage*) dans le sillage des travaux de Bandura sur l'apprentissage social.

M. Richelle

Victime

Toute personne* qui souffre d'un préjudice* matériel, physique ou moral du fait d'agissements malveillants d'autrui ou d'événements extérieurs préjudiciables. Par extension, est victime tout individu qui perd la maîtrise d'un objet*, d'une situation et d'un comportement* (victime de sa conduite), qui est le jouet de manifestations incontrôlées (victime d'hallucinations). La victime peut être individualisée et située dans une relation concrète avec un délinquant*. Elle peut n'être qu'hypothétique, potentielle ou diffuse lorsque le préjudice touche une collectivité publique ou une cible anonyme privée. Certaines personnes peuvent rechercher plus ou moins consciemment à tenir un rôle de victime et la psychopathologie s'intéresse aux victimes latentes ainsi qu'aux victimes récidivistes. Selon R. Girard, dans une perspective anthropologique, une victime émissaire (ou bouc émissaire*) peut être sacrifiée pour décharger le groupe* de sa culpabilité*. Elle satisfait aux exigences d'un acte* purificatoire en déplaçant les violences* contenues dans un environnement en crise. L'analyse systémique a mis l'accent sur l'existence de victime désignée par des groupes, notamment familiaux, qui délèguent à un de leurs membres la mission de signifier la souffrance liée à leur dysfonctionnement. *J. Selosse*

Victimologie

Présentée par Hans von Hentig comme l'étude objective de la victime*, la victimologie constitue un champ particulier de la criminologie* qui étudie les rapports interpersonnels de la conduite criminelle* et distingue les groupes et les types de victimes : elle analyse les relations et les situations qui associent les délinquants à leurs victimes. Trois concepts fondamentaux balisent le champ des études victimologiques : la relation spécifique délinquant/victime, la victime latente et le délinquant-victime. Le « criminel/victime » est un sujet qui peut être successivement ou alternativement délinquant et victime (enfants ou femmes battus qui se révoltent contre leur bourreau). La victime latente désigne l'individu qui présente des dispositions inconscientes à s'exposer aux préjudices* et à attirer les agresseurs (tendances masochistes*, démissives, autopunitives*, regroupées parfois sous la dénomination de **syndrome d'Abel**). En dehors des perspectives criminologiques, il convient d'inscrire dans le champ de la victimologie la maltraitance des enfants, victimes de sévices physiques et psychologiques. *J. Selosse*

Vide (Angoisse du —)

A côté de la phobie* du vide externe qui se manifeste généralement par des sentiments de vertige ou d'agoraphobie*, l'angoisse du vide apparaît sous deux formes caractéristiques du noyau autistique* de la personne : cauchemar d'une chute sans fin dans le vide, angoisse du vidage de la substance interne par les trous de l'enveloppe psychique* (hémorragie narcissique). *D. Anzieu*

Vieillissement

Effet normal de l'âge sur les différentes fonctions psychologiques et organiques tendant, quoique d'une manière fort inégale selon les sujets et les fonctions, à une baisse des performances et capacités. Ce déclin peut commencer après la seconde décennie de la vie. On a suggéré un effet de l'âge sur les organes des sens et les organes locomoteurs, mais ces effets, dits périphériques, semblent moins importants que les effets sur le système nerveux central. Quoi qu'il en soit, de grandes variations existent : à titre d'exemple, les capacités dites d'agilité mentale, après un déclin vers 20 ans, reviennent à leur score d'origine après 60 ans comme si certains déficits étaient compensés par des gains résultant de l'expérience. A côté des baisses de performance et des changements de certains traits de la personnalité, la réduction de la capacité d'apprendre, celle de mémoriser et/ou de rappeler sont les plus sensibles tant pour le sujet que pour l'entourage ; l'intensité de ces troubles peut déplacer la limite de passage du normal au pathologique.

Le vieillissement pathologique cérébral se manifeste sous différentes formes dont les plus communes sont les syndromes démentiels* (maladie d'Alzheimer*) avec troubles de la mémoire*, désorientation spatio-temporelle, syndrome aphaso-apraxo-agnosique. *M. Le Moal*

Vigilance

Etat de réactivité de l'organisme, organisé en niveaux constituant une échelle allant du sommeil* à la **veille** la plus intense, chacun se subdivisant en plusieurs états : différents stades du sommeil, veille diffuse, éveil attentif, éveil intense, etc. Ces différents niveaux sont contrôlés par des interactions entre des structures cérébrales variées. Leur connaissance, depuis l'épidémie d'encéphalite léthargique au début du XXe siècle, est associée aux noms de von Economo, Hess, Moruzzi, Magoun, Bremer, Jouvet.

Le système réticulaire activateur ascendant, ou formation réticulée*, est alimenté par toutes les voies nerveuses afférentes qui convergent à son niveau, ce qui en fait ainsi un système non spécifique, et par des informations d'origine humorale. Ce système se projette par des voies complexes sur le thalamus et la totalité du cortex*. A son tour, il est sous le contrôle des voies descendantes corticoréticulaires. Ainsi, des messages provenant de la périphérie augmenteront l'activité du système réticulaire qui activera l'ensemble thalamo-cortical, entraînant l'éveil. Différentes zones du tronc* cérébral (formation réticulée bulbaire inhibitrice, noyau du faisceau solitaire, système du raphé) et même de l'hypothalamus* exercent une action inverse aboutissant au sommeil lent, dans lequel les noyaux non spécifiques du thalamus seraient impliqués. Le sommeil profond serait en liaison avec certaines régions du tronc cérébral, mais la participation exacte du *locus cœruleus* reste controversée. De fait, les différents niveaux de vigilance relèvent d'interactions complexes entre structures du tronc cérébral et du cerveau antérieur. L'état de vigilance du sujet représente un état fonctionnel du système nerveux qui conditionne sa capacité adaptative* et sa réactivité comportementale. En psychologie, vigilance a été utilisé comme synonyme d'attention*, elle-même caractérisée par plusieurs niveaux. *B. Soumireu-Mourat*

Village (Test du —)

Le test du village est une épreuve projective* inventée par H. Arthus en 1949 et dont la diffusion en France s'est développée grâce à P. Mabille et M. Monod. Le matériel comprend 132 éléments (maisons, éléments d'architecture, éléments de paysage naturel, éléments non structurés) mais, en général, le sujet n'en utilise qu'une partie. La consigne : « Avec les éléments que voici, construisez un village », induit une activité de construction non verbale. Une fois la construction terminée, le psychologue procède, avec la collaboration active du sujet, à un relevé sommaire de la disposition du village. Puis un double questionnaire est proposé dans la version de M. Monod : le premier, « objectif », permet de préciser les déterminants des réponses ; le second, « fantasme », sollicite chez le sujet une rêverie éveillée puisqu'il s'agit d'imaginer la vie au village. Les deux dimensions essentielles à ce test, haut/bas d'une part, droite/gauche d'autre part, relèvent d'une perception de l'espace fondée sur une perception du corps propre*, déterminée par la verticalité et par la latéralisation. Par ailleurs, la signification symbolique des objets choisis est interprétée en référence à la théorie de M. Klein, et notamment au « petit monde » des jouets de l'enfant compris comme un matériel onirique et associatif. M. Monod a montré que les variables espace et matériel ne sont pas indépendantes. On peut penser en effet que la projection de l'image du corps (l'espace) et son association à des objets symboliquement signifiants (le matériel) rendent compte des modalités de représentation de soi et de représentation des relations caractéristiques du sujet. *C. Chabert*

Viol

Le viol s'applique à toute relation sexuelle qui implique une pénétration par la force ou la menace entre individus de sexe différent ou de même sexe. La jurisprudence suivant l'évolution des mœurs considère qu'un viol s'applique à un rapport sexuel contraint, aussi bien homosexuel qu'hétérosexuel. Le viol peut prendre des dénominations différentes selon les caractéristiques du couple agresseur/victime. Tel l'inceste* qui spécifie les relations sexuelles imposées réalisées entre un parent et un enfant. La **pédophilie** qui caractérise une gratification sexuelle obtenue par la soumission d'un enfant aux pressions d'un adulte du même sexe ou de sexe opposé. La **nécrophilie** s'applique à une déviation exceptionnelle qui consiste à avoir des activités sexuelles avec un cadavre. La réalisation des viols s'effectue soit dans une situation interpersonnelle soit en groupe. Les viols collectifs renvoient à l'aspect primitif de l'acte sexuel qui évoque le repas pris en commun par le clan. C'est davantage sur des registres ségrégatifs, exogamiques et intergénérationnels que les viols en réunion se réalisent actuellement, traduisant une transformation des groupes, une banalisation de la violence sexuelle et une désacralisation de ce qui fut un des privilèges de l'intimité entre adultes. Bien qu'une évolution dans les attitudes des victimes se fasse jour, la fréquence des viols d'enfants, d'adolescents, de femmes est sous-estimée dans la mesure où la victime est mortifiée et par le fait que l'agression sexuelle atteint l'intimité de la personne, sa pudeur et sa dignité. C'est pourquoi les organisations d'aide aux victimes de viol et leurs défenseurs font de plus en plus appel à des cliniciens (psychiatres, psychologues) pour les accompagner lors des diverses étapes du processus judiciaire et mettent en place des structures thérapeutiques particulières de soins physiques et psychologiques. *J. Selosse*

Violence

La violence physique fait régner la loi du plus fort en opprimant des individus ou des groupes plus faibles. En quoi consiste la violence psychique ? Dans la perspective économique* ou quantitative en psychanalyse, S. Freud a décrit la violence intrapsychique par excellence, celle que la pulsion*, par la force de sa poussée, exerce sur l'appareil* psychique et plus particulièrement sur le moi* de l'individu. Et cela quelle que soit la nature de la pulsion. Un désir amoureux peut être violent ; la violence n'est pas nécessairement le fait de l'agressivité* : un acte agressif, par exemple une critique privée ou une manifestation publique, peuvent être non violentes. Dans les relations intersubjectives, les psychologues ont décrit deux grandes formes de violence morale exercée par les personnes dominantes pour prolonger et renforcer leur supériorité : la menace de retrait de l'amour et de la protection (mécanismes fréquents dans la névrose*), un usage pervers du raisonnement* qui soumet la victime à des contradictions logiques, des communications paradoxales* auxquelles il lui est défendu d'échapper et dont la culpabilité est retournée sur elle : *double bind**, efforts pour rendre l'autre fou (H. Searles) (mécanismes fréquents dans les états-limites* et la schizophrénie*). Plus généralement, la possession d'un bien, d'un savoir, d'un savoir-faire peut être ressentie par ceux qui en sont démunis comme violence qui leur est faite par le possesseur. D'où leur violence en retour. Le modèle inconscient serait, selon M. Klein, l'identification projective du bébé qui pénètre fantasmatiquement dans le sein de la mère pour y détruire les organes et les produits de sa fécondité. Sous l'expression de « violence de l'interprétation », P. Aulagnier a décrit la situation du tout-petit dépourvu de langage et qui doit laisser sa mère se poser en porte-parole de ses besoins physiques et de ses états psychiques. J. Bergeret a appelé « violence fondamentale » la situation du nourrisson confronté aux mauvais traitements des adultes et à une règle archaïque d'équilibre des vivants et des morts : pour que l'un vive, l'autre doit mourir.

D. Anzieu

Visage

L'intérêt des psychologues pour le visage humain tient d'abord au fait que celui-ci constitue le site principal de l'expression* des émotions* et tient par conséquent un rôle central dans la communication* sociale, où il accompagne, nuance ou supplée l'expression verbale. Il est aussi la configuration* principale conduisant à l'identification individualisée des congénères dans l'espèce humaine. A ce titre, l'extraordinaire capacité de reconnaisssance des visages a retenu l'attention. Les chercheurs en ont démontré le caractère précoce dans le développement*, déterminant dans les processus d'attachement* affectif. Ils ont utilisé la reconnaissance de l'image réfléchie par le miroir* (image spéculaire) comme indice de la reconnaissance de soi. Enfin, le phénomène intrigant de prosopagnosie*, ou perte de la reconnaissance des visages dans certaines pathologies neurologiques, a ouvert la voie à des études neuropsychologiques* sur les structures cérébrales impliquées (le rôle de l'hémisphère* droit est généralement reconnu) et à des recherches sur les mécanismes cognitifs* en jeu (saisie d'une configuration globale, extraction de traits spécifiques, familiarité).

M. Richelle

Viscéral (Système nerveux —) → Système nerveux

Viscérocepteur → Intéroception

Viscosité de la *libido*

Métaphore destinée à rendre compte du fait que l'attachement de la *libido* à un objet ou le style de relation à l'objet (fixation à un stade libidinal particulier) tend à demeurer stable et résiste au changement. D'autres termes, en particulier ceux d'« inertie » *(Trägheit)* et de « capacité de fixation » *(Fähigkeit zur Fixierung)*, ont été également utilisés par S. Freud pour rendre compte de cette propriété des pulsions* sexuelles dont l'expression clinique relève du sens commun. Dans la cure, ce processus constitue un obstacle à l'action thérapeutique. D'un point de vue métapsychologique*, le fait de l'expliquer par une propriété de la pulsion libidinale demeure lié aux incertitudes concernant le concept de pulsion, et ne tient pas compte du caractère beaucoup plus général de la stabilité des motivations*.

D. Widlöcher

Vision

Ensemble de fonctions assurées par l'œil ainsi que les structures nerveuses et musculaires y afférentes. La vision procure à l'organisme des informations* lui permettant d'ajuster ses comportements aux caractéristiques de l'environnement véhiculées par la lumière et reçues par les éléments photosensibles de la rétine. Ces fonctions permettent *in fine* la reconnaissance visuelle des formes et objets (de quoi est fait l'environnement ; processus d'identification et de recognition) et le positionnement statique ou dynamique de ceux-ci dans l'espace (où se situe telle ou telle forme vue : processus de localisation et d'orientation). Ces deux processus neurobiologiquement dissociés sont instruits par les variations de l'énergie électromagnétique (chez l'homme, la lumière visible comprise entre 380 et 720 nm). Ces fugaces variations photoniques (*quantum** d'action de lumière) traversent le filtre oculaire composé des milieux transparents antérieurs de l'œil (cornée, humeur aqueuse, cristallin, corps vitré) pour aboutir à la partie profonde de la rétine, assurant la transduction de la lumière en influx nerveux grâce aux processus biochimiques de décomposition du pourpre rétinien (principalement la rhodopsine). La quantité de lumière atteignant la rétine (éclairement rétinien) est dosée par l'ouverture pupillaire (réflexe photométrique) et la convergence des rayons est assurée par l'accommodation du cristallin.

Le message visuel ainsi généré est capté par le segment interne des cellules réceptrices (cônes et bâtonnets) et chemine le long des voies visuelles rétiniennes en séquences (cellules bipolaires, cellules ganglionnaires) ou en parallèle (cellules horizontales, cellules amacrines). Les axones des cellules ganglionnaires convergent de toute la coupole rétinienne pour se regrouper au niveau de la papille et constituer le nerf optique. Celui-ci, issu de chaque œil, traverse le noyau thalamique gauche et droit (au niveau des corps genouillés latéraux) après avoir partiellement décussé par le chiasma optique (seules les fibres issues des rétines nasales sont controlatérales).

Des corps genouillés latéraux partent les deuxièmes neurones des voies visuelles qui vont irradier jusqu'aux cortex striés occipitaux (voies et centres visuels de projections primaires) puis aux aires associatives visuelles.

L'ultrastructure complexe de ces centres sous-corticaux et corticaux primaires est mieux connue depuis les travaux inauguraux de D. H. Hubel et T. N. Wiesel (notions de champs* récepteurs rétiniens et de détecteurs* de traits centraux). Des voies et des centres visuels secondaires sous-corticaux (rétino-colliculaires et prétectaux) assurent la poursuite oculaire et l'orientation visuelle.

L'intégration de l'information lumineuse aux structures anatomiques discrètes (largement préformées génétiquement) va permettre de distinguer les éléments pertinents du monde physique : la luminance* et ses dérivés quantitatifs de lumière, le contraste* et les effets de champs, les couleurs* et leurs interactions, les caractéristiques temporelles des stimulus lumineux, la taille et la dimension des objets, la disparité* binoculaire et la profondeur, le mouvement* et le déplacement, les textures et les formes, la position et la localisation, etc.

On distingue trois grands domaines de vision selon le niveau d'éclairement ou de luminance :
a. la **vision photopique** correspondant à la vision dans des conditions de luminance supérieure à 10 candela (cd) par mètre carré. Il s'agit de la vision de jour sollicitant les cônes ;
b. la **vision scotopique** correspondant à une luminance inférieure à 10^{-3} cd/m^2, c'est la vision nocturne sollicitant les bâtonnets ;
c. la **vision mésopique** ou **vision intermédiaire** correspondant à un niveau se situant entre 10^{-3} cd/m^2 et 10 cd/m^2 sollicitant les cônes et les bâtonnets.

Ces éléments distinctifs du décor vis[uel] vont ensuite être systématisés à un niveau plus élaboré, faisant intervenir les apprentissages* antérieurs (habitudes et souvenirs), l'application de schèmes* sensori-moteurs et cognitifs (interprétations et déductions) et les confrontations intersensorielles (vision-toucher ; vision-audition). Devant cette complexité, les connaissances actuelles ne permettent pas encore de présenter une théorie unifiée de la vision, mais des conceptions descriptives et explicatives qui mettent plus ou moins l'accent sur tel ou tel aspect du mécanisme visuel :
1. les conceptions de la psychophysique* et les développements de la notion des seuils* visuels : l'intérêt de ce champ d'investigation porte sur la définition précise du stimulus visuel et sur la formalisation mathématique de la réponse du sujet. Cette orientation est marquée par la rigueur des mesures (seuils absolus* et différentiels*) et par la mise au point de méthodes* d'études (des limites*, d'ajustement*, des stimulus constants). Elle a contribué à établir des relations entre les variations du stimulus et les modifications de la sensation (établissement des échelles* de sensation et des lois de Weber-Fechner-Stevens). La psychophysique a introduit et appliqué la théorie de la détection* du signal et la distribution statistique des réponses à un stimulus, rendant compte de la variabilité des seuils en fonction de divers critères (influence de facteurs psychiques telles la motivation*, l'anticipation*) ;
2. un autre ensemble de conceptions privilégiant les caractéristiques physiques du stimulus concerne l'**optique écologique** ou perception directe (J. J. Gibson). La vision est ici conçue comme un moyen de prendre de l'information sur les caractéristiques optiques de l'environnement. Le système visuel a pour rôle de se conformer aux variations environnementales et de résonner syntoniquent avec celles-ci. Cette conception met l'accent sur les contraintes adaptatives de la vision en relation directe avec les fluctuations des événements extérieurs. Les travaux inspirés par cette théorie ont une grande valeur descriptive ; ils ont contribué à simuler des scènes visuelles et à isoler les variables optiques susceptibles de modifier les comportements adaptatifs ;
3. la psychologie de la forme* privilégie le caractère global et original de la forme perçue, irréductible à la somme de ses éléments. La perception est alors essentiellement un processus dynamique, organisé comme un tout faisant intervenir des prégnances* visuelles reconnues comme bon-

…position figure*-fond ; grou-
… ressemblance, proximité,
… d'organisation, significa-
…rie est à l'origine des expli-
…usions* d'optique et d'un
…le faits d'expériences quoti-
… tenté d'établir un isomor-
…physiologique ;

4. dans l'approche cognitiviste*, la perception visuelle est conçue comme un processus constructif ou une élaboration cognitive. La perception n'est pas le simple enregistrement direct de la sensation, mais elle fait intervenir des variables internes entre les événements extérieurs et l'expérience : schémas*, hypothèses*, images* mentales, attention*, nature probabiliste des indices visuels, traitement de l'information. Cette approche théorique, diversement représentée par J. Piaget, U. Neisser, A. Ames, J. Bruner, R. Gregory, E. Brunswik, D. Marr, a donné lieu à des recherches et interrogations fécondes relayées par la simulation* sur ordinateur et la vision artificielle.

Au centre des questions essentielles, difficiles et non encore complètement élucidées, sur les mécanismes visuels, on relève : la constance* de la taille, de la forme, des couleurs, du mouvement, malgré l'extrême variabilité du phénomène lumineux ; la coordination* oculomotrice de poursuite oculaire et d'orientation selon un schéma préperceptif (recherche attentive) ; la constitution des images mentales* et leur rôle dans l'économie et les stratégies visuelles ; les suppléances* intravisuelles consécutives à un dommage oculaire ou neuro-ophtalmique.

Vision centrale, vision périphérique : distinction fondée sur une différenciation anatomique particulière de la **rétine**. La vision centrale repose sur la **fovéa**, au centre de la rétine, qui ne contient que des cônes reliés point à point, après relais avec des cellules intermédiaires, aux fibres du nerf optique ; très discriminative, l'acuité* visuelle y est maximale ; son seuil de sensibilité lumineuse étant élevé, la fovéa fonctionne surtout en lumière du jour (vision photopique). La vision périphérique repose sur la rétine périphérique, plus riche en bâtonnets qu'en cônes, et qui ne jouit pas de cette correspondance point par point entre photorécepteurs* et fibres du nerf optique, mais au contraire d'une importante convergence ; son seuil est de ce fait plus bas que celui de la fovéa, elle est donc adaptée à la vision nocturne (vision scotopique) mais l'acuité y est en contrepartie plus faible.

R. Decombe, R. Génicot, M. Le Moal

Vision résiduelle

Moins justement appelée en anglais vision aveugle *(blind sight)*, la vision résiduelle désigne des conduites de détection* de stimulations visuelles chez des sujets privés, par lésions des voies optiques entre le corps genouillé et le cortex occipital, ou par atteinte de ce dernier, de toute information visuelle consciente. Décrit par Humphrey dès 1974 chez le singe lésé chirurgicalement, le phénomène a été observé et minutieusement étudié par Weiskrantz chez des sujets hémianopsiques*. Ceux-ci, bien que déniant toute perception dans leur hémichamp atteint, fournissent néanmoins une réponse de pointage* correcte en direction d'un point lumineux. Le phénomène s'explique sans doute par l'intervention de circuits sous-corticaux dans la prise d'information visuelle. Finement analysé par les neuropsychologues, il a donné lieu à de nombreux commentaires dans le débat contemporain sur la conscience*.

M. Richelle

Vitalisme

Conception essentiellement médicale, développée par l'Ecole de Montpellier vers le milieu du XVIIIe siècle, tentant de surmonter l'opposition entre le mécanisme* et l'animisme*. Rejetant à la fois la prédominance exclusive de la matière ou de l'âme, les vitalistes introduisent une nouvelle définition de la vie qui repose sur l'existence d'un principe vital. Ce principe est distinct de l'âme pensante du cartésianisme mais aussi des propriétés physico-chimiques de la matière organique ; inhérent à toute forme d'organisation biologique, il est souvent considéré comme une propriété émergente.

P. Mengal

Vitesse

La vitesse ou rapidité constitue un paramètre fréquemment exploité tant de la variable* indépendante que de la variable dépendante en psychologie. Les limites temporelles de la prise d'information* et du traitement de l'information peuvent être cernées par le recours à des méthodes de présentation* très brèves des stimulations (tachistoscope*), ou en donnant consigne* au sujet de réagir le plus rapidement possible (temps de réaction*, consigne de rapidité dans l'exécution d'un test*). En l'absence de contraintes ou de consignes, la vitesse de réaction spontanée, mesurée par l'enregistrement des latences*, ou la rapidité d'exécution libre, peut fournir des informations précieuses sur la motivation*, la perception de la tâche par le sujet, sa maîtrise des habiletés* impliquées. La vitesse est souvent mise en rapport avec la précision*, l'une pouvant varier en fonction inverse de l'autre, divers facteurs (pénalisation des erreurs*, valorisation de la rapidité, difficulté de la tâche, représentation* des attentes de l'expérimentateur, etc.) pouvant intervenir dans le choix d'un compromis entre les deux *(speed-accuracy trade off)*.

En psychomotricité*, on notera que, si la vitesse d'exécution d'un mouvement s'accroît à la faveur de l'exercice* et de l'automatisation*, la régulation* d'un mouvement lent exige de son côté un contrôle particulièrement raffiné, souvent irréalisable en deçà d'un certain niveau de développement.

La perception de la vitesse est d'autre part une composante majeure de la perception du mouvement et par conséquent de la coordination visuomotrice dans les gestes orientés vers une cible mouvante (trajectoire de rencontre de la balle en tennis, base-ball, etc.). La vitesse est enfin l'un des facteurs pris en compte, en composition avec la distance, dans la construction de la notion de temps*, telle que J. Piaget l'a analysée. *M. Richelle*

En psychologie du sport, on distingue la rapidité de mouvement et la rapidité de réaction. La première dépend du volume et de la proportion des fibres lentes et rapides dans le muscle ; la seconde de l'efficacité des processus de traitement de l'information*. On identifie trois aptitudes* distinctes : la vitesse de mouvement (aptitude à déplacer son corps rapidement), la vitesse de réaction (aptitude à réagir vite) et la vitesse de décision (aptitude à choisir vite). Par ailleurs, le système de traitement de l'information ne peut fonctionner simultanément à un maximum de précision et de vitesse et la performance motrice correspond souvent au choix d'une solution de compromis pour résoudre ce conflit « vitesse-précision ». *M. Durand*

Vive (Mémoire —) → RAM

Vocabulaire

Si, au sens le plus banal, un vocabulaire désigne un ensemble de mots* se présentant éventuellement sous la forme d'une liste, l'argumentation linguistique essaie de cerner la signification* du terme en le démarquant du lexique*. Alors que le lexique comprendrait toutes les unités significatives d'une langue (ce qui reste une fiction théorique), le vocabulaire serait réservé à la parole*, au discours*, et serait donc repérable à partir de corpus*. Il peut s'agir de corpus spécialisés (on parlera de vocabulaire de la médecine ou de l'aviation) ou de tout texte* ou ensemble de textes appartenant à un auteur et/ou à une époque. Pour apprécier la compétence* lexicale de tout locuteur d'une langue, il faut distinguer le vocabulaire passif (de nombreux lexèmes* sont compris sans être réalisés) du vocabulaire actif (les lexèmes effectivement employés). *J.-L. Chiss*

Vocalisation

En musique, exercice exécuté avec la voix* sur un phonème* vocalique ou sur une syllabe*. Par analogie, ce terme a été appliqué aux premières productions sonores du bébé, plus fréquemment désignées par le terme de babil*. *G. De Weck*

Vocalise → Babil

Voix

C'est la qualité propre du langage* humain. Acoustiquement, la voix est constituée par l'ensemble des ondes sonores produites dans le larynx, sous la pression de l'air subglottique (flux laryngé ou ton laryngien), par les vibrations des cordes vocales. Leur fréquence détermine la hauteur musicale de la voix. Les cavités pharingale, buccale et nasale (résonateurs supraglottiques) modulent ce flux et y déterminent des zones fréquentielles privilégiées (« formants ») pour constituer les sons voisés (sonores) de la parole*. Les sons non voisés (sourds) résultent de l'adjonction de bruits apériodiques dus au passage de l'air (frottement, constriction, explosion, etc.).

En grammaire, ce terme désigne une catégorie qui porte sur le verbe et son auxiliaire : elle caractérise le type de relation existant entre le verbe, le sujet ou l'agent et l'objet. La voix se marque par des flexions verbales spécifiques. On distingue, en français, la voix active, la voix passive et la voix pronominale. L'assimilation de cette dernière à la voix moyenne pose de nombreux problèmes aux grammairiens (synonyme : « diathèse »). *D. Peraya*

Vol

Le Code pénal définit le vol comme une soustraction frauduleuse d'un bien appartenant à autrui*. Les enquêtes de délinquance autorapportée et de victimologie* confirment que le vol est un comportement fréquent observable dès l'enfance qui satisfait des mobiles divers : pulsionnels, psychiques, sociaux, intra- et interpersonnels. Cette conduite* illicite a souvent une signification névrotique* qui exprime un désir* de compensation* et de contrôle face à une défaillance de l'environnement. On observe généralement chez les voleurs une insécurité fondamentale dans leurs rapports interpersonnels et une angoisse* de ne pouvoir se réaliser en n'atteignant pas les objectifs fixés par les normes* imposées par ceux dont ils dépendent. Souvent opposé à la norme « travail », le vol est fréquemment justifié par ses auteurs sous prétexte que « tout le monde fraude, trompe, triche ». Selon E. de Greeff, un voleur est un individu malhonnête qui n'adapte pas sa malhonnêteté à la loi. Conduite complexe multidimensionnelle à l'interface du psychique et du social*, les techniques de vol changent et s'ajustent à l'évolution des technologies nouvelles (détournement de cartes magnétiques, escroqueries informatiques). La nature et la forme des vols varient avec l'âge, le sexe, le milieu social des délinquants*. D'un point de vue psychopathologique, certains vols sont associés à des troubles spécifiques : vols fétichistes effectués par les pervers*, vols impulsifs par les obsédés, vols inconscients* des maniacodépressifs, vols réalisés sous l'emprise* d'un état de besoin par les toxicomanes. La kleptomanie est une impulsion pathologique rare, obsédante et anxieuse, qui aboutit à une collection stérile d'objets volés sans caractère utilitaire. *J. Selosse*

Volition → Volonté

Volontaire

Les termes volontaire et volonté*, qui ont une longue histoire dans la langue courante et la psychologie du sens commun qu'elle véhicule, restent, pour cette raison, d'un usage indécis en psychologie scientifique. Un emploi rigoureux supposerait des vues claires et indiscutées sur le concept de volonté, vues qui font encore défaut. Un comportement peut être dit volontaire lorsqu'il émane d'une décision* prise par le sujet, ce qui reporte la difficulté sur le concept de décision : pour les uns, il renvoie à une opération de contrôle* autonome, antérieure à l'action, mais non nécessairement explicite ; pour les autres, il implique une anticipation* explicite de l'action projetée. On parle aussi de comportement volontaire par opposition à automatique* ; la distinction rejoint ici un usage ancien du terme dans le vocabulaire neurophysiologique, où les voies de la motricité volontaire sont distinguées des voies réflexes*. Dans une autre acception encore, un comportement volontaire s'oppose à celui qui résulte du jeu inconscient* des pulsions*, la distinction renvoyant aux rapports entre instances de l'appareil psychique* dans une perspective freudienne. Enfin, dans une acception qui conserve certaines nuances morales d'un des usages courants du mot, volontaire signifie « qui manifeste une force de volonté » et renvoie à un trait de personnalité, fait d'autonomie, d'assertivité, d'obstination. *M. Richelle*

Volonté

Dans l'usage courant, ce terme désigne parfois une propriété du caractère* d'un individu qui se définit par le degré de force avec laquelle celui-ci poursuit une activité* orientée par un but*, malgré les résistances et les obstacles qui peuvent se présenter (« avoir de la volonté »). Il peut aussi renvoyer à un aspect du degré d'adhésion (V. Croyance) d'un sujet à ses propres conduites (« agir de bonne volonté »). En psychologie, ce terme a pris deux significations plus précises, qui relèvent de courants de pensée différents.

Le premier est inspiré d'A. Schopenhauer, pour lequel la volonté est la motivation* absolue qui régit « le monde des phénomènes » ; elle est cette propriété instinctive que possède tout organisme d'agir, et, ce faisant, de conserver et de développer la forme qui est la sienne. Lorsqu'un organisme est en outre doté de capacités de représentation*, cette motivation devient consciente et se traduit par le but* général que constitue la « volonté de vivre ». S'inspirant du concept d'intégration* de C. Sherrington et de la théorie des niveaux de fonctionnement de H. Jackson, la biologie contemporaine reformule cette conception en définissant notamment le système nerveux* comme un système ouvert mû par la « finalité fonctionnelle » d'auto-organisation* : à un état initial comportant du bruit*, la fonction d'organisation impose des transformations qui engendrent de l'ordre et qui conduisent à un nouvel état plus complexe (V. Téléonomie). Dans une perspective analogue, la théorie de A. N. Léontiev postule d'une part que les comportements d'une espèce sont organisés en activités orientées par les finalités de survie (reproduction*, nutrition*, protection du danger) et que d'autre part les actions* humaines constituent des ensembles de comportements articulés à un but conscient dont le rapport avec les finalités d'espèce est médiatisé par les structures d'interaction sociale*.

Le second courant s'inspire précisément des théories qui considèrent que toute action est volontaire dans la mesure où elle émane d'un agent doté d'intention*. Dans cette perspective, la volonté peut être définie comme ce produit de l'intention qui donne à l'agent le sentiment que l'action résulte de sa propre décision* plutôt que de déterminations externes. L'action volontaire désigne alors cette structure de comportement qui s'élabore à un moment de l'histoire du sujet, comme synthèse dynamique de l'archéologie de l'organisme et de ses capacités de représentation, pour agir dans une réalité connue rationnellement et prendre des décisions qui visent à la transformer. Dans le cadre de la sémantique* de l'action, P. Ricœur a introduit le terme plus général de **volition,** qui inclut les phénomènes de « souhait » (l'exécution d'une action dépend de facteurs que l'agent ne peut contrôler), de « commandement » (l'exécution de l'action relève d'un sujet dont l'agent reconnaît l'autorité) et d'« intention volitive » (l'exécution de l'action dépend du seul agent). *J.-P. Bronckart et C. Prévost*

Volonté de puissance

La psychologie individuelle* d'A. Adler substitue à la *libido** freudienne la volonté de puissance nietzschéenne. L'être humain supporte mal son infériorité native et trouve diverses modalités compensatoires pour s'affirmer et se valoriser, soit par des activités socialement utiles soit par des conduites antisociales. La volonté de puissance est une forme asociale de compensation visant à dominer et à s'assujettir les autres : elle est fréquente chez le névrosé. *D. Anzieu*

Voyeurisme

Conduite perverse caractérisée par la recherche du plaisir sexuel obtenu de façon exclusive par le fait de regarder ou d'épier le plus souvent à leur insu des personnes nues, en train de se déshabiller ou s'adonnant à des activités physiologiques (coït, miction, défécation).

Un orgasme est souvent recherché par une masturbation durant l'activité du voyeurisme, ou plus tard lors de la remémoration de la scène dont le sujet a été témoin. S'y associe un sentiment de jouissance supplémentaire éprouvé par le sujet à l'idée de provoquer humiliation ou honte chez la personne observée.

Le voyeurisme peut s'associer à d'autres types de perversions* tels pédophilie, sadisme, masochisme. Les classifications actuelles répertorient ce type de perversion parmi les paraphilies. S. Freud a montré le lien existant entre voyeurisme et exhibitionnisme* lors des premiers stades du développement libidinal. *J.-F. Allilaire*

Vulnérabilité

Mot du vocabulaire clinique et épidémiologique ; la vulnérabilité c'est la fragilité d'un système défensif. Elle tend à remplacer l'ancienne notion de prédisposition somatique et psychique ; elle est temporaire ou chronique. La vulnérabilité psychologique traduit les déséquilibres qui perturbent le développement* et le fonctionnement affectif, intellectuel, relationnel. Elle invite à tenir compte du retentissement des environnements traumatiques sur les désadaptations psychiques, les déviations des conduites, les ruptures. Son appréciation s'inscrit dans le cadre de recherches pluridisciplinaires et débouche sur des interventions préventives et thérapeutiques (par ex., familiales et psychosociales). L'épidémiologie estime la vulnérabilité de façon probabiliste comme facteur de risque : située à l'intersection du « terrain » et du « milieu », elle traduit les interactions génotype-environnement et prend place parmi les concepts nécessaires à la formulation des problématiques pluridimensionnelles. Il convient de s'interroger sur la nature et l'origine des ressorts des enfants invulnérables qui semblent trouver en eux-mêmes les ressources nécessaires pour vaincre l'adversité.

J. Selosse

Zeigarnik (Effet —)

Du nom du psychologue qui le décrivit le premier en 1927, cet effet désigne un phénomène de meilleure rétention* des tâches interrompues que des tâches achevées.

M. Richelle

Zone proximale de développement

Cette notion, introduite par L. S. Vygotsky, traduit le fait que, pour cet auteur, il existe une relation étroite entre le développement* et les possibilités d'apprentissage*. Cette relation s'analyse selon deux axes. D'une part, il existe un développement actuel de l'enfant, tel qu'on peut l'évaluer à l'aide d'épreuves, standardisées ou non. D'autre part, il existe un développement potentiel pouvant être estimé à partir de ce que l'enfant est capable de réaliser avec l'aide d'un adulte à un certain moment et qu'il réalisera seul plus tard. Cette capacité potentielle plus ou moins facilement actualisable au cours d'une interaction* correspond à la zone proximale de développement. Dans cette perspective, l'apprentissage devient facteur de développement.

M. Fayol

Imprimé en France
par JOUVE
1, rue du Docteur Sauvé, 53100 Mayenne
septembre 2015 - N° 2226875X

JOUVE est titulaire du label imprim'vert®